CB074395

CURSO de DIREITO PENAL

ARTIGOS 213 A 361
DO CÓDIGO PENAL **3**

O GEN | Grupo Editorial Nacional – maior plataforma editorial brasileira no segmento científico, técnico e profissional – publica conteúdos nas áreas de concursos, ciências jurídicas, humanas, exatas, da saúde e sociais aplicadas, além de prover serviços direcionados à educação continuada.

As editoras que integram o GEN, das mais respeitadas no mercado editorial, construíram catálogos inigualáveis, com obras decisivas para a formação acadêmica e o aperfeiçoamento de várias gerações de profissionais e estudantes, tendo se tornado sinônimo de qualidade e seriedade.

A missão do GEN e dos núcleos de conteúdo que o compõem é prover a melhor informação científica e distribuí-la de maneira flexível e conveniente, a preços justos, gerando benefícios e servindo a autores, docentes, livreiros, funcionários, colaboradores e acionistas.

Nosso comportamento ético incondicional e nossa responsabilidade social e ambiental são reforçados pela natureza educacional de nossa atividade e dão sustentabilidade ao crescimento contínuo e à rentabilidade do grupo.

ROGÉRIO GRECO

CURSO de DIREITO PENAL

ARTIGOS 213 A 361 DO CÓDIGO PENAL

3

22.ª edição revista e atualizada

gen | atlas

- O autor deste livro e a editora empenharam seus melhores esforços para assegurar que as informações e os procedimentos apresentados no texto estejam em acordo com os padrões aceitos à época da publicação, e todos os dados foram atualizados pelo autor até a data de fechamento do livro. Entretanto, tendo em conta a evolução das ciências, as atualizações legislativas, as mudanças regulamentares governamentais e o constante fluxo de novas informações sobre os temas que constam do livro, recomendamos enfaticamente que os leitores consultem sempre outras fontes fidedignas, de modo a se certificarem de que as informações contidas no texto estão corretas e de que não houve alterações nas recomendações ou na legislação regulamentadora.

- Fechamento desta edição: 09.12.2024

- O Autor e a editora se empenharam para citar adequadamente e dar o devido crédito a todos os detentores de direitos autorais de qualquer material utilizado neste livro, dispondo-se a possíveis acertos posteriores caso, inadvertida e involuntariamente, a identificação de algum deles tenha sido omitida.

- Atendimento ao cliente: (11) 5080-0751 | faleconosco@grupogen.com.br

- Direitos exclusivos para a língua portuguesa
  Copyright © 2025 *by*
  Editora Atlas Ltda.
  Uma editora integrante do GEN | Grupo Editorial Nacional
  Travessa do Ouvidor, 11 – Térreo e 6º andar
  Rio de Janeiro – RJ – 20040-040
  www.grupogen.com.br

- Reservados todos os direitos. É proibida a duplicação ou reprodução deste volume, no todo ou em parte, em quaisquer formas ou por quaisquer meios (eletrônico, mecânico, gravação, fotocópia, distribuição pela Internet ou outros), sem permissão, por escrito, da Editora Atlas Ltda.

- Esta obra possui material suplementar via *QR Code*. Esse conteúdo será disponibilizado somente durante a vigência da respectiva edição. Não obstante, a editora poderá franquear o acesso por mais uma edição.

- Capa: Fabricio Vale

CIP-BRASIL. CATALOGAÇÃO NA PUBLICAÇÃO
SINDICATO NACIONAL DOS EDITORES DE LIVROS, RJ

G829c
22. ed.
v. 3

Greco, Rogério
  Curso de direito penal : artigos 213 a 361 do código penal / Rogério Greco. - 22. ed., rev., atual. e reform. - Barueri [SP] : Atlas, 2025.
  1.024 p. ; 24 cm.   (Curso de direito penal ; 3)

  Sequência de: Curso de direito penal : artigos 121 a 212 do código penal
  Inclui bibliografia
  Inclui índice remissivo
  ISBN 978-65-5977-689-4

  1. Brasil. [Código penal (1940)]. 2. Direito penal - Brasil. I. Título. II. Série.

24-94826   CDU: 343.2(81)

Meri Gleice Rodrigues de Souza - Bibliotecária - CRB-7/6439

*Tudo tem a sua ocasião própria, e há tempo
para todo propósito debaixo do céu.*

Eclesiastes 3.1

*A Jesus Cristo, o Príncipe da Paz,
Autor da Vida.*

O Autor

Rogério Greco, ocupando, atualmente, o cargo de Secretário de Estado de Justiça e Segurança Pública de Minas Gerais, integrou o Ministério Público de Minas Gerais entre os anos de 1989 e 2019. Foi vice-presidente da Associação Mineira do Ministério Público (biênio 1997-1998) e membro do conselho consultivo daquela entidade de classe (biênio 2000-2001). É membro fundador do Instituto de Ciências Penais (ICP) e da Associação Brasileira dos Professores de Ciências Penais, e membro eleito para o Conselho Superior do Ministério Público durante os anos de 2003, 2006 e 2008. Professor do Curso de Pós-Graduação de Direito Penal da Fundação Escola Superior do Ministério Público de Minas Gerais; Pós-doutor pela Universitá Degli Studi di Messina (Itália); Doutor pela Universidade de Burgos (Espanha); Mestre em Ciências Penais pela Faculdade de Direito da Universidade Federal de Minas Gerais (UFMG); formado pela National Defense University (William J. Perry Center for Hemispheric Defense Studies) (Estados Unidos); especialista em Direito Penal (Teoria do Delito) pela Universidade de Salamanca (Espanha); Membro Titular da Banca Examinadora de Direito Penal do XLVIII Concurso para Ingresso no Ministério Público de Minas Gerais; palestrante em congressos e universidades em todo o País. É autor das seguintes obras: *Direito penal* (Belo Horizonte: Cultura); *Estrutura jurídica do crime* (Belo Horizonte: Mandamentos); *Concurso de pessoas* (Belo Horizonte: Mandamentos); *Direito penal – lições* (Rio de Janeiro: Impetus); *Curso de direito penal – parte geral e parte especial* (Rio de Janeiro: Atlas); *Código Penal comentado – doutrina e jurisprudência* (Rio de Janeiro: Forense); *Atividade policial – aspectos penais, processuais penais, administrativos e constitucionais* (Rio de Janeiro: Impetus); *Vade mecum penal e processual penal* (coordenador) (Rio de Janeiro: Impetus); *A retomada do Complexo do Alemão* (Rio de Janeiro: Impetus); *Virado do avesso – um romance histórico-teológico sobre a vida do apóstolo Paulo* (Rio de Janeiro: Nah-Gash); *Sistema prisional – colapso atual e soluções alternativas* (Rio de Janeiro: Impetus); *Crimes hediondos e tortura* (Rio de Janeiro: Impetus); *Terrorismo* (Rio de Janeiro: Impetus); *Organização criminosa* (Rio de Janeiro: Impetus); *Abuso de autoridade* (Salvador: JusPodivm); *Derechos humanos, crisis de la prisión y modelo de justicia penal* (Espanha: Publicia Editorial); *Direito penal estruturado* (Rio de Janeiro: Método); *Medicina legal* (Rio de Janeiro: Impetus); *Crimes hediondos e equiparados* (Rio de Janeiro: Atlas). É embaixador de Cristo.

Fale direto com o autor pelo *e-mail*:
rogerio.greco@terra.com.br

pelo Instagram:
@rogerio.greco

e pelo site:
www.rogeriogreco.com.br

Nota do Autor

Muitas vezes lamentamos, murmuramos, pensamos que Deus nos abandonou. Pequenos problemas ou provações nos fazem perder a esperança, acreditar que somos piores do que os outros, incapazes, que não nascemos para ter sucesso.

Quando converso com pessoas que possuem esse tipo de sentimento, logo me vem à memória a história de José, narrada no livro de Gênesis, capítulos 37 a 50, da Bíblia.

Quem se detivesse em cada um dos terríveis momentos por que José havia passado diria que o seu futuro seria negro. José era o décimo primeiro filho de Jacó. A Palavra de Deus diz, em Gênesis 37:3, que Israel (Jacó) "amava mais a José que a todos os seus filhos, porque era filho de sua velhice". Isso fez com que seus irmãos nutrissem um sentimento de ciúmes e de inveja muito intensos contra José, porque percebiam que o pai deles o tratava de forma diferente.

José era um homem de coração puro, temente a Deus. Não mentia, e isso também irritava seus irmãos.

Certo dia, o pai de José pediu-lhe que fosse até o campo, a fim de trazer notícias de seus irmãos, que se encontravam em Siquém apascentando o rebanho de ovelhas da família. Ao avistarem José, seus irmãos foram tomados por um ódio profundo, principalmente quando perceberam que estava vestido com a túnica que lhe fora dada por seu pai, que representava, simbolicamente, sua posição de filho preferido.

Assim, resolveram, primeiramente, matá-lo. No entanto, foram dissuadidos pelo irmão mais velho, Rúben, que sugeriu que José fosse colocado em uma cisterna sem água.

Com o coração ainda destilando ódio, os irmãos de José, ao perceberem que por ali passava uma caravana de mercadores midianitas dirigindo-se ao Egito, resolveram vendê-lo, pois, assim, se livrariam do incômodo irmão sem, contudo, matar alguém que possuía o mesmo sangue que eles.

Ao voltarem para casa, mentiram ao pai dizendo que José havia sido morto por feras no campo, mostrando-lhe sua túnica manchada de sangue do bode que haviam matado para ajudar a simular o fato.

Jacó entrou em desespero, pois amava muito José.

Ao chegar ao Egito, José foi vendido a um grande comandante do Faraó, chamado Potifar. A Bíblia nos relata, em Gênesis 39:2-6, que "o Senhor era com José, que veio a ser homem próspero; e estava na casa de seu senhor egípcio. Vendo Potifar que o Senhor era com ele e que tudo o que ele fazia o Senhor prosperava em suas mãos, logrou José mercê perante ele, a quem servia; e ele o pôs por mordomo de sua casa e lhe passou às mãos tudo o que tinha. E, desde que o fizera mordomo de sua casa e sobre tudo o que tinha, o Senhor abençoou a casa do egípcio por amor de José; a bênção do Senhor estava sobre tudo o que tinha, tanto em casa como no campo. Potifar tudo o que tinha, confiou às mãos de José, de maneira que, tendo-o por mordomo, de nada sabia, além do pão com que se alimentava".

Vejam como Deus começou a transformar a história de José. De escravo, vendido por seus irmãos a uma caravana, Deus o colocou na casa de Potifar e fez prosperar tudo o que ele tocava, a ponto de o comandante entregar-lhe todos os seus bens para que ele os administrasse, pois, como vimos na passagem acima, Potifar não se preocupava com mais nada desde que José assumira a posição de mordomo naquela casa.

No entanto, nossa vida é feita de altos e baixos. E isso também acontecia com José. Assim, a mulher de Potifar, vendo que José tinha boa aparência, começou a interessar-se por ele, querendo, a todo custo, que mantivessem relação sexual. José, no entanto, resistia às investidas da mulher do comandante. Primeiramente, por temor a Deus, que o havia colocado naquele lugar, e ele não poderia, simplesmente, por causa de uma passageira relação sexual, desprezar o carinho e a atenção de Deus para com sua vida. Além disso, José também sentia gratidão por Potifar, que nele havia confiado plenamente.

Não conseguindo o que queria, a mulher de Potifar pegou-o pelas vestes e o convidou para deitar-se com ela. José, porém, deixando-lhe as vestes nas mãos, retirou-se da casa. Vendo que ele fugira, ela começou a gritar, dizendo-se vítima de um crime de estupro.

Por causa disso, José foi jogado no cárcere.

Embora preso, Deus não havia se esquecido de José. Ali, naquele lugar onde ninguém gostaria de estar, mais uma vez as pessoas reconheceram que José era diferente. Seu coração fora totalmente entregue a Deus. Mesmo naquela situação terrível, José não murmurava, não lamentava sua sorte, não se afastava de Deus, pois sabia que o Senhor tinha o melhor para ele.

O carcereiro logo percebeu o caráter de José e confiou-lhe a administração do cárcere. Foram muitos anos de prisão, até que um dia dois outros presos tiveram sonhos diferentes. Intrigados, queriam traduzir aquilo que sonharam. Deus revelou os sonhos a José, e exatamente aquilo que ele disse acabou se cumprindo.

Alguns anos mais tarde, o Faraó teve um sonho que ninguém conseguia traduzir. Uma daquelas pessoas que estava no cárcere e que teve o seu sonho revelado por José conversou com o Faraó dizendo-lhe que ali havia um homem com o dom de interpretar sonhos.

Anos depois de sua prisão, José foi levado à presença do Faraó, que lhe contou o sonho. Deus revelou a interpretação do sonho do Faraó a José e o trouxe de volta a uma posição de honra, fazendo-o governador de todas as terras do Egito, sendo o segundo em importância, ficando abaixo somente do próprio Faraó.

Alguém pode estar se perguntando agora: Por que essa história toda de José? Qual a utilidade disso em nossa vida?

A resposta é muito simples: Deus conhece o passado, o presente e o futuro. Nós, limitados que somos, somente conseguimos olhar para o presente e, geralmente, lamentamos nossa situação. Deus, no entanto, tem sempre o melhor reservado para nós. Mesmo depois de passar por tantos sofrimentos, sendo abandonado pela sua família, vendido a uma caravana como se fosse escravo, trabalhando como mordomo em uma terra completamente diferente da sua, acusado injustamente de tentativa de estupro, preso por mais de dez anos, apesar de completamente inocente, José não murmurava, pois ele conhecia o Deus a quem servia.

Por muito pouco, deixamos Deus de lado. Em muitas situações, afastamo-nos de Deus e tentamos resolver os problemas com nossas próprias forças, por isso nos enfraquecemos cada vez mais.

Deus, na Sua infinita bondade, nos enviou Seu único Filho, Jesus Cristo, para que, levando com Ele todas as nossas angústias, nos trouxesse a paz. Parece, no entanto, que a humanidade se esqueceu do sacrifício de Jesus, que é real e ainda está vivo. Falo isso não com o sentimento, mas com a razão. Historicamente, está mais do que demonstrada a existência de Jesus e Sua divindade. Se olharmos a vida dos apóstolos que seguiam a Jesus antes de Sua crucificação e a compararmos com a vida depois da ressurreição, poderemos perceber que algo diferente aconteceu. Por que aqueles homens que, até então, se diziam fiéis seguidores de Jesus, em um momento de aflição, quando Jesus foi preso, torturado e morto, fugiram ou negaram que O conheciam e depois da Sua ressurreição foram capazes de sofrer as torturas mais cruéis, não negando a verdade que conheciam?

Obviamente que ninguém seria morto ou se permitiria ser torturado por uma mentira.

Jesus está vivo! Ele estava com José em todos aqueles momentos difíceis. Ele é a esperança. Ele veio para nos libertar de toda opressão, humilhação, sentimentos de inferioridade, enfim, para fazer com que confiemos no amanhã. Por isso, disse Jesus, em Mateus 6:25: "Não andeis ansiosos pela vossa vida, quanto ao que haveis de comer ou beber; nem pelo vosso corpo, quanto ao que haveis de vestir. Não é a vida mais do que o alimento, e o corpo, mais do que as vestes? Observai as aves do céu: não semeiam, não colhem, nem ajuntam em celeiros; contudo, vosso Pai celeste as sustenta. Porventura, não valeis vós muito mais do que as aves?"

Entregue a sua vida a Jesus, confie no Senhor e não ande ansioso. Não olhe para o presente, mas para o futuro, porque Deus tem o melhor reservado para você. Não se importe com as acusações, com as palavras que ofendem e desestimulam, pois são proferidas por aqueles que não conhecem a Deus, o criador dos céus e da terra.

Se você, querido leitor, quiser ter um encontro com esse Deus vivo, que morreu por nós, naquele madeiro, para a remissão dos nossos pecados, faça esta oração e, ao final, se com ela concordar, diga um amém bem forte, para que a terra estremeça com a sua posição:

Senhor Jesus, eu não Te vejo, mas creio que Tu és o Filho de Deus, que morreu por mim naquele madeiro para a remissão dos meus pecados. Reconheço que Tu és o único e suficiente salvador da minha alma. Escreve meu nome no livro da vida e me dá a salvação eterna. Amém.

Espero que você goste deste terceiro volume sobre a Parte Especial do Código Penal que, embora escrito com muito cuidado e dedicação, não conseguirá resolver as mazelas da sociedade, pois isso somente acontecerá quando as pessoas passarem a conhecer a Deus e a se entregarem verdadeiramente a Ele.

Ainda sobre a história de José, o sonho que Deus lhe revelou dizia que o Egito passaria por sete anos de absoluta fartura, bem como, logo em seguida, por sete anos de extrema miséria e fome. O Faraó colocou José como administrador de tudo para que, por intermédio de sua sabedoria, o Egito pudesse suportar os sete anos que viriam depois do período de fartura.

Quando o período de sequidão chegou, todos os povos iam procurar comida no Egito, pois José havia preparado estoques suficientes para superar aquele tempo de penúria. Seus irmãos, a mando de seu pai, foram até o Egito em busca de alimentos, pois já não mais lhes restava o que comer em suas terras. Para encurtar a história, José os reconheceu e perdoou, apagando de sua memória tudo de ruim que lhe fizeram enquanto era apenas um adolescente puro, bom e temente a Deus. Isso demonstra a grandeza de caráter de José, que bem podia ter se vingado, aproveitando-se da sua superioridade. No entanto, ele reconheceu que Deus lhe havia permitido passar por todo aquele sofrimento inicial a fim de que pudesse ser usado para salvar muitas vidas, inclusive as de seus familiares. Deus, portanto, é um Deus de perdão, e não de vingança.

Que o Senhor Jesus abençoe você em seus estudos.
Maranata.
Rogério Greco

Sumário

PARTE VI
DOS CRIMES CONTRA A DIGNIDADE SEXUAL

Capítulo I – Dos Crimes contra a Liberdade Sexual 3
1. Introdução 3
   - 1.1 Atendimento obrigatório e integral a pessoas em situação de violência sexual 5
   - 1.2 Jurisprudência em teses do Superior Tribunal de Justiça, edição nº 111: provas no processo penal – II 7
   - 1.3 Jurisprudência em teses do Superior Tribunal de Justiça, edição nº 151: dos crimes contra a dignidade sexual – I 8
   - 1.4 Jurisprudência em teses do Superior Tribunal de Justiça, edição nº 152: dos crimes contra a dignidade sexual – II 8
   - 1.5 Jurisprudência em teses do Superior Tribunal de Justiça, edição nº 153: dos crimes contra a dignidade sexual – III 9
   - 1.6 Crimes contra a dignidade sexual praticados contra criança ou adolescente 10
   - 1.7 Protocolo "não é não", para prevenção ao constrangimento e a violência contra a mulher e para a proteção a vítima 11
2. Estupro 13
   - 2.1 Introdução 13
   - 2.2 Classificação doutrinária 15
   - 2.3 Objeto material e bem juridicamente protegido 15
   - 2.4 Sujeito ativo e sujeito passivo 16
   - 2.5 Consumação e tentativa 16
   - 2.6 Elemento subjetivo 17
   - 2.7 Modalidades comissiva e omissiva 18
   - 2.8 Modalidades qualificadas 18
   - 2.9 Causas de aumento de pena 22
   - 2.10 Pena, ação penal e segredo de justiça 26
   - 2.11 Destaques 26
     - 2.11.1 Consentimento da(o) ofendida(o) 26
     - 2.11.2 Resistência da vítima 27
     - 2.11.3 Marido como sujeito ativo do estupro 29

2.11.4	Coação irresistível praticada por mulher	30
2.11.5	Mulher que constrange o homem à prática da conjunção carnal	31
2.11.6	Estupro praticado por vários agentes ao mesmo tempo	31
2.11.7	Desistência voluntária	32
2.11.8	Médico que realiza exame de toque na vítima com intenção libidinosa	32
2.11.9	Síndrome da mulher de Potifar (verossimilhança da palavra da vítima)	33
2.11.10	Crime impossível e impotência *coeundi*	35
2.11.11	Conjunção carnal e prática conjunta de outros atos libidinosos	35
2.11.12	Ejaculação precoce	38
2.11.13	Agente que é surpreendido depois da prática dos atos de constrangimento, mas ainda sem se encontrar em estado de ereção peniana	38
2.11.14	Possibilidade de ser o estupro evitado pela própria mulher	38
2.11.15	Exame de corpo de delito	39
2.11.16	Estupro e a Lei nº 8.072/90	40
2.11.17	Aplicação do art. 9º da Lei nº 8.072/90 aos fatos ocorridos anteriormente à Lei nº 12.015, de 7 de agosto de 2009	40
2.11.18	Estupro virtual e desnecessidade de contato físico	42
2.11.19	Beijo lascivo	42
2.11.20	Agressão a vítima em zonas sexuais, com o fim de humilhá-la	43
2.11.21	Estatuto do Índio	43
2.11.22	Estupro praticado por uma mulher, tendo como vítima outra mulher	44
2.11.23	Presença de mais de uma causa de aumento de pena	44
2.11.24	Atentado violento ao pudor e *abolitio criminis*	44
2.11.25	Reconhecimento retroativo de crime único ou de continuidade delitiva entre o estupro e o atentado violento ao pudor	45
2.11.26	Prostituta como vítima do estupro	46
2.11.27	Será possível o aborto da autora do estupro que engravida da vítima?	46
2.11.28	Mulher que constrange um homem a com ela manter conjunção carnal, caso venha a engravidar, poderá o filho indesejado pela vítima requerer pensão de alimentos e ter direitos sucessórios?	47
2.11.29	Estupro praticado mediante inseminação artificial forçada	47
2.11.30	Estupro no Código Penal Militar	47
2.11.31	Estupro com a finalidade de transmitir o vírus HIV	48
2.11.32	Estupro praticado contra mulher no âmbito doméstico e familiar	48
2.11.33	Prescrição	49
2.11.34	Identificação do perfil genético	49
2.11.35	Prioridade de tramitação do processo de estupro (art. 213, *caput* e §§ 1º e 2º)	50
2.11.36	Destituição do poder familiar	50
2.11.37	Cadastro nacional de pessoas condenadas por crime de estupro	51
2.12	Quadro-resumo	51

3. Violação sexual mediante fraude..52
   3.1 Introdução..52
   3.2 Classificação doutrinária..55
   3.3 Objeto material e bem juridicamente protegido 56
   3.4 Sujeito ativo e sujeito passivo 56
   3.5 Consumação e tentativa...56
   3.6 Elemento subjetivo..57
   3.7 Modalidades comissiva e omissiva 57
   3.8 Finalidade de obtenção de vantagem econômica..57
   3.9 Causas de aumento de pena..57
   3.10 Pena, ação penal e segredo de justiça 58
   3.11 Destaques...58
       3.11.1 Mulher que percebe o erro durante o ato sexual 58
       3.11.2 Fraude grosseira 59
       3.11.3 Prostituta que tem relações sexuais com alguém que prometeu pagá-la após o ato..59
       3.11.4 Prática da conjunção carnal e outro ato libidinoso com a mesma vítima.........59
       3.11.5 Agente "bom de papo"...59
       3.11.6 Prescrição..60
       3.11.7 Destituição do poder familiar...60
   3.12 Quadro-resumo..60
4. Importunação sexual 61
   4.1 Introdução..61
   4.2 Classificação doutrinária..63
   4.3 Objeto material e bem juridicamente protegido 63
   4.4 Sujeito ativo e sujeito passivo 63
   4.5 Consumação e tentativa...63
   4.6 Elemento subjetivo..63
   4.7 Modalidade comissiva e omissiva 64
   4.8 Pena, ação penal e suspensão condicional do processo....................................64
   4.9 Destaque...64
       4.9.1 Revogação do art. 61 da LCP e continuidade normativo-típica 64
   4.10 Quadro-resumo..65
5. Assédio sexual 65
   5.1 Introdução..66
   5.2 Classificação doutrinária..68
   5.3 Objeto material e bem juridicamente protegido 68
   5.4 Sujeito ativo e sujeito passivo 69
   5.5 Consumação e tentativa...69
   5.6 Elemento subjetivo..69
   5.7 Modalidades comissiva e omissiva 69

5.8	Causa especial de aumento de pena	70
5.9	Pena, ação penal, competência para julgamento e suspensão condicional do processo e segredo de justiça	71
5.10	Destaques	71
	5.10.1 Chefe apaixonado	71
	5.10.2 Prostituta como sujeito passivo do delito	72
	5.10.3 Funcionário de nível inferior	72
	5.10.4 Líderes espirituais	72
	5.10.5 Relação entre professor(a) e aluno(a)	72
	5.10.6 Empregadas domésticas	73
	5.10.7 Prescrição	73
5.11	Quadro-resumo	73

Capítulo I-A – Da Exposição da Intimidade Sexual 75

1. Registro não autorizado da intimidade sexual 75

1.1	Introdução	75
1.2	Classificação doutrinária	76
1.3	Objeto material e bem juridicamente protegido	76
1.4	Sujeito ativo e sujeito passivo	76
1.5	Consumação e tentativa	76
1.6	Elemento subjetivo	76
1.7	Modalidades comissiva e omissiva	76
1.8	Pena, ação penal, competência para julgamento e suspensão condicional do processo	77
1.9	Quadro-resumo	77

Capítulo II – Crimes Sexuais contra Vulnerável 78

1. Estupro de vulnerável 78

1.1	Introdução	78
1.2	Classificação doutrinária	83
1.3	Objeto material e bem juridicamente protegido	84
1.4	Sujeito ativo e sujeito passivo	84
1.5	Consumação e tentativa	85
1.6	Elemento subjetivo	85
1.7	Modalidades comissiva e omissiva	85
1.8	Modalidades qualificadas	85
1.9	Consentimento da vítima e vítima que já manteve relações sexuais anteriormente ao crime	86
1.10	Causas de aumento de pena	86
1.11	Pena, ação penal e segredo de justiça	87
1.12	Destaques	88
	1.12.1 Concurso entre o constrangimento e o estupro de vulnerável	88

	1.12.2	Agente que constrange a vítima, com a finalidade de praticar atos libidinosos, sem que tenha conhecimento de que se amolda a uma das situações previstas no *caput*, bem como no § 1º do art. 217-A	88
	1.12.3	Vítima que mantém relações sexuais consentidas no dia em que completa 14 (catorze) anos, ou que é forçada ao ato sexual, mediante o emprego de violência ou grave ameaça	88
	1.12.4	Pedofilia	88
	1.12.5	Prescrição	90
	1.12.6	Erro de proibição e vítima já prostituída	90
	1.12.7	Identificação do perfil genético	90
	1.12.8	Prioridade de tramitação do processo de estupro de vulnerável (art. 217-A, *caput* e §§ 1º, 2º, 3º e 4º)	90
	1.12.9	Infiltração de agentes de polícia na internet	91
	1.12.10	*Grooming*	91
	1.12.11	*Sexting*	91
	1.12.12	Destituição do poder familiar	91
	1.12.13	Cadastro nacional de pessoas condenadas por crime de estupro	92
1.13		Quadro-resumo	92
2. Corrupção de menores			93
2.1		Introdução	93
2.2		Classificação doutrinária	95
2.3		Objeto material e bem juridicamente protegido	95
2.4		Sujeito ativo e sujeito passivo	95
2.5		Consumação e tentativa	95
2.6		Elemento subjetivo	96
2.7		Modalidades comissiva e omissiva	96
2.8		Causas de aumento de pena	96
2.9		Pena, ação penal e segredo de justiça	96
2.10		Destaques	97
	2.10.1	Habitualidade	97
	2.10.2	Terceiro que satisfaz sua lascívia com a vítima menor de 14 (catorze) anos	97
	2.10.3	Erro de tipo quanto à idade da vítima	97
	2.10.4	Prova da idade da vítima	97
	2.10.5	Vítima que é induzida a satisfazer a lascívia de outrem pela internet	97
	2.10.6	Corrupção de menores no Estatuto da Criança e do Adolescente (Lei nº 8.069/90)	98
	2.10.7	*Abolitio criminis* e corrupção de menores tipificada pelo art. 218 do Código Penal, anteriormente à modificação trazida pela Lei nº 12.015, de 7 de agosto de 2009	99
	2.10.8	Prescrição	99
	2.10.9	Corrupção de menores e Código Penal Militar	100
	2.10.10	Infiltração de agentes de polícia na internet	100

		2.10.11	*Grooming*	100
		2.10.12	*Sexting*	100
		2.10.13	Destituição do poder familiar	100
	2.11	Quadro-resumo		101
3.	Satisfação de lascívia mediante presença de criança ou adolescente			102
	3.1	Introdução		102
	3.2	Classificação doutrinária		103
	3.3	Objeto material e bem juridicamente protegido		103
	3.4	Sujeito ativo e sujeito passivo		103
	3.5	Consumação e tentativa		103
	3.6	Elemento subjetivo		104
	3.7	Modalidades comissiva e omissiva		104
	3.8	Pena, ação penal e segredo de justiça		104
	3.9	Destaques		105
		3.9.1	Menor de 14 (catorze) anos que é induzido a presenciar cenas pornográficas através da internet	105
		3.9.2	Concurso de agentes	105
		3.9.3	Pais que tomam banho juntamente com os filhos	105
		3.9.4	Família que vive em barracos ou outra residência precária	106
		3.9.5	Prescrição	106
		3.9.6	Infiltração de agentes de polícia na internet	106
		3.9.7	*Grooming*	106
		3.9.8	*Sexting*	107
		3.9.9	Destituição do poder familiar	107
	3.10	Quadro-resumo		107
4.	Favorecimento da prostituição ou de outra forma de exploração sexual de criança ou adolescente ou de vulnerável			108
	4.1	Introdução		108
	4.2	Classificação doutrinária		111
	4.3	Objeto material e bem juridicamente protegido		111
	4.4	Sujeito ativo e sujeito passivo		112
	4.5	Consumação e tentativa		112
	4.6	Elemento subjetivo		113
	4.7	Modalidades comissiva e omissiva		113
	4.8	Proxenetismo mercenário		113
	4.9	Extensão das penas		113
	4.10	Causas de aumento de pena		115
	4.11	Pena, ação penal e segredo de justiça		115
	4.12	Efeito da condenação		115
	4.13	Destaques		115
		4.13.1	Prova da idade da vítima	115

		4.13.2	Fundamentos do parecer contrário à sanção do art. 218-B do projeto que culminou com a edição da Lei nº 12.015, de 7 de agosto de 2009....	115
		4.13.3	Estatuto da Criança e do Adolescente	116
		4.13.4	Prescrição	116
		4.13.5	Crime hediondo	116
		4.13.6	Prioridade de tramitação do processo de favorecimento da prostituição ou de outra forma de exploração sexual de criança ou adolescente ou de vulnerável (art. 218-B, *caput* e §§ 1º e 2º)	116
		4.13.7	Infiltração de agentes de polícia na internet	117
		4.13.8	Destituição do poder familiar	117
	4.14	Quadro-resumo		117
5.	Divulgação de cena de estupro ou de cena de estupro de vulnerável, de cena de sexo ou de pornografia			118
	5.1	Introdução		119
	5.2	Classificação doutrinária		121
	5.3	Objeto material e bem juridicamente protegido		121
	5.4	Sujeito ativo e sujeito passivo		121
	5.5	Consumação e tentativa		121
	5.6	Elemento subjetivo		121
	5.7	Modalidade comissiva e omissiva		122
	5.8	Causas de aumento de pena		122
	5.9	Causa de exclusão da ilicitude		123
	5.10	Pena, ação penal e suspensão condicional do processo		123
	5.11	Destaque		123
		5.11.1	Imagens contendo mais de uma vítima	123
	5.12	Quadro-resumo		123

Capítulo III – Do Rapto 125

Capítulo IV – Disposições Gerais 126

1. Ação penal nos crimes contra a liberdade sexual e crimes sexuais contra vulnerável...... 126
   1.1 Introdução 126
   1.2 Irretroatividade das normas híbridas 127
   1.3 Crimes sexuais cometidos contra vítima em situação de vulnerabilidade temporária ... 128
2. Aumento de pena destinado aos crimes contra a liberdade sexual e aos crimes sexuais contra vulnerável 128

Capítulo V – Do Lenocínio e do Tráfico de Pessoa para Fim de Prostituição ou Outra Forma de Exploração Sexual 131

1. Mediação para servir a lascívia de outrem 131
   1.1 Introdução 131
   1.2 Classificação doutrinária 133
   1.3 Objeto material e bem juridicamente protegido 133
   1.4 Sujeito ativo e sujeito passivo 133

1.5	Consumação e tentativa	133
1.6	Elemento subjetivo	134
1.7	Modalidades comissiva e omissiva	134
1.8	Lenocínios qualificados	134
1.9	Lenocínio mercenário	135
1.10	Causas de aumento de pena	135
1.11	Pena, ação penal, suspensão condicional do processo e segredo de justiça	135
1.12	Destaques	136
	1.12.1 Habitualidade	136
	1.12.2 Indução de prostituta à satisfação da lascívia alheia	136
	1.12.3 Terceiro que satisfaz sua lascívia com a vítima	136
	1.12.4 Vítima menor de 14 anos	137
	1.12.5 Prescrição	137
1.13	Quadro-resumo	137
2. Favorecimento da prostituição ou outra forma de exploração sexual		138
2.1	Introdução	138
2.2	Classificação doutrinária	141
2.3	Objeto material e bem juridicamente protegido	141
2.4	Sujeito ativo e sujeito passivo	141
2.5	Consumação e tentativa	142
2.6	Elemento subjetivo	142
2.7	Modalidades comissiva e omissiva	142
2.8	Modalidades qualificadas	143
2.9	Proxenetismo mercenário	143
2.10	Causas de aumento de pena	143
2.11	Pena, ação penal e segredo de justiça	143
2.12	Destaques	144
	2.12.1 Habitualidade	144
	2.12.2 O reconhecimento da prostituição exige contato físico?	145
2.13	Quadro-resumo	146
3. Casa de prostituição		146
3.1	Introdução	147
3.2	Classificação doutrinária	149
3.3	Objeto material e bem juridicamente protegido	149
3.4	Sujeito ativo e sujeito passivo	149
3.5	Consumação e tentativa	149
3.6	Elemento subjetivo	151
3.7	Modalidades comissiva e omissiva	151
3.8	Pena, ação penal e segredo de justiça	151
3.9	Destaques	152
	3.9.1 Motéis	152
	3.9.2 Prisão em flagrante	152

- 3.10 Quadro-resumo ... 153
4. Rufianismo ... 153
    - 4.1 Introdução ... 154
    - 4.2 Classificação doutrinária ... 155
    - 4.3 Objeto material e bem juridicamente protegido ... 155
    - 4.4 Sujeito ativo e sujeito passivo ... 155
    - 4.5 Consumação e tentativa ... 155
    - 4.6 Elemento subjetivo ... 156
    - 4.7 Modalidades comissiva e omissiva ... 156
    - 4.8 Modalidades qualificadas ... 156
    - 4.9 Pena, ação penal e suspensão condicional do processo ... 157
    - 4.10 Destaques ... 157
        - 4.10.1 Diferença entre o rufião e o proxeneta ... 157
        - 4.10.2 Diferença entre rufianismo e favorecimento da prostituição com intuito de lucro ... 158
        - 4.10.3 Concurso entre rufianismo e favorecimento da prostituição ... 158
        - 4.10.4 Prescrição ... 158
    - 4.11 Quadro-resumo ... 158
5. Promoção de migração ilegal ... 159
    - 5.1 Introdução ... 159
    - 5.2 Classificação doutrinária ... 163
    - 5.3 Objeto material e bem juridicamente protegido ... 164
    - 5.4 Sujeito ativo e sujeito passivo ... 164
    - 5.5 Consumação e tentativa ... 164
    - 5.6 Elemento subjetivo ... 165
    - 5.7 Modalidades comissiva e omissiva ... 165
    - 5.8 Causas especiais de aumento de pena ... 165
    - 5.9 Pena, ação penal, competência para julgamento e suspensão condicional do processo ... 165
    - 5.10 Destaques ... 166
        - 5.10.1 Promoção de migração ilegal e tráfico de pessoas ... 166
        - 5.10.2 Regulamentação da Lei de Migração ... 167
    - 5.11 Quadro-resumo ... 167

Capítulo VI – Do Ultraje Público ao Pudor ... 169
1. Ato obsceno ... 169
    - 1.1 Introdução ... 169
    - 1.2 Classificação doutrinária ... 172
    - 1.3 Objeto material e bem juridicamente protegido ... 172
    - 1.4 Sujeito ativo e sujeito passivo ... 172
    - 1.5 Consumação e tentativa ... 172
    - 1.6 Elemento subjetivo ... 173

1.7	Modalidades comissiva e omissiva	173
1.8	Pena, ação penal, competência para julgamento e suspensão condicional do processo e segredo de justiça	173
1.9	Destaque	174
	1.9.1 Diferença entre os delitos de ato obsceno e importunação sexual	174
1.10	Quadro-resumo	174
2. Escrito ou objeto obsceno		175
2.1	Introdução	175
2.2	Classificação doutrinária	178
2.3	Objeto material e bem juridicamente protegido	178
2.4	Sujeito ativo e sujeito passivo	178
2.5	Consumação e tentativa	178
2.6	Elemento subjetivo	179
2.7	Modalidades comissiva e omissiva	179
2.8	Pena, ação penal, competência para julgamento e suspensão condicional do processo e segredo de justiça	179
2.9	Quadro-resumo	180

Capítulo VII – Disposições Gerais ... 181
1. Causas de aumento de pena para os crimes contra a dignidade sexual ... 181
   1.1 Causas de aumento de pena ... 181
   1.2 Destaque ... 183
       1.2.1 Agente que, mesmo usando preservativo, engravida ou transmite doença sexualmente transmissível à vítima ... 183
2. Apuração dos crimes contra a dignidade sexual em segredo de justiça ... 183

PARTE VII
DOS CRIMES CONTRA A FAMÍLIA

Capítulo I – Dos Crimes contra o Casamento ... 187
1. Bigamia ... 187
   1.1 Introdução ... 187
   1.2 Classificação doutrinária ... 189
   1.3 Objeto material e bem juridicamente protegido ... 189
   1.4 Sujeito ativo e sujeito passivo ... 189
   1.5 Consumação e tentativa ... 190
   1.6 Elemento subjetivo ... 191
   1.7 Modalidades comissiva e omissiva ... 191
   1.8 Causa de exclusão da tipicidade ... 191
   1.9 Pena e ação penal ... 191
   1.10 Destaques ... 192
       1.10.1 Poligamia – concurso de crimes ... 192

		1.10.2 Prescrição	192
	1.11	Quadro-resumo	192
2.	Induzimento a erro essencial e ocultação de impedimento		193
	2.1	Introdução	193
	2.2	Classificação doutrinária	195
	2.3	Objeto material e bem juridicamente protegido	195
	2.4	Sujeito ativo e sujeito passivo	195
	2.5	Consumação e tentativa	196
	2.6	Elemento subjetivo	196
	2.7	Modalidades comissiva e omissiva	196
	2.8	Pena, ação penal, competência para julgamento e suspensão condicional do processo	196
	2.9	Destaque	197
		2.9.1 Ação penal de iniciativa privada personalíssima	197
	2.10	Quadro-resumo	197
3.	Conhecimento prévio de impedimento		198
	3.1	Introdução	198
	3.2	Classificação doutrinária	199
	3.3	Objeto material e bem juridicamente protegido	199
	3.4	Sujeito ativo e sujeito passivo	199
	3.5	Consumação e tentativa	199
	3.6	Elemento subjetivo	200
	3.7	Modalidades comissiva e omissiva	200
	3.8	Pena, ação penal, competência para julgamento e suspensão condicional do processo	200
	3.9	Quadro-resumo	200
4.	Simulação de autoridade para celebração de casamento		201
	4.1	Introdução	201
	4.2	Classificação doutrinária	202
	4.3	Objeto material e bem juridicamente protegido	202
	4.4	Sujeito ativo e sujeito passivo	202
	4.5	Consumação e tentativa	202
	4.6	Elemento subjetivo	203
	4.7	Modalidades comissiva e omissiva	203
	4.8	Pena, ação penal e suspensão condicional do processo	203
	4.9	Quadro-resumo	203
5.	Simulação de casamento		204
	5.1	Introdução	204
	5.2	Classificação doutrinária	205
	5.3	Objeto material e bem juridicamente protegido	205
	5.4	Sujeito ativo e sujeito passivo	205

5.5	Consumação e tentativa	206
5.6	Elemento subjetivo	206
5.7	Modalidades comissiva e omissiva	206
5.8	Pena, ação penal e suspensão condicional do processo	206
5.9	Quadro-resumo	206

Capítulo II – Dos Crimes contra o Estado de Filiação 208

1. Registro de nascimento inexistente 208
   - 1.1 Introdução 208
   - 1.2 Classificação doutrinária 209
   - 1.3 Objeto material e bem juridicamente protegido 209
   - 1.4 Sujeito ativo e sujeito passivo 209
   - 1.5 Consumação e tentativa 210
   - 1.6 Elemento subjetivo 210
   - 1.7 Modalidades comissiva e omissiva 210
   - 1.8 Pena e ação penal 210
   - 1.9 Destaques 210
     - 1.9.1 Prescrição 210
     - 1.9.2 Questão prejudicial 211
   - 1.10 Quadro-resumo 211

2. Parto suposto. Supressão ou alteração de direito inerente ao estado civil de recém-nascido 212
   - 2.1 Introdução 212
   - 2.2 Classificação doutrinária 214
   - 2.3 Objeto material e bem juridicamente protegido 215
   - 2.4 Sujeito ativo e sujeito passivo 215
   - 2.5 Consumação e tentativa 215
   - 2.6 Elemento subjetivo 215
   - 2.7 Modalidades comissiva e omissiva 216
   - 2.8 Modalidade privilegiada e perdão judicial 216
   - 2.9 Pena, ação penal, competência para o julgamento e suspensão condicional do processo 216
   - 2.10 Destaques 217
     - 2.10.1 Erro de proibição e adoção à brasileira 217
     - 2.10.2 Termo inicial da prescrição 217
     - 2.10.3 Questão prejudicial 217
   - 2.11 Quadro-resumo 217

3. Sonegação de estado de filiação 218
   - 3.1 Introdução 218
   - 3.2 Classificação doutrinária 219
   - 3.3 Objeto material e bem juridicamente protegido 219
   - 3.4 Sujeito ativo e sujeito passivo 220

	3.5	Consumação e tentativa	220
	3.6	Elemento subjetivo	220
	3.7	Modalidades comissiva e omissiva	220
	3.8	Pena, ação penal e suspensão condicional do processo	220
	3.9	Quadro-resumo	220

Capítulo III – Dos Crimes contra a Assistência Familiar ... 222

1. Abandono material ... 222
   - 1.1 Introdução ... 222
   - 1.2 Classificação doutrinária ... 225
   - 1.3 Objeto material e bem juridicamente protegido ... 226
   - 1.4 Sujeito ativo e sujeito passivo ... 226
   - 1.5 Consumação e tentativa ... 226
   - 1.6 Elemento subjetivo ... 227
   - 1.7 Modalidades comissiva e omissiva ... 227
   - 1.8 Modalidade especial de abandono material ... 227
   - 1.9 Pena, ação penal e suspensão condicional do processo ... 228
   - 1.10 Destaques ... 228
     - 1.10.1 Prisão por inadimplemento de obrigação alimentícia e detração penal ... 228
     - 1.10.2 Justa causa como elemento negativo do tipo ... 229
   - 1.11 Quadro-resumo ... 229
2. Entrega de filho menor a pessoa inidônea ... 230
   - 2.1 Introdução ... 230
   - 2.2 Classificação doutrinária ... 231
   - 2.3 Objeto material e bem juridicamente protegido ... 231
   - 2.4 Sujeito ativo e sujeito passivo ... 232
   - 2.5 Consumação e tentativa ... 232
   - 2.6 Elemento subjetivo ... 232
   - 2.7 Modalidades comissiva e omissiva ... 233
   - 2.8 Modalidades qualificadas ... 233
   - 2.9 Pena, ação penal, competência para julgamento e suspensão condicional do processo ... 233
   - 2.10 Quadro-resumo ... 234
3. Abandono intelectual ... 234
   - 3.1 Introdução ... 235
   - 3.2 Classificação doutrinária ... 236
   - 3.3 Objeto material e bem juridicamente protegido ... 236
   - 3.4 Sujeito ativo e sujeito passivo ... 237
   - 3.5 Consumação e tentativa ... 237
   - 3.6 Elemento subjetivo ... 237
   - 3.7 Modalidades comissiva e omissiva ... 237

- 3.8 Pena, ação penal, competência para o julgamento e suspensão condicional do processo 238
- 3.9 Quadro-resumo 238
4. Abandono moral 239
   - 4.1 Introdução 239
   - 4.2 Classificação doutrinária 241
   - 4.3 Objeto material e bem juridicamente protegido 241
   - 4.4 Sujeito ativo e sujeito passivo 241
   - 4.5 Consumação e tentativa 241
   - 4.6 Elemento subjetivo 242
   - 4.7 Modalidades comissiva e omissiva 242
   - 4.8 Pena, ação penal, competência para o julgamento e suspensão condicional do processo 242
   - 4.9 Quadro-resumo 242

Capítulo IV – Dos Crimes contra o Pátrio Poder, Tutela e Curatela 244

1. Induzimento a fuga, entrega arbitrária ou sonegação de incapazes 244
   - 1.1 Introdução 244
   - 1.2 Classificação doutrinária 245
   - 1.3 Objeto material e bem juridicamente protegido 245
   - 1.4 Sujeito ativo e sujeito passivo 246
   - 1.5 Consumação e tentativa 246
   - 1.6 Elemento subjetivo 247
   - 1.7 Modalidades comissiva e omissiva 247
   - 1.8 Pena, ação penal, competência para julgamento e suspensão condicional do processo 247
   - 1.9 Quadro-resumo 247
2. Subtração de incapazes 248
   - 2.1 Introdução 248
   - 2.2 Classificação doutrinária 249
   - 2.3 Objeto material e bem juridicamente protegido 249
   - 2.4 Sujeito ativo e sujeito passivo 249
   - 2.5 Consumação e tentativa 249
   - 2.6 Elemento subjetivo 249
   - 2.7 Modalidades comissiva e omissiva 249
   - 2.8 Pena, ação penal, competência para julgamento, suspensão condicional do processo e perdão judicial 250
   - 2.9 Destaque 250
     - 2.9.1 Subtração de incapazes e Estatuto da Criança e do Adolescente 250
   - 2.10 Quadro-resumo 250

PARTE VIII
DOS CRIMES CONTRA A INCOLUMIDADE PÚBLICA

1. Introdução 253

Capítulo I – Dos Crimes de Perigo Comum 255
1. Incêndio 255
    - 1.1 Introdução 255
    - 1.2 Classificação doutrinária 256
    - 1.3 Sujeito ativo e sujeito passivo 256
    - 1.4 Objeto material e bem juridicamente protegido 256
    - 1.5 Consumação e tentativa 256
    - 1.6 Elemento subjetivo 257
    - 1.7 Modalidade culposa 257
    - 1.8 Modalidades comissiva e omissiva 257
    - 1.9 Causas especiais de aumento de pena 257
    - 1.10 Pena, ação penal, competência para julgamento e suspensão condicional do processo 259
    - 1.11 Destaques 260
        - 1.11.1 Provocar incêndio em imóvel afastado da cidade 260
        - 1.11.2 Incêndio com a finalidade de causar a morte da vítima 260
        - 1.11.3 Incêndio e dano qualificado pelo emprego de substância inflamável (art. 163, parágrafo único, II, do CP) 260
        - 1.11.4 Incêndio e estelionato praticado para recebimento de indenização ou valor de seguro 260
        - 1.11.5 Incêndio e crime ambiental 261
        - 1.11.6 Exame pericial 261
        - 1.11.7 Incêndio e Código Penal Militar 262
    - 1.12 Quadro-resumo 262
2. Explosão 262
    - 2.1 Introdução 263
    - 2.2 Classificação doutrinária 264
    - 2.3 Sujeito ativo e sujeito passivo 264
    - 2.4 Objeto material e bem juridicamente protegido 264
    - 2.5 Consumação e tentativa 264
    - 2.6 Elemento subjetivo 264
    - 2.7 Modalidade privilegiada 265
    - 2.8 Modalidade culposa 265
    - 2.9 Modalidades comissiva e omissiva 266
    - 2.10 Causas especiais de aumento de pena 266
    - 2.11 Pena, ação penal, competência para o julgamento e suspensão condicional do processo 266
    - 2.12 Destaques 267

		2.12.1	Pesca mediante a utilização de explosivos..	267
		2.12.2	Prova pericial..	267
		2.12.3	Homicídio praticado com o emprego de explosivo......................................	267
		2.12.4	Queima de fogos de artifício..	267
		2.12.5	Explosão e Código Penal Militar...	268
		2.12.6	Furto e roubo praticados com o emprego de explosivo ou de artefato análogo que cause perigo comum..	268
	2.13	Quadro-resumo..		268
3.	Uso de gás tóxico ou asfixiante..			269
	3.1	Introdução..		269
	3.2	Classificação doutrinária..		270
	3.3	Sujeito ativo e sujeito passivo...		270
	3.4	Objeto material e bem juridicamente protegido...		270
	3.5	Consumação e tentativa..		270
	3.6	Elemento subjetivo...		270
	3.7	Modalidade culposa..		271
	3.8	Modalidades comissiva e omissiva...		271
	3.9	Pena, ação penal, competência para o julgamento e suspensão condicional do processo...		271
	3.10	Destaques...		271
		3.10.1	Homicídio qualificado pelo emprego de gás asfixiante................................	271
		3.10.2	Utilização de gás lacrimogêneo pela polícia..	272
		3.10.3	Contravenção penal de emissão de fumaça, vapor ou gás...........................	272
		3.10.4	Prova pericial..	273
		3.10.5	Armas químicas..	273
		3.10.6	Emprego de gás tóxico ou asfixiante e Código Penal Militar......................	274
	3.11	Quadro-resumo..		274
4.	Fabrico, fornecimento, aquisição, posse ou transporte de explosivos ou gás tóxico, ou asfixiante..			275
	4.1	Introdução..		275
	4.2	Classificação doutrinária..		276
	4.3	Sujeito ativo e sujeito passivo...		276
	4.4	Objeto material e bem juridicamente protegido...		277
	4.5	Consumação e tentativa..		277
	4.6	Elemento subjetivo...		277
	4.7	Modalidades comissiva e omissiva...		278
	4.8	Pena, ação penal, competência para julgamento e suspensão condicional do processo...		278
	4.9	Destaques...		278
		4.9.1	Revogação parcial do art. 253 do Código Penal pelo Estatuto do Desarmamento...	278
		4.9.2	Perícia...	279

	4.10	Quadro-resumo	279
5.	Inundação		280
	5.1	Introdução	280
	5.2	Classificação doutrinária	280
	5.3	Sujeito ativo e sujeito passivo	280
	5.4	Objeto material e bem juridicamente protegido	281
	5.5	Consumação e tentativa	281
	5.6	Elemento subjetivo	281
	5.7	Modalidades comissiva e omissiva	281
	5.8	Pena, ação penal, competência para julgamento e suspensão condicional do processo	281
	5.9	Destaques	282
		5.9.1 Inundação com o fim de causar a morte de alguém	282
		5.9.2 Usurpação de águas	282
		5.9.3 Dano	282
		5.9.4 Inundação e Código Penal Militar	282
	5.10	Quadro-resumo	282
6.	Perigo de inundação		283
	6.1	Introdução	283
	6.2	Classificação doutrinária	284
	6.3	Sujeito ativo e sujeito passivo	284
	6.4	Objeto material e bem juridicamente protegido	284
	6.5	Consumação e tentativa	284
	6.6	Elemento subjetivo	285
	6.7	Modalidades comissiva e omissiva	285
	6.8	Pena, ação penal e suspensão condicional do processo	285
	6.9	Destaques	286
		6.9.1 Necessidade de perícia	286
		6.9.2 Concurso entre os delitos de inundação e perigo de inundação	286
		6.9.3 Perigo de inundação e Código Penal Militar	286
	6.10	Quadro-resumo	286
7.	Desabamento ou desmoronamento		287
	7.1	Introdução	287
	7.2	Classificação doutrinária	288
	7.3	Sujeito ativo e sujeito passivo	288
	7.4	Objeto material e bem juridicamente protegido	288
	7.5	Consumação e tentativa	288
	7.6	Elemento subjetivo	289
	7.7	Modalidade culposa	289
	7.8	Modalidades comissiva e omissiva	289

7.9 Pena, ação penal, competência para julgamento e suspensão condicional do processo.. 289
7.10 Destaques... 290
    7.10.1 Dano praticado por desabamento ou desmoronamento........................ 290
    7.10.2 Desabamento de construção... 290
    7.10.3 Desabamento ou desmoronamento como meio para a prática do delito de homicídio.. 290
    7.10.4 Desabamento ou desmoronamento e Código Penal Militar................... 290
7.11 Quadro-resumo... 290

8. Subtração, ocultação ou inutilização de material de salvamento 291
8.1 Introdução... 291
8.2 Classificação doutrinária.. 292
8.3 Sujeito ativo e sujeito passivo.. 292
8.4 Objeto material e bem juridicamente protegido... 292
8.5 Consumação e tentativa... 292
8.6 Elemento subjetivo... 293
8.7 Modalidades comissiva e omissiva... 293
8.8 Pena e ação penal... 293
8.9 Destaques.. 293
    8.9.1 Concurso de crimes... 293
    8.9.2 Subtração sem que ocorra exposição a perigo comum.......................... 294
    8.9.3 Subtração, ocultação ou inutilização de material de socorro e Código Penal Militar... 294
8.10 Quadro-resumo... 294

9. Majorantes nos crimes de perigo comum... 295
9.1 Introdução... 295
9.2 Preterdolo.. 296
9.3 Majorantes nos crimes culposos de perigo comum.. 296
9.4 Concurso de crimes.. 297

10. Difusão de doença ou praga.. 297
10.1 Introdução... 297
10.2 Classificação doutrinária.. 298
10.3 Sujeito ativo e sujeito passivo.. 299
10.4 Objeto material e bem juridicamente protegido... 299
10.5 Consumação e tentativa... 299
10.6 Elemento subjetivo... 299
10.7 Modalidade culposa.. 299
10.8 Modalidades comissiva e omissiva... 299
10.9 Pena, ação penal, competência para julgamento e suspensão condicional do processo.. 300
10.10 Destaque... 300

	10.10.1	Revogação tácita do art. 259 do Código Penal pelo art. 61 da Lei nº 9.605/98	300
10.11	Quadro-resumo		301

Capítulo II – Dos Crimes contra a Segurança dos Meios de Comunicação e Transporte e Outros Serviços Públicos 302

1. Perigo de desastre ferroviário 302
   - 1.1 Introdução 302
   - 1.2 Classificação doutrinária 303
   - 1.3 Sujeito ativo e sujeito passivo 304
   - 1.4 Objeto material e bem juridicamente protegido 304
   - 1.5 Consumação e tentativa 304
   - 1.6 Elemento subjetivo 304
   - 1.7 Modalidades comissiva e omissiva 304
   - 1.8 Desastre ferroviário (modalidade qualificada) 305
   - 1.9 Modalidade culposa 305
   - 1.10 Pena, ação penal, competência para julgamento e suspensão condicional do processo 306
   - 1.11 Destaques 306
     - 1.11.1 Finalidade de dano e perigo de desastre ferroviário 306
     - 1.11.2 Simulação de perigo 306
     - 1.11.3 Perigo de desastre ferroviário e a interrupção ou perturbação de serviço telegráfico ou telefônico prevista pelo art. 266 do Código Penal 307
     - 1.11.4 Perigo de desastre ferroviário e Código Penal Militar 307
   - 1.12 Quadro-resumo 307
2. Atentado contra a segurança de transporte marítimo, fluvial ou aéreo 308
   - 2.1 Introdução 308
   - 2.2 Classificação doutrinária 310
   - 2.3 Sujeito ativo e sujeito passivo 310
   - 2.4 Objeto material e bem juridicamente protegido 310
   - 2.5 Consumação e tentativa 310
   - 2.6 Elemento subjetivo 311
   - 2.7 Modalidades comissiva e omissiva 311
   - 2.8 Sinistro em transporte marítimo, fluvial ou aéreo (modalidade qualificada) 311
   - 2.9 Modalidade culposa 312
   - 2.10 Pena, ação penal, competência para julgamento e suspensão condicional do processo 312
   - 2.11 Destaques 313
     - 2.11.1 Abuso na prática da aviação 313
     - 2.11.2 Caso do jato executivo *Legacy* 313
     - 2.11.3 Lei Antidrogas 314
     - 2.11.4 Atentado contra transporte e Código Penal Militar 314

	2.12 Quadro-resumo	314
3.	Atentado contra a segurança de outro meio de transporte	315
	3.1 Introdução	315
	3.2 Classificação doutrinária	316
	3.3 Sujeito ativo e sujeito passivo	316
	3.4 Objeto material e bem juridicamente protegido	316
	3.5 Consumação e tentativa	316
	3.6 Elemento subjetivo	317
	3.7 Modalidades comissiva e omissiva	317
	3.8 Modalidade qualificada	317
	3.9 Modalidade culposa	317
	3.10 Pena, ação penal, competência para julgamento e suspensão condicional do processo	318
	3.11 Destaques	318
	3.11.1 Concurso com o delito de homicídio	318
	3.11.2 Atentado contra viatura ou outro meio de transporte e Código Penal Militar	318
	3.12 Quadro-resumo	318
4.	Arremesso de projétil	319
	4.1 Introdução	319
	4.2 Classificação doutrinária	321
	4.3 Sujeito ativo e sujeito passivo	321
	4.4 Objeto material e bem juridicamente protegido	321
	4.5 Consumação e tentativa	321
	4.6 Elemento subjetivo	322
	4.7 Modalidades comissiva e omissiva	322
	4.8 Modalidade qualificada	322
	4.9 Pena, ação penal, competência para julgamento e suspensão condicional do processo	322
	4.10 Destaques	323
	4.10.1 Finalidade de atingir pessoa determinada	323
	4.10.2 Arremesso de projétil e Código Penal Militar	323
	4.11 Quadro-resumo	323
5.	Atentado contra a segurança de serviço de utilidade pública	324
	5.1 Introdução	324
	5.2 Classificação doutrinária	325
	5.3 Sujeito ativo e sujeito passivo	325
	5.4 Objeto material e bem juridicamente protegido	325
	5.5 Consumação e tentativa	325
	5.6 Elemento subjetivo	326
	5.7 Modalidades comissiva e omissiva	326
	5.8 Causa especial de aumento de pena	326

	5.9	Pena, ação penal e suspensão condicional do processo	326
	5.10	Destaques	327
		5.10.1 Atentado contra serviço de utilidade militar e Código Penal Militar	327
		5.10.2 Atentado contra instalação nuclear	327
	5.11	Quadro-resumo	327
6.	Interrupção ou perturbação de serviço telegráfico, telefônico, informático, telemático ou de informação de utilidade pública		328
	6.1	Introdução	328
	6.2	Classificação doutrinária	329
	6.3	Sujeito ativo e sujeito passivo	329
	6.4	Objeto material e bem juridicamente protegido	329
	6.5	Consumação e tentativa	329
	6.6	Elemento subjetivo	330
	6.7	Modalidades comissiva e omissiva	330
	6.8	Causa especial de aumento de pena	330
	6.9	Pena, ação penal e suspensão condicional do processo	330
	6.10	Destaques	330
		6.10.1 Interrupção ou perturbação de comunicação entre pessoas determinadas	330
		6.10.2 Instalação de aparelhos clandestinos	330
		6.10.3 Interrupção ou perturbação de serviço ou meio de comunicação e Código Penal Militar	331
	6.11	Quadro-resumo	331

Capítulo III – Dos Crimes contra a Saúde Pública 332

1.	Epidemia		332
	1.1	Introdução	332
	1.2	Classificação doutrinária	333
	1.3	Sujeito ativo e sujeito passivo	333
	1.4	Objeto material e bem juridicamente protegido	333
	1.5	Consumação e tentativa	334
	1.6	Elemento subjetivo	334
	1.7	Modalidades comissiva e omissiva	334
	1.8	Causa especial de aumento de pena	334
	1.9	Modalidade culposa	334
	1.10	Pena, ação penal, competência para julgamento e suspensão condicional do processo	335
	1.11	Destaques	335
		1.11.1 Diferença entre epidemia, endemia e pandemia	335
		1.11.2 Epidemia e Código Penal Militar	336
		1.11.3 Prioridade de tramitação do processo de epidemia com resultado morte (art. 267, § 1º)	336

	1.12	Quadro-resumo	336
2.	Infração de medida sanitária preventiva	336
	2.1	Introdução	337
	2.2	Classificação doutrinária	338
	2.3	Sujeito ativo e sujeito passivo	338
	2.4	Objeto material e bem juridicamente protegido	338
	2.5	Consumação e tentativa	338
	2.6	Elemento subjetivo	339
	2.7	Modalidades comissiva e omissiva	339
	2.8	Causas especiais de aumento de pena	339
	2.9	Pena, ação penal, competência para julgamento e suspensão condicional do processo	339
	2.10	Destaque	340
		2.10.1 Revogação da norma complementar	340
	2.11	Quadro-resumo	341
3.	Omissão de notificação de doença	341
	3.1	Introdução	341
	3.2	Classificação doutrinária	342
	3.3	Sujeito ativo e sujeito passivo	342
	3.4	Objeto material e bem juridicamente protegido	343
	3.5	Consumação e tentativa	343
	3.6	Elemento subjetivo	343
	3.7	Modalidade omissiva	343
	3.8	Causas especiais de aumento de pena	343
	3.9	Pena, ação penal, competência para julgamento e suspensão condicional do processo	344
	3.10	Destaques	344
		3.10.1 Omissão de notificação de doença *versus* violação do segredo profissional	344
		3.10.2 Omissão de notificação de doença e Código Penal Militar	344
	3.11	Quadro-resumo	344
4.	Envenenamento de água potável ou de substância alimentícia ou medicinal	345
	4.1	Introdução	345
	4.2	Classificação doutrinária	347
	4.3	Sujeito ativo e sujeito passivo	347
	4.4	Objeto material e bem juridicamente protegido	347
	4.5	Consumação e tentativa	347
	4.6	Elemento subjetivo	347
	4.7	Modalidades comissiva e omissiva	348
	4.8	Modalidade culposa	348
	4.9	Entrega a consumo ou tem em depósito, para o fim de ser distribuída, a água ou a substância envenenada	348

	4.10	Pena, ação penal, competência para julgamento e suspensão condicional do processo	349
	4.11	Destaques	349
		4.11.1 Pessoa determinada – homicídio qualificado	349
		4.11.2 Prisão temporária	349
		4.11.3 Revogação da primeira parte do *caput* do art. 270, bem como de seu § 1º, pelo art. 54 da Lei nº 9.605/98	349
5.	Corrupção ou poluição de água potável		350
	5.1	Introdução	350
	5.2	Classificação doutrinária	351
	5.3	Sujeito ativo e sujeito passivo	351
	5.4	Objeto material e bem juridicamente protegido	351
	5.5	Consumação e tentativa	351
	5.6	Elemento subjetivo	351
	5.7	Modalidades comissiva e omissiva	352
	5.8	Modalidade culposa	352
	5.9	Pena, ação penal, competência para julgamento e suspensão condicional do processo	352
	5.10	Quadro-resumo	352
6.	Falsificação, corrupção, adulteração ou alteração de substância ou produtos alimentícios		353
	6.1	Introdução	353
	6.2	Classificação doutrinária	354
	6.3	Sujeito ativo e sujeito passivo	354
	6.4	Objeto material e bem juridicamente protegido	355
	6.5	Consumação e tentativa	355
	6.6	Elemento subjetivo	355
	6.7	Modalidades comissiva e omissiva	355
	6.8	Modalidade culposa	355
	6.9	Pena, ação penal, competência para julgamento e suspensão condicional do processo	355
	6.10	Destaques	356
		6.10.1 Ofensa ao princípio da proporcionalidade	356
		6.10.2 Crime contra a economia popular	356
	6.11	Quadro-resumo	356
7.	Falsificação, corrupção, adulteração ou alteração de produto destinado a fins terapêuticos ou medicinais		357
	7.1	Introdução	358
	7.2	Classificação doutrinária	359
	7.3	Sujeito ativo e sujeito passivo	359
	7.4	Objeto material e bem juridicamente protegido	360
	7.5	Consumação e tentativa	360

	7.6	Elemento subjetivo	360
	7.7	Modalidades comissiva e omissiva	360
	7.8	Modalidade culposa	360
	7.9	Pena, ação penal e suspensão condicional do processo	360
	7.10	Destaque	361
		7.10.1 Ofensa aos princípios da ofensividade e proporcionalidade	361
		7.10.2 Prioridade de tramitação do processo de falsificação, corrupção, adulteração ou alteração de produto destinado a fins terapêuticos ou medicinais (art. 273, *caput* e §§ 1º, 1º-A e 1º-B)	361
	7.11	Quadro-resumo	361
8.	Emprego de processo proibido ou de substância não permitida		362
	8.1	Introdução	362
	8.2	Classificação doutrinária	363
	8.3	Sujeito ativo e sujeito passivo	363
	8.4	Objeto material e bem juridicamente protegido	364
	8.5	Consumação e tentativa	364
	8.6	Elemento subjetivo	364
	8.7	Modalidades comissiva e omissiva	364
	8.8	Pena, ação penal e suspensão condicional do processo	364
	8.9	Destaque	365
		8.9.1 Crime contra a economia popular	365
	8.10	Quadro-resumo	365
9.	Invólucro ou recipiente com falsa indicação		365
	9.1	Introdução	366
	9.2	Classificação doutrinária	366
	9.3	Sujeito ativo e sujeito passivo	366
	9.4	Objeto material e bem juridicamente protegido	367
	9.5	Consumação e tentativa	367
	9.6	Elemento subjetivo	367
	9.7	Modalidades comissiva e omissiva	367
	9.8	Pena, ação penal e suspensão condicional do processo	367
	9.9	Destaque	368
		9.9.1 Falsa indicação em folhetos ou catálogos informativos	368
	9.10	Quadro-resumo	368
10.	Produto ou substância nas condições dos dois artigos anteriores		368
	10.1	Introdução	369
	10.2	Classificação doutrinária	369
	10.3	Sujeito ativo e sujeito passivo	369
	10.4	Objeto material e bem juridicamente protegido	369
	10.5	Consumação e tentativa	370
	10.6	Elemento subjetivo	370

	10.7	Modalidades comissiva e omissiva	370
	10.8	Pena, ação penal e suspensão condicional do processo	370
	10.9	Destaque	370
		10.9.1 Produto de primeira necessidade	370
	10.10	Quadro-resumo	371
11.	Substância destinada à falsificação		371
	11.1	Introdução	371
	11.2	Classificação doutrinária	372
	11.3	Sujeito ativo e sujeito passivo	373
	11.4	Objeto material e bem juridicamente protegido	373
	11.5	Consumação e tentativa	373
	11.6	Elemento subjetivo	373
	11.7	Modalidades comissiva e omissiva	374
	11.8	Pena, ação penal e suspensão condicional do processo	374
	11.9	Quadro-resumo	374
12.	Outras substâncias nocivas à saúde pública		375
	12.1	Introdução	375
	12.2	Classificação doutrinária	376
	12.3	Sujeito ativo e sujeito passivo	376
	12.4	Objeto material e bem juridicamente protegido	376
	12.5	Consumação e tentativa	376
	12.6	Elemento subjetivo	376
	12.7	Modalidades comissiva e omissiva	376
	12.8	Modalidade culposa	377
	12.9	Pena, ação penal, competência para julgamento e suspensão condicional do processo	377
	12.10	Quadro-resumo	377
13.	Medicamento em desacordo com receita médica		378
	13.1	Introdução	378
	13.2	Classificação doutrinária	379
	13.3	Sujeito ativo e sujeito passivo	379
	13.4	Objeto material e bem juridicamente protegido	380
	13.5	Consumação e tentativa	380
	13.6	Elemento subjetivo	380
	13.7	Modalidades comissiva e omissiva	380
	13.8	Modalidade culposa	380
	13.9	Pena, ação penal, competência para julgamento e suspensão condicional do processo	381
	13.10	Destaques	381
		13.10.1 Médico que prescreve medicamento com dose excessiva	381
		13.10.2 Receita prescrita por dentistas e parteiras	381

	13.10.3 Farmacêutico que aumenta a dose, agindo com *animus necandi*	382
	13.10.4 Lei Antidrogas	382
13.11	Quadro-resumo	382
14. Exercício ilegal da medicina, arte dentária ou farmacêutica		383
14.1	Introdução	383
14.2	Classificação doutrinária	384
14.3	Sujeito ativo e sujeito passivo	384
14.4	Objeto material e bem juridicamente protegido	384
14.5	Consumação e tentativa	384
14.6	Elemento subjetivo	385
14.7	Modalidades comissiva e omissiva	385
14.8	Pena, ação penal, competência para julgamento e suspensão condicional do processo	385
14.9	Destaques	386
	14.9.1 Exercício ilegal de profissão ou atividade	386
	14.9.2 Protético que exerce as funções de dentista	386
	14.9.3 Estado de necessidade e exercício ilegal da medicina, arte dentária ou farmacêutica	386
	14.9.4 Registro do diploma	387
	14.9.5 Médico, dentista ou farmacêutico suspenso das suas atividades	387
	14.9.6 Crime único	387
	14.9.7 Parteiras	387
14.10	Quadro-resumo	388
15. Charlatanismo		388
15.1	Introdução	388
15.2	Classificação doutrinária	390
15.3	Sujeito ativo e sujeito passivo	390
15.4	Objeto material e bem juridicamente protegido	390
15.5	Consumação e tentativa	390
15.6	Elemento subjetivo	390
15.7	Modalidades comissiva e omissiva	391
15.8	Pena, ação penal, competência para julgamento e suspensão condicional do processo	391
15.9	Quadro-resumo	391
16. Curandeirismo		392
16.1	Introdução	392
16.2	Classificação doutrinária	393
16.3	Sujeito ativo e sujeito passivo	393
16.4	Objeto material e bem juridicamente protegido	394
16.5	Consumação e tentativa	394
16.6	Elemento subjetivo	394
16.7	Modalidades comissiva e omissiva	394

16.8	Pena, ação penal, competência para julgamento e suspensão condicional do processo..	394
16.9	Destaque..	395
	16.9.1 Religião e curandeirismo..	395
16.10	Quadro-resumo..	395

PARTE IX
DOS CRIMES CONTRA A PAZ PÚBLICA

1. Introdução... 397
2. Incitação ao crime... 398
   - 2.1 Introdução.. 398
   - 2.2 Classificação doutrinária.. 399
   - 2.3 Sujeito ativo e sujeito passivo.. 400
   - 2.4 Objeto material e bem juridicamente protegido.. 400
   - 2.5 Consumação e tentativa.. 400
   - 2.6 Elemento subjetivo.. 400
   - 2.7 Modalidades comissiva e omissiva.. 401
   - 2.8 Pena, ação penal, competência para julgamento e suspensão condicional do processo.. 401
   - 2.9 Destaques... 401
     - 2.9.1 Incitamento e Código Penal Militar... 401
     - 2.9.2 Incitação ao genocídio... 401
     - 2.9.3 Incitação à discriminação ou preconceito de raça, cor, etnia, religião ou procedência nacional... 402
     - 2.9.4 Incitação e concurso de pessoas... 402
   - 2.10 Quadro-resumo.. 402
3. Apologia de crime ou criminoso.. 403
   - 3.1 Introdução.. 403
   - 3.2 Classificação doutrinária.. 405
   - 3.3 Sujeito ativo e sujeito passivo.. 405
   - 3.4 Objeto material e bem juridicamente protegido.. 405
   - 3.5 Consumação e tentativa.. 405
   - 3.6 Elemento subjetivo.. 405
   - 3.7 Modalidades comissiva e omissiva.. 405
   - 3.8 Pena, ação penal, competência para julgamento e suspensão condicional do processo.. 406
   - 3.9 Destaques... 406
     - 3.9.1 Apologia de mais de um fato criminoso ou de mais de um autor de crime... 406
     - 3.9.2 Apologia ao crime e "marcha da maconha"... 406
   - 3.10 Quadro-resumo.. 407

4.	Associação criminosa	408
4.1	Introdução	408
4.2	Classificação doutrinária	409
4.3	Sujeito ativo e sujeito passivo	409
4.4	Objeto material e bem juridicamente protegido	409
4.5	Consumação e tentativa	410
4.6	Elemento subjetivo	410
4.7	Modalidades comissiva e omissiva	410
4.8	Modalidade qualificada	410
4.9	Causa especial de aumento de pena	411
4.10	Pena, ação penal e suspensão condicional do processo	412
4.11	Destaques	412
4.11.1	Inimputáveis como integrantes da associação criminosa	412
4.11.2	Agentes não identificados	413
4.11.3	Abandono por um integrante da associação criminosa depois de formada	413
4.11.4	Prática de delito pelo grupo, sem o conhecimento de um de seus integrantes	413
4.11.5	Concurso eventual de pessoas e associação criminosa	414
4.11.6	Concurso de pessoas como qualificadora ou majorante de outro crime	414
4.11.7	Finalidade de praticar contravenções penais	415
4.11.8	Associação para o tráfico ilícito de drogas	415
4.11.9	Organização criminosa	416
4.11.10	Prisão temporária	418
4.11.11	Genocídio	418
4.11.12	Delação premiada nas Leis nº 7.492, de 16 de junho de 1986 (crimes contra o sistema financeiro nacional), e nº 8.137, de 27 de dezembro de 1990 (crimes contra a ordem tributária, econômica e relações de consumo)	419
4.11.13	Colaboração premiada na Lei nº 12.850, de 2 de agosto de 2013	419
4.11.14	Causa especial de aumento de pena e *novatio legis in mellius*	419
4.11.15	Aplicação da causa especial de aumento de pena do parágrafo único do art. 288 do Código Penal à associação criminosa qualificada	420
4.12	Quadro-resumo	420
5.	Constituição de milícia privada	421
5.1	Introdução	421
5.2	Classificação doutrinária	427
5.3	Sujeito ativo e sujeito passivo	427
5.4	Objeto material e bem juridicamente protegido	427
5.5	Consumação e tentativa	427
5.6	Elemento subjetivo	428
5.7	Modalidades comissiva e omissiva	428

5.8	Pena e ação penal		429
5.9	Destaques		429
	5.9.1	Diferença entre associação criminosa e a constituição de milícia privada	429
	5.9.2	Diferença entre a organização criminosa e a constituição de milícia privada	430
	5.9.3	Número necessário à caracterização do crime de milícia privada	431
5.10	Quadro-resumo		432

PARTE X
DOS CRIMES CONTRA A FÉ PÚBLICA

1. Introdução 435

Capítulo I – Da Moeda Falsa **437**

1. Introdução 437
   - 1.1 Classificação doutrinária 439
   - 1.2 Sujeito ativo e sujeito passivo 439
   - 1.3 Objeto material e bem juridicamente protegido 439
   - 1.4 Consumação e tentativa 439
   - 1.5 Elemento subjetivo 439
   - 1.6 Modalidades comissiva e omissiva 440
   - 1.7 Circulação de moeda falsa 440
   - 1.8 Modalidade privilegiada 440
   - 1.9 Modalidade qualificada 441
   - 1.10 Desvio e circulação antecipada 441
   - 1.11 Pena, ação penal, competência para julgamento e suspensão condicional do processo 442
   - 1.12 Destaques 442
     - 1.12.1 Falsificação grosseira, sem qualquer capacidade de iludir as pessoas 442
     - 1.12.2 Moeda que não possui curso legal utilizada pelo agente 443
     - 1.12.3 Competência para julgamento 443
   - 1.13 Quadro-resumo 443
2. Crimes assimilados ao de moeda falsa 444
   - 2.1 Introdução 444
   - 2.2 Classificação doutrinária 445
   - 2.3 Sujeito ativo e sujeito passivo 445
   - 2.4 Objeto material e bem juridicamente protegido 445
   - 2.5 Consumação e tentativa 445
   - 2.6 Elemento subjetivo 446
   - 2.7 Modalidades comissiva e omissiva 446
   - 2.8 Modalidade qualificada 446
   - 2.9 Pena e ação penal 446

		2.10	Quadro-resumo	446
3.	Petrechos para falsificação de moeda			447
	3.1		Introdução	447
	3.2		Classificação doutrinária	448
	3.3		Sujeito ativo e sujeito passivo	448
	3.4		Objeto material e bem juridicamente protegido	448
	3.5		Consumação e tentativa	448
	3.6		Elemento subjetivo	449
	3.7		Modalidades comissiva e omissiva	449
	3.8		Pena e ação penal	449
	3.9		Destaque	450
		3.9.1	Concurso entre os crimes de moeda falsa e de petrechos para falsificação de moeda	450
	3.10		Quadro-resumo	450
4.	Emissão de título ao portador sem permissão legal			450
	4.1		Introdução	451
	4.2		Classificação doutrinária	451
	4.3		Sujeito ativo e sujeito passivo	452
	4.4		Objeto material e bem juridicamente protegido	452
	4.5		Consumação e tentativa	452
	4.6		Elemento subjetivo	452
	4.7		Modalidades comissiva e omissiva	453
	4.8		Pena e ação penal, competência para julgamento e suspensão condicional do processo	453
	4.9		Quadro-resumo	453

Capítulo II – Da Falsidade de Títulos e Outros Papéis Públicos 455

1.	Falsificação de papéis públicos		455
	1.1	Introdução	455
	1.2	Classificação doutrinária	458
	1.3	Sujeito ativo e sujeito passivo	458
	1.4	Objeto material e bem juridicamente protegido	458
	1.5	Consumação e tentativa	458
	1.6	Elemento subjetivo	459
	1.7	Modalidades comissiva e omissiva	459
	1.8	Pena, ação penal, competência para julgamento e suspensão condicional do processo	459
	1.9	Quadro-resumo	459
2.	Petrechos de falsificação		460
	2.1	Introdução	460
	2.2	Classificação doutrinária	461
	2.3	Sujeito ativo e sujeito passivo	461

2.4	Objeto material e bem juridicamente protegido		461
2.5	Consumação e tentativa		461
2.6	Elemento subjetivo		461
2.7	Modalidades comissiva e omissiva		461
2.8	Pena, ação penal e suspensão condicional do processo		462
2.9	Destaques		462
	2.9.1	Agente que falsifica os papéis	462
	2.9.2	Petrechos de falsificação de selo, fórmula de franqueamento ou vale-postal	462
2.10	Quadro-resumo		462

Capítulo III – Da Falsidade Documental 464

1. Falsificação de selo ou sinal público 464
   - 1.1 Introdução 464
   - 1.2 Classificação doutrinária 466
   - 1.3 Sujeito ativo e sujeito passivo 466
   - 1.4 Objeto material e bem juridicamente protegido 466
   - 1.5 Consumação e tentativa 466
   - 1.6 Elemento subjetivo 466
   - 1.7 Modalidades comissiva e omissiva 467
   - 1.8 Causa especial de aumento de pena 467
   - 1.9 Pena e ação penal 467
   - 1.10 Quadro-resumo 467
2. Falsificação de documento público 468
   - 2.1 Introdução 468
   - 2.2 Classificação doutrinária 473
   - 2.3 Sujeito ativo e sujeito passivo 473
   - 2.4 Objeto material e bem juridicamente protegido 473
   - 2.5 Consumação e tentativa 473
   - 2.6 Elemento subjetivo 473
   - 2.7 Modalidades comissiva e omissiva 473
   - 2.8 Causa especial de aumento de pena 474
   - 2.9 Pena e ação penal 474
   - 2.10 Destaques 474
     - 2.10.1 Uso de documento público falso 474
     - 2.10.2 Falsificação de documento público e estelionato 474
     - 2.10.3 Fotocópias não autenticadas 475
     - 2.10.4 Falsificação de documento público para fins eleitorais 475
     - 2.10.5 Competência para julgamento da falsificação quando se tratar de Caderneta de Inscrição e Registro (CIR) ou de Carteira de Habilitação de Arrais-Amador (CHA), ambas expedidas pela Marinha do Brasil 475
     - 2.10.6 Falsificação de documento e Código Penal Militar 476

	2.11	Quadro-resumo..	476
3.	Falsificação de documento particular		476
	3.1	Introdução...	477
	3.2	Classificação doutrinária...	478
	3.3	Sujeito ativo e sujeito passivo...	478
	3.4	Objeto material e bem juridicamente protegido	479
	3.5	Consumação e tentativa..	479
	3.6	Elemento subjetivo..	479
	3.7	Modalidades comissiva e omissiva	479
	3.8	Pena, ação penal e suspensão condicional do processo	479
	3.9	Destaques..	479
		3.9.1 Uso de documento particular falso	479
		3.9.2 Falsificação de documento particular e estelionato.................................	479
		3.9.3 Falsificação de documento particular para fins eleitorais......................	480
		3.9.4 Falsificação de documento particular e crimes contra a ordem tributária, econômica e relações de consumo...	480
		3.9.5 Falsificação de documento e Código Penal Militar....................................	480
	3.10	Quadro-resumo..	480
4.	Falsidade ideológica		481
	4.1	Introdução...	481
	4.2	Classificação doutrinária...	482
	4.3	Sujeito ativo e sujeito passivo...	482
	4.4	Objeto material e bem juridicamente protegido	482
	4.5	Consumação e tentativa..	483
	4.6	Elemento subjetivo..	483
	4.7	Modalidades comissiva e omissiva	483
	4.8	Causa especial de aumento de pena	483
	4.9	Pena, ação penal e suspensão condicional do processo	483
	4.10	Destaques..	484
		4.10.1 Folha em branco e abuso no seu preenchimento.....................................	484
		4.10.2 Uso do documento ideologicamente falsificado..	484
		4.10.3 Falsidade ideológica de circunstância incompatível com a realidade.....	484
		4.10.4 Declaração de nascimento inexistente	485
		4.10.5 Parto alheio como próprio	485
		4.10.6 Falsidade ideológica e sonegação fiscal...	485
		4.10.7 Falsidade ideológica e estelionato	485
		4.10.8 Declaração falsa para efeitos de instrução de pedido de remição........	485
		4.10.9 Falsidade ideológica para fins eleitorais..	486
		4.10.10 Falsidade ideológica e crimes contra o sistema financeiro.....................	486
		4.10.11 Falsidade ideológica e crimes ambientais...	486
		4.10.12 Falsificação ideológica e Código Penal Militar..	486

	4.11 Quadro-resumo	487
5.	Falso reconhecimento de firma ou letra	487
	5.1 Introdução	488
	5.2 Classificação doutrinária	488
	5.3 Sujeito ativo e sujeito passivo	488
	5.4 Objeto material e bem juridicamente protegido	489
	5.5 Consumação e tentativa	489
	5.6 Elemento subjetivo	489
	5.7 Modalidades comissiva e omissiva	489
	5.8 Pena, ação penal e suspensão condicional do processo	489
	5.9 Destaque	489
	5.9.1 Falso reconhecimento de firma ou letra com fins eleitorais	489
	5.10 Quadro-resumo	490
6.	Certidão ou atestado ideologicamente falso – Falsidade material de atestado ou certidão	490
	6.1 Introdução	491
	6.2 Classificação doutrinária	492
	6.3 Sujeito ativo e sujeito passivo	492
	6.4 Objeto material e bem juridicamente protegido	493
	6.5 Consumação e tentativa	493
	6.6 Elemento subjetivo	493
	6.7 Modalidades comissiva e omissiva	493
	6.8 Pena, ação penal, competência para julgamento e suspensão condicional do processo	493
	6.9 Destaque	494
	6.9.1 Certidão ou atestado ideologicamente falso e Código Penal Militar	494
	6.10 Quadro-resumo	494
7.	Falsidade de atestado médico	495
	7.1 Introdução	495
	7.2 Classificação doutrinária	495
	7.3 Sujeito ativo e sujeito passivo	496
	7.4 Objeto material e bem juridicamente protegido	496
	7.5 Consumação e tentativa	496
	7.6 Elemento subjetivo	496
	7.7 Modalidades comissiva e omissiva	496
	7.8 Pena, ação penal, competência para julgamento e suspensão condicional do processo	496
	7.9 Destaque	497
	7.9.1 Médico que é funcionário público	497
	7.10 Quadro-resumo	497
8.	Reprodução ou adulteração de selo ou peça filatélica	498
	8.1 Introdução	498

	8.2	Classificação doutrinária	499
	8.3	Sujeito ativo e sujeito passivo	499
	8.4	Objeto material e bem juridicamente protegido	500
	8.5	Consumação e tentativa	500
	8.6	Elemento subjetivo	500
	8.7	Modalidades comissiva e omissiva	500
	8.8	Pena, ação penal, competência para julgamento e suspensão condicional do processo	500
	8.9	Destaque	501
		8.9.1 Guarda de selo falso	501
	8.10	Quadro-resumo	501
9.	Uso de documento falso	501
	9.1	Introdução	501
	9.2	Classificação doutrinária	502
	9.3	Sujeito ativo e sujeito passivo	502
	9.4	Objeto material e bem juridicamente protegido	502
	9.5	Consumação e tentativa	502
	9.6	Elemento subjetivo	502
	9.7	Modalidades comissiva e omissiva	503
	9.8	Pena, ação penal, competência para julgamento e suspensão condicional do processo	503
	9.9	Destaques	503
		9.9.1 Apresentação do documento pelo agente	503
		9.9.2 Documento que é encontrado em poder do agente	504
		9.9.3 Competência para julgamento do delito de uso de passaporte falso	504
		9.9.4 Falsificação ou alteração do documento e uso pelo próprio agente	504
		9.9.5 Uso de documento falso e estelionato	505
		9.9.6 Usuário que solicita a falsificação do documento	505
		9.9.7 Fotocópia não autenticada	505
		9.9.8 Falsificação grosseira	506
		9.9.9 Uso de documento falso relativo a estabelecimento particular de ensino	506
		9.9.10 Competência para julgamento do uso de documento falso quando se tratar de Caderneta de Inscrição e Registro (CIR) ou de Carteira de Habilitação de Arrais-Amador (CHA), ambas expedidas pela Marinha do Brasil	506
		9.9.11 Uso de documento falso e crime contra a ordem tributária	506
		9.9.12 Uso de documento falso e Código Penal Militar	506
	9.10	Quadro-resumo	507
10.	Supressão de documento	507
	10.1	Introdução	507
	10.2	Classificação doutrinária	508

	10.3	Sujeito ativo e sujeito passivo	509
	10.4	Objeto material e bem juridicamente protegido	509
	10.5	Consumação e tentativa	509
	10.6	Elemento subjetivo	509
	10.7	Modalidades comissiva e omissiva	509
	10.8	Pena, ação penal e suspensão condicional do processo	510
	10.9	Destaques	510
		10.9.1 Supressão de documento e crime contra a ordem tributária	510
		10.9.2 Supressão de documentos e Código Penal Militar	510
	10.10	Quadro-resumo	510

Capítulo IV – De Outras Falsidades ... 512

1. Falsificação do sinal empregado no contraste de metal precioso ou na fiscalização alfandegária, ou para outros fins ... 512
   - 1.1 Introdução ... 512
   - 1.2 Classificação doutrinária ... 513
   - 1.3 Sujeito ativo e sujeito passivo ... 513
   - 1.4 Objeto material e bem juridicamente protegido ... 513
   - 1.5 Consumação e tentativa ... 514
   - 1.6 Elemento subjetivo ... 514
   - 1.7 Modalidades comissiva e omissiva ... 514
   - 1.8 Modalidade privilegiada ... 514
   - 1.9 Pena, ação penal e suspensão condicional do processo ... 515
   - 1.10 Destaque ... 515
     - 1.10.1 Alternatividade entre reclusão e detenção ... 515
   - 1.11 Quadro-resumo ... 516
2. Falsa identidade ... 516
   - 2.1 Introdução ... 516
   - 2.2 Classificação doutrinária ... 517
   - 2.3 Sujeito ativo e sujeito passivo ... 518
   - 2.4 Objeto material e bem juridicamente protegido ... 518
   - 2.5 Consumação e tentativa ... 518
   - 2.6 Elemento subjetivo ... 518
   - 2.7 Modalidades comissiva e omissiva ... 518
   - 2.8 Pena, ação penal, competência para julgamento e suspensão condicional do processo ... 519
   - 2.9 Destaques ... 519
     - 2.9.1 Falsa identidade e autodefesa ... 519
     - 2.9.2 Agente que silencia com relação à sua identidade ou não nega a falsa identidade a ele atribuída ... 521
     - 2.9.3 Recusa de dados sobre a própria identidade ou qualificação ... 521
     - 2.9.4 Simulação da qualidade de funcionário público ... 522

		2.9.5	Usurpação de função pública	522
		2.9.6	Uso de documento falso de identidade	522
		2.9.7	Falsa identidade e furto	522
		2.9.8	Falsa identidade e Código Penal Militar	523
	2.10	Quadro-resumo		523
3.	Uso de documento de identidade alheia			523
	3.1	Introdução		524
	3.2	Classificação doutrinária		525
	3.3	Sujeito ativo e sujeito passivo		525
	3.4	Objeto material e bem juridicamente protegido		525
	3.5	Consumação e tentativa		525
	3.6	Elemento subjetivo		526
	3.7	Modalidades comissiva e omissiva		526
	3.8	Pena e ação penal, competência para julgamento e suspensão condicional do processo		526
	3.9	Destaques		526
		3.9.1	Delito subsidiário	526
		3.9.2	Uso de documento pessoal alheio e Código Penal Militar	527
	3.10	Quadro-resumo		527
4.	Fraude de lei sobre estrangeiro			528
	4.1	Introdução		528
	4.2	Classificação doutrinária		529
	4.3	Sujeito ativo e sujeito passivo		529
	4.4	Objeto material e bem juridicamente protegido		529
	4.5	Consumação e tentativa		529
	4.6	Elemento subjetivo		530
	4.7	Modalidades comissiva e omissiva		530
	4.8	Modalidade qualificada		530
	4.9	Pena, ação penal e suspensão condicional do processo		531
	4.10	Quadro-resumo		531
5.	Falsidade em prejuízo da nacionalização de sociedade			532
	5.1	Introdução		532
	5.2	Classificação doutrinária		532
	5.3	Sujeito ativo e sujeito passivo		533
	5.4	Objeto material e bem juridicamente protegido		533
	5.5	Consumação e tentativa		533
	5.6	Elemento subjetivo		533
	5.7	Modalidades comissiva e omissiva		533
	5.8	Pena, ação penal e suspensão condicional do processo		533
	5.9	Quadro-resumo		534
6.	Adulteração de sinal identificador de veículo			534

6.1	Introdução	535
6.2	Classificação doutrinária	536
6.3	Sujeito ativo e sujeito passivo	536
6.4	Objeto material e bem juridicamente protegido	536
6.5	Consumação e tentativa	536
6.6	Elemento subjetivo	537
6.7	Modalidades comissiva e omissiva	537
6.8	Causa especial de aumento de pena	537
6.9	Modalidades assemelhadas	537
6.10	Pena e ação penal	538
6.11	Crime continuado	538
	6.11.1 Alteração de placa de identificação do veículo com fita adesiva	538
	6.11.2 Falsificação grosseira	539
6.12	Quadro-resumo	539

Capítulo V – Das Fraudes em Certames de Interesse Público 540

1. Fraudes em certames de interesse público 540

1.1	Introdução	540
1.2	Classificação doutrinária	543
1.3	Objeto material e bem juridicamente protegido	544
1.4	Sujeito ativo e sujeito passivo	544
1.5	Consumação e tentativa	544
1.6	Elemento subjetivo	546
1.7	Modalidades comissiva e omissiva	546
1.8	Modalidades qualificadas	546
1.9	Causa especial de aumento de pena	546
1.10	Pena, ação penal, suspensão condicional do processo	547
1.11	Destaque	547
	1.11.1 Funcionário público	547
1.12	Cola eletrônica	548
1.13	Quadro-resumo	549

PARTE XI
DOS CRIMES CONTRA A ADMINISTRAÇÃO PÚBLICA

1. Introdução 551

1.1	Crimes funcionais próprios e crimes funcionais impróprios	552
1.2	Conceito de funcionário público	552
1.3	Procedimento previsto para os crimes praticados por funcionário público	554
1.4	Independência das instâncias administrativa e penal	554
1.5	Princípio da insignificância e crimes contra a Administração Pública	555
1.6	Divisão do Título XI da Parte Especial do Código Penal	557

1.7	Jurisprudência em teses do Superior Tribunal de Justiça, edição nº 57: crimes contra a Administração Pública	557
1.8	Jurisprudência em teses do Superior Tribunal de Justiça, edição nº 81: crimes contra a Administração Pública – II	558

Capítulo I – Dos Crimes Praticados por Funcionário Público contra a Administração em Geral 560

1. Peculato 560
   - 1.1 Introdução 560
   - 1.2 Classificação doutrinária 563
   - 1.3 Sujeito ativo e sujeito passivo 563
   - 1.4 Objeto material e bem juridicamente protegido 564
   - 1.5 Consumação e tentativa 564
   - 1.6 Elemento subjetivo 564
   - 1.7 Modalidades comissiva e omissiva 564
   - 1.8 Modalidade culposa 564
   - 1.9 Extinção da punibilidade 565
   - 1.10 Causa especial de aumento de pena 565
   - 1.11 Pena, ação penal, competência para julgamento e suspensão condicional do processo 565
   - 1.12 Destaques 566
     - 1.12.1 Peculato de uso 566
     - 1.12.2 Reparação do dano e peculato doloso 566
     - 1.12.3 Consolidação das Leis do Trabalho 566
     - 1.12.4 Peculato e crime de responsabilidade de prefeito 566
     - 1.12.5 Peculato e Código Penal Militar 567
   - 1.13 Quadro-resumo 567
2. Peculato mediante erro de outrem 568
   - 2.1 Introdução 568
   - 2.2 Classificação doutrinária 569
   - 2.3 Sujeito ativo e sujeito passivo 569
   - 2.4 Objeto material e bem juridicamente protegido 569
   - 2.5 Consumação e tentativa 570
   - 2.6 Elemento subjetivo 570
   - 2.7 Modalidades comissiva e omissiva 570
   - 2.8 Causa especial de aumento de pena 570
   - 2.9 Pena, ação penal e suspensão condicional do processo 570
   - 2.10 Destaque 570
     - 2.10.1 Peculato mediante aproveitamento de erro de outrem e Código Penal Militar 570
   - 2.11 Quadro-resumo 571
3. Inserção de dados falsos em sistema de informações 571

3.1	Introdução	571
3.2	Classificação doutrinária	572
3.3	Sujeito ativo e sujeito passivo	572
3.4	Objeto material e bem juridicamente protegido	573
3.5	Consumação e tentativa	573
3.6	Elemento subjetivo	573
3.7	Modalidades comissiva e omissiva	573
3.8	Causa especial de aumento de pena	574
3.9	Pena e ação penal	574
3.10	Destaques	574
	3.10.1 Crime eleitoral	574
	3.10.2 Inserção de dados falsos em sistema de informação e falsidade ideológica	574
3.11	Quadro-resumo	575

4. Modificação ou alteração não autorizada de sistema de informações 575

4.1	Introdução	575
4.2	Classificação doutrinária	576
4.3	Sujeito ativo e sujeito passivo	576
4.4	Objeto material e bem juridicamente protegido	577
4.5	Consumação e tentativa	577
4.6	Elemento subjetivo	577
4.7	Modalidades comissiva e omissiva	577
4.8	Causas especiais de aumento de pena	577
4.9	Pena, ação penal, competência para julgamento e suspensão condicional do processo	578
4.10	Quadro-resumo	578

5. Extravio, sonegação ou inutilização de livro ou documento 579

5.1	Introdução	579
5.2	Classificação doutrinária	579
5.3	Sujeito ativo e sujeito passivo	580
5.4	Objeto material e bem juridicamente protegido	580
5.5	Consumação e tentativa	580
5.6	Elemento subjetivo	580
5.7	Modalidades comissiva e omissiva	580
5.8	Causa especial de aumento de pena	580
5.9	Pena, ação penal e suspensão condicional do processo	581
5.10	Destaques	581
	5.10.1 Inutilização ou sonegação praticada por advogado ou procurador	581
	5.10.2 Extravio, sonegação ou inutilização de livro ou documento e Código Penal Militar	581
5.11	Quadro-resumo	581

6. Emprego irregular de verbas ou rendas públicas 582

6.1	Introdução	582
6.2	Classificação doutrinária	583
6.3	Sujeito ativo e sujeito passivo	584
6.4	Objeto material e bem juridicamente protegido	584
6.5	Consumação e tentativa	584
6.6	Elemento subjetivo	584
6.7	Modalidades comissiva e omissiva	584
6.8	Causa especial de aumento de pena	584
6.9	Pena, ação penal, competência para julgamento e suspensão condicional do processo	585
6.10	Destaques	585
	6.10.1 Emprego irregular de verbas ou rendas públicas e crime de responsabilidade de prefeito	585
	6.10.2 Aplicação ilegal de verba ou dinheiro e Código Penal Militar	585
6.11	Quadro-resumo	585
7. Concussão		586
7.1	Introdução	586
7.2	Classificação doutrinária	588
7.3	Sujeito ativo e sujeito passivo	588
7.4	Objeto material e bem juridicamente protegido	588
7.5	Consumação e tentativa	588
7.6	Elemento subjetivo	589
7.7	Modalidades comissiva e omissiva	589
7.8	Excesso de exação	589
7.9	Concussão desvio	590
7.10	Causa especial de aumento de pena	591
7.11	Pena e ação penal	591
7.12	Destaques	592
	7.12.1 Diferença entre concussão e extorsão	592
	7.12.2 Diferença entre concussão e corrupção passiva	593
	7.12.3 Crime funcional contra a ordem tributária	593
	7.12.4 Prisão em flagrante quando da entrega da vantagem indevida	593
	7.12.5 Concussão praticada por jurados	594
	7.12.6 Concussão, excesso de exação, desvio e Código Penal Militar	594
	7.12.7 Concussão praticada por médico conveniado ao SUS	595
7.13	Quadro-resumo	595
8. Corrupção passiva		596
8.1	Introdução	596
8.2	Classificação doutrinária	598
8.3	Sujeito ativo e sujeito passivo	598
8.4	Objeto material e bem juridicamente protegido	599

8.5	Consumação e tentativa		599
8.6	Elemento subjetivo		599
8.7	Modalidades comissiva e omissiva		599
8.8	Modalidade privilegiada		599
8.9	Causas de aumento de pena		600
8.10	Pena, ação penal, competência para julgamento e suspensão condicional do processo		600
8.11	Destaques		601
	8.11.1	Princípio da insignificância	601
	8.11.2	Corrupção passiva praticada por jurados	601
	8.11.3	Corrupção passiva e Código Penal Militar	601
	8.11.4	Crime de corrupção privada no esporte	602
8.12	Quadro-resumo		602
9. Facilitação de contrabando ou descaminho			603
9.1	Introdução		603
9.2	Classificação doutrinária		603
9.3	Sujeito ativo e sujeito passivo		604
9.4	Objeto material e bem juridicamente protegido		604
9.5	Consumação e tentativa		604
9.6	Elemento subjetivo		604
9.7	Modalidades comissiva e omissiva		604
9.8	Causa especial de aumento de pena		605
9.9	Pena e ação penal		605
9.10	Destaque		605
	9.10.1	Competência para julgamento	605
9.11	Quadro-resumo		605
10. Prevaricação			606
10.1	Introdução		606
10.2	Classificação doutrinária		608
10.3	Sujeito ativo e sujeito passivo		608
10.4	Objeto material e bem juridicamente protegido		608
10.5	Consumação e tentativa		608
10.6	Elemento subjetivo		608
10.7	Modalidades comissiva e omissiva		608
10.8	Causa especial de aumento de pena		609
10.9	Pena, ação penal, competência para julgamento e suspensão condicional do processo		609
10.10	Destaques		609
	10.10.1	Prevaricação praticada por jurados	609
	10.10.2	Prevaricação e Código Penal Militar	609
10.11	Quadro-resumo		609

11. Omissão de dever de vedar ao preso o acesso a aparelho telefônico, de rádio ou similar 610
    11.1 Introdução 610
    11.2 Classificação doutrinária 612
    11.3 Sujeito ativo e sujeito passivo 612
    11.4 Objeto material e bem juridicamente protegido 612
    11.5 Consumação e tentativa 612
    11.6 Elemento subjetivo 613
    11.7 Modalidades comissiva e omissiva 613
    11.8 Pena, ação penal, competência para julgamento e suspensão condicional do processo 613
    11.9 Destaques 613
        11.9.1 Diferença entre os crimes de corrupção passiva e omissão de dever de vedar ao preso o acesso a aparelho telefônico, de rádio ou similar 613
        11.9.2 Falta grave pela posse e utilização ou fornecimento de aparelho telefônico, de rádio ou similar 614
        11.9.3 Ingresso de pessoa portando aparelho telefônico de comunicação móvel, de rádio ou similar, sem autorização legal, em estabelecimento prisional 615
    11.10 Quadro-resumo 615
12. Condescendência criminosa 615
    12.1 Introdução 615
    12.2 Classificação doutrinária 617
    12.3 Sujeito ativo e sujeito passivo 617
    12.4 Objeto material e bem juridicamente protegido 617
    12.5 Consumação e tentativa 617
    12.6 Elemento subjetivo 617
    12.7 Modalidades comissiva e omissiva 618
    12.8 Causa especial de aumento de pena 618
    12.9 Pena, ação penal, competência para julgamento e suspensão condicional do processo 618
    12.10 Destaque 618
        12.10.1 Condescendência criminosa e Código Penal Militar 618
    12.11 Quadro-resumo 618
13. Advocacia administrativa 619
    13.1 Introdução 619
    13.2 Classificação doutrinária 620
    13.3 Sujeito ativo e sujeito passivo 620
    13.4 Objeto material e bem juridicamente protegido 620
    13.5 Consumação e tentativa 620
    13.6 Elemento subjetivo 621
    13.7 Modalidades comissiva e omissiva 621

13.8	Modalidade qualificada	621
13.9	Causa especial de aumento de pena	621
13.10	Pena, ação penal, competência para julgamento e suspensão condicional do processo	621
13.11	Destaques	622
	13.11.1 Advocacia administrativa da Lei de Licitações	622
	13.11.2 Crime contra a ordem tributária	622
	13.11.3 Concurso de crimes	622
	13.11.4 Patrocínio indébito e Código Penal Militar	622
13.12	Quadro-resumo	623
14. Violência arbitrária		623
14.1	Introdução	623
14.2	Classificação doutrinária	624
14.3	Sujeito ativo e sujeito passivo	625
14.4	Objeto material e bem juridicamente protegido	625
14.5	Consumação e tentativa	625
14.6	Elemento subjetivo	625
14.7	Modalidades comissiva e omissiva	625
14.8	Causa especial de aumento de pena	625
14.9	Pena, ação penal e suspensão condicional do processo	625
14.10	Destaques	626
	14.10.1 Concurso de infrações penais	626
	14.10.2 Absorção da contravenção penal de vias de fato	626
	14.10.3 Violência arbitrária e Código Penal Militar	626
14.11	Quadro-resumo	626
15. Abandono de função		627
15.1	Introdução	627
15.2	Classificação doutrinária	628
15.3	Sujeito ativo e sujeito passivo	628
15.4	Objeto material e bem juridicamente protegido	629
15.5	Consumação e tentativa	629
15.6	Elemento subjetivo	629
15.7	Modalidades comissiva e omissiva	629
15.8	Modalidades qualificadas	629
15.9	Causa especial de aumento de pena	630
15.10	Pena, ação penal, competência para julgamento e suspensão condicional do processo	630
15.11	Destaques	630
	15.11.1 Abandono de serviço eleitoral	630
	15.11.2 Abandono de cargo e Código Penal Militar	631
15.12	Quadro-resumo	631

16. Exercício funcional ilegalmente antecipado ou prolongado	631
16.1 Introdução	632
16.2 Classificação doutrinária	632
16.3 Sujeito ativo e sujeito passivo	633
16.4 Objeto material e bem juridicamente protegido	633
16.5 Consumação e tentativa	633
16.6 Elemento subjetivo	633
16.7 Modalidades comissiva e omissiva	634
16.8 Causa especial de aumento de pena	634
16.9 Pena, ação penal, competência para julgamento e suspensão condicional do processo	634
16.10 Destaque	634
16.10.1 Exercício funcional ilegal e Código Penal Militar	634
16.11 Quadro-resumo	635
17. Violação de sigilo funcional	635
17.1 Introdução	636
17.2 Classificação doutrinária	636
17.3 Sujeito ativo e sujeito passivo	637
17.4 Objeto material e bem juridicamente protegido	637
17.5 Consumação e tentativa	637
17.6 Elemento subjetivo	637
17.7 Modalidades comissiva e omissiva	637
17.8 Modalidade assemelhada	637
17.9 Modalidade qualificada	638
17.10 Causa especial de aumento de pena	638
17.11 Pena, ação penal, competência para julgamento e suspensão condicional do processo	638
17.12 Destaques	638
17.12.1 Violação de sigilo funcional e Código Penal Militar	638
17.12.2 Revelação de segredo particular	639
17.12.3 Revelação das informações sobre as quais dispõe a Lei nº 8.021, de 12 de abril de 1990	639
17.12.4 Acesso a informações	639
17.12.5 Proibição de monitoramento de áudio e vídeo nas celas e no atendimento advocatício	640
17.13 Quadro-resumo	641
18. Violação do sigilo de proposta de concorrência	641
18.1 Introdução	642
18.2 Classificação doutrinária	642
18.3 Sujeito ativo e sujeito passivo	642
18.4 Objeto material e bem juridicamente protegido	642
18.5 Consumação e tentativa	642

18.6		Elemento subjetivo	643
18.7		Modalidades comissiva e omissiva	643
18.8		Pena e ação penal	643
18.9		Quadro-resumo	643

Capítulo II – Dos Crimes Praticados por Particular contra a Administração em Geral 645

1. Usurpação de função pública 645
   - 1.1 Introdução 645
   - 1.2 Classificação doutrinária 646
   - 1.3 Sujeito ativo e sujeito passivo 646
   - 1.4 Objeto material e bem juridicamente protegido 646
   - 1.5 Consumação e tentativa 646
   - 1.6 Elemento subjetivo 646
   - 1.7 Modalidades comissiva e omissiva 647
   - 1.8 Modalidade qualificada 647
   - 1.9 Pena, ação penal, competência para julgamento e suspensão condicional do processo 647
   - 1.10 Destaques 647
     - 1.10.1 Agente que é o titular da função, mas que se encontra temporariamente suspenso por decisão judicial 647
     - 1.10.2 Agente que finge ser funcionário, sem praticar, efetivamente, qualquer ato 648
     - 1.10.3 Usurpação de função e Código Penal Militar 648
     - 1.10.4 Usurpação de função pública e estelionato 648
     - 1.10.5 Usurpação de função pública praticada por funcionário público 648
     - 1.10.6 Usurpação de função pública e detetive particular 649
   - 1.11 Quadro-resumo 649
2. Resistência 650
   - 2.1 Introdução 650
   - 2.2 Classificação doutrinária 652
   - 2.3 Sujeito ativo e sujeito passivo 652
   - 2.4 Objeto material e bem juridicamente protegido 652
   - 2.5 Consumação e tentativa 653
   - 2.6 Elemento subjetivo 653
   - 2.7 Modalidades comissiva e omissiva 653
   - 2.8 Modalidade qualificada 653
   - 2.9 Concurso de infrações penais 653
   - 2.10 Pena, ação penal, competência para julgamento e suspensão condicional do processo 654
   - 2.11 Destaques 654
     - 2.11.1 Resistência e embriaguez 654

		2.11.2	Resistência e desacato	655
		2.11.3	Resistência e desobediência	655
		2.11.4	Resistência e roubo impróprio	656
		2.11.5	Auto de resistência e homicídio decorrente de intervenção policial	656
		2.11.6	Resistência mediante ameaça ou violência e Código Penal Militar	658
	2.12	Quadro-resumo		658
3.	Desobediência			658
	3.1	Introdução		659
	3.2	Classificação doutrinária		659
	3.3	Sujeito ativo e sujeito passivo		659
	3.4	Objeto material e bem juridicamente protegido		659
	3.5	Consumação e tentativa		660
	3.6	Elemento subjetivo		660
	3.7	Modalidades comissiva e omissiva		660
	3.8	Pena, ação penal, competência para julgamento e suspensão condicional do processo		660
	3.9	Destaques		660
		3.9.1	Desobediência a decisão judicial	660
		3.9.2	Desobediência e Código Penal Militar	661
		3.9.3	Desobediência praticada por funcionário público – Ministério Público e delegado de polícia	661
		3.9.4	Desobediência à ordem que implicaria autoincriminação ou prejuízo para o sujeito	662
		3.9.5	Indiciado ou acusado que se recusa a comparecer em juízo ou na delegacia de polícia a fim de prestar suas declarações	662
		3.9.6	Advogado que se recusa a prestar informações sobre fatos que importarão em prejuízo para seu cliente	663
		3.9.7	Cumulação da sanção penal por desobediência com sanção de natureza administrativa	663
		3.9.8	Mandado de segurança e crime de desobediência	663
		3.9.9	Desobediência e Lei da Ação Civil Pública	663
		3.9.10	Desobediência e Estatuto da Pessoa Idosa	663
		3.9.11	Desobediência de medida protetiva	664
	3.10	Quadro-resumo		664
4.	Desacato			664
	4.1	Introdução		665
	4.2	Classificação doutrinária		666
	4.3	Sujeito ativo e sujeito passivo		667
	4.4	Objeto material e bem juridicamente protegido		667
	4.5	Consumação e tentativa		667
	4.6	Elemento subjetivo		668
	4.7	Modalidades comissiva e omissiva		668

	4.8		Pena, ação penal, competência para julgamento e suspensão condicional do processo	668
	4.9	Destaques		668
		4.9.1	Pluralidade de funcionários ofendidos	668
		4.9.2	Desacato em estado de embriaguez	668
		4.9.3	Exigência de ânimo calmo e refletido	669
		4.9.4	Ofensa dirigida a funcionário que não se encontra presente	669
		4.9.5	Indignação e desacato	669
		4.9.6	Desacato e Código Penal Militar	670
		4.9.7	Desacato e Convenção Americana de Direitos Humanos	670
	4.10	Quadro-resumo		670
5.	Tráfico de influência			671
	5.1	Introdução		671
	5.2	Classificação doutrinária		672
	5.3	Sujeito ativo e sujeito passivo		672
	5.4	Objeto material e bem juridicamente protegido		672
	5.5	Consumação e tentativa		672
	5.6	Elemento subjetivo		673
	5.7	Modalidades comissiva e omissiva		673
	5.8	Causa especial de aumento de pena		673
	5.9	Pena e ação penal		673
	5.10	Destaques		674
		5.10.1	Tráfico de influência em transação comercial internacional	674
		5.10.2	Exploração de prestígio	674
		5.10.3	Tráfico de influência e Código Penal Militar	674
	5.11	Quadro-resumo		674
6.	Corrupção ativa			675
	6.1	Introdução		675
	6.2	Classificação doutrinária		676
	6.3	Sujeito ativo e sujeito passivo		676
	6.4	Objeto material e bem juridicamente protegido		676
	6.5	Consumação e tentativa		676
	6.6	Elemento subjetivo		677
	6.7	Modalidades comissiva e omissiva		677
	6.8	Causa especial de aumento de pena		677
	6.9	Pena e ação penal		677
	6.10	Destaques		677
		6.10.1	Corrupção ativa e Código Penal Militar	677
		6.10.2	Corrupção ativa em transação comercial internacional	678
		6.10.3	Oferecimento de vantagem indevida após a prática do ato	678

		6.10.4	Atipicidade no que diz respeito à conduta de dar a vantagem solicitada pelo funcionário público	678
		6.10.5	Oferecimento de pequenos agrados	678
		6.10.6	Corrupção privada no esporte	679
		6.10.7	Corrupção ativa e Código Eleitoral	679
	6.11	Quadro-resumo		679
7.	Descaminho			680
	7.1	Introdução		680
	7.2	Classificação doutrinária		682
	7.3	Sujeito ativo e sujeito passivo		682
	7.4	Objeto material e bem juridicamente protegido		682
	7.5	Consumação e tentativa		682
	7.6	Elemento subjetivo		683
	7.7	Modalidades comissiva e omissiva		683
	7.8	Modalidades assemelhadas de contrabando ou descaminho		683
	7.9	Causa especial de aumento de pena		685
	7.10	Pena, ação penal e suspensão condicional do processo		685
	7.11	Destaques		685
		7.11.1	Competência para julgamento	685
		7.11.2	Princípio da insignificância	685
		7.11.3	Princípio da insignificância e reiteração delitiva	686
		7.11.4	Desnecessidade de prévio esgotamento da via administrativa para efeitos de configuração do descaminho	687
		7.11.5	Ausência de necessidade do exame pericial	687
		7.11.6	Pagamento do tributo e extinção da punibilidade	687
	7.12	Quadro-resumo		688
8.	Contrabando			689
	8.1	Introdução		689
	8.2	Classificação doutrinária		691
	8.3	Sujeito ativo e sujeito passivo		691
	8.4	Objeto material e bem juridicamente protegido		691
	8.5	Consumação e tentativa		691
	8.6	Elemento subjetivo		692
	8.7	Modalidades comissiva e omissiva		692
	8.8	Modalidades assemelhadas de contrabando		692
	8.9	Causa especial de aumento de pena		694
	8.10	Pena e ação penal		694
	8.11	Destaques		694
		8.11.1	Competência para julgamento	694
		8.11.2	Princípio da insignificância	694
		8.11.3	Perdimento da mercadoria de importação proibida	696

8.12	Quadro-resumo	696
9. Impedimento, perturbação ou fraude de concorrência		696
9.1	Introdução	697
10. Inutilização de edital ou de sinal		697
10.1	Introdução	697
10.2	Classificação doutrinária	698
10.3	Sujeito ativo e sujeito passivo	698
10.4	Objeto material e bem juridicamente protegido	698
10.5	Consumação e tentativa	699
10.6	Elemento subjetivo	699
10.7	Modalidades comissiva e omissiva	699
10.8	Pena, ação penal, competência para julgamento e suspensão condicional do processo	699
10.9	Destaque	700
	10.9.1 Inutilização de edital ou de sinal oficial e Código Penal Militar	700
10.10	Quadro-resumo	700
11. Subtração ou inutilização de livro ou documento		700
11.1	Introdução	701
11.2	Classificação doutrinária	701
11.3	Sujeito ativo e sujeito passivo	701
11.4	Objeto material e bem juridicamente protegido	702
11.5	Consumação e tentativa	702
11.6	Elemento subjetivo	702
11.7	Modalidades comissiva e omissiva	702
11.8	Pena e ação penal	702
11.9	Destaque	702
	11.9.1 Subtração ou inutilização de livro, processo ou documento e Código Penal Militar	702
11.10	Quadro-resumo	703
12. Sonegação de contribuição previdenciária		703
12.1	Introdução	704
12.2	Classificação doutrinária	706
12.3	Sujeito ativo e sujeito passivo	706
12.4	Objeto material e bem juridicamente protegido	706
12.5	Consumação e tentativa	706
12.6	Elemento subjetivo	706
12.7	Modalidades comissiva e omissiva	707
12.8	Extinção da punibilidade	707
12.9	Perdão judicial e aplicação da pena de multa	709
12.10	Causa especial de redução de pena e aplicação da pena de multa	709
12.11	Pena e ação penal	710

12.12	Destaque	710
	12.12.1 Dificuldades financeiras e sonegação de contribuição previdenciária	710
12.13	Quadro-resumo	710

Capítulo II-A – Crimes Praticados por Particular contra a Administração Pública Estrangeira 712

1. Corrupção ativa em transação comercial internacional 712
   - 1.1 Introdução 712
   - 1.2 Classificação doutrinária 714
   - 1.3 Sujeito ativo e sujeito passivo 714
   - 1.4 Objeto material e bem juridicamente protegido 715
   - 1.5 Consumação e tentativa 715
   - 1.6 Elemento subjetivo 715
   - 1.7 Modalidades comissiva e omissiva 715
   - 1.8 Causa especial de aumento de pena 716
   - 1.9 Pena, ação penal e suspensão condicional do processo 716
   - 1.10 Quadro-resumo 716
2. Tráfico de influência em transação comercial internacional 717
   - 2.1 Introdução 717
   - 2.2 Classificação doutrinária 718
   - 2.3 Sujeito ativo e sujeito passivo 718
   - 2.4 Objeto material e bem juridicamente protegido 718
   - 2.5 Consumação e tentativa 718
   - 2.6 Elemento subjetivo 719
   - 2.7 Modalidades comissiva e omissiva 719
   - 2.8 Causa especial de aumento de pena 719
   - 2.9 Pena e ação penal 719
   - 2.10 Quadro-resumo 719

Capítulo II-B – Dos Crimes em Licitações e Contratos Administrativos 721

1. Contratação direta ilegal 721
   - 1.1 Introdução 721
   - 1.2 Classificação doutrinária 722
   - 1.3 Objeto material e bem juridicamente protegido 722
   - 1.4 Sujeito ativo e sujeito passivo 722
   - 1.5 Consumação e tentativa 723
   - 1.6 Elemento subjetivo 723
   - 1.7 Modalidades comissiva e omissiva 723
   - 1.8 Pena, ação penal e cálculo da pena de multa 724
   - 1.9 Destaques 724
     - 1.9.1 Princípio da continuidade normativo-típica 724
   - 1.10 Quadro-resumo 724

2. Frustração do caráter competitivo de licitação 725
   2.1 Introdução 725
   2.2 Classificação doutrinária 726
   2.3 Objeto material e bem juridicamente protegido 726
   2.4 Sujeito ativo e sujeito passivo 726
   2.5 Consumação e tentativa 727
   2.6 Elemento subjetivo 727
   2.7 Modalidades comissiva e omissiva 727
   2.8 Pena, ação penal e cálculo da pena de multa 727
   2.9 Destaque 727
      2.9.1 Princípio da continuidade normativo-típica 727
   2.10 Quadro-resumo 728
3. Patrocínio de contratação indevida 729
   3.1 Introdução 729
   3.2 Classificação doutrinária 729
   3.3 Objeto material e bem juridicamente protegido 729
   3.4 Sujeito ativo e sujeito passivo 730
   3.5 Consumação e tentativa 730
   3.6 Elemento subjetivo 730
   3.7 Modalidades comissiva e omissiva 730
   3.8 Pena, ação penal, suspensão condicional do processo e cálculo da pena de multa 731
   3.9 Destaque 731
      3.9.1 Princípio da continuidade normativo-típica 731
   3.10 Quadro-resumo 731
4. Modificação ou pagamento irregular em contrato administrativo 732
   4.1 Introdução 732
   4.2 Classificação doutrinária 734
   4.3 Objeto material e bem juridicamente protegido 734
   4.4 Sujeito ativo e sujeito passivo 734
   4.5 Consumação e tentativa 734
   4.6 Elemento subjetivo 735
   4.7 Modalidades comissiva e omissiva 735
   4.8 Pena, ação penal e cálculo da pena de multa 735
   4.9 Destaque 735
      4.9.1 Princípio da continuidade normativo-típica 735
   4.10 Quadro-resumo 736
5. Perturbação de processo licitatório 737
   5.1 Introdução 737
   5.2 Classificação doutrinária 738
   5.3 Objeto material e bem juridicamente protegido 738

	5.4	Sujeito ativo e sujeito passivo	738
	5.5	Consumação e tentativa	738
	5.6	Elemento subjetivo	738
	5.7	Modalidades comissiva e omissiva	738
	5.8	Pena, ação penal, suspensão condicional do processo e cálculo da pena de multa	738
	5.9	Destaque	739
		5.9.1 Princípio da continuidade normativo-típica	739
	5.10	Quadro-resumo	739
6.	Violação de sigilo em licitação		740
	6.1	Introdução	740
	6.2	Classificação doutrinária	741
	6.3	Objeto material e bem juridicamente protegido	741
	6.4	Sujeito ativo e sujeito passivo	741
	6.5	Consumação e tentativa	741
	6.6	Elemento subjetivo	741
	6.7	Modalidades comissiva e omissiva	742
	6.8	Pena, ação penal e cálculo da pena de multa	742
	6.9	Destaque	742
		6.9.1 Princípio da continuidade normativo-típica	742
	6.10	Quadro-resumo	742
7.	Afastamento de licitante		743
	7.1	Introdução	743
	7.2	Classificação doutrinária	744
	7.3	Objeto material e bem juridicamente protegido	744
	7.4	Sujeito ativo e sujeito passivo	744
	7.5	Consumação e tentativa	744
	7.6	Elemento subjetivo	745
	7.7	Modalidades comissiva e omissiva	745
	7.8	Pena, ação penal e cálculo da pena de multa	745
	7.9	Destaque	745
		7.9.1 Princípio da continuidade normativo-típica	745
	7.10	Quadro-resumo	746
8.	Fraude em licitação ou contrato		746
	8.1	Introdução	747
	8.2	Classificação doutrinária	748
	8.3	Objeto material e bem juridicamente protegido	749
	8.4	Sujeito ativo e sujeito passivo	749
	8.5	Consumação e tentativa	749
	8.6	Elemento subjetivo	749
	8.7	Modalidades comissiva e omissiva	749

8.8	Pena, ação penal e cálculo da pena de multa	749
8.9	Destaque	750
	8.9.1 Princípio da continuidade normativo-típica	750
8.10	Quadro-resumo	750

9. Contratação inidônea 751
   - 9.1 Introdução 751
   - 9.2 Classificação doutrinária 752
   - 9.3 Objeto material e bem juridicamente protegido 752
   - 9.4 Sujeito ativo e sujeito passivo 752
   - 9.5 Consumação e tentativa 752
   - 9.6 Elemento subjetivo 753
   - 9.7 Modalidades comissiva e omissiva 753
   - 9.8 Pena, ação penal, suspensão condicional do processo e cálculo da pena de multa 753
   - 9.9 Destaque 753
     - 9.9.1 Princípio da continuidade normativo-típica 753
   - 9.10 Quadro-resumo 754

10. Impedimento indevido 755
    - 10.1 Introdução 755
    - 10.2 Classificação doutrinária 756
    - 10.3 Objeto material e bem juridicamente protegido 756
    - 10.4 Sujeito ativo e sujeito passivo 756
    - 10.5 Consumação e tentativa 756
    - 10.6 Elemento subjetivo 757
    - 10.7 Modalidades comissiva e omissiva 757
    - 10.8 Pena, ação penal, competência para julgamento, suspensão condicional do processo e cálculo da pena de multa 757
    - 10.9 Destaque 758
      - 10.9.1 Princípio da continuidade normativo-típica 758
    - 10.10 Quadro-resumo 758

11. Omissão grave de dado ou de informação por projetista 759
    - 11.1 Introdução 759
    - 11.2 Classificação doutrinária 761
    - 11.3 Objeto material e bem juridicamente protegido 761
    - 11.4 Sujeito ativo e sujeito passivo 761
    - 11.5 Consumação e tentativa 761
    - 11.6 Causa de aumento de pena 761
    - 11.7 Elemento subjetivo 761
    - 11.8 Modalidades comissiva e omissiva 762
    - 11.9 Pena, ação penal, suspensão condicional do processo e cálculo da pena de multa 762
    - 11.10 Quadro-resumo 762

12. Art. 337-P 763

Capítulo III – Dos Crimes contra a Administração da Justiça 765
1. Reingresso de estrangeiro expulso 765
    1.1 Introdução 765
    1.2 Classificação doutrinária 766
    1.3 Sujeito ativo e sujeito passivo 766
    1.4 Objeto material e bem juridicamente protegido 766
    1.5 Consumação e tentativa 766
    1.6 Elemento subjetivo 767
    1.7 Modalidades comissiva e omissiva 767
    1.8 Pena, ação penal e suspensão condicional do processo 767
    1.9 Destaque 767
        1.9.1 Competência da Justiça Federal 767
    1.10 Quadro-resumo 767
2. Denunciação caluniosa 768
    2.1 Introdução 768
    2.2 Classificação doutrinária 772
    2.3 Sujeito ativo e sujeito passivo 772
    2.4 Objeto material e bem juridicamente protegido 773
    2.5 Consumação e tentativa 773
    2.6 Elemento subjetivo 773
    2.7 Modalidades comissiva e omissiva 773
    2.8 Causa especial de aumento de pena 773
    2.9 Causa especial de diminuição de pena 774
    2.10 Pena e ação penal 774
    2.11 Destaques 774
        2.11.1 Vigência, revogação ou repristinação do art. 19 da Lei de Improbidade Administrativa 774
        2.11.2 Autodefesa em inquérito ou processo judicial 775
        2.11.3 Dolo subsequente e denunciação caluniosa 775
        2.11.4 Denunciação de crime cuja punibilidade já se encontrava extinta 775
        2.11.5 Denunciação caluniosa e organização criminosa 776
        2.11.6 Denunciação caluniosa contra mortos 776
        2.11.7 Denunciação caluniosa e Código Penal Militar 776
        2.11.8 Denunciação caluniosa e Código Eleitoral 777
        2.11.9 Abuso de autoridade 777
    2.12 Quadro-resumo 777
3. Comunicação falsa de crime ou de contravenção 778
    3.1 Introdução 778
    3.2 Classificação doutrinária 779
    3.3 Sujeito ativo e sujeito passivo 779
    3.4 Objeto material e bem juridicamente protegido 779

	3.5	Consumação e tentativa	779
	3.6	Elemento subjetivo	779
	3.7	Modalidades comissiva e omissiva	780
	3.8	Pena, ação penal, competência para julgamento e suspensão condicional do processo	780
	3.9	Destaques	780
		3.9.1 Comunicação falsa de crime com a finalidade de fraudar o seguro	780
		3.9.2 Comunicação falsa de crime e Código Penal Militar	780
	3.10	Quadro-resumo	781
4.	Autoacusação falsa		781
	4.1	Introdução	781
	4.2	Classificação doutrinária	782
	4.3	Sujeito ativo e sujeito passivo	782
	4.4	Objeto material e bem juridicamente protegido	782
	4.5	Consumação e tentativa	782
	4.6	Elemento subjetivo	783
	4.7	Modalidades comissiva e omissiva	783
	4.8	Pena, ação penal, competência para julgamento e suspensão condicional do processo	783
	4.9	Destaque	784
		4.9.1 Autoacusação falsa e Código Penal Militar	784
	4.10	Quadro-resumo	784
5.	Falso testemunho ou falsa perícia		784
	5.1	Introdução	785
	5.2	Classificação doutrinária	786
	5.3	Sujeito ativo e sujeito passivo	786
	5.4	Objeto material e bem juridicamente protegido	787
	5.5	Consumação e tentativa	787
	5.6	Elemento subjetivo	787
	5.7	Modalidades comissiva e omissiva	788
	5.8	Causa especial de aumento de pena	788
	5.9	Retratação	789
	5.10	Pena, ação penal e suspensão condicional do processo	789
	5.11	Destaques	790
		5.11.1 Compromisso de dizer a verdade	790
		5.11.2 Vítima que presta depoimento falso	791
		5.11.3 Falso testemunho em Comissão Parlamentar de Inquérito	791
		5.11.4 Concurso de pessoas no crime de falso testemunho	792
		5.11.5 Retratação no júri	793
		5.11.6 Prisão em flagrante no crime de falso testemunho	793
		5.11.7 Falso testemunho e início da ação penal	794

		5.11.8	Falso testemunho ou falsa perícia e Código Penal Militar	794
	5.12	Quadro-resumo		794
6.	Corrupção ativa de testemunha, perito, contador, tradutor ou intérprete			795
	6.1	Introdução		795
	6.2	Classificação doutrinária		795
	6.3	Sujeito ativo e sujeito passivo		796
	6.4	Objeto material e bem juridicamente protegido		796
	6.5	Consumação e tentativa		796
	6.6	Elemento subjetivo		796
	6.7	Modalidades comissiva e omissiva		796
	6.8	Causa de aumento de pena		797
	6.9	Pena e ação penal		797
	6.10	Destaques		797
		6.10.1	Perito, contador, tradutor ou intérprete oficial	797
		6.10.2	Retratação	797
		6.10.3	Corrupção ativa de testemunha, perito ou intérprete e Código Penal Militar	797
	6.11	Quadro-resumo		798
7.	Coação no curso do processo			798
	7.1	Introdução		798
	7.2	Classificação doutrinária		799
	7.3	Sujeito ativo e sujeito passivo		800
	7.4	Objeto material e bem juridicamente protegido		800
	7.5	Consumação e tentativa		800
	7.6	Elemento subjetivo		800
	7.7	Modalidades comissiva e omissiva		800
	7.8	Causa especial de aumento de pena		800
	7.9	Concurso de crimes		801
	7.10	Pena, ação penal e suspensão condicional do processo		801
	7.11	Destaque		802
		7.11.1	Coação e Código Penal Militar	802
	7.12	Quadro-resumo		802
8.	Exercício arbitrário das próprias razões			802
	8.1	Introdução		803
	8.2	Classificação doutrinária		804
	8.3	Sujeito ativo e sujeito passivo		804
	8.4	Objeto material e bem juridicamente protegido		804
	8.5	Consumação e tentativa		804
	8.6	Elemento subjetivo		804
	8.7	Modalidades comissiva e omissiva		805
	8.8	Concurso de crimes		805

8.9	Pena, ação penal, competência para julgamento e suspensão condicional do processo..	805
8.10	Quadro-resumo..	805
9. Subtração ou dano de coisa própria em poder de terceiro..		806
9.1	Introdução..	806
9.2	Classificação doutrinária...	806
9.3	Sujeito ativo e sujeito passivo..	807
9.4	Objeto material e bem juridicamente protegido...	807
9.5	Consumação e tentativa..	807
9.6	Elemento subjetivo..	807
9.7	Modalidades comissiva e omissiva..	807
9.8	Pena, ação penal, competência para julgamento e suspensão condicional do processo..	807
9.9	Quadro-resumo..	808
10. Fraude processual..		808
10.1	Introdução..	809
10.2	Classificação doutrinária...	809
10.3	Sujeito ativo e sujeito passivo..	810
10.4	Objeto material e bem juridicamente protegido...	810
10.5	Consumação e tentativa..	810
10.6	Elemento subjetivo..	810
10.7	Modalidades comissiva e omissiva..	810
10.8	Causa especial de aumento de pena..	810
10.9	Pena, ação penal, competência para julgamento e suspensão condicional do processo..	811
10.10	Destaques...	811
	10.10.1 Natureza subsidiária do crime de fraude processual...................	811
	10.10.2 Direito à autodefesa...	811
	10.10.3 Código de Trânsito Brasileiro (Lei nº 9.503, de 23 de setembro de 1997).........	812
	10.10.4 Estatuto de Desarmamento (Lei nº 10.826, de 22 de dezembro de 2003)...	812
	10.10.5 Abuso de autoridade...	812
10.11	Quadro-resumo..	812
11. Favorecimento pessoal...		813
11.1	Introdução..	813
11.2	Classificação doutrinária...	814
11.3	Sujeito ativo e sujeito passivo..	815
11.4	Objeto material e bem juridicamente protegido...	815
11.5	Consumação e tentativa..	815
11.6	Elemento subjetivo..	815
11.7	Modalidades comissiva e omissiva..	815
11.8	Modalidade privilegiada..	815

11.9	Inexigibilidade de conduta diversa	815
11.10	Pena, ação penal, competência para julgamento e suspensão condicional do processo	816
11.11	Destaques	816
	11.11.1 Diferença entre favorecimento real e participação no crime	816
	11.11.2 Possibilidade de analogia *in bonam partem* no § 2º do art. 348 do Código Penal	817
	11.11.3 Favorecimento pessoal e Código Penal Militar	817
11.12	Quadro-resumo	817
12. Favorecimento real		818
12.1	Introdução	818
12.2	Classificação doutrinária	819
12.3	Sujeito ativo e sujeito passivo	819
12.4	Objeto material e bem juridicamente protegido	819
12.5	Consumação e tentativa	820
12.6	Elemento subjetivo	820
12.7	Modalidades comissiva e omissiva	820
12.8	Pena, ação penal, competência para julgamento e suspensão condicional do processo	820
12.9	Destaques	820
	12.9.1 Alegação de inexigibilidade de conduta diversa por parentes próximos	820
	12.9.2 Favorecimento real e Código Penal Militar	821
12.10	Quadro-resumo	821
13. Ingresso, promoção, intermediação, auxílio ou facilitação de entrada de aparelho telefônico de comunicação móvel, de rádio ou similar, sem autorização legal, em estabelecimento prisional		821
13.1	Introdução	822
13.2	Classificação doutrinária	823
13.3	Sujeito ativo e sujeito passivo	823
13.4	Objeto material e bem juridicamente protegido	824
13.5	Consumação e tentativa	824
13.6	Elemento subjetivo	824
13.7	Modalidades comissiva e omissiva	825
13.8	Pena, ação penal, competência para julgamento e suspensão condicional do processo	825
13.9	Destaques	825
	13.9.1 Falta grave	825
	13.9.2 Concurso de pessoas	825
	13.9.3 Omissão de dever de vedar ao preso o acesso a aparelho telefônico, de rádio ou similar	826
13.10	Quadro-resumo	826
14. Exercício arbitrário ou abuso de poder		826

	14.1	Introdução	827
15.	Fuga de pessoa presa ou submetida a medida de segurança		827
	15.1	Introdução	827
	15.2	Classificação doutrinária	828
	15.3	Sujeito ativo e sujeito passivo	829
	15.4	Objeto material e bem juridicamente protegido	829
	15.5	Consumação e tentativa	829
	15.6	Elemento subjetivo	829
	15.7	Modalidades comissiva e omissiva	829
	15.8	Modalidades qualificadas	829
	15.9	Modalidade culposa	830
	15.10	Concurso de crimes	830
	15.11	Pena, ação penal, competência para julgamento e suspensão condicional do processo	830
	15.12	Destaque	831
		15.12.1 Fuga de preso ou internado e Código Penal Militar	831
	15.13	Quadro-resumo	831
16.	Evasão mediante violência contra pessoa		832
	16.1	Introdução	832
	16.2	Classificação doutrinária	833
	16.3	Sujeito ativo e sujeito passivo	833
	16.4	Objeto material e bem juridicamente protegido	833
	16.5	Consumação e tentativa	833
	16.6	Elemento subjetivo	833
	16.7	Modalidades comissiva e omissiva	833
	16.8	Concurso de crimes	834
	16.9	Pena, ação penal, competência para julgamento e suspensão condicional do processo	834
	16.10	Destaque	834
		16.10.1 Evasão de preso ou internado e Código Penal Militar	834
	16.11	Quadro-resumo	834
17.	Arrebatamento de preso		835
	17.1	Introdução	835
	17.2	Classificação doutrinária	835
	17.3	Sujeito ativo e sujeito passivo	836
	17.4	Objeto material e bem juridicamente protegido	836
	17.5	Consumação e tentativa	836
	17.6	Elemento subjetivo	836
	17.7	Modalidades comissiva e omissiva	836
	17.8	Concurso de crimes	836
	17.9	Pena, ação penal e suspensão condicional do processo	836

17.10 Destaque 837
      17.10.1 Arrebatamento de preso ou internado e Código Penal Militar 837
17.11 Quadro-resumo 837
18. Motim de presos 837
    18.1 Introdução 838
    18.2 Classificação doutrinária 839
    18.3 Sujeito ativo e sujeito passivo 839
    18.4 Objeto material e bem juridicamente protegido 839
    18.5 Consumação e tentativa 839
    18.6 Elemento subjetivo 839
    18.7 Modalidades comissiva e omissiva 839
    18.8 Concurso de crimes 839
    18.9 Pena, ação penal, competência para julgamento e suspensão condicional do processo 839
    18.10 Destaques 840
          18.10.1 Falta grave 840
          18.10.2 Amotinamento e Código Penal Militar 841
    18.11 Quadro-resumo 841
19. Patrocínio infiel 841
    19.1 Introdução 842
    19.2 Classificação doutrinária 843
    19.3 Sujeito ativo e sujeito passivo 843
    19.4 Objeto material e bem juridicamente protegido 843
    19.5 Consumação e tentativa 843
    19.6 Elemento subjetivo 843
    19.7 Modalidades comissiva e omissiva 843
    19.8 Patrocínio simultâneo ou tergiversação 843
    19.9 Pena, ação penal e suspensão condicional do processo 844
    19.10 Quadro-resumo 844
20. Sonegação de papel ou objeto de valor probatório 845
    20.1 Introdução 845
    20.2 Classificação doutrinária 846
    20.3 Sujeito ativo e sujeito passivo 846
    20.4 Objeto material e bem juridicamente protegido 846
    20.5 Consumação e tentativa 846
    20.6 Elemento subjetivo 846
    20.7 Modalidades comissiva e omissiva 847
    20.8 Pena, ação penal e suspensão condicional do processo 847
    20.9 Destaque 847
          20.9.1 Inutilização, sonegação ou descaminho de material probante e Código Penal Militar 847

	20.10	Quadro-resumo	847
21.	Exploração de prestígio	848
	21.1	Introdução	848
	21.2	Classificação doutrinária	849
	21.3	Sujeito ativo e sujeito passivo	849
	21.4	Objeto material e bem juridicamente protegido	849
	21.5	Consumação e tentativa	849
	21.6	Elemento subjetivo	849
	21.7	Modalidades comissiva e omissiva	849
	21.8	Causa especial de aumento de pena	849
	21.9	Pena, ação penal e suspensão condicional do processo	850
	21.10	Destaque	850
		21.10.1 Exploração de prestígio e Código Penal Militar	850
	21.11	Quadro-resumo	850
22.	Violência ou fraude em arrematação judicial	851
	22.1	Introdução	851
	22.2	Classificação doutrinária	851
	22.3	Sujeito ativo e sujeito passivo	852
	22.4	Objeto material e bem juridicamente protegido	852
	22.5	Consumação e tentativa	852
	22.6	Elemento subjetivo	852
	22.7	Modalidades comissiva e omissiva	852
	22.8	Concurso de crimes	852
	22.9	Pena, ação penal, competência para julgamento e suspensão condicional do processo	852
	22.10	Quadro-resumo	853
23.	Desobediência à decisão judicial sobre perda ou suspensão de direito	853
	23.1	Introdução	853
	23.2	Classificação doutrinária	854
	23.3	Sujeito ativo e sujeito passivo	854
	23.4	Objeto material e bem juridicamente protegido	854
	23.5	Consumação e tentativa	854
	23.6	Elemento subjetivo	855
	23.7	Modalidades comissiva e omissiva	855
	23.8	Pena, ação penal, competência para julgamento e suspensão condicional do processo	855
	23.9	Destaques	855
		23.9.1 Crime de trânsito	855
		23.9.2 Desobediência a decisão sobre perda ou suspensão de atividade ou direito e Código Penal Militar	855
	23.10	Quadro-resumo	855

Capítulo IV – Dos Crimes contra as Finanças Públicas ... 857
1. Contratação de operação de crédito ... 857
    1.1 Introdução ... 857
    1.2 Classificação doutrinária ... 859
    1.3 Sujeito ativo e sujeito passivo ... 859
    1.4 Objeto material e bem juridicamente protegido ... 859
    1.5 Consumação e tentativa ... 859
    1.6 Elemento subjetivo ... 859
    1.7 Modalidades comissiva e omissiva ... 859
    1.8 Pena, ação penal, competência para julgamento e suspensão condicional do processo ... 859
    1.9 Destaques ... 860
        1.9.1 Crime de responsabilidade do Presidente da República ... 860
        1.9.2 Crime de responsabilidade do prefeito municipal ... 860
    1.10 Quadro-resumo ... 860
2. Inscrição de despesas não empenhadas em restos a pagar ... 861
    2.1 Introdução ... 861
    2.2 Classificação doutrinária ... 862
    2.3 Sujeito ativo e sujeito passivo ... 862
    2.4 Objeto material e bem juridicamente protegido ... 862
    2.5 Consumação e tentativa ... 862
    2.6 Elemento subjetivo ... 862
    2.7 Modalidades comissiva e omissiva ... 862
    2.8 Pena, ação penal, competência para julgamento e suspensão condicional do processo ... 863
    2.9 Quadro-resumo ... 863
3. Assunção de obrigação no último ano do mandato ou legislatura ... 864
    3.1 Introdução ... 864
    3.2 Classificação doutrinária ... 864
    3.3 Sujeito ativo e sujeito passivo ... 865
    3.4 Objeto material e bem juridicamente protegido ... 865
    3.5 Consumação e tentativa ... 865
    3.6 Elemento subjetivo ... 865
    3.7 Modalidades comissiva e omissiva ... 865
    3.8 Pena, ação penal e suspensão condicional do processo ... 865
    3.9 Quadro-resumo ... 865
4. Ordenação de despesa não autorizada ... 866
    4.1 Introdução ... 866
    4.2 Classificação doutrinária ... 867
    4.3 Sujeito ativo e sujeito passivo ... 867
    4.4 Objeto material e bem juridicamente protegido ... 867

	4.5	Consumação e tentativa	868
	4.6	Elemento subjetivo	868
	4.7	Modalidades comissiva e omissiva	868
	4.8	Pena, ação penal e suspensão condicional do processo	868
	4.9	Quadro-resumo	868
5.	Prestação de garantia graciosa		869
	5.1	Introdução	869
	5.2	Classificação doutrinária	870
	5.3	Sujeito ativo e sujeito passivo	870
	5.4	Objeto material e bem juridicamente protegido	870
	5.5	Consumação e tentativa	870
	5.6	Elemento subjetivo	870
	5.7	Modalidades comissiva e omissiva	871
	5.8	Pena, ação penal, competência para julgamento e suspensão condicional do processo	871
	5.9	Quadro-resumo	871
6.	Não cancelamento de restos a pagar		872
	6.1	Introdução	872
	6.2	Classificação doutrinária	872
	6.3	Sujeito ativo e sujeito passivo	873
	6.4	Objeto material e bem juridicamente protegido	873
	6.5	Consumação e tentativa	873
	6.6	Elemento subjetivo	873
	6.7	Modalidade comissiva	873
	6.8	Pena, ação penal, competência para julgamento e suspensão condicional do processo	873
	6.9	Quadro-resumo	873
7.	Aumento de despesa total com pessoal no último ano do mandato ou legislatura		874
	7.1	Introdução	874
	7.2	Classificação doutrinária	875
	7.3	Sujeito ativo e sujeito passivo	875
	7.4	Objeto material e bem juridicamente protegido	875
	7.5	Consumação e tentativa	875
	7.6	Elemento subjetivo	875
	7.7	Modalidades comissiva e omissiva	875
	7.8	Pena, ação penal e suspensão condicional do processo	876
	7.9	Quadro-resumo	876
8.	Oferta pública ou colocação de títulos no mercado		876
	8.1	Introdução	877
	8.2	Classificação doutrinária	877
	8.3	Sujeito ativo e sujeito passivo	877

8.4	Objeto material e bem juridicamente protegido	877
8.5	Consumação e tentativa	877
8.6	Elemento subjetivo	878
8.7	Modalidades comissiva e omissiva	878
8.8	Pena, ação penal e suspensão condicional do processo	878
8.9	Quadro-resumo	878

PARTE XII
DOS CRIMES CONTRA O ESTADO DEMOCRÁTICO DE DIREITO

Capítulo I – Dos Crimes contra a Soberania Nacional 881
1. Introdução 881
2. Atentado à soberania 882
   - 2.1 Introdução 883
   - 2.2 Classificação doutrinária 884
   - 2.3 Objeto material e bem juridicamente protegido 884
   - 2.4 Sujeito ativo e sujeito passivo 884
   - 2.5 Consumação e tentativa 884
   - 2.6 Elemento subjetivo 884
   - 2.7 Modalidades comissiva e omissiva 884
   - 2.8 Modalidade qualificada 884
   - 2.9 Causa de aumento de pena 885
   - 2.10 Pena e ação penal 885
   - 2.11 Princípio da continuidade normativo-típica 885
   - 2.12 Código Penal Militar 886
   - 2.13 Quadro-resumo 886
3. Atentado à integridade nacional 886
   - 3.1 Introdução 886
   - 3.2 Classificação doutrinária 887
   - 3.3 Objeto material e bem juridicamente protegido 888
   - 3.4 Sujeito ativo e sujeito passivo 888
   - 3.5 Consumação e tentativa 888
   - 3.6 Elemento subjetivo 888
   - 3.7 Modalidades comissiva e omissiva 888
   - 3.8 Pena e ação penal 888
   - 3.9 Princípio da continuidade normativo-típica 889
   - 3.10 Código Penal Militar 889
   - 3.11 Quadro-resumo 889
4. Espionagem 890
   - 4.1 Introdução 890
   - 4.2 Classificação doutrinária 892

4.3	Objeto material e bem juridicamente protegido	892
4.4	Sujeito ativo e sujeito passivo	892
4.5	Consumação e tentativa	892
4.6	Elemento subjetivo	893
4.7	Modalidades comissiva e omissiva	893
4.8	Modalidade especial de favorecimento pessoal	893
4.9	Modalidade qualificada	893
4.10	Atribuição de senha ou de qualquer outra forma de acesso de pessoas não autorizadas a sistemas de informações	894
4.11	Causa de atipicidade do fato	894
4.12	Pena, ação penal e suspensão condicional do processo	895
4.13	Princípio da continuidade normativo-típica	895
4.14	Código Penal Militar	895
4.15	Quadro-resumo	896

Capítulo II – Dos Crimes contra as Instituições Democráticas ... **897**

1. Abolição violenta do Estado Democrático de Direito ... 897
    - 1.1 Introdução ... 897
    - 1.2 Classificação doutrinária ... 898
    - 1.3 Objeto material e bem juridicamente protegido ... 898
    - 1.4 Sujeito ativo e sujeito passivo ... 899
    - 1.5 Consumação e tentativa ... 899
    - 1.6 Elemento subjetivo ... 899
    - 1.7 Modalidades comissiva e omissiva ... 899
    - 1.8 Pena e ação penal ... 899
    - 1.9 Princípio da continuidade normativo-típica ... 899
    - 1.10 Quadro-resumo ... 899
2. Golpe de Estado ... 900
    - 2.1 Introdução ... 900
    - 2.2 Classificação doutrinária ... 901
    - 2.3 Objeto material e bem juridicamente protegido ... 901
    - 2.4 Sujeito ativo e sujeito passivo ... 902
    - 2.5 Consumação e tentativa ... 902
    - 2.6 Elemento subjetivo ... 902
    - 2.7 Modalidades comissiva e omissiva ... 902
    - 2.8 Pena e ação penal ... 902
    - 2.9 Quadro-resumo ... 902

Capítulo III – Dos Crimes contra o Funcionamento das Instituições Democráticas no Processo Eleitoral ... **904**

1. Interrupção do processo eleitoral ... 904
    - 1.1 Introdução ... 904

1.2	Classificação doutrinária	905
1.3	Objeto material e bem juridicamente protegido	905
1.4	Sujeito ativo e sujeito passivo	905
1.5	Consumação e tentativa	905
1.6	Elemento subjetivo	905
1.7	Modalidades comissiva e omissiva	905
1.8	Pena e ação penal	906
1.9	Quadro-resumo	906
2. Violência política		906
2.1	Introdução	906
2.2	Classificação doutrinária	907
2.3	Objeto material e bem juridicamente protegido	907
2.4	Sujeito ativo e sujeito passivo	907
2.5	Consumação e tentativa	908
2.6	Elemento subjetivo	908
2.7	Modalidades comissiva e omissiva	908
2.8	Pena e ação penal	908
2.9	Quadro-resumo	908

Capítulo IV – Dos Crimes contra o Funcionamento dos Serviços Essenciais 910

1. Sabotagem		910
1.1	Introdução	910
1.2	Classificação doutrinária	911
1.3	Objeto material e bem juridicamente protegido	911
1.4	Sujeito ativo e sujeito passivo	911
1.5	Consumação e tentativa	911
1.6	Elemento subjetivo	911
1.7	Modalidades comissiva e omissiva	911
1.8	Pena e ação penal	911
1.9	Quadro-resumo	912

Capítulo VI – Disposições Comuns 913

Disposições Finais 915

Referências 917

Índice Remissivo 937

PARTE VI
DOS CRIMES CONTRA A DIGNIDADE SEXUAL

Capítulo I
Dos crimes contra a liberdade sexual

1. INTRODUÇÃO

O Título VI do Código Penal, com a redação dada pela Lei nº 12.015, de 7 de agosto de 2009, passou a prever os chamados *Crimes contra a dignidade sexual*, modificando, assim, a redação anterior constante do referido Título, que previa os *Crimes contra os costumes*.

A expressão *crimes contra os costumes* já não traduzia a realidade dos bens juridicamente protegidos pelos tipos penais que se encontravam no Título VI do Código Penal. O foco da proteção já não era mais a forma como as pessoas deveriam se comportar sexualmente perante a sociedade do século XXI, mas, sim, a tutela da sua dignidade sexual.

A dignidade sexual é uma das espécies do gênero dignidade da pessoa humana. Ingo Wolfgang Sarlet, dissertando sobre o tema, esclarece que a dignidade é:

"A qualidade intrínseca e distintiva de cada ser humano que o faz merecedor do mesmo respeito e consideração por parte do Estado e da comunidade, implicando, neste sentido, um complexo de direitos e deveres fundamentais que assegurem a pessoa tanto contra todo e qualquer ato de cunho degradante e desumano, como venham a lhe garantir as condições existenciais mínimas para uma vida saudável, além de propiciar e promover sua participação ativa e corresponsável nos destinos da própria existência e da vida em comunhão com os demais seres humanos."[1]

O nome dado a um título ou mesmo a um capítulo do Código Penal tem o condão de influenciar na análise de cada figura típica nele contida, pois, mediante uma interpretação sistêmica ou mesmo de uma interpretação teleológica, em que se busca a finalidade da proteção legal, pode-se concluir a respeito do bem que se quer proteger, conduzindo, assim, o intérprete, que não poderá fugir às orientações nele contidas. A título de exemplo, veja-se o que ocorre com o crime de estupro, que se encontra no capítulo relativo aos crimes contra a liberdade sexual. Aqui, como se percebe, a finalidade do tipo penal é a efetiva proteção da liberdade sexual da vítima e, num sentido mais amplo, sua dignidade sexual (Título VI).[2]

---

[1] SARLET, Ingo Wolfgang. *Dignidade da pessoa humana e direitos fundamentais*, p. 60.
[2] Alberto Silva Franco e Tadeu Antonio Dix Silva, com precisão, criticando a expressão "crimes contra a dignidade sexual", asseveram que "em matéria de sexualidade enquanto componente inafastável do ser humano, não se cuida de sexo digno ou indigno, mas tão somente de sexo realizado com liberdade ou sexo posto em prática mediante violência ou coação, ou seja, com um nível maior ou menor de ofensa à autodeterminação sexual do parceiro. Destarte, toda lesão à liberdade sexual da pessoa humana encontra seu núcleo na falta de consensualidade. Fora daí não há conduta sexual que deva ser objeto de consideração na área penal" (*Código penal e sua interpretação jurisprudencial*, p. 1.018-1.019).

As modificações ocorridas na sociedade trouxeram novas e graves preocupações. Em vez de procurar proteger a virgindade das mulheres, como acontecia com o revogado crime de sedução, agora, o Estado estava diante de outros desafios, a exemplo da exploração sexual de crianças.

A situação era tão grave que foi criada no Congresso Nacional uma Comissão Parlamentar Mista de Inquérito (CPMI), por meio do Requerimento nº 02/2003, apresentado no mês de março daquele ano, assinado pela Deputada Maria do Rosário e pelas Senadoras Patrícia Saboya Gomes e Serys Marly Slhessarenko, que tinha por finalidade investigar as situações de violência e redes de exploração sexual de crianças e adolescentes no Brasil. Essa CPMI encerrou oficialmente seus trabalhos em agosto de 2004, trazendo relatos assustadores sobre a exploração sexual em nosso país, culminando por produzir o Projeto de Lei nº 253/2004, que, após algumas alterações, veio a se converter na Lei nº 12.015, de 7 de agosto de 2009.

Por meio desse novo diploma legal, foram fundidas as figuras do estupro e do atentado violento ao pudor em um único tipo penal, que recebeu o nome de *estupro* (art. 213). Além disso, foi criado o delito de *estupro de vulnerável* (art. 217-A), encerrando-se a discussão que havia em nossos Tribunais, principalmente os Superiores, no que dizia respeito à natureza da presunção de violência, quando o delito era praticado contra vítima menor de 14 (catorze) anos. Além disso, outros artigos tiveram alteradas suas redações, abrangendo hipóteses não previstas anteriormente pelo Código Penal; um outro capítulo (VII) foi inserido, prevendo causas de aumento de pena.

Enfim, podemos dizer que a Lei nº 12.015, de 7 de agosto de 2009, alterou, significativamente, o Título VI do Código Penal, conforme veremos mais detalhadamente a seguir, quando da análise de cada figura típica.

Após as referidas modificações, surgiu a Lei nº 13.718, de 24 de setembro de 2018, criando os delitos de *importunação sexual* (art. 215-A) e de *divulgação de cena de estupro ou de cena de estupro de vulnerável, de cena de sexo ou de pornografia* (art. 218-C), tornando, ainda, pública incondicionada a natureza da ação penal nos crimes contra a liberdade sexual e nos crimes sexuais contra vulnerável, estabelecendo, também, causas de aumento de pena para esses crimes, definindo-as como o estupro coletivo e o estupro corretivo.

A partir das modificações legais anteriormente mencionadas, podemos visualizar a seguinte composição do Título VI do Código Penal, que cuida dos *Crimes contra a dignidade sexual*, que se encontra dividido em oito capítulos, a saber:

- Capítulo I – *Dos crimes contra a liberdade sexual* [estupro (art. 213); violação sexual mediante fraude (art. 215); importunação sexual (art. 215-A, inserido no Código Penal através da Lei nº 13.718, de 24 de setembro de 2018); assédio sexual (art. 216-A)];
- Capítulo I-A – *Da exposição da intimidade sexual* [Registro não autorizado da intimidade sexual (art. 216-B)];
- Capítulo II – Dos crimes sexuais contra vulnerável [estupro de vulnerável (art. 217-A); corrupção de menores (art. 218); satisfação de lascívia mediante a presença de criança ou adolescente (art. 218-A); favorecimento da prostituição ou de outra forma de exploração sexual de criança ou adolescente ou de vulnerável *(art. 218-B, conforme nova rubrica que lhe foi conferida pela Lei nº 12.978, de 21 de maio de 2014)*]; divulgação de cena de estupro ou de cena de estupro de vulnerável, de cena de sexo ou de pornografia (art. 218-C, inserido no Código Penal através da Lei nº 13.718, de 24 de setembro de 2018);
- Capítulo III – revogado integralmente pela Lei nº 11.106, de 28 de março de 2005;
- Capítulo IV – *Disposições gerais* [ação penal (art. 225); aumento de pena (art. 226)];

- Capítulo V – *Do lenocínio e do tráfico de pessoa para fim de prostituição ou outra forma de exploração sexual* [mediação para servir a lascívia de outrem (art. 227); favorecimento da prostituição ou outra forma de exploração sexual (CP, art. 228); *casa de prostituição* (art. 229); *rufianismo* (art. 230); *promoção de migração ilegal* (art. 232-A, inserido ao Código Penal através da Lei nº 13.445, de 25 de maio de 2017);
- Capítulo VI – *Do ultraje público ao pudor* [ato obsceno (art. 233); escrito ou objeto obsceno (art. 234)];
- Capítulo VII – *Disposições gerais* [aumento de pena (art. 234-A); segredo de justiça (art. 234-B)].

1.1 Atendimento obrigatório e integral a pessoas em situação de violência sexual

Em 1º de agosto de 2013, foi editada a Lei nº 12.845, que passou a dispor sobre o atendimento obrigatório e integral de pessoas em situação de violência sexual, tendo o próprio diploma legal, em seu art. 2º, conceituado violência sexual como sendo qualquer forma de atividade sexual não consentida. Inclui-se na referida lei, inclusive, aquela modalidade de violência sexual praticada contra pessoas consideradas vulneráveis, a exemplo dos menores de 14 anos, ou alguém que, por enfermidade ou deficiência mental, não tem o necessário discernimento para a prática do ato, ou que, por qualquer outra causa, não pode oferecer resistência.

Diz o referido texto legal, *verbis:*

LEI Nº 12.845, DE 1º DE AGOSTO DE 2013
A PRESIDENTA DA REPÚBLICA. Faço saber que o Congresso Nacional decreta e eu sanciono a seguinte Lei:
Art. 1º Os hospitais devem oferecer às vítimas de violência sexual atendimento emergencial, integral e multidisciplinar, visando ao controle e ao tratamento dos agravos físicos e psíquicos decorrentes de violência sexual, e encaminhamento, se for o caso, aos serviços de assistência social.
Art. 2º Considera-se violência sexual, para os efeitos desta Lei, qualquer forma de atividade sexual não consentida.
Art. 3º O atendimento imediato, obrigatório em todos os hospitais integrantes da rede do SUS, compreende os seguintes serviços:
I – diagnóstico e tratamento das lesões físicas no aparelho genital e nas demais áreas afetadas;
II – amparo médico, psicológico e social imediatos;
III – facilitação do registro da ocorrência e encaminhamento ao órgão de medicina legal e às delegacias especializadas com informações que possam ser úteis à identificação do agressor e à comprovação da violência sexual;
IV – profilaxia da gravidez;
V – profilaxia das Doenças Sexualmente Transmissíveis – DST;
VI – coleta de material para realização do exame de HIV para posterior acompanhamento e terapia;
VII – fornecimento de informações às vítimas sobre os direitos legais e sobre todos os serviços sanitários disponíveis.
§ 1º Os serviços de que trata esta Lei são prestados de forma gratuita aos que deles necessitarem.
§ 2º No tratamento das lesões, caberá ao médico preservar materiais que possam ser coletados no exame médico legal.
§ 3º Cabe ao órgão de medicina legal o exame de DNA para identificação do agressor.
Art. 4º Esta Lei entra em vigor após decorridos 90 (noventa) dias de sua publicação oficial.
Brasília, 1º de agosto de 2013; 192º da Independência e 125º da República.
DILMA ROUSSEFF
José Eduardo Cardozo
Alexandre Rocha Santos Padilha
Eleonora Menicucci de Oliveira
Maria do Rosário Nunes

Antes mesmo da edição da Lei nº 12.845, de 1º de agosto de 2013, havia sido publicado o Decreto nº 7.958, de 13 de março de 2013, que estabeleceu diretrizes para o atendimento às vítimas de violência sexual pelos profissionais de segurança pública e da rede de atendimento do Serviço Único de Saúde (SUS), asseverando:

> **A PRESIDENTA DA REPÚBLICA,** no uso das atribuições que lhe confere o art. 84, *caput*, incisos IV e VI, alínea "a", da Constituição, e tendo em vista o disposto nos incisos IV e V do *caput* do art. 15 da Lei nº 8.080, de 19 de setembro de 1990,
> **DECRETA:**
> **Art. 1º** Este Decreto estabelece diretrizes para o atendimento humanizado às vítimas de violência sexual pelos profissionais da área de segurança pública e da rede de atendimento do Sistema Único de Saúde – SUS, e as competências do Ministério da Justiça e do Ministério da Saúde para sua implementação.
> **Art. 2º** O atendimento às vítimas de violência sexual pelos profissionais de segurança pública e da rede de atendimento do SUS observará as seguintes diretrizes:
> I – acolhimento em serviços de referência;
> II – atendimento humanizado, observados os princípios do respeito da dignidade da pessoa, da não discriminação, do sigilo e da privacidade;
> III – disponibilização de espaço de escuta qualificado e privacidade durante o atendimento, para propiciar ambiente de confiança e respeito à vítima;
> IV – informação prévia à vítima, assegurada sua compreensão sobre o que será realizado em cada etapa do atendimento e a importância das condutas médicas, multiprofissionais e policiais, respeitada sua decisão sobre a realização de qualquer procedimento;
> V – identificação e orientação às vítimas sobre a existência de serviços de referência para atendimento às vítimas de violência e de unidades do sistema de garantia de direitos;
> VI – divulgação de informações sobre a existência de serviços de referência para atendimento de vítimas de violência sexual;
> VII – disponibilização de transporte à vítima de violência sexual até os serviços de referência; e
> VIII – promoção de capacitação de profissionais de segurança pública e da rede de atendimento do SUS para atender vítimas de violência sexual de forma humanizada, garantindo a idoneidade e o rastreamento dos vestígios coletados.
> **Art. 3º** Para os fins deste Decreto, considera-se serviço de referência o serviço qualificado para oferecer atendimento às vítimas de violência sexual, observados os níveis de assistência e os diferentes profissionais que atuarão em cada unidade de atendimento, segundo normas técnicas e protocolos adotados pelo Ministério da Saúde e pelo Ministério da Justiça.
> **Art. 4º** O atendimento às vítimas de violência sexual pelos profissionais da rede do SUS compreenderá os seguintes procedimentos:
> I – acolhimento, anamnese e realização de exames clínicos e laboratoriais;
> II – preenchimento de prontuário com as seguintes informações:
> a) data e hora do atendimento;
> b) história clínica detalhada, com dados sobre a violência sofrida;
> c) exame físico completo, inclusive o exame ginecológico, se for necessário;
> d) descrição minuciosa das lesões, com indicação da temporalidade e localização específica;
> e) descrição minuciosa de vestígios e de outros achados no exame; e
> f) identificação dos profissionais que atenderam a vítima;
> III – preenchimento do Termo de Relato Circunstanciado e Termo de Consentimento Informado, assinado pela vítima ou responsável legal;
> IV – coleta de vestígios para, assegurada a cadeia de custódia, encaminhamento à perícia oficial, com a cópia do Termo de Consentimento Informado;
> V – assistência farmacêutica e de outros insumos e acompanhamento multiprofissional, de acordo com a necessidade;
> VI – preenchimento da Ficha de Notificação Compulsória de violência doméstica, sexual e outras violências; e
> VII – orientação à vítima ou ao seu responsável a respeito de seus direitos e sobre a existência de serviços de referência para atendimento às vítimas de violência sexual.

§ 1º A coleta, identificação, descrição e guarda dos vestígios de que tratam as alíneas "e" e "f" do inciso II e o inciso IV do *caput* observarão regras e diretrizes técnicas estabelecidas pelo Ministério da Justiça e pelo Ministério da Saúde.

§ 2º A rede de atendimento ao SUS deve garantir a idoneidade e o rastreamento dos vestígios coletados.

Art. 5º Ao Ministério da Justiça compete:

I – apoiar a criação de ambiente humanizado para atendimento de vítimas de violência sexual nos órgãos de perícia médico-legal; e

II – promover capacitação de:

a) peritos médicos-legistas para atendimento humanizado na coleta de vestígios em vítimas de violência sexual;

b) profissionais e gestores de saúde do SUS para atendimento humanizado de vítimas de violência sexual, no tocante à coleta, guarda e transporte dos vestígios coletados no exame clínico e o posterior encaminhamento do material coletado para a perícia oficial; e

c) profissionais de segurança pública, em especial os que atuam nas delegacias especializadas no atendimento a mulher, crianças e adolescentes, para atendimento humanizado e encaminhamento das vítimas aos serviços de referência e a unidades do sistema de garantia de direitos.

Art. 6º Ao Ministério da Saúde compete:

I – apoiar a estruturação e as ações para o atendimento humanizado às vítimas de violência sexual no âmbito da rede do SUS;

II – capacitar os profissionais e gestores de saúde do SUS para atendimento humanizado; e

III – realizar ações de educação permanente em saúde dirigidas a profissionais, gestores de saúde e população em geral sobre prevenção da violência sexual, organização e humanização do atendimento às vítimas de violência sexual.

Art. 7º Este Decreto entra em vigor na data de sua publicação.

Brasília, 13 de março de 2013; 192º da Independência e 125º da República.

DILMA ROUSSEFF

José Eduardo Cardozo

Alexandre Rocha Santos Padilha

Eleonora Menicucci de Oliveira

1.2 Jurisprudência em teses do Superior Tribunal de Justiça, edição nº 111: provas no processo penal – II

Em delitos sexuais, comumente praticados às ocultas, a palavra da vítima possui especial relevância, desde que esteja em consonância com as demais provas acostadas aos autos.

Nos delitos praticados em ambiente doméstico e familiar, geralmente praticados à clandestinidade, sem a presença de testemunhas, a palavra da vítima possui especial relevância, notadamente quando corroborada por outros elementos probatórios acostados aos autos.

É ilícita a prova colhida mediante acesso aos dados armazenados no aparelho celular, relativos a mensagens de texto, SMS, conversas por meio de aplicativos (WhatsApp), e obtida diretamente pela polícia, sem prévia autorização judicial.

É desnecessária a realização de perícia para a identificação de voz captada nas interceptações telefônicas, salvo quando houver dúvida plausível que justifique a medida.

É necessária a realização do exame de corpo de delito para comprovação da materialidade do crime quando a conduta deixar vestígios, entretanto, o laudo pericial será substituído por outros elementos de prova na hipótese em que as evidências tenham desaparecido ou que o lugar se tenha tornado impróprio ou, ainda, quando as circunstâncias do crime não permitirem a análise técnica.

1.3 Jurisprudência em teses do Superior Tribunal de Justiça, edição nº 151: dos crimes contra a dignidade sexual – I

1) É facultado aos Tribunais de Justiça atribuir às Varas da Infância e da Juventude competência para processar e julgar crimes de natureza sexual praticados contra crianças e adolescentes.

2) Em delitos sexuais, comumente praticados às ocultas, a palavra da vítima possui especial relevância, desde que esteja em consonância com as demais provas acostadas aos autos.

3) Os crimes de estupro e atentado violento ao pudor praticados antes da edição da Lei nº 12.015/2009, ainda que em sua forma simples, configuram modalidades de crime hediondo (Tese julgada sob o rito do art. 543-C do CPC/1973 – Tema 581).

4) Os crimes de estupro e de atentado violento ao pudor foram reunidos em um único dispositivo após a edição da Lei nº 12.015/2009, não ocorrendo *abolitio criminis* do delito do art. 214 do Código Penal – CP, diante do princípio da continuidade normativa.

5) Por força da aplicação do princípio da retroatividade da lei penal mais benéfica, a Lei nº 12.015/2009 deve alcançar os delitos previstos nos arts. 213 e 214 do Código Penal, cometidos antes de sua vigência.

6) Após o advento da Lei nº 12.015/2009, que tipificou no mesmo dispositivo penal (art. 213 do CP) os crimes de estupro e de atentado violento ao pudor, é possível o reconhecimento de crime único entre as condutas, desde que tenham sido praticadas contra a mesma vítima e no mesmo contexto-fático.

7) Sob a normativa anterior à Lei nº 12.015/2009, na antiga redação do art. 224, *a*, do CP, já era absoluta a presunção de violência nos crimes de estupro e de atentado violento ao pudor quando a vítima não fosse maior de 14 anos de idade, ainda que esta anuísse voluntariamente ao ato sexual.

8) O crime de estupro de vulnerável se configura com a conjunção carnal ou prática de ato libidinoso com menor de 14 anos, sendo irrelevante eventual consentimento da vítima para a prática do ato, sua experiência sexual anterior ou existência de relacionamento amoroso com o agente (Súmula nº 593/STJ) (Tese julgada sob o rito do art. 543-C do CPC/1973 – Tema 918).

9) O estado de sono, que diminua a capacidade da vítima de oferecer resistência, caracteriza a vulnerabilidade prevista no art. 217-A, § 1º, do Código Penal – CP.

10) No crime de estupro em que a vulnerabilidade é decorrente de enfermidade ou deficiência mental (art. 217-A, § 1º, do CP), o magistrado não está vinculado à existência de laudo pericial para aferir a existência de discernimento ou a possibilidade de oferecer resistência à prática sexual, desde que a decisão esteja devidamente fundamentada, em virtude do princípio do livre convencimento motivado.

11) O beijo lascivo integra o rol de atos libidinosos e configura o crime de estupro se obtido mediante emprego de força física do agressor contra vítima maior de 14 anos.

1.4 Jurisprudência em teses do Superior Tribunal de Justiça, edição nº 152: dos crimes contra a dignidade sexual – II

1) É incabível a desclassificação do crime de atentado violento ao pudor para quaisquer das contravenções penais dos arts. 61 ou 65 do Decreto-Lei nº 3.688/1941, pois aquele se caracteriza pela prática de atos libidinosos ofensivos à dignidade sexual da vítima, praticados mediante violência ou grave ameaça, com finalidade lasciva,

sucedâneo ou não da conjunção carnal, evidenciando-se com o contato físico entre agressor e ofendido.

2) Em razão do princípio da especialidade, é descabida a desclassificação do crime de estupro de vulnerável (art. 217-A do Código Penal – CP) para o crime de importunação sexual (art. 215-A do CP), uma vez que este é praticado sem violência ou grave ameaça, e aquele traz ínsito ao seu tipo penal a presunção absoluta de violência ou de grave ameaça.

3) O delito de estupro de vulnerável (art. 217-A do CP) se consuma com a prática de qualquer ato de libidinagem ofensivo à dignidade sexual da vítima.

4) A contemplação lasciva configura o ato libidinoso constitutivo dos tipos dos art. 213 e art. 217-A do CP, sendo irrelevante, para a consumação dos delitos, que haja contato físico entre ofensor e vítima.

5) É possível a configuração do crime de assédio sexual (art. 216-A do CP) na relação entre professor e aluno.

6) A prática de crime contra a dignidade sexual por professor faz incidir a causa de aumento de pena prevista no art. 226, II, do Código Penal, por sua evidente posição de autoridade e ascendência sobre os alunos.

7) Não há *bis in idem* na incidência da agravante genérica do art. 61, II, f, concomitantemente com a causa de aumento de pena do art. 226, II, ambas do CP, no crime de estupro.

8) No estupro de vulnerável (art. 217-A, *caput*, do CP), a condição de a vítima ser criança é elemento ínsito ao tipo penal, tornando impossível a aplicação da agravante genérica prevista no art. 61, II, *h*, do Código Penal brasileiro, sob pena de *bis in idem*.

9) O fato de o ofensor valer-se de relações domésticas para a prática do crime de estupro não pode, ao mesmo tempo, ser usado como circunstância judicial desfavorável (art. 59 do CP) e como agravante genérica (art. 61, II, *f*, do CP), sob pena de *bis in idem*.

10) No estupro de vulnerável, o trauma psicológico que justifica a valoração negativa das consequências do crime (art. 59 do CP) é aquele cuja intensidade for superior à inerente ao tipo penal.

11) No estupro de vulnerável, a tenra idade da vítima pode ser utilizada como circunstância judicial do art. 59 do CP e, portanto, incidir sobre a pena-base do réu.

1.5 Jurisprudência em teses do Superior Tribunal de Justiça, edição nº 153: dos crimes contra a dignidade sexual – III

1) Aquele que adere à determinação do comparsa e contribui para a consumação do crime de estupro, ainda que não tenha praticado a conduta descrita no tipo penal, incide nas penas a ele cominadas, nos exatos termos do art. 29 do Código Penal.

2) Nas hipóteses em que há imprecisão acerca do número exato de eventos abusivos à dignidade sexual da vítima, praticados em um longo período de tempo, é adequado o aumento de pena pela continuidade delitiva (art. 71 do CP) em patamar superior ao mínimo legal.

3) Nos crimes de estupro ou de atentado violento ao pudor praticados com violência presumida, não incide a regra da continuidade delitiva específica (art. 71, parágrafo único, do CP), que condiciona a sua incidência às situações de emprego de violência real.

4) A orientação da Súmula nº 593/STJ não importa na retroatividade de lei penal mais gravosa (*novatio legis in pejus*) e apresenta adequada interpretação jurisprudencial das modificações introduzidas pela Lei nº 12.015/2009.

5) A prática de conjunção carnal ou de atos libidinosos diversos contra vítima imobilizada configura o crime de estupro de vulnerável do art. 217-A, § 1º, do CP, ante a impossibilidade de oferecer resistência ao emprego de violência sexual.

6) O avançado estado de embriaguez da vítima, que lhe retire a capacidade de oferecer resistência, é circunstância apta a revelar sua vulnerabilidade e, assim, configurar a prática do crime de estupro previsto no § 1º do art. 217-A do Código Penal.
7) Com o advento da Lei nº 12.015/2009, o crime de corrupção sexual de maiores de 14 e menores de 18 anos, previsto na redação anterior do art. 218 do CP, deixou de ser tipificado, ensejando *abolitio criminis*.
8) No crime de favorecimento da prostituição ou outra forma de exploração sexual (art. 218-B do CP), a vulnerabilidade relativa do menor de 18 anos deve ser aferida pela inexistência do necessário discernimento para a prática do ato ou pela impossibilidade de oferecer resistência, inclusive por más condições financeiras.
9) A conduta daquele que pratica conjunção carnal ou outro ato libidinoso com menor de 18 anos e maior de 14 anos em situação de prostituição ou de exploração sexual somente foi tipificada com a entrada em vigor da Lei nº 12.015/2009, que incluiu o art. 218-B, § 2º, I, no CP, não podendo a lei retroagir para incriminar atos praticados antes de sua entrada em vigor.
10) O segredo de justiça previsto no art. 234-B do Código Penal abrange o autor e a vítima de crimes sexuais, devendo constar da autuação apenas as iniciais de seus nomes.[3]
11) O Juizado Especial de Violência Doméstica é competente para julgar e processar o delito de estupro de vulnerável (art. 217-A do CP) quando estiver presente a motivação de gênero ou quando a vulnerabilidade da vítima for decorrente da sua condição de mulher.
12) Reconhecida a existência de crime único entre as condutas descritas no art. 213 e art. 214 do CP, unificadas pela Lei nº 12.015/2009 na redação do novo art. 213, compete ao Juízo das Execuções o redimensionamento de pena imposta ao condenado, conforme a Súmula nº 611 do Supremo Tribunal Federal.
13) Nos crimes sexuais praticados contra criança e adolescente, admite-se a oitiva da vítima por profissional preparado e em ambiente diferenciado na modalidade do "depoimento sem dano", prevista na Lei nº 13.431/2017, medida excepcional que respeita sua condição especial de pessoa em desenvolvimento.
14) Na apuração de suposta prática de crime sexual, é lícita a utilização de prova extraída de gravação telefônica efetivada pelo ofendido, ou por terceiro com a sua anuência, sem o conhecimento do agressor.

1.6 Crimes contra a dignidade sexual praticados contra criança ou adolescente

Em 24 de maio de 2022, foi publicada a Lei nº 14.344, criando mecanismos para a prevenção e o enfrentamento da violência doméstica e familiar contra a criança e o adolescente, que ficou nacionalmente conhecida como "Lei Henry Borel", uma criança que contava apenas com quatro anos de idade quando foi espancada e morta no apartamento em que morava com sua mãe e seu padrasto.

Essa lei inseriu os §§ 1º e 2º no art. 226 do ECA, dispondo, *verbis*:

---

[3] Obs.: Os §§ 1º e 2º inseridos no art. 234-B do Código Penal pela Lei nº 15.035, de 27 de novembro de 2024, determinam, *verbis*:
"§ 1º O sistema de consulta processual tornará de acesso público o nome completo do réu, seu número de inscrição no Cadastro de Pessoas Físicas (CPF) e a tipificação penal do fato a partir da condenação em primeira instância pelos crimes tipificados nos arts. 213, 216-B, 217-A, 218-B, 227, 228, 229 e 230 deste Código, inclusive com os dados da pena ou da medida de segurança imposta, ressalvada a possibilidade de o juiz fundamentadamente determinar a manutenção do sigilo.
§ 2º Caso o réu seja absolvido em grau recursal, será restabelecido o sigilo sobre as informações a que se refere o § 1º deste artigo."

> § 1º Os crimes cometidos contra a criança e o adolescente, independentemente da pena prevista, não se aplica a Lei nº 9.099, de 26 de setembro de 1995.
> § 2º Nos casos de violência doméstica e familiar contra a criança e o adolescente, é vedada a aplicação de penas de cesta básica ou de outras de prestação pecuniária, bem como a substituição de pena que implique o pagamento isolado de multa.

Assim, nos crimes contra a dignidade sexual, praticados contra criança ou adolescente, não será possível a proposta de suspensão condicional do processo, quando inicialmente cabível, nos termos do art. 89 da Lei nº 9.099/95.

1.7 Protocolo "não é não", para prevenção ao constrangimento e a violência contra a mulher e para a proteção a vítima

Em 28 de dezembro de 2023, foi publicada a Lei nº 14.786, criando o protocolo "Não é Não", para prevenção ao constrangimento e à violência contra a mulher e para proteção à vítima, bem como instituindo o selo "Não é Não – Mulheres Seguras", com o seguinte texto, *verbis*:

> **Art. 1º** Esta Lei cria o protocolo "Não é Não", para prevenção ao constrangimento e à violência contra a mulher e para proteção à vítima, bem como institui o selo "Não é Não – Mulheres Seguras".
> **Art. 2º** O protocolo "Não é Não" será implementado no ambiente de casas noturnas e de boates, em espetáculos musicais realizados em locais fechados e em *shows*, com venda de bebida alcoólica, para promover a proteção das mulheres e para prevenir e enfrentar o constrangimento e a violência contra elas.
> **Parágrafo único.** O disposto nesta Lei não se aplica a cultos nem a outros eventos realizados em locais de natureza religiosa.
> **Art. 3º** Para os fins desta Lei, considera-se:
> I – constrangimento: qualquer insistência, física ou verbal, sofrida pela mulher depois de manifestada a sua discordância com a interação;
> II – violência: uso da força que tenha como resultado lesão, morte ou dano, entre outros, conforme legislação penal em vigor.
> **Art. 4º** Na aplicação do protocolo "Não é Não", devem ser observados os seguintes princípios:
> I – respeito ao relato da vítima acerca do constrangimento ou da violência sofrida;
> II – preservação da dignidade, da honra, da intimidade e da integridade física e psicológica da vítima;
> III – celeridade no cumprimento do disposto nesta Lei;
> IV – articulação de esforços públicos e privados para o enfrentamento do constrangimento e da violência contra a mulher.
> **Art. 5º** São direitos da mulher:
> I – ser prontamente protegida pela equipe do estabelecimento a fim de que possa relatar o constrangimento ou a violência sofridos;
> II – ser informada sobre os seus direitos;
> III – ser imediatamente afastada e protegida do agressor;
> IV – ter respeitadas as suas decisões em relação às medidas de apoio previstas nesta Lei;
> V – ter as providências previstas nesta Lei cumpridas com celeridade;
> VI – ser acompanhada por pessoa de sua escolha;
> VII – definir se sofreu constrangimento ou violência, para os efeitos das medidas previstas nesta Lei;
> VIII – ser acompanhada até o seu transporte, caso decida deixar o local.
> **Art. 6º** São deveres dos estabelecimentos referidos no *caput* dos arts. 2º e 9º desta Lei:
> I – assegurar que na sua equipe tenha pelo menos uma pessoa qualificada para atender ao protocolo "Não é Não";
> II – manter, em locais visíveis, informação sobre a forma de acionar o protocolo "Não é Não" e os números de telefone de contato da Polícia Militar e da Central de Atendimento à Mulher – Ligue 180;
> III – certificar-se com a vítima, quando observada possível situação de constrangimento, da necessidade de assistência, facultada a aplicação das medidas previstas no art. 7º desta Lei para fazer cessar o constrangimento;
> IV – se houver indícios de violência:

a) proteger a mulher e proceder às medidas de apoio previstas nesta Lei;

b) afastar a vítima do agressor, inclusive do seu alcance visual, facultado a ela ter o acompanhamento de pessoa de sua escolha;

c) colaborar para a identificação das possíveis testemunhas do fato;

d) solicitar o comparecimento da Polícia Militar ou do agente público competente;

e) isolar o local específico onde existam vestígios da violência, até a chegada da Polícia Militar ou do agente público competente;

V – se o estabelecimento dispuser de sistema de câmeras de segurança:

a) garantir o acesso às imagens à Polícia Civil, à perícia oficial e aos diretamente envolvidos;

b) preservar, pelo período mínimo de 30 (trinta) dias, as imagens relacionadas com o ocorrido;

VI – garantir todos os direitos da denunciante previstos no art. 5º desta Lei.

Art. 7º A seu critério, os estabelecimentos abrangidos por esta Lei ou os que ostentarem o selo "Não é Não – Mulheres Seguras", nos termos do art. 9º desta Lei, poderão, entre outras medidas:

I – adotar ações que julgarem cabíveis para preservar a dignidade e a integridade física e psicológica da denunciante e para subsidiar a atuação dos órgãos de saúde e de segurança pública eventualmente acionados;

II – retirar o ofensor do estabelecimento e impedir o seu reingresso até o término das atividades, nos casos de constrangimento;

III – criar um código próprio, divulgado nos sanitários femininos, para que as mulheres possam alertar os funcionários sobre a necessidade de ajuda, a fim de que eles tomem as providências necessárias.

Art. 8º O poder público promoverá:

I – campanhas educativas sobre o protocolo "Não é Não";

II – ações de formação periódica para conscientização e implementação do protocolo "Não é Não", direcionadas aos empreendedores e aos trabalhadores dos estabelecimentos previstos nesta Lei.

Art. 9º Fica instituído o selo "Não é Não – Mulheres Seguras", que será concedido pelo poder público a qualquer estabelecimento comercial não abrangido pela obrigatoriedade prevista no *caput* do art. 2º desta Lei que implementar o protocolo "Não é Não", conforme regulamentação.

Parágrafo único. O poder público manterá e divulgará a lista "Local Seguro Para Mulheres" com as empresas que possuírem o selo "Não é Não – Mulheres Seguras".

Art. 10. O descumprimento total ou parcial do protocolo "Não é Não" implica as seguintes penalidades:

I – aos estabelecimentos previstos no *caput* do art. 2º desta Lei:

a) advertência;

b) outras penalidades previstas em lei;

II – aos estabelecimentos que receberam o selo "Não é Não – Mulheres Seguras", nos termos do art. 9º desta Lei:

a) advertência;

b) revogação da concessão do selo "Não é Não – Mulheres Seguras";

c) exclusão do estabelecimento da lista "Local Seguro para Mulheres";

d) outras penalidades previstas em lei.

Parágrafo único. Aos estabelecimentos previstos no *caput* do art. 2º que comprovadamente tenham atendido a todas as disposições desta Lei fica assegurada a não aplicabilidade de quaisquer sanções em decorrência dos atos previstos no art. 3º desta Lei.

Art. 11. O *caput* do art. 150 da Lei nº 14.597, de 14 de junho de 2023 (Lei Geral do Esporte) passa a vigorar acrescido do seguinte inciso III:

"Art. 150. (...)

III – aplicar as disposições dos arts. 5º a 9º da lei que cria o protocolo 'Não é Não'." (NR)

Art. 12. Esta Lei entra em vigor após decorridos 180 (cento e oitenta) dias de sua publicação oficial.

2. ESTUPRO

> Acesse e assista à aula explicativa sobre este assunto.
> https://uqr.to/1we4v

Estupro
Art. 213. Constranger alguém, mediante violência ou grave ameaça, a ter conjunção carnal ou a praticar ou permitir que com ele se pratique outro ato libidinoso:
Pena – reclusão, de 6 (seis) a 10 (dez) anos.
§ 1º Se da conduta resulta lesão corporal de natureza grave ou se a vítima é menor de 18 (dezoito) ou maior de 14 (catorze) anos:
Pena – reclusão, de 8 (oito) a 12 (doze) anos.
§ 2º Se da conduta resulta morte:
Pena – reclusão, de 12 (doze) a 30 (trinta) anos.

2.1 Introdução

A Lei nº 12.015, de 7 de agosto de 2009, caminhando de acordo com as reivindicações doutrinárias, unificou, no art. 213 do Código Penal, as figuras do estupro e do atentado violento ao pudor, evitando, dessa forma, inúmeras controvérsias relativas a esses tipos penais, a exemplo do que ocorria com relação à possibilidade de continuidade delitiva, uma vez que a jurisprudência de nossos Tribunais, principalmente os Superiores, não era segura.

A nova lei optou pela rubrica *estupro*, que diz respeito ao fato de ter o agente constrangido alguém, mediante violência ou grave ameaça, a ter conjunção carnal ou a praticar ou permitir que com ele se pratique outro ato libidinoso. Ao que parece, o legislador se rendeu ao fato de que a mídia, bem como a população em geral, usualmente denominava "estupro" o que, na vigência da legislação anterior, seria concebido por atentado violento ao pudor, a exemplo do fato de um homem ser violentado sexualmente. Agora, como veremos mais adiante, não importa se o sujeito passivo é do sexo feminino, ou mesmo do sexo masculino, que, se houver o constrangimento com a finalidade prevista no tipo penal do art. 213 do diploma repressivo, estaremos diante do crime de estupro. Em alguns países da Europa, tal como ocorre na Espanha, esse delito é chamado de *abuso sexual*.[4]

Analisando a redação dada ao *caput* do art. 213 do Código Penal, podemos destacar os seguintes elementos: *a)* o constrangimento, levado a efeito mediante o emprego de violência ou grave ameaça; *b)* que pode ser dirigido a qualquer pessoa, seja do sexo feminino ou masculino; *c)* para que tenha conjunção carnal; *d)* ou, ainda, para fazer com que a vítima pratique ou permita que com ela se pratique qualquer ato libidinoso.

De acordo com a redação legal, verifica-se que o núcleo do tipo é o verbo *constranger*, aqui utilizado no sentido de forçar, obrigar, subjugar a vítima ao ato sexual. Trata-se, portanto, de modalidade especial de constrangimento ilegal, praticado com o fim de fazer com que o agente tenha sucesso no congresso carnal ou na prática de outros atos libidinosos.

Para que se possa configurar o delito em estudo é preciso que o agente atue mediante o emprego de violência ou de grave ameaça. Violência diz respeito à *vis corporalis, vis absoluta*,

---

[4] Cf. arts. 181, 182 e 183 do Código Penal espanhol.

ou seja, a utilização de força física, no sentido de subjugar a vítima, para que com ela possa praticar a conjunção carnal, ou a praticar ou permitir que com ela se pratique outro ato libidinoso.

As vias de fato e as lesões corporais de natureza leve são absorvidas pelo delito de estupro, pois que fazem parte da violência empregada pelo agente. Se da conduta praticada pelo agente resultar lesão corporal de natureza grave ou a morte da vítima, o estupro será qualificado, nos termos dos §§ 1º e 2º do art. 213 do Código Penal.

A grave ameaça, ou *vis compulsiva*, pode ser direta, indireta, implícita ou explícita. Assim, por exemplo, poderá ser levada a efeito diretamente contra a própria pessoa da vítima ou pode ser empregada, indiretamente, contra pessoas ou coisas que lhe são próximas, produzindo-lhe efeito psicológico no sentido de passar a temer o agente. Por isso, a ameaça deverá ser séria, causando na vítima um fundado temor do seu cumprimento.

Vale ressaltar que o mal prometido pelo agente, para efeito de se relacionar sexualmente com a vítima contra a sua vontade, não deve ser, necessariamente, injusto, como ocorre com o delito tipificado no art. 147 do Código Penal. Assim, imagine-se a hipótese daquele que, sabendo da infidelidade da vítima para com seu marido, a obriga a, com ele, também se relacionar sexualmente, sob pena de contar todo o fato ao outro cônjuge, que certamente dela se separará.

Não exige mais a lei penal, para fins de caracterização do estupro, que a conduta do agente seja dirigida contra uma *mulher*. No entanto, esse constrangimento pode ser dirigido finalisticamente à prática da conjunção carnal, vale dizer, a relação sexual heterossexual, o coito vagínico, que compreende a penetração do pênis do homem na vagina da mulher.

A conduta de violentar uma mulher, forçando-a ao coito contra sua vontade, não somente a inferioriza, mas também a afeta psicologicamente, levando-a, muitas vezes, ao suicídio. A sociedade, a seu turno, tomando conhecimento do estupro, passa a estigmatizar a vítima, tratando-a diferentemente, como se estivesse suja, contaminada com o sêmen do estuprador. A conjugação de todos esses fatores faz com que a vítima, mesmo depois de violentada, não comunique o fato à autoridade policial, fazendo parte, assim, daquilo que se denomina *cifra negra*.

Hoje, com a criação das delegacias especializadas, pelo menos nas cidades de grande porte, as mulheres são ouvidas por outras mulheres sem o constrangimento que lhes era comum quando se dirigiam aos homens, narrando o ocorrido. Era, na verdade, a narração de um filme pornográfico, no qual o ouvinte, embora fazendo o papel de austero, muitas vezes praticava atos de verdadeiro *voyeurismo*, estendendo, demasiadamente, os depoimentos das vítimas tão somente com a finalidade de satisfazer-lhe a imaginação doentia.

Foi adotado, portanto, pela legislação penal brasileira, o *sistema restrito* no que diz respeito à interpretação da expressão *conjunção carnal*, repelindo-se o *sistema amplo*, que compreende a cópula anal ou mesmo o *sistema amplíssimo*, que inclui, ainda, os atos de felação (orais).

Hungria traduz o conceito de conjunção carnal dizendo ser "a cópula *secundum naturam*, o ajuntamento do órgão genital do homem com o da mulher, a intromissão do pênis na cavidade vaginal".[5]

Merece registro, ainda, o fato de que a conjunção carnal também é considerada um ato libidinoso, isto é, aquele em que o agente deixa aflorar sua libido, razão pela qual a parte final constante do *caput* do art. 213 do Código Penal utiliza a expressão *outro ato libidinoso*.

---

[5] HUNGRIA, Nélson. *Comentários ao código penal*, v. VIII, p. 116.

A nova redação do art. 213 do Código Penal considera como estupro, ainda, o constrangimento levado a efeito pelo agente no sentido de fazer com que a vítima, seja do sexo feminino, seja mesmo do sexo masculino, pratique ou permita que com ela se pratique outro ato libidinoso.

Na expressão *outro ato libidinoso* estão contidos todos os atos de natureza sexual, que não a conjunção carnal, que tenham por finalidade satisfazer a libido do agente.

O constrangimento empregado pelo agente, portanto, pode ser dirigido a duas finalidades diversas. Na primeira delas, o agente obriga a própria vítima a praticar um ato libidinoso diverso da conjunção carnal. Sua conduta, portanto, é *ativa*, podendo atuar sobre seu próprio corpo, com atos de masturbação, por exemplo; no corpo do agente que a constrange, praticando, v.g., sexo oral; ou, ainda, em terceira pessoa, sendo assistida pelo agente.

O segundo comportamento é *passivo*. Nesse caso, a vítima permite que com ela seja praticado o ato libidinoso diverso da conjunção carnal, seja pelo próprio agente que a constrange, seja por um terceiro, a mando daquele.

Dessa forma, o papel da vítima pode ser *ativo, passivo* ou, ainda, simultaneamente, *ativo e passivo*.

Luiz Regis Prado elenca alguns atos que podem ser considerados libidinosos, como a:

"*Fellatio* ou *irrumatio in ore*, o *cunnilingus*, o *pennilingus*, o *annilingus* (espécies de sexo oral ou bucal); o coito anal, o coito *inter femora*; a masturbação; os toques ou apalpadelas com significação sexual no corpo ou diretamente na região pudica (genitália, seios ou membros inferiores etc.) da vítima; a contemplação lasciva; os contatos voluptuosos, uso de objetos ou instrumentos corporais (dedo, mão), mecânicos ou artificiais, por via vaginal, anal ou bucal, entre outros."[6]

2.2 Classificação doutrinária

Quando a conduta for dirigida à conjunção carnal, o crime será de mão própria no que diz respeito ao sujeito ativo, seja ele um homem ou mesmo uma mulher, pois que exige uma atuação pessoal do agente, e próprio com relação ao sujeito passivo, que poderá ser também tanto um homem quanto uma mulher, uma vez que a conjunção carnal pressupõe uma relação heterossexual. Quando o comportamento for dirigido a praticar ou permitir que se pratique outro ato libidinoso estaremos diante de um crime comum, tanto com relação ao sujeito ativo quanto ao sujeito passivo; doloso; comissivo (podendo ser praticado via omissão imprópria, na hipótese de o agente gozar do *status* de garantidor); material; de dano; instantâneo; de forma vinculada, quando a conduta for dirigida à prática da conjunção carnal, e de forma livre, quando o comportamento disser respeito ao cometimento de outros atos libidinosos; monossubjetivo; plurissubsistente; não transeunte (dependendo da forma como é praticado, o crime poderá deixar vestígios, a exemplo do coito vagínico ou do sexo anal; caso contrário, será difícil sua constatação por meio de perícia, oportunidade em que deverá ser considerado um delito transeunte).

2.3 Objeto material e bem juridicamente protegido

Em virtude da redação constante do Título VI do Código Penal, dada pela Lei nº 12.015/2009, podemos apontar como bens juridicamente protegidos pelo art. 213 tanto a liberdade quanto a dignidade sexual.

---

[6] PRADO, Luiz Regis. *Curso de direito penal brasileiro*, v. 2, p. 601.

A lei, portanto, tutela o direito de liberdade que qualquer pessoa tem de dispor sobre o próprio corpo, no que diz respeito aos atos sexuais. O estupro, atingindo a liberdade sexual, agride, simultaneamente, a dignidade do ser humano, que se vê humilhado com o ato sexual.

Emiliano Borja Jiménez, dissertando sobre o conceito de liberdade sexual, com precisão, aduz que assim se entende a:

> "Autodeterminação no marco das relações sexuais de uma pessoa, como uma faceta a mais da capacidade de atuar. Liberdade sexual significa que o titular da mesma determina seu comportamento sexual conforme motivos que lhe são próprios no sentido de que é ele quem decide sobre sua sexualidade, sobre como, quando ou com quem mantém relações sexuais."[7]

Inicialmente, a proposta legislativa era no sentido de que no Título VI do Código Penal constasse a expressão: *Dos crimes contra a liberdade e o desenvolvimento sexual*. Embora tenha prevalecido a expressão *Dos crimes contra a dignidade sexual*, também podemos visualizar o desenvolvimento sexual como outro bem a ser protegido pelo tipo penal em estudo.

Assim, resumindo, poderíamos apontar como bens juridicamente protegidos: a dignidade, a liberdade e o desenvolvimento sexual.

O objeto material do delito pode ser tanto a *mulher* quanto o *homem*, ou seja, a pessoa contra a qual é dirigida a conduta praticada pelo agente.

2.4 Sujeito ativo e sujeito passivo

A expressão *conjunção carnal* tem o significado de união, de encontro do pênis do homem com a vagina da mulher, ou vice-versa. Assim, sujeito ativo no estupro, quando a finalidade for a conjunção carnal, poderá ser tanto o homem quanto a mulher. No entanto, nesse caso, o sujeito passivo, obrigatoriamente, deverá ser do sexo oposto, pressupondo uma relação heterossexual.

No que diz respeito à prática de outro ato libidinoso, qualquer pessoa pode ser sujeito ativo, bem como sujeito passivo, tratando-se, nesse caso, de um delito comum.

2.5 Consumação e tentativa

Quando a conduta do agente for dirigida finalisticamente a ter conjunção carnal com a vítima, o delito de estupro se consuma com a efetiva penetração do pênis do homem na vagina da mulher, não importando se total ou parcial, não havendo, inclusive, necessidade de ejaculação.

Quanto à segunda parte do art. 213 do estatuto repressivo, consuma-se o estupro no momento em que o agente, depois da prática do constrangimento levado a efeito mediante violência ou grave ameaça, obriga a vítima a praticar ou permitir que com ela se pratique outro ato libidinoso diverso da conjunção carnal.

Assim, no momento em que o agente, por exemplo, valendo-se do emprego de ameaça, faz com que a vítima toque em si mesma, com o fim de masturbar-se, ou no próprio agente ou em terceira pessoa, nesse instante estará consumado o delito. Na segunda hipótese, a consumação ocorrerá quando o agente ou terceira pessoa vier a atuar sobre o corpo da vítima, tocando-a em suas partes consideradas pudendas (seios, nádegas, pernas, vagina [desde que não haja penetração, que se configuraria na primeira parte do tipo penal], pênis etc.).

---

[7] JIMÉNEZ, Emiliano Borja. *Curso de política criminal*, p. 156.

Tratando-se de crime plurissubsistente, torna-se perfeitamente possível o raciocínio correspondente à tentativa. Dessa forma, o agente pode ter sido interrompido, por exemplo, quando, logo depois de retirar as roupas da vítima, preparava-se para a penetração. Se os atos que antecederam ao início da penetração vagínica não consumada forem considerados normais à prática do ato final, a exemplo do agente que passa as mãos nos seios da vítima ao rasgar-lhe vestido ou, mesmo, quando lhe esfrega o pênis na coxa buscando a penetração, tais atos deverão ser considerados antecedentes naturais ao delito de estupro, cuja finalidade era a conjunção carnal.

Não podemos concordar, *permissa venia*, com a posição radical assumida por Maximiliano Roberto Ernesto Führer e Maximilianus Cláudio Américo Führer[8] quando aduzem que "com a nova redação, o texto penal afastou as tradicionais dúvidas sobre se os atos preparatórios da conjunção carnal, ou preliminares, configurariam estupro consumado ou mera tentativa. Com a sua redação atual o texto não deixa margem para incertezas: qualquer ato libidinoso, mesmo que preparatório, consuma o crime." A vingar essa posição, somente nas hipóteses que o agente viesse a obrigar a vítima a despir-se é que se poderia falar em tentativa se, por uma circunstância alheia à sua vontade, não consumasse a infração penal, deixando, por exemplo, de praticar a conjunção carnal, o sexo anal etc.

Assim, insistimos, se, por exemplo, ao tentar retirar a roupa da vítima, o agente passar-lhe as mãos nos seios, ou mesmo nas coxas, com a finalidade de praticar a penetração e, se por algum motivo, vier a ser interrompido, não podemos entender como consumado o estupro, mas, sim, tentado.

A tentativa também será possível a partir do momento em que o agente vier a praticar o constrangimento sem que consiga, nas situações de atividade e passividade da vítima, determinar a prática do ato libidinoso.

2.6 Elemento subjetivo

O dolo é o elemento subjetivo necessário ao reconhecimento do delito de estupro.

Não há necessidade de que o agente atue com a finalidade especial de saciar sua lascívia, de satisfazer sua libido. O dolo, aqui, diz respeito tão somente ao fato de constranger a vítima com a finalidade de, com ela, ter a conjunção carnal ou praticar ou permitir que com ela se pratique outro ato libidinoso, não importando a motivação. Se o agente agiu com a finalidade, por exemplo, de humilhar ou mesmo vingar-se da vítima, tal fato é irrelevante para efeitos de configuração do delito, devendo ser considerado, no entanto, no momento da aplicação da pena, tal como acontece na hipótese do chamado *estupro corretivo*, inserido na alínea *b* do inciso IV do art. 226 do Código Penal, através da Lei nº 13.718, de 24 de setembro de 2018, que prevê um aumento de 1/3 (um terço) a 2/3 (dois terços) se o crime for praticado para controlar o comportamento social ou sexual da vítima.

Não é admissível a modalidade culposa, por ausência de disposição legal expressa nesse sentido. Assim, por exemplo, se o agente, de forma imprudente, correndo pela praia, perder o equilíbrio e cair com o rosto nas nádegas da vítima, que ali se encontrava deitada tomando banho de sol, não poderá ser responsabilizado pelo delito em estudo, pois não se admite o estupro culposo.

---

[8] FÜHRER, Maximiliano Roberto Ernesto; FÜHRER, Maximilianus Cláudio Américo. *Código penal comentado*, p. 391.

2.7 Modalidades comissiva e omissiva

O núcleo *constranger* pressupõe um comportamento *positivo* por parte do agente, tratando-se, pois, como regra, de crime *comissivo*.

No entanto, o delito poderá ser praticado via omissão imprópria, na hipótese de o agente gozar do *status* de garantidor, nos termos preconizados pelo § 2º do art. 13 do Código Penal.

Imagine-se a hipótese em que um policial penal, encarregado legalmente de vigiar os detentos em determinada penitenciária, durante sua ronda, tivesse percebido que um grupo de presos estava segurando um de seus "companheiros de cela" para obrigá-lo ao coito anal, uma vez que havia sido preso por ter estuprado a própria filha, sendo essa a reação "normal" do sistema carcerário a esse tipo de situação. Mesmo sabendo que os presos iriam violentar aquele que ali tinha sido colocado sob a custódia do Estado, o garantidor, dolosamente, podendo, nada faz para livrá-lo das mãos dos seus agressores, que acabam por consumar o ato libidinoso, forçando-o ao coito anal.

Nesse caso, deverá o policial penal responder pelo resultado que devia e podia, mas não tentou evitar, vale dizer, o estupro por omissão.

2.8 Modalidades qualificadas

A Lei nº 12.015, de 7 de agosto de 2009, criou duas modalidades qualificadas no crime de estupro, *verbis*:

> § 1º Se da conduta resulta lesão corporal de natureza grave ou se a vítima é menor de 18 (dezoito) anos e maior de 14 (quatorze) anos:
> Pena – reclusão de 8 (oito) a 12 (doze) anos
> § 2º Se da conduta resulta morte:
> Pena – reclusão, de 12 (doze) a 30 (trinta) anos.

Por lesão corporal de natureza grave devemos entender aquelas previstas nos §§ 1º e 2º do art. 129 do Código Penal.

A Lei nº 12.015, de 7 de agosto de 2009, ao contrário do que ocorria com as qualificadoras previstas no revogado art. 223 do Código Penal, previu, claramente, que a lesão corporal de natureza grave, ou mesmo a morte da vítima, deve ter sido produzida em consequência da *conduta* do agente, vale dizer, do comportamento que era dirigido no sentido de praticar o estupro, evitando-se discussões desnecessárias.[9]

Assim, não importa, por exemplo, se o agente atuou com o emprego de violência ou grave ameaça, a fim de levar a efeito o estupro, se, dessa *conduta*, ou seja, se do seu constrangimento resultar lesão corporal grave ou mesmo a morte da vítima, deverá responder pelas qualificadoras. A título de raciocínio, imagine-se a hipótese em que o agente, querendo praticar o estupro, ameace gravemente a vítima, mesmo sabendo de sua condição de pessoa portadora de problemas cardíacos. Ao ouvir a ameaça e durante a prática do ato sexual, ou seja, após o início do coito vagínico, a vítima tem um infarto fulminante, vindo, consequentemente, a falecer. Nesse caso, o agente deverá responder pelo estupro qualificado pelo resultado morte.

---

[9] A redação constante do *caput* do revogado art. 223 utilizava a expressão *se da violência resulta lesão corporal de natureza grave*, enquanto o parágrafo único do mesmo artigo dizia *se do fato resulta a morte*. Essa diversidade de expressões produzia discussões que acabavam por gerar dúvidas na sua aplicação. Hoje, após a nova redação legal trazida pela Lei nº 12.015, de 7 de agosto de 2009, podemos afirmar que o agente responderá pela modalidade qualificada se da sua *conduta*, ou seja, do seu comportamento dirigido, a estuprar a vítima, vier a causar-lhe qualquer dos resultados previstos pelos §§ 1º e 2º do art. 213 do Código Penal.

As lesões corporais de natureza leve, bem como as vias de fato encontram-se absorvidas pelo constrangimento empregado para a prática do delito.

No entanto, deve ser frisado que esses resultados que qualificam a infração penal somente podem ser imputados ao agente a título de *culpa*, cuidando-se, outrossim, de crimes eminentemente preterdolosos.[10]

Maximiliano Roberto Ernesto Führer e Maximilianus Cláudio Américo Führer aduzem, a nosso ver equivocadamente, que esses "dois resultados mais graves (lesões graves e morte) podem derivar tanto de dolo como de culpa, mas devem necessariamente se relacionar com o contexto do crime sexual, cabendo ao juiz aplicar a pena conforme se verifique o dolo ou a culpa em relação ao resultado mais grave".[11]

Com fundamento diverso, mas também defendendo a possibilidade de reconhecimento das qualificadoras do estupro, tanto de forma culposa quanto dolosa, Cezar Roberto Bitencourt preleciona:

> "Se o agente houver *querido* (dolo direto) ou *assumido* (dolo eventual) o risco da produção do resultado mais grave, as previsões destes parágrafos não deveriam, teoricamente, ser aplicados. Haveria, nessa hipótese, *concurso material de crimes* (ou *formal impróprio*, dependendo das circunstâncias): o de natureza sexual (*caput*) e o resultante da violência (lesão grave ou morte). Curiosamente, no entanto, se houver esse concurso de crimes dolosos, a soma das penas poderá resultar menor do que as das figuras qualificadas, decorrente da desarmonia do sistema criada pelas reformas penais *ad hoc*. Por essas razões, isto é, para evitar esse provável paradoxo, sugerimos que as qualificadoras constantes dos §§ 1º e 2º devem ser aplicadas, mesmo que o resultado mais grave decorra de dolo do agente. Parece-nos que essa é a interpretação mais recomendada nas circunstâncias, observando-se o *princípio da razoabilidade*."[12]

Com a devida vênia, não podemos também concordar com o raciocínio do nosso querido amigo e professor gaúcho. Isso porque somente quando a conduta do agente produzir uma lesão corporal de natureza grave, prevista no § 1º do art. 129 do Código Penal, é que a pena mínima, se somada àquela prevista para o crime de estupro, ficaria com um déficit de um ano, ou seja, se somadas as penas mínimas do estupro (6 anos) com a da mencionada lesão corporal (1 ano), o total seria 7 (sete) anos, enquanto a qualificadora prevista no § 1º do art. 213 do diploma repressivo prevê uma pena de reclusão de 8 (oito) a 12 (doze) anos. Em todas as demais hipóteses, a soma das penas será maior ou, pelo menos, igual àquelas previstas para o estupro qualificado.

Dessa forma, o agente deve ter praticado sua conduta no sentido de estuprar a vítima, vindo, culposamente, a causar-lhe lesões graves ou mesmo a morte. Conforme esclarece Noronha:

> "Se na prática de um dos delitos sexuais violentos o agente quer direta ou eventualmente a morte da vítima, haverá concurso de homicídio com um dos crimes contra os costumes,[13] o mesmo devendo dizer-se a respeito da lesão grave. Se, entretanto, a prova indica que tais

---

[10] Em sentido contrário, afirma Guilherme de Souza Nucci, que "todo resultado qualificador pode ser alcançado por dolo ou culpa, exceto quando o legislador deixa bem clara a exclusão do dolo, tal como fez no art. 129, § 3º, do Código Penal" (*Crimes contra a dignidade sexual*, p. 26).

[11] FÜHRER, Maximiliano Roberto Ernesto; FÜHRER, Maximilianus Cláudio Américo. *Código Penal comentado*, p. 391.

[12] BITENCOURT, Cezar Roberto. *Tratado de direito penal*, vol. 4, p. 52.

[13] Leia-se, agora, *dignidade sexual*.

resultados sobrevieram sem que o sujeito ativo os quisesse (direta ou indiretamente), ocorrerá uma das hipóteses do artigo em exame. Excetua-se naturalmente o caso fortuito."[14]

Se, conforme salientou Noronha, o resultado que agrava especialmente a pena for proveniente de caso fortuito ou força maior, o agente não poderá ser responsabilizado pelas modalidades qualificadas, conforme preconiza o art. 19 do Código Penal, que diz:

> **Art. 19.** Pelo resultado que agrava especialmente a pena, só responde o agente que o houver causado ao menos culposamente.

Isso significa que o agente não poderá ser responsabilizado objetivamente sem que tenha podido, ao menos, prever a possibilidade de ocorrência de lesões graves ou mesmo a morte da vítima com seu comportamento.

No entanto, pode ter agido com ambas as finalidades, vale dizer, a de praticar o crime sexual (estupro), bem como a de causar lesões corporais graves ou a morte da vítima. Nesse caso, como exposto acima, deverá responder por ambas as infrações penais, em concurso material de crimes, nos termos preconizados pelo art. 69 do Código Penal.

Pode ocorrer, ainda, a hipótese em que o agente, para efeitos de praticar o estupro, derrube a vítima violentamente no chão, fazendo com que esta bata a cabeça, por exemplo, em uma pedra, produzindo-lhe a morte antes que seja praticada a conjunção carnal. Nesse caso, pergunta-se: teríamos uma tentativa qualificada de estupro ou o estupro poderia ser considerado consumado, havendo a morte da vítima, mesmo sem a ocorrência da penetração?

Como se percebe pela própria indagação, duas correntes se formaram. A primeira afirmando pela consumação do delito, conforme se verifica nas lições de Luiz Regis Prado, que diz:

"O melhor entendimento, destarte, é aquele que prima pelo reconhecimento de que haverá, nessas hipóteses, delito qualificado consumado, não obstante ter o delito sexual permanecido apenas na forma tentada."[15]

Apesar do brilhantismo do renomado autor, parece-nos contraditório o seu raciocínio, mesmo sendo essa a posição que goza da predileção de nossa doutrina. Como ele próprio afirmou, o delito sexual permaneceu tentado. Se não se consumou, como posso entendê-lo consumado, afastando-se a possibilidade do reconhecimento da tentativa?

Na verdade, tratando-se de crime preterdoloso, como regra, não se admite a tentativa, uma vez que o resultado que agrava especialmente a pena somente pode ser atribuído a título de culpa e, como não se cogita de tentativa em crime culposo, não se poderia levar a efeito o raciocínio relativo à tentativa em crimes preterdolosos. No entanto, quase toda regra sofre exceções. O que não podemos é virar as costas para a exceção, a fim de reconhecer aquilo que, efetivamente, não ocorreu no caso concreto.

Veja-se o exemplo do estupro praticado por meio da conjunção carnal, que se consuma com a penetração, total ou parcial, do pênis do homem na cavidade vaginal da mulher. Se isso não ocorrer, o que teremos, no caso concreto, será uma tentativa de estupro. Portanto, há necessidade inafastável de se constatar a penetração para efeitos de reconhecimento do estupro, desde que, obviamente, outros atos libidinosos não tenham sido praticados. Se é assim, como

---

[14] NORONHA, Edgard Magalhães. *Direito penal*, v. 3, p. 182.
[15] PRADO, Luiz Regis. *Curso de direito penal brasileiro*, v. 2, p. 604.

no caso de ocorrência de um dos resultados que qualificam o crime, poderíamos entender pelo delito consumado se não houve a conjunção carnal?

Aqueles que entendem que o delito se consuma com a ocorrência das lesões graves ou da morte justificam seu ponto de vista dizendo que, se reconhecêssemos a tentativa, a pena seria menor do que aquela prevista para o delito de lesão corporal seguida de morte. Isso acontece, realmente, quando se leva em consideração a pena máxima cominada em ambos os delitos, muito embora a Lei nº 12.015, de 7 de agosto de 2009, a tenha aumentado para 30 (trinta) anos, e não no que diz respeito à pena mínima, que será idêntica.

É claro que o Código Penal não é perfeito, como nenhuma outra legislação o é, seja nacional ou estrangeira. As falhas existem. Entretanto, raciocinando no contexto de um Estado Social e Democrático de Direito, não podemos permitir que essas falhas sejam consideradas em prejuízo do agente. Não podemos simplesmente considerar como consumado um delito que, a toda prova, permaneceu na fase da tentativa, raciocínio que seria, esse sim, completamente *contra legem*, com ofensa frontal à regra determinada pelo inciso II do art. 14 do Código Penal.

Dessa forma, entendemos como perfeitamente admissível a tentativa qualificada de estupro.

Poderíamos, ainda, visualizar a hipótese em que o agente, depois de derrubar a vítima, fazendo com que batesse com a cabeça em uma pedra, morrendo instantaneamente, sem que tivesse percebido esse fato, viesse a penetrá-la. Aqui, teríamos, ainda, somente uma tentativa de estupro qualificada pela morte da vítima, uma vez que a penetração ocorreu somente depois desse resultado, não podendo mais ser considerada como objeto material do delito de estupro. Também não ocorreria o vilipêndio a cadáver, tipificado no art. 212 do Código Penal, em virtude do fato de não saber o agente que ali já se encontrava um cadáver, uma vez que desconhecia a morte da vítima.

Ao contrário, caso tivesse percebido a morte instantânea da vítima e tentasse prosseguir com o seu propósito de penetrá-la, aí, sim, poderia responder por ambas as infrações penais, vale dizer, tentativa de estupro qualificada pela morte e vilipêndio a cadáver.

Inovou a Lei nº 12.015, de 7 de agosto de 2009, ao prever o estupro qualificado quando a vítima é menor de 18 (dezoito) e maior de 14 (catorze) anos. Por mais que as pessoas, que vivem no século XXI, tenham um comportamento sexual diferente daquelas que viviam em meados do século passado, ainda podemos afirmar que os adolescentes entre 14 (catorze) e 18 (dezoito) anos de idade merecem especial proteção. A prática de um ato sexual violento, nessa idade, certamente trará distúrbios psicológicos incalculáveis, levando esses jovens, muitas vezes, ao cometimento também de atos violentos e até mesmo similares aos que sofreram. Dessa forma, o juízo de censura, de reprovação, deverá ser maior sobre o agente que, conhecendo a idade da vítima, sabendo que se encontra na faixa etária prevista pelo § 1º do art. 213 do Código Penal, ainda assim insista na prática do estupro.

Deve ser frisado que, mesmo sendo a vítima menor de 18 (dezoito) e maior de 14 (catorze) anos, se ocorrer o resultado morte será aplicado o § 2º do art. 213 do Código Penal, pois as penas deste último são maiores do que aquelas previstas pelo § 1º do referido artigo.

A expressão *vítima maior de 14 (catorze) anos*, utilizada na parte final do § 1º do art. 213 do Código Penal, tem gerado controvérsia doutrinária. Rogério Sanches Cunha assevera:

"Se a vítima for violentada no dia do seu 14º aniversário não gera qualificadora, pois ainda não é *maior de 14 anos*. Também não tipifica o crime do art. 217-A, que exige vítima *menor de 14 anos*. Conclusão: se o ato sexual for praticado com violência ou grave ameaça haverá estupro simples (art. 213, *caput*, do CP); se o ato foi consentido, o fato é atípico, apurando-se a enorme falha do legislador. A alteração legislativa, nesse caso, é benéfica, devendo retroagir para alcançar os fatos pretéritos."[16]

Com a devida vênia, não podemos concordar com o raciocínio levado a efeito pelo amigo e colega de Ministério Público. Isso porque, em várias passagens, o Código Penal vale-se de expressão similar, a exemplo do que ocorre nos arts. 61, II, *h* (maior de 60 sessenta anos) e 65, I (maior de 70 anos) etc.

Na verdade, no primeiro instante após completar a idade prevista pelo tipo penal, a pessoa já é considerada *maior de 14 (catorze) anos*.[17] Não há necessidade, portanto, que se passe um dia inteiro para, somente após, ou seja, no dia seguinte, entender que a vítima, no caso do artigo em estudo, é considerada maior de 14 (catorze) anos, para efeitos de reconhecimento da qualificadora.

Nesse sentido, preleciona André Estefam:

"Uma interpretação puramente literal poderia conduzir à (errônea) conclusão que há estupro simples. Fundamento: quem possui exatos 14 anos não é alcançado pela qualificadora do §1º (a qual exige pessoa *maior* de 14) e, de modo similar, não há estupro de vulnerável (art. 217-A), porque este somente existe quando o sujeito passivo é *menor* de 14. O absurdo dessa conclusão, todavia, demonstra que com ela não se pode anuir. A caracterização do estupro simples deve, desde logo, ser afastada, caso contrário, constranger adolescente no dia de seu 14º aniversário à prática de ato libidinoso, mediante violência ou grave ameaça, seria punido menos severamente que fazê-lo no dia seguinte (até que completasse a idade adulta). É evidente que a *mens legis* jamais foi a de 'presentear' a vítima com semelhante proteção deficiente."[18]

Assim, ao contrário da posição assumida por Rogério Sanches, entendemos que, se o agente vier a praticar o delito de estupro no dia em que a vítima completava 14 (catorze) anos, deverá ser reconhecido o delito qualificado, se esse dado, ou seja, a idade da vítima, era de seu conhecimento.

2.9 Causas de aumento de pena

Determina o art. 226 do Código Penal, com as redações que lhe foram conferidas pelas Leis nºs 11.106, de 28 de março de 2005, e 13.718, de 24 de setembro de 2018:

> **Art. 226.** A pena é aumentada:
> I – de quarta parte, se o crime é cometido com o concurso de 2 (duas) ou mais pessoas;
> II – de metade, se o agente é ascendente, padrasto ou madrasta, tio, irmão, cônjuge, companheiro, tutor, curador, preceptor ou empregador da vítima ou por qualquer outro título tiver autoridade sobre ela;
> III – (Revogado pela Lei nº 11.106, de 2005.);
> IV – de 1/3 (um terço) a 2/3 (dois terços), se o crime é praticado:
> **Estupro coletivo**
> a) mediante concurso de 2 (dois) ou mais agentes;
> **Estupro corretivo**
> b) para controlar o comportamento social ou sexual da vítima.

---

[16] CUNHA, Rogério Sanches. *Comentários à reforma criminal de 2009 e à convenção de Viena sobre o direito dos tratados*, p. 37.
[17] Nesse sentido, Julio Fabbrini Mirabete e Renato N. Fabbrini, quando dizem que "a vítima tem 14 anos de idade a partir do primeiro instante do dia de seu aniversário" (*Manual de Direito Penal*, v. 2, p. 393).
[18] ESTEFAM, André. *Crimes sexuais* – Comentários à Lei nº 12.015, de 7 de agosto de 2009, p. 43.

O art. 234-A, após a nova redação que foi dada aos incisos III e IV pela Lei nº 13.718, de 24 de setembro de 2018, passou a prever o seguinte:

> **Art. 234-A.** Nos crimes previstos neste Título a pena é aumentada:
> I – (vetado);
> II – (vetado);
> III – de metade a 2/3 (dois terços), se do crime resulta gravidez;
> IV – de 1/3 (um terço) a 2/3 (dois terços), se o agente transmite à vítima doença sexualmente transmissível de que sabe ou deveria saber ser portador, ou se a vítima é idosa ou pessoa com deficiência.

Atualmente, após a criação da causa especial de aumento de pena relativa ao chamado *estupro coletivo*, prevista na alínea *a* do inciso IV do art. 226 do Código Penal, conforme redação dada pela Lei nº 13.718, de 24 de setembro de 2018, o inciso I do mencionado art. 226 deixou de ser aplicado ao crime de estupro (seja aquele tipificado no art. 213, seja o do art. 217-A do Código Penal), tendo em vista o princípio da especialidade, permanecendo, contudo, aplicável a todas as demais infrações penais previstas nos capítulos anteriores.

Assim, merece destaque o fato de que, como veremos mais adiante, se estivermos diante de um crime de estupro coletivo, o aumento será de 1/3 (um terço) a 2/3 (dois terços); por outro lado, nas demais infrações penais, que não as previstas nos arts. 213 e 217-A do Código Penal, se praticada mediante o concurso de duas ou mais pessoas, a pena será aumentada de quarta parte no terceiro momento do critério trifásico, previsto no art. 68 do estatuto repressivo.

A segunda hipótese prevê o aumento de metade da pena, conforme determina o inciso II do art. 226 do Código Penal. Diz respeito ao fato de ser o agente ascendente, padrasto ou madrasta, tio, irmão, cônjuge ou companheiro, tutor, curador, preceptor ou empregador da vítima, ou, por qualquer outro título, tiver autoridade sobre ela.

A Lei nº 13.718, de 24 de setembro de 2018, que deu nova redação ao inciso II do art. 226 do Código Penal manteve todas as hipóteses previstas anteriormente e modificou, tão somente, a palavra *tem*, passando-a para *tiver*, dando uma ideia de atualidade da situação em que o agente se encontra envolvido.

Foram inseridas no mencionado inciso, para efeito de aplicação da majorante, as figuras do padrasto e da madrasta, do tio, bem como do cônjuge e do companheiro. Foi afastada a figura do *pai adotivo*, uma vez que, nos dias de hoje, tal designação tornou-se discriminatória e proibida constitucionalmente.

Isso significa que a relação de parentesco ou de autoridade tem o condão de fazer com que a pena seja especialmente aumentada, levando-se a efeito, assim, maior juízo de reprovação sobre as pessoas elencadas pelo inciso II do art. 226 do Código Penal.

A Lei nº 13.718, de 24 de setembro de 2018, fez inserir mais duas majorantes no art. 226 do Código Penal, criando o inciso IV e prevendo um aumento de 1/3 (um terço) a 2/3 (dois terços), se o crime é praticado: a) mediante concurso de 2 (dois) ou mais agentes (estupro coletivo); b) para controlar o comportamento social ou sexual da vítima (estupro corretivo).

Ab initio, merece ser frisado, como já dissemos anteriormente, que esse aumento previsto na alínea *a* do referido inciso IV somente é aplicável quando estivermos diante de um delito de estupro, seja na modalidade tipificada no art. 213, seja naquela prevista pelo art. 217-A, ambos do Código Penal.

Vale ressaltar a falta de técnica do legislador, quando se utiliza da palavra *agentes*, querendo se referir ao concurso de pessoas. A ausência de padrão legislativo é insuportável. O concurso de agentes era a expressão prevista pelo Código Penal de 1969, que sequer entrou em vigor, sendo que a reforma da parte geral de 1984 optou por concurso de pessoas. Enfim, parece que o legislador não quis inserir na alínea em estudo a mesma redação contida no inciso I do art. 226 do diploma repressivo, pretendendo, outrossim, manifestar que ali havia uma situação diferente. A rubrica constante da mencionada alínea – estupro coletivo – já era indicador suficiente da diferença.

Enfim, independentemente da falta de rigor técnico, na hipótese de estupro, se houver o concurso de duas ou mais pessoas (ou dois ou mais agentes, como diz textualmente a alínea *sub examen*), haverá um aumento de 1/3 (um terço) a 2/3 (dois terços).

Entendemos que a mencionada majorante somente poderá ser aplicada se os agentes praticarem, conjuntamente, atos de execução tendentes à prática do estupro.

A presença de duas ou mais pessoas é motivo de maior facilidade no cometimento do delito, diminuindo ou, mesmo, anulando a possibilidade de resistência da vítima. Dessa forma, existe maior censurabilidade no comportamento daqueles que praticam o delito em concurso de pessoas.

Assim, não somos partidários da corrente que aceita a aplicação da causa de aumento de pena pela simples existência do concurso de pessoas, sem levar em consideração a maior facilidade no cometimento da infração penal, quando realizada, efetivamente, por duas ou mais pessoas, a exemplo de Guilherme de Souza Nucci, quando afirma que "se duas ou mais pessoas tomaram parte na prática do delito, antes ou durante a execução, é isso suficiente para aplicar-se a elevação da pena",[19] ou, ainda, Luiz Regis Prado, quando assevera que "não é imprescindível a presença de todos os agentes nos atos de execução, bastando que os coautores ou partícipes hajam concorrido, de qualquer forma, para o crime".[20]

Da mesma forma, a pena será aumentada de 1/3 (um terço) a 2/3 (dois terços) se houver o chamado *estupro corretivo*, isto é, aquele praticado para *controlar o comportamento social ou sexual da vítima*.

Infelizmente, temos vivenciado momentos difíceis na sociedade, em que a violência alçou voos assustadores, principalmente nas grandes capitais, dominadas por facções criminosas. Não é incomum notícia de que jovens são estupradas em comunidades carentes, dominadas por essas facções, simplesmente porque mantinham alguma relação de amizade com policiais, ou mesmo com membros ligados a facções rivais. O estupro se transformou em ferramenta de punição dessas pessoas, em sua maioria mulheres. Essa é uma das hipóteses em que o agente tem a motivação do estupro a fim de controlar o comportamento social da vítima.

Rogério Sanches Cunha, com o brilhantismo que lhe é peculiar, diz que:

"A majorante do estupro corretivo abrange, em regra, crimes contra mulheres lésbicas, bissexuais e transexuais, no qual o abusador quer 'corrigir' a orientação sexual ou o gênero da vítima. A violação tem requintes de crueldade e é motivada por ódio e preconceito, justificando a nova causa de aumento. A violência é usada como um castigo pela negação da mulher à masculinidade do homem. Uma espécie doentia de 'cura' por meio do ato sexual à força. A característica desta forma criminosa é a pregação do agressor ao violentar a vítima. Os meios de comunicação indicam casos em que os agressores chegam a incitar a 'penetração corretiva' em grupos das redes sociais e sites na internet (o que, isoladamente, pode caracterizar o crime do art. 218-C – apologia ou induzimento à prática do estupro – caso sejam veiculados fotografias ou registros audiovisuais)".[21]

O inciso III do art. 234 do Código Penal, com a nova redação que lhe foi conferida pela Lei nº 13.718, de 24 de setembro de 2018, determina que a pena será aumentada de metade a 2/3 (dois

---

[19] NUCCI, Guilherme de Souza. Código penal comentado, p. 676.
[20] PRADO, Luiz Regis. Curso de direito penal, v. 3, p. 260.
[21] CUNHA, Rogério Sanches. *Lei 13.718/18: introduz modificações nos crimes contra a dignidade sexual*. Disponível em: <http://s3.meusitejuridico.com.br/2018/09/140afc83-crimes-sexuais-lei-13718-18.pdf>. Acesso em: 29 set. 2018.

terços), se do crime resultar gravidez. Infelizmente, quando uma mulher é vítima de estupro, praticado mediante conjunção carnal, poderá engravidar e, consequentemente, rejeitar o feto, fruto da concepção violenta. Como o art. 128, II, do Código Penal permite o aborto nesses casos, é comum que a mulher opte pela interrupção da gravidez. Como se percebe, a conduta do estuprador acaba não somente causando um mal à mulher, que foi vítima de seu comportamento sexual violento, mas também ao feto, que teve ceifada sua vida. Dessa forma, o juízo de censura sobre a conduta do autor do estupro deverá ser maior, aumentando-se a pena de metade a 2/3 (dois terços), no terceiro momento do critério trifásico, previsto pelo art. 68 do diploma repressivo.

A pena deverá, ainda, ser aumentada de 1/3 (um terço) a 2/3 (dois terços), conforme nova redação dada pela Lei nº 13.718, de 24 de setembro de 2018, ao inciso IV do art. 234-A do Código Penal, se o agente transmite à vítima doença sexualmente transmissível de que sabe ou deveria saber ser portador, ou se a vítima é pessoa idosa ou pessoa com deficiência.

Para que ocorra a majorante, há necessidade de que a doença tenha sido, efetivamente, transmitida à vítima que, para efeitos de comprovação, deverá ser submetida a exame pericial.

> "As DST (doenças sexualmente transmissíveis) são doenças causadas por vírus, bactérias, fungos ou protozoários e que, pelo fato de seu mecanismo de transmissão ser quase que exclusivamente por via sexual, possuem a denotação *sexualmente transmissível*. Apesar disso, existem DST que podem ser transmitidas fora das relações sexuais.
>
> As DST se manifestam principalmente nos órgãos genitais do homem e da mulher, podendo acometer outras partes do corpo, sendo possível, inclusive, que não se manifeste qualquer sintoma visível.
>
> Até certo tempo, as doenças sexualmente transmissíveis eram popularmente conhecidas como 'doenças venéreas' ou 'doenças do mundo'.
>
> A maioria das doenças sexualmente transmissíveis possui cura. Outras, causadas por vírus, possuem apenas tratamento. É o caso da sífilis, do herpes genital e da Aids. Nestes casos, a doença pode ficar estagnada (incubada) até que algum fator externo permita que ela se manifeste novamente."[22]

Podemos citar como exemplos de Infecções Sexualmente Transmissíveis (IST) a candidíase, a gonorreia, a pudicolose do púbis, HPV (Human Papilloma Viruses), a hepatite B, a herpes simples genital, o cancro duro e o cancro mole, a infecção de clamídia, bem como o HIV/Aids.

O inciso IV em análise exige, para efeitos de aplicação da causa especial de aumento de pena, que o agente, no momento do contato sexual, saiba – ou pelo menos deva saber – que é portador dessa Infecção Sexualmente Transmissível (IST). As expressões contidas no mencionado inciso – *sabe ou deveria saber ser portador* – são motivo de intensa controvérsia doutrinária e jurisprudencial. Discute-se se tais expressões são indicativas tão somente de dolo ou se podem permitir, também, o raciocínio com a modalidade culposa.

A Exposição de Motivos da Parte Especial do Código Penal, ao cuidar do art. 130, que contém expressões similares, consigna expressamente que, nelas, pode-se visualizar, também, a modalidade culposa, conforme se verifica da leitura do item 44, que diz:

> 44. O crime é punido não só a título de dolo de perigo, como a título de culpa (isto é, não só quando o agente sabia achar-se infeccionado, como quando devia sabê-lo pelas circunstâncias).

Com a devida vênia das posições em contrário, devemos entender que as expressões *de que sabe ou deveria saber ser portador* dizem respeito ao fato de ter o agente atuado, no caso concreto, com dolo direto ou mesmo com dolo eventual, mas não com culpa.

---

[22] Disponível em: <http://www.fmt.am.gov.br/areas/dst/conceito.htm>.

Merece ser frisado, ainda, que, quando a lei menciona que o agente *sabia* ou *deveria saber* ser portador de uma Infecção Sexualmente Transmissível (IST) está se referindo, especificamente, a esse fato, ou seja, ao conhecimento efetivo ou possível da contaminação, e não ao seu elemento subjetivo no momento do ato sexual, ou seja, não importa saber, para que se aplique a causa de aumento de pena em estudo, se o agente queria ou não a transmissão da doença, mas tão somente se, anteriormente ao ato sexual, sabia ou poderia saber que dela era portador.

A Lei nº 13.718, de 24 de setembro de 2018, modificando a redação original do inciso IV, fez inserir o mesmo aumento de pena nas hipóteses em que a vítima for pessoa idosa ou pessoa com deficiência. *Pessoa idosa*, de acordo com o art. 1º da Lei nº 10.741, de 1º de outubro de 2003 (Estatuto da Pessoa Idosa), é aquela com idade igual ou superior a 60 (sessenta) anos.

Nos termos do art. 2º da Lei nº 13.146, de 6 de julho de 2015 (Estatuto da Pessoa com Deficiência), considera-se pessoa com deficiência aquela que tem impedimento de longo prazo de natureza física, mental, intelectual ou sensorial, o qual, em interação com uma ou mais barreiras, pode obstruir sua participação plena e efetiva na sociedade em igualdade de condições com as demais pessoas.

2.10 Pena, ação penal e segredo de justiça

O *caput* do art. 213 do Código Penal prevê uma pena de reclusão, de 6 (seis) a 10 (dez) anos. Se da conduta resulta lesão corporal de natureza grave ou se a vítima é menor de 18 (dezoito) ou maior de 14 (catorze) anos, a pena é de reclusão, de 8 (oito) a 12 (doze) anos. Se, da conduta, resulta morte, a pena é de reclusão, de 12 (doze) a 30 (trinta) anos.

O art. 225 do Código Penal, com a nova redação que lhe foi conferida pela Lei nº 13.718, de 24 de setembro de 2018, assevera que, *verbis*:

> **Art. 225.** Nos crimes definidos nos Capítulos I e II deste Título, procede-se mediante ação penal pública incondicionada.

Assim, a partir da referida modificação legal, não mais se discute sobre a natureza da ação penal no delito de estupro, passando a ser, em todas as hipóteses, de *iniciativa pública incondicionada*.

Nos termos do art. 234-B do Código Penal, criado pela Lei nº 12.015, de 7 de agosto de 2009, os processos em que se apuram crimes previstos pelo Título VI, vale dizer, os *crimes contra a dignidade sexual*, correrão em *segredo de justiça*.

Contudo, os §§ 1º e 2º inseridos no art. 234-B do Código Penal pela Lei nº 15.035, de 27 de novembro de 2024, determinam, *verbis*:

> § 1º O sistema de consulta processual tornará de acesso público o nome completo do réu, seu número de inscrição no Cadastro de Pessoas Físicas (CPF) e a tipificação penal do fato a partir da condenação em primeira instância pelos crimes tipificados nos arts. 213, 216-B, 217-A, 218-B, 227, 228, 229 e 230 deste Código, inclusive com os dados da pena ou da medida de segurança imposta, ressalvada a possibilidade de o juiz fundamentadamente determinar a manutenção do sigilo.
> § 2º Caso o réu seja absolvido em grau recursal, será restabelecido o sigilo sobre as informações a que se refere o § 1º deste artigo.

2.11 Destaques

2.11.1 Consentimento da(o) ofendida(o)

O delito de estupro se caracteriza quando o constrangimento, mediante o emprego da violência (ou grave ameaça), é dirigido no sentido de ter conjunção carnal ou praticar ou permitir que se pratique com a vítima, de forma não consentida por ela, outro ato libidinoso. Faz-se mister, portanto, para a caracterização do crime, que não tenha havido o consentimento da vítima para o ato sexual, pois, caso contrário, estaremos diante de um fato atípico, desde que a vítima não se encontre em qualquer das situações previstas pelo art. 217-A do Código Penal, sendo, outrossim, considerada como pessoa vulnerável.

Casos que importam em sadismo e masoquismo, se praticados por pessoas maiores e capazes, desde que produzam lesões corporais de natureza leve, não se configuram em infração penal, em face da disponibilidade do bem jurídico protegido. Valdir Sznick, dissertando sobre o tema, traça suas diferenças dizendo:

> "Masoquismo e sadismo são inversos: no sadismo o agente encontra prazer no sofrimento de outra pessoa; no masoquismo, a volúpia está no próprio sofrimento, na própria dor.
> O sadismo é mais comum entre os homens; o masoquismo, por sua vez, é mais frequente entre as mulheres. No sadismo, há o prazer de comandar, de autoridade; no masoquismo, o da submissão. Num a ideia de submeter, no outro a ideia de ser submisso, de ser passivo."[23]

2.11.2 Resistência da vítima

Vimos, portanto, que o estupro (art. 213 do CP) ocorre quando há o dissenso da vítima, que não deseja a prática do ato sexual.

No entanto, para que seja efetivamente considerado o dissenso, temos de discernir quando a recusa da vítima ao ato sexual importa em manifestação autêntica de sua vontade, de quando, momentaneamente, faz parte do "jogo de sedução", pois, muitas vezes, o "não" deve ser entendido como "sim."

No que diz respeito especificamente às mulheres, indaga George P. Fletcher:

> "Quando consente uma mulher? Susan Estrich popularizou o slogan *não significa não*. Ainda admitindo essa tautologia, todavia nos encontramos com o problema de provar que a mulher disse não. Aqui não há gravação de vídeo. Não há formulários de consentimento firmados, como existem nos hospitais, e não existem testemunhas. Mas o homem disse que a mulher lhe disse que *sim*. Assim, como saberemos? E o que sucede se nunca o saberemos com segurança?"[24]

O erro do agente no que diz respeito ao dissenso da vítima importará em erro de tipo, afastando-se, pois, a tipicidade do fato. Assim, imagine-se a hipótese em que um casal, depois de permanecer algum tempo em um restaurante, saia dali para a residência de um deles. Lá chegando, começam a se abraçar. A maneira como a mulher se insinua para o homem dá a entender que deseja ter relações sexuais. No entanto, quando o homem tenta retirar-lhe as roupas, ela resiste, dizendo não estar preparada, insistindo na negativa durante um bom tempo, embora continue se insinuando. O homem, entendendo a negativa como parte do "jogo de sedução", retira, ele próprio, as roupas da vítima, tendo com ela conjunção carnal.

De toda forma, embora, ao que parece, tenha havido realmente o dissenso da vítima para o ato sexual, o homem que atuou acreditando que isso fazia parte do "jogo de sedução" poderá alegar o erro de tipo, afastando-se o dolo e, consequentemente, a tipicidade do fato.

Nesse sentido, afirma João Mestiere:

> "A crença, sincera, de que a vítima apresenta oposição ao congresso carnal apenas por recato ou para tornar o jogo do amor mais difícil ou interessante (*vis haud ingrata*) deve sempre de

---

[23] SZNICK, Valdir. *Crimes sexuais violentos*, p. 145.
[24] FLETCHER, George. P. *Las victimas ante el jurado*, p. 161.

ser entendida em favor do agente. Falha o tipo subjetivo, igualmente, quando o agente erra, ainda que culposamente, sobre um dos elementos do tipo objetivo. É o erro de tipo."[25]

No entanto, se a dúvida pender para o lado da negação do consentimento, a alegação de erro de tipo não poderá ser sustentada como um simples artifício legal para que a responsabilidade penal do agente seja afastada, haja vista que, sendo aceita a tese do erro de tipo, mesmo que inescusável, tendo em vista a ausência de previsão para a modalidade culposa de estupro, o fato será considerado atípico.

Embora tenhamos exemplificado com uma possibilidade de erro sobre os fatos que antecederam a prática do ato sexual, não significa que, em virtude de ter a vítima correspondido sexualmente de alguma forma com o agente, isso permitirá que este chegue ao ato culminante da conjunção carnal. A vítima tem o direito de dizer não, e sua negativa deve ser compreendida pelo agente, mesmo que em momentos anteriores houvesse alguma cumplicidade entre eles.

No caso Mike Tyson e Desiree Washington, ocorrido em 1991, nos Estados Unidos, algumas testemunhas, que não chegaram a ser ouvidas em juízo, presenciaram a vítima entrando volitivamente na *limousine* do conhecido boxeador, afirmando, até mesmo, que os viram se abraçar e se beijar no interior do veículo. A defesa, com base nesses fatos, tentou a anulação do julgamento sob o argumento de que tais testemunhas teriam o condão de comprovar que a vítima, desde o começo, consentira no ato sexual. No entanto, rechaçando essa argumentação, o Tribunal de Apelação confirmou a condenação, sob o seguinte fundamento:

"Uma crença honesta e razoável em que um membro do sexo contrário consentirá com a conduta sexual em algum momento futuro não é uma escusa para o estupro ou a conduta criminal desviada. O único consentimento válido é o consentimento que precede de maneira imediata o da conduta sexual."[26]

Isso quer dizer que a vítima, mesmo dando mostras anteriores que desejava o ato sexual, pode modificar sua vontade a qualquer tempo, antes da penetração, por exemplo. Somente o consentimento que precede imediatamente o ato sexual, como esclareceu o Tribunal norte-americano, é que deve ser considerado.

No entanto, é claro que os fatos antecedentes devem ser levados em consideração para efeitos de prova, uma vez que o estupro, como regra, não é cometido na presença de testemunhas. Muitas circunstâncias deverão ser consideradas para se apurar se houve, no caso concreto, resistência da vítima. Por isso, a dificuldade de prova nos delitos sexuais é ainda maior quando a vítima mantinha, de alguma forma, relações de intimidade com o agente, a exemplo do que ocorre com os namorados, noivos e até mesmo entre pessoas casadas.

Voltando ao caso Mike Tyson, conforme as lúcidas palavras de George P. Fletcher, sua acusação se converteu:

"Em um símbolo de um movimento. Esse era um caso em que os encarregados de vigiar a aplicação de lei, unidos com o movimento feminista, enviavam uma mensagem aos homens: 'Não, deve significar não'. Suficientemente claro. Mas para defender os direitos das vítimas não se precisa derrogar os direitos dos penalmente acusados. Quando os que apoiam uma causa com vítimas estão dispostos a converter em *bode expiatório* um homem moralmente inocente, encontramos o lado feio da política."[27]

---

[25] MESTIERE, João. *Do delito de estupro*, p. 92.
[26] Apud FLETCHER, George. P. *Las víctimas ante el jurado*, p. 170.
[27] FLETCHER, George. P. *Las víctimas ante el jurado*, p. 183-184

2.11.3 Marido como sujeito ativo do estupro

Questão que durante muitos anos dividiu a doutrina, e que hoje vem perdendo seus adeptos, diz respeito à possibilidade de se apontar o próprio marido da vítima como autor do delito de estupro.

A primeira corrente, hoje já superada, entendia que, em virtude do chamado *débito conjugal*, previsto pelo Código Civil (tanto no art. 231, II, do revogado Código de 1916, quanto no atual art. 1.566, II), o marido que obrigasse sua esposa ao ato sexual agiria acobertado pela causa de justificação relativa ao *exercício regular de um direito*, conforme se verifica pela posição de Hungria, de conotação nitidamente machista:

> "Questiona-se sobre se o marido pode ser, ou não, considerado réu de estupro, quando, mediante violência, constrange a esposa à prestação sexual. A solução justa é no sentido negativo. O estupro pressupõe cópula *ilícita* (fora do casamento).
> A cópula *intra matrimonium* é recíproco dever dos cônjuges. O próprio *Codex Juris Canonici* reconhece-o explicitamente [...]. O marido violentador, salvo excesso inescusável, ficará isento até mesmo da pena correspondente à violência física em si mesma (excluído o crime de *exercício arbitrário das próprias razões*, porque a prestação corpórea não é exigível judicialmente), pois é lícita a violência necessária para o *exercício regular de um direito*."[28]

Modernamente, perdeu o sentido tal discussão, pois, embora alguns possam querer alegar o seu "crédito conjugal", o marido somente poderá relacionar-se sexualmente com sua esposa com o consentimento dela. Caso a esposa não cumpra com suas obrigações conjugais, tal fato poderá dar ensejo, por exemplo, à separação do casal, mas nunca à adoção de práticas violentas ou ameaçadoras para levar adiante a finalidade do coito (vaginal ou anal), ofensivas à liberdade sexual da mulher, atingindo-a em sua dignidade.

Nesse sentido, esclarece Sílvio Venosa:[29]

> "Na convivência sob o mesmo teto está a compreensão do débito conjugal, a satisfação recíproca das necessidades sexuais. Embora não constitua elemento fundamental do casamento, sua ausência, não tolerada ou não aceita pelo outro cônjuge, é motivo de separação. O princípio não é absoluto, e sua falta não implica necessariamente o desfazimento da *affectio maritalis*. Afora, porém, as hipóteses de recusa legítima ou justa, o dever de coabitação é indeclinável. Nesse sentido, é absolutamente ineficaz qualquer pacto entre os cônjuges a fim de dispensar o débito conjugal ou a coabitação. Não pode, porém, o cônjuge obrigar o outro a cumprir o dever, sob pena de violação da liberdade individual. A sanção pela violação desse dever somente virá sob forma indireta, ensejando a separação e o divórcio e repercutindo na obrigação alimentícia."[30]

Em virtude da nova redação constante do art. 213 do Código Penal, a esposa também poderá figurar como autora do delito de estupro praticado contra seu próprio marido, a

---

[28] HUNGRIA, Nélson. *Comentários ao código penal*, v. VIII, p. 124-125.

[29] Não podemos concordar com Damásio de Jesus quando assevera que "sempre que a mulher não consentir na conjunção carnal e o marido a obrigar ao ato, com violência ou grave ameaça, em princípio caracterizar-se-á o crime de estupro, desde que ela tenha justa causa para a negativa" (*Direito penal*, v. 3, p. 128). Com a devida vênia, não há qualquer necessidade de "justa causa para a negativa." Basta, simplesmente, que a mulher não queira o ato sexual, não podendo a ele ser obrigada em nenhuma situação, tenha ou não fundamento para sua negativa.

[30] VENOSA, Sílvio de Salvo. *Direito civil*, v. VI, p. 161-162.

exemplo daquela que, mediante o emprego de grave ameaça, o obriga a permitir que com ele se pratique atos de felação.

2.11.4 Coação irresistível praticada por mulher

Pode acontecer que uma mulher, mediante o emprego de coação moral irresistível, obrigue um homem a violentar outra mulher, mantendo com ela conjunção carnal. Nesse caso, deveria ela ser considerada autora de um crime de estupro, mesmo diante da nova redação que foi dada ao art. 213 do Código Penal pela Lei nº 12.015, de 7 de agosto de 2009?

Luiz Regis Prado, analisando essa situação, mesmo anteriormente à modificação legal, aduzia:

> "Excepcionalmente, na hipótese de o sujeito ativo da cópula carnal sofrer coação irresistível por parte de outra mulher para a realização do ato, pode-se afirmar que o sujeito ativo do delito é uma pessoa do sexo feminino, já que, nos termos do art. 22 do Código Penal, somente o coator responde pela prática do crime."[31]

O renomado autor, embora, com razão, apontando a qualidade de sujeito ativo da mulher que coage um homem a praticar conjunção carnal com a vítima, não esclarece a que título, tecnicamente, deverá ser responsabilizada, vale dizer, se autora ou partícipe de um crime de estupro.

A resposta virá da natureza jurídica que se dê à mencionada infração penal, quando o estupro é praticado mediante conjunção carnal, seja apontando-o como um crime comum, próprio ou de mão própria.

Se entendido como um crime comum, será reconhecida como autora do estupro, não havendo qualquer problema nisso. No entanto, a discussão começa a surgir a partir do momento em que se opta por reconhecer o estupro, praticado mediante conjunção carnal, como um delito próprio ou mesmo como um crime de mão própria. Isso porque se tem entendido que os casos de coação moral irresistível encontram-se no rol das situações que permitem o reconhecimento da chamada autoria mediata, em que o agente se vale de interposta pessoa, que lhe serve como instrumento na prática do delito.

Contudo, para que se possa concluir pela possibilidade de autoria mediata nos crimes próprios, o autor mediato precisa gozar da qualidade especial exigida pelo tipo. No caso em exame, necessitaria ser um homem, pois a conjunção carnal pressupõe uma relação heterossexual.

Se entendêssemos o estupro, praticado mediante conjunção carnal, como um delito de mão própria, não poderíamos sequer cogitar, como regra, de autoria mediata, pois que, conforme assevera Nilo Batista, "os crimes de mão própria não admitem coautoria nem autoria mediata, na medida em que o seu conteúdo de injusto reside precisamente na pessoal e indeclinável realização da atividade proibida".[32]

Dessa forma, restaria excluída a titulação de *autora* para a mulher que coagisse um homem a manter conjunção carnal com outra mulher.

Poderia ser considerada, portanto, como partícipe? Mesmo adotando-se a teoria da acessoriedade limitada, na qual se exige do agente tão somente a prática de um comportamento típico e ilícito para que o fato possa ser atribuído ao partícipe, acreditamos que a conduta da coatora vai mais além do que um caso de mera participação.

---

[31] PRADO, Luiz Regis. *Curso de direito penal brasileiro*, v. 3, p. 195.
[32] BATISTA, Nilo. *Concurso de agentes*, p. 97.

Podemos, dessa forma, utilizar a teoria do *autor de determinação*, preconizada por Zaffaroni, a fim de fazer com que a mulher que determinou a prática do estupro mediante conjunção carnal responda, com esse título especial – autora de determinação –, pelas mesmas penas cominadas ao estupro. Assim, de acordo com as lições de Zaffaroni, "a mulher não é punida como autora do estupro, senão que se lhe aplica a pena do estupro por haver cometido o delito de *determinar o estupro*".[33] Tal raciocínio não se afasta das disposições contidas no art. 22 do Código Penal, que diz, *verbis*:

> **Art. 22.** Se o fato é cometido sob coação irresistível ou em estrita obediência a ordem, não manifestamente ilegal, de superior hierárquico, só é punível o autor da coação ou da ordem.

2.11.5 Mulher que constrange o homem à prática da conjunção carnal

Não é de agora a hipótese ventilada pela doutrina quando erige a possibilidade de um homem ser constrangido por uma mulher a com ela praticar a conjunção carnal.

Suponha-se que uma mulher apaixonada por um homem, querendo, a todo custo, ter com ele relações sexuais, não conseguindo seduzi-lo pelos "meios normais", mediante o emprego de ameaça, com uma arma de fogo, por exemplo, o obrigue ao ato sexual, fazendo com que ocorra a penetração normal. Pergunta-se: qual seria o crime praticado pela mulher que, mediante o emprego de grave ameaça, fez com que o homem mantivesse com ela conjunção carnal?

Na verdade, a hipótese mais parece de laboratório. Pode ser que uma pessoa ou outra consiga ter ereção nessa situação, que não se traduz, obviamente, na regra. Entretanto, trabalhando com a hipótese do sujeito, mesmo sob intensa pressão, conseguir ter ereção e praticar a conjunção carnal, qual seria a solução para o caso?

A atual redação do art. 213 do Código Penal nos permite raciocinar com a ocorrência do estupro, uma vez que o tipo penal prevê a possibilidade de a conjunção carnal ser levada a efeito, tanto pelo homem quanto pela própria mulher, desde que estejamos diante, sempre, de uma relação heterossexual.

2.11.6 Estupro praticado por vários agentes ao mesmo tempo

Não é incomum que o estupro, mediante conjunção carnal, seja cometido por várias pessoas que atuam em concurso. Assim, pode ocorrer, por exemplo, que três pessoas, unidas pelo mesmo liame subjetivo, com identidade de propósito, resolvam estuprar a vítima. Dessa forma, enquanto dois a seguram, o terceiro leva a efeito a penetração, havendo entre eles um "rodízio criminoso."

Nesse caso, haveria um único crime ou três estupros em continuidade delitiva?

Para nós, que entendemos que o estupro mediante conjunção carnal é um crime de mão própria, de atuação personalíssima, de execução indelegável, intransferível, no caso em exame teríamos, sempre, um autor e dois partícipes, cada qual prestando auxílio para o sucesso da empresa criminosa.

Nesse caso, cada agente que vier a praticar a conjunção carnal, com os necessários atos de penetração, será autor de um crime de estupro, enquanto os demais serão considerados seus partícipes.

---

[33] ZAFFARONI, Eugenio Raul. *Manual de derecho penal* – Parte general, p. 580.

Aqui, portanto, no exemplo fornecido, teríamos de concluir pela prática de três crimes de estupro, em continuidade delitiva, nos moldes preconizados pelos arts. 29 e 71, todos do Código Penal.

Além disso, em virtude da majorante criada pela Lei nº 13.718, de 24 de setembro de 2018, no inciso IV do art. 226 do Código Penal, todos aqueles que praticarem o *estupro coletivo* estarão sujeitos a um aumento de 1/3 (um terço) a 2/3 (dois terços), sejam os autores ou mesmo os partícipes.

2.11.7 Desistência voluntária

O art. 15 do Código Penal assevera que *o agente que, voluntariamente, desiste de prosseguir na execução, só responde pelos atos já praticados.*

Nesse caso, pergunta-se: seria possível o raciocínio correspondente à desistência voluntária no delito de estupro?

Acreditamos que sim. Imagine-se a hipótese daquele que, depois de retirar as roupas da vítima, acaba cedendo às suas súplicas e não leva a efeito a penetração. Aqui, somente deveria responder pelos atos já praticados. E quais seriam esses atos? Se o agente, ao dar início à execução do crime de estupro, cuja finalidade era a prática da conjunção carnal, simplesmente levou a efeito atos necessários à penetração – por exemplo, arrancar as calças da vítima, passando-lhe as mãos nas coxas, nas pernas etc. –, não poderá responder pelo mesmo delito, na parte em que diz que o constrangimento também pode ter sido dirigido no sentido de *praticar ou permitir que fosse praticado com a vítima outro ato libidinoso*, pois, dessa forma, em quase todas as hipóteses em que o agente simplesmente tocasse na vítima, teríamos de reconhecer a consumação do delito de estupro, o que não nos parece razoável.

Por outro lado, caso o agente tivesse, antes de consumar a penetração vaginal, praticado atos que, por si sós, já se configurassem na segunda parte do delito de estupro, aí, sim, se poderia cogitar do crime em estudo, a exemplo daquele que realiza o coito anal com a vítima ou, mesmo, atos de felação, sugando-lhe os seios etc.

Assim, concluindo, caso o agente, que queria levar a efeito a conjunção carnal, não tenha praticado atos libidinosos relevantes, que importem no reconhecimento da segunda parte constante do art. 213 do Código Penal, deverá ser responsabilizado tão somente pelo constrangimento ilegal a que submeteu a vítima, mediante o emprego de violência ou grave ameaça, aplicando-se, pois, a regra constante do art. 15 do diploma repressivo.

Em sentido contrário, Maximiliano Roberto Ernesto Führer e Maximilianus Cláudio Américo Führer[34] aduzem que a possibilidade de desistência voluntária desaparece "ao primeiro contato corporal libidinoso."

2.11.8 Médico que realiza exame de toque na vítima com intenção libidinosa

Infelizmente, a imprensa tem noticiado situações em que médicos são acusados de abusar de seus pacientes. Alguns desses casos foram, inclusive, filmados. Os agentes, pervertidos, praticavam toda a sorte de atos sexuais com suas vítimas, quase sempre adormecidas.

Suponha-se que o agente, médico ginecologista-obstetra, ao atender uma de suas pacientes em seu consultório, nela realize, desnecessariamente, o exame de toque, simplesmente com a finalidade de satisfazer sua libido. Nesse caso, deveria responder pelo delito tipificado no art. 215 do Código Penal, com a redação que lhe foi dada pela Lei nº 12.015, de 7 de agosto de 2009, que prevê o comportamento de *ter conjunção carnal ou praticar outro ato libidinoso*

---

[34] FÜHRER, Maximiliano Roberto Ernesto; FÜHRER, Maximilianus Cláudio Américo. *Código penal comentado*, p. 391.

com alguém, mediante fraude ou outro meio que impeça ou dificulte a livre manifestação de vontade da vítima, haja vista que a fraude estaria demonstrada mediante a comprovação da falta de necessidade do mencionado exame ginecológico.

É claro que a prova, no caso concreto, será extremamente difícil, principalmente porque teremos de demonstrar, efetivamente, o dolo do agente. No entanto, tecnicamente, será possível sua configuração.

2.11.9 Síndrome da mulher de Potifar (verossimilhança da palavra da vítima)

O estupro, em geral, é um crime praticado às ocultas, isto é, sem a presença de testemunhas. Nesse caso, como chegar à condenação do agente quando temos, de um lado, a palavra da vítima, que se diz estuprada, e, do outro, a palavra do réu, que nega todas as acusações proferidas contra a sua pessoa? Como ficaria, nesse caso, o princípio do *in dubio pro reo*?

Devemos aplicar, *in casu*, aquilo que em criminologia é conhecido como *síndrome da mulher de Potifar*, importada dos ensinamentos bíblicos.

Para quem nunca teve a oportunidade de ler a Bíblia, resumindo a história que motivou a criação desse pensamento criminológico, tal teoria foi originária do livro de Gênesis, principalmente do capítulo 39, onde é narrada a história de José, décimo primeiro filho de Jacó.

Diz a Palavra de Deus que Jacó amava mais a José do que aos outros irmãos, o que despertava neles ciúmes e inveja. Certo dia, a pedido de seu pai, José foi verificar como estavam seus irmãos, que tinham levado o rebanho a pastorear. Ao avistarem José, seus irmãos, destilando ódio, resolveram matá-lo, depois de o terem jogado em um poço, mas foram dissuadidos pelo irmão mais velho, Rúben. No entanto, ao perceberem que se aproximava uma caravana que se dirigia ao Egito, resolveram vendê-lo aos ismaelitas por 20 barras de prata. Ao chegar ao Egito, José foi vendido pelos ismaelitas a um egípcio chamado Potifar, um oficial que era o capitão da guarda do palácio real.

Como era um homem temente a Deus, José logo ganhou a confiança de Potifar, passando a ser o administrador de sua casa, tomando conta de tudo o que lhe pertencia. Entretanto, a mulher de Potifar, sentindo forte atração por José, quis com ele ter relações sexuais, mas foi rejeitada.

A partir de agora, vamos registrar a história narrada pela própria Bíblia, com a nova tradução em linguagem de hoje, no capítulo 39, versículos 6 a 20, para sermos mais fidedignos com os fatos que motivaram a criação da aludida teoria criminológica:

"José era um belo tipo de homem e simpático. Algum tempo depois, a mulher do seu dono começou a cobiçar José. Um dia ela disse:

— Venha, vamos para a cama.

Ele recusou, dizendo assim:

— Escute! O meu dono não precisa se preocupar com nada nesta casa, pois eu estou aqui. Ele me pôs como responsável por tudo o que tem. Nesta casa eu mando tanto quanto ele. Aqui eu posso ter o que quiser, menos a senhora, pois é mulher dele. Sendo assim, como poderia eu fazer uma coisa tão imoral e pecar contra Deus?

Todos os dias ela insistia que ele fosse para a cama com ela, mas José não concordava e também evitava estar perto dela. Mas um dia, como de costume, ele entrou na casa para fazer o seu trabalho, e nenhum empregado estava ali. Então ela o agarrou pela capa e disse:

— Venha, vamos para a cama.

Mas ele escapou e correu para fora, deixando a capa nas mãos dela. Quando notou que, ao fugir, ele havia deixado a capa nas suas mãos, a mulher chamou os empregados da casa e disse:

— Vejam só! Este hebreu, que o meu marido trouxe para casa, está nos insultando. Ele entrou no meu quarto e quis ter relações comigo, mas eu gritei o mais alto que pude. Logo que comecei a gritar bem alto, ele fugiu, deixando sua capa no meu quarto.

Ela guardou a capa até que o dono de José voltou. Aí contou a mesma história, assim:

— Esse escravo hebreu, que você trouxe para casa, entrou no meu quarto e quis abusar de mim. Mas eu gritei bem alto, e ele correu para fora, deixando a sua capa no meu quarto. Veja só de que jeito o seu escravo me tratou!

Quando ouviu essa história, o dono de José ficou com muita raiva. Ele agarrou José e o pôs na cadeia onde ficavam os presos do rei. E José ficou ali."[35]

Quem tem alguma experiência na área penal percebe que, em muitas situações, a suposta vítima é quem deveria estar ocupando o banco dos réus, e não o agente acusado de estupro.

Mediante a chamada *síndrome da mulher de Potifar*, o julgador deverá ter a sensibilidade necessária para apurar se os fatos relatados pela vítima são verdadeiros, ou seja, comprovar a *verossimilhança* de sua palavra, haja vista que contradiz com a negativa do agente.

A falta de credibilidade da vítima poderá, portanto, conduzir à absolvição do acusado, ao passo que a verossimilhança de suas palavras será decisiva para um decreto condenatório.[36]

---

[35] Depois de algum tempo preso, Deus honrou a fidelidade de José, fazendo dele o segundo homem mais poderoso do Egito, somente ficando abaixo do próprio Faraó. Para saber mais detalhes sobre a vida de José, desde o seu nascimento até a sua assunção ao poder no Egito, leia os capítulos 37 a 50 do livro de Gênesis, na Bíblia Sagrada.

[36] Em reforço ao que foi dito, vale relembrar dois casos importantes, nos quais foram protagonistas William Kennedy Smith e Mike Tyson, narrados por George P. Fletcher, cuja transcrição integral se faz necessária para sua melhor compreensão:

"Ao final do mês de março de 1991, Willian Kennedy Smith, de 31 anos de idade, um estudante de medicina, começou a dançar com Patrícia Browman, de idade similar, em um bar de Palm Beach. Logo ela se foi com ele à propriedade dos Kennedy e, segundo Willian, durante o caminho, foi retirando sua meia-calça, deixou sua roupa no interior do carro, e se foi com ele para dar um passeio pela praia. Ademais, segundo sua versão, ela participou ativamente do coito, duas vezes, no gramado da propriedade. Mas ela o acusou de estupro, alegando que o que realmente sucedeu foi que ele a abordou e a forçou sexualmente.

Mike Tyson conheceu Desiree Washington uns poucos meses depois, em 18 de julho, durante o concurso de beleza Miss América negra, em Indianápolis. Tyson flertou com várias das concursantes e obteve o número do telefone do quarto de hotel de Washington. À uma e meia da madrugada seguinte, Tyson chamou a Washington de sua limusine. Mesmo já estando preparada para dormir, aceitou encontrar-se com ele, passando quinze minutos arrumando-se, e logo se reuniu com ele no assento traseiro da limusine. Chegaram ao hotel de Tyson e caminharam juntos até o seu quarto. Entraram no quarto, ela o acompanhou até o dormitório e se sentou na borda da cama. Não está muito claro se se beijaram na limusine, mas em geral, até esse ponto da história, Washington e Tyson coincidem no que sucedeu.

Desde o momento em que ela se sentou na cama, as histórias se distanciam, a dela sugerindo um coito forçado e a dele, a de sexo consentido. Sem embargo, os dois coincidiram em ao menos quatro aspectos do encontro sexual. Tyson realizou sexo oral antes de penetrá-la. Em um dado momento, lhe perguntou se queria estar por cima, e ela montou sobre ele. Ele não usou preservativo, o que a assustou pela possibilidade de gravidez; ele ejaculou externamente. Depois do encontro sexual, lhe pediu que passasse a noite, mas ela não aceitou o convite, desceu sozinha para a limusine que a esperava.

Obviamente, cada uma destas etapas do encontro sexual toma um giro diferente em suas respectivas histórias. Por exemplo, ela disse que escolheu ficar por cima porque assim ficaria mais fácil fugir. Apesar do acordo geral sobre o marco dos fatos, existe desacordo sobre se e quando Washington disse *não, para!* Acreditando em sua versão, ela foi estuprada; se se crê em Tyson, ela aceitou o sexo e inventou a acusação de estupro 24 horas depois.

2.11.10 Crime impossível e impotência coeundi

Denomina-se *impotência coeundi* a incapacidade do homem de obter a ereção peniana, o que o impede de praticar os atos de penetração. Ao contrário, chama-se *impotência generandi* aquela referente à incapacidade de procriar.

Dessa forma, tem-se entendido pelo crime impossível quando a impotência de que está acometido o homem é de natureza *coeundi*, uma vez que, não havendo qualquer possibilidade de ereção, torna-se impraticável o estupro, se a finalidade do agente era a conjunção carnal ou mesmo o sexo anal, que exigem um membro viril para que se leve a efeito a penetração, total ou parcial.

Não será o caso de crime impossível quando estivermos diante da impotência de natureza *generandi*, pois que nesse caso existe ereção e, portanto, capacidade de penetração.

De qualquer forma, se o agente, mesmo com impotência *coeundi*, vier a praticar outros atos libidinosos com a vítima, a exemplo da felação, poderá, nos termos da redação que foi dada ao art. 213 do Código Penal pela Lei nº 12.015, de 7 de agosto de 2009, ser responsabilizado pelo delito de estupro.

2.11.11 Conjunção carnal e prática conjunta de outros atos libidinosos

Anteriormente à edição da Lei nº 12.015, de 7 de agosto de 2009, que revogou o delito de atentado violento ao pudor, tipificado no art. 214 do Código Penal, quando o agente, que tinha por finalidade levar a efeito a conjunção carnal com a vítima, viesse, também, a praticar outros atos libidinosos, a exemplo do sexo anal e da felação, deveria responder por ambas as infrações penais, aplicando-se a regra do concurso de crimes.

Hoje, após a referida modificação, nessa hipótese, a lei veio a beneficiar o agente, razão pela qual se, durante a prática violenta do ato sexual, o agente, além da penetração vaginal, vier a também fazer sexo anal com a vítima, os fatos deverão ser entendidos como *crime único*, haja vista que os comportamentos se encontram previstos na mesma figura típica, devendo ser entendida a infração penal como de ação múltipla (tipo misto alternativo), aplicando-se somente a pena cominada no art. 213 do Código Penal, por uma única vez, afastando, dessa forma, o concurso de crimes.

Nesse sentido, preleciona Guilherme de Souza Nucci:

"Se o agente constranger a vítima a com ele manter conjunção carnal e cópula anal comete um único delito de estupro, pois a figura típica passa a ser mista alternativa. Somente se cuidará

Em nenhum desses casos havia muita evidência corroborando a história do homem ou o relato da mulher. No caso Kennedy, Patrícia Browman teve que explicar alguns fatos anômalos, como ter deixado sua meia-calça no carro e a ausência de sinais que suas roupas foram rasgadas. Também ela sustentou que havia gritado. No entanto os convidados que estavam na propriedade, que dormiam próximo com as janelas abertas, não escutaram nada. No caso de Tyson, Desiree Washington ofereceu um testemunho mais firme, mas com algumas anomalias. Contou diferentes histórias a diferentes pessoas, a exemplo de que o fato aconteceu no chão, ou que gritou, ou que Tyson a impediu de gritar. Em seu apoio, um perito médico testificou que apresentava duas ligeiras contusões vaginais que sugeriam um coito forçado.
Ao final, ambos os casos acabaram na palavra dela contra a dele [...].
O resultado foi distinto em cada caso. Um corpo de jurado composto de seis membros, de idade média, da conservadora Flórida, absolveu a William Kennedy Smith, o jovem estudante de medicina, depois de 77 minutos de deliberação. Um corpo de jurados racialmente diverso de Indiana também alcançou o consenso com rapidez. Em 10 horas concluíram que Tyson era culpado das imputações de que era acusado, de todas elas." (*Las víctimas ante el jurado*, p. 162-164)

de crime continuado se o agente cometer, novamente, em outro cenário, ainda que contra a mesma vítima, outro estupro. Naturalmente, deve o juiz ponderar, na fixação da pena, o número de atos sexuais violentos cometidos pelo agente contra a vítima. No caso supramencionado merece pena superior ao mínimo aquele que obriga a pessoa ofendida a manter conjunção carnal e cópula anal."[37]

Em sentido contrário, posicionando-se favoravelmente ao reconhecimento do tipo misto cumulativo e, consequentemente, à possibilidade de se reconhecer o concurso de crimes caso o agente venha a ter conjunção carnal com a vítima, bem como a praticar outro ato libidinoso, Abrão Amisy Neto assevera:

"A alteração legislativa buscou reforçar a proteção do bem jurídico e não enfraquecê-lo; caso o legislador pretendesse criar um tipo de ação única ou misto alternativo não distinguiria 'conjunção carnal' de 'outros atos libidinosos', pois é notório que a primeira se insere no conceito do segundo, mais abrangente. Portanto, bastaria que tivesse redigido o tipo penal da seguinte maneira: 'Art. 213. Constranger alguém, mediante violência ou grave ameaça, a praticar ou permitir que com ele se pratique ato libidinoso'. Visível, portanto, que o legislador, ao continuar distinguindo a conjunção carnal dos 'outros atos libidinosos', não pretendeu impor única sanção em caso de condutas distintas."[38, 39]

E, ainda, Paulo César Busato:

"Caso exista a prática de atos libidinosos diversos e também da conjunção carnal, o crime será único, sempre e quando o contexto de constrangimento seja um também só".[40]

Adotando uma posição híbrida, Vicente Greco Filho preleciona que:

"O tipo do art. 213 é daqueles em que a alternatividade ou cumulatividade são igualmente possíveis e que precisam ser analisadas à luz dos princípios da especialidade, subsidiariedade e da consunção, incluindo-se neste o da progressão.
Vemos, nas diversas violações do tipo, um delito único se uma conduta absorve a outra ou se é fase de execução da seguinte, igualmente violada. Se não for possível ver nas ações ou atos sucessivos ou simultâneos nexo causal, teremos, então, delitos autônomos."

Após citar as lições de Massimo Punzo, conclui o renomado autor que, "se houver repetição de condutas em circunstâncias de tempo e lugar semelhantes, poderá configurar-se o

---

[37] NUCCI, Guilherme de Souza. *Crimes contra a dignidade sexual* – Comentários à Lei nº 12.015, de 7 de agosto de 2009, p. 18-19.
[38] AMISY NETO, Abrão. *Estupro, estupro de vulnerável e ação penal*. Disponível em: <http://jus2.uol.com.br/doutrina/texto.asp?id=13404>. Acesso em: 30 ago. 2009.
[39] No mesmo sentido, Julio Fabbrini Mirabete e Renato N. Fabbrini, asseveram que "o art. 213 descreve um tipo misto 'cumulativo', punindo, com as mesmas penas, duas condutas distintas, a de constrangimento à conjunção carnal e a de constrangimento a ato libidinoso diverso. A utilização, no caso, de um único núcleo verbal (constranger) decorre da técnica legislativa, resultando da concisão propiciada pelo conteúdo das duas figuras típicas. A prática de uma ou outra conduta configura o crime de estupro e a realização de ambas enseja a possibilidade do concurso de delitos. Trata-se, em realidade, de crimes distintos, embora da mesma espécie, punidos num único dispositivo" (*Manual de direito penal*, v. 2, p. 388).
[40] BUSATO, Paulo César. *Direito penal* – parte especial 1, p. 800.

delito continuado, mas não haverá delito continuado entre figuras consideradas cumulativas."
E continua suas lições trazendo à colação o seguinte exemplo:

> "Se, durante o cativeiro, houve mais de uma vez a conjunção carnal pode estar caracterizado o crime continuado entre essas condutas; se, além da conjunção carnal, houve outro ato libidinoso, como os citados, coito anal, penetração de objetos etc., cada um desses caracteriza crime diferente cuja pena será cumulativamente aplicada ao bloco formado pelas conjunções carnais. A situação em face do atual art. 213 é a mesma do que na vigência dos antigos 213 e 214, ou seja, a cumulação de crimes e penas se afere da mesma maneira, se entre eles há, ou não, relação de causalidade ou consequencialidade. Não é porque os tipos agora estão fundidos formalmente em um único artigo que a situação mudou. O que o estupro mediante conjunção carnal absorve é o ato libidinoso em progressão àquela e não o ato libidinoso autônomo e independente dela, como no exemplo referido."[41]

Com todo o respeito que merece o ilustre professor da Faculdade de Direito de São Paulo, não podemos concordar com suas posições. Como dissemos, o delito de estupro, com a redação que lhe foi dada pela Lei nº 12.015, de 7 de agosto de 2009, prevê, tão somente, um tipo misto alternativo, e não um tipo híbrido, misturando-se alternatividade com cumulatividade, como induz o renomado autor.

Por outro lado, no próprio art. 213 do estatuto repressivo, conseguiu visualizar, em algumas situações, a impossibilidade de continuidade delitiva o que, permissa *venia*, contraria frontalmente as disposições constantes do art. 71 do Código Penal. Ao que parece, embora não tenha feito menção, ele não considerou como da mesma espécie os atos libidinosos e a conjunção carnal (que também é uma espécie de ato libidinoso), mantendo a antiga posição de nossos Tribunais Superiores, que assim agiam em virtude de existir, até então, figuras típicas diferentes, ou seja, o delito de estupro e o atentado violento ao pudor.

Agora, como as referidas figuras típicas foram fundidas, não há mais qualquer argumento que justifique o entendimento de que conjunção carnal e atos libidinosos, embora do mesmo gênero, não são da mesma espécie. Se esse raciocínio já não se sustentava, que dirá agora, depois da fusão dos mencionados tipos penais! Dizer que não cabe continuidade delitiva entre comportamentos previstos na mesma figura típica é negar, evidentemente, a realidade dos fatos. É querer, a todo custo, buscar uma pena mais severa para o condenado.

Caso o agente, por exemplo, em uma única relação de contexto, mantenha com a vítima o coito anal para, logo em seguida, praticar a conjunção carnal, como afirmamos, tal fato se configurará em um único crime de estupro, devendo o julgador, ao aplicar a pena, considerar tudo o que efetivamente praticou com a vítima.

No entanto, pode ocorrer que, uma vez praticado o estupro (com sexo anal e conjunção carnal), o agente, após algum tempo, queira, por mais uma vez, praticar os referidos atos sexuais com a vítima, que ainda se encontrava subjugada. Nesse caso, poderíamos levar a efeito o raciocínio relativo ao crime continuado? Entendemos que a resposta só pode ser positiva, pois que o agente, após a consumação do primeiro estupro, veio a praticar novo crime da mesma espécie, e que pelas condições de tempo, lugar, maneira de execução e outras semelhantes, o crime subsequente deve ser havido como continuação do primeiro, aplicando-se, portanto, a regra constante do art. 71 do Código Penal.

---

[41] GRECO FILHO, Vicente. *Uma interpretação de duvidosa dignidade* (sobre a nova lei dos crimes contra a dignidade sexual). *Jus Navigandi*, Teresina, ano 13, n. 2.270, 18 set. 2009. Disponível em: <http://jus2.uol.com.br/doutrina/texto.asp?id=13530>. Acesso em: 20 set. 2009.

Assim, concluindo, embora o art. 213 do Código Penal preveja um tipo misto alternativo, tal fato não impede de se visualizar, no caso concreto, a hipótese de crime continuado.

Nesse sentido, já se manifestou o STF:

"A figura penal prevista na nova redação do art. 213 do CP é do tipo penal misto alternativo. Logo, se o agente pratica, no mesmo contexto fático, conjunção carnal e outro ato libidinoso contra uma só vítima, pratica um só crime do art. 213 do CP. Incide a Lei nº 12.015/2009 aos delitos cometidos antes da sua vigência, tendo em vista a aplicação do princípio da retroatividade da lei penal mais benéfica" (STF, HC 118.284/RS, Rel. Min. Marco Aurélio, 1ª T., DJe 13/10/2015).

O Superior Tribunal de Justiça, consolidando o entendimento a respeito do crime único, se posicionou, dizendo:

"Com o advento da Lei nº 12.015/2009, os crimes dos arts. 213 e 214 do Código Penal, estupro e atentado ao pudor, foram condensados em um mesmo tipo penal, razão pela qual configura crime único se as condutas forem cometidas em face de uma mesma vítima, dentro de um mesmo contexto fático" (STJ, HC 337.525/SP, Rel. Min. Nefi Cordeiro, 6ª T., DJe 28/06/2016).

2.11.12 Ejaculação precoce

Pode ocorrer que o agente, depois de constranger a vítima para que leve a efeito a conjunção carnal, ejacule precocemente, ficando, assim, impedido de prosseguir no ato, pois, a partir daquele instante, torna-se impossível a penetração, tendo em vista a flacidez peniana.

Nesse caso, deverá o agente ser responsabilizado pela tentativa de estupro, uma vez que havia dado início aos atos de execução, não chegando à consumação da infração penal, ou seja, aos atos de penetração vagínica, por circunstâncias alheias à sua vontade, caso não tenha consumado a infração penal com a prática de outros atos libidinosos relevantes, como ressaltado.

2.11.13 Agente que é surpreendido depois da prática dos atos de constrangimento, mas ainda sem se encontrar em estado de ereção peniana

A dúvida que se coloca nesse tema diz respeito, basicamente, ao fato de termos de apontar o momento que se tem por iniciada a execução no crime de estupro, cuja finalidade era a conjunção carnal ou a prática do sexo anal. Assim, o início seria quando da prática de qualquer ato que importasse em constrangimento da vítima, ou seria necessário, ao seu reconhecimento, o fato de o agente já se encontrar em estado de ereção peniana, se sua finalidade era a penetração vaginal ou mesmo o sexo anal?

Acreditamos que o início da execução pode ser apontado com a prática de atos que importem no reconhecimento do constrangimento sofrido pela vítima, mesmo que o agente, no momento em que foi surpreendido, v.g., ainda não se encontrasse em estado de ereção, capaz de possibilitar a penetração necessária ao coito por ele pretendido.

Assim, com base nos atos de constrangimento, levados a efeito mediante o emprego de violência ou grave ameaça, já poderá ser responsabilizado pela tentativa de estupro.

2.11.14 Possibilidade de ser o estupro evitado pela própria mulher

Hungria, expressando o pensamento machista que envolvia a edição do nosso Código Penal na década de 1940, argumentava:

"É objeto de dúvida se uma mulher, adulta e normal, pode ser fisicamente coagida por um só homem à conjunção carnal. Argumenta-se que bastam alguns movimentos da bacia para impedir a intromissão da verga.

Para desacreditar a acusação de estupro com unidade de agente, há também uma das sensatas decisões de Sancho-Pança na *ilha Barataria*. Certa vez, na audiência de Sancho, entrou uma mulher que, trazendo um homem pela gola, bradava: 'Justiça! Justiça, senhor governador! Se não a encontro na terra, irei buscá-la no céu. Este mau homem surpreendeu-me em pleno campo e abusou da minha fraqueza. Negada formalmente a acusação, Sancho tomou ao acusado sua recheada bolsa de dinheiro e, a pretexto de reparação do mal, passou-a à querelante. Foi-se esta em grande satisfação, mas Sancho ordenou ao acusado que seguisse no seu encalço, para retomar a bolsa. Em vão, porém, tentou o homem reaver o seu dinheiro, e voltou de rosto agatanhado e a sangrar, confessando-se vencido. Então, fazendo a mulher restituir a bolsa, disse-lhe Sancho: 'Se tivesses defendido tua honra tão empenhadamente como vens de defender essa bolsa, jamais a terias perdido. Não passas de uma audaciosa ladra'. Realmente, se não há uma excepcional desproporção de forças em favor do homem, ou se a mulher não vem a perder os sentidos, ou prostrar-se de fadiga, ou a ser inibida pelo receio de maior violência, poderá sempre esquivar-se ao coito pelo recurso do movimento dos flancos."[42]

Ninguém duvida, hoje em dia, da violência com que os estupros são praticados, do pavor que os estupradores infundem em suas vítimas para que não exerçam qualquer tipo de reação, sob pena de perderem a vida. A passagem citada de Hungria somente se presta a demonstrar a evolução pela qual vem passando a sociedade. Em um passado não muito distante, considerava-se a vítima do estupro culpada de sua própria sorte, por não ter se esforçado o suficiente no sentido de evitar a penetração do agente, posição que não se pode sustentar hoje em dia.

2.11.15 Exame de corpo de delito

Como regra, o estupro, se houver penetração vaginal ou anal, é uma infração penal que deixa vestígios, razão pela qual, nos termos do art. 158 do Código de Processo Penal, com a nova redação que lhe foi conferida pela Lei nº 13.721, de 2 de outubro de 2018, haveria necessidade de realização do exame de corpo de delito, direto ou indireto.

No entanto, há situações em que tal exame se faz completamente desnecessário, permitindo a condenação do agente mesmo diante da sua ausência nos autos. Veja-se, por exemplo, a hipótese em que uma senhora com 60 anos de idade, mãe de 10 filhos, tenha sido estuprada, com penetração vaginal, mediante o emprego de grave ameaça por parte do agente, não tendo havido ejaculação, e que tenha sido convencida por uma de suas filhas a levar os fatos ao conhecimento da autoridade policial somente 30 dias depois de ocorrido. Nesse caso, pergunta-se: qual a necessidade de tal exame? Seria para apontar o rompimento do hímen? Ou mesmo para identificar a violência sofrida? Ou para a coleta de sêmen? Enfim, como se percebe, os fatos apresentados não exigem nenhuma dessas comprovações.

Aqui, na qualidade de mãe de 10 filhos, todos nascidos de parto normal, não haveria qualquer possibilidade de resistência himenal, que já se teria rompido há muitos anos. No caso apresentado, também não houve emprego de violência, mas tão somente a grave ameaça a fim de subjugar a vítima ao ato sexual. A ausência de ejaculação (mesmo que no contato sexual tenha ocorrido secreção de líquido peniano), após a mulher ter se lavado, enojada do constrangimento sexual a que foi submetida, afastaria também a necessidade da perícia, que nada poderia atestar depois de decorridos 30 dias da conjunção carnal.

---

[42] HUNGRIA, Nélson. *Comentários ao código penal*, v. VIII, p. 122-123.

Dessa forma, no caso em análise, seria forçá-la a outro tipo de constrangimento, ao submetê-la a um exame com um médico desconhecido, o que aumentaria, ainda mais, sua vergonha, intensificando-se aquilo que é conhecido por *vitimização secundária*.

Portanto, embora o estupro, se houver conjunção carnal ou sexo anal, se encontre no rol das infrações penais que deixam vestígios, exigindo, como regra, a realização do exame de corpo de delito na vítima, a análise do caso concreto é que determinará essa necessidade, podendo tal regra ser excepcionada.

No entanto, haverá casos em que a prova pericial será mais um elemento de formação de convicção do julgador, que, conjugada com os demais, poderá conduzir a um decreto condenatório.

2.11.16 Estupro e a Lei nº 8.072/90

O estupro, seja na sua modalidade fundamental, seja em suas formas qualificadas (art. 213, *caput* e §§ 1º e 2º), consumado ou mesmo tentado, foi inserido no elenco das infrações penais consideradas hediondas pela Lei nº 8.072/90 (art. 1º, inciso V). A Lei nº 12.015, de 7 de agosto de 2009, inseriu, ainda, o inciso VI ao mencionado art. 1º, que diz respeito ao chamado *estupro de vulnerável*, previsto no art. 217-A, *caput* e §§ 1º, 2º, 3º e 4º do Código Penal.

Dessa forma, conforme o art. 2º do mencionado diploma legal, será insuscetível de: I – anistia, graça e indulto; II – fiança (conforme modificação introduzida pela Lei nº 11.464, de 28 de março de 2007, que excluiu do mencionado inciso II a liberdade provisória, possibilitando, agora, sua concessão, nos termos do art. 310 e §§ 1º e 2º do Código de Processo Penal, de acordo com a redação que lhes foi conferida pela Lei nº 13.964, de 24 de dezembro de 2019.

2.11.17 Aplicação do art. 9º da Lei nº 8.072/90 aos fatos ocorridos anteriormente à Lei nº 12.015, de 7 de agosto de 2009

Também merece destaque o fato de que, em virtude da revogação expressa do art. 224 do Código Penal, pela Lei nº 12.015, de 7 de agosto de 2009, não será possível a aplicação da causa de aumento de pena prevista no art. 9º da Lei nº 8.072/90.

Não se tem dificuldade em raciocinar com essa impossibilidade no que diz respeito aos fatos futuros, tendo em vista a revogação do mencionado art. 224 do Código Penal, por mais que as situações nele previstas (vítima menor de 14 anos, ou portadora de enfermidade ou doença mental, que não tinha o necessário discernimento para a prática do ato, ou, ainda, que não podia oferecer resistência) tenham se deslocado para fazer parte do atual delito de estupro de vulnerável (art. 217-A do CP).

O problema maior diz respeito aos fatos ocorridos no passado, uma vez que era aplicado o art. 9º da Lei nº 8.072/90, aumentando-se em metade a pena do agente que praticava o delito de estupro, bem como o revogado delito de atentado violento ao pudor contra vítimas que se encontravam em alguma das situações descritas pelo revogado art. 224 do Código Penal.

Assim, o que fazer diante da atual situação, no que concerne aos processos já transitados em julgado, em que houve a condenação do agente, com a aplicação da referida causa especial de aumento de pena?

Inicialmente, devemos entender que, ainda que as situações anteriormente previstas como hipóteses de presunção de violência (art. 224 do CP) tenham se deslocado de tipo penal, elas possuem, agora, em virtude da redação que lhes foi conferida pela Lei nº 12.015, de 7 de agosto de 2009, natureza jurídica diversa. Cuidam-se, portanto, de elementos que integram um tipo penal incriminador, que prevê o delito de estupro de vulnerável.

Assim, não podemos justificar a manutenção da aplicação das majorantes aos casos passados, sob o argumento de que ainda se encontram previstas no nosso ordenamento jurídico, não tendo sido, portanto, abolidas.

Mesmo que numa comparação quantitativa, ou seja, mesmo fazendo-se os cálculos matemáticos para se concluir que, na vigência da lei anterior, o agente que viesse a praticar um estupro, por exemplo, contra vítima menor de 14 (catorze) anos, teria, em virtude da previsão constante do art. 9º da Lei nº 8.072/90, sua pena aumentada em metade, o que faria com que a pena mínima fosse calculada em 9 (nove) e a máxima em 15 (quinze) anos,[43] e que no atual delito de estupro de vulnerável, que prevê a mesma hipótese, a pena mínima cominada é de 8 (oito) e a máxima de 15 (quinze) anos, não poderíamos, com um suposto argumento de beneficiar o agente, substituir o aumento previsto na Lei nº 8.072/90, a fim de aplicar-lhe a pena mínima do atual tipo penal (art. 217-A), vale dizer, 8 (oito) anos.

O que ocorreu, *in casu*, foi a abolição da presunção de violência que conduzia ao aumento de pena. Dessa forma, uma vez revogado expressamente o art. 224 do Código Penal, deixando de existir, portanto, o artigo a que remetia o art. 9º da Lei nº 8.072/90, aqueles que foram condenados, e que ainda não cumpriram suas penas, terão direito a revisão criminal, eliminando-se o aumento de *metade* que lhes fora aplicado pelo decreto condenatório.

Embora entendendo pela impossibilidade de aplicação do art. 9º da Lei nº 8.072/90 aos fatos praticados posteriormente à entrada em vigor da Lei nº 12.015, de 7 de agosto de 2009, Abrão Amisy Neto não partilha o entendimento a respeito da possibilidade de retroatividade benéfica, dizendo:

> "Quanto à revogação do art. 224 CP, apreende-se que o art. 9º da Lei dos Crimes Hediondos (LHC) estabelece que, 'as penas fixadas no art. 6º para os crimes capitulados nos arts. 157, § 3º, 158, § 2º, 159, *caput* e seus §§ 1º, 2º e 3º, 213, *caput* e sua combinação com o art. 223, *caput* e parágrafo único, 214 e sua combinação com o art. 223, *caput* e parágrafo único, todos do Código Penal, são acrescidas de metade, respeitado o limite superior de trinta anos de reclusão, estando a vítima em qualquer das hipóteses referidas no art. 224 também do Código Penal'. Assim, o agente que praticasse o crime de extorsão mediante sequestro contra uma adolescente de 13 anos (uma das hipóteses do art. 224 CP) responderia pela extorsão mediante sequestro com aumento de pena de metade em razão do artigo em comento. Agora, entretanto, não há mais como referir-se às hipóteses do art. 224, pois revogado, razão pela qual o art. 9º da LCH não tem mais aplicação. Ressalta-se que as condições de vulnerabilidade ou de hipossuficiência, então constantes do art. 224, foram ratificadas pelo legislador no tipo penal 'estupro de vulnerável'. Logo, é possível alegar que a revogação do art. 224 CP não se opera retroativamente. Resulta, por conseguinte, inaplicável doravante, sem possibilidade de retroagir."[44]

O Superior Tribunal de Justiça, analisando a situação, já decidiu:

> "Após a Lei n. 12.015/2009, os crimes de estupro e de atentado violento ao pudor, quando praticados contra vítima menor de quatorze anos, passaram a ser descritos no art. 217-A do Código Penal. A mudança legislativa afastou a causa de aumento de pena prevista no art. 9º da Lei dos Crimes Hediondos, que seria aplicável no caso, uma vez que o crime foi praticado mediante emprego de violência real" (STJ, AgRg no AREsp 1.124.561/MS, Rel. Min. Jorge Mussi, 5ª T., DJe 22/08/2018).

---

[43] Esse raciocínio não é exato, pois as majorantes, de acordo com o art. 68 do Código Penal, são aplicadas somente no terceiro momento do critério trifásico, e como os cálculos são feitos em cascata, ou seja, pena sobre pena, aquele a quem tivesse sido aplicada uma circunstância agravante (art. 61 do CP) teria uma pena aumentada em valor superior ao calculado no exemplo, ou seja, sua pena poderia ser superior aos 9 (nove) anos.

[44] AMISY NETO, Abrão. *Estupro, estupro de vulnerável e ação penal*. Disponível em: <http://jus2.uol.com.br/doutrina/texto.asp?id=13404>. Acesso em 30 ago. 2009.

"Não obstante a Lei nº 12.015/2009, ao tipificar o delito de atentado violento ao pudor contra vítima menor de 14 anos, previsto no art. 214 do Código Penal, como 'estupro de vulnerável' (art. 217-A do Código Penal), tenha determinado o recrudescimento da pena, deve ela retroagir, por ser mais benéfica, uma vez que também determinou a revogação da causa de aumento prevista no art. 9º da Lei nº 8.072/90" (STJ, HC 337.525/SP, Rel. Min. Nefi Cordeiro, 6ª T., DJe 28/06/2016).

2.11.18 Estupro virtual e desnecessidade de contato físico

Entendemos não ser necessário o contato físico entre o agente e a vítima para efeitos de reconhecimento do delito de estupro, quando a conduta do agente for dirigida no sentido de fazer com que a própria vítima pratique o ato libidinoso, a exemplo do que ocorre quando o agente, mediante grave ameaça, a obriga a se masturbar.

Poderá ocorrer, inclusive, a hipótese do chamado *estupro virtual*, ou à *distância*, em que, por exemplo, o agente, por meio de uma webcam, ou mesmo através de programas de telefones celulares, nos quais se pode efetuar chamadas de vídeo, tal como ocorre com o WhatsApp, constrange a vítima, mediante grave ameaça, a praticar, nela própria, atos libidinosos, forçando-a a se masturbar.

Verifica-se, portanto, a falta de necessidade de contato físico do agente, que poderá estar a milhares de quilômetros de distância do seu agressor, restando, da mesma forma, configurado o estupro.

Dissertando sobre o tema, Francisco Dirceu Barros afirma, com precisão, que é:

"Plenamente possível virtualmente alguém ser constrangido, mediante violência ou grave ameaça a praticar ou permitir que com ele se pratique atos libidinosos ou até mesmo conjunção carnal".[45]

2.11.19 Beijo lascivo

Acesse e assista à aula explicativa sobre este assunto.
> https://uqr.to/1we4w

Embora se discuta até hoje sobre o chamado beijo lascivo, não se descobriu ainda exatamente o que significa essa expressão. Beijo lascivo é aquele que choca a moral média que o presencia, ou é aquele que causa "inveja" a quem a ele assiste?

Apesar da dúvida, o beijo lascivo poderia, ainda hoje, mesmo depois da edição da Lei nº 12.015, de 7 de agosto de 2009, ser entendido como delito de estupro, quando a vítima a ele é obrigada pelo agente mediante o emprego de violência ou grave ameaça? Entendemos que não. Por pior que seja o beijo e por mais feia que seja a pessoa que o forçou, não podemos condenar alguém por esse fato a cumprir uma pena de, pelo menos, 6 (seis) anos de reclusão, isto é, com a mesma gravidade que se pune um homicida.

---

[45] BARROS, Francisco Dirceu. *Tratado doutrinário de direito penal*, p. 1.540.

Parte da doutrina, no entanto, parece inclinar-se ao reconhecimento do estupro na hipótese de beijo lascivo praticado mediante o emprego de violência ou grave ameaça. Nesse sentido, afirma Damásio de Jesus que o beijo lascivo "constitui-se em estupro quando praticado mediante violência ou grave ameaça",[46] ou, ainda, Luiz Regis Prado, quando assevera que o beijo lascivo ou lingual obtido contra a vontade da vítima, mediante violência, tem inferior magnitude penal se comparado, por exemplo, com o coito anal. Mas não deixa de ser considerado estupro, conforme a disciplina da lei brasileira vigente, sendo que tal distinção deve ser aferida por ocasião da aplicação da pena".[47]

Imagine-se a situação de um agente que entre na carceragem em virtude de sua condenação pelo delito de estupro, por ter forçado alguém a um beijo lascivo excessivamente prolongado. Quando for indagado pelos demais presos sobre sua infração penal e responder que está ali para cumprir uma pena de seis anos por ter forçado um beijo em alguém, certamente não faltará, naquele local, quem queira beijá-lo todos os dias, mas o Direito Penal não poderá agir desse modo com um sujeito que praticou um comportamento que, a nosso ver, não tem a importância exigida pelo tipo penal do art. 213 do diploma repressivo.

Nesse caso, somos pela aplicação do art. 215-A, inserido no Código Penal através da Lei nº 13.718, de 24 de setembro de 2018, que criou o delito de *importunação sexual*, um *minus* em relação ao delito de estupro, que diz, *verbis*:

> **Art. 215-A.** Praticar contra alguém e sem a sua anuência ato libidinoso com o objetivo de satisfazer a própria lascívia ou a de terceiro:
> Pena – reclusão, de 1 (um) a 5 (cinco) anos, se o ato não constitui crime mais grave.

2.11.20 Agressão a vítima em zonas sexuais, com o fim de humilhá-la

Dependendo da gravidade do fato praticado pelo agente, seu comportamento poderá ser considerado típico do delito previsto pelo art. 140, § 2º (injúria real), se era sua finalidade humilhar a vítima, como no exemplo daquele que a agride com tapas nas nádegas, demonstrando, assim, sua inferioridade, ou mesmo na hipótese daquele que, também com essa finalidade, agarra o saco escrotal da vítima a fim de vê-la implorar para que cesse com esse comportamento.

No entanto, ressalvamos que cada caso merecerá atenção específica. Assim, mesmo que com a finalidade de humilhar a vítima, se o agente, fisicamente mais forte, em vez de um simples tapa nas nádegas, introduzir-lhe o dedo no ânus, o delito não poderá ser entendido como mera injúria real, visto que, tanto objetiva quanto subjetivamente, o agente tinha conhecimento de que levava a efeito um ato grave e ofensivo à dignidade sexual da vítima, razão pela qual deverá ser responsabilizado pelo delito tipificado no art. 213 do Código Penal.

2.11.21 Estatuto do Índio

Preconiza o art. 59 do Estatuto do Índio (Lei nº 6.001, de 19 de dezembro de 1973):

> **Art. 59.** No caso de crime contra a pessoa, o patrimônio ou os costumes, em que o ofendido seja índio não integrado ou comunidade indígena, a pena será agravada de um terço.

Hoje, após a edição da Lei nº 12.015, de 7 de agosto de 2009, que modificou o Título VI do Código Penal, que previa os chamados *Crimes contra os Costumes*, passando a entendê-los,

---

[46] JESUS, Damásio E. *Direito penal*, v. 3, p. 132.
[47] PRADO, Luiz Regis. *Curso de direito penal brasileiro*, v. 2, p. 599.

agora, como *Crimes contra a Dignidade Sexual*, deverá ser levada a efeito uma releitura do mencionado art. 59, sem que isso importe em qualquer interpretação prejudicial ao agente.

O que se deve fazer é adaptar tão somente o tipo ao novo título constante do Código Penal, entendendo-se a palavra *costumes* como *dignidade sexual*.

Assim, na hipótese, por exemplo, de estupro de uma índia não integrada à nossa "cultura", deverá ser aplicada a causa de aumento de pena determinada pelo mencionado artigo.

2.11.22 Estupro praticado por uma mulher, tendo como vítima outra mulher

Após a alteração da redação constante do art. 213 do Código Penal, será possível a prática do delito de estupro por uma mulher, tendo por vítima outra mulher.

Não importa a natureza do ato praticado, ou seja, se atos de felação (sexo oral), masturbação ou mesmo penetração com a utilização de membro artificial. Assim, por exemplo, se uma mulher, constrangendo outra mulher, mediante o emprego de violência, vier a penetrá-la valendo-se de qualquer instrumento utilizado para esse fim, não importando se a penetração tiver sido anal ou vaginal, restará caracterizado o delito de estupro.

2.11.23 Presença de mais de uma causa de aumento de pena

Pode ocorrer que, no caso concreto, esteja presente mais de uma causa de aumento de pena elencada nos arts. 226 e 234-A do Código Penal. Nesse caso, será aplicada a regra constante do parágrafo único do art. 68 do Código Penal, que diz, *verbis*:

> **Parágrafo único.** No concurso de causas de aumento ou de diminuição, previstas na parte especial, pode o juiz limitar-se a um só aumento ou a uma só diminuição, prevalecendo, todavia, a causa que mais aumente ou diminua.

2.11.24 Atentado violento ao pudor e abolitio criminis

Embora, à primeira vista, pareça ter ocorrido a chamada *abolitio criminis* quanto ao crime de atentado violento ao pudor, expressamente revogado pela Lei nº 12.015, de 7 de agosto de 2009, na verdade, não podemos cogitar desse instituto pelo fato de que todos os elementos que integravam a figura típica do revogado art. 214 do Código Penal passaram a fazer parte da nova redação do art. 213 do mesmo diploma repressivo.

Assim, não houve descriminalização do comportamento até então tipificado especificamente como atentado violento ao pudor. Na verdade, somente houve modificação do *nomen juris* da aludida infração penal, passando, como dissemos, a chamar-se *estupro* o constrangimento levado a efeito pelo agente a fim de ter conjunção carnal, ou, também, a praticar ou permitir que com ele se pratique outro ato libidinoso.

Aplica-se, na hipótese, o chamado *princípio da continuidade normativo-típica*, havendo, tão somente, a migração dos elementos anteriormente constantes da revogada figura prevista no art. 214 do Código Penal para o art. 213 do mesmo diploma repressivo.

"Assim, não há qualquer afronta ao princípio da congruência ou da correlação, pois verifica-se, na hipótese, continuidade normativo-típica. A conduta outrora ilícita permanece ilícita, e nunca deixou de ser. O que ocorreu foi a condensação do crime de estupro e de atentado violento ao pudor em um mesmo dispositivo legal, bem como a previsão apartada do estupro de vulnerável, que, agora, dispensa o exame da presunção da violência (ou seja, a presunção absoluta de violência, hoje, decorre de interpretação autêntica, realizada pelo próprio legislador, sempre que houver ato sexual com pessoa menor de 14 anos)" (STJ, REsp 1.791.593, Rel. Min. Ribeiro Dantas, P. 10/04/2019).

"Em respeito ao princípio da continuidade normativa, não há que se falar em *abolitio criminis* em relação ao delito do art. 214 do Código Penal, após a edição da Lei nº 12.015/2009. Os crimes de estupro e de atentado violento ao pudor foram reunidos em um único dispositivo" (STJ, HC 225.658/DF, Rel. Min. Rogério Schietti Cruz, 6ª T., DJe 02/03/2016).

2.11.25 Reconhecimento retroativo de crime único ou de continuidade delitiva entre o estupro e o atentado violento ao pudor

Nossos Tribunais Superiores tinham resistência em reconhecer a continuidade delitiva entre os delitos de estupro e de atentado violento ao pudor, ao argumento de que, embora do mesmo *gênero*, eram de *espécies* diferentes, não preenchendo, dessa forma, um dos requisitos exigidos pelo art. 71, *caput*, do Código Penal.

Agora, uma vez que os delitos acima mencionados foram fundidos em uma única figura típica, poderíamos aplicar, retroativamente, o art. 213 do Código Penal, com a nova redação que lhe foi dada pela Lei nº 12.015, de 7 de agosto de 2009, a fim de beneficiar os agentes que, anteriormente, foram condenados por essas infrações penais, em concurso material?

Entendemos que a resposta só pode ser positiva, pois, dada a nova redação legal, não mais se discute sua natureza jurídica, uma vez que os comportamentos encontram-se previstos no mesmo tipo penal, devendo, portanto, retroagir, nos termos do parágrafo único do art. 2º do Código Penal, que diz:

> **Parágrafo único.** A lei posterior, que de qualquer modo favorecer o agente, aplica-se aos fatos anteriores, ainda que decididos por sentença condenatória transitada em julgado.

Merece ser frisado, ainda, o fato de que se o agente foi denunciado pelo estupro e também pelo atentado violento ao pudor, praticados anteriormente à Lei nº 12.015, de 7 de agosto de 2009, o julgador, caso sejam comprovados os fatos narrados na denúncia, deverá condená-lo somente por um único delito de estupro, na hipótese em que os atos sexuais (conjunção carnal e outro ato libidinoso) tenham sido praticados numa mesma relação de contexto.

Nesse sentido, esclarece Rogério Sanches Cunha:

"Com a Lei nº 12.015/2009 o crime de estupro passou a ser de conduta múltipla ou de conteúdo variado. Praticando o agente mais de um núcleo, dentro do mesmo contexto fático, não desnatura a unidade do crime (dinâmica que, no entanto, não pode passar imune na oportunidade da análise do art. 59 do CP). A mudança é benéfica para o acusado, devendo retroagir para alcançar os fatos pretéritos (art. 2º, parágrafo único, do CP). Em todos os casos concretos em que o juiz (ou tribunal) reconheceu qualquer tipo de concurso de crimes (formal, material ou crime continuado) cabe agora a revisão judicial para adequar as penas, visto que doravante já não existe distinção tipológica entre o estupro e o atentado violento ao pudor. Cuida-se doravante de crime único (cabendo ao juiz, no caso de multiplicidade de atos, fazer a adequada dosagem da pena)."[48]

Se já houver condenação e o processo estiver em grau de recurso, poderá o Tribunal ajustar a condenação, a fim de encontrar a chamada pena justa.

Se o condenado já estiver cumprindo sua pena, competirá ao juiz da execução, nos termos do art. 66, I, da Lei de Execução Penal, ajustar a condenação, desde que, para tanto, não

---

[48] CUNHA, Rogério Sanches. *Comentários à reforma criminal de 2009 e à convenção de Viena sobre o direito dos tratados*, p. 36-37.

tenha necessidade de reavaliar as provas, pois que, neste caso, a competência será do Tribunal, mediante ação de revisão criminal.

"Com a superveniência da Lei nº 12.015/2009, os fatos delineados no acórdão passaram a ser tipificados no art. 217-A do Código Penal, sob a denominação 'estupro de vulnerável', razão pela qual as condutas praticadas pelo paciente passaram a configurar crime único. Transitada em julgado a condenação, cabe ao juízo das execuções realizar nova dosimetria das penas, para a aplicação da lei nova mais benéfica. Inteligência da Súmula nº 611/STF" (STJ, HC 160.491/MS, Rel. Min. Nefi Cordeiro, 6ª T., DJe 05/02/2016).

Para aqueles que entendem que o art. 213 do Código Penal contemplou o chamado tipo misto cumulativo, o raciocínio é o mesmo, com a diferença de que não se trabalhará com a hipótese de crime único, mas, sim, com a necessidade de ser aplicada ao réu (ou condenado) a regra relativa ao crime continuado, prevista no art. 71 do Código Penal, pois lhe é benéfica em comparação à sua condenação anterior, que considerou os fatos praticados em concurso material de crimes.

O STJ já decidiu:

"A reforma introduzida pela Lei nº 12.015/2009 unificou, em um só tipo penal, as figuras delitivas antes previstas nos tipos autônomos de estupro e atentado violento ao pudor. Contudo, o novel tipo de injusto é misto acumulado e não misto alternativo. Desse modo, a realização de diversos atos de penetração distintos da conjunção carnal implica o reconhecimento de diversas condutas delitivas, não havendo que se falar na existência de crime único, haja vista que cada ato – seja conjunção carnal ou outra forma de penetração – esgota, *de per se*, a forma mais reprovável da incriminação" (STJ, HC 104.724/MS, Rel. Min. Felix Fischer, 5ª T., RT v. 901, p. 562).

2.11.26 Prostituta como vítima do estupro

O fato de, infelizmente, trabalhar vendendo o próprio corpo para que outros tenham algum tipo de prazer sexual não obriga a prostituta a se entregar a todas as pessoas. Pode ocorrer que alguém, que pratique o comércio do corpo, venha a ter repulsa por algum "cliente" e se recuse a praticar com ele qualquer tipo de ato libidinoso. Nesse caso, se a prostituta for obrigada a isso, mediante o emprego de violência ou grave ameaça e, mesmo que receba, após o ato sexual, o pagamento dos seus serviços sexuais, o fato se amoldará ao tipo penal constante do art. 213 do diploma repressivo.

Imagine-se a hipótese em que um homem, no interior de uma casa de prostituição, almejando ter relação sexual com uma determinada garota de programa, tente contratá-la, oportunidade em que seu convite é recusado. Irritado, mediante o emprego de grave ameaça, mostrando-lhe uma arma de fogo, a obriga a ir para o quarto, praticando o ato sexual. Ato contínuo, o agente joga em direção a ela o valor correspondente ao seu "programa." Nesse caso, mesmo pagando pelos atos sexuais, o agente terá de responder pelo delito de estupro.

Assim, concluindo, a prostituta, tal como outra pessoa qualquer, tem direito de liberdade sobre o seu próprio corpo, não podendo ser obrigada ao ato sexual, pois, caso contrário, o agente que a obrigou poderá ser responsabilizado pelo delito tipificado no art. 213 do Código Penal.

2.11.27 Será possível o aborto da autora do estupro que engravida da vítima?

Como, atualmente, é possível que a mulher seja autora de um delito de estupro, no qual figure um homem como vítima, se, da conjunção carnal, vier a engravidar, poderia, nesse caso, praticar o aborto, considerando-se o disposto no art. 128, II, do Código Penal?

Entendemos que a resposta só pode ser negativa. Isso porque o mencionado inciso II do art. 128 do Código Penal diz respeito somente à gravidez da vítima, e não à da autora da própria infração penal. A violência ou a grave ameaça deve, portanto, ter sido sofrida pela mulher, vítima do ato sexual. Ao contrário, entendemos que aquela que praticou a violência ou a grave ameaça, para que pudesse ser possuída sexualmente pela vítima, não poderá ser beneficiada com o dispositivo legal, sob pena de serem invertidos os valores que ditaram a regra permissiva.

Da mesma forma, entendemos como impossível o pedido que possa ser levado a efeito judicialmente pela vítima, com a finalidade de compelir a autora do estupro ao aborto, sob o argumento de que não desejava a gravidez e, consequentemente, o fruto dessa relação sexual criminosa. Isso porque devemos preservar, *in casu*, o direito à vida do feto, já que não se confunde com o crime praticado pela mãe, ou mesmo com as pretensões morais da vítima.

2.11.28 Mulher que constrange um homem a com ela manter conjunção carnal, caso venha a engravidar, poderá o filho indesejado pela vítima requerer pensão de alimentos e ter direitos sucessórios?

Pode ocorrer que uma mulher, além da finalidade de satisfazer seus desejos sexuais com a vítima, queira também, como se diz no jargão popular, aplicar o "golpe da barriga." Imagine-se que a vítima seja um homem bem-sucedido profissionalmente, sendo possuidor de um patrimônio invejável. Teria o fruto dessa concepção indesejada e criminosa direito à pensão de alimentos ou mesmo fazer parte da sucessão hereditária da vítima, recebendo sua cota-parte juntamente com os demais herdeiros após o falecimento daquele que foi violentado sexualmente? A resposta só pode ser positiva. Isso porque a criança, que se tornou herdeira, não pode sofrer as consequências dos atos criminosos praticados pela mãe, devendo o Estado não somente protegê-la, mas também assegurar-lhe todos os seus direitos, incluído, aqui, o de participar na sucessão hereditária de seu genitor, mesmo que tenha sido ele vítima de um crime de estupro.

2.11.29 Estupro praticado mediante inseminação artificial forçada

Introduzir objetos na vagina da mulher, mediante violência ou grave ameaça, configura-se em estupro. Assim, seria possível a ocorrência do delito em estudo se uma mulher fosse obrigada a submeter-se a uma inseminação artificial, fato que poderia figurar, ainda, como autor (coautor ou partícipe) seu próprio marido.

Assim, imagine-se a hipótese em que uma mulher, que não consiga engravidar pelos meios naturais, resolva conformar-se com essa situação, ou seja, a de não poder gerar filhos. O marido, que nutria essa expectativa, tenta convencê-la a se submeter ao processo de inseminação artificial, sendo infrutíferas todas as suas tentativas. Assim, decide forçar a inseminação, mesmo contra a vontade da esposa. Nesse caso, se a obrigar, mediante o emprego de violência ou grave ameaça, ao ato de inseminação, deverá ser responsabilizado pelo delito de estupro.

2.11.30 Estupro no Código Penal Militar

A Lei nº 14.688, de 20 de setembro de 2023, além de revogar o art. 233 do Código Penal Militar, que ainda previa o crime de atentado violento ao pudor, deu nova redação ao art. 232, que tipifica o delito de estupro, *verbis*:

> **Estupro**
> **Art. 232.** Constranger alguém, mediante violência ou grave ameaça, a ter conjunção carnal ou a praticar ou permitir que com ele se pratique outro ato libidinoso:
> Pena – reclusão, de 6 (seis) a 10 (dez) anos.

§ 1º Se da conduta resulta lesão de natureza grave, ou se a vítima é menor de 18 (dezoito) e maior de 14 (quatorze) anos:
Pena – reclusão, de 8 (oito) a 12 (doze) anos.
§ 2º Se da conduta resulta morte:
Pena – reclusão, de 12 (doze) a 30 (trinta) anos.
§ 3º Se a vítima é menor de 14 (quatorze) anos ou, por enfermidade ou deficiência mental, não tem o necessário discernimento para a prática do ato ou, por qualquer outra causa, não pode oferecer resistência:
Pena – reclusão, de 8 (oito) a 15 (quinze) anos

2.11.31 Estupro com a finalidade de transmitir o vírus HIV

Não é incomum a hipótese em que o agente, portador do vírus HIV, revoltado com essa situação, queira disseminar essa doença, ainda incurável, a outras pessoas. Para tanto, mediante o emprego de constrangimento, obriga suas vítimas ao ato sexual, mantendo com elas, por exemplo, conjunção carnal ou mesmo o coito anal.

Nesse caso, deverá responder, em concurso formal impróprio, pelas duas infrações penais, ou seja, pelo delito de estupro (consumado) e pelo delito tipificado no art. 131 do Código Penal, aplicando-se, outrossim, a regra relativa ao cúmulo material, com a soma das penas correspondentes às duas infrações penais, nos termos preconizados pela parte final do art. 70 do Código Penal.

Nesse sentido, já decidiu o STF que:

"Moléstia grave. Transmissão. HIV. Crime doloso contra a vida *versus* o de transmitir doença grave. Descabe, ante previsão expressa quanto ao tipo penal, partir-se para o enquadramento de ato relativo à transmissão de doença grave como a configurar crime doloso contra a vida" (HC 98.712/SP, *Habeas Corpus*, 1ª T., Rel. Min. Marco Aurélio, DJe 17/12/2010).

2.11.32 Estupro praticado contra mulher no âmbito doméstico e familiar

Se o estupro for praticado contra mulher no âmbito doméstico e familiar, será aplicada a Lei nº 11.340, de 7 de agosto de 2006, cujo inciso III do art. 7º diz, *verbis*:

Art. 7º São formas de violência doméstica e familiar contra a mulher, entre outras:
I – [...]
II – [...]
III – a violência sexual, entendida como qualquer conduta que a constranja a presenciar, a manter ou a participar de relação sexual não desejada, mediante intimidação, ameaça, coação ou uso da força [...].

O art. 1º da Lei nº 10.778, de 24 de novembro de 2003, determina a "notificação compulsória, em todo o território nacional, os casos em que houver indícios ou confirmação de violência praticada contra a mulher, atendida em serviços de saúde públicos e privados", tendo sido esta lei regulamentada pelo Decreto nº 5.099, de 3 de junho de 2004.

As Leis nº 13.505, de 8 de novembro de 2017 e 13.827, de 13 de maio de 2019, e 14.188, de 28 de julho de 2021, acrescentaram importantes dispositivos à Lei nº 11.340, de 7 de agosto de 2006 (Lei Maria da Penha), como se percebe pela leitura, dentre outros, dos artigos 10-A, 12-A e 12-C, que dizem, respectivamente, *verbis*:

Art. 10-A. É direito da mulher em situação de violência doméstica e familiar o atendimento policial e pericial especializado, ininterrupto e prestado por servidores – preferencialmente do sexo feminino – previamente capacitados.
§ 1º A inquirição de mulher em situação de violência doméstica e familiar ou de testemunha de violência doméstica, quando se tratar de crime contra a mulher, obedecerá às seguintes diretrizes:

I – salvaguarda da integridade física, psíquica e emocional da depoente, considerada a sua condição peculiar de pessoa em situação de violência doméstica e familiar;

II – garantia de que, em nenhuma hipótese, a mulher em situação de violência doméstica e familiar, familiares e testemunhas terão contato direto com investigados ou suspeitos e pessoas a eles relacionadas;

III – não revitimização da depoente, evitando sucessivas inquirições sobre o mesmo fato nos âmbitos criminal, cível e administrativo, bem como questionamentos sobre a vida privada.

§ 2º Na inquirição de mulher em situação de violência doméstica e familiar ou de testemunha de delitos de que trata esta Lei, adotar-se-á, preferencialmente, o seguinte procedimento:

I – a inquirição será feita em recinto especialmente projetado para esse fim, o qual conterá os equipamentos próprios e adequados à idade da mulher em situação de violência doméstica e familiar ou testemunha e ao tipo e à gravidade da violência sofrida;

II – quando for o caso, a inquirição será intermediada por profissional especializado em violência doméstica e familiar designado pela autoridade judiciária ou policial;

III – o depoimento será registrado em meio eletrônico ou magnético, devendo a degravação e a mídia integrar o inquérito.

Art. 12-A. Os Estados e o Distrito Federal, na formulação de suas políticas e planos de atendimento à mulher em situação de violência doméstica e familiar, darão prioridade, no âmbito da Polícia Civil, à criação de Delegacias Especializadas de Atendimento à Mulher (Deams), de Núcleos Investigativos de Feminicídio e de equipes especializadas para o atendimento e a investigação das violências graves contra a mulher.

Art. 12-C. Verificada a existência de risco atual ou iminente à vida ou à integridade física ou psicológica da mulher em situação de violência doméstica e familiar, ou de seus dependentes, o agressor será imediatamente afastado do lar, domicílio ou local de convivência com a ofendida:

I – pela autoridade judicial;

II – pelo delegado de polícia, quando o Município não for sede de comarca; ou

III – pelo policial, quando o Município não for sede de comarca e não houver delegado disponível no momento da denúncia.

§ 1º Nas hipóteses dos incisos II e III do *caput* deste artigo, o juiz será comunicado no prazo máximo de 24 (vinte e quatro) horas e decidirá, em igual prazo, sobre a manutenção ou a revogação da medida aplicada, devendo dar ciência ao Ministério Público concomitantemente.

§ 2º Nos casos de risco à integridade física da ofendida ou à efetividade da medida protetiva de urgência, não será concedida liberdade provisória ao preso.

2.11.33 Prescrição

A Lei nº 14.344, de 24 de maio de 2022, alterou o inciso V do art. 111 do Código Penal, prevendo que a prescrição, antes de transitar em julgado a sentença final, começa a correr, nos crimes contra a dignidade sexual ou que envolvam violência contra criança e o adolescente, previstos no Código Penal ou em legislação especial, da data em que a vítima completar 18 (dezoito) anos, salvo se a esse tempo já houver sido proposta a ação penal.

2.11.34 Identificação do perfil genético

O art. 9º-A e seus parágrafos, incluídos na Lei de Execução Penal por meio da Lei nº 12.654, de 28 de maio de 2012, e alterados pela Lei nº 13.964, de 24 de dezembro de 2019, dizem, textualmente:

Art. 9º-A. O condenado por crime doloso praticado com violência grave contra a pessoa, bem como por crime contra a vida, contra a liberdade sexual ou por crime sexual contra vulnerável, será submetido, obrigatoriamente, à identificação do perfil genético, mediante extração de DNA (ácido desoxirribonucleico), por técnica adequada e indolor, por ocasião do ingresso no estabelecimento prisional.

§ 1º A identificação do perfil genético será armazenada em banco de dados sigiloso, conforme regulamento a ser expedido pelo Poder Executivo.

> § 1º-A. A regulamentação deverá fazer constar garantias mínimas de proteção de dados genéticos, observando as melhores práticas da genética forense.
> § 2º A autoridade policial, federal ou estadual, poderá requerer ao juiz competente, no caso de inquérito instaurado, o acesso ao banco de dados de identificação de perfil genético.
> § 3º Deve ser viabilizado ao titular de dados genéticos o acesso aos seus dados constantes nos bancos de perfis genéticos, bem como a todos os documentos da cadeia de custódia que gerou esse dado, de maneira que possa ser contraditado pela defesa.
> § 4º O condenado pelos crimes previstos no *caput* deste artigo que não tiver sido submetido à identificação do perfil genético por ocasião do ingresso no estabelecimento prisional deverá ser submetido ao procedimento durante o cumprimento da pena.
> § 5º A amostra biológica coletada só poderá ser utilizada para o único e exclusivo fim de permitir a identificação pelo perfil genético, não estando autorizadas as práticas de fenotipagem genética ou de busca familiar.
> § 6º Uma vez identificado o perfil genético, a amostra biológica recolhida nos termos do *caput* deste artigo deverá ser correta e imediatamente descartada, de maneira a impedir a sua utilização para qualquer outro fim.
> § 7º A coleta da amostra biológica e a elaboração do respectivo laudo serão realizadas por perito oficial.
> § 8º Constitui falta grave a recusa do condenado em submeter-se ao procedimento de identificação do perfil genético.

Em 12 de março de 2013, foi editado o Decreto nº 7.950, que instituiu o Banco Nacional de Perfis Genéticos e a Rede Integrada de Bancos de Perfis Genéticos, no âmbito do Ministério da Justiça e Segurança Pública, tendo aquele o objetivo de armazenar dados de perfis genéticos coletados para subsidiar ações destinadas à apuração de crimes, e tendo este último, vale dizer, a Rede Integrada de Bancos de Perfis Genéticos, o objetivo de permitir o compartilhamento e a comparação de perfis genéticos constantes dos bancos de perfis genéticos da União, dos Estados e do Distrito Federal.

2.11.35 Prioridade de tramitação do processo de estupro (art. 213, caput e §§ 1º e 2º)

A Lei nº 14.994, de 9 de outubro de 2024, alterou o art. 394-A do Código de Processo Penal, determinando, *verbis*:

> Art. 394-A. Os processos que apurem a prática de crime hediondo ou violência contra a mulher terão prioridade de tramitação em todas as instâncias.

2.11.36 Destituição do poder familiar

O § 2º do art. 23 da Lei nº 8.069, de 13 de julho de 1990 (Estatuto da Criança e do Adolescente) e o parágrafo único do art. 1.638 do Código Civil, ambos inseridos nos referidos diplomas legais através da Lei nº 13.715, de 24 de setembro de 2018, asseveram, respectivamente, que:

> Art. 23. A falta ou a carência de recursos materiais não constitui motivo suficiente para a perda ou a suspensão do poder familiar.
> § 1º [...]
> § 2º A condenação criminal do pai ou da mãe não implicará a destituição do poder familiar, exceto na hipótese de condenação por crime doloso sujeito à pena de reclusão contra outrem igualmente titular do mesmo poder familiar ou contra filho, filha ou outro descendente.
> Art. 1.638. Perderá por ato judicial o poder familiar o pai ou a mãe que: [...]
> Parágrafo único. Perderá também por ato judicial o poder familiar aquele que:
> I – praticar contra outrem igualmente titular do mesmo poder familiar:
> a) [...]
> b) estupro ou outro crime contra a dignidade sexual sujeito à pena de reclusão.
> II – praticar contra filho, filha ou outro descendente:

a) [...]
b) estupro, estupro de vulnerável ou outro crime contra a dignidade sexual sujeito à pena de reclusão.

2.11.37 Cadastro nacional de pessoas condenadas por crime de estupro

A Lei nº 14.069, de 1º de outubro de 2020, criou o Cadastro Nacional de Pessoas Condenadas por Crime de Estupro, trazendo a seguinte redação:

Art. 1º Fica criado, no âmbito da União, o Cadastro Nacional de Pessoas Condenadas por Crime de Estupro, o qual conterá, no mínimo, as seguintes informações sobre as pessoas condenadas por esse crime:
I – características físicas e dados de identificação datiloscópica;
II – identificação do perfil genético;
III – fotos;
IV – local de moradia e atividade laboral desenvolvida, nos últimos 3 (três) anos, em caso de concessão de livramento condicional.
Art. 2º Instrumento de cooperação celebrado entre a União e os entes federados definirá:
I – o acesso às informações constantes da base de dados do Cadastro de que trata esta Lei;
II – as responsabilidades pelo processo de atualização e de validação dos dados inseridos na base de dados do Cadastro de que trata esta Lei.
Art. 2º-A. É determinada a criação do Cadastro Nacional de Pedófilos e Predadores Sexuais, sistema desenvolvido a partir dos dados constantes do Cadastro Nacional de Pessoas Condenadas por Crime de Estupro, que permitirá a consulta pública do nome completo e do número de inscrição no Cadastro de Pessoas Físicas (CPF) das pessoas condenadas por esse crime.
Art. 3º Os custos relativos ao desenvolvimento, à instalação e à manutenção da base de dados do Cadastro Nacional de Pessoas Condenadas por Crime de Estupro serão suportados por recursos do Fundo Nacional de Segurança Pública.
Art. 4º Esta Lei entra em vigor na data de sua publicação.

2.12 Quadro-resumo

Sujeitos
» Ativo: qualquer pessoa.
» Passivo: qualquer pessoa. Contudo, quando a finalidade for a conjunção carnal, o sujeito passivo, obrigatoriamente, deverá ser do sexo oposto, pressupondo uma relação heterossexual.

Objeto material
A pessoa contra a qual é dirigida a conduta praticada pelo agente.

Bem(ns) juridicamente protegido(s)
A liberdade e a dignidade sexual, bem como o desenvolvimento sexual.

Exame de corpo de delito
» Como regra, o estupro, se houver penetração vaginal ou anal, é uma infração penal que deixa vestígios, razão pela qual, nos termos do art. 158 do CPP, haveria necessidade de realização do exame de corpo de delito, direto ou indireto.
» No entanto, há situações em que tal exame se faz completamente desnecessário, permitindo a condenação do agente mesmo diante da sua ausência nos autos.

Elemento subjetivo

» É o dolo.
» Não é admissível a modalidade culposa, por ausência de disposição legal.

Modalidades comissiva e omissiva

» O núcleo constranger pressupõe um comportamento positivo por parte do agente, tratando-se, pois, como regra, de crime comissivo.
» No entanto, o delito poderá ser praticado via omissão imprópria, na hipótese de o agente gozar do status de garantidor (art. 13, § 2º, do CP).

Consumação e tentativa

» Quando a conduta do agente for dirigida finalisticamente a ter conjunção carnal com a vítima, o delito se consuma com a efetiva penetração do pênis do homem na vagina da mulher.
» Quanto à segunda parte do art. 213 do CP, consuma-se o estupro no momento em que o agente, depois da prática do constrangimento levado a efeito mediante violência ou grave ameaça, obriga a vítima a praticar ou permitir que com ela se pratique outro ato libidinoso diverso da conjunção carnal.
» É admissível a tentativa.

3. VIOLAÇÃO SEXUAL MEDIANTE FRAUDE

Acesse e assista à aula explicativa sobre este assunto.

> https://uqr.to/1we4x

Violação sexual mediante fraude
Art. 215. Ter conjunção carnal ou praticar outro ato libidinoso com alguém, mediante fraude ou outro meio que impeça ou dificulte a livre manifestação de vontade da vítima:
Pena – reclusão, de 2 (dois) a 6 (seis) anos.
Parágrafo único. Se o crime é cometido com o fim de obter vantagem econômica, aplica-se também multa.

3.1 Introdução

O art. 215 do Código Penal, desde sua edição original, de 1940, vem sofrendo algumas alterações. Inicialmente, previa o tipo penal a conduta de *ter conjunção carnal com mulher honesta, mediante fraude*. Basicamente, a partir da década de 1980, acirraram-se as críticas no que dizia respeito à expressão *mulher honesta*. A mulher do final do século XX já não podia sofrer esse tipo de discriminação. Era um evidente preconceito que tinha de ser suprimido da nossa legislação penal. Essa mobilização ganhou força e, em 28 de março de 2005, o tipo penal foi modificado, passando a prever o comportamento de *ter conjunção carnal com mulher, mediante fraude*. Era o fim da expressão que tanto causou polêmica no meio jurídico.

A Lei nº 12.015, de 7 de agosto de 2009, modificou, mais uma vez, o mencionado art. 215 do Código Penal. Agora, não somente os elementos do tipo penal foram modificados, mas também a própria rubrica foi alterada. Como o tipo penal passaria a prever os comportamentos que se encontravam no revogado art. 216 do Código Penal, o delito passou a ser chamado de *violação sexual mediante fraude*. Percebe-se, portanto, que a nova figura típica é uma fusão dos já não mais existentes delitos de posse sexual mediante fraude e atentado ao pudor mediante fraude, com a inclusão de novos elementos.

Assim, de acordo com a nova redação legal, constante do *caput* do mencionado art. 215, podemos destacar os seguintes elementos: *a)* a conduta de *ter conjunção carnal*; *b)* ou praticar outro ato libidinoso com alguém; *c)* mediante fraude; *d)* ou outro meio que impeça ou dificulte a livre manifestação de vontade da vítima.

O verbo *ter*, utilizado pelo art. 215 do Código Penal, pode ser entendido, agora, no sentido de que tanto o homem quanto a mulher podem praticar o delito em estudo quando a finalidade for a conjunção carnal, desde que estejamos diante de uma relação heterossexual. Assim, por exemplo, uma mulher pode valer-se do emprego de fraude para ter conjunção carnal com um homem, ou seja, fazer com que ocorra a penetração vaginal, da mesma forma que um homem pode usar do mesmo artifício para ter conjunção carnal com uma mulher. Em suma, a conjunção carnal pressupõe, sempre, uma relação heterossexual.

Com as modificações levadas a efeito no art. 215 do Código Penal pela Lei nº 12.015, de 7 de agosto de 2009, foi inserida no tipo penal em exame a conduta de *praticar outro ato libidinoso*, vale dizer, qualquer outro ato sexual, capaz de aflorar a libido, que não seja a conjunção carnal, a exemplo do que ocorre com a penetração anal, o sexo oral, a masturbação etc.

Conforme preleciona Cezar Roberto Bitencourt:

> "Esta modalidade de conduta, ao contrário da primeira (ter conjunção carnal, admite homem com homem e mulher com mulher, sem nenhuma dificuldade linguístico-dogmática. Em outros termos, tendo como vítima tanto homem quanto a mulher, o que, convenhamos, trata-se de grande inovação na seara dos direitos e liberdades sexuais."[49]

Para que sejam levadas a efeito as condutas previstas no tipo, isto é, para que o agente tenha conjunção carnal ou pratique outro ato libidinoso com alguém, deverá se valer da *fraude* ou *outro meio que impeça ou dificulte manifestação de vontade da vítima*.

A *fraude*, portanto, é um dos meios utilizados pelo agente para que tenha sucesso na prática da conjunção carnal ou de outro ato libidinoso. É o chamado *estelionato sexual*.

A fraude faz com que o consentimento da vítima seja viciado, pois se tivesse conhecimento, efetivamente, da realidade não cederia aos apelos do agente. Por meio da fraude, o agente induz ou mantém a vítima em erro, fazendo com que tenha um conhecimento equivocado da realidade.

O item 70 da Exposição de Motivos da Parte Especial do Código Penal aponta dois exemplos de fraude, vale dizer, a *simulação de casamento* e o fato de o agente *substituir-se ao marido na escuridão da alcova*. Quanto à simulação de casamento, podemos até entender e concordar com o vício do consentimento da vítima, que somente pode ter permitido a conjunção carnal sob a condição do matrimônio. O segundo exemplo, no entanto, parece-nos um pouco teatral. Talvez fosse próprio para a mulher da década de 1940, época em que foi editado o Código Penal, quando, segundo se ouve falar, havia um buraco no lençol para que o marido pudesse ter relações sexuais com sua esposa, satisfazendo somente sua libido, já que, normalmente, não se preocupava com o prazer sexual de sua esposa. Hoje, no entanto, dificilmente a mulher não saberá que está tendo relações sexuais com outra pessoa que se faz passar por seu marido.

Todavia, existem casos, infelizmente não incomuns, em que, por exemplo, "líderes espirituais", ou melhor dizendo "cafajestes espirituais", enganam suas vítimas, abatidas emocionalmente, e, mediante a sugestão da conjunção carnal ou da prática de qualquer outro ato

---

[49] BITENCOURT, Cezar Roberto. *Tratado de direito penal*, vol. 4, p. 65.

libidinoso, alegam que lhes resolverão todos os problemas. Também poderá ocorrer a hipótese de troca de pessoas tratando-se de irmãos gêmeos idênticos, ou, ainda, o médico ginecologista que, sem necessidade, realiza exame de toque na vítima somente para satisfazer seu instinto criminoso. Enfim, o ardil, o engano, o artifício, viciando o consentimento, devem fazer com que a vítima ceda aos pedidos sexuais do agente, permitindo a conjunção carnal ou a prática de outro ato libidinoso.

Nesse sentido, adverte Noronha:

"Conquanto rara a posse sexual fraudulenta, os livros registram alguns casos. Viveiros de Castro relata dois fatos. Um, de certo indivíduo, que convenceu a noiva de ser o casamento religioso o único válido, abandonando-a depois que a possuiu. Outro, o de um pajé – nome de curandeiro no Maranhão – que fazia suas consulentes acreditarem ter no ventre aranhas e baratas, que deviam ser retiradas por meio da cópula. Também os repertórios de jurisprudência relatam alguns casos: o de um homem que, após o matrimônio religioso e haver deflorado a vítima, furtou-se ao casamento civil; e o de um curandeiro que convenceu duas menores de possuírem *fístula interna*, necessitando, assim, de tratamento *especial*."[50]

Conforme explica Hungria:

"*Fraude* é a maliciosa provocação ou aproveitamento do erro ou engano de outrem, para consecução de um fim ilícito. Nem toda fraude, porém, constitui *material* da entidade criminal em questão. Não bastam, assim, as meras *sugestões verbais*: é preciso o emprego de artifícios, de estratagemas (*mise em aeuvre* de coisas ou pessoas) que torne insuperável o erro. Não é de confundir-se o engano obtido pela *sedução* com o engano a que, na espécie, é induzida a vítima. A *blanda verba*, os *allectamenta*, as *dolosae promissiones* nada têm a ver com a *fraus* necessária à configuração do crime de que ora se trata, pois não ofendem, sequer indiretamente, a liberdade sexual."[51]

E continua dizendo o grande penalista:

"A fraude (tal como acontece no estelionato) tanto se apresenta quando o agente tem a iniciativa de provocação do erro, como quando se aproveita de erro provocado por terceiro ou de erro espontâneo da vítima."[52]

Assim, imagine-se, a título de exemplo, a hipótese em que os irmãos gêmeos idênticos tenham viajado juntos, com suas respectivas esposas. Durante a noite, uma delas erra a porta de seu quarto, e ingressa no cômodo onde estava seu cunhado. Coincidentemente, a esposa deste último havia permanecido em uma festa que se realizava naquele local. A cunhada, pensando tratar-se do próprio marido, o induz à prática do ato sexual. O gêmeo idêntico, mesmo percebendo o erro, aproveita-se da situação e com ela mantém conjunção carnal. Nesse caso, deveria responder pelo delito em estudo, pois, com sua fraude, permitindo que a vítima acreditasse que fosse seu irmão, a manteve em erro.

Rogério Sanches Cunha adverte, com autoridade:

"A fraude utilizada na execução do crime não pode anular a capacidade de resistência da vítima, caso em que estará configurado o delito de estupro de vulnerável (art. 217-A do CP). Assim, não

---

[50] NORONHA, Edgard Magalhães. *Direito penal*, v. 3, p. 106.
[51] HUNGRIA, Nélson. *Comentários ao código penal*, v. VIII, p. 149.
[52] HUNGRIA, Nélson. *Comentários ao código penal*, v. VIII, p. 151.

pratica o estelionato sexual (art. 215 do CP), mas estupro de vulnerável (art. 217-A do CP), o agente que usa psicotrópicos para vencer a resistência da vítima e com ela manter a conjunção carnal."[53]

Além da fraude, o agente pode, de acordo com a nova redação legal, valer-se de *outro meio* que *impeça* ou *dificulte* a livre manifestação de vontade da vítima. Cuida-se, *in casu*, da chamada interpretação analógica, ou seja, esse *outro meio* utilizado deverá ter uma conotação fraudulenta, a fim de que o agente possa conseguir praticar as condutas previstas no tipo, a exemplo do que ocorre com a utilização de algum meio artificioso ou ardiloso, nos mesmos moldes previstos para o delito de estelionato. A doutrina procura distinguir o *artifício* do *ardil*, embora façam parte do gênero *fraude*. Conforme explica Noronha:

> "Artifício, lexicologicamente, significa produto de arte, trabalho de artistas. Nesse sentido, portanto, pode-se dizer haver artifício quando há certo aparato, quando se recorre à arte, para mistificar alguém.
> Pode o artifício manifestar-se por vários modos: consistir em palavras, gestos ou atos; ser ostensivo ou tácito; explícito ou implícito; e exteriorizar-se em ação ou omissão.
> Quanto ao ardil, dão-nos os dicionários os sinônimos de astúcia, manha e sutileza. Já não é de natureza tão material quanto o artifício, porém mais intelectual. Dirige-se diretamente à psique do indivíduo, ou, na expressão de Manzini, à sua inteligência ou sentimento, de modo que provoque erro mediante *falsa aparência lógica ou sentimental*, isto é, excitando ou determinando no sujeito passivo convicção, paixão, ou emoção, e criando destarte motivos ilusórios à ação ou omissão desejada pelo sujeito ativo."[54]

Assim, imagine-se a hipótese em que o agente se faça passar por um famoso estilista, que estaria recrutando modelos para desfilarem nas passarelas mais importantes do Brasil e no exterior. Como é do conhecimento de todos, em alguns desses eventos, as modelos podem desfilar seminuas, com os seios de fora etc. A fim de levar a efeito sua intenção criminosa, o agente, ao receber as modelos, solicita-lhes que retirem as roupas e fiquem somente com a *lingerie* inferior. Ato contínuo, simulando estar analisando o corpo de cada uma delas, começa a tocar-lhes, passando as mãos nos seios, nas nádegas, nos pubianos etc. Nesse caso, deverá ser responsabilizado pelo delito em estudo, vale dizer, violação sexual mediante fraude.

O verbo *impedir* é utilizado no texto com a ideia de que foi impossibilitada a livre manifestação de vontade da vítima, que se encontrava completamente viciada em virtude da fraude ou outro meio utilizado pelo agente, a fim de conseguir praticar a conjunção carnal ou outro ato libidinoso. *Dificultar*, a seu turno, dá a ideia de que a vontade da vítima, embora viciada, não estava completamente anulada pela fraude ou outro meio utilizado pelo agente. Nesse último caso, embora ludibriada, a vítima poderia, nas circunstâncias em que se encontrava, ter descoberto o plano criminoso, mas, ainda assim, foi envolvida pelo agente.

3.2 Classificação doutrinária

Crime de mão própria no que diz respeito ao sujeito ativo quando a conduta for no sentido de *ter conjunção carnal*, e próprio, neste caso, quanto ao sujeito passivo. Se a conduta for dirigida à prática de outros atos libidinosos, o crime será comum, tanto no que diz respeito ao sujeito ativo, quanto ao sujeito passivo; doloso; material; de dano; comissivo (podendo ser praticado via omissão imprópria, na hipótese de o agente gozar do *status* de garantidor);

---

[53] CUNHA, Rogério Sanches. *Comentários à reforma criminal de 2009 e à convenção de Viena sobre o direito dos tratados*, p. 43.
[54] NORONHA, Edgard Magalhães. *Direito penal*, v. 2, p. 365.

instantâneo; de forma vinculada (quando disser respeito à conjunção carnal) e de forma livre (quando estivermos diante de um comportamento dirigido à prática de outros atos libidinosos); monossubjetivo; plurissubsistente; não transeunte e transeunte (dependendo da hipótese concreta a ser examinada, ou seja, podendo o crime deixar vestígios ou não).

3.3 Objeto material e bem juridicamente protegido

A *liberdade sexual,* seja da mulher ou do homem, é o bem juridicamente protegido pelo tipo penal que prevê o delito de violação sexual mediante fraude e, de forma mais ampla, a *dignidade sexual,* conforme dispõe o Título VI do Código Penal.

O objeto material do delito em estudo poderá ser tanto o homem quanto a mulher, devendo ser ressaltado, no entanto, que quando estivermos diante de uma conjunção carnal a relação deverá ser, obrigatoriamente, heterossexual.

3.4 Sujeito ativo e sujeito passivo

Tanto o homem quanto a mulher podem ser sujeitos ativos do delito de violação sexual mediante fraude quando a conduta for dirigida a ter conjunção carnal. No entanto, tal situação pressupõe, obrigatoriamente, uma relação heterossexual, ou seja, se a mulher, objetivando a conjunção carnal, for o sujeito ativo, o homem deverá ser o sujeito passivo, e vice-versa.

No que diz respeito à prática de outros atos libidinosos, tanto o homem quanto a mulher podem ser sujeitos ativo e passivo, não pressupondo, aqui, a anteriormente mencionada relação heterossexual, podendo o crime ocorrer mesmo entre pessoas do mesmo sexo, ou de sexos diversos.

Assim, não podemos mais nos surpreender, na sociedade do século XXI, que uma mulher, por exemplo, mediante o emprego de fraude, venha a praticar sexo oral com um homem. Nesse caso, ela se colocaria na situação de sujeito ativo e ele, na posição de sujeito passivo do delito de violação sexual mediante fraude.

Tal como podia ocorrer com médicos ginecologistas, em relação às suas pacientes mulheres, agora, poderá uma médica urologista, por exemplo, examinar o pênis de um homem, nele tocando e fazendo carícias, quando, no caso concreto, tal exame era considerado desnecessário. Nesse caso, o sujeito passivo seria o paciente que, em virtude da fraude praticada, permitiu que fosse examinado.

3.5 Consumação e tentativa

O delito de violação sexual mediante fraude se consuma, na sua primeira parte, com a efetiva penetração do pênis do homem na vagina da mulher, não importando que essa penetração seja total ou parcial, não havendo até mesmo necessidade de ejaculação.

No que diz respeito à segunda parte, o delito se aperfeiçoa quando o sujeito ativo (homem ou mulher) pratica qualquer ato libidinoso com o sujeito passivo (que pode ser também um homem ou uma mulher).

É importante frisar, no entanto, que, dada a gravidade da pena prevista para essa infração penal, somente aqueles atos que importem em atentados graves contra a liberdade sexual é que poderão ser reconhecidos como característicos do tipo penal em estudo. Assim, por exemplo, utilizar a fraude para *beijar* a vítima, mesmo que seja um beijo prolongado, não se configura no delito em questão, devendo o fato ser considerado atípico. Ao contrário, se, por exemplo, o agente utiliza a fraude ou outro meio para ter qualquer tipo de ato sexual que envolva penetração, ou mesmo qualquer tipo de felação (masculina ou feminina), já se poderá configurar no delito de violação sexual mediante fraude.

Tratando-se de crime plurissubsistente, torna-se perfeitamente possível o raciocínio correspondente à tentativa. Dessa forma, imagine-se a hipótese daquele que, fazendo-se passar por seu irmão gêmeo, após despir a vítima, mas antes da efetivação da conjunção carnal, é por ela reconhecido em virtude da descoberta de uma tatuagem não existente no corpo de seu real companheiro. Nesse caso, podemos raciocinar no sentido de que o agente havia iniciado os atos de execução do delito em estudo, que somente não se consumou, com a prática da conjunção carnal, por circunstâncias alheias à sua vontade.

Ou, ainda, a hipótese daquele que, fazendo-se passar por um médico ginecologista obstetra, solicita à vítima que se dirija ao local destinado à realização do exame de toque, e é surpreendido e preso antes de introduzir os dedos no canal vaginal.

3.6 Elemento subjetivo

O delito de violação sexual mediante fraude somente pode ser praticado dolosamente, não havendo previsão para a modalidade de natureza culposa.

Assim, a conduta do agente deve ser dirigida finalisticamente a ter conjunção carnal ou a praticar outro ato libidinoso com alguém, mediante fraude ou outro meio que impeça ou dificulte a livre manifestação de vontade da vítima.

3.7 Modalidades comissiva e omissiva

Os núcleos *ter* e *praticar* pressupõem um comportamento comissivo por parte do agente.

No entanto, será possível a sua prática via omissão imprópria, na hipótese de o garantidor, dolosamente, permitir que a vítima seja enganada pelo agente, tendo com ela conjunção carnal ou praticando outro ato libidinoso se, no caso concreto, devia e podia agir a fim de evitar o resultado, conforme determinação contida no § 2º do art. 13 do Código Penal.

3.8 Finalidade de obtenção de vantagem econômica

O parágrafo único do art. 215 do Código Penal, com a redação que lhe foi dada pela Lei nº 12.015, de 7 de agosto de 2009, determina que, *se o crime é cometido com o fim de obter vantagem econômica, aplica-se também multa*.

A aplicação da multa será regulada pela regra constante do art. 49 do Código Penal.

3.9 Causas de aumento de pena

Determina o art. 226 do Código Penal, com as redações que lhe foram conferidas pelas Leis nºs 11.106, de 28 de março de 2005, e 13.718, de 24 de setembro de 2018:

> **Art. 226.** A pena é aumentada:
> I – de quarta parte, se o crime é cometido com o concurso de 2 (duas) ou mais pessoas;
> II – de metade, se o agente é ascendente, padrasto ou madrasta, tio, irmão, cônjuge, companheiro, tutor, curador, preceptor ou empregador da vítima ou por qualquer outro título tiver autoridade sobre ela;
> III – (Revogado pela Lei nº 11.106, de 2005.);
> IV – de 1/3 (um terço) a 2/3 (dois terços), se o crime é praticado:
>
> **Estupro coletivo**
> a) mediante concurso de 2 (dois) ou mais agentes;
>
> **Estupro corretivo**
> b) para controlar o comportamento social ou sexual da vítima.

O art. 234-A, após a nova redação que foi dada aos incisos III e IV pela Lei nº 13.718, de 24 de setembro de 2018, passou a prever o seguinte:

> **Art. 234-A.** Nos crimes previstos neste Título a pena é aumentada:
> I – (vetado);

> II – (vetado);
> III – de metade a 2/3 (dois terços), se do crime resulta gravidez;
> IV – de 1/3 (um terço) a 2/3 (dois terços), se o agente transmite à vítima doença sexualmente transmissível de que sabe ou deveria saber ser portador, ou se a vítima é idosa ou pessoa com deficiência.

Pode ocorrer que, no caso concreto, esteja presente mais de uma causa de aumento de pena elencada nos arts. 226 e 234-A do Código Penal. Nesse caso, será aplicada a regra constante do parágrafo único do art. 68 do Código Penal, que diz, *verbis*:

> **Parágrafo único.** No concurso de causas de aumento ou de diminuição, previstas na parte especial, pode o juiz limitar-se a um só aumento ou a uma só diminuição, prevalecendo, todavia, a causa que mais aumente ou diminua.

No que diz respeito à análise de cada uma das causas de aumento de pena mencionadas pelos arts. 226 e 234-A do Código Penal, remetemos o leitor ao art. 213 do mesmo diploma repressivo.

3.10 Pena, ação penal e segredo de justiça

O preceito secundário do art. 215 do Código Penal comina uma pena de reclusão, de 2 (dois) a 6 (seis) anos.

Se houver a finalidade de obtenção de vantagem econômica, será aplicada, também, a pena de multa.

Diz o art. 225 do Código Penal, com a redação que lhe foi conferida pela Lei nº 13.718, de 24 de setembro de 2018, que:

> **Art. 225.** Nos crimes definidos nos Capítulos I e II deste Título, procede-se mediante ação penal pública incondicionada.
> **Parágrafo único.** (Revogado).

Agora, portanto, a ação penal relativa ao delito de *violação sexual mediante fraude* é de iniciativa pública incondicionada.

Nos termos do art. 234-B do Código Penal, criado pela Lei nº 12.015, de 7 de agosto de 2009, os processos em que se apuram crimes previstos pelo Título VI, vale dizer, os *crimes contra a dignidade sexual*, correrão em segredo de justiça.

Contudo, os §§ 1º e 2º inseridos no art. 234-B do Código Penal pela Lei nº 15.035, de 27 de novembro de 2024, determinam, *verbis*:

> § 1º O sistema de consulta processual tornará de acesso público o nome completo do réu, seu número de inscrição no Cadastro de Pessoas Físicas (CPF) e a tipificação penal do fato a partir da condenação em primeira instância pelos crimes tipificados nos arts. 213, 216-B, 217-A, 218-B, 227, 228, 229 e 230 deste Código, inclusive com os dados da pena ou da medida de segurança imposta, ressalvada a possibilidade de o juiz fundamentadamente determinar a manutenção do sigilo.
> § 2º Caso o réu seja absolvido em grau recursal, será restabelecido o sigilo sobre as informações a que se refere o § 1º deste artigo.

3.11 Destaques

3.11.1 Mulher que percebe o erro durante o ato sexual

Pode acontecer que, durante o ato sexual e, principalmente, quando esse ocorrer mediante a troca de parceiros, como no citado caso dos gêmeos, a mulher, por exemplo, perceba que está se relacionando com outra pessoa. A partir daí, podemos raciocinar com duas hipóteses. Na primeira delas, a mulher consente no prosseguimento do coito; na segunda, tenta interrompê-lo, mas é impedida pelo agente.

Na primeira hipótese, não haveria o crime de violação sexual mediante fraude, visto que o consentimento, ainda durante a prática do ato sexual, afastaria o vício de vontade.

Na segunda situação, caso a vítima percebesse e quisesse interromper o ato sexual, mas fosse impedida pelo agente, este deveria responder pelo estupro, tipificado no art. 213 do Código Penal.

3.11.2 Fraude grosseira

A fraude grosseira tem o condão de afastar a infração penal, pois a vítima não estaria se entregando enganosamente ao agente, uma vez que, como diz a parte final do art. 215 do Código Penal, a utilização desse meio não impediria ou mesmo dificultaria sua livre manifestação de vontade.

Aplica-se, aqui, o raciocínio correspondente ao crime impossível, haja vista ser a fraude, por exemplo, o meio utilizado pelo agente para efeitos de sucesso no congresso carnal ou da prática de outro ato libidinoso. A fraude grosseira, portanto, se amoldaria ao conceito de meio absolutamente ineficaz.

No entanto, fraude deve ser analisada caso a caso, verificando-se, principalmente, as condições e características pessoais da vítima que, de acordo com suas limitações, poderia ser mais facilmente enganada, mesmo que o artifício utilizado pelo agente fosse completamente ineficaz para iludir alguém de entendimento mediano.

3.11.3 Prostituta que tem relações sexuais com alguém que prometeu pagá-la após o ato

Se o agente mantém relações sexuais com uma prostituta, por exemplo, prometendo-lhe, dolosa e enganosamente, pagá-la após a prática do ato, caso não cumpra com o pactuado poderá ser responsabilizado pelo delito de violação sexual mediante fraude, uma vez que a promessa falsa de pagamento foi o que motivou a garota de programa a ele se entregar sexualmente.

3.11.4 Prática da conjunção carnal e outro ato libidinoso com a mesma vítima

Tal como ocorre com o delito de estupro, entendemos que o art. 215 do Código Penal prevê um tipo misto alternativo, importando, outrossim, em *crime único* quando o agente pratica mais de um comportamento por ele previsto.

Assim, por exemplo, se o agente, mediante fraude, pratica a conjunção carnal e, também, o coito anal com a vítima, deverá responder por uma única infração penal, e não pelo concurso de crimes.

Em sentido contrário, Julio Fabbrini Mirabete e Renato N. Fabbrini prelecionam que a hipótese é de "tipo misto cumulativo, punindo-se no mesmo dispositivo duas condutas distintas, a exemplo do que ocorre com o estupro. A prática de uma ou de outra configura o crime em estudo e a realização de ambas enseja a possibilidade do concurso de delitos e da continuidade delitiva".[55]

3.11.5 Agente "bom de papo"

Pode ocorrer a hipótese em que o agente, por exemplo, "especialista em cantadas", convença a vítima a ter com ele qualquer tipo de relação sexual, a exemplo da conjunção carnal, ou da prática de atos libidinosos. Para tanto, utiliza de todos os "artifícios possíveis", simulando ser uma pessoa bem-sucedida financeiramente, e que essa condição lhe proporcionará, no futuro, um conforto extraordinário.

A vítima, seduzida pelas promessas do agente, cede e com ele mantém a relação sexual. Nesse caso, poderia o agente ser responsabilizado pelo delito tipificado no art. 215 do Código Penal? A resposta só pode ser negativa. A ganância da vítima, na verdade, é que fez com que

---

[55] MIRABETE, Julio Fabbrini; FABBRINI, Renato N. *Manual de direito penal*, v. 2, p. 401.

se entregasse ao agente. Guardadas as devidas proporções, poderia-se aplicar, *in casu*, o raciocínio relativo à chamada *torpeza bilateral*, estudada no delito de estelionato.

Aqui, agente e "vítima" queriam obter vantagens, tendo prevalecido o mais "esperto", não se podendo cogitar de qualquer tipo de infração penal.

Como alerta Cezar Roberto Bitencourt:

"É indispensável que a vítima tenha sido ludibriada, iludida, e não que se tenha entregue à prática libidinosa por rogos, carícias ou na expectativa de obter alguma vantagem do agente. Assim, não há como considerar ludibriada, fraudada ou enganada a mulher que 'empresta' seu corpo para satisfazer desejos sexuais de alguém na expectativa de receber, em troca, bens materiais, ou simplesmente para a própria satisfação dos mesmos instintos que impulsionam o suposto ofensor."[56]

3.11.6 Prescrição

A Lei nº 14.344, de 24 de maio de 2022, alterou o inciso V do art. 111 do Código Penal, prevendo que a prescrição, antes de transitar em julgado a sentença final, começa a correr, nos crimes contra a dignidade sexual ou que envolvam violência contra criança e o adolescente, previstos no Código Penal ou em legislação especial, da data em que a vítima completar 18 (dezoito) anos, salvo se a esse tempo já houver sido proposta a ação penal.

3.11.7 Destituição do poder familiar

O § 2º do art. 23 da Lei nº 8.069, de 13 de julho de 1990 (Estatuto da Criança e do Adolescente) e o parágrafo único do art. 1.638 do Código Civil, ambos inseridos nos referidos diplomas legais através da Lei nº 13.715, de 24 de setembro de 2018, asseveram, respectivamente, que:

> **Art. 23.** A falta ou a carência de recursos materiais não constitui motivo suficiente para a perda ou a suspensão do poder familiar.
> § 1º [...]
> § 2º A condenação criminal do pai ou da mãe não implicará a destituição do poder familiar, exceto na hipótese de condenação por crime doloso sujeito à pena de reclusão contra outrem igualmente titular do mesmo poder familiar ou contra filho, filha ou outro descendente.
> **Art. 1.638.** Perderá por ato judicial o poder familiar o pai ou a mãe que: [...]
> **Parágrafo único.** Perderá também por ato judicial o poder familiar aquele que:
> I – praticar contra outrem igualmente titular do mesmo poder familiar:
> a) [...]
> b) estupro ou outro crime contra a dignidade sexual sujeito à pena de reclusão.
> II – praticar contra filho, filha ou outro descendente:
> a) [...]
> b) estupro, estupro de vulnerável ou outro crime contra a dignidade sexual sujeito à pena de reclusão.

3.12 Quadro-resumo

Sujeitos
» Ativo: qualquer pessoa.
» Passivo: qualquer pessoa. Contudo, quando a finalidade for a conjunção carnal, o sujeito passivo, obrigatoriamente, deverá ser do sexo oposto, pressupondo uma relação heterossexual.

---

[56] BITENCOURT, Cezar Roberto. *Tratado de direito penal*, v. 4, p. 64.

Objeto material
Poderá ser tanto o homem quanto a mulher, devendo ser ressaltado, no entanto, que, quando estivermos diante de uma conjunção carnal, a relação deverá ser, obrigatoriamente, heterossexual.

Bem(ns) juridicamente protegido(s)
A liberdade sexual e, de forma mais ampla, a dignidade sexual.

Elemento subjetivo
» É o dolo.
» Não há previsão legal para a modalidade de natureza culposa.

Modalidades comissiva e omissiva
» Os núcleos ter e praticar pressupõem um comportamento comissivo por parte do agente.
» No entanto, será possível a sua prática via omissão imprópria, na hipótese de o garantidor, dolosamente, permitir que a vítima seja enganada pelo agente, tendo com ela conjunção carnal ou praticando o outro ato libidinoso se, no caso concreto, devia e podia agir a fim de evitar o resultado, conforme determinação contida no art. 13, § 2º, do CP.

Consumação e tentativa
» O delito de violação sexual mediante fraude se consuma, na sua primeira parte, com a efetiva penetração do pênis do homem na vagina da mulher, não importando que essa penetração seja total ou parcial, não havendo, inclusive, necessidade de ejaculação. No que diz respeito à segunda parte, o delito se aperfeiçoa quando o sujeito ativo pratica qualquer ato libidinoso com o sujeito passivo. É importante frisar, no entanto, que, dada a gravidade da pena prevista para essa infração penal, somente aqueles atos que importem em atentados graves contra a liberdade sexual é que poderão ser reconhecidos como característicos do tipo penal em estudo.
» É perfeitamente possível o raciocínio correspondente à tentativa.

4. IMPORTUNAÇÃO SEXUAL

Acesse e assista à aula explicativa sobre este assunto.
> https://uqr.to/1we4y

Importunação sexual
Art. 215-A. Praticar contra alguém e sem a sua anuência ato libidinoso com o objetivo de satisfazer a própria lascívia ou a de terceiro:
Pena – reclusão, de 1 (um) a 5 (cinco) anos, se o ato não constitui crime mais grave.

4.1 Introdução

O delito de importunação sexual, tipificado no art. 215-A, foi inserido no Código Penal através da Lei nº 13.718, de 24 de setembro de 2018. O legislador foi motivado a criar essa nova figura típica em virtude de fatos que, infelizmente, vêm ocorrendo com frequência, principalmente em transportes públicos, a exemplo dos ônibus, trens, metrôs etc.

Antes da criação do delito de importunação sexual, algumas situações que não eram graves o suficiente para serem entendidas como estupro, eram capituladas como sendo a revogada contravenção penal de *importunação ofensiva ao pudor*, antes tipificada no art. 61 da LCP, que era insuficiente para inibir esses comportamentos. Dessa forma, surgiu o crime de *importunação sexual*, procurando inibir aquelas condutas que, embora de média gravidade, não tinham o condão de ser entendidas como estupro.

De acordo com a redação legal, podemos apontar os seguintes elementos que integram a figura típica: *a)* a conduta de praticar contra alguém, e sem a sua anuência; *b)* ato libidinoso; *c)* com o objetivo de satisfazer a própria lascívia ou a de terceiro.

O núcleo do tipo é o verbo *praticar*, que tem o sentido de cometer, realizar, levar a efeito. De acordo com a redação legal, o comportamento do agente é dirigido contra uma pessoa específica, e sem que esta tenha dado sua anuência. Entendemos completamente desnecessária essa ressalva contida no artigo *sub examen*. Isso porque, se o agente pratica atos libidinosos dirigidos e com a anuência de determinada pessoa, o fato será desclassificado para o delito de ato obsceno. Assim, imagine-se a hipótese em que um casal, no interior de um veículo coletivo, e com o consentimento de ambos, comece com carícias que culminam com o homem se masturbando, e ejaculando na sua parceira, fato esse amplamente percebido pelos demais passageiros que ali se encontravam, ou mesmo a própria mulher que se masturba, ao lado de seu parceiro e em meio às outras pessoas. Nesse caso, o delito praticado seria o de ato obsceno, tipificado no art. 233 do Código Penal, e não o de importunação sexual, previsto no art. 215-A do mesmo estatuto repressivo.

Importante salientar que os atos são praticados, como regra, pelo agente e nele próprio, pois caso fossem levados a efeito na vítima o fato se configuraria em outra infração penal, a exemplo do estupro. Assim, v.g., imagine-se a hipótese em que, no interior de um veículo coletivo, um homem perceba que uma mulher esteja vestida com uma saia e, valendo-se dessa situação, dela se aproxima e coloca sua mão entre as pernas da vítima, chegando à vagina. Nesse caso, não poderíamos falar, tão somente, em importunação sexual, mas sim em crime de estupro.

Por isso, frisamos, se a vítima for tocada, dificilmente não haverá desclassificação para outra figura típica. Tudo dependerá da gravidade do fato, como induz o próprio preceito secundário do art. 215-A do Código Penal, quando assevera que a pena é de 1 (um) a 5 (cinco) anos de reclusão, *se o ato não constitui crime mais grave*, sendo considerado, portanto, como uma norma expressamente subsidiária.

Podemos citar como exemplo de um comportamento em que o agente toca na vítima, mas que seria um *minus* em relação ao estupro, a hipótese, extremamente comum nos transportes coletivos, do chamado *frotteurismo,* em que um homem, em estado de ereção, aproveitando-se do fato de o veículo estar lotado, se aproxima da vítima por ele escolhida, que se encontrava de costas, e nela começa a se esfregar, pressionando-a com seu pênis, mesmo que não o tenha retirado de suas calças, ou mesmo o agente que vier a colocar suas mãos numa altura suficiente que encoste nos seios da vítima, tendo prazer sexual com esse tipo de situação. Outro exemplo que se encaixaria na infração penal em estudo é o daquele que ocorreu na cidade de São Paulo, que ganhou as mídias nacionais, em que um agente começou a se masturbar no interior de um ônibus, culminando por ejacular no pescoço da vítima por ele escolhida. Nessas hipóteses, como o fato é cometido sem o emprego de violência ou grave ameaça, se amoldaria perfeitamente ao delito de *importunação sexual*.

Por ato libidinoso, devemos entender aquele que tenha por finalidade saciar a libido do agente, o seu prazer ou apetite sexual, desde que possua a relevância exigida pelo Direito Penal. Há taras sexuais que não possuem gravidade suficiente para que reconheçamos um crime contra a dignidade sexual. Um homem que satisfaz a sua libido esfregando seus dedos no cabelo da vítima, por exemplo, não pode ser punido pelo delito de importunação sexual, devendo-se reconhecer a atipicidade do fato.

A conduta do agente deve ser dirigida a satisfazer a própria lascívia (luxúria, prazer sexual) ou mesmo a de terceiro. Aqui também existe uma forma de *proxenetismo*, em que o agente pratica os atos contra alguém, para que terceiro, o *voyeur*, se satisfaça, com atos de contemplação. Nesse caso, ambos responderão pela infração penal em estudo, em concurso de pessoas, ou seja, tanto aquele que pratica o ato libidinoso, quanto aquele que ali se encontrava tão somente para apreciar o agente na sua atuação.

4.2 Classificação doutrinária

Crime comum, tanto com relação ao sujeito ativo quanto ao sujeito passivo; doloso; de forma livre; instantâneo; de mera conduta; monossubjetivo; plurissubsistente; comissivo (podendo ser praticado, também, via omissão imprópria, na hipótese de o agente gozar do *status* de garantidor); transeunte (como regra, quando não houver possibilidade de realização de prova pericial).

4.3 Objeto material e bem juridicamente protegido

Os bens juridicamente protegidos pelo tipo penal que prevê o delito de *importunação sexual* são tanto a liberdade quanto a dignidade sexual.

Objeto material é a pessoa contra quem é dirigida a conduta praticada pelo agente.

4.4 Sujeito ativo e sujeito passivo

Crime comum, qualquer pessoa pode ser considerada como sujeito ativo do crime de *importunação sexual*, não havendo nenhuma qualidade especial exigida pelo tipo penal em estudo.

Da mesma forma, qualquer pessoa pode ser entendida como sujeito passivo.

Contudo, vale a ressalva, sempre pertinente, feita por Rogério Sanches Cunha, quando adverte que:

> "Praticar, na presença de alguém menor de quatorze anos, ou induzi-lo a presenciar, conjunção carnal ou outro ato libidinoso, a fim de satisfazer lascívia própria ou de outrem, caracteriza o crime do art. 218-A do CP, punido com reclusão de dois a quatro anos".[57]

4.5 Consumação e tentativa

O delito se consuma com a prática de qualquer ato libidinoso contra alguém, sem a sua anuência, que tenha como objetivo satisfazer a lascívia do agente ou a de terceiro.

Tratando-se de um delito plurissubsistente, no qual se pode fracionar o *iter criminis*, será possível o reconhecimento da tentativa, embora de difícil comprovação no caso concreto, dependendo da forma como o delito é praticado.

4.6 Elemento subjetivo

O dolo é o elemento subjetivo exigido pelo tipo penal em estudo, não havendo previsão para a modalidade de natureza culposa.

---

[57] CUNHA, Rogério Sanches. *Lei 13.718/18*: introduz modificações nos crimes contra a dignidade sexual. Disponível em: <http://s3.meusitejuridico.com.br/2018/09/140afc83-crimes-sexuais-lei-13718-18.pdf>. Acesso em: 29 set. 2018.

Podemos visualizar, ainda, o chamado especial fim de agir, identificado através da expressão *com o objetivo de satisfazer a própria lascívia ou a de terceiro*.

4.7 Modalidade comissiva e omissiva

O núcleo *praticar* pressupõe um comportamento comissivo por parte do agente.

No entanto, será possível o reconhecimento da omissão imprópria na hipótese em que o agente, garantidor, podendo, nada fizer para evitar a produção do resultado. Assim, imagine-se a situação daquele que exerce as funções de agente de segurança do metrô, percebendo que o agente começaria a praticar seus atos libidinosos, tendo uma mulher como vítima, podendo, não o impede. Nesse caso, o agente de segurança também responderia pelo delito tipificado no art. 215-A do Código Penal, praticando o delito via omissão imprópria.

4.8 Pena, ação penal e suspensão condicional do processo

A pena prevista para o crime de importunação sexual é de reclusão, de 1 (um) a 5 (cinco) anos, se o ato não constitui crime mais grave. Trata-se, portanto, de uma *infração penal expressamente subsidiária*, ou seja, somente será aplicada se não houve um delito mais grave, a exemplo do que ocorre com o estupro.

A ação penal é de iniciativa pública incondicionada, nos termos do art. 225 do Código Penal, com a nova redação que lhe foi conferida pela Lei nº 13.718, de 24 de setembro de 2018.

Tendo em vista a pena mínima cominada, será possível a proposta de suspensão condicional do processo.

4.9 Destaque

4.9.1 Revogação do art. 61 da LCP e continuidade normativo-típica

Dizia o revogado art. 61 do Decreto-Lei nº 3.688, de 3 de outubro de 1941 (Lei das Contravenções Penais), *verbis*:

> **Art. 61.** Importunar alguém, em local público ou acessível ao público, de modo ofensivo ao pudor: Pena: multa [...]

Assim, aqueles que praticaram o fato, durante a vigência do mencionado art. 61, agora revogado pela Lei nº 13.718, de 24 de setembro de 2018, serão beneficiados com o instituto da *abolitio criminis*, ou será possível o raciocínio correspondente à continuidade normativo-típica? Rogério Sanches Cunha assevera que:

> "Em virtude da inserção deste tipo penal, a Lei 13.718/18 revoga a contravenção penal do art. 61 do Decreto-Lei 3.688/41 (importunação ofensiva ao pudor). Não se pode falar, no entanto, em *abolitio criminis* relativa à contravenção, pois estamos, na verdade, diante do princípio da continuidade normativo-típica. O tipo do art. 61 da LCP é formalmente revogado, mas seu conteúdo migra para outra figura para que a importunação seja punida com nova roupagem".[58]

Contudo, em que pese o raciocínio da impossibilidade do reconhecimento da *abolitio criminis*, não podemos deixar de frisar que se o agente praticou o fato sob a vigência

---

[58] CUNHA, Rogério Sanches. *Lei 13.718/18* – Introduz modificações nos crimes contra a dignidade sexual. Disponível em: <http://s3.meusitejuridico.com.br/2018/09/140afc83-crimes-sexuais-lei-13718-18.pdf>. Acesso em: 29 set. 2018.

da revogada contravenção penal, então tipificada no referido art. 61 da LCP, a lei anterior deverá ser ultra-ativa, pois que o novo tipo, que prevê expressamente a importunação sexual, lhe é prejudicial.

4.10 Quadro-resumo

Sujeitos
- » Ativo: qualquer pessoa (Crime comum).
- » Passivo: qualquer pessoa.

Objeto material
Pessoa contra quem é dirigida a conduta praticada pelo agente.

Bem(ns) juridicamente protegido(s)
Liberdade e dignidade sexual.

Elementos subjetivos
- » O dolo.
- » Podemos visualizar, ainda, o chamado especial fim de agir, identificado através da expressão com o objetivo de satisfazer a própria lascívia ou a de terceiro.

Modalidades comissiva e omissiva
- » O núcleo praticar pressupõe um comportamento comissivo por parte do agente.
- » No entanto, será possível o reconhecimento da omissão imprópria na hipótese em que o agente, garantidor, podendo, nada fizer para evitar a produção do resultado.

Consumação e tentativa
- » O delito se consuma com a prática de qualquer ato libidinoso contra alguém, sem a sua anuência, que tenha como objetivo satisfazer a lascívia do agente ou a de terceiro.
- » É possível o reconhecimento da tentativa.

5. ASSÉDIO SEXUAL

Acesse e assista à aula explicativa sobre este assunto.
> https://uqr.to/1we4z

Assédio sexual
Art. 216-A. Constranger alguém com o intuito de obter vantagem ou favorecimento sexual, prevalecendo-se o agente da sua condição de superior hierárquico ou ascendência inerentes ao exercício de emprego, cargo ou função:
Pena – detenção, de 1 (um) a 2 (dois) anos.

> **Parágrafo único.** (Vetado)
> § 2º A pena é aumentada em até um terço se a vítima é menor de 18 (dezoito) anos.

5.1 Introdução

O art. 216-A foi acrescentado ao Código Penal pela Lei nº 10.224, de 15 de maio de 2001, sendo que seu § 2º foi incluído pela Lei nº 12.015, de 7 de agosto de 2009.

Muito se tem criticado essa nova figura típica. Inicialmente, são pouquíssimos os casos a respeito de fatos que, em tese, poderiam constituir o delito em estudo, sendo certo que o Direito Penal não pode e não deve cuidar de situações excepcionais, dada sua própria natureza de *extrema ratio*.

Além do mais, dependendo do comportamento praticado pelo agente, poderíamos subsumi-lo a alguma das infrações penais já existentes, a exemplo do próprio delito de constrangimento ilegal, estupro etc., variando o crime de acordo com a gravidade da conduta levada a efeito pelo agente.

Contudo, uma vez em vigor e havendo, consequentemente, possibilidade de sua aplicação, faz-se mister a análise dos elementos que integram o delito de *assédio sexual*.

De acordo com a redação do art. 216-A do Código Penal, podemos identificar os seguintes elementos: *a)* a conduta de constranger alguém; *b)* com a finalidade de obter vantagem ou favorecimento sexual; *c)* devendo o agente prevalecer-se de sua condição de superior hierárquico ou de ascendência inerentes ao exercício de emprego, cargo ou função.

O núcleo do tipo é o verbo *constranger*. Entretanto, ao contrário do que ocorre nas demais hipóteses em que é utilizado, a exemplo dos crimes de constrangimento ilegal e estupro, o constrangimento, aqui, não é exercido com o emprego de violência ou grave ameaça, pois, se assim ocorresse, o fato seria desclassificado para uma das mencionadas figuras típicas, mais precisamente o estupro, dada a finalidade sexual do agente.

Assim, o núcleo constranger, utilizado pelo tipo penal que prevê o delito de *assédio sexual*, deve ter outra conotação que não a utilização do emprego de violência ou grave ameaça. Aqui, faz-se necessário abrir um parêntese no que diz respeito ao emprego da grave ameaça. Como vimos anteriormente, quando do estudo do crime de estupro, a ameaça que lhe é característica poderá ser, até mesmo, justa, como no caso do agente que ameaça a vítima de contar ao seu marido sobre a traição por ela cometida, caso ela também não mantenha com ele conjunção carnal.

No delito de assédio sexual, partindo do pressuposto de que o seu núcleo prevê uma modalidade especial de constrangimento, devemos entendê-lo praticado com ações por parte do sujeito ativo que, na ausência de receptividade pelo sujeito passivo, farão com que este se veja prejudicado em seu trabalho, havendo, assim, expressa ou implicitamente, uma ameaça. No entanto, essa ameaça deverá sempre estar ligada ao exercício de emprego, cargo ou função, por exemplo, rebaixando a vítima de posto, colocando-a em lugar pior de trabalho. Enfim, deverá sempre estar vinculada a essa relação hierárquica ou de ascendência, como determina a redação legal.

Dessa forma, se o agente que ocupa a posição de superior hierárquico da vítima constrangê-la a manter com ele conjunção carnal sob pena de comentar o seu "caso amoroso", por ele descoberto, com todas as pessoas da seção, o delito praticado será o de estupro. Entretanto, se com a negativa da vítima houver prejuízo em sua relação de trabalho, embora exista a ameaça, o crime será o de *assédio sexual*.

Percebe-se, portanto, que o legislador, se queria proteger as pessoas em sua relação de trabalho, acabou, de acordo com a previsão legal, beneficiando os autores dos constrangimentos, pois especializou a finalidade da ameaça.

Constranger, aqui, deve ser entendido no sentido de perseguir com propostas, insistir, importunar a vítima, para que com ela obtenha vantagem ou favorecimento sexual, devendo existir, sempre, uma ameaça expressa ou implícita de prejuízo na relação de trabalho, caso o agente não tenha o sucesso sexual pretendido. Nesse sentido, Cezar Roberto Bitencourt, dissertando sobre o significado do núcleo *constranger*, utilizado pelo tipo penal que prevê o assédio sexual, preleciona:

> "Deve-se reconhecer que seu sentido ou significado não é o mesmo daquele utilizado no crime de estupro[59] (*obrigar, forçar, compelir, coagir*), caso contrário, a oração estaria incompleta: faltar-lhe-ia um complemento verbal. Essa nossa concepção é favorecida pela própria estrutura do texto, que não coloca entre vírgulas o elemento subjetivo especial do tipo (*com o intuito de obter vantagem ou favorecimento sexual*), como normalmente ocorre nessas construções tipológicas. Na verdade, essa construção gramatical nos obriga a interpretar o verbo *constranger* com o sentido de *embaraçar, acanhar, criar uma situação ou posição constrangedora para a vítima*, que lhe dá, segundo a definição clássica, a classificação de crime formal."[60]

O constrangimento poderá ser dirigido contra qualquer pessoa, uma vez que a lei penal se vale do termo *alguém* para indicar o sujeito passivo. Da mesma forma, qualquer pessoa, independentemente do sexo, poderá ser considerada sujeito ativo. Assim, poderá existir o assédio sexual tanto nas relações heterossexuais quanto nas relações homossexuais. Um homem poderá, dessa forma, assediar uma mulher, e vice-versa. Também assim nas relações homossexuais, masculina e feminina.

A finalidade do constrangimento é a obtenção de *vantagem* ou *favorecimento sexual*. Dissertando sobre o tema, esclarece Rubia Girão:

> "Encontramos o emprego do substantivo *vantagem* em diversos tipos penais. Na maioria das vezes é usado no sentido de benefício pecuniário, de lucro. Contudo, por vezes não vem acompanhado de qualquer adjetivo; pelo que se interpreta que, qualquer que seja o proveito pretendido pelo agente, faz configurar o crime. No delito sob estudo, corretamente qualifica-se a vantagem pretendida como 'sexual'. Ainda assim, sua utilização no tipo parece mais adequada que o emprego do vocábulo *favorecimento* – que corresponde ao ato de favorecer-se – de uso menos frequente na legislação penal. No crime de assédio certamente pretendeu o legislador referir-se ao ato de beneficiar-se o agente, de aproveitar-se de sua condição de superioridade funcional para conseguir um benefício de ordem sexual. Assim, melhor teria sido o emprego neste momento de 'favores sexuais.'"[61]

Para tanto, o agente deve valer-se de sua condição de *superior hierárquico* ou *ascendência inerentes ao exercício de emprego, cargo ou função*.

A expressão *superior hierárquico* indica uma relação de Direito Público, vale dizer, de Direito Administrativo, não se incluindo nela as relações de Direito Privado.

Para que a máquina administrativa possa funcionar com eficiência, é preciso que exista uma escala hierárquica entre aqueles que detêm o poder de mando e seus subordinados. Nesse sentido, Frederico Marques aduzia que para que se pudesse falar em obediência hierárquica seria necessário existir "dependência funcional do executor da ordem dentro do

---

[59] Retiramos do texto, sem modificar o seu sentido, a expressão atentado violento ao pudor, a fim de atualizá-lo de acordo com a Lei nº 12.015, de 7 de agosto de 2009, mantendo, no mais, os ensinamentos do amigo e renomado autor gaúcho.
[60] BITENCOURT, Cezar Roberto. *Assédio sexual*, p. 30-31.
[61] GIRÃO, Rubia Mara Oliveira Castro. *Crime de assédio sexual*, p. 51-52.

serviço público, em relação a quem lhe ordenou a prática do ato delituoso".[62] Isso significa que não há relação hierárquica entre particulares, como no caso do gerente de uma agência bancária e seus subordinados, bem como inexiste tal relação nas hipóteses de temor reverencial entre pais e filhos ou mesmo entre líderes religiosos e os fiéis. No entanto, poderia haver a prática do delito de assédio sexual, por exemplo, entre um coronel e alguém de uma patente menor, de um juiz com seus inferiores (oficial de justiça, escrivão, escrevente etc.), do chefe da seção, com seu subordinado (sendo todos eles, por exigência legal, servidores públicos). Enfim, visualizando-se a relação de Direito Público, será possível o reconhecimento do assédio sexual.

Menciona a lei penal, também, em ascendência inerente ao exercício de *emprego*, *cargo* ou *função*. Conforme esclarece Guilherme de Souza Nucci:

"*Emprego* é a relação trabalhista estabelecida entre aquele que emprega, pagando remuneração pelo serviço prestado, e o empregado aquele que presta serviços de natureza não eventual, mediante salário e sob ordem do primeiro. Refere--se, no caso, às relações empregatícias na esfera civil. *Cargo*, para os fins deste artigo, é o público, que significa o posto criado por lei na estrutura hierárquica da administração pública, com denominação e padrão de vencimentos próprios [...]. *Função*, para os fins deste crime, é a pública, significando o conjunto de atribuições inerentes ao serviço público, não correspondentes a um cargo ou emprego [...]."[63]

Note-se que na redação do tipo penal que prevê o assédio sexual a lei usa os termos *superior* hierárquico e *ascendência*. Isso quer dizer que somente quando o agente for hierarquicamente superior à vítima ou quando houver ascendência da sua posição em seu emprego, cargo ou função é que poderá ocorrer o delito.

Assim, quando o agente ocupar uma posição inferior ou mesmo idêntica à da pessoa que, em tese, é constrangida, não haverá o delito em estudo.

5.2 Classificação doutrinária

Crime próprio, tanto com relação ao sujeito ativo quanto ao sujeito passivo, haja vista que a lei exige uma relação hierárquica ou de ascendência inerentes ao exercício do emprego, cargo ou função; doloso; formal (uma vez que não há necessidade de que o agente obtenha a vantagem ou o favorecimento sexual, bastando que o constrangimento tenha sido exercido com essa finalidade); comissivo (podendo ser praticado via omissão imprópria, na hipótese de o agente gozar do *status* de garantidor); instantâneo; monossubjetivo; plurissubsistente; transeunte (como regra, posto que será difícil a prova pericial, a não ser quando o agente pratica o delito valendo-se de cartas, desenhos ou outros meios passíveis de ser periciados).

5.3 Objeto material e bem juridicamente protegido

Da mesma forma que as demais infrações inseridas no Capítulo I do Título VI do Código Penal, o bem juridicamente protegido pelo tipo que prevê o delito de assédio sexual é a *liberdade sexual*, e, em sentido mais amplo, a dignidade sexual.

Objeto material do delito é a pessoa contra a qual é dirigida a conduta praticada pelo agente, seja ela do sexo feminino ou masculino.

---

[62] MARQUES, José Frederico. *Tratado de direito penal*, v. II, p. 310-311.
[63] NUCCI, Guilherme de Souza. *Código penal comentado*, p. 794.

5.4 Sujeito ativo e sujeito passivo

Crime próprio, o delito de assédio sexual exige que o *sujeito ativo* se encontre na condição de superior hierárquico da vítima ou com ela tenha ascendência inerente ao exercício de emprego, cargo ou função, podendo, no entanto, ser pessoa do sexo feminino ou masculino.

Sujeito passivo será aquele que estiver ocupando o outro polo dessa relação hierárquica ou aquele sobre o qual tenha ascendência o sujeito ativo, não importando o seu sexo.

5.5 Consumação e tentativa

Tendo em vista a sua natureza de crime formal, o delito de assédio sexual se consuma no momento em que ocorrem os atos que importem em constrangimento para a vítima, não havendo necessidade de que esta venha, efetivamente, a praticar os atos que impliquem vantagem ou favorecimento sexual exigidos pelo agente que, se vierem a ocorrer, serão considerados mero exaurimento do crime.

Tratando-se de um crime plurissubsistente, é possível o raciocínio correspondente à tentativa, haja vista a possibilidade de fracionamento do *iter criminis*, sendo, no entanto, de difícil ocorrência, embora não possa ser descartada. Irá, pois, depender da hipótese concreta a ser examinada. Nesse sentido, destaca Rubia Girão que, "se a afirmação da possibilidade da tentativa no crime de assédio sexual é majoritária na doutrina, determinar-se no caso concreto o momento da sua configuração é tarefa árdua, especialmente no estágio em que o instituto se encontra no Brasil".[64]

5.6 Elemento subjetivo

O delito de assédio sexual somente pode ser praticado dolosamente, não havendo previsão para a modalidade de natureza culposa.

Para que se reconheça, entretanto, a ocorrência do delito, o dolo deverá abranger todos os elementos que integram a figura típica, devendo o agente conhecer a sua posição de superior hierárquico ou de ascendência em relação à vítima inerentes a emprego, cargo ou função.

A ausência desse conhecimento poderá importar em erro de tipo, afastando-se, consequentemente, a figura típica em estudo.

5.7 Modalidades comissiva e omissiva

O núcleo *constranger* pressupõe um comportamento comissivo por parte do agente no sentido de infundir temor à vítima a fim de obter vantagem ou favorecimento sexual, não se podendo descartar, contudo, a sua prática via omissão imprópria, na hipótese do sujeito que, gozando do *status* de garantidor, dolosamente, nada fizer para evitar o constrangimento sofrido pela vítima.

Valdir Sznick, dissertando sobre o tema, preleciona:

> "Quando o agente ativo é empregado, independente de sua função ou cargo, o assédio no trabalho passa à responsabilidade do empregador. Nesse caso, é responsável tanto o assediador como o empregador; este só se livrará da responsabilidade caso prove que o ambiente de trabalho na empresa não pactua com atitudes como assédio sexual e que a empresa adotou as providências cabíveis para coibir tal procedimento."[65]

---

[64] GIRÃO, Rubia Mara Oliveira Castro. *Crime de assédio sexual*, p. 104.
[65] SZNICK, Valdir. *Assédio sexual e crimes sexuais violentos*, p. 47.

Em sentido contrário, discordando da possibilidade de ser responsabilizado criminalmente o garantidor, assevera Rubia Girão:

"Nosso país não foi o pioneiro na previsão específica do assédio como crime, mas ainda não se preocupou em editar norma regulamentando o assunto no âmbito trabalhista e civil. Também não impôs às empresas qualquer obrigação de combate ao assédio sexual, inexistindo fundamento para responsabilizá-las administrativamente pela sua participação negativa na conduta de seus funcionários. Eventualmente sua responsabilidade poderá ser levantada na esfera indenizatória, em razão de omissão na manutenção de um ambiente adequado de trabalho.

No âmbito penal, dois aspectos precisam ser levados em consideração:

Primeiro, o princípio da personalidade ou intransmissibilidade, consagrado pelo direito brasileiro no art. 5º, XLV, da Constituição Federal, pelo qual a pena não deverá passar da pessoa do réu. Inadmissível seja também responsabilizado penalmente o empregador, nos casos em que o assédio é cometido por um seu funcionário. Depois, considerando que o assédio é praticado na forma comissiva, a eventual conivência ou concordância mental do empregador, ou mesmo a ciência da prática de crime, de ação privada, não pode ensejar punição criminal.

Por todo o exposto, também não conseguimos vislumbrar sua responsabilização com fundamento na sua 'posição de garante'."[66]

5.8 Causa especial de aumento de pena

Diz o § 2º do art. 216-A, *verbis*:

> § 2º A pena é aumentada em até um terço se a vítima é menor de 18 (dezoito) anos.

O referido § 2º foi acrescentado ao art. 216-A do Código Penal pela Lei nº 12.015, de 7 de agosto de 2009, tendo tal inclusão, de acordo com a Justificação ao então projeto de lei, sido levada a efeito em virtude de dois motivos:

"Primeiro, que o Estatuto da Criança e do Adolescente (ECA) permite o trabalho para adolescentes (art. 60 e seguintes), o que poderia colocá-lo na situação de subordinação hierárquica ou de ascendência profissional, e, segundo, que, mesmo diante de relação irregular de trabalho infantil, é preciso assegurar proteção às crianças envolvidas e punir com mais razão os autores dessa relação irregular cumulada com assédio sexual, o que no Brasil se verifica em muitas situações, como a do trabalho doméstico."

A idade da vítima é um dado de natureza objetiva, que deverá ser comprovado nos autos através do necessário documento de identificação (certidão de nascimento, documento de identidade etc.), pois que o art. 155 do Código de Processo Penal, de acordo com a nova redação que lhe foi dada pela Lei nº 11.690, de 9 de junho de 2008, determina que somente quanto ao estado das pessoas serão observadas as restrições estabelecidas na lei civil.

Da mesma forma, para que possa ser aplicada a causa especial de aumento de pena deverá ficar demonstrado nos autos que o agente conhecia a idade da vítima, pois, caso contrário, poderá ser alegado o chamado erro de tipo.

O § 2º do art. 216-A do Código Penal determina que o aumento máximo será de até um terço, não especificando o mínimo. Assim, para que se mantenha a coerência com os demais artigos que também preveem majorantes, o aumento mínimo deverá ser de 1/6 (um sexto), conciliando-se, assim, com os demais artigos constantes da legislação penal.

---

[66] GIRÃO, Rubia Mara Oliveira Castro. *Crime de assédio sexual*, p. 88-89.

Assim, concluindo, tendo o agente conhecimento de que a vítima era menor de 18 anos, o julgador, obrigatoriamente, no terceiro momento do critério trifásico de aplicação da pena, determinará um aumento que variará entre um mínimo de 1/6 (um sexto) e o máximo 1/3 (um terço), encontrando-se, após essa aplicação, a chamada *pena justa*.

5.9 Pena, ação penal, competência para julgamento e suspensão condicional do processo e segredo de justiça

O preceito secundário do art. 216-A do Código Penal comina uma pena de detenção, de 1 (um) a 2 (dois) anos, para aquele que praticar o delito de assédio sexual.

A pena será aumentada em até 1/3 (um terço) se a vítima for menor de 18 (dezoito) anos de idade, conforme determina o § 2º do art. 216-A do diploma repressivo.

De acordo com a nova redação conferida pela Lei nº 13.718, de 24 de setembro de 2018, ao art. 225 do Código Penal, a ação penal será de iniciativa pública incondicionada.

A competência para o processo e julgamento do crime de assédio sexual será do Juizado Especial Criminal.

Poderá ser levada a efeito proposta de suspensão condicional do processo, desde que a vítima não seja menor de 18 (dezoito) anos de idade, uma vez que a aplicação obrigatória da majorante, prevista no § 2º do art. 216-A, impede a aplicação do instituto.

Nos termos do art. 234-B do Código Penal, criado pela Lei nº 12.015, de 7 de agosto de 2009, os processos em que se apuram crimes previstos pelo Título VI, vale dizer, os crimes contra a dignidade sexual, correrão em segredo de justiça.

Contudo, os §§ 1º e 2º inseridos no art. 234-B do Código Penal pela Lei nº 15.035, de 27 de novembro de 2024, determinam, *verbis*:

> § 1º O sistema de consulta processual tornará de acesso público o nome completo do réu, seu número de inscrição no Cadastro de Pessoas Físicas (CPF) e a tipificação penal do fato a partir da condenação em primeira instância pelos crimes tipificados nos arts. 213, 216-B, 217-A, 218-B, 227, 228, 229 e 230 deste Código, inclusive com os dados da pena ou da medida de segurança imposta, ressalvada a possibilidade de o juiz fundamentadamente determinar a manutenção do sigilo.
> § 2º Caso o réu seja absolvido em grau recursal, será restabelecido o sigilo sobre as informações a que se refere o § 1º deste artigo.

5.10 Destaques

5.10.1 Chefe apaixonado

As estatísticas demonstram que, quanto mais tempo as pessoas ficam juntas, maiores são as possibilidades de se apaixonarem, e sabemos que, numa sociedade capitalista, as pessoas permanecem mais tempo em seu trabalho do que em sua própria casa. Ocupamos 6, 8, 12 horas ou mais do tempo diário em nosso local de trabalho. Assim, é grande a possibilidade de surgirem paixões nesse tipo de ambiente.

Também não é incomum que os chefes se apaixonem por suas secretárias ou por alguém que lhe seja inferior nessa relação de trabalho. Poderão, agora, os superiores hierárquicos ou aqueles que, de alguma forma, possuem ascendência inerente ao exercício de emprego, cargo ou função, fazer suas declarações de amor, muitas vezes insistentes e irritantes, àqueles que lhe são inferiores?

Obviamente que sim. A lei penal não proíbe os relacionamentos que se iniciam nos locais de trabalho, mas sim aqueles que abusam dessa condição de superioridade a fim de intimidar suas vítimas a ceder aos seus impulsos sexuais.

Os inconvenientes poderão continuar desse mesmo jeito, que não estarão praticando qualquer infração penal. Há pessoas que, sendo chefes ou não, são insistentes a ponto de se tornarem constrangedoras, colocando, muitas vezes, a pessoa em situação difícil. Não param de enviar flores, cartões, mensagens no telefone celular, e-mails, enfim, uma série de investidas, mesmo já tendo sido rejeitadas.

Estes poderão continuar assim, inconvenientes, por natureza. O que se quer proibir, frise-se, é a ameaça ligada ao trabalho, qualquer que seja, justa ou não, a fim de obter vantagem ou favorecimento sexual da vítima. Assim, comete o delito em estudo aquele que ameaçar a vítima de não a promover, de rebaixá-la do cargo que ocupa, de perder o cargo comissionado, de encaminhá-la para setor que, certamente, lhe complicará a vida, de demiti-la, caso ele não consiga obter a vantagem ou favorecimento sexual etc.

Enfim, o estar apaixonado não foi proibido pela lei penal, permitindo-se, inclusive, o apaixonado inconveniente. O que se proíbe é que o agente, valendo-se de sua particular condição de superioridade, use a sua força para, de alguma forma, ameaçar a vítima no sentido de prejudicá-la no seu meio de trabalho.

5.10.2 Prostituta como sujeito passivo do delito

A prostituta ou garota de programa não está fora da proteção do art. 216-A do Código Penal. Pode acontecer que, além da prostituição, exerça outra profissão. Nesse caso, poderá o seu superior, por exemplo, ter descoberto sua outra atividade tida como clandestina e, sob a ameaça de prejudicá-la em seu local de trabalho, exigir uma vantagem ou favorecimento sexual, podendo-se, nesse caso, ser-lhe atribuído o delito de assédio sexual.

5.10.3 Funcionário de nível inferior

A lei penal somente reconhece o delito de assédio sexual quando estivermos diante de uma situação de superioridade hierárquica ou de ascendência inerentes a emprego, cargo ou função.

Assim, somente aquele que, na relação de trabalho, seja de ordem pública ou privada, for superior à vítima é que poderá cometer o delito em estudo. Os inferiores, bem como aqueles que possuem o mesmo nível da vítima, não podem ser considerados sujeitos ativos do delito em exame.

Dessa forma, aquele que, embora ocupe posição inferior à vítima, diga-lhe que, por ser amigo de seu superior, poderá prejudicá-la em sua relação de trabalho, ainda assim, não poderá ser responsabilizado pelo delito de assédio sexual, que exige, como vimos, relação de superioridade entre o agente e a vítima.

5.10.4 Líderes espirituais

Também não se amoldam ao art. 216-A do Código Penal os chamados líderes espirituais, a exemplo do que ocorre com os pastores, padres, videntes e outros.

Nesse caso, se a vítima, por exemplo, for ameaçada de ser expulsa de uma congregação caso não tenha relação com o suposto "líder espiritual", o fato poderá ser desclassificado para outra figura típica, a exemplo do art. 146 do Código Penal, que prevê o delito de constrangimento ilegal, ou, se for mais grave, existe até mesmo a possibilidade de se raciocinar com o delito de estupro. Tudo dependerá do caso concreto a ser analisado.

Portanto, somente quando houver uma relação de hierarquia ou de ascendência inerentes ao exercício de emprego, cargo ou função é que se poderá iniciar o raciocínio correspondente ao delito de assédio sexual.

5.10.5 Relação entre professor(a) e aluno(a)

Da mesma forma, não se considera como subsumível ao comportamento tipificado pelo art. 216-A do Código Penal a conduta do(a) professor(a) que assedia sua(seu) aluna(o), fazendo-lhe propostas sexuais, sob o argumento de que poderá, por exemplo, prejudicá-la(lo) em suas notas.

O fato, da mesma forma que no caso anterior dos líderes espirituais, poderá se amoldar a outra figura típica, a exemplo do constrangimento ilegal, estupro etc., pois não existe entre eles a relação exigida pelo delito de assédio sexual.

5.10.6 Empregadas domésticas

No que diz respeito às empregadas domésticas, por existir entre elas e seu patrão uma relação de emprego, poderá ser levado a efeito o raciocínio do delito em estudo, mesmo que essa relação não seja diária. Isso significa, segundo a nossa posição, que mesmo as denominadas "faxineiras" ou "diaristas" são passíveis de ser assediadas sexualmente por seus empregadores, sob o argumento, por exemplo, de que caso não atendam aos seus apelos sexuais, deixarão de trabalhar naquele local.

Em sentido contrário, argumenta Damásio de Jesus que a diarista "não pode ser sujeito passivo do crime, uma vez que não realiza atividade inerente a 'emprego'",[67] posição com a qual não concordamos, conforme salientamos linhas atrás, pois, para nós, existe essa relação de emprego, mesmo que por um único dia na semana, haja vista que, se rompida, trará prejuízos à vítima, que sobrevive à custa do seu trabalho em várias residências.

5.10.7 Prescrição

A Lei nº 14.344, de 24 de maio de 2022, alterou o inciso V do art. 111 do Código Penal, prevendo que a prescrição, antes de transitar em julgado a sentença final, começa a correr, nos crimes contra a dignidade sexual ou que envolvam violência contra criança e o adolescente, previstos no Código Penal ou em legislação especial, da data em que a vítima completar 18 (dezoito) anos, salvo se a esse tempo já houver sido proposta a ação penal.

5.11 Quadro-resumo

Sujeitos
- » Ativo: aquele que se encontra na condição de superior hierárquico da vítima ou com ela tenha ascendência inerente ao exercício de emprego, cargo ou função, podendo, no entanto, ser pessoa do sexo feminino ou masculino.
- » Passivo: será aquele que estiver ocupando o outro polo dessa relação hierárquica ou aquele sobre o qual tenha ascendência o sujeito ativo, não importando seu sexo.

Objeto material
É a pessoa contra a qual é dirigida a conduta praticada pelo agente, seja ela do sexo feminino ou masculino.

Bem(ns) juridicamente protegido(s)
É a liberdade sexual e em sentido mais amplo, a dignidade sexual.

---

[67] JESUS, Damásio E. de. *Assédio sexual*, p. 54.

Elemento subjetivo

» É o dolo.
» Não há previsão legal para a modalidade de natureza culposa.

Modalidades comissiva e omissiva

» O núcleo constranger pressupõe um comportamento comissivo por parte do agente no sentido de infundir temor à vítima a fim de obter vantagem ou favorecimento sexual.
» Não se pode descartar, contudo, a sua prática via omissão imprópria.

Consumação e tentativa

» O delito se consuma no momento em que ocorrem os atos que importem em constrangimento para a vítima, não havendo necessidade que esta venha, efetivamente, a praticar os atos que impliquem vantagem ou favorecimento sexual exigidos pelo agente que, se vierem a ocorrer, serão considerados mero exaurimento do crime.
» Embora difícil de se verificar, a tentativa é admissível.

Capítulo I-A
Da exposição da intimidade sexual

1. REGISTRO NÃO AUTORIZADO DA INTIMIDADE SEXUAL

Art. 216-B. Produzir, fotografar, filmar ou registrar, por qualquer meio, conteúdo com cena de nudez ou ato sexual ou libidinoso de caráter íntimo e privado sem autorização dos participantes:
Pena – detenção, de 6 (seis) meses a 1 (um) ano, e multa.
Parágrafo único. Na mesma pena incorre quem realiza montagem em fotografia, vídeo, áudio ou qualquer outro registro com o fim de incluir pessoa em cena de nudez ou ato sexual ou libidinoso de caráter íntimo.

1.1 Introdução

O delito tipificado no art. 216-B foi inserido no Código Penal através da Lei nº 13.772, de 19 de dezembro de 2018. De acordo com a redação contida no tipo penal em estudo, são quatro os comportamentos que se quer coibir, a saber: *a)* produzir, que tem o sentido de criar, levar a efeito; *b)* fotografar, que é o ato de se capturar a imagem através de câmera fotográfica, reproduzir, por processo fotográfico, que pode acontecer através de uma máquina fotográfica que possua exclusivamente essa função, ou mesmo telefones celulares, computadores etc. que também possam capturar as imagens; *c)* filmar, que se consubstancia no ato de gravar, reproduzir as imagens em movimento; ou, por fim, *d)* o ato de registrar, por qualquer meio, vale dizer, qualquer comportamento que importe em captar as imagens da vítima, a exemplo do que ocorre com os desenhos feitos à mão.

Essas condutas devem ter sido levadas a efeito a fim de produzir, fotografar, filmar ou registrar, por qualquer meio, conteúdo com cena de nudez ou ato sexual ou libidinoso de caráter íntimo e privado. Assim, não é somente o registro não autorizado de imagens da vítima que se configura na infração penal *sub examen*, mas sim aquelas imagens de conotação sexual, a exemplo do agente que fotografa ou mesmo filma a vítima tomando banho ou trocando de roupa em situação que esteja nua (cena de nudez), ou praticando algum ato sexual ou libidinoso de caráter íntimo e privado, tal como ocorre quando a vítima está mantendo relações sexuais, ou mesmo se masturbando.

Para que ocorra o delito tipificado no art. 216-B do Código Penal é preciso que todos esses comportamentos, vale dizer, produzir, fotografar, filmar ou registrar, por qualquer meio, conteúdo com cena de nudez ou ato sexual ou libidinoso de caráter íntimo e privado, tenham sido realizados sem a expressa, ou mesmo tácita, autorização dos participantes. Afirmamos que essa autorização poderá ocorrer de forma tácita, a exemplo do que ocorre quando a vítima percebe que será fotografada ou mesmo filmada pelo agente, em cenas de nudez ou mesmo praticando ato sexual ou libidinoso e, ainda assim, os continua realizando, dando mostras de que não se importava em ter esses atos registrados.

O parágrafo único do art. 216-B determina, ainda, que incorrerá na mesma pena quem realiza montagem em fotografia, vídeo, áudio, ou qualquer outro registro com o fim de incluir pessoa em cena de nudez ou ato sexual ou libidinoso de caráter íntimo. Esse fato tem sido corriqueiro, principalmente naquilo que se convencionou denominar "memes", ou seja, situações em que a pessoa envolvida é colocada numa condição que a ridiculariza. Assim, por exemplo, substituir o rosto de alguém numa cena de sexo, colocando a vítima como se estivesse nela envolvida, ou mesmo inserindo a imagem completa ou parcial da vítima numa cena de nudez ou ato sexual ou libidinoso de caráter íntimo.

A pena será a mesma daquela prevista para a hipótese constante do *caput* do referido artigo, vale dizer, detenção, de 6 (seis) meses a 1 (um) ano, e multa.

1.2 Classificação doutrinária

Crime comum, tanto com relação ao sujeito ativo quanto ao sujeito passivo; doloso; de forma livre; instantâneo; de mera conduta; monossubjetivo; plurissubsistente; comissivo (podendo ser praticado, também, via omissão imprópria, na hipótese de o agente gozar do *status* de garantidor); não transeunte (como regra, pois existe necessidade de realização de prova pericial).

1.3 Objeto material e bem juridicamente protegido

Os bens juridicamente protegidos pelo tipo penal que prevê o delito de registro não autorizado da intimidade sexual são tanto a liberdade quanto a dignidade sexual.

Objeto material é a pessoa contra quem é dirigida a conduta praticada pelo agente.

1.4 Sujeito ativo e sujeito passivo

Crime comum, o delito tipificado no art. 216-B do Código Penal pode ser praticado por qualquer pessoa, não exigindo o tipo penal *sub examen* qualquer condição ou qualidade especial do agente.

Da mesma forma, qualquer pessoa pode figurar como sujeito passivo.

1.5 Consumação e tentativa

Crime de mera conduta, o delito se consuma no exato instante em que o agente produz, fotografa, filma ou registra, por qualquer meio, conteúdo com cena de nudez ou ato sexual ou libidinoso de caráter íntimo e privado sem autorização dos participantes.

Em se tratando de um crime plurissubsistente, será possível o reconhecimento da tentativa, desde que se possa fracionar o *iter criminis*. Assim, imagine-se a hipótese em que o agente, sem o consentimento da vítima, querendo filmá-la, é interrompido após ligar a câmera do seu aparelho celular sem, contudo, gravar qualquer imagem.

1.6 Elemento subjetivo

É o dolo, não havendo previsão para a modalidade de natureza culposa.

1.7 Modalidades comissiva e omissiva

As condutas previstas no tipo penal do art. 216-B do diploma repressivo pressupõem um comportamento comissivo por parte do agente.

No entanto, será possível o reconhecimento do delito omissivo impróprio na hipótese em que o agente, garantidor, podendo, nada fizer para evitar o resultado previsto no tipo penal.

1.8 Pena, ação penal, competência para julgamento e suspensão condicional do processo

A pena prevista, tanto para as hipóteses tipificadas no *caput* quanto as do parágrafo único do art. 216-B do Código Penal, é de detenção, de 6 (seis) meses a 1 (um) ano, e multa.

A ação penal é de iniciativa pública incondicionada, nos termos do art. 225 do Código Penal, com a nova redação que lhe foi conferida pela Lei nº 13.718, de 24 de setembro de 2018.

Inicialmente, competirá ao Juizado Especial Criminal o julgamento do delito de registro não autorizado da intimidade sexual, tendo em vista que a pena máxima a ele cominada não ultrapassa os dois anos.

Tendo em vista a pena mínima cominada, será possível a proposta de suspensão condicional do processo.

1.9 Quadro-resumo

Sujeitos
» Ativo: qualquer pessoa.
» Passivo: qualquer pessoa.

Objeto material
É pessoa contra quem é dirigida a conduta praticada pelo agente.

Bem(ns) juridicamente protegido(s)
É a liberdade e a dignidade sexual.

Elemento subjetivo
» É o dolo.
» Não há previsão para a modalidade de natureza culposa.

Modalidades comissiva e omissiva
» As condutas previstas pressupõem um comportamento comissivo por parte do agente.
» No entanto, será possível o reconhecimento do delito omissivo impróprio na hipótese em que o agente, garantidor, podendo, nada fizer para evitar o resultado previsto no tipo penal.

Consumação e tentativa
» Crime de mera conduta, o delito se consuma no exato instante em que o agente produz, fotografa, filma ou registra, por qualquer meio, conteúdo com cena de nudez ou ato sexual ou libidinoso de caráter íntimo e privado sem autorização dos participantes.
» É possível o reconhecimento da tentativa, desde que se possa fracionar o *iter criminis*.

Capítulo II
Dos crimes sexuais contra vulnerável

1. ESTUPRO DE VULNERÁVEL

Acesse e assista à aula explicativa sobre este assunto.
> https://uqr.to/1we50

Estupro de vulnerável[68]
Art. 217-A. Ter conjunção carnal ou praticar outro ato libidinoso com menor de 14 (catorze) anos:
Pena – reclusão, de 8 (oito) a 15 (quinze) anos.
§ 1º Incorre na mesma pena quem pratica as ações descritas no *caput* com alguém que, por enfermidade ou deficiência mental, não tem o necessário discernimento para a prática do ato, ou que, por qualquer outra causa, não pode oferecer resistência.
§ 2º (Vetado).
§ 3º Se da conduta resulta lesão corporal de natureza grave:
Pena – reclusão, de 10 (dez) a 20 (vinte) anos.
§ 4º Se da conduta resulta morte:
Pena – reclusão, de 12 (doze) a 30 (trinta) anos.
§ 5º As penas previstas no *caput* e nos §§ 1º, 3º e 4º deste artigo aplicam-se independentemente do consentimento da vítima ou do fato de ela ter mantido relações sexuais anteriormente ao crime.

1.1 Introdução

A partir da década de 1980, nossos Tribunais, principalmente os Superiores, começaram a questionar a presunção de violência constante do revogado art. 224, "a", do Código Penal, passando a entendê-la, em muitos casos, como relativa, ao argumento de que a sociedade do final do século XX e início do século XXI havia modificado significativamente, e que os menores de 14 anos não exigiam a mesma proteção que aqueles que viveram quando da edição do Código Penal, em 1940.

No entanto, doutrina e jurisprudência se desentendiam quanto a esse ponto, discutindo se a aludida presunção era de natureza relativa (*iuris tantum*), que cederia diante da situação apresentada no caso concreto, ou de natureza absoluta (*iuris et de iure*), não podendo ser

---

[68] *Vide* Lei nº 13.431, de 4 de abril de 2017, que estabeleceu o sistema de garantia de direitos da criança e do adolescente vítima ou testemunha de violência e alterou a Lei nº 8.069, de 13 de julho de 1990 (Estatuto da Criança e do Adolescente).

questionada. Sempre defendemos a posição de que tal presunção era de natureza absoluta, pois, para nós, não existe dado mais objetivo do que a idade.

Em inúmeras passagens o Código Penal se vale tanto da idade da vítima, quanto do próprio agente, seja para aumentar a pena, a exemplo do que ocorre com o art. 61, II, *h*, quando o crime é praticado contra pessoa maior de 60 (sessenta) anos, seja para levar a efeito algum cálculo diferenciado, como ocorre com a prescrição, onde os prazos são reduzidos pela metade quando o agente, ao tempo do crime, era menor de 21 (vinte e um) anos, ou maior de 70 (setenta), na data da sentença, conforme determina o art. 115 do Código Penal etc.

Assim, não se justificavam as decisões dos Tribunais que queriam destruir a natureza desse dado objetivo, a fim de criar outro, subjetivo. Infelizmente, deixavam de lado a política criminal adotada pela legislação penal, e criavam suas próprias políticas. Não conseguiam entender, *permissa venia*, que a lei penal havia determinado, de forma objetiva e absoluta, que uma criança ou mesmo um adolescente menor de 14 (quatorze) anos, por mais que tivesse uma vida desregrada sexualmente, não era suficientemente desenvolvido para decidir sobre seus atos sexuais. Sua personalidade ainda estava em formação. Seus conceitos e opiniões não haviam, ainda, se consolidado.

Dados e situações não exigidos pela lei penal eram considerados no caso concreto, a fim de se reconhecer ou mesmo afastar a presunção de violência, a exemplo do comportamento sexual da vítima, do seu relacionamento familiar, da sua vida social etc. O que se esquecia, infelizmente, era que esse artigo havia sido criado com a finalidade de proteger esses menores e punir aqueles que, estupidamente, deixavam aflorar sua libido com crianças ou adolescentes ainda em fase de desenvolvimento.

Hoje, com louvor, visando a acabar, de uma vez por todas, com essa discussão, surgiu em nosso ordenamento jurídico penal, fruto da Lei nº 12.015, de 7 de agosto de 2009, o delito que se convencionou denominar *estupro de vulnerável*, justamente para identificar a situação de vulnerabilidade que se encontra a vítima. Agora, não poderão os Tribunais entender de outra forma quando a vítima do ato sexual for alguém menor de 14 (quatorze) anos.

Nesse sentido, vale transcrever parcialmente a Justificação ao projeto que culminou com a edição da Lei nº 12.015, de 7 de agosto de 2009, quando diz que:

> "O art. 217-A, que tipifica o estupro de vulneráveis, substitui o atual regime de presunção de violência contra criança ou adolescente menor de 14 anos, previsto no art. 224 do Código Penal. Apesar de poder a CPMI advogar que é absoluta a presunção de violência de que trata o art. 224, não é esse o entendimento em muitos julgados. O projeto de reforma do Código Penal, então, destaca a vulnerabilidade de certas pessoas, não somente crianças e adolescentes com idade até 14 anos, mas também a pessoa que, por enfermidade ou deficiência mental, não possuir discernimento para a prática do ato sexual, e aquela que não pode, por qualquer motivo, oferecer resistência; e com essas pessoas considera como crime ter conjunção carnal ou praticar outro ato libidinoso; sem entrar no mérito da violência e sua presunção. Trata-se de objetividade fática."

Mesmo diante da clareza legislativa, parte de nossa doutrina, bem como de nossos Tribunais, ainda insistiam em lançar dúvidas no ar, a exemplo de Guilherme de Souza Nucci, quando assevera que:

> "O nascimento do tipo penal inédito não tornará sepulta a discussão acerca do caráter relativo ou absoluto da anterior presunção de violência. Agora, subsumida na figura da *vulnerabilidade*, pode-se considerar o menor, com 13 anos, absolutamente vulnerável, a ponto de seu consentimento para a prática sexual ser completamente inoperante, ainda que tenha experiência sexual comprovada? Ou será possível considerar relativa a vulnerabilidade em alguns casos

especiais, avaliando-se o grau de conscientização do menor para a prática do ato sexual? Essa é a posição que nos parece mais acertada. A lei não poderá, jamais, modificar a realidade do mundo e muito menos afastar a aplicação do princípio da intervenção mínima e seu correlato princípio da ofensividade."[69]

Com a devida vênia, sempre ousamos discordar dessas posições. Isto porque, como dissemos acima, a determinação da idade foi uma eleição político-criminal feita pelo legislador. O tipo não está presumindo nada, ou seja, está tão somente proibindo que alguém tenha conjunção carnal ou pratique outro ato libidinoso com menor de 14 anos, bem como com aqueles mencionados no § 1º do art. 217-A do Código Penal.

Como dissemos anteriormente, existe um critério objetivo para análise da figura típica, vale dizer, a idade da vítima. Se o agente tinha conhecimento de que a vítima era menor de 14 anos, mesmo que já prostituída, o fato poderá se amoldar ao tipo penal em estudo, que prevê o delito de *estupro de vulnerável*.

Corroborando tudo que expusemos, a 3ª Seção do Superior Tribunal de Justiça, em 25 de outubro de 2017, fez publicar a Súmula nº 593, que diz:

> **Súmula nº 593:** O crime de estupro de vulnerável configura-se com a conjunção carnal ou prática de ato libidinoso com menor de 14 anos, sendo irrelevante o eventual consentimento da vítima para a prática do ato, experiência sexual anterior ou existência de relacionamento amoroso com o agente.

Com tudo isso, as discussões ainda reinavam sobre o tema. Para eliminar de vez as interpretações que só traziam incerteza, insegurança jurídica, a Lei nº 13.718, de 24 de setembro de 2018, fez inserir o § 5º ao art. 217-A do Código Penal, dizendo, *verbis*:

> § 5º As penas previstas no *caput* e nos §§ 1º, 3º e 4º deste artigo aplicam-se independentemente do consentimento da vítima ou do fato de ela ter mantido relações sexuais anteriormente ao crime.

Agora, encontram-se encerradas as discussões, já que a lei não poderia ter sido mais clara com relação ao tema. Pelo menos é o que se espera.

Assim, de acordo com a redação constante do *caput* do art. 217-A do Código Penal, podemos destacar os seguintes elementos: *a)* a conduta de *ter* conjunção carnal; *b)* ou *praticar* qualquer outro ato libidinoso; *c)* com pessoa menor de 14 (quatorze) anos.

O núcleo *ter*, previsto pelo mencionado tipo penal, ao contrário do verbo *constranger*, não exige que a conduta seja cometida mediante violência ou grave ameaça. Basta, portanto, que o agente tenha, efetivamente, *conjunção carnal*, que poderá até mesmo ser consentida pela vítima, ou que com ela pratique outro ato libidinoso. Na verdade, esses comportamentos previstos pelo tipo penal podem ou não ter sido levados a efeito mediante o emprego de violência ou grave ameaça, característicos do constrangimento ilegal, ou praticados com o consentimento da vítima. Nessa última hipótese, a lei desconsidera o consentimento de alguém menor de 14 (catorze) anos, devendo o agente, que conhece a idade da vítima, responder pelo delito de estupro de vulnerável.

Como deixamos entrever, embora a lei não mencione expressamente o constrangimento praticado contra vítima menor de 14 (catorze) anos, com a finalidade de ter, com ela, conjunção carnal ou praticar outro ato libidinoso, não podemos excluí-lo do tipo penal em estudo.

---

[69] NUCCI, Guilherme de Souza. *Crimes contra a dignidade sexual* – comentários à Lei nº 12.015, de 7 de agosto de 2009, p. 37.

O novo tipo penal, como se percebe, busca punir com mais rigor comportamentos que atinjam as vítimas por ele mencionadas. Não seria razoável que, se não houvesse violência ou grave ameaça, o agente que tivesse, por exemplo, se relacionado sexualmente com vítima menor de 14 (catorze) anos, respondesse pelo delito de estupro de vulnerável, com uma pena que varia entre 8 (oito) a 15 (quinze) anos de reclusão, enquanto aquele que tivesse, *v.g.*, se valido do emprego de violência ou grave ameaça, com a mesma finalidade, fosse responsabilizado pelo delito tipificado no art. 213 do Código Penal, com as penas variando entre um mínimo de 6 (seis) e um máximo de 10 (dez) anos.

O mundo globalizado vive e presencia a atuação de pedófilos, que se valem de inúmeros e vis artifícios, a fim de praticarem algum ato sexual com crianças e adolescentes, não escapando de suas taras doentias até mesmo os recém-nascidos. A *internet* tem sido utilizada como um meio para atrair essas vítimas para as garras desses verdadeiros psicopatas sexuais. Vidas são destruídas em troca de pequenos momentos de um prazer estúpido e imbecil.

As condutas previstas no tipo penal do art. 217-A são as mesmas daquelas constantes do art. 213 do Código Penal, sendo que a diferença existente entre eles reside no fato de que no delito de estupro de vulnerável a vítima, obrigatoriamente, deverá ser menor de 14 (quatorze) anos de idade.

Por isso, remetemos o leitor ao que foi dito quando do estudo do mencionado art. 213 do Código Penal, para não sermos repetitivos.

No que diz respeito à idade da vítima, para que ocorra o delito em estudo, o agente, obrigatoriamente, deverá ter conhecimento de ser ela menor de 14 (catorze) anos, pois, caso contrário, poderá ser alegado o chamado erro de tipo que, dependendo do caso concreto, poderá conduzir até mesmo à atipicidade do fato, ou à sua desclassificação para o delito de estupro, tipificado no art. 213 do Código Penal.

Assim, imagine-se a hipótese em que o agente, durante uma festa, conheça uma menina que aparentava ter mais de 18 anos, devido à sua compleição física, bem como pelo modo como se vestia e se portava, fazendo uso de bebidas alcoólicas etc., quando, na verdade, ainda não havia completado os 14 (catorze) anos. O agente, envolvido pela própria vítima, resolve, com o seu consentimento, levá-la para um motel, onde com ela mantém conjunção carnal. Nesse caso, se as provas existentes nos autos conduzirem para o erro, o fato praticado pelo agente poderá ser considerado atípico, tendo em vista a ausência de violência física ou grave ameaça.

Considera-se vulnerável não somente a vítima menor de 14 (catorze) anos, mas também aquela que possui alguma enfermidade ou deficiência mental, não tendo o necessário discernimento para a prática do ato, ou aquela que, por qualquer outra causa, não pode oferecer resistência, conforme se verifica pela redação do § 1º do art. 217-A do Código Penal.

Percebe-se, sem muito esforço, que o legislador criou uma figura típica em substituição às hipóteses de presunção de violência constantes do revogado art. 224 do Código Penal. Assim, no *caput* do art. 217-A foi previsto o estupro de vulnerável, considerando como tal a vítima menor de 14 (catorze) anos. No § 1º do mencionado artigo foram previstas outras causas de vulnerabilidade da vítima, ou seja, quando, por enfermidade ou deficiência mental, não tem o necessário discernimento para a prática do ato, ou, por qualquer outra causa, não pode oferecer resistência.

Na antiga redação do revogado art. 224 do Código Penal, a alínea *b* mencionava a alienação mental e a debilidade mental. Hoje, o art. 217-A faz menção à enfermidade ou deficiência mental.

José Jairo Gomes, dissertando sobre o assunto, com precisão, assevera:

"*Enfermidade* é sinônimo de doença, moléstia, afecção ou outra causa que comprometa o normal funcionamento de um órgão, levando a qualquer estado mórbido. Apresentando base anatômica, a doença enseja a alteração da saúde física ou mental. Pode ser provocada por diversos fatores, tais como: carências nutricionais, traumas decorrentes de impactos físico ou emocional, ingestão de tóxicos (drogas e álcool), parasitários (por ação de vermes, fungos), infecciosos (por ação de vírus, bacilos, bactérias), degenerativos (inerente ao próprio organismo, como a arteriosclerose, tumores e cânceres em geral).

Logo, por *enfermidade mental* deve-se compreender toda doença ou moléstia que comprometa o funcionamento adequado do aparelho mental. Nessa conceituação, devem ser considerados os casos de neuroses, psicopatias e demências mentais.

Deficiência, porém, significa a insuficiência, imperfeição, carência, fraqueza, debilidade. Por *deficiência mental* entende-se o atraso no desenvolvimento psíquico."[70]

De acordo com o *Manual Merck de Medicina*, retardo mental, subnormalidade mental ou deficiência mental é "a habilidade intelectual subnormal presente desde o nascimento ou infância precoce, manifestada por desenvolvimento anormal e associado a dificuldades no aprendizado e adaptação social".[71]

Preleciona Odon Ramos Maranhão que:

"Antigamente as expressões 'frenastenia' (escola italiana), 'debilidade mental' e 'oligofrenia' serviam para se designar os atrasos do desenvolvimento que a Classificação Internacional de Doenças (CID 10) hoje denomina 'retardo mental'. Sabe-se, seguramente, que não é apenas a esfera cognitiva a afetada, mas há o comprometimento global da personalidade.

Conceitua-se da seguinte forma: 'Retardado mental é uma condição de desenvolvimento interrompido ou incompleto da mente, a qual é especialmente caracterizada por comprometimento de habilidades manifestadas durante o período de desenvolvimento, as quais contribuem para o nível global da inteligência, isto é, aptidões cognitivas, de linguagem, motoras e sociais.'"[72]

Além do critério biológico (enfermidade ou deficiência mental), para que a vítima seja considerada como pessoa vulnerável, não poderá ter o necessário discernimento para a prática do ato (critério psicológico), tal como ocorre em relação aos inimputáveis, previstos pelo art. 26, *caput*, do Código Penal.

É importante ressaltar que não se pode proibir que alguém acometido de uma enfermidade ou deficiência mental tenha uma vida sexual normal, tampouco punir aquele que com ele teve algum tipo de ato sexual consentido. O que a lei proíbe é que se mantenha conjunção carnal ou pratique outro ato libidinoso com alguém que tenha alguma enfermidade ou deficiência mental que não possua o necessário discernimento para a prática do ato sexual.

Existem pessoas que são portadoras de alguma enfermidade ou deficiência mental que não deixaram de constituir família. Assim, mulheres portadoras de enfermidades mentais, por exemplo, podem, tranquilamente, engravidar, serem mães, cuidarem de suas famílias, de seus afazeres domésticos, trabalharem, estudarem etc. Assim, não se pode confundir a proibição legal constante do § 2º do art. 217-A do Código Penal com uma punição ao enfermo ou deficiente mental.

Portanto, repetindo, somente aquele que não tem o necessário discernimento para a prática do ato sexual é que pode ser considerado como vítima do delito de estupro de vulnerável.

Também previu o § 1º do art. 217-A do Código Penal o estupro de vulnerável quando a vítima não puder, por qualquer outra causa, oferecer resistência.

---

[70] GOMES, José Jairo. *Teoria geral do direito civil*, p. 65.
[71] *Manual Merck de Medicina*, 16a ed., p. 2.087.
[72] MARANHÃO, Odon Ramos. *Curso básico de medicina legal*, p. 327.

O item 70 da Exposição de Motivos da Parte Especial do Código Penal, mesmo dizendo respeito às hipóteses da revogada presunção de violência, elenca uma série de situações em que se pode verificar a impossibilidade de resistência da vítima:

> Seja esta resultante de causas mórbidas (enfermidades, grande debilidade orgânica, paralisia etc.), ou de especiais condições físicas (como quando o sujeito passivo é um indefeso aleijado, ou se encontra acidentalmente tolhido de movimentos).

Os meios de comunicação, incluindo, aqui, também, a *internet*, têm divulgado, infelizmente com frequência, casos de abusos por parte de médicos, e de outras pessoas ligadas à área da saúde, contra pacientes que, de alguma forma, são incapazes de oferecer resistência, inclusive mostrando cenas chocantes e deprimentes.

Vale recordar algumas situações em que uma pessoa, em estado de coma, engravidou, supostamente, de um enfermeiro encarregado de prestar os cuidados necessários à manutenção de sua vida vegetativa; ou ainda daquele cirurgião plástico que, depois de anestesiar suas pacientes, fazendo-as dormir, mantinha com elas conjunção carnal; ou daquele terapeuta que abusava sexualmente de crianças e adolescentes depois de ministrar-lhes algum sedativo.

Não importa que o próprio agente tenha colocado a vítima em situação que a impossibilitava de resistir ou que já a tenha encontrado nesse estado. Em ambas as hipóteses deverá ser responsabilizado pelo estupro de vulnerável.

Poderão ser reconhecidas, também, como situações em que ocorre a impossibilidade de resistência por parte da vítima, os casos de embriaguez letárgica, o sono profundo, a hipnose, a idade avançada, a sua impossibilidade, temporária ou definitiva, de resistir, a exemplo daqueles que se encontram tetraplégicos etc.

Odon Ramos Maranhão, com acerto, alerta que também ocorrerá a incapacidade de resistência quando houver *deficiência do potencial motor*, dizendo o renomado autor que:

> "Se a vítima não tiver ou não puder usar o potencial motor, é evidente que não pode oferecer resistência. Assim, doenças crônicas e debilitantes (tuberculose avançada, neoplasia grave, desnutrições extremas etc.); uso de aparelhos ortopédicos (gesso em membros superiores e tórax; gesso aplicado na coluna vertebral; manutenção em posições bizarras para ossificação de certas fraturas etc.); paralisias regionais ou generalizadas; miastenias de várias causas etc. são casos em que a pessoa não pode oferecer resistência. Às vezes, não pode sequer gritar por socorro, seja pela grave debilidade, seja pelas condições do local onde se encontre."[73]

Também há os casos em que o agente, por exemplo, almejando ter relações sexuais com a vítima, faz com que esta se coloque em estado de embriaguez completa, ficando, consequentemente, à sua disposição para o ato sexual. Se a embriaguez for parcial e se a vítima podia, de alguma forma, resistir, restará afastado o delito em estudo.

Verifica-se, nas situações elencadas pelo § 1º do art. 217-A do Código Penal, a impossibilidade que tem a vítima de expressar seu consentimento para o ato, devendo a lei, portanto, procurar preservar a sua dignidade sexual.

1.2 Classificação doutrinária

No que diz respeito ao sujeito ativo, quando a conduta for dirigida à conjunção carnal, terá a natureza de crime de mão própria, e comum nas demais situações, ou seja, quando o comportamento for dirigido à prática de outros atos libidinosos; crime próprio com relação ao

---

[73] MARANHÃO, Odon Ramos. *Curso básico de medicina legal*, p. 209.

sujeito passivo, uma vez que a lei exige que seja a vítima menor de 14 (catorze) anos (*caput*), ou portadora de enfermidade ou deficiência mental, que não tenha o necessário discernimento para a prática do ato, ou que, por qualquer outra causa, não possa oferecer resistência (§ 1º); doloso; comissivo (podendo ser praticado via omissão imprópria, na hipótese de o agente gozar do *status* de garantidor); material; de dano; instantâneo; de forma vinculada (quando disser respeito à conjunção carnal) e de forma livre (quando estivermos diante de um comportamento dirigido a prática de outros atos libidinosos); monossubjetivo; plurissubsistente; não transeunte e transeunte (dependendo da forma como é praticado, o crime poderá deixar vestígios, a exemplo do coito vagínico ou do sexo anal; caso contrário, será difícil a sua constatação por meio de perícia, oportunidade em que deverá ser considerado um delito transeunte).

1.3 Objeto material e bem juridicamente protegido

Em virtude da nova redação constante do Título VI do Código Penal, podemos apontar como bens juridicamente protegidos pelo art. 217-A tanto a liberdade quanto a dignidade sexual. Da mesma forma, como constava originalmente no projeto que, após algumas modificações, se converteu na Lei nº 12.015, de 7 de agosto de 2009, podemos apontar o *desenvolvimento sexual* também como bem juridicamente tutelado pelo tipo penal em estudo.

A lei, portanto, tutela o direito de liberdade que qualquer pessoa tem de dispor sobre o próprio corpo no que diz respeito aos atos sexuais. O estupro de vulnerável, atingindo a liberdade sexual, agride, simultaneamente, a dignidade do ser humano, presumivelmente incapaz de consentir para o ato, como também seu desenvolvimento sexual.

Emiliano Borja Jiménez, dissertando sobre o conceito de liberdade sexual, com precisão, aduz que assim se entende a:

> "Autodeterminação no marco das relações sexuais de uma pessoa, como uma faceta a mais da capacidade de atuar. Liberdade sexual significa que o titular da mesma determina seu comportamento sexual conforme motivos que lhe são próprios no sentido de que é ele quem decide sobre sua sexualidade, sobre como, quando ou com quem mantém relações sexuais."[74]

O objeto material do delito é a *criança*, ou seja, aquela que ainda não completou os 12 (doze) anos, nos termos preconizados pelo *caput* do art. 2º do Estatuto da Criança e do Adolescente (Lei nº 8.069/90) e o *adolescente menor de 14 (catorze) anos*, bem como a vítima acometida de *enfermidade ou deficiência mental*, que não tenha o discernimento necessário para a prática do ato, ou que, por outra causa, *não pode oferecer resistência*.

1.4 Sujeito ativo e sujeito passivo

Tanto o homem quanto a mulher podem figurar como sujeito ativo do delito de estupro de vulnerável, com a ressalva de que, quando se tratar de conjunção carnal, a relação deverá, obrigatoriamente, ser heterossexual; nas demais hipóteses, ou seja, quando o comportamento for dirigido a praticar outro ato libidinoso, qualquer pessoa poderá figurar nessa condição.

Sujeito passivo será a pessoa menor de 14 (catorze) anos, ou acometida de enfermidade ou deficiência mental, que não tenha o discernimento necessário para a prática do ato, ou que, por outra causa, não possa oferecer resistência.

---

[74] JIMÉNEZ, Emiliano Borja. *Curso de política criminal*, p. 156.

1.5 Consumação e tentativa

No que diz respeito à primeira parte constante do *caput* do art. 217-A do Código Penal, o delito de estupro de vulnerável se consuma com a efetiva conjunção carnal, não importando se a penetração foi total ou parcial, não havendo, inclusive, necessidade de ejaculação.

Quanto à segunda parte prevista no *caput* do art. 217-A do estatuto repressivo, consuma-se o estupro de vulnerável no momento em que o agente pratica qualquer outro ato libidinoso com a vítima.

Vale frisar que, em qualquer caso, a vítima deve se amoldar às características previstas tanto no *caput*, como no § 1º do art. 217-A do Código Penal, não importando se tenha ou não consentido para o ato sexual.

Em se tratando de um crime plurissubsistente, torna-se perfeitamente admissível a tentativa.

1.6 Elemento subjetivo

O dolo é o elemento subjetivo necessário ao reconhecimento do delito de estupro de vulnerável, devendo abranger as características exigidas pelo tipo do art. 217-A do Código Penal, vale dizer, deverá o agente ter conhecimento de que a vítima é menor de 14 (catorze) anos, ou que esteja acometida de enfermidade ou deficiência mental, fazendo com que não tenha o discernimento necessário para a prática do ato, ou que, por outra causa, não possa oferecer resistência.

Se, na hipótese concreta, o agente desconhecia qualquer uma dessas características constantes da infração penal em estudo, poderá ser alegado o erro de tipo, afastando-se o dolo e, consequentemente, a tipicidade do fato.

Não é admissível a modalidade culposa, por ausência de disposição legal expressa nesse sentido.

1.7 Modalidades comissiva e omissiva

Os núcleos *ter* e *praticar* pressupõem um comportamento *positivo* por parte do agente, tratando-se, pois, como regra, de um crime *comissivo*.

No entanto, o delito poderá ser praticado via omissão imprópria, na hipótese de o agente gozar do *status* de garantidor, nos termos preconizados pelo § 2º do art. 13 do Código Penal.

Infelizmente, tem sido notícia comum nos meios de comunicação o fato de mães aceitarem que seus maridos ou companheiros tenham relações sexuais com seus filhos menores, nada fazendo, para impedir o estupro. Nesse caso, a sua omissão deverá ser punida com as mesmas penas constantes no preceito secundário do art. 217-A do Código Penal.

1.8 Modalidades qualificadas

Os §§ 3º e 4º do art. 217-A do Código Penal preveem duas modalidades qualificadas no crime de estupro de vulnerável, *verbis*:

> § 3º Se da conduta resulta lesão corporal de natureza grave:
> Pena – reclusão de 10 (dez) a 20 (vinte) anos.
> § 4º Se da conduta resulta morte:
> Pena – reclusão, de 12 (doze) a 30 (trinta) anos.

Por lesão corporal de natureza grave devemos entender aquelas previstas nos §§ 1º e 2º do art. 129 do Código Penal.

A Lei nº 12.015, de 7 de agosto de 2009, diz, claramente, que a lesão corporal de natureza grave, ou mesmo a morte da vítima, devem ter sido produzidas em consequência da conduta do agente, vale dizer, do comportamento que era dirigido finalisticamente no sentido de praticar o estupro.

No entanto, deve ser frisado que esses resultados que qualificam a infração penal somente podem ser imputados ao agente a título de *culpa*, cuidando-se, outrossim, de crimes eminentemente preterdolosos.

Dessa forma, o agente deve ter dirigido sua conduta no sentido de estuprar a vítima, vindo, culposamente, a causar-lhe lesões graves ou mesmo a morte.

No que diz respeito ao reconhecimento da tentativa qualificada de estupro de vulnerável, remetemos o leitor ao art. 213 do Código Penal, cujos fundamentos podem ser utilizados no tipo penal em exame.

1.9 Consentimento da vítima e vítima que já manteve relações sexuais anteriormente ao crime

Com a finalidade de eliminar completamente a discussão a respeito do fato de que o consentimento da vítima, em algumas situações, poderia afastar a infração penal em estudo, ou, ainda, que por já ter mantido relações sexuais anteriores ao crime teria a mesma possibilidade, foi inserido o § 5º ao art. 217-A do Código Penal, pela Lei nº 13.718, de 24 de setembro de 2018, que diz, *verbis*:

> § 5º As penas previstas no *caput* e nos §§ 1º, 3º e 4º deste artigo aplicam-se independentemente do consentimento da vítima ou do fato de ela ter mantido relações sexuais anteriormente ao crime.

Agora, esperamos que tanto a doutrina quanto os Tribunais, principalmente os Superiores, não criem subterfúgios para evitar a aplicação da lei às hipóteses expressamente previstas pelo tipo penal que prevê o estupro de vulnerável.

1.10 Causas de aumento de pena

Determina o art. 226 do Código Penal, com as redações que lhe foram conferidas pelas Leis nºs 11.106, de 28 de março de 2005, e 13.718, de 24 de setembro de 2018:

> **Art. 226.** A pena é aumentada:
> I – de quarta parte, se o crime é cometido com o concurso de 2 (duas) ou mais pessoas;
> II – de metade, se o agente é ascendente, padrasto ou madrasta, tio, irmão, cônjuge, companheiro, tutor, curador, preceptor ou empregador da vítima ou por qualquer outro título tiver autoridade sobre ela;
> III – (Revogado pela Lei nº 11.106, de 2005.);
> IV – de 1/3 (um terço) a 2/3 (dois terços), se o crime é praticado:
>
> **Estupro coletivo**
> a) mediante concurso de 2 (dois) ou mais agentes;
>
> **Estupro corretivo**
> b) para controlar o comportamento social ou sexual da vítima.

O art. 234-A, após a nova redação que foi dada aos incisos III e IV pela Lei nº 13.718, de 24 de setembro de 2018, passou a prever o seguinte:

> **Art. 234-A.** Nos crimes previstos neste Título a pena é aumentada:
> I – (vetado);
> II – (vetado);

> III – de metade a 2/3 (dois terços), se do crime resulta gravidez;
> IV – de 1/3 (um terço) a 2/3 (dois terços), se o agente transmite à vítima doença sexualmente transmissível de que sabe ou deveria saber ser portador, ou se a vítima é idosa ou pessoa com deficiência.

Tal como ocorre no delito de estupro (art. 213 do CP), *in casu*, não terá aplicação a causa especial de aumento de pena prevista no inciso I do art. 226 do Código Penal, quando houver o concurso de duas ou mais pessoas na prática da infração penal tipificada no art. 217-A, *sub examen*, haja vista o chamado princípio da especialidade, já que a lei se referiu, expressamente, ao *estupro coletivo*, previsto na alínea *a* do inciso IV do citado art. 226, majorando, com mais severidade, essa situação.

Infelizmente, tem sido uma constante que vítimas menores engravidem após terem sido violentadas sexualmente não somente por estranhos, mas também por parentes ou por pessoas que possuem, para com elas, o dever de cuidado, proteção ou vigilância.[75] A violência intrafamiliar, ou seja, aquela realizada no seio da família, tem contribuído para essa triste realidade. Dessa forma, justifica-se o maior juízo de reprovação, com a aplicação da majorante, reprimindo, com mais severidade, a ação de pedófilos que engravidam suas vítimas.

Da mesma forma, merece uma reprimenda mais severa aquele que, sabendo ou devendo saber ser portador de doença sexualmente transmissível, a transmite para a vítima em situação de vulnerabilidade, ou que tem conjunção carnal ou pratica ato libidinoso com vítima pessoa idosa ou pessoa com deficiência.

Para uma melhor compreensão do tema, remetemos o leitor à discussão levada a efeito quando do estudo do delito de estupro, tipificado no art. 213 do Código Penal.

Pode ocorrer que, no caso concreto, esteja presente mais de uma causa uma causa de aumento de pena elencada nos arts. 226 e 234-A do Código Penal. Nesse caso, será aplicada a regra constante do parágrafo único do art. 68 do Código Penal, que diz, *verbis*:

> **Parágrafo único.** No concurso de causas de aumento ou de diminuição, previstas na parte especial, pode o juiz limitar-se a um só aumento ou a uma só diminuição, prevalecendo, todavia, a causa que mais aumente ou diminua.

1.11 Pena, ação penal e segredo de justiça

A pena prevista no preceito secundário do art. 217-A do Código Penal é de reclusão, de 8 (oito) a 15 (quinze) anos.

Se da conduta resulta lesão corporal de natureza grave, a pena é de reclusão, de 10 (dez) a 20 (vinte) anos; se da conduta resulta morte, a pena é de reclusão, de 12 (doze) a 30 (trinta) anos.

De acordo com a nova redação conferida ao art. 225 do Código Penal, pela Lei nº 13.718, de 24 de setembro de 2018, a ação penal será de iniciativa pública incondicionada.

Nos termos do art. 234-B do Código Penal criado pela Lei nº 12.015, de 7 de agosto de 2009, os processos em que se apuram crimes previstos pelo Título VI, vale dizer, os *crimes contra a dignidade sexual*, correrão em segredo de justiça.

---

[75] Em pesquisa realizada no Hospital Pérola Byington, em São Paulo, referência no tratamento de mulheres vítimas de violência sexual, foi constatado que 43% dos atendimentos diários se referem a meninas com menos de 12 anos de idade que engravidaram depois de terem sido estupradas. É um dado, realmente, assustador, razão pela qual se justifica a maior punição do pedófilo que engravida essas crianças e adolescentes.

Contudo, os §§ 1º e 2º inseridos no art. 234-B do Código Penal pela Lei nº 15.035, de 27 de novembro de 2024, determinam, *verbis*:

> § 1º O sistema de consulta processual tornará de acesso público o nome completo do réu, seu número de inscrição no Cadastro de Pessoas Físicas (CPF) e a tipificação penal do fato a partir da condenação em primeira instância pelos crimes tipificados nos arts. 213, 216-B, 217-A, 218-B, 227, 228, 229 e 230 deste Código, inclusive com os dados da pena ou da medida de segurança imposta, ressalvada a possibilidade de o juiz fundamentadamente determinar a manutenção do sigilo.
> § 2º Caso o réu seja absolvido em grau recursal, será restabelecido o sigilo sobre as informações a que se refere o § 1º deste artigo.

1.12 Destaques

1.12.1 Concurso entre o constrangimento e o estupro de vulnerável

O art. 217-A do Código Penal não exige que o delito seja praticado mediante o emprego de violência física (*vis absoluta*) ou grave ameaça (*vis compulsiva*). O simples fato de ter conjunção carnal ou praticar outro ato libidinoso com pessoa considerada vulnerável, mesmo com o consentimento desta, já importa na prática do crime.

No entanto, poderá o delito ser praticado através do emprego de violência física ou mesmo da grave ameaça, como ocorre com o estupro tipificado no art. 213 do Código Penal. Nesse caso, pergunta-se: poderia falar-se em concurso de crimes? A resposta só pode ser positiva. Não sendo um elemento constante do tipo do estupro de vulnerável, será possível o reconhecimento do concurso material entre o delito de lesão corporal (leve, grave ou gravíssima), ou a ameaça, com o tipo do art. 217-A do Código Penal.

1.12.2 Agente que constrange a vítima, com a finalidade de praticar atos libidinosos, sem que tenha conhecimento de que se amolda a uma das situações previstas no caput, bem como no § 1º do art. 217-A

Não tendo o agente conhecimento de que a vítima se amolda a uma das situações elencadas pelo *caput* ou pelo § 1º do art. 217-A do Código Penal, poderá ser alegado o erro de tipo.

1.12.3 Vítima que mantém relações sexuais consentidas no dia em que completa 14 (catorze) anos, ou que é forçada ao ato sexual, mediante o emprego de violência ou grave ameaça

O *caput* do art. 217-A do Código Penal considera como vulnerável a vítima menor de 14 (catorze) anos de idade. Assim, se o agente, mediante o consentimento da vítima, com ela, por exemplo, tem conjunção carnal no dia de seu aniversário, em que completava 14 (catorze) anos, o fato deixará de se amoldar ao tipo penal em estudo, devendo ser considerado atípico.

Se houver o constrangimento, mediante o emprego de violência ou grave ameaça, no sentido de forçar a vítima ao ato sexual, no dia de seu aniversário, em que completava 14 (catorze) anos, podemos entender pelo delito de estupro, com a qualificadora prevista no § 1º do art. 213 do Código Penal.

Nesta última hipótese, *vide* discussões relativas ao art. 213 do mesmo Diploma Legal.

1.12.4 Pedofilia

De todos os crimes que nos causam asco, que nos enojam, que nos fazem ter um sentimento de repulsa, sem dúvida alguma, a pedofilia se encontra no topo da lista. Muito embora o Código Penal não tenha usado a palavra *pedofilia*, o comportamento daquele que mantém relações sexuais com crianças, a exemplo do que ocorre com aquele que pratica o delito de estupro de vulnerável, pode, tranquilamente, se amoldar a esse conceito.

Genival Veloso de França define a pedofilia como sendo uma:

"Perversão sexual que se apresenta pela predileção erótica por crianças, indo desde os atos obscenos até a prática de manifestações libidinosas, denotando graves comprometimentos psíquicos e morais dos seus autores.

É mais comum entre indivíduos do sexo masculino com graves problemas de relacionamento sexual, na maioria das vezes por serem portadores de complexo ou sentimento de inferioridade. São quase sempre portadores de personalidade tímida, que se sentem impotentes e incapazes de obter satisfação sexual com mulheres adultas. Geralmente, são portadores de distúrbios emocionais que dificultam um relacionamento sexual normal. Há até os que se aproveitam da condição de membros ou participantes de entidades respeitáveis que tratam de problemas de menores.

Quando em indivíduos de baixa renda, estes distúrbios quase sempre vêm acompanhados do uso de bebidas alcoólicas e, em muitos casos são de contatos incestuosos envolvendo filhos, enteados ou parentes próximos. Na maioria dos casos, a criança é ameaçada, submetendo-se a estes atos, temendo represália do adulto."[76]

Essa relação abominável pode ser tanto hétero quanto homossexual.

Ultimamente, o mundo tem convergido esforços no sentido de combater os pedófilos que se utilizam, principalmente, da *internet* para atrair suas vítimas inocentes.

As sequelas que esses abusos sexuais produzem em nossas crianças são, muitas vezes, irreparáveis.

Em muitos casos, infelizmente, a pequena vítima guarda para si a violência que vem sofrendo por parte do pedófilo, pois, em virtude do abalo psicológico a que é submetida, sente-se amedrontada em contar o fato a qualquer pessoa, principalmente a seus familiares.

Existe toda uma técnica para se descobrir se uma criança está sendo vítima de algum abuso sexual, principalmente o estupro. São traços comuns, característicos dessa espécie de criminalidade, que afloram nas crianças que são submetidas a essas atrocidades. Guilherme Schelb, com precisão, aponta três tipos de indicadores de abuso sexual, a saber:

"a) Indicadores físicos da criança e do adolescente
- Infecções urinárias.
- Dor ou inchaço na área genital ou anal.
- Lesão ou sangramento genital ou anal.
- Secreções vaginais ou penianas.
- Doenças sexualmente transmissíveis.
- Dificuldade de caminhar ou sentar.
- Falta de controle ao urinar (incontinência urinária).
- Enfermidades psicossomáticas (doenças de pele ou digestivas etc.).

b) Comportamento da criança e do adolescente
- Comportamento sexual inadequado para a idade ou brincadeiras sexuais agressivas.
- Palavras de conotação sexual incompatíveis com a idade.
- Falta de confiança em adultos.
- Fugas de casa.
- Alegações de abuso.
- Ideias e tentativas de suicídio.

---

[76] FRANÇA, Genival Veloso de. *Medicina legal*, p. 234.

- Autoflagelação (o jovem fere o próprio corpo).
- Terror noturno (sono agitado em que a criança acorda com medo, no meio da noite, normalmente chorando ou gritando).

c) Comportamento da família (quando conivente ou autora da violência)
- Oculta frequentemente o abuso.
- É muito possessiva, negando à criança contatos sociais normais.
- Acusa a criança de promiscuidade, sedução sexual e atividade sexual fora de casa.
- Afirma que o contato sexual é uma forma de amor familiar."[77]

1.12.5 Prescrição

A Lei nº 14.344, de 24 de maio de 2022, alterou o inciso V do art. 111 do Código Penal, prevendo que a prescrição, antes de transitar em julgado a sentença final, começa a correr, nos crimes contra a dignidade sexual ou que envolvam violência contra criança e o adolescente, previstos no Código Penal ou em legislação especial, da data em que a vítima completar 18 (dezoito) anos, salvo se a esse tempo já houver sido proposta a ação penal.

1.12.6 Erro de proibição e vítima já prostituída

Pode ocorrer que o agente tenha relação sexual com vítima menor de 14 (catorze) anos que, infelizmente, já tenha ingressado no "mundo da prostituição." Assim, imagine-se o exemplo em que um caminhoneiro, em um posto de gasolina localizado à beira de uma estrada, seja abordado por uma menina que, sabidamente, tinha 13 anos de idade, mas que já se prostituía desde os seus 12 anos. Nesse caso, se o agente vier a manter algum tipo de ato libidinoso com ela, deverá ser responsabilizado pelo delito de estupro de vulnerável? Embora a resposta precisa dependa, efetivamente, do caso concreto, dificilmente poderá ser aceito o argumento do erro de proibição, uma vez que os meios de comunicação de massa estão, nos últimos anos, desenvolvendo um intenso trabalho de conscientização da população no que diz respeito à pedofilia, ou seja, a relação sexual com crianças e adolescentes (menores de 14 anos) que se encontram nessa situação de vulnerabilidade.

Assim, por mais que o fato de estar a vítima, menor de 14 anos, comercializando seu próprio corpo, a população em geral tem conhecimento de que praticar com ela algum tipo de ato libidinoso, aqui incluída, obviamente, a conjunção carnal, é um comportamento ilícito, razão pela qual o agente deverá ser condenado pelo delito em estudo.

1.12.7 Identificação do perfil genético

Remetemos o leitor para o item 11.35 do Capítulo 2 do presente volume.

1.12.8 Prioridade de tramitação do processo de estupro de vulnerável (art. 217-A, caput e §§ 1º, 2º, 3º e 4º)

A Lei nº 14.994, de 9 de outubro de 2024, alterou o art. 394-A do Código de Processo Penal, determinando, *verbis*:

> **Art. 394-A.** Os processos que apurem a prática de crime hediondo ou violência contra a mulher terão prioridade de tramitação em todas as instâncias.
> § 1º Os processos que apurem violência contra a mulher independerão do pagamento de custas, taxas ou despesas processuais, salvo em caso de má-fé.
> § 2º As isenções de que trata o § 1º deste artigo aplicam-se apenas à vítima e, em caso de morte, ao cônjuge, ascendente, descendente ou irmão, quando a estes couber o direito de representação ou de oferecer queixa ou prosseguir com a ação.

---

[77] Schelb, Guilherme. *Segredos da violência*, p. 19-20.

1.12.9 Infiltração de agentes de polícia na internet

A Lei nº 13.441, de 8 de maio de 2017, previu a possibilidade de infiltração de agentes de polícia na internet com o fim de investigar crimes contra a dignidade sexual de criança e de adolescente, fazendo inserir a Seção V-A na Lei nº 8.069, de 13 de julho de 1990 (Estatuto da Criança e do Adolescente), cujo art. 190-A, nela previsto, elenca as seguintes regras para que possa efetivamente ocorrer a mencionada infiltração:

> I – será precedida de autorização judicial devidamente circunstanciada e fundamentada, que estabelecerá os limites da infiltração para obtenção de prova, ouvido o Ministério Público;
> II – dar-se-á mediante requerimento do Ministério Público ou representação de delegado de polícia e conterá a demonstração de sua necessidade, o alcance das tarefas dos policiais, os nomes ou apelidos das pessoas investigadas e, quando possível, os dados de conexão ou cadastrais que permitam a identificação dessas pessoas;
> III – não poderá exceder o prazo de 90 (noventa) dias, sem prejuízo de eventuais renovações, desde que o total não exceda a 720 (setecentos e vinte) dias e seja demonstrada sua efetiva necessidade, a critério da autoridade judicial.

1.12.10 Grooming

Grooming é o termo em inglês utilizado para identificar ações deliberadas de adultos a fim de estabelecer laços de amizade com crianças na internet, com o objetivo de obter satisfação sexual.

Normalmente, o adulto começa a estabelecer esses laços de amizade e confiança, simulando ser também uma criança, e assim começa a obter dados pessoais e contatos da vítima, utilizando-se de táticas como sedução, provocação, envio de imagens de conteúdo pornográfico, com a finalidade de que a criança, finalmente, fique nua ou realize atos de natureza sexual em frente à webcam ou envie fotografias dessa natureza.

A partir desse momento, o agente dá início às suas chantagens, a fim de obter da vítima, cada vez mais, materiais pornográficos ou mesmo ter um encontro físico com ela, praticando atos sexuais.

1.12.11 Sexting

Sexting é também uma palavra em inglês que se traduz no fato de alguém enviar a outra pessoa, através de telefones celulares, imagens de conteúdo sexual ou pornográfico.

Esse comportamento pode conduzir à exposição de adultos, adolescentes ou mesmo de crianças ao *grooming* ou ao que se denomina *ciberbullying*, como meio de pressão, constrangimento e ridicularização da pessoa fotografada ou mesmo filmada, que teve suas imagens enviadas ao agente.

1.12.12 Destituição do poder familiar

O § 2º do art. 23 da Lei nº 8.069, de 13 de julho de 1990 (Estatuto da Criança e do Adolescente) e o parágrafo único do art. 1.638 do Código Civil, ambos inseridos nos referidos diplomas legais através da Lei nº 13.715, de 24 de setembro de 2018, asseveram, respectivamente, que:

> **Art. 23.** A falta ou a carência de recursos materiais não constitui motivo suficiente para a perda ou a suspensão do poder familiar.
> § 1º [...]
> § 2º A condenação criminal do pai ou da mãe não implicará a destituição do poder familiar, exceto na hipótese de condenação por crime doloso sujeito à pena de reclusão contra outrem igualmente titular do mesmo poder familiar ou contra filho, filha ou outro descendente.
> **Art. 1.638.** Perderá por ato judicial o poder familiar o pai ou a mãe que: [...]
> **Parágrafo único.** Perderá também por ato judicial o poder familiar aquele que:

I – praticar contra outrem igualmente titular do mesmo poder familiar:
a) [...]
b) estupro ou outro crime contra a dignidade sexual sujeito à pena de reclusão.
II – praticar contra filho, filha ou outro descendente:
a) [...]
b) estupro, estupro de vulnerável ou outro crime contra a dignidade sexual sujeito à pena de reclusão.

1.12.13 Cadastro nacional de pessoas condenadas por crime de estupro

A Lei nº 14.069, de 1º de outubro de 2020, criou o Cadastro Nacional de Pessoas Condenadas por Crime de Estupro, trazendo a seguinte redação:

Art. 1º Fica criado, no âmbito da União, o Cadastro Nacional de Pessoas Condenadas por Crime de Estupro, o qual conterá, no mínimo, as seguintes informações sobre as pessoas condenadas por esse crime:
I – características físicas e dados de identificação datiloscópica;
II – identificação do perfil genético;
III – fotos;
IV – local de moradia e atividade laboral desenvolvida, nos últimos 3 (três) anos, em caso de concessão de livramento condicional.
Art. 2º Instrumento de cooperação celebrado entre a União e os entes federados definirá:
I – o acesso às informações constantes da base de dados do Cadastro de que trata esta Lei;
II – as responsabilidades pelo processo de atualização e de validação dos dados inseridos na base de dados do Cadastro de que trata esta Lei.
Art. 2º-A. É determinada a criação do Cadastro Nacional de Pedófilos e Predadores Sexuais, sistema desenvolvido a partir dos dados constantes do Cadastro Nacional de Pessoas Condenadas por Crime de Estupro, que permitirá a consulta pública do nome completo e do número de inscrição no Cadastro de Pessoas Físicas (CPF) das pessoas condenadas por esse crime
Art. 3º Os custos relativos ao desenvolvimento, à instalação e à manutenção da base de dados do Cadastro Nacional de Pessoas Condenadas por Crime de Estupro serão suportados por recursos do Fundo Nacional de Segurança Pública.
Art. 4º Esta Lei entra em vigor na data de sua publicação.

1.13 Quadro-resumo

Sujeitos
» Ativo: qualquer pessoa.
» Passivo: será a pessoa menor de 14 (quatorze) anos, ou acometida de enfermidade ou deficiência mental, que não tenha o discernimento necessário para a prática do ato, ou que, por outra causa, não possa oferecer resistência. Contudo, quando a finalidade for a conjunção carnal, o sujeito passivo, obrigatoriamente, deverá ser do sexo oposto ao do sujeito ativo, pressupondo uma relação heterossexual.

Objeto material
É a criança, ou seja, aquele que ainda não completou os 12 (doze) anos, nos termos preconizados pelo caput do art. 2º do Estatuto da Criança e do Adolescente (Lei 8.069/1990) e o adolescente menor de 14 (quatorze) anos, bem como a vítima acometida de enfermidade ou deficiência mental, que não tenha o discernimento necessário para a prática do ato ou que, por outra causa, não pode oferecer resistência.

Bem(ns) juridicamente protegido(s)
A liberdade quanto a dignidade sexual, bem como o desenvolvimento sexual.

Elemento subjetivo
» É o dolo.
» Não se admite a modalidade culposa, por ausência de disposição legal expressa nesse sentido.

Modalidades comissiva e omissiva
» Os núcleos ter e praticar pressupõem um comportamento positivo por parte do agente, tratando-se, pois, como regra, de um crime comissivo.
» No entanto, o delito poderá ser praticado via omissão imprópria, na hipótese de o agente gozar do *status* de garantidor, nos termos preconizados pelo art. 13, § 2º, do CP.

Consumação e tentativa
» No que diz respeito à primeira parte constante do caput do art. 217-A do CP, o delito se consuma com a efetiva conjunção carnal, não importando se a penetração foi total ou parcial, não havendo, inclusive, necessidade de ejaculação. Quanto à segunda parte, consuma-se o estupro de vulnerável no momento em que o agente pratica qualquer outro ato libidinoso com a vítima.
» Tratando-se de um crime plurissubsistente, torna-se perfeitamente admissível a tentativa.

2. CORRUPÇÃO DE MENORES

Corrupção de menores[78]
Art. 218. Induzir alguém menor de 14 (catorze) anos a satisfazer a lascívia de outrem:
Pena – reclusão, de 2 (dois) a 5 (cinco) anos.
Parágrafo único. (Vetado)

2.1 Introdução

A Lei nº 12.015, de 7 de agosto de 2009, dando nova redação ao art. 218 do Código Penal, passou a entender como *corrupção de menores* o fato de *induzir alguém menor de 14 (catorze) anos a satisfazer a lascívia de outrem*.

Trata-se, na verdade, de uma modalidade especial de lenocínio, na qual o agente presta assistência à libidinagem de outrem, tendo ou não finalidade de obtenção de vantagem econômica. Hungria afirma que:

"A nota diferencial, característica do lenocínio (em cotejo com os demais crimes sexuais), está em que, ao invés de servir à concupiscência de seus próprios agentes, opera, em torno da lascívia alheia, a prática sexual *inter alios*. E esta é uma nota comum entre *proxenetas, rufiões e traficantes de mulheres*: todos *corvejam* em torno da libidinagem de outrem, ora como mediadores, fomentadores ou auxiliares, ora como especuladores parasitários. São moscas da mesma cloaca, vermes da mesma podridão. No extremo ponto da escala de indignidade, porém, estão, por certo, os que agem *lucri faciendi causa*: o proxeneta de ofício, o rufião habitual, o 'marchante' de mulheres para as feiras de Vênus Libertina. De tais indivíduos se pode dizer que são os espécimes mais abjetos do gênero humano. São *tênias* da prostituição, os *parasitas* do vil mercado dos prazeres sexuais. Figuras típicas da *malavita*. Constituem, como diz Viazzi, um peso morto na luta solidária para a consecução dos fins coletivos. As meretrizes (segundo

---

[78] *Vide* Lei nº 13.431, de 4 de abril de 2017, que estabeleceu o sistema de garantia de direitos da criança e do adolescente vítima ou testemunha de violência e alterou a Lei nº 8.069, de 13 de julho de 1990 (Estatuto da Criança e do Adolescente).

o tropo do padre Vieira) 'comem do próprio corpo', e essa ignóbil caterva de *profiteurs* disputa bocados e nacos no prato de tal infâmia."[79]

Genial a passagem escrita pelo maior penalista que o Brasil já conheceu. Se Hungria já se indignava com a existência do proxeneta tradicional, que diria ele a respeito daquele que, como ocorre nos dias de hoje, explora nossas crianças e adolescentes menores de 14 (catorze) anos? Esses, realmente, fazem parte da escória da sociedade. Não se importam em macular sexualmente aqueles que ainda se encontram em processo de desenvolvimento.

Aquele que pratica o lenocínio é conhecido como *proxeneta*. O proxenetismo, em virtude das alterações ocorridas no Código Penal, abrange as cinco figuras típicas constantes dos arts. 218, 218-B, 218-C, 227, 228 e 229, que preveem, respectivamente, os delitos de *corrupção de menores, favorecimento da prostituição ou de outra forma de exploração sexual de criança ou adolescente ou de vulnerável* (conforme a rubrica que lhe foi conferida pela Lei nº 12.978, de 21 de maio de 2014), *divulgação de cena de estupro ou de cena de estupro de vulnerável, de cena de sexo ou de pornografia, mediação para servir à lascívia de outrem, favorecimento da prostituição ou outra forma de exploração sexual e casa de prostituição*.

Inicialmente, vale ressaltar que, em sua redação original, o art. 218 do Código Penal entendia como delito de *corrupção de menores* a conduta de *corromper ou facilitar a corrupção de pessoa maior de 14 (catorze) e menor de 18 (dezoito) anos, com ela praticando ato de libidinagem, ou induzindo-a a praticá-lo ou a presenciá-lo*. A nova redação constante do art. 218 do Código Penal mudou significativamente seus elementos, uma vez que o tipo penal prevê o delito de *corrupção de menores* quando o agente induz alguém menor de 14 (catorze) anos a satisfazer a lascívia de outrem.

Assim, de acordo com a redação legal, podemos apontar os seguintes elementos que integram a mencionada figura típica: *a)* a conduta de *induzir alguém*; *b)* com a finalidade de *satisfazer a lascívia de outrem*.

O núcleo *induzir* é utilizado no sentido não somente de incutir a ideia na vítima, como também de convencê-la à prática do comportamento previsto no tipo penal. A vítima, aqui, é convencida pelo proxeneta a satisfazer a lascívia de outrem.

Por *satisfazer a lascívia* somente podemos entender aquele comportamento que não imponha à vítima, menor de 14 (catorze) anos, a prática de conjunção carnal ou outro ato libidinoso, uma vez que, nesses casos, teria o agente que responder pelo delito de estupro de vulnerável, em virtude da regra constante do art. 29 do Código Penal, que seria aplicada ao art. 217-A do mesmo diploma repressivo.

Assim, por exemplo, poderia o agente induzir a vítima a fazer um ensaio fotográfico, completamente nua, ou mesmo tomar banho na presença de alguém, ou simplesmente ficar deitada, sem roupas, fazer danças eróticas, seminua, com roupas minúsculas, fazer *streap-tease* etc., pois essas cenas satisfazem a lascívia de alguém, que atua como *voyeur*.

O *voyeurismo* é uma prática que consiste num indivíduo conseguir obter prazer sexual através da observação de outras pessoas, que podem ou não ter conhecimento da sua presença.

Assim, é importante frisar que, em nenhum momento, a vítima menor de 14 (catorze) anos poderá ser submetida à conjunção carnal ou a outros atos libidinosos, pois, se isso ocorrer, estaremos diante do delito de estupro de vulnerável, tipificado no art. 217-A do Código Penal, e não do crime de corrupção de menores, com a nova redação que lhe foi dada pela Lei nº 12.015, de 7 de agosto de 2009.

Por isso, não podemos concordar com Guilherme de Souza Nucci quando afirma que "o atual art. 218 criou uma modalidade de exceção pluralística à teoria monística, impedindo a

---

[79] HUNGRIA, Nélson. Comentários ao código penal, v. VIII, p. 267.

punição do partícipe de estupro de vulnerável, pela pena prevista para o art. 217-A, quando se der na modalidade de induzimento".[80]

Quando a lei penal menciona, na sua parte final, que a vítima deverá ser induzida a satisfazer a lascívia *de outrem*, está afirmando, consequentemente, que deverá ser *uma pessoa ou grupo de pessoas determinadas*, pois, conforme adverte corretamente Rogério Sanches Cunha, "se o agente induz a vítima a satisfazer a lascívia de um número indeterminado de pessoas, o crime passará a ser o de favorecimento da prostituição (art. 218-B do CP)".[81]

A nota característica do lenocínio é que o proxeneta atua não no sentido de satisfazer sua libido, mas sim de satisfazer a lascívia de outrem, de terceira pessoa.

2.2 Classificação doutrinária

Crime comum com relação ao sujeito ativo e próprio quanto ao sujeito passivo, pois o delito somente se configurará se o induzido for alguém menor de 14 (catorze) anos; doloso; material; de forma livre; comissivo (podendo ser praticado via omissão, na hipótese de o agente gozar do *status* de garantidor); instantâneo; incongruente; monossubjetivo; plurissubsistente; transeunte (não havendo necessidade, como regra, de prova pericial, tratando-se de infração penal que não deixa vestígios).

2.3 Objeto material e bem juridicamente protegido

O bem juridicamente protegido pelo art. 218 do Código Penal é a dignidade sexual do menor de 14 (catorze) anos, bem como o direito a um desenvolvimento sexual condizente com a sua idade.

O objeto material é a pessoa contra a qual recai a conduta praticada pelo agente, vale dizer, aquela, menor de 14 (catorze) anos, que foi induzida a satisfazer a lascívia de outrem.

2.4 Sujeito ativo e sujeito passivo

Qualquer pessoa pode ser *sujeito ativo* do delito de *corrupção de menores*, não havendo nenhuma qualidade ou condição especial exigida pelo tipo, sendo, portanto, um delito de natureza comum.

No que diz respeito ao sujeito passivo, somente alguém menor de 14 (catorze) anos pode figurar nessa condição, seja do sexo masculino ou feminino.

2.5 Consumação e tentativa

Embora o núcleo *induzir* nos dê a impressão de que a consumação ocorreria no momento em que a vítima, menor de 14 (catorze) anos, fosse convencida pelo agente a satisfazer a lascívia de outrem, somos partidários da corrente que entende seja necessária a realização, por parte da vítima de, pelo menos, algum ato tendente à satisfação da lascívia de outrem, cuidando-se, pois, de delito de natureza material.

Em sentido contrário, Paulo Busato preleciona que:

"A consumação do crime se dá com a produção do resultado de indução, que é o convencimento do menor a realizar o ato que deverá conduzir à satisfação para a lascívia de terceiro.

---

[80] NUCCI, Guilherme de Souza. *Crimes contra a dignidade sexual* – comentários à Lei nº 12.015, de 7 de agosto de 2009, p. 45.
[81] CUNHA, Sanches Rogério. *Manual de direito penal* – parte especial, volume único, p. 501.

É muito importante notar que, ao tratar-se da corrupção de menor, ao ter por objetivo jurídico a salvaguarda do seu desenvolvimento sexual adequado, não é necessário o resultado da efetiva satisfação da lascívia de terceiro, bastando que tenha havido efetivamente a indução do menor e que este tenha-se convencido a realizar ato tendente à satisfação da lascívia de terceiro".[82]

Tratando-se de um crime plurissubsistente, no qual se permite o fracionamento do *iter criminis*, torna-se perfeitamente admissível a tentativa. Assim, imagine-se a hipótese em que a vítima, menor de 14 (catorze) anos, depois de ser induzida pelo agente à satisfação da lascívia de outrem, é impedida, por circunstâncias alheias à vontade do agente, momentos antes de realizar o comportamento que se adequaria ao tipo penal em estudo, quando, por exemplo, são descobertos em determinado cômodo de uma residência, por seu proprietário, que os expulsa daquele lugar, evitando, assim, a consumação do delito.

2.6 Elemento subjetivo

O dolo é o elemento subjetivo exigido pelo tipo penal que prevê o delito de *corrupção de menores*, não havendo previsão para a modalidade de natureza culposa.

A conduta do agente, portanto, deve ser dirigida a induzir alguém menor de 14 (catorze) anos a praticar qualquer ato que tenha uma conotação sexual, capaz de satisfazer à lascívia de outrem.

2.7 Modalidades comissiva e omissiva

O núcleo *induzir* pressupõe um comportamento comissivo por parte do agente, podendo, no entanto, também ser praticado via omissão imprópria, na hipótese em que o agente, garantidor, dolosamente, podendo, nada fizer para impedir a prática da infração penal.

2.8 Causas de aumento de pena

Vide arts. 226 e 234-A do Código Penal, com as discussões que lhes são pertinentes, levadas a efeito quando do estudo do art. 213 do mesmo diploma repressivo.

Tendo em vista a limitação contida no tipo penal, pois que o menor de 14 (catorze) anos não poderá praticar a conjunção carnal ou mesmo outro ato libidinoso com o agente, será de difícil ocorrência a hipótese em que sejam aplicadas as majorantes constantes do art. 234-A do Código Penal.

2.9 Pena, ação penal e segredo de justiça

A Lei nº 12.015, de 7 de agosto de 2009, não somente modificou a redação constante do preceito primário do art. 218 do Código Penal, mas também a pena cominada em seu preceito secundário, passando a prever uma pena de reclusão, de 2 (dois) a 5 (cinco) anos.

De acordo com a nova redação conferida ao art. 225 do Código Penal, pela Lei nº 13.718, de 24 de setembro de 2018, a ação penal será de iniciativa pública incondicionada.

Nos termos do art. 234-B do Código Penal, os processos em que se apuram crimes previstos pelo Título VI, vale dizer, os *crimes contra a dignidade sexual*, correrão em segredo de justiça.

Contudo, os §§ 1º e 2º inseridos no art. 234-B do Código Penal pela Lei nº 15.035, de 27 de novembro de 2024, determinam, *verbis*:

> § 1º O sistema de consulta processual tornará de acesso público o nome completo do réu, seu número de inscrição no Cadastro de Pessoas Físicas (CPF) e a tipificação penal do fato a partir da condenação em primeira instância pelos crimes tipificados nos arts. 213, 216-B, 217-A, 218-B, 227, 228, 229 e 230

---

[82] BUSATO, Paulo César. *Direito penal* – parte especial 1, p. 850.

> deste Código, inclusive com os dados da pena ou da medida de segurança imposta, ressalvada a possibilidade de o juiz fundamentadamente determinar a manutenção do sigilo.
>
> § 2º Caso o réu seja absolvido em grau recursal, será restabelecido o sigilo sobre as informações a que se refere o § 1º deste artigo.

2.10 Destaques

2.10.1 Habitualidade

O delito de *corrupção de menores*, mesmo com a nova redação que lhe foi dada pela Lei nº 12.015, de 7 de agosto de 2009, não se encontra no rol daquelas infrações penais reconhecidas como habituais.

Portanto, basta que a conduta do agente seja dirigida, por uma única vez, a fazer com que a vítima atue no sentido de satisfazer à lascívia de outrem para que o delito reste consumado.

A habitualidade, aqui, poderá, se for o caso, importar no reconhecimento do concurso de crimes, aplicando-se as regras constantes dos arts. 69 ou 71 do Código Penal, dependendo do caso concreto.

2.10.2 Terceiro que satisfaz sua lascívia com a vítima menor de 14 (catorze) anos

Aquele que vê satisfeita sua lascívia em virtude do comportamento praticado pelo proxeneta não pratica o delito tipificado no art. 218 do Código Penal, que exige do sujeito ativo que atue no sentido de satisfazer a lascívia de *outrem*, e não a própria.

2.10.3 Erro de tipo quanto à idade da vítima

Para que o agente possa responder pelo delito tipificado pelo art. 218 do Código Penal deverá, obrigatoriamente, ter conhecimento da idade da vítima, pois, caso contrário, poderá ser responsabilizado pela infração penal prevista pelo art. 227 do mesmo diploma legal.

2.10.4 Prova da idade da vítima

Para que o agente possa ser responsabilizado criminalmente pelo delito tipificado no art. 218 do Código Penal, deverá, obrigatoriamente, ser provada nos autos a idade da vítima, através de documento próprio (certidão de nascimento, documento de identidade etc.), pois o art. 155 do Código de Processo Penal, de acordo com a redação que lhe foi dada pela Lei nº 11.690, de 9 de junho de 2008, determina que somente quanto ao estado das pessoas serão observadas as restrições estabelecidas na lei civil.

2.10.5 Vítima que é induzida a satisfazer a lascívia de outrem pela internet

Pode ocorrer que a vítima, menor de 14 (catorze) anos, seja induzida pelo proxeneta a se exibir para alguém através da internet, via *webcam*, fazendo *strip-tease*. Nesse caso, seria possível a configuração do delito de corrupção de menores? A resposta só pode ser positiva. Isso porque o art. 240 do Estatuto da Criança e do Adolescente, com a redação que lhe foi conferida pela Lei nº 11.829/2008, pune, com uma pena de reclusão de 4 (quatro) a 8 (oito) anos, e multa, aquele que vier a *produzir, reproduzir, dirigir, fotografar, filmar ou registrar, por qualquer meio, cena de sexo explícito ou pornográfica, envolvendo criança ou adolescente*, sendo que o § 1º do referido artigo diz que *incorre nas mesmas penas quem agencia, facilita, recruta, coage ou de qualquer modo intermedeia a participação de crianças ou adolescentes nas cenas referidas no* caput *do artigo, ou ainda quem com esses contracena; e quem exibe, transmite, auxilia ou facilita a exibição ou transmissão, em tempo real, pela internet, por aplicativos, por meio de dispositivo informático ou qualquer meio ou ambiente digital, de cena de sexo explícito ou pornográfica com a participação de criança ou adolescente.*

Como se percebe pela leitura do art. 240 do mencionado estatuto, não houve previsão legal para o comportamento de, simplesmente, *assistir* à exibição erótica do menor de 14 (catorze) anos, sendo necessário, para efeitos de configuração do delito, que o agente, ao menos, registre a cena, ou seja, grave as imagens em seu computador, por exemplo, para que o proxeneta possa ser responsabilizado.

No entanto, o induzimento à exposição do menor de 14 (catorze) anos através de *webcam* já se configurará no delito de corrupção de menores, se a finalidade for a satisfação da lascívia de outrem.

2.10.6 Corrupção de menores no Estatuto da Criança e do Adolescente (Lei nº 8.069/90)

A Lei nº 12.015, de 7 de agosto de 2009, revogou, expressamente, a Lei nº 2.252, de 1º de julho de 1954, que previa o crime de corrupção de menores, criando, por outro lado, o art. 244-B no Estatuto da Criança e do Adolescente, que diz, *verbis*:

> **Art. 244-B.** Corromper ou facilitar a corrupção de menor de 18 (dezoito) anos, com ele praticando infração penal ou induzindo-o a praticá-la:
> Pena – reclusão, de 1 (um) a 4 (quatro) anos.
> § 1º Incorre nas penas previstas no *caput* deste artigo quem pratica as condutas ali tipificadas utilizando-se de quaisquer meios eletrônicos, inclusive salas de bate-papo da *internet*.
> § 2º As penas previstas no *caput* deste artigo são aumentadas de um terço no caso de a infração cometida ou induzida estar incluída no rol do art. 1º da Lei nº 8.072, de 25 de julho de 1990.

A redação constante do *caput* do art. 244-B do Estatuto da Criança e do Adolescente é muito parecida com a do revogado art. 1º da Lei nº 2.252/54.

Aqui, embora não exista mais essa rubrica, haverá a corrupção de menores quando o agente praticar uma infração penal em companhia do menor ou induzi-lo a praticá-la. Procura-se evitar, com a tipificação levada a efeito pelo referido art. 244-B, que o menor seja iniciado na criminalidade, corrompendo a sua formação moral.

Deve-se notar, ainda, que o art. 244-B da Lei nº 8.069/90 aponta que o menor deve ter idade inferior a 18 anos, não determinando idade mínima. Assim, se um roubo, por exemplo, for praticado pelo agente em companhia de um menor que contava, à época dos fatos, com 13 anos de idade, em tese, poderá configurar-se o delito tipificado na lei especial. Agora, no entanto, se o fato for praticado em companhia de uma criança de apenas 2 anos de idade, não se poderá cogitar da infração penal em estudo, devendo-se aplicar, pois, o princípio da razoabilidade.

Entendemos que, para efeito de configuração do delito, deverá ser demonstrado que, com a prática da infração penal, houve a efetiva corrupção ou, pelo menos, a facilitação da corrupção do menor de 18 (dezoito) anos, pois, caso contrário, o fato deverá ser considerado atípico. Assim, imagine-se a hipótese em que um menor tenha participado no cometimento de uma infração penal levada a efeito por um agente imputável e, logo após, arrepende-se do que fez e deixa de praticar qualquer outro ato infracional, levando uma vida "normal", de acordo com os padrões legais exigidos. Não se pode dizer, nesse caso, que o agente tenha corrompido ou facilitado a corrupção do referido menor, razão pela qual devemos entender pelo afastamento do tipo penal do art. 244-B da Lei nº 8.069/90.

Da mesma forma, se a vítima já se encontrava corrompida, sendo, outrossim, pessoa voltada à prática de infrações penais, também não se poderá cogitar do reconhecimento do delito em estudo, podendo-se levar a efeito o raciocínio relativo ao crime impossível, em virtude da absoluta impropriedade do objeto.

Nossos Tribunais Superiores vinham decidindo reiteradamente que:

"A Terceira Seção deste Superior Tribunal de Justiça, no julgamento do REsp 1.127.954/DF, submetido ao rito dos recursos repetitivos, firmou entendimento no sentido de que "para a configuração do crime de corrupção de menores, atual art. 244-B do Estatuto da Criança e do Adolescente, não se faz necessária a prova da efetiva corrupção do menor, uma vez que se trata de delito formal, cujo bem jurídico tutelado pela norma visa, sobretudo, a impedir que o maior imputável induza ou facilite a inserção ou a manutenção do menor na esfera criminal" (REsp 1.127.954/DF, Rel. Min. Marco Aurélio Bellizze, Terceira Seção, j. 14/12/2011, DJe 1º/2/2012). Tema consolidado na Súmula 500 do STJ (STJ, HC 436.923/ES, Rel. Min. Ribeiro Dantas, 5ª T., DJe 22/05/2018).

"Por ocasião do julgamento do Recurso Especial Representativo de Controvérsia nº 1.127.954/DF (DJe 1º/02/2012), a Terceira Seção deste Superior Tribunal uniformizou o entendimento de que, para a configuração do crime de corrupção de menores, basta haver evidências da participação de menor de 18 anos no delito e na companhia de agente imputável, sendo irrelevante o fato de o adolescente já estar corrompido, visto que se trata de delito de natureza formal" (STJ, AgRg no AREsp 568.189/MG, Rel. Min. Ribeiro Dantas, 5ª T., DJe 28/06/2017).

O STJ, consolidando seu posicionamento, editou a Súmula nº 500, publicada no DJe de 28 de outubro de 2013, que diz:

> **Súmula nº 500.** *A configuração do crime previsto no art. 244-B do Estatuto da Criança e do Adolescente independe da prova da efetiva corrupção do menor, por se tratar de delito formal.*

Em sentido contrário, entendendo pela natureza material do delito, já decidiu o TJ-MG que:

"O crime de corrupção de menores, descrito no art. 1º da Lei nº 2.252/54, em qualquer das suas duas formas de conduta – corromper ou facilitar a corrupção –, tem a natureza de crime material, que se configura em face do resultado, sendo, portanto, necessário para a sua configuração que se demonstre a efetiva corrupção do adolescente" (TJ-MG, ACR 1.0024.06.249627-8/001, 2a Câm. Crim., Rel.ª Beatriz Pinheiro Caires, DJ 1º/2/2008).

A Lei nº 12.015, de 7 de agosto de 2009, previu, no § 1º do art. 244-B do Estatuto da Criança e do Adolescente, que as condutas nele elencadas poderiam ser praticadas com a utilização de quaisquer meios eletrônicos, inclusive salas de "bate-papo" na *internet*.

Inúmeros delitos podem ser praticados através dos meios apontados pelo referido parágrafo, desde delitos patrimoniais, até crimes que envolvam a ação de pedófilos. Se o comportamento criminoso for praticado em companhia do menor de 18 anos, mesmo que virtualmente, também se poderá cogitar do delito em análise.

O § 2º do art. 244-B diz que as penas previstas no *caput* são aumentadas de um terço no caso de a infração cometida ou induzida estar incluída no rol do art. 1º da Lei nº 8.072, de 25 de julho de 1990.

2.10.7 Abolitio criminis *e corrupção de menores tipificada pelo art. 218 do Código Penal, anteriormente à modificação trazida pela Lei nº 12.015, de 7 de agosto de 2009*

Rogério Sanches Cunha adverte que:

"Os três comportamentos típicos trazidos pelo antigo *caput* do art. 218 do CP, tratando-se de vítima maior de 14 e menor de 18 anos, foram abolidos (supressão da figura criminosa), devendo retroagir nos termos do art. 2º do CP."[83]

2.10.8 Prescrição

A Lei nº 14.344, de 24 de maio de 2022, alterou o inciso V do art. 111 do Código Penal, prevendo que a prescrição, antes de transitar em julgado a sentença final, começa a correr, nos

---

[83] CUNHA, Rogério Sanches. *Comentários à reforma criminal de 2009 e à convenção de Viena sobre o direito dos tratados*, p. 55.

crimes contra a dignidade sexual ou que envolvam violência contra criança e o adolescente, previstos no Código Penal ou em legislação especial, da data em que a vítima completar 18 (dezoito) anos, salvo se a esse tempo já houver sido proposta a ação penal.

2.10.9 Corrupção de menores e Código Penal Militar

O delito de corrupção de menores está previsto no art. 234 do Código Penal Militar (Decreto-Lei nº 1.001, de 21 de outubro de 1969), punindo com pena de reclusão de dois a cinco anos quem induzir alguém menor de 14 (quatorze) anos a satisfazer a lascívia de outrem.

2.10.10 Infiltração de agentes de polícia na internet

A Lei nº 13.441, de 8 de maio de 2017, previu a possibilidade de infiltração de agentes de polícia na internet com o fim de investigar crimes contra a dignidade sexual de criança e de adolescente, fazendo inserir a Seção V-A na Lei nº 8.069, de 13 de julho de 1990 (Estatuto da Criança e do Adolescente), cujo art. 190-A, nela previsto, elenca as seguintes regras para que possa efetivamente ocorrer a mencionada infiltração:

> I – será precedida de autorização judicial devidamente circunstanciada e fundamentada, que estabelecerá os limites da infiltração para obtenção de prova, ouvido o Ministério Público;
> II – dar-se-á mediante requerimento do Ministério Público ou representação de delegado de polícia e conterá a demonstração de sua necessidade, o alcance das tarefas dos policiais, os nomes ou apelidos das pessoas investigadas e, quando possível, os dados de conexão ou cadastrais que permitam a identificação dessas pessoas;
> III – não poderá exceder o prazo de 90 (noventa) dias, sem prejuízo de eventuais renovações, desde que o total não exceda a 720 (setecentos e vinte) dias e seja demonstrada sua efetiva necessidade, a critério da autoridade judicial.

2.10.11 Grooming

Grooming é o termo em inglês utilizado para identificar ações deliberadas de adultos a fim de estabelecer laços de amizade com crianças na internet, com o objetivo de obter satisfação sexual.

Normalmente, o adulto começa a estabelecer esses laços de amizade e confiança, simulando ser também uma criança, e assim começa a obter dados pessoais e contatos da vítima, utilizando-se de táticas como sedução, provocação, envio de imagens de conteúdo pornográfico, com a finalidade de que finalmente, fique nua ou realize atos de natureza sexual em frente à webcam ou envie fotografias dessa natureza.

A partir desse momento, o agente dá início às suas chantagens, a fim de obter da vítima, cada vez mais, materiais pornográficos ou mesmo ter um encontro físico com ela, praticando atos sexuais.

2.10.12 Sexting

Sexting é também uma palavra em inglês que se traduz no fato de alguém enviar a outra pessoa, através de telefones celulares, imagens de conteúdo sexual ou pornográfico.

Esse comportamento pode conduzir à exposição de adultos, adolescentes ou mesmo de crianças ao *grooming* ou ao que se denomina *ciberbullying*, como meio de pressão, constrangimento e ridicularização da pessoa fotografada ou mesmo filmada, que teve suas imagens enviadas ao agente.

2.10.13 Destituição do poder familiar

O § 2º do art. 23 da Lei nº 8.069, de 13 de julho de 1990 (Estatuto da Criança e do Adolescente) e o parágrafo único do art. 1.638 do Código Civil, ambos inseridos nos referidos diplomas legais através da Lei nº 13.715, de 24 de setembro de 2018, asseveram, respectivamente, que:

Art. 23. A falta ou a carência de recursos materiais não constitui motivo suficiente para a perda ou a suspensão do poder familiar.
§ 1º [...]
§ 2º A condenação criminal do pai ou da mãe não implicará a destituição do poder familiar, exceto na hipótese de condenação por crime doloso sujeito à pena de reclusão contra outrem igualmente titular do mesmo poder familiar ou contra filho, filha ou outro descendente.
Art. 1.638. Perderá por ato judicial o poder familiar o pai ou a mãe que: [...]
Parágrafo único. Perderá também por ato judicial o poder familiar aquele que:
I – praticar contra outrem igualmente titular do mesmo poder familiar:
a) [...]
b) estupro ou outro crime contra a dignidade sexual sujeito à pena de reclusão.
II – praticar contra filho, filha ou outro descendente:
a) [...]
b) estupro, estupro de vulnerável ou outro crime contra a dignidade sexual sujeito à pena de reclusão.

2.11 Quadro-resumo

Sujeitos
» Ativo: qualquer pessoa.
» Passivo: alguém menor de 14 (quatorze) anos, seja do sexo masculino ou feminino.

Objeto material
É a pessoa contra a qual recai a conduta praticada pelo agente, vale dizer, aquela, menor de 14 (quatorze) anos, que foi induzida a satisfazer a lascívia de outrem.

Bem(ns) juridicamente protegido(s)
É a dignidade sexual do menor de 14 (quatorze) anos, bem como o direito a um desenvolvimento sexual condizente com a sua idade.

Elemento subjetivo
» O dolo é o elemento subjetivo exigido pelo tipo penal que prevê o delito de corrupção de menores.
» Não há previsão para a modalidade de natureza culposa.

Modalidades comissiva e omissiva
» O núcleo induzir pressupõe um comportamento comissivo por parte do agente.
» Pode, no entanto, também ser praticado via omissão imprópria, na hipótese em que o agente, garantidor, dolosamente, podendo, nada fizer para impedir a prática da infração penal.

Consumação e tentativa
» Embora o núcleo induzir nos dê a impressão de que a consumação ocorreria no momento em que a vítima, menor de 14 (quatorze) anos, fosse convencida pelo agente a satisfazer a lascívia de outrem, somos partidários da corrente que entende seja necessária a realização, por parte da vítima, de pelo menos algum ato tendente à satisfação da lascívia de outrem, cuidando-se, pois, de delito de natureza material.
» Tratando-se de um crime plurissubsistente, no qual se permite o fracionamento do iter criminis, torna-se perfeitamente admissível a tentativa.

3. SATISFAÇÃO DE LASCÍVIA MEDIANTE PRESENÇA DE CRIANÇA OU ADOLESCENTE

> **Satisfação de lascívia mediante presença de criança ou adolescente**[84]
> **Art. 218-A.** Praticar, na presença de alguém menor de 14 (catorze) anos, ou induzi-lo a presenciar, conjunção carnal ou outro ato libidinoso, a fim de satisfazer lascívia própria ou de outrem:
> Pena – reclusão, de 2 (dois) a 4 (quatro) anos.

3.1 Introdução

O delito de *satisfação de lascívia mediante presença de criança ou adolescente* foi inserido no Código Penal através da Lei nº 12.015, de 7 de agosto de 2009, vindo, outrossim, a cobrir uma falha existente em nosso ordenamento jurídico, que não previa essa situação.

A redação anterior do delito de *corrupção de menores*, previsto no já modificado art. 218 do Código Penal, somente tipificava o comportamento daquele que corrompia ou facilitava a corrupção de pessoa maior de 14 (catorze) e menor de 18 (dezoito) anos, fazendo com que presenciasse a prática de atos de libidinagem. Se a vítima fosse menor de 14 (catorze) anos, em virtude dessa falha legislativa, o fato era considerado atípico, por ausência de previsão legal tanto pelo Código Penal, quanto pelo Estatuto da Criança e do Adolescente (Lei nº 8.069/90).

Agora, de acordo com o novo art. 218-A do Código Penal, podemos apontar os seguintes elementos que informam a figura típica: *a)* a conduta de *praticar* conjunção carnal ou outro ato libidinoso; *b)* na presença de alguém menor de 14 (catorze anos); *c)* ou induzi-lo a presenciar a prática desses atos; *d)* com a finalidade de satisfazer a lascívia própria ou de outrem.

Para que ocorra o delito *sub examen*, é necessário que o agente esteja praticando a conjunção carnal ou outro ato libidinoso na presença de menor de 14 (catorze) anos. Inicialmente, pela redação do artigo em estudo, podemos concluir que, na primeira hipótese, embora o agente não tivesse induzido o menor a presenciar o ato sexual que estava sendo realizado, sabia que este a tudo assistia e, em virtude disso, permite que ali permaneça, pois isso também é uma forma de satisfazer a sua própria libido, ou mesmo a de outrem.

Assim, a presença do menor, que a tudo assiste, é um motivo também de prazer sexual para o agente. É mais uma maneira de exteriorizar sua libido. Saber que está sendo assistido pelo menor estimula o agente na prática dos atos sexuais, pois isso também lhe dá prazer.

Por outro lado, o artigo menciona também que o menor de 14 (catorze) anos, embora não realize nenhum ato de natureza sexual, é induzido pelo agente a presenciar, a assistir a prática da conjunção carnal ou outro ato libidinoso. O núcleo induzir nos dá a ideia de que o agente havia convencido o menor a presenciar os atos sexuais.

No tipo penal em estudo, o que podemos entender por lascívia? Conforme lições de Noronha, "lascívia é sinônimo de sensualidade, luxúria, concupiscência e libidinagem".[85] Assim, aquele que permite que um menor de 14 (catorze) anos presencie a prática de atos sexuais (conjunção carnal ou outro ato libidinoso), ou mesmo que o induz a presenciá-lo, deve ter por finalidade uma dessas características apontadas por Noronha, pois, caso isso não ocorra, isto é, ausente essa finalidade especial exigida pelo tipo, o fato deverá ser considerado como atípico.

---

[84] *Vide* Lei nº 13.431, de 4 de abril de 2017, que estabeleceu o sistema de garantia de direitos da criança e do adolescente vítima ou testemunha de violência e alterou a Lei nº 8.069, de 13 de julho de 1990 (Estatuto da Criança e do Adolescente).
[85] NORONHA, E. Magalhães. *Direito penal*, v. 3, p. 219.

De acordo com a redação legal, a finalidade do agente, ao permitir ou induzir que o menor assista a prática dos atos sexuais pode ser tanto dirigida à satisfação da sua própria lascívia, quanto a de terceiros. Pode ocorrer que alguém se satisfaça sexualmente em saber que o menor de 14 (catorze) anos assiste, por exemplo, à prática da conjunção carnal. Nesse caso, pode ser até mesmo uma terceira pessoa, que não esteja participando dos atos sexuais que estão sendo presenciados pelo menor de 14 (catorze) anos. Seu *voyeurismo*, sua "tara sexual" pode se resumir ao fato de saber que aquela pessoa vulnerável assiste ao ato sexual praticado por outro.

3.2 Classificação doutrinária

Crime comum com relação ao sujeito ativo, e próprio no que diz respeito ao sujeito passivo, pois somente o menor de 14 (catorze) anos pode figurar nessa condição; doloso; comissivo (podendo ser praticado via omissão imprópria, na hipótese de o agente gozar do *status* de garantidor, nos termos do § 2º do art. 13 do Código Penal); incongruente; de mera conduta; de perigo; de forma vinculada (pois se exige que o menor presencie a prática da conjunção carnal ou outro ato libidinoso); monossubjetivo; plurissubsistente; transeunte.

3.3 Objeto material e bem juridicamente protegido

Os bens juridicamente protegidos pelo art. 218-A do Código Penal são o desenvolvimento e a dignidade sexual do menor de 14 (catorze) anos.

O objeto material é o menor de 14 (catorze) anos que presencia a prática da conjunção carnal ou outro ato libidinoso, a fim de satisfazer a lascívia do agente que pratica os atos sexuais ou mesmo de outrem.

3.4 Sujeito ativo e sujeito passivo

Sujeito ativo pode ser considerado tanto o agente que pratica os atos sexuais presenciados pelo menor de 14 (catorze) anos, quanto um terceiro, que satisfaz a sua lascívia sabendo da presença do menor naquele local.

Sujeito passivo é o menor de 14 (catorze) anos, que presencia a conjunção carnal ou a prática de outro ato libidinoso.

Renato Marcão e Plínio Gentil, corretamente, advertem que:

"É preciso que o sujeito passivo, que presencia o ato libidinoso de terceiro, tenha idade suficiente para sofrer alguma influência do que presencia, no sentido de que aquilo seja minimamente compreendido por ele, a ponto de poder corrompê-lo sexualmente, afetando sua moral sexual. Lembre-se que o atual art. 218-A é parcialmente extraído do antigo tipo penal de corrupção de menores.

Dessa maneira, não é possível cogitar-se da configuração do crime quando o menor é de tão pouca idade que, por não possuir discernimento algum, ou possuí-lo em grau ainda incipiente, é incapaz de ser atingido pelo sentido libidinoso do ato que presencia".[86]

3.5 Consumação e tentativa

O delito se consuma quando o menor de 14 (catorze) anos, efetivamente, presencia a prática da conjunção carnal ou de outro ato libidinoso, satisfazendo, assim, a lascívia do agente que pratica os atos sexuais, ou mesmo de terceiro.

---

[86] MARCÃO, Renato; GENTIL, Plínio. *Crimes contra a dignidade sexual*, p. 225.

Rogério Sanches Cunha, no entanto, subdivide as hipóteses dizendo que:

"A consumação depende da modalidade delituosa. Na primeira, praticar na presença de pessoa menor de 14 anos, conjunção carnal ou outro ato libidinoso, o crime se perfaz somente com a efetiva realização do ato sexual. Já na segunda, induzir a presenciar, o delito se caracteriza com a realização do núcleo, independentemente da concretização do ato de libidinagem".[87]

Tratando-se de um crime plurissubsistente, no qual se permite o fracionamento do *iter criminis*, torna-se perfeitamente admissível a tentativa. Assim, imagine-se a hipótese em que um menor de 14 (catorze) anos seja induzido a presenciar a prática da conjunção carnal e, antes que os envolvidos no ato sexual tirassem as roupas, são surpreendidos pelo pai do referido menor, que impede a consumação do delito. Neste caso, poderíamos raciocinar com a hipótese de tentativa. Para Rogério Sanches Cunha, no exemplo por nós fornecido, pelo que se percebe da posição por ele assumida, a infração penal já estaria consumada com a simples indução.

3.6 Elemento subjetivo

O dolo é o elemento subjetivo exigido pelo tipo penal que prevê o delito de *satisfação de lascívia mediante presença de criança ou adolescente,* não havendo previsão para a modalidade de natureza culposa.

Assim, por exemplo, imagine-se a hipótese em que o agente, negligentemente, permita que uma criança presencie a prática de algum ato libidinoso, em virtude de ter se descuidado em trancar a porta, ou mesmo por tê-la deixado entreaberta. Nesse caso, o fato deverá ser considerado como um indiferente penal.

Além disso, exige-se o chamado *especial fim de agir*, vale dizer, o agente deverá praticar o comportamento previsto no tipo penal com a finalidade de satisfazer a lascívia própria ou de outrem.

3.7 Modalidades comissiva e omissiva

Os núcleos *praticar* ou *induzir* a presenciar pressupõem um comportamento comissivo por parte do agente.

No entanto, o delito poderá ser praticado via omissão imprópria quando o agente, na qualidade de garantidor, mesmo podendo e devendo, nada fizer para evitar que o menor de 14 (catorze) anos presencie a prática da conjunção carnal ou outro ato libidinoso, que tinha por finalidade a satisfação da lascívia de outrem.

3.8 Pena, ação penal e segredo de justiça

A pena cominada ao delito de *satisfação de lascívia mediante presença de criança ou adolescente* é de reclusão, de 2 (dois) a 4 (quatro) anos.

De acordo com a nova redação conferida ao art. 225 do Código Penal, pela Lei nº 13.718, de 24 de setembro de 2018, a ação penal será de iniciativa pública incondicionada.

Nos termos do art. 234-B do Código Penal, os processos em que se apuram crimes previstos pelo Título VI, vale dizer, os *crimes contra a dignidade sexual,* correrão em segredo de justiça.

---

[87] CUNHA, Sanches Rogério. *Manual de direito penal* – parte especial, volume único, p. 503/504.

Contudo, os §§ 1º e 2º, inseridos no art. 234-B do Código Penal pela Lei nº 15.035, de 27 de novembro de 2024, determinam, *verbis*:

> § 1º O sistema de consulta processual tornará de acesso público o nome completo do réu, seu número de inscrição no Cadastro de Pessoas Físicas (CPF) e a tipificação penal do fato a partir da condenação em primeira instância pelos crimes tipificados nos arts. 213, 216-B, 217-A, 218-B, 227, 228, 229 e 230 deste Código, inclusive com os dados da pena ou da medida de segurança imposta, ressalvada a possibilidade de o juiz fundamentadamente determinar a manutenção do sigilo.
> § 2º Caso o réu seja absolvido em grau recursal, será restabelecido o sigilo sobre as informações a que se refere o § 1º deste artigo.

3.9 Destaques

3.9.1 Menor de 14 (catorze) anos que é induzido a presenciar cenas pornográficas através da internet

O tipo penal em exame não exige a presença física do menor que foi, por exemplo, induzido a presenciar a conjunção carnal ou outro ato libidinoso, a fim de satisfazer a lascívia própria ou de outrem.

Com o avanço da tecnologia, principalmente a da *internet*, nada impede que alguém induza um menor a assistir, via *webcam*, um casal que se relaciona sexualmente. O casal, a seu turno, também pratica o ato sexual visualizando o menor através de seu computador.

Assim, embora à distância, o delito poderia ser perfeitamente praticado.

Em sentido contrário, Cezar Roberto Bitencourt, a nosso ver sem razão, assevera que:

"O indivíduo deve estar, pessoalmente ou, dito de outra forma, 'de corpo presente' onde se desenrola o acontecimento libidinoso. Em outros termos, *na presença*, ou *presenciar*, significa estar presente, ver, assistir *in loco*, e não, indiretamente, via qualquer mecanismo tecnológico, físico ou virtual, como permitiria o mundo tecnológico".[88]

3.9.2 Concurso de agentes

Analisando o art. 218-A do Código Penal, podemos concluir que alguém pode ter induzido o menor a presenciar um casal praticando a conjunção carnal, por exemplo, com a finalidade de satisfazer lascívia própria.

Aqui, tanto o agente, que induz o menor, quanto o casal, que realiza o ato sexual, serão responsabilizados pelo delito em estudo, aplicando-se a regra do concurso de pessoas, cada qual contribuindo, com o seu comportamento, para a prática do crime.

3.9.3 Pais que tomam banho juntamente com os filhos

Não é incomum o fato de alguns pais tomarem banho juntamente com seus filhos. Nesse caso, por mais que pareça erótica a cena, se não houver a finalidade de satisfação da lascívia própria ou de outrem, o fato será considerado atípico.

No entanto, infelizmente, em alguns lares, os abusos sexuais de pais para com seus filhos são constantes. Nesses casos, se for demonstrado que o pai, ou mesmo a mãe, que tomava banho juntamente com seu filho, agia de modo a satisfazer sua lascívia, como, por exemplo, masturbando-se na presença do menor de 14 (catorze) anos, o delito restará configurado.

---

[88] BITENCOURT, Cezar Roberto. *Tratado de direito penal*, parte especial, v. 4, p. 126.

3.9.4 Família que vive em barracos ou outra residência precária

O Brasil ainda está longe de cumprir com as suas funções sociais, principalmente aquelas elencadas em nossa Constituição Federal. Por isso, ainda existem famílias que vivem em condições de miserabilidade, abaixo da linha de pobreza. Essas famílias, embora extremamente pobres e carentes, vivem em algum lugar. Esse lugar pode ser debaixo de algum viaduto, ou mesmo em um barraco feito com papelão, enfim, terão algo para dizer que é a sua "casa." Nesse lugar, assim, farão a sua morada, com tudo o que lhe diz respeito, ou seja, farão a sua comida, brincarão com seus filhos, repousarão, se relacionarão sexualmente etc.

Assim, imagine-se a hipótese em que um casal de mendigos, no meio da noite, resolve ter relações sexuais, sendo que, naquele mesmo barraco, com somente um cômodo, a que chama de casa, dormiam também seus filhos, todos menores de 14 (catorze) anos. Durante o ato sexual, uma das crianças acorda, e não é percebida pelos pais, que continuam a se relacionar sexualmente. Nesse caso, o casal deveria responder pelo delito em estudo? Obviamente não, uma vez que, além do fato de, mesmo na condição de mendigos, o casal ter o direito de se relacionar sexualmente, não o fez com a finalidade de satisfazer a sua lascívia ou a de outrem.

Agiram os pais, na verdade, de forma culposa, comportamento este que não é previsto pelo tipo, razão pela qual sua conduta deverá ser entendida como um indiferente penal, ou seja, o fato por eles praticado será considerado atípico.

3.9.5 Prescrição

A Lei nº 14.344, de 24 de maio de 2022, alterou o inciso V do art. 111 do Código Penal, prevendo que a prescrição, antes de transitar em julgado a sentença final, começa a correr, nos crimes contra a dignidade sexual ou que envolvam violência contra criança e o adolescente, previstos no Código Penal ou em legislação especial, da data em que a vítima completar 18 (dezoito) anos, salvo se a esse tempo já houver sido proposta a ação penal.

3.9.6 Infiltração de agentes de polícia na internet

A Lei nº 13.441, de 8 de maio de 2017, previu a possibilidade de infiltração de agentes de polícia na internet com o fim de investigar crimes contra a dignidade sexual de criança e de adolescente, fazendo inserir a Seção V-A na Lei nº 8.069, de 13 de julho de 1990 (Estatuto da Criança e do Adolescente), cujo art. 190-A, nela previsto, elenca as seguintes regras para que possa efetivamente ocorrer a mencionada infiltração:

> I – será precedida de autorização judicial devidamente circunstanciada e fundamentada, que estabelecerá os limites da infiltração para obtenção de prova, ouvido o Ministério Público;
> II – dar-se-á mediante requerimento do Ministério Público ou representação de delegado de polícia e conterá a demonstração de sua necessidade, o alcance das tarefas dos policiais, os nomes ou apelidos das pessoas investigadas e, quando possível, os dados de conexão ou cadastrais que permitam a identificação dessas pessoas;
> III – não poderá exceder o prazo de 90 (noventa) dias, sem prejuízo de eventuais renovações, desde que o total não exceda a 720 (setecentos e vinte) dias e seja demonstrada sua efetiva necessidade, a critério da autoridade judicial.

3.9.7 Grooming

Grooming é o termo em inglês utilizado para identificar ações deliberadas de adultos a fim de estabelecer laços de amizade com crianças na internet, com o objetivo de obter satisfação sexual.

Normalmente, o adulto começa a estabelecer esses laços de amizade e confiança, simulando ser também uma criança, e assim começa a obter dados pessoais e contatos da vítima, utilizando-se de táticas como sedução, provocação, envio de imagens de conteúdo pornográfico, com a finalidade de que finalmente, fique nua ou realize atos de natureza sexual em frente à webcam ou envie fotografias dessa natureza.

A partir desse momento, o agente dá início às suas chantagens, a fim de obter da vítima, cada vez mais, materiais pornográficos ou mesmo ter um encontro físico com ela, praticando atos sexuais.

3.9.8 Sexting

Sexting é também uma palavra em inglês que se traduz no fato de alguém enviar a outra pessoa, através de telefones celulares, imagens de conteúdo sexual ou pornográfico.

Esse comportamento pode conduzir à exposição de adultos, adolescentes ou mesmo de crianças ao *grooming* ou ao que se denomina *ciberbullying*, como meio de pressão, constrangimento e ridicularização da pessoa fotografada ou mesmo filmada, que teve suas imagens enviadas ao agente.

3.9.9 Destituição do poder familiar

O § 2º do art. 23 da Lei nº 8.069, de 13 de julho de 1990 (Estatuto da Criança e do Adolescente) e o parágrafo único do art. 1.638 do Código Civil, ambos inseridos nos referidos diplomas legais através da Lei nº 13.715, de 24 de setembro de 2018, asseveram, respectivamente, que:

> **Art. 23.** A falta ou a carência de recursos materiais não constitui motivo suficiente para a perda ou a suspensão do poder familiar.
> § 1º [...]
> § 2º A condenação criminal do pai ou da mãe não implicará a destituição do poder familiar, exceto na hipótese de condenação por crime doloso sujeito à pena de reclusão contra outrem igualmente titular do mesmo poder familiar ou contra filho, filha ou outro descendente.
> **Art. 1.638.** Perderá por ato judicial o poder familiar o pai ou a mãe que: [...]
> **Parágrafo único.** Perderá também por ato judicial o poder familiar aquele que:
> I – praticar contra outrem igualmente titular do mesmo poder familiar:
> a) [...]
> b) estupro ou outro crime contra a dignidade sexual sujeito à pena de reclusão.
> II – praticar contra filho, filha ou outro descendente:
> a) [...]
> b) estupro, estupro de vulnerável ou outro crime contra a dignidade sexual sujeito à pena de reclusão.

3.10 Quadro-resumo

Sujeitos
- Ativo: qualquer pessoa.
- Passivo: é o menor de 14 (quatorze) anos, que presencia a conjunção carnal ou a prática de outro ato libidinoso.

Objeto material
É o menor de 14 (quatorze) anos que presencia a prática da conjunção carnal ou outro ato libidinoso, a fim de satisfazer a lascívia do agente que pratica os atos sexuais, ou mesmo de outrem.

Bem(ns) juridicamente protegido(s)
São o desenvolvimento e a dignidade sexual do menor de 14 (quatorze) anos.

Elemento subjetivo

» É o dolo.
» Não há previsão para a modalidade de natureza culposa.
» Exige-se o chamado especial fim de agir, vale dizer, o agente deverá praticar o comportamento previsto pelo tipo penal com a finalidade de satisfazer a lascívia própria ou de outrem.

Modalidades comissiva e omissiva

» Os núcleos praticar ou induzir a presenciar pressupõem um comportamento comissivo por parte do agente.
» No entanto, o delito poderá ser praticado via omissão imprópria quando o agente, na qualidade de garantidor, mesmo podendo e devendo, nada fizer para evitar que o menor de 14 (quatorze) anos presencie a prática da conjunção carnal ou outro ato libidinoso, que tinha por finalidade a satisfação da lascívia de outrem.

Consumação e tentativa

» O delito se consuma quando o menor de 14 (quatorze) anos, efetivamente, presencia a prática da conjunção carnal ou de outro ato libidinoso, satisfazendo, assim, a lascívia do agente que pratica os atos sexuais, ou mesmo de terceiro.
» Tratando-se de um crime plurissubsistente, no qual se permite o fracionamento do iter criminis, torna-se perfeitamente admissível a tentativa.

4. FAVORECIMENTO DA PROSTITUIÇÃO OU DE OUTRA FORMA DE EXPLORAÇÃO SEXUAL DE CRIANÇA OU ADOLESCENTE OU DE VULNERÁVEL

Favorecimento da prostituição ou de outra forma de exploração sexual de criança ou adolescente ou de vulnerável[89]

Art. 218-B. Submeter, induzir ou atrair à prostituição ou outra forma de exploração sexual alguém menor de 18 (dezoito) anos ou que, por enfermidade ou deficiência mental, não tem o necessário discernimento para a prática do ato, facilitá-la, impedir ou dificultar que a abandone:
Pena – reclusão, de 4 (quatro) a 10 (dez) anos.
§ 1º Se o crime é praticado com o fim de obter vantagem econômica, aplica-se também multa.
§ 2º Incorre nas mesmas penas:
I – quem pratica conjunção carnal ou outro ato libidinoso com alguém menor de 18 (dezoito) e maior de 14 (catorze) anos na situação descrita no *caput* deste artigo;
II – o proprietário, o gerente ou o responsável pelo local em que se verifiquem as práticas referidas no *caput* deste artigo.
§ 3º Na hipótese do inciso II do § 2º, constitui efeito obrigatório da condenação a cassação da licença de localização e de funcionamento do estabelecimento.

4.1 Introdução

O art. 218-B foi inserido no Código Penal pela Lei nº 12.015, de 7 de agosto de 2009, criando uma modalidade especial de delito de favorecimento da prostituição ou outra forma

---

[89] *Vide* Lei nº 13.431, de 4 de abril de 2017, que estabeleceu o sistema de garantia de direitos da criança e do adolescente vítima ou testemunha de violência e alterou a Lei nº 8.069, de 13 de julho de 1990 (Estatuto da Criança e do Adolescente).

de exploração sexual, incialmente com o *nomen juris* de favorecimento da prostituição ou outra forma de exploração sexual de vulnerável.

A Lei nº 12.978, de 21 de maio de 2014, modificou a rubrica original do art. 218-B e o delito em estudo passou a ser reconhecido como *favorecimento da prostituição ou de outra forma de exploração sexual de criança ou adolescente ou de vulnerável*. Tal modificação teve o condão de evitar algumas confusões em virtude dos elementos constantes do tipo penal, ou seja, como, inicialmente, a rubrica (ou indicação marginal) fazia menção somente à exploração sexual de vulnerável, e o tipo apontava como um dos sujeitos passivos alguém menor de 18 (dezoito) anos, surgia a dúvida se o conceito de vulnerável havia sido ampliado nessa hipótese, abrangendo os adolescentes entre 14 e 18 anos de idade incompletos.

Agora, com a nova rubrica, a dúvida foi eliminada, uma vez que no *nomen juris* do delito consta, expressamente, como seus sujeitos passivos, a criança (pessoa até doze anos de idade incompletos), adolescente (aquela entre 12 a 18 anos de idade) e vulnerável (o menor de 14 anos, bem como aquele que, por enfermidade ou deficiência mental, não tem o necessário discernimento para a prática do ato sexual, ou que, por qualquer outra causa, não pode oferecer resistência, nos termos preconizados pelo art. 217-A, e seu § 1º, do Código Penal).

Além da mudança do *nomen juris* do art. 218-B do Código Penal, a Lei nº 12.978, de 21 de maio de 2014, inseriu a infração penal em estudo no rol dos crimes considerados hediondos pela Lei nº 8.072/90, a ela acrescentando o inciso VIII.

Assim, de acordo com a nova definição legal, podemos destacar os seguintes elementos que compõem a figura típica: *a)* as condutas de *submeter, induzir* ou *atrair à prostituição ou outra forma de exploração sexual*; *b)* alguém menor de 18 (dezoito) anos; *c)* ou que, por enfermidade ou deficiência mental, não tem o necessário discernimento para a prática do ato; *d)* facilitando, impedindo ou dificultando que a vítima a abandone.

A partir do I Congresso Mundial contra a Exploração Sexual Comercial de Crianças e Adolescentes, realizado em Estocolmo, em 1996, foram definidas quatro modalidades de exploração sexual, a saber: prostituição, turismo sexual, pornografia e tráfico para fins sexuais.

Pode ocorrer que a exploração sexual da vítima não resulte, para ela, em qualquer lucro. Pode ser que se submeta a algum tipo de exploração sexual somente para que tenha um lugar onde morar, o que comer etc. A mídia tem divulgado, infelizmente, com uma frequência considerável, casos em que pessoas são exploradas sexualmente por outra em virtude da condição de miserabilidade em que se encontram. Por isso, permitem que seus corpos sejam usados por pessoas inescrupulosas e, com isso, passam a receber o básico para sua subsistência. Na verdade, saem da situação de miserabilidade para a de pobreza. Muitas, inclusive, trocam seus corpos por drogas.

Assim, inicialmente, faz-se mister conceituar o que vem a ser prostituição. Eva T. Silveira Faleiros faz uma abordagem específica do tema ligada diretamente às crianças e adolescentes, dizendo:

> "A prostituição é definida como a atividade na qual atos sexuais são negociados em troca de pagamento, não apenas monetário, mas podendo incluir a satisfação de necessidades básicas (alimentação, vestuário, abrigo) ou o acesso ao consumo de bens e de serviços (restaurantes, bares, hotéis, *shoppings*, butiques, diversão).
>
> Trata-se de prática pública, visível, não ou semiclandestina, utilizada amplamente e justificada como necessidade da sexualidade humana, principalmente a masculina, embora farisaicamente abominada.
>
> A prostituição tem diferentes formas: (garotas(os) de programa, em bordéis, de rua, em estradas), serviços e preços.
>
> A bibliografia sobre esta problemática no Brasil, pesquisas e testemunhos de vítimas evidenciam que as crianças e adolescentes trabalham, em geral, na prostituição de rua (cidades, portos, es-

tradas, articulada com o turismo sexual e o tráfico para fins sexuais), ou em bordéis (na Região Norte em situação de escravidão). Muitos são moradores de rua, tendo vivenciado situações de violência física ou sexual e/ou de extrema pobreza e exclusão, de ambos os sexos, crianças, pré-adolescentes e adolescentes, pouco ou não escolarizados. Trata-se de trabalho extremamente perigoso e aviltante, sujeito a todo o tipo de violência, repressão policial e discriminação.

As instituições (governamentais, não governamentais, internacionais), profissionais, pesquisadores e estudiosos da exploração sexual vêm questionando o termo *prostituição* de crianças e adolescentes, por considerarem que estes não optam por este tipo de atividade, mas que a ela são levados pelas condições e trajetórias de vida, induzidos por adultos, por suas carências e imaturidade emocional, bem como pelos apelos da sociedade de consumo. Neste sentido, não são trabalhadores do sexo, mas prostituídos, abusados e explorados sexualmente, economicamente e emocionalmente."[90]

Dessa forma, com a inserção do art. 218-B no Código Penal pela Lei nº 12.015, de 7 de agosto de 2009, podemos entender que as condutas previstas no tipo penal em estudo podem ter por finalidade *outra forma de exploração sexual* que não a prostituição em si, ou seja, não há necessidade de que exista o comércio do corpo, mas de que tão somente a vítima seja explorada sexualmente, nada recebendo em troca por isso, amoldando-se a esse conceito, como já dissemos anteriormente, o turismo sexual e a pornografia.

O núcleo *submeter*, utilizado pelo novo tipo penal, fornece-nos a ideia de que a vítima foi subjugada pelo agente, tendo que se sujeitar à prática da prostituição ou outra forma de exploração sexual. *Induzir* tem o significado de incutir a ideia, convencer alguém a se entregar à prostituição ou mesmo à outra forma de exploração sexual; *atrair* significa fazer com que a pessoa se sinta estimulada à prática do comércio do corpo ou de qualquer outro tipo de exploração sexual. Induzir e atrair são, na verdade, situações muito parecidas, de difícil separação. O agente pode, por exemplo, induzir uma pessoa à prostituição, atraindo-a com perspectivas de riquezas, de aumento do seu padrão de vida, de possibilidade de viagens internacionais, enfim, a atração não deixa de ser um meio para que ocorra o induzimento.

Também incorre no delito em estudo aquele que facilita a prostituição ou outra forma de exploração sexual. Aqui é denominado *lenocínio acessório*. Conforme salienta Luiz Regis Prado, ocorre a facilitação quando o agente, "sem induzir ou atrair a vítima, proporciona-lhe meios eficazes de exercer a prostituição, arrumando-lhe clientes, colocando-a em lugares estratégicos etc."[91] A diferença desse comportamento típico para os anteriores residiria no fato de que, no induzimento ou na atração de alguém à prostituição ou outra forma de exploração sexual, a vítima ainda não se encontrava prostituída, nem, tampouco, explorada sexualmente por alguém; ao contrário, na facilitação, o agente permite que a vítima, já entregue ao comércio carnal ou outra forma de exploração sexual, nele se mantenha com o seu auxílio, com as facilidades por ele proporcionadas.

Também se configura o delito em estudo quando a conduta do agente é dirigida a impedir que a vítima abandone a prostituição ou outra forma de exploração sexual. Como se percebe pela redação típica, a vítima se encontra no exercício pleno da prostituição ou outra forma de exploração sexual e deseja abandoná-la, havendo a intervenção do agente no sentido de impedi-la, fazendo, por exemplo, com que tenha que saldar dívidas extorsivas relativas ao período em que permaneceu "hospedada às expensas do agente", ou com algum artifício que a faça sopesar pela necessidade de permanecer no comércio carnal etc.

---

[90] FALEIROS, Eva. T. Silveira. *A exploração sexual de crianças e adolescentes no Brasil: reflexões teóricas, relatos de pesquisas e intervenções psicossociais*, p. 78-79.
[91] PRADO, Luiz Régis. *Curso de direito penal brasileiro*, v. 3, p. 277.

Através da modificação feita pela Lei nº 12.015, de 7 de agosto de 2009, também aquele que vier a *dificultar* que alguém menor de 18 (dezoito) anos ou que, por enfermidade ou deficiência mental, não tendo o necessário discernimento para a prática do ato, abandone a prostituição ou outra forma de exploração sexual responderá pelo delito tipificado no art. 218-B do Código Penal. Dificultar tem o sentido de atrapalhar, criar embaraços, com a finalidade de fazer com que a vítima sinta-se desestimulada a abandonar a prostituição ou outra forma de exploração sexual.

O art. 218-B do Código Penal ainda exige, para efeitos de sua caracterização, que a vítima seja alguém *menor de 18 (dezoito) anos* ou que, *por enfermidade ou deficiência mental, não tenha o necessário discernimento para a prática do ato.*

Inicialmente, em se tratando de vítima menor de 18 (dezoito) anos, somente poderá ser responsabilizado pelo delito em estudo o agente que tiver efetivo conhecimento da idade da pessoa que por ele fora submetida, induzida ou atraída à prostituição ou outra forma de exploração sexual, ou que a tenha facilitado, ou mesmo impedido ou dificultado o seu abandono. O erro sobre a idade da vítima poderá importar na desclassificação do fato para a figura prevista pelo art. 228 do Código Penal.

Cleber Masson, acertadamente, conclui:

"No crime do art. 218-B do Código Penal, é importante destacar, não se exige a efetiva prática de conjunção carnal ou outro ato libidinoso com a vítima. O crime se esgota com o favorecimento da prostituição ou outra forma de exploração sexual de vulnerável. Pune-se o proxeneta (ou alcoviteiro), ou seja, o intermediário, o agenciador das relações sexuais entre as vítimas e terceiros.

Deveras, quem mantém conjunção carnal ou outro ato libidinoso com pessoas vulneráveis responde pelo crime de estupro de vulnerável, nos termos do art. 217-A do Código Penal."[92]

Cuida-se de tipo misto alternativo, onde a prática de mais de um comportamento previsto no *caput* do art. 218-B importará em crime único.

4.2 Classificação doutrinária

Crime comum com relação ao sujeito ativo, e próprio quanto ao sujeito passivo, pois somente o menor de 18 (dezoito) anos ou o que, por enfermidade ou deficiência mental, não tendo o necessário discernimento para a prática do ato podem figurar nessa condição; doloso; material; de forma livre; comissivo (podendo ser praticado via omissão imprópria, na hipótese em que o agente goze do *status* de garantidor); instantâneo (merece destaque a discussão existente quanto ao núcleo *impedir*, uma vez que parte da doutrina se posiciona no sentido de entender tal comportamento como permanente, a exemplo de Noronha;[93] monossubjetivo; plurissubsistente; transeunte (não havendo necessidade, como regra, de prova pericial, tratando-se de infração penal que não deixa vestígios).

4.3 Objeto material e bem juridicamente protegido

O bem juridicamente protegido pelo tipo penal que prevê o delito de favorecimento da prostituição ou de outra forma de exploração sexual de criança ou adolescente ou de vulnerável é tanto a moralidade como o seu desenvolvimento sexual e, num sentido mais amplo, a dignidade sexual.

---

[92] MASSON, Cleber. *Direito penal* – Parte especial, v. 3, p. 81.
[93] NORONHA, Edgard Magalhães. *Direito penal*, v. 3, p. 226.

Pode ocorrer tanto a prostituição como a exploração sexual masculina ou feminina, razão pela qual tanto o homem quanto a mulher podem ser considerados o objeto material do delito em estudo, desde que atendam às características exigidas pelo tipo do art. 218-B do Código Penal.

4.4 Sujeito ativo e sujeito passivo

Qualquer pessoa poderá ser considerada *sujeito ativo* do delito de favorecimento da prostituição ou de outra forma de exploração sexual de criança ou adolescente ou de vulnerável, haja vista não exigir o tipo penal do art. 218-B do diploma repressivo nenhuma qualidade ou condição especial necessária a esse reconhecimento, tratando-se, portanto, de um crime comum.

Ao contrário, somente a pessoa menor de 18 (dezoito) anos ou que, por enfermidade ou deficiência mental, não tenha o necessário discernimento para a prática do ato é que podem ser sujeitos passivos do delito em exame.

4.5 Consumação e tentativa

Tem-se por consumado o crime tipificado no art. 218-B do Código Penal, por meio das condutas de *subjugar, induzir* ou *atrair*, quando a vítima, efetivamente, dá início ao comércio carnal, ou seja, às atividades características da prostituição, com a colocação de seu corpo à venda, mesmo que não tenha, ainda, praticado qualquer ato sexual com algum "cliente"; ou, ainda, de acordo com a redação típica, levada a efeito pela Lei nº 12.015, de 7 de agosto de 2009, quando a vítima é, efetivamente, explorada sexualmente, mesmo sem praticar o comércio carnal. Dessa forma, o fato de já estar em um bordel ou, nos dias de hoje, nas chamadas casas de massagem, com a finalidade de vender o corpo, ou em *boites* de *strip-tease* já seria suficiente para efeitos de caracterização do delito, pois a vítima já fora, efetivamente, subjugada, induzida ou atraída a prostituir-se. Além disso, agora, também restará configurado o delito se a vítima já estiver à disposição de alguém, que irá explorá-la sexualmente.

No que diz respeito à facilitação, entende-se por consumado o delito com a prática, pelo agente, do comportamento que, de alguma forma, facilitou, concorreu para que a vítima praticasse a prostituição ou fosse, de qualquer outra forma, explorada sexualmente.

Consuma-se também a figura típica mediante impedimento ao abandono da prostituição, quando a vítima, já decidida a deixar o meretrício, de alguma forma é impedida pelo agente, permanecendo no comércio carnal. Da mesma forma aquela que quer se livrar da exploração sexual a que vem sendo submetida e é impedida pelo agente.

O delito também restará consumado quando ficar provado que o agente, de alguma forma, dificultou, criando problemas para que a vítima abandonasse a prostituição ou a exploração sexual a que estava sujeita.

Tratando-se de crime plurissubsistente, no qual se pode fracionar o *iter criminis*, será admissível o raciocínio relativo à tentativa.

Nesse sentido, ressaltam Renato Marcão e Plínio Gentil, dizendo que:

> "Naturalmente é possível a tentativa, que ocorrerá sempre que, a despeito da conduta do sujeito ativo, induzindo, atraindo etc. o menor de dezoito anos não se prostitua nem se deixe explorar sexualmente, ou que, por outro motivo, seja o agente impedido de prosseguir na sua ação".[94]

---

[94] MARCÃO, Renato; GENTIL, Plínio. *Crimes contra a dignidade sexual*, p. 244.

Em sentido contrário, Guilherme de Souza Nucci preleciona que:

"Não admite tentativa nas formas *submeter, induzir, atrair* e *facilitar*, por se tratar de crime condicionado. A prostituição e a exploração sexual são elementos normativos do tipo, implicando em exercício do comércio do sexo ou sexo obtido mediante engodo. Exemplificando, no caso da prostituição, não se pode considerar uma mulher como prostituta se uma única vez teve relação sexual por dinheiro ou qualquer outro ganho material (jantar, joia, carro etc.). Torna-se fundamental e essencial que faça isso com *habitualidade*. O sexo, na sua vida, é *profissão* e não simplesmente prazer. Tal medida não é detectável em pouco tempo, demandando prova da habitualidade. Por isso, ilustrando, atrair alguém à prostituição exige prova de que o comércio sexual instalou--se, ainda que por breve tempo, na vida da vítima. As formas *impedir* e *dificultar* admitem tentativa".[95]

4.6 Elemento subjetivo

O dolo é o elemento subjetivo exigido pelo tipo penal do art. 218-B do diploma repressivo, não havendo previsão para a modalidade de natureza culposa.

Assim, a conduta do proxeneta deve ser dirigida a submeter, induzir ou atrair a vítima para as atividades de prostituição ou de outra forma de exploração sexual, auxiliar a sua permanência ou, mesmo, impedir ou dificultar a sua saída dessas atividades sexuais.

4.7 Modalidades comissiva e omissiva

As condutas inseridas no tipo penal que prevê o delito de favorecimento da prostituição ou de outra forma de exploração sexual de criança ou adolescente ou de vulnerável pressupõem um comportamento ativo por parte do sujeito, vale dizer, o proxeneta faz alguma coisa no sentido de submeter, induzir ou atrair a vítima para a prostituição ou qualquer outra forma de exploração sexual, mantê-la nessa atividade ou, mesmo, impedi-la ou dificultá-la de abandoná-la.

No entanto, poderá ser cometido, também, via omissão imprópria, na hipótese, por exemplo, em que o agente, gozando do *status* de garantidor, dolosamente, nada fizer para impedir que a vítima se inicie na prostituição, ou se submeta a qualquer forma de exploração sexual. Assim, imagine-se o fato praticado por um pai que, mesmo percebendo que sua filha menor de 18 (dezoito) anos de idade está sendo aliciada para iniciar-se na prostituição e desejando, na verdade, essa nova forma de vida para ela, podendo, não a impede.

4.8 Proxenetismo mercenário

Assevera o § 1º do art. 218-B do Código Penal que, *se o crime é praticado com o fim de obter vantagem econômica, aplica-se também multa*.

4.9 Extensão das penas

O § 2º do art. 218-B do Código Penal assevera:

> § 2º Incorre nas mesmas penas:
> I – quem pratica conjunção carnal ou outro ato libidinoso com alguém menor de 18 (dezoito) anos e maior de 14 anos na situação descrita no *caput* deste artigo;
> II – o proprietário, o gerente ou o responsável pelo local em que se verifiquem as práticas referidas no *caput* deste artigo.

---

[95] NUCCI, Guilherme de Souza. *Crimes contra a dignidade sexual* – comentários à Lei nº 12.015, de 7 de agosto de 2009, p. 55-56.

O inciso I do § 2º do art. 218-B do Código Penal, visando evitar a prática da prostituição, bem como qualquer outro tipo de exploração sexual com os menores de 18 (dezoito) e maiores de 14 (catorze), pune com as mesmas penas cominadas pelo preceito secundário do art. 218-B do Código Penal aqueles que com eles praticam a conjunção carnal ou outro ato libidinoso.

Embora, nos dias de hoje, a prostituição ainda seja um comportamento lícito, tolerado pelo direito, em se tratando de menores de 18 (dezoito) anos, acertadamente, a nosso ver, deverá haver a responsabilização penal daquele que com eles praticaram os comportamentos sexuais previstos pelo inciso I do § 2º do art. 218-B do Código Penal. Por mais que se diga que tanto as meninas quanto os rapazes acima de 14 anos já possuem um amplo conhecimento ligado à área sexual, principalmente pela fartura de materiais disponíveis, temos que preservar ao máximo sua indenidade sexual, ou, pelo menos, até que atinjam a maioridade, aos 18 anos completos.

Para que o agente responda nos termos do inciso I do § 2º do art. 218-B do Código Penal deverá, obrigatoriamente, ter conhecimento da idade da vítima. O erro sobre a idade importará em atipicidade do comportamento. Assim, por exemplo, se o agente se relaciona sexualmente com uma prostituta, imaginando fosse ela maior de 18 anos, quando, na verdade, ainda contava com 17 anos de idade, não poderá ser responsabilizado pelo tipo penal em estudo, pois o erro em que incorreu afastará o dolo e, consequentemente, a tipicidade do fato.

Renato Marcão e Plínio Gentil advertem, com precisão, que:

"O que o novo tipo penal (art. 218-B, § 2º, I) define é a prática de qualquer ato libidinoso com menor de dezoito e maior de catorze anos já prostituído ou vítima de alguma espécie de exploração sexual.
Significa dizer que é lícito ter relação sexual com pessoa maior de catorze e menor de dezoito anos, desde que ela consinta, *fora do ambiente da exploração sexual* – quem sabe até mesmo contribuindo, dessa maneira, para sua degradação e, mais tarde o ingresso na prostituição. Mas fazer a mesma coisa com quem já está prostituído passa agora a constituir crime, punido com reclusão de quatro a dez anos, a mesma pena atribuída ao roubo".[96]

Também deverá ser responsabilizado com as penas previstas no *caput* do art. 218-B do Código Penal o *proprietário*, o *gerente* ou o *responsável* pelo local em que se verifiquem as práticas da prostituição ou outra forma de exploração sexual envolvendo menores de 18 (dezoito) anos ou alguém que, por enfermidade ou deficiência mental, não tenha o necessário discernimento para a prática do ato.

Cuida-se, na verdade, de uma modalidade assemelhada ao delito de *casa de prostituição*, tipificado no art. 229 do Código Penal. No entanto, em virtude da maior gravidade dos fatos, por envolver a prostituição ou outra forma de exploração sexual, por exemplo, de menores de 18 (dezoito) anos, ou mesmo a exploração sexual de alguém portador de enfermidade ou deficiência mental, que não tenha o necessário discernimento para o ato, as penas são duas vezes maiores do que aquelas previstas no preceito secundário do tipo penal que prevê o delito de *casa de prostituição*.

Deve ser frisado, ainda, que o proprietário do local somente será punido pelo delito em estudo se tiver conhecimento de que na sua propriedade é praticada a prostituição ou outra forma de exploração sexual com as pessoas elencadas pelo tipo penal do art. 218-B do Código Penal. Assim, por exemplo, se tiver alugado um imóvel que, supostamente, seria utilizado para fins comerciais mas que, na realidade, é um local destinado à prostituição, se tal fato não for do seu conhecimento, não poderá ser responsabilizado criminalmente, sob pena de aceitarmos a chamada responsabilidade penal objetiva, amplamente rejeitada pela nossa doutrina.

---

[96] MARCÃO, Renato; GENTIL, Plínio. *Crimes contra a dignidade sexual*, p. 251/252.

4.10 Causas de aumento de pena

Vide arts. 226 e 234-A do Código Penal.

4.11 Pena, ação penal e segredo de justiça

A pena prevista para o delito de favorecimento da prostituição ou de outra forma de exploração sexual de criança ou adolescente ou de vulnerável (*caput* e § 2º) é de reclusão, de 4 (quatro) a 10 (dez) anos.

Se o crime é cometido com o fim de obter vantagem econômica, aplica-se também a pena de multa, cumulativamente.

De acordo com a nova redação conferida ao art. 225 do Código Penal, pela Lei nº 13.718, de 24 de setembro de 2018, a ação penal será de iniciativa pública incondicionada.

Nos termos do art. 234-B do Código Penal, os processos em que se apuram crimes previstos pelo Título VI, vale dizer, os *crimes contra a dignidade sexual,* correrão em segredo de justiça.

Contudo, os §§ 1º e 2º, inseridos no art. 234-B do Código Penal pela Lei nº 15.035, de 27 de novembro de 2024, determinam, *verbis:*

> § 1º O sistema de consulta processual tornará de acesso público o nome completo do réu, seu número de inscrição no Cadastro de Pessoas Físicas (CPF) e a tipificação penal do fato a partir da condenação em primeira instância pelos crimes tipificados nos arts. 213, 216-B, 217-A, 218-B, 227, 228, 229 e 230 deste Código, inclusive com os dados da pena ou da medida de segurança imposta, ressalvada a possibilidade de o juiz fundamentadamente determinar a manutenção do sigilo.
> § 2º Caso o réu seja absolvido em grau recursal, será restabelecido o sigilo sobre as informações a que se refere o § 1º deste artigo.

4.12 Efeito da condenação

Determina o § 3º do art. 218-B do Código Penal, *verbis:*

> § 3º Na hipótese do inciso II do § 2º, constitui efeito obrigatório da condenação a cassação da licença de localização e de funcionamento do estabelecimento.

Embora seja um efeito obrigatório da condenação, o julgador deverá fazer menção a ele em sua sentença, apontando o estabelecimento onde eram levadas a efeito as condutas previstas pelo *caput* do art. 218-B do Código Penal. A sua omissão poderá ser suprida pela via dos embargos de declaração.

4.13 Destaques

4.13.1 Prova da idade da vítima

Para que o agente possa ser responsabilizado criminalmente pelo delito tipificado no art. 218-B do Código Penal, deverá, obrigatoriamente, ser provada nos autos a idade da vítima, através de documento próprio (certidão de nascimento, documento de identidade etc.), pois o art. 155 do Código de Processo Penal, de acordo com a nova redação que lhe foi dada pela Lei nº 11.690, de 9 de junho de 2008, determina que somente quanto ao estado das pessoas serão observadas as restrições estabelecidas na lei civil.

4.13.2 Fundamentos do parecer contrário à sanção do art. 218-B do projeto que culminou com a edição da Lei nº 12.015, de 7 de agosto de 2009

Embora tenha sido sancionado pelo Presidente da República, o art. 218-B foi objeto de críticas pela Secretaria de Assuntos Legislativos, do Ministério da Justiça, que elaborou parecer ao Processo nº 08001.007832/ 2004-91, opinando pelo veto integral do artigo.

No parecer, afirmaram que no *caput* do art. 218-B instituía-se:

"Perigosa confusão entre o critério etário de caráter objetivo, geralmente o único empregado para a consumação dos crimes perpetrados contra os menores, e o critério do discernimento, o qual deve ser aplicado exclusivamente aos que possuem enfermidades ou deficiências mentais. De outro lado, não se reconhece a prostituição de menores de 18 (dezoito) anos, pois qualquer ato libidinoso praticado com menor de 14 (catorze) anos configura estupro, nos termos do art. 217-A a ser acrescentado no Código Penal.

Não há prostituição de menores, para os menores de 14 anos presume-se o estupro. Ademais, o reconhecimento do estupro não pode depender do critério do discernimento, que é aplicável apenas para os que possuem enfermidade ou deficiência mental. O *caput* do art. 218-B confunde todos esses conceitos.

Posicionamos, assim, pelo veto integral deste artigo."

Deixando de lado o mencionado parecer, houve sanção presidencial ao aludido artigo, encontrando-se, agora, em vigor.

4.13.3 Estatuto da Criança e do Adolescente

Com a finalidade de evitar situações que coloquem em risco a integridade da criança ou adolescente, a Lei nº 12.038, de 1º de outubro de 2009, alterou o art. 250 da Lei nº 8.069/90, entendendo como infração de natureza administrativa, punida com multa, o fato de *hospedar criança ou adolescente, desacompanhado dos pais ou responsável, ou sem autorização escrita desses ou da autoridade judiciária, em hotel, pensão, motel ou congênere*.

Em caso de reincidência, diz o § 1º do mencionado artigo que, *sem prejuízo da pena de multa, a autoridade judiciária poderá determinar o fechamento do estabelecimento por até 15 (quinze) dias*.

Se for comprovada a reincidência em período inferior a 30 (trinta) dias, o estabelecimento será definitivamente fechado e terá sua licença cassada, conforme determina o § 2º do art. 250 do ECA.

4.13.4 Prescrição

A Lei nº 14.344, de 24 de maio de 2022, alterou o inciso V do art. 111 do Código Penal, prevendo que a prescrição, antes de transitar em julgado a sentença final, começa a correr, nos crimes contra a dignidade sexual ou que envolvam violência contra criança e o adolescente, previstos no Código Penal ou em legislação especial, da data em que a vítima completar 18 (dezoito) anos, salvo se a esse tempo já houver sido proposta a ação penal.

4.13.5 Crime hediondo

A Lei nº 12.978, de 21 de maio de 2014, inseriu o inciso VIII, no art. 1º da Lei nº 8.072, de 25 de julho de 1990, passando a reconhecer o favorecimento da prostituição ou de outra forma de exploração sexual de criança ou adolescente ou de vulnerável, tipificado no art. 218-B como crime hediondo, com todas as consequências que lhe são inerentes, a exemplo da impossibilidade de concessão de anistia, graça e indulto, bem como de fiança, e o cumprimento de 2/5 (dois quintos) da pena, se for primário, ou 3/5 (três quintos), se reincidente, para efeitos de progressão de regime etc.

4.13.6 Prioridade de tramitação do processo de favorecimento da prostituição ou de outra forma de exploração sexual de criança ou adolescente ou de vulnerável (art. 218-B, caput e §§ 1º e 2º)

A Lei nº 14.994, de 9 de outubro de 2024, alterou o art. 394-A do Código de Processo Penal, determinando, *verbis*:

> **Art. 394-A.** Os processos que apurem a prática de crime hediondo ou violência contra a mulher terão prioridade de tramitação em todas as instâncias.

4.13.7 Infiltração de agentes de polícia na internet

A Lei nº 13.441, de 8 de maio de 2017 previu a possibilidade de infiltração de agentes de polícia na internet com o fim de investigar crimes contra a dignidade sexual de criança e de adolescente, fazendo inserir a Seção V-A na Lei nº 8.069, de 13 de julho de 1990 (Estatuto da Criança e do Adolescente), cujo art. 190-A, nela previsto, elenca as seguintes regras para que possa efetivamente ocorrer a mencionada infiltração:

> I – será precedida de autorização judicial devidamente circunstanciada e fundamentada, que estabelecerá os limites da infiltração para obtenção de prova, ouvido o Ministério Público;
> II – dar-se-á mediante requerimento do Ministério Público ou representação de delegado de polícia e conterá a demonstração de sua necessidade, o alcance das tarefas dos policiais, os nomes ou apelidos das pessoas investigadas e, quando possível, os dados de conexão ou cadastrais que permitam a identificação dessas pessoas;
> III – não poderá exceder o prazo de 90 (noventa) dias, sem prejuízo de eventuais renovações, desde que o total não exceda a 720 (setecentos e vinte) dias e seja demonstrada sua efetiva necessidade, a critério da autoridade judicial.

4.13.8 Destituição do poder familiar

O § 2º do art. 23 da Lei nº 8.069, de 13 de julho de 1990 (Estatuto da Criança e do Adolescente) e o parágrafo único do art. 1.638 do Código Civil, ambos inseridos nos referidos diplomas legais através da Lei nº 13.715, de 24 de setembro de 2018, asseveram, respectivamente, que:

> **Art. 23.** A falta ou a carência de recursos materiais não constitui motivo suficiente para a perda ou a suspensão do poder familiar.
> § 1º [...]
> § 2º A condenação criminal do pai ou da mãe não implicará a destituição do poder familiar, exceto na hipótese de condenação por crime doloso sujeito à pena de reclusão contra outrem igualmente titular do mesmo poder familiar ou contra filho, filha ou outro descendente.
> **Art. 1.638.** Perderá por ato judicial o poder familiar o pai ou a mãe que: [...]
> **Parágrafo único.** Perderá também por ato judicial o poder familiar aquele que:
> I – praticar contra outrem igualmente titular do mesmo poder familiar:
> a) [...]
> b) estupro ou outro crime contra a dignidade sexual sujeito à pena de reclusão.
> II – praticar contra filho, filha ou outro descendente:
> a) [...]
> b) estupro, estupro de vulnerável ou outro crime contra a dignidade sexual sujeito à pena de reclusão.

4.14 Quadro-resumo

Sujeitos
- Ativo: qualquer pessoa.
- Passivo: somente a pessoa menor de 18 (dezoito) e maior de 14 (quatorze) anos ou a que, por enfermidade ou deficiência mental, não tenha o necessário discernimento para a prática do ato podem ser sujeitos passivos do delito em exame.

Objeto material

Tanto o homem como a mulher podem ser considerados o objeto material, desde que atendam às características exigidas pelo tipo do art. 218-B do CP.

Bem(ns) juridicamente protegido(s)

É tanto a moralidade como o desenvolvimento sexual e, num sentido mais amplo, a dignidade sexual.

Elemento subjetivo

» É o dolo.
» Não há previsão para a modalidade de natureza culposa.

Modalidades comissiva e omissiva

» As condutas inseridas no tipo penal pressupõem um comportamento ativo por parte do sujeito.
» No entanto, poderá ser cometido, também, via omissão imprópria, na hipótese, por exemplo, em que o agente, gozando do status de garantidor, dolosamente, nada fizer para impedir que a vítima se inicie na prostituição, ou se submeta a qualquer forma de exploração sexual.

Consumação e tentativa

» Tem-se por consumado o crime por meio das condutas de subjugar, induzir ou atrair, quando a vítima, efetivamente, dá início ao comércio carnal, ou seja, às atividades próprias características da prostituição, com a colocação de seu corpo à venda, mesmo que não tenha, ainda, praticado qualquer ato sexual com algum "cliente"; ou, ainda, quando a vítima é, efetivamente, explorada sexualmente, mesmo sem praticar o comércio carnal.
» Além disso, também restará configurado o delito se a vítima já estiver à disposição de alguém, que irá explorá-la sexualmente.
» No que diz respeito à facilitação, entende-se por consumado o delito com a prática, pelo agente, do comportamento que, de alguma forma, facilitou, concorreu para que a vítima praticasse a prostituição ou fosse, de qualquer outra forma, explorada sexualmente.
» Consuma-se também a figura típica mediante impedimento ao abandono da prostituição, quando a vítima, já decidida a deixar o meretrício, de alguma forma é impedida pelo agente, permanecendo no comércio carnal.
» O delito também restará consumado quando ficar provado que o agente, de alguma forma, dificultou, criando problemas para que a vítima abandonasse a prostituição ou a exploração sexual a que estava sujeita.
» Tratando-se de crime plurissubsistente, no qual se pode fracionar o iter criminis, será admissível o raciocínio relativo à tentativa. Há corrente doutrinária em sentido que apenas as formas impedir e dificultar admitem tentativa (NUCCI, 2009, p. 55-56).

5. DIVULGAÇÃO DE CENA DE ESTUPRO OU DE CENA DE ESTUPRO DE VULNERÁVEL, DE CENA DE SEXO OU DE PORNOGRAFIA

Divulgação de cena de estupro ou de cena de estupro de vulnerável, de cena de sexo ou de pornografia
Art. 218-C. Oferecer, trocar, disponibilizar, transmitir, vender ou expor à venda, distribuir, publicar ou divulgar, por qualquer meio – inclusive por meio de comunicação de massa ou sistema de informática ou telemática –, fotografia, vídeo ou outro registro audiovisual que contenha cena de estupro ou de estupro de vulnerável ou que faça apologia ou induza a sua prática, ou, sem o consentimento da vítima, cena de sexo, nudez ou pornografia:
Pena – reclusão, de 1 (um) a 5 (cinco) anos, se o fato não constitui crime mais grave.

> **Aumento de pena**
> § 1º A pena é aumentada de 1/3 (um terço) a 2/3 (dois terços) se o crime é praticado por agente que mantém ou tenha mantido relação íntima de afeto com a vítima ou com o fim de vingança ou humilhação.
>
> **Exclusão de ilicitude**
> § 2º Não há crime quando o agente pratica as condutas descritas no *caput* deste artigo em publicação de natureza jornalística, científica, cultural ou acadêmica com a adoção de recurso que impossibilite a identificação da vítima, ressalvada sua prévia autorização, caso seja maior de 18 (dezoito) anos.

5.1 Introdução

As novas tecnologias de comunicação têm sido um instrumento de extraordinária utilização pela sociedade do século XXI. O mundo, realmente, se globalizou. Fatos que acontecem em uma extremidade do nosso planeta, em tempo real, tornam-se públicos na outra. Essa tecnologia, no entanto, nem sempre é utilizada para o bem da sociedade. Infelizmente, e não é incomum, que agentes façam uso dos meios de comunicação de massa ou sistema de informática ou telemática para divulgar fatos que denigrem a imagem de outras pessoas.

A mídia tem veiculado, de forma assustadora, casos em que as vítimas, mesmo depois de violentadas sexualmente, veem suas imagens expostas para um número incontável de pessoas. São como que "troféus" desses criminosos pervertidos, ou mesmo objeto de vingança pessoal. Assim, em boa hora surgiu o delito de *divulgação de cena de estupro ou de cena de estupro de vulnerável, de cena de sexo ou de pornografia*, tipificado no art. 218-C do Código Penal, após a inserção levada a efeito pela Lei nº 13.718, de 24 de setembro de 2018.

De acordo com a redação legal, podemos apontar os seguintes elementos que integram a figura típica: *a)* as condutas de oferecer, trocar, disponibilizar, transmitir, vender ou expor à venda, distribuir, publicar ou divulgar; *b)* por qualquer meio – inclusive por meio de comunicação de massa ou sistema de informática ou telemática; *c)* fotografia, vídeo ou outro registro audiovisual que contenha cena de estupro ou de estupro de vulnerável; *d)* ou que faça apologia ou induza a sua prática; *e)* ou, sem o consentimento da vítima, cena de sexo, nudez ou pornografia.

As condutas de oferecer, trocar, disponibilizar, transmitir, vender ou expor à venda, distribuir, publicar ou divulgar já tinham sido previstas quando o fato envolvesse criança ou adolescente, conforme se verifica pela redação dos arts. 241 e 241-A da Lei nº 8.069, de 13 de julho de 1990, que dizem, *verbis*:

> **Art. 241.** Vender ou expor à venda fotografia, vídeo ou outro registro que contenha cena de sexo explícito ou pornográfica envolvendo criança ou adolescente:
> Pena – reclusão, de 4 (quatro) a 8 (oito) anos, e multa.
>
> **Art. 241-A.** Oferecer, trocar, disponibilizar, transmitir, distribuir, publicar ou divulgar por qualquer meio, inclusive por meio de sistema de informática ou telemático, fotografia, vídeo ou outro registro que contenha cena de sexo explícito ou pornográfica envolvendo criança ou adolescente:
> Pena – reclusão, de 3 (três) a 6 (seis) anos, e multa.

Agora, essa proteção não somente se limita às crianças e adolescentes que, se forem vítimas desses delitos, continuarão sendo protegidas pelos tipos penais acima redigidos. Caso as vítimas sejam pessoas maiores de dezoito anos, será aplicado o art. 218-C do Código Penal.

Bruno Gilaberte, com precisão, esgotando as discussões sobre o tema, aduz que:

"Todavia, o ECA se restringe às imagens de crianças e adolescentes em cenas de sexo explícito ou pornográficas, ao passo que o objeto do art. 218-C é mais amplo, contemplando fotografia, vídeo ou outro registro audiovisual que contenha: *a)* cena de estupro ou de estupro de vulnerável; *b)* apologia ou indução ao estupro ou ao estupro de vulnerável; *c)* cena de sexo, nudez ou pornografia de pessoa que não consentiu com os verbos incriminados no tipo penal."

A divulgação de cena de estupro (propriamente dito ou de vulnerável), antes da atual reforma, poderia caracterizar os crimes dos arts. 286 ou 287 do CP, se houvesse a intenção de estimular a prática do crime sexual; crime do ECA (arts. 240, 241 ou 241-A), em sendo a vítima criança ou adolescente; ou difamação (art. 139 do CP), em caso de vítima adulta e comprovada a intenção de atingir a vítima em sua honra.

Em outras palavras, o caráter criminoso da conduta ficava atrelado às circunstâncias do caso concreto, podendo até mesmo se revelar uma conduta atípica. Doravante, a incriminação específica colmatou a lacuna observada. Saliente-se, ainda, que a divulgação não autorizada de fotos, vídeos e outras mídias contendo pessoas em cenas íntimas – salvo no caso de crianças e adolescentes – era tratada como difamação, novamente impondo-se a demonstração do propósito de atingir a vítima em sua reputação.

A atual previsão legal é mais taxativa e, pensamos, razoável. Perceba-se que o dispositivo não incriminou o *sexting*, que é a conduta de trocar fotos, vídeos e congêneres com conteúdo erótico, a fim de excitar a libido de alguém. A prática continua permitida e é uma decorrência da liberdade sexual, como aspecto da autonomia da vontade.

Se pessoas querem trocar imagens eróticas entre si, não há vedação legal sequer para o armazenamento, ao contrário do que acontece quando há crianças ou adolescentes envolvidos. Pune-se, no art. 218-C, um comportamento posterior: após a obtenção da imagem, que pode se dar por qualquer meio, sua difusão desautorizada.

Não é necessário que a obtenção se dê diretamente por ato voluntário da vítima, isto é, o sujeito ativo pode conseguir a imagem de forma clandestina ou através de terceiros. Suponhamos que uma pessoa instale uma vulnerabilidade em computador alheio, valendo-se desse expediente para ter acesso remoto à máquina, o que lhe permite ter acesso às fotos da vítima nua, por exemplo.

A obtenção, nesse caso, configura o crime do art. 154-A do CP. Posterior divulgação, crime do art. 218-C. Outro exemplo: a mulher repassa ao namorado uma foto em que aparece nua e esse namorado, sem autorização, divulga a foto em um grupo de WhatsApp. Vários dos participantes desse grupo armazenam a foto consigo e um deles confere nova publicidade, publicando-a em um site de fotos eróticas.

O namorado, ao obter a foto, não comete crime algum, mas sim ao repassá-la; os integrantes do grupo de WhatsApp que armazenaram a foto, igualmente não cometem crime, desde que não tenham estimulado a divulgação (se estimularam, são partícipes da conduta do namorado), mas aquele que expôs a foto a pessoas indeterminadas, comete o crime do art. 218-C. Pensamos, inclusive, que os administradores do site, desde que tenham ciência de que a foto ali se encontra publicada de forma não autorizada, cometem o mesmo delito.[97]

O tipo penal, portanto, é dividido em duas partes. Na primeira delas, os comportamentos de oferecer, trocar, disponibilizar, transmitir, vender ou expor à venda, distribuir, publicar ou divulgar, por qualquer meio – inclusive por meio de comunicação de massa ou sistema de informática ou telemática, dizem respeito à fotografia, vídeo ou outro registro audiovisual que contenham *cena de estupro ou de estupro de vulnerável ou que façam apologia ou induzam a sua prática*; na segunda parte, as mesmas condutas são destinadas a, sem o consentimento da vítima, oferecer, trocar, disponibilizar, transmitir, vender ou expor à venda, distribuir, publicar ou divulgar, por qualquer meio – inclusive por meio de comunicação de massa ou sistema de informática ou telemática – fotografia, vídeo ou outro registro audiovisual que contenham *cena de sexo, nudez ou pornografia*.

---

[97] GILABERTE, Bruno. *Lei nº 13.718/2018:* importunação sexual e pornografia de vingança. Disponível em: <https://canalcienciascriminais.com.br/importunacao-sexual-vinganca/>. Acesso em: 7 out. 2018.

Assim, por exemplo, na primeira parte, o agente divulga na internet cenas de uma vítima sendo estuprada em um banheiro de um local onde acontecia um baile funk. No segundo caso, as cenas de sexo tinham sido filmadas, por exemplo, com ou sem o consentimento da vítima, e o agente as divulga, sem o consentimento dela, em suas redes de relacionamento no WhatsApp. Nesse último caso é indiferente, ainda, se o agente recebeu, inclusive, da própria vítima as cenas de sexo, nudez ou pornografia. Não havendo seu consentimento para divulgação, o agente que a divulgar incorrerá na prática do delito em estudo.

5.2 Classificação doutrinária

Crime comum, tanto com relação ao sujeito ativo como ao sujeito passivo; doloso; de forma livre; instantâneo; de mera conduta; monossubjetivo; plurissubsistente; comissivo (podendo ser praticado, também, via omissão imprópria, na hipótese de o agente gozar do *status* de garantidor); não transeunte (como regra, pois que existe necessidade de realização de prova pericial).

5.3 Objeto material e bem juridicamente protegido

Os bens juridicamente protegidos pelo tipo penal que prevê o delito de *divulgação de cena de estupro ou de cena de estupro de vulnerável, de cena de sexo ou de pornografia* são tanto a liberdade quanto a dignidade sexual.

Objeto material é a pessoa contra quem é dirigida a conduta praticada pelo agente.

5.4 Sujeito ativo e sujeito passivo

Crime comum, o delito tipificado no art. 218-C do Código Penal pode ser praticado por qualquer pessoa, não exigindo o tipo penal *sub examen* qualquer condição ou qualidade especial do agente.

Da mesma forma, qualquer pessoa pode figurar como sujeito passivo. Contudo, se a vítima for criança ou adolescente deverão ser aplicados os tipos penais dos arts. 241 e 241-A da Lei nº 8.069/90, sendo suas penas superiores ao do mencionado art. 218-C do estatuto repressivo.

5.5 Consumação e tentativa

O delito se consuma no momento em que o agente pratica qualquer dos comportamentos previstos no tipo, vale dizer, quando, efetivamente, oferecer, trocar, disponibilizar, transmitir, vender ou expor à venda, distribuir, publicar ou divulgar, por qualquer meio – inclusive por meio de comunicação de massa ou sistema de informática ou telemática –, fotografia, vídeo ou outro registro audiovisual que contenha cena de estupro ou de estupro de vulnerável ou que faça apologia ou induza a sua prática, ou, sem o consentimento da vítima, cena de sexo, nudez ou pornografia.

Tratando-se de um delito plurissubsistente, como regra, será possível o reconhecimento do *conatus*. Assim, por exemplo, imagine-se a hipótese em que o agente, de posse de um vídeo contendo cenas de estupro, é surpreendido pela polícia enquanto o negociava com outra pessoa. Assim, teremos que verificar, caso a caso, a possibilidade de fracionamento do *iter criminis* quando, então, concluiremos, ou não, também pela possibilidade da tentativa.

5.6 Elemento subjetivo

É o dolo, não havendo previsão para a modalidade de natureza culposa.

5.7 Modalidade comissiva e omissiva

As condutas previstas no tipo penal do art. 218-C do diploma repressivo pressupõem um comportamento comissivo por parte do agente.

No entanto, será possível o reconhecimento do delito omissivo impróprio na hipótese em que o agente, garantidor, podendo, nada fizer para evitar o resultado previsto no tipo penal.

5.8 Causas de aumento de pena

Determina o § 1º do art. 218-C do Código Penal, *verbis*:

> § 1º A pena é aumentada de 1/3 (um terço) a 2/3 (dois terços) se o crime é praticado por agente que mantém ou tenha mantido relação íntima de afeto com a vítima ou com o fim de vingança ou humilhação.

São três as causas que levam a um aumento de pena de 1/3 (um terço) a 2/3 (dois terços), previsto no § 1º do art. 218-C do Código Penal, a saber: *a)* que o agente mantenha ou tenha mantido relação íntima de afeto com a vítima; *b)* que atue motivado por vingança; *c)* que queira humilhar a vítima.

Por relação íntima de afeto podemos apontar aquelas que ocorrem entre namorados, noivos, companheiros ou mesmo casados. Não se aplica, contudo, a outras relações de parentesco, a exemplo de ascendentes ou descendentes, ou mesmo ao parentesco colateral, entre tios, sobrinhos etc. Essa relação pode ter sido rompida ou não, ou seja, pode ser uma relação que não mais exista no momento da prática do crime, ou mesmo que o agente ainda esteja com a vítima, podendo, ainda, ser hétero ou homoafetiva. Entendemos que mesmo nas relações mais passageiras, que não possam, ainda, ser consideradas como um namoro, se houver uma relação íntima de afeto, poderá ocorrer a aplicação da majorante em estudo. Aqui, basta que se prove essa relação para que a causa especial de aumento de pena possa ser aplicada, não sendo necessário aferir-se, portanto, a verdadeira motivação do agente. Trata-se, portanto, de um dado de natureza objetiva. Assim, se um ex-marido divulga fotos íntimas de sua ex-esposa, não há necessidade de se perquirir sua motivação. O simples fato de já ter mantido relação íntima de afeto já é suficiente para a aplicação da majorante.

A segunda causa de aumento de pena diz respeito àquilo que é conhecido com *revenge porn* (ou *porn revange*) ou seja, a pornografia de vingança, muito comum na hipótese em que um dos agentes, inconformado, principalmente, com o término do relacionamento com seu ex-parceiro, e como forma de vingança ou punição, oferece, troca, disponibiliza, transmite, vende ou expõe à venda, distribui, publica ou divulga, por qualquer meio – inclusive por meio de comunicação de massa ou sistema de informática ou telemática –, fotografia, vídeo ou outro registro audiovisual, sem o consentimento da vítima, cena de sexo, nudez ou pornografia. Aqui, ao contrário do que ocorre na situação mencionada anteriormente, a majorante é de natureza subjetiva, precisando ser demonstrada nos autos. Pesquisas encomendadas pela Cyber Civil Rights Initiative,[98] com a campanha *End Reveng Porn* mostraram que as mulheres, em quase 90% dos casos, são as vítimas da pornografia de vingança, lembrando que a situação é de tal gravidade que muitas vítimas não conseguem conviver com esse tipo de exposição, e acabam cometendo suicídio. Como já constatado, *revenge porn* não acontece somente com o fim de relacionamentos longos, mas pode ocorrer até mesmo em encontros casuais.

---

[98] Disponível em: <https://www.cybercivilrights.org/wp-content/uploads/2017/06/CCRI-2017-Research-Report.pdf>. Acesso em: 9 out. 2018.

A terceira causa especial de aumento de pena ocorre quando o agente atua no sentido de humilhar a vítima, não havendo, aqui, qualquer necessidade de relação íntima de afeto entre eles. Assim, por exemplo, imagine-se a hipótese em que um vizinho, incomodado com o comportamento de sua vizinha de porta, que reúne seus amigos para pequenas confraternizações em todos os finais de semana, consiga tirar fotos através do basculante do banheiro, flagrando-a completamente nua, várias situações, e divulga essas fotos por meio de comunicação de massa ou sistema de informática ou telemática.

5.9 Causa de exclusão da ilicitude

Diz o § 2º do art. 218-C do Código Penal:

> § 2º Não há crime quando o agente pratica as condutas descritas no *caput* deste artigo em publicação de natureza jornalística, científica, cultural ou acadêmica com a adoção de recurso que impossibilite a identificação da vítima, ressalvada sua prévia autorização, caso seja maior de 18 (dezoito) anos.

Cuida-se de hipótese do chamado exercício regular de um direito. Não se pode inibir o direito que as publicações de natureza jornalística, científica, cultural ou acadêmica têm de divulgar fatos que possuam uma conotação sexual, desde que preservadas as imagens da vítima, ou, se maior de 18 anos, houver sua prévia autorização, valendo ressaltar que, em se tratando de menores de 14 anos, em nenhuma hipótese será permitida a divulgação de sua imagem, mesmo que com o consentimento de seus representantes legais.

5.10 Pena, ação penal e suspensão condicional do processo

A pena prevista no preceito secundário do art. 218-C do Código Penal é de reclusão, de 1 (um) a 5 (cinco) anos, se o fato não constitui crime mais grave, tratando-se, pois, de norma expressamente subsidiária.

O § 1º do referido artigo determina que a pena seja aumentada de 1/3 (um terço) a 2/3 (dois terços) se o crime é praticado por agente que mantém ou tenha mantido relação íntima de afeto com a vítima ou com o fim de vingança ou humilhação.

A ação penal é de iniciativa pública incondicionada, nos termos do art. 225 do Código Penal, com a nova redação que lhe foi conferida pela Lei nº 13.718, de 24 de setembro de 2018.

Tendo em vista a pena mínima cominada, será possível a proposta de suspensão condicional do processo, desde que não incida a majorante prevista no § 1º do art. 218-C do Código Penal.

5.11 Destaque

5.11.1 Imagens contendo mais de uma vítima

Se as imagens contiverem mais de uma pessoa fotografada ou mesmo filmada, será aplicada a regra do concurso formal de crimes.

5.12 Quadro-resumo

Sujeitos
» Ativo: qualquer pessoa (Crime comum).
» Passivo: qualquer pessoa.

Objeto material

É a pessoa contra quem é dirigida a conduta praticada pelo agente.

Bem(ns) juridicamente protegido(s)

A liberdade e a dignidade sexual.

Elemento subjetivo

Dolo, não havendo previsão para a modalidade de natureza culposa.

Modalidades comissiva e omissiva

» As condutas previstas pressupõem um comportamento comissivo por parte do agente.
» No entanto, será possível o reconhecimento do delito omissivo impróprio na hipótese em que o agente, garantidor, podendo, nada fizer para evitar o resultado previsto no tipo penal.

Consumação e tentativa

» O delito se consuma no momento em que o agente pratica qualquer dos comportamentos previstos no tipo.
» É possível o reconhecimento da tentativa.

Capítulo III
Do rapto

(Revogado pela Lei nº 11.106/2005.)

Capítulo IV
Disposições gerais

1. AÇÃO PENAL NOS CRIMES CONTRA A LIBERDADE SEXUAL E CRIMES SEXUAIS CONTRA VULNERÁVEL

> **Ação penal**
> **Art. 225.** Nos crimes definidos nos Capítulos I e II deste Título, procede-se mediante ação penal pública incondicionada.
> **Parágrafo único.** (Revogado.)

1.1 Introdução

Após algumas modificações legislativas que, ao longo dos anos, tiveram por finalidade alterar a natureza da ação penal nos crimes tipificados nos Capítulos I e II do Título VI (Dos crimes contra a dignidade sexual) do Código Penal, que proporcionaram intensas discussões doutrinárias e jurisprudenciais, que agora perderam completamente o sentido, foi publicada a Lei nº 13.718, de 24 de setembro de 2018, asseverando que nos crimes definidos nos mencionados Capítulos I e II, vale dizer, *estupro* (art. 213), *violação sexual mediante fraude* (art. 215), *importunação sexual* (art. 215-A), *assédio sexual* (art. 216-A), *registro não autorizado da intimidade sexual* (art. 216-B), *estupro de vulnerável* (art. 217-A), *corrupção de menores* (art. 218), *satisfação de lascívia mediante a presença de criança ou adolescente* (art. 218-A), *favorecimento da prostituição ou de outra forma de exploração sexual de criança ou adolescente ou de vulnerável* (art. 218-B), *divulgação de cena de estupro ou de cena de estupro de vulnerável, de cena de sexo ou de pornografia* (art. 218-C), a ação penal será de iniciativa pública incondicionada.

Melhor seria se tivesse, tão somente, sido revogado o art. 225 do Código Penal, pois, conforme a redação constante do art. 100 do diploma repressivo, *verbis*:

> **Art. 100.** A ação penal é pública, salvo quando a lei expressamente a declara privativa do ofendido.

Essa modificação, a nosso ver, não foi das melhores. Isso porque, principalmente nos delitos contra a liberdade sexual, tal como ocorre no estupro, a vítima, em sua grande maioria, prefere não levar esses fatos ao conhecimento da autoridade policial, uma vez que prefere conviver com a dor, o sofrimento de ter sido humilhada, violentada sexualmente, do que se expor, trazendo esses fatos ao conhecimento público que, certamente, a estigmatizarão, pois a sociedade, hipócrita como sempre, a olhará de forma diferente, como se estivesse "suja", ou mesmo como se fosse a "culpada" pela violência que sofreu.

Agora, queira ou não a vítima, chegando esse fato ao conhecimento da autoridade policial, ou mesmo do Ministério Público, deverá ser instaurado inquérito policial e, posteriormente, será oferecida denúncia, se for o caso, sem que, para tanto, seja necessário o concurso da sua vontade. Essa decisão caberá, exclusivamente ao Ministério Público, titular da ação penal de iniciativa pública.

1.2 Irretroatividade das normas híbridas

Antes da modificação do art. 225 do Código Penal, levada a efeito pela Lei nº 13.718, de 24 de setembro de 2018, dizia o mencionado artigo:

> **Art. 225.** Nos crimes definidos nos Capítulos I e II deste Título, procede-se mediante ação penal de iniciativa pública condicionada à representação.
> **Parágrafo único.** Procede-se, entretanto, mediante ação penal pública incondicionada se a vítima é menor de 18 (dezoito) anos ou pessoa vulnerável.

Assim, para que pudesse ser iniciada a investigação e, posteriormente, proposta a ação penal, havia necessidade de *representação* da vítima, manifestando sua anuência, expressando sua vontade com relação à *persecutio criminis*. Era seu direito subjetivo querer ou não, e o Estado nada podia fazer antes dessa manifestação de vontade.

Aury Lopes Júnior resumiu, com a precisão que lhe é peculiar, as situações possíveis de ocorrer, anteriormente à modificação trazida pela Lei nº 13.718, de 24 de setembro de 2018, dizendo:

> "a) como regra, a ação penal será pública condicionada à representação;
> b) a ação penal será pública incondicionada se a vítima for menor de 18 anos;
> c) a ação penal será pública incondicionada se a vítima estiver em situação de vulnerabilidade, ou seja, for menor de catorze anos ou alguém que, por enfermidade ou deficiência mental, não tiver o necessário discernimento para a prática do ato, ou que, por qualquer outra causa, não puder oferecer resistência;
> d) será pública incondicionada quando ocorrer o resultado morte ou lesão corporal grave ou gravíssima (aplicação da Súmula nº 608 do STF e as regras do crime complexo, art. 101 do CP)."[99]

Com relação às hipóteses em que, antes da atual modificação, a iniciativa da ação penal já era de natureza pública incondicionada, a situação permanece inalterada. Ponto que merece discussão diz respeito àquelas em que havia a necessidade de representação. Assim, perguntamos: será possível que a nova orientação legal, determinando que em todas as infrações penais, constantes dos Capítulos I e II do Título VI do Código Penal correspondente aos Crimes contra a Dignidade Sexual, a ação penal seja de iniciativa pública incondicionada e retroaja a fim de abranger os fatos ocorridos anteriormente à sua entrada em vigor? A resposta só pode ser negativa.

Isso porque estamos diante de uma *norma de natureza híbrida*, vale dizer, tanto de cunho penal quanto processual penal, e sua retroatividade será considerada maléfica, ou seja, será levada a efeito em prejuízo do agente, que poderia se beneficiar, face à inércia da vítima, com institutos que conduziriam à extinção da punibilidade, a exemplo do que ocorre com o prazo decadencial de seis meses, para oferecimento da representação, nos termos do art. 107, IV, segunda figura c/c art. 103, ambos do Código Penal. A decadência, segundo as lições do querido amigo e juiz federal Fábio Roque Araújo, é a perda:

> "Em virtude do decurso do tempo, do direito do ofendido oferecer a queixa ou formular a representação, nos casos de ação penal de iniciativa privada ou pública condicionada à representação, respectivamente."[100]

---

[99] LOPES JÚNIOR, Aury. *Direito processual penal*, p. 213.
[100] ARAÚJO, Fábio Roque. *Curso de direito penal – parte geral*, p. 1085.

Nesse sentido, entendendo pela natureza híbrida da norma que cuida da natureza da ação penal, já entendeu, corretamente, o Superior Tribunal de Justiça:

"A norma que altera a natureza da ação penal não retroage, salvo para beneficiar o réu. A norma que dispõe sobre a classificação da ação penal influencia decisivamente o *jus puniendi*, pois interfere nas causas de extinção da punibilidade, como a decadência e a renúncia ao direito de queixa, portanto tem efeito material. Assim, a lei que possui normas de natureza híbrida (penal e processual) não tem pronta aplicabilidade nos moldes do art. 2º do CPP, vigorando a irretroatividade da lei, salvo para beneficiar o réu, conforme dispõem os arts. 5º, XL, da CF e 2º, parágrafo único, do CP. Precedente citado: HC 37.544-RJ, DJ 5/11/2007. HC 182.714-RJ, Rel. Min. Maria Thereza de Assis Moura, j. 19/11/2012."

1.3 Crimes sexuais cometidos contra vítima em situação de vulnerabilidade temporária

No que diz respeito aos crimes sexuais cometidos contra vítima em situação de vulnerabilidade temporária, o STJ editou a Súmula nº 670, esclarecendo:

> **Súmula nº 670 do STJ**: Nos crimes sexuais cometidos contra a vítima em situação de vulnerabilidade temporária, em que ela recupera suas capacidades físicas e mentais e o pleno discernimento para decidir acerca da persecução penal de seu ofensor, a ação penal é pública condicionada à representação se o fato houver sido praticado na vigência da redação conferida ao artigo 225 do Código Penal pela Lei 12.015, de 2009.

2. AUMENTO DE PENA DESTINADO AOS CRIMES CONTRA A LIBERDADE SEXUAL E AOS CRIMES SEXUAIS CONTRA VULNERÁVEL

> **Art. 226.** A pena é aumentada:
> I – de quarta parte, se o crime é cometido com o concurso de 2 (duas) ou mais pessoas;
> II – de metade, se o agente é ascendente, padrasto ou madrasta, tio, irmão, cônjuge, companheiro, tutor, curador, preceptor ou empregador da vítima ou por qualquer outro título tiver autoridade sobre ela;
> III – (Revogado pela Lei nº 11.106, de 2005.);
> IV – de 1/3 (um terço) a 2/3 (dois terços), se o crime é praticado:
>
> **Estupro coletivo**
>
> a) mediante concurso de 2 (dois) ou mais agentes;
>
> **Estupro corretivo**
>
> b) para controlar o comportamento social ou sexual da vítima.

O mencionado art. 226 teve sua redação modificada pela Lei nº 11.106, de 28 de março de 2005, sendo-lhe acrescidas algumas figuras que não constavam da redação inicial do Código Penal, bem como levando-se a efeito um aumento diferenciado para as situações por ele elencadas nos incisos I e II.

Posteriormente, com o advento da Lei nº 13.718, de 24 de setembro de 2018, outras modificações significativas foram levadas a efeito, criando novas causas especiais de aumento de pena, com a inserção do inciso IV, que diz respeito ao estupro coletivo *(a)* e ao estupro corretivo *(b)*.

O inciso I do art. 226 do Código Penal, que prevê um aumento de pena de quarta parte, se o crime é cometido com o concurso de 2 (duas) ou mais pessoas, será aplicado às infrações penais tipificadas nos capítulos antecedentes, exceto os delitos de estupro (art. 213 do CP) e estupro de vulnerável (art. 217-A), cuja majorante, que variará de 1/3 (um terço) a 2/3 (dois terços), será aquela prevista no inciso IV do referido art. 226, que especifica, na alínea *a*, o estupro coletivo, e na alínea *b,* o estupro corretivo, cujos conceitos já foram esclarecidos quando do estudo do crime de estupro, para onde remetemos o leitor.

Entendemos que a majorante prevista no inciso I do art. 226 do Código Penal somente poderá ser aplicada, como já frisamos anteriormente, se os agentes praticarem, conjuntamente, atos de execução tendentes à prática dos delitos contra a dignidade sexual.

A presença de duas ou mais pessoas é motivo de maior facilidade no cometimento do delito, diminuindo ou, mesmo, anulando a possibilidade de resistência da vítima. Dessa forma, existe maior censurabilidade no comportamento daqueles que praticam o delito em concurso de pessoas.

Assim, não somos partidários da corrente que aceita a aplicação da causa de aumento de pena em estudo pela simples existência do concurso de pessoas, sem levar em consideração a maior facilidade no cometimento da infração penal, quando realizada, efetivamente, por dois ou mais agentes, a exemplo de Guilherme de Souza Nucci, quando afirma que "se duas ou mais pessoas tomaram parte na prática do delito, antes ou durante a execução, é isso suficiente para aplicar-se a elevação da pena";[101] ou, ainda, a de Luiz Regis Prado quando assevera que "não é imprescindível a presença de todos os agentes nos atos de execução, bastando que os coautores ou partícipes hajam concorrido, de qualquer forma, para o crime".[102]

A segunda hipótese prevê o aumento de metade da pena, conforme determina o inciso II do art. 226 do Código Penal. Diz respeito ao fato de ser o agente ascendente, padrasto ou madrasta, tio, irmão, cônjuge ou companheiro, tutor, curador, preceptor ou empregador da vítima ou por qualquer outro título tiver autoridade sobre ela.

Isso significa que a relação de parentesco ou de autoridade tem o condão de fazer com que a pena seja especialmente aumentada, levando-se a efeito, assim, maior juízo de reprovação sobre as pessoas elencadas pelo inciso II do art. 226 do Código Penal.

A Lei nº 13.718, de 24 de setembro de 2018, fez inserir o inciso IV ao art. 226 do diploma penal, prevendo um aumento de 1/3 (um terço) a 2/3 (dois terços), se o crime é praticado: *a)* mediante o concurso de 2 (dois) ou mais agentes (estupro coletivo); e *b)* para controlar o comportamento social ou sexual da vítima (estupro corretivo).

Infelizmente, a mídia tem divulgado, com frequência assustadora, casos de estupro coletivo, principalmente tendo as mulheres como vítimas. Hoje em dia, por conta da facilidade de divulgação desses fatos nas redes sociais, esses casos são descobertos e trazidos ao conhecimento público, pois seus autores não resistem à tentação de postar, de divulgar, em grupos de relacionamento, suas práticas criminosas, querendo, com isso, se vangloriar.

Casos emblemáticos levaram o Congresso Nacional a se mobilizar, a exemplo do que ocorreu no dia 27 de maio de 2015, na cidade de Castelo do Piauí, no Estado do Piauí. Quatro jovens passaram por intensos momentos de terror, permanecendo durante duas horas nas mãos de seus cinco algozes, sendo quatro deles inimputáveis. Foram despidas à faca, amordaçadas com as próprias roupas íntimas, amarradas a um cajueiro, torturadas e obrigadas a manter relações com todos eles. Ao final, foram arremessadas de um penhasco com dez metros de altura, sendo que uma delas veio a falecer.

Outro caso de repercussão nacional aconteceu no Rio de Janeiro, cujas imagens circularam, livremente, pelas redes sociais. No dia 20 de maio de 2016, uma jovem, que morava na zona oeste da cidade do Rio de Janeiro, foi a um baile funk, no morro do Barão. Dois dias depois, foi vítima de um estupro coletivo, no alto da comunidade, sendo que o crime foi regis-

---

[101] NUCCI, Guilherme de Souza. *Código penal comentado*, p. 676.
[102] PRADO, Luiz Regis. *Curso de direito penal brasileiro*, v. 3, p. 260.

trado com fotos e vídeos produzidos pelos próprios estupradores. Ao que parece, pelo menos sete pessoas estupraram a vítima, que alegou ter sido "dopada" e levada para uma casa na comunidade, conhecida como "abatedouro", pois era local destinado a práticas sexuais.

A alínea *a* do inciso IV do art. 226 do diploma repressivo terá aplicação somente às hipóteses de estupro, tipificadas nos arts. 213 e 217-A do Código Penal, exigindo-se, tão somente, o cometimento do delito por duas ou mais pessoas.

Inovação trazida pela Lei nº 13.718, de 24 de setembro de 2018, foi a do chamado *estupro corretivo*. Como o próprio nome induz, trata-se de uma modalidade de estupro em que o agente atua com a finalidade de "corrigir" a vítima que, segundo sua motivação doentia, atua fora dos padrões por ele exigidos, isto é, aqueles que o agente acredita serem corretos.

A alínea *b* do inciso IV do art. 226 do Código Penal prevê duas modalidades de estupro corretivo. Na primeira delas o agente atua com a finalidade de controlar o comportamento social da vítima. Assim, imagine-se a hipótese em que uma mulher, de forma completamente natural, goste de sair aos finais de semana, indo a bares, festas de toda natureza etc. Alguém, extremamente machista, que não suporta essa situação, estupra a vítima como forma de puni-la, mostrando-lhe que esse é o resultado para aquelas que têm essa vida social intensa e, para ele, fora dos padrões exigidos para uma mulher. Da mesma forma, não é incomum entre traficantes de drogas o estupro corretivo, principalmente tendo como vítimas mulheres da comunidade, onde o tráfico é dominante. Assim, imagine-se a hipótese em que a vítima comece a namorar, às escondidas, um policial militar. Como é do conhecimento de todos, a presença da polícia é abominada por esses traficantes de drogas, que impõem suas "regras" absurdas à comunidade por eles subjugadas. Ao tomar conhecimento desse fato, o traficante estupra aquela mulher, ao argumento de que ali não se namora com policiais, e que nas comunidades existem homens o suficiente para ela. Nesse caso, poderíamos conceber a hipótese de estupro corretivo, com a finalidade de controle do comportamento social da vítima.

Da mesma forma, tem-se entendido pelo estupro corretivo com a finalidade de controle do comportamento social da vítima, na hipótese de namorados, ou mesmo de maridos, que adotam essa prática a fim de punir a mulher que lhes foi infiel. Nesse caso, normalmente, amigos, parentes, ou mesmo pessoas pertencentes ao grupo criminoso do agente são encarregadas do estupro.

Mais comum do que a hipótese anterior é o estupro corretivo, levado a efeito para o controle do comportamento sexual da vítima. Normalmente, as vítimas dessas atrocidades são lésbicas, mulheres bissexuais e transexuais. A finalidade dos estupradores, nesses casos, é forçá-las a mudar sua orientação sexual. Argumentos toscos são utilizados pelos criminosos, a exemplo daquele que diz que a mulher só tem essa opção sexual porque nunca se "relacionou com um homem de verdade", ou "vou te estuprar para que você vire mulher de verdade". As mulheres homossexuais, com essa prática doentia e criminosa, são estupradas a fim de se transformarem em heterossexuais.

Capítulo V
Do lenocínio e do tráfico de pessoa para fim de prostituição ou outra forma de exploração sexual

1. MEDIAÇÃO PARA SERVIR A LASCÍVIA DE OUTREM

> **Mediação para servir a lascívia de outrem**
> **Art. 227.** Induzir alguém a satisfazer a lascívia de outrem:
> Pena – reclusão, de um a três anos.
> § 1º Se a vítima é maior de 14 (catorze) e menor de 18 (dezoito) anos, ou se o agente é seu ascendente, descendente, cônjuge ou companheiro, irmão, tutor ou curador ou pessoa a quem esteja confiada para fins de educação, de tratamento ou de guarda:
> Pena – reclusão, de dois a cinco anos.
> § 2º Se o crime é cometido com emprego de violência, grave ameaça ou fraude:
> Pena – reclusão, de dois a oito anos, além da pena correspondente à violência.
> § 3º Se o crime é cometido com o fim de lucro, aplica-se também multa.

1.1 Introdução

O delito de *mediação para servir a lascívia de outrem* encontra-se no Capítulo V do Título VI do Código Penal, que, depois da nova redação que lhe foi conferida pela Lei nº 12.015, de 7 de agosto de 2009, passou a cuidar do *lenocínio e do tráfico de pessoa para fim de prostituição ou outra forma de exploração sexual*, revogando a expressão *tráfico de mulheres* que constava na redação original do aludido capítulo.

Assim, aquele que pratica o comportamento típico previsto pelo art. 227 do Código Penal comete aquilo que se denomina *lenocínio*.

Dissertando sobre o significado de lenocínio, dizia Carrara:

"Em sentido jurídico esta palavra expressa mais especialmente um ato desonesto, e com mais precisão, todos os modos com que um terceiro se intromete, entre duas pessoas, de ordinário do sexo distinto, para fazer que uma aceda ao desejo carnal da outra, ou para facilitar os recíprocos desejos que essas pessoas teriam de conhecer-se carnalmente."[103]

Aquele que pratica o lenocínio é conhecido como *proxeneta*.

O proxenetismo, na verdade, de acordo com as alterações trazidas pela Lei nº 12.015, de 7 de agosto de 2009, abrange as seis figuras típicas constantes dos arts. 218, 218-A, 218-B, 218-C, 227, 228 e 229, que preveem, respectivamente, os delitos de *corrupção de menores, satisfação*

---
[103] CARRARA, Francesco. *Programa de derecho criminal*, v. VI, p. 51.

de lascívia mediante presença de criança ou adolescente, favorecimento da prostituição ou outra forma de exploração sexual de vulnerável, vulnerável, divulgação de cena de estupro ou de cena de estupro de vulnerável, de cena de sexo ou de pornografia, mediação para servir a lascívia de outrem, favorecimento da prostituição ou outra forma de exploração sexual e casa de prostituição.

Nélson Hungria, fornecendo uma visão geral tanto do lenocínio, como especificamente do proxeneta, com a sua espetacular capacidade de traduzir conceitos, diz:

> "O Código de 40 não teria sido baldo de técnica se tivesse empregado, no presente capítulo, como rubrica geral, tão somente o vocábulo 'lenocínio'. Com este nome, tomado em sentido lato, pode designar-se não só a atividade criminosa dos *mediadores* ou *fautores*, como a dos *aproveitadores*, em geral, da corrupção ou prostituição. Assim, o 'tráfico de mulheres' (recrutamento e transporte, de um país a outro, de mulheres destinadas à prostituição), a que o Código faz destacada menção, não é senão uma modalidade do lenocínio, do mesmo modo que o *proxenetismo* ('mediação para servir à lascívia de outrem', 'favorecimento à prostituição', manutenção de 'casas de prostituição') e o *rufianismo* ('aproveitamento parasitário do ganho de prostitutas'). Lenocínio é o fato de prestar assistência à libidinagem de outrem ou dela tirar proveito. A nota diferencial, característica do lenocínio (em cotejo com os demais crimes sexuais), está em que, ao invés de servir à concupiscência de seus próprios agentes, opera, em torno da lascívia alheia, a prática sexual *inter alios*. E esta é uma nota comum entre *proxenetas, rufiões e traficantes de mulheres*: todos *corvejam* em torno da libidinagem de outrem, ora como mediadores, fomentadores ou auxiliares, ora como especuladores parasitários. São moscas da mesma cloaca, vermes da mesma podridão. No extremo ponto da escala de indignidade, porém, estão, por certo, os que agem *lucri faciendi causa*: o proxeneta de ofício, o rufião habitual, o 'marchante' de mulheres para as feiras de Vênus Libertina. De tais indivíduos se pode dizer que são os espécimes mais abjetos do gênero humano. São as *tênias* da prostituição, os *parasitas* do vil mercado dos prazeres sexuais. Figuras típicas da *malavita*. Constituem, como diz, Viazzi, um *peso morto* na luta solidária para a consecução dos fins coletivos. As meretrizes (segundo o tropo do padre Vieira) 'comem do próprio corpo', e essa ignóbil caterva de *profiteurs* disputa bocados e nacos no prato de tal infâmia."[104]

O *caput* do art. 227 do Código Penal prevê o chamado *lenocínio simples*:

> **Art. 227.** Induzir alguém a satisfazer a lascívia de outrem:
> Pena – reclusão, de um a três anos.

Assim, de acordo com a redação legal, podemos apontar os seguintes elementos que integram a mencionada figura típica: *a)* a conduta de *induzir alguém*; *b)* com a finalidade de *satisfazer a lascívia de outrem*.

O núcleo *induzir* é utilizado no sentido não somente de incutir a ideia na vítima, como também de convencê-la à prática do comportamento previsto no tipo penal. A vítima, aqui, é convencida pelo proxeneta a satisfazer a lascívia de outrem.

Por satisfazer a lascívia de outrem tem-se entendido qualquer comportamento, de natureza sexual, que tenha por finalidade realizar os desejos libidinosos de alguém, seja com ele praticando atos sexuais (conjunção carnal, coito anal, sexo oral etc.), seja tão somente permitindo que o sujeito pratique com a vítima, ou mesmo que esta os realize, nela própria, ou no agente que a induziu, a fim de serem vistos por terceira pessoa que se satisfaz como *voyeur*.

Quando a lei penal menciona, na sua parte final, que a vítima deverá ser induzida a satisfazer a lascívia *de outrem*, está afirmando, consequentemente, que esse *outrem* deverá ser *uma*

---

[104] HUNGRIA, Nélson. *Comentários ao código penal*, v. VIII, p. 266-267.

pessoa ou grupo de pessoas determinadas, pois, caso contrário, poderá ocorrer a hipótese do art. 228 do Código Penal, que tipifica o delito de *favorecimento da prostituição ou outra forma de exploração sexual*.

A nota característica do lenocínio é que o proxeneta atua não no sentido de satisfazer sua libido, mas sim de satisfazer a lascívia de outrem, de terceira pessoa. Além disso, o que o diferencia do art. 228 do Código Penal é o fato de que a vítima não obtém nenhuma contraprestação por parte do agente ou de terceiro, em virtude de seu comportamento, pois, caso contrário, restaria configurada a atividade de prostituição, permitindo a desclassificação para esta última figura típica.

1.2 Classificação doutrinária

Crime comum, com relação ao sujeito ativo e ao sujeito passivo (na modalidade de lenocínio simples) e próprio cuidando-se da hipótese de lenocínio qualificado quando o agente for ascendente, descendente, cônjuge ou companheiro, irmão, tutor ou curador, ou a quem o sujeito passivo esteja confiado para fins de educação, tratamento ou guarda; doloso; material; de forma livre; comissivo (podendo ser praticado via omissão, na hipótese em que o agente goze do *status* de garantidor); instantâneo; incongruente; monossubjetivo; plurissubsistente; transeunte (não havendo necessidade, como regra, de prova pericial, tratando-se de infração penal que não deixa vestígios).

1.3 Objeto material e bem juridicamente protegido

Tem-se entendido que a moral sexual e, num sentido mais amplo, a dignidade sexual são os bens juridicamente protegidos pelo tipo penal que prevê o delito de lenocínio.

O objeto material é a pessoa contra a qual recai a conduta praticada pelo agente, vale dizer, aquela que foi induzida a satisfazer a lascívia de outrem.

1.4 Sujeito ativo e sujeito passivo

Qualquer pessoa pode ser *sujeito ativo* do delito de mediação para satisfazer lascívia de outrem, não havendo nenhuma qualidade ou condição especial exigida pelo tipo, sendo, portanto, um delito de natureza comum.

Da mesma forma, qualquer pessoa pode ser considerada *sujeito passivo* do delito tipificado no art. 227 do Código Penal, seja do sexo masculino seja feminino.

1.5 Consumação e tentativa

Embora o núcleo *induzir* nos dê a impressão de que no momento em que a vítima fosse convencida pelo agente a satisfazer a lascívia de outrem estaria consumado o delito, somos partidários da corrente que entende seja necessária a realização, por parte da vítima, de algum ato tendente a satisfazer a lascívia de outrem, tratando-se, pois, de delito de natureza material. Nesse sentido, afirma Noronha:

> "Para muitos autores, como von Liszt, o delito consuma-se com o induzimento executado por meios idôneos. Entretanto [...] harmonizando-se o texto integral do art. 227 (com seus parágrafos), dá-se a consumação quando o sujeito passivo se presta à lascívia de outrem, não sendo necessária a satisfação do gozo genésico deste."[105]

---

[105] NORONHA, Edgard Magalhães. *Direito penal*, v. 3, p. 219.

Tratando-se de um crime plurissubsistente, no qual se permite o fracionamento do *iter criminis*, torna-se perfeitamente admissível a tentativa. Assim, imagine-se a hipótese em que a vítima, depois de ser induzida pelo agente à satisfação da lascívia de outrem, é impedida, por circunstâncias alheias à vontade do agente, momentos antes de realizar o ato sexual, quando, por exemplo, são descobertos em determinado cômodo de uma residência, por seu proprietário, que os expulsa daquele lugar, evitando, assim, a consumação do delito.

1.6 Elemento subjetivo

O dolo é o elemento subjetivo exigido pelo tipo penal que prevê o delito de mediação para servir a lascívia de outrem, não havendo previsão para a modalidade de natureza culposa.

A conduta do agente, portanto, deve ser dirigida finalisticamente a induzir alguém a praticar qualquer ato de natureza sexual, capaz de satisfazer a lascívia de outrem.

1.7 Modalidades comissiva e omissiva

O núcleo *induzir* pressupõe um comportamento comissivo.

No entanto, tratando-se de agente garantidor, não se descarta a hipótese de ser responsabilizado em virtude de sua omissão imprópria, nos termos do art. 13, § 2º, do Código Penal. Assim, imagine-se a hipótese em que o garantidor, percebendo que a vítima foi induzida pelo agente a satisfazer a lascívia de outrem, podendo, dolosamente, nada faz para impedir o resultado, querendo, outrossim, que o ato sexual seja efetivamente levado a efeito por aquele sobre o qual tinha a obrigação de cuidado, proteção ou vigilância.

1.8 Lenocínios qualificados

Os §§ 1º e 2º do art. 227 do Código Penal preveem duas modalidades qualificadas de lenocínio.

A primeira delas, com a redação dada ao § 1º do mencionado artigo por meio da Lei nº 11.106, de 28 de março de 2005, qualifica o lenocínio, dizendo:

> § 1º Se a vítima é maior de 14 (catorze) e menor de 18 (dezoito) anos, ou se o agente é seu ascendente, descendente, cônjuge ou companheiro, irmão, tutor ou curador ou pessoa a quem esteja confiada para fins de educação, de tratamento ou de guarda:
> Pena – reclusão, de dois a cinco anos.

Percebe-se, por meio das hipóteses previstas pelo mencionado parágrafo, o maior juízo de censura, de reprovação, sobre aquele que pratica o delito em estudo numa daquelas situações. Vale lembrar que o rol apresentado é taxativo, não podendo ser ampliado por meio da analogia *in malam partem*. Assim, por exemplo, se um padrasto praticar o delito valendo-se de sua enteada, o fato se subsumirá na modalidade prevista no *caput* do art. 227, pois, ao contrário do que ocorreu com a causa especial de aumento de pena prevista no inciso II do art. 226 do Código Penal, não houve previsão legal expressa no sentido de incluir o padrasto no rol daquelas pessoas sobre as quais incidiria a modalidade qualificada do delito, a não ser que seu comportamento fosse dirigido contra enteada *maior de 14 e menor de 18 anos* ou que fosse a ele confiada para *fins de educação, de tratamento ou de guarda*.

Na hipótese de o delito ter sido cometido contra filho, tutelado ou curatelado, aplica-se o inciso II do art. 92 do Código Penal, que diz:

> Art. 92. São também efeitos da condenação:
> I – [...];

> II – a incapacidade para o exercício do poder familiar, da tutela ou da curatela nos crimes dolosos sujeitos à pena de reclusão cometidos contra outrem igualmente titular do mesmo poder familiar, contra filho, filha ou outro descendente ou contra tutelado ou curatelado;

A segunda modalidade qualificada de lenocínio vem prevista no § 2º do art. 227:

> § 2º Se o crime é cometido com emprego de violência, grave ameaça ou fraude:
> Pena – reclusão, de dois a oito anos, além da pena correspondente à violência.

Nessa hipótese, a vítima é forçada, mediante o emprego de violência ou grave ameaça, a satisfazer a lascívia de outrem, ou pratica esse comportamento em virtude de um vício de vontade a que foi induzida pela fraude utilizada pelo agente.

Interessante notar que, nos casos de violência ou grave ameaça, a conduta do agente estaria muito próxima daquela prevista pelo art. 213 do Código Penal, que traduz o delito de estupro. A diferença fundamental entre essas figuras típicas é que a vítima, no delito em estudo, é induzida, mesmo que à força, à satisfação da lascívia de outrem. No caso do estupro, por exemplo, a vítima é compelida ao ato sexual, não havendo qualquer consentimento de sua parte. Na figura típica do art. 227, ao contrário, mesmo que induzida à força ao ato que tenha por finalidade satisfazer a lascívia de outrem, ainda há resquício de sua vontade, ou seja, ela o pratica com o seu consentimento.

Se a vítima, agredida fisicamente pelo agente, é obrigada, por exemplo, a praticar atos sexuais com alguém, não existindo qualquer consentimento de sua parte, não estaremos diante do delito do art. 227 do Código Penal, mas, sim, da figura típica constante do art. 213 do mesmo diploma repressivo, podendo-se raciocinar em termos de concurso de pessoas caso exista liame subjetivo entre o agente agressor e aquele que tem por satisfeita sua pretensão sexual.

A segunda parte do preceito secundário do § 2º do art. 227 do Código Penal determina que, além da pena privativa de liberdade, seja aplicada ao proxeneta aquela correspondente à violência por ele empregada.

1.9 Lenocínio mercenário

Determina o § 3º do art. 227 do Código Penal, *verbis*:

> § 3º Se o crime é cometido com o fim de lucro, aplica-se também a multa.

A finalidade de lucro caracteriza o denominado *lenocínio mercenário ou questuário*. Aplica-se a pena de multa cumulativamente com a pena de privação da liberdade em virtude da maior reprovabilidade do comportamento daquele que utiliza a vítima para satisfazer a lascívia de outrem com o intuito de, com isso, conseguir algum lucro.

1.10 Causas de aumento de pena

Vide art. 234-A, com a nova redação que lhe foi conferida pela Lei nº 13.718, de 24 de setembro de 2018.

1.11 Pena, ação penal, suspensão condicional do processo e segredo de justiça

Ao delito de lenocínio simples foi cominada uma pena de reclusão, de 1 (um) a 3 (três) anos; na hipótese do lenocínio qualificado, previsto pelo § 1º do art. 227 do Código Penal, a pena é de reclusão, de 2 (dois) a 5 (cinco) anos; para a última modalidade qualificada de lenocínio, constante do § 2º do mesmo diploma repressivo, está reservada uma pena de reclusão, de 2 (dois) a 8 (oito) anos, além da pena correspondente à violência.

Se o crime é cometido com o fim de lucro, aplica-se, também, a pena de multa cumulativamente.

A ação penal, em qualquer das formas de lenocínio, é de *iniciativa pública incondicionada*.

Será possível a realização de proposta de suspensão condicional do processo na hipótese de lenocínio simples, tendo em vista a pena mínima a ele cominada, conforme preconiza o art. 89 da Lei nº 9.099/95.

Nos termos do art. 234-B do Código Penal, os processos em que se apuram crimes previstos pelo Título VI, vale dizer, os *crimes contra a dignidade sexual*, correrão em segredo de justiça.

Contudo, os §§ 1º e 2º, inseridos no art. 234-B do Código Penal pela Lei nº 15.035, de 27 de novembro de 2024, determinam, *verbis*:

> § 1º O sistema de consulta processual tornará de acesso público o nome completo do réu, seu número de inscrição no Cadastro de Pessoas Físicas (CPF) e a tipificação penal do fato a partir da condenação em primeira instância pelos crimes tipificados nos arts. 213, 216-B, 217-A, 218-B, 227, 228, 229 e 230 deste Código, inclusive com os dados da pena ou da medida de segurança imposta, ressalvada a possibilidade de o juiz fundamentadamente determinar a manutenção do sigilo.
> § 2º Caso o réu seja absolvido em grau recursal, será restabelecido o sigilo sobre as informações a que se refere o § 1º deste artigo.

1.12 Destaques

1.12.1 Habitualidade

O delito de lenocínio, previsto no art. 227 e parágrafos do Código Penal, não se encontra no rol daquelas infrações penais reconhecidas como habituais.

Portanto, basta que a conduta do agente seja dirigida finalisticamente a fazer com que a vítima, por uma única vez, atue no sentido de satisfazer a lascívia de outrem para que o delito reste consumado.

A habitualidade, aqui, poderá, se for o caso, importar no reconhecimento do chamado *crime continuado*, permitindo que ao agente seja aplicada a regra constante do art. 71 do Código Penal.

1.12.2 Indução de prostituta à satisfação da lascívia alheia

Na hipótese de uma pessoa já prostituída ser induzida a satisfazer a lascívia de outrem, o fato deverá ser considerado atípico, pois conforme esclarecia Hungria, mesmo que exagerando em seus termos, "pouco importa que a vítima seja pessoa orientada no caminho do mal, desde que não francamente *prostituída*, pois, neste caso, como é claro, não há necessidade de induzimento, violência ou fraude para que se preste à lascívia de outrem".[106]

Em sentido contrário, Paulo César Busato preleciona que:

> "A meretriz tem pleno direito à própria autonomia sexual e pode perfeitamente não pretender realizar a satisfação da libido de mulheres, ou não pretender realizar determinada classe de ato sexual, por exemplo, o coito anal, e ser induzida a isso pelo *proxeneta*".[107]

1.12.3 Terceiro que satisfaz sua lascívia com a vítima

Aquele que vê satisfeita sua lascívia em virtude do comportamento praticado pelo proxeneta não pratica o delito tipificado no art. 227 do Código Penal, que exige do sujeito ativo

---

[106] HUNGRIA, Nélson. *Comentários ao código penal*, v. VIII, p. 281-282.
[107] BUSATO, Paulo César. *Direito penal* – parte especial 1, p. 900.

que atue no sentido de satisfazer a lascívia de *outrem*, e não a própria. Nesse sentido, esclarece Luiz Regis Prado:

> "O destinatário do lenocínio, em prol de quem age o sujeito ativo, não responde pelo delito, ainda que haja instigado o lenão, já que a norma exige o fim de servir a lascívia alheia e não a própria. Em tal caso, poderá o terceiro, dependendo das circunstâncias, ser autor de outro crime sexual, como estupro."[108]

1.12.4 Vítima menor de 14 anos

Se a vítima, que foi induzida a satisfazer a lascívia de outrem, for menor de 14 (catorze) anos, o fato se amoldará à figura típica prevista no art. 218 do Código Penal, que prevê o delito de *corrupção de menores*, com a nova redação que lhe foi conferida pela Lei nº 12.015, de 7 de agosto de 2009.

1.12.5 Prescrição

A Lei nº 14.344, de 24 de maio de 2022, alterou o inciso V do art. 111 do Código Penal, prevendo que a prescrição, antes de transitar em julgado a sentença final, começa a correr, nos crimes contra a dignidade sexual ou que envolvam violência contra criança e o adolescente, previstos no Código Penal ou em legislação especial, da data em que a vítima completar 18 (dezoito) anos, salvo se a esse tempo já houver sido proposta a ação penal.

1.13 Quadro-resumo

Sujeitos
- Ativo: qualquer pessoa.
- Passivo: qualquer pessoa.

Objeto material
É a pessoa contra a qual recai a conduta praticada pelo agente, vale dizer, aquela que foi induzida a satisfazer a lascívia de outrem.

Bem(ns) juridicamente protegido(s)
A moral sexual e, num sentido mais amplo, a dignidade sexual.

Elemento subjetivo
- É o dolo.
- Não há previsão para a modalidade de natureza culposa.

Modalidades comissiva e omissiva
- O núcleo induzir pressupõe um comportamento comissivo.
- Pode, no entanto, ser praticado via omissão imprópria.

---

[108] PRADO, Luiz Regis. *Curso de direito penal brasileiro*, v. 3, p. 268.

> **Consumação e tentativa**
> » Embora o núcleo induzir nos dê a impressão de que no momento em que a vítima fosse convencida pelo agente a satisfazer a lascívia de outrem estaria consumado o delito, somos partidários da corrente que entende seja necessária a realização, por parte da vítima, de algum ato tendente a satisfazer a lascívia de outrem, tratando-se, pois, de delito de natureza material.
> » A tentativa é admissível.

2. FAVORECIMENTO DA PROSTITUIÇÃO OU OUTRA FORMA DE EXPLORAÇÃO SEXUAL

> **Favorecimento da prostituição ou outra forma de exploração sexual**
> **Art. 228.** Induzir ou atrair alguém à prostituição ou outra forma de exploração sexual, facilitá-la, impedir ou dificultar que alguém a abandone:
> Pena – reclusão, de 2 (dois) a 5 (cinco) anos, e multa.
> § 1º Se o agente é ascendente, padrasto, madrasta, irmão, enteado, cônjuge, companheiro, tutor ou curador, preceptor ou empregador da vítima, ou se assumiu, por lei ou outra forma, obrigação de cuidado, proteção ou vigilância:
> Pena – reclusão, de 3 (três) a 8 (oito) anos.
> § 2º Se o crime é cometido com emprego de violência, grave ameaça ou fraude:
> Pena – reclusão, de quatro a dez anos, além da pena correspondente à violência.
> § 3º Se o crime é cometido com o fim de lucro, aplica-se também multa.

2.1 Introdução

A prostituição é considerada uma das profissões mais antigas da história da humanidade. Alguns chegam até mesmo a dizer que se trata de um "mal necessário", pois a sua existência impede, por exemplo, o aumento do número de casos de violências sexuais.

Como é cediço, a prostituição, em si, é considerada uma conduta indiferente ao Direito Penal, vale dizer, é um fato que não mereceu a atenção do legislador penal, sendo, portanto, atípico.

Contudo, embora atípico o comportamento de se prostituir, a lei penal reprime aquelas pessoas que, de alguma forma, contribuem para a sua existência, punindo os proxenetas, cafetões, rufiões, enfim, aqueles que estimulam o comércio carnal, seja ou não com a finalidade de lucro.[109]

Há três sistemas que disputam o tratamento da prostituição, vale dizer: *a)* o da regulamentação; *b)* o da proibição e; *c)* o abolicionista.

Dissertando sobre o tema, com precisão, esclarece Luiz Regis Prado:

"O sistema da regulamentação tem por escopo objetivos higiênicos, a fim de prevenir a disseminação de doenças venéreas e também a ordem e a moral públicas. Por este sistema a prostituição fica restrita a certas áreas da cidade, geralmente distantes do centro, onde as mulheres sujeitam-se a um conjunto de obrigações, como a de submeterem-se periodicamente a exames

---

[109] O art. 1º da Convenção para a repressão ao Tráfico de Pessoas e do Lenocínio, concluída em Lake Sucess, nos Estados Unidos em 21 de março de 1950, e firmada pelo Brasil em 5 de outubro de 1951, visando a punir o lenocínio, assevera, textualmente:
"As partes na presente Convenção convêm em punir toda pessoa que, para satisfazer às paixões de outrem:
1º) aliciar, induzir ou desencaminhar, para fins de prostituição, outra pessoa, ainda que com seu consentimento;
2º) explorar a prostituição de outra pessoa, ainda que com seu consentimento."

médicos. É criticável o sistema em epígrafe, uma vez que, além de estigmatizar a prostituta, o seu fim higiênico é de resultado restrito, já que controla apenas parte da atividade."[110]

Nesse sistema de regulamentação, as pessoas que se prostituem trabalham, em geral, com carteira assinada, possuem plano de saúde, aposentadoria etc., tal como ocorre na Holanda.

No sistema em que predomina a proibição, a exemplo dos países árabes e Estados Unidos, a prostituição é considerada infração penal.

No entanto, tem prevalecido o sistema conhecido como abolicionista. Assim, deixa-se de responsabilizar criminalmente aquele que pratica a prostituição; no entanto pune-se as pessoas que lhe são periféricas e que de alguma forma contribuem para o seu exercício, como ocorre com os proxenetas, rufiões, cafetões etc.

O Código Penal, adotando o sistema abolicionista, por meio do seu art. 228, pune essa outra modalidade de proxenetismo com a tipificação do delito de *favorecimento da prostituição ou outra forma de exploração sexual*, dizendo, *verbis*:

> **Art. 228.** Induzir ou atrair alguém à prostituição, ou outra forma de exploração sexual, facilitá-la, impedir ou dificultar que alguém a abandone:
> Pena – reclusão, de 2 (dois) a 5 (cinco) anos.

Podemos, portanto, de acordo com a redação típica, que foi alterada pela Lei nº 12.015, de 7 de agosto de 2009, identificar os seguintes elementos que lhe são característicos: *a)* a conduta de induzir, ou atrair alguém à prostituição, ou outra forma de exploração sexual; *b)* a sua facilitação; *c)* o comportamento de impedir ou mesmo dificultar que alguém a abandone.

Inicialmente, faz-se mister conceituar o que vem a ser prostituição. Enrique Orts Berenguer diz que prostituição significa:

> "A satisfação sexual que uma pessoa dá a outra em troca de um preço. Dois são, pois, os ingredientes desta atividade: uma prestação de natureza sexual, entendida esta em um sentido amplo, compreensivo de qualquer variante que possa ser solicitada, não somente das mais convencionais; e a percepção de um preço, de uns honorários em contraprestação ao serviço prestado."[111]

Noronha posiciona-se contrariamente à necessidade do escopo de lucro como um dos elementos característicos da prostituição dizendo:

> "Pode a mulher por perversões sexuais, como a ninfomania, entregar-se à prostituição, sem ter por objetivo o lucro. Conforme as circunstâncias pode até pagar ao lenão ou ao bordel onde recebe quem sacia seus instintos. A mulher abonada que indistintamente se entrega, a título gratuito, a quem a quer, é tão prostituta quanto a miserável que o faz para ganhar o pão de cada dia."[112]

Não podemos concordar, *permissa venia*, com as ponderações do renomado penalista. Isso porque, para nós, somente haverá *prostituição* se houver, efetivamente, o *comércio do corpo*, e para que exista esse comércio, consequentemente, deverá haver quem venda e quem pague. Caso contrário, não poderemos taxar alguém como prostituta simplesmente porque possui uma patologia, a exemplo da citada ninfomania, ou porque se entrega, sem qualquer distinção, a qualquer pessoa.

---

[110] PRADO, Luiz Regis. *Curso de direito penal brasileiro*, v. 3, p. 274.
[111] BERENGUER, Enrique Orts. *Derecho penal* – Parte especial, p. 967.
[112] NORONHA, Edgard Magalhães. *Direito penal*, v. 3, p. 223.

Hoje, no entanto, com a modificação levada a efeito no art. 228 do Código Penal pela Lei nº 12.015, de 7 de agosto de 2009, as condutas previstas no tipo penal em estudo podem ter por finalidade *outra forma de exploração sexual* que não a prostituição em si, ou seja, não há necessidade que exista o comércio do corpo, mas que tão somente a vítima seja explorada sexualmente, muitas vezes nada recebendo em troca por isso.

Na verdade, a prostituição é uma modalidade de exploração sexual. Esta seria o gênero, sendo aquela uma de suas espécies, ao lado do turismo sexual, da pornografia e do tráfico para fins sexuais, tal como apontado no I Congresso Mundial contra a Exploração Sexual de Crianças e Adolescentes, realizado em Estocolmo, em 1996.

A exploração sexual faz parte do chamado "mercado do sexo" que funciona, conforme adverte Eva T. Silveira Faleiros:

"Como um ramo de negócios no qual há a produção e a comercialização da mercadoria – *serviços e produtos sexuais*. Trata-se de um *produto subjetivo – o prazer,* altamente vendável, que tem *valor de uso*.

A oferta de serviços sexuais, restrita durante séculos quase que exclusivamente à prostituição foi, historicamente, se ampliando e diversificando. Com o desenvolvimento da tecnologia, dos meios de comunicação de massa, da *Internet*, e da sociedade de consumo, bem como a liberalização sexual, se diversificou o comércio do sexo e se desenvolveu extraordinariamente a indústria pornográfica, ou seja, a produção de mercadorias e produtos sexuais. Atualmente encontram-se no mercado do sexo produtos e serviços que se caracterizam por sua grande variedade, níveis de qualidade, de consumidores, de profissionais que empregam, de preços. São produzidos, vendidos e comprados: corpos, pessoas, *shows* eróticos, fotos, revistas, objetos, vídeos, filmes pornográficos.

Existe um enorme mercado consumidor de serviços sexuais, sendo o sexo uma mercadoria altamente vendável e valorizada, principalmente o sexo-jovem, de grande valor comercial."[113]

Induzir tem o significado de incutir a ideia, convencer alguém a se entregar à prostituição ou mesmo à outra forma de exploração sexual; *atrair* significa fazer com que a pessoa se sinta estimulada à prática do comércio do corpo ou de qualquer outro tipo de exploração sexual. Induzir e atrair são, na verdade, situações muito parecidas, de difícil separação. O agente pode, por exemplo, induzir uma pessoa à prostituição, atraindo-lhe com perspectivas de riquezas, de aumento do seu padrão de vida, de possibilidade de viagens internacionais, enfim, a atração não deixa de ser um meio para que ocorra o induzimento.

Também incorre no delito em estudo aquele que *facilita* a prostituição ou outra forma de exploração sexual. Aqui é denominado *lenocínio acessório*. Conforme salienta Luiz Regis Prado, ocorre a facilitação quando o agente, "sem induzir ou atrair a vítima, proporciona-lhe meios eficazes de exercer a prostituição, arrumando-lhe clientes, colocando-a em lugares estratégicos etc."[114]

A diferença desse comportamento típico para os anteriores residiria no fato de que, no induzimento ou na atração de alguém à prostituição ou outra forma de exploração sexual, a vítima ainda não se encontrava prostituída, nem, tampouco, explorada sexualmente por alguém; ao contrário, na facilitação, o agente permite que a vítima, já entregue ao comércio carnal, nele se mantenha com o seu auxílio, com as facilidades por ele proporcionadas.

---

[113] FALEIROS, Eva. T. Silveira. *A exploração sexual de crianças e adolescentes no Brasil:* reflexões teóricas, relatos de pesquisas e intervenções psicossociais, p. 83.
[114] PRADO, Luiz Regis. *Curso de direito penal brasileiro,* v. 3, p. 277.

Também se configura no delito em estudo quando a conduta do agente é dirigida a *impedir* que a vítima abandone a prostituição ou outra forma de exploração sexual. Como se percebe pela redação típica, a vítima se encontra no exercício pleno da prostituição ou outra forma de exploração sexual e deseja abandoná-la, havendo a intervenção do agente no sentido de impedi-la, fazendo, por exemplo, com que tenha que saldar dívidas extorsivas relativas ao período em que permaneceu "hospedada às custas do agente", ou com algum artifício que a faça sopesar pela necessidade de permanecer no comércio carnal etc.

Através da modificação feita pela Lei nº 12.015, de 7 de agosto de 2009, também aquele que vier a *dificultar* que alguém abandone a prostituição ou outra forma de exploração sexual responderá pelo delito tipificado no art. 228 do Código Penal. Dificultar tem o sentido de atrapalhar, criar embaraços, com a finalidade de fazer com que a vítima sinta-se desestimulada a abandonar a prostituição ou outra forma de exploração sexual.

2.2 Classificação doutrinária

Crime comum, tanto com relação ao sujeito ativo quanto ao sujeito passivo (na modalidade prevista no *caput* do art. 228), e próprio cuidando-se da hipótese qualificada de favorecimento da prostituição quando o agente for ascendente, padrasto, madrasta, irmão, enteado, cônjuge, companheiro, tutor ou curador, preceptor ou empregador da vítima, ou se assumiu, por lei, ou outra forma, obrigação de cuidado, proteção ou vigilância; doloso; material; de forma livre; comissivo (podendo ser praticado via omissão imprópria, na hipótese em que o agente goze do *status* de garantidor); instantâneo (merece destaque a discussão existente quanto ao núcleo *impedir*, uma vez que parte da doutrina se posiciona no sentido de entender tal comportamento como permanente, a exemplo de Noronha quando afirma que, "nesta modalidade, a consumação se protrai no tempo, devido à ação contínua do agente, que pode fazer cessar a prostituição, renunciando à sua atividade".[115] Em sentido contrário, afirmando, ainda assim, o caráter instantâneo da infração penal, Guilherme de Souza Nucci;[116] monossubjetivo; plurissubsistente; transeunte (não havendo necessidade, como regra, de prova pericial, tratando-se de infração penal que não deixa vestígios).

2.3 Objeto material e bem juridicamente protegido

O bem juridicamente protegido pelo tipo penal que prevê o delito de favorecimento da prostituição ou outra forma de exploração sexual é a moralidade sexual e, num sentido mais amplo, a dignidade sexual.

Pode ocorrer a prostituição ou a exploração sexual masculina ou feminina, razão pela qual tanto o homem quanto a mulher podem ser considerados objeto material do delito em estudo.

2.4 Sujeito ativo e sujeito passivo

Qualquer pessoa poderá ser considerada *sujeito ativo* do delito de favorecimento da prostituição ou outra forma de exploração sexual, haja vista não exigir o tipo penal do *caput* do art. 228 do diploma repressivo nenhuma qualidade ou condição especial necessária a esse reconhecimento, tratando-se, portanto, de um crime comum.

Da mesma forma, qualquer pessoa poderá figurar como *sujeito passivo* do delito, seja do sexo masculino ou feminino. Nos dias de hoje, verifica-se com clareza o aumento da prostituição masculina, a ponto de se exporem em programas de televisão, rádio e em outros meios de comunicação de massa, a exemplo de jornais, revistas etc.

---

[115] NORONHA, Edgard Magalhães. *Direito penal*, v. 3, p. 226.
[116] NUCCI, Guilherme de Souza. *Código penal comentado*, p. 816.

2.5 Consumação e tentativa

Tem-se por consumado o crime tipificado no art. 228 do Código Penal, por meio das condutas de *induzir* ou *atrair*, quando a vítima, efetivamente, dá início ao comércio carnal, ou seja, às atividades próprias características da prostituição, com a colocação de seu corpo à venda, mesmo que não tenha, ainda, praticado qualquer ato sexual com algum "cliente"; ou, ainda, de acordo com a nova redação legal levada a efeito pela Lei nº 12.015, de 7 de agosto de 2009, quando a vítima é, efetivamente, explorada sexualmente, mesmo sem praticar o comércio carnal.

Dessa forma, o fato de já estar em um bordel ou, nos dias de hoje, nas chamadas casas de massagem, com a finalidade de vender o corpo, já seria suficiente para efeitos de caracterização do delito, pois que a vítima já fora, efetivamente, induzida ou atraída a prostituir-se. Além disso, agora, também restará configurado o delito se a vítima já estiver à disposição de alguém, que irá explorá-la sexualmente.

No que diz respeito à facilitação, entende-se por consumado o delito com a prática, pelo agente, do comportamento que, de alguma forma, facilitou, concorreu para que a vítima praticasse a prostituição ou fosse, de qualquer outra forma, explorada sexualmente.

Consuma-se também a figura típica mediante impedimento ao abandono da prostituição, quando a vítima, já decidida a deixar o meretrício, de alguma forma é impedida pelo agente, permanecendo no comércio carnal. Da mesma forma aquela que quer se livrar da exploração sexual a que vem sendo submetida e é impedida pelo agente.

O delito também restará consumado quando ficar provado que o agente, de alguma forma, dificultou, criando problemas para que a vítima abandonasse a prostituição ou a exploração sexual a que estava sujeita.

Tratando-se de crime plurissubsistente, no qual se pode fracionar o *iter criminis*, será admissível o raciocínio relativo à tentativa.

Em sentido contrário, entendendo pela impossibilidade da tentativa, Guilherme de Souza Nucci aduz que:

"Não admite tentativa nas formas *induzir, atrair* ou *facilitar* por se tratar de crime condicionado. Poderia configurar a tentativa nas modalidades *impedir* e *dificultar*, mas não cremos ser realisticamente viáveis."[117]

2.6 Elemento subjetivo

O dolo é o elemento subjetivo exigido pelo tipo penal do art. 228 do diploma repressivo, não havendo previsão para a modalidade de natureza culposa.

Assim, a conduta do proxeneta deve ser dirigida finalisticamente a introduzir a vítima nas atividades de prostituição ou de outra forma de exploração sexual, auxiliar a sua permanência ou, mesmo, impedir ou dificultar a sua saída dessas atividades sexuais.

2.7 Modalidades comissiva e omissiva

As condutas inseridas no tipo penal que prevê o delito de favorecimento da prostituição ou outra forma de exploração sexual pressupõem um comportamento ativo por parte do sujeito, vale dizer, o proxeneta faz alguma coisa no sentido de iniciar a vítima na prostituição ou em qualquer outra forma de exploração sexual, mantê-la nessa atividade ou, mesmo, impedi-la ou dificultá-la de abandoná-la.

---

[117] NUCCI, Guilherme de Souza. *Crimes contra a dignidade sexual* – comentários à Lei nº 12.015, de 7 de agosto de 2009, p. 76.

No entanto, poderá ser cometido, também, via omissão imprópria, na hipótese, por exemplo, em que o agente, gozando do *status* de garantidor, dolosamente, nada fizer para impedir que a vítima se inicie na prostituição, ou se submeta a qualquer forma de exploração sexual. Assim, imagine-se o fato praticado por um pai que, mesmo percebendo que sua filha menor de idade está sendo aliciada para iniciar-se na prostituição e desejando, na verdade, essa nova forma de vida para ela, podendo, não a impede.

2.8 Modalidades qualificadas

Determina o § 1º do art. 228 do Código Penal que, se o agente é ascendente, padrasto, madrasta, irmão, enteado, cônjuge, companheiro, tutor ou curador, preceptor ou empregador da vítima, ou se assumiu, por lei ou outra forma, obrigação de cuidado, proteção ou vigilância, a pena é de reclusão, de 3 (três) a 8 (oito) anos.

Já o § 2º aduz que se o crime for cometido com o emprego de violência, grave ameaça ou fraude, a pena será de reclusão, de 4 (quatro) a 10 (dez) anos, além da pena correspondente à violência.

Valem, aqui, as explicações levadas a efeito quando dos comentários ao item correspondente no artigo anterior.

2.9 Proxenetismo mercenário

Assevera o § 3º do art. 228 do Código Penal que *se o crime é cometido com o fim de lucro, aplica-se também multa*, tal como ocorre na hipótese do § 3º do art. 227 do mesmo diploma legal, que prevê a mediação para servir a lascívia de outrem.

2.10 Causas de aumento de pena

Vide art. 234-A, com a nova redação que lhe foi conferida pela Lei nº 13.718, de 24 de setembro de 2018.

2.11 Pena, ação penal e segredo de justiça

A pena prevista para a modalidade fundamental de favorecimento da prostituição ou outra forma de exploração sexual é de reclusão, de 2 (dois) a 5 (cinco) anos e multa; para a modalidade qualificada constante do CP, art. 228, § 1º, a pena é de reclusão, de 3 (três) a 8 (oito) anos, sendo que, para a forma também qualificada tipificada no § 2º do referido estatuto repressivo, a pena é de reclusão, de 4 (quatro) a 10 (dez) anos, além da pena correspondente à violência.

Se o crime é cometido com o fim de lucro, aplica-se também a pena de multa, cumulativamente.

A ação penal, em qualquer das formas de favorecimento da prostituição ou outra forma de exploração sexual, é de *iniciativa pública incondicionada*.

Nos termos do art. 234-B do Código Penal, os processos em que se apuram crimes previstos pelo Título VI, vale dizer, os *crimes contra a dignidade sexual*, correrão em segredo de justiça.

Contudo, os §§ 1º e 2º, inseridos no art. 234-B do Código Penal pela Lei nº 15.035, de 27 de novembro de 2024, determinam, *verbis*:

> § 1º O sistema de consulta processual tornará de acesso público o nome completo do réu, seu número de inscrição no Cadastro de Pessoas Físicas (CPF) e a tipificação penal do fato a partir da condenação em primeira instância pelos crimes tipificados nos arts. 213, 216-B, 217-A, 218-B, 227, 228, 229 e 230 deste Código, inclusive com os dados da pena ou da medida de segurança imposta, ressalvada a possibilidade de o juiz fundamentadamente determinar a manutenção do sigilo.
> § 2º Caso o réu seja absolvido em grau recursal, será restabelecido o sigilo sobre as informações a que se refere o § 1º deste artigo.

2.12 Destaques

2.12.1 Habitualidade

Para que se reconheça a prostituição ou mesmo qualquer outra forma de exploração sexual, há necessidade de que o comércio da atividade sexual ou a exploração à que se submete a vítima sejam habituais, ou basta a prática de um congresso carnal com finalidade lucrativa, ou de um ato que se configure em exploração sexual?

Alguns dos leitores devem ter assistido a um filme muito interessante, com a atriz Demi Moore, com o título *Proposta Indecente*. Um dos protagonistas ofereceu a uma mulher casada, uma importância considerável em dinheiro, que a enriqueceria, apenas por uma noite de sexo. Nesse caso, se a mulher aceitasse a proposta, estaria configurada a prostituição? Da mesma forma, aquele que, por exemplo, induzisse a vítima a se entregar por dinheiro a alguém apenas por uma noite praticaria o delito tipificado no art. 228 do Código Penal?

Enrique Orts Berenguer, analisando o tema, concluiu que "a realização de um só ato sexual, ainda quando se realize por dinheiro, não parece que constitua prostituição, ao menos no sentido usual da linguagem".[118]

Soler conceitua prostituição dizendo:

"É a atividade consistente em entregar-se habitualmente aos tratos sexuais com pessoas mais ou menos determinadas, que eventualmente o requeiram. [...] constitui-se em um modo de viver."[119]

Percebe-se, portanto, mediante as lições dos renomados autores, que a prostituição, como atividade profissional do sexo, somente se configura com o requisito da habitualidade.

Dessa forma, tanto a mulher que protagonizava um dos papéis no filme *Proposta Indecente*, quanto aquela que se deixa levar, influenciada pelo agente, a permitir uma única noite de sexo em troca de dinheiro não podem, nos termos legais, ser consideradas prostitutas, razão pela qual o agente que convence a mulher a se entregar a alguém, apontando-lhe as vantagens que receberia em dinheiro, não pratica o delito tipificado no art. 228 do Código Penal, podendo, entretanto, responder pela mediação para satisfazer lascívia de outrem, previsto no art. 227 do mesmo diploma legal.

Da mesma forma, a expressão *exploração sexual* nos dá a ideia de uma prática reiterada, constante. Assim, não poderia responder pelo delito em estudo aquele que, por exemplo, induzisse a vítima a permitir que ficasse à disposição de alguém tão somente por um dia, a fim de que o sujeito deixasse aflorar todos os seus desejos libidinosos. O agente, tal como na hipótese de prostituição, poderia ser responsabilizado pelo delito tipificado no art. 227 do Código Penal.

Em sentido contrário, Renato Marcão e Plínio Gentil, posicionam-se entendendo que:

"Haverá prostituição mesmo quando não houver habitualidade na venda dos prazeres do sexo. Imaginemos a seguinte hipótese: a vítima, já determinada a exercer a prostituição, se instala em prostíbulo e na primeira noite recebe um cliente. Pratica sexo com ele e recebe o valor cobrado. Na manhã seguinte, por qualquer razão que aqui desimporta, resolve abandonar a 'vida fácil' e retornar à vida honesta.

Pergunta-se: é correto dizer que não exerceu prostituição? Se for *impedida* pelo proxeneta de abandonar 'função', não estarão presentes as elementares do crime previsto no art. 228?

---

[118] BERENGUER, Enrique Orts. *Derecho penal* – Parte especial, p. 967.
[119] SOLER, Sebastian. *Derecho penal argentino*, v. III, p. 311.

A resposta a estas duas questões e tantas outras que poderiam ser feitas com base nos verbos do tipo penal sob análise é exatamente a mesma: sim.

É claro que exerceu a prostituição, ainda que efêmera, e bem por isso não deve reclamar habitualidade na mercancia do sexo para fins de tipificação penal."

Com todo respeito à posição dos renomados amigos, entendemos que a finalidade daquele que pratica o ato sexual também deve ser considerada para efeito de reconhecimento da prostituição, mesmo que, posteriormente, venha, como no exemplo por eles citado, a praticar somente um ato sexual e depois desista de continuar no comércio do sexo.

Assim, se uma pessoa ingressa em um bordel querendo dar início à sua "carreira" como prostituta, vende seu corpo uma única vez, e depois se arrepende, não podemos deixar de reconhecer que houve prostituição. Agora, como nas hipóteses por nós referidas anteriormente, se alguém não quiser fazer disso uma profissão e se vender seu corpo uma única vez, não podemos reconhecer a prostituição, que exige, assim, pelo menos uma finalidade habitual.

2.12.2 O reconhecimento da prostituição exige contato físico?

Linhas atrás, concluímos que a prostituição exige a prestação de atividades sexuais que tenham como contrapartida o pagamento de um preço.

No entanto, essas atividades sexuais devem ser entendidas, necessariamente, no sentido de contato físico com o agente que paga pelos serviços sexuais, ou poderia ser entendida como prostituição aquela atividade na qual alguém, mesmo não tocando naquele que paga pelos seus serviços, ou, ainda, não permitindo que seja tocado, também prestasse atividades ligadas aos prazeres sexuais?

Emiliano Borja Jiménez, analisando o tema, preleciona:

"Ainda que o *Dicionário da Real Academia* defina esse conceito como atividade sexual que presta uma pessoa em troca de dinheiro, creio que o termo legal é mais limitado. Se circunscreveria ao marco das relações sexuais que exigem contato físico entre o agente e seu cliente, em troca de dinheiro. A isso haveria de somar as notas de brevidade no tempo e de diversidade a respeito dos sujeitos da oferta sexual. Assim ficam excluídas prestações de conteúdo sexual em troca de dinheiro nas que não existe contato físico entre trabalhador e cliente, como nas hipóteses de *streap-tease*, hipóteses de dança erótica com proibição de contatos por parte do cliente, espetáculos em cabines eróticas, telefones eróticos e ofertas similares."[120]

Apesar da autoridade do renomado professor da Universidade de Valência (Espanha), ousamos discordar, pois podemos compreender o exercício da prostituição como aquela atividade ligada à prestação de um serviço de natureza sexual em troca de um preço, não importando se há ou não possibilidade de contato físico. O que o "comprador" deseja é a realização de seus prazeres sexuais, que lhe são oferecidos pela(o) prostituta(o), haja ou não contato corporal. Assim, por exemplo, o que ocorre com *disk-sexo*, em que uma pessoa entra em contato com outra, via telefone, a fim de ver realizados seus sonhos e desejos eróticos. Simula-se, até mesmo, uma situação de relação sexual. Nesse caso, segundo entendemos, poderíamos considerar a atividade daquela(e) que presta serviços sexuais a alguém em troca de preço como característica da prostituição.

---

[120] JIMÉNEZ, Emiliano Borja. *Curso de política criminal*, p. 158-159.

2.13 Quadro-resumo

Sujeitos
» Ativo: qualquer pessoa.
» Passivo: qualquer pessoa.

Objeto material
O homem e a mulher, vítimas da exploração sexual.

Bem(ns) juridicamente protegido(s)
É a moralidade sexual e, num sentido mais amplo, a dignidade sexual.

Elemento subjetivo
» É o dolo.
» Não há previsão para a modalidade de natureza culposa.

Modalidades comissiva e omissiva
» As condutas pressupõem um comportamento ativo por parte do sujeito.
» No entanto, poderá ser cometido, também, via omissão imprópria.

Consumação e tentativa
» Tem-se por consumado o crime por meio das condutas de subjugar, induzir ou atrair, quando a vítima, efetivamente, dá início ao comércio carnal, ou seja, às atividades próprias características da prostituição, com a colocação de seu corpo à venda, mesmo que não tenha, ainda, praticado qualquer ato sexual com algum "cliente"; ou, ainda, quando a vítima é, efetivamente, explorada sexualmente, mesmo sem praticar o comércio carnal.
» Além disso, também restará configurado o delito se a vítima já estiver à disposição de alguém, que irá explorá-la sexualmente.
» No que diz respeito à facilitação, entende-se por consumado o delito com a prática, pelo agente, do comportamento que, de alguma forma, facilitou, concorreu para que a vítima praticasse a prostituição ou fosse, de qualquer outra forma, explorada sexualmente.
» Consuma-se também a figura típica mediante impedimento ao abandono da prostituição, quando a vítima, já decidida a deixar o meretrício, de alguma forma é impedida pelo agente, permanecendo no comércio carnal.
» O delito também restará consumado quando ficar provado que o agente, de alguma forma, dificultou, criando problemas para que a vítima abandonasse a prostituição ou a exploração sexual a que estava sujeita.
» Tratando-se de crime plurissubsistente, no qual se pode fracionar o iter criminis, será admissível o raciocínio relativo à tentativa. Há corrente doutrinária em sentido que apenas as formas impedir e dificultar admitem tentativa (NUCCI, 2009, p. 55-56).

3. CASA DE PROSTITUIÇÃO

Acesse e assista à aula explicativa sobre este assunto.

> https://uqr.to/1we51

> **Casa de prostituição**
> **Art. 229.** Manter, por conta própria ou de terceiro, estabelecimento em que ocorra exploração sexual, haja, ou não, intuito de lucro ou mediação direta do proprietário ou gerente:
> Pena – reclusão, de dois a cinco anos, e multa.

3.1 Introdução

A redação do art. 229 do Código Penal foi alterada pela Lei nº 12.015, de 7 de agosto de 2009, que dizia, inicialmente: *manter, por conta própria ou de terceiro, casa de prostituição ou lugar destinado a encontros para fim libidinoso, haja, ou não, intuito de lucro ou mediação direta do proprietário ou gerente.*

Com a nova redação, ao invés de referir-se à casa de prostituição ou lugar destinado a encontros para fim libidinoso, o tipo penal passou a mencionar, tão somente, o estabelecimento em que ocorra exploração sexual, mantendo-se, no mais, os elementos constantes do tipo penal anterior, inclusive a sua rubrica: *casa de prostituição.*

Assim, de acordo com a nova redação legal, podemos destacar os seguintes elementos que compõem a mencionada figura típica: *a)* a conduta de *manter*, por conta própria ou de terceiro; *b)* estabelecimento em que ocorra a exploração sexual; *c)* haja ou não intuito de lucro; *d)* ou a mediação direta do proprietário ou gerente.

O núcleo *manter* nos dá a ideia de habitualidade, de permanência. Manter requer um comportamento mais ou menos prolongado, com persistência no tempo. Não se trata de um comportamento praticado em um só instante, mas com a finalidade de continuar a acontecer, durante determinado prazo, que pode ser longo, ou mesmo de curta duração. O importante, segundo nosso ponto de vista, para efeitos de reconhecimento do núcleo manter, é a finalidade de que aquela situação se prolongue.

Assim, por exemplo, tanto pode ser responsabilizado pelo delito em estudo aquele que mantém tão somente por um mês lugar destinado à prática de prostituição, como aquele que conserva um local para esse fim por muitos anos.

A manutenção pode ocorrer por conta própria ou de terceiros, querendo isso significar que o próprio agente é quem pode arcar com as despesas de manutenção do local (estabelecimento em que ocorra a exploração sexual), ou que terceira pessoa, mesmo sabendo da finalidade ilícita do lugar, contribua para a sua manutenção, devendo, também, responder pelo delito, a título de coautoria.

Se, porventura, o terceiro desconhecer a finalidade ilícita do local para o qual contribui para a sua manutenção, o fato, para ele, será atípico, por ausência de dolo. Assim, imagine-se a hipótese em que um filho solicita o auxílio de seu pai no sentido de ajudar-lhe no pagamento do aluguel de sua residência, quando, na verdade, o local onde vive destina-se, exclusivamente, à prostituição. Nesse caso, embora seja mantido por terceiro, aquele que contribui para essa manutenção, por desconhecer a finalidade ilícita do local, não poderá ser responsabilizado criminalmente, dada a ausência do elemento subjetivo (dolo) indispensável à caracterização da figura típica.

A lei penal, agora, faz menção a *estabelecimento em que ocorra a exploração sexual.* A exploração sexual pode ser lucrativa ou não, isto é, pode ser um local destinado especificamente ao comércio do corpo, como acontece com os bordéis, casas de prostituição, o *rendez-vouz,* boites de *strip-teases* etc., ou qualquer outro, mesmo que não ocorra finalidade lucrativa para as pessoas que se deixam explorar sexualmente.

Mediação direta, conforme esclarece Guilherme de Souza Nucci:

"É apenas um alerta feito pelo tipo penal para demonstrar que o proprietário da casa pode entregar a administração do local a terceira pessoa e, ainda assim, estará incurso no tipo penal do art. 229. O mesmo se diga do gerente, que responde pelo crime, mesmo que administre o negócio ou o local à distância."[121]

A existência de tipos penais como o do art. 229 somente traz descrédito e desmoralização para a Justiça Penal (Polícia, Ministério Público, Magistratura etc.), pois, embora sendo do conhecimento da população em geral que essas atividades são contrárias à lei, ainda assim o seu exercício é levado a efeito com propagandas em jornais, revistas, *outdoors*, até mesmo em televisão, e nada se faz para tentar coibi-lo.

Nas poucas oportunidades em que se resolve investir contra os empresários da prostituição, em geral, percebe-se, por parte das autoridades responsáveis, atitudes de retaliação, vingança, enfim, o fundamento não é o cumprimento rígido da lei penal, mas algum outro motivo, muitas vezes escuso, que impulsiona as chamadas *blitz* em bordéis, casas de massagem e similares. Nessas poucas vezes em que ocorrem essas batidas policiais, também o que se procura, como regra, é a descoberta de menores que se prostituem, demonstrando, assim, que não é o local em si que está a merecer a repressão do Estado, mas, sim, o fato de ali se encontrarem pessoas que exigem a sua proteção.

O Estado, no entanto, não está acostumado a abrir mão de sua força, deixando-a de reserva para "algum momento oportuno." Entendemos que a revogação de alguns delitos que giram em torno da prostituição de pessoas maiores e capazes contribuiria para a diminuição da corrupção existente no Estado, pois a licitude de determinados comportamentos, hoje tidos como criminosos, impediria solicitações ou, mesmo, exigências indevidas por parte de determinados funcionários públicos, que fazem "vista grossa" quando obtêm alguma vantagem indevida e, ao contrário, retaliam, quando seus interesses ilegais não são satisfeitos.

Paulo César Busato, com precisão, afirma que:

"Novamente o legislador reformista perdeu uma grande oportunidade de banir do sistema punitivo uma conduta anacrônica, descontextualizada da sociedade atual, e que não corresponde, absolutamente, a uma ideia de direito penal mínimo, que praticamente logra consenso na doutrina mais respeitável.
É óbvio que o fato prostituição tem que ocorrer em algum lugar.
Se o ato de prostituir-se é lícito, qual seria a razão para castigar quem mantém o lugar de realização de um ato lícito?"[122]

E continua o dileto amigo, dizendo:

"Aqui aparece claramente o efeito nocivo do chamado *direito penal simbólico*, pois o uso de Direito Penal para a incriminação de uma conduta absolutamente carente de qualquer lesividade conduz a que a sociedade simplesmente faça vistas grossas à efetiva ocorrência do mencionado delito, expondo ao descrédito as instituições encarregadas da persecução penal."[123]

Acreditamos que o controle social informal, praticado pela própria sociedade, seria suficiente para efeitos de conscientização dos males causados pela prática de determinados comportamentos que envolvem a prostituição, não havendo necessidade de sua repressão por parte do Direito Penal, que deve ser entendido como *extrema* ou *ultima ratio*.

---

[121] NUCCI, Guilherme de Souza. *Código penal comentado*, p. 682.
[122] BUSATO, Paulo César. *Direito penal* – parte especial 1, p. 915/916.
[123] BUSATO, Paulo César. *Direito penal* – parte especial 1, p. 916.

3.2 Classificação doutrinária

Crime comum (não havendo qualquer exigência de qualidade ou condição especial do sujeito ativo); doloso; de forma livre; comissivo (podendo, excepcionalmente, ser praticado via omissão imprópria, na hipótese de o agente gozar do *status* de garantidor); habitual; permanente; monossubjetivo; plurissubsistente; não transeunte (como regra, pois é possível a comprovação por meio de perícia de que o lugar se tratava de estabelecimento em que ocorria a exploração sexual.

3.3 Objeto material e bem juridicamente protegido

A moralidade pública sexual é o bem juridicamente protegido pelo tipo penal que prevê o delito tipificado no art. 229 do Código Penal e, num sentido mais amplo, a dignidade sexual.

O objeto material é o próprio estabelecimento em que ocorre a exploração sexual.

3.4 Sujeito ativo e sujeito passivo

Qualquer pessoa poderá ser considerada *sujeito ativo* do delito em estudo, não exigindo o tipo penal nenhuma qualidade ou condição especial a esse reconhecimento.

Tem-se apontado a *coletividade* como *sujeito passivo* do delito previsto pelo art. 229 do Código Penal, haja vista ser a moralidade pública sexual o bem por ele juridicamente protegido. Alguns autores, a exemplo de Luiz Regis Prado,[124] apontam, também, como sujeito passivo aquele que exerce a prostituição nesses lugares.

Em sentido contrário, Guilherme de Souza Nucci aduz:

> "A pessoa que se prostitui não é sujeito passivo, tendo em vista que o ato em si não é considerado ilícito penal."[125]

3.5 Consumação e tentativa

Embora seja considerado um crime habitual, acreditamos que a consumação ocorra com, por exemplo, a inauguração do lugar em que ocorra a exploração sexual. A abertura de um bordel, a nosso ver, já configuraria a consumação do delito, independentemente, até mesmo, de que algum casal já tenha ali se relacionado sexualmente.

Assim, imagine-se a hipótese em que a polícia, informada sobre a inauguração de uma luxuosa casa de prostituição, dirija-se até o local no exato instante em que é aberta por seu proprietário, que havia levado a efeito o convite de inúmeras autoridades para que conhecessem o seu novo local de exploração sexual. Embora existam posições em contrário, não entendemos que o fato de ser reconhecido como um delito habitual seria uma barreira para a prisão em flagrante do mencionado proprietário.

O dolo de manter aquele local era evidente: a casa já estava aberta e preparada para receber os "clientes." Que mais se deveria esperar para que se concluísse pela prática da mencionada infração penal? O núcleo *manter*, segundo nosso ponto de vista, já estava presente, razão pela qual poderíamos concluir pela consumação do delito tipificado no art. 229 do Código Penal.

---

[124] PRADO, Luiz Regis. *Curso de direito penal brasileiro*, v. 3, p. 281.
[125] NUCCI, Guilherme de Souza. *Código penal comentado*, p. 817.

A questão, como já o dissemos, é polêmica. Cezar Roberto Bitencourt, por exemplo, entende que:

> "Este crime é habitual e permanente. Tratando-se de crime habitual, por certo, a prática de um ou outro encontro 'amoroso' é insuficiente para consumar o delito, cuja tipificação exige a prática reiterada de condutas que, isoladamente, constituem um indiferente penal."[126]

Apesar da força do raciocínio do renomado professor gaúcho, não podemos com ele concordar. É certo que o tipo exige o *animus* da permanência, habitualidade, mas, por outro lado, não requer, como dissemos, a prática de qualquer comportamento libidinoso. Quando a lei faz menção a "estabelecimento em que ocorra a exploração sexual" está se referindo, na verdade, à necessidade dessa finalidade com caráter duradouro, e não à preparação de um lugar, por exemplo, para um único encontro destinado à prática da prostituição. Assim, imagine-se a hipótese na qual um conhecido artista internacional esteja organizando uma turnê no Brasil e peça ao seu empresário para que consiga um local a fim de que, somente por um dia, possa descansar e ter relações sexuais com uma prostituta brasileira. Assim, atendendo o pedido do artista, o referido empresário consegue alugar, por um único dia, uma mansão em frente à praia, e organiza tudo aquilo que era necessário para aquela única noite de prazer. Obviamente que, nesse caso, não poderíamos falar em *manutenção de estabelecimento em que ocorra a exploração sexual*, pois aquele lugar, especialmente preparado para a prática de atos libidinosos, não cumpriria a exigência da habitualidade exigida pelo tipo.

No entanto, imagine-se, agora, a hipótese daquele que, depois de inaugurar sua luxuosa casa de prostituição, ainda não tenha conseguido angariar nenhum cliente. Poderíamos afastar a elementar típica *manter*, simplesmente pelo fato de que os aposentos ainda não haviam sido utilizados para a prática de atos libidinosos? O prostíbulo já não estava sendo mantido do mesmo modo, ou seja, já não se encontrava aberto com a finalidade de acolher pessoas que ali desejassem explorar sexualmente as "garotas de programa" que ali aguardavam seus "clientes"?

Entendemos, portanto, que o núcleo *manter* já estava sendo praticado pelo agente, razão pela qual o delito poderia ser considerado consumado, mesmo sem a constatação de qualquer prática de atos sexuais.

Existe controvérsia, ainda, no que diz respeito à possibilidade de tentativa no delito em estudo. A maioria da doutrina entende pela impossibilidade do reconhecimento do *conatus*, tendo em vista a natureza *habitual* do delito. Nesse sentido, afirma Guilherme de Souza Nucci, que:

> "Não admite tentativa por se tratar de crime habitual. Aliás, além de habitual, conforme a situação concreta, pode ser crime condicionado, dependente de prova da ocorrência da exploração sexual (delito antecedente, como, por exemplo, a figura do art. 215)."[127]

No entanto, tratando-se de crime plurissubsistente, em nossa opinião, torna-se perfeitamente admissível o raciocínio da tentativa, pois se pode visualizar o fracionamento do *iter criminis*.

Assim, imagine-se a hipótese daquele que é surpreendido no exato instante em que ia levar a efeito a inauguração de seu bordel, que foi impedido de ser aberto por circunstâncias alheias à vontade do agente. Nesse caso, poderíamos entender pela tentativa do delito tipificado no art. 229 do Código Penal. Frise-se que a maior parte de nossos doutrinadores repudia esse entendimento,

---

[126] BITENCOURT, Cezar Roberto. *Tratado de direito penal*, v. 4, p. 94.
[127] NUCCI, Guilherme de Souza. *Crimes contra a dignidade sexual* – comentários à Lei nº 12.015, de 7 de agosto de 2009, p. 81.

a nosso ver sem razão, *permissa venia*, pois se baseiam tão somente no fato de estarmos diante de um delito habitual[128] e desprezam, equivocadamente, sua natureza plurissubsistente.

3.6 Elemento subjetivo

O dolo é o elemento subjetivo exigido pelo tipo penal do art. 229 do diploma repressivo, não havendo previsão para a modalidade de natureza culposa.

Assim, a conduta do agente deve ser dirigida finalisticamente a praticar, reiteradamente, os atos que se configuram no delito de natureza habitual, vale dizer, a manutenção de estabelecimento em que ocorra exploração sexual. Dessa forma, o elemento subjetivo deve abranger o caráter duradouro do comportamento, não se destinando, por exemplo, a uma única ocasião.

Para que o agente seja responsabilizado pela figura típica em estudo, deverá ter conhecimento, ainda, de que mantém estabelecimento em que ocorra exploração sexual, pois, caso contrário, o fato será atípico, por ausência do necessário elemento subjetivo, como na hipótese do terceiro, já referido anteriormente, que contribui para a manutenção de determinado local, desconhecendo que ali era praticada a exploração sexual.

3.7 Modalidades comissiva e omissiva

O núcleo *manter* pressupõe um comportamento comissivo por parte do agente. No entanto, o delito poderá ser praticado via omissão imprópria, nas hipóteses em que o agente, gozando do *status* de garantidor, dolosamente, nada fizer para impedir a perpetuação do estabelecimento destinado à exploração sexual.

Assim, imagine-se o exemplo em que o agente, policial, tendo, nos termos da alínea *a* do § 2º do art. 13 do Código Penal, a obrigação legal de impedir o resultado, mesmo sabendo da existência de uma casa de prostituição, dolosamente, nada faça no sentido de impedir o seu funcionamento. Nesse caso, deverá ser responsabilizado pelo delito em estudo, via omissão imprópria.

3.8 Pena, ação penal e segredo de justiça

O preceito secundário do art. 229 do Código Penal comina uma pena de reclusão, de 2 (dois) a 5 (cinco) anos, e multa.

A ação penal é de *iniciativa pública incondicionada*.

Nos termos do art. 234-B do Código Penal, os processos em que se apuram crimes previstos pelo Título VI, vale dizer, os *crimes contra a dignidade sexual*, correrão em segredo de justiça.

Contudo, os §§ 1º e 2º, inseridos no art. 234-B do Código Penal pela Lei nº 15.035, de 27 de novembro de 2024, determinam, *verbis*:

> § 1º O sistema de consulta processual tornará de acesso público o nome completo do réu, seu número de inscrição no Cadastro de Pessoas Físicas (CPF) e a tipificação penal do fato a partir da condenação em primeira instância pelos crimes tipificados nos arts. 213, 216-B, 217-A, 218-B, 227, 228, 229 e 230 deste Código, inclusive com os dados da pena ou da medida de segurança imposta, ressalvada a possibilidade de o juiz fundamentadamente determinar a manutenção do sigilo.
> § 2º Caso o réu seja absolvido em grau recursal, será restabelecido o sigilo sobre as informações a que se refere o § 1º deste artigo.

---

[128] Nesse sentido: Cezar Roberto Bitencourt *(Tratado de direito penal*, v. 4, p. 94), quando diz que "como crime habitual, não admite tentativa"; e, ainda, Luiz Regis Prado *(Curso de direito penal brasileiro*, v. 3, p. 282), que afirma ser "a tentativa inadmissível, por se tratar de delito habitual."

3.9 Destaques

3.9.1 Motéis

Tendo em vista a redação legal, poderíamos entender como típica a conduta daquele que mantém um motel?

Sob a vigência da redação anterior, embora houvesse divergência doutrinária e jurisprudencial, a maioria se posicionava no sentido de não entender como típica a manutenção de motéis. Hoje, após a modificação levada a efeito pela Lei nº 12.015, de 7 de agosto de 2009, somente se ficar demonstrado que o estabelecimento hoteleiro destinava-se à exploração sexual, o que não é incomum em determinadas regiões do país, o fato poderá amoldar-se à definição constante do art. 229 do Código Penal.

3.9.2 Prisão em flagrante

Existe intensa discussão com relação à possibilidade de se levar a efeito a prisão em flagrante quando estivermos diante de um crime habitual, ou seja, aquele que, para efeitos de consumação, requer uma reiteração dos comportamentos previstos no tipo penal.

O delito de casa de prostituição, como afirmamos anteriormente, amolda-se ao conceito de crime habitual. Contudo, embora nossa posição seja minoritária, entendemos ser perfeitamente possível a prisão em flagrante daquele que mantinha, por conta própria ou de terceiro, estabelecimento em que ocorria exploração sexual, com ou sem intenção de lucro ou mediação direta do proprietário ou gerente.

Assim, imagine-se a hipótese em que a polícia tome conhecimento, através de recortes de jornais, que um determinado estabelecimento era, efetivamente, uma casa de prostituição. No anúncio, inclusive, tinha uma "tabela de preços", informando aos clientes quanto pagariam pelo prazer sexual. Seria absurdo acreditar que os policiais, ao se dirigirem ao local anunciado, verificando, inclusive, que a mencionada "tabela de preços" encontrava-se afixada na porta de entrada, poderiam prender em flagrante o agente responsável pela manutenção daquele prostíbulo, simplesmente por se tratar de um crime habitual? Acreditamos que não.

No entanto, como dissemos, grande parte da doutrina se posiciona contrariamente a essa possibilidade de prisão em flagrante, a exemplo de Guilherme de Souza Nucci, quando afirma ser "juridicamente impossível a prisão em flagrante no caso do art. 229", dizendo que "com a nova redação, há maior razão para se afastar essa atitude estatal. Além de se exigir *prova da habitualidade*, o que demanda tempo, algo incompatível com o flagrante, pode ser exigível *prova da existência da exploração sexual* (prática de qualquer crime sexual envolvendo esse estado). A situação de flagrância perde-se em meio a tantas exigências probatórias incompatíveis com a urgência da medida".[129]

Ousamos discordar do renomado autor. Tomando-se por base o exemplo acima mencionado, que encontramos basicamente em todas as grandes cidades, nada tem de extraordinário ou mesmo complicado em se afirmar que um determinado local era destinado a exploração sexual. Muito pelo contrário, os "empresários do sexo", ou seja, os mantenedores desses locais, fazem propagandas em todos os meios de comunicação, inclusive, no saguão de aeroportos.

Enfim, concluindo, entendemos ser perfeitamente possível a prisão em flagrante do agente que pratica o comportamento previsto no tipo do art. 229 do Código Penal, mesmo em se tratando de um crime habitual.

---

[129] NUCCI, Guilherme de Souza. *Crimes contra a dignidade sexual* – comentários à Lei nº 12.015, de 7 de agosto de 2009, p. 82-83.

3.10 Quadro-resumo

Sujeitos
» Ativo: qualquer pessoa.
» Passivo: tem-se apontado a coletividade como sujeito passivo, haja vista ser a moralidade pública sexual o bem por ele juridicamente protegido. Alguns autores apontam, também, como sujeito passivo aquele que exerce a prostituição nesses lugares. Em sentido contrário, "a pessoa que se prostitui não é sujeito passivo, tendo em vista que o ato em si não é considerado ilícito penal" (NUCCI, 2005, p. 817).

Objeto material
É o próprio estabelecimento em que ocorre a exploração sexual.

Bem(ns) juridicamente protegido(s)
A moralidade pública sexual e, num sentido mais amplo, a dignidade sexual.

Elemento subjetivo
» É o dolo.
» Não há previsão para a modalidade de natureza culposa.

Modalidades comissiva e omissiva
» O núcleo manter pressupõe um comportamento comissivo por parte do agente.
» No entanto, o delito poderá ser praticado via omissão imprópria, nas hipóteses em que o agente, gozando do status de garantidor, dolosamente, nada fizer para impedir a perpetuação do estabelecimento destinado à exploração sexual.

Consumação e tentativa
» Embora seja considerado um crime habitual, acreditamos que a consumação ocorra com, por exemplo, a inauguração do lugar em que ocorra a exploração sexual. A abertura de um bordel, a nosso ver, já configuraria a consumação do delito, independentemente, até mesmo, de que algum casal já tenha ali se relacionado sexualmente. Embora existam posições em contrário, não entendemos que o fato de ser reconhecido como um delito habitual impediria a prisão em flagrante do agente.
» Existe controvérsia, ainda, no que diz respeito à possibilidade de tentativa no delito em estudo. A maioria da doutrina entende pela impossibilidade do reconhecimento do conatus, tendo em vista a natureza habitual do delito. Entendemos que, por tratar-se de crime plurissubsistente, torna-se perfeitamente admissível o raciocínio da tentativa, pois se pode visualizar o fracionamento do *iter criminis*.

4. RUFIANISMO

Rufianismo
Art. 230. Tirar proveito da prostituição alheia, participando diretamente de seus lucros ou fazendo-se sustentar, no todo ou em parte, por quem a exerça:
Pena – reclusão, de um a quatro anos, e multa.
§ 1º Se a vítima é menor de 18 (dezoito) e maior de 14 (catorze) anos ou se o crime é cometido por ascendente, padrasto, madrasta, irmão, enteado, cônjuge, companheiro, tutor ou curador, preceptor ou empregador da vítima, ou por quem assumiu, por lei ou outra forma, obrigação de cuidado, proteção ou vigilância:

> Pena – reclusão, de 3 (três) a 6 (seis) anos, e multa.
> § 2º Se o crime é cometido mediante violência, grave ameaça, fraude ou outro meio que impeça ou dificulte a livre manifestação da vontade da vítima:
> Pena – reclusão, de 2 (dois) a 8 (oito) anos, sem prejuízo da pena correspondente à violência.

4.1 Introdução

O rufianismo – ativo e passivo – está previsto no art. 230 do Código Penal.

Assim, de acordo com a redação típica, podemos apontar os seguintes elementos: *a)* a conduta de tirar proveito da prostituição alheia; *b)* seja participando diretamente de seus lucros; *c)* seja fazendo-se sustentar, no todo ou em parte, por quem a exerça.

O rufianismo, como assevera Joan J. Queralt, é "um *tipo de autor*, constitui uma *forma de vida*, não necessariamente com exclusividade".[130]

O núcleo do tipo aduz o comportamento de *tirar proveito* da prostituição alheia. Dessa forma, somente poderá praticar o rufianismo se a pessoa de quem o agente tira proveito exerce a prostituição. Caso contrário, mesmo sendo um "aproveitador" do trabalho alheio, o "folgado" não pratica um comportamento penalmente típico, gozando do *status*, tão somente, de *vagabundo*.

A expressão *tirar proveito* possui natureza econômica, e não sexual. Assim, o rufião tira proveito da prostituição alheia quando recebe, por exemplo, valores em dinheiro, tem suas contas pagas, bem como moradia, alimentação, medicamentos, vícios (cigarros, bebidas etc.), de quem explora.

Como esclarecem Renato Marcão e Plínio Gentil:

> "A relação parasitária punível é somente aquela estabelecida enquanto a meretriz ainda exerça o comércio carnal.
>
> Para a configuração do crime, é imprescindível que o proveito obtido seja extraído de parte do que é auferido com o exercício da prostituição, e não de qualquer outra fonte de renda ou recursos."[131]

Assim, o tirar proveito da prostituição alheia pode ocorrer mediante duas situações distintas. Na primeira delas, conforme destacamos, o agente participa diretamente dos lucros auferidos com a prostituição alheia. Atua como se fizesse parte do negócio, sendo que a sua função, em geral, é dar proteção, organizar ativamente as atividades daquela (ou daquele) que se prostitui. É o chamado *rufianismo ativo*. Na segunda modalidade, conhecida como *rufianismo passivo*, o agente não participa diretamente das atividades ligadas à prostituição, mas somente se faz sustentar por quem a exerce. É o famoso *gigolô*, normalmente amante da prostituta.

Para efeitos de configuração da mencionada figura típica, haverá necessidade de constatação do requisito habitualidade, sem o qual o fato se transforma em um indiferente penal. Soler, analisando os elementos que integravam o tipo penal existente no Código Penal Argentino, similar ao nosso, diz:

> "O fato consiste em manter-se explorando uma pessoa que exerça a prostituição. É necessário partir do exercício da prostituição em sentido próprio por parte da explorada, quer dizer, com habitualidade. A lei não se refere expressamente a habitualidade quanto ao sujeito ativo, tal como ocorre em outras leis, pois resulta bem clara a figura sem essa menção, quando o fato consiste em *manter-se*, exigência com a qual fica excluído qualquer obséquio esporádico ou ocasional; o comércio deve ter certa duração, ainda que seja breve."[132]

---

[130] QUERALT, Joan J. *Derecho penal español*, v. 2, p. 550.
[131] MARCÃO, Renato; GENTIL, Plínio. *Crimes contra a dignidade sexual*, p. 340.
[132] SOLER, Sebastian. *Derecho penal argentino*, v. III, p. 321.

Comparativamente, observamos no Código Penal brasileiro a utilização das expressões *participando diretamente de seus lucros* ou *fazendo-se sustentar*, que nos dão a nítida ideia da necessidade da habitualidade.

Não se exige que o agente viva, exclusivamente, às expensas da prostituição alheia, pois a lei penal menciona expressamente a possibilidade que essa relação ocorra total ou parcialmente, vale dizer, poderá a subsistência do agente depender exclusivamente da prostituição alheia, ou poderá ele ter uma atividade paralela à de rufião.

4.2 Classificação doutrinária

Crime comum com relação ao sujeito ativo e próprio no que diz respeito ao sujeito passivo, uma vez que somente aquele que exerce a prostituição poderá figurar nessa condição; doloso; material; de forma livre; comissivo (podendo ser praticado via omissão imprópria, na hipótese de o agente gozar do *status* de garantidor); habitual; monossubjetivo; plurissubsistente.

4.3 Objeto material e bem juridicamente protegido

A moralidade pública é o bem juridicamente protegido pelo tipo penal que prevê o delito de rufianismo, bem como num sentido mais amplo, a dignidade sexual.

A pessoa explorada pelo rufião (ou cafetina), seja do sexo masculino ou feminino, é o objeto material do delito em estudo.

4.4 Sujeito ativo e sujeito passivo

Qualquer pessoa poderá ser considerada *sujeito ativo* do delito de rufianismo, não exigindo o tipo penal nenhuma qualidade ou condição especial a esse reconhecimento.

O *sujeito passivo* do delito é a pessoa explorada pelo rufião, abrangendo-se, também, em um sentido mais amplo, a coletividade.

4.5 Consumação e tentativa

Ocorre a consumação com o efetivo aproveitamento, pelo agente, da prostituição alheia, a exemplo de quando recebe o primeiro pagamento, os primeiros presentes, desde que seja com uma característica duradoura, vale dizer, não eventual. Nesse sentido, esclarece Luiz Regis Prado:

> "O delito se consuma com o início da atividade do rufião, participando dos lucros da prostituta ou fazendo-se manter por ela (crime permanente). Embora exija-se a habitualidade, não há a necessidade da prova da reiteração de atos, bastando que, em face de determinadas circunstâncias, se demonstre que o agente já ingressara nesse estilo de vida antissocial reprimido pelo legislador."[133]

Mesmo com alguma dificuldade de reconhecimento, não descartamos a possibilidade do raciocínio correspondente à tentativa. Embora exista controvérsia doutrinária e jurisprudencial nesse sentido, o fato de estarmos diante de um crime habitual não aniquila, nos planos prático e teórico, a possibilidade do *conatus*. Assim, somente o caso concreto nos permitirá afirmar se estamos diante de atos meramente preparatórios, de execução, ou se o comportamento já satisfaz no sentido de consumar a infração penal.

---

[133] PRADO, Luiz Regis. *Curso de direito penal brasileiro*, v. 3, p. 287.

4.6 Elemento subjetivo

O delito tipificado no art. 230 do Código Penal somente pode ser praticado dolosamente, não havendo previsão para modalidade de natureza culposa.

Assim, o agente deve dirigir finalisticamente sua conduta no sentido de tirar proveito da prostituição alheia, seja participando diretamente de seus lucros, seja fazendo-se sustentar, no todo ou em parte, por quem a exerça.

O desconhecimento por parte do agente de que a pessoa que o sustenta exerce a prostituição acarretará a aplicação do art. 20 do Código Penal, que prevê o chamado erro de tipo. Assim, imagine-se a hipótese daquele que, depois de conhecer uma mulher alguns anos mais velha do que ele, presumidamente rica, passa a com ela coabitar, às suas expensas, vale dizer, vivendo de seus rendimentos, sem saber, contudo, a origem de tal riqueza. A mulher que se dizia empresária era, na verdade, uma famosa prostituta. Mesmo que o agente se faça sustentar por ela, nesse caso, o seu comportamento será atípico, pois o dolo deverá abranger todos os elementos que integram a figura típica, destacando-se entre eles o fato de que a pessoa explorada exerce a prostituição.

4.7 Modalidades comissiva e omissiva

A conduta de *tirar proveito* pressupõe um comportamento comissivo por parte do agente.

No entanto, o delito pode ser praticado via omissão imprópria na hipótese em que o agente, gozando do *status* de garantidor, dolosamente, nada fizer para que a vítima não seja explorada pelo rufião.

4.8 Modalidades qualificadas

A Lei nº 12.015, de 7 de agosto de 2009, deu nova redação aos §§ 1º e 2º do art. 230 do Código Penal, criando outras modalidades qualificadas de rufianismo. Diz o § 1º do mencionado artigo, *verbis*:

> § 1º Se a vítima é menor de 18 (dezoito) e maior de 14 (catorze) anos ou se o crime é cometido por ascendente, padrasto, madrasta, irmão, enteado, cônjuge, companheiro, tutor ou curador, preceptor ou empregador da vítima, ou por quem assumiu, por lei ou outra forma, obrigação de cuidado, proteção ou vigilância:
> Pena – reclusão, de 3 (três) a 6 (seis) anos, e multa.

A modificação legal teve por finalidade inserir no tipo penal do art. 230 do diploma repressivo situações que, anteriormente, não tinham sido previstas de modo a qualificar o rufianismo, mantendo aquelas que, devido ao fato de ensejarem um maior juízo de censura sobre o comportamento praticado, deveriam fazer com que o delito fosse considerado qualificado, impondo-se, consequentemente, uma pena maior do que aquela prevista na sua modalidade fundamental, constante do *caput* do mencionado artigo.

A primeira das qualificadoras previstas pelo § 1º do art. 230 do Código Penal diz respeito ao fato de ser a vítima, ou seja, a pessoa que é explorada pelo rufião, menor de 18 (dezoito) e maior de 14 (catorze) anos. Nesse caso, é importante destacar que, para efeitos de reconhecimento da qualificadora, deverá ficar demonstrado nos autos que o agente sabia que a vítima se encontrava nessa faixa etária, pois, caso contrário, poderá ser alegado o erro de tipo, fazendo com que responda tão somente pela figura prevista no *caput* do art. 230 do Código Penal.

Para efeitos de reconhecimento da idade mencionada no aludido § 1º deverá ser anexada aos autos a prova da idade da vítima, através de documento próprio (certidão de nascimento, documento de identidade etc.), pois o art. 155 do Código de Processo Penal, de acordo com a nova redação que lhe foi dada pela Lei nº 11.690, de 9 de junho de 2008, determina que somente quanto ao estado das pessoas serão observadas as restrições estabelecidas na lei civil.

Também qualifica o delito de rufianismo se o crime é cometido por ascendente, padrasto, madrasta, irmão, enteado, cônjuge, companheiro, tutor ou curador, preceptor ou empregador da vítima. Na hipótese de o delito ter sido cometido contra filho, tutelado ou curatelado, aplica-se o inciso II do art. 92 do Código Penal, que diz:

> **Art. 92.** São também efeitos da condenação:
> I – [...];
> II – a incapacidade para o exercício do poder familiar, da tutela ou da curatela nos crimes dolosos sujeitos à pena de reclusão cometidos contra outrem igualmente titular do mesmo poder familiar, contra filho, filha ou outro descendente ou contra tutelado ou curatelado;

Da mesma forma, responderá pelo delito qualificado o garantidor que, por lei ou outra forma, tiver assumido a obrigação de cuidado, proteção ou vigilância da vítima. Aqui, ao contrário do que ocorre no art. 13, § 2º, *a*, do Código Penal, que exige tão somente uma obrigação legal, deverá ser considerado como qualificado o delito de rufianismo se a obrigação for oriunda, por exemplo, de um contrato, como na hipótese de alguém que é contratado para cuidar da vítima, e acaba cometendo o delito de rufianismo, praticando qualquer dos comportamentos previstos pelo tipo penal em estudo.

Diz o § 2º do art. 230 do Código Penal que se o crime é cometido mediante violência, grave ameaça, fraude ou outro meio que impeça ou dificulte a livre manifestação da vontade da vítima, a pena será de reclusão, de 2 (dois) a 8 (oito) anos, sem prejuízo da pena correspondente à violência.

Nessas hipóteses, o agente se utiliza de qualquer desses meios para que possa tirar proveito da prostituição alheia, participando diretamente de seus lucros ou fazendo-se sustentar, no todo ou em parte, por quem a exerça. É uma situação muito comum no submundo da prostituição, onde o rufião impõe à força o seu sustento pela prostituta e, como contrapartida, oferece seus serviços de "proteção."

Se houver violência, deverá ser aplicada a regra do concurso material de crimes, ou seja, deverá ser o agente responsabilizado pelo delito de rufianismo qualificado, bem como por aquele originário do emprego de violência, vale dizer, o delito de lesão corporal simples (art. 129, *caput*, do CP) ou qualificada (art. 129, §§ 1º e 2º, do CP).

4.9 Pena, ação penal e suspensão condicional do processo

A pena cominada pelo preceito secundário do *caput* do art. 230 do Código Penal é de reclusão, de 1 (um) a 4 (quatro) anos, e multa; para a modalidade qualificada no § 1º, a pena será de reclusão, de 3 (três) a 6 (seis) anos, além da multa; no § 2º, a pena será de reclusão, de 2 (dois) a 8 (oito) anos, além da multa e sem prejuízo da pena correspondente à violência.

A ação penal é de *iniciativa pública incondicionada*.

Será possível a confecção de proposta de suspensão condicional do processo para a modalidade simples de rufianismo, prevista no *caput* do art. 230 do Código Penal, tendo em vista a pena mínima a ele cominada, nos termos do art. 89 da Lei nº 9.099/95.

4.10 Destaques

4.10.1 Diferença entre o rufião e o proxeneta

Rufião é o popular cafetão, isto é, aquele que, de forma habitual, tira proveito da prostituição alheia. A sua forma de vida é essa. É uma maneira de ser, de viver.

Já o proxeneta atua no sentido de mediar os interesses sexuais de terceiros.

Hungria ainda levava a efeito a distinção entre o proxenetismo lucrativo (art. 228, § 3º do CP) e o rufianismo, dizendo que "naquele, o agente recebe o ganho e afasta-se, enquanto neste há uma *continuada* percepção de lucros".[134]

4.10.2 Diferença entre rufianismo e favorecimento da prostituição com intuito de lucro

A diferença entre o rufianismo e o favorecimento da prostituição com intuito de lucro (art. 228, § 3º, do CP) reside no fato de que, no rufianismo, a percepção do proveito é continuada, tratando-se, pois, de crime habitual, sendo que o favorecimento da prostituição possui a natureza de crime instantâneo.

4.10.3 Concurso entre rufianismo e favorecimento da prostituição

Pode ocorrer a hipótese em que o agente, por exemplo, induza alguém à prática da prostituição, a fim de tirar-lhe proveito, atuando como seu "empresário." Nesse caso, haveria concurso de crimes entre os delitos tipificados nos arts. 228 e 230 do Código Penal?

O Superior Tribunal de Justiça, analisando a mencionada situação, já decidiu, em nossa opinião corretamente, que:

> "Penal. *HC*. Concurso aparente de normas. Consunção do crime de favorecimento à prostituição pelo de rufianismo. Ordem concedida.
> 1. Menor, trabalhando para o paciente, com a função de fazer programas com homens e mulheres, com ele dividia o dinheiro auferido, sendo, então, patente a sua condição de sócio oculto do incapaz que, na dicção de Nélson Hungria, funcionava como sócio de indústria.
> 2. Nestas circunstâncias, não obstante o angariamento de clientela indicar, *in thesi*, o favorecimento à prostituição, este delito foi absorvido pelo de rufianismo, pela preponderância do indevido proveito, consubstanciado na participação nos lucros. Em suma, o menor exerce a prostituição e o paciente dele tirava proveito direto, numa espécie de sociedade.
> 3. Ordem concedida para excluir da condenação a pena relativa ao crime do art. 228 do Código Penal" (*HC* 8.914/MG; *Habeas Corpus* 1999/0026631-5; 6ª T., Rel. Min. Fernando Gonçalves, *RSTJ*, v. 134, p. 525).

4.10.4 Prescrição

A Lei nº 14.344, de 24 de maio de 2022, alterou o inciso V do art. 111 do Código Penal, prevendo que a prescrição, antes de transitar em julgado a sentença final, começa a correr, nos crimes contra a dignidade sexual ou que envolvam violência contra criança e o adolescente, previstos no Código Penal ou em legislação especial, da data em que a vítima completar 18 (dezoito) anos, salvo se a esse tempo já houver sido proposta a ação penal.

4.11 Quadro-resumo

Sujeitos
» Ativo: qualquer pessoa.
» Passivo: é a pessoa explorada pelo rufião, abrangendo-se, também, em um sentido mais amplo, a coletividade.

---

[134] HUNGRIA, Nélson. *Comentários ao código penal*, v. VIII, p. 289.

Objeto material
É a pessoa explorada pelo rufião (ou cafetina), seja do sexo masculino, seja do sexo feminino.

Bem(ns) juridicamente protegido(s)
A moralidade pública, bem como, num sentido mais amplo, a dignidade sexual.

Elemento subjetivo
» É o dolo.
» Não há previsão para a modalidade de natureza culposa.

Modalidades comissiva e omissiva
» A conduta de tirar proveito pressupõe um comportamento comissivo por parte do agente.
» Pode, no entanto, ser praticada via omissão imprópria.

Consumação e tentativa
» Ocorre a consumação com o efetivo aproveitamento, pelo agente, da prostituição alheia, desde que seja com uma característica duradoura, vale dizer, não eventual.
» Mesmo com alguma dificuldade de reconhecimento, não descartamos a possibilidade do raciocínio correspondente à tentativa.

5. PROMOÇÃO DE MIGRAÇÃO ILEGAL

Promoção de migração ilegal
Art. 232-A. Promover, por qualquer meio, com o fim de obter vantagem econômica, a entrada ilegal de estrangeiro em território nacional ou de brasileiro em país estrangeiro:
Pena – reclusão, de 2 (dois) a 5 (cinco) anos, e multa.
§ 1º Na mesma pena incorre quem promover, por qualquer meio, com o fim de obter vantagem econômica, a saída de estrangeiro do território nacional para ingressar ilegalmente em país estrangeiro.
§ 2º A pena é aumentada de 1/6 (um sexto) a 1/3 (um terço) se:
I – o crime é cometido com violência; ou
II – a vítima é submetida a condição desumana ou degradante.
§ 3º A pena prevista para o crime será aplicada sem prejuízo das correspondentes às infrações conexas.

5.1 Introdução

O tipo de *promoção de migração ilegal* foi incluído no Código Penal (art. 232-A) por meio da Lei de Migração (Lei nº 13.445, de 25 de maio de 2017), que, conforme seu art. 1º, dispôs sobre os direitos e os deveres do migrante e do visitante, regulou a sua entrada e estada no País e estabeleceu princípios e diretrizes para as políticas públicas para o emigrante.

O art. 232-A foi incluído, assim, no Capítulo V (Do Lenocínio e do Tráfico de Pessoas para fim de Prostituição ou outra forma de Exploração Sexual) do Título VI (Dos Crimes contra a Dignidade Sexual) do Código Penal. No entanto, como veremos a seguir, nem todos os ingressos e saídas do nosso país têm uma finalidade sexual, razão pela qual a inserção do tipo penal *sub examen,* pelo art. 232-A, foi completamente equivocada, sem falar no fato de que criam um subtipo sem a existência do tipo principal, já que o art. 232 havia sido revogado pela Lei nº 12.015, de 7 de agosto de 2009. Vê-se, portanto, que a "bagunça legislativa" não encontra limites. Melhor seria, mesmo que não fosse o ideal, que figurasse após o art. 149-A do diploma repressivo, que prevê o delito de *tráfico de pessoas*.

A humanidade, no final do século XX e no início do século XXI, tem presenciado momentos difíceis. Fomes, doenças, guerras, terrorismo, violências, pobreza extrema, perseguições políticas, étnicas, raciais, religiosas, enfim, situações que levam os seres humanos a buscar alternativas em outros países, longe do centro desses acontecimentos.

Inúmeros desses fatores, portanto, fazem com que a migração ilegal aumente a cada dia. Os canais de informação não param de divulgar, por exemplo, cenas onde barcos são encontrados à deriva, em alto-mar, compostos por um aglomerado de pessoas que tentam fazer sua travessia, em busca de uma vida melhor. Durante o trajeto, é incontável o número de pessoas que morrem, por não aguentarem o sofrimento, a fome, a sede, as doenças etc. Da mesma forma, cruzam desertos, em busca de refúgio em outros países, fugindo da violência, escravidão, abusos sexuais. Cavam túneis, ou escalam muros altíssimos, querendo ultrapassar, ilegalmente, fronteiras de outros países, em busca de comida, emprego, dignidade...

A ONU tem realizado esforços no sentido de prevenir e combater, principalmente, o tráfico ilícito de migrantes. Na sua página web da UNODC, alerta, com precisão:

"Os migrantes são vulneráveis à exploração, e sua vida corre perigo em muitos momentos: milhares de migrantes vítimas do tráfico ilícito foram mortos sufocados em *containers*, perecidos em desertos ou se afogado no mar. Os traficantes de migrantes costumam realizar atividades com pouca ou nenhuma consideração pela vida das pessoas cujas dificuldades geraram a demanda de seus serviços. Os sobreviventes relataram histórias devastadoras de suas terríveis experiências: pessoas colocadas em depósitos sem janelas, forçadas a permanecer sentadas sem mover-se, em meio à urina, água do mar, fezes ou vômitos, privadas de alimentos e de água, enquanto ao redor outros morrem e seus cadáveres são jogados pela borda ou deixados de lado pelo caminho. O tráfico ilícito de migrantes e as atividades que o rodeiam aportam ingentes benefícios aos autores desses delitos e alimentam a corrupção e a delinquência organizada. São um negócio mortífero que deve combater-se com a máxima urgência".

É natural o ser humano querer uma vida melhor e, consequentemente, buscar refúgio em um país que lhe dê essa esperança. O problema é que, para que isso aconteça, é preciso que o país receptor aceite, de forma legal, aquele que nele procura se refugiar.

As migrações não são, portanto, um fato novo. Contudo, os países não somente podem, mas devem, impor determinadas regras para que isso aconteça, assegurando que seu território não seja indevidamente invadido por um sem-número de pessoas, gerando o caos completo.

Assim, regras devem ser obedecidas, respeitadas por aqueles que buscam viver em um país diferente daquele que não é o seu de origem. Os países, portanto, editam leis que visam a assegurar sua própria segurança, como a de seus cidadãos, criando normas que, se preenchidas, permitirão o ingresso e, muitas vezes, a permanência de alguém que não goze de sua cidadania.

Dessa forma, existem diplomas nacionais e internacionais regulando o tema da migração. Antes do advento da Lei nº 13.445, de 25 de maio de 2017, esse tema era regido pelo chamado Estatuto do Estrangeiro (Lei nº 6.815, de 19 de agosto de 1980), cujos artigos 1º a 3º diziam o seguinte, *verbis*:

Art. 1º Em tempo de paz, qualquer estrangeiro poderá, satisfeitas as condições desta Lei, entrar e permanecer no Brasil e dele sair, resguardados os interesses nacionais.
Art. 2º Na aplicação desta Lei atender-se-á precipuamente à segurança nacional, à organização institucional, aos interesses políticos, socioeconômicos e culturais do Brasil, bem assim à defesa do trabalhador nacional.

Art. 3º A concessão do visto, a sua prorrogação ou transformação ficarão sempre condicionadas aos interesses nacionais.

Esse diploma legal foi expressamente revogado pelo inciso II do art. 124 da Lei nº 13.445, de 25 de maio de 2017, denominada Lei de Migração, que passou a reger a matéria.

A alínea *a* do art. 3º do Protocolo Adicional à Convenção das Nações Unidas contra a Criminalidade Organizada Transnacional contra o Tráfico Ilícito de Migrantes por Via Terrestre, Marítima e Aérea, adotado em Nova York em 15 de novembro de 2000, e promulgado, no Brasil, pelo Decreto Presidencial nº 5.016, de 12 de março de 2004, define a expressão *tráfico de migrantes*, dizendo "significar a promoção, com o objetivo de obter, direta ou indiretamente, um benefício financeiro ou outro benefício material, da entrada ilegal de uma pessoa num Estado Parte do qual essa pessoa não seja nacional ou residente permanente".[135]

Os parágrafos 1 e 2 do artigo 6 do mencionado Protocolo, que vinculam seus signatários, a exemplo do Brasil, dizem a respeito da criminalização do tráfico de migrantes nos seguintes termos:

Artigo 6
Criminalização
1. Cada Estado Parte adotará as medidas legislativas e outras que considere necessárias para caracterizar como infração penal, quando praticada intencionalmente e de forma a obter, direta ou indiretamente, um benefício financeiro ou outro benefício material:
a) O tráfico de migrantes;
b) Os seguintes atos quando praticados com o objetivo de possibilitar o tráfico ilícito de migrantes:
(i) Elaboração de documento de viagem ou de identidade fraudulento;
(ii) Obtenção, fornecimento ou posse tal documento;
c) Viabilizar a permanência, no Estado em causa, de uma pessoa que não seja nacional ou residente permanente, sem preencher as condições necessárias para permanecer legalmente no Estado, recorrendo aos meios referidos na alínea b) do presente parágrafo ou de qualquer outro meio ilegal.
2. Cada Estado Parte adotará também medidas legislativas e outras que considere necessárias para caracterizar como infração penal:
a) Sem prejuízo dos conceitos fundamentais do seu sistema jurídico, a tentativa de praticar infração estabelecida em conformidade com o parágrafo 1 do presente Artigo;
b) A participação como cúmplice numa infração estabelecida em conformidade com as alíneas a), b) (i) ou c) do parágrafo 1 do presente Artigo e, sem prejuízo dos conceitos fundamentais do seu sistema jurídico, a participação como cúmplice numa infração estabelecida em conformidade com a alínea b) (ii) do parágrafo 1 do presente Artigo;
c) Organizar a prática de uma infração estabelecida em conformidade com o parágrafo 1 do presente Artigo ou dar instruções a outras pessoas para que a pratiquem.

A migração é o gênero, do qual são espécies a imigração e a emigração. Segundo os incisos II e III do § 1º do art. 1º da Lei nº 13.445, de 25 de maio de 2017, considera-se:

II – imigrante: pessoa nacional de outro país ou apátrida que trabalha ou reside e se estabelece temporária ou definitivamente no Brasil;
III – emigrante: brasileiro que se estabelece temporária ou definitivamente no exterior;

A rubrica, ou indicação marginal do art. 232-A deu, portanto, o *nomen iuris* de *promoção de migração ilegal* ao fato de *promover, por qualquer meio, com o fim de obter vantagem econômica, a entrada ilegal de estrangeiro em território nacional ou de brasileiro em país estrangeiro.*

---

[135] Disponível em: <https://www.unodc.org/lpo-brazil/pt/trafico-de-pessoas/index.html>. Acesso em: 20 out. 2017.

O núcleo *promover* deve ser entendido no sentido proposto pelo Protocolo Adicional à Convenção das Nações Unidas contra a Criminalidade Organizada Transnacional contra o Tráfico Ilícito de Migrantes por Via Terrestre, Marítima e Aérea, ou seja, a prática de qualquer comportamento que tenha por finalidade a obtenção de uma vantagem econômica, promovendo (ou mesmo tentando promover) a entrada ilegal de estrangeiro em território nacional ou de brasileiro em país estrangeiro.

Como esclarece, corretamente, Rogério Sanches Cunha:

"A ação nuclear de *promover* a entrada ilegal de estrangeiro deve ser interpretada de forma ampla, punindo-se quem agencia a vinda do estrangeiro, quem o transporta para o território nacional, quem o recebe no momento do ingresso ou quem de qualquer forma pratica algum ato com o propósito de tornar possível a entrada do estrangeiro sem a observância das disposições legais, sendo que a entrada ilegal pode ocorrer tanto por meio de desvio dos postos de imigração (ex.: o agente promove a entrada do estrangeiro por fronteira terrestre ou marítima onde não existe forma de controle) quanto mediante utilização de meios fraudulentos perante o controle de imigração (ex.: documentos falsos)."[136]

Somente haverá a figura típica em estudo se o agente promover, ou tentar promover a entrada ilegal de estrangeiro em território nacional, ou de brasileiro em país estrangeiro se houver o chamado especial fim de agir, configurado na obtenção de vantagem econômica. Caso o agente atue sem essa finalidade especial, a exemplo daquele que atua com fins humanitários, por razões de amizade etc., auxiliando um estrangeiro a entrar no território nacional, ou mesmo um brasileiro em país estrangeiro, o fato será considerado atípico com relação ao crime tipificado no art. 232-A, podendo, no entanto, se configurar em outra infração penal, caso venha a ocorrer.

Há algumas décadas, em virtude da recessão que assolava o nosso país, bem como do índice assustador de desempregados, os brasileiros foram a procura de trabalho em outros países. A grande maioria neles ingressou ilegalmente, principalmente nos Estados Unidos, com o auxílio dos chamados "coyotes", ou seja, pessoas que recebiam um determinado valor para que os auxiliassem a atravessar a fronteira, sem o conhecimento das autoridades locais, e ali permaneciam ilegalmente até que, quando descobertos, eram deportados ao Brasil.

Hoje, vemos esse movimento contrário, ou seja, pessoas de outros países, assolados pela pobreza, injustiças sociais, violência, fome, desemprego, ditaduras, terrorismo, enfim, pessoas que saem de seus países de origem, e vêm para o território nacional, em busca de oportunidades e qualidade de vida. Para tanto, muitas vezes, contam com pessoas que se especializaram nesse trabalho ilícito de travessia ilegal das fronteiras. Temos visto esse fato acontecer com frequência com pessoas cujos países foram devastados pelo terrorismo fundamentalista religioso, como é o caso do Iraque, Síria, Afeganistão etc.

O art. 232-A do Código Penal usa a expressão *entrada ilegal de estrangeiro em território nacional*. Para que se possa interpretar o artigo em estudo, é preciso aplicar as determinações constantes da Lei de Migração (Lei nº 13.445, de 25 de maio de 2017). Normalmente, a entrada legal em um país se dá após a concessão de um visto, concedido por embaixadas, consulados-gerais, consulados, vice-consulados, e também por escritório comerciais e de representação do Brasil no exterior, quando habilitados pelo órgão competente do Poder Executivo. De

---

[136] CUNHA, Rogério Sanches. *Crime de promoção de migração ilegal (Lei nº 13.445/17)*: breves considerações. Disponível em: <http://meusitejuridico.com.br/2017/05/26/ crime-de-promocao-de-migracao- -ilegal-lei-no-13-44517-breves-consideracoes/>.

acordo com o art. 12 da Lei de Migração, os vistos podem ser: I – de visita; II – temporário; III – diplomático; IV – oficial; V – de cortesia.

O conceito de *estrangeiro* é encontrado por meio de uma interpretação denominada a *contrario sensu*, a ser levada a efeito nos incisos I e II do art. 12 da Constituição Federal, que dizem respeito, respectivamente, aos brasileiros natos e naturalizados, *verbis*:

> **Art. 12.** São brasileiros:
> I – natos:
> a) os nascidos na República Federativa do Brasil, ainda que de pais estrangeiros, desde que estes não estejam a serviço de seu país;
> b) os nascidos no estrangeiro, de pai brasileiro ou mãe brasileira, desde que qualquer deles esteja a serviço da República Federativa do Brasil;
> c) os nascidos no estrangeiro de pai brasileiro ou de mãe brasileira, desde que sejam registrados em repartição brasileira competente ou venham a residir na República Federativa do Brasil e optem, em qualquer tempo, depois de atingida a maioridade, pela nacionalidade brasileira;
> II – naturalizados:
> a) os que, na forma da lei, adquiram a nacionalidade brasileira, exigidas aos originários de países de língua portuguesa apenas residência por um ano ininterrupto e idoneidade moral;
> b) os estrangeiros de qualquer nacionalidade, residentes na República Federativa do Brasil há mais de quinze anos ininterruptos e sem condenação penal, desde que requeiram a nacionalidade brasileira.

Assim, portanto, aqueles que não gozem do *status* de brasileiro (nato ou mesmo naturalizado) são reconhecidos como estrangeiros.

A entrada ilegal de estrangeiro deve ocorrer em território nacional. Embora o art. 5º, § 1º, do diploma repressivo diga, expressamente, que para os efeitos penais, consideram-se como extensão do território nacional as embarcações e aeronaves brasileiras, de natureza pública ou a serviço do governo brasileiro onde quer que se encontrem, bem como as aeronaves e as embarcações brasileiras, mercantes ou de propriedade privada, que se achem, respectivamente, no espaço aéreo correspondente ou em alto-mar, entendemos que somente se configurará o tipo penal de *promoção de migração ilegal* quando o estrangeiro ingressar em território físico brasileiro, ou seja, quando ultrapassar, efetivamente, as fronteiras que separam nosso país dos demais.

O território nacional, em sentido estrito, nas precisas lições de Mirabete, "abrange o solo (e subsolo) sem solução de continuidade e com limites estabelecidos, as águas interiores, o mar territorial, a plataforma continental e o espaço aéreo".[137]

Da mesma forma, também poderá incorrer no delito de promoção de migração ilegal aquele que, por qualquer meio, e objetivando uma vantagem econômica, promover ilegalmente a entrada de brasileiro, seja ele nato, ou mesmo naturalizado (de acordo com o art. 12 da Constituição Federal), em território (físico) estrangeiro.

5.2 Classificação doutrinária

Crime comum, tanto com relação ao sujeito ativo, como quanto ao sujeito passivo; material; doloso; comissivo (podendo ser cometido via omissão imprópria); de forma livre; monossubjetivo; plurissubsistente.

---

[137] MIRABETE, Júlio Fabbrini. *Manual de direito penal* – Parte geral, p. 73.

5.3 Objeto material e bem juridicamente protegido

O objeto material do delito em estudo é o estrangeiro, que ingressa ilegalmente em território nacional, ou o brasileiro, na mesma situação, em país estrangeiro.

De acordo com as precisas lições de Rogério Sanches Cunha:

"A tutela penal recai, sobretudo, na manutenção da soberania nacional, da qual deriva toda a disciplina para entrada e saída de pessoas do território brasileiro. É com base no poder pleno de autodeterminação, ou seja, não condicionado a nenhum outro poder de origem externa ou interna, que o Estado estabelece as regras para o trânsito de pessoas no território nacional. Ignorar essas regras atenta, portanto, contra o poder de autodeterminação.

São também objetos jurídicos deste crime, ainda que mediatos, a segurança nacional e a manutenção da ordem interna, pois a entrada ilegal de estrangeiros em território brasileiro impede que os órgãos de imigração tomem conhecimento de quem está penetrando no país e a que título (o art. 12 da Lei nº 13.445/17 estabelece cinco espécies de vistos, que por sua vez são divididos em subespécies, cada uma concedida de acordo com a finalidade para o ingresso e a permanência do estrangeiro no Brasil).

Por fim, como a figura criminosa pune também a promoção de entrada ilegal de brasileiro em território estrangeiro e a saída ilegal de estrangeiro para outro país, é possível dizer que se tutela a manutenção da regular relação entre o Brasil e outros países."[138]

5.4 Sujeito ativo e sujeito passivo

Crime comum no que diz respeito ao sujeito ativo, o delito de promoção de migração ilegal pode ser praticado por qualquer pessoa.

Sujeito passivo da infração penal em estudo é o Estado, que sofre com o comportamento praticado pelo sujeito ativo.

Importante frisar que, no que diz respeito à legislação penal brasileira, nem o estrangeiro que ingressa ilegalmente em território nacional, tampouco o brasileiro, que também ilegalmente ingressa em país estrangeiro, praticam crime, pois o inciso III do art. 3º da Lei nº 13.445, de 24 de maio de 2017, diz textualmente:

> Art. 3º A política migratória brasileira rege-se pelos seguintes princípios e diretrizes:
> I – [...]
> II – [...]
> III – não criminalização da migração;
> [...]

5.5 Consumação e tentativa

Tem-se por consumado o crime com o efetivo ingresso ilegal do estrangeiro em território nacional, ou seja, quando são ultrapassadas as suas fronteiras, bem como quando o brasileiro é introduzido em território estrangeiro, mesmo que seja surpreendido e preso logo após esse ingresso.

---

[138] CUNHA, Rogério Sanches. *Crime de promoção de migração ilegal (Lei nº 13.445/17):* breves considerações. Disponível em: <http://meusitejuridico.com.br/2017/05/26/crime-de-promocao-de-migracao--ilegal-lei-no-13-44517-breves-consideracoes/>.

Tratando-se de crime plurissubsistente, será possível o reconhecimento da tentativa, fracionando-se, portanto, o chamado *iter criminis*.

5.6 Elemento subjetivo

O dolo é o elemento subjetivo do delito em estudo, não havendo previsão para a modalidade de natureza culposa.

O chamado especial fim de agir encontra-se inserido na expressão *com o fim de obter vantagem econômica*, prevista como elemento do tipo do art. 232-A.

5.7 Modalidades comissiva e omissiva

O núcleo *promover* pressupõe um comportamento positivo por parte do agente, ou seja, uma conduta ativa, no sentido de introduzir, ilegalmente, o brasileiro em território estrangeiro, ou o estrangeiro em território brasileiro.

Contudo, o delito poderá ser praticado via omissão imprópria. Assim, imagine-se a hipótese daquele que, encarregado de controlar e vigiar as fronteiras (tanto nacional quanto estrangeira), mesmo percebendo o ingresso ilegal de pessoas, nada faz para evitar esse ingresso ilegal.

Nesse caso, poderá ocorrer um conflito aparente de normas. Se a finalidade do agente era a de impedir o ingresso ilegal de estrangeiro no Brasil e, para não impedir esse ingresso ilegal, recebe alguma vantagem indevida, deverá ser responsabilizado tão somente pelo delito de corrupção passiva. Se o motivo que o levou a não impedir esse ingresso foi, por exemplo, uma concordância tácita, ou mesmo impulsionada por motivos humanitários, poderá ser responsabilizado pelo delito de promoção de migração ilegal.

Haverá, ainda, a possibilidade de ser responsabilizado pelo delito de prevaricação, tendo em vista que o tipo penal do art. 319 do Código Penal prevê, como elementar, a satisfação de interesse ou sentimento pessoal.

Tudo dependerá, portanto, da análise do caso concreto.

5.8 Causas especiais de aumento de pena

Diz o § 2º do art. 232-A, *verbis*:

> § 2º A pena é aumentada de 1/6 (um sexto) a 1/3 (um terço) se:
> I – o crime é cometido com violência; ou
> II – a vítima é submetida a condição desumana ou degradante.

Não é incomum que a vítima sofra com as ações dos chamados "coyotes", tentando entrar, quando estrangeiro, ilegalmente em território nacional, ou, quando brasileiro, em país estrangeiro. Nesses casos, se houver qualquer tipo de violência física, ou seja, a *vis absoluta*, ou mesmo quando for submetida à condição desumana ou degradante, incidirá a referida majorante, a ser aplicada no terceiro momento do critério trifásico de aplicação da pena, variando entre o mínimo de 1/6 e o máximo de 1/3, que deverá oscilar de acordo com a gravidade da violência, e também das condições desumanas ou degradantes.

5.9 Pena, ação penal, competência para julgamento e suspensão condicional do processo

A pena cominada ao delito de promoção de migração ilegal é de reclusão, de 2 (dois) a 5 (cinco) anos, e multa.

De acordo com o § 2º do art. 232-A, a pena é aumentada de 1/6 (um sexto) a 1/3 (um terço) se:

> I – o crime é cometido com violência; ou
> II – a vítima é submetida a condição desumana ou degradante.

A ação penal é de iniciativa pública incondicionada.

Considerando-se os bens juridicamente protegidos, competirá à Justiça Federal o julgamento do delito *sub examen*.

5.10 Destaques

5.10.1 *Promoção de migração ilegal e tráfico de pessoas*

Importante salientar que aquele que promove, por qualquer meio, com o fim de obter vantagem econômica, a entrada ilegal de estrangeiro em território nacional ou de brasileiro em país estrangeiro, normalmente o faz com anuência, ou seja, mediante a sua manifestação de vontade, a exemplo do que ocorre com frequência com brasileiros que pagam determinadas importâncias em dinheiro para que um "coyote" o auxilie a ultrapassar, ilegal e clandestinamente, as fronteiras norte-americanas, como se tem divulgado, com frequência, pelos meios de comunicação. Agora, será que a infração penal também poderá ser praticada contra a vontade expressa do estrangeiro que é trazido para dentro do território nacional, ou do brasileiro que é forçado a ingressar, também ilegalmente, em país estrangeiro? Nessas hipóteses, haveria aquilo que é reconhecido como tráfico de pessoas, desde que o agente atue com pelo menos uma das finalidades previstas no art. 149-A do Código Penal, que diz, *verbis*:

> **Art. 149-A.** Agenciar, aliciar, recrutar, transportar, transferir, comprar, alojar ou acolher pessoa, mediante grave ameaça, violência, coação, fraude ou abuso, com a finalidade de:
> I – remover-lhe órgãos, tecidos ou partes do corpo
> II – submetê-la a trabalho em condições análogas à de escravo
> III – submetê-la a qualquer tipo de servidão
> IV – adoção ilegal; ou
> V – exploração sexual.
> Pena – reclusão, de 4 (quatro) a 8 (oito) anos, e multa.
> § 1º A pena é aumentada de um terço até a metade se:
> I – o crime for cometido por funcionário público no exercício de suas funções ou a pretexto de exercê-las;
> II – o crime for cometido contra criança, adolescente ou pessoa idosa ou com deficiência;
> III – o agente se prevalecer de relações de parentesco, domésticas, de coabitação, de hospitalidade, de dependência econômica, de autoridade ou de superioridade hierárquica inerente ao exercício de emprego, cargo ou função; ou
> IV – a vítima do tráfico de pessoas for retirada do território nacional.

A ONU, em sua página web da UNODC, faz distinções esclarecedoras entre o tráfico de pessoas e a migração ilegal, colocando em relevo as seguintes características:

> "**Consentimento**
> O contrabando de migrantes, mesmo em condições perigosas e degradantes, envolve o conhecimento e o consentimento da pessoa contrabandeada sobre o ato criminoso. No tráfico de pessoas, o consentimento da vítima de tráfico é irrelevante para que a ação seja caracterizada como tráfico ou exploração de seres humanos, uma vez que ele é, geralmente, obtido sob malogro.

Exploração

O contrabando termina com a chegada do migrante em seu destino, enquanto o tráfico de pessoas envolve, após a chegada, a exploração da vítima pelos traficantes, para obtenção de algum benefício ou lucro, por meio da exploração. De um ponto de vista prático, as vítimas do tráfico humano tendem a ser afetadas mais severamente e necessitam de uma proteção maior.

Caráter Transnacional

Contrabando de migrantes é sempre transnacional, enquanto o tráfico de pessoas pode ocorrer tanto internacionalmente quanto dentro do próprio país."[139]

5.10.2 Regulamentação da Lei de Migração

Vide Decreto nº 9.199, de 20 de novembro de 2017.

5.11 Quadro-resumo

Sujeitos
- » Ativo: qualquer pessoa.
- » Passivo: é o Estado, que sofre com o comportamento praticado pelo sujeito ativo. Vide inc. III do art. 3º da Lei 13.445/2017.

Objeto material

O objeto material do delito em estudo é o estrangeiro que ingressa ilegalmente em território nacional ou o brasileiro, na mesma situação, em país estrangeiro.

Bem(ns) juridicamente protegido(s)

De acordo com as precisas lições de Rogério Sanches Cunha (2017): "A tutela penal recai, sobretudo, na manutenção da soberania nacional, da qual deriva toda a disciplina para entrada e saída de pessoas do território brasileiro. É com base no poder pleno de autodeterminação, ou seja, não condicionado a nenhum outro poder de origem externa ou interna, que o Estado estabelece as regras para o trânsito de pessoas no território nacional. Ignorar essas regras atenta, portanto, contra o poder de autodeterminação. São também objetos jurídicos deste crime, ainda que mediatos, a segurança nacional e a manutenção da ordem interna, pois a entrada ilegal de estrangeiros em território brasileiro impede que os órgãos de imigração tomem conhecimento de quem está penetrando no país e a que título (o art. 12 da Lei 13.445/2017 estabelece cinco espécies de vistos, que por sua vez são divididos em subespécies, cada uma concedida de acordo com a finalidade para o ingresso e a permanência do estrangeiro no Brasil). Por fim, como a figura criminosa pune também a promoção de entrada ilegal de brasileiro em território estrangeiro e a saída ilegal de estrangeiro para outro país, é possível dizer que se tutela a manutenção da regular relação entre o Brasil e outros países".

Elemento subjetivo
- » É o dolo.
- » Não há previsão para a modalidade de natureza culposa.
- » O chamado especial fim de agir encontra-se inserido na expressão com o fim de obter vantagem econômica, prevista como elemento do tipo do art. 232-A.

---

[139] Disponível em: <https://www.unodc.org/lpo-brazil/pt/trafico-de-pessoas/index.html>. Acesso em: 20 out. 2017.

Modalidades comissiva e omissiva

» O núcleo promover pressupõe um comportamento positivo por parte do agente, ou seja, uma conduta ativa, no sentido de introduzir, ilegalmente, o brasileiro em território estrangeiro, ou o estrangeiro em território brasileiro.
» Pode, no entanto, ser levado a efeito via omissão imprópria.

Consumação e tentativa

» Tem-se por consumado o crime com o efetivo ingresso ilegal do estrangeiro em território nacional, ou seja, quando são ultrapassadas as suas fronteiras, bem como quando o brasileiro é introduzido em território estrangeiro, mesmo que seja surpreendido e preso logo após esse ingresso.
» É possível a tentativa.

Capítulo VI
Do ultraje público ao pudor

1. ATO OBSCENO

Ato obsceno
Art. 233. Praticar ato obsceno em lugar público, ou aberto ou exposto ao público:
Pena – detenção, de três meses a um ano, ou multa.

1.1 Introdução

Para que a nossa convivência em sociedade seja harmônica, devemos nos abster, ao máximo, de praticar comportamentos que causem constrangimentos às pessoas. E, como se sabe, os comportamentos com conotação sexual são aqueles que possuem mais poder para despertar sentimentos diversos, como a curiosidade, a libido, ou mesmo a indignação.

Para que sejam evitadas as práticas de condutas que causam, na maioria dos casos, indignação às pessoas, foi criado o delito de *ato obsceno*, constante do art. 233 do Código Penal.

Dessa forma, para efeito de configuração do ato obsceno, deverão estar presentes os seguintes elementos que informam a mencionada figura típica: *a)* a conduta de *praticar ato obsceno*; *b)* em lugar público, ou aberto ou exposto ao público.

Assim, a norma penal proíbe a *prática* de *ato* considerado *obsceno*. Esse ato pode ser levado a efeito de diversas formas, sempre ligadas à expressão corporal do agente. Isso significa que verbalizar palavras obscenas não se configura no delito em estudo, podendo, dependendo da hipótese concreta, se subsumir ao delito de *importunação sexual*, tipificado no art. 215-A do Código Penal, ou, mesmo, crime contra a honra. São, portanto, as expressões corporais, com conotação sexual, que podem se configurar no delito de ato obsceno.

Esse ato, portanto, como já o dissemos, deverá ser considerado obsceno. Ato obsceno é um conceito eminentemente normativo, que depende, obrigatoriamente, de um juízo de valor para que possa ser compreendido.

Tem-se procurado, por meio do princípio da adequação social, compreender com mais precisão o conceito de ato obsceno, o que não é tarefa fácil. O princípio da adequação social poderá auxiliar o intérprete, servindo como termômetro que identifica o pudor médio.

Conforme salientado por Noronha:

"O pudor coletivo não difere daquele de que a pessoa é dotada, porém informa-se do sentimento comum aos homens, dos *costumes* observados pela coletividade, em determinada época, não tomando em consideração a sensibilidade moral extraordinária de determinadas pessoas ou grupos. São as regras e princípios consuetudinariamente observados pela generalidade dos homens que dão conteúdo ao pudor."[140]

E continua o renomado autor, esclarecendo:

"Sua apreciação não prescinde da consideração dos usos e costumes de determinado povo, em determinada época, subordinando-se também particularmente aos *lugares*. Tal acontece porque o sentimento do pudor evolui e não é o mesmo em todas as partes."[141]

Assim, o ato de conotação sexual que poderia ofender o pudor médio há alguns anos, hoje, poderia ser entendido como inofensivo. Veja-se a hipótese do beijo, por exemplo. Se, na década de 1940, um casal fosse surpreendido se beijando na rua, com certeza as pessoas que assistissem a esse ato ficariam horrorizadas, pois, naquela época, sequer era costume o casal passear de mãos dadas ou mesmo abraçado em plena via pública. Se os costumes eram assim, que constrangimento traria se se beijasse em público! Hoje, como se percebe, o beijo em público é uma situação extremamente comum entre casais, não se podendo, até mesmo, entender como obsceno o chamado doutrinariamente de *beijo lascivo*, embora haja posição em contrário.

Há dificuldade, no que diz respeito à própria conceituação de beijo lascivo. Seria aquele beijo demasiadamente prolongado? O problema do beijo lascivo é que não temos definição do nosso sentimento com relação a ele, isto é, se inveja ou constrangimento! Brincadeiras à parte, o beijo em público, não importando a sua duração ou entusiasmo, não pode figurar no rol daqueles comportamentos considerados obscenos, para efeitos de aplicação da lei penal, pois seria absurda sua incriminação.

No entanto, há outros comportamentos que, se praticados em público, certamente, causariam enorme constrangimento. Assim, v.g., imagine-se a situação de um casal que se encontra mantendo relações sexuais dentro de um automóvel estacionado em uma praça pública ou daquele que, na varanda de sua casa, começa a se masturbar. São comportamentos não tolerados pela sociedade se praticados em lugares públicos, abertos ou, pelo menos, expostos ao público, pois causariam uma sensação de desconforto, de constrangimento.

O princípio da adequação social, por mais que tenha conotação subjetiva, poderá nos auxiliar no sentido de investigar o sentimento da maioria da sociedade, a fim de descobrir se aquele determinado comportamento poderá ser considerado adequado, levando-se em consideração o lugar, a época, a cultura do povo, enfim, dados que serão indispensáveis ao reconhecimento da conduta como obscena.

Imagine-se o seguinte exemplo: existem as chamadas praias de nudismo, onde as pessoas ficam, como a expressão sugere, completamente nuas, caminhando, praticando esportes, tomando banho de sol etc. Todas as atividades, naquele local, são realizadas por pessoas completamente despidas. Naquele lugar, ficar nu seria considerado um ato obsceno? A resposta só pode ser negativa, pois as pessoas que convivem naquele pequeno espaço social já estão acostumadas a esse tipo de comportamento.

Agora, transporte-se um dos nudistas, o mais radical do grupo, para a praia de Ipanema, no Rio de Janeiro. Como está acostumado ao nudismo, em meio a centenas de pessoas, com tranquilidade, retira sua sunga e começa a caminhar pela praia, na presença de crianças, senhoras idosas, enfim, de todas as pessoas que ali se encontram. Nesse caso, o nudismo, praticado nas areias da praia de Ipanema, poderia ser considerado obsceno? A resposta, agora,

---

[140] NORONHA, Edgard Magalhães. *Direito penal*, v. 3, p. 248.
[141] NORONHA, Edgard Magalhães. *Direito penal*, v. 3, p. 248.

deverá ser positiva, pois a sociedade, naquele determinado lugar, se constrange com esse tipo de comportamento de natureza sexual.

Veja, pelos exemplos fornecidos, que o comportamento com natureza sexual não deve ser, necessariamente, aquele que tenha por finalidade satisfazer a libido do agente, como a prática da masturbação. O ato em si é que deverá ter conotação sexual. Poderá, até mesmo, ser praticado em tom de brincadeira que, ainda assim, se caracterizará o delito. Imagine-se a hipótese daquele que, querendo chocar a sociedade, coloca o pênis para fora da calça e anda pela rua como se tivesse esquecido de fechar a braguilha. O ato em si não tem finalidade de aflorar a libido, mas tão somente de chocar as pessoas.

Nesse sentido, preleciona Hungria:

"Não é indispensável que o ato represente uma expansão erótica ou vise à excitação da lascívia alheia: desde que, sob o prisma objetivo, se apresente em colisão com o pudor público, ou idôneo a suscitar o sentimento comum de vergonha (*verecundia*), pouco importa que o agente, embora deva ter a consciência disso, haja procedido, por exemplo, *jocandi animo* ou *demonstrandi causa*, ou para exercer a vingança, sem qualquer intuito de lubricidade."[142]

Para que se configure o delito em estudo, o ato considerado obsceno deve ser praticado em *lugar público*, ou *aberto ao público*, ou *exposto ao público*.

Lugar público é aquele ao qual todos nós temos acesso, quase sempre, irrestritamente, como no caso das praças, ruas, avenidas, túneis, viadutos, parques etc. Aberto ao público é aquele lugar que, embora com alguma restrição, o acesso ao público é permitido, como acontece com os cinemas, teatros, museus, igrejas etc. Exposto ao público é aquele lugar que, embora podendo ser considerado privado, é devassado a ponto de permitir que as pessoas presenciem o que nele se passa, como acontece, por exemplo, com as varandas dos apartamentos, quadras de esportes existentes no interior dos prédios, onde todos os vizinhos têm acesso através de suas janelas, enfim, qualquer lugar, mesmo que privado, ao qual um número, ainda que limitado, de pessoas tenha acesso.

O delito de ato obsceno se encontra no rol daquelas infrações penais que requerem uma carga de subjetividade muito grande na sua interpretação, não se podendo, pois, aplicar a ele fórmulas genéricas. Assim, por exemplo, o comportamento de urinar na rua poderá ou não se configurar em ato obsceno. Se o agente está urinando, de modo que ninguém veja seu órgão genital, embora possa trazer certo desconforto para as pessoas que passam próximas a ele, não o entendemos como obsceno. Agora aquela outra pessoa que, na mesma situação, ao urinar, não se importa com a sua posição, permitindo que seu órgão sexual fique à mostra enquanto se alivia, deverá, segundo entendemos, responder pelo delito em estudo, pois, nesse último caso, o ato será, certamente, mais grave do que o primeiro, importando em maior escândalo. No entanto, temos que confessar, nada é absoluto em termos de conceituação da obscenidade do ato, devendo a sociedade emitir seu juízo de valor sobre seu conceito em determinada época e lugar.

O que não se pode, sob o falso argumento de defesa da coletividade, é radicalizar a ponto de reconhecer qualquer comportamento incômodo como obsceno. Veja-se, por absurdo que possa parecer, o julgado do extinto TACrim-SP, publicado na *JTACrimSP*, 46:348, em que se chegou à feliz conclusão de que *ventosidade intestinal* não configurava o delito em estudo. Isso quer significar que alguém foi indiciado por ter, acredito que dolosamente, soltado gases em público, o que fez com que o Ministério Público denunciasse o sujeito por ato obsceno, sendo, afinal, absolvido da acusação, ao que parece, pelo Tribunal de Alçada paulista.

---

[142] HUNGRIA, Nélson. *Comentários ao código penal*, v. VIII, p. 308.

Pelo que se pode presumir do julgado, alguém, numa situação de aperto, ou mesmo por falta de educação, permitiu a saída de gases intestinais. Outra pessoa, sentindo-se constrangida com o comportamento praticado pelo agente, levou a notícia do fato à autoridade policial, que, a seu turno, inaugurou inquérito policial. O Ministério Público, ao tomar conhecimento dos fatos narrados no inquérito policial, entendendo pelo delito de ato obsceno, denunciou o autor da flatulência. A que ponto nós chegamos! Deflagrar toda a máquina judiciária para apurar se alguém, efetivamente, soltou gases intestinais em público?! Imaginem o constrangimento a que se submeteu o sujeito, em se ver conduzido à Justiça por esse fato absurdo!

Não podemos, portanto, cair no ridículo, pois o ato considerado obsceno deverá ser aquele que tenha relevância a ponto de criar uma situação de escândalo, de constrangimento para as pessoas que o presenciam.

1.2 Classificação doutrinária

Crime comum, tanto com relação ao sujeito ativo, quanto no que diz respeito ao sujeito passivo; doloso; comissivo (podendo ser praticado via omissão imprópria, na hipótese de gozar o agente do *status* de garantidor); instantâneo; formal (bastando a prática do comportamento considerado valorativamente como obsceno); de forma livre; monossubjetivo; plurissubsistente; transeunte (como regra, pois não será necessária a perícia para a comprovação dos atos considerados como obscenos, bastando, em quase a totalidade dos casos, a prova testemunhal).

1.3 Objeto material e bem juridicamente protegido

O bem juridicamente protegido pelo art. 233 do Código Penal é o *pudor público*, devendo o tipo penal proteger a moral média da sociedade no que diz respeito à tolerância a comportamentos que tenham conotação sexual, haja vista que o delito se encontra também inserido no Título VI do Código Penal, relativo aos crimes contra a dignidade sexual.

Objeto material pode ser a pessoa ou grupo de pessoas específico contra o qual foi dirigido o ato ou, mesmo, a própria sociedade, pois há hipótese de não ser dirigido à pessoa determinada.

1.4 Sujeito ativo e sujeito passivo

Tratando-se de crime comum, qualquer pessoa pode figurar como *sujeito ativo* do delito de ato obsceno, não exigindo a figura típica nenhuma qualidade ou condição especial ao seu reconhecimento.

O sujeito passivo tanto pode ser uma pessoa ou grupo específico de pessoas, como a própria coletividade.

1.5 Consumação e tentativa

A consumação ocorre no momento em que o agente pratica o ato obsceno em lugar público, ou aberto, ou exposto ao público.

No que diz respeito à possibilidade de tentativa, existe controvérsia doutrinária. Hungria posiciona-se contrariamente, argumentando que "dificilmente se poderá reconhecer um *começo de execução* de ato obsceno que não tenha em si mesmo a marca da obscenidade. De modo geral, pode dizer-se que ou o ato obsceno se realiza, e o crime se consuma, ou não se realiza, e o fato é penalmente imponderável".[143]

---
[143] HUNGRIA, Nélson. *Comentários ao código penal*, v. VIII, p. 311.

No entanto, tratando-se de crime plurissubsistente, não podemos descartar a possibilidade de se reconhecer a tentativa, dependendo da hipótese concreta. Embora seja de difícil ocorrência, não é impossível, razão pela qual não podemos rejeitá-la.

1.6 Elemento subjetivo

O delito de ato obsceno somente pode ser praticado dolosamente, não havendo previsão para a modalidade de natureza culposa.

Assim, seria atípico o comportamento da mulher que, depois de um mergulho, sem perceber, viesse a sair da piscina com uma parte de seu biquíni fora do lugar, permitindo que um de seus seios ficasse à mostra, chocando os membros de uma comunidade extremamente conservadora da qual fazia parte.

1.7 Modalidades comissiva e omissiva

O núcleo *praticar* pressupõe um comportamento comissivo.

Entretanto, pode o delito ser cometido via omissão imprópria, na hipótese em que o agente, figurando como garantidor, dolosamente, nada fizer para evitar que o sujeito leve a efeito ou, mesmo, continue a praticar o comportamento considerado obsceno.

Assim, a título de exemplo, imagine-se a hipótese na qual um policial, percebendo que um casal mantinha relações sexuais no interior de um veículo, em frente à janela de uma mulher que, na sua concepção, era insuportável, querendo chocá-la, nada faz para impedir que o casal continuasse a se relacionar sexualmente. O agente, na qualidade de autoridade policial, tinha o dever legal, nos termos da alínea *a* do § 2º do art. 13 do Código Penal, de interromper aquele comportamento. Se, dolosamente, não o fez, permitindo que se prolongasse a conduta obscena, poderá também, via omissão imprópria, ser responsabilizado pelo delito em estudo.

1.8 Pena, ação penal, competência para julgamento e suspensão condicional do processo e segredo de justiça

O preceito secundário do art. 233 do Código Penal comina uma pena de detenção, de 3 (três) meses a 1 (um) ano, ou multa, para o delito de ato obsceno.

A ação penal é de *iniciativa pública incondicionada*.

Tendo em vista a pena máxima cominada ao delito tipificado no art. 233 do Código Penal, competirá, *ab initio*, ao Juizado Especial Criminal o seu processo e julgamento, de acordo com o art. 61 da Lei nº 9.099/95, com a redação que lhe foi dada pela Lei nº 11.313, de 28 de junho de 2006, sendo considerada, portanto, infração penal de menor potencial ofensivo.

Será possível a confecção de proposta de suspensão condicional do processo, nos termos do art. 89 da Lei nº 9.099/95.

Nos termos do art. 234-B do Código Penal, os processos em que se apuram crimes previstos pelo Título VI, vale dizer, os crimes contra a dignidade sexual, correrão em segredo de justiça.

Contudo, os §§ 1º e 2º, inseridos no art. 234-B do Código Penal pela Lei nº 15.035, de 27 de novembro de 2024, determinam, *verbis*:

> § 1º O sistema de consulta processual tornará de acesso público o nome completo do réu, seu número de inscrição no Cadastro de Pessoas Físicas (CPF) e a tipificação penal do fato a partir da condenação em primeira instância pelos crimes tipificados nos arts. 213, 216-B, 217-A, 218-B, 227, 228, 229 e 230 deste Código, inclusive com os dados da pena ou da medida de segurança imposta, ressalvada a possibilidade de o juiz fundamentadamente determinar a manutenção do sigilo.
> § 2º Caso o réu seja absolvido em grau recursal, será restabelecido o sigilo sobre as informações a que se refere o § 1º deste artigo.

1.9 Destaque

1.9.1 Diferença entre os delitos de ato obsceno e importunação sexual

O delito de ato obsceno é um *minus* se comparado ao crime de importunação sexual, previsto no art. 215-A do Código Penal, que diz, textualmente:

> **Art. 215-A.** Praticar contra alguém e sem a sua anuência ato libidinoso com o objetivo de satisfazer a própria lascívia ou a de terceiro:
> Pena – reclusão, de 1 (um) a 5 (cinco) anos, se o ato não constitui crime mais grave.

Antes da inserção do art. 215-A no diploma repressivo, levada a efeito através da Lei nº 13.718, de 24 de setembro de 2018, quando o suposto ato obsceno praticado pelo agente não gozava de tanta importância, costumava-se desclassificá-lo para a contravenção penal tipificada no art. 61 do Decreto-Lei nº 3.688/41, já agora revogada.

Por outro lado, fatos graves, como noticiados frequentemente pela mídia, em que homens se masturbavam em veículos coletivos e, muitas vezes, acabavam ejaculando em suas vítimas, sem mesmo que estas percebessem, eram tipificados, equivocadamente, como estupros, tendo em vista que se fossem capitulados tanto no delito de ato obsceno (art. 233 do CP) quanto na revogada contravenção penal de importunação ofensiva ao pudor (art. 61 da LCP), a punição era demasiadamente branda para o comportamento praticado pelo agente.

Agora, suprindo essa lacuna, foi criado o delito de importunação sexual. Rogério Sanches Cunha, dissertando sobre o tema, diz, com precisão, que a conduta relativa ao delito de importunação sexual:

"Consiste em *praticar* (levar a efeito, fazer, realizar) ato libidinoso, isto é, ação atentatória ao pudor, praticada com propósito lascivo ou luxurioso.

O tipo exige que o ato libidinoso seja praticado contra alguém, ou seja, pressupõe uma pessoa específica a quem deve se dirigir o ato de autossatisfação. Assim é não só porque o crime está no capítulo relativo à liberdade sexual, da qual apenas indivíduos podem ser titulares, mas também porque somente desta forma se evita confusão com o crime de ato obsceno. Com efeito, responde por importunação sexual quem, por exemplo, se masturba em frente a alguém porque aquela pessoa lhe desperta um impulso sexual; mas responde por ato obsceno quem se masturba em uma praça pública sem visar alguém específico, apenas para ultrajar ou chocar os frequentadores do local."[144]

1.10 Quadro-resumo

Sujeitos
» Ativo: qualquer pessoa.
» Passivo: tanto pode ser uma pessoa ou grupo específico de pessoas como a própria coletividade.

Objeto material
Pode ser a pessoa ou grupo de pessoas específico contra o qual foi dirigido o ato ou, mesmo, a própria sociedade, pois há hipótese de não ser dirigido à pessoa determinada.

---

[144] CUNHA, Rogério Sanches. *Lei 13.718/18:* introduz modificações nos crimes contra a dignidade sexual. Disponível em: <http://s3.meusitejuridico.com.br/2018/09/140afc83-crimes-sexuais-lei-13718-18.pdf>. Acesso em: 29 set. 2018.

Bem(ns) juridicamente protegido(s)
É o pudor público.

Elemento subjetivo
» É o dolo.
» Não há previsão para a modalidade de natureza culposa.

Modalidades comissiva e omissiva
» O núcleo praticar pressupõe um comportamento comissivo.
» Pode, no entanto, ser levado a efeito via omissão imprópria.

Consumação e tentativa
» A consumação ocorre no momento em que o agente pratica o ato obsceno em lugar público, ou aberto, ou exposto ao público.
» Embora exista controvérsia, entendemos como possível a tentativa, mesmo que seja difícil a sua ocorrência.

2. ESCRITO OU OBJETO OBSCENO

Acesse e assista à aula explicativa sobre este assunto.
> https://uqr.to/1we52

Escrito ou objeto obsceno
Art. 234. Fazer, importar, exportar, adquirir ou ter sob sua guarda, para fim de comércio, de distribuição ou de exposição pública, escrito, desenho, pintura, estampa ou qualquer objeto obsceno:
Pena – detenção, de seis meses a dois anos, ou multa.
Parágrafo único. Incorre na mesma pena quem:
I – vende, distribui ou expõe à venda ou ao público qualquer dos objetos referidos neste artigo;
II – realiza, em lugar público ou acessível ao público, representação teatral, ou exibição cinematográfica de caráter obsceno, ou qualquer outro espetáculo, que tenha o mesmo caráter;
III – realiza, em lugar público ou acessível ao público, ou pelo rádio, audição ou recitação de caráter obsceno.

2.1 Introdução

Não se precisa ir longe de casa para concluir que, quase em todos os lugares, de qualquer cidade brasileira, comete-se, a todo tempo, o delito previsto pelo *caput* art. 234 do Código Penal.

Da mesma forma, também será sancionado com a pena cominada no preceito secundário do art. 234 aquele que, segundo seu parágrafo único: *I – vende, distribui ou expõe à venda ou ao público qualquer dos objetos referidos neste artigo; II – realiza, em lugar público ou acessível ao público, representação teatral, ou exibição cinematográfica de caráter obsceno, ou qualquer outro espetáculo que tenha o mesmo caráter; III – realiza, em lugar público ou acessível ao público, ou pelo rádio, audição ou recitação de caráter obsceno.*

São vários, portanto, os comportamentos que podem dar ensejo ao reconhecimento do delito em estudo.

Hungria, analisando os verbos reitores que compõem o tipo penal do art. 234, incluindo o seu parágrafo, esclarecia:

"*Fazer* é produzir, fabricar, elaborar, dar forma a alguma coisa. *Importar* é introduzir em qualquer ponto do território nacional. *Exportar*, ao contrário, é fazer sair do nosso para outro país. *Adquirir* é obter alguma coisa *ut dominus*, seja a que título for (pouco importando que a *res* não incida imediatamente na efetiva posse do agente). *Ter sob sua guarda* é deter ou possuir, ter a *res*, própria ou alheia, em depósito ou à imediata disposição. *Vender* é transferir, dispor ou entregar, mediante um preço. *Distribuir* é entregar a outrem, com ânimo definitivo ou não, a título gratuito ou oneroso (exemplo: *locação* lucrativa), franca ou clandestinamente, de modo direto ou mediante despacho, ou por via postal. *Expor à venda* é colocar a *res* à vista de possíveis compradores. *Expor ao público* é exibir ou mostrar em lugar público ou em que, embora somente para fim de conhecimento da exposição, se permita o acesso a *tout venant*."[145]

Como se percebe sem muito esforço, esse é mais um dos artigos constantes do nosso diploma repressivo que precisa, com urgência, ser retirado do nosso ordenamento jurídico-penal, uma vez que a sua existência desprestigia a Justiça Penal, principalmente os órgãos encarregados da repressão direta (polícia), bem como o Ministério Público, que tem a missão de levar a efeito a *persecutio criminis in judicio*.

Isso porque, nos dias de hoje, proliferou-se aquilo que ficou conhecido por "indústria do sexo." Em todas as bancas de jornais, livrarias, lojas de conveniência etc., encontramos os produtos mencionados pelo art. 234 do Código Penal, de caráter obsceno, sem falar nas lojas especializadas nesses tipos de produto, conhecidas como *Sex shop*. Estão à disposição de todos revistas com fotos de sexo explícito, filmes pornográficos, objetos que imitam os órgãos sexuais (masculino e feminino), enfim, uma infinidade de coisas até difíceis de imaginar, sem falar nos shows eróticos, ao vivo, com a prática de relações sexuais na presença de todos.

Chega a ser até ridícula a proibição de *recitais* com caráter obsceno, enquanto os canais de televisão, mesmo os abertos, nos expõem a todo tipo de comportamentos de natureza obscena, somente se importando com o nível de audiência, uma vez que o obsceno desperta a curiosidade e, consequentemente, atrai muitas pessoas para a frente da televisão.

A punição de alguém pela prática do delito de escrito ou objeto obsceno será, nesse caso, extremamente seletiva, pois a infinita maioria ficará impune, por ausência de efetiva vontade do Estado de fazer cumprir a proibição.

Pode-se raciocinar que, nos dias de hoje, a sociedade já se acostumou com esses produtos de conotação obscena, não mais exigindo, portanto, a sua repressão, raciocínio com o qual concordamos, devendo ser aplicado, *in casu*, o princípio da adequação social, que deverá servir de alerta, de orientação ao legislador a fim de levar a efeito a revogação do tipo penal em exame.

No entanto, a punição deve ser rigorosa para com aqueles que permitem o acesso desses objetos a crianças e adolescentes cuja personalidade ainda se encontra em formação, bem como, e principalmente, no que diz respeito àquelas pessoas que as utilizam em trabalhos de conotação sexual, merecendo, pois, ser responsabilizados criminalmente pelos comportamentos tipificados nos arts. 240, 241, 241-A, 241-B e 241-C da Lei nº 8.069/90, com

---

[145] HUNGRIA, Nélson. *Comentários ao código penal*, v. VIII, p. 313-314.

as alterações levadas a efeito pelas Leis nºs 11.829, de 25 de novembro de 2008, e 14.811, de 12 de janeiro de 2024.[146]

---

[146] **Art. 240.** Produzir, reproduzir, dirigir, fotografar, filmar ou registrar, por qualquer meio, cena de sexo explícito ou pornográfica, envolvendo criança ou adolescente:
Pena – reclusão, de 4 (quatro) a 8 (oito) anos, e multa.
§ 1º Incorre nas mesmas penas quem: (Redação dada pela Lei nº 14.811, de 2024)
I – agencia, facilita, recruta, coage ou de qualquer modo intermedeia a participação de criança ou adolescente nas cenas referidas no caput deste artigo, ou ainda quem com esses contracena; (Incluído pela Lei nº 14.811, de 2024)
II – exibe, transmite, auxilia ou facilita a exibição ou transmissão, em tempo real, pela internet, por aplicativos, por meio de dispositivo informático ou qualquer meio ou ambiente digital, de cena de sexo explícito ou pornográfica com a participação de criança ou adolescente. (Incluído pela Lei nº 14.811, de 2024)
§ 2º Aumenta-se a pena de 1/3 (um terço) se o agente comete o crime:
I – no exercício de cargo ou função pública ou a pretexto de exercê-la;
II – prevalecendo-se de relações domésticas, de coabitação ou de hospitalidade; ou
III – prevalecendo-se de relações de parentesco consanguíneo ou afim até o terceiro grau, ou por adoção, de tutor, curador, preceptor, empregador da vítima ou de quem, a qualquer outro título, tenha autoridade sobre ela, ou com seu consentimento. (NR)
Art. 241. Vender ou expor à venda fotografia, vídeo ou outro registro que contenha cena de sexo explícito ou pornográfica envolvendo criança ou adolescente:
Pena – reclusão, de 4 (quatro) a 8 (oito) anos, e multa. (NR)
Art. 241-A. Oferecer, trocar, disponibilizar, transmitir, distribuir, publicar ou divulgar por qualquer meio, inclusive por meio de sistema de informática ou telemático, fotografia, vídeo ou outro registro que contenha cena de sexo explícito ou pornográfica envolvendo criança ou adolescente:
Pena – reclusão, de 3 (três) a 6 (seis) anos, e multa.
§ 1º Nas mesmas penas incorre quem:
I – assegura os meios ou serviços para o armazenamento das fotografias, cenas ou imagens de que trata o caput deste artigo;
II – assegura, por qualquer meio, o acesso por rede de computadores às fotografias, cenas ou imagens de que trata o caput deste artigo.
§ 2º As condutas tipificadas nos incisos I e II do § 1º deste artigo são puníveis quando o responsável legal pela prestação do serviço, oficialmente notificado, deixa de desabilitar o acesso ao conteúdo ilícito de que trata o caput deste artigo.
Art. 241-B. Adquirir, possuir ou armazenar, por qualquer meio, fotografia, vídeo ou outra forma de registro que contenha cena de sexo explícito ou pornográfica envolvendo criança ou adolescente:
Pena – reclusão, de 1 (um) a 4 (quatro) anos, e multa.
§ 1º A pena é diminuída de 1 (um) a 2/3 (dois terços) se de pequena quantidade o material a que se refere o caput deste artigo.
§ 2º Não há crime se a posse ou o armazenamento tem a finalidade de comunicar às autoridades competentes a ocorrência das condutas descritas nos arts. 240, 241, 241-A e 241-C desta Lei, quando a comunicação for feita por:
I – agente público no exercício de suas funções;
II – membro de entidade, legalmente constituída, que inclua, entre suas finalidades institucionais, o recebimento, o processamento e o encaminhamento de notícia dos crimes referidos neste parágrafo;
III – representante legal e funcionários responsáveis de provedor de acesso ou serviço prestado por meio de rede de computadores, até o recebimento do material relativo à notícia feita à autoridade policial, ao Ministério Público ou ao Poder Judiciário.
§ 3º As pessoas referidas no § 2º deste artigo deverão manter sob sigilo o material ilícito referido.
Art. 241-C. Simular a participação de criança ou adolescente em cena de sexo explícito ou pornográfica por meio de adulteração, montagem ou modificação de fotografia, vídeo ou qualquer outra forma de representação visual:
Pena – reclusão, de 1 (um) a 3 (três) anos, e multa.
Parágrafo único. Incorre nas mesmas penas quem vende, expõe à venda, disponibiliza, distribui, publica ou divulga por qualquer meio, adquire, possui ou armazena o material produzido na forma do caput deste artigo.

2.2 Classificação doutrinária

Crime comum, haja vista que o tipo penal do art. 234 não exige qualquer qualidade ou condição especial do sujeito ativo ou passivo; doloso; comissivo (como regra, podendo, no entanto, ser praticado via omissão imprópria, na hipótese de o agente gozar do *status* de garantidor); formal; de ação múltipla ou conteúdo variado; instantâneo (no que diz respeito à maior parte das condutas típicas); permanente (na modalidade *ter sob sua guarda*); de forma livre; monossubjetivo; plurissubsistente; não transeunte (como regra, pois é possível que o material erótico seja objeto de perícia).

2.3 Objeto material e bem juridicamente protegido

Tal como ocorre com o delito de ato obsceno, o bem juridicamente protegido pelo tipo do art. 234 do Código Penal, que prevê o delito de escrito ou objeto obsceno, é o *pudor público*, haja vista estar inserido no Capítulo VI do Título VI, que cuida do *ultraje ao pudor público*. Podemos entender esse pudor público no sentido de a moralidade pública ter conotação sexual.

Objeto material é o escrito, desenho, pintura, estampa ou qualquer objeto obsceno, conforme determina o artigo em estudo. Noronha esclarece:

> "*Escrito* é a expressão gráfica; é a composta de letras e que exprime um pensamento. Pode ser manual (manuscrito) ou resultar de processo mecânico ou químico. Compreende o livro, o jornal, a revista, o panfleto etc., e pode ser assinado, anônimo ou com pseudônimo. Seu conteúdo pode consistir em prosa ou poesia.
> *Desenho*, segundo os léxicos, é a representação de um objeto, por meio de linhas e sombras. Tanto o original como o reproduzido mecanicamente.
> *Pintura*, que não se afasta muito do desenho, é a representação em cores de pessoas e coisas.
> *Estampa* ou gravura é a representação impressa, por vários modos. É a figura ou imagem.
> *Qualquer outro objeto* conclui a oração do artigo. Trata-se de *coisa material*. A lei deixa claro, nesse passo, que a enumeração é exemplificativa."[147]

2.4 Sujeito ativo e sujeito passivo

Tratando-se de crime comum, qualquer pessoa pode figurar como *sujeito ativo* do delito de escrito ou objeto obsceno, não exigindo a figura típica nenhuma qualidade ou condição especial ao seu reconhecimento.

Sujeito passivo é a *coletividade*, podendo também ser incluída nesse conceito aquela pessoa que, individualmente, se vê atacada pelo comportamento praticado pelo sujeito ativo, ou seja, aquele que tem contato com escrito, desenho, pintura, estampa ou qualquer objeto obsceno.

2.5 Consumação e tentativa

O delito se consuma com a prática de qualquer dos comportamentos previstos no art. 234, *caput*, parágrafo único, do Código Penal.

Tratando-se de crime plurissubsistente, torna-se possível o raciocínio relativo à tentativa.

---

[147] NORONHA, Edgard Magalhães. *Direito penal*, v. 3, p. 256.

2.6 Elemento subjetivo

O delito de escrito ou objeto obsceno somente pode ser cometido dolosamente, não havendo previsão legal para a modalidade de natureza culposa.

O agente deverá conhecer todos os elementos que integram as figuras típicas, principalmente a natureza obscena do objeto, pois, caso contrário, poderá ser arguido o chamado erro de tipo.

Não é incomum, nesses casos, dada a proliferação de objetos de conotação obscena, a alegação do erro de proibição, haja vista que o agente pode errar sobre a ilicitude do fato, em razão de as condutas típicas serem praticadas, indiscriminadamente, como se fossem permitidas.

2.7 Modalidades comissiva e omissiva

As condutas previstas no tipo penal do art. 234 e seu parágrafo único pressupõem comportamento comissivo. No entanto, será possível sua prática por meio da omissão imprópria, quando o agente, garantidor, dolosamente, permitir que o delito seja levado a efeito. Assim, por exemplo, imagine-se a situação em que um policial, percebendo que em determinado lugar se pratica a venda de objetos de natureza obscena, nada faça para impedir sua comercialização. Nesse caso, poderia ser responsabilizado pelo delito em estudo.

Veja, portanto, a necessidade de revogação imediata do artigo *sub examen*, pois, indagamos: Qual o policial, seja ele civil ou militar, que nunca foi a uma banca de jornais e se deparou com revistas eróticas? Se, dolosamente, permitiu o comércio ilegal, deveria ser responsabilizado pelo delito tipificado no art. 234 do Código Penal e, consequentemente, não teríamos mais nenhum policial nas ruas de nossas cidades.

2.8 Pena, ação penal, competência para julgamento e suspensão condicional do processo e segredo de justiça

A pena cominada para as condutas previstas no *caput*, bem como no parágrafo único do art. 234 do Código Penal, é de detenção, de 6 (seis) meses a 2 (dois) anos, ou multa.

A ação penal é de *iniciativa pública incondicionada*.

Tendo em vista a pena máxima cominada ao delito de escrito ou objeto obsceno, competirá, *ab initio*, ao Juizado Especial Criminal o seu processo e julgamento, de acordo com o art. 60 da Lei nº 9.099/95, com a nova redação que lhe foi dada pela Lei nº 11.313, de 28 de junho de 2006, sendo considerada, pois, uma infração penal de menor potencial ofensivo.

Será possível a confecção de proposta de suspensão condicional do processo, nos termos do art. 89 da Lei nº 9.099/95.

Nos termos do art. 234-B do Código Penal, os processos em que se apuram crimes previstos pelo Título VI, vale dizer, os *crimes contra a dignidade sexual*, correrão em segredo de justiça.

Contudo, os §§ 1º e 2º, inseridos no art. 234-B do Código Penal pela Lei nº 15.035, de 27 de novembro de 2024, determinam, *verbis*:

§ 1º O sistema de consulta processual tornará de acesso público o nome completo do réu, seu número de inscrição no Cadastro de Pessoas Físicas (CPF) e a tipificação penal do fato a partir da condenação em primeira instância pelos crimes tipificados nos arts. 213, 216-B, 217-A, 218-B, 227, 228, 229 e 230 deste Código, inclusive com os dados da pena ou da medida de segurança imposta, ressalvada a possibilidade de o juiz fundamentadamente determinar a manutenção do sigilo.
§ 2º Caso o réu seja absolvido em grau recursal, será restabelecido o sigilo sobre as informações a que se refere o § 1º deste artigo.

2.9 Quadro-resumo

Sujeitos
» Ativo: qualquer pessoa.
» Passivo: é a coletividade.

Objeto material
É o escrito, o desenho, a pintura, a estampa ou qualquer objeto obsceno.

Bem(ns) juridicamente protegido(s)
É o pudor público, no sentido de a moralidade pública ter conotação sexual.

Elemento subjetivo
» O delito de escrito ou objeto obsceno somente pode ser cometido dolosamente.
» Não há previsão legal para a modalidade de natureza culposa.

Modalidades comissiva e omissiva
» As condutas previstas pressupõem comportamento comissivo.
» Podem, no entanto, ser praticadas via omissão imprópria.

Consumação e tentativa
» O delito se consuma com a prática de qualquer dos comportamentos previstos no art. 234, caput, parágrafo único, do CP.
» Admite-se a tentativa.

Capítulo VII
Disposições gerais

1. CAUSAS DE AUMENTO DE PENA PARA OS CRIMES CONTRA A DIGNIDADE SEXUAL

Aumento de pena
Art. 234-A. Nos crimes previstos neste Título a pena é aumentada:
I – (Vetado);
II – (Vetado);
III – de metade a 2/3 (dois terços), se do crime resulta gravidez;
IV – de 1/3 (um terço) a 2/3 (dois terços), se o agente transmite à vítima doença sexualmente transmissível de que sabe ou deveria saber ser portador, ou se a vítima é idosa ou pessoa com deficiência.

1.1 Causas de aumento de pena

O inciso III do art. 234-A do Código Penal, com a nova redação que lhe foi conferida pela Lei nº 13.718, de 24 de setembro de 2018, determina que a pena será aumentada de metade a 2/3 (dois terços) se do crime resultar gravidez. Infelizmente, quando uma mulher é vítima de estupro, praticado mediante conjunção carnal, poderá engravidar e, consequentemente, rejeitar o feto, fruto da concepção violenta. Como o art. 128, II, do Código Penal permite o aborto nesses casos, é muito comum que a mulher opte pela interrupção da gravidez. Como se percebe, a conduta do estuprador acaba não somente causando mal à mulher, que foi vítima de seu comportamento sexual violento, mas também ao feto, que teve ceifada sua vida. Dessa forma, o juízo de censura sobre a conduta do autor do estupro deverá ser maior, aumentando-se a pena em metade, no terceiro momento do critério trifásico, previsto pelo art. 68 do diploma repressivo.

A pena deverá, ainda, ser aumentada de 1/3 (um terço) a 2/3 (dois terços), de acordo com o inciso IV do art. 234-A do Código Penal, também com nova redação dada pela Lei nº 13.718, de 24 de setembro de 2018, se o agente transmite à vítima doença sexualmente transmissível de que sabe ou deveria saber ser portador, ou se a vítima é pessoa idosa ou pessoa com deficiência.

Para que ocorra a majorante, há necessidade de que a doença tenha sido, efetivamente, transmitida à vítima que, para efeitos de comprovação, deverá ser submetida a exame pericial.

"As DST (doenças sexualmente transmissíveis) são doenças causadas por vírus, bactérias, fungos ou protozoários e que, pelo fato de seu mecanismo de transmissão ser quase que exclusivamente por via sexual, possuem a denotação *sexualmente transmissível*. Apesar disso, existem DST que podem ser transmitidas fora das relações sexuais.

As DST se manifestam principalmente nos órgãos genitais do homem e da mulher, podendo acometer outras partes do corpo, sendo possível, inclusive, que não se manifeste qualquer sintoma visível.

Até certo tempo, as doenças sexualmente transmissíveis eram popularmente conhecidas como 'doenças venéreas' ou 'doenças do mundo'.

A maioria das doenças sexualmente transmissíveis possui cura. Outras, causadas por vírus, possuem apenas tratamento. É o caso da sífilis, do herpes genital e da Aids. Nestes casos, a doença pode ficar estagnada (incubada) até que algum fator externo permita que ela se manifeste novamente."[148]

Podemos citar, como exemplos de infecções sexualmente transmissíveis, a candidíase, a gonorreia, a pudicolose do púbis, HPV (Human Papilloma Viruses), a hepatite B, a herpes simples genital, o cancro duro e o cancro mole, a infecção de clamídia, bem como o HIV (Aids).

O inciso IV em análise exige, para efeitos de aplicação da causa especial de aumento de pena, que o agente, no momento do contato sexual, saiba – ou pelo menos deveria saber – que é portador dessa doença sexualmente transmissível. As expressões contidas no mencionado inciso – *sabe ou deveria saber ser portador* – são motivo de intensa controvérsia doutrinária e jurisprudencial. Discute-se se tais expressões são indicativas tão somente de dolo ou podem permitir também o raciocínio com a modalidade culposa.

A Exposição de Motivos da parte especial do Código Penal, ao cuidar do art. 130, que contém expressões similares, consigna expressamente que, nelas se pode visualizar também a modalidade culposa, conforme se verifica da leitura do item 44, que diz:

> **44.** O crime é punido não só a título de dolo de perigo, como a título de culpa (isto é, não só quando o agente sabia achar-se infeccionado, como quando devia sabê-lo pelas circunstâncias).

Com a devida vênia das posições em contrário, devemos entender que a expressão *de que sabe ou deveria saber ser portador* diz respeito ao fato de ter o agente atuado, no caso concreto, com dolo direto ou mesmo com dolo eventual, mas não com culpa.

Merece ser frisado, ainda, que, quando a lei menciona que o agente *sabia* ou *deveria saber* ser portador de uma doença sexualmente transmissível está se referindo, especificamente, a esse fato, ou seja, ao conhecimento efetivo ou possível da contaminação, e não ao seu elemento subjetivo no momento do ato sexual, ou seja, não importa saber, para que se aplique a causa de aumento de pena em estudo, se o agente queria ou não a transmissão da doença, mas tão somente se, anteriormente ao ato sexual, sabia ou poderia saber que dela era portador.

A Lei nº 13.718, de 24 de setembro de 2018, fez inserir no inciso IV do art. 234-A duas outras situações que farão com que a pena seja aumentada de 1/3 (um terço) a 2/3 (dois terços), vale dizer, se a vítima é pessoa idosa ou pessoa com deficiência.

Pessoa idosa, de acordo com o art. 1º da Lei nº 10.741, de 1º de outubro de 2003 (Estatuto da Pessoa Idosa), é aquela com idade igual ou superior a 60 (sessenta) anos.

Nos termos do art. 2º da Lei nº 13.146, de 6 de julho de 2015 (Estatuto da Pessoa com Deficiência), considera-se pessoa com deficiência aquela que tem impedimento de longo prazo de natureza física, mental, intelectual ou sensorial, o qual, em interação com uma ou mais barreiras, pode obstruir sua participação plena e efetiva na sociedade em igualdade de condições com as demais pessoas.

---

[148] Disponível em: <http://www.fmt.am.gov.br/areas/dst/conceito.htm>.

1.2 Destaque

1.2.1 Agente que, mesmo usando preservativo, engravida ou transmite doença sexualmente transmissível à vítima

Pode ocorrer a hipótese em que, por exemplo, um estuprador, visando a praticar a conjunção carnal com a vítima, faça uso de preservativo. Imagine-se que, durante o ato sexual, o material é rompido e, em virtude de ter havido ejaculação, a vítima venha a engravidar. Ou, ainda, a hipótese em que o agente, sabendo ser portador de IST, faz uso do preservativo na prática do estupro mediante conjunção carnal que, também, acaba se rompendo durante o coito, transmitindo, assim, sua doença para vítima.

Nesses casos, embora o agente tenha tomado o cuidado para não engravidar ou mesmo transmitir uma IST para a vítima, se tais resultados ocorrerem, ainda assim deverão ser aplicadas as causas especiais de aumento de pena previstas pelo art. 234-A do Código Penal? A resposta só pode ser positiva.

Isso porque o art. 234-A do mencionado diploma repressivo diz que nos crimes previstos no Título VI a pena é aumentada, no primeiro caso, se *do crime*, ou seja, da prática sexual criminosa, *resultar gravidez*. Não importa, aqui, se o agente queria ou não engravidar a vítima; se foi "cuidadoso" ou não se importou com a possibilidade de engravidar. O inciso III é claro no sentido quando afirma que haverá a incidência da majorante *se do crime resultar gravidez*.

Da mesma forma, o inciso IV do art. 234-A do Código Penal se contenta, para efeitos de aplicação da causa de aumento de pena nele prevista, com a transmissão de infecção sexualmente transmissível de que o agente sabia ou, pelo menos, deveria saber ser portador. Se o agente, como no exemplo citado, se precaveu, usando preservativo, pois tinha conhecimento da sua IST, e se, no caso concreto, mesmo assim, a vítima veio a contraí-la, pela redação do inciso IV, deverá ser aplicada a majorante, pois, *in casu*, a lei penal não exige que o agente tenha o dolo da transmissão, mas sim que, tão somente, tenha conhecimento ou possibilidade de conhecimento da doença sexualmente transmissível de que era portador.

2. APURAÇÃO DOS CRIMES CONTRA A DIGNIDADE SEXUAL EM SEGREDO DE JUSTIÇA

> **Apuração dos crimes contra a dignidade sexual em segredo de justiça**
> **Art. 234-B**. Os processos em que se apuram crimes definidos neste Título correrão em segredo de justiça.
> § 1º O sistema de consulta processual tornará de acesso público o nome completo do réu, seu número de inscrição no Cadastro de Pessoas Físicas (CPF) e a tipificação penal do fato a partir da condenação em primeira instância pelos crimes tipificados nos arts. 213, 216-B, 217-A, 218-B, 227, 228, 229 e 230 deste Código, inclusive com os dados da pena ou da medida de segurança imposta, ressalvada a possibilidade de o juiz fundamentadamente determinar a manutenção do sigilo.
> § 2º Caso o réu seja absolvido em grau recursal, será restabelecido o sigilo sobre as informações a que se refere o § 1º deste artigo.
> § 3º O réu condenado passará a ser monitorado por dispositivo eletrônico.

Embora fosse mais apropriada a inclusão da exigência do segredo de justiça no Código de Processo Penal, entendeu por bem o legislador em trazer para dentro do Título VI do Código Penal essa determinação, impondo, assim, o sigilo de todos os atos processuais que envolvam os *Crimes contra a Dignidade Sexual*, vale dizer:

- Estupro (art. 213)
- Violação sexual mediante fraude (art. 215)
- Importunação sexual (art. 215-A)

- Assédio sexual (art. 216-A)
- Registro não autorizado da intimidade sexual (art. 216-B)
- Estupro de vulnerável (art. 217-A)
- Corrupção de menores (art. 218)
- Satisfação de lascívia mediante a presença de criança ou adolescente (art. 218-A)
- Favorecimento da prostituição ou de outra forma de exploração sexual de criança ou adolescente ou de vulnerável (art. 218-B)
- Divulgação de cena de estupro ou de cena de estupro de vulnerável, de cena de sexo ou de pornografia (art. 218-C)
- Mediação para servir a lascívia de outrem (art. 227)
- Favorecimento da prostituição ou outra forma de exploração sexual (art. 228)
- Casa de prostituição (art. 229)
- Rufianismo (art. 230)
- Promoção de migração ilegal (art. 232-A)
- Ato obsceno (art. 233)
- Escrito ou objeto obsceno (art. 234)

Tal dispositivo se coaduna com aquele previsto pelo art. 201, § 6º, do Código de Processo Penal, incluído pela Lei nº 11.690, de 9 de junho de 2008, que diz, *verbis*:

§ 6º O juiz tomará as providências necessárias à preservação da intimidade, vida privada, honra e imagem do ofendido, podendo, inclusive, determinar o segredo de justiça em relação aos dados, depoimentos e outras informações constantes dos autos a seu respeito para evitar sua exposição aos meios de comunicação.

Nos crimes contra a dignidade sexual o processo penal não somente causa constrangimento para o réu, ou seja, aquele que supostamente praticou a infração penal, mas, e principalmente, para a própria vítima, ocorrendo aquilo que se denomina vitimização secundária.

Por essa razão, a fim de se evitar a desnecessária exposição das pessoas que nele estão envolvidas, é que se quebra o princípio da publicidade dos atos processuais, decretando-se, por via legal, o *segredo de justiça*.

Os §§ 1º, 2º e 3º foram inseridos no art. 234-B do Código Penal pela Lei nº 15.035, de 27 de novembro de 2024, e passaram a determinar, *verbis*:

§ 1º O sistema de consulta processual tornará de acesso público o nome completo do réu, seu número de inscrição no Cadastro de Pessoas Físicas (CPF) e a tipificação penal do fato a partir da condenação em primeira instância pelos crimes tipificados nos arts. 213, 216-B, 217-A, 218-B, 227, 228, 229 e 230 deste Código, inclusive com os dados da pena ou da medida de segurança imposta, ressalvada a possibilidade de o juiz fundamentadamente determinar a manutenção do sigilo.
§ 2º Caso o réu seja absolvido em grau recursal, será restabelecido o sigilo sobre as informações a que se refere o § 1º deste artigo.
§ 3º O réu condenado passará a ser monitorado por dispositivo eletrônico.

PARTE VII
DOS CRIMES CONTRA A FAMÍLIA

Capítulo I
Dos crimes contra o casamento

1. BIGAMIA

> **Bigamia**
> **Art. 235.** Contrair alguém, sendo casado, novo casamento:
> Pena – reclusão, de dois a seis anos.
> § 1º Aquele que, não sendo casado, contrai casamento com pessoa casada, conhecendo essa circunstância, é punido com reclusão ou detenção, de um a três anos.
> § 2º Anulado por qualquer motivo o primeiro casamento, ou o outro por motivo que não a bigamia, considera-se inexistente o crime.

1.1 Introdução

Uma vez adotada pelo Estado a *monogamia*, torna-se impossível que alguém, desprezando as determinações legais e sociais, contraia um segundo matrimônio. A conduta afeta, de tal modo, a paz social que o legislador entendeu por bem tipificá-la, criando o delito de bigamia, nos seguintes termos:

> **Art. 235.** Contrair alguém, sendo casado, novo casamento:
> Pena – reclusão, de dois a seis anos.

Portanto, pode-se extrair da redação legal os seguintes elementos: *a)* conduta de contrair novo casamento; *b)* sendo o agente já casado.

O núcleo *contrair* tem o significado de formalizar oficialmente um novo casamento, sendo o agente já casado anteriormente. Para tanto, o agente desconsidera a proibição legal constante do inciso VI do art. 1.521 do Código Civil, que diz que *não podem casar, as pessoas já casadas,* e dá início à formalização do seu pedido, mediante processo de habilitação para o casamento, nos termos preconizados pelo art. 1.525 do Código Civil.

Considerando que um dos documentos exigidos no processo de habilitação para casamento é a declaração feita pelos requerentes, na qual fica consignado o seu *estado civil*, ao praticar o delito de bigamia o agente, obrigatoriamente, comete, também, um delito de falsidade ideológica (crime-meio), sendo este, no entanto, absorvido pelo crime-fim, vale dizer, o de bigamia. Contudo, conforme adverte Luiz Regis Prado, "se não caracterizado o início da execução, a falsidade ideológica consumada (ato preparatório) seria punível como delito autônomo".[1]

---
[1] PRADO, Luiz Regis. *Curso de direito penal brasileiro*, v. 3, p. 316.

Estando tudo em ordem, o casamento será celebrado no dia, hora e lugar previamente designados pela autoridade que houver de presidir o ato, mediante petição dos contraentes que se mostrem habilitados com a certidão do art. 1.531 do Código Civil.

Portanto, uma das características fundamentais à configuração do delito de bigamia é a aparente perfeição da realização do segundo casamento, que atende a todos os requisitos legais exigidos pela lei civil.

Nesse sentido, prelecionam Carmona Salgado, González Rus, Morillas Cueva e Polaino Navarrete:

"A ação consiste em contrair segundo ou ulterior matrimônio, que será obviamente nulo. Não obstante, deve ter também *aparência* de validez, não sendo suficiente aquele em que faltam as mínimas condições para considerá-lo legal [...]. Naturalmente deve contrair-se com pessoa distinta do anterior, pois se for a mesma não se cria modificação de estado civil alguma como consequência do matrimônio."[2]

No entanto, para que ocorra o delito em exame, faz-se mister que o agente já seja casado legalmente, isto é, que o seu casamento anterior tenha sido válido de acordo com as normas da legislação civil.

Por isso, não se pode falar em bigamia quando o agente, por exemplo, mantinha anteriormente com alguém *união estável*, mesmo que dessa relação tenha advindo filhos. Não se pode, por via analógica, ampliar o conteúdo da figura típica que somente exigiu a existência de um *casamento anterior*, como um dos elementos necessários ao reconhecimento do delito de bigamia. A própria Constituição Federal não confunde o casamento com a união estável, dizendo, no § 3º do seu art. 226, que, *para efeitos da proteção do Estado, é reconhecida a união estável entre o homem e a mulher como entidade familiar, devendo a lei facilitar sua conversão em casamento*.

Da mesma forma, a cerimônia religiosa que oficializou, perante a Igreja, a união de duas pessoas, se não obedecer às formalidades legais, determinadas pelo art. 1.515 do Código Civil, não se prestará para efeitos de reconhecimento do casamento anterior, não servindo como impedimento do casamento futuro, que, se ocorrer, não se configurará, consequentemente, em bigamia.

O casamento anterior, contudo, mesmo que inválido, enquanto não for declarado judicialmente como tal, permitirá o reconhecimento do delito *sub examen*. Entretanto, nos termos do § 2º do art. 235 do Código Penal, se for *anulado por qualquer motivo o primeiro casamento, ou o outro por motivo que não a bigamia, considera-se inexistente o crime*. Nélson Hungria alerta para o fato de que "o dispositivo fala em *anulado*, mas, deve-se entender, *anulado ou declarado nulo*".[3]

O art. 1.548 do Código Civil assevera ser *nulo* o casamento contraído: *I –* (revogado pela Lei nº 13.146, de 6 de julho de 2015); *II – por infringência de impedimento*; sendo que o art. 1.550 do mesmo diploma legal aduz ser *anulável* o casamento: *I – de quem não completou a idade mínima para casar; II – do menor em idade núbil, quando não autorizado por seu representante legal; III – por vício da vontade, nos termos dos arts. 1.556 a 1.558; IV – do incapaz de consentir ou manifestar, de modo inequívoco, o consentimento; V – realizado pelo mandatário, sem que ele ou o outro contraente soubesse da revogação do mandato, e não sobrevindo coabitação entre os cônjuges; VI – por incompetência da autoridade celebrante.*

---

[2] CARMONA SALGADO, C., GONZÁLEZ RUS, J.J., MORILLAS CUEVA, L., POLAINO NAVARRETE, M. *Manual de derecho penal* – Parte especial, p. 409.
[3] HUNGRIA, Nélson. *Comentários ao código penal*, v. VIII, p. 362.

De acordo com o § 1º do art. 1.571 do Código Civil, *o casamento válido só se dissolve pela morte de um dos cônjuges ou pelo divórcio*,[4] aplicando-se a presunção estabelecida pelo Código Civil quanto ao ausente.

O termo *bigamia* é dirigido somente àquele que, já sendo casado, contrai novo casamento. Isso significa que o outro cônjuge que contraiu casamento sem que, para tanto, houvesse qualquer óbice legal que fosse de seu conhecimento, até mesmo o *status* de casado do outro cônjuge, não pratica a infração penal em estudo. Pelo contrário, será considerado um dos sujeitos passivos do delito de bigamia.

Por outro lado, aquele que, não sendo casado, contrai casamento com pessoa casada, conhecendo essa circunstância, será responsabilizado pelo tipo derivado privilegiado, constante do § 1º do art. 235 do Código Penal, sendo-lhe cominada uma pena menor do que a que seria atribuída ao agente casado.

1.2 Classificação doutrinária

Crime próprio com relação ao sujeito ativo, pois o tipo penal exige que o agente seja casado, e comum com relação ao sujeito passivo; doloso; comissivo (podendo ser praticado via omissão imprópria, na hipótese de o agente gozar do *status* de garantidor); material; de forma vinculada; instantâneo; plurissubjetivo (haja vista que necessita, obrigatoriamente, de uma outra pessoa para efeitos de configuração típica, tratando-se, pois, de um delito denominado bilateral, de encontro ou de convergência); plurissubsistente; não transeunte (tendo em vista a possibilidade de prova pericial no que diz respeito à documentação necessária ao reconhecimento do casamento).

1.3 Objeto material e bem juridicamente protegido

A instituição do *matrimônio*, relativa ao casamento monogâmico, é o bem juridicamente protegido pelo delito de bigamia. No entanto, busca-se, também, proteger a *família* com a incriminação da bigamia, haja vista que o tipo penal em exame encontra-se inserido no Título VII do Código Penal, que prevê os chamados *crimes contra a família*. A Constituição Federal, por meio de seu art. 226, alerta que *a família, base da sociedade, tem especial proteção do Estado*, e uma dessas proteções estatais é realizada, justamente, por intermédio do Direito Penal.

O *objeto material* do delito de bigamia é o casamento, conforme esclarece Guilherme de Souza Nucci, acrescentando, ainda, que "o objeto jurídico é o interesse estatal na preservação da família como base da sociedade e do casamento monogâmico, eleito como a forma mais estável de constituição familiar".[5]

1.4 Sujeito ativo e sujeito passivo

O *sujeito ativo* é a pessoa casada, que contrai segundas núpcias. Trata-se, portanto, sob esse enfoque, de um crime próprio.

O *sujeito passivo* é o Estado, que tem suas normas desconsideradas quando o agente, sendo casado, contrai novo casamento, burlando, dessa forma, a determinação monogâmica. O *cônjuge do primeiro casamento* e o *contraente de boa-fé* também podem ser considerados sujeitos passivos do delito em estudo.

---

[4] Vale ressaltar que, após a nova redação dada ao § 6º do art. 226 da Constituição Federal, *o casamento civil pode ser dissolvido pelo divórcio*, não havendo mais a necessidade da comprovação dos requisitos da prévia separação judicial.

[5] NUCCI, Guilherme de Souza. *Código penal comentado*, p. 839.

1.5 Consumação e tentativa

O delito de bigamia tem seu momento de consumação quando da efetiva realização do segundo casamento. Dispõe o art. 1.514 do Código Civil:

> **Art. 1.514.** O casamento se realiza no momento em que o homem e a mulher manifestam, perante o juiz, a sua vontade de estabelecer vínculo conjugal, e o juiz os declara casados.

Assim, depois de serem declarados casados pelo juiz de paz, nesse exato momento o delito se aperfeiçoa, consumando-se.

Hungria, dissertando sobre o tema, diz:

> "O *momento executivo* está em *dar o sujeito ativo consentimento para casar*, na celebração [...]. Os atos praticados para o advento da ocasião dessa *declaração de vontade* são *preparatórios*, não podem ser tomados como atos de *execução*, pois esta *começa* e *acaba* com a *declaração de vontade*, e não *começa sem a declaração*. Se, no momento em que o agente vai responder *sim* ou *não* à pergunta do celebrante, surge alguém e o denuncia, não se pode dizer que a execução se haja interrompido *independentemente* da vontade do agente, que tanto poderia ter respondido *sim* como *não*, e posto que no *sim* estaria *toda* a execução. Atos preparatórios para a *prestação da declaração de vontade* são sempre *equívocos*. Se o contraente, porém, já deu o *sim*, e o juiz levantou a solenidade antes de declarar casados os nubentes, por lhe ser denunciado que o contraente já era casado, houve tentativa, porque o *crime só não se consumou por motivos independentes da vontade do agente*."[6]

Em sentido contrário à posição de Hungria, afirma Noronha:

> "Consuma-se o crime com a declaração da vontade positiva dos nubentes, sendo o pronunciamento do presidente do ato, consoante a fórmula sacramental (CC, art. 1.535), homologatório daquela declaração, pela qual se estabelece o vínculo.
> Não é pacífica a admissibilidade da tentativa. [...]. Até a consumação, os atos são *preparatórios* (assim, o processo de habilitação) ou *executivos*, que se iniciam com o ato da celebração. Principiado este e até que haja o pronunciamento da vontade dos contraentes, está-se na fase de execução, podendo o agente ser interrompido por motivos estranhos à sua vontade, como se, antes de responder ao celebrante, é obstado por outrem, que exibe sua certidão de casamento."[7]

Entendemos que o início da execução ocorre, efetivamente, quando se tem por iniciada a *solenidade de celebração do casamento*, mesmo que não tenham, ainda, os contraentes, manifestado sua vontade positiva, e vai até que o presidente do ato leve a efeito a declaração formal de casados, de acordo com a fórmula determinada pela segunda parte do art. 1.535 do Código Civil, que diz, *verbis*:

> De acordo com a vontade que ambos acabais de afirmar perante mim, de vos receberdes por marido e mulher, eu, em nome da lei, vos declaro casados.

Assim, entendemos que, embora os contraentes já tenham manifestado sua vontade positiva no sentido de contrair o matrimônio, se não houver a mencionada declaração solene de *casados*, levada a efeito pelo presidente do ato, ainda não podemos considerar o delito consumado. Se houver, portanto, interrupção da solenidade, vale dizer, até a declaração formal de casados, o agente somente poderá ser responsabilizado pela tentativa de bigamia.

---

[6] HUNGRIA, Nélson. *Comentários ao código penal*, v. VIII, p. 359-360.
[7] NORONHA, Edgard Magalhães. *Direito penal*, v. 3, p. 268-269.

Dessa forma, resumindo, desde a abertura da solenidade de celebração do casamento até o momento anterior à declaração formal de casados, entendemos que, se houver interrupção do ato, o delito permanecerá na fase da tentativa. Consequentemente, somente depois da declaração formal de *casados* é que a cerimônia terá chegado ao seu ato culminante, permitindo que, a partir desse instante, o crime já possa ser considerado *consumado*.

1.6 Elemento subjetivo

O dolo é o elemento subjetivo necessário ao reconhecimento do delito de bigamia, não existindo, outrossim, previsão para a modalidade de natureza culposa.

No que diz respeito ao agente que, não sendo casado, contrai casamento com pessoa casada conhecendo essa circunstância, tem-se afirmado, doutrinariamente, que sua conduta somente será punível se agir com *dolo direto*, afastando-se a responsabilidade penal na hipótese de *dolo eventual*. Isso porque o § 1º do art. 235 exige que o agente *tenha conhecimento* do casamento anterior do outro agente. Se houver dúvida, mesmo que séria, esta não poderá ser reconhecida para efeitos de imputação do fato a título de dolo eventual.

Assim, para que se configure o tipo derivado privilegiado constante do aludido § 1º, o agente somente poderá ter atuado com *dolo direto*.

1.7 Modalidades comissiva e omissiva

A conduta de contrair casamento pressupõe um comportamento comissivo por parte do agente.

No entanto, não se descarta a possibilidade de ser praticado via omissão imprópria, na hipótese de alguém, gozando do *status* de garantidor, dolosamente, permitir que seja levado a efeito o matrimônio.

1.8 Causa de exclusão da tipicidade

O § 2º do art. 235 do Código Penal assevera:

> § 2º Anulado por qualquer motivo o primeiro casamento, ou o outro por motivo que não a bigamia, considera-se inexistente o crime.

Trata-se, portanto, de questão prejudicial ao reconhecimento da bigamia. Deverá, assim, ser aplicado o art. 92 do Código de Processo Penal, que diz:

> Art. 92. Se a decisão sobre a existência da infração depender da solução de controvérsia, que o juiz repute séria e fundada, sobre o estado civil das pessoas, o curso da ação penal ficará suspenso até que no juízo cível seja a controvérsia dirimida por sentença passada em julgado, sem prejuízo, entretanto, da inquirição das testemunhas e de outras provas de natureza urgente.

1.9 Pena e ação penal

O preceito secundário do *caput* do art. 235 do Código Penal comina uma pena de reclusão, de 2 (dois) a 6 (seis) anos; já o § 1º do mencionado artigo prevê uma pena de reclusão ou detenção, de 1 (um) a 3 (três) anos, para aquele que, não sendo casado, contrai casamento com pessoa casada, conhecendo essa circunstância.

A ação penal é de *iniciativa pública incondicionada*.

No caso do § 1º do art. 235 do Código Penal, será possível a confecção de proposta de suspensão condicional do processo pelo Ministério Público, em virtude da pena mínima a ele cominada, nos termos do art. 89 da Lei nº 9.099/95.

1.10 Destaques

1.10.1 Poligamia – concurso de crimes

Embora o tipo penal do art. 235 do diploma repressivo preveja o delito de bigamia, será possível, também, a ocorrência da chamada *poligamia*, tendo o agente se casado mais de uma vez depois de seu primeiro matrimônio.

Nesse caso, teríamos que aplicar a regra relativa ao concurso de crimes. Assim, portanto, teria que responder pelo número de matrimônios contraídos. Entretanto, qual seria o concurso de crimes aplicável à espécie?

Podemos raciocinar com as duas possibilidades, tudo dependendo da hipótese concreta a ser apresentada. Assim, poderá ser levado a efeito o raciocínio correspondente ao crime continuado se, pelas condições de tempo, lugar, maneira de execução e outras semelhantes, os crimes subsequentes forem havidos como continuação do primeiro.

Na hipótese do delito em exame, caso não haja uma proximidade temporal entre os delitos e afastando-se a relação de contexto que deve haver entre eles, os fatos melhor se amoldarão às regras do concurso material de crimes.

1.10.2 Prescrição

O inciso IV do art. 111 do Código Penal determina:

> **Art. 111.** A prescrição, antes de transitar em julgado a sentença final, começa a correr:
> [...];
> IV – nos de bigamia e nos de falsificação ou alteração de assentamento do registro civil, da data em que o fato se tornou conhecido.

Dessa forma, somente depois da descoberta do ulterior casamento do agente é que terá início a contagem do prazo prescricional, e, não, efetivamente, da data em que foi realizada a sua celebração formal.

No entanto, fica a pergunta: O fato deve se tornar conhecido de quem? De qualquer pessoa do povo ou de alguma autoridade pública? Embora exista a controvérsia, tem-se entendido, majoritariamente, que o prazo prescricional começa a correr a partir do momento em que o fato chega ao conhecimento de qualquer autoridade pública (delegado de polícia, Ministério Público, juiz de direito).

Nesse sentido, já decidiu o Superior Tribunal de Justiça, no *RHC* 7.206/RJ; Recurso Ordinário em *Habeas Corpus* 1998/0003366-1, 5a T., tendo como Relator o Ministro José Dantas, DJ 25/5/1998, p. 124:

> "Criminal. Bigamia. Prescrição pela pena em concreto. Data inicial do prazo. Jurisprudência assentada sobre que o prazo começa a correr a partir da *notitia criminis* levada ao conhecimento da autoridade pública."

1.11 Quadro-resumo

Sujeitos
- » Ativo: é a pessoa casada, que contrai segundas núpcias.
- » Passivo: é o Estado. O cônjuge do primeiro casamento e o contraente de boa-fé também podem ser considerados sujeitos passivos.

Objeto material
É o casamento.

Bem(ns) juridicamente protegido(s)
A instituição do matrimônio, relativa ao casamento monogâmico. Busca-se, também, proteger a família.

Elemento subjetivo
» É o dolo.
» Não há previsão para a modalidade de natureza culposa.

Modalidades comissiva e omissiva
» A conduta de contrair casamento pressupõe um comportamento comissivo por parte do agente.
» Pode, no entanto, ser praticado via omissão imprópria.

Consumação e tentativa
» O delito de bigamia tem seu momento de consumação quando da efetiva realização do segundo casamento.
» Entendemos que o início da execução ocorre, efetivamente, quando se tem por iniciada a solenidade de celebração do casamento, mesmo que não tenham, ainda, os contraentes manifestado sua vontade positiva, e vai até que o presidente do ato leve a efeito a declaração formal de casados, de acordo com a fórmula determinada pela segunda parte do art. 1.535 do CC.
» A tentativa é admissível.

2. INDUZIMENTO A ERRO ESSENCIAL E OCULTAÇÃO DE IMPEDIMENTO

Induzimento a erro essencial e ocultação de impedimento
Art. 236. Contrair casamento, induzindo em erro essencial o outro contraente, ou ocultando-lhe impedimento que não seja casamento anterior:
Pena – detenção, de seis meses a dois anos.
Parágrafo único. A ação penal depende de queixa do contraente enganado e não pode ser intentada senão depois de transitar em julgado a sentença que, por motivo de erro ou impedimento, anule o casamento.

2.1 Introdução

O casamento é uma das decisões mais importantes na vida de uma pessoa. Representa a saída de seu lar original, para efeitos de constituição de uma nova família. No capítulo 10, versículos 7 e 8, do evangelho de Marcos, Jesus esclarecia sobre a importância do casamento, dizendo: "Deixará o homem a seu pai e a sua mãe [e unir-se-á a sua mulher], e, com sua mulher, serão os dois uma só carne. De modo que já não são dois, mas uma só carne."

Por isso, deve ser uma decisão pensada, refletida, sem pressa, devendo os futuros cônjuges se conhecerem ao máximo, principalmente seus defeitos e suas virtudes, uma vez que, depois de sacramentado o ato, com a declaração solene de aceitação mútua como marido e mulher, estarão casados.

Assim, ninguém pode ser enganado para que se case com outra pessoa. Esse vício de vontade, além de permitir a anulação (art. 1.550 do CC), ou mesmo conduzir à sua nulidade (art. 1.548 do CC), em algumas situações, a exemplo do que ocorre com o art. 236 do Código Penal, configura-se em infração penal. Dessa forma, prevê a lei penal o delito de induzimento a erro essencial e ocultação de impedimento, dizendo:

> **Art. 236.** Contrair casamento, induzindo em erro essencial o outro contraente, ou ocultando-lhe impedimento que não seja casamento anterior:
> Pena – detenção, de seis meses a dois anos.

Assim, podemos destacar os seguintes elementos que compõem a figura típica: *a)* a conduta de contrair casamento; *b)* induzindo o outro contraente em erro essencial; *c)* ou, ainda, ocultando-lhe impedimento que não seja casamento anterior.

A expressão *contrair casamento* significa a união de duas pessoas, por meio do matrimônio, celebrado depois do cumprimento de todas as formalidades legais. Esclarece Alberto Silva Franco:

> "Na ação incriminada, o legislador teve em vista duas modalidades: na primeira, o agente aplica, instiga, persuade, seduz, leva-a, aconselha, compele etc., a vítima a erro essencial [...]; na segunda, o agente oculta impedimento. Ocultar significa esconder, sonegar, encobrir, disfarçar, simular. É mister, no entanto, que o outro cônjuge ignore o impedimento."[8]

Para que ocorra a infração penal em exame, o casamento deverá ter sido realizado com a indução do outro cônjuge em *erro essencial* sobre aquele que o induziu, de modo que seja enganado sobre algumas das hipóteses constantes do art. 1.557 do Código Civil, que diz:

> **Art. 1.557.** Considera-se erro essencial sobre a pessoa do outro cônjuge:
> I – o que diz respeito à sua identidade, sua honra e boa fama, sendo esse erro tal que o seu conhecimento ulterior torne insuportável a vida em comum ao cônjuge enganado;
> II – a ignorância de crime, anterior ao casamento, que, por sua natureza, torne insuportável a vida conjugal;
> III – a ignorância, anterior ao casamento, de defeito físico irremediável que não caracterize deficiência ou de moléstia grave e transmissível, por contágio ou por herança, capaz de pôr em risco a saúde do outro cônjuge ou de sua descendência (modificado pela Lei nº 13.146, de 6 de julho de 2015);
> IV – (revogado pela Lei nº 13.146, de 6 de julho de 2015).

Da mesma forma, não poderá o agente contrair casamento ocultando ao outro cônjuge a existência de impedimento que não seja casamento anterior, pois, neste último caso, o delito seria o de bigamia.

Tais impedimentos são aqueles constantes do art. 1.521 do Código Civil, *verbis*:

> **Art. 1.521.** Não podem casar:
> I – os ascendentes com os descendentes, seja o parentesco natural ou civil;
> II – os afins em linha reta;
> III – o adotante com quem foi cônjuge do adotado e o adotado com quem o foi do adotante;
> IV – os irmãos, unilaterais ou bilaterais, e demais colaterais, até o terceiro grau inclusive;
> V – o adotado com o filho do adotante;
> VI – as pessoas casadas;
> VII – o cônjuge sobrevivente com o condenado por homicídio ou tentativa de homicídio contra o seu consorte.

---

[8] FRANCO, Alberto Silva. *Código penal e sua interpretação jurisprudencial*, v. 1, tomo II, p. 3.133.

Assim, de acordo com o que foi exposto, podemos concluir que a aplicação do art. 236 do Código Penal está condicionada ao seu complemento constante do Código Civil, tratando-se, pois, de norma penal em branco de natureza homogênea, haja vista que tanto o complemento (Código Civil) quanto a norma que precisa ser complementada (Código Penal) são provenientes da mesma fonte legislativa. Nesse caso, segundo entendemos, não haveria qualquer infração ao princípio da legalidade, pois ambos os diplomas legais obedecem à exigência garantista da legalidade estrita, permanecendo nas mãos do Poder Legislativo a possibilidade de criar, alterar ou mesmo revogar as figuras típicas, o que não acontece quando estamos diante de normas penais em branco de natureza heterogênea, cujo complemento é oriundo de fonte legislativa diversa, de categoria inferior àquela exigida pelo Direito Penal, por exemplo, de órgãos ou autarquias ligadas ao Poder Executivo.

2.2 Classificação doutrinária

Ao contrário do que aduz parte da doutrina,[9] entendemos ser comum o delito tipificado no art. 236 do Código Penal tanto no que diz respeito ao sujeito ativo quanto, ao sujeito passivo, haja vista que o tipo penal não exige nenhuma qualidade ou condição especial, pois a qualidade de cônjuge somente surgirá depois do cometimento do delito, e não antes dele; doloso; comissivo (uma vez que o tipo penal exige o núcleo *contrair*, pressupondo um comportamento ativo por parte do agente; poderá, no entanto, ser praticado via omissão imprópria, na hipótese de o agente gozar do *status* de garantidor); formal, pois, conforme adverte Guilherme de Souza Nucci, o delito não "exige resultado naturalístico, consistente na efetiva dissolução do matrimônio por conta do erro ou do impedimento"[10] instantâneo; de forma vinculada; plurissubjetivo; plurissubsistente; não transeunte.

2.3 Objeto material e bem juridicamente protegido

Tem-se entendido que, com a incriminação do induzimento a erro essencial e ocultação de impedimento, busca-se proteger a regularidade na realização dos casamentos, haja vista as consequências legais que lhe são inerentes, a exemplo do art. 1.565 do Código Civil, que diz que, *pelo casamento, homem e mulher assumem mutuamente a condição de consortes, companheiros e responsáveis pelos encargos da família*, ou ainda o art. 1.566 do mesmo diploma legal, que determina serem deveres de ambos os cônjuges: *I – fidelidade recíproca; II – vida em comum, no domicílio conjugal; III – mútua assistência; IV – sustento, guarda e educação dos filhos; V – respeito e consideração mútuos*.

O objeto material é o casamento.

2.4 Sujeito ativo e sujeito passivo

Qualquer pessoa pode ser *sujeito ativo* do delito tipificado no art. 236 do Código Penal, sendo, sob esse aspecto, um crime comum, não se exigindo nenhuma qualidade ou condição especial.

Sujeito passivo é o Estado, que, por meio de suas normas, busca manter a regularidade do casamento, bem como o cônjuge que foi induzido a erro essencial ou a quem foi ocultado o impedimento.

---

[9] Conforme Guilherme de Souza Nucci *(Código penal comentado*, Capítulo 4, item 3.2.1).
[10] NUCCI, Guilherme de Souza. *Código penal comentado*, p. 842.

2.5 Consumação e tentativa

O delito de *induzimento a erro essencial e ocultação de impedimento* tem seu momento de consumação quando da efetiva realização do casamento, que ocorre, de acordo com o art. 1.514 do Código Civil, *no momento em que o homem e a mulher manifestam, perante o juiz, a sua vontade de estabelecer vínculo conjugal, e o juiz os declara casados.*

Cuida-se, portanto, de ato complexo, que exige a conjugação da manifestação de vontade dos contraentes, com a declaração formal feita por aquele que preside o ato.

Assim, depois de serem declarados casados pelo juiz, nesse exato momento o delito se aperfeiçoa, consumando-se.

Analisando o momento de consumação do delito em estudo, bem como a possibilidade de se reconhecer a tentativa, preleciona Noronha:

"Reza o Código: 'Contrair casamento [...]'. Consequentemente, é necessário que o agente contraia matrimônio. Consuma-se, portanto, o crime com a realização do casamento.

Alguns autores acham possível a tentativa do crime. Realmente, pode alguém tentar contrair casamento, ocultando impedimento ou induzindo o outro contraente em erro, mas se antes de ultimada a celebração [...] for desmascarado, não se negará haver tentado praticar o delito. Todavia, o parágrafo único do art. 236 contém condição objetiva de punibilidade: a *sentença anulatória* do casamento, e para este ser anulado é mister que se realize, donde a tentativa do crime é juridicamente impossível, podendo ocorrer, entretanto, que o agente venha a praticar outro crime."[11]

2.6 Elemento subjetivo

O dolo é o elemento subjetivo necessário ao reconhecimento do delito de induzimento a erro essencial e ocultação de impedimento, não existindo previsão para a modalidade de natureza culposa.

O agente, no entanto, deve conhecer o erro essencial, que importará na possibilidade de anulação, bem como do impedimento, que conduzirá à sua nulidade, pois, caso contrário, poderá ser alegado o chamado erro de tipo.

2.7 Modalidades comissiva e omissiva

A conduta de contrair casamento pressupõe um comportamento comissivo.

No entanto, não se descarta a possibilidade de ser praticado via omissão imprópria, na hipótese de alguém, gozando do *status* de garantidor, dolosamente, permitir que seja levado a efeito o matrimônio, conhecendo as causas que importam em erro essencial ou que são elencadas como impedimentos.

2.8 Pena, ação penal, competência para julgamento e suspensão condicional do processo

O preceito secundário do art. 236 do Código Penal comina uma pena de detenção, de 6 (seis) meses a 2 (dois) anos.

A ação penal será de iniciativa privada personalíssima, pois, conforme determina o parágrafo único do art. 236, *depende de queixa do contraente enganado e não pode ser intentada*

---

[11] NORONHA, Edgard Magalhães. *Direito penal*, v. 3, p. 273.

senão depois de transitar em julgado a sentença que, por motivo de erro ou impedimento, anule o casamento.

O trânsito em julgado da sentença que, por erro ou impedimento, anule o casamento é considerado uma condição objetiva de procedibilidade, sendo que a prescrição, a seu turno, somente começará a correr depois desse marco.

Tendo em vista a pena máxima cominada em abstrato, compete ao Juizado Especial Criminal o processo e julgamento do delito de induzimento a erro essencial e ocultação de impedimento, nos termos dos arts. 60 e 61 da Lei nº 9.099/95, com as redações que lhes foram dadas pela Lei nº 11.313, de 28 de junho de 2006.

Será permitida, ainda, a confecção de proposta de suspensão condicional do processo, nos termos preconizados pelo art. 89 da Lei nº 9.099/95.

2.9 Destaque

2.9.1 Ação penal de iniciativa privada personalíssima

O parágrafo único do art. 236 do Código Penal assevera que a *ação penal depende de queixa do contraente enganado e não pode ser intentada senão depois de transitar em julgado a sentença que, por motivo de erro ou impedimento, anule o casamento.*

Pela redação do mencionado parágrafo, chegamos à conclusão de que a ação penal *sub examen* é de iniciativa privada personalíssima e somente o ofendido, no caso o contraente enganado, é que pode propô-la. Em virtude da natureza da infração penal praticada, entendeu por bem a lei penal que tal infração atinge a vítima de forma tão pessoal, tão íntima, que somente a ela caberá emitir o juízo de pertinência a respeito da propositura ou não dessa ação penal.

Dessa forma, fica completamente inviabilizada a possibilidade de se transferir às pessoas elencadas pelo § 4º do art. 100 do Código Penal o início da *persecutio criminis in judicio*.

Além disso, a ação penal somente poderá ser intentada depois do trânsito em julgado da sentença que, por motivo de erro ou impedimento, anule o casamento, sendo esse, portanto, o marco inicial para a contagem do prazo prescricional. Isso significa, de acordo com as lições de Yuri Carneiro Coêlho, que "o trânsito em julgado da decisão se configura uma condição de procedibilidade da ação penal".[12]

2.10 Quadro-resumo

Sujeitos
- Ativo: ao contrário do que aduz parte da doutrina, entendemos ser comum o delito tipificado no art. 236 do CP, tanto no que diz respeito ao sujeito ativo, quanto ao sujeito passivo, haja vista que o tipo penal não exige nenhuma qualidade ou condição especial, pois que a qualidade de cônjuge somente surgirá depois do cometimento do delito, e não antes dele. Assim, qualquer pessoa poderá ser sujeito ativo.
- Passivo: é o Estado.

Objeto material
É o casamento.

---

[12] COÊLHO, Yuri Carneiro. *Curso de direito penal didático*, p. 822.

Bem(ns) juridicamente protegido(s)

A regularidade na realização dos casamentos, haja vista as consequências legais que lhe são inerentes.

Elemento subjetivo

» É o dolo.
» Não há previsão para a modalidade de natureza culposa.

Modalidades comissiva e omissiva

» A conduta de contrair casamento pressupõe um comportamento comissivo.
» Pode, no entanto, ser praticada via omissão imprópria.

Consumação e tentativa

» O delito tem seu momento de consumação quando da efetiva realização do casamento, que ocorre de acordo com o art. 1.514 do CC.
» Salienta Noronha (2003, p. 273.) que "alguns autores acham possível a tentativa do crime. Realmente, pode alguém tentar contrair casamento, ocultando impedimento ou induzindo o outro contraente em erro, mas se antes de ultimada a celebração [...] for desmascarado, não se negará haver tentado praticar o delito. Todavia, o parágrafo único do art. 236 contém condição objetiva de punibilidade: a sentença anulatória do casamento, e para este ser anulado é mister que se realize, donde a tentativa do crime é juridicamente impossível, podendo ocorrer, entretanto, que o agente venha a praticar outro crime".

3. CONHECIMENTO PRÉVIO DE IMPEDIMENTO

Conhecimento prévio de impedimento
Art. 237. Contrair casamento, conhecendo a existência de impedimento que lhe cause a nulidade absoluta:
Pena – detenção, de três meses a um ano.

3.1 Introdução

O delito de *conhecimento prévio de impedimento* está previsto no art. 237 do Código Penal.

Ressalta Noronha:

"O elemento material consiste em o indivíduo casar, conhecendo a existência do impedimento. Ao contrário do dispositivo anterior, aqui não se exige comportamento ativo do agente, a fraude veiculada pelo emprego de um ou mais meios; basta não declarar a causa dirimente absoluta, suficiente, pois, a simples omissão."[13]

Cuida-se de norma penal em branco homogênea, haja vista que os impedimentos mencionados pelo tipo penal em estudo são aqueles arrolados pelo art. 1.521 do Código Civil, que diz:

---

[13] NORONHA, Edgard Magalhães. *Direito penal*, v. 3, p. 274.

> **Art. 1.521.** Não podem casar:
> I – os ascendentes com os descendentes, seja o parentesco natural ou civil;
> II – os afins em linha reta;
> III – o adotante com quem foi cônjuge do adotado e o adotado com quem o foi do adotante;
> IV – os irmãos, unilaterais ou bilaterais, e demais colaterais, até o terceiro grau inclusive;
> V – o adotado com o filho do adotante;
> VI – as pessoas casadas;
> VII – o cônjuge sobrevivente com o condenado por homicídio ou tentativa de homicídio contra o seu consorte.

3.2 Classificação doutrinária

Tal como a infração penal anterior (*induzimento a erro essencial e ocultação de impedimento*), entendemos ser comum o delito tipificado no art. 237 do Código Penal, tanto no que diz respeito ao sujeito ativo, quanto ao sujeito passivo, haja vista que o tipo penal não exige nenhuma qualidade ou condição especial, pois a condição de cônjuge somente surgirá depois do cometimento do delito, e não antes dele; doloso; comissivo (uma vez que o tipo penal exige o núcleo *contrair*, pressupondo um comportamento ativo por parte do agente; poderá, no entanto, ser praticado via omissão imprópria, na hipótese de o agente gozar do *status* de garantidor); instantâneo; de forma vinculada; plurissubjetivo; plurissubsistente; não transeunte.

3.3 Objeto material e bem juridicamente protegido

O bem juridicamente protegido pelo tipo penal que prevê o delito de *conhecimento prévio de impedimento* é a *regularidade da constituição do casamento*, pois a família, conforme preconiza o art. 226 da Constituição Federal, é a *base da sociedade*.

O objeto material é o casamento.

3.4 Sujeito ativo e sujeito passivo

Qualquer pessoa pode ser *sujeito ativo* do delito tipificado no art. 237 do Código Penal, sendo, sob esse aspecto, um crime comum, não se exigindo nenhuma qualidade ou condição especial.

Sujeito passivo é o Estado, que, por meio de suas normas, busca manter a regularidade do casamento, bem como o cônjuge que contraiu casamento desconhecendo a existência do impedimento.

3.5 Consumação e tentativa

O delito de *conhecimento prévio de impedimento* tem seu momento de consumação quando da efetiva realização do casamento, que ocorre, de acordo com o art. 1.514 do Código Civil, *no momento em que o homem e a mulher manifestam, perante o juiz, a sua vontade de estabelecer vínculo conjugal, e o juiz os declara casados*.

Cuida-se, portanto, de um ato complexo, que exige a conjugação da manifestação de vontade dos contraentes, com a declaração formal feita por aquele que preside o ato.

Assim, depois de serem declarados casados pelo juiz, nesse exato momento o delito se aperfeiçoa, consumando-se.

Será possível o reconhecimento da tentativa, haja vista que, uma vez iniciada a cerimônia do casamento, pode a solenidade ser interrompida, por circunstâncias alheias à vontade do agente, antes da declaração formal da casados, levada a efeito pelo juiz presidente do ato.

3.6 Elemento subjetivo

O dolo é o elemento subjetivo necessário ao reconhecimento do delito de *conhecimento prévio de impedimento*, não existindo previsão para a modalidade de natureza culposa.

3.7 Modalidades comissiva e omissiva

A conduta de *contrair* casamento pressupõe um comportamento comissivo por parte do agente.

No entanto, não se descarta a possibilidade de ser praticado via omissão imprópria, na hipótese de alguém, gozando do *status* de garantidor, dolosamente, permitir que seja levado a efeito o matrimônio, mesmo sabendo da presença, no caso concreto, de quaisquer das situações que se configuram em impedimento, arroladas pelo art. 1.521 do Código Civil.

3.8 Pena, ação penal, competência para julgamento e suspensão condicional do processo

O preceito secundário do art. 237 do Código Penal comina uma pena de detenção, de 3 (três) meses a 1 (um) ano.

A ação penal é de iniciativa pública incondicionada.

Tendo em vista a pena máxima cominada em abstrato, compete ao Juizado Especial Criminal o processo e julgamento do delito de conhecimento prévio de impedimento, de acordo com os arts. 60 e 61 da Lei nº 9.099/95, com as redações que lhes foram dadas pela Lei nº 11.313, de 28 de junho de 2006.

Será permitida, ainda, a confecção de proposta de suspensão condicional do processo, nos termos preconizados pelo art. 89 da Lei nº 9.099/95.

3.9 Quadro-resumo

Sujeitos
» Ativo: qualquer pessoa.
» Passivo: é o Estado.

Objeto material
É o casamento.

Bem(ns) juridicamente protegido(s)
É a regularidade da constituição do casamento.

Elemento subjetivo
» É o dolo.
» Não há previsão para a modalidade de natureza culposa.

Modalidades comissiva e omissiva
» A conduta de contrair casamento pressupõe um comportamento comissivo por parte do agente.
» Pode, no entanto, ser praticada via omissão imprópria.

> **Consumação e tentativa**
> » O delito tem seu momento de consumação quando da efetiva realização do casamento, que ocorre de acordo com o art. 1.514 do CC.
> » A tentativa é admissível.

4. SIMULAÇÃO DE AUTORIDADE PARA CELEBRAÇÃO DE CASAMENTO

> **Simulação de autoridade para celebração de casamento**
> **Art. 238.** Atribuir-se falsamente autoridade para celebração de casamento:
> Pena – detenção, de um a três anos, se o fato não constitui crime mais grave.

4.1 Introdução

O casamento, para que seja válido, é revestido de uma série de solenidades consideradas indispensáveis.

Inicialmente, os interessados em contrair matrimônio deverão dirigir-se ao Cartório de Registro Civil, a fim de darem início ao procedimento denominado habilitação para casamento, em que serão apresentados os documentos exigidos pelo art. 1.525 do Código Civil.

De acordo com a redação do art. 1.526 do diploma civil, dada pela Lei nº 12.133, de 17 de dezembro de 2009, a habilitação será feita pessoalmente perante o oficial do Registro Civil, com a audiência do Ministério Público. Caso haja impugnação do oficial, do Ministério Público ou de terceiro, determina o parágrafo único do aludido artigo, acrescentado também pela Lei nº 12.133, de 17 de dezembro de 2009, que a habilitação será submetida ao juiz.

Encontrando-se em ordem a documentação, o oficial extrairá o edital, que se afixará durante 15 dias nas circunscrições do Registro Civil de ambos os nubentes, e, obrigatoriamente, se publicará na imprensa local, se houver (art. 1.527 do CC).

Cumpridas as formalidades dos arts. 1.526 e 1.527 do Código Civil e verificada a inexistência de fato obstativo, o oficial do registro extrairá o certificado de habilitação, sendo eficaz pelo período de 90 dias, a contar da data em que foi extraído o certificado (arts. 1.531 e 1.532 do CC).

No período de validade do certificado será designado dia, hora e lugar para a solenidade de celebração do casamento. O art. 1.535 do Código Civil determina:

> **Art. 1.535.** Presentes os contraentes, em pessoa ou por procurador especial, juntamente com as testemunhas e o oficial do registro, o presidente do ato, ouvida aos nubentes a afirmação de que pretendem casar por livre e espontânea vontade, declarará efetuado o casamento, nestes termos:
> De acordo com a vontade que ambos acabais de afirmar perante mim, de vos receberdes por marido e mulher, eu, em nome da lei, vos declaro casados.

O delito de simulação de autoridade para celebração de casamento diz respeito, portanto, a esse personagem que ingressa na última fase do procedimento solene, que conduzirá à constituição regular da família por intermédio do casamento. O agente, portanto, assume o papel de *presidente do ato*, atribuído ao juiz de paz, e leva a efeito, ilegalmente, a declaração de que os contraentes estão *casados*. Sílvio de Salvo Venosa, dissertando sobre a autoridade competente para a celebração de casamento, alerta:

"No Estado de São Paulo, a autoridade competente para celebrar o casamento ainda é o juiz de casamento, até quando o legislador organizar a Justiça de Paz, como determina a Constituição estadual. No Estado do Rio de Janeiro, é o juiz do Registro Civil; em alguns Estados, o juiz de direito, embora na maioria dos Estados a função seja atribuída ao juiz de paz. Essa autoridade, designada pela lei, não pode ser substituída por outra, ainda que de maior grau (juiz de direito, desembargador), salvo pelo seu substituto legal, sob pena de nulidade. O juiz de casamento competente é o do local onde foi processada a habilitação. Juiz de outro distrito será incompetente."[14]

Como se percebe na redação constante do art. 238 do Código Penal, o delito de simulação de autoridade para celebração de casamento pode ser considerado uma modalidade especial de usurpação de função pública, tipificada no art. 328 do diploma repressivo, que diz: *Usurpar o exercício de função pública*. No delito em exame ocorre, exatamente, uma usurpação de função pública, uma vez que o agente se atribui falsamente autoridade para celebração de casamento, sendo esta (a simulação de autoridade para celebração de casamento) punida mais severamente do que aquela (a usurpação de função pública).

4.2 Classificação doutrinária

Crime comum, no que diz respeito ao sujeito ativo, e próprio quanto aos sujeitos passivos, pois exige que a conduta do agente se dirija contra os contraentes já habilitados para o casamento; doloso; comissivo (podendo, excepcionalmente, ser praticado via omissão imprópria, na hipótese de o agente gozar do *status* de garantidor); de mera conduta; de forma livre; instantâneo; monossubjetivo; podendo ser mono ou plurissubsistente, dependendo da possibilidade do fracionamento do *iter criminis* no caso concreto; não transeunte.

4.3 Objeto material e bem juridicamente protegido

Com a tipificação do delito de *simulação de autoridade para celebração de casamento* busca-se proteger a regular constituição da família, que é levada a efeito por intermédio do casamento.

O objeto material é o casamento.

4.4 Sujeito ativo e sujeito passivo

Qualquer pessoa pode ser *sujeito ativo* do delito tipificado no art. 238 do Código Penal, haja vista que o tipo penal em estudo não exige, para o seu reconhecimento, nenhuma qualidade ou condição especial.

O *sujeito passivo* é o Estado, além dos cônjuges que foram enganados pelo simulacro de casamento levado a efeito por quem não tinha autoridade legítima para tanto.

4.5 Consumação e tentativa

Tratando-se de crime de mera conduta, consuma-se o delito tipificado no art. 238 do Código Penal quando o agente pratica *qualquer ato* que diga respeito à solenidade de celebração do casamento, não havendo necessidade que *todos* os atos sejam levados a termo, inclusive com a declaração de *casados*.

Embora seja considerado um delito de simples atividade ou mera conduta, conforme esclarece Noronha, ainda assim será possível a tentativa, "pois nem sempre será unissubsistente, ou constituído por único ato (*unico actu perficiuntur*)".[15]

---

[14] VENOSA, Sílvio de Salvo. *Direito civil*, v. VI, p. 101.
[15] NORONHA, Edgard Magalhães. *Direito penal*, v. 3, p. 278.

4.6 Elemento subjetivo

O tipo penal do art. 238 somente pode ser praticado dolosamente, não havendo previsão para a modalidade de natureza culposa.

Conforme alerta Heleno Fragoso, "o erro do agente quanto a sua competência para a prática do fato exclui, evidentemente, o dolo".[16]

4.7 Modalidades comissiva e omissiva

A conduta de atribuir-se falsamente autoridade para a celebração de casamento pressupõe um comportamento comissivo.

No entanto, não se descarta a possibilidade de ser praticado via omissão imprópria, na hipótese de alguém, gozando do *status* de garantidor, dolosamente, permitir que seja realizada a solenidade de celebração de casamento por pessoa que, sabidamente, não tenha autoridade para tanto.

4.8 Pena, ação penal e suspensão condicional do processo

A pena cominada ao delito tipificado no art. 238 do Código Penal é de detenção, de 1 (um) a 3 (três) anos, se o fato não constitui crime mais grave, demonstrando, aqui, ser o delito considerado expressamente como subsidiário. Assim, na hipótese de o agente usurpar função pública auferindo vantagem, aplica-se o parágrafo único do art. 328 do Código Penal.

A ação penal é de *iniciativa pública incondicionada*.

Tendo em vista a pena mínima cominada, será possível a confecção de proposta de suspensão condicional do processo, nos termos do art. 89 da Lei nº 9.099/95.

4.9 Quadro-resumo

Sujeitos
» Ativo: qualquer pessoa.
» Passivo: é o Estado, além dos cônjuges que foram enganados pelo simulacro de casamento levado a efeito por quem não tinha autoridade legítima para tanto.

Objeto material
É o casamento.

Bem(ns) juridicamente protegido(s)
Busca-se proteger a regular constituição da família.

Elemento subjetivo
» É o dolo.
» Não há previsão para a modalidade de natureza culposa.

---

[16] FRAGOSO, Heleno Cláudio. *Lições de direito penal*, v. 2, p. 103.

> **Modalidades comissiva e omissiva**
> » A conduta de atribuir-se falsamente autoridade para a celebração de casamento pressupõe um comportamento comissivo.
> » Pode, no entanto, ser praticada via omissão imprópria.

> **Consumação e tentativa**
> » Consuma-se o delito quando o agente pratica qualquer ato que diga respeito à solenidade de celebração do casamento, não havendo necessidade que todos os atos sejam levados a termo, inclusive com a declaração de casados.
> » A tentativa é admissível.

5. SIMULAÇÃO DE CASAMENTO

> **Simulação de casamento**
> **Art. 239.** Simular casamento mediante engano de outra pessoa:
> Pena – detenção, de um a três anos, se o fato não constitui elemento de crime mais grave.

5.1 Introdução

A união de duas pessoas de sexos diferentes, formalizada por intermédio do casamento, para fins de constituição de uma família, é um dos passos mais importantes que o ser humano pode dar. Por essa razão, o ato deve ser refletido e, acima de tudo, deve expressar a própria vontade, livre de qualquer coação. Por isso é que o art. 1.535 do Código Civil exige aquela fórmula sacramental, quando o presidente do ato pergunta aos contraentes se é por livre e espontânea vontade que pretendem se casar. Essa manifestação de vontade é tão levada a sério que o art. 1.538 do Código Civil determina:

> **Art. 1.538.** A celebração do casamento será imediatamente suspensa se algum dos contraentes:
> I – recusar a solene afirmação da sua vontade;
> II – declarar que esta não é livre e espontânea;
> III – manifestar-se arrependido.

No entanto, dizer um simples *sim* ou mesmo um *não* é um ato de coragem. Muitas pessoas, por vários motivos, não tendo a coragem de, com a confirmação de sua vontade, formalizar um dos atos mais solenes de sua vida, usam subterfúgios para não assumir, de fato, os efeitos que se originam da celebração do casamento, principalmente no que diz respeito aos direitos e obrigações, e o simulam, fazendo o outro crer que, efetivamente, se encontram, agora, unidos pelos laços do matrimônio.

Entendendo pela gravidade desse comportamento, a lei penal prevê o delito de *simulação de casamento* ou, se é que podemos chamá-lo assim, o *estelionato matrimonial*, com a seguinte redação:

> **Art. 239.** Simular casamento mediante engano de outra pessoa:
> Pena – detenção, de um a três anos, se o fato não constitui elemento de crime mais grave.

Assim, podemos destacar os seguintes elementos que integram a figura típica: *a)* a conduta de simular casamento; *b)* enganando a outra pessoa.

O núcleo *simular* é utilizado pelo texto legal no sentido de fazer de conta, dar aparência verdadeira àquilo que é falso. Conforme esclarece Romão Cortes de Lacerda:

"Simular casamento é fingir casamento, é figurar como contraente de matrimônio numa farsa de que resulte para o outro contraente a convicção de que está casando seriamente."[17]

Com a simulação, o agente engana o outro contraente, que acredita estar realizando, com seriedade e de acordo com as determinações legais, o ato solene.

Assim, conforme esclarece Cezar Roberto Bitencourt:

"É indispensável a utilização do *meio enganoso* para a prática do crime. Se os dois contraentes simulam o casamento, não se configura este crime, uma vez que faltou o 'engano de outra pessoa'. Para configurar o crime é indispensável que a simulação de casamento ocorra por meio de engano (ardil, fraude, armadilha) do outro contraente. Assim, a simples *representação* de estar casando, para 'pregar uma peça nos amigos', é insuficiente para caracterizá-lo."[18]

5.2 Classificação doutrinária

Crime comum, tanto no que diz respeito ao sujeito ativo quanto ao sujeito passivo; doloso; comissivo (podendo, excepcionalmente, ser praticado via omissão imprópria, na hipótese de o agente gozar do *status* de garantidor); de forma vinculada; instantâneo; monossubjetivo; plurissubsistente (haja vista a possibilidade que se tem de fracionar o *iter criminis*); transeunte (como regra).

5.3 Objeto material e bem juridicamente protegido

O tipo penal, que prevê o delito de simulação de casamento, tem como bem juridicamente protegido a regular constituição do matrimônio, a fim de salvaguardar os direitos e deveres inerentes a ambos os cônjuges, depois da sua formalização solene.

O objeto material é o casamento simulado.

5.4 Sujeito ativo e sujeito passivo

Qualquer pessoa pode ser *sujeito ativo* do delito de simulação de casamento, haja vista que a figura típica não exige qualquer qualidade ou condição especial.

Como alerta Luiz Regis Prado:

"Todos os que participarem do casamento, tendo ciência da simulação, serão havidos como coautores do delito. A redação conferida ao dispositivo permite tal interpretação, já que não se exige que aquele que engane o outro contraente seja o mesmo que com ele simule se casar. Destarte, embora normalmente figure como sujeito ativo o outro nubente, é bem possível que o magistrado e o oficial do Registro Civil sejam os autores do delito, e as vítimas os contraentes enganados."[19]

Sujeito passivo é o Estado, bem como a pessoa enganada com o simulacro de casamento.

---

[17] LACERDA, Romão Cortes de. *Comentários ao código penal*, v. VIII, p. 365.
[18] BITENCOURT, Cezar Roberto. *Tratado de direito penal*, v. IV, p. 129.
[19] PRADO, Luiz Regis. *Curso de direito penal brasileiro*, v. 3, p. 338.

5.5 Consumação e tentativa

A consumação ocorre com a simulação de qualquer ato constante da celebração do casamento, independentemente de se o agente conseguiu ou não alcançar a simulação do ato considerado culminante, vale dizer, a declaração falsa de casados.

Nesse sentido, assevera Luiz Regis Prado:

"Consuma-se o delito com a simulação do casamento, ou seja, com a realização da cerimônia falsa. Irrelevante que todos os atos necessários sejam fielmente cumpridos, posto tratar-se de mera simulação. É suficiente que os atos perpetrados sejam capazes de iludir o nubente ou seu representante legal."[20]

Tratando-se de crime plurissubsistente, admite-se a tentativa.

5.6 Elemento subjetivo

O dolo é o elemento subjetivo exigido pelo tipo penal que prevê o delito de simulação de casamento, não havendo previsão para a modalidade de natureza culposa.

Assim, a conduta levada a efeito pelo agente deve ser dirigida finalisticamente a simular o casamento, visando a enganar a vítima, fazendo-a acreditar que participa realmente de um ato legal.

5.7 Modalidades comissiva e omissiva

A conduta de simular casamento pressupõe um comportamento comissivo.

No entanto, não se descarta a possibilidade de ser praticado via omissão imprópria, na hipótese de alguém, gozando do *status* de garantidor, dolosamente, permitir que seja realizada a simulada solenidade de celebração de casamento, fazendo com que o contraente seja enganado.

5.8 Pena, ação penal e suspensão condicional do processo

A pena prevista para o delito de simulação de casamento é de detenção, de 1 (um) a 3 (três) anos.

A ação penal é de *iniciativa pública incondicionada*.

Considerando-se a pena mínima cominada, será possível a realização de proposta de suspensão condicional do processo, nos termos do art. 89 da Lei nº 9.099/95.

5.9 Quadro-resumo

Sujeitos
» Ativo: qualquer pessoa.
» Passivo: é o Estado, bem como a pessoa enganada com o simulacro de casamento.

Objeto material
É o casamento simulado.

---

[20] PRADO, Luiz Regis. *Curso de direito penal brasileiro,* v. 3, p. 339.

Bem(ns) juridicamente protegido(s)

A regular constituição do matrimônio.

Elemento subjetivo

» É o dolo.
» Não há previsão para a modalidade de natureza culposa.

Modalidades comissiva e omissiva

» A conduta de simular casamento pressupõe um comportamento comissivo.
» Pode, no entanto, ser praticada via omissão imprópria.

Consumação e tentativa

» A consumação ocorre com a simulação de qualquer ato constante da celebração do casamento, independentemente se o agente conseguiu ou não alcançar a simulação do ato considerado culminante, vale dizer, a declaração falsa de casados.
» A tentativa é admissível.

Capítulo II
Dos crimes contra o estado de filiação

1. REGISTRO DE NASCIMENTO INEXISTENTE

> **Registro de nascimento inexistente**
> **Art. 241.** Promover no registro civil a inscrição de nascimento inexistente:
> Pena – reclusão, de dois a seis anos.

1.1 Introdução

O crime de *registro de nascimento inexistente* encontra-se inserido no capítulo relativo aos crimes contra o estado de filiação, constante do Título VII do Código Penal, que prevê os crimes contra a família, como se viu acima.

Analisando a figura típica em estudo, podemos apontar os seguintes elementos: *a)* a conduta de *promover* no registro civil; *b)* a inscrição de nascimento que não ocorreu, pois inexistente.

O núcleo *promover* deve ser entendido no sentido de levar a efeito, tomar as providências necessárias, requerer no registro civil[21] a inscrição de nascimento inexistente.

No entanto, em algumas situações, a fim de levar a efeito a inscrição, no Cartório do Registro Civil, de um nascimento inexistente, poderá o agente, anteriormente, ter cometido um delito de falsidade ideológica, a exemplo daquele que forja os dados constantes de um documento utilizado pela maternidade onde supostamente teria nascido a criança, onde são consignados os nomes dos pais, dos avós, o sexo, o horário do nascimento etc., individualizando, pois, corretamente, aquela pessoa que, em tese, acabara de nascer. Contudo, embora possa ter havido a inscrição de nascimento inexistente com fundamento em documento falso ideologicamente, este último delito fica absorvido por aquele, vale dizer, o crime-meio (falsidade ideológica) é absorvido pelo delito-fim (registro de nascimento inexistente).

Na verdade, o próprio delito de registro de nascimento inexistente é uma forma especializada do crime de falso, haja vista que o agente fornece, falsamente, os dados exigidos pelo art. 54 da Lei de Registros Públicos ao Cartório do Registro Civil, a fim de promover a inscrição de nascimento inexistente.

Conforme esclarece Noronha, o núcleo:

---

[21] O art. 50 da Lei nº 6.015, de 31 de dezembro de 1973, com a redação que lhe foi determinada pela Lei nº 9.053/95, assevera:

Art. 50. Todo nascimento que ocorrer no Território Nacional deverá ser dado a registro, no lugar em que tiver ocorrido o parto ou no lugar da residência dos pais, dentro do prazo de quinze dias, que será ampliado em até três meses para os lugares distantes mais de 30 (trinta) quilômetros da sede do cartório.

"Do tipo é *promover*, ou seja, diligenciar, propor, requerer (linguagem forense) e originar, provocar, causar etc. (linguagem comum), na espécie, o registro de nascimento que não se deu. Tal ocorre quando se diz nascido filho de mulher que não o deu à luz, quer por não se achar grávida, quer porque não houve ainda a *délivrance*; ou quando se declara o natimorto como tendo nascido vivo. Em ambos os casos não houve nascimento."[22]

No que diz respeito ao natimorto, o art. 53 da Lei nº 6.015/73 determina:

> **Art. 53.** No caso de ter a criança nascido morta ou no de ter morrido na ocasião do parto, será, não obstante, feito o assento com os elementos que couberem e com remissão ao do óbito.
> § 1º No caso de ter a criança nascido morta, será o registro feito no livro 'C Auxiliar', com os elementos que couberem.
> § 2º No caso de a criança morrer na ocasião do parto, tendo, entretanto, respirado, serão feitos os dois assentos, o de nascimento e o de óbito, com os elementos cabíveis e com remissões recíprocas.

1.2 Classificação doutrinária

Crime comum, tanto no que diz respeito ao sujeito ativo quanto ao sujeito passivo; doloso; comissivo (podendo ser praticado via omissão imprópria, na hipótese de o agente gozar do *status* de garantidor); material (pois a sua consumação ocorre com o efetivo registro da inscrição de nascimento inexistente);[23] de forma livre; instantâneo; monossubjetivo; plurissubsistente; não transeunte (haja vista que haverá necessidade de comprovação, via perícia, da inscrição levada a efeito no Cartório do Registro Civil).

1.3 Objeto material e bem juridicamente protegido

O tipo penal que prevê o delito de registro de nascimento inexistente tem como bem juridicamente protegido o *estado de filiação*, fato que se comprova dada a sua inserção do Capítulo II (Dos crimes contra o estado de filiação), do Título VII (Dos crimes contra a família). Com a sua incriminação protege-se, também, a regular constituição da família.

O objeto material é o registro que é levado a efeito no Cartório de Registro Civil, onde se faz consignar um nascimento inexistente.

1.4 Sujeito ativo e sujeito passivo

Qualquer pessoa pode figurar como *sujeito ativo* do delito de registro de nascimento inexistente, haja vista que o tipo penal do art. 241 não exige nenhuma qualidade ou condição especial, sendo, portanto, sob esse aspecto, um crime comum.

Sujeito passivo é o Estado, que vê fragilizada a fé pública, ou seja, a presunção de veracidade que deve existir em todos os seus documentos. Além do Estado, qualquer pessoa que vier a ser prejudicada com a utilização do registro inexistente também poderá ser considerada sujeito passivo do delito em estudo.

---

[22] NORONHA, Edgard Magalhães. *Direito penal*, v. 3, p. 286.
[23] Guilherme de Souza Nucci, em sentido contrário, afirma pela natureza formal do delito em estudo, ao argumento de que a infração penal tipificada no art. 241 do Código Penal "não exige resultado naturalístico, consistente no efetivo prejuízo para alguém diante do falso registro" (*Código penal comentado*, p. 847).

1.5 Consumação e tentativa

O delito se consuma no exato instante em que é procedida a inscrição do nascimento inexistente no Cartório do Registro Civil.

Tratando-se de crime de natureza plurissubsistente, no qual se pode fracionar o *iter criminis*, será possível o raciocínio correspondente à tentativa. Conforme exemplifica Noronha, "se o agente faz a declaração, mas esta não é inscrita, seja porque o oficial desconfia, seja pela intervenção de terceiro, não se passou da execução, ficando o delito em grau de tentativa".[24]

1.6 Elemento subjetivo

O delito de registro de nascimento inexistente somente pode ser praticado dolosamente, não havendo previsão para a modalidade de natureza culposa.

Assim, v.g., aquele que conseguir levar a efeito a inscrição de um feto natimorto, supondo que, depois da sua expulsão do útero materno, decorrido o período de gravidez normal, poderia ser considerado um nascimento como outro qualquer, atua em erro de tipo, afastando-se o dolo e, consequentemente, a infração penal, em face da inexistência expressa da punição do comportamento a título de culpa.

1.7 Modalidades comissiva e omissiva

O núcleo *promover* pressupõe um comportamento comissivo por parte do agente, praticando uma conduta positiva no sentido de efetivar a inscrição de nascimento inexistente no Cartório de Registro Civil.

No entanto, poderá ser praticado via omissão imprópria, a exemplo do agente que, gozando do *status* de garantidor, mesmo conhecendo a falsidade das declarações produzidas por aquele que pretende levar a efeito o registro de um nascimento inexistente, dolosamente, nada fizer para impedir a inscrição falsa.

1.8 Pena e ação penal

O preceito secundário do art. 241 do Código Penal comina uma pena de reclusão, de 2 (dois) a 6 (seis) anos, para aquele que promover no registro civil a inscrição de nascimento inexistente.

A ação penal é de *iniciativa pública incondicionada*.

1.9 Destaques

1.9.1 Prescrição

O art. 111, IV, do Código Penal esclarece:

> **Art. 111.** A prescrição, antes de transitar em julgado a sentença final, começa a correr:
> [...];
> IV – nos de bigamia e nos de falsificação ou alteração de assentamento do registro civil, da data em que o fato se tornou conhecido.

Dessa forma, não se tem por iniciada a contagem do prazo prescricional do dia em que o crime se consumou, vale dizer, quando da efetivação do registro falso de nascimento, mas, sim, a partir do momento em que o fato se torna conhecido.

---

[24] NORONHA, Edgard Magalhães. *Direito penal*, v. 3, p. 286.

Essa data, no entanto, somente servirá para efeitos de reconhecimento da prescrição da pretensão punitiva, calculada levando-se em consideração a pena máxima cominada em abstrato, uma vez que, após as alterações produzidas pela Lei nº 12.234, de 5 de maio de 2010, foi impossibilitado o reconhecimento da prescrição retroativa, tomando-se por base a pena concretizada na sentença penal condenatória recorrível, calculada entre a data do fato e a data do recebimento da denúncia.

Tal como no crime de bigamia, fica a pergunta: O fato deve se tornar conhecido de quem? De qualquer pessoa do povo, ou de alguma autoridade pública? Embora exista a controvérsia, tem-se entendido, majoritariamente, que o prazo prescricional começa a correr a partir do momento em que o fato chega ao conhecimento de qualquer autoridade pública (delegado de polícia, Ministério Público, juiz de direito).

1.9.2 Questão prejudicial

Determina o art. 92 do Código de Processo Penal, *verbis:*

> **Art. 92.** Se a decisão sobre a existência da infração depender da solução de controvérsia, que o juiz repute séria e fundada, sobre o estado civil das pessoas, o curso da ação penal ficará suspenso até que no juízo cível seja a controvérsia dirimida por sentença passada em julgado, sem prejuízo, entretanto, da inquirição das testemunhas e de outras provas de natureza urgente.

Assim, na hipótese de existir dúvida séria e fundada quanto ao estado civil de pessoa, o curso da ação penal ficará suspenso, até que a controvérsia seja dirimida no juízo cível competente.

1.10 Quadro-resumo

Sujeitos
- Ativo: qualquer pessoa.
- Passivo: é o Estado, bem como qualquer pessoa que vier a ser prejudicada com a utilização do registro inexistente.

Objeto material
É o registro que é levado a efeito no Cartório de Registro Civil, onde se faz consignar um nascimento inexistente.

Bem(ns) juridicamente protegido(s)
É o estado de filiação. Protege-se, também, a regular constituição da família.

Elemento subjetivo
- É o dolo.
- Não há previsão para a modalidade de natureza culposa.

Modalidades comissiva e omissiva
O núcleo promover pressupõe um comportamento comissivo por parte do agente, praticando uma conduta positiva no sentido de efetivar a inscrição de nascimento inexistente no cartório de registro civil, podendo, no entanto ser praticado via omissão imprópria.

> **Consumação e tentativa**
> » O delito se consuma no exato instante em que é procedida a inscrição do nascimento inexistente no cartório do registro civil.
> » A tentativa é admissível.

2. PARTO SUPOSTO. SUPRESSÃO OU ALTERAÇÃO DE DIREITO INERENTE AO ESTADO CIVIL DE RECÉM-NASCIDO

> **Parto suposto. Supressão ou alteração de direito inerente ao estado civil de recém-nascido**
> **Art. 242.** Dar parto alheio como próprio; registrar como seu o filho de outrem; ocultar recém-nascido ou substituí-lo, suprimindo ou alterando direito inerente ao estado civil:
> Pena – reclusão, de dois a seis anos.
> **Parágrafo único.** Se o crime é praticado por motivo de reconhecida nobreza:
> Pena – detenção, de um a dois anos, podendo o juiz deixar de aplicar a pena.

2.1 Introdução

O tipo penal do art. 242 prevê o delito de *parto suposto e supressão ou alteração de direito inerente ao estado civil de recém-nascido*.

Como se percebe, são múltiplos os comportamentos previstos pelo tipo penal que podem se configurar no delito em estudo. Assim, de acordo com a redação legal, podemos apontar os seguintes elementos: *a)* a conduta de dar parto alheio como próprio; *b)* a conduta de registrar como seu o filho de outrem; *c)* a ocultação de recém-nascido ou sua substituição, mediante supressão ou alteração de direito inerente ao estado civil.

Ao contrário do que ocorre com o delito de registro de nascimento inexistente, na infração penal tipificada pelo art. 242 do Código Penal, na modalidade de *dar parto alheio como próprio*, existe, efetivamente, o nascimento de uma criança. No entanto, a agente atribui a si como próprio o filho nascido de outra mulher. Conforme lições de Noronha:

> "A ação física consiste em a mulher atribuir-se a maternidade de filho alheio, em regra simulando prenhez e parto. A punibilidade assenta-se, pois, não no simples fato de simular prenhez, mas na acompanhada ou completada pelo aparecimento de criança alheia, porque é então que advém dano à ordem da família, com a introdução nela de um indivíduo estranho, em prejuízo aos legítimos herdeiros, a quem caberiam os bens se não houvesse essa falsidade."[25]

A segunda modalidade de comportamento típico diz respeito à conduta de *registrar como seu o filho de outrem*, conhecida, popularmente, como "adoção à brasileira", sendo extremamente comum sua ocorrência, praticada, principalmente, por famílias que atuam no sentido de ajudar um amigo, um parente próximo ou, mesmo, uma pessoa estranha que não possui condições para criar e cuidar de seu filho. Essa é razão pela qual existe o reconhecimento legal da nobreza do comportamento, criando, assim, nos termos do parágrafo único do art. 242 do Código Penal, um tipo derivado privilegiado, permitindo-se, ainda, ao julgador a aplicação do perdão judicial, oportunidade em que deixará de aplicar a pena.

Deve ser ressaltado que tanto o homem quanto a mulher podem praticar o comportamento típico. Assim, imagine-se a hipótese em que um homem assuma a paternidade do filho

---
[25] NORONHA, Edgard Magalhães. *Direito penal*, v. 3, p. 288.

de sua companheira, a quem conheceu depois do início de sua gravidez. Da mesma forma, responderá por esse delito a agente que registrar como seu o filho nascido de outra mulher. Também não é incomum que ambos, marido e mulher, pratiquem o delito em estudo, levando a efeito o registro como se fossem os pais biológicos da criança, por exemplo.

A lei penal, também no mesmo art. 242, responsabiliza criminalmente aquele que vier a *ocultar recém-nascido ou substituí-lo, suprimindo ou alterando direito inerente ao estado civil*. No primeiro caso, o agente oculta o recém-nascido, não levando a efeito o seu registro, com a finalidade de suprimir ou alterar direito inerente ao estado civil. Preleciona Luiz Regis Prado que é:

> "Irrelevante a efetiva ocorrência do ocultamento material, ou seja, basta que o agente não apresente o neonato, advindo dessa conduta a supressão ou alteração de seu *status familiae*. A não realização da inscrição do nascimento no Registro Civil, com a finalidade de suprimir direito do recém-nascido – por exemplo, obstar que figure como herdeiro –, configura o delito se acompanhada da privação de direito concernente ao estado civil."[26]

Entendemos que essa finalidade, vale dizer, a supressão ou a alteração de direito inerente ao estado civil, deve fazer parte do dolo do agente ou, para a doutrina dominante, cuida-se de um elemento subjetivo especial constante do tipo penal, sem o qual não se poderá reconhecer a infração penal. Veja-se, por exemplo, a hipótese, muito frequente, em que os pais, dado o estado de miserabilidade em que se encontram, não registram o filho recém-nascido, acreditando, erroneamente, terem de pagar algum valor para a efetivação do registro. Embora, para o Estado, ocorra uma ocultação do nascimento de uma criança, não podemos entendê-la como típica, pois ausente essa finalidade de suprimir ou alterar direito inerente ao estado civil.

A lei penal menciona, expressamente, a figura do recém-nascido, não se podendo incluir, consequentemente, por meio dessa expressão, o natimorto. Hungria, dissertando sobre o tema, esclarece:

> "Se a criança nasceu morta, o registro é obrigatório, mas a omissão não constitui o crime de ocultação de recém-nascido, porque a personalidade civil do homem começa com o nascimento *com vida*, posto que a lei ponha a salvo desde a concepção os direitos do nascituro (Código Civil, art. 4º[27]). Ora, o natimorto não tem estado civil, pelo que a omissão do registro respectivo não lhe suprime qualquer direito. Mas, no caso de nascimento com vida, a que se seguir a morte do recém-nascido, a omissão poderá resultar no crime previsto, pela criação de uma 'situação material ou formal de ordem a poder dizer-se suprimido o estado do recém-nascido'. Parece que a própria omissão do registro no prazo legal já integra o crime de supressão de estado, nestas circunstâncias. Se o recém-nascido é, por exemplo, enterrado no quintal da casa, quem o enterrou será punido pelo crime, se, não tendo sido feito o registro, o exame médico-legal verificar ter havido nascimento com vida (que não se presume). Pouco importa a viabilidade, ou vitalidade, do indivíduo, porque a personalidade não depende da vitalidade."[28]

Na segunda hipótese, ocorre a troca de recém-nascidos. Dissertando sobre a substituição de recém-nascido, esclarecem Carmona Salgado, González Rus, Morillas Cueva e Polaino Navarrete que esta importa no "intercâmbio de duas crianças, que veem alterado, dessa forma, seu

---

[26] PRADO, Luiz Regis. *Curso de direito penal brasileiro*, v. 3, p. 361.
[27] Atualmente, art. 2º da Lei nº 10.406, de 10 de janeiro de 2002 (Código Civil).
[28] HUNGRIA, Nélson. *Comentários ao código penal*, v. VIII, p. 394.

estado civil ao serem introduzidas em famílias que não são as suas".[29] Essa troca pode ocorrer entre crianças vivas, a exemplo do pai que, desejando que sua esposa tivesse um filho, ao nascer uma menina, a substitui por um menino, ainda no berçário, levando-o em seguida.

Essa troca de recém-nascidos nos faz lembrar uma das sentenças mais conhecidas, proferidas por Salomão, constante do primeiro livro de Reis, capítulo 3, versículos 16 a 28, com a seguinte narração:

"Certo dia, duas prostitutas apresentaram-se diante do rei Salomão, e uma delas disse:

— Ó rei Salomão! Eu e esta mulher moramos na mesma casa. Eu dei à luz um menino, e ela estava lá comigo. Dois dias depois do nascimento do meu filho, ela também deu à luz um menino. Somente nós duas estávamos na casa; não havia mais ninguém lá. Uma noite, ela rolou sem querer sobre o seu filho e o sufocou. Então levantou-se durante a noite, enquanto eu dormia, pegou o meu filho e o colocou na cama dela. Depois colocou o menino morto nos meus braços. No outro dia de manhã, quando eu me levantei para dar de mamar ao meu filho, vi que estava morto. Porém, quando reparei bem, percebi que não era o meu filho.

Mas a outra mulher disse:

— Não é verdade. Pelo contrário, meu filho é o que está vivo, e o seu é o que está morto!

E a primeira mulher respondeu:

— Não é, não! A criança morta é a sua, e a viva é a minha!

E foi assim que discutiram na frente do rei.

Então o rei Salomão disse:

— Cada uma de vocês diz que a criança viva é a sua, e que a morta é da outra.

Então mandou buscar uma espada e, quando a trouxeram, disse:

— Cortem a criança viva pelo meio e deem metade para cada uma destas mulheres.

A verdadeira mãe do menino, com o coração cheio de amor pelo filho, disse:

— Por favor, senhor, não mate o meu filho! Entregue-o a esta mulher!

Mas a outra disse:

— Podem cortá-lo em dois pedaços! Assim ele não será nem meu nem seu.

Aí Salomão disse:

— Não matem a criança! Entreguem o menino à primeira mulher porque ela é a mãe dele. Todo o povo de Israel soube dessa decisão do rei Salomão, e aí todos sentiram um grande respeito por ele, pois viram que Deus lhe tinha dado sabedoria para julgar com justiça."[30]

O tipo penal do art. 242 é de natureza *mista cumulativa*. Dessa forma, de acordo com as lições de Luiz Regis Prado, "não há fungibilidade entre as condutas, o que implica, em caso de se realizar mais de uma, a aplicação da regra do cúmulo material (art. 69 do CP)".[31]

2.2 Classificação doutrinária

Crime próprio no que diz respeito à primeira figura (*dar parto alheio como próprio*) e comum com relação às demais (*registrar como seu filho de outrem, ocultar recém-nascido ou substituí-lo, suprimindo ou alterando direito inerente ao estado civil*); doloso; comissivo (podendo ser praticado via omissão imprópria, na hipótese de o agente gozar do *status* de garantidor);

---

[29] CARMONA SALGADO, C., GONZÁLEZ RUS, J. J., MORILLAS CUEVA, L., POLAINO NAVARRETE, M. *Manual de derecho penal* – Parte especial, p. 404.
[30] BÍBLIA SAGRADA. *Nova tradução na linguagem de hoje*, p. 225.
[31] PRADO, Luiz Regis. *Curso de direito penal brasileiro*, v. 3, p. 358.

de forma livre; material; instantâneo (exceto no que diz respeito ao núcleo *ocultar*, que denota sua natureza permanente); monossubjetivo; plurissubsistente; não transeunte (nas hipóteses, por exemplo, em que seja realizado o registro do filho de outrem, sendo possível, dessa forma, o exame pericial no documento).

2.3 Objeto material e bem juridicamente protegido

Tal como ocorre no delito de registro de nascimento inexistente, o tipo penal, que prevê o crime de parto suposto e supressão ou alteração de direito inerente ao estado civil do recém--nascido, tem por finalidade proteger o *estado de filiação*. Com a sua incriminação, protege--se, também, a regular constituição da família, podendo-se visualizar, ainda, a proteção da *fé pública* do Registro Civil.

O objeto material poderá ser tanto o registro como o próprio recém-nascido.

2.4 Sujeito ativo e sujeito passivo

No que diz respeito à conduta de dar parto alheio como próprio, somente a mulher poderá figurar como *sujeito ativo* do delito, tratando-se, pois, de crime próprio; nos demais comportamentos previstos pelo art. 242 do Código Penal (registrar como seu o filho de outrem; ocultar recém-nascido ou substituí-lo, suprimindo ou alterando direito inerente ao estado civil), qualquer pessoa pode ser sujeito ativo, haja vista que, nessas hipóteses, o tipo penal não exige nenhuma qualidade ou condição especial, cuidando-se, assim, de delito comum.

O sujeito passivo é o Estado, bem como as pessoas que foram prejudicadas com a conduta levada a efeito pelo sujeito ativo (herdeiros, nas duas primeiras hipóteses, por exemplo, pois terão que dividir, indevidamente, sua parte na herança com aquele que a ela não faz jus; do próprio recém-nascido, ou mesmo de outras pessoas que foram lesadas com a prática da conduta típica).

2.5 Consumação e tentativa

No que diz respeito ao momento de consumação do delito, devemos fazer as distinções relativas às quatro situações elencadas pelo art. 242 do Código Penal. Assim, conforme esclarece Luiz Regis Prado:

"Na primeira figura, verifica-se quando criada a situação duradoura que realmente implique alteração do *status familiae* da criança; na segunda, com o efetivo registro de filho alheio como se fosse próprio; na terceira e quarta figuras, com a supressão ou alteração de direito inerente ao estado civil. Logo, se da ocultação ou da supressão não resultou a privação de direito do neonato, haverá unicamente tentativa."[32]

Tratando-se de um delito plurissubsistente, no qual se pode fracionar o *iter criminis*, será perfeitamente possível o raciocínio correspondente à tentativa em qualquer das situações previstas pelo tipo penal.

2.6 Elemento subjetivo

O tipo penal do art. 242 somente pode ser praticado dolosamente, não havendo previsão para a modalidade de natureza culposa.

---

[32] PRADO, Luiz Regis. *Curso de direito penal brasileiro*, v. 3, p. 362.

Nas modalidades ocultar recém-nascido ou substituí-lo, o agente, segundo a doutrina dominante, ainda terá de atuar com um *especial fim de agir*, no sentido de suprimir ou alterar direito inerente ao estado civil.

Assim, por exemplo, aquele que, por engano, sai da maternidade com o filho de outrem, supondo tratar-se do próprio filho, não comete o delito em estudo.

2.7 Modalidades comissiva e omissiva

As condutas previstas no tipo penal do art. 242 pressupõem um comportamento comissivo por parte do agente, até mesmo no que diz respeito ao núcleo ocultar, pois o agente atua positivamente no sentido de esconder o recém-nascido.

No entanto, será possível sua prática via omissão imprópria, na hipótese em que o agente, gozando do *status* de garantidor, dolosamente, não impedir que alguém pratique qualquer dos comportamentos previstos no tipo penal em estudo. Assim, imagine-se a hipótese em que um pai, sabendo que seu filho será registrado por outra pessoa, que lhe modificará a filiação, praticando a conduta conhecida por "adoção à brasileira", nada faz para evitar o resultado. Nesse caso, poderá ser responsabilizado criminalmente pelo delito em estudo, pois, dolosamente, se omitiu quando devia e podia agir a fim de evitar o resultado.

2.8 Modalidade privilegiada e perdão judicial

O parágrafo único do art. 242 do Código Penal comina uma pena de detenção, de 1 (um) a 2 (dois) anos, podendo o juiz deixar de aplicá-la se o crime é praticado por motivo de reconhecida nobreza.

Existem situações, que não são incomuns, em que o agente pratica o delito tipificado no art. 242 do Código Penal, em qualquer de suas modalidades, impelido por um motivo nobre, que denota generosidade, altruísmo, humanidade, enfim, sentimentos que merecem ser considerados para efeito de aplicação da lei penal, ou mesmo para que seja evitada sua aplicação. Imagine-se a hipótese em que uma mulher, grávida, vivendo em condições de extrema miséria, morando em um vilarejo muito pobre no interior de uma cidade de nosso país, resolva abortar, oportunidade em que é impedida por uma família, de condições pouco melhores do que as dela, mas que, movida por um sentimento de solidariedade, a convença a levar a gravidez a termo, sob a promessa de que ficaria com a criança assim que ela nascesse. Depois do nascimento, dada a pouca cultura, a família registra o recém-nascido como filho.

Nesse caso, a lei fornece ao julgador duas opções: a primeira delas, depois de concluir que o fato é típico, ilícito e culpável, condenar o agente pela prática do delito previsto pelo parágrafo único do art. 242 do Código Penal, que prevê uma modalidade privilegiada de parto suposto; a segunda opção, que dependerá da sensibilidade do julgador no caso concreto, será a concessão do *perdão judicial*, deixando de aplicar a pena. O juiz deverá, portanto, analisar, principalmente, a culpabilidade do agente, a fim de concluir, entre as opções que lhe são fornecidas pela lei, qual delas é a que melhor se aplica ao caso concreto, ou seja, aquela que melhor atenderá aos critérios de uma boa política criminal.

2.9 Pena, ação penal, competência para o julgamento e suspensão condicional do processo

Para a modalidade simples do delito tipificado no art. 242 do Código Penal está prevista uma pena de reclusão, de 2 (dois) a 6 (seis) anos; para a modalidade privilegiada, constante do parágrafo único do mencionado artigo, a lei penal comina uma pena de detenção, de 1(um) a 2 (dois) anos, além da possibilidade de ser concedido, como vimos acima, o perdão judicial.

A ação penal é de *iniciativa pública incondicionada*.

A competência para o processo e julgamento da modalidade privilegiada, constante do parágrafo único do art. 242 do Código Penal, é do Juizado Especial Criminal, nos termos dos arts. 60 e 61 da Lei nº 9.099/95.

Da mesma forma, será possível a confecção de proposta de suspensão condicional do processo para a modalidade privilegiada, conforme preconiza o art. 89 do da Lei nº 9.099/95, considerando-se a pena mínima a ela cominada.

2.10 Destaques

2.10.1 Erro de proibição e adoção à brasileira

Não é incomum que alguém, dada sua pouca instrução, bem como seu desconhecimento da lei penal, registre filho alheio como se fosse próprio, pois tinha a finalidade, na verdade, de adotá-lo. Nesse caso, poderá ser levado a efeito o raciocínio relativo ao chamado erro de proibição, previsto no art. 21 do Código Penal:

> **Art. 21.** O desconhecimento da lei é inescusável. O erro sobre a ilicitude do fato, se inevitável, isenta de pena; se evitável, poderá diminuí-la de um sexto a um terço.

Uma vez adotado por nossa legislação penal o erro de proibição, que deverá ser analisado quando o julgador for levar a efeito o juízo de censura sobre o injusto penal praticado pelo agente, poderá se concluir que, no caso concreto, em virtude das suas particulares condições (grau de instrução, cultura, a localidade onde residia, condição social etc.), não lhe era possível ter o conhecimento da ilicitude do fato por ele praticado, razão pela qual poderá ser absolvido, isentando-o de pena, ou, se for considerado vencível o erro, poderá ter sua pena reduzida de um sexto a um terço.

2.10.2 Termo inicial da prescrição

Tal como ocorre com o delito tipificado no art. 241 do Código Penal, a prescrição, nas hipóteses do delito de parto suposto e supressão ou alteração de direito inerente ao estado civil de recém-nascido, começa a correr, nos termos do art. 111, IV, do Código Penal, a partir da data em que o fato se tornou conhecido da autoridade pública.

Essa data, no entanto, somente servirá para efeitos de reconhecimento da prescrição da pretensão punitiva, calculada levando-se em consideração a pena máxima cominada em abstrato, uma vez que, após as alterações produzidas pela Lei nº 12.234, de 5 de maio de 2010, foi impossibilitado o reconhecimento da prescrição retroativa, tomando-se por base a pena concretizada na sentença penal condenatória recorrível, calculada entre a data do fato e a data do recebimento da denúncia.

2.10.3 Questão prejudicial

Aplica-se ao delito tipificado no art. 242 do Código Penal o raciocínio relativo às questões prejudiciais, conforme assevera o art. 92 do Código de Processo Penal.

2.11 Quadro-resumo

Sujeitos

» Ativo: no que diz respeito à conduta de dar parto alheio como próprio, somente a mulher poderá figurar como sujeito ativo do delito, tratando-se, pois, de crime próprio; nos demais

comportamentos previstos pelo art. 242, qualquer pessoa pode ser sujeito ativo, cuidando-se, assim, de delito comum.
» Passivo: é o Estado, bem como as pessoas que foram prejudicadas com a conduta levada a efeito pelo sujeito ativo (herdeiros, nas duas primeiras hipóteses, por exemplo, pois que terão que dividir, indevidamente, sua parte na herança com aquele que a ela não faz jus; o próprio recém-nascido, ou mesmo outras pessoas que foram lesadas com a prática da conduta típica).

Objeto material

Poderá ser tanto o registro como o próprio recém-nascido.

Bem(ns) juridicamente protegido(s)

O estado de filiação. Protege-se, também, a regular constituição da família, podendo-se visualizar, ainda, a proteção da fé pública do Registro Civil.

Elemento subjetivo

» É o dolo.
» Não há previsão para a modalidade de natureza culposa.
» Nas modalidades ocultar recém-nascido ou substituí-lo, o agente, segundo a doutrina dominante, ainda terá de atuar com um especial fim de agir, no sentido de suprimir ou alterar direito inerente ao estado civil.

Modalidades comissiva e omissiva

» As condutas previstas no tipo penal do art. 242 pressupõem um comportamento comissivo por parte do agente, até mesmo no que diz respeito ao núcleo ocultar, pois que o agente atua positivamente no sentido de esconder o recém-nascido.
» No entanto, será possível sua prática via omissão imprópria.

Consumação e tentativa

» No que diz respeito ao momento de consumação do delito, devemos fazer as distinções relativas às quatro situações listadas pelo art. 242 do CP. Assim, conforme esclarece Luiz Regis Prado (2001, p. 362), "na primeira figura, verifica-se quando criada a situação duradoura que realmente implique alteração do *status familiae* da criança; na segunda, com o efetivo registro de filho alheio como se fosse próprio; na terceira e quarta figuras, com a supressão ou alteração de direito inerente ao estado civil. Logo, se da ocultação ou da supressão não resultou a privação de direito do neonato, haverá unicamente tentativa".
» A tentativa é admissível.

3. SONEGAÇÃO DE ESTADO DE FILIAÇÃO

Sonegação de estado de filiação
Art. 243. Deixar em asilo de expostos ou outra instituição de assistência filho próprio ou alheio, ocultando-lhe a filiação ou atribuindo-lhe outra, com o fim de prejudicar direito inerente ao estado civil:
Pena – reclusão, de um a cinco anos, e multa.

3.1 Introdução

O delito de *sonegação de estado de filiação* veio tipificado no art. 243 do Código Penal.

Podemos destacar os seguintes elementos que informam a mencionada figura típica: *a)* a conduta de deixar em asilo de expostos ou outra instituição de assistência; *b)* filho próprio ou alheio; *c)* ocultando-lhe a filiação; *d)* ou atribuindo-lhe outra filiação; *e)* com a finalidade especial de prejudicar direito inerente ao estado civil.

O núcleo *deixar* deve ser interpretado no sentido de entregar, abandonar filho próprio ou alheio, em *asilo de expostos* ou outra *instituição*. A expressão *asilo de expostos*, que já caiu em desuso, tem o significado de local onde são entregues crianças abandonadas, a exemplo dos orfanatos; *instituição*, a seu turno, de acordo com a interpretação analógica determinada pelo tipo penal, compreende, além do asilo de expostos, qualquer lugar que se destine ao abrigo de crianças, como ocorre também com as creches.

O abandono pode ser praticado pelos próprios pais ou, mesmo, por pessoa que não tenha qualquer vínculo com a criança.

Um dos fundamentos à caracterização do delito de sonegação do estado de filiação é que esse abandono se dê sem que a pessoa que o leve a efeito informe aos responsáveis pela instituição, pública ou particular, na qual foi entregue a criança, a respeito de sua filiação correta, seja em forma de ocultação (não informando nada a respeito dela), seja atribuindo-lhe uma outra que não seja a verdadeira. Conforme as lições de Hungria:

> "Elemento do crime é o conhecer o agente a filiação da criança, que expõe, e ocultá-la, isto é, no caso, deixar de a declarar, ou declará-la, falsamente. Assim, se alguém, ocultando o estado civil de uma criança, a depõe em uma casa particular, e o dono da casa, a seu turno, a deixa no asilo, não se configura o crime, a cargo do último."[33]

Uma vez deixada a criança em local que não seja uma das instituições mencionadas pelo art. 243 do Código Penal, o fato poderá se configurar em crime de abandono de incapaz, previsto pelo art. 133 do Código Penal, ou mesmo exposição ou abandono de recém-nascido.

O comportamento levado a efeito pelo agente deve ser dirigido finalisticamente a prejudicar direito inerente ao estado civil.

3.2 Classificação doutrinária

Crime comum tanto com relação ao sujeito ativo quanto ao sujeito passivo; doloso; comissivo (podendo ser praticado via omissão imprópria, na hipótese de o agente gozar do *status* de garantidor); formal (pois não se exige o resultado previsto pelo tipo, vale dizer, ter o agente efetivamente prejudicado direito inerente ao estado civil); de forma livre; instantâneo; monossubjetivo; plurissubsistente; transeunte.

3.3 Objeto material e bem juridicamente protegido

O delito de sonegação de estado de filiação encontra-se no rol daqueles que fazem parte do capítulo que prevê os delitos contra o *estado de filiação*, sendo este, pois, o bem juridicamente protegido pelo tipo penal em estudo.

O objeto material é a pessoa (filho próprio ou alheio) que é deixada em asilo de expostos ou outra instituição de assistência.

---

[33] HUNGRIA, Nélson. *Comentários ao código penal*, v. VIII, p. 398.

3.4 Sujeito ativo e sujeito passivo

Qualquer pessoa, como regra, pode ser *sujeito ativo* do delito tipificado no art. 243 do Código Penal. No entanto, somente o pai e a mãe podem ser sujeitos ativos quando se tratar de filho próprio.

O *sujeito passivo* é o Estado, além da pessoa prejudicada em virtude do comportamento praticado pelo sujeito ativo.

3.5 Consumação e tentativa

O delito se consuma quando o agente, efetivamente, leva a efeito o abandono, deixando filho próprio ou alheio em asilo de expostos ou outra instituição de assistência, ocultando-lhe a filiação ou atribuindo-lhe outra.

Tratando-se de um crime plurissubsistente, torna-se possível a tentativa. Assim, conforme exemplifica Noronha, se depois de ser abandonada a criança, ela é "reconhecida por sinais ou defeitos que apresente, ou, se, afastando-se a mãe, é imediatamente detida etc., haverá tentativa".[34]

3.6 Elemento subjetivo

A conduta prevista no tipo penal do art. 243 somente pode ser praticada dolosamente, não havendo previsão para a modalidade de natureza culposa.

Deverá o agente atuar, no entanto, com um especial fim de agir, vale dizer, o de prejudicar direito inerente ao estado civil.

3.7 Modalidades comissiva e omissiva

O núcleo *deixar* pressupõe um comportamento comissivo.

No entanto, poderá o agente, garantidor, ser responsabilizado por sua omissão imprópria se, dolosamente, permitir que seja levada a efeito a conduta descrita no núcleo do tipo. Assim, por exemplo, imagine-se a hipótese em que um pai, sabendo das intenções de sua esposa em abandonar seu filho recém-nascido, entregando-o a um orfanato, ocultando-lhe a filiação, a fim de prejudicar algum direito inerente ao seu estado civil, podendo, nada faz para impedir a prática do comportamento típico. Nesse caso, poderia responder pelo delito, nos termos do § 2º do art. 13 do Código Penal.

3.8 Pena, ação penal e suspensão condicional do processo

O preceito secundário do art. 243 do Código Penal comina uma pena de reclusão, de 1 (um) a 5 (cinco) anos, e multa.

A ação penal é de *iniciativa pública incondicionada*.

Será possível a confecção de proposta de suspensão condicional do processo em virtude da pena mínima cominada, nos termos do art. 89 da Lei nº 9.099/95.

3.9 Quadro-resumo

Sujeitos
- » Ativo: qualquer pessoa, como regra. No entanto, somente o pai e a mãe podem ser sujeitos ativos quando se tratar de filho próprio.
- » Passivo: é o Estado, além da pessoa prejudicada em virtude do comportamento praticado pelo sujeito ativo.

---

[34] NORONHA, Edgard Magalhães. *Direito penal*, v. 3, p. 292.

Objeto material

É a pessoa (filho próprio ou alheio) que é deixada em asilo de expostos ou outra instituição de assistência.

Bem(ns) juridicamente protegido(s)

É o estado de filiação.

Elemento subjetivo

» É o dolo.
» Não há previsão para a modalidade de natureza culposa.

Modalidades comissiva e omissiva

» O núcleo deixar pressupõe um comportamento comissivo.
» Pode, no entanto, ser praticado via omissão imprópria.

Consumação e tentativa

» O delito se consuma quando o agente, efetivamente, leva a efeito o abandono, deixando filho próprio ou alheio em asilo de expostos ou outra instituição de assistência, ocultando-lhe a filiação ou atribuindo-lhe outra.
» A tentativa é admissível.

Capítulo III
Dos crimes contra a assistência familiar

1. ABANDONO MATERIAL

> **Abandono material**
> **Art. 244.** Deixar, sem justa causa, de prover a subsistência do cônjuge, ou de filho menor de 18 (dezoito) anos ou inapto para o trabalho, ou de ascendente inválido ou maior de 60 (sessenta) anos, não lhes proporcionando os recursos necessários ou faltando ao pagamento de pensão alimentícia judicialmente acordada, fixada ou majorada; deixar, sem justa causa, de socorrer descendente ou ascendente, gravemente enfermo:
> Pena – detenção, de 1 (um) a 4 (quatro) anos, e multa, de uma a dez vezes o maior salário mínimo vigente no País.
> **Parágrafo único.** Nas mesmas penas incide quem, sendo solvente, frustra ou ilide, de qualquer modo, inclusive por abandono injustificado de emprego ou função, o pagamento de pensão alimentícia judicialmente acordada, fixada ou majorada.

1.1 Introdução

A solidariedade é um dos valores fundamentais que devem existir na sociedade. Tanto isso é verdade que o nosso legislador constituinte teve a preocupação de inseri-la expressamente no art. 3º de nossa Lei Maior como um dos objetivos do Estado brasileiro, dizendo:

> **Art. 3º** Constituem objetivos fundamentais da República Federativa do Brasil:
> I – construir uma sociedade livre, justa e solidária.

Se assim, como regra geral, todos, juntamente com o Estado, devem se preocupar com todos, deixando de lado seus sentimentos egoístas, com muito mais razão devemos nos preocupar com aqueles que estão ligados a nós por meio de uma relação de parentesco, na qual, presume-se, haja maior relação de proximidade.

Não devemos, portanto, ficar indiferentes às necessidades alheias, quando podemos, de alguma forma, estender a mão, pois ninguém é capaz de saber sobre o dia de amanhã. Assim, a mesma mão que se estende hoje, para oferecer, amanhã poderá estar estendida para pedir.

Pensando nesse dever de solidariedade ligado intimamente à família, o tipo penal do art. 244 prevê o delito de *abandono material*.

Analisando a figura típica, podemos perceber que ela se desdobra em três situações diferentes, nas quais se configura o abandono material, a saber:

a) deixar, sem justa causa, de prover a subsistência do cônjuge, ou de filho menor de 18 (dezoito) anos ou inapto para o trabalho, ou de ascendente inválido ou maior de 60 (sessenta) anos, não lhes proporcionando os recursos necessários;

b) faltar, sem justa causa, ao pagamento de pensão alimentícia judicialmente acordada, fixada ou majorada;
c) deixar, sem justa causa, de socorrer descendente ou ascendente, gravemente enfermo.

1) O núcleo *deixar* é utilizado no sentido de não levar a efeito, ou seja, não cumprir com aquilo que lhe competia. Na primeira hipótese, o agente, sem justa causa, isto é, sem um motivo que justifique o não cumprimento de sua obrigação, deixa de prover a *subsistência* das pessoas ali elencadas.

A palavra subsistência deve ser tomada em um sentido estrito, dizendo respeito tão somente às necessidades fundamentais para a normal manutenção da pessoa humana, com dignidade, a exemplo da sua necessidade em se alimentar, vestir, medicar, abrigar etc. O agente, portanto, dentro de suas possibilidades, deverá prover a subsistência do cônjuge, aqui compreendido tanto o homem, quanto a mulher, pois, conforme assevera o inciso III do art. 1.566 do Código Civil:

> **Art. 1.566.** São deveres de ambos os cônjuges:
> [...];
> III – mútua assistência;
> [...].

Da mesma forma, os pais deverão cuidar de seus filhos até que atinjam a maioridade (civil e penal) aos 18 (anos), ou que, por algum motivo, sejam inaptos para o trabalho, embora já sendo maiores. No que diz respeito à primeira hipótese, enquanto forem menores, os filhos estarão sujeitos ao poder familiar (art. 1.630 do CC), cabendo aos pais o seu sustento, guarda e educação (art. 1.566, IV, do CC). Uma vez atingida a maioridade, cessa o poder familiar. No entanto, os pais continuam com a obrigação de prover a subsistência de seus filhos se estes forem considerados inaptos para o trabalho, seja essa inaptidão momentânea ou mesmo permanente. Conforme esclarece Guilherme de Souza Nucci, "o filho inapto para o trabalho pode ter qualquer idade, e a inaptidão não necessita decorrer, necessariamente, de deficiência física ou mental. Um filho que seja vítima de grave acidente e esteja em recuperação pode estar inapto para o trabalho".[35]

Devemos ressaltar, no entanto, que a lei penal não deve fomentar o ócio. Assim, se aquele que necessita de recursos para que possa subsistir possui força suficiente para conquistar o pão de cada dia com o suor de seu rosto, entendemos que haverá justa causa para a recusa da promoção de sua subsistência pelos pais.

Com a virada do século XX para o século XXI, surgiu uma nova geração de filhos, que ficou conhecida como geração "canguru", uma vez que esta, ao contrário do que acontecia com a geração da década de 1980, se recusa a sair da casa dos pais, pois ali encontra o conforto necessário sem que, para tanto, tenha que desembolsar qualquer importância.

Mesmo maiores e capazes, continuam a viver à custa de seus genitores. Nesse caso, não havendo qualquer motivo justificado que os incapacitem para o trabalho, seus pais estão liberados da obrigação de mantê-los, não podendo a lei penal obrigá-los a isso, sob pena de ser premiada a total inversão de valores, vale dizer, o trabalho pela vadiagem.

O agente também deverá prover a subsistência de ascendente inválido ou maior de 60 (sessenta) anos. A redação do art. 244 do Código Penal foi modificada pela Lei nº 10.741, de 1º de outubro de 2003, que dispôs sobre o Estatuto da Pessoa Idosa. A redação anterior fazia menção a ascendente inválido ou *valetudinário*, dando a entender que se tratava de pessoa

---

[35] NUCCI, Guilherme de Souza. *Código penal comentado*, p. 716.

com idade já avançada, incapaz de trabalhar por alguma enfermidade ou impossibilidade natural. Agora, com a nova redação, ficou esclarecido que se o ascendente, não importando a idade ou grau (pai, avô, bisavô etc.), for inválido, a exemplo daquele que possua uma doença que o inabilite para o trabalho, ou maior de 60 (sessenta) anos, mesmo estando apto para o trabalho, se não possuir as condições necessárias para a sua subsistência, a obrigação de provê-la recai sobre os seus descendentes, não importando o grau (filho, netos, bisnetos etc.). Registre-se, por oportuna, a determinação constitucional constante do art. 229 da Lei Maior, que diz:

> **Art. 229.** Os pais têm o dever de assistir, criar e educar os filhos menores, e os filhos maiores têm o dever de ajudar e amparar os pais na velhice, carência ou enfermidade.

2) A lei penal também entende como abandono material a conduta de faltar, sem justa causa, ao pagamento de pensão alimentícia judicialmente acordada, fixada ou majorada. O art. 1.694 do Código Civil assevera: *Podem os parentes, os cônjuges ou companheiros pedir uns aos outros os alimentos de que necessitem para viver de modo compatível com a sua condição social, inclusive para atender às necessidades de sua educação.* Complementa o art. 1.695, do mesmo estatuto: *São devidos os alimentos quando quem os pretende não tem bens suficientes, nem pode prover, pelo seu trabalho, à própria mantença, e aquele, de quem se reclamam, pode fornecê-los, sem desfalque do necessário ao seu sustento.*

A lei penal menciona, como espécie de abandono material, a falta de pagamento de pensão alimentícia judicialmente acordada, vale dizer, aquela proposta, transacionada entre o alimentante e o alimentado, que foi trazida ao crivo do Judiciário para ser homologada, bem como aquela judicialmente fixada, vale dizer, sobre a qual não houve acordo no que diz respeito à sua prestação, tendo sido determinada pelo julgador e, ainda, a modificada, também judicialmente, no sentido de majorar a pensão alimentícia que era prestada anteriormente.

Vale ressaltar que o agente somente será responsabilizado criminalmente pelo abandono material se, podendo, faltar com o pagamento da pensão alimentícia. Assim, poderá surgir um fato relevante que o impeça de cumprir o compromisso determinado judicialmente, a exemplo de ter sido demitido do seu emprego, ou de se encontrar, quando profissional liberal ou autônomo, impossibilitado de trabalhar em virtude de estar acometido por alguma doença, ou, ainda, mesmo trabalhando, estar passando por sérias dificuldades econômicas que o impeçam de honrar o seu compromisso, enfim, alguma justa causa, para usarmos a expressão legal.

Alguns autores, a exemplo de Carmona Salgado, González Rus, Morillas Cueva e Polaino Navarrete, discordam da decisão de política criminal de se responsabilizar criminalmente o devedor de alimentos:

"A tipificação do não pagamento de prestação econômica familiar implica uma indevida ingerência do ordenamento privado no genuíno marco regulativo do Direito Penal. A exigência básica de intervenção mínima não se compadece com a noção civilista de mero descumprimento patrimonial [...]."

E continuam os renomados autores espanhóis:

"O decreto de prisão penal por dívidas, assim como a criminalização da inobservância de uma mera obrigação civil, como procedimentos institucionais abertamente superados no plano do Direito Penal do ato, resultam contraditórios, tanto às exigências de garantia da culpabilidade pelo injusto típico, como as expectativas político-criminais de prevenção geral e especial."[36]

3) Por último, também configura o abandono material deixar de socorrer, sem justa causa, descendente ou ascendente gravemente enfermo. Nesse caso, o fator determinante para a assistência, que importa em dever de solidariedade, é a enfermidade grave, seja ela física ou psíquica. O agente, portanto, deverá prestar toda assistência necessária ao socorro de descendente ou ascendente, seja adquirindo medicamentos, arcando com despesas médico-hospitalares, transporte necessário ao tratamento de saúde ou, mesmo, adquirindo os alimentos indispensáveis à manutenção da vida daquele que se encontra gravemente enfermo.

Bento de Faria, analisando a figura típica em estudo, esclarece:

"A – enfermidade grave – não é o simples incômodo, de maior ou menor duração, ou qualquer alteração da saúde, de caráter leve e sem maiores consequências.

Podendo não ser *incurável* nem *permanente*, é expressiva de uma manifestação mórbida suscetível de pôr a vida em risco, ainda quando a sua cura ou a remoção desse perigo possa se verificar em menos de trinta dias.

Todavia, torna-se indispensável o juízo médico para determinar se esse estado mórbido apresenta – gravidade."[37]

Estamos diante de um *tipo misto cumulativo e alternativo*, podendo o agente, por exemplo, que praticar mais de uma conduta típica, responder por duas infrações penais, em concurso material, ou, mesmo praticando dois comportamentos típicos, responder por uma única infração penal. Assim, para efeito de raciocínio, poderá o agente, por exemplo, deixar de prover a subsistência de filho menor de 18 anos não lhe proporcionando os recursos necessários, em virtude do não pagamento de pensão alimentícia. Nesse caso, o tipo seria considerado misto alternativo, tendo havido, consequentemente, a prática de uma única infração penal. Por outro lado, poderá o agente faltar com o pagamento da pensão alimentícia devida a seu filho e, ao mesmo tempo, deixar de socorrê-lo quando acometido de grave enfermidade, oportunidade em que deverá ser responsabilizado duplamente, em concurso material, de acordo com a regra constante do art. 69 do Código Penal.

1.2 Classificação doutrinária

Crime próprio, tanto no que diz respeito ao sujeito ativo, quanto ao sujeito passivo, haja vista a expressa indicação constante do tipo penal; doloso; omissivo próprio; formal (na modalidade de não cumprimento da obrigação alimentícia); de perigo concreto (quando deixa de prover a subsistência de cônjuge, ou de filho menor de 18 anos ou inapto para o trabalho, ou de ascendente inválido ou maior de 60 [sessenta] anos, ou de socorrer descendente ou ascendente, gravemente enfermo); de forma livre (à exceção do não pagamento da pensão alimentícia, uma vez que é esse o meio exigido pelo tipo penal ao cometimento do delito, sendo, assim, considerado de forma vinculada); permanente (cujos efeitos se prolongam no

---

[36] CARMONA SALGADO, C., GONZÁLEZ RUS, J. J., MORILLAS CUEVA, L., POLAINO NAVARRETE, M. *Manual de derecho penal* – Parte especial, p. 479-480.

[37] FARIA, Bento de. *Código penal brasileiro* (comentado), p. 173/174.

tempo, podendo ser interrompidos pela vontade do agente); monossubjetivo; unissubsistente; transeunte (como regra).

1.3 Objeto material e bem juridicamente protegido

Por meio da incriminação do abandono material, busca-se proteger a família, mais especificamente o *dever de assistência* que uns devem ter com relação aos outros no seio familiar.

De acordo com as lições de Guilherme de Souza Nucci, "objeto material pode ser renda, pensão ou outro auxílio. O objeto jurídico é a proteção dispensada pelo Estado à família".[38]

1.4 Sujeito ativo e sujeito passivo

O tipo penal do art. 244 aponta aqueles que podem figurar como *sujeito ativo*, vale dizer, o cônjuge, ascendentes e descendentes.

Sujeitos passivos são também os cônjuges, o filho menor de 18 (dezoito) anos ou inapto para o trabalho, o ascendente inválido ou maior de 60 (sessenta) anos, bem como qualquer descendente ou ascendente, não importando o grau de parentesco, que estiver gravemente enfermo.

1.5 Consumação e tentativa

Entendemos que nas modalidades de deixar, sem justa causa, de prover a subsistência do cônjuge, ou de filho menor de 18 (dezoito) anos, ou inapto para o trabalho, ou de ascendente inválido ou maior de 60 (sessenta) anos, ou deixar de socorrer descendente ou ascendente, gravemente enfermo, estamos diante de um *crime de perigo concreto*, cuja demonstração deverá ser levada a efeito nos autos, para que se possa reconhecer a tipicidade do comportamento praticado pelo agente.

Assim, a infração penal, nessas duas modalidades, somente se configurará quando se demonstrar que a inação do agente trouxe, efetivamente, perigo para a subsistência das pessoas elencadas no tipo penal para a primeira situação, ou para a vida ou a saúde no segundo caso, relativo à falta de socorro a ascendente ou descendente gravemente enfermo.

Será, no entanto, considerado formal quando o agente, sem justa causa, dolosamente, deixar de efetuar o pagamento relativo à pensão alimentícia judicialmente acordada, fixada ou majorada, consumando-se o crime no dia imediatamente posterior ao determinado para o cumprimento da obrigação. No entanto, parece não ser essa a orientação constante do item 79 da Exposição de Motivos da Parte Especial do Código Penal que, no seu parágrafo terceiro, diz:

> 79. [...] dois são os métodos adotados na incriminação: um direto, isto é, o crime pode ser identificado diretamente pelo juiz penal que deverá verificar, ele próprio, se o agente deixou de prestar os recursos necessários; outro indireto, isto é, o crime existirá automaticamente se, reconhecida pelo juiz do cível a obrigação de alimentos e fixado o seu *quantum* na sentença, deixar o agente de cumpri-la durante 3 (três) meses consecutivos.

Entendemos que, nesse caso, não está o juízo criminal atrelado ao juízo cível, a não ser no que diz respeito ao fato de que a pensão alimentícia deverá ter sido judicialmente acordada, fixada ou majorada. Não se pode confundir, de acordo com a posição jurisprudencial

---
[38] NUCCI, Guilherme de Souza. *Código penal comentado*, p. 853.

dominante,[39] a necessidade do decurso do prazo de três meses, para efeitos de decretação da prisão do alimentante, por faltar com a sua prestação, com o momento consumativo do delito de abandono material, que não levou a efeito essa ressalva.

Como regra, não seria possível o raciocínio relativo à tentativa, pois se cuidam de crimes unissubsistentes. No entanto, a hipótese concreta é que será decisiva para se concluir ou não pela possibilidade do *conatus*, razão pela qual, mesmo reconhecendo a sua dificuldade, não a descartamos, ficando o raciocínio dependendo da hipótese a ser analisada.

1.6 Elemento subjetivo

O tipo penal do art. 244 somente admite a modalidade dolosa, não havendo previsão para aquela de natureza culposa.

Assim, por exemplo, aquele que, por descuido, se esquecer de depositar, na conta-corrente do alimentando, o valor relativo à pensão alimentícia que lhe era devida, não poderá ser responsabilizado pelo delito em estudo, tratando-se, pois, de comportamento puramente culposo, tendo em vista a ausência da finalidade de deixar de levar a efeito o pagamento de pensão judicialmente acordada, fixada ou majorada.

1.7 Modalidades comissiva e omissiva

O núcleo *deixar* traduz um comportamento puramente omissivo, tratando-se, pois, de delito omissivo próprio, que afasta a possibilidade do raciocínio correspondente à sua prática por comissão.

Também não será possível a sua realização via omissão imprópria, haja vista que, estando prevista expressamente a omissão, não haverá necessidade de aplicação da norma de extensão constante do § 2º do art. 13 do Código Penal.

1.8 Modalidade especial de abandono material

Diz o parágrafo único do art. 244 do Código Penal, *verbis*:

> **Parágrafo único.** Nas mesmas penas incide quem, sendo solvente, frustra ou ilide, de qualquer modo, inclusive por abandono injustificado de emprego ou função, o pagamento de pensão alimentícia judicialmente acordada, fixada ou majorada.

Aqueles que militam na área do Direito de Família podem testemunhar o fato de que, quando o casamento termina, o amor, que motivou inicialmente a união do casal, se transforma em rancor, ressentimento, ódio, enfim, sentimentos que fazem com que ambos passem a se tratar como inimigos.

A guerra fica ainda pior quando uma das partes, mesmo depois de encerrado o vínculo que as unia anteriormente (com a separação judicial, v.g.), ainda tem a obrigação de manter a outra, pagando-lhe uma pensão alimentícia, uma vez que o art. 1.704 e seu parágrafo único do Código Civil determinam:

---

[39] "Processo civil. *Habeas corpus*. Ação de execução. Pensão alimentícia. É cabível a prisão civil do alimentante inadimplente em ação de execução contra si proposta, quando se visa ao recebimento das últimas três parcelas devidas a título de pensão alimentícia, mais as que vencerem no curso do processo. Precedentes" (STJ, *RHC* 13.505/SP, Recurso Ordinário em *Habeas Corpus* 2002/0139435-4, 3ª T. Rel.ª Min.ª Nancy Andrighi, DJ 31/3/2003, p. 213).

> **Art. 1.704.** Se um dos cônjuges separados judicialmente vier a necessitar de alimentos, será o outro obrigado a prestá-los mediante pensão a ser fixada pelo juiz, caso não tenha sido declarado culpado na ação de separação judicial.
> **Parágrafo único.** Se o cônjuge declarado culpado vier a necessitar de alimentos, e não tiver parentes em condições de prestá-los, nem aptidão para o trabalho, o outro cônjuge será obrigado a assegurá-los, fixando o juiz o valor indispensável à sobrevivência.

Nessa última hipótese, o agente é tomado por um sentimento de revolta ainda maior, pois deverá continuar a manter o seu ex-cônjuge, mesmo tendo sido ele o causador da separação.

Além disso, conforme preconiza o art. 1.696 do Código Civil, *o direito à prestação de alimentos é recíproco entre pais e filhos, e extensivo a todos os ascendentes, recaindo a obrigação nos mais próximos em grau, uns em falta de outros.*

Pode acontecer que o agente, mesmo sendo solvente, ou seja, tendo condições de levar a efeito o pagamento do seu débito alimentício, querendo frustrar a expectativa do alimentado, utilize expedientes que lhe servirão como "desculpa" para o seu inadimplemento, razão pela qual, agindo dolosamente, poderá chegar a ponto de abandonar injustificadamente o seu emprego ou função, com a finalidade de frustrar ou ilidir o pagamento da pensão alimentícia por ele devida.

Caso isso ocorra, ele será responsabilizado criminalmente nos moldes preconizados pelo parágrafo único do art. 244 do Código Penal.

1.9 Pena, ação penal e suspensão condicional do processo

A pena cominada ao delito de abandono material é de detenção de 1 (um) a 4 (quatro) anos, e multa. Embora ainda esteja consignado na lei penal que a multa será de uma a dez vezes o maior salário mínimo vigente no País, tal dispositivo encontra-se revogado pelo art. 2º da Lei nº 7.209, de 11 de julho de 1984, que diz:

> **Art. 2º** São canceladas, na Parte Especial do Código Penal e nas leis especiais alcançadas pelo art. 12 do Código Penal, quaisquer referências a valores de multas, substituindo-se a expressão multa de por multa.

Dessa forma, aplica-se normalmente ao art. 244 do Código Penal o critério de dias-multa, nos termos do art. 49 do mesmo diploma repressivo.

A ação penal é de *iniciativa pública incondicionada.*

Será possível a confecção de proposta de suspensão condicional do processo, tendo em vista a pena mínima cominada ao delito de abandono material, nos termos do art. 89 da Lei nº 9.099/95.

1.10 Destaques

1.10.1 Prisão por inadimplemento de obrigação alimentícia e detração penal

A Constituição Federal, por meio do inciso LXVII do seu art. 5º, ressalvou duas hipóteses de prisão civil dizendo:

> LXVII – Não haverá prisão civil por dívida, salvo a do responsável pelo inadimplemento voluntário e inescusável de obrigação alimentícia e a do depositário infiel.

O § 3º do art. 528 do Código de Processo Civil (Lei nº 13.105, de 16 de março de 2015), a seu turno, cuidando da execução da sentença relativa ao pagamento da prestação alimentícia, assevera que *se o executado não pagar ou se a justificativa apresentada não for aceita, o juiz, além de mandar protestar o pronunciamento judicial na forma do § 1º, decretar-lhe-á a prisão pelo prazo de 1 (um) a 3 (três) meses.*

Imagine-se a hipótese, portanto, em que o agente tenha permanecido preso pelo prazo máximo de 3 (três) meses, em virtude de decisão proferida pelo juízo no qual tramitava o processo de execução relativo ao seu débito alimentício, e que, além disso, tenha também sido definitivamente condenado ao cumprimento de uma pena de detenção, nos termos preconizados pelo preceito secundário do art. 244 do Código Penal.

Nesse caso, poderia ocorrer a chamada detração? O art. 42 do Código Penal, apontando as hipóteses nas quais seria possível a detração, esclarece, *verbis*:

> **Art. 42**. Computam-se, na pena privativa de liberdade e na medida de segurança, o tempo de prisão provisória, no Brasil ou no estrangeiro, o de prisão administrativa e o de internação em qualquer dos estabelecimentos referidos no artigo anterior.

Como se percebe, a prisão civil não se encontra no elenco previsto pelo transcrito art. 42 do Código Penal. No entanto, como bem observado por René Ariel Dotti:

> "Apesar da omissão do texto legal, a detração também opera no caso da prisão civil, i.e., a decretada contra o devedor de alimentos ou o depositário infiel, admitida pela CF (art. 5º, LXVII). A lacuna tem sido resolvida favoravelmente pela doutrina [...]. Em consequência, na execução da sentença condenatória pelo crime de abandono material (CP, art. 244) ou de apropriação indébita (CP, art. 168), deve ser abatido o tempo em que o réu sofreu prisão civil decorrente do mesmo fato."[40]

Dessa forma, apesar da natureza civil da mencionada prisão, entendemos pela possibilidade de se levar a efeito a chamada detração, descontando-se da pena aplicada ao condenado por abandono material o tempo em que permaneceu preso por inadimplemento relativo à pensão alimentícia por ele devida.

1.10.2 Justa causa como elemento negativo do tipo

Como se verifica pela leitura do art. 244 do Código Penal, somente haverá o delito de abandono material se não houver *justa causa* para que o agente não proveja a subsistência do cônjuge, ou de filho menor de 18 (dezoito) anos ou inapto para o trabalho, ou de ascendente inválido ou maior de 60 (sessenta) anos, não lhes proporcionando os recursos necessários ou faltando ao pagamento de pensão alimentícia judicialmente acordada, fixada ou majorada, bem como deixar de socorrer descendente ou ascendente, gravemente enfermo.

A justa causa é um elemento de natureza normativa, que deverá ser valorado no caso concreto a fim de se saber se, efetivamente, o agente, nas condições em que se encontrava, podia ou não levar a efeito os comportamentos exigidos pelo tipo penal em estudo.

1.11 Quadro-resumo

Sujeitos
» Ativo: o tipo penal do art. 244 aponta aqueles que podem figurar como sujeito ativo, vale dizer, o cônjuge, ascendentes e descendentes.
» Passivo: são também os cônjuges, o filho menor de 18 (dezoito) anos ou inapto para o trabalho, o ascendente inválido ou maior de 60 (sessenta) anos, bem como qualquer descendente ou ascendente, não importando o grau de parentesco, que estiver gravemente enfermo.

---

[40] DOTTI, René Ariel. *Curso de direito penal* – Parte geral, p. 606.

Objeto material

"... pode ser renda, pensão ou outro auxílio. o objeto jurídico é a proteção dispensada pelo Estado à família" (NUCCI, 2005, p. 853).

Bem(ns) juridicamente protegido(s)

A família, mais especificamente o dever de assistência que uns devem ter com relação aos outros no seio familiar.

Elemento subjetivo

» É o dolo.
» Não há previsão para a modalidade de natureza culposa.

Modalidades comissiva e omissiva

O núcleo deixar traduz um comportamento puramente omissivo, tratando-se, pois, de delito omissivo próprio, que afasta a possibilidade do raciocínio correspondente à sua prática por comissão.

Consumação e tentativa

» Entendemos que nas modalidades de deixar, sem justa causa, de prover a subsistência do cônjuge, ou de filho menor de 18 (dezoito) anos, ou inapto para o trabalho, ou de ascendente inválido ou maior de 60 (sessenta) anos, ou deixar de socorrer descendente ou ascendente, gravemente enfermo, estamos diante de um crime de perigo concreto, cuja demonstração deverá ser levada a efeito nos autos, para que se possa reconhecer a tipicidade do comportamento praticado pelo agente.
» Será, no entanto, considerado formal quando o agente, sem justa causa, dolosamente, deixar de efetuar o pagamento relativo à pensão alimentícia judicialmente acordada, fixada ou majorada, consumando-se o crime no dia imediatamente posterior ao determinado para o cumprimento da obrigação, embora não seja esse o entendimento esposado pelo item 79 da Exposição de Motivos da Parte Especial do CP.
» Como regra, não seria possível o raciocínio relativo à tentativa, pois trata-se de crime unissubsistente. No entanto, a hipótese concreta é que será decisiva para se concluir ou não pela possibilidade do conatus, razão pela qual, mesmo reconhecendo a sua dificuldade, não a descartamos, ficando o raciocínio dependendo da hipótese a ser analisada.

2. ENTREGA DE FILHO MENOR A PESSOA INIDÔNEA

Entrega de filho menor a pessoa inidônea
Art. 245. Entregar filho menor de 18 (dezoito) anos a pessoa em cuja companhia saiba ou deva saber que o menor fica moral ou materialmente em perigo:
Pena – detenção, de 1 (um) a 2 (dois) anos.
§ 1º A pena é de 1 (um) a 4 (quatro) anos de reclusão, se o agente pratica delito para obter lucro, ou se o menor é enviado para o exterior.
§ 2º Incorre, também, na pena do parágrafo anterior quem, embora excluído o perigo moral ou material, auxilia a efetivação de ato destinado ao envio de menor para o exterior, com o fito de obter lucro.

2.1 Introdução

O crime de *entrega de filho menor a pessoa inidônea* está previsto no art. 245 do Código Penal.

Assim, de acordo a redação legal, podemos apontar os seguintes elementos que integram a mencionada figura típica: *a)* a conduta de entregar filho menor de 18 (dezoito) anos; *b)* a pessoa em cuja companhia o agente sabia, ou tinha possibilidade de saber, que a vítima ficaria moral ou materialmente em perigo.

O núcleo *entregar* é utilizado no texto legal no sentido de deixar o menor de 18 (dezoito) anos sob os cuidados de outra pessoa.

Essa pessoa, no entanto, poderá vir a prejudicá-lo moral ou mesmo materialmente, existindo uma situação de perigo com essa mudança por parte de quem se encarregará dos seus cuidados. Assim, tem-se entendido que, quando os pais entregam um filho menor de 18 (dezoito) anos aos cuidados de um traficante de drogas, de um reconhecido justiceiro ou de pessoa que, sabidamente, se dedica ao ócio, à vadiagem etc., tal comportamento pode repercutir negativamente naquele cuja personalidade ainda se encontra em formação.

A lei penal não se limitou a apontar o perigo para a formação moral da vítima. Poderá ocorrer, outrossim, perigo para sua integridade física ou mesmo para sua vida, a exemplo da hipótese em que os pais entregam o filho aos cuidados de uma pessoa portadora de embriaguez patológica, de um dependente químico, enfim, de qualquer pessoa que possa vir a causar-lhe danos físicos.

Para que o agente possa ser responsabilizado criminalmente pelo delito em estudo, deverá saber do perigo que causará a seu filho ou, pelo menos, nas condições em que se encontrava, deveria saber do perigo que o seu comportamento traria à vítima, entregando-a nas mãos de quem poderia causar-lhe danos morais ou materiais. A lei penal exige, portanto, o efetivo conhecimento da situação de perigo causada com a entrega do menor à pessoa inidônea ou, pelo menos, a possibilidade de o agente conhecer o perigo que acarretaria essa entrega, agindo, pois, tanto com dolo direto, como com dolo eventual.

Deve ser ressaltado, para efeitos de esclarecimentos, que embora se possa deduzir o dolo eventual da expressão *deva saber*, ela diz respeito à situação fática, ou seja, com a possibilidade de conhecimento do perigo a que ficaria exposta a vítima.

2.2 Classificação doutrinária

Crime próprio, tanto com relação ao sujeito ativo, quanto ao sujeito passivo; doloso; comissivo (podendo, no entanto, ser praticado via omissão imprópria na hipótese de o agente gozar do *status* de garantidor); de perigo concreto (embora haja posição em contrário, a exemplo de Cezar Roberto Bitencourt, quando assevera que "o perigo é presumido em razão das condições pessoais daquele a quem o menor é entregue");[41] de forma livre; monossubjetivo; plurissubsistente; transeunte (como regra).

2.3 Objeto material e bem juridicamente protegido

Com o tipo penal do art. 245 busca-se proteger a assistência familiar, entendida aqui no sentido do cuidado que os pais devem ter com seus filhos menores de 18 (dezoito) anos, ainda submetidos ao poder familiar, evitando perigos de natureza moral ou material, ou, conforme esclarece Noronha, "o objeto jurídico considerado reside na tutela da criação e educação do menor, dever indeclinável dos pais. Tem o filho direito inconcusso à sua conservação e formação, que são postas em perigo, quando os genitores, olvidando esse imperativo do pátrio poder, abandonam-no, entregando-o a pessoas inidôneas".[42]

---

[41] BITENCOURT, Cezar Roberto. *Tratado de direito penal*, v. IV, p. 151.
[42] NORONHA, Edgard Magalhães. *Direito penal*, v. 3, p. 302.

O objeto material do delito em estudo é o menor de 18 (dezoito) anos, sobre o qual recai a conduta praticada pelo agente.

2.4 Sujeito ativo e sujeito passivo

Pela redação constante do art. 245 do Código Penal, percebe-se que somente os pais podem ser *sujeitos ativos* do delito em exame.

Por outro lado, somente poderão figurar como *sujeitos passivos* os filhos menores de 18 (dezoito) anos, tratando-se, portanto, de crime próprio, sob os dois enfoques, vale dizer, seja pelo sujeito ativo ou mesmo pelo sujeito passivo.

Faz-se mister, por oportuno, lembrar-se da determinação constitucional contida no § 6º do art. 227, quando diz, *verbis*:

> § 6º Os filhos, havidos ou não da relação do casamento, ou por adoção, terão os mesmos direitos e qualificações, proibidas quaisquer designações discriminatórias relativas à filiação.

2.5 Consumação e tentativa

Consuma-se o delito com a entrega do menor de 18 (dezoito) anos aos cuidados de pessoa inidônea. No entanto, sendo possível o raciocínio correspondente à exigência de concreção do perigo, somente podemos entender como consumada a presente infração penal quando ficar efetivamente demonstrado que o menor se encontrou, concretamente, numa situação de perigo moral ou material.

Nesse sentido, afirma corretamente Cleber Masson que se trata de "crime de perigo concreto, pois é imprescindível a efetiva comprovação da situação de perigo material ou moral à vítima".[43]

Não comungamos, *permissa venia,* com a posição daqueles que se satisfazem com a simples entrega do menor à pessoa inidônea, para efeitos de reconhecimento da infração penal em estudo, a exemplo de Luiz Regis Prado, quando afirma que o delito se consuma "com a simples entrega do menor de dezoito anos à pessoa inidônea, independentemente da efetiva demonstração do perigo",[44] haja vista ser um pensamento contrário a um Direito Penal de cunho garantista, em flagrante ofensa ao princípio da lesividade, que exige a efetiva colocação em perigo de um bem jurídico para efeitos de possibilidade de reconhecimento da infração penal.

Tratando-se de um delito plurissubsistente, é possível o reconhecimento da tentativa.

2.6 Elemento subjetivo

O tipo penal do art. 245 somente pode ser praticado dolosamente, seja o dolo direto, quando o agente, efetivamente, *sabia* dos riscos inerentes à entrega de seu filho à pessoa inidônea, ou mesmo o dolo eventual, quando, nas circunstâncias em que se encontrava, *devia saber*.

Não há previsão legal para a modalidade culposa. Não podemos interpretar *deva saber* como permissiva do raciocínio correspondente ao delito culposo.

Uma vez adotada a política de *extrema* ou *ultima ratio* do Direito Penal, foi afastada a possibilidade de reconhecimento do crime culposo em qualquer figura típica, por meio de cláusula genérica, para se manter um raciocínio de intervenção mínima, permitindo somente

---

[43] MASSON, Cleber. *Direito penal esquematizado,* Parte especial, v. 3, p. 201.
[44] PRADO, Luiz Regis. *Curso de direito penal brasileiro,* v. 3, p. 385.

a responsabilidade penal do agente que atua culposamente quando vier uma declaração expressa nesse sentido no tipo penal, o que não ocorre no caso concreto.

2.7 Modalidades comissiva e omissiva

O núcleo *entregar* pressupõe um comportamento positivo por parte do sujeito ativo.

No entanto, poderá ser praticado via omissão imprópria, na hipótese de o agente gozar do *status* de garantidor, a exemplo do pai que, sabendo que sua esposa entregará seu filho a pessoa inidônea, podendo, dolosamente, nada faz para impedir que essa situação se concretize, trazendo, assim, perigo moral ou material para seu filho.

2.8 Modalidades qualificadas

O § 1º do art. 245 do Código Penal prevê uma figura típica qualificada, dizendo:

> § 1º A pena é de 1 (um) a 4 (quatro) anos de reclusão, se o agente pratica delito para obter lucro, ou se o menor é enviado para o exterior.

Na primeira hipótese, qualifica o delito a finalidade especial com que atua o sujeito, vale dizer, a obtenção de lucro. Na segunda, o fato de entregar o menor de 18 anos à pessoa inidônea, que se encontra no exterior, aumenta a probabilidade de causar-lhe dano moral ou material.

O art. 238 do Estatuto da Criança e do Adolescente comina pena de reclusão, de 1 (um) a 4 (quatro) anos, e multa, para aquele que *prometer ou efetivar a entrega de filho ou pupilo a terceiro, mediante paga ou recompensa*.

A segunda modalidade qualificada se encontra no § 2º do art. 245 do Código Penal, que diz:

> § 2º Incorre, também, na pena do parágrafo anterior quem, embora excluído o perigo moral ou material, auxilia a efetivação de ato destinado ao envio de menor para o exterior, com o fito de obter lucro.

Tal dispositivo, no entanto, foi revogado tacitamente pelo art. 239 do Estatuto da Criança e do Adolescente, assim redigido:

> Art. 239. Promover ou auxiliar a efetivação de ato destinado ao envio de criança ou adolescente para o exterior com inobservância das formalidades legais ou com o fito de obter lucro:
> Pena – reclusão de 4 (quatro) a 6 (seis) anos, e multa.

2.9 Pena, ação penal, competência para julgamento e suspensão condicional do processo

Para a modalidade simples, comina a lei penal uma pena de detenção, de 1 (um) a 2 (dois) anos; a modalidade qualificada, prevista no § 1º do art. 245, prevê uma pena de reclusão, de 1 (um) a 4 (quatro) anos; já a Lei nº 8.069/90, que, por intermédio de seu art. 239, revogou tacitamente o § 2º do art. 245 do Código Penal, comina uma pena de reclusão de 4 (quatro) a 6 (seis) anos, e multa.

A ação penal, em todas as modalidades, será de *iniciativa pública incondicionada*.

Competirá ao Juizado Especial Criminal o processo e o julgamento do delito de entrega de filho menor a pessoa inidônea, em sua modalidade simples, tratando-se, pois, nesse caso, de infração penal de menor potencial ofensivo, nos termos preconizados pelos arts. 60 e 61 da Lei nº 9.099/95.

Será possível, ainda, a confecção de proposta de suspensão condicional do processo tanto na modalidade simples quanto naquela prevista pelo § 1º do art. 245 do Código Penal, conforme o disposto no art. 89 da Lei nº 9.099/95.

2.10 Quadro-resumo

Sujeitos
» Ativo: somente os pais podem ser sujeitos ativos do delito em exame.
» Passivo: somente poderão figurar como sujeitos passivos os filhos menores de 18 (dezoito) anos, tratando-se, portanto, de crime próprio, sob os dois enfoques, vale dizer, seja pelo sujeito ativo ou mesmo pelo sujeito passivo.

Objeto material
É o menor de 18 (dezoito) anos, sobre o qual recai a conduta praticada pelo agente.

Bem(ns) juridicamente protegido(s)
"... o objeto jurídico considerado reside na tutela da criação e educação do menor, dever indeclinável dos pais. Tem o filho direito inconcusso à sua conservação e formação, que são postas em perigo, quando os genitores, olvidando esse imperativo do pátrio poder, abandonam-no, entregando-o a pessoas inidôneas" (NORONHA, 2003, p. 302).

Elemento subjetivo
» O tipo penal do art. 245 somente pode ser praticado dolosamente, seja o dolo direto, quando o agente, efetivamente, sabia dos riscos inerentes à entrega de seu filho a pessoa inidônea, ou mesmo o dolo eventual, quando, nas circunstâncias em que se encontrava, devia saber.
» Não há previsão legal para a modalidade culposa. Não podemos interpretar deva saber como permissiva do raciocínio correspondente ao delito culposo.

Modalidades comissiva e omissiva
» O núcleo entregar pressupõe um comportamento positivo por parte do sujeito ativo.
» Pode, no entanto, ser praticado via omissão imprópria.

Consumação e tentativa
» Consuma-se o delito com a entrega do menor de 18 (dezoito) anos aos cuidados de pessoa inidônea. No entanto, somente podemos entender como consumada a presente infração penal quando ficar efetivamente demonstrado que o menor se encontrou, concretamente, numa situação de perigo moral ou material.
» A tentativa é admissível.

3. ABANDONO INTELECTUAL

Abandono intelectual
Art. 246. Deixar, sem justa causa, de prover à instrução primária de filho em idade escolar:
Pena – detenção, de quinze dias a um mês, ou multa.

3.1 Introdução

A Constituição Federal de 1988 é rica em programas, metas que devem ser alcançadas a todo custo para que se realize plenamente o chamado Estado Social e Democrático de Direito. Os incisos I e III do seu art. 3º asseveram que constituem objetivos fundamentais da República Federativa do Brasil *construir uma sociedade livre, justa e solidária*, bem como *erradicar a pobreza e a marginalização e reduzir as desigualdades sociais e regionais*, e todos sabemos que, sem a promoção da *educação*, nada disso será realizado.

A educação, portanto, é um dos pilares fundamentais que dão sustento, até mesmo, à noção de cidadania. Tanto é verdade que a própria Constituição Federal, em seu art. 205, diz:

> Art. 205. A educação, direito de todos e dever do Estado e da família, será promovida e incentivada com a colaboração da sociedade, visando ao pleno desenvolvimento da pessoa, seu preparo para o exercício da cidadania e sua qualificação para o trabalho.

Como se pode perceber, a educação, além de um direito que integra o conceito de dignidade da pessoa humana, é um *dever do Estado* e da *família*. Por essa razão, o Estado deve cumprir a sua parte, disponibilizando a todos, gratuitamente, o ensino, pois que o § 1º do art. 208 da Constituição Federal também assevera que *o acesso ao ensino obrigatório e gratuito é direito público subjetivo*, razão pela qual complementa o § 2º do mesmo artigo, *o não oferecimento do ensino obrigatório pelo Poder Público, ou sua oferta irregular, importa responsabilidade da autoridade competente.*

Não só o Estado é responsável pela promoção do ensino, principalmente aquele considerado obrigatório. Na verdade, a missão do Estado é disponibilizar e incentivar o ensino. No entanto, cabe aos pais, cumprindo os deveres que são inerentes ao poder familiar, dirigir a criação e educação dos filhos menores, conforme determinação contida no inciso I do art. 1.634 do Código Civil.

A preocupação do Estado com a educação fundamental é de tal ordem que responsabiliza criminalmente os pais, mediante a tipificação do abandono intelectual, por meio do art. 246 do Código Penal, assim redigido:

> Art. 246. Deixar, sem justa causa, de prover à instrução primária de filho em idade escolar:
> Pena – detenção, de quinze dias a um mês, ou multa.

O núcleo *deixar* é utilizado no texto legal no sentido de não se levar a efeito, não atuar no sentido de fazer com que seja possibilitado o acesso de seu filho ao estudo considerado fundamental, entendido como *primário* à época em que fora editada a Parte Especial do Código Penal, onde se encontra inserido.

No entanto, se os pais não promoverem, por justa causa, a matrícula de seu filho que se encontra em idade escolar, tal fato conduzirá, obrigatoriamente, à atipicidade de seu comportamento. Inicialmente, vale dizer que *justa causa* é um elemento de natureza normativa, que dá ensejo a um juízo de valor que será realizado caso a caso. Assim, por exemplo, os pais que, por se encontrarem em situação de absoluta pobreza, não tendo como levar seu filho à escola, que se localiza muito distante de sua casa, ou ainda pelo fato de não existir o próprio estabelecimento de ensino etc., são situações que justificarão a ausência de matrícula do filho que se encontra em idade escolar. Vale ressaltar que, nos termos do § 2º do art. 211 da Constituição Federal, *os municípios atuarão prioritariamente no ensino fundamental e na educação infantil*, sendo os responsáveis, portanto, pelo seu oferecimento, facilitando o ingresso daqueles que possuem um direito subjetivo à educação.

Yuri Carneiro Coêlho adverte, a seu turno, que:

"As hipóteses de justa causa aptas a excluir a tipicidade deste crime são extremamente reduzidas nos dias de hoje, tendo em vista a série de obrigações que tem o Estado para garantir a educação primária de nossas crianças, seja pela manutenção de escolas públicas seja pela existência de programas sociais e verbas destinadas exclusivamente aos Municípios para desenvolvimento da educação básica, como nós temos o exemplo do Fundeb.

Dessa sorte, até mesmo nos casos em que existe dificuldade de transporte escolar público, para o deslocamento de crianças que morem em zona rural, este deve ser cobrado dos Municípios que têm condições de provê-lo através de recursos provenientes do Fundeb e/ou outras fontes. Nesse sentido, fica improvável que os pais possam se recusar a enviar os filhos para a escola, justificando-se, nessa situação apenas quando o próprio estado não cumpra suas funções."[45]

O art. 210 da Constituição Federal preconiza que *serão fixados conteúdos mínimos para o ensino fundamental, de maneira a assegurar formação básica comum e respeito aos valores culturais e artísticos, nacionais e regionais.*

Por essa razão, foi editada a Lei nº 9.394/96 – que estabelece as Diretrizes e Bases da Educação Nacional –, que servirá como complemento ao art. 246 do Código Penal, tendo em vista tratar-se de norma penal em branco homogênea.

Assim, a idade escolar, elemento que integra o delito de abandono intelectual, deve ser aquela apontada pelos arts. 4º e 6º da Lei nº 9.394/96, com a nova redação que lhes foi conferida pela Lei nº 12.796, de 4 de abril de 2013, diminuindo de 6 (seis) para 4 (quatro) anos o início da idade escolar, *verbis:*

> **Art. 4º** O dever do Estado com educação escolar pública será efetivado mediante a garantia de:
> I – educação básica obrigatória e gratuita dos 4 (quatro) aos 17 (dezessete) anos de idade, organizada da seguinte forma:
> a) pré-escola;
> b) ensino fundamental;
> c) ensino médio;
> [...]
> **Art. 6º** É dever dos pais ou responsáveis efetuar a matrícula das crianças na educação básica a partir dos 4 (quatro) anos de idade.

Assim, a partir dos 4 anos de idade, os pais são obrigados a matricular seus filhos em estabelecimento de educação básica, sob pena de serem responsabilizados penalmente, de acordo com o art. 246 do estatuto repressivo.

3.2 Classificação doutrinária

Crime próprio, tanto com relação ao sujeito ativo, quanto no que diz respeito ao sujeito passivo; doloso; omissivo puro; de perigo; de forma livre; permanente; monossubjetivo; unissubsistente; transeunte.

3.3 Objeto material e bem juridicamente protegido

O direito ao ensino fundamental do filho que se encontra em idade escolar é o bem que se procura proteger por meio da incriminação contida no tipo penal do art. 246 do Código Penal.

O objeto material é o filho que se encontra em idade escolar.

---
[45] COÊLHO, Yuri Carneiro. *Curso de direito penal didático*, p. 840.

3.4 Sujeito ativo e sujeito passivo

De acordo com a redação contida no dispositivo legal, somente os pais podem ser *sujeitos ativos* do delito de abandono intelectual, tratando-se, pois, de crime próprio.

Por outro lado, somente os filhos em idade escolar podem ser *sujeitos passivos* do delito em estudo, diante da expressa determinação contida no tipo.

3.5 Consumação e tentativa

Consuma-se o delito de abandono intelectual quando os pais deixam, dolosamente, de levar a efeito a matrícula, em estabelecimento de ensino próprio, do seu filho que ainda se encontra em idade escolar. Assim, entendemos que o delito se consuma quando esgotado o último dia do prazo para a realização da matrícula daquele que necessita do ensino fundamental, desde que não haja justa causa para tanto.

Tratando-se de crime omissivo próprio, não será possível a tentativa, pois se o agente atua, realizando os atos necessários à admissão de seu filho em estabelecimento de ensino fundamental, o fato será atípico; caso contrário, omitindo-se, deixando decorrer, *in albis*, o prazo para a realização da matrícula, impossibilitando-o de iniciar os seus estudos, o delito já estará consumado.

Cezar Roberto Bitencourt, a seu turno, entende que:

"Consuma-se o crime quando, por tempo juridicamente relevante, o sujeito ativo, isto é, os pais, conjuntamente, ou qualquer deles, isoladamente, não providencia a instrução fundamental do filho."[46]

3.6 Elemento subjetivo

O delito de abandono intelectual somente pode ser praticado dolosamente, não havendo previsão para a modalidade de natureza culposa.

Assim, os pais que, por exemplo, negligentemente, perdem o prazo de matrícula de seu filho que se encontra em idade escolar praticam um comportamento atípico, em face da inexistência de responsabilidade penal a título de culpa.

Merece ser frisado, ainda, que estamos diante de uma norma penal em branco, haja vista que o conceito de idade escolar se encontra, como vimos anteriormente, na chamada Lei de Diretrizes e Bases da Educação, que serve de complemento ao art. 246 do Código Penal.

Assim, imagine-se a hipótese em que a mãe se equivoque no que diz respeito à idade em que seu filho menor deveria ingressar no estabelecimento de ensino fundamental, supondo que seria quando completasse 6 anos de idade, e não aos 4 anos completos, de acordo com a nova redação legal que foi dada ao art. 6º da Lei de Diretrizes e Bases da Educação Nacional. Nesse caso, poderia ser arguido o erro de tipo, excluindo-se o dolo e, consequentemente, conduzindo à atipicidade do fato, por ausência de previsão da modalidade culposa.

3.7 Modalidades comissiva e omissiva

O núcleo *deixar* traduz um comportamento puramente omissivo, tratando-se, pois, de um delito omissivo próprio, que afasta a possibilidade do raciocínio correspondente à sua prática por comissão.

---

[46] BITENCOURT, Cezar Roberto. *Tratado de direito penal*, v. IV, p. 154.

Também não será possível a sua realização via omissão imprópria, haja vista que, estando prevista expressamente a omissão, não haverá necessidade de aplicação da norma de extensão constante do § 2º do art. 13 do Código Penal.

3.8 Pena, ação penal, competência para o julgamento e suspensão condicional do processo

O preceito secundário do art. 246 do Código Penal prevê uma pena de detenção, de 15 (quinze) dias a 1 (um) mês, ou multa.

Competirá ao Juizado Especial Criminal o processo e o julgamento do delito de abandono intelectual, tratando-se de infração penal de menor potencial ofensivo, nos termos preconizados pelo art. 61 da Lei nº 9.099/95.

Será possível, ainda, a confecção de proposta de suspensão condicional do processo, de acordo com o disposto no art. 89 da Lei nº 9.099/95.

3.9 Quadro-resumo

Sujeitos
» Ativo: somente os pais podem ser sujeitos ativos do delito de abandono intelectual.
» Passivo: somente os filhos em idade escolar podem ser sujeitos passivos do delito em estudo.

Objeto material
É o filho que se encontra em idade escolar.

Bem(ns) juridicamente protegido(s)
O direito ao ensino fundamental do filho que se encontra em idade escolar.

Elemento subjetivo
» O delito somente pode ser praticado dolosamente.
» Não há previsão para a modalidade de natureza culposa.

Modalidades comissiva e omissiva
O núcleo traduz um comportamento puramente omissivo, tratando-se, pois, de um delito omissivo próprio, que afasta a possibilidade do raciocínio correspondente à sua prática por comissão.

Consumação e tentativa
» Consuma-se o delito de abandono intelectual quando os pais deixam, dolosamente, de levar a efeito a matrícula, em estabelecimento de ensino próprio, do seu filho que ainda se encontra em idade escolar. Assim, entendemos que o delito se consuma quando esgotado o último dia do prazo para a realização da matrícula daquele que necessita do ensino fundamental, desde que não haja justa causa para tanto.
» Tratando-se de crime omissivo próprio, não será possível a tentativa.

4. ABANDONO MORAL

Abandono moral
Art. 247. Permitir alguém que menor de dezoito anos, sujeito a seu poder ou confiado à sua guarda ou vigilância:
I – frequente casa de jogo ou mal-afamada, ou conviva com pessoa viciosa ou de má vida;
II – frequente espetáculo capaz de pervertê-lo ou de ofender-lhe o pudor, ou participe de representação de igual natureza;
III – resida ou trabalhe em casa de prostituição;
IV – mendigue ou sirva a mendigo para excitar a comiseração pública:
Pena – detenção, de um a três meses, ou multa.

4.1 Introdução

Embora não haja consignação expressa da rubrica com o *nomen juris* de *abandono moral* para o delito tipificado no art. 247 do Código Penal, existe um consenso doutrinário nesse sentido, haja vista que as condutas elencadas pelos incisos do mencionado artigo dizem respeito a comportamentos que, se praticados pelo menor de 18 (dezoito) anos, serão perigosos à sua formação moral, havendo, assim, abandono pelas pessoas que são por ele responsáveis.

O núcleo *permitir* nos dá a ideia de omissão dolosa no sentido de não impedir que o menor pratique qualquer dos comportamentos catalogados pelo tipo penal em estudo. Pelo contrário, o agente aceita que o menor de 18 anos realize qualquer das condutas consideradas como perniciosas à sua formação moral.

O tipo penal não limita a sua prática aos pais do menor, abrangendo, também, aqueles que possuem a sua guarda ou a quem foi entregue a sua vigilância. O art. 1.583 do Código Civil, com a nova redação que lhe foi dada pelas Leis nº 11.698, de 13 de junho de 2008, e nº 13.058, de 22 de dezembro de 2014, diz que a guarda será unilateral ou compartilhada, sendo a unilateral a atribuída a um só dos genitores ou a alguém que o substitua (art. 1.584, § 5º, do CC). Entende-se por guarda compartilhada a responsabilização conjunta e o exercício de direitos e deveres do pai e da mãe que não vivam sob o mesmo teto, concernentes ao poder familiar dos filhos comuns. O § 5º do art. 1.583 do Código Civil assevera, ainda, que a guarda unilateral obriga o pai ou a mãe que não a detenha a supervisionar os interesses dos filhos, e, para possibilitar tal supervisão, qualquer dos genitores sempre será parte legítima para solicitar informações e/ou prestação de contas, objetivas ou subjetivas, em assuntos ou situações que direta ou indiretamente afetem a saúde física e psicológica e a educação de seus filhos.

Até mesmo a simples vigilância poderá importar na configuração do delito, caso aquele a quem foi incumbida permita ao menor a prática dos comportamentos previstos na lei penal.

O diploma repressivo entende que o menor de 18 anos corre risco em sua formação moral caso venha a *frequentar casa de jogo ou mal-afamada, ou conviva com pessoa viciosa ou de má vida*. A conduta de frequentar nos traduz a ideia de habitualidade. Assim, somente a frequência constante a esses lugares permitirá o reconhecimento da figura típica, por meio dessa modalidade, sendo atípico o comportamento do agente que permite ao menor de 18 anos que vá, por exemplo, uma única vez a uma casa de prostituição. Temos que interpretar com cuidado a mencionada figura típica, uma vez que estamos diante, segundo nosso raciocínio, de um elemento de natureza normativa que necessita, obrigatoriamente, de uma valoração para que possa ser entendido e aplicado. Assim, o que seria casa de jogo ou, mesmo, casa mal-afamada?

Hoje em dia, com a evolução assustadora da informática, existem casas de jogos onde, em geral, os adolescentes se reúnem para disputar, por meio de computadores, os mais diversos jogos com pessoas praticamente do mundo inteiro, ligadas à rede internacional de computadores (Internet). Se um pai permitisse que o seu filho frequentasse a chamada *lan house*, estaria ele praticando o delito em estudo? Entendemos que não, pois a casa de jogo deve ser entendida como aquela em que o menor convive com pessoas acostumadas ao risco patrimonial que envolve o jogo, podendo chegar, até mesmo, à insolvência, a exemplo do que ocorre com o jogo de pôquer. Também não podemos mais compreender nessas expressões – casa de jogo ou mal-afamada – aquelas destinadas ao jogo de bilhar que, hoje, tem reconhecimento nacional, até mesmo com competições internacionais. Foi-se o tempo em que os jogos de bilhar eram tidos como comportamentos marginais.

Da mesma forma, somente importará na prática da infração penal em estudo o agente permitir que o menor de 18 anos *conviva* com pessoa viciosa ou de má vida, exigindo, também, uma constância no seu comportamento, a exemplo daquele que se encontra, com frequência, com pessoa reconhecidamente viciada em drogas ou que seja entregue à prostituição etc.

A lei penal tipificou também o comportamento daquele que permite que o menor de 18 anos *frequente espetáculo capaz de pervertê-lo ou de ofender-lhe o pudor, ou participe de representação de igual natureza*. Aqui, da mesma forma que na situação anterior, exige a lei penal habitualidade no comportamento do menor no sentido de ir com frequência a espetáculo capaz de pervertê-lo ou de ofender-lhe o pudor, a exemplo daquele que assiste a "*shows de sexo explícito.*" No que diz respeito ao comportamento de participar de representação de igual natureza, entendemos que será suficiente uma única participação, pois o tipo penal, com a utilização desse verbo, demonstra não exigir habitualidade.

Vale registrar que o art. 240 do Estatuto da Criança e do Adolescente, com a nova redação que lhe foi dada pela Lei nº 11.829, de 25 de novembro de 2008, comina pena de reclusão, de 4 (quatro) a 8 (oito) anos, e multa, para aquele que *produzir, reproduzir, dirigir, fotografar, filmar ou registrar, por qualquer meio, cena de sexo explícito ou pornográfica, envolvendo criança ou adolescente.*

Considera-se, ainda, como comportamento capaz de perverter moralmente o menor de 18 anos o fato de *residir ou trabalhar em casa de prostituição* com a permissão daquele que sobre ele exerce o poder familiar, a guarda ou, mesmo, a vigilância. As condutas de residir e trabalhar, praticadas pelo menor, exigem habitualidade para que possam ser reconhecidas como capazes de conduzir à tipicidade do fato praticado pelo agente.

O último dos comportamentos considerados suficientes a perverter o menor de 18 anos diz respeito à permissão para que *mendigue ou sirva a mendigo para excitar a comiseração pública*. Infelizmente, tem sido uma prática usual até mesmo o "aluguel" de crianças para que, juntamente com uma pessoa maior de idade, se passe por seu filho, a fim de excitar a comiseração pública, ou seja, fazer com que as pessoas se sensibilizem, nelas despertando um sentimento de compaixão para com aquela situação e, assim, deem algum tipo de oferta em dinheiro para o pedinte.

Concluindo, com Luiz Regis Prado:

> "Trata-se de um tipo misto cumulativo. Isso significa que envolve uma pluralidade de condutas não fungíveis, ou seja, a realização de mais de uma das condutas descritas compromete a unidade delitiva. De conseguinte, se o agente, por exemplo, permite que menor de dezoito anos sujeito a seu poder frequente casa de jogo e sirva a mendigo para excitar a comiseração pública, há concurso material de delitos (art. 69, CP)."[47]

---

[47] PRADO, Luiz Regis. *Curso de direito penal brasileiro*, v. 3, p. 399.

4.2 Classificação doutrinária

Crime próprio, tanto no que diz respeito ao sujeito ativo, quanto ao sujeito passivo; doloso; de perigo; comissivo ou omissivo próprio, dependendo do comportamento assumido pelo agente; de forma livre; permanente; monossubjetivo; plurissubsistente; transeunte.

4.3 Objeto material e bem juridicamente protegido

Por meio da figura típica constante do art. 247 do Código Penal busca-se proteger a formação moral do menor de 18 anos.

O objeto material do delito em estudo, de acordo com a redação típica, é o próprio menor de 18 anos, cuja formação moral se encontra numa situação de perigo em virtude da prática, por ele, de qualquer dos comportamentos previstos pelos incisos do art. 247 do diploma repressivo.

4.4 Sujeito ativo e sujeito passivo

Somente as pessoas a cujo poder o menor de 18 anos esteja sujeito, a exemplo dos pais que exercem sobre ele o poder familiar ou cuja sua guarda ou vigilância esteja confiado, é que poderão figurar como *sujeitos ativos* do delito em estudo.

Sujeito passivo é o menor de 18 anos que se encontra sob o poder familiar ou confiado à guarda ou vigilância de alguém.

4.5 Consumação e tentativa

Nas situações em que se exige habitualidade, o delito se consuma com a prática reiterada dos atos do menor, a saber, quando: *a)* frequenta casa de jogo ou mal-afamada, ou convive com pessoa viciosa ou de má vida; *b)* frequenta espetáculo capaz de pervertê-lo ou de ofender-lhe o pudor; *c)* resida ou trabalhe em casa de prostituição.

Nas demais hipóteses, com a prática dos comportamentos previstos pelo tipo que não exigem reiteração, como nos casos em que, mesmo somente uma única vez: *a)* participe de representação capaz de pervertê-lo ou de ofender-lhe o pudor; *b)* mendigue ou sirva a mendigo para excitar a comiseração pública.

Entendemos tratar-se de um crime de perigo concreto, pois deverá ser demonstrado nos autos se a conduta praticada pelo menor, levada a efeito com a permissão daquele a quem estava sujeito a seu poder ou confiado à sua guarda ou vigilância, trouxe, efetivamente, perigo para a sua formação moral. Não comungamos com a opinião daqueles que visualizam no tipo penal em exame um delito de perigo abstrato, a exemplo de Luiz Regis Prado, quando afirma que o crime se consuma "mesmo que no caso concreto não se tenha verificado qualquer perigo para o bem jurídico tutelado (integridade moral do menor)",[48] haja vista que tal posição, *permissa venia*, afronta os princípios penais garantistas, principalmente o princípio da lesividade, que exige, no mínimo, a ocorrência de um perigo concreto ao bem juridicamente protegido pelo tipo.

Apesar da existência de algumas figuras consideradas habituais, entendemos ser possível a tentativa, dependendo da hipótese concreta que seja apresentada, tendo em vista tratar-se de crime plurissubsistente, no qual se permite o fracionamento do *iter criminis*.

---

[48] PRADO, Luiz Regis. *Curso de direito penal brasileiro*, v. 3, p. 399.

4.6 Elemento subjetivo

O delito de abandono moral somente pode ser cometido dolosamente, não havendo previsão para a modalidade de natureza culposa.

Assim, imagine-se a hipótese em que um pai, negligente para com a criação de seu filho, não se preocupe em saber onde ele passa as suas horas fora de casa, sendo que o menor, por exemplo, convive, sem o conhecimento do seu genitor, com pessoas viciosas ou de má vida. Nesse caso, o fato seria atípico, em virtude da ausência de previsão legal para efeitos de responsabilidade penal a título de culpa.

4.7 Modalidades comissiva e omissiva

O núcleo *permitir* dá margem a uma dupla interpretação, seja no sentido de afirmar pela prática de uma conduta positiva por parte do agente, seja se omitindo, dolosamente, quando deveria agir para evitar que o menor praticasse um dos comportamentos que se quer evitar com a incriminação do abandono moral.

O *permitir*, portanto, pode ser interpretado tanto no sentido de fazer ou deixar de fazer alguma coisa.

4.8 Pena, ação penal, competência para o julgamento e suspensão condicional do processo

O preceito secundário do art. 247 do Código Penal comina uma pena de detenção, de 1 (um) a 3 (três) meses, ou multa.

Competirá ao Juizado Especial Criminal o processo e o julgamento do delito de abandono moral, tratando-se de infração penal de menor potencial ofensivo, nos termos preconizados pelos arts. 60 e 61 da Lei nº 9.099/95.

Será possível, ainda, a confecção de proposta de suspensão condicional do processo, de acordo com o disposto no art. 89 da Lei nº 9.099/95.

4.9 Quadro-resumo

Sujeitos
» Ativo: somente as pessoas a cujo poder o menor de 18 anos esteja sujeito, a exemplo dos pais que exercem sobre ele o poder familiar ou cuja sua guarda ou vigilância esteja confiado, é que poderão figurar como sujeitos ativos do delito em estudo.
» Passivo: é o menor de 18 anos que se encontra sob o poder familiar ou confiado à guarda ou vigilância de alguém.

Objeto material
É o próprio menor de 18 anos.

Bem(ns) juridicamente protegido(s)
Busca-se proteger a formação moral do menor de 18 anos.

Elemento subjetivo
» É o dolo.
» Não há previsão para a modalidade de natureza culposa.

Modalidades comissiva e omissiva

O núcleo permitir dá margem a uma dupla interpretação, seja no sentido de afirmar pela prática de uma conduta positiva por parte do agente, seja se omitindo, dolosamente, quando deveria agir para evitar que o menor praticasse um dos comportamentos que se quer evitar com a incriminação do abandono moral.

Consumação e tentativa

» Nas situações em que se exige habitualidade, o delito se consuma com a prática reiterada dos atos do menor, a saber, quando: a) frequenta casa de jogo ou mal-afamada, ou conviva com pessoa viciosa ou de má vida; b) frequenta espetáculo capaz de pervertê-lo ou de ofender-lhe o pudor; c) resida ou trabalhe em casa de prostituição.
» Nas demais hipóteses, com a prática dos comportamentos previstos pelo tipo que não exigem reiteração, como nos casos em que, mesmo somente uma única vez: a) participe de representação capaz de pervertê-lo ou de ofender-lhe o pudor; b) mendigue ou sirva a mendigo para excitar a comiseração pública.
» Apesar da existência de algumas figuras consideradas habituais, entendemos ser possível a tentativa, dependendo da hipótese concreta que seja apresentada.

Capítulo IV
Dos crimes contra o pátrio poder, tutela e curatela

1. INDUZIMENTO A FUGA, ENTREGA ARBITRÁRIA OU SONEGAÇÃO DE INCAPAZES

> **Induzimento a fuga, entrega arbitrária ou sonegação de incapazes**
> **Art. 248.** Induzir menor de dezoito anos, ou interdito, a fugir do lugar em que se acha por determinação de quem sobre ele exerce autoridade, em virtude de lei ou de ordem judicial; confiar a outrem sem ordem do pai, do tutor ou do curador algum menor de 18 (dezoito) anos ou interdito, ou deixar, sem justa causa, de entregá-lo a quem legitimamente o reclame:
> Pena – detenção, de um mês a um ano, ou multa.

1.1 Introdução

O delito de induzimento a fuga, entrega arbitrária ou sonegação de incapazes encontra-se previsto no Capítulo IV, relativo aos crimes contra o pátrio poder, tutela ou curatela, que, por sua vez, está inserido no Título VII do Código Penal, que diz respeito aos crimes contra a família.

Inicialmente, vale esclarecer que, com a edição do novo Código Civil, foi abandonada a expressão *pátrio poder*, que foi substituída por *poder familiar*, de competência de ambos os pais, que o exercem com igualdade, conforme se extrai do art. 1.631 e seu parágrafo único do estatuto civil, que diz, *verbis*:

> **Art. 1.631.** Durante o casamento e a união estável, compete o poder familiar aos pais; na falta ou impedimento de um deles, o outro o exercerá com exclusividade.
> **Parágrafo único.** Divergindo os pais quanto ao exercício do poder familiar, é assegurado a qualquer deles recorrer ao juiz para solução do desacordo.

O art. 248 do Código Penal prevê dois comportamentos típicos diferentes. Por meio da primeira figura, o agente induz menor de 18 (dezoito) anos, ou interdito, a fugir do lugar em que se acha por determinação de quem sobre ele exerce autoridade, em virtude de lei ou de ordem judicial. O núcleo *induzir* é utilizado no sentido de fazer nascer, criar a ideia de fuga na mente do menor de 18 anos ou do interdito.

Atendendo ao limite da maturidade penal e, agora, também da civil, o Código Penal determinou como elemento típico a idade de 18 anos. Na verdade, exige que o menor não tenha completado os 18 anos para efeitos de reconhecimento do delito, uma vez que a lei utiliza a expressão *menor de 18 anos*. Por outro lado, independentemente da idade, o tipo penal do art. 248 fez previsão expressa também do interdito, vale dizer, aquele que sofreu um processo legal de interdição e que se encontra sujeito à curatela, nos termos dos arts. 1.767 a 1.783 do Código Civil.

No que diz respeito ao pródigo, sujeito à curatela especial, não podemos entendê-lo como inserido no conceito de interdito levado a efeito pela lei penal, haja vista que a sua limitação diz respeito, tão somente, aos atos de disposição de seu patrimônio, sendo, no mais, pessoa livre, conforme esclarece o art. 1.782 do Código Civil, *verbis*:

> **Art. 1.782.** A interdição do pródigo só o privará de, sem curador, emprestar, transigir, dar quitação, alienar, hipotecar, demandar ou ser demandado, e praticar, em geral, os atos que não sejam de mera administração.

Na segunda parte do art. 248 do Código Penal encontra-se a previsão do comportamento daquele que confia a outrem, sem ordem do pai, do tutor ou do curador, algum menor de 18 (dezoito) anos ou interdito, ou deixa, sem justa causa, de entregá-lo a quem legitimamente o reclame, sendo, aqui, reconhecido com o *nomen juris* de *entrega arbitrária* e *sonegação de incapazes*.

Hungria, dissertando sobre as hipóteses referidas, esclarece:

"A *entrega arbitrária* concretiza-se no fato do agente (diretor de colégio, de asilo, de casa de saúde etc.) que entrega o menor ou o interdito a outrem, sem autorização verbal ou por escrito, do sujeito passivo. Em tal caso, o terceiro que recebe o incapaz será coautor, se conhecedor do *arbítrio* da entrega; se desconhecia tal circunstância, mas se recusa a restituir o incapaz, incorrerá no crime de sonegação (terceira modalidade prevista no art. 248). Se o terceiro obtém a entrega mediante engano do *tradens*, ou violência material ou moral contra este, cometerá o crime de *subtração* (art. 249). A terceira modalidade, isto é, a *sonegação*, consiste na recusa de entrega (retenção), sem justa causa, do incapaz a quem legitimamente o reclame."[49]

O tipo penal do art. 248 do Código Penal é de natureza mista alternativa e cumulativa, podendo, dependendo da hipótese concreta, responder o agente por um único delito ou pela prática de duas figuras típicas. Assim, conforme esclarece Guilherme de Souza Nucci, "a primeira conduta (induzir menor ou interdito a fugir) pode ser associada à segunda, que é alternativa (confiar a outrem *ou* deixar de entregá-lo), configurando dois delitos."[50]

A *ordem do pai, do tutor ou do curador* e a *justa causa* são consideradas elementos normativos do tipo que, se presentes, farão com que o fato seja considerado atípico.

1.2 Classificação doutrinária

Crime comum quanto ao sujeito ativo e próprio no que diz respeito ao sujeito passivo, pois somente o menor de 18 anos, o interdito, o tutelado e o curatelado podem figurar nessa condição; doloso; de forma livre; comissivo (nas modalidades induzir e confiar a outrem) e omissivo próprio (na modalidade deixar de entregar); instantâneo (no induzimento à fuga e na entrega arbitrária); permanente (na sonegação de incapazes); monossubjetivo; plurissubsistente (nas duas primeiras figuras); monossubsistente (na última figura, isto é, a sonegação de incapazes); transeunte.

1.3 Objeto material e bem juridicamente protegido

Por meio do delito de induzimento à fuga, entrega arbitrária ou sonegação de incapazes busca-se proteger o poder familiar, a tutela e a curatela, conforme se verifica pela interpretação sistêmica do art. 248 do Código Penal.

O objeto material do delito em estudo é o menor de 18 anos ou o interdito.

---

[49] HUNGRIA, Nélson. *Comentários ao código penal*, v. VIII, p. 478.
[50] NUCCI, Guilherme de Souza. *Código penal comentado*, p. 860.

1.4 Sujeito ativo e sujeito passivo

Crime comum no que diz respeito ao *sujeito ativo*, o delito de induzimento à fuga, entrega arbitrária ou sonegação de incapazes pode ser praticado por qualquer pessoa.

Os sujeitos passivos são aqueles que detêm o poder familiar, a tutela e a curatela, além daqueles que se encontram sob esse mesmo poder familiar, tutela ou curatela, podendo, assim, ser entendidos, respectivamente, como sujeitos passivos imediatos e mediatos.

1.5 Consumação e tentativa

No que diz respeito à conduta de induzir menor de 18 anos ou interdito a fugir do lugar em que se acha por determinação de quem sobre ele exerce autoridade, em virtude de lei ou ordem judicial, existe controvérsia doutrinária quanto ao seu momento consumativo, vale dizer, se com o mero comportamento de incutir a ideia da fuga na mente do menor de 18 anos ou interdito, sendo, nesse caso, considerado crime de natureza formal, ou se seria necessário que, efetivamente, praticasse o ato para o qual fora induzido pelo agente, entendendo-se, nessa hipótese, como um crime material.

Noronha, analisando o tipo penal em estudo, diz:

"Consuma-se o delito, nesta modalidade, com a fuga; tão logo o afastamento do menor ou interdito, contra a vontade expressa ou tácita do responsável, esteja caracterizado, haverá consumação. Consequentemente, é possível a tentativa: induzido o incapaz a fugir e quando, inequivocadamente, ele inicia a fuga, é obstado pela autoridade ou terceiro."[51]

Em sentido contrário, Guilherme de Souza Nucci preleciona:

"Trata-se de delito formal, e o mero induzimento já configura o crime contra o pátrio poder, tutela ou curatela, desde que seja suficiente para formar a opinião do menor ou do interdito. Assim, se essas pessoas forem realmente induzidas e estejam tentando escapar quando forem surpreendidas, o delito está configurado para quem as convenceu a fazê-lo. É crime de perigo, pois retirar o menor ou o interdito da esfera de quem legalmente os protege pode conduzi-los a situações danosas, além de atingir diretamente o pátrio poder, a tutela ou a curatela. Não vemos razão para aguardar que o menor ou o interdito escape, efetivamente, do local onde deve permanecer para punir o agente indutor."[52]

Entendemos, *permissa venia*, em consideração ao princípio da lesividade, que, nesse caso, a razão se encontra com Noronha. Dessa forma, somente ocorrerá a consumação quando o menor de 18 anos ou o interdito, depois de ser induzido pelo agente, efetivamente, leve a efeito a fuga.

Na *entrega arbitrária*, o delito se consuma no instante em que o agente, sem ordem do pai, tutor ou curador, *confia, entrega* a outrem o menor de 18 anos ou o interdito, sendo cabível a tentativa, tendo em vista a sua natureza plurissubsistente.

Na *sonegação de incapazes* a consumação ocorre quando o agente *deixa*, sem justa causa, de entregá-los a quem legitimamente os reclame, não sendo possível o raciocínio correspondente à tentativa, tendo em vista tratar-se de modalidade monossubsistente.

---

[51] NORONHA, Edgard Magalhães. *Direito penal*, v. 3, p. 311.
[52] NUCCI, Guilherme de Souza. *Código penal comentado*, p. 861.

1.6 Elemento subjetivo

O dolo é o elemento subjetivo exigido pelo tipo penal que prevê o induzimento a fuga, entrega arbitrária ou sonegação de incapazes, não havendo previsão legal para a modalidade de natureza culposa.

1.7 Modalidades comissiva e omissiva

As condutas de *induzir* e *confiar a outrem* traduzem comportamentos de natureza comissiva por parte do agente; ao contrário, o núcleo *deixar*, constante do delito de sonegação de incapazes, última figura prevista pelo tipo penal do art. 248, prevê comportamento de natureza omissiva.

1.8 Pena, ação penal, competência para julgamento e suspensão condicional do processo

A pena cominada ao delito de induzimento a fuga, entrega arbitrária ou sonegação de incapazes é de detenção, de 1 (um) mês a 1 (um) ano, ou multa.

A ação penal é de iniciativa pública incondicionada.

Compete, inicialmente, ao Juizado Especial Criminal o processo e julgamento do delito em estudo, tratando-se de infração penal de menor potencial ofensivo, nos termos preconizados pelos arts. 60 e 61 da Lei nº 9.099/95.

Será possível, ainda, a confecção de proposta de suspensão condicional do processo, de acordo com o disposto no art. 89 da Lei nº 9.099/95.

1.9 Quadro-resumo

Sujeitos
» Ativo: qualquer pessoa.
» Passivo: são aqueles que detêm o poder familiar, a tutela e a curatela, além daqueles que se encontram sob esse mesmo poder familiar, tutela ou curatela, podendo, assim, ser entendidos, respectivamente, como sujeitos passivos imediatos e mediatos.

Objeto material
É o menor de 18 anos ou o interdito.

Bem(ns) juridicamente protegido(s)
Busca-se proteger o poder familiar, a tutela e a curatela.

Elemento subjetivo
» É o dolo.
» Não há previsão para a modalidade de natureza culposa.

Modalidades comissiva e omissiva
As condutas de induzir e confiar a outrem traduzem comportamentos de natureza comissiva por parte do agente; ao contrário, o núcleo deixar, constante do delito de sonegação de incapazes, última figura prevista pelo tipo penal do art. 248, prevê comportamento de natureza omissiva.

> **Consumação e tentativa**
> » No que diz respeito à conduta de induzir menor de 18 anos ou interdito a fugir do lugar em que se acha por determinação de quem sobre ele exerce autoridade, em virtude de lei ou ordem judicial, existe controvérsia doutrinária quanto ao seu momento consumativo, vale dizer, se com o mero comportamento de incutir a ideia da fuga na mente do menor de 18 anos ou interdito, sendo, nesse caso, considerado crime de natureza formal, ou se seria necessário que, efetivamente, praticasse o ato para o qual fora induzido pelo agente, entendendo-se, nessa hipótese, como um crime material.
> » Entendemos que somente ocorrerá a consumação quando o menor de 18 anos ou o interdito, depois de ser induzido pelo agente, efetivamente, leve a efeito a fuga.
> » Na entrega arbitrária, o delito se consuma no instante em que o agente, sem ordem do pai, tutor ou curador, confia, entrega a outrem o menor de 18 anos ou o interdito, sendo cabível a tentativa, tendo em vista a sua natureza plurissubsistente.
> » Na sonegação de incapazes a consumação ocorre quando o agente deixa, sem justa causa, de entregá-los a quem legitimamente os reclame, não sendo possível o raciocínio correspondente à tentativa, tendo em vista tratar-se de modalidade monossubsistente.

2. SUBTRAÇÃO DE INCAPAZES

> **Subtração de incapazes**
> **Art. 249.** Subtrair menor de dezoito anos ou interdito ao poder de quem o tem sob sua guarda em virtude de lei ou de ordem judicial:
> Pena – detenção, de dois meses a dois anos, se o fato não constitui elemento de outro crime.
> § 1º O fato de ser o agente pai ou tutor do menor ou curador do interdito não o exime de pena, se destituído ou temporariamente privado do pátrio poder, tutela, curatela ou guarda.
> § 2º No caso de restituição do menor ou do interdito, se este não sofreu maus-tratos ou privações, o juiz pode deixar de aplicar pena.

2.1 Introdução

O delito de subtração de incapazes está tipificado no art. 249 do Código Penal.

Assim, podemos destacar os seguintes elementos que integram a figura típica: *a)* a conduta de subtrair menor de 18 (dezoito) anos ou interdito; *b)* ao poder de quem o tem sob sua guarda; *c)* em virtude de lei ou ordem judicial.

O núcleo *subtrair* é utilizado no sentido de retirar, afastar o menor de 18 anos ou interdito. Não importa, aqui, se o fato é cometido com a anuência do menor de 18 anos ou do interdito, ou se o crime é praticado contra a sua vontade, mediante o emprego de violência ou grave ameaça por parte do agente. Nesse último caso, deverá ser aplicada a regra relativa ao concurso formal impróprio de crimes.

O Código Penal estabeleceu como data limite os 18 (dezoito) anos, haja vista que, ao atingir essa idade, o sujeito adquire a maioridade penal, tornando-se imputável, bem como, agora, depois da edição da Lei nº 10.406, de 10 de janeiro de 2002, a maioridade civil. Sendo a subtração de incapazes um crime contra o poder familiar, uma vez atingida essa idade, não se justificaria a punição, pois, nos termos no art. 1.630 do Código Civil, *os filhos estão sujeitos ao poder familiar, enquanto menores.*

O menor de 18 (dezoito) anos ou interdito deverá estar sob o poder de quem detém a sua guarda, sendo que esta poderá ser proveniente de lei, a exemplo do que ocorre com os pais em relação a seus filhos, no exercício do poder familiar, ou decorrente de decisão judicial, como acontece nas hipóteses em que se é nomeado um curador ao interdito.

O § 1º do art. 249 do Código Penal ainda assevera que *o fato de ser o agente pai ou tutor do menor ou curador do interdito não o exime de pena, se destituído ou temporariamente privado do pátrio poder, tutela, curatela ou guarda.* Devemos entender as expressões contidas no mencionado parágrafo no sentido de gênero. Assim, onde se lê pai, interprete-se pais, ou seja, pai e mãe; da mesma forma, o tutor e o curador. Dessa forma, se a mãe, destituída da guarda de seu filho, o subtrai de quem legitimamente a detém, deverá ser responsabilizada pelo delito em estudo.

2.2 Classificação doutrinária

Crime comum com relação ao sujeito ativo e próprio no que diz respeito ao sujeito passivo, pois somente o menor de 18 anos e o interdito podem figurar nessa condição; doloso; material; comissivo (podendo, também, ser praticado via omissão imprópria na hipótese de o agente gozar do *status* de garantidor); de forma livre; instantâneo; monossubjetivo; plurissubsistente; transeunte.

2.3 Objeto material e bem juridicamente protegido

Por meio do delito de subtração de incapazes busca-se proteger o poder familiar, a tutela e a curatela, conforme se verifica pela interpretação sistêmica do art. 249 do Código Penal.

O objeto material do delito em estudo é o menor de 18 anos ou o interdito.

2.4 Sujeito ativo e sujeito passivo

Crime comum no que diz respeito ao *sujeito ativo*, o delito de subtração de incapazes pode ser praticado por qualquer pessoa.

Os *sujeitos passivos* são aqueles que detêm a guarda do menor de 18 anos ou interdito em virtude de lei ou de ordem judicial, bem como os próprios menores de 18 anos ou interditos.

2.5 Consumação e tentativa

Segundo a posição dominante, o delito se consuma no momento em que o menor de 18 anos ou o interdito é retirado da esfera espacial de quem sobre eles detinha a guarda. Nesse sentido, esclarece Paulo José da Costa Júnior:

> "Consuma-se o crime com a subtração do menor, ou do interdito, da esfera de vigilância em que se achava. Não será mister que o agente tenha consolidado seu domínio sobre a vítima, que poderá continuar a resistir, tornando a posse intranquila."[53]

Admite-se a tentativa.

2.6 Elemento subjetivo

O dolo é o elemento subjetivo exigido pelo tipo penal que prevê o delito de subtração de incapazes, não havendo previsão legal para a modalidade de natureza culposa.

2.7 Modalidades comissiva e omissiva

O núcleo *subtrair* pressupõe comportamento comissivo por parte do agente. No entanto, o delito poderá ser praticado via omissão imprópria, tratando-se de agente garantidor.

---

[53] COSTA JÚNIOR, Paulo José da. *Curso de direito penal*, v. 3, p. 63/64.

2.8 Pena, ação penal, competência para julgamento, suspensão condicional do processo e perdão judicial

A pena cominada ao delito de subtração de incapazes é de detenção, de 2 (dois) meses a 2 (dois) anos, se o fato não constitui elemento de outro crime. Assim, por exemplo, poderá o agente subtrair um menor de 18 anos com a finalidade de obter qualquer vantagem, como condição ou preço do resgate, oportunidade em que deverá ser responsabilizado pelo delito de extorsão mediante sequestro, previsto no art. 159 do Código Penal, e não pelo de subtração de incapazes.

A ação penal é de iniciativa pública incondicionada.

Compete, inicialmente, ao Juizado Especial Criminal o processo e julgamento do delito em estudo, tratando-se de infração penal de menor potencial ofensivo, nos termos preconizados pelos arts. 60 e 61 da Lei nº 9.099/95.

Será possível, ainda, a confecção de proposta de suspensão condicional do processo, conforme o disposto no art. 89 da Lei nº 9.099/95.

Há previsão, no § 2º do art. 249 do Código Penal, para o perdão judicial, para o caso de restituição do menor ou do interdito, sem que este tenha sofrido maus-tratos ou privações, que dizem respeito, de acordo com as lições de Noronha, aos danos físicos ou morais. Nessa hipótese, "se houver a *restitutio* e não tiver o incapaz sofrido, v.g., privações (falta de alimentos, agasalhos etc.) ou maus-tratos, por exemplo, vexames, ofensas a sua moral etc., o julgador, facultativamente, poderá não aplicar pena ao agente".[54]

2.9 Destaque

2.9.1 Subtração de incapazes e Estatuto da Criança e do Adolescente

O art. 237 da Lei nº 8.069, de 13 de julho de 1990, prevê uma modalidade especial de subtração de incapazes, cominando pena de reclusão de dois a seis anos, e multa, para aquele que "subtrair criança ou adolescente ao poder de quem o tem sob sua guarda em virtude de lei ou ordem judicial, com o fim de colocação em lar substituto".

2.10 Quadro-resumo

Sujeitos
» Ativo: qualquer pessoa.
» Passivo: são aqueles que detêm a guarda do menor de 18 anos ou interdito em virtude de lei ou de ordem judicial, bem como os próprios menores de 18 anos ou interditos.

Objeto material
É o menor de 18 anos ou o interdito.

Bem(ns) juridicamente protegido(s)
Busca-se proteger o poder familiar, a tutela e a curatela.

---

[54] NORONHA, Edgard. Magalhães. *Direito penal*, v. 3, p. 315.

Elemento subjetivo
» É o dolo.
» Não há previsão para a modalidade de natureza culposa.

Modalidades comissiva e omissiva
» O núcleo subtrair pressupõe comportamento comissivo por parte do agente.
» No entanto, o delito poderá ser praticado via omissão imprópria.

Consumação e tentativa
» Segundo a posição dominante, o delito se consuma no momento em que o menor de 18 anos e/ou o interdito são retirados da esfera espacial de quem sobre eles detinha a guarda.
» A tentativa é admissível.

PARTE VIII
DOS CRIMES CONTRA A INCOLUMIDADE PÚBLICA

1. INTRODUÇÃO

O Título VIII da Parte Especial do Código Penal cuida dos chamados crimes contra a incolumidade pública.

Incolumidade, conforme as lições de Hungria:

"É o estado de preservação ou segurança em face de possíveis eventos lesivos. Refere-se tanto a pessoas (*incolumitas* – definia Cícero – *est salutis tuta atque integra conservatio*), quanto a coisas (foi mesmo por extensão que o termo se aplicou também a pessoas)."

E continua o renomado autor:

"Em qualquer caso, porém, trata-se de interesse atinente às pessoas, que devem estar resguardadas da possibilidade de dano não só quanto à sua vida ou integridade física, como quanto ao seu patrimônio."[1]

De acordo com essa visão de incolumidade pública, foram inseridos três capítulos no mencionado Título VIII, que dizem respeito aos *crimes de perigo comum* (Capítulo I), *crimes contra a segurança dos meios de comunicação e transporte e outros serviços públicos* (Capítulo II) e *crimes contra a saúde pública* (Capítulo III).

No Capítulo correspondente aos crimes de perigo comum foram previstos os delitos de *incêndio* (art. 250), *explosão* (art. 251), *uso de gás tóxico ou asfixiante* (art. 252), *fabrico, fornecimento, aquisição, posse ou transporte de explosivos ou gás tóxico, ou asfixiante* (art. 253), *inundação* (art. 254), *perigo de inundação* (art. 255), *desabamento ou desmoronamento* (art. 256), *subtração, ocultação ou inutilização de material de salvamento* (art. 257), *difusão de doença ou praga* (art. 259).

No Capítulo II, relativo aos crimes contra a segurança dos meios de comunicação e transporte e outros serviços públicos, foram inseridos os crimes de *perigo de desastre ferroviário* (art. 260) *desastre ferroviário* (art. 260, § 1º), *atentado contra a segurança de transporte marítimo, fluvial ou aéreo* (art. 261), *sinistro em transporte marítimo, fluvial ou aéreo* (art. 261, § 1º), *atentado contra a segurança de outro meio de transporte* (art. 262), *arremesso de projétil* (art. 264), *atentado contra a segurança de serviço de utilidade pública* (art. 265), *interrupção ou perturbação de serviço telegráfico ou telefônico* (art. 266).

Por último, no Capítulo III, relativo aos crimes contra a saúde pública, temos os crimes de *epidemia* (art. 267), *infração de medida sanitária preventiva* (art. 268), *omissão de notificação*

---

[1] HUNGRIA, Nélson. *Comentários ao código penal*, v. IX, p. 9.

de doença (art. 269), *envenenamento de água potável ou de substância alimentícia ou medicinal* (art. 270), *corrupção ou poluição de água potável* (art. 271), *falsificação, corrupção, adulteração ou alteração de substância ou produtos alimentícios* (art. 272), *falsificação, corrupção, adulteração ou alteração de produto destinado a fins terapêuticos ou medicinais* (art. 273), *emprego de processo proibido ou de substância não permitida* (art. 274), *invólucro ou recipiente com falsa indicação* (art. 275), *produto ou substância nas condições dos dois artigos anteriores* (art. 276), *substância destinada à falsificação* (art. 277), *outras substâncias nocivas à saúde pública* (art. 278), *medicamento em desacordo com receita médica* (art. 280), *exercício ilegal da medicina, arte dentária ou farmacêutica* (art. 282), *charlatanismo* (art. 283), *curandeirismo* (art. 284).

A seguir, faremos a análise individualizada de cada infração penal, atendendo à ordem proposta pelo diploma repressivo.

Capítulo I
Dos crimes de perigo comum

1. INCÊNDIO

> **Incêndio**
> **Art. 250.** Causar incêndio, expondo a perigo a vida, a integridade física ou o patrimônio de outrem:
> Pena – reclusão, de três a seis anos, e multa.
> **Aumento de pena**
> § 1º As penas aumentam-se de um terço:
> I – se o crime é cometido com intuito de obter vantagem pecuniária em proveito próprio ou alheio;
> II – se o incêndio é:
> a) em casa habitada ou destinada a habitação;
> b) em edifício público ou destinado a uso público ou a obra de assistência social ou de cultura;
> c) em embarcação, aeronave, comboio ou veículo de transporte coletivo;
> d) em estação ferroviária ou aeródromo;
> e) em estaleiro, fábrica ou oficina;
> f) em depósito de explosivo, combustível ou inflamável;
> g) em poço petrolífero ou galeria de mineração;
> h) em lavoura, pastagem, mata ou floresta.
> **Incêndio culposo**
> § 2º Se culposo o incêndio, a pena é de detenção, de seis meses a dois anos.

1.1 Introdução

O crime de incêndio encontra-se inserido no capítulo correspondente aos crimes de perigo comum (Capítulo I) que, por sua vez, se encontra previsto no Título VIII do Código Penal, que diz respeito aos crimes contra a incolumidade pública.

Por intermédio da expressão contida no mencionado capítulo – crimes de perigo comum – devemos concluir que, para efeitos de configuração do delito tipificado no art. 250 do Código Penal, o incêndio deverá expor a perigo a vida ou a integridade física ou o patrimônio de um número indeterminado de pessoas, pois, caso contrário, poderá o comportamento se amoldar à figura do art. 132 do mesmo diploma repressivo, que prevê o delito de *perigo para a vida ou saúde de outrem*.

De acordo com a redação típica, o delito tipificado no art. 250 do Código Penal possui os seguintes elementos: *a)* a conduta de causar incêndio; *b)* expondo a perigo a vida, a integridade física ou o patrimônio de outrem.

O núcleo *causar* é utilizado no sentido de produzir, ocasionar, provocar, enfim, dirigir finalisticamente a conduta fazendo com que ocorra o incêndio. Dissertando sobre o conceito de incêndio, assevera Noronha:

"Incêndio não é qualquer fogo, mas tão só o que acarreta risco para pessoas ou coisas. É mister, pois, que o objeto incendiado seja tal que exponha a perigo o bem tutelado. Ainda: necessário é que esteja situado em lugar no qual o incêndio seja perigoso, isto é, provoque aquele perigo. Consequentemente, a queima de duas ou três folhas de papel num quintal, ou o incêndio de casa sita em lugar ermo e despovoado não caracteriza o delito, pois não acarretam perigo.

Pode haver incêndio, sem chamas devoradoras e ardentes, bastando a continuidade da combustão. Há mesmo coisas que ardem sem flamas indiscretas, como, por exemplo, uma turfeira."[2]

Além da eclosão do incêndio causado pelo agente, para que ocorra o delito em estudo haverá necessidade de ser demonstrado que tal situação trouxe perigo concreto para a vida, a integridade física ou o patrimônio de outrem, não sendo admitido, outrossim, o raciocínio correspondente aos delitos de perigo abstrato, cuja situação de perigo é tão somente presumida, bastando a prática do comportamento previsto pelo tipo penal.

1.2 Classificação doutrinária

Crime comum, tanto no que diz respeito ao sujeito ativo quanto ao sujeito passivo; doloso e culposo (pois o § 2º do art. 250 do Código Penal previu, expressamente, a modalidade de natureza culposa); comissivo (podendo, nos termos do art. 13, § 2º, do Código Penal, ser praticado via omissão imprópria, na hipótese de o agente gozar do *status* de garantidor); de perigo comum e concreto; de forma livre; instantâneo; monossubjetivo; plurissubsistente; não transeunte.

1.3 Sujeito ativo e sujeito passivo

Crime comum, o delito de *incêndio* pode ser praticado por qualquer pessoa, até mesmo pelo proprietário da coisa contra a qual é dirigida a conduta.

Sujeito passivo é a sociedade, bem como as pessoas que tiveram sua vida, sua integridade física ou, mesmo, seu patrimônio exposto a perigo. Não há necessidade, para efeitos de reconhecimento do delito, que se aponte nominalmente as pessoas que se encontraram, por exemplo, diante dessa situação de perigo, bastando que se conclua que, efetivamente, a conduta do agente trouxe perigo para a vida, a integridade física ou o patrimônio de outrem, sendo considerado, outrossim, um crime vago.

1.4 Objeto material e bem juridicamente protegido

O tipo penal que prevê o delito de incêndio visa a proteger a chamada incolumidade pública, sendo este, portanto, o bem juridicamente protegido.

O objeto material, segundo Guilherme de Souza Nucci, "é a substância ou objeto incendiado".[3]

1.5 Consumação e tentativa

Tratando-se de um delito de perigo concreto, a infração tipificada no art. 250 do Código Penal se consumará quando o incêndio provocado pelo agente vier, efetivamente, a expor a perigo a vida, a integridade física ou o patrimônio de outrem, situação que deverá ser demonstrada no caso concreto.

---

[2] NORONHA, Edgard Magalhães. *Direito penal*, v. 3, p. 322.
[3] NUCCI, Guilherme de Souza. *Código penal comentado*, p. 866.

Tendo em vista sua natureza plurissubsistente, será possível o reconhecimento da tentativa, na hipótese, por exemplo, em que o agente, após derramar 50 litros de combustível no interior de um teatro, onde estava sendo encenada uma peça, é surpreendido no momento em que, após riscar um palito de fósforo, ia arremessá-lo em direção à substância inflamável.

1.6 Elemento subjetivo

O dolo é o elemento subjetivo exigido pelo *caput* do art. 250 do Código Penal. Assim, a conduta do agente deve ser dirigida finalisticamente a causar incêndio, sendo conhecedor de que, com a sua ocorrência, exporá a perigo a vida, a integridade física ou o patrimônio de outrem. Com isso, estamos querendo afirmar que o agente, no momento em que causa o incêndio, deve saber que o seu comportamento traz perigo à vida, à integridade física ou, mesmo, ao patrimônio de outrem, pois, caso contrário, o fato poderá ser atípico. Assim, imagine-se a hipótese em que o agente, deprimido porque acreditava que todos os seus amigos haviam se esquecido da data de seu aniversário, supondo estar sozinho em sua fazenda, vai até o celeiro e coloca fogo naquele imóvel. Logo em seguida ao início do incêndio, começa a escutar gritos de socorro, haja vista que seus amigos haviam combinado uma festa surpresa e estavam, justamente, escondidos naquele local, sendo que, em virtude da conduta praticada pelo agente, a vida deles foi exposta a perigo. Nesse caso, podemos afirmar pela atipicidade do comportamento, uma vez que não lhe era possível ter o conhecimento de que com o seu comportamento traria perigo para a vida ou, mesmo, para a integridade física de seus amigos.

Não poderá o agente, ainda, valer-se do incêndio para, por exemplo, matar alguém, pois, nesse caso, deverá responder pelo delito de homicídio, tentado ou consumado, conforme veremos no item correspondente aos destaques.

1.7 Modalidade culposa

Atendendo à regra contida no parágrafo único do art. 18 do Código Penal, determina o § 2º do art. 250 do mesmo diploma legal que, se o incêndio for culposo, a pena será de detenção, de 6 (seis) meses a 2 (dois) anos.

Assim, poderá o agente ter causado o incêndio em virtude de ter deixado de observar o seu necessário dever objetivo de cuidado, a exemplo daquele que, no interior de um cinema, após ter sido descoberto pelo "lanterninha", tentou livrar-se do cigarro que estava fumando, arremessando-o, ainda aceso, para longe, vindo a cair em local onde se encontravam materiais combustíveis, fazendo eclodir o incêndio.

1.8 Modalidades comissiva e omissiva

O núcleo causar pressupõe um comportamento comissivo por parte do agente. No entanto, poderá ser praticado via omissão imprópria quando o agente garantidor, devendo e podendo agir, nada fizer para evitar a eclosão do incêndio, como na hipótese daquele que, percebendo um pequeno foco de incêndio na empresa pela qual havia sido contratado para cuidar da área de segurança, podendo, dolosamente, nada faz para impedir que o fogo se propague, acabando por culminar em um incêndio de grandes proporções, causando perigo para a vida, a integridade física ou o patrimônio de outrem.

1.9 Causas especiais de aumento de pena

O § 1º do art. 250 do Código Penal prevê duas situações que implicam maior juízo de censura sobre a conduta praticada pelo agente, aumentando em um terço a pena cominada em seu *caput*, nas seguintes hipóteses:

I – se o crime é cometido com intuito de obter vantagem pecuniária em proveito próprio ou alheio;
II – se o incêndio é:
a) em casa habitada ou destinada a habitação;
b) em edifício público ou destinado a uso público ou a obra de assistência social ou de cultura;
c) em embarcação, aeronave, comboio ou veículo de transporte coletivo;
d) em estação ferroviária ou aeródromo;
e) em estaleiro, fábrica ou oficina;
f) em depósito de explosivo, combustível ou inflamável;
g) em poço petrolífero ou galeria de mineração;
h) em lavoura, pastagem, mata ou floresta.

Inicialmente, vale frisar que as referidas causas de aumento de pena somente se aplicam ao *caput* do art. 250 do Código Penal, não se destinando, outrossim, à modalidade culposa de incêndio, prevista no § 2º do citado artigo, tendo em vista a sua situação topográfica, aplicando-se somente àquilo que lhe for antecedente, vale dizer, o mencionado *caput*.

A primeira causa especial de aumento de pena diz respeito ao fato de ter o agente provocado o incêndio visando a obter alguma vantagem pecuniária em proveito próprio ou alheio. Assim, majora-se a pena em virtude da finalidade com que atuou o sujeito. Hungria, dissertando sobre o tema, esclarece:

"Explica-se a agravação da pena: a *auri sacra fames*, como motivo determinante, revela o supino egoísmo e maior perversidade do incendiário. A procurada vantagem, conforme declara o texto legal, há de ser *pecuniária*, isto é, tão somente *lucro de dinheiro*, não sendo necessário que o agente a obtenha efetivamente. Cumpre que a vantagem seja visada como consequência do incêndio em si mesmo, e não como *preço* do crime. Assim, não é abrangida a ajustada paga do agente-mandatário (em tal caso ocorrerá a agravante genérica do *motivo torpe*). [...]."[4]

Posicionando-se contrariamente à impossibilidade levantada por Hungria no que diz respeito ao reconhecimento do delito quando houvesse a paga para que o agente viesse a causar o incêndio, Guilherme de Souza Nucci afirma, com precisão:

"O objetivo da elevação da pena é o ânimo de lucro, algo que pode ocorrer tanto no caso de paga quanto no de promessa de recompensa, pois há, por parte do agente, 'intuito de obter vantagem pecuniária'. Aliás, se ele receber a vantagem ou não, o crime comporta o agravamento da pena do mesmo modo, razão pela qual não há de se negar que o recebimento anterior não afasta o 'intuito de lucro' que move o incendiário."[5]

A segunda majorante incidirá em virtude do objeto material contra o qual é dirigida a conduta do agente. Aqui, da mesma forma que na situação anterior, existe maior reprovabilidade no comportamento que é dirigido contra os objetos elencados pelo inciso II do § 1º do art. 250 do Código Penal, a saber: *casa habitada* (a que se encontra servindo de moradia, seja ela permanente, temporária ou, mesmo, intermitente); *casa destinada à habitação* (a que, embora não se encontrando habitada, possui finalidade de moradia); *edifício público* (aquele pertencente à União, ao Estado, ao Município ou ao Distrito Federal); *edifício destinado a uso público* (a exemplo dos teatros, cinemas, prédios comerciais etc.); *edifício destinado à obra de assistência social ou de cultura* (como os hospitais, asilos, museus, creches etc.); *embarcação, aeronave, comboio ou veículo de transporte coletivo* (navios, barcos, aviões, helicóptero, trens, ônibus etc., mesmo que no momento do incêndio não estejam

---

[4] HUNGRIA, Nélson. *Comentários ao código penal*, v. IX, p. 28.
[5] NUCCI, Guilherme de Souza. *Código penal comentado*, p. 867.

ocupados por pessoas); *estação ferroviária ou aeródromo* (respectivamente, que importe em transporte sobre trilhos, e o campo de aviação, isto é, o aeroporto, destinado ao pouso e à decolagem de aeronaves. Cezar Roberto Bitencourt aduz que "aqui se incluem as construções portuárias e as estações rodoviárias",[6] posição com a qual não concordamos, haja vista o princípio do *nullum crimen, nulla poena sine lege stricta,* que proíbe o recurso da chamada analogia *in malam partem*); *estaleiro* (lugar destinado à construção ou conserto de navios); *fábrica* (estabelecimento com fins industriais); *oficina* (estabelecimento onde várias pessoas fazem trabalhos manuais, como as oficinas mecânicas); *depósito de explosivo, combustível ou inflamável* (segundo Hungria, "a razão da majorante é, em tal caso, a maior violência e difusibilidade do perigo comum. *Explosivo* é todo material capaz de produzir, pela ignição fulminante e brusca decomposição, uma irrefragável e expansiva desintegração de coisas adjacentes. Pode ser *detonante [dinamitee congeners,* explosivos à base de ar líquido etc.] ou *deflagrante* [pólvora negra ou pícrica, algodão-pólvora, balistite, cordite etc.]. *Inflamável* é toda substância [sólida, líquida ou gasosa] que, por sua natureza ou composição, tem a propriedade de fácil ignição e violenta formação de chamas, embora sem explodir [exemplo: petróleo e outros óleos minerais, álcool, cânfora, celuloide etc.]. *Combustível* é todo corpo que, embora sem a propriedade de imediata inflamação, se destina especialmente a alimentar o fogo [exemplos: carvão mineral ou vegetal, lenha, palha etc.]");[7] *poço petrolífero* (lugar de extração de petróleo); *galeria de mineração* (de onde se extraem os minérios); *lavoura* (terreno lavrado ou cultivado); *pastagem* (terreno onde se pastoreiam os animais); *mata* (terreno onde se encontram e se desenvolvem árvores silvestres); e *floresta* (terreno onde existe uma formação densa de árvores, onde as copas destas se tocam, havendo um espaço mínimo entre elas).

1.10 Pena, ação penal, competência para julgamento e suspensão condicional do processo

O preceito secundário contido no *caput* do art. 250 do Código Penal comina uma pena de reclusão, de 3 (três) a 6 (seis) anos, e multa.

As penas aumentam-se de um terço nas hipóteses previstas pelo § 1º do mencionado artigo.

Para o incêndio de natureza culposa foi cominada uma pena de detenção, de 6 (seis) meses a 2 (dois) anos.

Determina o art. 258 do Código Penal que *se do crime doloso de perigo comum resulta lesão corporal de natureza grave, a pena privativa de liberdade é aumentada de metade; se resulta morte, é aplicada em dobro. No caso de culpa, se do fato resulta lesão corporal, a pena aumenta-se de metade; se resulta morte, aplica-se a pena cominada ao homicídio culposo, aumentada de um terço.*

A ação penal é de iniciativa pública incondicionada.

Compete, pelo menos inicialmente, ao Juizado Especial Criminal o processo e julgamento do delito de incêndio culposo, em virtude da pena máxima cominada em abstrato, que não ultrapassa o limite de 2 (dois) anos, imposto pelo art. 61 da Lei nº 9.099/95, conforme alteração determinada pela Lei nº 11.313, de 28 de junho de 2006.

Será possível, também, no incêndio culposo, a confecção de proposta de suspensão condicional do processo, nos termos do art. 89 da Lei nº 9.099/95.

---

6 BITENCOURT, Cezar Roberto. *Tratado de direito penal,* v. 4, p. 170.
7 HUNGRIA, Nélson. *Comentários ao código penal,* v. IX, p. 31.

1.11 Destaques

1.11.1 Provocar incêndio em imóvel afastado da cidade

Para que ocorra o delito tipificado no art. 250 do Código Penal, é preciso que o incêndio causado pelo agente exponha a perigo a vida ou a integridade física ou o patrimônio de um número indeterminado de pessoas. Assim, se o imóvel sobre o qual se dirigiu a conduta incendiária do agente ficava situado em local afastado de outras construções e pessoas, o fato poderá se configurar no delito de dano se com o incêndio não houve a criação de um *perigo comum*, tal como orienta o capítulo no qual a figura típica em estudo se encontra inserida.

O agente poderá, dependendo da hipótese concreta, responder pelo delito de dano qualificado pelo emprego de substância inflamável ou explosiva se o fato, como ressalva o inciso II do parágrafo único do art. 163 do Código Penal, não constitui crime mais grave.

1.11.2 Incêndio com a finalidade de causar a morte da vítima

Pode ocorrer a hipótese, ainda, em que o agente faça eclodir um incêndio com o fim específico de causar a morte da vítima. Nesse caso, deverá responder pelo delito de homicídio qualificado (art. 121, § 2º, III, do CP), tentado ou consumado, bem como pelo delito tipificado no art. 250 do Código Penal, se o incêndio por ele produzido expôs a perigo a vida, a integridade física ou o patrimônio de um número indeterminado de pessoas.

Nesse caso, será aplicada a regra do concurso formal impróprio, devendo o agente responder pela sua conduta única, produtora de dois resultados, levando-se a efeito o cúmulo material de penas.

1.11.3 Incêndio e dano qualificado pelo emprego de substância inflamável (art. 163, parágrafo único, II, do CP)

Imagine-se a hipótese em que o agente atue finalisticamente no sentido de produzir dano a um imóvel pertencente à vítima, valendo-se, para tanto, de uma substância inflamável. O fato por ele pretendido acaba assumindo proporções maiores e expondo a perigo um número indeterminado de pessoas. Nesse caso, deveria responder o agente pelo delito de dano qualificado pela utilização de substância inflamável? A resposta deverá ser negativa, haja vista que o próprio inciso II do parágrafo único do art. 163 do Código Penal ressalvou que ocorreria o dano qualificado se o fato não consistisse em crime mais grave.

No caso *sub examen*, somente poderíamos cogitar do delito de dano se não houvesse uma criação de perigo comum, levada a efeito pelo agente. Deverá, portanto, responder pelo delito de incêndio, devendo ser observada, ainda, a aplicação de uma das majorantes elencadas pelo § 1º do art. 250 do Código Penal.

1.11.4 Incêndio e estelionato praticado para recebimento de indenização ou valor de seguro

Não é incomum a hipótese em que o agente destrói seu próprio patrimônio com o fim de fraudar o seguro. Se para tanto vier, por exemplo, a incendiar o seu imóvel a fim de conseguir o valor correspondente ao seguro por ele realizado, deverá ser responsabilizado pelo delito previsto no art. 171, § 2º, V, do Código Penal? Existe controvérsia doutrinária, *in casu*, sobre a possibilidade de concurso de crimes, vale dizer, entre os delitos de estelionato qualificado e incêndio.

Guilherme de Souza Nucci, a nosso ver com razão, assevera:

"Parece-nos perfeitamente admissível a possibilidade de haver concurso entre o delito do art. 250, que protege a incolumidade pública, exigindo um incêndio (fogo de grandes proporções) colocando em risco a vida ou a integridade física de pessoas, bem como o patrimônio alheio, com o crime do art. 171, § 2º, V (modalidade de estelionato que prevê a destruição de coisa própria para obter o valor do seguro), que protege o patrimônio da seguradora. No primeiro caso, gerou-se perigo comum a inúmeras pessoas, enquanto na segunda situação há o dano ao patrimônio individualizado de uma empresa. Não são incompatíveis as duas ocorrências, nem há *bis in idem*. É certo que, se o ânimo de lucro já foi utilizado para tipificar o crime do art. 171, § 2º, V, cremos que o incêndio deve ser punido na modalidade simples."[8]

1.11.5 Incêndio e crime ambiental

De acordo com o art. 41 da Lei nº 9.605/98, constitui crime ambiental, punido com pena de reclusão, de 2 (dois) a 4 (quatro) anos, e multa, *provocar incêndio em floresta ou em demais formas de vegetação*.

Qual seria, portanto, a diferença entre o mencionado crime ambiental e o crime de incêndio praticado em mata ou floresta, previsto pelo inciso II do § 1º do art. 250 do Código Penal?

A diferença fundamental reside no fato de que, no delito ambiental, a proteção levada a efeito pelo tipo penal do art. 41 da Lei nº 9.605/98 diz respeito ao meio ambiente, aqui considerado como a floresta ou as demais formas de vegetação; já na infração penal constante do art. 250 do Código Penal, embora o objeto material seja a mata ou floresta, a norma constante no mencionado artigo tutela a incolumidade pública, almejando por meio do tipo penal em estudo, evitar que seja exposta a perigo a vida, a integridade física ou o patrimônio de outrem.

1.11.6 Exame pericial

Será necessária a realização do exame pericial para efeitos de caracterização do delito de incêndio, haja vista que o art. 173 do Código de Processo Penal determina, *verbis*:

> **Art. 173.** No caso de incêndio, os peritos verificarão a causa e o lugar em que houver começado, o perigo que dele tiver resultado para a vida ou para o patrimônio alheio, a extensão do dano e o seu valor e as demais circunstâncias que interessarem à elucidação do fato.

Ressalta Cezar Roberto Bitencourt:

"A falta ou insuficiência de prova direta da ação de atear fogo impede, a nosso juízo, a reprovação penal, mesmo que os indícios levem à certeza quanto à autoria. Para a caracterização do crime de incêndio é indispensável demonstração segura de que a vida, a integridade física ou o patrimônio de terceiros tenham sido colocados em perigo."[9]

Nesse sentido, é o entendimento jurisprudencial:

"O exame de corpo de delito direto, por expressa determinação legal, é indispensável para configuração da materialidade delitiva nas infrações que deixam vestígios, podendo apenas supletivamente ser suprido por outro meio de prova, quando os vestígios tenham desaparecido ou quando justificada a impossibilidade de realização da perícia. Precedentes. No caso sob exame, não foi realizada perícia para constatar a materialidade do crime de incêndio, não existindo nos autos justificação alguma para a ausência da perícia, o que indica a presença de flagrante constrangimento ilegal" (STJ, HC 440501/RS, Rel. Min. Felix Fischer, 5ª T., DJe 1º/06/2018).

---

[8] NUCCI, Guilherme de Souza. *Código penal comentado*, p. 867.
[9] BITENCOURT, Cezar Roberto. *Tratado de direito penal*, v. 4, p. 172.

1.11.7 Incêndio e Código Penal Militar

O crime de incêndio em lugar sujeito à administração militar, expondo a perigo a vida, a integridade física ou o patrimônio de outrem também veio previsto no Código Penal Militar (Decreto-Lei nº 1.001, de 21 de outubro de 1969), conforme se verifica pela leitura do seu art. 268.

1.12 Quadro-resumo

Sujeitos
» Ativo: qualquer pessoa.
» Passivo: é a sociedade, bem como as pessoas que tiveram sua vida, sua integridade física ou, mesmo, seu patrimônio expostos a perigo.

Objeto material
"...é a substância ou objeto incendiado..." (NUCCI, 2005, p. 866).

Bem(ns) juridicamente protegido(s)
A incolumidade pública.

Prova pericial
Será necessária a realização do exame pericial para efeitos de caracterização do delito de incêndio, nos termos do art. 173 do CPP.

Elemento subjetivo
Dolo.

Modalidades comissiva e omissiva
O núcleo causar pressupõe um comportamento comissivo por parte do agente, podendo, no entanto, ser praticado via omissão imprópria.

Consumação e tentativa
» O delito se consuma quando o incêndio provocado pelo agente vem, efetivamente, expor a perigo a vida, a integridade física ou o patrimônio de outrem.
» A tentativa é admissível.

2. EXPLOSÃO

Explosão
Art. 251. Expor a perigo a vida, a integridade física ou o patrimônio de outrem, mediante explosão, arremesso ou simples colocação de engenho de dinamite ou de substância de efeitos análogos:
Pena – reclusão, de três a seis anos, e multa.
§ 1º Se a substância utilizada não é dinamite ou explosivo de efeitos análogos:
Pena – reclusão, de um a quatro anos, e multa.

> **Aumento de pena**
> § 2º As penas aumentam-se de um terço, se ocorre qualquer das hipóteses previstas no § 1º, I, do artigo anterior, ou é visada ou atingida qualquer das coisas enumeradas no nº II do mesmo parágrafo.
> **Modalidade culposa**
> § 3º No caso de culpa, se a explosão é de dinamite ou substância de efeitos análogos, a pena é de detenção, de seis meses a dois anos; nos demais casos, é de detenção, de três meses a um ano.

2.1 Introdução

O delito de *explosão* vem tipificado no art. 251 do Código Penal. Mediante a análise da mencionada figura típica, podemos destacar os seguintes elementos: *a)* a conduta de expor a perigo a vida, a integridade física ou o patrimônio de outrem; *b)* por meio de explosão; *c)* arremesso ou simples colocação de engenho de dinamite; e *d)* ou de substância de efeitos análogos.

Tal como acontece no art. 250 do Código Penal, o tipo penal que prevê o delito de explosão começa sua redação, dizendo: *expor a perigo [...]*. Verifica-se, portanto, que estamos diante de um crime de perigo. Além disso, o perigo de que cuida o mencionado artigo deve ser *comum*, ou seja, deverá ser dirigido a um número indeterminado de pessoas. Também deverá ser entendido como *concreto*, demonstrando-se que a prática de qualquer dos comportamentos previstos pelo tipo trouxe, efetivamente, perigo para a vida, a integridade física ou o patrimônio de outrem.

A lei penal faz menção à *explosão*, que tem o sentido de "comoção seguida de detonação e produzida pelo desenvolvimento repentino de uma força ou pela expansão súbita de um gás".[10]

Essa explosão pode ser provocada por engenho de dinamite. Segundo as lições de Hungria:

> "*Dinamite* é nitroglicerina, que NOBEL tornou mais praticamente utilizável mediante absorção dela por certas matérias sólidas, comumente terras ou areias silicosas. O *absorvente* pode ser *ativo*, isto é, um outro explosivo, como, por exemplo, o algodão-pólvora, aumentando-se, então, a potência destruidora. Há grande variedade de substâncias explosivas com efeitos idênticos aos da dinamite: os derivados da nitrobenzina (belite), do nitrotolueno (trotil ou tolite), do nitrocresol (cresilite), da nitronaftalina (schneiderite), a chedite, a sedutite, a ruturite, a grisulite, a melinite, as gelatinas explosivas, os explosivos TNT, os explosivos à base de ar líquido etc. etc."[11]

Pelo que se percebe por meio da figura típica em estudo, a lei penal tipifica não só a explosão em si, provocada pelo agente, como também o *arremesso* ou *a simples colocação de engenho de dinamite* ou de *substância de efeitos análogos*.

Isso significa que não há necessidade, por exemplo, de que tenha havido detonação do explosivo, uma vez que o seu arremesso, isto é, o seu lançamento à distância ou, mesmo, a sua simples colocação em local onde deveria ser detonado, já importa na infração penal *sub examen*, desde que, como afirmamos, se possa extrair desse comportamento perigo para a vida, a integridade física ou o patrimônio de outrem, tratando-se, pois, de um crime de perigo concreto, no qual a probabilidade de dano deverá ser demonstrada no caso concreto, não se podendo, outrossim, presumi-la, tal como ocorre nos crimes de perigo abstrato.

---

[10] FERREIRA, Aurélio Buarque de Holanda. *Novo dicionário da língua portuguesa*, p. 744.
[11] HUNGRIA, Nélson. *Comentários ao código penal*, v. IX, p. 38.

Verifica-se, ainda, pela parte final constante da redação do art. 251 do Código Penal, a utilização da chamada *interpretação analógica*. Dessa forma, a lei penal determinou que não só a utilização do engenho de dinamite caracterizaria o delito de explosão, como também qualquer outra substância de efeitos análogos, como aquelas mencionadas por Hungria na citação acima, a exemplo dos explosivos TNT.

Caberá, no entanto, à perícia afirmar, no caso concreto, se a substância utilizada pelo agente possuía efeitos análogos aos da dinamite, para a configuração típica, haja vista que o art. 251 do Código Penal prevê, em seu § 1º, um tipo privilegiado de explosão, quando não forem essas as substâncias utilizadas, conforme veremos em tópico próprio.

2.2 Classificação doutrinária

Crime comum, tanto no que diz respeito ao sujeito ativo, quanto ao sujeito passivo; doloso e culposo (pois o § 3º do art. 251 do Código Penal previu, expressamente, a modalidade de natureza culposa); comissivo (podendo, nos termos do art. 13, § 2º, do Código Penal, ser praticado via omissão imprópria, na hipótese de o agente gozar do *status* de garantidor); de perigo comum e concreto; de forma vinculada (haja vista que o tipo penal aponta a forma pela qual poderá ser praticado); instantâneo; monossubjetivo; plurissubsistente; não transeunte.

2.3 Sujeito ativo e sujeito passivo

Qualquer pessoa poderá ser *sujeito ativo* do delito de *explosão*, haja vista que o tipo do art. 251 do Código Penal não exige nenhuma qualidade ou condição especial.

Sujeito passivo é a sociedade, incluindo-se nesse conceito aquelas pessoas que, especificamente, tiveram sua vida, integridade física ou mesmo o patrimônio expostos ao perigo.

2.4 Objeto material e bem juridicamente protegido

A incolumidade pública é o bem juridicamente protegido pelo delito de explosão.

O objeto material é o engenho de dinamite ou a substância de efeitos análogos.

2.5 Consumação e tentativa

O delito previsto no art. 251 do Código Penal se consuma quando, efetivamente, ou a explosão, ou o arremesso ou a simples colocação de engenho ou de substância de efeitos análogos trouxer perigo para a vida, a integridade física ou o patrimônio de outrem.

Com isso, queremos afirmar, por exemplo, que não basta que tenha havido a explosão com engenho de dinamite para que se tenha por consumado o delito, devendo ser demonstrado, no caso concreto, que esse comportamento criou uma situação de perigo concreto para a vida, a integridade física ou o patrimônio de outrem.

Tratando-se de crime plurissubsistente, torna-se possível o raciocínio correspondente à tentativa.

2.6 Elemento subjetivo

No *caput* do art. 251 do Código Penal, visualizamos a modalidade dolosa do delito de explosão, devendo, nesse caso, ser a conduta do agente dirigida finalisticamente a fazer explodir, arremessar ou colocar em determinado lugar engenho de dinamite ou substância de efeitos análogos.

Além disso, deverá o agente ter conhecimento de que, ao levar a efeito a explosão, o arremesso ou a colocação de engenho de dinamite ou de substâncias de efeitos análogos, exporá a perigo a vida, a integridade física ou o patrimônio de outrem, pois, caso contrário, poderá ser responsabilizado a título de culpa, nos termos do § 3º do art. 251 do Código Penal.

2.7 Modalidade privilegiada

O § 1º do art. 251 do Código Penal prevê a modalidade privilegiada do delito de explosão dizendo:

> § 1º Se a substância utilizada não é dinamite ou explosivo de efeitos análogos:
> Pena – reclusão, de um a quatro anos, e multa.

Percebe-se, portanto, que a lei penal, valorando os comportamentos por ela previstos, entende como de maior gravidade a utilização de dinamite ou substância de efeitos análogos, pois, se esses não forem utilizados na prática do delito, a pena cominada será consideravelmente menor.

Denota-se, assim, que, quando o agente faz uso de dinamite ou de substância de efeitos análogos, existe uma probabilidade de produção de danos de maior gravidade, sendo o comportamento, consequentemente, passível de um maior juízo de censura.

José Silva Júnior, dissertando sobre a modalidade privilegiada de explosão, esclarece:

> "Cuida-se aqui de qualquer explosivo cuja violência não se equipara à da dinamite. A menor potência do explosivo (pólvora e derivados), aqui considerada, tem como consequência a probabilidade, em tese, de *menor dano*."[12]

2.8 Modalidade culposa

O § 3º do art. 251 do Código Penal prevê a modalidade culposa do delito de explosão:

> § 3º No caso de culpa, se a explosão é de dinamite ou substância de efeitos análogos, a pena é de detenção, de 6 (seis) meses a 2 (dois) anos; nos demais casos, é de detenção, de três meses a um ano.

De acordo com a redação típica, somente importará na prática do delito previsto pelo § 3º do art. 251 do Código Penal quando houver a ocorrência de uma *explosão* de natureza culposa, não havendo previsão legal, portanto, para o *arremesso* ou, mesmo, para a *colocação de engenho de dinamite ou de substância de efeitos análogos*.

A pena variará de acordo com a substância culposamente detonada pelo agente. Assim, se o sujeito, por exemplo, deixando de observar o seu necessário dever objetivo de cuidado, causar uma explosão com dinamite, a pena cominada para tal fato será de detenção, de 6 (seis) meses a 2 (dois) anos; no entanto, se a explosão culposa foi originária de substância não análoga à dinamite, a exemplo da pólvora, a pena será de detenção, de 3(três) meses a 1 (um) ano.

Embora tenha a lei penal previsto a modalidade culposa do delito de explosão, jamais poderemos, como é cediço, responsabilizar o agente objetivamente por esse resultado. Assim, imagine-se a hipótese daquela pessoa devidamente licenciada a construir artefatos com pólvora, a exemplo das bombinhas e morteiros utilizados em algumas festas regionais. A estocagem de material é perfeita, superando até mesmo os padrões de segurança exigidos. No entanto, durante uma tempestade, um raio cai sobre o mencionado local, fazendo com que haja a explosão. Nesse caso, o fato seria considerado atípico, em virtude de ocorrência do chamado *caso fortuito*, não podendo o agente ser responsabilizado pela explosão de natureza culposa.

---

[12] SILVA JÚNIOR, José. *Código penal e sua interpretação jurisprudencial*, p 3.206.

2.9 Modalidades comissiva e omissiva

As condutas previstas pelo art. 251 do Código Penal pressupõem um comportamento comissivo por parte do agente. Contudo, poderão ser praticadas via omissão imprópria, na hipótese de gozar o agente do *status* de garantidor. Assim, imagine-se a hipótese daquela pessoa contratada para cuidar da segurança de um local onde eram armazenados botijões de gás. Percebendo a ocorrência de vazamento de grandes proporções e querendo vingar-se, por algum motivo, de seu patrão, sabedor de que, em virtude da enorme quantidade de gás lançada ao ar, a explosão seria iminente, nada faz para evitar o resultado, o que, efetivamente, acontece. Nesse caso, deverá ser responsabilizado pelo delito tipificado no art. 251 do Código Penal, nos termos do art. 13, § 2º, do mesmo diploma repressivo.

O mesmo raciocínio poderá ser levado a efeito no que diz respeito à omissão imprópria culposa, devendo o agente garantidor responder pelo delito tipificado no § 3º do art. 251 do Código Penal.

2.10 Causas especiais de aumento de pena

Diz o § 2º do art. 251, *verbis*:

> § 2º As penas aumentam-se de um terço, se ocorre qualquer das hipóteses previstas no § 1º, I, do artigo anterior, ou é visada ou atingida qualquer das coisas enumeradas no nº II do mesmo parágrafo.

Remetemos o leitor ao item 1.9 do tema anterior, que trata do assunto.

2.11 Pena, ação penal, competência para o julgamento e suspensão condicional do processo

O preceito secundário do *caput* do art. 251 do Código Penal comina uma pena de reclusão, de 3 (três) a 6 (seis) anos, e multa.

Já o tipo derivado privilegiado, constante do § 1º do mesmo artigo, prevê uma pena de reclusão, de 1 (um) a 4 (quatro) anos, e multa.

As penas aumentam-se de um terço nas hipóteses previstas pelo § 2º do art. 251 do diploma repressivo.

Para a modalidade culposa foi cominada uma pena de detenção, de 6 (seis) meses a 2 (dois) anos, se a explosão é de dinamite ou substância de efeitos análogos; nos demais casos, é de detenção, de 3 (três) meses a 1 (um) ano.

Determina o art. 258 do Código Penal que *se do crime doloso de perigo comum resulta lesão corporal de natureza grave, a pena privativa de liberdade é aumentada de metade; se resulta morte, é aplicada em dobro. No caso de culpa, se do fato resulta lesão corporal, a pena aumenta-se de metade; se resulta morte, aplica-se a pena cominada ao homicídio culposo, aumentada de um terço.*

A ação penal é de iniciativa pública incondicionada.

Compete, pelo menos inicialmente, ao Juizado Especial Criminal o processo e julgamento do delito de explosão culposa, pois, em ambas as hipóteses, a pena máxima cominada em abstrato não ultrapassa o limite de 2 (dois) anos, imposto pelo art. 61 da Lei nº 9.099/95, conforme alteração determinada pela Lei nº 11.313, de 28 de junho de 2006.

Será possível a confecção de proposta de suspensão condicional do processo tanto na modalidade privilegiada de explosão, constante do § 1º do art. 251, quanto na explosão culposa, constante de seu § 3º, nos termos do art. 89 da Lei nº 9.099/95.

2.12 Destaques

2.12.1 Pesca mediante a utilização de explosivos

Caso o explosivo tenha sido utilizado pelo agente para fins de pesca, deverá, levando em consideração o princípio da especialidade, ser aplicado o inciso I do art. 35 da Lei nº 9.605/98, que diz:

> **Art. 35.** Pescar mediante a utilização de:
> I – explosivos ou substâncias que, em contato com a água, produzam efeito semelhante;
> II – [...]
> Pena – reclusão, de 1 (um) a 5 (cinco) anos.

2.12.2 Prova pericial

Levando em consideração o fato de que estamos diante de um crime de perigo concreto, quando se faz necessária a comprovação de que o comportamento praticado trouxe, efetivamente, perigo para a vida, a integridade física ou o patrimônio de outrem, faz-se indispensável a produção de prova pericial, a fim de se atestar, no caso de explosão, se tal situação colocou em perigo os bens juridicamente protegidos pelo tipo penal do art. 251 do Código Penal, ou, caso não tendo havido a explosão, se a dinamite ou outra substância de efeitos análogos que foi arremessada ou colocada em determinado local, tinha essa potencialidade de dano, vale dizer, se, uma vez detonada, seria capaz de expor a perigo a vida, a integridade física ou o patrimônio de outrem, uma vez que o art. 175 do Código de Processo Penal assevera, *verbis*:

> **Art. 175.** Serão sujeitos a exame os instrumentos empregados para a prática da infração, a fim de se lhes verificar a natureza e a eficiência.

2.12.3 Homicídio praticado com o emprego de explosivo

Poderá o agente, com a finalidade de matar alguém, valer-se do emprego de explosivo. Nesse caso, deverá ser responsabilizado pelo delito de homicídio qualificado, nos termos do art. 121, § 2º, III, terceira figura, do Código Penal.

Além do homicídio qualificado, poderá o agente responder, também, pelo delito tipificado no art. 251 do Código Penal, em concurso formal? Haverá concurso de crimes somente na hipótese em que a utilização de explosivos na prática do homicídio trouxer perigo para a vida, a integridade física ou o patrimônio de outrem.

Se o agente o tiver empregado em local isolado, afastado, onde não havia a possibilidade de trazer perigo à incolumidade pública, deverá responder somente pelo delito contra a vida. Caso contrário, poderá ocorrer o concurso formal de crimes se, com a utilização do explosivo, vier a produzir a morte da vítima, bem como ocasionar perigo de dano aos bens juridicamente protegidos pelo tipo penal do art. 251 do diploma repressivo.

2.12.4 Queima de fogos de artifício

A conduta de queimar fogos de artifício em lugar habitado ou em suas adjacências, em via pública ou em direção a ela é prevista pelo art. 28 da Lei das Contravenções Penais, que diz, *verbis*:

> **Art. 28.** Disparar arma de fogo em lugar habitado ou em suas adjacências, em via pública ou em direção a ela:
> Pena – prisão simples, de um a seis meses, ou multa, de trezentos mil réis a três contos de réis.

Parágrafo único. Incorre na pena de prisão simples, de quinze dias a dois meses, ou multa, de duzentos mil réis a dois contos de réis, quem, em lugar habitado ou em suas adjacências, em via pública ou em direção a ela, sem licença da autoridade, causa deflagração perigosa, queima fogo de artifício ou solta balão aceso.

"Estando o tipo do art. 251 do CP, crime de explosão, entre aqueles denominados de perigo comum, é de se exigir, como circunstância elementar, a comprovação de que a conduta explosiva causou efetiva afronta à vida e à integridade física das pessoas ou concreto dano ao patrimônio de outrem, sob pena de faltar à acusação a devida demonstração da tipicidade. Por isso, ação de arremessar fogos e artifícios em local ocasionalmente despovoado, cuja consequência danosa ao ambiente foi nenhuma, não pode ser tida pela vertente do crime de explosão, podendo, no máximo se referir à contravenção do art. 28 do Decreto-Lei nº 3.688/41 [...]" (STJ, *HC* 104.952 SP, Rel.a Min.a Maria Thereza de Assis Moura, julg. 10/2/2009, 6a T., DJe 2/3/2009).

2.12.5 Explosão e Código Penal Militar

O crime de explosão em lugar sujeito à administração militar, expondo a perigo a vida, a integridade física ou o patrimônio de outrem também veio previsto no Código Penal Militar (Decreto-Lei nº 1.001, de 21 de outubro de 1969), conforme se verifica pela leitura do seu art. 269.

2.12.6 Furto e roubo praticados com o emprego de explosivo ou de artefato análogo que cause perigo comum

Vide arts. 155, §§ 4º-A e 7º, e 157, §§ 2º, VI e 2º-A, II, todos do Código Penal.

A Lei nº 13.964, de 24 de dezembro de 2019, inseriu no rol dos crimes hediondos o furto qualificado pelo emprego de explosivo ou de artefato análogo que cause perigo comum (art. 155, § 4º-A), conforme se verifica no inciso IX do art. 1º da Lei nº 8.072/1990.

2.13 Quadro-resumo

Sujeitos
» Ativo: qualquer pessoa.
» Passivo: é a sociedade, incluindo-se nesse conceito aquelas pessoas que, especificamente, tiveram sua vida, integridade física ou mesmo o patrimônio expostos ao perigo.

Objeto material
É o engenho de dinamite ou a substância de efeitos análogos.

Bem(ns) juridicamente protegido(s)
A incolumidade pública.

Prova pericial
Será necessária, aplicando-se o art. 175 do CPP.

Elemento subjetivo
Dolo.

Modalidades comissiva e omissiva

As condutas previstas pelo art. 251 do CP pressupõem um comportamento comissivo por parte do agente, podendo, no entanto, ser praticadas via omissão imprópria.

Consumação e tentativa

» O delito se consuma quando, efetivamente, a explosão, o arremesso ou a simples colocação de engenho ou de substância de efeitos análogos causar perigo para a vida, a integridade física ou o patrimônio de outrem.
» A tentativa é admissível.

3. USO DE GÁS TÓXICO OU ASFIXIANTE

Uso de gás tóxico ou asfixiante
Art. 252. Expor a perigo a vida, a integridade física ou o patrimônio de outrem, usando de gás tóxico ou asfixiante:
Pena – reclusão, de um a quatro anos, e multa.
Modalidade culposa
Parágrafo único. Se o crime é culposo:
Pena – detenção, de três meses a um ano.

3.1 Introdução

O delito de *uso de gás tóxico ou asfixiante* vem tipificado no art. 252 do Código Penal. Pela redação típica, podemos destacar os seguintes elementos: *a)* a conduta de expor a perigo a vida, a integridade física ou o patrimônio de outrem; *b)* mediante a utilização de gás tóxico ou asfixiante.

O delito em estudo encontra-se inserido no capítulo correspondente aos crimes contra a incolumidade pública, tratando-se, pois, de um crime de perigo comum, razão pela qual, para efeitos de sua configuração, deverá atingir um número indeterminado de pessoas.

Cuida-se, ainda, de um crime de perigo concreto, haja vista a necessidade de ser demonstrado que o comportamento do agente trouxe, no caso concreto, perigo para a vida, a integridade física ou o patrimônio de outrem.

Essa exposição concreta a perigo deverá ocorrer em virtude da utilização, pelo agente, de *gás tóxico* ou *asfixiante*. Dissertando sobre o tema, Feu Rosa esclarece:

"O dispositivo fala de gás, referindo-se, portanto, a dois aspectos: a) a substância pode ser qualquer uma, indistintamente, desde que não seja sólida nem líquida. Deverá ter a forma fluida, ou seja, ser capaz de se expandir misturando-se ao ar em forma de vapor ou fumaça; e, b) ser tóxica ou asfixiante."[13]

Tóxico é o gás venenoso; asfixiante é aquele de natureza sufocante, que atua sobre as vias respiratórias, impedindo a vítima de respirar. São considerados tóxicos, dentre outros, os gases provenientes do ácido cianídrico, amoníaco do anidro sulfuroso, benzina, iodacetona,

---

[13] FEU ROSA, Antonio José Miguel. *Direito penal* – Parte especial, p. 689.

cianuretos alcalinos de potássio e sódio. Asfixiantes são os gases de cloro, bromo, bromacetona, clorossulfato de metila, cloroformiato de triclorometila, fosgeno etc.[14]

Salienta Noronha, com razão:

> "Não é necessário que o gás seja mortal: basta expor a perigo a vida ou a integridade física de pessoas, o que, aliás, bem se compreende, uma vez que a lei se contenta com o perigo para o patrimônio, hipótese em que ele pode até ser inócuo para o indivíduo."[15]

3.2 Classificação doutrinária

Crime comum, tanto no que diz ao sujeito ativo, quanto ao sujeito passivo; doloso e culposo (uma vez que o parágrafo único do art. 252 do Código Penal previu, expressamente, a modalidade de natureza culposa); comissivo (podendo, nos termos do art. 13, § 2º, do Código Penal, ser praticado via omissão imprópria, na hipótese de o agente gozar do *status* de garantidor); de perigo comum e concreto; de forma vinculada (haja vista que o tipo penal aponta a sua prática mediante a utilização de gás tóxico ou asfixiante); instantâneo; monossubjetivo; plurissubsistente; não transeunte.

3.3 Sujeito ativo e sujeito passivo

Qualquer pessoa poderá ser *sujeito ativo* do delito de *uso de gás tóxico ou asfixiante*, uma vez que o tipo do art. 252 do Código Penal não exige nenhuma qualidade ou condição especial.

Sujeito passivo é a sociedade, incluindo-se nesse conceito aquelas pessoas que, especificamente, tiveram a vida, a integridade física ou mesmo o patrimônio expostos ao perigo.

3.4 Objeto material e bem juridicamente protegido

A incolumidade pública é o bem juridicamente protegido pelo delito de uso de gás tóxico ou asfixiante.

Objeto material é o gás tóxico ou asfixiante.

3.5 Consumação e tentativa

O delito previsto no art. 252 do Código Penal se consuma quando, após a utilização do gás tóxico ou asfixiante, houver a efetiva exposição de perigo para a vida, a integridade física ou o patrimônio de outrem, tendo em vista cuidar-se de um crime de perigo concreto.

Tratando-se de crime plurissubsistente, torna-se possível o raciocínio correspondente à tentativa.

3.6 Elemento subjetivo

O elemento subjetivo do delito tipificado no art. 252 do Código Penal é o dolo, consubstanciado na vontade finalisticamente dirigida no sentido de fazer uso do gás tóxico ou asfixiante, sendo o agente conhecedor do perigo que causa com o seu comportamento.

---

[14] Conforme Nélson Hungria, *Comentários ao código penal*, v. IX, p. 42-43.
[15] NORONHA, Edgard Magalhães. *Direito penal*, v. 3, p. 335.

3.7 Modalidade culposa

A modalidade culposa do delito de uso de gás tóxico ou asfixiante veio prevista no parágrafo único do art. 252, que diz, *verbis:*

> **Parágrafo único.** Se o crime é culposo:
> Pena – detenção, de três meses a um ano.

Para que ocorra o delito culposo em exame, o agente deverá fazer uso de gás tóxico ou asfixiante, deixando de observar o seu necessário dever objetivo de cuidado, expondo a perigo a vida, a integridade física ou o patrimônio de outrem.

3.8 Modalidades comissiva e omissiva

A conduta prevista pelo tipo penal do art. 252 do diploma repressivo pressupõe um comportamento comissivo por parte do agente. No entanto, o delito poderá ser praticado via omissão imprópria na hipótese em que o agente, garantidor, dolosa ou culposamente, nada fizer para evitar a exposição a perigo em virtude da utilização, por terceira pessoa, de gás tóxico ou asfixiante.

3.9 Pena, ação penal, competência para o julgamento e suspensão condicional do processo

O preceito secundário do art. 252 do Código Penal comina uma pena de reclusão, de 1 (um) a 4 (quatro) anos, e multa.

Para a modalidade culposa, o parágrafo único do referido artigo prevê uma pena de detenção, de 3 (três) meses a 1 (um) ano.

Determina o art. 258 do Código Penal que, *se do crime doloso de perigo comum resulta lesão corporal de natureza grave, a pena privativa de liberdade é aumentada de metade; se resulta morte, é aplicada em dobro. No caso de culpa, se do fato resulta lesão corporal, a pena aumenta-se de metade; se resulta morte, aplica-se a pena cominada ao homicídio culposo, aumentada de um terço.*

A ação penal é de iniciativa pública incondicionada.

Compete, pelo menos inicialmente, ao Juizado Especial Criminal o processo e julgamento da modalidade culposa do delito de uso de gás tóxico ou asfixiante, pois a pena máxima cominada em abstrato não ultrapassa o limite de 2 (dois) anos, imposto pelo art. 61 da Lei nº 9.099/95, conforme alteração determinada pela Lei nº 11.313, de 28 de junho de 2006.

Será possível a confecção de proposta de suspensão condicional do processo em ambas as modalidades – dolosa e culposa – do delito de uso de gás tóxico ou asfixiante, nos termos do art. 89 da Lei nº 9.099/95.

3.10 Destaques

3.10.1 Homicídio qualificado pelo emprego de gás asfixiante

A asfixia é um dos meios utilizados na prática do delito de homicídio que o torna qualificado. Sob o ponto de vista médico-legal, segundo as lições de Genival Veloso de França, a asfixia:

> "É a síndrome caracterizada pelos efeitos da ausência do oxigênio no ar respirável por impedimento mecânico de causa fortuita, violenta e externa em circunstâncias as mais variadas. Ou a perturbação oriunda da privação, completa ou incompleta, rápida ou lenta, externa ou interna, do oxigênio."[16]

---

[16] FRANÇA, Genival Veloso de. *Medicina legal*, p. 116.

Poderá o agente, portanto, causar a morte da vítima valendo-se de um gás asfixiante, qualificando, assim, o delito de homicídio, nos termos do art. 121, § 2º, III, quarta figura do Código Penal. Nesse caso, deveria o agente responder, também, pelo delito previsto no art. 252 do Código Penal? Se o agente se utilizar do gás asfixiante sem que exponha a perigo a vida, a integridade física ou o patrimônio de outrem que não a vítima do homicídio, somente será responsabilizado por esta infração penal. Caso contrário, poderá ocorrer o concurso formal de crimes, se com a utilização do gás asfixiante vier a produzir a morte da vítima, bem como ocasionar perigo de dano aos bens juridicamente protegidos pelo tipo penal do art. 252 do diploma repressivo.

3.10.2 Utilização de gás lacrimogêneo pela polícia

O gás lacrimogêneo possui natureza asfixiante. Nesse caso, poderia a polícia fazer uso desse meio, em determinadas ocasiões extremas, com a finalidade, por exemplo, de dispersar a multidão, evitando que o aglomerado de pessoas venha a cometer infrações penais? Dissertando sobre o tema, preleciona Bento de Faria:

> "O – *gás lacrimogêneo* – é possivelmente asfixiante, com efeito direto sobre as mucosas, como também tóxico, conforme a quantidade empregada.
>
> É resultante da – *acroleína* –, que se obtém pela mistura de glicerina com ácido fosfórico anidro. Não exclui esse conceito o seu emprego pela autoridade policial, o qual deve ser limitado ao efeito de paralisar a ação dos adversários, por ocasião de desordens ou motins de certa gravidade. Nem sempre, porém, procedem os seus agentes com esse critério e abusam do seu emprego. Esse ato da autoridade há de revestir, então, a forma criminosa para sujeitá-la à sanção da lei, visto como a qualidade do agente não tem a virtude de transformar em norma jurídica uma prática que expõe, desnecessariamente, a perigo a vida ou a saúde."[17]

Na verdade, resumindo as lições do renomado autor, a polícia não está impedida de usar o gás lacrimogêneo, tampouco de utilizar as armas que estão à sua disposição, desde que necessárias a repelir agressões injustas, atuais ou iminentes, quando, então, atuarão sob o manto da legítima defesa, ou ainda quando estiverem agindo no estrito cumprimento de dever legal. O abuso, concebido como excesso, deverá ser punido, responsabilizando-se criminalmente a autoridade pelo seu ato ilegal.

Se o uso de gás lacrimogêneo foi levado a efeito sem a mínima necessidade, simplesmente por ato abusivo da autoridade, entendemos deva ela ser responsabilizada pelo delito tipificado no art. 252 do Código Penal se, em virtude do seu comportamento, houve a criação de perigo para a vida, a integridade física ou o patrimônio de outrem.

3.10.3 Contravenção penal de emissão de fumaça, vapor ou gás

O art. 38 da Lei das Contravenções Penais prevê a infração penal de *emissão de fumaça, vapor ou gás*:

> **Art. 38.** Provocar, abusivamente, emissão de fumaça, vapor ou gás, que possa ofender ou molestar alguém:
> Pena – multa.

Qual seria a diferença entre a contravenção penal narrada e o delito de uso de gás tóxico ou asfixiante?

---

[17] FARIA, Bento de. *Código penal brasileiro*, v. VI, p. 201/202.

Prima facie, faz-se mister ressaltar que, nas duas hipóteses, estamos diante de uma situação de perigo comum, vale dizer, o comportamento praticado pelo agente atinge um número indeterminado de pessoas.

No entanto, como é cediço, as contravenções são um *minus* em relação aos crimes. Os bens juridicamente protegidos pelas contravenções penais, de acordo com o critério político que envolve a sua seleção, não possuem a importância exigida pelo Direito Penal para que gozem do *status* de crimes.

Assim, a conduta contravencional seria, abstratamente considerada, menos gravosa do que aquela prevista como crime pelo art. 252 do Código Penal.

Essa emissão de gás, mencionada na redação típica do art. 38 da Lei das Contravenções Penais, produziria uma ofensa de menores proporções ao organismo humano do que aquela proporcionada pelo gás tóxico ou asfixiante a que se refere o art. 252 do Código Penal.

Marcello Jardim Linhares, procurando apontar o objeto da tutela legal no que diz respeito à contravenção penal de emissão de fumaça, vapor ou gás, esclarece:

"Em face do alto grau de desenvolvimento de nossas indústrias, a espécie jurídica assume hoje importância especial. A despeito dos avanços da tecnologia nelas empregada, não se consegue evitar a nociva emanação de gases fétidos, vapores ofensivos e incômodas fumaças, sendo a poluição fenômeno hoje comum nos polos progressistas dos grandes centros. Obrigado a respirar o ar disponível, sujeito à concentração de poluentes, fica o homem sujeito a seus efeitos agudos, tornando-se fácil presa de doenças profissionais, de que são frequentes exemplos as irritações de mucosas de seu sistema respiratório, as tosses, as bronquites, asmas, irritações dos órgãos visuais, sujeito às vezes ao envenenamento e até a morte. Doenças crônicas, encurtamento da vida, o câncer, o enfizema e doenças alérgicas são o fantasma desse paradoxal quadro que o progresso oferece, vivendo o homem atual sob o desconforto dos maus odores, sob a forte pressão de toda a gama de poluições."[18]

A perícia terá papel fundamental na distinção entre o crime de uso de gás tóxico ou asfixiante e a contravenção penal de emissão de fumaça, vapor ou gás, uma vez que, como diz a redação típica, a conduta praticada pelo agente, neste último caso, que possa ofender ou molestar alguém, não expõe concretamente a perigo a vida, a integridade física e o patrimônio de um número indeterminado de pessoas, situação esta de maior gravidade.

3.10.4 Prova pericial

Tendo em vista que o delito tipificado no art. 252 do Código Penal se configura com a utilização de gás tóxico ou asfixiante, expondo a perigo a vida, a integridade física ou o patrimônio de outrem, será necessária a realização de prova pericial, comprovando-se não somente a potencialidade ofensiva dos meios empregados, conforme art. 175 do Código de Processo Penal, como também o fato de a sua utilização ter trazido uma situação concreta de perigo a um número indeterminado de pessoas, diante de sua natureza de infração penal de perigo comum.

3.10.5 Armas químicas

A Lei nº 11.254, de 27 de dezembro de 2005, que estabelece as sanções administrativas e penais em caso de realização de atividades proibidas pela Convenção Internacional sobre a Proibição do Desenvolvimento, Produção, Estocagem e Uso das Armas Químicas

---

[18] LINHARES, Marcello Jardim. *Contravenções penais*, v. 1, p. 332.

e sobre a Destruição das Armas Químicas existentes no mundo (CPAQ), diz, em seu art. 4º, *verbis*:

> **Art. 4º** Constitui crime:
> I – fazer uso de armas químicas ou realizar, no Brasil, atividade que envolva a pesquisa, produção, estocagem, aquisição, transferência, importação ou exportação de armas químicas ou de substâncias químicas abrangidas pela CPAQ com a finalidade de produção de tais armas;
> II – contribuir, direta ou indiretamente, por ação ou omissão, para o uso de armas químicas ou para a realização, no Brasil ou no exterior, das atividades arroladas no inciso I:
> Pena – reclusão, de 1 (um) a 10 (dez) anos.

3.10.6 Emprego de gás tóxico ou asfixiante e Código Penal Militar

O crime de emprego de gás tóxico ou asfixiante também veio previsto no Código Penal Militar (Decreto-Lei nº 1.001, de 21 de outubro de 1969), conforme se verifica pela leitura do seu art. 270, quando o agente expõe a perigo a vida, a integridade física ou o patrimônio de outrem, em lugar sujeito à administração militar, usando de gás tóxico ou asfixiante ou prejudicial de qualquer modo à incolumidade da pessoa ou da coisa.

3.11 Quadro-resumo

Sujeitos
» Ativo: qualquer pessoa.
» Passivo: é a sociedade, incluindo-se nesse conceito aquelas pessoas que, especificamente, tiveram sua vida, integridade física ou mesmo o patrimônio expostos ao perigo.

Objeto material
É o gás tóxico ou asfixiante.

Bem(ns) juridicamente protegido(s)
A incolumidade pública.

Prova pericial
Será necessária a realização de prova pericial, comprovando-se não somente a potencialidade ofensiva dos meios empregados, conforme art. 175 do CPP, bem como o fato de a sua utilização ter trazido uma situação concreta de perigo a um número indeterminado de pessoas, diante de sua natureza de infração penal de perigo comum.

Elemento subjetivo
Dolo.

Modalidades comissiva e omissiva
A conduta prevista pressupõe um comportamento comissivo por parte do agente, podendo, no entanto, ser praticada via omissão imprópria.

> **Consumação e tentativa**
> » O delito se consuma quando, após a utilização do gás tóxico ou asfixiante, houver a efetiva exposição de perigo para a vida, a integridade física ou o patrimônio de outrem, tendo em vista tratar-se de um crime de perigo concreto.
> » A tentativa é admissível.

4. FABRICO, FORNECIMENTO, AQUISIÇÃO, POSSE OU TRANSPORTE DE EXPLOSIVOS OU GÁS TÓXICO, OU ASFIXIANTE

> **Fabrico, fornecimento, aquisição, posse ou transporte de explosivos ou gás tóxico, ou asfixiante**
> **Art. 253.** Fabricar, fornecer, adquirir, possuir ou transportar, sem licença da autoridade, substância ou engenho explosivo, gás tóxico ou asfixiante, ou material destinado à sua fabricação:
> Pena – detenção, de seis meses a dois anos, e multa.

4.1 Introdução

Se nos arts. 251 e 252 do Código Penal estão previstas as condutas daqueles que expõem a perigo a vida, a integridade física ou o patrimônio de outrem, mediante explosão, arremesso ou simples colocação de engenho de dinamite ou de substância de efeitos análogos, bem como com a utilização de gás tóxico ou asfixiante, no art. 253 do mesmo diploma repressivo existe a previsão do comportamento do agente que fabrica, fornece, adquire, possui ou transporta, sem licença da autoridade, a substância ou engenho explosivo, gás tóxico ou asfixiante, ou material destinado à sua fabricação.

Percebe-se, aqui, que a lei penal quis antecipar a punição ao máximo, buscando impedir a prática dos comportamentos tipificados nos arts. 251 e 252 do Código Penal.

No entanto, se nos dois artigos anteriores estamos diante de um crime de perigo concreto, o art. 253 do Código Penal, ao contrário, prevê um delito de perigo abstrato, conforme posição dominante na doutrina, a exemplo de Luiz Regis Prado, quando diz:

> "Trata-se de delito de perigo abstrato. Dessa forma, o perigo constitui unicamente a *ratio legis*, isto é, o motivo que inspirou o legislador a criar a figura típica delitiva. O perigo não aparece aqui como elemento do tipo objetivo e o delito se consuma mesmo que no caso concreto não se tenha verificado qualquer perigo para o bem jurídico tutelado, sendo suficiente a simples comprovação de uma atividade finalista. Não se exige, portanto, que o perigo – inerente à ação – seja comprovado."[19]

Apesar da força do raciocínio do renomado autor, que acompanha o movimento doutrinário amplamente dominante, não podemos concordar com ele. Isso porque o delito de *fabrico, fornecimento, aquisição, posse ou transporte de explosivos ou gás tóxico, ou asfixiante* encontra-se inserido no Capítulo I (dos crimes de perigo comum), pertencente ao Título VIII da Parte Especial do Código Penal, que prevê os delitos contra a incolumidade pública.

Dessa forma, para que a infração penal ocorra, deverá a conduta do agente importar em *perigo comum*, uma vez que dirigida contra a *incolumidade pública*, atendendo-se, pois, às exigências relativas ao princípio da lesividade, que exige comprovação de ofensa ao bem juridicamente protegido para efeitos de permissão de criação típica. A nosso ver, portanto, devemos

---
[19] PRADO, Luiz Regis. *Curso de direito penal brasileiro*, v. 3, p. 451-452.

interpretar a figura típica entendendo-a como um delito de *perigo concreto*, comprovando-se, caso a caso, se o comportamento levado a efeito pelo agente trouxe, efetivamente, perigo para a incolumidade pública.

Partindo desse pressuposto, podemos analisar os elementos que compõem o tipo constante do art. 253 do Código Penal, a saber: *a)* a conduta de fabricar, fornecer, adquirir, possuir ou transportar; *b)* sem licença da autoridade; *c)* substância ou engenho explosivo, gás tóxico, ou asfixiante, ou material destinado à sua fabricação.

Fabricar tem o significado de produzir, criar, ou, conforme esclarece Noronha, "compreende-se qualquer processo idôneo de elaboração, mecânico ou químico, não excluída a simples adição de uma substância a outra ou a outras (composição). Existe fabricação não só quando se cria explosivo de uma ou mais matérias, que antes não tinham esse caráter, mas, também, com a reprodução, transformação ou aperfeiçoamento de matérias já por si explosivas";[20] *fornecer* deve ser entendido no sentido de entregar a alguém, onerosa ou mesmo gratuitamente; *adquirir* significa comprar (título oneroso) ou obter (título gratuito); *possuir*, ou seja, ter a posse, guarda, estar à sua disposição etc.; *transportar* importa em remover, conduzir, levar de um lugar para outro, seja essa remoção levada a efeito a título gratuito ou oneroso.

Importante frisar que estamos diante de um tipo misto alternativo. Assim, a prática, pelo agente, de mais de uma dessas condutas previstas pelo tipo importará em infração única. Dessa forma, mesmo se o agente tiver adquirido, transportado e, ainda, tiver em sua posse uma das substâncias elencadas pelo tipo, continuará a responder somente por um único delito.

A *licença da autoridade* é o elemento normativo constante do tipo.

Substância ou engenho explosivo, gás tóxico ou asfixiante já foram estudados quando da análise dos dois artigos anteriores, para onde remetemos o leitor.

A parte final do art. 253 do Código Penal menciona, ainda, *material destinado à sua fabricação*. Segundo Guilherme de Souza Nucci, "trata-se de material voltado à fabricação de substância ou engenho explosivo, gás tóxico ou asfixiante. Não é preciso que a substância *só* possa ser usada para o fabrico de explosivo, mas que, em determinado contexto, seja usada para tal fim".[21]

4.2 Classificação doutrinária

Crime comum, tanto no que diz respeito ao sujeito ativo, quanto ao sujeito passivo; doloso; comissivo (podendo, nos termos do art. 13, § 2º, do Código Penal, ser praticado via omissão imprópria, na hipótese de o agente gozar do *status* de garantidor); de perigo comum e concreto (embora essa posição por nós assumida seja minoritária); de forma livre; instantâneo (quanto aos núcleos *fabricar, fornecer e adquirir*) e permanente (no que diz respeito às condutas de *possuir* e *transportar*); monossubjetivo; plurissubsistente (como regra, não se descartando, contudo, a possibilidade de ser entendido como *unissubsistente*, a exemplo da conduta de possuir); não transeunte.

4.3 Sujeito ativo e sujeito passivo

Qualquer pessoa poderá ser *sujeito ativo* do delito de *fabrico, fornecimento, aquisição, posse ou transporte de explosivos ou gás tóxico, ou asfixiante*, haja vista que o tipo do art. 253 do Código Penal não exige nenhuma qualidade ou condição especial.

Sujeito passivo é a sociedade, tratando-se, pois, de um crime vago.

---

[20] NORONHA, Edgard Magalhães. *Direito penal*, v. 3, p. 337.
[21] NUCCI, Guilherme de Souza. *Código penal comentado*, p. 872.

4.4 Objeto material e bem juridicamente protegido

A incolumidade pública é o bem juridicamente protegido pelo tipo penal que prevê o delito do art. 253 do Código Penal.

O objeto material é a substância ou engenho explosivo, o gás tóxico ou asfixiante, bem como o material destinado à sua fabricação.

4.5 Consumação e tentativa

Nos termos da posição majoritária, o delito em estudo se consuma com a simples prática de qualquer dos comportamentos previstos pelo tipo penal, pois, conforme asseverava Hungria:

> "Diversamente do que ocorre com os crimes de perigo comum em geral, não é necessária, aqui, a efetiva superveniência do *eventus periculi*: basta a possibilidade, que a lei presume *juris et de jure*, de perigo comum (ainda que remoto). Trata-se de um *ato preparatório*, que o legislador entendeu de bom aviso erigir em crime *sui generis* ou *per sè stante*."[22]

Como já tivemos oportunidade de ressaltar, mesmo que isolados doutrinariamente, não podemos concordar com essa posição, que é ofensiva ao princípio da lesividade. Para nós, portanto, o delito se consuma quando o agente, após praticar um dos comportamentos previstos pelo tipo penal, coloca, concretamente, em risco a incolumidade pública. Assim, imagine-se a hipótese daquele que possui, em sua casa, sem licença da autoridade, substância explosiva. Levando em consideração a existência de outras pessoas ou propriedades próximas a ele, tal fato poderia se configurar no delito *sub examen*, pois importa em um perigo concreto de dano. Agora, imagine-se a hipótese daquele que, em um lugar isolado, afastado de qualquer comunidade, possua uma mistura química, criada por ele próprio, com poder explosivo. Nesse caso, pergunta-se: Hipoteticamente, teria ele cometido o delito previsto pelo art. 253 do Código Penal, mesmo que não houvesse colocado em risco a vida, a integridade física ou o patrimônio de outrem? Acreditamos que não, razão pela qual, para efeitos de consumação da mencionada infração penal, entendemos ser exigível a concreção do perigo, ou seja, faz-se necessário provar a sua potencialidade de dano ao bem jurídico protegido no caso concreto.

A maioria esmagadora de nossos doutrinadores também não admite a tentativa no delito previsto pelo tipo do art. 253 do Código Penal. Com a devida vênia, também não podemos comungar com essa opinião. Isso porque, nas hipóteses em que se visualizar o delito em estudo como plurissubsistente, podendo-se fracionar o *iter criminis*, será admissível o raciocínio relativo ao *conatus*. Por isso, estamos com Cezar Roberto Bitencourt quando assevera que "a *tentativa* é de difícil configuração, embora teoricamente possível".[23]

4.6 Elemento subjetivo

O delito de *fabrico, fornecimento, aquisição, posse ou transporte de explosivos ou gás tóxico, ou asfixiante* somente pode ser praticado dolosamente, não havendo previsão para a modalidade de natureza culposa.

O dolo do agente, no entanto, deve abranger o conhecimento de que a substância que fabrica, fornece, adquire, possui ou transporta, por exemplo, tem essa natureza explosiva, tóxica, asfixiante etc., pois, caso contrário, poderá ser alegado o chamado erro de tipo.

---

[22] HUNGRIA, Nélson. *Comentários ao código penal*, v. IX, p. 44.
[23] BITENCOURT, Cezar Roberto. *Tratado de direito penal*, v. 4, p. 182.

Da mesma forma, o desconhecimento quanto à necessidade de obter *licença da autoridade* para, v.g., transportar uma carga tóxica poderá afastar o dolo, também sob a alegação do erro de tipo, já que se cuida de elemento constante da figura típica em análise.

4.7 Modalidades comissiva e omissiva

As condutas previstas pelo tipo penal pressupõem um comportamento comissivo por parte do agente. No entanto, o delito poderá ser praticado via omissão imprópria, na hipótese em que o agente garantidor, dolosamente, nada fizer para impedir a prática de quaisquer dos comportamentos previstos pelo tipo do art. 253 do Código Penal.

4.8 Pena, ação penal, competência para julgamento e suspensão condicional do processo

A pena cominada ao delito previsto no art. 253 do Código Penal é de detenção, de 6 (seis) meses a 2 (dois) anos, e multa.

A ação penal é de iniciativa pública incondicionada.

Compete, pelo menos inicialmente, ao Juizado Especial Criminal o processo e julgamento do delito de *fabrico, fornecimento, aquisição, posse ou transporte de explosivos ou gás tóxico, ou asfixiante*, pois a pena máxima cominada em abstrato não ultrapassa o limite de 2 (dois) anos, imposto pelo art. 61 da Lei nº 9.099/95, conforme redação determinada pela Lei nº 11.313, de 28 de junho de 2006.

Será possível a confecção de proposta de suspensão condicional do processo, nos termos do art. 89 da Lei nº 9.099/95.

4.9 Destaques

4.9.1 Revogação parcial do art. 253 do Código Penal pelo Estatuto do Desarmamento

O inciso III do § 3º do art. 10 da Lei nº 9.437, de 20 de fevereiro de 1997, havia revogado parcialmente o art. 253 do Código Penal, pois havia previsto como delito a conduta de *possuir, deter, fabricar ou empregar artefato explosivo e/ou incendiário sem autorização*.

Vale ressaltar que o mencionado inciso da Lei de Armas somente havia feito menção aos explosivos, não dizendo respeito, pois, às condutas praticadas que tinham por objeto o gás tóxico ou asfixiante.

O inciso III do § 1º do art. 16 do atual Estatuto do Desarmamento (Lei nº 10.826, de 22 de dezembro de 2003), que revogou a Lei nº 9.437/1997, manteve a previsão de punição, cominando uma pena de reclusão, de 3 (três) a 6 (seis) anos, e multa, para aquele que:

> III – possuir, detiver, fabricar ou empregar artefato explosivo ou incendiário, sem autorização ou em desacordo com determinação legal ou regulamentar.

Dessa forma, entendemos pela revogação parcial do art. 253 do Código Penal, no que diz respeito especificamente aos núcleos *fabricar* e *possuir* substância ou engenho explosivo, devendo ser aplicada, nesse caso, a referida Lei nº 10.826/2003.[24]

---

[24] Em sentido contrário, dando uma abrangência maior ao artigo, preleciona Fernando Capez *(Estatuto do desarmamento*, p. 132-133): "Sustentávamos que no art. 253 do Código Penal faltaram as condutas de fornecer, adquirir ou transportar. À primeira vista, fornecer, adquirir ou transportar não se enquadrariam na figura típica do art. 10 § 3º, III, permanecendo regidos pelo dispositivo

4.9.2 Perícia

Deverá ser realizada prova pericial a fim de se concluir se o objeto que fora fabricado, fornecido, adquirido, estava sob a posse ou era transportado pelo agente sem a necessária licença da autoridade era, efetivamente, substância ou engenho explosivo, gás tóxico ou asfixiante, ou material destinado à sua fabricação.

4.10 Quadro-resumo

Sujeitos
» Ativo: qualquer pessoa.
» Passivo: é a sociedade, tratando-se, pois, de um crime vago.

Objeto material
É a substância ou engenho explosivo, o gás tóxico ou asfixiante, bem como o material destinado à sua fabricação.

Bem(ns) juridicamente protegido(s)
A incolumidade pública.

Prova pericial
Deverá ser realizada prova pericial a fim de concluir se o objeto que fora fabricado, fornecido, adquirido, estava sob a posse ou era transportado pelo agente sem a necessária licença da autoridade; se era, efetivamente, substância ou engenho explosivo, gás tóxico ou asfixiante, ou material destinado à sua fabricação.

Elemento subjetivo
Dolo, não havendo previsão para a modalidade de natureza culposa.

Modalidades comissiva e omissiva
As condutas previstas pelo tipo penal pressupõem um comportamento comissivo por parte do agente, podendo, no entanto, ser praticadas via omissão imprópria.

---

do Código Penal. Entretanto, na prática, todos os comportamentos, inclusive esses três, acabaram absorvidos pela Lei nº 9.437/97. É que, para fornecer ou transportar, é necessário, antes, deter ou pelo menos possuir o objeto, ainda que momentaneamente. No que tange à aquisição, não resta dúvida de que quem adquire possui, e quem tenta adquirir tenta possuir. Diante do exposto, todas as figuras do art. 253 do Código Penal foram alcançadas pela antiga Lei. Assim, fabricar, possuir (adquirir, fornecer e transportar), deter ou empregar artefato explosivo não mais configurava crime previsto no Estatuto Repressivo, mas na Lei nº 9.437/97, com pena de dois a quatro anos de reclusão, mais multa. Com o advento do novo Estatuto do Desarmamento, o inciso III do parágrafo único do art. 16, tal como sucedia na Lei nº 9.437/97, passou a punir a posse, a detenção, o fabrico ou o emprego de artefato explosivo, no entanto, com sanção mais severa."

> **Consumação e tentativa**
> » O delito se consuma quando o agente, após praticar um dos comportamentos previstos pelo tipo penal, coloca, concretamente, em risco a incolumidade pública, tratando, pois, de um crime de perigo concreto.
> » A tentativa é teoricamente possível, mas de difícil configuração.

5. INUNDAÇÃO

> **Inundação**
> **Art. 254.** Causar inundação, expondo a perigo a vida, a integridade física ou o patrimônio de outrem: Pena – reclusão, de três a seis anos, e multa, no caso de dolo, ou detenção, de seis meses a dois anos, no caso de culpa.

5.1 Introdução

O delito de inundação vem tipificado no art. 254 do Código Penal. De acordo com a mencionada figura típica, podemos destacar os seguintes elementos: *a)* a conduta de causar inundação; *b)* expondo a perigo a vida, a integridade física ou o patrimônio de outrem.

O núcleo *causar* é utilizado no texto legal no sentido de produzir, ocasionar, dar causa. Assim, o comportamento do agente é dirigido finalisticamente para causar a inundação. Hungria esclarece o conceito de inundação:

"Entende-se por *inundação* o alagamento de um local de notável extensão, não destinado a receber águas. As águas são desviadas de seus limites naturais ou artificiais, expandindo-se em tal quantidade que criam perigo de dano a indeterminado número de pessoas ou coisas. Como observam Liszt-Schmidt, não basta, para o crime de inundação, qualquer alagamento ou transbordamento: é necessário que não esteja mais no poder do agente dominar a força natural das águas, cujo desencadeamento provocou, criando uma situação de perigo comum, a que se refere o legislador como a uma das características do crime."[25]

Cuida-se de crime de perigo concreto, no qual a exposição a perigo da vida, da integridade física ou do patrimônio de um número indeterminado de pessoas (em face também da sua natureza de perigo comum) deverá ser demonstrada no caso concreto.

5.2 Classificação doutrinária

Crime comum, tanto no que diz respeito ao sujeito ativo quanto ao sujeito passivo; doloso ou culposo; de perigo comum e concreto; comissivo (podendo, no entanto, ser praticado via omissão imprópria na hipótese em que o agente goza do *status* de garantidor); de forma livre; instantâneo; monossubjetivo; plurissubsistente; não transeunte.

5.3 Sujeito ativo e sujeito passivo

Qualquer pessoa poderá ser *sujeito ativo* do delito de *inundação*, tendo em vista que o tipo do art. 254 do Código Penal não exige nenhuma qualidade ou condição especial.

---

[25] HUNGRIA, Nélson. *Comentários ao código penal*, v. IX, p. 49.

Sujeito passivo é a sociedade, incluindo-se nesse conceito aquelas pessoas que sofreram diretamente com a conduta praticada pelo sujeito ativo, vale dizer, que tiveram a vida, a integridade física ou o patrimônio expostos a situação de perigo.

5.4 Objeto material e bem juridicamente protegido

A incolumidade pública é o bem juridicamente protegido pelo delito tipificado no art. 254 do Código Penal.

O objeto material é a grande quantidade de água liberada para efeito do cometimento do delito.

5.5 Consumação e tentativa

Levando em consideração sua natureza de crime de perigo concreto, disserta Noronha, com precisão:

> "Consuma-se o delito quando a invasão das águas já tomou proporções que concretizam a inundação, isto é, já expõem a perigo a vida, a integridade física ou o patrimônio de outrem. Dá-se a consumação, portanto, quando surge a situação de perigo.
> Se já a corrente líquida começou a correr para o lugar inadequado, mas sem atingir volume que cause perigo comum e, por circunstâncias alheias à vontade do agente, é detida ou reconduzida ao leito próprio, haverá tentativa."[26]

Conforme se verifica nas lições do renomado autor, será perfeitamente possível o reconhecimento da tentativa, em virtude de se tratar de um crime plurissubsistente.

5.6 Elemento subjetivo

O delito de inundação pode ser praticado dolosa ou culposamente, conforme se verifica na redação contida no preceito secundário do art. 254 do Código Penal, que diz: *Pena – reclusão, de 3 (três) a 6 (seis) anos, e multa, no caso de dolo, ou detenção, de 6 (seis) meses a 2 (dois) anos, no caso de culpa.*

5.7 Modalidades comissiva e omissiva

O núcleo *causar* pressupõe um comportamento comissivo por parte do agente. No entanto, o delito poderá ser praticado via omissão imprópria, na hipótese em que o agente, garantidor, dolosa ou culposamente, podendo, nos termos do art. 13, § 2º, do Código Penal, nada fizer para evitar a produção do resultado, ou seja, para evitar a inundação que coloca em risco a vida, a integridade física ou o patrimônio de um número indeterminado de pessoas.

5.8 Pena, ação penal, competência para julgamento e suspensão condicional do processo

A pena cominada ao delito de inundação dolosa é de reclusão, de 3 (três) a 6 (seis) anos, e multa; para a inundação culposa foi prevista uma pena de detenção, de 6 (seis) meses a 2 (dois) anos.

---

[26] NORONHA, Edgard Magalhães. *Direito penal*, v. 3, p. 341.

Determina o art. 258 do Código Penal que, *se do crime doloso de perigo comum resulta lesão corporal de natureza grave, a pena privativa de liberdade é aumentada de metade; se resulta morte, é aplicada em dobro. No caso de culpa, se do fato resulta lesão corporal, a pena aumenta-se de metade; se resulta morte, aplica-se a pena cominada ao homicídio culposo, aumentada de um terço.*

A ação penal é de iniciativa pública incondicionada.

Compete, pelo menos inicialmente, ao Juizado Especial Criminal o processo e julgamento do delito de *inundação culposa*, pois a pena máxima cominada em abstrato não ultrapassa o limite de 2 (dois) anos, imposto pelo art. 61 da Lei nº 9.099/95, conforme alteração determinada pela Lei nº 11.313, de 28 de junho de 2006.

Será possível a confecção de proposta de suspensão condicional do processo, nos termos do art. 89 da Lei nº 9.099/95, se culposa a inundação.

5.9 Destaques

5.9.1 Inundação com o fim de causar a morte de alguém

Caso a inundação tenha sido provocada pelo agente que tinha a finalidade de, por meio dela, causar a morte de alguém, deverá ser responsabilizado pelas duas infrações penais, vale dizer, o delito de homicídio qualificado (art. 121, § 2º, III, quarta figura), em concurso formal impróprio com o delito de inundação, devendo haver o cúmulo material de penas.

5.9.2 Usurpação de águas

Se o fato praticado pelo agente não criar uma situação de perigo comum, bem como se tiver sido praticado com a finalidade de desviar ou represar, em proveito próprio ou alheio, águas alheias, deverá ser responsabilizado pelo delito de usurpação de águas, tipificado no art. 161, I, do Código Penal.

5.9.3 Dano

Conforme destaca Luiz Regis Prado, se o alagamento for "de pouca monta, incapaz de produzir perigo extensivo, poderá constituir tão somente crime de dano (art. 163 do CP)".[27]

5.9.4 Inundação e Código Penal Militar

O crime de inundação em lugar sujeito à administração militar, expondo a perigo a vida, a integridade física ou o patrimônio de outrem também veio previsto no Código Penal Militar (Decreto-Lei nº 1.001, de 21 de outubro de 1969), conforme se verifica pela leitura do seu art. 272.

5.10 Quadro-resumo

Sujeitos

» Ativo: qualquer pessoa.
» Passivo: é a sociedade, incluindo-se nesse conceito aquelas pessoas que sofreram diretamente com a conduta praticada pelo sujeito ativo, vale dizer, que tiveram sua vida, integridade física ou patrimônio expostos à situação de perigo.

---

[27] PRADO, Luiz Regis. *Curso de direito penal brasileiro*, v. 3, p. 458.

Objeto material
É a grande quantidade de água liberada para efeito do cometimento do delito.

Bem(ns) juridicamente protegido(s)
A incolumidade pública.

Elemento subjetivo
O delito de inundação pode ser praticado dolosa ou culposamente.

Modalidades comissiva e omissiva
O núcleo causar pressupõe um comportamento comissivo por parte do agente, podendo, no entanto, ser praticado via omissão imprópria.

Consumação e tentativa
"Consuma-se o delito quando a invasão das águas já tomou proporções que concretizam a inundação, isto é, já expõem a perigo a vida, a integridade física ou o patrimônio de outrem. Dá-se a consumação, portanto, quando surge a situação de perigo. Se já a corrente líquida começou a correr para o lugar inadequado, mas sem atingir volume que cause perigo comum e, por circunstâncias alheias à vontade do agente, é detida ou reconduzida ao leito próprio, haverá tentativa" (NORONHA, 2003, p. 341).

6. PERIGO DE INUNDAÇÃO

Perigo de inundação
Art. 255. Remover, destruir ou inutilizar, em prédio próprio ou alheio, expondo a perigo a vida, a integridade física ou o patrimônio de outrem, obstáculo natural ou obra destinada a impedir inundação:
Pena – reclusão, de um a três anos, e multa.

6.1 Introdução

Se no artigo anterior vem tipificada a *inundação* em si, causada dolosa ou culposamente pelo agente, o art. 255 do Código Penal prevê o delito de *perigo de inundação* quando o agente, dolosamente, remove, destrói ou inutiliza, em prédio próprio ou alheio, expondo a perigo a vida, a integridade física ou o patrimônio de outrem, obstáculo natural ou obra destinada a impedir inundação, sendo esses, portanto, os elementos que integram a figura típica em estudo.

O núcleo *remover* é utilizado no texto no sentido de afastar, retirar, transpor, transferir; *destruir* significa eliminar, aniquilar, acabar com; *inutilizar* compreende a situação na qual, embora aparentemente mantido o obstáculo natural ou obra destinada a impedir inundação, estes já não conseguem cumprir as funções para as quais foram originariamente criados, tornando-se, pois, imprestáveis a esse fim.

Trata-se, portanto, de um tipo misto alternativo, em que a prática de mais de um comportamento típico importará em infração penal única.

O art. 255 do Código Penal adverte que as condutas de remover, destruir ou inutilizar devem ser praticadas contra obstáculo natural ou obra destinada a impedir inundação. Por *obstáculo natural* podemos compreender aqueles naturalmente inerentes ao local onde estão contidas as águas, a exemplo das margens de um rio que, segundo Noronha, se "escavadas e rebaixadas, fazem-no transbordar e correr, fora do seu álveo, pondo em risco a incolumidade pública".[28] *Obra destinada a impedir inundação* é aquela construída artificialmente pelo homem, a exemplo dos diques, comportas, barragens etc.

Tendo em vista cuidar-se de um crime de perigo comum e concreto, deverá ser demonstrado que a conduta do agente criou uma situação de perigo para a vida, a integridade física ou o patrimônio de um número indeterminado de pessoas.

6.2 Classificação doutrinária

Crime comum, tanto no que diz respeito ao sujeito ativo quanto ao sujeito passivo; doloso; de perigo comum e concreto; comissivo (podendo, no entanto, ser praticado via omissão imprópria na hipótese em que o agente, gozando do *status* de garantidor, dolosamente, não impedir o sujeito de remover, destruir ou inutilizar obstáculo natural ou obra destinada a impedir inundação); de forma livre; instantâneo; monossubjetivo; plurissubsistente; não transeunte.

6.3 Sujeito ativo e sujeito passivo

Qualquer pessoa poderá ser *sujeito ativo* do delito de *perigo de inundação*, tendo em vista que o tipo do art. 255 do Código Penal não exige nenhuma qualidade ou condição especial.

O *sujeito passivo* é a sociedade, incluindo-se nesse conceito aquelas pessoas que sofreram diretamente com a conduta praticada pelo sujeito ativo, vale dizer, que tiveram sua vida, integridade física ou patrimônio expostos à situação de perigo.

6.4 Objeto material e bem juridicamente protegido

A incolumidade pública é o bem juridicamente protegido pelo tipo penal que prevê o delito do art. 255 do Código Penal.

Objeto material é o obstáculo natural ou obra destinada a impedir inundação, contra o qual é dirigida a conduta praticada pelo agente.

6.5 Consumação e tentativa

Consuma-se o delito com a efetiva remoção, destruição ou inutilização de obstáculo natural ou obra destinada a impedir inundação que, no caso concreto, traga perigo para a vida, a integridade física ou o patrimônio de outrem.

Tratando-se de crime plurissubsistente, torna-se perfeitamente possível o raciocínio relativo ao *conatus*.

No entanto, a doutrina dominante não reconhece a possibilidade da tentativa, a exemplo de Guilherme de Souza Nucci, quando diz que não se admite a tentativa, "pois é fase preparatória do crime de inundação, excepcionalmente tipificada";[29] ou, mais enfaticamente, Noronha, quando preleciona:

"Não cremos possível a tentativa do crime, ao revés do que se dá no delito antecedente. Neste, o sujeito ativo *quer* a inundação, sabendo do perigo comum que ela acarretará, ao passo

---

[28] NORONHA, Edgard Magalhães. *Direito penal*, v. 3, p. 342.
[29] NUCCI, Guilherme de Souza. *Código penal comentado*, p. 874.

que, aqui, ele *não quer* a inundação. O elemento volitivo dirige-se tão somente a uma das ações mencionadas no artigo e, embora seja necessário ele conhecer o perigo de inundação, não é fácil admitir-se que alguém tente o que não quer. Parece-nos, pois, inadmissível a *tentativa de perigo de inundação*."[30]

Apesar da força do raciocínio dos renomados autores, não podemos com eles comungar. Isso porque o tipo penal pune tão somente a conduta daquele que remove, destrói ou inutiliza, em prédio próprio ou alheio, obstáculo natural ou obra destinada a impedir inundação, sabendo que o seu comportamento importará em perigo concreto para a vida, a integridade física ou o patrimônio de outrem. O agente, na verdade, não quer a inundação, pois se a quisesse não poderia responder pelo delito previsto no artigo em estudo, mas, sim, pelo delito de inundação, tentado ou consumado.

Dessa forma, se fosse sua intenção destruir algum obstáculo com o fim de causar inundação, segundo nosso posicionamento, mesmo que tivesse destruído algum obstáculo natural, por exemplo, não poderia ser responsabilizado pelo delito previsto pelo art. 255 do Código Penal, mas sim pelo crime de inundação, consumado (se ela efetivamente ocorreu no caso concreto, criando uma situação real de perigo), ou tentado (se, embora destruindo o obstáculo, a inundação foi impedida por ação de terceiros).

6.6 Elemento subjetivo

O delito de *perigo de inundação* somente pode ser praticado dolosamente, não havendo previsão para a modalidade de natureza culposa.

6.7 Modalidades comissiva e omissiva

Os núcleos *remover*, *destruir* e *inutilizar* pressupõem um comportamento comissivo por parte do agente. No entanto, será possível a sua prática via omissão imprópria, na hipótese em que o agente garantidor, dolosamente, nada fizer para impedir que o sujeito ativo pratique qualquer dos comportamentos previstos pelo tipo. Assim, imagine-se o exemplo de um segurança que, contratado para vigiar e proteger uma represa, perceba que alguém esteja dando início à destruição da barreira de contenção das águas mas, insatisfeito com o tratamento que vinha recebendo da empresa que o havia contratado, dolosamente, nada faz para evitar a destruição da obra destinada a impedir inundação. Nesse caso, nos termos do art. 13, § 2º, do Código Penal, poderia ser responsabilizado pelo delito em estudo, via omissão imprópria.

6.8 Pena, ação penal e suspensão condicional do processo

O preceito secundário do art. 255 do Código Penal comina uma pena de reclusão, de 1 (um) a 3 (três) anos, e multa.

Determina a primeira parte do art. 258 do Código Penal que *se do crime doloso de perigo comum resulta lesão corporal de natureza grave, a pena privativa de liberdade é aumentada de metade; se resulta morte, é aplicada em dobro.*

A ação penal é de iniciativa pública incondicionada.

Será possível a confecção de proposta de suspensão condicional do processo, nos termos do art. 89 da Lei nº 9.099/95, considerando a pena mínima cominada ao delito em estudo.

---

[30] NORONHA, Edgard Magalhães, *Direito penal*, v. 3, p. 342.

6.9 Destaques

6.9.1 Necessidade de perícia

Tendo em vista tratar-se de um crime que deixa vestígios, será necessária a produção de prova pericial, nos termos do art. 158 do Código de Processo Penal (com a nova redação que lhe foi conferida pela Lei nº 13.721, de 2 de outubro de 2018), que diz, *verbis*:

> **Art. 158.** Quando a infração deixar vestígios, será indispensável o exame de corpo de delito, direto ou indireto, não podendo supri-lo a confissão do acusado.
> **Parágrafo único.** Dar-se-á prioridade à realização do exame de corpo de delito quando se tratar de crime que envolva:
> I – violência doméstica e familiar contra mulher;
> II – violência contra criança, adolescente, idoso ou pessoa com deficiência.

6.9.2 Concurso entre os delitos de inundação e perigo de inundação

Imagine a hipótese em que o agente, querendo, por exemplo, destruir uma barreira de contenção de águas, acabe, com isso, causando uma inundação, trazendo perigo para a vida, a integridade física e a propriedade de um número indeterminado de pessoas. Hungria, discorrendo sobre o tema, se pergunta e, ao mesmo tempo, responde: "*Quid juris*, se sobrevém a prevista, mas não querida inundação? O agente responderá por concurso formal de *perigo de inundação e inundação culposa*".[31]

Embora o renomado autor não aceite, na esteira da posição doutrinária majoritária, a tentativa no delito de perigo de inundação, resolve a questão pelo concurso formal de crimes, o que nos parece paradoxal, *permissa venia*.

A resposta de Hungria à situação por nós colocada, na verdade, fortalece nosso raciocínio pela possibilidade de tentativa na infração penal prevista pelo art. 255, pois, se fosse considerado mero ato preparatório do delito de inundação, não poderia haver concurso entre as duas infrações penais.

Assim, entendemos que no caso de ocorrer a inundação, em virtude da conduta do agente que, por exemplo, destruiu uma obra destinada a impedi-la, deverá ser aplicada a regra do concurso formal de crimes, tal como preconizado por Hungria.

6.9.3 Perigo de inundação e Código Penal Militar

O crime de perigo de inundação também veio previsto no Código Penal Militar (Decreto-Lei nº 1.001, de 21 de outubro de 1969), conforme se verifica pela leitura do seu art. 273.

6.10 Quadro-resumo

Sujeitos
» Ativo: qualquer pessoa.
» Passivo: é a sociedade, incluindo-se nesse conceito aquelas pessoas que sofreram diretamente com a conduta praticada pelo sujeito ativo.

Objeto material
É o obstáculo natural ou obra destinada a impedir inundação, contra o qual é dirigida a conduta praticada pelo agente.

---

[31] HUNGRIA, Nélson. *Comentários ao código penal*, v. IX, p. 50.

Bem(ns) juridicamente protegido(s)
A incolumidade pública.

Prova pericial
É necessária a produção de prova pericial, nos termos do art. 158 do CPP.

Elemento subjetivo
Dolo, não havendo previsão para a modalidade de natureza culposa.

Objeto material
Os núcleos remover, destruir e inutilizar pressupõem um comportamento comissivo por parte do agente, podendo, no entanto, ser praticados via omissão imprópria.

Consumação e tentativa
» Consuma-se o delito com a efetiva remoção, destruição ou inutilização de obstáculo natural ou obra destinada a impedir inundação que, no caso concreto, traga perigo para a vida, a integridade física ou o patrimônio de outrem.
» Tratando-se de crime plurissubsistente, torna-se perfeitamente possível o raciocínio relativo ao conatus, embora exista controvérsia doutrinária.

7. DESABAMENTO OU DESMORONAMENTO

Desabamento ou desmoronamento
Art. 256. Causar desabamento ou desmoronamento, expondo a perigo a vida, a integridade física ou o patrimônio de outrem:
Pena – reclusão, de um a quatro anos, e multa.

Modalidade culposa
Parágrafo único. Se o crime é culposo:
Pena – detenção, de seis meses a um ano.

7.1 Introdução

O art. 256 do Código Penal prevê o delito de *desabamento* ou *desmoronamento*. Analisando os elementos que integram a mencionada figura típica, podemos destacar os seguintes: *a)* a conduta de causar desabamento ou desmoronamento; *b)* expondo a perigo a vida, a integridade física ou o patrimônio de outrem.

O núcleo *causar* é utilizado no texto legal no sentido de produzir, ocasionar, dar causa. Assim, o comportamento do agente é dirigido finalisticamente no sentido de causar desabamento ou desmoronamento. Bento de Faria, analisando com precisão os conceitos de desabamento e desmoronamento, preleciona:

"*Causar desabamento* – é provocar a queda de qualquer construção suscetível de – *vir abaixo*: *edifícios, muros, pontes, monumentos, galerias, andaime etc.*

O – *desmoronamento* – implica a mesma ideia, mas não usando a lei de palavras sinônimas e conceituando-o de modo distinto, havemos de considerar como tal, o ato determinante da *desagregação de partes* de alguma coisa: v.g., da terra da montanha, quando se faz rodar uma barreira etc.

Um e outro podem ser – *totais* ou *parciais*, pouco importando o vulto da construção ou o seu estado ruinoso ou a vetustez.

São indiferentes os meios utilizados desde que causem o desabamento ou o desmoronamento, que podem ainda ser a causa das mesmas ocorrências em relação a outras construções anexas ou próximas."[32]

Trata-se, *in casu*, de delito de perigo comum, haja vista que, quando o agente provoca, dolosa ou culposamente, o desabamento ou o desmoronamento, expõe a perigo concreto a vida, a integridade física ou o patrimônio de um número indeterminado de pessoas.

7.2 Classificação doutrinária

Crime comum, tanto no que diz respeito ao sujeito ativo quanto ao sujeito passivo; doloso ou culposo; de perigo comum e concreto; comissivo (podendo, no entanto, ser praticado via omissão imprópria na hipótese em que o agente, gozando do *status* de garantidor, dolosa ou culposamente, podendo, não impede o desabamento ou desmoronamento); de forma livre; instantâneo; monossubjetivo; plurissubsistente; não transeunte.

7.3 Sujeito ativo e sujeito passivo

Qualquer pessoa poderá ser *sujeito ativo* do delito de *desabamento* ou *desmoronamento*, tendo em vista que o tipo do art. 256 do Código Penal não exige nenhuma qualidade ou condição especial.

O *sujeito passivo* é a sociedade, incluindo-se nesse conceito aquelas pessoas que sofreram diretamente com a conduta praticada pelo sujeito ativo, vale dizer, que tiveram sua vida, sua integridade física ou seu patrimônio expostos à situação de perigo.

7.4 Objeto material e bem juridicamente protegido

A incolumidade pública é o bem juridicamente protegido pelo tipo penal que prevê o delito do art. 256 do Código Penal.

O objeto material, seguindo as lições de Guilherme de Souza Nucci, é o "morro, pedreira ou semelhante".[33]

7.5 Consumação e tentativa

Tratando-se de crime de perigo concreto, o delito de desabamento ou desmoronamento se consuma não somente quando o agente os produz, mas quando, em razão deles, expõe a perigo a vida, a integridade física ou o patrimônio de outrem.

Será possível o reconhecimento da tentativa, haja vista a natureza plurissubsistente do delito, em que se pode fracionar o *iter criminis*.

---

[32] FARIA, Bento de. *Código penal brasileiro*, v. VI, p. 210-211.
[33] NUCCI, Guilherme de Souza. *Código penal comentado*, p. 875.

7.6 Elemento subjetivo

O dolo é o elemento subjetivo constante do art. 256 do Código Penal. Assim, o agente deve dirigir finalisticamente sua conduta no sentido de causar o desabamento ou desmoronamento sendo possível, ainda, o raciocínio relativo ao dolo eventual.

7.7 Modalidade culposa

O parágrafo único do art. 256 prevê a modalidade culposa de desabamento ou desmoronamento, dizendo, *verbis*:

> **Parágrafo único.** Se o crime é culposo:
> Pena – detenção, de 6 (seis) meses a 1 (um) ano.

Assim, para que o agente seja responsabilizado, a título de culpa, pelo delito em estudo, além de deixar de observar o seu necessário dever objetivo de cuidado, deverá, ainda, com o seu comportamento, expor a perigo a vida, a integridade física ou o patrimônio de outrem, pois, caso contrário, o fato poderá ser considerado como um indiferente penal.

7.8 Modalidades comissiva e omissiva

O núcleo *causar* pressupõe um comportamento comissivo por parte do agente. No entanto, o delito poderá ser praticado via omissão imprópria, na hipótese em que o agente, garantidor, dolosa ou culposamente, podendo, nos termos do art. 13, § 2º, do Código Penal, nada fizer para evitar a produção do resultado, ou seja, para evitar o desabamento ou desmoronamento, que coloca em risco a vida, a integridade física ou o patrimônio de um número indeterminado de pessoas.

7.9 Pena, ação penal, competência para julgamento e suspensão condicional do processo

Para o delito de desabamento ou desmoronamento praticado dolosamente, o preceito secundário do art. 256 do Código Penal comina uma pena de reclusão, de 1(um) a 4 (quatro) anos, e multa.

Para a modalidade culposa, de acordo com o parágrafo único do mencionado artigo, foi prevista uma pena de detenção, de 6 (seis) meses a 1 (um) ano.

Determina o art. 258 do Código Penal que *se do crime doloso de perigo comum resulta lesão corporal de natureza grave, a pena privativa de liberdade é aumentada de metade; se resulta morte, é aplicada em dobro. No caso de culpa, se do fato resulta lesão corporal, a pena aumenta-se de metade; se resulta morte, aplica-se a pena cominada ao homicídio culposo, aumentada de um terço.*

A ação penal é de iniciativa pública incondicionada.

Compete, pelo menos inicialmente, ao Juizado Especial Criminal o processo e julgamento do delito culposo de *desabamento ou desmoronamento*, pois a pena máxima cominada em abstrato não ultrapassa o limite de 2 (dois) anos, imposto pelo art. 61 da Lei nº 9.099/95, conforme alteração determinada pela Lei nº 11.313, de 28 de junho de 2006.

Será possível a confecção de proposta de suspensão condicional do processo, nos termos do art. 89 da Lei nº 9.099/95, seja doloso, seja culposo o delito de desabamento ou desmoronamento.

7.10 Destaques

7.10.1 Dano praticado por desabamento ou desmoronamento

Se a conduta do agente foi dirigida finalisticamente a produzir dano em coisa alheia, praticado por meio do comportamento de causar, por exemplo, desabamento, o fato poderá se amoldar à figura típica constante do art. 163 do Código Penal, caso não tenha sido colocada em risco a incolumidade pública.

Dessa forma, se a conduta, que tinha por finalidade destruir coisa alheia por desabamento trouxer perigo concreto para a vida, a integridade física ou o patrimônio de um número indeterminado de pessoas, o fato se subsumirá ao delito tipificado no art. 256 do Código Penal, que absorverá o delito de dano.

7.10.2 Desabamento de construção

A contravenção penal de *desabamento de construção* está prevista no art. 29 da Lei das Contravenções Penais (Decreto-Lei nº 3.688/41), *verbis*:

> **Art. 29.** Provocar o desabamento de construção ou, por erro no projeto ou na execução, dar-lhe causa:
> Pena – multa, se o fato não constitui crime contra a incolumidade pública.

A contravenção penal de desabamento de construção difere do crime de desabamento ou desmoronamento, levando em consideração a gravidade do fato. Na verdade, de acordo com o raciocínio da insignificância, não deveria mais existir a aludida contravenção, haja vista que, ou o fato assume a importância exigida pelo Direito Penal, configurando-se no delito previsto pelo art. 256 do estatuto repressivo, ou, caso não possuindo o necessário relevo, deveria ser considerado atípico, por ausência de tipicidade material.

7.10.3 Desabamento ou desmoronamento como meio para a prática do delito de homicídio

Se a finalidade do agente era, por meio do desabamento ou desmoronamento, causar a morte de alguém, e se com esse comportamento tiver também exposto a perigo a vida, a integridade física ou o patrimônio de outrem, deverá ser responsabilizado por homicídio qualificado (tentado ou consumado) em concurso formal com o delito previsto no art. 256 do Código Penal.

Caso não tenha havido perigo para a incolumidade pública, o dano causado pelo desabamento, que foi utilizado como meio para a prática do homicídio, será absorvido por este.

7.10.4 Desabamento ou desmoronamento e Código Penal Militar

O crime de desabamento ou desmoronamento também veio previsto no Código Penal Militar (Decreto-Lei nº 1.001, de 21 de outubro de 1969), conforme se verifica pela leitura do seu art. 274.

7.11 Quadro-resumo

Sujeitos
- Ativo: qualquer pessoa.
- Passivo: é a sociedade, incluindo-se nesse conceito aquelas pessoas que sofreram diretamente com a conduta praticada pelo sujeito ativo.

Objeto material
É o "morro, pedreira ou semelhante" (NUCCI, 2005, p. 875).

Bem(ns) juridicamente protegido(s)
A incolumidade pública.

Elemento subjetivo
Dolo.

Modalidades comissiva e omissiva
O núcleo causar pressupõe um comportamento comissivo por parte do agente, podendo, no entanto, ser praticado via omissão imprópria.

Consumação e tentativa
» Tratando-se de crime de perigo concreto, o delito de desabamento ou desmoronamento se consuma não somente quando o agente os produz, mas quando, em razão deles, expõe a perigo a vida, a integridade física ou o patrimônio de outrem.
» A tentativa é admissível.

8. SUBTRAÇÃO, OCULTAÇÃO OU INUTILIZAÇÃO DE MATERIAL DE SALVAMENTO

Subtração, ocultação ou inutilização de material de salvamento
Art. 257. Subtrair, ocultar ou inutilizar, por ocasião de incêndio, inundação, naufrágio, ou outro desastre ou calamidade, aparelho, material ou qualquer meio destinado a serviço de combate ao perigo, de socorro ou salvamento; ou impedir ou dificultar serviço de tal natureza:
Pena – reclusão, de dois a cinco anos, e multa.

8.1 Introdução

O delito de *subtração, ocultação ou inutilização de material de salvamento* vem tipificado no art. 257 do Código Penal. Pela redação da mencionada figura típica, podemos apontar os seguintes elementos: *a)* a conduta de *subtrair, ocultar* ou *inutilizar; b)* por ocasião de *incêndio, inundação, naufrágio,* ou outro desastre ou calamidade; *c)* aparelho, material ou qualquer meio destinado a serviço de combate a perigo, de socorro, ou salvamento; *d)* ou impedir ou dificultar serviço de combate a perigo, de socorro, ou salvamento.

Subtrair tem o significado de tirar, remover, apoderar-se, podendo essa subtração ser temporária ou permanente; *ocultar* importa em esconder, encobrir, não permitindo que sejam achados os objetos mencionados pelo tipo penal, impedindo, assim, a utilização deles; *inutilizar* é tornar imprestável a coisa ao fim a que era destinada.

Essas condutas devem ser praticadas por ocasião de incêndio, inundação, naufrágio ou outro desastre ou calamidade, e devem ter por objeto aparelho, material ou qualquer meio destinado a serviço de combate a perigo, de socorro ou salvamento.

De acordo com as precisas lições de Hungria:

"Os meios instrumentais sobre que recai a ação, na primeira hipótese, devem ser especificamente destinados ou manifestamente adequados ao serviço de debelação do perigo ou de salvamento (ex.: bombas de incêndio, caixas de alarma, extintores de fogo, salva-vidas, ambulâncias, padiolas, barcos, escadas, cordas, redes de salvamento, cisternas ou bocas d'água, medicamentos, desinfetantes etc.). Na segunda hipótese, o *impedimento* (frustração total ou parcial) ou *dificultação* (criação de embaraço ou de maior embaraço) pode ser praticado por meios *violentos* (emprego de força ou ameaça grave) ou *fraudulentos* (exs.: comunicação de falsas ordens, falsa indicação do local do sinistro etc.), *pessoais* ou *reais* (ex. dos últimos: destruição de uma ponte de comunicação com o local do desastre)."[34]

Cuida-se, *in casu*, de um tipo misto alternativo, no qual a prática de mais de um comportamento importará em infração penal única.

8.2 Classificação doutrinária

Crime comum, tanto no que diz respeito ao sujeito ativo quanto ao sujeito passivo; doloso; de perigo comum e concreto; comissivo (podendo, no entanto, ser praticado via omissão imprópria na hipótese em que o agente, gozando do *status* de garantidor, dolosamente, não impedir que o sujeito pratique qualquer dos comportamentos previstos pelo tipo); de forma livre; instantâneo (no que diz respeito às condutas de *subtrair, inutilizar, impedir, dificultar*) e permanente (com relação à conduta de *ocultar*); monossubjetivo; plurissubsistente; não transeunte.

8.3 Sujeito ativo e sujeito passivo

Qualquer pessoa poderá ser *sujeito ativo* do delito de *subtração, ocultação ou inutilização de material de* salvamento, haja vista que o tipo do art. 257 do Código Penal não exige nenhuma qualidade ou condição especial.

O *sujeito passivo* é a sociedade.

8.4 Objeto material e bem juridicamente protegido

A incolumidade pública é o bem juridicamente protegido pelo delito tipificado no art. 257 do Código Penal.

Aparelho, material ou qualquer meio destinado a serviço de combate ao perigo, de socorro ou salvamento constituem o objeto material do delito em estudo.

8.5 Consumação e tentativa

Levando em consideração a sua natureza de crime de perigo comum e concreto, o delito de subtração, ocultação ou inutilização de material de salvamento se consuma quando o agente, após praticar um dos comportamentos previstos pelo tipo do art. 257 do Código Penal, expõe a perigo a incolumidade pública, vale dizer, a vida, a integridade física ou o patrimônio de um número indeterminado de pessoas.

Em sentido contrário, preleciona Noronha:

> "Consuma-se o crime, na primeira forma, tão logo o agente tenha subtraído, ocultado ou inutilizado o aparelho, material etc. mencionados no texto, mesmo que seja por pouca duração e ainda que a obra de salvamento etc. não tenha sido frustrada.
> Já na segunda modalidade, verifica-se a consumação quando, por efeito da ação do sujeito ativo, manifesta-se o impedimento e a dificuldade da prestação de serviços da espécie considerada."[35]

---

[34] HUNGRIA, Nélson. *Comentários ao código penal*, v. IX, p. 54.
[35] NORONHA, Edgard Magalhães. *Direito penal*, v. 3, p. 348.

Apesar da posição do renomado penalista, adotada pela maioria de nossa doutrina, ousamos dele discordar, haja vista a necessidade de ser preservado o princípio da lesividade, que exige a comprovação de ofensa ao bem juridicamente protegido para efeitos de configuração típica.

Assim, imagine-se a hipótese daquele que, durante um incêndio, percebendo que no interior de um carro de bombeiros havia um número enorme de machados, que eram utilizados para derrubar obstáculos de forma geral, aproveitando-se de que o veículo se encontrava estacionado, bem como percebendo que todos os bombeiros estavam agindo no sentido de debelar o fogo, subtrai um dos machados. Pergunta-se: A conduta do sujeito, no caso concreto, teria trazido algum perigo para a incolumidade pública? A resposta só pode ser negativa, tendo em vista a existência, naquele local, de outros machados que poderiam ser utilizados, caso fossem necessários.

Nesse caso, o agente deverá responder tão somente pelo delito de furto, tendo em vista que o seu comportamento não trouxe perigo para a incolumidade pública.

Dessa forma, resumindo, somente se consumará a infração penal em estudo quando a prática de qualquer dos comportamentos típicos vier a colocar em perigo o bem juridicamente protegido pelo tipo.

Tratando-se de delito plurissubsistente, será possível o raciocínio correspondente à tentativa.

8.6 Elemento subjetivo

O delito de subtração, ocultação ou inutilização de material de salvamento somente pode ser praticado dolosamente, não havendo previsão para a modalidade de natureza culposa.

8.7 Modalidades comissiva e omissiva

Os núcleos *subtrair, ocultar, inutilizar, impedir* e *dificultar* pressupõem um comportamento comissivo por parte do agente. No entanto, poderá o delito ser praticado via omissão imprópria, na hipótese em que o agente garantidor, dolosamente, nada fizer para evitar a prática de qualquer das condutas previstas pelo tipo. Assim, imagine-se a hipótese em que um policial, percebendo que, durante um incêndio, o agente se aproxima de um carro de bombeiros e dá início à subtração de um extintor que seria utilizado para debelar as chamas, mesmo podendo impedi-lo, dolosamente, permite que o sujeito leve a efeito a mencionada subtração. Nesse caso, poderá ser responsabilizado pelo delito tipificado no art. 257 do Código Penal, via omissão imprópria.

8.8 Pena e ação penal

O preceito secundário do art. 257 do Código Penal comina uma pena de reclusão, de 2 (dois) a 5 (cinco) anos, e multa.

Determina o art. 258 do Código Penal que *se do crime doloso de perigo comum resulta lesão corporal de natureza grave, a pena privativa de liberdade é aumentada de metade; se resulta morte, é aplicada em dobro.*

A ação penal é de iniciativa pública incondicionada.

8.9 Destaques

8.9.1 Concurso de crimes

Esclarece Hungria:

"Se o próprio agente foi quem deu causa ao incêndio, inundação etc. responderá em concurso material, pelo crime de que ora se trata e o outro de perigo comum.

Se o *processus* empregado constitui crime (furto, dano, constrangimento ilegal, violência física ou moral, resistência etc.), haverá, igualmente, concurso material."[36]

8.9.2 Subtração sem que ocorra exposição a perigo comum

Tendo em vista o fato de que o delito tipificado no art. 257 do Código Penal se encontra inserido no capítulo correspondente aos crimes de perigo comum, para que se verifique a infração penal em estudo faz-se necessário comprovar que a conduta do agente trouxe, efetivamente, perigo a um número indeterminado de pessoas.

Caso contrário, se do comportamento praticado pelo agente não pudermos deduzir uma exposição a perigo, não restará caracterizado o delito de subtração, ocultação ou inutilização de material de salvamento, por mais que o seu comportamento tenha sido praticado por ocasião, por exemplo, de incêndio, inundação, naufrágio ou outro desastre ou calamidade.

Assim, como já deixamos antever, se o agente vier a subtrair um machado que se encontrava junto a tantos outros localizados no interior de um carro do corpo de bombeiros, se desse comportamento não se puder concluir, concretamente, pela exposição a perigo de um número indeterminado de pessoas e se a sua finalidade for a de ter a coisa alheia móvel para si ou para outrem, deverá responder pelo delito de furto; se tiver, por outro lado, a intenção de subtraí-lo para usá-lo momentaneamente, o fato deverá ser considerado atípico.

8.9.3 Subtração, ocultação ou inutilização de material de socorro e Código Penal Militar

O crime de subtração, ocultação ou inutilização de material de socorro também veio previsto no Código Penal Militar (Decreto-Lei nº 1.001, de 21 de outubro de 1969), conforme se verifica pela leitura do seu art. 275.

8.10 Quadro-resumo

Sujeitos
» Ativo: qualquer pessoa.
» Passivo: é a sociedade.

Objeto material
Aparelho, material ou qualquer meio destinado a serviço de combate ao perigo, de socorro ou salvamento.

Bem(ns) juridicamente protegido(s)
A incolumidade pública.

Elemento subjetivo
Dolo, não havendo previsão para a modalidade de natureza culposa.

---

[36] HUNGRIA, Nélson. *Comentários ao código penal*, v. IX, p. 55.

Modalidades comissiva e omissiva

Os núcleos subtrair, ocultar, inutilizar, impedir e dificultar pressupõem um comportamento comissivo por parte do agente, podendo, no entanto, ser praticados via omissão imprópria.

Consumação e tentativa

» O delito se consuma quando o agente, após praticar um dos comportamentos previstos pelo tipo do art. 257 do CP, expõe a perigo a incolumidade pública, vale dizer, a vida, a integridade física ou o patrimônio de um número indeterminado de pessoas.
» Admite-se a tentativa.

9. MAJORANTES NOS CRIMES DE PERIGO COMUM

Formas qualificadas de crime de perigo comum
Art. 258. Se do crime doloso de perigo comum resulta lesão corporal de natureza grave, a pena privativa de liberdade é aumentada de metade; se resulta morte, é aplicada em dobro. No caso de culpa, se do fato resulta lesão corporal, a pena aumenta-se de metade; se resulta morte, aplica-se a pena cominada ao homicídio culposo, aumentada de um terço.

9.1 Introdução

Embora a rubrica constante do art. 258 do Código Penal utilize a expressão *formas qualificadas de crime de perigo comum*, pela redação do mencionado artigo podemos verificar que, tecnicamente, não estamos diante de qualificadoras, mas, sim, de causas especiais de aumento de pena, também conhecidas por majorantes.

Isso porque, como é cediço, para que se possa falar em qualificadora, a lei penal deverá nos fornecer, de antemão, as penas mínima e máxima (ou pelo menos uma delas) em quantidade superior àquelas constantes do *caput*, em que se encontra a denominada modalidade fundamental.

A primeira parte do art. 258 diz que se do crime doloso de perigo comum resulta lesão corporal de natureza grave, a pena privativa de liberdade é aumentada de metade; se resulta morte, é aplicada em dobro.

Imagine-se a hipótese em que o agente tenha cometido dolosamente o delito de explosão e que do fato tenha, também, resultado a morte de alguém. Uma vez condenado o agente, ao aplicar a pena, o julgador deverá observar o critério trifásico previsto pelo art. 68 do Código Penal. Assim, atento ao mencionado artigo, deverá encontrar a chamada pena-base, que deverá ser fixada atendendo-se ao critério do art. 59 do mesmo diploma repressivo, que elenca as circunstâncias judiciais. No caso em exame, o juiz, após analisar, uma a uma, todas as circunstâncias judiciais, determinará a pena-base, levando em consideração os limites mínimo e máximo, constantes do art. 251 do Código Penal, vale dizer, fixará a pena-base entre 3 (três) e 6 (seis) anos.

No momento seguinte, verificará a existência de circunstâncias atenuantes ou agravantes.

No terceiro momento do critério trifásico, levará em consideração as minorantes e majorantes. Aqui é que se deverá aplicar o percentual de aumento previsto pelo art. 258 do Código Penal, vale dizer, aumento de metade, se do crime doloso de perigo comum resultar lesão corporal de natureza grave, ou duplicar a pena, se ocorrer a morte de alguém, razão pela qual não podemos entender o mencionado artigo como qualificadora, mas, sim, como causa especial de aumento de pena (majorante).

9.2 Preterdolo

A primeira parte do art. 258 do Código Penal determina que se do crime doloso de perigo comum resulta lesão corporal de natureza grave, a pena privativa de liberdade é aumentada de metade; se resulta morte, é aplicada em dobro.

A pergunta que nos devemos fazer, neste momento, é a seguinte: Os resultados *lesão corporal de natureza grave* e *morte*, que fazem com que a pena-base aplicada seja especialmente agravada, deverão ser imputados ao agente a que título? Na verdade, com essa indagação queremos saber se os resultados poderão ser atribuídos ao agente, tanto a título de dolo quanto a título de culpa, e a resposta só pode ser pela última opção, ou seja, o agente somente terá sua pena majorada se, culposamente, vier a dar causa a um desses resultados, após a prática de um crime doloso de perigo comum.

Assim, estamos diante do chamado *crime preterdoloso*, em que o agente atua com dolo na sua conduta e culpa no resultado agravador.

Caso tenha atuado, também, com dolo no que diz respeito à obtenção dos resultados lesão corporal de natureza grave e morte, deverá responder pelo delito de perigo comum, em concurso formal impróprio ou imperfeito com essas infrações penais, levando a efeito o raciocínio do cúmulo material, conforme preconiza a parte final constante do *caput* do art. 70 do Código Penal.

Patrícia Mothé Glioche Béze, dissertando sobre o tema, aduz, com precisão:

"A segunda parte do art. 70 do Código Penal trata do concurso formal imperfeito ou impróprio, onde o agente também pratica vários crimes com uma única conduta; mas essas condutas são dolosas, com desígnios autônomos.

Cabe aqui uma alusão ao sentido do que venha a ser desígnio e, também, desígnio autônomo. Se considerarmos a conduta pela visão finalista do crime, desígnio é a intenção, a finalidade desejada pelo agente com a prática da conduta. Seria até mais: desígnio é o fim almejado pelo agente, que coincide com o objeto de desvalor do crime doloso.

A doutrina se inclina majoritariamente neste sentido, quando busca o significado jurídico da expressão 'desígnios autônomos', utilizada pelo legislador ao se referir ao concurso formal imperfeito. Diga-se de passagem, é o único momento em que o legislador trata, no concurso de crimes, da existência dos desígnios."[37]

9.3 Majorantes nos crimes culposos de perigo comum

A segunda parte do art. 258 do Código Penal determina que, no caso de culpa, se do fato resulta lesão corporal, a pena é aumentada de metade; se resulta morte, aplica-se a pena cominada ao homicídio culposo, aumentada de um terço.

Isso significa que a segunda parte do mencionado artigo terá aplicação somente nos casos em que o agente vier a praticar culposamente os delitos de incêndio (art. 250, § 2º do CP), explosão (art. 251, § 3º do CP), uso de gás tóxico ou asfixiante (art. 252, parágrafo único do CP), inundação (art. 254 do CP) e desabamento ou desmoronamento (art. 256, parágrafo único do CP), não se aplicando as referidas majorantes ao delito de difusão de doença ou praga (art. 259 do CP) que, embora constante do mesmo capítulo, vem localizado posteriormente às referidas causas de aumento de pena.

---

[37] BÉZE, Patrícia Mothé Glioche. *Concurso formal e crime continuado*, p. 86-87.

Assim, se do crime de perigo comum praticado culposamente resultar lesão corporal, o agente verá aumentada em metade a sua pena, no terceiro momento do critério trifásico previsto pelo art. 68 do Código Penal.

Se do fato culposo ocorrer a morte de alguém, será aplicada a pena relativa ao delito de homicídio culposo, aumentada de um terço.

9.4 Concurso de crimes

O art. 258 do Código Penal, ao prever o resultado agravador – lesão corporal de natureza grave ou morte –, evitou, em muitas situações, o raciocínio relativo ao concurso de crimes.

Cezar Roberto Bitencourt, analisando o tema, preleciona:

"Em havendo várias vítimas, responderá o agente por apenas um delito qualificado pelo resultado, excluindo-se o concurso formal [...]. Se do crime resulta morte e lesão corporal, aplica-se a qualificadora da morte, por ser mais grave [...].

Assim, havendo na lei penal (art. 258) expressa previsão da genérica qualificação dos crimes de *perigo comum* em decorrência de lesões pessoais ou de morte, não há como considerar separadamente tais resultados para admiti-los como figuras autônomas, ao lado do crime de perigo que as ensejou.

Contudo, como o legislador brasileiro somente qualifica o crime de perigo coletivo doloso, quando houver morte ou lesão corporal grave, sobrevindo lesão corporal leve, será inevitável admitir o concurso de crimes: o de perigo comum e o do art. 129, § 6º, do Código Penal."[38]

10. DIFUSÃO DE DOENÇA OU PRAGA

Difusão de doença ou praga
Art. 259. Difundir doença ou praga que possa causar dano a floresta, plantação ou animais de utilidade econômica:
Pena – reclusão, de dois a cinco anos, e multa.
Modalidade culposa
Parágrafo único. No caso de culpa, a pena é de detenção, de um a seis meses, ou multa.

10.1 Introdução

O delito de *difusão de doença ou praga* vem tipificado no art. 259 do Código Penal. Pela análise da mencionada figura típica, podemos destacar os seguintes elementos: *a)* a conduta de *difundir*; *b)* doença ou praga; *c)* que possa causar dano a floresta, plantação ou animais de utilidade econômica.

O núcleo *difundir* é utilizado no texto legal no sentido de espalhar, disseminar, propagar etc.

Bento de Faria, com precisão, levando a efeito a distinção entre *doença e praga*, aduz:

"A – *doença* – com referência às plantas e aos animais, é qualquer processo patológico determinante do seu enfraquecimento, degenerescência ou morte.

---

[38] BITENCOURT, Cezar Roberto. *Tratado de direito penal*, v. 4, p. 196.

Relativamente aos *animais*, são consideradas *doenças infectocontagiosas*: a peste bovina, a febre aftosa, a raiva e a pseudorraiva, a tuberculose, o carbúnculo hemático, o carbúnculo sintomático e a peripneumonia, as bruceloses, as salmoneloses, as pasteureloses, as tripanossomoses, as periplasmoses, a anaplasmose, o mormo, a encefalite enzoótica, a peste suína, a cravagem, a vaginite granulosa, a corisa grangrenosa, as coccidioses, a psitacose, a espiroguetose, a difteria, a peste das aves, as sarnas, o mixoma e a encefalite [...].

Não obstante, esse catálogo poderá ser alterado pelo ministro da Agricultura, de acordo com o resultado dos estudos e investigações científicas de quaisquer procedências.

É mister, pois, se trate de moléstia de natureza *difusiva*, desde que somente por esse meio será possível realizar o evento previsto como punível.

Praga – é um mal que não representa o processo e desenvolvimento mórbido da doença, mas traduz antes um surto maléfico e transeunte semelhante à epidemia.

Assim, a *filoxera* (insetos hemípteros) ou outros insetos vários, a *lagarta rosada*, os *ácaros*, os *nematodes*, o *piolho*, os *criptogramos* e outros parasitos."[39]

Nota-se, portanto, pelas lições do renomado autor, que estamos diante de uma norma penal em branco, havendo necessidade de um complemento para que possam ser identificadas as doenças ou pragas que têm o condão de causar dano à floresta, plantação ou animais de utilidade econômica.

A conduta dolosa de disseminar doença ou praga deve ser dirigida finalisticamente a causar dano em *floresta*, *plantação* ou *animais de utilidade econômica*.

Por *floresta* devemos entender o terreno onde existe uma formação densa de árvores, onde as copas destas se tocam, havendo um espaço mínimo entre elas. No entanto, conforme adverte Érika Mendes de Carvalho:

"Estabelecer um conceito unívoco de floresta é tarefa difícil, vez que esta engloba um conjunto heterogêneo de formações vegetais, à exceção das áreas verdes urbanas, reguladas pelos planos diretores e leis municipais de uso do solo. De conseguinte, a floresta não é constituída apenas por árvores, mas antes encerra um complexo ecossistema do qual fazem parte arbustos, subarbustos, plantas herbáceas, gramíneas, fungos e bactérias, bem como animais que nela têm *habitat*, 'formando no todo uma comunidade biológica em que cada um exerce e sofre ação de outros e do meio físico constituído pela atmosfera e pelo solo.'"[40]

Plantação diz respeito à área onde são cultivadas plantas de utilidade, que possuam valor econômico; *animais de utilidade econômica*, a seu turno, são aqueles cuja criação interfere na economia nacional, a exemplo do gado bovino, caprino, suíno etc.

10.2 Classificação doutrinária

Crime comum, tanto no que diz respeito ao sujeito ativo quanto ao sujeito passivo; doloso e culposo; de perigo comum e concreto; comissivo (podendo, no entanto, ser praticado via omissão imprópria na hipótese em que o agente, gozando do *status* de garantidor, dolosamente, não impedir que o sujeito pratique o comportamento previsto pelo tipo); de forma livre; instantâneo; monossubjetivo; plurissubsistente; não transeunte.

---

[39] FARIA, Bento de. *Código penal brasileiro*, v. VI, p. 216.
[40] CARVALHO, Érika Mendes de. *Tutela penal do patrimônio florestal brasileiro*, p. 20.

10.3 Sujeito ativo e sujeito passivo

Qualquer pessoa poderá ser *sujeito ativo* do delito de *difusão de doença ou praga*, haja vista que o tipo do art. 259 do Código Penal não exige nenhuma qualidade ou condição especial.

O *sujeito passivo* é a sociedade.

10.4 Objeto material e bem juridicamente protegido

A incolumidade pública é o bem juridicamente protegido pelo tipo penal que prevê o delito do art. 259 do Código Penal.

O objeto material é a doença ou a praga difundida pelo agente.

10.5 Consumação e tentativa

Tem-se entendido majoritariamente que o delito de *difusão de doença ou praga* se consuma quando a doença ou a praga se difunde ou se propaga por obra do agente, configurando-se o perigo para a floresta, plantação ou animais de utilidade econômica, posição com a qual concordamos.

Não podemos aceitar, contudo, que estejamos diante de um crime de perigo abstrato, vale dizer, presumido, pois ofenderíamos, como já afirmamos, o princípio da lesividade. Entendemos ser de perigo concreto a infração penal em análise, devendo, no caso concreto, ser demonstrado, efetivamente, que a incolumidade pública foi exposta a perigo em virtude do comportamento levado a efeito pelo agente.

Tratando-se de um crime plurissubsistente, torna-se possível o raciocínio correspondente à tentativa.

10.6 Elemento subjetivo

O dolo é o elemento subjetivo exigido pelo tipo penal que prevê o delito de *difusão de doença ou praga*.

10.7 Modalidade culposa

O parágrafo único do art. 259 do Código Penal prevê a modalidade culposa de *difusão de doença ou praga* dizendo, *verbis*:

> **Parágrafo único.** No caso de culpa, a pena é de detenção, de 1 (um) a 6 (seis) meses, ou multa.

Dessa forma, responderá pela modalidade culposa o agente que, deixando de observar o seu dever objetivo de cuidado, vier a difundir doença ou praga, expondo a perigo de dano a floresta, plantação ou animais de utilidade econômica.

10.8 Modalidades comissiva e omissiva

O núcleo *difundir* pressupõe um comportamento comissivo por parte do agente. No entanto, o delito poderá ser praticado via omissão imprópria na hipótese em que o agente garantidor, dolosa ou culposamente, não impedir a propagação de doença ou praga que possa causar dano à floresta, plantação ou animais de utilidade econômica.

10.9 Pena, ação penal, competência para julgamento e suspensão condicional do processo

A pena cominada para a modalidade dolosa de *difusão de doença ou praga* é de reclusão, de 2 (dois) a 5 (cinco) anos, e multa.

Para a modalidade culposa, constante do parágrafo único do art. 259 do Código Penal, a pena é de detenção, de 1 (um) a 6 (seis) meses, ou multa.

A ação penal é de iniciativa pública incondicionada.

Compete, pelo menos inicialmente, ao Juizado Especial Criminal o processo e julgamento do delito culposo de *difusão de doença ou praga*, pois a pena máxima cominada em abstrato não ultrapassa o limite de 2 (dois) anos, imposto pelo art. 61 da Lei nº 9.099/95, conforme alteração determinada pela Lei nº 11.313, de 28 de junho de 2006.

Será possível a confecção de proposta de suspensão condicional do processo, nos termos do art. 89 da Lei nº 9.099/95, se culposo o delito de *difusão de doença ou praga*.

10.10 Destaque

10.10.1 Revogação tácita do art. 259 do Código Penal pelo art. 61 da Lei nº 9.605/98

A Lei nº 9.605, de 12 de fevereiro de 1998, dispôs sobre as sanções penais e administrativas derivadas de condutas e atividades lesivas ao meio ambiente.

Em seu Capítulo V, cuidou dos chamados *crimes contra o meio ambiente*, sendo ele dividido em seis seções. No art. 61, que se encontra inserido na Seção III (Da Poluição e Outros Crimes Ambientais), foi prevista figura típica semelhante e mais abrangente do que aquela tipificada no art. 259 do Código Penal, conforme se verifica pela sua redação, *verbis*:

> **Art. 61.** Disseminar doença ou praga ou espécies que possam causar dano à agricultura, à pecuária, à fauna, à flora ou aos ecossistemas:
> Pena – reclusão, de um a quatro anos, e multa.

Não houve, no entanto, previsão para a modalidade de natureza culposa.

Em virtude da referida redação constante do art. 61 da Lei nº 9.605/98, parte de nossos doutrinadores,[41] a nosso ver com razão, se posicionou no sentido de entender como revogado tacitamente o art. 259 do Código Penal.

Dessa forma, após a entrada em vigor da Lei nº 9.605/98, já não mais se aplicaria o art. 259 do Código Penal quando o agente, dolosamente, viesse a difundir doença ou praga que pudesse causar dano à floresta, plantação ou animais de utilidade econômica.

Um detalhe que merece ser observado, concordando com o raciocínio da revogação tácita, é que as penas cominadas na Lei nº 9.605/98 são inferiores àquelas constantes do revogado art. 259 do Código Penal, tratando-se, pois, de *novatio legis in mellius*, devendo, outrossim, ter aplicação retroativa aos fatos que lhe antecederam, em obediência ao parágrafo único do art. 2º do Código Penal.

Se levarmos em consideração, ainda, a revogação total do art. 259, incluindo o seu parágrafo único, como a lei posterior, revogadora, não fez previsão da modalidade culposa, poderíamos raciocinar, ainda, em termos de *abolitio criminis* se o agente, culposamente, tivesse

---

[41] Nesse sentido, Luiz Regis Prado *(Crimes contra o ambiente,* p. 185); Fernando Capez *(Curso de direito penal* – Parte especial, v. 3, p. 187); Rogério Sanches Cunha *(Manual de direito penal* – parte especial, volume único, p. 613); Yuri Carneiro Coêlho *(Curso de direito penal didático,* p. 871); Cleber Masson *(Direito Penal esquematizado,* Parte especial, v. 3, p. 267).

difundido ou disseminado doença ou praga que pudesse causar dano à floresta, plantação ou animais de utilidade econômica.

10.11 Quadro-resumo

Sujeitos
» Ativo: qualquer pessoa.
» Passivo: é a sociedade.

Objeto material
É a doença ou a praga difundida pelo agente.

Bem(ns) juridicamente protegido(s)
A incolumidade pública.

Elemento subjetivo
Dolo.

Modalidades comissiva e omissiva
O núcleo difundir pressupõe um comportamento comissivo por parte do agente, podendo, no entanto, ser praticado via omissão imprópria.

Consumação e tentativa
» O delito se consuma quando a doença ou a praga se difunde ou se propaga por obra do agente, configurando-se o perigo para a floresta, plantação ou animais de utilidade econômica.
» A tentativa é admissível.

Capítulo II
Dos crimes contra a segurança dos meios de comunicação e transporte e outros serviços públicos

1. PERIGO DE DESASTRE FERROVIÁRIO

Perigo de desastre ferroviário
Art. 260. Impedir ou perturbar serviço de estrada de ferro:
I – destruindo, danificando ou desarranjando, total ou parcialmente, linha férrea, material rodante ou de tração, obra de arte ou instalação;
II – colocando obstáculo na linha;
III – transmitindo falso aviso acerca do movimento dos veículos ou interrompendo ou embaraçando o funcionamento de telégrafo, telefone ou radiotelegrafia;
IV – praticando outro ato que possa resultar desastre:
Pena – reclusão, de dois a cinco anos, e multa.

Desastre ferroviário
§ 1º Se do fato resulta desastre:
Pena – reclusão, de quatro a 12 (doze) anos, e multa.
§ 2º No caso de culpa, ocorrendo desastre:
Pena – detenção, de seis meses a dois anos.
§ 3º Para os efeitos deste artigo, entende-se por estrada de ferro qualquer via de comunicação em que circulem veículos de tração mecânica, em trilhos ou por meio de cabo aéreo.

1.1 Introdução

Os delitos de *perigo de desastre ferroviário* e *desastre ferroviário* estão previstos pelo art. 260 e §§ 1º e 2º do Código Penal. O mencionado artigo encontra-se inserido no Capítulo II, relativo aos crimes contra a segurança dos meios de comunicação e transporte e outros serviços públicos, que, por sua vez, encontra-se localizado no Título VIII da Parte Especial do Código Penal, que diz respeito aos crimes contra a incolumidade pública.

Dessa forma, a conduta do agente, para efeitos de reconhecimento da figura típica em estudo, deverá, no mínimo, trazer perigo a um número indeterminado de pessoas, sendo, portanto, considerada uma infração penal de perigo comum.

Além disso, estamos diante de um crime de perigo concreto, que deverá ser demonstrado caso a caso, não se podendo, outrossim, presumi-lo.

O art. 260 e incisos do Código Penal, traduzindo o delito de perigo de desastre ferroviário, apontam a conduta de *impedir* ou *perturbar* serviço de estrada de ferro. O núcleo *impedir* deve ser entendido no sentido de impossibilitar, interromper, obstruir, obstacular; *perturbar* não importa na interrupção do serviço, mas na sua prática de modo anormal, alterado, atrapalhado, dificultado pela ação do agente.

A lei penal entendeu por bem traduzir o conceito de *estrada de ferro* dizendo, por meio da norma penal explicativa constante do § 3º do art. 260 do Código Penal, ser ela qualquer via de comunicação em que circulem veículos de tração mecânica, em trilhos ou por meio de cabo aéreo, como, respectivamente, a do metrô, bondes e a filovia, isto é, a via de comunicação entre altitudes por meio de fios ou cabos aéreos, como ocorre no morro do Pão de Açúcar, na cidade do Rio de Janeiro.

As condutas de *impedir* e *perturbar* serviço de estrada de ferro podem ser levadas a efeito, de acordo com os incisos do mencionado artigo: *I) destruindo, danificando ou desarranjando, total ou parcialmente, linha férrea, material rodante ou de tração, obra de arte ou instalação; II) colocando obstáculo na linha; III) transmitindo falso aviso acerca do movimento dos veículos ou interrompendo ou embaraçando o funcionamento de telégrafo, telefone ou radiotelegrafia; e IV) praticando outro ato de que possa resultar desastre.*

Na primeira hipótese, segundo Noronha, o:

"Meio de que lança mão o agente é, pois, a demolição, a subversão, o estrago, o desmonte etc., total ou parcial, de *linha férrea*, que compreende trilhos, dormentes e o leito; de *material rodante*, isto é, vagões, *trucks*; de *material de tração*, locomotivas, carros-motores; de *obras de arte*, túneis, pontes etc.; e obra de *instalação*, ou seja, cabines de bloqueio, chaves de desvio, aparelhos de sinalização e semelhantes."[42]

Na segunda modalidade, o agente, mediante a colocação de objetos na linha férrea, a exemplo de pedras, animais, toras de madeira, automóveis etc., impede ou perturba serviço de estrada de ferro.

O falso aviso, constante do inciso III do art. 260 do Código Penal, é a notícia que, sendo falsa, altera a regularidade do serviço, fazendo com que seja interrompido ou perturbado, gerando perigo de acidente; da mesma forma, cria situação considerável de risco à incolumidade pública o agente que interrompe ou embaraça o funcionamento de telégrafo, telefone ou radiotelegrafia, não permitindo ou dificultando as comunicações necessárias ao bom funcionamento da estrada de ferro.

Determinou a lei penal, ainda, o recurso à interpretação analógica, dizendo cometer, também, o delito em estudo o agente que pratica outro ato de que possa resultar desastre.

Finalmente, cuida-se de um tipo misto alternativo. Assim, se o agente praticar mais de um comportamento previsto pelo tipo penal em estudo, somente deverá responder por uma única infração penal.

1.2 Classificação doutrinária

Crime comum, tanto no que diz respeito ao sujeito ativo quanto ao sujeito passivo; doloso e culposo (pois o § 2º do art. 260 do Código Penal prevê, expressamente, a conduta culposa praticada pelo agente, que veio a causar desastre); comissivo (podendo, nos termos do art. 13, § 2º, do Código Penal, ser praticado via omissão imprópria, na hipótese de o agente gozar do *status* de garantidor); de perigo comum e concreto; de forma vinculada (haja vista que o tipo penal especifica os modos pelos quais poderão ser praticados); instantâneo; monossubjetivo; plurissubsistente; não transeunte.

---

[42] NORONHA, Edgard Magalhães. *Direito penal*, v. 3, p. 359.

1.3 Sujeito ativo e sujeito passivo

Qualquer pessoa pode ser *sujeito ativo* dos delitos de *perigo de desastre ferroviário* e *desastre ferroviário*, não exigindo o tipo penal do art. 260 nenhuma qualidade ou condição especial.

Sujeito passivo é a sociedade, principalmente aquelas pessoas que foram expostas a perigo, ou mesmo que sofreram algum tipo de dano em virtude da prática, pelo agente, da conduta prevista no tipo penal em estudo.

1.4 Objeto material e bem juridicamente protegido

A incolumidade pública é o bem juridicamente protegido pelo tipo penal que prevê o delito tipificado no art. 260 do Código Penal, destacando-se a segurança dos meios de comunicação e transporte e outros serviços públicos.

O objeto material é a linha férrea, material rodante ou de tração, obra de arte ou instalação, telégrafo, telefone ou radiotelegrafia.

1.5 Consumação e tentativa

Cuidando-se de crime de perigo comum e concreto, o delito de perigo de desastre ferroviário se consuma quando o agente, após praticar qualquer dos comportamentos previstos pelos incisos do art. 260 do Código Penal, coloca, efetivamente, em perigo a incolumidade pública, ou seja, o seu comportamento coloca em risco a vida, a integridade física ou o patrimônio de um número indeterminado de pessoas.

Tal situação de perigo deverá ser demonstrada no caso concreto, não se podendo presumi-la, em obediência ao princípio da lesividade.

Tratando-se de crime plurissubsistente, no qual se pode verificar o fracionamento do *iter criminis*, será possível o raciocínio relativo à tentativa.

A consumação e a possibilidade de tentativa no delito de desastre ferroviário serão analisadas em tópico próprio.

1.6 Elemento subjetivo

O dolo é o elemento subjetivo exigido pelo tipo penal que prevê o delito de perigo de desastre ferroviário.

Assim, a conduta do agente deve ser praticada, tendo ele o conhecimento de que, com o seu comportamento, cria uma situação de perigo à incolumidade pública.

Existe possibilidade de responsabilização penal do agente a título de culpa, conforme veremos em seguida, desde que ocorra, efetivamente, o desastre.

1.7 Modalidades comissiva e omissiva

As condutas previstas pelo tipo penal *sub examen* pressupõem um comportamento comissivo por parte do agente. No entanto, poderão ser praticadas via omissão imprópria quando o agente, garantidor, dolosamente, podendo e devendo agir, nada fizer para evitar que o sujeito leve a efeito a sua conduta, que traz, efetivamente, uma situação de perigo à incolumidade pública.

Assim, imagine-se a situação em que um vigia, encarregado de policiar os trilhos de uma estrada de ferro, permita que o agente nele coloque um obstáculo, pois estava descontente com o tratamento que lhe é dispensado pela empresa ferroviária que o havia contratado. Nesse caso, ocorrendo, efetivamente, a situação de perigo, o agente que, podendo, dolosamente nada fez para evitá-lo, deverá responder, também, pelo delito em estudo, posto que o praticou via omissão imprópria.

1.8 Desastre ferroviário (modalidade qualificada)

O § 1º do art. 260 assevera, *verbis*:

> § 1º Se do fato resulta desastre:
> Pena – reclusão, de quatro a doze anos, e multa.

Prima facie, inicia o mencionado parágrafo valendo-se da seguinte expressão: *se do fato...* Isso significa que o agente praticou qualquer dos comportamentos analisados anteriormente, geradores de uma situação de perigo, que acabou se convertendo em dano, isto é, no desastre.

A primeira ressalva que devemos fazer é que o agente não pode querer, direta e imediatamente, o desastre, pois estamos diante de um crime preterdoloso, devendo o resultado – desastre – ser-lhe imputado a título de culpa.

A segunda observação diz respeito ao próprio conceito de desastre. Hungria, com precisão, esclarece:

> "Não existe desastre sem uma situação de dano *grave*, *complexo* e *extenso* a pessoas (passageiros, pessoal do serviço ferroviário) ou coisas (cargas, material ferroviário). Se não há danos pessoais, nem relevante dano a coisas, o que se tem a configurar é o perigo de desastre (art. 260). Não basta, por exemplo, um descarrilamento, sem maiores consequências. Mesmo num caso de colisão de locomotivas, mas da qual, dada a oportunidade e violência do contravapor, não haja resultado senão mossas de parte a parte, não há identificar-se desastre."[43]

Maggiore, no mesmo sentido, também afirma:

> "Desastre ferroviário é todo acidente ferroviário grave, que vá contra a incolumidade das pessoas e a integridade das coisas, o que as expõe a risco.
> Nem todo acidente que prejudique os transportes ferroviários é desastre; é preciso que seja *grave* e *complexo*. Mas, nem por isso há de tratar-se de um sucesso extraordinário, excepcional e enorme, como se tem afirmado."[44]

Tendo em vista sua natureza de crime preterdoloso, somente haverá a consumação do delito tipificado no § 1º do art. 260 do Código Penal com a efetiva ocorrência do *desastre*. Caso contrário, a conduta do agente se amoldará ao delito de perigo constante do art. 260 e incisos do mesmo diploma repressivo.

Justamente por se tratar de um crime preterdoloso, em que a conduta do sujeito é dolosa, sendo-lhe o resultado (desastre) atribuído a título de culpa, é que não se pode cogitar de tentativa no delito de *desastre ferroviário*.

1.9 Modalidade culposa

Existe previsão para a modalidade culposa no § 2º do art. 260, que diz:

> § 2º No caso de culpa, ocorrendo desastre:
> Pena – detenção, de seis meses a dois anos.

---

[43] HUNGRIA, Nélson. *Comentários ao código penal*, v. IX, p. 71.
[44] MAGGIORE, Giuseppe. *Derecho penal* – Parte especial, v. III, p. 481.

Verifica-se, portanto, que o comportamento culposo levado a efeito pelo agente somente será punido se for produtor de desastre.

Assim, se o agente causar, tão somente, perigo de desastre, o fato por ele cometido deverá ser considerado como indiferente penal, a exemplo daquele que, negligentemente, não percebe que seu animal de grande porte está deitado por sobre os trilhos da estrada de ferro. Se o comportamento culposo não resultar em desastre, o fato será considerado atípico; ao contrário, se ocorrer o desastre, o agente deverá ser responsabilizado nos termos do § 2º do art. 260 do Código Penal.

1.10 Pena, ação penal, competência para julgamento e suspensão condicional do processo

A pena cominada ao delito de *perigo de desastre ferroviário* é de reclusão, de 2 (dois) a 5 (cinco) anos, e multa.

Para o delito de *desastre ferroviário*, a pena é de reclusão, de 4 (quatro) a 12 (doze) anos, e multa.

No caso de culpa, ocorrendo desastre, a pena é de detenção, de 6 (seis) meses a 2 (dois) anos.

Determina o art. 263 do Código Penal que *se de qualquer dos crimes previstos nos arts. 260 a 262, no caso de desastre ou sinistro, resulta lesão corporal ou morte, aplica-se o disposto no art. 258*.

A ação penal é de iniciativa pública incondicionada.

Compete, pelo menos inicialmente, ao Juizado Especial Criminal o processo e julgamento do delito de *desastre culposo*, previsto no § 2º do art. 260 do Código Penal, tendo em vista que a pena máxima cominada em abstrato não ultrapassa o limite de 2 (dois) anos, imposto pelo art. 61 da Lei nº 9.099/95, conforme alteração determinada pela Lei nº 11.313, de 28 de junho de 2006.

Será possível a confecção de proposta de suspensão condicional do processo, também, no delito de desastre culposo, nos termos do art. 89 da Lei nº 9.099/95.

1.11 Destaques

1.11.1 Finalidade de dano e perigo de desastre ferroviário

Para que ocorra o delito de perigo de desastre ferroviário o agente não poderá agir, em nenhum instante, com o chamado dolo de dano, pois, nesse caso, restaria afastada aquela infração penal.

O seu dolo, portanto, deve resumir-se à prática de um comportamento que, sabidamente, é perigoso, tendo, portanto, potencialidade de dano que, embora previsto, em nenhum momento é querido diretamente, ou mesmo assumido pelo agente.

Se o sujeito, por exemplo, vier a sabotar os trilhos de uma linha de trem almejando que os passageiros que nele se encontrarem venham a morrer em virtude do descarrilamento, deverá ser responsabilizado pelo delito de homicídio, tentado ou consumado, e não pelo crime de perigo de desastre ferroviário, ou mesmo pelo delito tipificado no art. 260, § 1º, do Código Penal.

1.11.2 Simulação de perigo

Para que se possa imputar a alguém a prática de uma infração penal de perigo, o agente deverá ter agido dolosamente no sentido de levar a efeito um comportamento, por ele sabidamente perigoso, criador de uma situação de risco, pois, caso contrário, se da sua conduta advier algum resultado, este poderá lhe ser imputado a título de culpa.

Nesse sentido, preleciona Hungria:

"Dolo de perigo é a vontade conscientemente dirigida a um perigo *sério* ou *autêntico*, e não a um simulacro de perigo. *Fingir* um perigo é ação indiferente ao direito penal, salvo se, traduzindo em si mesma uma imprudência, der causa ao evento lesivo, pois, em tal hipótese, configurar-se-á um crime culposo (se a título de culpa for punível o fato)."[45]

Tomando de empréstimo o exemplo de Carrara, afirma o grande penalista:

"Um vigia de linha, para obter o prêmio instituído pela companhia ferroviária a favor do empregado que impedisse algum desastre, simulou uma situação de perigo, deslocando os trilhos da linha, e, a seguir, correu a dar o sinal de alarma ao comboio que se aproximava. Não se apresenta, aqui, dolo de perigo, porque *simular* uma situação de perigo não é querê-la."[46]

1.11.3 Perigo de desastre ferroviário e a interrupção ou perturbação de serviço telegráfico ou telefônico prevista pelo art. 266 do Código Penal

A interrupção ou perturbação de serviço telegráfico, radiotelegráfico ou telefônico veio prevista, como delito autônomo, no art. 266 do Código Penal.

Como vimos, o inciso III do art. 260 do estatuto repressivo também fez menção a esse tipo de comportamento. Assim, como podemos identificar e, ao mesmo tempo, levar a efeito a diferença e, consequentemente, a subsunção típica desses dois comportamentos praticados?

Aqui, o princípio da especialidade terá o condão de resolver o problema. Assim, se a conduta de interromper ou embaraçar o funcionamento de telégrafo, telefone ou radiotelegrafia for cometida no sentido de impedir ou perturbar serviço de estrada de ferro, especificamente, o fato se amoldará ao tipo penal do art. 260; as demais hipóteses encontrarão moldura no art. 266 do Código Penal.

1.11.4 Perigo de desastre ferroviário e Código Penal Militar

O crime de perigo de desastre ferroviário também veio previsto no Código Penal Militar (Decreto-Lei nº 1.001, de 21 de outubro de 1969), conforme se verifica pela leitura do seu art. 282, que ocorre quando alguém impede ou perturba serviço de estrada de ferro, sob administração ou requisição militar emanada de ordem legal, nas hipóteses previstas pelos seus incisos I a IV.

1.12 Quadro-resumo

Sujeitos
» Ativo: qualquer pessoa.
» Passivo: é a sociedade, principalmente aquelas pessoas que foram expostas a perigo, ou mesmo que sofreram algum tipo de dano em virtude da prática, pelo agente, da conduta prevista no tipo penal em estudo.

---

[45] HUNGRIA, Nélson. *Comentários ao código penal*, v. IX, p. 67.
[46] HUNGRIA, Nélson. *Comentários ao código penal*, v. IX, p. 66.

Objeto material

É a linha férrea, material rodante ou de tração, obra de arte ou instalação, telégrafo, telefone ou radiotelegrafia.

Bem(ns) juridicamente protegido(s)

A incolumidade pública, destacando-se a segurança dos meios de comunicação e transporte e outros serviços públicos.

Consumação e tentativa

» O delito se consuma quando o agente, após praticar qualquer dos comportamentos previstos pelos incisos do art. 260 do CP, coloca, efetivamente, em perigo a incolumidade pública, ou seja, o seu comportamento coloca em risco a vida, a integridade física ou o patrimônio de um número indeterminado de pessoas.
» A tentativa é admissível.

2. ATENTADO CONTRA A SEGURANÇA DE TRANSPORTE MARÍTIMO, FLUVIAL OU AÉREO

Atentado contra a segurança de transporte marítimo, fluvial ou aéreo

Art. 261. Expor a perigo embarcação ou aeronave, própria ou alheia, ou praticar qualquer ato tendente a impedir ou dificultar navegação marítima, fluvial ou aérea:
Pena – reclusão, de dois a cinco anos.

Sinistro em transporte marítimo, fluvial ou aéreo

§ 1º Se do fato resulta naufrágio, submersão ou encalhe de embarcação ou queda ou destruição de aeronave:
Pena – reclusão, de quatro a doze anos.

Prática do crime com o fim de lucro

§ 2º Aplica-se, também, a pena de multa, se o agente pratica o crime com o intuito de obter vantagem econômica, para si ou para outrem.

Modalidade culposa

§ 3º No caso de culpa, se ocorre o sinistro:
Pena – detenção, de seis meses a dois anos.

2.1 Introdução

O delito de *atentado contra a segurança de transporte marítimo, fluvial ou aéreo* está previsto pelo art. 261 do Código Penal. Mediante a análise da mencionada figura típica, podemos destacar os seguintes elementos: *a)* a conduta de expor a perigo embarcação ou aeronave, própria ou alheia; *b)* prática de qualquer ato tendente a impedir ou dificultar navegação marítima, fluvial ou aérea.

Inicialmente, tratando-se de um crime de perigo comum, que atinge um número indeterminado de pessoas, devemos entender que a conduta do agente é dirigida a embarcações ou aeronaves que efetuam o *transporte coletivo*, pois, caso contrário, poderia se configurar no tipo penal do art. 132 do diploma repressivo.

Embarcação, conforme esclarece Hungria, não é apenas o navio, senão "também qualquer outra construção flutuante destinada a transporte coletivo (de pessoas ou coisas), seja qual for a sua força motriz, sua forma ou composição".[47] *Aeronave*, segundo o art. 106 do Código Brasileiro de Aeronáutica (Lei nº 7.565/86) é "todo aparelho manobrável em voo, que possa sustentar-se e circular no espaço aéreo, mediante reações aerodinâmicas, apto a transportar pessoas ou coisas." Analisando a denominação *aeronave*, Hungria, citando Hugo Simas, preleciona que se trata de uma:

> "Denominação genérica de veículo aéreo, que, se mais pesado que o ar, é *avião*, e se mais leve, *aeróstato*. O avião com asas fixas, chama-se *aeroplano*; com asas batentes, *ornitóptero*; com asas rotativas, *helicóptero*; com asas giratórias livres, *autogiro*. O *aeróstato*, por sua vez pode ser *balão* ('toda aeronave, cativa ou livre, que utilize como meio de sustentação na atmosfera um gás mais leve que o ar e que não dispõe de meios próprios de propulsão') ou *dirigível* ('toda aeronave que utilize como meio de sustentação na atmosfera um gás mais leve que o ar e dispõe de meios próprios de propulsão')."[48]

Também comete o delito previsto no art. 261 do Código Penal aquele que *pratica qualquer ato tendente a impedir ou dificultar navegação marítima, fluvial ou aérea*. *Navegação marítima* é aquela, de natureza coletiva, realizada pelos mares; *fluvial* é a que se leva a efeito nos rios; diz-se *aérea a navegação* quando ocorrer no espaço aéreo.

Impedir tem o significado de não permitir, interromper, obstruir a navegação marítima, fluvial ou aérea; *dificultar* significa embaraçar, criar empecilho, atrapalhar etc.

Merece ser destacado que o tipo penal em estudo não abrangeu a chamada *embarcação lacustre*, isto é, aquela que se faz em lagos e lagoas. Nessa hipótese, poderá ser aplicado o art. 262 do Código Penal, que prevê o delito de *atentado contra a segurança de outro meio de transporte*.

Embora exista divergência doutrinária, entendemos que tanto a primeira (exposição a perigo de embarcação ou aeronave, própria ou alheia) quanto a segunda parte (praticar qualquer ato tendente a impedir ou dificultar navegação marítima, fluvial ou aérea) do *caput* do art. 261 do Código Penal preveem um delito de perigo comum e concreto. Assim, para que ocorra o delito em estudo, a conduta do agente deve expor um número indeterminado de pessoas a uma situação efetiva de perigo, não se podendo, outrossim, simplesmente presumi-lo em razão da prática de qualquer das condutas previstas pelo tipo penal.

Dessa forma, poderá o agente ter atrapalhado a navegação fluvial, mas não ter colocado em risco a vida, a integridade física ou o patrimônio das pessoas que se encontravam, por exemplo, na embarcação, sendo, portanto, atípico o seu comportamento. Não podemos abrir mão desse raciocínio, haja vista a necessidade de levarmos a efeito uma interpretação sistêmica do tipo penal em exame, uma vez que ele está inserido no Título VIII da Parte Especial, que prevê os crimes contra a *incolumidade pública*. Assim, se não houver perigo para a incolumidade pública, não haverá possibilidade de se reconhecer o delito.

São exemplos da prática do delito de *atentado contra a segurança de transporte marítimo, fluvial ou aéreo*, segundo Hungria:

> "Provocar o abalroamento ou colisão de embarcações ou aeronaves, ou o investimento de umas ou outras contra resistências passivas; fazer brecha em embarcação, ensejando a invasão das águas; destruir ou remover aparelhos ou peças indispensáveis à orientação ou segurança

---

[47] HUNGRIA, Nélson. *Comentários ao código penal*, v. IX, p. 80.
[48] HUNGRIA, Nélson. *Comentários ao código penal*, v. IX, p. 80.

da embarcação ou aeronave; apagar, inutilizar ou deslocar sinais guiadores; remover boias ou faróis; colocar falsos faróis, ou transmitir falsos avisos; tornar impraticável algum ancoradouro ou campo de pouso etc. etc. Não importa que a embarcação ou aeronave esteja em viagem ou em voo, ou ancorada ou em pouso. Como se vê do texto legal, é indiferente que a embarcação ou aeronave seja alheia ou de propriedade do agente: o que é necessário é que sirva de transporte coletivo."[49]

Cuida-se, ainda, de um tipo misto alternativo, devendo o agente responder, tão somente, por uma única infração penal, mesmo que venha a praticar mais de um comportamento previsto pelo tipo.

2.2 Classificação doutrinária

Crime comum, tanto no que diz respeito ao sujeito ativo quanto ao sujeito passivo; doloso e culposo (pois o § 3º do art. 261 do Código Penal prevê, expressamente, a conduta culposa praticada pelo agente, produtora do sinistro); comissivo (podendo, nos termos do art. 13, § 2º, do Código Penal, ser praticado via omissão imprópria, na hipótese de o agente gozar do *status* de garantidor); de perigo comum e concreto; de forma livre; instantâneo; monossubjetivo; plurissubsistente; não transeunte.

2.3 Sujeito ativo e sujeito passivo

Qualquer pessoa pode ser *sujeito ativo* do delito de *atentado contra a segurança de transporte marítimo, fluvial ou aéreo*, podendo, inclusive, ser o proprietário da embarcação ou aeronave, não exigindo o tipo penal do art. 261 nenhuma qualidade ou condição especial.

O sujeito passivo é a sociedade, principalmente, em caso de sinistro, aquelas pessoas que foram expostas a perigo, ou mesmo que sofreram algum tipo de dano em virtude da prática, pelo agente, de uma das condutas previstas no tipo penal em estudo.

2.4 Objeto material e bem juridicamente protegido

A incolumidade pública é o bem juridicamente protegido pelo tipo do art. 261 do Código Penal, destacando-se a segurança dos transportes marítimo, fluvial e aéreo.

O objeto material é a embarcação ou aeronave contra a qual é dirigida a conduta do agente.

2.5 Consumação e tentativa

Cuidando-se de um crime de perigo comum e concreto, o delito de *atentado contra a segurança de transporte marítimo, fluvial ou aéreo* se consuma quando o agente, após praticar qualquer dos comportamentos previstos pelo tipo do art. 261 do Código Penal, coloca, efetivamente, em perigo a incolumidade pública, ou seja, o seu comportamento coloca em risco a vida, a integridade física ou o patrimônio de um número indeterminado de pessoas, mesmo quando pratica qualquer ato tendente a impedir ou dificultar navegação marítima, fluvial ou aérea.

Tal situação de perigo deverá ser demonstrada no caso concreto, não se podendo presumi-la, em obediência ao princípio da lesividade.

---

[49] HUNGRIA, Nélson. *Comentários ao código penal*, v. IX, p. 81-82.

Nesse sentido, afirma Rogério Sanches Cunha que:

"Consuma-se o crime no momento em que se verifica a criação do perigo (concreto, real e efetivo) ao regular funcionamento do transporte marítimo, fluvial ou aéreo."[50]

Tratando-se de um crime plurissubsistente, no qual se pode verificar o fracionamento do *iter criminis*, será possível o raciocínio relativo à tentativa.

A consumação e a possibilidade de tentativa no delito de *sinistro em transporte marítimo, fluvial ou aéreo*, previsto no § 1º do art. 261 do Código Penal, serão analisadas em tópico próprio.

2.6 Elemento subjetivo

O dolo é o elemento subjetivo exigido pelo tipo penal que prevê o delito de *atentado contra a segurança de transporte marítimo, fluvial ou aéreo*.

Assim, a conduta do agente deve ser praticada, tendo ele o conhecimento de que, com o seu comportamento, cria uma situação de perigo à incolumidade pública.

Existe possibilidade de responsabilização penal do agente a título de culpa, conforme veremos em seguida, desde que ocorra, efetivamente, o sinistro.

2.7 Modalidades comissiva e omissiva

As condutas previstas pelo tipo penal *sub examen* pressupõem um comportamento comissivo por parte do agente. No entanto, poderão ser praticadas via omissão imprópria quando o agente, garantidor, dolosamente, podendo e devendo agir, nada fizer para evitar que o sujeito leve a efeito a sua conduta, que traz, efetivamente, uma situação de perigo à incolumidade pública.

Se, de forma culposa, nada fizer para impedir a ocorrência do sinistro, poderá ser penalmente responsabilizado, em virtude do § 3º do art. 261, c/c o § 2º do art. 13, todos do Código Penal.

2.8 Sinistro em transporte marítimo, fluvial ou aéreo (modalidade qualificada)

Aduz o § 1º do art. 261, *verbis*:

> § 1º Se do fato resulta naufrágio, submersão ou encalhe de embarcação ou a queda ou destruição de aeronave:
> Pena – reclusão, de quatro a doze anos.

Considerando que estamos diante de um crime de perigo, o resultado mencionado pelo parágrafo acima transcrito somente pode ser imputado ao agente a título de culpa. Isso significa que não poderá o agente atuar com o dolo de fazer naufragar, submergir etc., pois, se assim o fizer, estará agindo com dolo de dano, incompatível com a natureza dos crimes de perigo.

Dessa forma, embora exista posição em contrário, somos partidários da corrente que entende que no § 1º do art. 261 do Código Penal estamos diante de um crime eminentemente *preterdoloso*. A conduta, portanto, deve ser dirigida à produção de uma situação de perigo, sendo o resultado dano atribuído ao agente a título de culpa.

---

[50] CUNHA, Sanches Rogério. *Manual de direito penal* – parte especial, volume único, p. 620.

A rubrica constante do § 1º do art. 261 do Código Penal faz alusão a *sinistro*, querendo isso significar a ocorrência de um desastre, que venha causar dano, especificamente, em transporte marítimo, fluvial ou aéreo.

Naufrágio, seguindo as lições de Luiz Regis Prado:

"É a perda – total ou parcial – do navio por qualquer causa – por exemplo, abalroamento, colisão, investimento contra bancos de areia, explosão, incêndio etc. –, o que conduz ao rompimento, encalhe, tombamento, afundamento, ou ruína da embarcação. *Submersão* é o afundamento – parcial ou total – da embarcação. *Encalhe* é o impedimento à flutuação, verificando-se usualmente quando a quilha do navio se encaixa em banco de areia ou qualquer outro obstáculo. *Queda* da aeronave é a sua precipitação ou projeção ao solo ou sobre as águas; *destruição*, o seu perecimento, parcial ou total."[51]

2.9 Modalidade culposa

Diz o § 3º do art. 261 do Código Penal, *verbis*:

> § 3º No caso de culpa, se ocorre o sinistro:
> Pena – detenção, de seis meses a dois anos.

Verifica-se, portanto, que o comportamento culposo levado a efeito pelo agente somente será punido se vier a ocorrer o sinistro.

Assim, se o agente, de forma culposa, expuser a perigo embarcação ou aeronave, própria ou alheia, ou mesmo impedir ou dificultar navegação marítima, fluvial ou aérea, se desse fato não advier sinistro, seu comportamento será considerado um indiferente penal, vale dizer, atípico.

Conforme salienta Ney Moura Teles:

"Deve haver nexo causal entre o perigo criado pela conduta e o sinistro. Aquela deve ser a causa do sinistro. Além disso, este deve ter sido previsível para o agente que, necessariamente, terá atuado com negligência, imprudência ou imperícia. O piloto ou proprietário da aeronave que se esquece de abastecê-la de combustível, antes do voo, age com negligência e, se dessa conduta resultar a queda do avião, comete o crime de sinistro culposo."[52]

2.10 Pena, ação penal, competência para julgamento e suspensão condicional do processo

A pena cominada ao delito de *atentado contra a segurança de transporte marítimo, fluvial ou aéreo* é de reclusão, de 2 (dois) a 5 (cinco) anos.

Para o delito de *sinistro em transporte marítimo, fluvial ou aéreo*, a pena é de reclusão, de 4 (quatro) a 12 (doze) anos.

No caso de culpa, ocorrendo o *sinistro*, a pena é de detenção, de 6 (seis) meses a 2 (dois) anos.

Nos termos do § 2º do art. 261 do Código Penal, *aplica-se, também, a pena de multa, se o agente pratica o crime com intuito de obter vantagem econômica, para si ou para outrem*.

---

[51] PRADO, Luiz Regis. *Curso de direito penal*, v. 3, p. 494.
[52] TELES, Ney Moura. *Direito penal*, v. 3, p. 223.

Determina o art. 263 do Código Penal que *se de qualquer dos crimes previstos nos arts. 260 a 262, no caso de desastre ou sinistro, resulta lesão corporal ou morte, aplica-se o disposto no art. 258.*

A ação penal é de iniciativa pública incondicionada.

Compete, pelo menos inicialmente, ao Juizado Especial Criminal o processo e julgamento da modalidade culposa, prevista no § 3º do art. 261 do Código Penal, tendo em vista que a pena máxima cominada em abstrato não ultrapassa o limite de 2 (dois) anos, imposto pelo art. 61 da Lei nº 9.099/95, conforme alteração determinada pela Lei nº 11.313, de 28 de junho de 2006.

Será possível a confecção de proposta de suspensão condicional do processo, também na modalidade culposa, nos termos do art. 89 da Lei nº 9.099/95.

2.11 Destaques

2.11.1 Abuso na prática da aviação

A contravenção relativa ao abuso na prática da aviação vem tipificada no art. 35 da Lei das Contravenções Penais (Decreto-Lei nº 3.688/41), que diz:

> **Art. 35.** Entregar-se, na prática da aviação, a acrobacias ou a voos baixos, fora da zona em que a lei o permite, ou fazer descer aeronave fora dos lugares destinados a esse fim:
> Pena – prisão simples, de quinze dias a três meses, ou multa.

Esclarece Marcello Jardim Linhares que *acrobacia*, na técnica aeronáutica, "é a série de figuras em que o avião, perfeitamente controlado, descreve trajetórias e se coloca em posições anormais. Para realizá-la é preciso aperfeiçoar-se na prática da pilotagem e adquirir sobre o aparelho absoluta capacidade de domínio".[53]

A diferença entre a contravenção penal tipificada no art. 35 do Decreto-Lei nº 3.688/41 e o crime de atentado contra a segurança de transporte marítimo, fluvial ou aéreo reside no fato de que as manobras acrobáticas envolvem um risco controlado pelo sujeito que as realiza, sendo um *minus* em relação ao comportamento previsto pelo art. 261 do Código Penal.

No entanto, nada impede que a acrobacia se amolde à figura típica constante do art. 261 do Código Penal, desde que realizada por pessoa sem a necessária capacidade e conhecimento para tanto, gerando, assim, perigo para a incolumidade pública.

2.11.2 Caso do jato executivo Legacy

"Penal. Conflito de competência. Acidente aéreo. Atentado contra a segurança de transporte aéreo. Inobservância de lei, regulamento ou instrução e homicídio culposo. Delitos praticados por militares, controladores de voo. Crimes de natureza militar e comum. Desmembramento. Princípio do *ne bis in idem*. Inexistência de conflito.

1. Não ofende o princípio do *ne bis in idem* o fato dos controladores de voo estarem respondendo a processo na Justiça Militar e na Justiça comum pelo mesmo fato da vida, qual seja o acidente aéreo que ocasionou a queda do Boeing 737/800 da Gol Linhas Aéreas no Município de Peixoto de Azevedo, no Estado do Mato Grosso, com a morte de todos os seus ocupantes, uma vez que as imputações são distintas.

---

[53] LINHARES, Marcello Jardim. *Contravenções penais*, v. 1, p. 301.

2. Solução que se encontra, *mutatis mutandis*, no enunciado da Súmula nº 90/STJ: 'Compete à Justiça Militar processar e julgar o policial militar pela prática do crime militar, e à Comum pela prática do crime comum simultâneo àquele'.
3. Conflito não conhecido" (STJ, CC 91.016/MT, 3a Seção, Rel. Min. Paulo Gallotti, julg. 27/2/2008, DJe 25/3/2008, *RJP* 21, p. 116).

2.11.3 Lei Antidrogas

O art. 39 da Lei nº 11.343, de 23 de agosto de 2006, pune com pena de detenção, de 6 (seis) meses a 3 (três) anos, além da apreensão do veículo, cassação da habilitação respectiva ou proibição de obtê-la, pelo mesmo prazo da pena privativa de liberdade aplicada, e pagamento de 200 (duzentos) a 400 (quatrocentos) dias-multa, aquele que conduzir embarcação ou aeronave após o consumo de drogas, expondo a dano potencial a incolumidade de outrem.

2.11.4 Atentado contra transporte e Código Penal Militar

O crime de atentado contra transporte veio previsto no Código Penal Militar (Decreto-Lei nº 1.001, de 21 de outubro de 1969), conforme se verifica pela leitura do seu art. 283, punindo com reclusão de dois a cinco anos, aquele que expuser a perigo aeronave, ou navio próprio ou alheio, sob guarda, proteção ou requisição militar emanada de ordem legal, ou em lugar sujeito à administração militar, bem como praticar qualquer ato tendente a impedir ou dificultar navegação aérea, marítima, fluvial ou lacustre sob administração, guarda ou proteção militar.

2.12 Quadro-resumo

Sujeitos
» Ativo: qualquer pessoa.
» Passivo: é a sociedade, principalmente, em caso de sinistro, aquelas pessoas que foram expostas a perigo ou mesmo que sofreram algum tipo de dano.

Objeto material
É a embarcação ou aeronave, contra a qual é dirigida a conduta do agente.

Bem(ns) juridicamente protegido(s)
A incolumidade pública, destacando-se a segurança dos transportes marítimo, fluvial e aéreo.

Elemento subjetivo
Dolo.

Modalidades comissiva e omissiva
As condutas previstas pressupõem um comportamento comissivo por parte do agente, podendo, no entanto, ser praticadas via omissão imprópria.

> **Consumação e tentativa**
> » O delito se consuma quando o agente, após praticar qualquer dos comportamentos previstos pelo tipo do art. 261 do CP, coloca, efetivamente, em perigo a incolumidade pública, ou seja, o seu comportamento coloca em risco a vida, a integridade física ou o patrimônio de um número indeterminado de pessoas, mesmo quando pratica qualquer ato tendente a impedir ou dificultar navegação marítima, fluvial ou aérea.
> » Admite-se a tentativa.

3. ATENTADO CONTRA A SEGURANÇA DE OUTRO MEIO DE TRANSPORTE

> **Atentado contra a segurança de outro meio de transporte**
> **Art. 262.** Expor a perigo outro meio de transporte público, impedir-lhe ou dificultar-lhe o funcionamento:
> Pena – detenção, de um a dois anos.
> § 1º Se do fato resulta desastre, a pena é de reclusão, de dois a cinco anos.
> § 2º No caso de culpa, se ocorre desastre:
> Pena – detenção, de três meses a um ano.

3.1 Introdução

O delito de *atentado contra a segurança de outro meio de transporte* vem tipificado no art. 262 do Código Penal. Pela redação típica, podemos apontar os seguintes elementos: *a)* a conduta de expor a perigo outro meio de transporte público; *b)* impedindo-lhe ou dificultando-lhe o funcionamento.

A finalidade do art. 262 do Código Penal é proteger os demais meios de transporte público, isto é, de natureza coletiva, não abrangidos pelos arts. 260 e 261 do mesmo diploma legal. Nos referidos artigos, foram objeto de proteção específica o serviço de transporte nas estradas de ferro, o marítimo, o fluvial e o aéreo. Agora, a proteção se dirige aos demais meios, a exemplo do transporte viário, lacustre, os realizados por meio de ascensores públicos, como acontece em Salvador, onde um elevador faz a comunicação entre as cidades baixa e alta etc.

Enfim, basicamente, podemos entender o art. 262 do diploma repressivo como uma "vala comum" para as situações não abrangidas pelos arts. 260 e 261 do Código Penal. Qualquer outro meio de transporte público encontra-se, portanto, protegido pela norma do art. 262 do Código Penal.

Por *transporte público* devemos entender não somente aquele prestado pelo Estado (União, Estado, Município ou Distrito Federal), mas, sim, o levado a efeito no interesse da coletividade, mesmo que realizado por particulares. Assim, por exemplo, a condução de ônibus escolares, a travessia de balsas que têm por finalidade fazer a ligação entre os dois extremos de uma lagoa, os veículos puxados por animais etc.

Na verdade, por meio da expressão *outro meio de transporte* devemos fazer uma interpretação extensiva no mencionado tipo penal, com a finalidade de abarcar todo transporte público não previsto pelos artigos anteriores.

Embora haja controvérsia a respeito, entendemos que o delito de *atentado contra a segurança de outro meio de transporte* deverá ser considerado uma infração penal de perigo comum e concreto, pois o Capítulo II encontra-se inserido no Título VIII da Parte Especial, que prevê os crimes contra a incolumidade pública. Assim, para que se configure o delito em estudo, o agente deve expor a perigo a vida, a integridade física ou o patrimônio de um número indeterminado de pessoas, mesmo quando pratica as condutas de impedir ou dificultar o funcionamento de meio de transporte público, perigo esse que deverá ser demonstrado caso a caso, em obediência ao princípio da lesividade.

Dessa forma, não podemos concordar, por exemplo, com Paulo José da Costa Júnior, quando sentencia que "o perigo a que se refere a primeira modalidade é concreto, devendo ser comprovado. O perigo da modalidade restante se presume".[54]

Cuida-se, ainda, de um tipo misto alternativo, em que a prática de mais de uma conduta por ele prevista importará em infração penal única.

Mediante uma comparação entre as penas cominadas nos arts. 260, 261 e 262 do Código Penal, percebe-se que a lei penal valorou menos gravemente o atentado contra a segurança de outro meio de transporte que não o ferroviário, marítimo, fluvial ou aéreo, talvez pelo fato de que nesses últimos exista a probabilidade de dano a um número maior de pessoas, em razão do meio de transporte eleito.

3.2 Classificação doutrinária

Crime comum, tanto no que diz respeito ao sujeito ativo quanto ao sujeito passivo; doloso e culposo (pois o § 2º do art. 262 do Código Penal prevê, expressamente, a conduta culposa praticada pelo agente, produtora do desastre); comissivo (podendo, nos termos do art. 13, § 2º, do Código Penal, ser praticado via omissão imprópria, na hipótese de o agente gozar do *status* de garantidor); de perigo comum e concreto; de forma livre; instantâneo; monossubjetivo; plurissubsistente; não transeunte.

3.3 Sujeito ativo e sujeito passivo

Qualquer pessoa pode ser *sujeito ativo* do delito de *atentado contra a segurança de outro meio de transporte,* podendo, inclusive, ser o proprietário dos veículos de transporte público, não exigindo o tipo penal do art. 262 nenhuma qualidade ou condição especial.

O *sujeito passivo* é a sociedade, principalmente, em caso de desastre, aquelas pessoas que foram expostas a perigo ou, mesmo, que sofreram algum tipo de dano em virtude da prática, pelo agente, da conduta prevista no tipo penal em estudo.

3.4 Objeto material e bem juridicamente protegido

A incolumidade pública é o bem juridicamente protegido pelo tipo do art. 262 do Código Penal, destacando-se a segurança de outro meio de transporte que não seja ferroviário, marítimo, fluvial ou aéreo, já tutelado pelos artigos anteriores.

O objeto material é o meio de transporte público não abrangido pelos artigos antecedentes, constantes do Capítulo II do Título VIII da Parte Especial do Código Penal.

3.5 Consumação e tentativa

Cuidando-se de um crime de perigo comum e concreto, o delito de *atentado contra a segurança de outro meio de transporte* se consuma quando o agente, após praticar qualquer dos comportamentos previstos pelo tipo do art. 262 do Código Penal, coloca, efetivamente, em perigo a incolumidade pública, ou seja, o seu comportamento coloca em risco a vida, a integridade física ou o patrimônio de um número indeterminado de pessoas, mesmo quando pratica qualquer ato que impede ou dificulta o funcionamento do meio de transporte público.

---

[54] COSTA JÚNIOR, Paulo José da. *Direito penal objetivo*, p. 531.

Tal situação de perigo deverá ser demonstrada no caso concreto, não se podendo presumi-la, em obediência ao princípio da lesividade.

Tratando-se de crime plurissubsistente, no qual se pode verificar o fracionamento do *iter criminis*, será possível o raciocínio relativo à tentativa.

A consumação e a possibilidade de tentativa quando ocorre o desastre, previsto no § 1º do art. 262 do Código Penal, serão analisadas em tópico próprio.

3.6 Elemento subjetivo

O dolo é o elemento subjetivo exigido pelo tipo penal que prevê o delito de *atentado contra a segurança de outro meio de transporte*.

Assim, a conduta do agente deve ser praticada, tendo ele o conhecimento de que, com o seu comportamento, cria uma situação de perigo à incolumidade pública.

Existe a possibilidade de responsabilização penal do agente a título de culpa, conforme veremos em seguida, desde que ocorra, efetivamente, o desastre.

3.7 Modalidades comissiva e omissiva

As condutas previstas pelo tipo penal *sub examen* pressupõem um comportamento comissivo por parte do agente. No entanto, poderão ser praticadas via omissão imprópria quando o agente, garantidor, dolosamente, podendo e devendo agir, nada fizer para evitar que o sujeito leve a efeito sua conduta, que traz, efetivamente, uma situação de perigo à incolumidade pública.

Se, de forma culposa, nada fizer para impedir a ocorrência do desastre, poderá ser penalmente responsabilizado, em virtude do § 2º do art. 262, c/c o § 2º do art. 13, todos do Código Penal.

3.8 Modalidade qualificada

O § 1º do art. 262 do Código Penal preconiza, *verbis*:

> § 1º Se do fato resulta desastre, a pena é de reclusão, de dois a cinco anos.

Considerando que estamos diante de um crime de perigo, o resultado mencionado pelo parágrafo acima transcrito somente poderá ser imputado ao agente a título de culpa. Isso significa que não poderá o agente atuar com o dolo de dano, incompatível com a natureza dos crimes de perigo.

Dessa forma, embora exista posição em contrário, somos partidários da corrente que entende que no § 1º do art. 262 do Código Penal estamos diante de um crime eminentemente *preterdoloso*. A conduta, portanto, deve ser dirigida à produção de uma situação de perigo, sendo o resultado dano – desastre – atribuído ao agente a título de culpa.

3.9 Modalidade culposa

Diz o § 2º do art. 262 do Código Penal, *verbis*:

> § 2º No caso de culpa, se ocorre desastre:
> Pena – detenção, de três meses a um ano.

Verifica-se, portanto, que o comportamento culposo levado a efeito pelo agente somente será punido se vier a ocorrer o desastre.

Assim, se o agente, de forma culposa, expuser a perigo outro meio de transporte público que não os previstos nos arts. 260 e 261 do Código Penal, e se desse fato não resultar desastre, seu comportamento será considerado um indiferente penal, vale dizer, atípico.

3.10 Pena, ação penal, competência para julgamento e suspensão condicional do processo

A pena cominada ao delito de *atentado contra a segurança de outro meio de transporte* é de detenção, de 1 (um) a 2 (dois) anos.

Para a modalidade qualificada, a pena é de reclusão, de 2 (dois) a 5 (cinco) anos.

No caso de culpa, ocorrendo o *desastre*, a pena é de detenção, de 3 (três) meses a 1 (um) ano.

Determina o art. 263 do Código Penal que *se de qualquer dos crimes previstos nos arts. 260 a 262, no caso de desastre ou sinistro, resulta lesão corporal ou morte, aplica-se o disposto no art. 258*.

A ação penal é de iniciativa pública incondicionada.

Compete, pelo menos inicialmente, ao Juizado Especial Criminal o processo e julgamento das modalidades simples e culposa, previstas no *caput* e no § 2º do art. 262 do Código Penal, tendo em vista que as penas máximas cominadas em abstrato não ultrapassam o limite de 2 (dois) anos, imposto pelo art. 61 da Lei nº 9.099/95, conforme alteração determinada pela Lei nº 11.313, de 28 de junho de 2006.

Será possível a confecção de proposta de suspensão condicional do processo, também nas modalidades simples e culposa, nos termos do art. 89 da Lei nº 9.099/95.

3.11 Destaques

3.11.1 Concurso com o delito de homicídio

Pode ocorrer que a conduta praticada contra o meio de transporte tenha por finalidade, por exemplo, causar a morte de alguém.

Nessa hipótese, se, além do resultado morte alcançado pelo agente, houver a exposição a perigo de um número indeterminado de pessoas, poderá ser levado a efeito o raciocínio relativo ao concurso formal impróprio de crimes, devendo o sujeito, embora praticando uma conduta única, produtora de dois resultados, ter suas penas cumuladas, conforme determina a parte final do art. 70 do Código Penal.

3.11.2 Atentado contra viatura ou outro meio de transporte e Código Penal Militar

O crime de atentado contra viatura ou outro meio de transporte veio previsto no Código Penal Militar (Decreto-Lei nº 1.001, de 21 de outubro de 1969), conforme se verifica pela leitura do seu art. 284, punindo com pena de reclusão de até três anos a quem expuser a perigo viatura ou outro meio de transporte militar, ou sob guarda, proteção ou requisição militar emanada de ordem legal, impedir-lhe ou dificultar-lhe o funcionamento.

3.12 Quadro-resumo

Sujeitos

» Ativo: qualquer pessoa.
» Passivo: o sujeito passivo é a sociedade, principalmente, em caso de desastre, aquelas pessoas que foram expostas a perigo, ou mesmo que sofreram algum tipo de dano.

Objeto material

É o meio de transporte público não abrangido pelos artigos antecedentes, constantes do Capítulo II do Título VIII da Parte Especial do CP.

Bem(ns) juridicamente protegido(s)

A incolumidade pública, destacando-se a segurança de outro meio de transporte que não seja ferroviário, marítimo, fluvial ou aéreo, já tutelados pelos artigos anteriores.

Elemento subjetivo

Dolo.

Modalidades comissiva e omissiva

As condutas previstas pressupõem um comportamento comissivo por parte do agente, podendo, no entanto, ser praticadas via omissão imprópria.

Consumação e tentativa

» O delito se consuma quando o agente, após praticar qualquer dos comportamentos previstos pelo tipo do art. 262 do CP, coloca, efetivamente, em perigo a incolumidade pública, ou seja, o seu comportamento coloca em risco a vida, a integridade física ou o patrimônio de um número indeterminado de pessoas, mesmo quando pratica qualquer ato que impede ou dificulta o funcionamento do meio de transporte público.
» Admite-se a tentativa.

4. ARREMESSO DE PROJÉTIL

Arremesso de projétil
Art. 264. Arremessar projétil contra veículo, em movimento, destinado ao transporte público por terra, por água ou pelo ar:
Pena – detenção, de um a seis meses.
Parágrafo único. Se do fato resulta lesão corporal, a pena é de detenção, de seis meses a dois anos; se resulta morte, a pena é a do art. 121, § 3º, aumentada de um terço.

4.1 Introdução

O Código Penal, por meio de seu art. 264, tipifica o delito de *arremesso de projétil*, podendo-se destacar, de acordo com a redação legal, os seguintes elementos: *a)* a conduta de arremessar projétil; *b)* contra veículo, em movimento; *c)* destinado ao transporte público; e *d)* que é realizado por terra, água ou pelo ar.

O núcleo *arremessar* tem o significado de atirar, arrojar, lançar com força, que pode ser levado a efeito manualmente ou por meio de aparelhos.

O *projétil* é o meio de que se vale o agente na prática da infração penal. Por projétil deve ser entendido qualquer objeto capaz de causar dano, a exemplo de pedras, garrafas, pedaços de pau etc., haja vista que estamos diante de um crime contra a incolumidade pública. Assim, não se poderá subsumir à mencionada figura típica o arremesso, v.g., de ovos ou tomates.

Existe discussão doutrinária sobre a natureza desse projétil, isto é, se somente os objetos sólidos poderão fazer parte desse conceito, ou se também abrange os objetos líquidos, mas que tenham potencialidade de dano. Hungria, filiando-se a essa última posição, afirma, a nosso ver com razão, que "aos projetis se equiparam os líquidos corrosivos, como, por exemplo, vitríolo".[55] Em sentido contrário, justifica Fragoso, dizendo que a palavra projétil está empregada no texto "significando qualquer objeto sólido e pesado que se move no espaço, abandonado a si próprio, depois de receber impulso [...]. Não é possível, sem recorrer à analogia, equiparar os líquidos corrosivos ao projétil (salvo se estiverem contidos em recipiente sólido)".[56]

Determina, ainda, o art. 264 do Código Penal que o veículo contra o qual é arremessado o projétil deve estar em *movimento*, não importando, aqui, a velocidade dele. Alguns autores tentam justificar a limitação típica sob o argumento de que, com o veículo em movimento, a conduta praticada pelo agente importaria em maior perigo de dano, quando à força do arremesso se acrescenta a da tração do veículo,[57] além de causar pânico às pessoas que nele se encontram. Embora não concordemos com esses argumentos, tendo em vista que quando o agente faz o arremesso, por exemplo, contra um veículo de transporte coletivo que se encontra cheio de passageiros, parado em um ponto de ônibus, o perigo possa ser ainda maior do que quando estiver em movimento, não podemos, agora, em sede de interpretação, ampliar a figura típica com a aplicação da chamada analogia *in malam partem*, em virtude da proibição contida no brocardo do *nullum crimen, nulla poena sine lege stricta*. Dessa forma, somente o arremesso de projétil contra veículo *em movimento* caracteriza a figura típica em estudo. Se o veículo estiver parado ou estacionado, o fato poderá ser desclassificado, por exemplo, para o delito de dano, dependendo da identificação do dolo do agente. No que diz respeito ao veículo parado, Guilherme de Souza Nucci posiciona-se pela configuração do delito, argumentando:

"O tipo penal refere-se, expressamente, à necessidade de estar o veículo em deslocamento. Parece-nos, no entanto, que tal expressão não pode ter o seu significado restringido, pois o veículo parado num congestionamento está em movimento, levando pessoas de um local a outro, embora, momentaneamente, não esteja em marcha. Assim, somente não se configura o tipo penal do art. 264 quando o veículo estiver estacionado."[58]

O veículo deverá, ainda, estar a serviço de transporte público, isto é, transporte coletivo, ficando afastados, nesse caso, os veículos particulares, mesmo que em seu interior se encontrem várias pessoas. Assim, por exemplo, arremessar uma pedra contra um ônibus em movimento se configuraria, em tese, no delito tipificado no art. 264 do Código Penal, ao contrário do fato de ter o agente feito o mesmo arremesso, só que em direção a um automóvel particular que se encontrava ocupado por cinco pessoas, pois o transporte, neste último caso, não possuía a natureza pública, coletiva.

Não importa que o prestador do serviço de transporte seja pessoa jurídica de direito público ou mesmo um particular. O que exige a lei é que o transporte tenha essa natureza pública. Assim, se houver concessão de serviço público, ou mesmo não existir qualquer contrato com a Administração Pública, mas se o transporte for realizado com essa finalidade coletiva, a exemplo do que ocorre com os ônibus escolares que possuem, tão somente, permissão dos poderes públicos para prestar esse serviço de natureza coletiva, o crime poderá se configurar.

---

[55] HUNGRIA, Nélson. *Comentários ao código penal*, v. IX, p. 86.
[56] FRAGOSO, Heleno Cláudio. *Lições de direito penal* – Parte especial, v. 2, p. 191.
[57] Nesse sentido, Edgard Magalhães Noronha. *Direito penal*, v. 3, p. 375.
[58] NUCCI, Guilherme de Souza. *Código penal comentado*, p. 885 – 886.

Esse transporte público poderá ser tanto de pessoas quanto de coisas, haja vista que o conceito de incolumidade pública abrange tanto um quanto outro, conforme vimos em nossa introdução ao Título VIII da Parte Especial do Código Penal, não importando o modo de tração, isto é, se mecânico ou mesmo animal.

O art. 264 do diploma repressivo abrangeu qualquer tipo de transporte público realizado por *terra* (rodovias, ferrovias etc.), por *água* (marítimos, fluviais, lacustres) ou pelo *ar*.

Embora a maioria da doutrina o compreenda como um crime de perigo abstrato, acreditamos que estamos diante de uma infração penal de perigo concreto, que deverá ser demonstrado caso a caso, em obediência, pois, ao princípio da lesividade. Assim, se no caso concreto ficar demonstrado que o arremesso do projétil levado a efeito pelo agente não expôs a perigo a incolumidade pública, o fato deverá ser considerado como um indiferente penal.

4.2 Classificação doutrinária

Crime comum, tanto no que diz respeito ao sujeito ativo quanto ao sujeito passivo; doloso; comissivo (podendo, nos termos do art. 13, § 2º, do Código Penal, ser praticado via omissão imprópria, na hipótese de o agente gozar do *status* de garantidor); de perigo comum e concreto; de forma vinculada (haja vista que a lei penal determina a sua prática mediante arremesso de projétil); instantâneo; monossubjetivo; plurissubsistente (embora exista divergência doutrinária nesse sentido, conforme veremos no tópico relativo à consumação e à tentativa); não transeunte.

4.3 Sujeito ativo e sujeito passivo

Qualquer pessoa pode ser *sujeito ativo* do delito de *arremesso de projétil*, não exigindo o tipo penal do art. 264 nenhuma qualidade ou condição especial.

O *sujeito passivo* é a sociedade, principalmente as pessoas que foram expostas diretamente ao perigo criado pelo arremesso de projétil levado a efeito pelo agente.

4.4 Objeto material e bem juridicamente protegido

A incolumidade pública é o bem juridicamente protegido pelo tipo do art. 264 do Código Penal.

O objeto material é o veículo em movimento, contra o qual foi dirigida a conduta praticada pelo agente.

4.5 Consumação e tentativa

Tratando-se de crime de perigo concreto, segundo nosso posicionamento (minoritário), o delito tipificado no art. 264 se consuma quando o arremesso de projétil expõe a perigo a incolumidade pública. Não basta, portanto, o simples arremesso de um objeto contra um veículo de transporte público que esteja em movimento. É preciso que esse comportamento, no caso concreto, tenha, efetivamente, trazido uma situação de perigo à incolumidade pública.

Damásio de Jesus, seguindo a corrente majoritária, analisando o delito em estudo, chega a afirmar que o delito se consuma "com o lançamento do projétil ao veículo em movimento, ainda que não o consiga atingir".[59] No mesmo sentido, Cezar Roberto Bitencourt, quando diz que o crime se consuma "com o simples arremesso, não sendo necessário que o objeto atinja

---

[59] JESUS, Damásio E. de. *Direito penal*, v. 3, p. 316.

o alvo, desde que se trate de objeto idôneo a produzir perigo comum. Ao contrário dos crimes descritos nos artigos anteriores, trata-se de *perigo abstrato* ou presumido".[60]

Da mesma forma, existe controvérsia doutrinária sobre o reconhecimento da tentativa no delito de *arremesso de projétil*. Entendemos perfeitamente admissível o *conatus*, pois, em algumas situações, poderá ser visualizado o fracionamento do *iter criminis*, a exemplo daquele que tem o braço empurrado para outra direção no exato instante em que fazia o arremesso do projétil em direção a um veículo de transporte público em movimento.

No entanto, a doutrina majoritária posiciona-se contrariamente a essa possibilidade.

Não podemos, ainda, concordar com Paulo José da Costa Júnior quando antecipa, sobremaneira, o reconhecimento da tentativa a atos que, *permissa venia*, são entendidos como meramente preparatórios, quando, dissertando sobre o delito *sub examen*, assevera: "Realizado o lançamento, consuma-se o crime. Aguardar, no local por onde vai passar o veículo, com o projétil preparado, configura a tentativa".[61]

4.6 Elemento subjetivo

O dolo é o elemento subjetivo exigido pelo tipo penal do art. 264, não havendo previsão para a modalidade de natureza culposa.

4.7 Modalidades comissiva e omissiva

O núcleo *arremessar* pressupõe um comportamento comissivo. No entanto, o delito poderá ser praticado via omissão imprópria quando o agente, garantidor, dolosamente, podendo e devendo agir, nada fizer para evitar a situação de perigo causada pelo sujeito.

Assim, imagine-se a hipótese em que um policial, percebendo que alguém faria o arremesso de um projétil contra um veículo de transporte público que estava em movimento, nada faz para impedir a mencionada conduta. Nesse caso, poderá ser responsabilizado pelo delito em estudo, via omissão imprópria.

4.8 Modalidade qualificada

O parágrafo único prevê uma modalidade qualificada (preterdolosa) de arremesso de projétil dizendo:

> **Parágrafo único.** Se do fato resulta lesão corporal, a pena é de detenção, de seis meses a dois anos; se resulta morte, a pena é a do art. 121, § 3º, aumentada de um terço.

4.9 Pena, ação penal, competência para julgamento e suspensão condicional do processo

A pena cominada ao delito de *arremesso de projétil* é de detenção, de 1 (um) a 6 (seis) meses.

Para a modalidade qualificada, *se do fato resulta lesão corporal, a pena é de detenção, de 6 (seis) meses a 2 (dois) anos; se resulta morte, a pena é a do art. 121, § 3º, aumentada de um terço.*

A ação penal é de iniciativa pública incondicionada.

---

[60] BITENCOURT, Cezar Roberto. *Tratado de direito penal*, v. 4, p. 213.
[61] COSTA JÚNIOR, Paulo José da. *Direito penal objetivo*, p. 532-533.

Compete, pelo menos inicialmente, ao Juizado Especial Criminal o processo e julgamento do delito de *arremesso de projétil*, à exceção de sua modalidade qualificada pelo resultado morte, tendo em vista que as penas máximas cominadas em abstrato (tipo básico e tipo derivado qualificado pela lesão corporal de natureza culposa) não ultrapassam o limite de 2 (dois) anos, imposto pelo art. 61 da Lei nº 9.099/95, conforme alteração determinada pela Lei nº 11.313, de 28 de junho de 2006.

Será possível a confecção de proposta de suspensão condicional do processo, também nas modalidades simples e qualificada pela lesão corporal de natureza culposa, nos termos do art. 89 da Lei nº 9.099/95.

4.10 Destaques

4.10.1 Finalidade de atingir pessoa determinada

Considerando o fato de que o art. 264 do Código Penal prevê um delito de perigo, se a finalidade do agente era a de atingir, por exemplo, pessoa determinada que se encontrava no interior de um veículo de transporte público, agindo com dolo de matar, deverá ser responsabilizado, tão somente, pelo delito tipificado no art. 121 do mesmo Código, podendo este até mesmo ser qualificado pelo meio utilizado na prática da infração penal.

Assim, o delito de dano (homicídio) afastará o reconhecimento do crime de perigo (arremesso de projétil), mesmo que com a sua conduta tenha exposto a perigo a incolumidade pública.

4.10.2 Arremesso de projétil e Código Penal Militar

O crime de arremesso de projétil veio previsto no Código Penal Militar (Decreto-Lei nº 1.001, de 21 de outubro de 1969), conforme se verifica pela leitura do seu art. 286, punindo com pena de detenção de até seis meses aquele que arremessar projétil contra veículo militar, em movimento, destinado a transporte por terra, por água ou pelo ar.

4.11 Quadro-resumo

Sujeitos
» Ativo: qualquer pessoa.
» Passivo: é a sociedade, principalmente as pessoas que foram expostas diretamente ao perigo criado pelo arremesso de projétil levado a efeito pelo agente.

Objeto material
É o veículo em movimento, contra o qual foi dirigida a conduta praticada pelo agente.

Bem(ns) juridicamente protegido(s)
A incolumidade pública.

Elemento subjetivo
Dolo, não havendo previsão para a modalidade de natureza culposa.

> **Modalidades comissiva e omissiva**
>
> O núcleo arremessar pressupõe um comportamento comissivo, podendo, no entanto, ser praticado via omissão imprópria.

> **Consumação e tentativa**
>
> » O delito se consuma quando o arremesso de projétil expõe a perigo a incolumidade pública. Não basta, portanto, o simples arremesso de um objeto contra um veículo de transporte público que esteja em movimento. É preciso que esse comportamento, no caso concreto, tenha, efetivamente, trazido uma situação de perigo à incolumidade pública.
> » A tentativa é admissível.

5. ATENTADO CONTRA A SEGURANÇA DE SERVIÇO DE UTILIDADE PÚBLICA

> **Atentado contra a segurança de serviço de utilidade pública**
> **Art. 265.** Atentar contra a segurança ou o funcionamento de serviço de água, luz, força ou calor, ou qualquer outro de utilidade pública:
> Pena – reclusão, de um a cinco anos, e multa.
> **Parágrafo único.** Aumentar-se-á a pena de um terço até a metade, se o dano ocorrer em virtude de subtração de material essencial ao funcionamento dos serviços.

5.1 Introdução

O delito de *atentado contra a segurança de serviço de utilidade pública* vem tipificado no art. 265 do Código Penal. Assim, de acordo com a redação típica, podemos destacar os seguintes elementos: *a)* a conduta de atentar contra a *segurança* ou o *funcionamento* de serviço de água, luz, força ou calor; e *b)* ou qualquer outro de utilidade pública.

Pelo que se verifica dos elementos que informam a figura típica em estudo, a lei penal distingue o atentado contra a *segurança* daquele que é praticado contra o *funcionamento* de serviço de água, luz, força ou calor, ou qualquer outro de utilidade pública.

Atentar significa atacar, dirigir a conduta contra a segurança ou o funcionamento dos serviços mencionados. Esclarece Cezar Roberto Bitencourt que "atentar contra a *segurança* é fazer insegura a operação do serviço, tornando-o perigoso; atentar contra o funcionamento é colocar o serviço em risco de paralisação".[62]

Inicialmente, a lei penal aponta os serviços sobre os quais poderá recair o atentado contra a segurança ou contra o funcionamento, vale dizer, os serviços de água, luz, força ou calor, para, logo em seguida, se valer de uma fórmula genérica – ou qualquer outro de utilidade pública –, a fim de abranger outras situações parecidas com a anterior. Percebe-se, portanto, a utilização da chamada *interpretação analógica*, na qual a uma fórmula casuística, exemplificativa, a lei penal faz seguir outra, de natureza genérica.

Assim, estariam protegidos pelo art. 265 do Código Penal, por exemplo, os serviços de gás, limpeza pública etc., pois abrangidos pela fórmula genérica constante da parte final do mencionado artigo.

Preleciona Hungria:

---

[62] BITENCOURT, Cezar Roberto. *Tratado de direito penal*, v. 4, p. 215.

"O elemento material do crime é todo ato tendente a perturbar, de modo mais ou menos extenso, os serviços mencionados no texto legal. *In exemplis*: danificação ou inutilização de usinas, represas, reservatórios, cabines de distribuição, aparelhos, fios, postes, encanamentos, ou quaisquer instalações necessárias à produção, prestação ou continuado fornecimento de luz, energia, gás, água etc. ao público em geral."[63]

Embora a posição majoritária entenda pela natureza abstrata do perigo, considerando-o presumido, somos partidários da corrente que reconhece, *in casu*, uma infração penal de perigo concreto, que deverá ser demonstrado caso a caso, sob pena de se reconhecer como um indiferente penal a conduta praticada pelo sujeito.

Cuida-se, ainda, de um tipo misto alternativo, no qual a prática de mais um comportamento pelo agente importará em infração penal única.

5.2 Classificação doutrinária

Crime comum, tanto no que diz respeito ao sujeito ativo quanto ao sujeito passivo; doloso; comissivo (podendo, nos termos do art. 13, § 2º, do Código Penal, ser praticado via omissão imprópria, na hipótese de o agente gozar do *status* de garantidor); de perigo comum e concreto; de forma livre; instantâneo; monossubjetivo; plurissubsistente; não transeunte.

5.3 Sujeito ativo e sujeito passivo

Qualquer pessoa poderá ser *sujeito ativo* do delito de *atentado contra a segurança de serviço de utilidade pública,* não exigindo o tipo penal do art. 265 nenhuma qualidade ou condição especial.

O sujeito passivo é a sociedade, principalmente as pessoas que foram expostas diretamente ao perigo criado pelo agente.

5.4 Objeto material e bem juridicamente protegido

A incolumidade pública é o bem juridicamente protegido pelo tipo do art. 265 do Código Penal, especialmente os serviços de água, luz, força ou calor, ou qualquer outro de utilidade pública.

O objeto material é o serviço de utilidade pública contra o qual é dirigida a conduta praticada pelo agente.

5.5 Consumação e tentativa

Embora a maioria de nossos doutrinadores entenda pela consumação do delito com a prática de qualquer dos comportamentos previstos pelo tipo penal em exame, entendemos que somente poderá ocorrer o *summatum opus* quando o atentado contra a segurança ou o funcionamento dos serviços mencionados pelo art. 265 do Código Penal trouxer, efetivamente, uma situação de perigo à incolumidade pública, não se podendo presumi-lo.

Há necessidade, portanto, de acordo com o princípio da lesividade, de sua demonstração no caso concreto, para efeitos de reconhecimento da consumação.

Também existe controvérsia doutrinária no que diz respeito à possibilidade de tentativa. Guilherme de Souza Nucci, enfaticamente, a rechaça, sob o argumento de que "não admite tentativa por ser crime de atentado, vale dizer, a lei já pune como crime consumado

---

[63] HUNGRIA, Nélson. *Comentários ao código penal,* v. IX, p. 88.

o mero início da execução. Seria, em nosso entender, ilógico sustentar a hipótese de 'tentativa de tentar'".[64]

Apesar da força do raciocínio do renomado autor, não podemos concordar com ele. Isso porque, tratando-se de um crime plurissubsistente, no qual é possível o fracionamento do *iter criminis*, somente a análise do caso concreto é que dirá sobre essa possibilidade. O fato de o artigo iniciar sua redação com o verbo *atentar* não significa que estejamos diante de um delito no qual a prática do comportamento típico seja incompatível com a tentativa.

5.6 Elemento subjetivo

O dolo é o elemento subjetivo exigido pelo tipo penal do art. 265, não havendo previsão para a modalidade de natureza culposa.

Assim, a conduta do agente deve ser dirigida finalisticamente no sentido de atentar contra a segurança ou o funcionamento de serviço de água, luz, força ou calor, ou qualquer outro de utilidade pública, sabedor de que seu comportamento traduz uma situação de perigo à incolumidade pública.

5.7 Modalidades comissiva e omissiva

O núcleo *atentar* pressupõe um comportamento comissivo. No entanto, o delito poderá ser praticado via omissão imprópria quando o agente, garantidor, dolosamente, podendo e devendo agir, nada fizer para evitar a situação de perigo causada pelo sujeito.

Assim, imagine-se a hipótese em que o agente, contratado para vigiar as instalações de uma empresa prestadora de serviço de luz, percebendo que alguém atentaria contra um dos geradores a ela pertencentes, dolosamente, podendo, nada faça para impedir o comportamento criminoso que traria risco para o funcionamento do serviço de luz. Nesse caso, poderia ser responsabilizado pelo delito em estudo, nos termos do art. 13, § 2º, do Código Penal.

5.8 Causa especial de aumento de pena

O parágrafo único do art. 265 do Código Penal determina:

> **Parágrafo único.** Aumentar-se-á a pena de um terço até a metade, se o dano ocorrer em virtude de subtração de material essencial ao funcionamento dos serviços.

O mencionado parágrafo único cuida, na verdade, de um crime de furto, cuja pena a ele cominada, em virtude do maior juízo de reprovação que recai sobre a conduta do agente, é maior do que aquela prevista para o furto simples.

5.9 Pena, ação penal e suspensão condicional do processo

A pena cominada ao delito de *atentado contra a segurança de serviço de utilidade pública* é de reclusão, de 1 (um) a 5 (cinco) anos, e multa.

A pena poderá ser aumentada de um terço até metade, se o dano ocorrer em virtude de subtração de material essencial ao funcionamento dos serviços.

A ação penal é de iniciativa pública incondicionada.

---

[64] NUCCI, Guilherme de Souza. *Código penal comentado*, p. 887.

Será possível a confecção de proposta de suspensão condicional do processo, desde que não incida a majorante prevista pelo parágrafo único do art. 265 do Código Penal, nos termos do art. 89 da Lei nº 9.099/95.

5.10 Destaques

5.10.1 Atentado contra serviço de utilidade militar e Código Penal Militar

O crime de atentado contra serviço de utilidade militar veio previsto no Código Penal Militar (Decreto-Lei nº 1.001, de 21 de outubro de 1969), conforme se verifica pela leitura do seu art. 287, punindo com pena de reclusão de até cinco anos aquele que atentar contra a segurança ou o funcionamento de serviço de água, luz, força ou acesso, ou qualquer outro de utilidade, em edifício ou outro lugar sujeito à administração militar.

5.10.2 Atentado contra instalação nuclear

Se o fato for cometido contra instalação nuclear, aplica-se, considerando o princípio da especialidade, o art. 27 da Lei nº 6.453, de 17 de outubro de 1977, *verbis*:

> **Art. 27.** Impedir ou dificultar o funcionamento de instalação nuclear ou o transporte de material nuclear:
> Pena – reclusão, de quatro a dez anos.

5.11 Quadro-resumo

Sujeitos
» Ativo: qualquer pessoa.
» Passivo: é a sociedade, principalmente as pessoas que foram expostas diretamente ao perigo criado pelo agente.

Objeto material
É o serviço de utilidade pública contra o qual é dirigida a conduta praticada pelo agente.

Bem(ns) juridicamente protegido(s)
A incolumidade pública, especialmente os serviços de água, luz, força ou calor, ou qualquer outro de utilidade pública.

Elemento subjetivo
Dolo, não havendo previsão para a modalidade de natureza culposa.

Modalidades comissiva e omissiva
O núcleo atentar pressupõe um comportamento comissivo, podendo, no entanto, ser praticado via omissão imprópria.

Consumação e tentativa
» Entendemos que somente poderá ocorrer o summatum opus quando o atentado contra a segurança ou o funcionamento dos serviços mencionados pelo art. 265 do CP trouxer, efetivamente, uma situação de perigo à incolumidade pública, não se podendo presumi-lo.
» Embora exista divergência doutrinária, acreditamos ser admissível a tentativa.

6. INTERRUPÇÃO OU PERTURBAÇÃO DE SERVIÇO TELEGRÁFICO, TELEFÔNICO, INFORMÁTICO, TELEMÁTICO OU DE INFORMAÇÃO DE UTILIDADE PÚBLICA

> **Interrupção ou perturbação de serviço telegráfico, telefônico, informático, telemático ou de informação de utilidade pública**
> **Art. 266.** Interromper ou perturbar serviço telegráfico, radiotelegráfico ou telefônico, impedir ou dificultar-lhe o restabelecimento:
> Pena – detenção, de um a três anos, e multa.
> § 1º Incorre na mesma pena quem interrompe serviço telemático ou de informação de utilidade pública, ou impede ou dificulta-lhe o restabelecimento.
> § 2º Aplicam-se as penas em dobro se o crime é cometido por ocasião de calamidade pública.

6.1 Introdução

O delito de *interrupção ou perturbação de serviço telegráfico, telefônico, informático, telemático ou de informação de utilidade pública* encontra-se previsto no art. 266 do Código Penal. De acordo com a figura típica contida no *caput* do referido artigo, podemos destacar os seguintes elementos: *a)* a conduta de interromper ou perturbar serviço telegráfico, radioelétrico ou telefônico; e *b)* impedir ou dificultar-lhe o restabelecimento.

Dissertando sobre o tema, Hungria preleciona:

"O elemento material é tanto o emprego de violência contra as instalações ou aparelhos como contra o *pessoal* dos serviços mencionados no texto legal, de modo a resultar *interrupção* (paralisação) ou *perturbação* (desarranjo parcial, retardamento) de tais serviços, ou obstáculo ou embaraço ao seu restabelecimento. A enumeração dos serviços de telecomunicação é *taxativa*. Assim, não poderia, por analogia, ser incluído o *serviço postal*.

Telégrafo é toda instalação que possibilita a comunicação do pensamento ou da palavra mediante transmissão à distância de sinais convencionais. Compreende o telégrafo elétrico (terrestre ou submarino) ou semafórico.

Radiotelégrafo é o telégrafo sem fio, funcionando por meio de ondas eletromagnéticas ou 'ondas dirigidas'.

Telefone é a instalação que permite reproduzir à distância a palavra falada ou outro som."[65]

Cuida-se de tipo misto alternativo, em que a prática de mais de um desses comportamentos importa em uma única infração penal.

A Lei nº 12.737, de 30 de novembro de 2012, ao inserir o § 1º ao art. 266 do Código Penal, asseverou também incorrer na mesma pena prevista para os comportamentos tipificados no *caput* do mencionado artigo quem interrompe serviço telemático ou de informação de utilidade pública, ou impede ou dificulta-lhe o restabelecimento.

Por *serviço telemático*, podemos entender o conjunto de serviços informáticos, fornecidos através de uma rede de telecomunicação. Informática, na precisa definição de Pablo Guillermo Lucero e Alejandro Andrés Kohen é:

"A ciência aplicada que trata do estudo e a aplicação do processamento automático da informação, mediante a utilização de elementos eletrônicos e sistemas de computação.

---
[65] HUNGRIA, Nélson. *Comentários ao código penal*, v. IX, p. 88.

O termo 'informatique' é um acrônimo das palavras francesas 'information' e 'automatique', o qual foi utilizado pelo engenheiro francês Philippe Dreyfus no ano de 1962 para sua empresa Societé d'Informatique Appliquée.

Posteriormente, esse termo começou a ser utilizado pelas diferentes línguas quando se desejava contemplar a questão do processamento automático da informação, sendo assim que, ingressando no mundo castelhano, se conceitualizou com a palavra 'informática' . "[66]

Serviço de informação de utilidade pública diz respeito a toda prestação de serviço cuja finalidade é noticiar os serviços que, de alguma forma, sejam úteis à população em geral, a exemplo das informações correspondentes aos serviços de água, luz, gás, emissão de documentos, pessoas desaparecidas, segurança pública etc.

Vale ressaltar que os comportamentos previstos pelo § 1º do art. 266 do Código Penal são dirigidos no sentido de interromper, impedir ou dificultar o restabelecimento do *serviço de informação*, e não os serviços de utilidade pública considerados em si mesmos. Assim, por exemplo, o agente, ingressando no sistema de computadores de uma empresa especializada em informações sobre vagas para internações em hospitais, consegue retirá-lo do ar, impedindo que as pessoas interessadas tenham esse tipo de informação.

6.2 Classificação doutrinária

Crime comum, tanto no que diz respeito ao sujeito ativo quanto ao sujeito passivo; doloso; comissivo (podendo, nos termos do art. 13, § 2º, do Código Penal, ser praticado via omissão imprópria, na hipótese de o agente gozar do *status* de garantidor); de perigo; de forma livre; instantâneo; monossubjetivo; plurissubsistente; não transeunte.

6.3 Sujeito ativo e sujeito passivo

Qualquer pessoa poderá ser sujeito ativo do delito de *interrupção ou perturbação de serviço telegráfico, telefônico, informático, telemático ou de informação de utilidade pública*, não exigindo o tipo penal do art. 266 (*caput* e § 1º) nenhuma qualidade ou condição especial.

O sujeito passivo é a coletividade.

6.4 Objeto material e bem juridicamente protegido

A incolumidade pública é o bem juridicamente protegido pelo tipo do art. 266 do Código Penal, especialmente a normal prestação de serviços telegráficos, radioelétricos, telefônicos, telemáticos ou de informação de utilidade pública.

O objeto material é o serviço telegráfico, radiotelegráfico, telefônico, telemático ou de informação de utilidade pública contra o qual é dirigida a conduta praticada pelo agente.

6.5 Consumação e tentativa

O delito se consuma quando o agente, após praticar qualquer dos comportamentos previstos pelo tipo, traz, efetivamente, perigo à incolumidade pública.

Tratando-se de um crime plurissubsistente, torna-se possível o raciocínio relativo à tentativa.

---

[66] GUILLERMO LUCERO, Pablo; ANDRÉS KOHEN, Alejandro. *Delitos informáticos*, p. 15.

6.6 Elemento subjetivo

O dolo é o elemento subjetivo exigido pelo tipo penal do art. 266, não havendo previsão para a modalidade de natureza culposa.

6.7 Modalidades comissiva e omissiva

Os núcleos *interromper, perturbar, impedir e dificultar* pressupõem um comportamento comissivo levado a efeito pelo agente. No entanto, poderá o delito ser praticado via omissão imprópria quando o agente, garantidor, dolosamente, podendo, nada fizer para evitar a prática da infração penal em exame, devendo ser, portanto, responsabilizado pelo delito de interrupção ou perturbação de serviço telegráfico, telefônico, informático, telemático ou de informação de utilidade pública, nos termos do § 2º do art. 13 do Código Penal.

6.8 Causa especial de aumento de pena

Assevera o § 2º do art. 266 do Código Penal, com a redação que lhe foi conferida pela Lei nº 12.737, de 30 de novembro de 2012:

> § 2º Aplicam-se as penas em dobro se o crime é cometido por ocasião de calamidade pública.

A majorante terá aplicação, portanto, quando o fato for praticado por ocasião de *calamidade pública*, isto é, conforme explica Mirabete, durante "uma situação excepcional, de infortúnio ou desgraça coletiva",[67] a exemplo das epidemias, guerra, terremotos, inundações etc.

6.9 Pena, ação penal e suspensão condicional do processo

A pena cominada ao delito de *interrupção ou perturbação de serviço telegráfico, telefônico, informático, telemático ou de informação de utilidade pública* é de detenção, de 1 (um) a 3 (três) anos, e multa.

As penas serão aplicadas em dobro se o crime é cometido por ocasião de calamidade pública, nos termos do § 2º do art. 266 do diploma repressivo.

A ação penal é de iniciativa pública incondicionada.

Será possível a confecção de proposta de suspensão condicional do processo desde que não incida a majorante prevista pelo § 2º do art. 266 do Código Penal, nos termos do art. 89 da Lei nº 9.099/95.

6.10 Destaques

6.10.1 Interrupção ou perturbação de comunicação entre pessoas determinadas

Considerando que o art. 266 do Código Penal tem por finalidade proteger a incolumidade pública, caso ocorra interrupção ou perturbação de comunicação entre pessoas determinadas, poderá se configurar o delito previsto no art. 151, § 1º, III, do Código Penal.

6.10.2 Instalação de aparelhos clandestinos

Caso o agente tenha instalado aparelhos clandestinos de telecomunicações, o fato poderá subsumir-se ao art. 70 da Lei nº 4.117/62, que diz:

---

[67] MIRABETE, Júlio Fabbrini. *Manual de direito penal*, v. 3.

> **Art. 70.** Constitui crime punível com a pena de detenção de 1 (um) a 2 (dois) anos, aumentada da metade se houver dano a terceiro, a instalação ou utilização de telecomunicações, sem observância do disposto nesta Lei e nos regulamentos.

6.10.3 Interrupção ou perturbação de serviço ou meio de comunicação e Código Penal Militar

O crime de Interrupção ou perturbação de serviço ou meio de comunicação veio previsto no Código Penal Militar (Decreto-Lei nº 1.001, de 21 de outubro de 1969), conforme se verifica pela leitura do seu art. 288, punindo com pena de detenção de um a três anos aquele que interromper, perturbar ou dificultar serviço telegráfico, telefônico, telemétrico, de televisão, telepercepção, sinalização, ou outro meio de comunicação militar; ou impedir ou dificultar a sua instalação em lugar sujeito à administração militar, ou desde que para esta seja de interesse qualquer daqueles serviços ou meios.

6.11 Quadro-resumo

Sujeitos
- Ativo: qualquer pessoa.
- Passivo: é a coletividade.

Objeto material
É o serviço telegráfico, radiotelegráfico, telefônico, informático, telemático ou de informação de utilidade pública contra o qual é dirigida a conduta praticada pelo agente.

Bem(ns) juridicamente protegido(s)
A incolumidade pública, especialmente a normal e regular prestação dos serviços telegráficos, radiotelegráficos, telefônicos, informático, telemático ou de informação de utilidade pública.

Elemento subjetivo
Dolo, não havendo previsão para a modalidade de natureza culposa.

Modalidades comissiva e omissiva
Os núcleos interromper, perturbar, impedir e dificultar pressupõem um comportamento comissivo, podendo, no entanto, ser praticados via omissão imprópria.

Consumação e tentativa
- O delito se consuma quando o agente, após praticar qualquer dos comportamentos previstos pelo tipo, traz, efetivamente, perigo à incolumidade pública.
- Admite-se a tentativa.

Capítulo III
Dos crimes contra a saúde pública

1. EPIDEMIA

> **Epidemia**
> **Art. 267.** Causar epidemia, mediante a propagação de germes patogênicos:
> Pena – reclusão, de dez a quinze anos.
> § 1º Se do fato resulta morte, a pena é aplicada em dobro.
> § 2º No caso de culpa, a pena é de detenção, de um a dois anos, ou, se resulta morte, de dois a quatro anos.

1.1 Introdução

O delito de *epidemia* vem tipificado no art. 267 do Código Penal. Rogério Sanches Cunha nos esclarece que:

> "Este crime passou a fazer parte de diversos ordenamentos jurídicos após a Primeira Guerra Mundial, período em que foram utilizados, como 'armas' germes patogênicos para fim de combate, prática vedada por convenções internacionais após o armistício, e que não se repetiu no segundo grande conflito."[68]

Mediante análise da mencionada figura típica, podemos destacar os seguintes elementos: *a)* a conduta de causar epidemia; *b)* mediante a propagação de germes patogênicos.

O núcleo *causar* é utilizado no texto legal no sentido de produzir, originar, provocar a epidemia.

Por epidemia deve ser entendida uma doença que surge rapidamente em determinado lugar e acomete simultaneamente grande número de pessoas.

Para efeitos de cometimento do delito em estudo, o agente se vale da *propagação* de germes patogênicos. Propagar deve ser entendido como espalhar, difundir etc. Explica Noronha que a lei:

> "Não se preocupa com o modo de propagação – inoculação, contaminação, disseminação etc. – desde que seja idôneo. Quer por contágio direto, quer indireto (através de pessoas ou coisas portadoras de micróbios), pode ocorrer a propagação. Várias e diversas são as vias de penetração escolhidas por esses micro-organismos: pele, mucosas, serosas, sangue, sistema nervoso."[69]

---

[68] CUNHA, Sanches Rogério. *Manual de direito penal* – parte especial, volume único, p. 633.
[69] NORONHA, Edgard Magalhães. *Direito penal*, v. 4, p. 5.

Germes patogênicos, conforme esclarece Fragoso, citando a Exposição de Motivos do Código Penal italiano, "são todos os micro-organismos (vírus, bacilos e protozoários), capazes de produzir moléstias infecciosas".[70]

Cuida-se, *in casu*, de uma infração penal de perigo comum e concreto, haja vista que o art. 267 encontra-se inserido no Capítulo III (Dos Crimes Contra a Saúde Pública), que, por sua vez, está localizado no Título VIII, da Parte Especial do Código Penal, que prevê os crimes contra a incolumidade pública. Dessa forma, além de expor a perigo um número indeterminado de pessoas, tal situação deverá ser, efetivamente, demonstrada no caso concreto.

Existe, no entanto, controvérsia doutrinária a respeito da natureza do delito de epidemia, a exemplo de Celso Delmanto, Roberto Delmanto, Roberto Delmanto Júnior e Fábio M. de Almeida Delmanto,[71] que entendem ser presumido o perigo no delito *sub examen*, denotando, assim, sua natureza de infração penal de perigo abstrato. De outro lado, outros autores, a exemplo de Noronha, entendem que é de *dano* o delito tipificado no art. 267 do Código Penal, quando diz: "Trata-se de crime de dano, pois não há negar a existência de lesão efetiva e concreta na *epidemia*".[72]

Há, ainda, uma posição intermediária, adotada por Paulo José da Costa Júnior, quando assevera: "Trata-se de crime de dano, pela lesão efetiva ocorrida, e de crime de perigo, para os que não foram atingidos".[73]

Por intermédio da Lei nº 8.930, de 6 de setembro de 1994, o delito de epidemia com resultado morte foi inserido na lei que dispôs sobre os crimes hediondos.

1.2 Classificação doutrinária

Crime comum, tanto no que diz respeito ao sujeito ativo quanto ao sujeito passivo; doloso e culposo (pois o § 2º do art. 267 do Código Penal prevê, expressamente, a conduta culposa praticada pelo agente que vem a dar causa à epidemia, com ou sem o resultado morte, também previsto no mesmo parágrafo); comissivo (podendo, nos termos do art. 13, § 2º, do Código Penal, ser praticado via omissão imprópria, na hipótese de o agente gozar do *status* de garantidor); de perigo comum e concreto; de forma vinculada (haja vista que o tipo penal especifica o modo pelo qual poderá ser praticado, vale dizer, mediante a propagação de germes patogênicos); instantâneo; monossubjetivo; plurissubsistente; não transeunte.

1.3 Sujeito ativo e sujeito passivo

Qualquer pessoa pode ser *sujeito ativo* do delito de *epidemia*, não exigindo o tipo penal do art. 267 nenhuma qualidade ou condição especial.

Sujeito passivo é a sociedade, principalmente aquelas pessoas que foram expostas a perigo, ou mesmo que sofreram algum tipo de dano em virtude da prática, pelo agente, da conduta prevista no tipo penal em estudo.

1.4 Objeto material e bem juridicamente protegido

O bem juridicamente protegido pelo tipo penal que prevê o delito de *epidemia* é a incolumidade pública, consubstanciada, no caso, especificamente, na saúde pública.

O objeto material são os germes patogênicos.

---

[70] FRAGOSO, Heleno Cláudio. *Lições de direito penal* – Parte especial, v. 3, p. 200.
[71] DELMANTO, Celso; DELMANTO, Roberto; DELMANTO JÚNIOR, Roberto; DELMANTO, Fábio M. de Almeida. *Código penal comentado*, p. 542.
[72] NORONHA, Edgard Magalhães. *Direito penal*, v. 4, p. 5.
[73] COSTA JÚNIOR, Paulo José da. *Curso de direito penal* – Parte especial, v. 3, p. 87.

1.5 Consumação e tentativa

O delito tipificado no art. 267 do Código Penal se consuma quando o agente vem a causar a epidemia mediante a propagação de germes patogênicos gerando, efetivamente, perigo à incolumidade pública.

Dessa forma, haverá necessidade de ser demonstrada a situação de perigo criada pelo agente, cuja conduta tinha por finalidade causar a epidemia, gerando perigo, assim, a um número indeterminado de pessoas.

Tratando-se de delito de natureza plurissubsistente, torna-se possível o raciocínio relativo à tentativa.

1.6 Elemento subjetivo

O dolo é o elemento subjetivo exigido pelo *caput* do art. 267 do Código Penal, devendo a conduta do agente ser dirigida finalisticamente no sentido de causar epidemia, mediante a propagação de germes patogênicos.

1.7 Modalidades comissiva e omissiva

O núcleo *causar* pressupõe um comportamento comissivo praticado pelo agente. No entanto, o delito poderá ser levado a efeito via omissão imprópria, quando o agente, dolosa ou culposamente, podendo, não impedir que terceiro venha a causar a epidemia, devendo, assim, ser responsabilizado nos termos do art. 13, § 2º, do Código Penal.

1.8 Causa especial de aumento de pena

Determina o § 1º do art. 267 do Código Penal que, resultando do fato a morte, a pena é aplicada em dobro.

Cuida-se, nesse caso, de delito preterdoloso, em que o agente deverá ter causado dolosamente a epidemia, sendo-lhe imputado o resultado morte, no entanto, a título de culpa.

Se ocorrer mais de um resultado morte, o agente continuará a responder por um único delito de epidemia, não havendo, nesse caso, concurso de crimes.

Caso o agente tenha querido a produção do resultado morte, deverá responder pelos delitos de epidemia e homicídio (ou genocídio, dependendo da hipótese), em concurso formal impróprio.

Se houver a epidemia com resultado morte será possível a decretação da prisão temporária do agente, nos termos do art. 1º, III, *i*, da Lei nº 7.960, de 21 de dezembro de 1989, se presentes os demais requisitos por ela exigidos.

1.9 Modalidade culposa

A modalidade culposa do delito de epidemia vem prevista no § 2º do art. 267, que diz, *verbis*:

> § 2º No caso de culpa, a pena é de detenção, de 1 (um) a 2 (dois) anos, ou, se resulta morte, de 2 (dois) a 4 (quatro) anos.

Nessa hipótese, o agente, culposamente, causa a epidemia, propagando germes patogênicos. Se desse comportamento culposo advier a morte de alguém, a pena que, inicialmente, era de detenção, de 1 (um) a 2 (dois) anos, passa a ser de 2 (dois) a 4 (quatro) anos, independentemente do número de pessoas que venham a morrer em virtude da conduta culposa levada a efeito pelo agente.

1.10 Pena, ação penal, competência para julgamento e suspensão condicional do processo

A pena cominada ao delito de *epidemia*, determinada pela Lei nº 8.072/90, é de reclusão, de 10 (dez) a 15 (quinze) anos.

Se do fato resulta morte, a pena é aplicada em dobro.

No caso de culpa, a pena é de detenção, de 1 (um) a 2 (dois) anos, ou, se resulta morte, de 2 (dois) a 4 (quatro) anos.

A ação penal é de iniciativa pública incondicionada.

Quando a epidemia for causada culposamente, se não houver o resultado morte, competirá, inicialmente, ao Juizado Especial Criminal o seu julgamento, tendo em vista que a pena máxima cominada em abstrato não ultrapassa o limite de 2 (dois) anos, imposto pelo art. 61 da Lei nº 9.099/95, conforme alteração determinada pela Lei nº 11.313, de 28 de junho de 2006.

Será possível a confecção de proposta de suspensão condicional do processo também na modalidade culposa do delito de epidemia, nos termos do art. 89 da Lei nº 9.099/95, desde que não resulte em morte.

1.11 Destaques

1.11.1 *Diferença entre epidemia, endemia e pandemia*

Epidemia, conforme esclarecemos, diz respeito a uma doença que surge rapidamente em determinado lugar e acomete simultaneamente grande número de pessoas.

Endemia tem o sentido de doença que existe constantemente em determinado lugar e ataca número maior ou menor de indivíduos, a exemplo da febre amarela, comum em certas regiões do país.

Ocorre a *pandemia*, conforme lições de Bento de Faria, "quando vários países são assolados pela mesma doença",[74] ou, como disserta Noronha, "se sua disseminação se dá por extensa área do globo terrestre",[75] a exemplo do que ocorreu com a chamada "gripe espanhola", que matou mais de 20 milhões de pessoas em todo o mundo entre os meses de setembro e novembro de 1918,[76] ou mesmo a pandemia de Covid-19, que teve início na China, no final do ano de 2019, e que no Brasil matou centenas de milhares de pessoas.

---

[74] FARIA, Bento de. *Código penal brasileiro*, v. VI, p. 235.

[75] NORONHA, Edgard Magalhães. *Direito penal*, v. 4, p. 5.

[76] Podemos ter uma ideia da gravidade da gripe espanhola por meio de algumas notícias veiculadas pela imprensa, a exemplo daquelas constantes do *Rio Jornal*, edições de 11 e 14 de outubro de 1918, respectivamente, que diziam: "Há três semanas que a mortandade no Rio de Janeiro vem orçando por aquela terrível cifra, cuja soma dá um total aproximado de 12.000 óbitos, o suficiente para tornar bem negro o peso de consciência dos culpados de tamanha desgraça pública. Pelas estatísticas oficialmente autorizadas ontem, o número de mortos é superior a 10.000. Não é temerário aduzir um pouco esse algarismo para ter o obtuário real e efetivo, suprimindo o que se oculta e nega. Temos, pois, perto de 12.000 casos fatais sobre os 600.000 acometidos da peste reinante ou 'simples gripe' como dogmatiza a pretensão da medicina oficial." "A moléstia transmite-se, propaga-se assim precipitadamente. As repartições públicas, as escolas, os escritórios de empresas de toda a espécie, as oficinas dos jornais, os estaleiros, as estradas de ferro estão ficando enormemente desfalcados de pessoal. Em todas as ruas, e a toda hora, vemos cair subitamente, tombar sobre a calçada vítimas do mal estranho" (Atualizamos a redação.) *Revista Época*. Disponível em: <http://revistaepoca.globo.com/Epoca/0,6993,EPT516998-1664,00.html>.

1.11.2 Epidemia e Código Penal Militar

O delito de epidemia veio previsto no Código Penal Militar (Decreto-Lei nº 1.001, de 21 de outubro de 1969), conforme se verifica pela leitura do seu art. 292, punindo com pena de reclusão de cinco a quinze anos aquele que causar epidemia, em lugar sujeito à administração militar, mediante propagação de germes patogênicos.

1.11.3 Prioridade de tramitação do processo de epidemia com resultado morte (art. 267, § 1º)

A Lei nº 14.994, de 9 de outubro de 2024, alterou o art. 394-A do Código de Processo Penal, determinando, *verbis*:

> **Art. 394-A.** Os processos que apurem a prática de crime hediondo ou violência contra a mulher terão prioridade de tramitação em todas as instâncias.

1.12 Quadro-resumo

Sujeitos
- Ativo: qualquer pessoa.
- Passivo: é a sociedade, principalmente aquelas pessoas que foram expostas a perigo, ou mesmo que sofreram algum tipo de dano.

Objeto material
São os germes patogênicos.

Bem(ns) juridicamente protegido(s)
É a incolumidade pública consubstanciada, no caso, especificamente, na saúde pública.

Elemento subjetivo
Dolo.

Modalidades comissiva e omissiva
O núcleo causar pressupõe um comportamento comissivo praticado pelo agente, podendo, no entanto, ser levado a efeito via omissão imprópria.

Consumação e tentativa
- O delito se consuma quando o agente causa a epidemia, mediante a propagação de germes patogênicos gerando, efetivamente, perigo à incolumidade pública.
- A tentativa é admissível.

2. INFRAÇÃO DE MEDIDA SANITÁRIA PREVENTIVA

Infração de medida sanitária preventiva
Art. 268. Infringir determinação do poder público, destinada a impedir introdução ou propagação de doença contagiosa:

> Pena – detenção, de um mês a um ano, e multa.
> **Parágrafo único.** A pena é aumentada de um terço, se o agente é funcionário da saúde pública ou exerce a profissão de médico, farmacêutico, dentista ou enfermeiro.

2.1 Introdução

O delito de *infração de medida sanitária preventiva* vem tipificado no art. 268 do Código Penal. Mediante a análise da mencionada figura típica, podemos identificar os seguintes elementos: *a)* a conduta de infringir determinação do Poder Público; *b)* destinada a impedir introdução ou propagação de doença contagiosa.

O núcleo *infringir* é utilizado no texto legal no sentido de violar, desrespeitar, ignorar, descumprir determinação do Poder Público. Trata-se de norma penal em branco, que poderá, segundo a doutrina dominante, ser homogênea ou heterogênea, haja vista que o complemento de que necessita para que possa ser entendida e aplicada poderá provir de leis, decretos, portarias, regulamentos, enfim, de qualquer diploma legal que tenha por finalidade especificar quais são as determinações impostas pelo Poder Público, destinadas a impedir a introdução ou a propagação de doença contagiosa.

Tratando-se de complemento que não seja oriundo do Congresso Nacional, isto é, que não tenha atendido ao procedimento legislativo adequado à criação normativa penal, poderá ser discutida a sua validade, em atenção ao princípio da legalidade. Assim, a nosso ver, somente a lei ordinária seria capaz de complementar o tipo penal do art. 268, elencando as determinações do Poder Público que deverão ser observadas pelo agente, destinadas a impedir a introdução ou a propagação de doença contagiosa.

O STF, contudo, decidindo em sentido contrário, no ARE 1.418.846 RS, tendo como relatora Min. Rosa Weber, julgado pelo Plenário em 24 de março de 2023, assim concluiu:

> "1. Nos termos da jurisprudência desta Suprema Corte a competência para proteção da saúde, seja no plano administrativo, seja no plano legislativo, é compartilhada entre a União, o Distrito Federal, os Estados e os Municípios, inclusive para impor medidas restritivas destinadas a impedir a introdução ou propagação de doença contagiosa.
> 2. A infração a determinações sanitárias do Estado, ainda que emanada de atos normativos estaduais, distrital ou municipais, permite seja realizada a subsunção do fato ao crime tipificado no artigo 268 do Código Penal, afastadas as alegações genéricas de inconstitucionalidade de referidas normas por violação da competência privativa da União.
> 3. Agravo em recurso extraordinário conhecido. Apelo extremo provido.
> 4. Fixada a seguinte tese: *O art. 268 do Código Penal veicula norma penal em branco que pode ser complementada por atos normativos infralegais editados pelos entes federados (União, Estados, Distrito Federal e Municípios), respeitadas as respectivas esferas de atuação, sem que isso implique ofensa à competência privativa da União para legislar sobre direito penal (CF, art. 22, I)*".

Como apontado, para que ocorra a infração penal em estudo, a determinação do Poder Público deverá ser destinada a impedir a introdução ou a propagação de doença contagiosa. *Introdução* significa o ingresso, a entrada da doença contagiosa; *propagação* deve ser entendida como difusão, disseminação da referida doença.

Ney Moura Teles traduz o conceito de doença contagiosa dizendo:

> "Doença é a alteração ou o desvio do estado de equilíbrio que caracteriza a condição de saúde de um indivíduo, decorrente da intervenção de vários fatores. Está associada a manifestações características, denominadas sinais ou sintomas.

Doença contagiosa é o agravo à saúde, determinado por um agente infeccioso específico ou por seus produtos tóxicos e que pode ser transmitida a outro indivíduo ou suscetível de transmissão por diversos mecanismos. É também chamada de doença infectocontagiosa ou doença transmissível.

A norma só se refere a doenças que acometem os humanos, não os animais ou vegetais, mas pode a determinação do poder público recair sobre o cuidado com animais e vegetais, quando estes possam integrar-se na série causal de propagação da doença."[77]

2.2 Classificação doutrinária

Crime comum, tanto no que diz respeito ao sujeito ativo quanto ao sujeito passivo; doloso (não havendo previsão para a modalidade de natureza culposa); comissivo ou omissivo (podendo, também, nos termos do art. 13, § 2º, do Código Penal, ser praticado via omissão imprópria, na hipótese de o agente gozar do *status* de garantidor); de perigo comum e concreto (embora haja divergência doutrinária nesse sentido, pois se tem entendido, majoritariamente, tratar-se de um crime de perigo abstrato, presumido); de forma livre; instantâneo; monossubjetivo; plurissubsistente; não transeunte.

2.3 Sujeito ativo e sujeito passivo

Qualquer pessoa pode ser *sujeito ativo* do delito de *infração de medida sanitária preventiva*, não exigindo o tipo penal do art. 268 nenhuma qualidade ou condição especial.

O sujeito passivo é a sociedade.

2.4 Objeto material e bem juridicamente protegido

O bem juridicamente protegido pelo tipo penal que prevê o delito de *infração de medida sanitária preventiva* é a incolumidade pública, consubstanciada, no caso, especificamente, na saúde pública.

O objeto material, conforme esclarece Guilherme de Souza Nucci, "é a determinação do Poder Público",[78] que é infringida pelo agente que expõe a perigo a incolumidade pública por meio de seu comportamento.

2.5 Consumação e tentativa

Embora a maioria da doutrina entenda que o delito de *infração de medida sanitária preventiva se* encontra no rol das infrações penais de *perigo abstrato* (presumido), consumando-se tão somente com a prática da conduta descrita no núcleo do tipo, entendemos que, em obediência ao princípio da lesividade, a situação de perigo à incolumidade pública, criada pelo agente que infringiu determinação do Poder Público, deverá ser demonstrada no caso concreto, não se podendo, assim, presumi-la.

Tratando-se de um delito plurissubsistente, entendemos como possível o raciocínio relativo à tentativa, que deverá ser analisada caso a caso.

---

[77] TELES, Ney Moura. *Direito penal*, v. 3, p. 239.
[78] NUCCI, Guilherme de Souza. *Código penal comentado*, p. 892.

2.6 Elemento subjetivo

O delito de *infração de medida sanitária preventiva* somente pode ser praticado dolosamente, não havendo previsão para a modalidade culposa.

Aqui, o agente deverá ter conhecimento de que infringe determinação do Poder Público, constante do complemento que integra o tipo penal *sub examen*, em virtude de sua natureza de norma penal em branco, pois, caso contrário, poderá ser alegado o chamado erro de tipo.

2.7 Modalidades comissiva e omissiva

O núcleo *infringir* pode ser entendido tanto no sentido de fazer alguma coisa contrária à determinação do Poder Público, quanto também deixar de fazer aquilo a que estava obrigado, tratando-se, portanto, de uma figura típica que poderá ser comissiva ou mesmo omissiva, dependendo do complemento exigido pela norma penal em branco em exame.

Nada impede, tendo em vista a sua natureza híbrida (comissivo e omissivo), que o delito seja praticado via omissão imprópria quando o garantidor, dolosamente, podendo, não impedir que o agente infrinja determinação do Poder Público.

2.8 Causas especiais de aumento de pena

O parágrafo único do art. 268 do Código Penal prevê uma majorante, dizendo:

> **Parágrafo único.** A pena é aumentada de um terço, se o agente é funcionário da saúde pública ou exerce a profissão de médico, farmacêutico, dentista ou enfermeiro.

Verifica-se, portanto, maior juízo de censura quando o agente, que infringe determinação do Poder Público, exerce uma dessas profissões mencionadas pelo aludido parágrafo único, haja vista que, em razão de seus conhecimentos técnico-científicos, possui maiores condições para mensurar a gravidade do seu comportamento.

Terão aplicação, ainda, as causas especiais de aumento de pena previstas no art. 258 do Código Penal, conforme determinação contida no art. 285 do mesmo diploma repressivo, que diz:

> **Art. 285.** Aplica-se o disposto no art. 258 aos crimes previstos neste Capítulo, salvo quanto ao definido no art. 267.

2.9 Pena, ação penal, competência para julgamento e suspensão condicional do processo

A pena cominada ao delito de *infração de medida sanitária preventiva* é de detenção, de 1 (um) mês a 1 (um) ano, e multa.

A pena é aumentada de um terço, se o agente é funcionário da saúde pública ou exerce a profissão de médico, farmacêutico, dentista ou enfermeiro.

Conforme determinação constante do art. 285 do Código Penal, aplica-se ao delito em estudo o disposto no art. 258 do estatuto repressivo.

Compete, pelo menos inicialmente, ao Juizado Especial Criminal o processo e o julgamento do delito de *infração de medida sanitária preventiva*, desde que, com a aplicação das majorantes, a pena máxima cominada em abstrato não ultrapasse o limite de 2 (dois) anos, imposto pelo art. 61 da Lei nº 9.099/95, conforme alteração determinada pela Lei nº 11.313, de 28 de junho de 2006.

Será possível a confecção de proposta de suspensão condicional do processo, nos termos do art. 89 da Lei nº 9.099/95.

2.10 Destaque

2.10.1 Revogação da norma complementar

Como tivemos oportunidade de destacar quando da introdução ao estudo do art. 268 do Código Penal, dissemos tratar-se, *in casu*, de norma penal em branco (ou primariamente remetida), haja vista que, para que pudesse ser entendida e aplicada, haveria necessidade de edição de um complemento.

Assim, imagine-se que o agente tenha infringido determinação do Poder Público, constante de um diploma legal cuja finalidade era complementar o art. 268 do Código Penal, o qual vem, posteriormente, a ser revogado. Nesse caso, poderíamos aplicar o raciocínio relativo à *abolitio criminis*, nos termos do art. 2º, *caput*, do Código Penal?

Hungria, categoricamente, afirma que "a intercorrente cessação da determinação administrativa não importará extinção da punibilidade da infração ocorrida ao tempo de vigência dela".[79]

Fragoso, a seu turno, preleciona:

"Se ocorrer a *revogação* das determinações do Poder Público, de sorte a excluir a ilicitude do fato, entendemos que deverão aproveitar o réu, retroagindo, salvo se constituírem lei excepcional ou temporária."[80]

Entendemos que, mesmo se tratando de leis excepcionais ou temporárias, em virtude de não ter havido ressalva constitucional com relação a elas, o princípio da retroatividade benéfica é absoluto, haja vista que o inciso XL do art. 5º da Constituição Federal assevera que a *lei penal não retroagirá, salvo para beneficiar o réu*. Existe controvérsia doutrinária no que diz respeito ao fato de ter sido ou não recepcionado pela Constituição Federal o art. 3º do Código Penal, discussão mencionada em nosso primeiro volume, quando levamos a efeito o estudo da Parte Geral do Código Penal, para onde pedimos *venia* para remeter o leitor.

No entanto, vale a transcrição dos argumentos expendidos por Nilo Batista, Zaffaroni, Alagia e Slokar quando dizem:

"A fórmula imperativa e incondicional mediante a qual a Constituição consagrou o princípio (art. 5º, inciso XL, CR) questiona duramente a exceção aberta pela lei (art. 3º), e a doutrina brasileira começou, após 1988 – houve quem o fizesse ainda na regência da Constituição de 1946 – a caminhar na direção de compreender que também as leis penais temporárias e excepcionais não dispõem de ultratividade em desfavor do réu. Corresponderá ao legislador, perante situações calamitosas que requeiram drástica tutela penal de bens jurídicos, prover para que os procedimentos constitucionalmente devidos possam exaurir-se durante a vigência da lei; o que ele não pode fazer é abrir uma exceção em matéria que o constituinte erigiu como garantia individual. Cabe, pois, entender que o art. 3º do Código Penal não foi recebido pela Constituição da República."[81]

Dessa forma, mantendo nossa posição inicial, entendemos que, seja ou não o complemento oriundo de uma lei excepcional ou temporária, sua revogação importará em reconhecimento da *abolitio criminis*, com a consequente declaração de extinção da punibilidade, nos

---

[79] HUNGRIA, Nélson. *Comentários ao código penal*, v. IX, p. 103/104.
[80] FRAGOSO, Heleno Cláudio. *Lições de direito penal* – Parte especial, v. 3, p. 202.
[81] BATISTA, Nilo; ZAFFARONI, Eugenio Raúl; ALAGIA, Alejandro; SLOKAR, Alejandro. *Direito penal brasileiro*, v. 1, p. 217.

termos do art. 107, III, do Código Penal, haja vista não ter sido o art. 3º do Código Penal recepcionado pela Constituição Federal de 1988.

2.11 Quadro-resumo

Sujeitos
» Ativo: qualquer pessoa.
» Passivo: é a sociedade.

Objeto material
É a determinação do poder público, que é infringida pelo agente que expõe a perigo a incolumidade pública por meio de seu comportamento.

Bem(ns) juridicamente protegido(s)
É a incolumidade pública consubstanciada, no caso, especificamente, na saúde pública.

Elemento subjetivo
Dolo, não havendo previsão para a modalidade culposa.

Modalidades comissiva e omissiva
Trata-se de uma figura típica que poderá ser comissiva ou mesmo omissiva, dependendo do complemento exigido pela norma penal em branco em exame. Nada impede, tendo em vista sua natureza híbrida (comissiva e omissiva), que o delito seja praticado via omissão imprópria.

Consumação e tentativa
» Embora a maioria da doutrina entenda que o delito encontra-se no rol das infrações penais de perigo abstrato (presumido), consumando-se tão somente com a prática da conduta descrita no núcleo do tipo, entendemos que, em obediência ao princípio da lesividade, a situação de perigo à incolumidade pública, criada pelo agente que infringiu determinação do poder público, deverá ser demonstrada no caso concreto, não se podendo, assim, presumi-la.
» A tentativa é admissível.

3. OMISSÃO DE NOTIFICAÇÃO DE DOENÇA

Omissão de notificação de doença
Art. 269. Deixar o médico de denunciar à autoridade pública doença cuja notificação é compulsória:
Pena – detenção, de seis meses a dois anos, e multa.

3.1 Introdução

O delito de *omissão de notificação de doença* está previsto pelo art. 269 do Código Penal. De acordo com a mencionada figura típica, podemos apontar os seguintes elementos: *a)* a conduta de deixar o médico de denunciar à autoridade pública; *b)* doença cuja notificação é compulsória.

Pelo que se verifica por meio da redação legal, o núcleo *deixar* pressupõe um comportamento omissivo por parte do agente. Cuida-se, ainda, de um delito próprio, pois somente o *médico* pode praticar a conduta omissiva, deixando de levar a efeito a necessária denúncia à autoridade pública. Denúncia, aqui, significa comunicado, ou seja, é dever do médico, ao tomar conhecimento de uma doença cuja notificação seja compulsória, comunicá-la à autoridade pública, informando todos os dados necessários para evitar sua proliferação. Hungria, analisando o delito *sub examen*, esclarece:

> "A gravidade da omissão, por isso que, impedindo a expedição de medidas profiláticas, cria o perigo de generalização da doença ou permanência do foco de infecção, justifica, na espécie, o maior rigor do Código vigente. Também aqui, trata-se de *lei penal em branco*: sua complementação é o preceito do regulamento sanitário (federal, estadual ou municipal) relativo às doenças cuja notificação é compulsória. Apresenta-se, no caso, uma notável exceção à regra do *segredo profissional*: quando está em causa doença de notificação compulsória, a violação do segredo médico, no sentido de comunicação à autoridade competente, deixa de ser crime, para ser um dever legal."[82]

Embora, conforme expusemos quando da análise do artigo anterior, qualquer outro diploma que não a lei em sentido estrito infrinja a exigência constante do princípio da legalidade, tem-se aceitado, majoritariamente, que o complemento relativo às normas penais em branco provenham de outras fontes (decretos, portarias, regulamentos etc.), como é o caso da Portaria nº 2.472, de 31 de agosto de 2010, expedida pelo Ministério da Saúde, que elenca as doenças consideradas como de notificação compulsória.

O art. 169 da Consolidação das Leis do Trabalho, a seu turno, também determina, *verbis*:

> **Art. 169.** Será obrigatória a notificação das doenças profissionais e das produzidas em virtude de condições especiais de trabalho, comprovadas ou objeto de suspeita, de conformidade com as instruções expedidas pelo Ministério do Trabalho.

A autoridade pública, mencionada no tipo penal que prevê o delito de *omissão de notificação de doença*, é a autoridade sanitária, conforme se percebe pela redação dos dispositivos legais transcritos acima. No entanto, conforme esclarece Noronha, "em sua falta, a comunicação deve ser feita a outra autoridade, capaz também de providenciar no sentido de acautelar a incolumidade pública".[83]

3.2 Classificação doutrinária

Crime próprio no que diz respeito ao sujeito ativo, haja vista que o tipo penal faz menção expressa à qualidade de médico, e comum quanto ao sujeito passivo; doloso (não havendo previsão para a modalidade de natureza culposa); omissivo próprio; de perigo comum e concreto (embora haja divergência doutrinária nesse sentido, pois se tem entendido, majoritariamente, tratar-se de um crime de perigo abstrato, presumido); de forma vinculada; instantâneo; monossubjetivo; unissubsistente; não transeunte.

3.3 Sujeito ativo e sujeito passivo

Somente o médico poderá ser *sujeito ativo* do delito de *omissão de notificação de doença*. O *sujeito passivo* é a sociedade.

---

[82] HUNGRIA, Nélson. *Comentários ao código penal*, v. IX, p. 104.
[83] NORONHA, Edgard Magalhães. *Direito penal*, v. 4, p. 15.

3.4 Objeto material e bem juridicamente protegido

O bem juridicamente protegido pelo tipo penal que prevê o delito de *omissão de notificação de doença* é a incolumidade pública, consubstanciada, no caso, especificamente, na saúde pública.

O objeto material é a notificação compulsória.

3.5 Consumação e tentativa

Embora exista controvérsia doutrinária, entendemos que o delito se consuma quando a omissão do agente, no que diz respeito à denúncia à autoridade pública de doença cuja notificação seja compulsória, cria, efetivamente, uma situação de perigo à incolumidade pública, tratando-se, pois, de uma infração de perigo concreto, cuja demonstração deverá ser procedida no caso concreto, embora a maioria da doutrina o classifique como um delito de perigo presumido, abstrato, bastando a inação dolosa do agente para que reste consumado.

Por se cuidar de crime omissivo próprio, de natureza monossubsistente, não será possível o reconhecimento da tentativa, haja vista a impossibilidade de fracionamento do *iter criminis*, dada a concentração de atos. Dessa forma, ou o agente deixa de denunciar à autoridade pública doença cuja notificação seja compulsória, e o crime, assim, se consuma, ou efetua a denúncia, cumprindo a determinação legal, deixando de praticar o delito.

3.6 Elemento subjetivo

O delito de *omissão de notificação de doença* somente pode ser praticado dolosamente, não havendo previsão para a modalidade de natureza culposa.

Poderá o médico incorrer no chamado erro de tipo quando, equivocadamente, deixar de denunciar a doença à autoridade pública, por supor que ela não faça parte do rol daquelas consideradas como de notificação compulsória.

Da mesma forma, o médico que, negligentemente, mesmo sabendo da necessidade de levar a efeito a denúncia da doença que, sabidamente, era de notificação compulsória, deixar de fazê-lo, não poderá ser responsabilizado pelo seu comportamento culposo, em virtude da ausência de previsão legal.

3.7 Modalidade omissiva

O delito de *omissão de notificação de doença* encontra-se no rol daqueles considerados como *omissivos próprios*, cujo comportamento negativo vem descrito no tipo penal, sendo, *in casu*, a omissão no que diz respeito à denúncia obrigatória, pelo médico, de doença cuja notificação é compulsória.

3.8 Causas especiais de aumento de pena

Terão aplicação as causas especiais de aumento de pena previstas no art. 258 do Código Penal, conforme determinação contida no art. 285 do mesmo diploma repressivo:

> **Art. 285.** Aplica-se o disposto no art. 258 aos crimes previstos neste Capítulo, salvo quanto ao definido no art. 267.

3.9 Pena, ação penal, competência para julgamento e suspensão condicional do processo

O preceito secundário do art. 269 do Código Penal comina uma pena de detenção, de 6 (seis) meses a 2 (dois) anos, e multa.

Aplicam-se ao delito de *omissão de notificação de doença* as majorantes previstas no art. 258 do Código Penal, nos termos do art. 285 do mesmo diploma repressivo.

A ação penal é de iniciativa pública incondicionada.

Compete, pelo menos inicialmente, ao Juizado Especial Criminal o processo e julgamento do delito em estudo, desde que não aplicadas as majorantes previstas no art. 258 do Código Penal, pois a pena máxima cominada em abstrato não ultrapassa o limite de 2 (dois) anos, imposto pelo art. 61 da Lei nº 9.099/95, conforme alteração determinada pela Lei nº 11.313, de 28 de junho de 2006.

Será possível a confecção de proposta de suspensão condicional do processo, nos termos do art. 89 da Lei nº 9.099/95.

3.10 Destaques

3.10.1 Omissão de notificação de doença versus violação do segredo profissional

Poderá o médico que denunciar à autoridade pública doença cuja notificação é compulsória ser responsabilizado pelo delito de revelação do segredo profissional, tipificado no art. 154 do Código Penal?

Cleber Masson, corretamente, responde a essa indagação, dizendo:

> "A resposta é negativa, sob pena de incoerência do sistema jurídico-penal. Na verdade, os arts. 154 e 269 do Código Penal se complementam. Com efeito, somente se verifica o crime de violação de segredo profissional quando a revelação é efetuada *sem justa causa* (elemento normativo do tipo). E na comunicação de doença de notificação compulsória o médico atua no estrito cumprimento do dever legal que lhe é imposto, afastando-se a tipicidade do delito contido no art. 154 do Código Penal, pois presente a justa causa."[84]

3.10.2 Omissão de notificação de doença e Código Penal Militar

O delito de omissão de notificação de doença veio previsto no Código Penal Militar (Decreto-Lei nº 1.001, de 21 de outubro de 1969), conforme se verifica pela leitura do seu art. 297, punindo com pena de detenção, de seis meses a dois anos, o médico militar que deixa, no exercício da função, de denunciar à autoridade pública doença cuja notificação é compulsória.

3.11 Quadro-resumo

Sujeitos
- » Ativo: somente o médico poderá ser sujeito ativo do delito de omissão de notificação de doença.
- » Passivo: é a sociedade.

---

[84] MASSON, Cleber. *Direito penal esquematizado*, Parte especial, v. 3, p. 307/308.

Objeto material
É a notificação compulsória.

Bem(ns) juridicamente protegido(s)
É a incolumidade pública consubstanciada, no caso, especificamente, na saúde pública.

Elemento subjetivo
Dolo, não havendo previsão para a modalidade de natureza culposa.

Modalidades comissiva e omissiva
O delito encontra-se no rol daqueles considerados omissivos próprios, cujo comportamento negativo vem descrito no tipo penal.

Consumação e tentativa
» O delito se consuma quando a omissão do agente, no que diz respeito à denúncia à autoridade pública de doença cuja notificação é compulsória, cria, efetivamente, uma situação de perigo à incolumidade pública, tratando-se, pois, de uma infração de perigo concreto, cuja demonstração deverá ser procedida no caso concreto, embora a maioria da doutrina o classifique como sendo um delito de perigo presumido, abstrato, bastando a inação dolosa do agente para que reste consumado.
» Não se admite a tentativa.

4. ENVENENAMENTO DE ÁGUA POTÁVEL OU DE SUBSTÂNCIA ALIMENTÍCIA OU MEDICINAL

Envenenamento de água potável ou de substância alimentícia ou medicinal

Art. 270. Envenenar água potável, de uso comum ou particular, ou substância alimentícia ou medicinal destinada a consumo:

Pena – reclusão, de dez a quinze anos.

§ 1º Está sujeito à mesma pena quem entrega a consumo ou tem em depósito, para o fim de ser distribuída, a água ou a substância envenenada.

Modalidade culposa

§ 2º Se o crime é culposo:

Pena – detenção, de seis meses a dois anos.

4.1 Introdução

O delito de *envenenamento de água potável ou de substância alimentícia ou medicinal* encontra-se tipificado no art. 270 do Código Penal. Pela redação do referido artigo, podemos apontar os seguintes elementos: *a)* a conduta de envenenar água potável; *b)* ou substância alimentícia ou medicinal destinada a consumo.

Inicialmente, é importante frisar que existe controvérsia a respeito do conceito de *envenenamento*. Conforme esclarece Odon Ramos Maranhão:

"Isto se deve não só à grande quantidade de substâncias lesivas ao organismo, como à variedade do modo de ação das mesmas. Podemos aceitar como *veneno* uma substância que, introduzida no organismo, altera momentaneamente ou suprime definitivamente as manifestações vitais de toda matéria organizada [...]."[85]

Embora também seja problemática a classificação dos venenos, eles podem ser distribuídos em grupos, de acordo com as lições de Genival Veloso de França, a saber:

"a. *quanto ao estado físico*: líquidos, sólidos e gasosos; b. *quanto à origem*: animal, vegetal, mineral e sintético; c. *quanto às funções químicas:* óxidos, ácidos, bases e sais (funções inorgânicas): hidrocarbonetos, álcoois, acetonas e aldeídos, ácidos orgânicos, ésteres, aminas, aminoácidos, carboidratos e alcaloides (funções orgânicas); d. *quanto ao uso*: doméstico, agrícola, industrial, medicinal, cosmético e venenos propriamente ditos."[86]

A conduta do agente, portanto, deve ser dirigida a *envenenar* água potável, isto é, aquela própria para o consumo do homem, não importando, como diz o artigo, seja ela de *uso comum*, a exemplo daquelas utilizadas nas escolas, fábricas, clubes esportivos, bicas públicas etc., ou mesmo de *uso particular,* como aquelas represadas em caixas d'água, poços, açudes, cisternas etc.; podendo ser tanto aquela utilizada para ser bebida *in natura*, quanto na manipulação ou preparo de alimentos.

Tratando-se de um crime de perigo comum, somente haverá a infração penal em estudo se o comportamento do agente vier a criar uma situação de perigo a um número indeterminado de pessoas. Caso a sua conduta se resuma a trazer perigo a pessoa certa e determinada, o fato poderá se configurar no delito tipificado no art. 132 do Código Penal.

Merece ser ressaltado, ainda, que se o envenenamento ocorrer em água imprestável para o consumo o fato não se amoldará ao delito em apreço, pois a lei exige, expressamente, que a água seja potável, ou seja, apta ao imediato consumo humano, mesmo contendo algumas impurezas.

Além da água potável, o agente poderá envenenar *substância alimentícia* ou *medicinal* destinada a consumo. Noronha, esclarecendo os aludidos conceitos, diz:

"A ação física do agente deve incidir também sobre a substância alimentícia, que é a que se presta à alimentação, isto é, a ser comida ou bebida por indeterminado número de pessoas, pois deve destinar-se a *consumo*. O dono de um estabelecimento (bar, restaurante, confeitaria etc.) que expõe alimentos ou doces que envenenou, comete o delito em questão; se, entretanto, os manda a pessoa certa e determinada, pratica homicídio qualificado. Pode o alimento ser sólido ou líquido; preparado ou em estado natural; de primeira necessidade ou secundário etc., e não deixará de ser objeto material do tipo, já que a lei não distingue.

Também a substância medicinal é considerada. Não é fácil dar o conceito de medicamento, tal qual acontece com o veneno, começando que, muita vez, eles se confundem não só entre si, como com os alimentos, ou esclarecendo: o iodo e o fósforo, v.g., são alimentos, medicamentos e tóxicos."[87]

---

[85] MARANHÃO, Odon Ramos. *Curso básico de medicina legal*, p. 308.
[86] FRANÇA, Genival Veloso de. *Medicina legal*, p. 113.
[87] NORONHA, Edgard Magalhães. *Direito penal*, v. 4, p. 20.

Inicialmente, o delito tipificado no art. 270 do Código Penal encontrava-se no rol constante do art. 1º da Lei nº 8.072/90, sendo que sua exclusão aconteceu com o advento da Lei nº 8.930, de 6 de setembro de 1994, que deu nova redação ao mencionado artigo, renumerando os seus incisos.

4.2 Classificação doutrinária

Crime comum, tanto no que diz respeito ao sujeito ativo quanto ao sujeito passivo; doloso e culposo (tendo em vista a previsão expressa constante do § 2º do art. 270 do Código Penal); comissivo (podendo, também, nos termos do art. 13, § 2º, do Código Penal, ser praticado via omissão imprópria, na hipótese de o agente gozar do *status* de garantidor); de perigo comum e concreto (embora haja divergência doutrinária nesse sentido, pois se tem entendido, majoritariamente, tratar-se de um crime de perigo abstrato, presumido); de forma vinculada; instantâneo; monossubjetivo; plurissubsistente; não transeunte.

4.3 Sujeito ativo e sujeito passivo

Qualquer pessoa pode ser *sujeito ativo* do delito de *envenenamento de água potável ou de substância alimentícia ou medicinal*, tendo em vista que o tipo penal não exige nenhuma qualidade ou condição especial.

Sujeito passivo é a sociedade de forma geral, bem como aquelas pessoas que sofreram, imediatamente, com a conduta praticada pelo agente, em caso de lesão corporal ou morte, por terem ingerido a água potável, a substância alimentícia ou medicinal envenenada.

4.4 Objeto material e bem juridicamente protegido

O bem juridicamente protegido pelo tipo penal que prevê o delito de *envenenamento de água potável ou de substância alimentícia ou medicinal* é a incolumidade pública, consubstanciada, no caso, especificamente, na saúde pública.

O objeto material é a água potável ou a substância alimentícia ou medicinal.

4.5 Consumação e tentativa

O delito se consuma quando, após o envenenamento da água potável, de uso comum ou particular, ou de substância alimentícia ou medicinal destinada a consumo, o agente cria, efetivamente, uma situação de perigo a um número indeterminado de pessoas, colocando em risco, portanto, a incolumidade pública.

Conforme afirmamos, entendemos ser de perigo concreto o delito em estudo, ao contrário da maioria de nossos doutrinadores, que o concebem como de perigo abstrato (presumido).

Tratando-se de crime plurissubsistente, no qual se pode fracionar o *iter criminis*, torna-se possível o raciocínio relativo à tentativa. Assim, imagine-se a hipótese em que o agente, após abrir um galão contendo veneno, no momento exato em que iria lançá-lo no interior de uma caixa d'água, é empurrado por terceira pessoa, que impede a contaminação, não se consumando a infração penal por circunstâncias alheias à vontade dele.

4.6 Elemento subjetivo

O dolo é o elemento subjetivo exigido pelo art. 270 do Código Penal, havendo, no entanto, previsão para a modalidade culposa, nos termos do § 2º do mesmo artigo.

O agente deverá ter conhecimento, outrossim, de todos os elementos que integram o tipo penal, pois, caso contrário, poderá ser alegado o chamado erro de tipo. Assim, imagine-se a hipótese daquele que, por erro, supondo lançar um pouco de cloro no interior de uma cisterna, com o fim de preservar potáveis as águas ali reservadas, acaba por envená-las, pois não havia conferido corretamente o invólucro do produto que ali fora lançado.

Nesse caso, como existe a modalidade culposa de envenenamento, o agente poderá responder a esse título. Caso o seu erro tenha sido invencível, inevitável, escusável, o fato deverá ser considerado atípico.

4.7 Modalidades comissiva e omissiva

O núcleo *envenenar* pressupõe um comportamento comissivo por parte do agente. No entanto, o delito poderá ser praticado via omissão imprópria, na hipótese em que o agente, garantidor, dolosa ou culposamente, podendo, nada fizer para impedir o envenenamento de água potável, de uso comum ou particular, ou de substância alimentícia ou medicinal destinada a consumo.

Assim, imagine-se a hipótese do agente que havia sido contratado para evitar que estranhos ingressassem nas dependências de uma empresa encarregada de represar águas que seriam destinadas ao consumo público. Percebendo que alguém, que já havia feito ameaças de envenenar aquelas águas, invadira aquele local com um galão contendo substância altamente venenosa, insatisfeito com o tratamento que vinha recebendo da empresa empregadora, dolosamente, nada faz para evitar que o sujeito lance nas águas a referida substância, envenenando-as e, com isso, criando uma situação de perigo a um número indeterminado de pessoas. Nesse caso, poderia ser responsabilizado pelo delito em estudo, nos termos do art. 13, § 2º, do Código Penal.

4.8 Modalidade culposa

A modalidade culposa do delito de *envenenamento de água potável ou de substância alimentícia ou medicinal* está prevista no § 2º do art. 270, que diz, *verbis*:

> § 2º Se o crime é culposo:
> Pena – detenção, de seis meses a dois anos.

Nessa hipótese, o agente, deixando de observar o seu necessário dever objetivo de cuidado, cria a situação de perigo à incolumidade pública.

4.9 Entrega a consumo ou tem em depósito, para o fim de ser distribuída, a água ou a substância envenenada

O § 1º do art. 270 aduz que *está sujeito à mesma pena quem entrega a consumo ou tem em depósito, para o fim de ser distribuída, a água ou a substância envenenada.*

Dissertando sobre o tema, Bento de Faria, com precisão, esclarece:

"Relativamente à água ou às substâncias referidas, somente podem ser consideradas destinadas ao consumo as que sejam próprias para ele, isto é, que se acharem em perfeito estado de conservação e não sejam nocivas à vida ou à saúde por motivo do referido envenenamento.

A possibilidade do consumo verifica-se não somente quando alguém a expõe à aquisição pelo público, ou a *entrega* para esse fim, ou a guarda *em depósito* com o objetivo de distribuí-la, indeterminadamente, à coletividade.

Realizados estes fatos, suficientes para determinação do perigo comum, não é mister que sejam realmente consumidas.

Não deve, pois, configurar a hipótese aqui prevista quando for destinada à alimentação de *um indivíduo* ou de *uma família*, porque, em tal hipótese, o envenenamento constituirá delito contra a *pessoa*."[88]

4.10 Pena, ação penal, competência para julgamento e suspensão condicional do processo

A pena cominada à modalidade dolosa de *envenenamento de água potável ou de substância alimentícia ou medicinal* é de reclusão, de 10 (dez) a 15 (quinze) anos.

Se o crime é culposo, a pena é de detenção, de 6 (seis) meses a 2 (dois) anos.

Aplicam-se ao delito *sub examen* as majorantes previstas no art. 258 do Código Penal, nos termos do art. 285 do mesmo diploma repressivo.

A ação penal é de iniciativa pública incondicionada.

Compete, pelo menos inicialmente, ao Juizado Especial Criminal o processo e julgamento da modalidade culposa, desde que não aplicadas as majorantes previstas no art. 258 do Código Penal, pois a pena máxima cominada em abstrato não ultrapassa o limite de 2 (dois) anos, imposto pelo art. 61 da Lei nº 9.099/95, conforme alteração determinada pela Lei nº 11.313, de 28 de junho de 2006.

Será possível a confecção de proposta de suspensão condicional do processo, nos termos do art. 89 da Lei nº 9.099/95, somente para a modalidade culposa.

4.11 Destaques

4.11.1 Pessoa determinada – homicídio qualificado

Poderá o agente ter envenenado, por exemplo, água de uso particular, com a finalidade de causar a morte de determinada pessoa, o que efetivamente vem a acontecer.

Nesse caso, deveria ser responsabilizado pelo delito tipificado no art. 270 do Código Penal, com a pena aumentada de metade, nos termos do art. 258 do mesmo diploma legal? A resposta, aqui, só pode ser negativa, devendo o agente, pois, responder pelo delito de homicídio qualificado pelo emprego de veneno, nos termos do art. 121, § 2º, III, primeira figura.

4.11.2 Prisão temporária

Se houver o *envenenamento de água potável ou de substância alimentícia ou medicinal qualificado pela morte*, será possível a decretação da prisão temporária do agente, nos termos do art. 1º, III, *j*, da Lei nº 7.960, de 21 de dezembro de 1989, se presentes os demais requisitos por ela exigidos.

4.11.3 Revogação da primeira parte do caput *do art. 270, bem como de seu § 1º, pelo art. 54 da Lei nº 9.605/98*

Alguns doutrinadores, a exemplo de Luiz Regis Prado, têm se posicionado pela revogação parcial do art. 270, *caput*, e § 1º do Código Penal pelo art. 54 da Lei nº 9.605/98.

Dissertando sobre o tema, aduz o renomado autor:

"O art. 270 do Código Penal vigente, frise-se, foi tacitamente revogado pelo art. 54 da Lei nº 9.605/98 (Lei dos Crimes Ambientais). Dessa forma, aquele que envenena água potável, de

---

[88] FARIA, Bento de. *Código penal brasileiro*, v. VI, p. 242.

uso comum ou particular, destinada a consumo, incorre nas penas cominadas neste último artigo. Parte do dispositivo, no entanto, permanece em vigor. Por isso, quando houver o envenenamento de substância alimentícia ou medicinal, destinada a pessoas indeterminadas, o dispositivo a ser aplicado é o constante do Código Penal. Acrescente-se que também o parágrafo 1º foi revogado, integralmente, pelo art. 56 da mencionada lei."[89]

Apesar do raciocínio do mencionado autor, não podemos com ele concordar, pois que a conduta de envenenar importa em um juízo maior de reprovação do que a de poluir, utilizada no tipo penal do art. 54 da Lei de Crimes Ambientais. Dessa forma, entendemos não ter havido revogação tácita do art. 270 e seu § 1º do Código Penal.

5. CORRUPÇÃO OU POLUIÇÃO DE ÁGUA POTÁVEL

> **Corrupção ou poluição de água potável**
> **Art. 271.** Corromper ou poluir água potável, de uso comum ou particular, tornando-a imprópria para consumo ou nociva à saúde:
> Pena – reclusão, de dois a cinco anos.
> **Modalidade culposa**
> **Parágrafo único.** Se o crime é culposo:
> Pena – detenção, de dois meses a um ano.

5.1 Introdução

O delito de *corrupção ou poluição de água potável* está previsto pelo art. 271 do Código Penal. De acordo com a mencionada figura típica, podemos apontar os seguintes elementos: *a)* a conduta de corromper ou poluir água potável, de uso comum ou particular; *b)* tornando-a imprópria para o consumo ou nociva à saúde.

O núcleo *corromper* é utilizado no texto legal no sentido de estragar, infectar etc.; *poluir* tem o significado de sujar. Hungria faz a distinção entre os referidos núcleos dizendo que "corromper a água é alterar-lhe a essência ou composição, tornando-a nociva à saúde, ou intolerável pelo mau sabor. *Poluir* a água é conspurcá-la, deitar-lhe alguma sujidade, de modo a torná-la imprópria de ser bebida pelo homem".[90] As duas condutas são um *minus*, comparadas ao envenenamento previsto pelo art. 270 do Código Penal, razão pela qual as penas previstas pelo art. 271 do mesmo estatuto são significativamente inferiores àquelas previstas para o delito de *envenenamento de água potável ou de substância alimentícia ou medicinal*.

No tipo penal em estudo, a conduta do agente é dirigida, tão somente, a corromper ou poluir *água potável*, seja de uso comum ou particular, tornando-a imprópria para o consumo ou nociva à saúde.

Existe controvérsia doutrinária no que diz respeito à revogação do art. 271 do Código Penal pelo art. 54 da Lei nº 9.605/98. Ney Moura Teles, incisivamente, afirma que "não pode haver dúvidas quanto à revogação tácita. A norma da lei especial alcança integralmente a descrição típica do preceito do Código Penal".[91] No mesmo sentido, Luiz Regis Prado, quando afirma que o artigo em análise foi tacitamente revogado pelo art. 54 da Lei de Crimes

---

[89] PRADO, Luiz Regis. *Curso de direito penal brasileiro*, v. 3, p. 543.
[90] HUNGRIA, Nélson. *Comentários ao código penal*, v. IX, p. 110.
[91] TELES, Ney Moura. *Direito penal*, v. 3, p. 248.

Ambientais, pois esse "dispositivo apresenta termos muito amplos, que abrangem a conduta ora examinada".[92]

Entendemos, no entanto, pela manutenção do art. 271 do Código Penal, devendo ser aplicado o art. 54 da Lei nº 9.605/98 somente quando, de acordo com o seu § 2º, III, a conduta do agente *causar poluição hídrica que torne necessária a interrupção do abastecimento público de água de uma comunidade.*

Cuida-se de um tipo misto alternativo, no qual a prática de mais de uma conduta constante do tipo penal importará em infração penal única.

5.2 Classificação doutrinária

Crime comum, tanto no que diz respeito ao sujeito ativo quanto ao sujeito passivo; doloso e culposo (tendo em vista a previsão expressa constante do parágrafo único do art. 271 do Código Penal); comissivo (podendo, também, nos termos do art. 13, § 2º, do Código Penal, ser praticado via omissão imprópria, na hipótese de o agente gozar do *status* de garantidor); de perigo comum e concreto (embora haja divergência doutrinária nesse sentido, pois se tem entendido, majoritariamente, tratar-se de crime de perigo abstrato, presumido); de forma livre; instantâneo; monossubjetivo; plurissubsistente; não transeunte.

5.3 Sujeito ativo e sujeito passivo

Qualquer pessoa pode ser *sujeito ativo* do delito de *corrupção ou poluição de água potável*, tendo em vista que o tipo penal não exige nenhuma qualidade ou condição especial.

O sujeito passivo é a *sociedade*, de forma geral, bem como aquelas pessoas que sofreram, imediatamente, com a conduta praticada pelo agente.

5.4 Objeto material e bem juridicamente protegido

O bem juridicamente protegido pelo tipo penal que prevê o delito de *corrupção ou poluição de água potável* é a incolumidade pública, consubstanciada, no caso, especificamente, na saúde pública.

O objeto material é a água potável corrompida ou poluída pelo agente.

5.5 Consumação e tentativa

O delito se consuma quando, após a corrupção ou poluição da água potável, de uso comum ou particular, o agente cria, efetivamente, uma situação de perigo a um número indeterminado de pessoas, colocando em risco, portanto, a incolumidade pública.

Conforme afirmamos acima, entendemos que é de perigo concreto o delito em estudo, ao contrário da maioria de nossos doutrinadores, que o concebem como de perigo abstrato (presumido).

Tratando-se de crime plurissubsistente, no qual se pode fracionar o *iter criminis*, torna-se possível o raciocínio relativo à tentativa.

5.6 Elemento subjetivo

O dolo é o elemento subjetivo exigido pelo *caput* do art. 271 do Código Penal, havendo, no entanto, previsão para a modalidade culposa, nos termos do parágrafo único do mesmo artigo.

---

[92] PRADO, Luiz Regis. *Curso de direito penal brasileiro*, v. 3, p. 554.

5.7 Modalidades comissiva e omissiva

Os núcleos *corromper* e *poluir* pressupõem um comportamento comissivo por parte do agente. No entanto, o delito poderá ser praticado via omissão imprópria, na hipótese em que o agente, garantidor, dolosa ou culposamente, podendo, nada fizer para impedir a corrupção ou poluição de água potável, de uso comum ou particular, tornando-a imprópria para o consumo ou nociva à saúde.

5.8 Modalidade culposa

A modalidade culposa do delito de *corrupção ou poluição de água potável* está prevista no parágrafo único do art. 271, que diz, *verbis*:

> **Parágrafo único.** Se o crime é culposo:
> Pena – detenção, de dois meses a um ano.

Nessa hipótese, o agente, deixando de observar o seu necessário dever objetivo de cuidado, cria a situação de perigo à incolumidade pública.

5.9 Pena, ação penal, competência para julgamento e suspensão condicional do processo

A pena cominada à modalidade dolosa de *corrupção ou poluição de água potável* é de reclusão, de 2 (dois) a 5 (cinco) anos.

Se o crime é culposo, a pena é de detenção, de 2 (dois) meses a 1 (um) ano.

Aplicam-se ao delito *sub examen* as majorantes previstas no art. 258 do Código Penal, nos termos do art. 285 do mesmo diploma repressivo.

A ação penal é de iniciativa pública incondicionada.

Compete, pelo menos inicialmente, ao Juizado Especial Criminal o processo e julgamento da modalidade culposa, pois a pena máxima cominada em abstrato não ultrapassa o limite de 2 (dois) anos, imposto pelo art. 61 da Lei nº 9.099/95, conforme alteração determinada pela Lei nº 11.313, de 28 de junho de 2006.

Será possível a confecção de proposta de suspensão condicional do processo, nos termos do art. 89 da Lei nº 9.099/95, somente para a modalidade culposa.

5.10 Quadro-resumo

Sujeitos
- Ativo: qualquer pessoa.
- Passivo: é a sociedade, bem como aquelas pessoas que sofreram, imediatamente, com a conduta praticada pelo agente.

Objeto material
É a água potável ou a substância alimentícia, ou medicinal.

Bem(ns) juridicamente protegido(s)
É a incolumidade pública consubstanciada, no caso, especificamente, na saúde pública.

> **Elemento subjetivo**
> Dolo.

> **Modalidades comissiva e omissiva**
> O núcleo envenenar pressupõe um comportamento comissivo por parte do agente, podendo, no entanto, ser praticado via omissão imprópria.

> **Consumação e tentativa**
> » O delito se consuma quando, após o envenenamento da água potável, de uso comum ou particular, ou de substância alimentícia ou medicinal destinada a consumo, o agente cria, efetivamente, uma situação de perigo a um número indeterminado de pessoas, colocando em risco, portanto, a incolumidade pública.
> » A tentativa é admissível.

6. FALSIFICAÇÃO, CORRUPÇÃO, ADULTERAÇÃO OU ALTERAÇÃO DE SUBSTÂNCIA OU PRODUTOS ALIMENTÍCIOS

> **Falsificação, corrupção, adulteração ou alteração de substância ou produtos alimentícios**
> **Art. 272.** Corromper, adulterar, falsificar ou alterar substância ou produto alimentício destinado a consumo, tornando-o nocivo à saúde ou reduzindo-lhe o valor nutritivo:
> Pena – reclusão, de 4 (quatro) a 8 (oito) anos, e multa.
> § 1º-A. Incorre nas penas deste artigo quem fabrica, vende, expõe à venda, importa, tem em depósito para vender ou, de qualquer forma, distribui ou entrega a consumo a substância alimentícia ou o produto falsificado, corrompido ou adulterado.
> § 1º Está sujeito às mesmas penas quem pratica as ações previstas neste artigo em relação a bebidas, com ou sem teor alcoólico.
>
> **Modalidade culposa**
> § 2º Se o crime é culposo:
> Pena – detenção, de 1 (um) a 2 (dois) anos, e multa.

6.1 Introdução

O delito tipificado no art. 272, *caput,* e parágrafos, do Código Penal teve a sua redação significativamente modificada pela Lei nº 9.677, de 2 de julho de 1998, aumentando até mesmo as penas originariamente cominadas.

O próprio *nomen juris* da infração penal foi modificado de *corrupção, adulteração ou falsificação de substância alimentícia ou medicinal* para *falsificação, corrupção, adulteração ou alteração de substância ou produtos alimentícios.*

Assim, de acordo com a nova redação legal, podemos destacar, primeiramente, os elementos que integram a figura típica prevista no *caput* do art. 272 do Código Penal, a saber: *a)* a conduta de corromper, adulterar, falsificar ou alterar; *b)* substância ou produto alimentício destinado a consumo; *c)* tornando-o nocivo à saúde; *d)* ou reduzindo-lhe o valor nutritivo.

Corromper tem o significado de estragar, decompor, tornar podre; *adulterar* importa em deturpar, deformar; *falsificar* significa reproduzir, imitando; *alterar* quer dizer mudar, modificar, transformar.

Essas condutas têm como objeto material *substância* ou *produto alimentício destinado a consumo*, vale dizer, aquele que tem por finalidade alimentar um número indeterminado de pessoas, tenha ele natureza líquida ou sólida.

Com a prática de qualquer dos comportamentos previstos pelo tipo, o agente torna a substância ou produto alimentício destinado a consumo *nocivo à saúde*, ou seja, capaz de causar dano, conforme preleciona Mirabete, "ao regular funcionamento biológico do ser humano (nocividade positiva), ou, conforme a nova redação do artigo, tenha sido reduzido o seu valor nutritivo (nocividade negativa). Sem a prova da nocividade positiva ou da redução do valor nutritivo da substância ou produto alimentício, não se configura o ilícito [...]. Ainda diante da nova redação, configura o delito, também, a mistura ao alimento de substância inócua ou daquela que seja imprópria para o consumo, ainda que não nociva à saúde, pela redução de seu valor nutritivo",[93] a exemplo, neste último caso, da hipótese muito comum de adição de água no leite.

O § 1º-A do art. 272 do Código Penal aduz, ainda, que incorre nas penas do artigo em análise quem *fabrica, vende, expõe à venda, importa, tem em depósito para vender ou, de qualquer forma, distribui ou entrega a consumo a substância alimentícia ou o produto falsificado, corrompido ou adulterado*.

Da mesma forma, incorrerá nas penas cominadas ao art. 272 do Código Penal o agente que leva a efeito qualquer dos comportamentos narrados no *caput*, bem como em seu § 1º, tendo por objeto material bebidas, com ou sem teor alcoólico, conforme determina o § 1º do mencionado dispositivo legal, de acordo com a redação determinada pela Lei nº 9.677, de 2 de julho de 1998.

Cuida-se, *in casu*, de crime de perigo comum e concreto, haja vista que o comportamento praticado pelo agente deve colocar em risco a incolumidade pública, devendo ser efetivamente demonstrado no caso concreto, comprovando-se que sua conduta tornou a substância ou produto alimentício destinado a consumo nocivo à saúde, ou que lhe reduziu o valor nutritivo.

Trata-se, ainda, de tipo misto alternativo, no qual a prática de mais de um comportamento importará em infração penal única.

6.2 Classificação doutrinária

Crime comum, tanto no que diz respeito ao sujeito ativo quanto ao sujeito passivo; doloso e culposo (tendo em vista a previsão expressa constante do § 2º do art. 272 do Código Penal); comissivo (podendo, também, nos termos do art. 13, § 2º, do Código Penal, ser praticado via omissão imprópria, na hipótese de o agente gozar do *status* de garantidor); de perigo comum e concreto (embora haja divergência doutrinária nesse sentido, pois se tem entendido, majoritariamente, tratar-se de um crime de perigo abstrato, presumido); de forma livre; instantâneo (no que diz respeito às condutas de corromper, adulterar, falsificar, alterar, fabricar, vender, importar, distribuir, entregar) e permanente (quanto às condutas de expor à venda e ter em depósito); monossubjetivo; plurissubsistente; não transeunte.

6.3 Sujeito ativo e sujeito passivo

Qualquer pessoa pode ser *sujeito ativo* do delito de *falsificação, corrupção, adulteração ou alteração de substância ou produtos alimentícios*, tendo em vista que o tipo penal não exige nenhuma qualidade ou condição especial.

---

[93] MIRABETE, Júlio Fabbrini. *Manual de direito penal*, v. 3, p. 154.

O sujeito passivo é a sociedade, de forma geral, bem como aquelas pessoas que sofreram, imediatamente, com a conduta praticada pelo agente.

6.4 Objeto material e bem juridicamente protegido

Bem juridicamente protegido pelo tipo penal que prevê o delito de *falsificação, corrupção, adulteração ou alteração de substância ou produtos alimentícios* é a incolumidade pública, consubstanciada, no caso, especificamente, na saúde pública.

O objeto material é a substância ou produto alimentício destinado a consumo, bem como as bebidas, com ou sem teor alcoólico.

6.5 Consumação e tentativa

O delito se consuma quando o agente pratica qualquer dos comportamentos previstos pelo tipo penal do art. 272 do Código Penal, criando a situação concreta de risco à incolumidade pública, ou, mais especificamente, à saúde pública, embora a doutrina majoritária aponte a infração penal em estudo como de perigo abstrato.

Tratando-se de delito plurissubsistente, torna-se possível o raciocínio relativo à tentativa.

6.6 Elemento subjetivo

O dolo é o elemento subjetivo exigido pelo *caput*, bem como pelos §§ 1º-A e 1º do art. 272 do Código Penal.

Assim, deverá o agente ter conhecimento de que, com o seu comportamento, torna nocivo à saúde ou reduz o valor nutritivo de produto alimentício ou substância destinados a consumo, aplicando-se o mesmo raciocínio quando o fato disser respeito a bebidas, com ou sem teor alcoólico.

6.7 Modalidades comissiva e omissiva

Os núcleos constantes do *caput*, bem como dos §§ 1º-A e 1º do art. 272 do Código Penal pressupõem um comportamento comissivo por parte do agente. No entanto, o delito poderá ser praticado via omissão imprópria, na hipótese em que o agente, garantidor, dolosa ou culposamente, podendo, nada fizer para impedir a produção do resultado, nos termos do art. 13, § 2º, do Código Penal.

6.8 Modalidade culposa

Existe previsão para a modalidade culposa do delito de *falsificação, corrupção, adulteração ou alteração de substância ou produtos alimentícios*, nos termos do § 2º do art. 272, *verbis*:

> § 2º Se o crime é culposo:
> Pena – detenção, de 1 (um) a 2 (dois) anos, e multa.

6.9 Pena, ação penal, competência para julgamento e suspensão condicional do processo

A pena cominada à modalidade dolosa de *falsificação, corrupção, adulteração ou alteração de substância ou produtos alimentícios* é de reclusão, de 4 (quatro) a 8 (oito) anos, e multa.

Se o crime é culposo, a pena é de detenção, de 1 (um) a 2 (dois) anos, e multa.

Aplicam-se ao delito *sub examen* as majorantes previstas no art. 258 do Código Penal, nos termos do art. 285 do mesmo diploma repressivo.

A ação penal é de iniciativa pública incondicionada.

Compete, pelo menos inicialmente, ao Juizado Especial Criminal o processo e o julgamento da modalidade culposa, desde que não aplicadas as majorantes previstas no art. 258 do Código Penal, pois a pena máxima cominada em abstrato não ultrapassa o limite de 2 (dois) anos, imposto pelo art. 61 da Lei nº 9.099/95, conforme redação determinada pela Lei nº 11.313, de 28 de junho de 2006.

Será possível a confecção de proposta de suspensão condicional do processo, nos termos do art. 89 da Lei nº 9.099/95, somente para a modalidade culposa, e desde que não incida no caso concreto as causas especiais de aumento de pena previstas pelo art. 258 do Código Penal.

6.10 Destaques

6.10.1 Ofensa ao princípio da proporcionalidade

Em sua redação original, dizia o art. 272 do Código Penal: *Corromper, adulterar ou falsificar substância alimentícia ou medicinal destinada a consumo, tornando-a nociva à saúde.*

Com a redação dada pela Lei nº 9.677, de 2 de julho de 1998, além de ser incluído o núcleo *alterar,* também passou a configurar o delito em estudo a conduta dirigida a reduzir o valor nutritivo da substância ou produto alimentício destinado a consumo.

No entanto, tal inovação, *permissa venia*, contraria o princípio da proporcionalidade, haja vista que iguala comportamentos que merecem ser valorados de forma diferente, uma vez que a conduta do agente dirigida finalisticamente a tornar nociva à saúde substância ou produto alimentício destinado a consumo é, a toda prova, consideravelmente mais grave do que aquela que simplesmente lhe reduz o valor nutritivo.

6.10.2 Crime contra a economia popular

Quando o comportamento praticado pelo agente não colocar em risco a incolumidade pública, o fato poderá subsumir-se aos incisos III e V do art. 2º da Lei nº 1.521, de 26 de dezembro de 1951, que dispõe sobre crimes contra a economia popular, *verbis*:

> Art. 2º [...]
> [...]
> III – expor à venda ou vender mercadoria ou produto alimentício, cujo fabrico haja desatendido a determinações oficiais, quanto ao peso e composição;
> [...]
> V – misturar gêneros e mercadorias de espécies diferentes, expô-los à venda ou vendê-los, como puros; misturar gêneros e mercadorias de qualidades desiguais para expô-los à venda ou vendê-los por preço marcado para os de mais alto custo.

6.11 Quadro-resumo

Sujeitos

» Ativo: qualquer pessoa.
» Passivo: é a sociedade, bem como aquelas pessoas que sofreram, imediatamente, com a conduta praticada pelo agente.

Objeto material

É a substância ou produto alimentício destinado a consumo, bem como as bebidas, com ou sem teor alcoólico.

Bem(ns) juridicamente protegido(s)

É a incolumidade pública consubstanciada, no caso, especificamente, na saúde pública.

Elemento subjetivo

Dolo.

Modalidades comissiva e omissiva

Os núcleos constantes do caput, bem como dos §§ 1º-A e 1º do art. 272 do CP, pressupõem um comportamento comissivo por parte do agente, podendo, no entanto, ser praticados via omissão imprópria.

Consumação e tentativa

» O delito se consuma quando o agente pratica qualquer dos comportamentos previstos pelo tipo penal do art. 272 do CP, criando a situação concreta de risco à incolumidade pública, ou, mais especificamente, à saúde pública.
» A tentativa é admissível.

7. FALSIFICAÇÃO, CORRUPÇÃO, ADULTERAÇÃO OU ALTERAÇÃO DE PRODUTO DESTINADO A FINS TERAPÊUTICOS OU MEDICINAIS

Falsificação, corrupção, adulteração ou alteração de produto destinado a fins terapêuticos ou medicinais

Art. 273. Falsificar, corromper, adulterar ou alterar produto destinado a fins terapêuticos ou medicinais:
Pena – reclusão, de 10 (dez) a 15 (quinze) anos, e multa.
§ 1º Nas mesmas penas incorre quem importa, vende, expõe à venda, tem em depósito para vender ou, de qualquer forma, distribui ou entrega a consumo o produto falsificado, corrompido, adulterado ou alterado.
§ 1º-A. Incluem-se entre os produtos a que se refere este artigo os medicamentos, as matérias-primas, os insumos farmacêuticos, os cosméticos, os saneantes e os de uso em diagnóstico.
§ 1º-B. Está sujeito às penas deste artigo quem pratica as ações previstas no § 1º em relação a produtos em qualquer das seguintes condições:
I – sem registro, quando exigível, no órgão de vigilância sanitária competente;
II – em desacordo com a fórmula constante do registro previsto no inciso anterior;
III – sem as características de identidade e qualidade admitidas para sua comercialização;
IV – com redução de seu valor terapêutico ou de sua atividade;
V – de procedência ignorada;
VI – adquiridos de estabelecimento sem licença da autoridade sanitária competente.

Modalidade culposa

§ 2º Se o crime é culposo:
Pena – detenção, de 1 (um) a 3 (três) anos, e multa.

7.1 Introdução

O delito tipificado no art. 273, *caput* e parágrafos, do Código Penal teve, também, sua redação significativamente modificada pela Lei nº 9.677, de 2 de julho de 1998, que aumentou severamente as penas a ele originariamente cominadas.

O próprio *nomen juris* da infração penal foi modificado de *alteração de substância alimentícia ou medicinal* para *falsificação, corrupção, adulteração ou alteração de produto destinado a fins terapêuticos ou medicinais*.

O legislador, no final do século passado, entendeu que a infração penal prevista pelo art. 273 do Código Penal era tão grave, que a fez inserir no rol daquelas consideradas como hediondas pela Lei nº 8.072, de 25 de julho de 1990, inserção esta que foi realizada pela Lei nº 9.695, de 20 de agosto de 1998.

Hoje, portanto, o delito de *falsificação, corrupção, adulteração ou alteração de produto destinado a fins terapêuticos ou medicinais* encontra-se inserido no inciso VII-B do art. 1º da lei que dispôs sobre os crimes hediondos.

Assim, de acordo com a redação da mencionada figura típica, constante do art. 273, *caput*, do Código Penal, podemos apontar os seguintes elementos: *a)* a conduta de corromper, adulterar, falsificar ou alterar; *b)* produto destinado a fins terapêuticos ou medicinais.

Corromper tem o significado de estragar, decompor, tornar podre; *adulterar* importa em deturpar, deformar; *falsificar* significa reproduzir, imitando; *alterar* quer dizer mudar, modificar, transformar.

A conduta do agente deve ter por objeto produto destinado a fins terapêuticos ou medicinais, vale dizer, conforme preconiza Damásio de Jesus, "toda substância, sólida ou líquida, empregada na cura ou prevenção de moléstias".[94]

Determina, ainda, o § 1º do art. 273 que *nas mesmas penas incorre quem importa, vende, expõe à venda, tem em depósito para vender ou, de qualquer forma, distribui ou entrega a consumo o produto falsificado, corrompido ou alterado*.

O § 1º-A aponta, ainda, os produtos que devem ser compreendidos no delito tipificado no art. 273 do Código Penal, asseverando serem os *medicamentos, as matérias-primas, os insumos farmacêuticos, os cosméticos, os saneantes e os de uso em diagnóstico*. Cezar Roberto Bitencourt esclarece sobre os elementos que integram o mencionado parágrafo, dizendo:

> "*Medicamento* [...] é a substância destinada à cura ou ao alívio de doenças, bem como ao combate de males e enfermidades; *matéria-prima* (substância a partir da qual se pode fabricar ou produzir outra); *insumos farmacêuticos* (produtos combinados resultantes de várias matérias-primas); *cosméticos* (produtos destinados à limpeza, conservação e maquiagem da pele); *saneantes* (produtos de limpeza em geral)."[95]

O § 1º-B, a seu turno, aduz que está sujeito às penas do art. 273 do Código Penal quem pratica as ações previstas no § 1º em relação a produtos em qualquer das seguintes condições: I – sem registro, quando exigível, no órgão de vigilância sanitária competente; II – em desacordo com a fórmula constante do registro previsto no item anterior; III – sem as características de identidade e qualidade admitidas para a sua comercialização; IV – com redução de seu valor terapêutico ou de sua atividade; V – de procedência ignorada; VI – adquiridos de estabelecimento sem licença da autoridade sanitária competente.

---

[94] JESUS, Damásio E. de. *Direito penal*, v. 3, p. 355.
[95] BITENCOURT, Cezar Roberto. *Tratado de direito penal*, v. 4, p. 243.

No que diz respeito à aplicação do preceito secundário do art. 273, caput, ao inciso I do § 1º-B do mesmo artigo, assim decidiu o STF, reconhecendo sua inconstitucionalidade, por meio do seu Plenário, em 13/06/2023, RE 979962/RS, tendo como relator o Min. Barroso:

> "1. Embargos de declaração contra acórdão que julgou inconstitucional a aplicação do preceito secundário do art. 273 do Código Penal, com a redação da Lei nº 9.677/1998 (10 a 15 anos de reclusão e multa), à hipótese prevista no seu § 1º-B, I. Tal dispositivo versa sobre a importação de medicamento sem registro no órgão de vigilância sanitária, determinando a aplicação da pena prevista na redação originária do dispositivo (1 a 3 anos de reclusão).
> 2. A embargante alega a existência de omissão no acórdão, que não tratou da inconstitucionalidade da aplicação desse mesmo preceito secundário aos núcleos verbais equivalentes ao de 'importar' previstos no mesmo dispositivo legal, quais sejam: 'vender', 'expor à venda', 'ter em depósito para vender' ou, 'de qualquer forma, distribuir ou entregar a consumo' produto sem registro sanitário.
> 3. Há flagrante desproporcionalidade na aplicação do preceito secundário do art. 273 do Código Penal à hipótese prevista no seu § 1º-B, I, em relação a todas as condutas descritas no dispositivo legal. Assim, a declaração de inconstitucionalidade do preceito secundário, com a repristinação da pena original da conduta de importar medicamento sem registro, deve ser estendida para os demais núcleos verbais relacionados no dispositivo legal.
> 4. A ausência de uniformidade de tratamento nesses casos produziria uma sensação difusa de injustiça, com potencial descrédito do sistema de persecução penal, e ensejaria a rediscussão da matéria nas instâncias ordinárias.
> 5. Embargos de declaração providos, com a readequação da tese de julgamento nos seguintes termos: *'É inconstitucional a aplicação do preceito secundário do art. 273 do Código Penal, com redação dada pela Lei no 9.677/98 (reclusão, de 10 a 15 anos, e multa), à hipótese prevista no seu § 1º-B, I, que versa sobre importar, vender, expor à venda, ter em depósito para vender ou, de qualquer forma, distribuir ou entregar produto sem registro no órgão de vigilância sanitária. Para estas situações específicas, fica repristinado o preceito secundário do art. 273, na sua redação originária (reclusão, de 1 a 3 anos, e multa)'*".

Cuida-se, *in casu*, de crime de perigo comum e concreto, haja vista que o comportamento praticado pelo agente deve colocar em risco a incolumidade pública, devendo ser efetivamente demonstrado no caso concreto.

Trata-se, ainda, de tipo misto alternativo, no qual a prática de mais de um comportamento importará em infração penal única.

7.2 Classificação doutrinária

Crime comum, tanto no que diz respeito ao sujeito ativo quanto ao sujeito passivo; doloso e culposo (tendo em vista a previsão expressa constante do § 2º do art. 273 do Código Penal); comissivo (podendo, também, nos termos do art. 13, § 2º, do Código Penal, ser praticado via omissão imprópria, na hipótese de o agente gozar do *status* de garantidor); de perigo comum e concreto (embora haja divergência doutrinária nesse sentido, pois se tem entendido, majoritariamente, tratar-se de um crime de perigo abstrato, presumido); de forma livre; instantâneo (no que diz respeito às condutas de falsificar, corromper, adulterar, alterar, vender, importar, distribuir, entregar) e permanente (quanto às condutas de expor à venda e ter em depósito); monossubjetivo; plurissubsistente; não transeunte.

7.3 Sujeito ativo e sujeito passivo

Qualquer pessoa pode ser *sujeito ativo* do delito de *falsificação, corrupção, adulteração ou alteração de produto destinado a fins terapêuticos ou medicinais*, tendo em vista que o tipo penal não exige nenhuma qualidade ou condição especial.

O sujeito passivo é a sociedade, de forma geral, bem como aquelas pessoas que sofreram imediatamente com a conduta praticada pelo agente.

7.4 Objeto material e bem juridicamente protegido

Bem juridicamente protegido pelo tipo penal que prevê o delito de *falsificação, corrupção, adulteração ou alteração de produto destinado a fins terapêuticos ou medicinais* é a incolumidade pública, consubstanciada, no caso, especificamente, na saúde pública.

O objeto material é o produto destinado a fins terapêuticos ou medicinais.

7.5 Consumação e tentativa

O delito se consuma quando o agente pratica quaisquer dos comportamentos previstos pelo tipo penal do art. 273 do Código Penal, criando a situação concreta de risco à incolumidade pública, ou, mais especificamente, à saúde pública, embora a doutrina majoritária considere a infração penal em estudo como de perigo abstrato.

Tratando-se de delito plurissubsistente, torna-se possível o raciocínio relativo à tentativa.

7.6 Elemento subjetivo

O dolo é o elemento subjetivo exigido pelo *caput*, bem como pelo § 1º do art. 273 do Código Penal.

Assim, a conduta do agente deverá ser dirigida finalisticamente no sentido de praticar qualquer dos comportamentos previstos pelo tipo penal em estudo, tendo como objeto material produto destinado a fins terapêuticos ou medicinais.

7.7 Modalidades comissiva e omissiva

Os núcleos constantes do *caput*, bem como do § 1º do art. 273 do Código Penal, pressupõem um comportamento comissivo por parte do agente. No entanto, o delito poderá ser praticado via omissão imprópria, na hipótese em que o agente, garantidor, dolosa ou culposamente, podendo, nada fizer para impedir a produção do resultado, nos termos do art. 13, § 2º, do Código Penal.

7.8 Modalidade culposa

Existe previsão para a modalidade culposa do delito de *falsificação, corrupção, adulteração ou alteração de produto destinado a fins terapêuticos ou medicinais*, nos termos do § 2º do art. 273, *verbis*:

> § 2º Se o crime é culposo:
> Pena – detenção, de 1 (um) a 3 (três) anos, e multa.

7.9 Pena, ação penal e suspensão condicional do processo

A pena cominada à modalidade dolosa de *falsificação, corrupção, adulteração ou alteração de produto destinado a fins terapêuticos ou medicinais* é de reclusão, de 10 (dez) a 15 (quinze) anos, e multa.

Se o crime é culposo, a pena é de detenção, de 1 (um) a 3 (três) anos, e multa.

Aplicam-se ao delito *sub examen* as majorantes previstas no art. 258 do Código Penal, nos termos do art. 285 do mesmo diploma repressivo.

A ação penal é de iniciativa pública incondicionada.

Será possível a confecção de proposta de suspensão condicional do processo, nos termos do art. 89 da Lei nº 9.099/95, somente para a modalidade culposa e desde que não incidam no caso concreto as causas especiais de aumento de pena previstas pelo art. 258 do Código Penal.

7.10 Destaque

7.10.1 Ofensa aos princípios da ofensividade e proporcionalidade

Indignado com a nova redação legal, bem como com as penas excessivas cominadas ao art. 273 do Código Penal e, ainda, com sua inclusão no rol das infrações penais consideradas como hediondas, Alberto Silva Franco, com acerto, preconiza:

> "A falsificação de um cosmético, como um batom, ou de produto destinado à higienização doméstica, ou ainda a exposição à venda de produto adquirido de estabelecimento sem licença da autoridade sanitária competente são ações que não chegam a ofender, de modo significativo, o bem jurídico que se buscou proteger (a saúde pública). Além disso, para as ações exemplificadas são cominadas penas reclusivas chocantes (entre dez a 15 anos), o que evidencia a total carência de proporção entre a gravidade das condutas empreendidas e as consequências punitivas delas decorrentes. Ademais, essa desproporção fica mais à mostra quando o preceito sancionatório formulado pelo legislador dá, como no caso do art. 273 do Código Penal, um tratamento punitivo mais rigoroso a condutas valorativamente menos graves: a pena do homicídio simples (mínimo de seis anos de reclusão) é inferior à pena de falsificação ou de alteração de cosméticos ou saneantes ou de ilícito administrativo alçado à categoria de fato criminoso (mínimo de dez anos de reclusão). A conclusão final é, portanto, pela manifesta ofensa aos princípios constitucionais da ofensividade e da proporcionalidade."[96]

7.10.2 Prioridade de tramitação do processo de falsificação, corrupção, adulteração ou alteração de produto destinado a fins terapêuticos ou medicinais (art. 273, caput e §§ 1º, 1º-A e 1º-B)

A Lei nº 14.994, de 9 de outubro de 2024, alterou o art. 394-A do Código de Processo Penal, determinando, *verbis*:

> **Art. 394-A.** Os processos que apurem a prática de crime hediondo ou violência contra a mulher terão prioridade de tramitação em todas as instâncias.
> § 1º Os processos que apurem violência contra a mulher independerão do pagamento de custas, taxas ou despesas processuais, salvo em caso de má-fé.
> § 2º As isenções de que trata o § 1º deste artigo aplicam-se apenas à vítima e, em caso de morte, ao cônjuge, ascendente, descendente ou irmão, quando a estes couber o direito de representação ou de oferecer queixa ou prosseguir com a ação.

7.11 Quadro-resumo

Sujeitos
- » Ativo: qualquer pessoa.
- » Passivo: é a sociedade, bem como aquelas pessoas que sofreram, imediatamente, com a conduta praticada pelo agente.

---

[96] FRANCO, Alberto Silva. *Crimes hediondos*, p. 257.

Objeto material
É o produto destinado a fins terapêuticos ou medicinais.

Bem(ns) juridicamente protegido(s)
É a incolumidade pública consubstanciada, no caso, especificamente, na saúde pública.

Elemento subjetivo
Dolo.

Modalidades comissiva e omissiva
Os núcleos constantes do caput, bem como do § 1º do art. 273 do CP, pressupõem um comportamento comissivo por parte do agente, podendo, no entanto, ser praticados via omissão imprópria.

Consumação e tentativa
» O delito se consuma quando o agente pratica quaisquer dos comportamentos previstos pelo tipo penal do art. 273 do CP, criando a situação concreta de risco à incolumidade pública, ou, mais especificamente, à saúde pública.
» A tentativa é admissível.

8. EMPREGO DE PROCESSO PROIBIDO OU DE SUBSTÂNCIA NÃO PERMITIDA

Emprego de processo proibido ou de substância não permitida
Art. 274. Empregar, no fabrico de produto destinado a consumo, revestimento, gaseificação artificial, matéria corante, substância aromática, antisséptica, conservadora ou qualquer outra não expressamente permitida pela legislação sanitária:
Pena – reclusão, de 1 (um) a 5 (cinco) anos, e multa.

8.1 Introdução

O delito de *emprego de processo proibido ou de substância não permitida* está previsto pelo art. 274 do Código Penal. De acordo com a redação constante do mencionado tipo penal, podemos apontar os seguintes elementos: *a)* a conduta de *empregar*, no fabrico de produto destinado a consumo; *b)* revestimento, gaseificação artificial, matéria corante, substância aromática, antisséptica, conservadora; *c)* ou qualquer outra não expressamente permitida pela legislação sanitária.

O núcleo *empregar* tem o significado de utilizar, valer-se de, aplicar etc. A conduta é dirigida finalisticamente à *fabricação de produto destinado ao consumo*. Isso significa que o agente, com o seu comportamento, coloca em risco um número indeterminado de pessoas, haja vista que o produto por ele fabricado será destinado a consumo público.

Cuida-se, *in casu*, de norma penal em branco, uma vez que todos os comportamentos previstos pelo tipo penal somente poderão ser observados mediante exame do complemento oriundo da legislação sanitária.

O art. 274 do Código Penal determina, ainda, a realização de uma interpretação analógica, uma vez que nos fornece, inicialmente, uma fórmula casuística, exemplificativa (emprego, no fabrico de produto destinado a consumo, de *revestimento, gaseificação artificial, matéria corante, substância aromática, antisséptica, conservadora*), seguida de uma fórmula genérica (*ou qualquer outra não expressamente permitida pela legislação sanitária*).

Luiz Regis Prado resume, com precisão, as hipóteses elencadas expressamente pelo art. 274 do Código Penal, dizendo:

"a) *revestimento* – é o envoltório usado no fabrico para cobrir o produto destinado a consumo. Em realidade, faz parte dele. Não se trata daquele outro envoltório usado para protegê-lo na prática do comércio. Cite-se que há determinados queijos que só podem ser envoltos em papel metálico; b) *gaseificação artificial* – visa dissolver gases convenientemente indicados nessas substâncias, por processo de manipulação adequado. É utilizada em refrigerantes, por exemplo; c) *matéria corante* – o seu emprego é permitido, desde que sejam respeitadas a natureza e quantidade estipuladas em lei. Serve para dar cor aos produtos; d) *substância aromática* – por vezes, faz parte do próprio produto destinado a consumo e, por outras, pode ser-lhe acrescentado com o escopo de melhorar o paladar ou perfumá-lo. Como exemplos, tem-se o óleo essencial, o aroma natural e artificial, a solução alcoólica de essência natural (como canela, cravo, noz – moscada etc.), entre outros; e) *substância antisséptica* – é utilizada para evitar ou obstaculizar a fermentação de matéria orgânica. São mencionados, nesse caso, ácido salicílico e salicilatos, água oxigenada etc.; f) *substância conservadora* – é usada para [...] evitar ou protelar sua alteração pela invasão ou proliferação de germes. Impede a fermentação. Ex.: sal de cozinha, açúcar, álcool, azeite etc."[97]

Para a correta compreensão e aplicação do art. 274 do Código Penal, deverá ser, obrigatoriamente, consultada a legislação sanitária que lhe é pertinente, a exemplo do Decreto-Lei nº 986, de 21 de outubro de 1969, que institui normas básicas sobre alimentos; da Lei nº 6.150, de 3 de dezembro de 1974, que dispõe sobre a obrigatoriedade da iodação do sal destinado ao consumo humano; da Lei nº 10.273, de 5 de setembro de 2001, que dispõe sobre o uso de bromato de potássio na farinha e nos produtos de panificação etc.

Utilizando a expressão *produto destinado a consumo*, a lei penal amplia, sobremaneira, o seu campo de atuação, haja vista que todos os produtos, sejam eles comestíveis ou não, a exemplo dos brinquedos, produtos de higiene pessoal etc., estão por ela abrangidos.

Cuida-se, segundo entendemos, de delito de perigo concreto, cuja demonstração da criação de risco deverá ser demonstrada caso a caso. No entanto, a doutrina, majoritariamente, posiciona-se no sentido contrário, entendendo como de perigo abstrato a infração penal de *emprego de processo proibido ou de substância não permitida*.

8.2 Classificação doutrinária

Crime comum, tanto no que diz respeito ao sujeito ativo quanto ao sujeito passivo; doloso; comissivo (podendo, também, nos termos do art. 13, § 2º, do Código Penal, ser praticado via omissão imprópria, na hipótese de o agente gozar do *status* de garantidor); de perigo comum e concreto (embora haja divergência doutrinária nesse sentido, pois se tem entendido, majoritariamente, tratar-se de crime de perigo abstrato, presumido); de forma livre; instantâneo; monossubjetivo; plurissubsistente; não transeunte.

8.3 Sujeito ativo e sujeito passivo

Qualquer pessoa pode ser *sujeito ativo* do delito de *emprego de processo proibido ou de substância não permitida*, não exigindo o tipo penal em estudo nenhuma qualidade ou condição especial.

Sujeito passivo é a sociedade.

---

[97] PRADO, Luiz Regis. *Curso de direito penal brasileiro*, v. 3, p. 578-579.

8.4 Objeto material e bem juridicamente protegido

O bem juridicamente protegido pelo tipo penal que prevê o delito de *emprego de processo proibido ou de substância não permitida* é a incolumidade pública, consubstanciada, no caso, especificamente, na saúde pública.

O objeto material é o produto destinado a consumo.

8.5 Consumação e tentativa

Consuma-se o delito em exame quando o agente, efetivamente, após empregar, no fabrico de produto destinado a consumo, revestimento, gaseificação artificial, matéria corante, substância aromática, antisséptica, conservadora ou qualquer outra não expressamente permitida pela legislação sanitária, cria uma situação concreta de risco à incolumidade pública.

A maioria da doutrina, no entanto, entende ser de perigo abstrato, presumido, o delito tipificado no art. 274 do Código Penal, bastando, outrossim, para efeitos de sua consumação, a simples prática do conduta descrita no núcleo do tipo, independentemente da necessidade de ser demonstrado, no caso concreto, que esse comportamento trouxe risco à incolumidade pública, posição com a qual não podemos concordar, em virtude das determinações relativas ao princípio da lesividade, que deverá e poderá ser observado no delito em estudo.

Tratando-se de crime plurissubsistente, torna-se perfeitamente possível o raciocínio relativo à tentativa.

8.6 Elemento subjetivo

O dolo é o elemento subjetivo exigido pelo art. 274 do Código Penal, não havendo previsão para a modalidade culposa.

O agente, no entanto, deve saber que emprega, no fabrico do produto destinado a consumo, revestimento, gaseificação artificial, matéria corante, substância aromática, antisséptica, conservadora ou qualquer outra não expressamente permitida pela legislação sanitária, pois, caso contrário, poderá ser alegado o erro de tipo, afastando-se o dolo e, consequentemente, a própria infração penal em estudo, tendo em vista a ausência de modalidade culposa.

8.7 Modalidades comissiva e omissiva

O núcleo *empregar* pressupõe um comportamento comissivo por parte do agente. No entanto, o delito poderá ser praticado via omissão imprópria, na hipótese em que o agente, garantidor, dolosamente, podendo, nada fizer para impedir o emprego de processo proibido ou de substância não permitida.

Assim, imagine-se a hipótese em que um fiscal da vigilância sanitária, sabendo que o agente empregava, por exemplo, no fabrico de produto destinado ao consumo, alguma substância não permitida expressamente pela legislação sanitária e, por estar insatisfeito com seus vencimentos, dolosamente, nada faz para impedir que o produto seja fabricado, permitindo, em virtude de sua omissão, a criação de risco para a incolumidade pública. Nesse caso, poderia ser responsabilizado, nos termos do art. 13, § 2º, do Código Penal.

8.8 Pena, ação penal e suspensão condicional do processo

A pena cominada ao delito de *emprego de processo proibido ou de substância não permitida* é de reclusão, de 1 (um) a 5 (cinco) anos, e multa, conforme alteração determinada pela Lei nº 9.677, de 2 de julho de 1998.

Aplicam-se ao delito *sub examen* as majorantes previstas no art. 258 do Código Penal, nos termos do art. 285 do mesmo diploma repressivo.

A ação penal é de iniciativa pública incondicionada.

Será possível a confecção de proposta de suspensão condicional do processo, nos termos do art. 89 da Lei nº 9.099/95, desde que não incida o art. 258 do Código Penal.

8.9 Destaque

8.9.1 Crime contra a economia popular

Se o agente vier expor à venda ou vender mercadoria ou produto alimentício, cujo fabrico haja desatendido a determinações oficiais, quanto ao peso e composição, estaremos diante de um crime contra a economia popular, tipificado no inciso III do art. 2º da Lei nº 1.521, de 26 de dezembro de 1951.

8.10 Quadro-resumo

Sujeitos
» Ativo: qualquer pessoa.
» Passivo: é a sociedade.

Objeto material
É o produto destinado a consumo.

Bem(ns) juridicamente protegido(s)
É a incolumidade pública consubstanciada no caso, especificamente, na saúde pública.

Elemento subjetivo
Dolo, não havendo previsão para a modalidade culposa.

Modalidades comissiva e omissiva
O núcleo empregar pressupõe um comportamento comissivo por parte do agente, podendo, no entanto, ser praticado via omissão imprópria.

Consumação e tentativa
» Consuma-se o delito quando o agente, efetivamente, após empregar, no fabrico de produto destinado a consumo, revestimento, gaseificação artificial, matéria corante, substância aromática, antisséptica, conservadora ou qualquer outra não expressamente permitida pela legislação sanitária, cria uma situação concreta de risco à incolumidade pública.
» A tentativa é admissível.

9. INVÓLUCRO OU RECIPIENTE COM FALSA INDICAÇÃO

Invólucro ou recipiente com falsa indicação
Art. 275. Inculcar, em invólucro ou recipiente de produtos alimentícios, terapêuticos ou medicinais, a existência de substância que não se encontra em seu conteúdo ou que nele existe em quantidade menor que a mencionada:
Pena – reclusão, de 1 (um) a 5 (cinco) anos, e multa.

9.1 Introdução

O delito de *invólucro ou recipiente com falsa indicação* está previsto pelo art. 275 do Código Penal. De acordo com a redação da mencionada figura típica, podemos apontar os seguintes elementos: *a)* a conduta de *inculcar*, em invólucro ou recipiente de produtos alimentícios, terapêuticos ou medicinais; *b)* a existência de substância que não se encontra em seu conteúdo; *c)* ou que nele existe em quantidade menor que a mencionada.

O núcleo *inculcar* deve ser entendido no sentido de cunhar, estampar, divulgar, indicar. Especifica a lei penal que a conduta do agente deve ser dirigida a invólucro ou recipiente de produtos alimentícios, terapêuticos ou medicinais. A redação original do artigo não previa os produtos terapêuticos, sendo levada a efeito a sua inclusão por intermédio da Lei nº 9.677, de 2 de julho de 1998.

Produto, de acordo com as precisas lições de Mirabete:

"É a coisa beneficiada, fabricada industrialmente ou manufaturada. O produto alimentício é qualquer preparado destinado a alimentação, alimento ou bebida, e produto terapêutico ou medicinal é aquele usado com o fim de prevenção, melhora ou cura de doenças."[98]

Podemos compreender por *invólucro* tudo aquilo que serve para envolver, embrulhar a substância alimentícia, terapêutica ou medicinal, a exemplo do rótulo ou mesmo da bula. *Recipiente* é o objeto capaz de conter, acondicionar líquidos ou sólidos, a exemplo das embalagens de plástico, alumínio, vidro etc.

São duas as situações que devem ser analisadas. Na primeira, o agente inculca a existência de substância que não se encontra em seu conteúdo, ou seja, a informação é falsa, pois cria uma situação de perigo para as pessoas que adquirem, por exemplo, aquele produto, porque necessitam fazer a ingestão daquela substância mencionada, mas não existente. No segundo caso, a substância existe, mas a sua quantidade é menor do que a informada no invólucro ou recipiente. Nas duas hipóteses, entendemos que deverá ser demonstrada, no caso concreto, a criação do risco à incolumidade pública pelo agente, ao contrário da doutrina majoritária, que assevera se tratar de um crime de perigo abstrato.

9.2 Classificação doutrinária

Crime comum, tanto no que diz respeito ao sujeito ativo quanto ao sujeito passivo; doloso; comissivo (podendo, também, nos termos de o art. 13, § 2º, do Código Penal, ser praticado via omissão imprópria, na hipótese de o agente gozar do *status* de garantidor); de perigo comum e concreto (embora haja divergência doutrinária nesse sentido, pois se tem entendido, majoritariamente, tratar-se de um crime de perigo abstrato, presumido); de forma vinculada (pois a lei penal menciona os modos pelos quais o delito poderá ser praticado, vale dizer, inculcando em invólucro ou recipiente de produtos alimentícios, terapêuticos ou medicinais, a existência de *substância que não se encontra em seu conteúdo* ou *que nele existe em quantidade menor que a mencionada*); instantâneo; monossubjetivo; plurissubsistente; não transeunte.

9.3 Sujeito ativo e sujeito passivo

Qualquer pessoa pode ser *sujeito ativo* do delito de *invólucro ou recipiente com falsa indicação*, não exigindo o tipo penal em estudo nenhuma qualidade ou condição especial.

O *sujeito passivo* é a sociedade.

---

[98] MIRABETE, Júlio Fabbrini. *Manual de direito penal*, v. 3, p. 163.

9.4 Objeto material e bem juridicamente protegido

O bem juridicamente protegido pelo tipo penal que prevê o delito de *invólucro ou recipiente com falsa indicação* é a incolumidade pública, consubstanciada, no caso, especificamente, na saúde pública.

O objeto material é o invólucro ou recipiente de produtos alimentícios, terapêuticos ou medicinais.

9.5 Consumação e tentativa

O delito de *invólucro ou recipiente com falsa indicação* se consuma quando, após a inculcação das informações falsas, o agente cria, efetivamente, uma situação de risco à incolumidade pública. Assim, segundo nosso posicionamento, não basta que tenha, por exemplo, feito estampar em invólucro do produto (alimentício, terapêutico ou medicinal) substância inexistente, mas, sim, que, com esse comportamento, tenha exposto a perigo a saúde pública.

Dessa forma, se o agente, depois de estampar as falsas informações, não colocou o produto à disposição do público, o fato deverá ser considerado um indiferente penal ou, no máximo, entendido como um ato de preparação.

A tentativa é admissível, tendo em vista tratar-se de crime plurissubsistente.

9.6 Elemento subjetivo

O dolo é o elemento subjetivo exigido pelo art. 275 do Código Penal, não havendo previsão para a modalidade culposa.

O agente, portanto, deve, volitiva e conscientemente, inculcar, em invólucro ou recipiente de produtos alimentícios, terapêuticos ou medicinais, a existência de substância que não se encontre em seu conteúdo ou que nele exista em quantidade menor que a mencionada. Se, por exemplo, por erro, imaginar que a substância existe ou que a quantidade referida no invólucro é a correta, o fato será considerado um indiferente penal, em virtude do erro de tipo, haja vista a inexistência da modalidade culposa do delito em análise.

9.7 Modalidades comissiva e omissiva

O núcleo *inculcar* pressupõe um comportamento comissivo por parte do agente. No entanto, o delito poderá ser praticado via omissão imprópria, na hipótese em que o agente, garantidor, dolosamente, podendo, nada fizer para impedir a inculcação, em invólucro ou recipiente de produtos alimentícios, terapêuticos ou medicinais.

Assim, imagine-se a hipótese em que o agente seja contratado pela empresa responsável pela fabricação do produto medicinal, a fim de levar a efeito o controle não só do conteúdo de cada substância comercializada, como também das informações constantes do seu invólucro ou recipiente, mas, percebendo o erro no que dizia respeito, v.g., à quantidade de determinada substância, que era menor do que a efetivamente informada, dolosamente, querendo prejudicar a empresa em virtude de sua insatisfação com a remuneração que recebia, permita seja inculcado no mencionado invólucro a informação equivocada. Nesse caso, poderá ser responsabilizado pela sua omissão imprópria, nos termos do art. 13, § 2º, do Código Penal.

9.8 Pena, ação penal e suspensão condicional do processo

A pena cominada ao delito de *invólucro ou recipiente com falsa indicação* é de reclusão, de 1 (um) a 5 (cinco) anos, e multa, conforme alteração determinada pela Lei nº 9.677, de 2 de julho de 1998.

Aplicam-se ao delito *sub examen* as majorantes previstas no art. 258 do Código Penal, nos termos do art. 285 do mesmo diploma repressivo.

A ação penal é de iniciativa pública incondicionada.

Será possível a confecção de proposta de suspensão condicional do processo, nos termos do art. 89 da Lei nº 9.099/95, desde que não incida o art. 258 do Código Penal.

9.9 Destaque

9.9.1 Falsa indicação em folhetos ou catálogos informativos

A falsa indicação em folhetos ou catálogos informativos não se configura no delito de *invólucro ou recipiente com falsa indicação*, podendo o fato se amoldar à figura típica constante do art. 175 do Código Penal, que prevê o delito de *fraude no comércio*.

9.10 Quadro-resumo

Sujeitos
» Ativo: qualquer pessoa.
» Passivo: é a sociedade.

Objeto material
É o invólucro ou recipiente de produtos alimentícios, terapêuticos ou medicinais.

Bem(ns) juridicamente protegido(s)
É a incolumidade pública consubstanciada, no caso, especificamente, na saúde pública.

Elemento subjetivo
Dolo, não havendo previsão para a modalidade culposa.

Modalidades comissiva e omissiva
O núcleo inculcar pressupõe um comportamento comissivo por parte do agente, podendo, no entanto, ser praticado via omissão imprópria.

Consumação e tentativa
» O delito se consuma quando, após a inculcação das informações falsas, o agente cria, efetivamente, uma situação de risco à incolumidade pública.
» A tentativa é admissível.

10. PRODUTO OU SUBSTÂNCIA NAS CONDIÇÕES DOS DOIS ARTIGOS ANTERIORES

Produto ou substância nas condições dos dois artigos anteriores
Art. 276. Vender, expor à venda, ter em depósito para vender ou, de qualquer forma, entregar a consumo produto nas condições dos arts. 274 e 275:
Pena – reclusão, de 1 (um) a 5 (cinco) anos, e multa.

10.1 Introdução

O art. 276 do Código Penal prevê uma norma primariamente remetida (norma penal em branco), na qual entende-se como criminosa a conduta daquele que vende, expõe à venda, tem em depósito para vender ou, de qualquer forma, entrega para consumo produto nas condições dos arts. 274 e 275 do Código Penal.

O núcleo *vender*, utilizado pelo texto legal, significa entregar por um preço certo, alienar onerosamente, comercializar; *expor à venda* diz respeito àquele que tem os produtos disponíveis, à vista dos consumidores; *ter em depósito para vender* significa que o agente mantém guardados, armazenados, os produtos com a finalidade de, futuramente, transacioná-los. O art. 276 determina, ainda, a realização de uma interpretação analógica, pois também considera como delituoso o comportamento daquele que, *de qualquer forma*, entrega a consumo produto nas condições dos arts. 274 e 275 do Código Penal.

Conforme esclarece Noronha, devemos nos lembrar apenas:

"Que o delito em apreço não é *especial*: não é crime do comerciante. Este comércio, que apenas significa a prática das operações indicadas, ainda que isoladas e não repetidas, não deve, pois, ser apreciado com subordinação ao conceito do direito comercial, isto é, não é mister, portanto, que configure, necessariamente, a respectiva profissão, caracterizada pela série contínua e renovável dos mesmos atos. Basta, pois, a prática de um só, seja ou não realizado pelo comerciante.

Em qualquer uma das modalidades, não é preciso, pois, o *exercício do comércio*, podendo qualquer pessoa cometer, então, o crime, exceto se já praticou um dos delitos dos artigos antecedentes, quando o do presente dispositivo estará em progressão com ele."[99]

Trata-se de um tipo misto alternativo, no qual a prática de mais de um comportamento importa em infração penal única.

10.2 Classificação doutrinária

Crime comum, tanto no que diz respeito ao sujeito ativo quanto ao sujeito passivo; doloso; comissivo (podendo, também, nos termos do art. 13, § 2º, do Código Penal, ser praticado via omissão imprópria, na hipótese de o agente gozar do *status* de garantidor); de perigo comum e concreto (embora haja divergência doutrinária nesse sentido, pois se tem entendido, majoritariamente, tratar-se de um crime de perigo abstrato, presumido); de forma livre; instantâneo (nas modalidades vender e entregar) e permanente (nas modalidades expor à venda e ter em depósito para vender); monossubjetivo; plurissubsistente; não transeunte.

10.3 Sujeito ativo e sujeito passivo

Qualquer pessoa pode ser *sujeito ativo* do delito tipificado no art. 276 do Código Penal, não exigindo o tipo em estudo nenhuma qualidade ou condição especial.

O *sujeito passivo* é a sociedade.

10.4 Objeto material e bem juridicamente protegido

O bem juridicamente protegido pelo tipo penal constante do art. 276 do estatuto repressivo é a incolumidade pública, consubstanciada, no caso, especificamente, na saúde pública.

---

[99] NORONHA, Edgard Magalhães. *Direito penal*, v. 4, p. 38.

O objeto material é o produto destinado a consumo, bem como o invólucro ou recipiente de produtos alimentícios, terapêuticos ou medicinais.

10.5 Consumação e tentativa

O delito se consuma quando o agente pratica qualquer uma das condutas previstas no tipo penal do art. 276, criando, assim, uma situação de risco concreto à incolumidade pública.

Entendemos ser possível a tentativa, em virtude de se tratar de delito plurissubsistente.

10.6 Elemento subjetivo

O dolo é o elemento subjetivo exigido pelo art. 276 do Código Penal, não havendo previsão para a modalidade culposa.

A conduta do agente, portanto, deve ser dirigida finalisticamente no sentido de vender, ter em depósito para vender ou, de qualquer forma, entregar a consumo produto nas condições dos arts. 274 e 275. Assim, para que o sujeito responda pela infração penal tipificada no art. 276 do Código Penal, deverá ter o conhecimento de que, por exemplo, a substância ou produto que comercializa contém substância não permitida pela legislação sanitária ou que o seu invólucro apregoa a existência de substância que não se encontra em seu conteúdo, pois, caso contrário, poderá ser arguido o erro de tipo, conduzindo à atipicidade do fato, por ausência de previsão da modalidade culposa.

10.7 Modalidades comissiva e omissiva

Os núcleos *vender, expor à venda, ter em depósito* e *entregar* a consumo pressupõem um comportamento comissivo por parte do agente. No entanto, o delito poderá ser praticado via omissão imprópria, na hipótese em que o agente, garantidor, dolosamente, podendo, nada fizer para impedir a prática por alguém de um dos comportamentos ativos narrados pela figura típica em análise.

10.8 Pena, ação penal e suspensão condicional do processo

A pena cominada ao delito tipificado no art. 276 do Código Penal é de reclusão, de 1 (um) a 5 (cinco) anos, e multa, conforme alteração determinada pela Lei nº 9.677, de 2 de julho de 1998.

Aplicam-se ao delito *sub examen* as majorantes previstas no art. 258 do Código Penal, nos termos do art. 285 do mesmo diploma repressivo.

A ação penal é de iniciativa pública incondicionada.

Será possível a confecção de proposta de suspensão condicional do processo, nos termos do art. 89 da Lei nº 9.099/95, desde que não incida o art. 258 do Código Penal.

10.9 Destaque

10.9.1 Produto de primeira necessidade

Tem-se entendido, de acordo com a posição de Hungria,[100] que se o produto for de primeira necessidade, será aplicado o inciso III do art. 2º da Lei nº 1.521, de 26 de dezembro de 1951, que dispõe sobre os crimes contra a economia popular, *verbis*:

---

[100] HUNGRIA, Nélson. *Comentários ao código penal*, v. IX, p. 121.

Art. 2º São crimes desta natureza:
I – [...];
II – [...];
III – expor à venda ou vender mercadoria ou produto alimentício, cujo fabrico haja desatendido a determinações oficiais, quanto ao peso e composição.

10.10 Quadro-resumo

Sujeitos
- Ativo: qualquer pessoa.
- Passivo: é a sociedade.

Objeto material
É o produto destinado a consumo, bem como o invólucro ou recipiente de produtos alimentícios, terapêuticos ou medicinais.

Bem(ns) juridicamente protegido(s)
A incolumidade pública consubstanciada, no caso, especificamente, na saúde pública.

Elemento subjetivo
Dolo, não havendo previsão para a modalidade culposa.

Modalidades comissiva e omissiva
Os núcleos vender, expor à venda, ter em depósito e entregar a consumo pressupõem um comportamento comissivo por parte do agente, podendo, no entanto, ser praticados via omissão imprópria.

Consumação e tentativa
- O delito se consuma quando o agente pratica qualquer uma das condutas previstas no tipo penal do art. 276, criando, assim, uma situação de risco concreto à incolumidade pública.
- A tentativa é admissível.

11. SUBSTÂNCIA DESTINADA À FALSIFICAÇÃO

Substância destinada à falsificação
Art. 277. Vender, expor à venda, ter em depósito ou ceder substância destinada à falsificação de produtos alimentícios, terapêuticos ou medicinais:
Pena – reclusão, de 1 (um) a 5 (cinco) anos, e multa.

11.1 Introdução

Ainda no Capítulo III (Dos Crimes contra a Saúde Pública), inserido no Título VIII (Dos Crimes contra a Incolumidade Pública) da Parte Especial do Código Penal, encontramos o delito de *substância destinada à falsificação*, tipificado no art. 277 do mencionado estatuto legal. De acordo com a redação típica, podemos apontar os seguintes elementos: *a)* a conduta de vender, expor à venda, ter em depósito ou ceder; *b)* substância destinada à falsificação de produtos alimentícios, terapêuticos ou medicinais.

Dos quatro comportamentos previstos pelo tipo penal em estudo, somente um deles não foi consignado no art. 276 do Código Penal, já analisado, vale dizer, a conduta de *ceder* substância destinada à falsificação de produtos alimentícios, terapêuticos ou medicinais.

O verbo *ceder* importa em qualquer tipo de transferência da substância referida, desde que não diga respeito à venda, pois esta se encontra compreendida no núcleo *vender*, o primeiro constante da mencionada redação típica. Dessa forma, *ceder* pode ser compreendido como doar, emprestar, trocar, enfim, qualquer tipo de cessão, entendida em sentido amplo, que não importe em venda.

Salienta Noronha:

"Trata-se exclusivamente de *substância*, ficando excluídas outras coisas, tais como utensílios, aparelhos ou máquinas usados na falsificação. Ainda: a disposição soa (*sic*) – substância *destinada* a esse objetivo – e como isso deve ser considerada não apenas aquela cuja finalidade exclusiva é a de falsificar, como a que tem outros fins, porém, na espécie, se destina ao incriminado."[101]

Na verdade, o agente que pratica qualquer dos comportamentos previstos pelo tipo penal do art. 277 poderia ser punido considerando as disposições do art. 29 do Código Penal, seja a título de coautoria ou mesmo de participação, pois, quando vende, expõe à venda, tem em depósito ou cede a substância, deve saber que aquele que a adquire tem por finalidade utilizá-la na falsificação de produtos alimentícios, terapêuticos ou medicinais.

Conforme esclarece Hungria:

"É necessário, para existência do crime, que a *substância proibida* seja vendida, exposta à venda, mantida em depósito ou cedida para o fim de ser empregada na falsificação do produto. Assim, determinados corantes, sub-rogados, ácidos, agentes conservadores ou antissépticos etc., que podem servir à contrafação de tal ou qual produto, não serão elemento do crime se destinados a fins outros, não relacionados à genuinidade desse produto."[102]

O tipo penal do art. 277 também teve sua redação alterada pela Lei nº 9.677, de 2 de julho de 1998, que incluiu o produto terapêutico que não constava da redação original, sem contar o fato de que a pena cominada foi sensivelmente aumentada, elevando-se de mera detenção, de 6 (seis) meses a 1 (um) ano, para reclusão, de 1 (um) a 5 (cinco) anos, e multa.

Cuida-se de um tipo misto alternativo, no qual a prática de mais de um comportamento importará em infração penal única.

11.2 Classificação doutrinária

Crime comum, tanto no que diz respeito ao sujeito ativo quanto ao sujeito passivo; doloso; comissivo (podendo, também, nos termos do art. 13, § 2º, do Código Penal, ser praticado via omissão imprópria, na hipótese de o agente gozar do *status* de garantidor); de perigo comum e concreto (embora haja divergência doutrinária nesse sentido, pois se tem entendido, majoritariamente, tratar-se de crime de perigo abstrato, presumido); de forma

---

[101] NORONHA, Edgard Magalhães. *Direito penal*, v. 4, p. 41.
[102] HUNGRIA, Nélson. *Comentários ao código penal*, v. IX, p. 122.

livre; instantâneo (nas modalidades vender e ceder) e permanente (nas modalidades expor à venda e ter em depósito); monossubjetivo; plurissubsistente; não transeunte.

11.3 Sujeito ativo e sujeito passivo

Qualquer pessoa pode ser *sujeito ativo* do delito de *substância destinada à falsificação*, não exigindo o tipo em estudo nenhuma qualidade ou condição especial.

O sujeito passivo é a sociedade.

11.4 Objeto material e bem juridicamente protegido

O bem juridicamente protegido pelo tipo penal que prevê o delito de *substância destinada à falsificação* é a incolumidade pública, consubstanciada, no caso, especificamente, na saúde pública.

O objeto material é a substância destinada à falsificação de produtos alimentícios, terapêuticos ou medicinais.

11.5 Consumação e tentativa

O delito de *substância destinada à falsificação* se consuma quando o agente, praticando qualquer dos comportamentos previstos pelo tipo penal, ou seja, vende, expõe à venda, tem em depósito ou cede substância destinada à falsificação de produtos alimentícios, terapêuticos ou medicinais, cria, efetivamente, uma situação de risco à incolumidade pública, tratando-se, pois, de uma infração penal de perigo concreto, que deverá, obrigatoriamente, ser demonstrado caso a caso.

Conforme dissemos, a maioria de nossos doutrinadores posiciona-se contrariamente ao nosso entendimento, asseverando que o perigo, *in casu*, é presumido, bastando que o agente pratique qualquer dos comportamentos típicos para efeitos de consumação do delito, independentemente de se, no caso concreto, sua conduta criou ou não um risco efetivo para a incolumidade pública, a exemplo de Cezar Roberto Bitencourt,[103] quando afirma que o perigo se presume, *juris et de jure*, isto é, não admitindo prova em contrário.

Tratando-se de crime plurissubsistente, torna-se possível o raciocínio relativo ao *conatus*.

11.6 Elemento subjetivo

O dolo é o elemento subjetivo exigido pelo art. 277 do Código Penal, não havendo previsão para a modalidade culposa.

A conduta do agente, portanto, deve ser dirigida finalisticamente no sentido de vender, expor à venda, ter em depósito ou ceder substância destinada à falsificação de produtos alimentícios, terapêuticos ou medicinais.

Assim, para que o sujeito responda pela infração penal tipificada no art. 277 do Código Penal, deverá ter o conhecimento de que a terceira pessoa que adquire a substância a utilizará na falsificação de produtos alimentícios, terapêuticos ou medicinais, pois, caso contrário, poderá ser alegado o erro de tipo, afastando-se o dolo e, consequentemente, a própria infração penal, por ausência da modalidade de natureza culposa.

---

[103] BITENCOURT, Cezar Roberto. *Tratado de direito penal*, v. 4, p. 256.

11.7 Modalidades comissiva e omissiva

Os núcleos *vender, expor à venda, ter em depósito* ou *ceder* substância destinada à falsificação de produtos alimentícios, terapêuticos ou medicinais pressupõe um comportamento comissivo por parte do agente. No entanto, o delito poderá ser praticado via omissão imprópria, na hipótese em que o agente, garantidor, dolosamente, podendo, nada fizer para impedir a prática por alguém de um dos comportamentos ativos narrados pela figura típica em análise.

11.8 Pena, ação penal e suspensão condicional do processo

A pena cominada ao delito tipificado no art. 277 do Código Penal é de reclusão, de 1 (um) a 5 (cinco) anos, e multa, conforme alteração determinada pela Lei nº 9.677, de 2 de julho de 1998.

Aplicam-se ao delito *sub examen* as majorantes previstas no art. 258 do Código Penal, nos termos do art. 285 do mesmo diploma repressivo.

A ação penal é de iniciativa pública incondicionada.

Será possível a confecção de proposta de suspensão condicional do processo, nos termos do art. 89 da Lei nº 9.099/95, desde que não incida o art. 258 do Código Penal.

11.9 Quadro-resumo

Sujeitos
» Ativo: qualquer pessoa.
» Passivo: é a sociedade.

Objeto material
É a substância destinada à falsificação de produtos alimentícios, terapêuticos ou medicinais.

Bem(ns) juridicamente protegido(s)
É a incolumidade pública consubstanciada, no caso, especificamente, na saúde pública.

Elemento subjetivo
Dolo, não havendo previsão para a modalidade culposa.

Modalidades comissiva e omissiva
Os núcleos vender, expor à venda, ter em depósito e ceder substância destinada à falsificação de produtos alimentícios, terapêuticos ou medicinais pressupõem um comportamento comissivo por parte do agente, podendo, no entanto, ser praticados via omissão imprópria.

Consumação e tentativa
» O delito se consuma quando o agente, praticando qualquer dos comportamentos previstos pelo tipo penal, ou seja, vende, expõe à venda, tem em depósito ou cede substância destinada à falsificação de produtos alimentícios, terapêuticos ou medicinais, cria, efetivamente, uma situação de risco à incolumidade pública.
» A tentativa é admissível.

12. OUTRAS SUBSTÂNCIAS NOCIVAS À SAÚDE PÚBLICA

> **Outras substâncias nocivas à saúde pública**
> **Art. 278.** Fabricar, vender, expor à venda, ter em depósito para vender ou, de qualquer forma, entregar a consumo coisa ou substância nociva à saúde, ainda que não destinada à alimentação ou a fim medicinal:
> Pena – detenção, de um a três anos, e multa.
>
> **Modalidade culposa**
> **Parágrafo único.** Se o crime é culposo:
> Pena – detenção, de dois meses a um ano.

12.1 Introdução

O art. 278 do Código Penal, visando, ainda, a proteger a saúde pública, proíbe que alguém fabrique, venda, exponha à venda, tenha em depósito para vender ou, de qualquer forma, entregue a consumo coisa ou substância nociva à saúde, ainda que não destinada à alimentação ou a fim medicinal.

Conforme salienta Fragoso:

> "Além da extensa tutela jurídico-penal à saúde pública, em torno à produção e consumo de substâncias alimentícias ou medicinais, entendeu o legislador de contemplar a produção e consumo de outras substâncias ou coisas nocivas à saúde, no dispositivo em exame.
> [...].
> *Fabricar* é produzir industrialmente ou preparar. Objeto material da ação deve ser aqui, porém, coisa (objeto corpóreo) ou substância não alimentícia nem medicinal, *nociva à saúde*, isto é, que seja idônea para causar dano ao normal desenvolvimento físico-psíquico da pessoa ou à normalidade de suas funções orgânicas. O grau de nocividade é irrelevante, mas poderá ser considerado na aplicação da pena. As coisas ou substâncias aqui consideradas podem ser de qualquer natureza (perfumes, cosméticos, cigarros, chupetas, dentifrícios etc.) desde que destinadas a consumo público."[104]

As demais condutas previstas no tipo penal em exame já foram objeto de análise, razão pela qual deixaremos de mencioná-las.

Tal como ocorre com os artigos anteriores, entendemos que a infração penal constante do art. 278 do Código Penal é de perigo concreto. Assim, deverá ser demonstrado, caso a caso, que, além de ser a coisa ou substância nociva à saúde, a conduta levada a efeito pelo agente criou uma situação concreta de perigo à saúde pública. Por mais uma vez alertamos que essa posição não goza da predileção da maioria dos autores, que insistem em afirmar, contrariamente às determinações inerentes ao princípio da lesividade, que estamos diante de uma situação de perigo presumido, não se exigindo prova da sua ocorrência efetiva no caso concreto, bastando a simples prática de qualquer das condutas narradas no tipo penal.

Trata-se, ainda, de tipo misto alternativo, no qual a realização de mais de um comportamento importará em infração penal única. Assim, aquele que fabrica, expõe à venda e, finalmente, vende coisa ou substância nociva à saúde será responsável por um único crime.

---

[104] FRAGOSO, Heleno Cláudio. *Lições de direito penal* – parte especial, v. 3, p. 229/230.

12.2 Classificação doutrinária

Crime comum, tanto no que diz respeito ao sujeito ativo quanto ao sujeito passivo; doloso; comissivo (podendo, também, nos termos do art. 13, § 2º, do Código Penal, ser praticado via omissão imprópria, na hipótese de o agente gozar do *status* de garantidor); de perigo comum e concreto (embora haja divergência doutrinária nesse sentido, pois se tem entendido, majoritariamente, tratar-se de um crime de perigo abstrato, presumido); de forma livre; instantâneo (nas modalidades fabricar, vender e entregar) e permanente (nas modalidades expor à venda e ter em depósito para vender); monossubjetivo; plurissubsistente; não transeunte.

12.3 Sujeito ativo e sujeito passivo

Qualquer pessoa pode ser *sujeito ativo* do delito tipificado no art. 278 do Código Penal, não exigindo o tipo em estudo nenhuma qualidade ou condição especial.

O *sujeito passivo* é a sociedade.

12.4 Objeto material e bem juridicamente protegido

O bem juridicamente protegido pelo tipo penal constante do art. 278 do diploma repressivo é a incolumidade pública, consubstanciada, no caso, especificamente, na saúde pública.

O objeto material é a coisa ou substância nociva à saúde.

12.5 Consumação e tentativa

O delito de *outras substâncias nocivas à saúde pública* se consuma quando o agente, praticando qualquer dos comportamentos previstos pelo tipo penal, ou seja, fabrica, vende, expõe à venda, tem depósito para vender ou, de qualquer forma, entrega a consumo coisa ou substância nociva à saúde, ainda que não destinada à alimentação ou a fim medicinal, cria, efetivamente, uma situação de risco à incolumidade pública, tratando-se, pois, de infração penal de perigo concreto, que deverá, obrigatoriamente, ser demonstrado.

Tratando-se de crime plurissubsistente, torna-se possível o reconhecimento da tentativa.

12.6 Elemento subjetivo

O dolo é o elemento subjetivo exigido pelo *caput* do art. 278 do Código Penal.

Assim, o agente deve saber que, ao praticar uma das condutas previstas pelo tipo, entrega a consumo coisa ou substância nociva à saúde. A ausência desse conhecimento importará no reconhecimento do erro de tipo. Se for escusável o erro, afastará o dolo e a culpa; sendo inescusável o erro, o agente responderá pelo delito a título de culpa, nos termos da parte final do art. 20 do Código Penal.

12.7 Modalidades comissiva e omissiva

Os núcleos *fabricar, vender, expor à venda, ter em depósito para vender* ou, de qualquer forma, *entregar* a consumo coisa ou substância nociva à saúde, ainda que não destinada à alimentação ou a fim medicinal, pressupõem um comportamento comissivo por parte do agente. No entanto, o delito poderá ser praticado via omissão imprópria, na hipótese em que o agente, garantidor, dolosa ou culposamente, podendo, nada fizer para impedir a prática por alguém de um dos comportamentos ativos narrados pela figura típica em análise.

12.8 Modalidade culposa

O parágrafo único do art. 278 do Código Penal prevê a modalidade culposa do delito de *outras substâncias nocivas à saúde pública*, dizendo, *verbis*:

> **Parágrafo único.** Se o crime é culposo:
> Pena – detenção, de dois meses a um ano.

Assim, por exemplo, se o agente, deixando de observar o seu necessário e exigível dever objetivo de cuidado, fabricar determinado produto para consumo público, negligentemente, não levar a efeito a pesquisa relativa à sua nocividade e, com o seu comportamento, trouxer perigo à incolumidade pública, deverá ser responsabilizado pelo delito tipificado no parágrafo único do art. 278 do Código Penal.

12.9 Pena, ação penal, competência para julgamento e suspensão condicional do processo

A pena cominada ao *caput* do art. 278 do Código Penal é de detenção, de 1 (um) a 3 (três) anos, e multa.

Para a modalidade culposa foi prevista uma pena de detenção, de 2 (dois) meses a 1 (um) ano.

Aplicam-se ao delito *sub examen* as majorantes previstas no art. 258 do Código Penal, nos termos do art. 285 do mesmo diploma repressivo.

A ação penal é de iniciativa pública incondicionada.

Compete, pelo menos inicialmente, ao Juizado Especial Criminal o processo e julgamento da modalidade culposa do delito tipificado no art. 278 do Código Penal, desde que não aplicada a majorante prevista no art. 258 do Código Penal, pois a pena máxima cominada em abstrato não ultrapassa o limite de 2 (dois) anos, imposto pelo art. 61 da Lei nº 9.099/95, conforme alteração determinada pela Lei nº 11.313, de 28 de junho de 2006.

Será possível a confecção de proposta de suspensão condicional do processo, nos termos do art. 89 da Lei nº 9.099/95, desde que não incida, na modalidade dolosa, o art. 258 do Código Penal.

12.10 Quadro-resumo

Sujeitos
» Ativo: qualquer pessoa.
» Passivo: é a sociedade.

Objeto material
É a coisa ou substância nociva à saúde.

Bem(ns) juridicamente protegido(s)
É a incolumidade pública consubstanciada, no caso, especificamente, na saúde pública.

Elemento subjetivo
Dolo.

> **Modalidades comissiva e omissiva**
>
> Os núcleos fabricar, vender, expor à venda, ter em depósito para vender ou, de qualquer forma, entregar a consumo coisa ou substância nociva à saúde, ainda que não destinada à alimentação ou a fim medicinal, pressupõem um comportamento comissivo por parte do agente, podendo, no entanto, ser praticados via omissão imprópria.

> **Consumação e tentativa**
>
> O delito se consuma quando o agente, praticando qualquer dos comportamentos previstos pelo tipo penal, ou seja, fabrica, vende, expõe à venda, tem depósito para vender ou, de qualquer forma, entrega a consumo coisa ou substância nociva à saúde, ainda que não destinada à alimentação ou a fim medicinal, cria, efetivamente, uma situação de risco à incolumidade pública.

13. MEDICAMENTO EM DESACORDO COM RECEITA MÉDICA

> **Medicamento em desacordo com receita médica**
> **Art. 280.** Fornecer substância medicinal em desacordo com receita médica:
> Pena – detenção, de um a três anos, ou multa.
>
> **Modalidade culposa**
> **Parágrafo único.** Se o crime é culposo:
> Pena – detenção, de dois meses a um ano.

13.1 Introdução

O delito de *medicamento em desacordo com receita médica* está tipificado pelo art. 280 do Código Penal. De acordo com a redação legal, podemos destacar os seguintes elementos: *a)* a conduta de fornecer substância medicinal; *b)* que não esteja de acordo com receita médica.

O núcleo *fornecer* é utilizado no texto do art. 280 do Código Penal no sentido de entregar, ministrar, proporcionar, seja a título gratuito ou oneroso, substância medicinal, ou seja, aquela voltada a curar a enfermidade de que está acometido o doente.

O fornecimento criminoso é aquele que se encontra em desacordo com a receita médica, que significa a prescrição escrita levada a efeito exclusivamente pelo médico. A receita é tão importante que o Capítulo III do Código de Ética Médica, ao cuidar da responsabilidade profissional, diz, em seu art. 39, ser vedado ao médico receitar de forma ilegível, o que dificultaria, sobremaneira, a ministração correta do medicamento no que diz respeito à sua qualidade e quantidade.

Salienta Luiz Regis Prado:

"O desacordo entre a receita médica expedida e a substância medicinal fornecida pode referir-se à sua espécie, qualidade e quantidade. Desse modo, ainda que a substituição feita pelo farmacêutico seja benéfica, isto é, que a troca da substância tenha ocorrido por outra de melhor qualidade, por exemplo, responderá ele pelo crime do art. 280, pois a lei penal tutela a saúde pública, ameaçada por semelhante arbitrariedade. Não se pode admitir que o farmacêutico desrespeite as ordens médicas, mesmo que a sua intenção seja para beneficiar o doente, pois somente o médico sabe das suas condições físicas (se é alérgico ou não a determinado componente etc.). Se o que se pune, como já mencionado, é a arbitrariedade cometida pelo farmacêutico, mesmo que daí não advenha prejuízo algum ao doente, será responsabilizado pelo crime."[105]

Apesar da força do raciocínio do renomado autor, não podemos concordar com ele totalmente. Isso porque, segundo entendemos, ao contrário da posição doutrinária majoritária, estamos diante de um crime de perigo concreto que deverá ser demonstrado caso a caso, em obediência às determinações relativas ao princípio da lesividade. Não seria razoável que o farmacêutico, por exemplo, fosse punido sem que seu comportamento viesse a trazer o menor risco para a integridade física ou a vida do doente, a exemplo daquele que ministra, na ausência da substância solicitada pelo médico, outra com características idênticas e de qualidade comprovadamente superior.

Por essa razão é que temos de repelir a tese amplamente majoritária em nossa doutrina, que se contenta e aceita o raciocínio relativo aos delitos de perigo abstrato. O Direito Penal deve procurar fazer a justiça do caso concreto, e não seria razoável punir alguém cujo comportamento não tenha criado a menor situação de risco ao bem jurídico.

Deve ser observado, ainda, que embora o delito tipificado no art. 280 do Código Penal se encontre no rol relativo aos crimes contra a incolumidade pública, dando a entender que o comportamento levado a efeito pelo agente atinge um número indeterminado de pessoas, não é isso que ocorre com a infração penal em estudo, pois somente uma pessoa específica se vê numa situação de risco com a conduta praticada pelo agente. Nesse caso, melhor seria que o delito em questão estivesse contido no Capítulo III (Da Periclitação da Vida e da Saúde) do Título I (Dos Crimes contra a Pessoa) da Parte Especial do Código Penal.

13.2 Classificação doutrinária

Crime comum tanto no que diz respeito ao sujeito ativo quanto ao sujeito passivo; doloso; comissivo (podendo, também, nos termos do art. 13, § 2º, do Código Penal, ser praticado via omissão imprópria, na hipótese de o agente gozar do *status* de garantidor); de perigo comum e concreto (embora haja divergência doutrinária nesse sentido, pois se tem entendido, majoritariamente, tratar-se de crime de perigo abstrato, presumido); de forma livre; instantâneo; monossubjetivo; plurissubsistente; não transeunte.

13.3 Sujeito ativo e sujeito passivo

Qualquer pessoa pode ser *sujeito ativo* do delito de *medicamento em desacordo com receita médica*, não exigindo o tipo em estudo nenhuma qualidade ou condição especial. Trata-se, portanto, de crime comum, embora tal posição não seja pacífica na doutrina, a exemplo de Noronha, que afirma:

"O crime do art. 280 é *especial*, isto é, só pode ser cometido por determinadas pessoas. Primeiramente, o farmacêutico que é quem fornece, em regra, a substância medicamentosa. Tanto pode ser o formado como o prático, devidamente autorizado. Não se excluem outras pessoas que vendem tais ou quais substâncias médicas (inclusive o *herbanário*)."[106]

Em sentido contrário, a nosso ver com acerto, posiciona-se Cezar Roberto Bitencourt, dizendo:

---

[105] PRADO, Luiz Regis. *Curso de direito penal brasileiro*, v. 3, p. 606/607.
[106] NORONHA, Edgard Magalhães. *Direito penal*, v. 4, p. 50.

"*Sujeito ativo* pode ser qualquer pessoa, e não apenas o farmacêutico, mas toda e qualquer pessoa que fornecer, de qualquer modo, substância medicinal em desacordo com a receita médica (balconista, prático etc.)."[107]

Sujeito passivo é a sociedade, bem como, mais especificamente, aquele a quem é entregue a substância medicinal em desacordo com a receita.

13.4 Objeto material e bem juridicamente protegido

O bem juridicamente protegido pelo tipo penal constante do art. 280 do diploma repressivo é a incolumidade pública, consubstanciada, no caso, especificamente, na saúde pública.

O objeto material é a substância medicinal em desacordo com a receita médica.

13.5 Consumação e tentativa

O delito se consuma quando o agente fornece, isto é, entrega à vítima a substância medicinal em desacordo com a receita, criando, outrossim, uma situação concreta de risco.

A tentativa é admissível, tendo em vista tratar-se, *in casu*, de um crime plurissubsistente.

13.6 Elemento subjetivo

O dolo é o elemento subjetivo exigido pelo *caput* do art. 280 do Código Penal.

Assim, a conduta do agente deve ser dirigida a fornecer à vítima substância medicinal em desacordo com receita médica. Caso o agente, por erro, venha a acreditar que a quantidade da substância medicinal por ele entregue à vítima era aquela determinada pela receita médica, sendo inescusável o erro, poderá responder pela modalidade culposa, prevista no parágrafo único do art. 280 do Código Penal.

13.7 Modalidades comissiva e omissiva

O núcleo *fornecer* pressupõe um comportamento comissivo por parte do agente. No entanto, o delito poderá ser praticado via omissão imprópria, na hipótese em que o agente, garantidor, dolosa ou culposamente, percebendo que a substância medicinal preparada não se encontra de acordo com a prescrição médica, nada faz para impedir que seja entregue à vítima.

13.8 Modalidade culposa

Determina o parágrafo único do art. 280 do Código Penal:

> **Parágrafo único.** Se o crime é culposo:
> Pena – detenção, de 2 (dois) meses a 1 (um) ano.

Assim, se o agente, deixando de observar o seu dever objetivo de cuidado, fornecer substância medicinal em desacordo com receita médica, o fato se amoldará ao parágrafo único acima transcrito.

---

[107] BITENCOURT, Cezar Roberto. *Tratado de direito penal*, v. 4, p. 262.

13.9 Pena, ação penal, competência para julgamento e suspensão condicional do processo

O preceito secundário do art. 280 do Código Penal comina uma pena de detenção, de 1 (um) a 3 (três) anos, ou multa.

Aplicam-se ao delito *sub examen* as majorantes previstas no art. 258 do Código Penal, nos termos do art. 285 do mesmo diploma repressivo.

A ação penal é de iniciativa pública incondicionada.

Compete, pelo menos inicialmente, ao Juizado Especial Criminal o processo e julgamento da modalidade culposa do delito tipificado no art. 280 do Código Penal, pois a pena máxima cominada em abstrato não ultrapassa o limite de 2 (dois) anos, imposto pelo art. 61 da Lei nº 9.099/95, conforme alteração determinada pela Lei nº 11.313, de 28 de junho de 2006.

Será possível a confecção de proposta de suspensão condicional do processo, nos termos do art. 89 da Lei nº 9.099/95, desde que não seja aplicado o art. 258 do Código Penal ao *caput* do art. 280 deste mesmo diploma legal.

13.10 Destaques

13.10.1 Médico que prescreve medicamento com dose excessiva

Pode acontecer que, por erro, o médico tenha prescrito ao doente uma dose excessiva de determinada substância, fato que é percebido pelo farmacêutico ao fazer a leitura da receita. Nesse caso, poderá o farmacêutico desconsiderar a prescrição médica e ministrar, por sua conta, dose correta do medicamento?

Respondendo a essa indagação, Cezar Roberto Bitencourt, com razão, esclarece:

> "Caso o farmacêutico entenda haver na receita manifesto equívoco por parte do médico, deverá localizar este para que corrija expressamente o erro (art. 254 do regulamento do Departamento Nacional de Saúde); não encontrando o médico e sendo urgente a entrega do medicamento, poderá o farmacêutico corrigir a receita, agindo em estado de necessidade (art. 24 do CP)."[108]

13.10.2 Receita prescrita por dentistas e parteiras

O delito tipificado no art. 280 do Código Penal se configura quando o agente fornece substância medicinal em desacordo com receita médica. Por receita médica podemos compreender, também, aquelas prescrições escritas, levadas a efeito, por exemplo, por dentista ou mesmo parteiras?[109] A resposta, aqui, só pode ser negativa, sob pena de utilizarmos a analogia *in malam partem*, a fim de abrangermos um comportamento não expressamente previsto pelo tipo penal em estudo.

---

[108] BITENCOURT, Cezar Roberto. *Tratado de direito penal*, v. 4, p. 262.
[109] Excepcionalmente, permite-se aos dentistas e parteiras a prescrição de medicamentos, conforme se verifica pelos arts. 30 e 37, *d*, do Decreto nº 20.931, de 11 de janeiro de 1932, *verbis*: **Art. 30.** *O cirurgião-dentista somente poderá prescrever agentes anestésicos de uso tópico e medicamentos de uso externo para os casos restritos de sua especialidade.* **Art. 37.** *É vedado às parteiras: [...] d) prescrever medicações, salvo a que for urgentemente reclamada pela necessidade de evitar ou combater acidentes graves que comprometam a vida da parturiente, do feto ou recém-nascido.*

13.10.3 Farmacêutico que aumenta a dose, agindo com animus necandi

Se o farmacêutico, agindo com *animus necandi* (dolo de matar), ao perceber que havia recebido a receita pertencente ao seu maior desafeto, manipular a substância prescrita pelo médico, de modo a torná-la letal quando de seu consumo, e a vítima falecer, deverá responder pelo delito de homicídio qualificado (art. 121, § 2º, III) e não pelo crime de *medicamento em desacordo com receita médica*, devendo este último ser absorvido por aquele.

13.10.4 Lei Antidrogas

Diz o art. 38 da Lei nº 11.343, de 23 de agosto de 2006, *verbis*:

> **Art. 38.** Prescrever ou ministrar, culposamente, drogas, sem que delas necessite o paciente, ou fazê-lo em doses excessivas ou em desacordo com determinação legal ou regulamentar:
> Pena – detenção, de 6 (seis) meses a 2 (dois) anos, e pagamento de 50 (cinquenta) a 200 (duzentos) dias-multa.
> **Parágrafo único.** O juiz comunicará a condenação ao Conselho Federal da categoria profissional a que pertença o agente.

13.11 Quadro-resumo

Sujeitos
» Ativo: qualquer pessoa, embora tal posição não seja pacificada na doutrina.
» Passivo: é a sociedade, bem como, mais especificamente, aquele a quem é entregue a substância medicinal em desacordo com a receita.

Objeto material
É a substância medicinal em desacordo com a receita médica.

Bem(ns) juridicamente protegido(s)
É a incolumidade pública consubstanciada, no caso, especificamente, na saúde pública.

Elemento subjetivo
Dolo.

Modalidades comissiva e omissiva
O núcleo fornecer pressupõe um comportamento comissivo por parte do agente, podendo, no entanto, ser praticado via omissão imprópria.

Consumação e tentativa
» O delito se consuma quando o agente fornece, isto é, entrega à vítima a substância medicinal em desacordo com a receita, criando, outrossim, uma situação concreta de risco.
» A tentativa é admissível.

O artigo 281 do Código Penal, que tratava do Comércio, posse ou uso de entorpecente ou substância que determine dependência física ou psíquica foi revogado pela Lei 6.368/1976.

14. EXERCÍCIO ILEGAL DA MEDICINA, ARTE DENTÁRIA OU FARMACÊUTICA

> **Exercício ilegal da medicina, arte dentária ou farmacêutica**
> **Art. 282.** Exercer, ainda que a título gratuito, a profissão de médico, dentista ou farmacêutico, sem autorização legal ou excedendo-lhe os limites:
> Pena – detenção, de seis meses a dois anos.
> **Parágrafo único.** Se o crime é praticado com o fim de lucro, aplica-se também multa.

14.1 Introdução

O inciso XIII do art. 5º da Constituição Federal diz ser *livre o exercício de qualquer trabalho, ofício ou profissão, atendidas as qualificações profissionais que a lei estabelecer.*

Como se percebe pela redação do inciso constitucional, embora a liberdade relativa a qualquer trabalho, ofício ou profissão se encontre no rol dos direitos individuais e coletivos, o seu exercício é limitado ao preenchimento de certos requisitos legais, habilitando o profissional para as atividades que lhe são pertinentes.

O exercício de certas profissões sem a necessária habilitação é tão grave que o comportamento praticado pelo agente é tipificado pela lei penal, como ocorre com o delito de *exercício ilegal da medicina, arte dentária ou farmacêutica*, previsto pelo art. 282 do Código Penal. De acordo com a redação constante do mencionado artigo, podemos apontar os seguintes elementos: *a)* a conduta de exercer, ainda que a título gratuito, a profissão de médico, dentista ou farmacêutico; *b)* sem autorização legal ou excedendo-lhe os limites.

O núcleo *exercer* pressupõe habitualidade. Trata-se, portanto, de um delito habitual, que exige um comportamento contínuo do agente. O sujeito, portanto, atua com regularidade, continuamente, exercendo a profissão de médico, dentista ou farmacêutico, podendo fazer disso um meio de vida, isto é, almejando lucro, ou mesmo atuando de forma gratuita pelo simples prazer de exercer uma profissão para a qual não se encontra legalmente habilitado.

Comete o delito em estudo não somente aquele que exerce as mencionadas profissões *sem autorização legal*, como também aquele que, mesmo estando inicialmente habilitado para exercê-las, sendo, portanto, médico, dentista ou farmacêutico, excede os limites que lhe são legalmente determinados.

Conforme esclarece Hungria:

"Quando ocorre a primeira hipótese, o que se apresenta é o exercício profissional sem qualquer *título* de habilitação ou sem registro deste na repartição competente.
[...].
No que respeita à segunda hipótese (exorbitância dos limites da autorização), a regra geral é que 'a cada um o seu ofício': o médico não pode meter-se a manipular remédios (salvo quando se trate de preparados que demandem conhecimentos extrafarmacêuticos...), do mesmo modo que o farmacêutico não pode prescrever medicamentos, ou o dentista tratar, por exemplo, de um câncer na boca."[110]

Não é incomum, ainda nos dias de hoje, encontrarmos os chamados "práticos", ou seja, sujeitos que não possuem habilitação legal para o exercício das profissões de médico, dentista ou farmacêutico, mas que assumem esses papéis, trazendo perigo à incolumidade pública em virtude da falta de conhecimentos técnicos necessários. Por mais que o "prático" possa até

---

[110] HUNGRIA, Nelson. *Comentários ao Código Penal*, v. IX, p. 145/146.

conseguir, em alguns casos de pouca importância, levar a efeito o tratamento correto, o fato de não possuir a necessária habilitação legal torna sua conduta perigosa, colocando em risco a vida e a integridade física das pessoas.

Embora a maioria da doutrina considere o delito tipificado no art. 282 do Código Penal como de perigo abstrato, presumido, entendemos que, em obediência ao princípio da lesividade, devemos considerá-lo como de perigo concreto, cuja demonstração deverá ser levada a efeito no caso concreto.

Cuida-se, ainda, de norma penal em branco, pois há necessidade de se aferir a autorização legal pertinente.

14.2 Classificação doutrinária

Crime comum no que diz respeito à conduta de exercer, ainda que a título gratuito, a profissão de médico, dentista ou farmacêutico, sem autorização legal, e próprio quando se refere ao fato de o sujeito exceder os seus limites, haja vista que somente o médico, o dentista e o farmacêutico podem praticá-lo; comum no que se refere ao sujeito passivo, pois o tipo penal não lhe aponta qualquer qualidade ou condição especial; doloso; comissivo (podendo, também, nos termos do art. 13, § 2º, do Código Penal, ser praticado via omissão imprópria, na hipótese de o agente gozar do *status* de garantidor); de perigo comum e concreto (embora haja divergência doutrinária nesse sentido, pois se tem entendido, majoritariamente, tratar-se de um crime de perigo abstrato, presumido); de forma vinculada (pois o próprio tipo penal indica o modo pelo qual deverá ser praticado); habitual; monossubjetivo; plurissubsistente; não transeunte (dependendo do caso concreto, poderá não ser possível a realização de perícia, o que fará com que seja considerado um delito transeunte).

14.3 Sujeito ativo e sujeito passivo

Qualquer pessoa poderá ser *sujeito ativo* do delito em estudo quando a conduta disser respeito ao exercício, ainda que a título gratuito, da profissão de médico, dentista ou farmacêutico, sem autorização legal. No entanto, somente esses profissionais é que poderão cometê-lo quando a conduta for praticada no sentido de exceder os limites determinados legalmente.

O *sujeito passivo* é a sociedade e, mais especificamente, as pessoas que foram atendidas pelo sujeito ativo, pois que foram colocadas diretamente em uma situação de risco.

14.4 Objeto material e bem juridicamente protegido

O bem juridicamente protegido pelo tipo penal que prevê o delito de *exercício ilegal da medicina, arte dentária ou farmacêutica* é a incolumidade pública, consubstanciada, no caso, especificamente, na saúde pública.

O objeto material, segundo Guilherme de Souza Nucci, "é a profissão de médico, dentista ou farmacêutico".[111]

14.5 Consumação e tentativa

O delito se consuma quando o agente, com habitualidade, exerce, seja a título gratuito ou oneroso, a profissão de médico, dentista ou farmacêutico.

Em virtude da necessidade de reiteração de atos, característica do delito habitual, é que a doutrina, majoritariamente, rejeita a possibilidade de reconhecimento da tentativa.

---

[111] NUCCI, Guilherme de Souza. *Código penal comentado*, p. 911.

No entanto, ao contrário do posicionamento majoritário, entendemos que, mesmo no delito habitual, é possível o reconhecimento do *conatus*, dependendo da hipótese concreta a ser analisada. Assim, imagine-se a situação do agente que, após montar um consultório dentário, não tendo a necessária habilitação legal, seja surpreendido ao dar início ao primeiro tratamento. Não tendo havido a regularidade do exercício ilegal da profissão de dentista, não podemos considerar o delito como consumado. Contudo, podemos afirmar que essa regularidade somente não ocorreu por circunstâncias alheias à vontade do agente, bem como raciocinar no sentido de que o primeiro tratamento já poderia ser considerado o ato que inauguraria a cadeia habitual, entendendo-o, portanto, como um ato de execução, e, não, de mera preparação.

Dessa forma, concluindo, não podemos descartar, de plano, a possibilidade de reconhecimento da tentativa. Somente por meio do caso concreto é que poderemos reconhecer ou não sua possiblidade.

14.6 Elemento subjetivo

O delito de *exercício ilegal da medicina, arte dentária ou farmacêutica* somente pode ser praticado dolosamente, não havendo previsão para a modalidade de natureza culposa.

Assim, a conduta do agente deve ser dirigida no sentido de exercer, com habitualidade, ainda que a título gratuito, a profissão de médico, dentista ou farmacêutico, sem autorização legal ou excedendo-lhe os limites.

14.7 Modalidades comissiva e omissiva

O núcleo *exercer* pressupõe um comportamento comissivo por parte do agente. No entanto, o delito poderá ser praticado via omissão imprópria se o agente, garantidor, dolosamente, nada fizer para impedir que o sujeito pratique o delito tipificado no art. 282 do Código Penal.

Assim, imagine-se a hipótese em que um policial, sabendo que em determinado local funciona uma clínica dentária cujo proprietário não tem formação acadêmica necessária para exercer a profissão de dentista, dolosamente, nada faça para impedir que o agente continue, regularmente, a atender as pessoas que o procuram, acreditando ser ele um profissional habilitado. Nesse caso, poderia o policial responder pelo delito em estudo, conforme o disposto no art. 13, § 2º, do Código Penal.

14.8 Pena, ação penal, competência para julgamento e suspensão condicional do processo

A pena cominada no preceito secundário do art. 282 do Código Penal é de detenção, de 6 (seis) meses a 2 (dois) anos.

Nos termos do parágrafo único do mencionado artigo, se o crime é praticado com o fim de lucro, aplica-se, também, a multa.

Aplicam-se ao delito *sub examen* as majorantes previstas no art. 258 do Código Penal, nos termos do art. 285 do mesmo diploma repressivo.

A ação penal é de iniciativa pública incondicionada.

Compete, pelo menos inicialmente, ao Juizado Especial Criminal o processo e julgamento do delito de *exercício ilegal da medicina, arte dentária ou farmacêutica*, desde que não aplicada a majorante prevista no art. 258 do Código Penal, pois a pena máxima cominada em abstrato não ultrapassa o limite de 2 (dois) anos, imposto pelo art. 61 da Lei nº 9.099/95, conforme alteração determinada pela Lei nº 11.313, de 28 de junho de 2006.

Será possível a confecção de proposta de suspensão condicional do processo, nos termos do art. 89 da Lei nº 9.099/95.

14.9 Destaques

14.9.1 Exercício ilegal de profissão ou atividade

O art. 47 da Lei das Contravenções Penais (Decreto-Lei nº 3.688/41) prevê a contravenção penal de *exercício ilegal de profissão ou atividade, verbis*:

> **Art. 47.** Exercer profissão ou atividade econômica ou anunciar que a exerce, sem preencher as condições a que por lei está subordinado o seu exercício.

A contravenção penal acima transcrita se diferencia do delito tipificado no art. 282 do Código Penal. Embora o art. 47 do Decreto-Lei nº 3.688/41 faça menção ao exercício de profissão sem o preenchimento das condições legais, o Código Penal especializou a matéria, tratando com mais gravidade o fato quando esse exercício ilegal disser respeito à profissão de médico, dentista ou farmacêutico.

Deve ser ressaltado, ainda, que o delito tipificado no art. 282 do Código Penal tem como bem juridicamente protegido a incolumidade pública (mais especificamente a saúde pública), enquanto a contravenção penal prevista pelo art. 47 do Decreto-Lei nº 3.688/41 tutela a organização do trabalho.

14.9.2 Protético que exerce as funções de dentista

O exercício da profissão de técnico em prótese dentária está sujeito às disposições contidas na Lei nº 6.710, de 5 de novembro de 1979.

O art. 4º do mencionado diploma legal dispõe que é vedado aos técnicos em prótese dentária: *I – prestar, sob qualquer forma, assistência direta a clientes; II – manter, em sua oficina, equipamento e instrumental específico de consultório dentário; III – fazer propaganda de seus serviços ao público em geral*.

Dessa forma, se um técnico em prótese dentária vier a exercer a profissão de dentista, incorrerá na infração penal tipificada no art. 282 do Código Penal, inclusive por disposição expressa constante do art. 8º da Lei nº 6.710/79, que diz, *verbis*:

> **Art. 8º** Às infrações da presente Lei aplica-se o disposto no art. 282, do Decreto-Lei nº 2.848, de 7 de dezembro de 1940.

14.9.3 Estado de necessidade e exercício ilegal da medicina, arte dentária ou farmacêutica

Embora a lei penal, ao prever o delito de exercício ilegal da medicina, arte dentária ou farmacêutica, tenha tido em mira a proteção da incolumidade pública, evitando o exercício de determinadas profissões por pessoa sem a necessária habilitação legal, tal fato não impede, dependendo do caso concreto, o afastamento da ilicitude do comportamento praticado pelo agente, sob o argumento do estado de necessidade.

Há lugares isolados, onde não existem médicos, dentistas ou farmacêuticos. Se alguém, nessas localidades, que possui conhecimentos básicos das profissões mencionadas, com a finalidade de auxiliar aquela comunidade carente de recursos, vier a exercê-las com regularidade, não se poderá imputar-lhe o delito em estudo, tendo em vista tratar-se de uma situação pertinente ao raciocínio do estado de necessidade.

Assim, de um lado teríamos, por exemplo, uma pessoa enferma, necessitando de cuidados médicos, que não lhe são proporcionados; do outro, o agente que, mesmo possuindo uma capacidade técnica mínima, tem condições de minimizar o sofrimento. Seria um absurdo impedir que o agente, mesmo de forma habitual, auxiliasse aquela população na ausência de profissional habilitado.

Hungria traz à colação outro exemplo:

"Suponha-se que se verifique, numa distante aldeia, um surto de malária, e que certo indivíduo, dispondo de uma grande provisão de quinino, cuide de reparti-la sucessivamente entre todos os febrentos. Ninguém poderia reconhecer aí um crime."[112]

Da mesma forma aquele que exerce a profissão de dentista, levando a efeito procedimentos básicos, como a extração de dentes, em região onde não existe profissional habilitado.

14.9.4 Registro do diploma

Embora o agente tenha, por exemplo, se graduado em curso superior, como de Medicina, de Odontologia ou de Farmácia, o seu diploma não o habilita, ainda, para o exercício de uma dessas profissões, pois, conforme salienta Cezar Roberto Bitencourt, "não é o diploma, mas o registro respectivo que dá habilitação legal para o exercício da profissão".[113]

14.9.5 Médico, dentista ou farmacêutico suspenso das suas atividades

Caso o médico, dentista ou farmacêutico tenha sido suspenso de suas atividades em virtude de decisão judicial, o fato se subsumirá à figura típica constante do art. 359 do Código Penal, que diz:

> **Art. 359.** Exercer função, atividade, direito, autoridade ou múnus, de que foi suspenso ou privado por decisão judicial:
> Pena – detenção, de 3 (três) meses a 2 (dois) anos, ou multa.

14.9.6 Crime único

Tendo em vista o fato de estarmos diante de um crime habitual, em que a reiteração de atos é necessária à sua configuração, o fato de o agente ter levado a efeito, por exemplo, vários atendimentos médicos, odontológicos ou farmacêuticos não importará em multiplicidade de infrações penais, mas, sim, em um único delito de *exercício ilegal da medicina, arte dentária ou farmacêutica.*

14.9.7 Parteiras

As parteiras ainda são muito comuns em nosso país, de proporções continentais. Os seus serviços são, muitas vezes, indispensáveis, tendo em vista a ausência de médicos ginecologistas obstetras.

Afastando-se a hipótese de estado de necessidade, já estudado, o trabalho levado a efeito pela parteira se configuraria no exercício ilegal da profissão de médico? Respondendo a essa indagação, esclarece Fragoso:

"A assistência prestada a partos normais não constitui, por ausência de tipicidade, o crime em exame, pois seria exercício ilegal da profissão de parteira. Ao contrário de outras leis, não previu a nossa a hipótese em apreço como delituosa, sendo inadmissível a extensão analógica."[114]

---

[112] HUNGRIA, Nélson. *Comentários ao código penal*, v. IX, p. 150.
[113] BITENCOURT, Cezar Roberto. *Tratado de direito penal*, v. 4, p. 266.
[114] FRAGOSO, Heleno Cláudio. *Lições de direito penal* – Parte especial, v. 3, p. 265.

14.10 Quadro-resumo

Sujeitos
» Ativo: qualquer pessoa, quando a conduta disser respeito ao exercício, ainda que a título gratuito, da profissão de médico, dentista ou farmacêutico, sem autorização legal. No entanto, somente esses profissionais é que poderão cometê-lo quando a conduta for praticada no sentido de exceder os limites determinados legalmente.
» Passivo: é a sociedade, bem como, mais especificamente, as pessoas que foram atendidas pelo sujeito ativo, pois que foram colocadas diretamente numa situação de risco.

Objeto material
É a profissão de médico, dentista ou farmacêutico.

Bem(ns) juridicamente protegido(s)
É a incolumidade pública consubstanciada, no caso, especificamente, na saúde pública.

Elemento subjetivo
Dolo, não havendo previsão para a modalidade de natureza culposa.

Modalidades comissiva e omissiva
O núcleo exercer pressupõe um comportamento comissivo por parte do agente, podendo, no entanto, ser praticado via omissão imprópria.

Consumação e tentativa
» O delito se consuma quando o agente, com habitualidade, exerce, seja a título gratuito ou oneroso, a profissão de médico, dentista ou farmacêutico.
» Em virtude da necessidade de reiteração de atos, característica do delito habitual, é que a doutrina, majoritariamente, rejeita a possibilidade de reconhecimento da tentativa, posição com a qual não concordamos, pois que somente através da análise do caso concreto é que poderemos rechaçar ou admitir o *conatus*.

15. CHARLATANISMO

Charlatanismo
Art. 283. Inculcar ou anunciar cura por meio secreto ou infalível:
Pena – detenção, de três meses a um ano, e multa.

15.1 Introdução

O delito de *charlatanismo* está tipificado no art. 283 do Código Penal. Pela redação da mencionada figura típica, podemos apontar os seguintes elementos: *a)* a conduta de *inculcar* ou *anunciar* cura; *b)* a utilização do agente, para tanto, de meio secreto ou infalível.

Pelo que se percebe do delito de charlatanismo, estamos diante de um estelionato com a saúde pública. Ao contrário do estelionato tipificado no art. 171 do Código Penal, em que o patrimônio da vítima é que corre risco em virtude do engodo, do ardil, da fraude utilizada pelo agente, no delito de charlatanismo é a saúde pública que se encontra nessa situação de risco.

Discorrendo sobre o delito *sub examen*, Flamínio Fávero, com precisão, aduz:

> "O termo charlatanismo vem de charlar, do italiano *ciarlare* que quer dizer conversar. De início, parece que só isso satisfazia os charladores. Enchiam o seu tempo e dos ouvintes, mais ou menos agradavelmente, conversando apenas. É como quem diz 'conversando fiado' ou 'dando pontos sem nós'.
> Depois, esses charladores julgaram de bom aviso unir o útil ao agradável e, então, vendiam drogas, apregoando-as com exagero: são os 'pontos com nós'...
> Mas a concorrência na luta pela vida é cada vez mais intensa. Daí, para a vitória, não bastou mais o exagero dos preconícios, envolvidos ainda de certa ilicitude e moralidade. Achou-se razoável prometer mais do que seria possível, oferecer coisas inexistentes, usar a embusteirice e a impostura. É já o terreno da imoralidade e do crime."[115]

Como destacamos, o charlatão se comporta no sentido de *inculcar* ou *anunciar cura* por *meio secreto* ou *infalível*. Inculcar é utilizado no texto legal no sentido de indicar, apregoar, recomendar meio secreto ou infalível para a cura de determinada doença; *anunciar* é fazer propaganda, alardear esse meio, seja por intermédio de jornais, revistas, rádio, televisão, folhetos, cartazes etc.

A cura a que se refere a lei penal diz respeito a determinadas doenças para as quais não exista tratamento próprio, de acordo com os conhecimentos científicos do momento, ou, mesmo já existindo, o agente propõe tratamento alternativo, por meio secreto ou infalível.

O *meio*, conforme esclarece Bento de Faria, pode ser constituído:

> "a) pelo *remédio secreto*, assim considerado o preparado oficial de fórmula não consignada nas farmacopeias, e o não licenciado pela repartição competente da Saúde Pública;
> b) ou *qualquer outro*, também inculcado como infalível, ainda que não consistente em drogas."[116]

O crime pode ser cometido por profissionais ligados à área da saúde, a exemplo dos médicos, como também por pessoas que lhe são estranhas, como camelôs que vendem, nas ruas e praças públicas, fórmulas já preparadas com ervas, plantas e outras misturas sabe-se lá com o que, e apregoam a cura de doenças como câncer, Aids, impotência sexual etc. São as conhecidas "garrafadas", em que a vítima, convencida pelo vendedor charlatão, se dispõe a experimentar aquele preparado sinistro, acreditando que será curada de sua doença.

Entendemos que o delito de charlatanismo somente se configura quando o agente que inculca ou anuncia cura por meio secreto ou infalível sabe que não a alcançará. Na verdade, ilude as pessoas ou, pelo menos, tenta iludi-las, com suas receitas secretas ou infalíveis, quando sabe que nada acontecerá. É um estelionatário da saúde pública. Por isso, não podemos concordar com Guilherme de Souza Nucci quando diz:

> "Ainda que seja um crédulo no que faz, o fato é que não deve assim proceder, por colocar em risco a saúde pública, podendo levar pessoas a não se tratarem em outros locais para se aventurarem em seara desconhecida e perigosa. A vontade, pois, deve voltar-se a divulgar cura por método infalível, creia nisso ou não."[117]

---

[115] FÁVERO, Flamínio. *Medicina legal*, v. 2, p. 939-940.
[116] FARIA, Bento de. *Código penal brasileiro*, v. VI, p. 275.
[117] NUCCI, Guilherme de Souza. *Código penal comentado*, p. 912.

E se a fórmula secreta realmente curar? Qual o perigo que, efetivamente, ocorreu com a saúde pública? São as respostas a essas indagações que nos fazem discordar da conclusão do renomado autor. Estamos, portanto, com Hungria, quando afirma que a vontade do charlatão é dirigida "à inculcação ou anúncio de cura por meio secreto ou infalível, sabendo o agente que este é inteiramente ineficaz ou não tem as virtudes proclamadas. Se o agente acredita, sinceramente, na eficácia do tratamento, será um ignorante, mas não um charlatão".[118]

15.2 Classificação doutrinária

Crime comum, tanto no que diz respeito ao sujeito ativo quanto ao sujeito passivo; doloso; comissivo (podendo, também, nos termos do art. 13, § 2º, do Código Penal, ser praticado via omissão imprópria, na hipótese de o agente gozar do *status* de garantidor); de perigo comum e concreto (embora haja divergência doutrinária nesse sentido, pois se tem entendido, majoritariamente, tratar-se de crime de perigo abstrato, presumido); de forma livre; instantâneo; monossubjetivo; plurissubsistente; não transeunte (dependendo do caso concreto, poderá não ser possível a realização de perícia, o que fará com que seja considerado um delito transeunte).

15.3 Sujeito ativo e sujeito passivo

Qualquer pessoa poderá ser *sujeito ativo* de *charlatanismo*, não exigindo o tipo penal do art. 283 nenhuma qualidade ou condição especial.

O *sujeito passivo* é a sociedade, bem como as pessoas que foram ludibriadas pelo agente, sob o argumento de que as curaria mediante a ministração de fórmula secreta ou infalível.

15.4 Objeto material e bem juridicamente protegido

O bem juridicamente protegido pelo tipo penal que prevê o delito de *charlatanismo* é a incolumidade pública, consubstanciada, no caso, especificamente, na saúde pública.

O objeto material é o anúncio da cura por meio secreto ou infalível.

15.5 Consumação e tentativa

Consuma-se o delito quando, com a inculcação ou anúncio da cura por meio secreto ou infalível, o agente cria, efetiva e concretamente, uma situação de risco à incolumidade pública, tratando-se, portanto, de um crime de perigo comum e concreto, ao contrário, *permissa venia*, do que entende a maioria de nossos autores que, contrariamente às determinações do princípio da lesividade, compreende o charlatanismo como uma infração penal de perigo abstrato, presumido.

Tratando-se de crime plurissubsistente, torna-se perfeitamente possível o raciocínio relativo à tentativa.

15.6 Elemento subjetivo

O dolo é o elemento subjetivo exigido pelo tipo penal em estudo, não havendo previsão para a modalidade de natureza culposa.

Assim, a conduta do agente deve ser dirigida finalisticamente no sentido de inculcar ou anunciar cura por meio secreto ou infalível, sabedor de que suas fórmulas não trarão esse

---

[118] HUNGRIA, Nélson. *Comentários ao código penal*, v. IX, p. 153/154.

resultado, pois, caso contrário, o fato poderá ser considerado atípico, ou ser desclassificado para uma outra figura, a exemplo do delito de exercício ilegal da medicina, arte dentária ou farmacêutica.

15.7 Modalidades comissiva e omissiva

Os núcleos *inculcar* e *anunciar* pressupõem um comportamento comissivo por parte do agente. No entanto, o delito poderá ser praticado via omissão imprópria se o agente, garantidor, dolosamente, nada fizer para impedir que o sujeito pratique o delito tipificado no art. 283 do Código Penal.

15.8 Pena, ação penal, competência para julgamento e suspensão condicional do processo

A pena cominada no preceito secundário do art. 283 do Código Penal é de detenção, de 3 (três) meses a 1 (um) ano e multa.

Aplicam-se ao delito *sub examen* as majorantes previstas no art. 258 do Código Penal, nos termos do art. 285 do mesmo diploma repressivo.

A ação penal é de iniciativa pública incondicionada.

Compete, pelo menos inicialmente, ao Juizado Especial Criminal o processo e julgamento do delito de *charlatanismo*, pois a pena máxima cominada em abstrato não ultrapassa o limite de 2 (dois) anos, imposto pelo art. 61 da Lei nº 9.099/95, conforme alteração determinada pela Lei nº 11.313, de 28 de junho de 2006.

Será possível a confecção de proposta de suspensão condicional do processo, nos termos do art. 89 da Lei nº 9.099/95.

15.9 Quadro-resumo

Sujeitos
» Ativo: qualquer pessoa.
» Passivo: é a sociedade, bem como as pessoas que foram ludibriadas pelo agente.

Objeto material
É o anúncio da cura por meio secreto ou infalível.

Bem(ns) juridicamente protegido(s)
É a incolumidade pública consubstanciada, no caso, especificamente, na saúde pública.

Elemento subjetivo
Dolo, não havendo previsão para a modalidade de natureza culposa.

Modalidades comissiva e omissiva
Os núcleos inculcar e anunciar pressupõem um comportamento comissivo por parte do agente, podendo, no entanto, ser praticado via omissão imprópria.

> **Consumação e tentativa**
> » Consuma-se o delito quando, com a inculcação ou anúncio da cura por meio secreto ou infalível, o agente cria, efetiva e concretamente, uma situação de risco à incolumidade pública.
> » A tentativa é admissível.

16. CURANDEIRISMO

> **Curandeirismo**
> **Art. 284.** Exercer o curandeirismo:
> I – prescrevendo, ministrando ou aplicando, habitualmente, qualquer substância;
> II – usando gestos, palavras ou qualquer outro meio;
> III – fazendo diagnósticos:
> Pena – detenção, de seis meses a dois anos.
> **Parágrafo único.** Se o crime é praticado mediante remuneração, o agente fica também sujeito à multa.

16.1 Introdução

O delito de *curandeirismo*, tipificado no art. 284 do Código Penal, pode ser cometido por meio das condutas indicadas pelos incisos constantes do mencionado artigo.

Inicialmente, vale frisar que o núcleo do tipo que orienta toda a interpretação é o verbo *exercer*, que deve ser entendido no sentido de praticar com frequência, habitualidade. Dessa forma, devemos concluir que estamos diante de um delito habitual, pois a prática eventual de qualquer dos comportamentos previstos pela figura típica em estudo se configura em mero indiferente penal.

Assim, exerce o curandeirismo o agente que: *a)* prescreve, ministra ou aplica, habitualmente, qualquer substância; *b)* usa gestos, palavras ou qualquer outro meio; *c)* faz diagnósticos.

Ao contrário do charlatão, o curandeiro acredita que, com suas fórmulas sobrenaturais, mágicas, conseguirá a cura daquele que foi à sua procura. Hungria, dissertando sobre o tema, com palavras um pouco ásperas, esclarece o conceito de curandeiro dizendo:

> "Segundo o conceito tradicional ou vulgar, *curandeiro* é o indivíduo inculto, ou sem qualquer habilitação técnico-profissional, que se mete a curar, com o mais grosseiro empirismo. Enquanto o *exercente ilegal da medicina* tem conhecimentos médicos, embora não esteja devidamente habilitado para praticar a arte de curar, e o *charlatão* pode ser o próprio médico que abastarda a sua profissão com falsas promessas de cura, o *curandeiro* (*carimbamba, mezinheiro, raizeiro*) é o ignorante chapado, sem elementares conhecimentos de medicina, que se arvora em debelador dos males corpóreos."[119]

A primeira das modalidades de curandeirismo, prevista no inciso I do art. 284 do Código Penal, diz respeito ao fato de prescrever, ministrar ou aplicar, com habitualidade, qualquer substância. *Prescrever* tem o sentido de indicar, receitar; *ministrar* significa dar, fornecer; *aplicar* deve ser entendido como utilizar, empregar etc. Tais condutas devem ser praticadas com habitualidade, bem como dizer respeito a qualquer substância, seja ela de origem vegetal, animal ou mineral, que, segundo a crença do curandeiro, terá capacidade curativa.

---

[119] HUNGRIA, Nélson. *Comentários ao código penal*, v. IX, p. 154.

Na modalidade prevista no inciso II do art. 284 do Código Penal, o curandeiro se vale de gestos, palavras ou qualquer outro meio. O inciso prevê a chamada interpretação analógica, ampliando o seu espectro de aplicação. Talvez essa seja a forma mais comum de curandeirismo, em que o lado místico é mais explorado, levando a vítima a acreditar que suas doenças serão resolvidas sobrenaturalmente. O curandeiro explora, mesmo acreditando no que faz, a fraqueza espiritual da vítima, que fica subjugada a superstições inócuas, que somente terão o condão de retardar o tratamento adequado a ser feito pela Medicina tradicional. Dissertando sobre a influência da superstição no curandeirismo, Flamínio Fávero, citando Franco da Rocha, explica que, em Medicina:

> "Charlatanismo e superstição se entrelaçam inseparavelmente; o curandeiro nada faz sem o apoio da superstição, do mesmo modo que o charlatão, na esfera da medicina, nada pode fazer sem o meio supersticioso em que ele executa suas proezas... Existem superstições em todas as camadas sociais, em todas as condições, em todas as profissões... Pode-se definir o homem: um animal supersticioso. O pescador cospe nágua, quando lhe escapa do anzol um peixe, para que este volte a pegar na isca. O caçador vira a boca da espingarda para o chão a fim de fazer cair o pássaro que, ferido de morte, se agarra com as unhas ao galho da árvore e lá fica dependurado. Há gente que guarda com o mascote ferradura velha, caída do pé de qualquer cavalo. A superstição é um fenômeno psicológico inerente ao espírito humano. A arte de curar não poderia fugir a essa fatalidade... Todas as superstições se agrupam em redor de uma ideia essencial que se expressa pela palavra grega *mantis*, adivinhador, profeta. A essa palavra, transformada em *mancia,* se ajustam as outras que designam, cada uma, o objeto perscrutado, fornecedor das misteriosas e desejadas respostas.
> E assim temos, em verdade: quiromancia (adivinhação pelo exame das mãos), podomancia (dos pés), cefalomancia (da cabeça), ornitomancia (pelo canto de voo da aves), onomatriomancia (pelos nomes), artimomancia (pelos números), eletriomancia (pelas entranhas dos animais), necromancia (evocação dos mortos) etc., numa série interminável."[120]

A última modalidade de curandeirismo, constante do inciso III do art. 284 do Código Penal, diz respeito ao fato de *fazer diagnósticos*, isto é, o curandeiro, mesmo não tendo os mais basilares conhecimentos de Medicina, se atreve a identificar as doenças, supostamente, pelos seus sintomas.

16.2 Classificação doutrinária

Crime comum, tanto no que diz respeito ao sujeito ativo quanto ao sujeito passivo; doloso; comissivo (podendo, também, nos termos do art. 13, § 2º, do Código Penal, ser praticado via omissão imprópria, na hipótese de o agente gozar do *status* de garantidor); de perigo comum e concreto (embora haja divergência doutrinária nesse sentido, pois se tem entendido, majoritariamente, tratar-se de crime de perigo abstrato, presumido); de forma vinculada; habitual; monossubjetivo; plurissubsistente; não transeunte (dependendo do caso concreto, poderá não ser possível a realização de perícia, o que fará com que seja considerado um delito transeunte).

16.3 Sujeito ativo e sujeito passivo

Qualquer pessoa poderá ser *sujeito ativo* do delito de *curandeirismo*, não exigindo o tipo penal do art. 284 nenhuma qualidade ou condição especial.

---

[120] FÁVERO, Flamínio. *Medicina legal,* v. 2, p. 946.

O sujeito passivo é a sociedade, mais especificamente as pessoas que foram ludibriadas pelo agente.

16.4 Objeto material e bem juridicamente protegido

O bem juridicamente protegido pelo tipo penal que prevê o delito de *curandeirismo* é a incolumidade pública, consubstanciada, no caso, especificamente, na saúde pública.

O objeto material, conforme preconiza Guilherme de Souza Nucci, "é a substância prescrita, o gesto, a palavra ou outro meio empregado e o diagnóstico realizado".[121]

16.5 Consumação e tentativa

O delito se consuma quando o agente, reiteradamente, isto é, de forma habitual, pratica os comportamentos previstos pelo tipo penal em exame.

Mesmo tratando-se de um crime habitual, como já afirmamos quando levamos a efeito o estudo do delito de *exercício ilegal da medicina, arte dentária ou farmacêutica*, entendemos ser possível a tentativa, dependendo da hipótese concreta a ser analisada.

16.6 Elemento subjetivo

O dolo é o elemento subjetivo exigido pelo delito de *curandeirismo*, não havendo previsão para a modalidade de natureza culposa.

16.7 Modalidades comissiva e omissiva

As condutas previstas pelo tipo penal relativo ao delito de curandeirismo pressupõem um comportamento comissivo por parte do agente. No entanto, o delito poderá ser praticado via omissão imprópria se o agente, garantidor, dolosamente, nada fizer para impedir que o sujeito pratique o delito tipificado no art. 284 do Código Penal.

16.8 Pena, ação penal, competência para julgamento e suspensão condicional do processo

A pena cominada no preceito secundário do art. 284 do Código Penal é de detenção, de 6 (seis) meses a 2 (dois) anos.

Nos termos do parágrafo único do mencionado artigo, se o crime é praticado mediante remuneração, o agente fica também sujeito a multa.

Aplicam-se ao delito *sub examen* as majorantes previstas no art. 258 do Código Penal, nos termos do art. 285 do mesmo diploma repressivo.

A ação penal é de iniciativa pública incondicionada.

Compete, pelo menos inicialmente, ao Juizado Especial Criminal o processo e julgamento do delito de *curandeirismo*, desde que não aplicada a majorante prevista no art. 258 do Código Penal, pois a pena máxima cominada em abstrato não ultrapassa o limite de 2 (dois) anos, imposto pelo art. 61 da Lei nº 9.099/95, conforme alteração determinada pela Lei nº 11.313, de 28 de junho de 2006.

Será possível a confecção de proposta de suspensão condicional do processo, nos termos do art. 89 da Lei nº 9.099/95.

---

[121] NUCCI, Guilherme de Souza. *Código penal comentado*, p. 914.

16.9 Destaque

16.9.1 Religião e curandeirismo

Existe, muitas vezes, uma linha muito tênue que separa a religião do curandeirismo.

O inciso VI do art. 5º da Constituição Federal assegura, ainda, ser *inviolável a liberdade de consciência e de crença, sendo assegurado o livre exercício dos cultos religiosos e garantida, na forma da lei, a proteção de locais de culto e as suas liturgias*.

No entanto, deve-se tentar levar a efeito a distinção entre a crença religiosa e as atividades praticadas por pessoas ignorantes, que acreditam em seus poderes milagrosos de cura e que, com isso, acabam criando uma situação de perigo à incolumidade pública.

O Superior Tribunal de Justiça já entendeu pela caracterização do delito de curandeirismo na hipótese em que o agente "ministrava passes e obrigava adultos e menores a ingerir sangue de animais e bebida alcoólica, colocando em perigo a saúde e levando os adolescentes à dependência do álcool" (REsp 50.426/MG; REsp 1994/0019067-0, Rel. Min. Jesus Costa Lima, 5ª T., julg. 10/8/1994, DJ 29/8/1994, p. 22.211).

Parece-nos que a razão se encontra com Bento de Faria quando, analisando a questão e apontando os possíveis sujeitos ativos do delito de curandeirismo, assevera:

> "São assim geralmente inculcados, os praticantes da: cartomancia, feitiçaria, magia, macumba, cristalomancia, adivinhação etc.
>
> No meu entender, não devem ser considerados como tais:
>
> os ministros da Igreja quando praticam atos de *exorcismo*, porque são admitidos pelos seus cânones;
>
> quem pratica ato de qualquer *religião* ou doutrina, inclusive o *espiritismo*, desde que não ofenda a moral, os bons costumes ou faça perigar a saúde pública, ou apenas busque demonstrações em proveito da ciência."[122]

16.10 Quadro-resumo

Sujeitos
» Ativo: qualquer pessoa.
» Passivo: é a sociedade, bem como as pessoas que foram ludibriadas pelo agente.

Objeto material
É a substância prescrita, o gesto, a palavra ou outro meio empregado e o diagnóstico realizado.

Bem(ns) juridicamente protegido(s)
É a incolumidade pública consubstanciada, no caso, especificamente, na saúde pública.

Elemento subjetivo
Dolo, não havendo previsão para a modalidade de natureza culposa.

---

[122] FARIA, Bento de. *Código penal brasileiro*, v. VI, p. 279.

Modalidades comissiva e omissiva

As condutas previstas pelo tipo penal relativo ao delito de curandeirismo pressupõem um comportamento comissivo por parte do agente, podendo, no entanto, ser praticado via omissão imprópria.

Consumação e tentativa

» O delito se consuma quando o agente, reiteradamente, isto é, de forma habitual, pratica comportamentos previstos pelo tipo penal em exame.
» Mesmo tratando-se de crime habitual, entendemos ser possível a tentativa, dependendo da hipótese concreta a ser analisada.

PARTE IX
DOS CRIMES CONTRA A PAZ PÚBLICA

1. INTRODUÇÃO

O Título IX da Parte Especial do Código Penal cuida dos chamados crimes contra a paz pública.

Nosso Código Penal optou pela expressão *paz pública* em vez de *ordem pública*, utilizada em algumas legislações estrangeiras, a exemplo do Código Penal espanhol, que abrange diversas infrações penais as quais, em nosso ordenamento jurídico-penal, são tratadas por leis especiais.

Além disso, como bem salientado por Damásio de Jesus, a expressão *ordem pública* "não é apropriada para designar, genericamente, os delitos definidos neste título. Toda infração penal ofende a ordem pública, uma vez que causa dano ou perigo de dano a bens e interesses considerados indispensáveis ao convívio social".[1]

Assim, de acordo com a opção feita por nossa legislação, os tipos penais constantes do Título IX do Código Penal têm por finalidade proteger a *paz pública*, que significa a necessária sensação de tranquilidade, de segurança, de paz, de confiança que a nossa sociedade deve ter em relação à continuidade normal da ordem jurídico-social.

São quatro as infrações penais previstas no Título IX do Código Penal, a saber:

- incitação ao crime (art. 286);
- apologia de crime ou criminoso (art. 287);
- associação criminosa[2] (art. 288); e
- constituição de milícia privada (art. 288-A).

Conforme esclarece Noronha:

"A punição dos fatos integrantes do capítulo é inspirada mais em motivo de prevenção; é com o fim de conjurar maiores males que o legislador os pune e reprime, tal qual acontece, v.g., com o *bando* ou *quadrilha*,[3] cujo propósito deliberado é praticar delitos, ofendendo, dessarte, concretamente outros bens de sumo valor, como a vida, o patrimônio, a liberdade etc. Em tal emergência, como já se escreveu, a *impaciência* do legislador se antecipa e não espera que o propósito delituoso se consume, punindo, em última análise, a intenção, o projeto delituoso.

---

[1] JESUS, Damásio E. de. *Direito penal,* v. 3, p. 403.
[2] A Lei nº 12.850, de 2 de agosto de 2013, modificou a redação, bem como o *nomen iuris* da infração penal tipificada no art. 288 do Código Penal, passando a denominá-la *associação criminosa*.
[3] Após o advento da Lei nº 12.850, de 2 de agosto de 2013, a rubrica bando ou quadrilha, que constava no art. 288 do Código Penal, foi substituída por associação criminosa, sendo modificado, também, o número mínimo necessário à sua configuração, vale dizer, três pessoas.

São quase todos esses crimes autênticos *atos preparatórios* e a razão de puni-los está no relevo que o legislador dá ao bem ameaçado ou porque sua frequência está a indicar a necessidade da repressão, em qualquer caso, em nome da paz social."[4]

Devemos tomar cuidado com as lições do renomado autor para não chegarmos a conclusões equivocadas, a exemplo de se afirmar que, nos casos apontados, o Código Penal, excepcionalmente, pune os chamados *atos preparatórios*. Não existe exceção à regra constante do art. 14, II do diploma repressivo, quando diz ser o crime tentado, uma vez que, *iniciada a execução*, não se consuma por circunstâncias alheias à vontade do agente.

Assim, embora à primeira vista o Código Penal esteja, aparentemente, punindo um ato que bem poderia ser considerado preparatório, na verdade, está punindo o agente que executou a conduta constante do núcleo do tipo. O fato em si, analisado isoladamente, poderia ser considerado mera preparação. No entanto, a infração penal imputada ao agente, não, pois, como dissemos, ele somente será responsabilizado pelo fato se vier a praticar o comportamento previsto pelo tipo, ou seja, se vier a, efetivamente, executá-lo.

Portanto, insistimos, não existe punição de atos preparatórios, mas, sim, de comportamentos que se amoldam à proibição constante dos tipos penais.

Faremos, a seguir, a análise de cada um dos quatro tipos penais que fazem parte do Título IX do Código Penal, que têm por finalidade proteger o bem jurídico *paz pública*.

2. INCITAÇÃO AO CRIME

> **Incitação ao crime**
> **Art. 286.** Incitar, publicamente, a prática de crime:
> Pena – detenção, de três a seis meses, ou multa.
> **Parágrafo único.** Incorre na mesma pena quem incita, publicamente, animosidade entre as Forças Armadas, ou delas contra os poderes constitucionais, as instituições civis ou a sociedade.

2.1 Introdução

O delito de *incitação ao crime* está previsto pelo art. 286 do Código Penal. De acordo com a redação constante do *caput* da mencionada figura típica, podemos apontar os seguintes elementos: *a)* a conduta de incitar; *b)* publicamente; *c)* a prática de crime.

O núcleo *incitar* tem o significado de estimular, instigar, induzir etc.

Determina a lei que essa instigação seja levada a efeito publicamente. Hungria, dissertando sobre o tema, esclarece:

"A nota essencial ou condição *sine qua non* do crime é a *publicidade*: a incitação deve ser feita *coram multis personis*, isto é, deve ser percebida ou perceptível por indeterminado número de pessoas. Sem a circunstância da publicidade, o fato não seria ofensivo da *paz pública* (pois não acarretaria alarma coletivo), não passando, se fosse o caso, de projetada 'participação criminosa', que, na hipótese de *delictum non secutum*, escapa à reação penal (...). É indiferente que o incitamento se dirija *in incertam personam* ou a pessoa determinada, contanto que percebido ou perceptível por indefinido número de pessoas.

---
[4] NORONHA, Edgard Magalhães. *Direito penal*, v. 4, p. 77.

Também é irrelevante a consequência ulterior. O que a lei incrimina, aqui, é tão somente a incitação em si mesma, posto que idônea (ou plausivelmente tal), independentemente de que alguém se deixe ou não incitar, ou cometa ou não o crime incitado."[5]

Tendo em vista a necessidade de que a incitação seja levada a efeito publicamente, gerando risco à paz social, podemos descartar a infração penal em exame quando a conduta do agente se der em locais reservados, a exemplo da que ocorre no ambiente familiar, ou até mesmo no interior de uma pequena empresa etc.

O delito pode ser praticado por meios diversos. Assim, poderá a incitação pública ocorrer não somente por intermédio das palavras pronunciadas pelo agente, como também por escritos, gestos, enfim, qualquer meio capaz de fazer com que seja produzido um sentimento de medo, de insegurança, de quebra da paz pública no meio social.

Exige a lei penal que a incitação seja dirigida à prática de *crime*, razão pela qual a incitação dirigida ao cometimento de *contravenções penais* não se configura no delito tipificado no *caput* do art. 286 do Código Penal.

Além de dizer respeito tão somente a crimes, estes devem ser determinados pelo agente, como na hipótese daquele que incita a multidão a linchar um delinquente que fora preso em flagrante ou, mesmo, a quebrar as vidraças das lojas no centro da cidade. Enfim, a incitação deverá ser dirigida à prática de determinada infração penal, não se configurando o delito quando ocorrer uma incitação vaga, genérica.

Não será preciso, para fins de reconhecimento do delito de *incitação ao crime*, que as pessoas pratiquem, efetivamente, o delito para o qual foram incitadas, pois estamos diante de uma infração penal de perigo comum e concreto, embora grande parte da doutrina a entenda como de perigo abstrato. Não podemos concordar com a maioria de nossos doutrinadores, pois que devemos, o máximo possível, observar o princípio da lesividade, que exige a efetiva comprovação de ofensa ao bem jurídico para efeitos de responsabilização criminal.

Dessa forma, se o comportamento levado a efeito pelo agente, embora incitando publicamente a multidão a praticar determinado delito, for inócuo, risível, não podemos simplesmente presumi-lo como perigoso, pois o perigo criado à paz pública deverá ser demonstrado no caso concreto.

A Lei nº 14.197, de 1º de setembro de 2021, inseriu o parágrafo único ao art. 286 do Código Penal, dizendo que *incorre na mesma pena quem incita, publicamente, a animosidade entre as Forças Armadas ou entre estas e os poderes constitucionais, as instituições civis ou a sociedade*.

Essa incitação tem o sentido, diferentemente do *caput*, de criar animosidade, um clima de embate entre as próprias Forças Armadas (Exército, Marinha e Aeronáutica), ou entre elas e os poderes constitucionais (Congresso Nacional e Poder Executivo), ou, ainda, entre as instituições civis e a própria sociedade como um todo.

2.2 Classificação doutrinária

Crime comum, tanto no que diz respeito ao sujeito ativo quanto ao sujeito passivo; doloso (não havendo previsão para a modalidade de natureza culposa); comissivo (podendo, também, nos termos do art. 13, § 2º, do Código Penal, ser praticado via omissão imprópria, na hipótese de o agente gozar do *status* de garantidor); de perigo comum e concreto (embora haja divergência doutrinária nesse sentido, pois se tem entendido, majoritariamente, tratar-se de crime de perigo abstrato, presumido); de forma livre; instantâneo; monossubjetivo;

---

[5] HUNGRIA, Nélson. *Comentários ao código penal*, v. IX, p. 166.

plurissubsistente (podendo, também, dependendo da forma como for praticado, ser considerado unissubsistente); transeunte (como regra, pois, na maioria dos casos, não será necessária a prova pericial).

2.3 Sujeito ativo e sujeito passivo

Qualquer pessoa poderá ser *sujeito ativo* do delito de *incitação ao crime*, haja vista que o tipo penal em exame não exige nenhuma qualidade ou condição especial.

Sujeito passivo é a sociedade, que tem sua paz abalada em virtude da conduta levada a efeito pelo sujeito ativo, bem como as Forças Armadas, os poderes constitucionais e as instituições civis.

2.4 Objeto material e bem juridicamente protegido

A *paz pública* é o bem juridicamente protegido pelo delito de *incitação ao crime*.

Ao contrário do que entende Guilherme de Souza Nucci,[6] que aduz ser também a *paz pública* o objeto material do delito tipificado no art. 286 do Código Penal, entendemos que o delito em análise não prevê objeto material, pois, conforme assevera Gonzalo D. Fernández, "o objeto material do delito é o objeto da conduta típica: aquilo sobre o qual recai o comportamento descrito na figura, enquanto que o bem jurídico não aparece descrito no tipo e define, sem embargo, o valor tutelado pela norma penal e lesionado pelo ilícito".[7]

2.5 Consumação e tentativa

O delito se consuma quando o agente, incitando publicamente a prática de crime, coloca, efetivamente, em risco a paz pública, criando uma sensação de instabilidade social, de medo, de insegurança no corpo social.

Dependendo do meio utilizado pelo agente para incitar publicamente a prática de crime, será possível ou não o reconhecimento da tentativa.

2.6 Elemento subjetivo

O dolo é o elemento subjetivo exigido pelo tipo penal que prevê o delito de *incitação ao crime*, não havendo previsão para a modalidade de natureza culposa.

Assim, para que o agente seja responsabilizado por essa infração penal, deverá conhecer todos os elementos que integram o tipo penal, pois, caso contrário, poderá ser alegado o erro de tipo.

Assim, imagine-se que um médico estrangeiro, intransigente defensor do aborto, acreditando ser tal conduta permitida no Brasil, durante uma de suas excursões internacionais, em praça pública, incite as mulheres pobres a abortar, sob o argumento de que não teriam capacidade econômico-financeira para não só levarem a gravidez a termo, mas também para sustentar o filho após o nascimento.

Nesse caso, o agente poderia alegar o erro de tipo, afastando-se o dolo e, consequentemente, a infração penal de *incitação ao crime*, pois errava sobre um dos elementos constantes da mencionada figura típica, ou seja, não tem conhecimento de que a conduta que incita as mulheres a praticar encontra-se, no Brasil, em nosso catálogo penal.

---

[6] NUCCI, Guilherme de Souza. *Código penal comentado*, p. 918.
[7] FERNÁNDEZ, Gonzalo D. *Bien jurídico y sistema del delito*, p. 96.

2.7 Modalidades comissiva e omissiva

O núcleo *incitar* pressupõe um comportamento comissivo por parte do agente. No entanto, o delito poderá ser praticado via omissão imprópria, na hipótese em que o agente, garantidor, dolosamente, podendo, nada fizer para impedir que o agente leve a efeito a incitação pública criminosa.

Assim, imagine-se a hipótese em que um policial, percebendo que o agente incitava a multidão à prática de crime, descontente com o valor que lhe era pago pelo Estado, permite que o sujeito pratique o comportamento típico. Nesse caso, deverá responder pelo delito de *incitação ao crime*, aplicando-se a regra constante do art. 13, § 2º, do Código Penal.

2.8 Pena, ação penal, competência para julgamento e suspensão condicional do processo

A pena cominada ao delito de *incitação ao crime*, tanto no *caput* quanto em seu parágrafo único, é de detenção, de 3 (três) a 6 (seis) meses, ou multa.

A ação penal é de iniciativa pública incondicionada.

Compete, pelo menos inicialmente, ao Juizado Especial Criminal o processo e julgamento do delito tipificado no art. 286 do Código Penal, tendo em vista que a pena máxima cominada em abstrato não ultrapassa o limite de 2 (dois) anos, imposto pelo art. 61 da Lei nº 9.099/95, conforme alteração determinada pela Lei nº 11.313, de 28 de junho de 2006.

Será possível a confecção de proposta de suspensão condicional do processo, nos termos do art. 89 da Lei nº 9.099/95.

2.9 Destaques

2.9.1 Incitamento e Código Penal Militar

O delito de incitamento veio previsto no Código Penal Militar (Decreto-Lei nº 1.001, de 21 de outubro de 1969), conforme se verifica pela leitura do seu art. 155, punindo com pena de reclusão, de dois a quatro anos, aquele que incitar à desobediência, à indisciplina ou à prática de crime militar. De acordo com seu parágrafo único, na mesma pena incorre quem introduz, afixa ou distribui, em lugar sujeito à administração militar, material impresso, manuscrito ou produzido por meio eletrônico, fotocopiado ou gravado que contenha incitamento à prática dos atos previstos no *caput* do mencionado art. 155.

2.9.2 Incitação ao genocídio

Se a finalidade do agente for a destruição, no todo ou em parte, de grupo nacional, étnico, racial ou religioso, o fato se amoldará ao art. 3º da Lei nº 2.889, de 1º de outubro de 1956, que define e pune o crime de genocídio, *verbis*:

> Art. 3º Incitar, direta e publicamente, alguém a cometer qualquer dos crimes de que trata o art. 1º:
> Pena – metade das penas ali cominadas.
> § 1º A pena pelo crime de incitação será a mesma do crime incitado, se este se consumar.
> § 2º A pena será aumentada de 1/3 (um terço), quando a incitação for cometida pela imprensa.

2.9.3 Incitação à discriminação ou preconceito de raça, cor, etnia, religião ou procedência nacional

Se a incitação disser respeito à discriminação ou preconceito de raça, cor, etnia, religião ou procedência nacional, será aplicado o art. 20 da Lei nº 7.716, de 5 de janeiro de 1989, que diz:

> **Art. 20.** Praticar, induzir ou incitar a discriminação ou preconceito de raça, cor, etnia, religião ou procedência nacional. (*Redação dada pela Lei nº 9.459, de 15/5/97*)
> Pena: reclusão de 1 (um) a 3 (três) anos e multa.

2.9.4 Incitação e concurso de pessoas

Estamos com Guilherme de Souza Nucci quando diz:

"Se o destinatário da instigação for único e efetivamente cometer o crime, pode o autor da incitação ser considerado partícipe (art. 29, CP). Nessa hipótese, o crime de perigo (art. 286) é absorvido pelo crime de dano cometido. Entretanto, se forem vários os destinatários da incitação e apenas um deles cometer o crime, haverá concurso formal, isto é, o agente da incitação responde pelo delito do art. 286 e também pelo crime cometido pela pessoa que praticou a infração estimulada."[8]

2.10 Quadro-resumo

Sujeitos
» Ativo: qualquer pessoa.
» Passivo: é a sociedade, que tem sua paz abalada em virtude da conduta levada a efeito pelo sujeito ativo.

Objeto material
Entendemos que o delito em análise não prevê objeto material, mas há controvérsia doutrinária.

Bem(ns) juridicamente protegido(s)
A paz pública.

Elemento subjetivo
Dolo, não havendo previsão para a modalidade de natureza culposa.

Modalidades comissiva e omissiva
O núcleo incitar pressupõe um comportamento comissivo por parte do agente, podendo, no entanto, ser praticado via omissão imprópria.

---

[8] NUCCI, Guilherme de Souza. *Código penal comentado*, p. 918.

> **Consumação e tentativa**
> » O delito se consuma quando o agente, incitando publicamente a prática de crime, coloca, efetivamente, em risco a paz pública, criando uma sensação de instabilidade social, de medo, de insegurança no corpo social.
> » Dependendo do meio utilizado pelo agente para incitar publicamente a prática de crime, será possível ou não o reconhecimento da tentativa.

3. APOLOGIA DE CRIME OU CRIMINOSO

Acesse e assista à aula explicativa sobre este assunto.
> https://uqr.to/1we53

Apologia de crime ou criminoso
Art. 287. Fazer, publicamente, apologia de fato criminoso ou de autor de crime:
Pena – detenção, de três a seis meses, ou multa.

3.1 Introdução

O delito de *apologia de crime ou criminoso* encontra-se tipificado no art. 287 do Código Penal. Assim, de acordo com a redação típica, podemos apontar os seguintes elementos: *a)* a conduta de fazer, publicamente; *b)* apologia de fato criminoso ou de autor de crime.

O núcleo *fazer* é utilizado pelo texto legal no sentido de realizar, levar a efeito, manifestar etc. *Fazer apologia* significa enaltecer, realizar com afinco, engrandecer, glorificar etc. Essa apologia deve ser realizada *publicamente*, bem como dizer respeito a *fato criminoso* ou a *autor de crime*. Assim, a conduta do agente deve ser dirigida finalisticamente a enaltecer, engrandecer, elogiar, aplaudir, em público, fato criminoso ou autor de crime.

Tratando-se de um tipo penal que tem por finalidade proteger a paz pública, o delito somente ocorrerá se for praticado publicamente, como exige o art. 287 do Código Penal. Assim, conversas caseiras, em que alguém enaltece a figura de um perigoso traficante, ou mesmo justifica a prática de algum crime, a exemplo da sonegação fiscal praticada por alguém do grupo a que pertence, não importará no reconhecimento da infração penal.

A lei menciona, como já deixamos antever, *fato criminoso* e *autor de crime*. A apologia, portanto, deve girar em torno dessas duas situações, ou seja, o enaltecimento de um fato criminoso ou da figura de um autor de crime.

Noronha, com precisão, preleciona:

"Apologia é elogio, encômio, louvor e gabo. Consequentemente é elogiar, enaltecer, exaltar o crime ou o delinquente, de modo que constitui um incitamento implícito à prática do delito. É mister que o agente elogie o crime *em si*, ou o criminoso como tal, ou, noutras palavras, aplauda o fato vedado pela lei ou seu autor."[9]

---
[9] NORONHA, Edgard Magalhães. *Direito penal*, v. 4, p. 85.

Para que se configure o delito em estudo, o fato sobre o qual o agente faz a apologia deve ser classificado como um delito, não se podendo cogitar da mencionada infração penal quando o agente, por exemplo, enaltecer a prática de uma contravenção penal.

Existe controvérsia doutrinária se o fato criminoso, constante como elemento do tipo penal em estudo, já deve ter acontecido ou se pode ser um fato apontado abstratamente, a exemplo daquele que enaltece o cometimento de um delito previsto em nosso Código Penal, mas não se referindo a um fato especificamente praticado por alguém.

Noronha, filiando-se à primeira corrente, assevera:

"A lei fala em *fato* criminoso, isto é, que se realizou ou aconteceu. Não fosse isso e, realmente, mínima seria a diferença entre esse crime e o antecedente. Mas assim não é. Enquanto o do art. 286 só pode ter por objeto um crime futuro, pois não se pode incitar ou instigar ao que já se consumou, o presente dispositivo alcança somente o crime praticado. É elogiando ou exaltando-o (fazendo apologia), que o agente *indiretamente* incita."[10]

Em sentido contrário, posiciona-se Hungria dizendo:

"Em se tratando de apologia de 'fato criminoso' (que outra coisa não quer dizer senão *crime*, como deixa claro, aliás, a rubrica lateral do artigo), pouco importa que o mesmo seja considerado *in concreto* ou *in abstrato*, como episódio já ocorrido ou acontecimento futuro. A lei não distingue, nem podia distinguir. O alarma coletivo tanto pode ser provocado pela possibilidade de que o crime seja repetido por outrem, quanto, como é óbvio, pela possibilidade de que alguém tenha a iniciativa de praticá-lo."[11]

Entendemos, com a devida vênia, que a razão se encontra com Hungria. Na verdade, o que a lei penal procura evitar é não somente o enaltecimento de um fato criminoso já acontecido, como também qualquer apologia à prática de um delito abstratamente considerado. A defesa, o engrandecimento, a justificação da prática do delito é que colocam em risco a paz pública. Imagine-se a hipótese em que um político de ocasião, querendo angariar a simpatia de alguns movimentos, faça a apologia das invasões de terra, sejam elas produtivas ou não, ou mesmo aquela outra pessoa que venha a público apregoando a sonegação de impostos, pelo simples fato de entender que as receitas públicas não estão sendo bem empregadas etc. Em nossa opinião, tais fatos já se configurariam no delito em estudo.

Temos de ter cuidado, no entanto, em fazer a distinção entre a apologia ao crime e as discussões que são necessárias ao desenvolvimento e aperfeiçoamento do próprio Direito Penal, sob pena de engessarmos esse ramo do Direito. Assim, discussões acadêmicas sobre a necessidade de revogação de tipos penais, até mesmo com justificativas e enaltecimentos de sua prática, como acontece com o delito de aborto, não podem se configurar no delito *sub examen*.

O que não se justifica é o engrandecimento puro e simples de um fato definido como crime.

Da mesma forma, o art. 287 do Código Penal proíbe a apologia de autor de crime. Nessa hipótese, por questões de ordem lógica, somente se poderá elogiar aquele que praticou determinado delito enaltecendo-lhe o comportamento criminoso. Como bem ressalta Damásio de Jesus, "exige-se que o elogio feito pelo agente ao sujeito ativo do delito anteriormente realizado verse sobre a conduta criminosa deste e não sobre seus atributos morais ou intelectuais".[12]

---

[10] NORONHA, Edgard Magalhães. *Direito penal*, v. 4, p. 86.
[11] HUNGRIA, Nélson. *Comentários ao código penal*, v. IX, p. 172-173.
[12] JESUS, Damásio E. de. *Direito penal*, v. 3, p. 410.

Tratando-se de crime de forma livre, qualquer meio pode ser utilizado pelo agente na sua prática, sendo mais comuns os cometidos através de palavras, gestos, escritos etc.

Tendo em vista que o tipo penal que prevê o delito de apologia de crime ou criminoso se encontra no Título IX da Parte Especial do Código Penal, correspondente aos crimes contra a paz pública, entendemos que somente se configurará a infração penal quando houver, efetivamente, uma criação de perigo ao bem juridicamente protegido, cuidando-se, portanto, de um delito de perigo comum e concreto, embora exista divergência doutrinária.

3.2 Classificação doutrinária

Crime comum, tanto no que diz respeito ao sujeito ativo quanto ao sujeito passivo; doloso (não havendo previsão para a modalidade de natureza culposa); comissivo (podendo, também, nos termos do art. 13, § 2º, do Código Penal, ser praticado via omissão imprópria, na hipótese de o agente gozar do *status* de garantidor); de perigo comum e concreto (embora haja divergência doutrinária nesse sentido, pois se tem entendido, majoritariamente, tratar-se de um crime de perigo abstrato, presumido); de forma livre; instantâneo; monossubjetivo; plurissubsistente (podendo, também, dependendo da forma como é praticado, ser considerado unissubsistente); transeunte (como regra, pois na maioria dos casos não será necessária a prova pericial).

3.3 Sujeito ativo e sujeito passivo

Qualquer pessoa poderá ser *sujeito ativo* do delito de *apologia de crime ou criminoso*, haja vista que o tipo penal em exame não exige nenhuma qualidade ou condição especial.

O *sujeito passivo* é a sociedade, que tem sua paz abalada em virtude da conduta levada a efeito pelo agente.

3.4 Objeto material e bem juridicamente protegido

A *paz pública* é o bem juridicamente protegido pelo tipo penal que prevê o delito de *apologia de crime ou criminoso*.

Não há objeto material.

3.5 Consumação e tentativa

O delito se consuma quando o agente, levando a efeito a apologia de crime ou criminoso, coloca, efetivamente, em risco a paz pública, criando uma sensação de instabilidade social, de medo, de insegurança no corpo social.

Dependendo do meio utilizado pelo agente para fazer a apologia de crime ou criminoso, será possível ou não o reconhecimento da tentativa.

3.6 Elemento subjetivo

O dolo é o elemento subjetivo exigido pelo tipo penal que prevê o delito de *apologia de crime ou criminoso*, não havendo previsão para a modalidade de natureza culposa.

3.7 Modalidades comissiva e omissiva

O núcleo *fazer* pressupõe um comportamento comissivo por parte do agente. No entanto, o delito poderá ser praticado via omissão imprópria, na hipótese em que o agente, garantidor, dolosamente, podendo, nada fizer para impedir que o agente leve a efeito a apologia de crime ou criminoso.

3.8 Pena, ação penal, competência para julgamento e suspensão condicional do processo

A pena cominada ao delito de *apologia de crime ou criminoso* é de detenção, de 3 (três) a 6 (seis) meses, ou multa.

A ação penal é de iniciativa pública incondicionada.

Compete, pelo menos inicialmente, ao Juizado Especial Criminal o processo e julgamento do delito tipificado no art. 287 do Código Penal, tendo em vista que a pena máxima cominada em abstrato não ultrapassa o limite de 2 (dois) anos, imposto pelo art. 61 da Lei nº 9.099/95, conforme alteração determinada pela Lei nº 11.313, de 28 de junho de 2006.

Será possível a confecção de proposta de suspensão condicional do processo, nos termos do art. 89 da Lei nº 9.099/95.

3.9 Destaques

3.9.1 Apologia de mais de um fato criminoso ou de mais de um autor de crime

Entendemos que, se numa mesma relação de contexto o agente fizer apologia de mais de um fato criminoso ou, mesmo, de mais de um autor de crime, estaremos diante de infração penal única, não havendo que se falar em concurso de crimes.

Posicionando-se contrariamente a essa conclusão, adverte Noronha:

> "Apologia de fato criminoso não é apologia de um ou mais delitos. Pensamos, por conseguinte, que haverá concurso formal ou ideal de crimes: com a mesma ação, o sujeito ativo faz apologia, isto é, exalta ou elogia mais de um crime cometido."[13]

3.9.2 Apologia ao crime e "marcha da maconha"

O Supremo Tribunal Federal, através do seu Tribunal Pleno, no julgamento da Arguição de Descumprimento de Preceito Fundamental – ADPF 187/DF, tendo como Relator o Min. Celso de Melo, publicado no DJe em 29/5/2014, decidiu que os participantes da "marcha da maconha" não praticam o delito de apologia de crime, dizendo:

> "'Marcha da maconha'. Manifestação legítima, por cidadãos da República, de duas liberdades individuais revestidas de caráter fundamental: o direito de reunião (liberdade-meio) e o direito à livre expressão do pensamento (liberdade-fim). A liberdade de reunião como pré-condição necessária à ativa participação dos cidadãos no processo político e no de tomada de decisões no âmbito do aparelho de Estado. Consequente legitimidade, sob perspectiva estritamente constitucional, de assembleias, reuniões, marchas, passeatas ou encontros coletivos realizados em espaços públicos (ou privados) com o objetivo de obter apoio para oferecimento de projetos de lei, de iniciativa popular, de criticar modelos normativos em vigor, de exercer o direito de petição e de promover atos de proselitismo em favor das posições sustentadas pelos manifestantes e participantes da reunião. Estrutura constitucional do direito fundamental de reunião pacífica e oponibilidade de seu exercício ao Poder Público e aos seus agentes. Vinculação de caráter instrumental entre a liberdade de reunião e a liberdade de manifestação do pensamento. Dois importantes precedentes do Supremo Tribunal Federal sobre a íntima correlação entre referidas liberdades fundamentais: HC 4.781/BA, Rel. Min. Edmundo Lins, e ADI 1.969/DF, Rel. Min. Ricardo Lewandowski. A liberdade de expressão como um dos

---

[13] NORONHA, Edgard Magalhães. *Direito penal*, v. 4, p. 88.

mais preciosos privilégios dos cidadãos em uma República fundada em bases democráticas. O direito à livre manifestação do pensamento: núcleo de que se irradiam os direitos de crítica, de protesto, de discordância e de livre circulação de ideias. Abolição penal (*abolitio criminis*) de determinadas condutas puníveis. Debate que não se confunde com incitação à prática de delito nem se identifica com apologia de fato criminoso. Discussão que deve ser realizada de forma racional, com respeito entre interlocutores e sem possibilidade legítima de repressão estatal, ainda que as ideias propostas possam ser consideradas, pela maioria, estranhas, insuportáveis, extravagantes, audaciosas ou inaceitáveis. O sentido de alteridade do direito à livre expressão e o respeito às ideias que conflitem com o pensamento e os valores dominantes no meio social. Caráter não absoluto de referida liberdade fundamental (CF, art. 5º, incisos IV, V e X; Convenção Americana de Direitos Humanos, art. 13, § 5º). A proteção constitucional à liberdade de pensamento como salvaguarda não apenas das ideias e propostas prevalecentes no âmbito social, mas, sobretudo, como amparo eficiente às posições que divergem, ainda que radicalmente, das concepções predominantes em dado momento histórico-cultural, no âmbito das formações sociais. O princípio majoritário, que desempenha importante papel no processo decisório, não pode legitimar a supressão, a frustração ou a aniquilação de direitos fundamentais, como o livre exercício do direito de reunião e a prática legítima da liberdade de expressão, sob pena de comprometimento da concepção material de democracia constitucional. A função contramajoritária da jurisdição constitucional no Estado Democrático de Direito. Inadmissibilidade da "proibição estatal do dissenso." Necessário respeito ao discurso antagônico no contexto da sociedade civil compreendida como espaço privilegiado que deve valorizar o conceito de "livre mercado de ideias." O sentido da existência do *free marketplace of ideas* como elemento fundamental e inerente ao regime democrático (AC 2.695-MC/RS, Rel. Min. Celso de Mello). A importância do conteúdo argumentativo do discurso fundado em convicções divergentes. A livre circulação de ideias como signo identificador das sociedades abertas, cuja natureza não se revela compatível com a repressão ao dissenso e que estimula a construção de espaços de liberdade em obséquio ao sentido democrático que anima as instituições da República. As plurissignificações do art. 287 do Código Penal: necessidade de interpretar esse preceito legal em harmonia com as liberdades fundamentais de reunião, de expressão e de petição. Legitimidade da utilização da técnica da interpretação conforme à Constituição nos casos em que o ato estatal tenha conteúdo polissêmico. Arguição de descumprimento de preceito fundamental julgada procedente."

3.10 Quadro-resumo

Sujeitos
» Ativo: qualquer pessoa.
» Passivo: é a sociedade.

Objeto material
Não há objeto material.

Bem(ns) juridicamente protegido(s)
A paz pública é o bem juridicamente protegido pelo tipo penal que prevê o delito de apologia de crime ou criminoso.

Elemento subjetivo

O dolo é o elemento subjetivo exigido pelo tipo penal que prevê o delito de apologia de crime ou criminoso, não havendo previsão para a modalidade de natureza culposa.

Modalidades comissiva e omissiva

O núcleo fazer pressupõe um comportamento comissivo por parte do agente, podendo, no entanto, ser praticado via omissão imprópria.

Consumação e tentativa

» O delito se consuma quando o agente, levando a efeito a apologia de crime ou criminoso, coloca, efetivamente, em risco a paz pública, criando uma sensação de instabilidade social, de medo, de insegurança no corpo social.
» Dependendo do meio utilizado pelo agente para fazer a apologia de crime ou criminoso, será possível ou não o reconhecimento da tentativa.

4. ASSOCIAÇÃO CRIMINOSA

Acesse e assista à aula explicativa sobre este assunto.
> https://uqr.to/1we54

Associação Criminosa
Art. 288. Associarem-se 3 (três) ou mais pessoas, para o fim específico de cometer crimes:
Pena – reclusão, de 1 (um) a 3 (três) anos.
Parágrafo único. A pena aumenta-se até a metade se a associação é armada ou se houver a participação de criança ou adolescente.

4.1 Introdução

O delito de *associação criminosa* vem tipificado no art. 288 do Código Penal, com a redação que lhe foi conferida pela Lei nº 12.850, de 2 de agosto de 2013, que alterou também sua rubrica, abandonando a denominação *quadrilha ou bando*, já consagrada pela doutrina e que, por razões da nova definição legal, já não se fazia mais pertinente.

Pela atual redação típica, podemos apontar os seguintes elementos: *a)* a conduta de se associarem três ou mais pessoas; *b)* para o fim específico de cometer crimes.

O núcleo *associar* diz respeito a uma reunião não eventual de pessoas, com caráter relativamente duradouro, ou, conforme preconiza Hungria:

"*Associar-se* quer dizer reunir-se, aliar-se ou congregar-se *estável* ou *permanentemente*, para a consecução de um fim comum. [...] reunião estável ou permanente (que não significa *perpétua*), para o fim de perpetração de uma indeterminada série de crimes. A nota da estabilidade ou permanência da aliança é essencial."[14]

---

[14] HUNGRIA, Nélson. *Comentários ao código penal*, v. 9, p. 177-178.

Assim, conforme as precisas lições de Hungria, o que difere, *ab initio*, o delito de associação criminosa (*societas delinquendi*) de um concurso eventual de pessoas (*societas criminis* ou *societas in crimine*) é o fato de a reunião criminosa, naquela situação, possuir, como dissemos, caráter relativamente duradouro. Dessa forma, os integrantes do grupo não se reúnem apenas, por exemplo, para o cometimento de um ou dois delitos, sendo a finalidade do grupo a prática constante e reiterada de uma série de crimes, seja a cadeia criminosa *homogênea* (destinada à prática de um mesmo crime), seja *heterogênea* (cuja finalidade é praticar delitos distintos, a exemplo de roubos, furtos, extorsões, homicídios etc.).

Para efeitos de configuração do delito de *associação criminosa*, o art. 288 do Código Penal, com a redação que lhe foi dada pela Lei nº 12.850, de 2 de agosto de 2013, reduziu o número mínimo de integrantes, passando a exigir um mínimo de três pessoas, uma vez que utiliza a expressão *três ou mais pessoas*, ao contrário do que ocorria com o delito de quadrilha ou bando, em que era exigido um número mínimo de quatro integrantes.

Tratando-se de crime formal, de consumação antecipada, o delito de *associação criminosa* se configura quando ocorre a adesão do *terceiro* sujeito ao grupo criminoso, que terá por finalidade a prática de um número indeterminado de crimes. Não há necessidade, para efeitos de configuração do delito, que seja praticada uma única infração penal, nem sequer em função da qual a *associação criminosa* foi formada. Se houver a prática dos delitos em razão dos quais a associação criminosa foi constituída, haverá concurso material de crimes entre eles.

Entendemos, ainda, tratar-se de crime de perigo comum e concreto, ao contrário da maioria da doutrina, que entende o tipo do art. 288 do Código Penal como um delito de perigo abstrato. Assim, estamos com Hungria, quando afirma que "não fora o grave perigo concreto que a organização [...] representa em si mesma, e não passaria de mero *ato preparatório*, penalmente irrelevante".[15]

4.2 Classificação doutrinária

Crime comum, tanto no que diz respeito ao sujeito ativo quanto ao sujeito passivo; doloso (não havendo previsão para a modalidade de natureza culposa); comissivo (podendo, também, nos termos do art. 13, § 2º, do Código Penal, ser praticado via omissão imprópria, na hipótese de o agente gozar do *status* de garantidor); de perigo comum e concreto (embora haja divergência doutrinária nesse sentido, pois se tem entendido, majoritariamente, tratar-se de crime de perigo abstrato, presumido); de forma livre; permanente; plurissubjetivo; plurissubsistente (podendo, também, dependendo da forma como for praticado, ser considerado unissubsistente); transeunte (como regra, pois na maioria dos casos não será necessária a prova pericial).

4.3 Sujeito ativo e sujeito passivo

Qualquer pessoa poderá ser *sujeito ativo* do delito de *associação criminosa*, haja vista que o tipo penal em exame não exige nenhuma qualidade ou condição especial.

O *sujeito passivo* é a sociedade, que tem sua paz perturbada em razão da formação do grupo criminoso.

4.4 Objeto material e bem juridicamente protegido

A *paz pública* é o bem juridicamente protegido pelo tipo penal que prevê o delito de *associação criminosa*.

Não há objeto material.

---

[15] HUNGRIA, Nélson. *Comentários ao código penal*, v. IX, p. 177.

4.5 Consumação e tentativa

O delito de *associação criminosa* se consuma no momento em que ocorre a integração do terceiro sujeito ao grupo, não havendo necessidade de ser praticado qualquer crime em virtude do qual a associação foi formada, tratando-se, pois, como já dissemos, de um delito de natureza formal, bastando que os sujeitos pratiquem a conduta prevista no núcleo do tipo, vale dizer, se associem, para o fim específico de cometer crimes, para efeitos de sua consumação.

Nesse sentido, salienta Hungria:

"O momento consumativo do crime é o *momento associativo*, pois com este já se apresenta um perigo suficientemente grave para alarmar o público ou conturbar a paz ou tranquilidade de ânimo da convivência civil."[16]

Não é admissível a tentativa.

4.6 Elemento subjetivo

O dolo é o elemento subjetivo exigido pelo tipo penal que prevê o delito de *associação criminosa*, não havendo previsão para a modalidade de natureza culposa.

Para a doutrina majoritária, além do dolo, o agente deve atuar com um especial fim de agir, configurado na finalidade específica de praticar *crimes*, ou seja, um número indeterminado de delitos, o que diferenciará o delito em estudo de uma reunião eventual de pessoas, reconhecida como ato preparatório de algumas infrações penais, a exemplo do que ocorre no crime de furto.

Assim, o agente deverá ter vontade de se associar, bem como consciência de que se associa a um grupo cuja finalidade será a prática de um número indeterminado de crimes, pois, caso contrário, poderá ser alegado o erro de tipo, afastando-se o dolo e, consequentemente, a própria infração penal, tendo em vista a ausência de previsão para a modalidade de natureza culposa.

4.7 Modalidades comissiva e omissiva

O núcleo *associar* pressupõe um comportamento comissivo por parte dos agentes. No entanto, o delito poderá ser cometido via omissão imprópria se o agente, garantidor, dolosamente, podendo, nada fizer para evitar a permanência do grupo criminoso.

Assim, imagine-se a hipótese de um policial que, sabendo da existência de uma *associação criminosa* na zona rural de determinado Estado brasileiro, cuja finalidade específica é "eliminar" os agentes habituados ao furto de gado (abigeato), nada faz para impedir a continuidade do grupo, pois as ações da associação criminosa, em tese, são dirigidas contra criminosos que visam, tão somente a praticar a subtração de bens pertencentes a terceiros.

Nesse caso, o agente poderia ser responsabilizado por sua omissão imprópria, nos termos do art. 13, § 2º, do Código Penal.

4.8 Modalidade qualificada

O art. 8º da Lei nº 8.072, de 25 de julho de 1990, introduziu uma modalidade qualificada ao delito de *associação criminosa*:

---

[16] HUNGRIA, Nélson. *Comentários ao código penal*, v. IX, p. 177.

> **Art. 8º** Será de três a seis anos de reclusão a pena prevista no art. 288 do Código Penal, quando se tratar de crimes hediondos, prática de tortura, tráfico ilícito de entorpecentes e drogas afins ou terrorismo.

São precisas as lições de Renato Brasileiro, quando assevera:

"Interessante notar que o art. 8º da Lei nº 8.072/90 não criou um novo tipo penal incriminador. Limitou-se apenas a estabelecer novos limites de pena. Por isso, na hipótese de 4 (quatro) indivíduos se associarem, por exemplo, para a prática de crimes de falsificação de remédios, deverão responder pelo crime do art. 273 do Código Penal, em concurso material com o delito previsto no art. 288 do Código Penal, porém com a aplicação da pena cominada pelo art. 8º da Lei nº 8.072/90: reclusão, de 3 (três) a 6 (seis) anos."[17]

4.9 Causa especial de aumento de pena

O parágrafo único do art. 288 do Código Penal determina, *verbis*:

> **Parágrafo único.** A pena aumenta-se até a metade se a associação é armada ou se houver a participação de criança ou adolescente.

Aplica-se, portanto, a majorante, em virtude do maior juízo de censura sobre a associação criminosa, quando seus integrantes utilizam arma, seja ela considerada própria, isto é, destinada precipuamente ao ataque ou à defesa, a exemplo do revólver, fuzil, pistola, punhal etc., seja mesmo imprópria, vale dizer, aquela que não tem a finalidade precípua de ataque ou defesa, mas que é utilizada pelo grupo com essa finalidade, como barras de ferro, correntes, pedaços de pau, navalhas etc.

Não há necessidade, ainda, de que todos os elementos que integram a associação criminosa estejam armados para a aplicação da majorante, bastando que apenas um deles se encontre nessa condição para que todos tenham sua pena especialmente agravada. O importante é que todos que compõem a associação criminosa conheçam a existência da arma, pois, caso contrário, não se poderá imputar aos membros que não sabiam da sua existência a majorante em estudo, sob pena de ser aplicado o raciocínio relativo à responsabilidade penal objetiva, tão repudiada pelo nosso Direito Penal.

Neste último caso, somente o agente que portava a arma (própria ou imprópria), bem como aqueles que conheciam sua existência é que terão suas penas especialmente agravadas.

Entendemos que o aumento mínimo deverá ser de 1/6 (um sexto), para que seja mantida a coerência com as demais causas de aumento de pena, previstas no Código Penal, que adota esse padrão mínimo. Assim, quanto maior a gravidade e a potencialidade lesiva do armamento utilizado pela associação criminosa, maior será o aumento da pena. A título de exemplo, se a associação criminosa se utilizar de armas de fogo, como ocorre com os revólveres, pistolas, fuzis etc., esse aumento poderá alcançar seu patamar máximo, ou seja, até a metade da pena aplicada; ao contrário, se a associação criminosa fizer uso de armas brancas, como é o caso das navalhas, facas etc., esse aumento poderá oscilar entre o mínimo de um sexto, podendo chegar (não se exclui essa hipótese, dependendo da gravidade da sua utilização), no patamar máximo (até a metade).

---

[17] Brasileiro de Lima, Renato. *Legislação criminal especial comentada*, p. 117.

A nova redação que foi dada ao parágrafo único do art. 288 do Código Penal pela Lei nº 12.850, de 2 de agosto de 2013, além de reduzir a majorante em estudo, que, antes da modificação legal, fazia com que a pena fosse aplicada em dobro, incluiu mais uma hipótese: a participação de criança ou adolescente.

Como veremos mais adiante, crianças e adolescentes poderão integrar a associação criminosa. Nesse caso, os imputáveis, que também dela participam, deverão ser responsabilizados com suas penas especialmente aumentadas, dado o maior juízo de censura que recai sobre o comportamento deles, quando se associam com crianças e adolescentes para o fim específico de cometerem crimes.

No entanto, para que a majorante em estudo possa ser aplicada, os demais integrantes do grupo devem ter conhecimento de que se associam com crianças ou adolescentes, pois, caso contrário, poderá ser alegado o erro de tipo, afastando a aplicação da causa especial de aumento de pena prevista no parágrafo único do art. 288 do Código Penal.

4.10 Pena, ação penal e suspensão condicional do processo

A pena cominada ao delito de *associação criminosa* é de reclusão, de 1 (um) a 3 (três) anos.

A pena aumenta-se até a metade se a associação é armada ou se houver a participação de criança ou adolescente, nos termos do parágrafo único do art. 288 do Código Penal.

Para a modalidade qualificada, será de 3 (três) a 6 (seis) anos de reclusão a pena prevista no art. 288 do Código Penal, quando se tratar de crimes hediondos, prática de tortura, tráfico ilícito de entorpecentes e drogas afins ou terrorismo.

A ação penal é de iniciativa pública incondicionada.

Será possível a confecção de proposta de suspensão condicional do processo, nos termos do art. 89 da Lei nº 9.099/95, desde que não seja aplicada a majorante do parágrafo único do art. 288 do Código Penal, bem como não se tratar da hipótese qualificada de associação criminosa, nos termos do art. 8º da Lei nº 8.072/90.

4.11 Destaques

4.11.1 Inimputáveis como integrantes da associação criminosa

É importante salientar que, para efeito de reconhecimento do delito de associação criminosa, no que diz respeito ao número mínimo de integrantes necessário à sua configuração, basta tão somente que um deles seja imputável.

Assim, por exemplo, poderá ocorrer o delito tipificado no art. 288 do Código Penal se, para a sua formação mínima, ou seja, três pessoas, houver dois inimputáveis, além do agente que já completou a maioridade penal. Este último deverá responder pelo delito de associação criminosa, com a pena especialmente aumentada, de acordo com o parágrafo único do art. 288 do estatuto repressivo, enquanto os inimputáveis serão responsabilizados pelo ato infracional praticado, nos termos da Lei nº 8.069/90.

No entanto, merece ser ressaltado, ainda, que somente os inimputáveis que tiverem capacidade de discernimento poderão fazer parte do cômputo do número mínimo exigido para a formação da associação criminosa. Na hipótese, por exemplo, em que dois agentes utilizem uma criança com apenas 5 anos de idade, que sirva de "isca" para as vítimas do crime de roubo, não podemos considerá-la como membro integrante do grupo criminoso, em virtude de sua falta de discernimento no que diz respeito ao cometimento das infrações penais. Nesse caso, teríamos tão somente a prática de crimes de roubo, com a aplicação da causa especial de aumento de pena prevista no inciso II do § 2º do art. 157 do Código Penal.

4.11.2 Agentes não identificados

Pode ocorrer, ainda, que se tenha prova suficiente da formação da associação criminosa, sem que, no entanto, se tenha conseguido identificar e qualificar todos os seus integrantes.

Assim, imagine-se que somente um ou dois dos agentes que compunham a associação criminosa tenham sido identificados. Poderia o Ministério Público, nesse caso, imputar-lhes a prática do delito tipificado no art. 288 do Código Penal? A resposta só pode ser afirmativa, desde que se tenha certeza da existência dos demais membros que integravam o grupo, mas que se mantiveram no anonimato, ou seja, não foram devidamente identificados e qualificados pela autoridade policial.

O fundamental nessa hipótese, frise-se, é a convicção, a certeza cabal de que outras pessoas faziam parte do grupo criminoso, perfazendo o total mínimo exigido pelo tipo penal em estudo, vale dizer, 3 (três) pessoas. Isso será suficiente para a incriminação dos agentes que foram descobertos e denunciados.

4.11.3 Abandono por um integrante da associação criminosa depois de formada

Pode ocorrer, ainda, que depois de formada a associação criminosa, algum dos agentes queira dela se retirar. Nesse caso, poderíamos cogitar da aplicação do instituto da desistência voluntária, previsto no art. 15 do Código Penal? Não, haja vista que tal instituto somente se aplica quando o agente ainda não consumou a infração penal. No caso da associação criminosa, o agente que, mesmo não tendo praticado qualquer delito em virtude do qual o grupo havia sido constituído inicialmente, colocando em risco a paz pública com a sua reunião, terá o condão de consumar o delito em estudo, impedindo, pois, a aplicação do instituto da desistência voluntária.

Sua saída, contudo, poderá ocasionar a quebra do grupo, se este se encontrava formado com o número mínimo, ou seja, três agentes.

4.11.4 Prática de delito pelo grupo, sem o conhecimento de um de seus integrantes

Dissemos, em nossa introdução, que a associação criminosa deverá ser formada com caráter duradouro, permanente (mas, não eterno), para a prática de um número indeterminado de crimes, sejam eles homogêneos (infrações penais idênticas) ou heterogêneos (infrações penais variadas, diversas).

Entretanto, para que algum dos integrantes do grupo criminoso responda pelo delito praticado pela associação criminosa, faz-se mister que essa infração penal tenha ingressado na sua esfera de conhecimento. Assim, não poderá o agente, por exemplo, responder por um delito de latrocínio, mesmo pertencente à associação criminosa que o praticou, se não sabia, de antemão, que o grupo iria levar a efeito essa infração penal. Suponha-se que uma associação criminosa tenha sido formada com o fim específico de praticar furtos em residências supostamente abandonadas. Em determinado dia, sem que um dos agentes integrantes do grupo criminoso tivesse conhecimento, a associação criminosa se reúne e resolve, somente naquele dia, "levantar algum capital", praticando um roubo a banco. Durante a empreitada, o vigilante da agência bancária é morto, permitindo a configuração do latrocínio. Nesse caso, poderia o agente que não participou da ação criminosa ser também responsabilizado pelo latrocínio? A resposta, aqui, só pode ser negativa, sob pena de ser responsabilizado objetivamente.

Assim, resumindo, o agente que pertence à associação criminosa somente poderá ser responsabilizado penalmente pelos crimes para os quais houver anuído se tiver tomado conhecimento, previamente, das futuras ações do grupo ao qual faz parte.

4.11.5 Concurso eventual de pessoas e associação criminosa

Infelizmente, a prática judiciária tem confundido o crime de associação criminosa com a reunião eventual de pessoas, fazendo com que estas respondam, indevidamente, pelo delito tipificado no art. 288 do Código Penal.

Conforme tivemos oportunidade de salientar, para que se configure o delito de associação criminosa será preciso conjugar seu caráter de estabilidade, permanência, com a finalidade de praticar um número indeterminado de crimes. A reunião desse mesmo número de pessoas para a prática de um único crime, ou mesmo dois deles, não importa no reconhecimento do delito em estudo.

Assim, imagine-se que um policial estivesse escutando a conversa, no interior de um bar, entre três pessoas que, naquele exato instante, decidiram praticar um crime de furto, ainda naquela noite, numa residência próxima daquele lugar, pois tomaram conhecimento de que os moradores haviam viajado, bem como que nela havia uma quantidade grande de aparelhos eletrônicos.

No momento em que saíam do estabelecimento comercial, a fim de cumprir o propósito criminoso, o policial os prende em flagrante pela formação da associação criminosa. Nesse caso, estaria correta a prisão em flagrante? Obviamente que não, pois estaríamos diante de um ato meramente preparatório de um crime de furto, e não de um delito de associação criminosa, que exige a característica fundamental da estabilidade, permanência, além da finalidade de praticar um número indeterminado de crimes.

4.11.6 Concurso de pessoas como qualificadora ou majorante de outro crime

O Código Penal, em várias de suas passagens, utiliza o concurso de pessoas como uma situação que, demonstrando maior juízo de censura, de reprovabilidade, permite que o crime se transforme em qualificado, ou faz com que, pelo menos, a pena aplicada seja especialmente agravada, como acontece, respectivamente, com os delitos de furto e roubo.

Nessas hipóteses em que o concurso de pessoas é levado em consideração a fim de aumentar a pena a ser aplicada aos agentes, eles poderiam, caso houvesse a efetiva formação da associação criminosa, responder por ambas as infrações penais, servindo a reunião permanente para qualificar ou mesmo agravar as penas?

A questão é controvertida. Parte de nossos autores entende perfeitamente possível o raciocínio do concurso de crimes sem que haja necessidade de ser afastada a qualificadora ou majorante, não entendendo pelo *bis in idem*, em virtude do fato de que as infrações penais cuidam de bens jurídicos diversos.

Nesse sentido, trazemos à colação as lições de Weber Martins Batista que, tratando especificamente do roubo, preleciona:

> "A associação de [...] pessoas para a prática de crimes, indeterminadamente, não é imprescindível, não é meio necessário à prática de roubo em concurso de agentes.
> A razão da incriminação daquele crime e o motivo de agravamento da pena deste último derivam de razões diferentes. Num caso, busca-se proteger o sentimento de tranquilidade e segurança das pessoas, bem jurídico que é atingido mesmo quando não chega a ser praticado nenhum dos delitos que eram a razão da associação. No outro, no roubo qualificado pelo concurso de agentes, a punição mais severa visa a evitar a maior facilidade de cometimento do crime, o que ocorre quando são dois ou mais os executores. Sendo assim, porque diversa a vontade do Estado, ao definir os fatos puníveis, e diferentes os bens jurídicos protegidos pelas pessoas atingidas, não há como falar, na hipótese, em progressão criminosa ou em crime progressivo, em antefato ou em pós-fato impuníveis."[18]

---

[18] BATISTA, Weber Martins. *O furto e o roubo no direito e no processo penal*, p. 265-266.

Apesar da indiscutível autoridade do renomado autor sobre o tema em estudo, ousamos dele discordar, pois não conseguimos deixar de visualizar, por mais que tentemos enfocar a questão sob outros aspectos, que a reunião de pessoas estará servindo duas vezes à punição dos agentes, razão pela qual, mesmo havendo a possibilidade de, no caso concreto, até receberem penas menores, situação não incomum no Código Penal, não podemos tolerar o *bis in idem*. Assim, somos partidários da segunda posição, que não permite o concurso entre o crime de associação criminosa e qualquer outra infração penal em que o concurso de pessoas seja utilizado como qualificadora ou majorante.

4.11.7 Finalidade de praticar contravenções penais

O art. 288 do Código Penal é claro ao exigir que a associação criminosa tenha por finalidade específica a prática de *crimes*. Dessa forma, resta afastada do conceito de associação criminosa a reunião, mesmo que permanente, destinada ao cometimento de *contravenções penais*.

4.11.8 Associação para o tráfico ilícito de drogas

O art. 35 da Lei nº 11.343, de 23 de agosto de 2006, dispõe sobre a associação para o tráfico ilícito de drogas:

> **Art. 35.** Associarem-se duas ou mais pessoas para o fim de praticar, reiteradamente ou não, qualquer dos crimes previstos nos arts. 33, *caput* e § 1º, e 34 desta Lei:
> Pena – reclusão, de 3 (três) a 10 (dez) anos, e pagamento de 700 (setecentos) a 1.200 (mil e duzentos) dias-multa.

Renato Marcão, com autoridade, sob a vigência da revogada Lei nº 6.368/76, já afirmava pela necessidade de estabilidade da mencionada *associação* dizendo que era preciso "identificar certa permanência na *societas criminis*, que não se confunde com mera coautoria".[19]

Merece ser registrada, ainda, a lição de Abel Fernandes Gomes, quando, analisando o art. 35 da Lei Antidrogas, preleciona:

"O presente art. 35 põe fim a uma questão que adveio da vigência do art. 8º da Lei nº 8.072, de 25 de julho de 1990, denominada Lei dos Crimes Hediondos. É que este dispositivo alterou a sistemática do tratamento dos delitos de associação para prática de crimes, modificando para mais as penas do art. 288 do Código Penal. Na mesma oportunidade, explicitou que tais penas passariam a ser de 3 (três) a 6 (seis) anos de reclusão, quando a associação se destinasse à prática de crimes hediondos, tortura, *tráfico ilícito de entorpecentes e drogas afins* ou terrorismo. Por essa razão, entendeu-se que pelo menos o preceito secundário do art. 14 da Lei nº 6.368/76 que tratava da associação para o tráfico, estaria derrogado pelo art. 8º da Lei nº 8.072/90. Alguns autores concluíram que também o preceito primário do art. 14 estaria revogado, o que implicaria a ab-rogação desse mesmo art. 14 da Lei nº 6.368/76. Outros, ainda, optaram pela compreensão de que não houvera sequer a derrogação do art. 14, mas como a pena introduzida pelo art. 8º da Lei dos Crimes Hediondos era mais benéfica para os crimes de associação, esta deveria ser aplicada às infrações ao art. 14 da Lei nº 6.368/76.

Para nós, sempre pareceu que haveria apenas a derrogação do art. 14, naquilo em que a sanção por ele prevista, que era de 3 (três) a 10 (dez) anos de reclusão, e multa, passava, com a edição da Lei nº 8.072/90, a ser de 3 (três) a 6 (seis) anos de reclusão. Com o advento da Lei nº 11.343/06, que expressamente dispõe que as penas aplicadas à infração do art. 35 serão de

---

[19] MARCÃO, Renato. *Tóxicos*, p. 200-201.

3 (três) a 10 (dez) anos, e pagamento de 700 (setecentos) a 1.200 (mil e duzentos) dias-multa, resta superada a problemática em torno da sucessão das Leis nº 6.368/76 e nº 8.072/90."[20]

4.11.9 Organização criminosa

Até o advento da Lei nº 12.694, de 24 de julho de 2012, não tínhamos um conceito legal de organização criminosa. Por essa razão, a doutrina criticava essa ausência normativa, indispensável à segurança jurídica, conforme as precisas lições de Gamil Föppel El Hireche:

"Não existe, definitivamente, no plano ôntico, 'crime organizado', mas, caso o legislador pretenda tratar da matéria, precisa conceituá-la, sob pena de se violar o princípio da legalidade;

O 'crime organizado' não poderia, assim, ficar sujeito a um tipo vago, impreciso, como elemento normativo do tipo;

Não há um conceito único que reúna em si todas as pretensas manifestações da 'criminalidade organizada';

Ao pretender tratar da criminalidade organizada, o legislador ordinário valeu-se de três expressões: bando ou quadrilha, associação e organização criminosa, sendo que as duas primeiras estão definidas em lei, a terceira, não;

Na verdade, existiriam, para quem sustenta haver o fenômeno, três espécies no gênero 'criminalidade organizada', quais sejam: bando ou quadrilha, associação criminosa e organização criminosa."[21]

Hoje, tal discussão perdeu o sentido, uma vez que a Lei nº 12.694, de 24 de julho de 2012, inicialmente, assim definiu o conceito de organização criminosa no seu art. 2º, *verbis*:

> **Art. 2º** Para os efeitos desta Lei, considera-se organização criminosa a associação, de 3 (três) ou mais pessoas, estruturalmente ordenada e caracterizada pela divisão de tarefas, ainda que informalmente, com objetivo de obter, direta ou indiretamente, vantagem de qualquer natureza, mediante a prática de crimes cuja pena máxima seja igual ou superior a 4 (quatro) anos ou que sejam de caráter transnacional.

Conforme previsto no art. 1º da referida lei, em processos ou procedimentos que tenham por objeto crimes praticados por organizações criminosas, o juiz poderá decidir pela formação de colegiado, que será composto, de acordo com o § 2º do mesmo artigo, pelo juiz do processo e por 2 (dois) outros juízes escolhidos por sorteio eletrônico, dentre aqueles de competência criminal em exercício no primeiro grau de jurisdição, para a prática de qualquer ato processual, especialmente:

> **Art. 1º** [...]
> I – decretação de prisão ou de medidas assecuratórias;
> II – concessão de liberdade provisória ou revogação de prisão;
> III – sentença;
> IV – progressão ou regressão de regime de cumprimento de pena;
> V – concessão de liberdade condicional;
> VI – transferência de preso para estabelecimento prisional de segurança máxima; e
> VII – inclusão do preso no regime disciplinar diferenciado.

---

[20] GOMES, Abel Fernandes. *Nova lei antidrogas*, p. 35-36.
[21] HIRECHE, Gamil Föppel El. *Análise criminológica das organizações criminosas*, p. 147.

A competência do colegiado limita-se ao ato para o qual foi convocado, sendo que as reuniões poderão ser sigilosas sempre que houver risco de que a publicidade resulte em prejuízo à eficácia da decisão judicial. Suas decisões devem ser devidamente fundamentadas e firmadas, sem exceção, por todos os seus integrantes, e publicadas sem qualquer referência a voto divergente de qualquer membro, de acordo com o disposto nos §§ 3º, 4º e 6º do art. 1º da Lei nº 12.694, de 24 de julho de 2012.

Embora houvesse, a partir da referida Lei nº 12.694, de 24 de julho de 2012, um conceito sobre organização criminosa, ainda não havia sido criado um tipo penal incriminador que acolhesse essa definição. Em 2 de agosto de 2013, foi publicada a Lei nº 12.850, definindo no seu § 1º do art. 1º, mais uma vez, e com algumas diferenças do conceito anterior, a organização criminosa:

> § 1º Considera-se organização criminosa a associação de 4 (quatro) ou mais pessoas estruturalmente ordenada e caracterizada pela divisão de tarefas, ainda que informalmente, com objetivo de obter, direta ou indiretamente, vantagem de qualquer natureza, mediante a prática de infrações penais cujas penas máximas sejam superiores a 4 (quatro) anos, ou que sejam de caráter transnacional.

A nova definição diferiu, em alguns aspectos, daquela trazida inicialmente pela Lei nº 12.694, de 24 de julho de 2012. Percebe-se, mediante a comparação dos textos legais, que:

a) o novo diploma passou a exigir um mínimo de *quatro* pessoas para efeitos de configuração da organização criminosa, enquanto a lei anterior exigia um mínimo de três;

b) a conceituação anterior era específica para os efeitos contidos na Lei nº 12.694, de 24 de julho de 2012, enquanto a Lei nº 12.850, de 2 de agosto de 2013, criou um conceito genérico de organização criminosa;

c) a Lei nº 12.694, de 24 de julho de 2012, para efeito de reconhecimento da organização criminosa, exigia a prática de *crimes* cuja pena máxima fosse igual ou superior a 4 (quatro) anos ou que fossem de caráter transnacional, enquanto a Lei nº 12.850, de 2 de agosto de 2013, faz menção a infrações penais, ou seja, crimes ou contravenções penais, cujas penas máximas sejam *superiores* a 4 (quatro) anos, ou que sejam de caráter transnacional;

d) a Lei nº 12.850, de 2 de agosto de 2013, não somente definiu, mais uma vez, o conceito de organização criminosa, como criou uma figura típica específica:

> **Art. 2º** Promover, constituir, financiar ou integrar, pessoalmente ou por interposta pessoa, organização criminosa:
> Pena – reclusão, de 3 (três) a 8 (oito) anos, e multa, sem prejuízo das penas correspondentes às demais infrações penais praticadas.
> § 1º Nas mesmas penas incorre quem impede ou, de qualquer forma, embaraça a investigação de infração penal que envolva organização criminosa.
> § 2º As penas aumentam-se até a metade se na atuação da organização criminosa houver emprego de arma de fogo.
> § 3º A pena é agravada para quem exerce o comando, individual ou coletivo, da organização criminosa, ainda que não pratique pessoalmente atos de execução.
> § 4º A pena é aumentada de 1/6 (um sexto) a 2/3 (dois terços):
> I – se há participação de criança ou adolescente;
> II – se há concurso de funcionário público, valendo-se a organização criminosa dessa condição para a prática de infração penal;
> III – se o produto ou proveito da infração penal destinar-se, no todo ou em parte, ao exterior;
> IV – se a organização criminosa mantém conexão com outras organizações criminosas independentes;
> V – se as circunstâncias do fato evidenciarem a transnacionalidade da organização.

Com o advento da Lei nº 12.850, de 2 de agosto de 2013, criando um novo conceito de organização criminosa, surgiram duas correntes doutrinárias. A primeira delas, defendendo a tese de que ambos os conceitos coexistem,[22] cada qual com suas especificidades, sendo que o conceito anterior, trazido pela Lei nº 12.694, de 24 de julho de 2012, seria aplicado somente para os efeitos por ela previstos, conforme o disposto na parte inicial de seu art. 2º. A segunda corrente, com a qual nos filiamos, entende que o conceito anterior foi derrogado por aquele trazido pelo § 1º do art. 1º da Lei nº 12.850, de 2 de agosto de 2013. Nesse sentido, trazemos à colação as lições de Guilherme de Souza Nucci, que aduz:

> "A novel previsão, exigindo quatro pessoas para configurar a organização criminosa, provoca a derrogação do art. 2º da Lei nº 12.694/2012 – que menciona TRÊS ou mais pessoas – pois não há sentido algum para se ter, no ordenamento nacional, dois conceitos simultâneos e igualmente aplicáveis do mesmo instituto. Logo, para se invocar o colegiado, independentemente da expressão 'para os efeitos desta lei', deve-se estar diante de autêntica organização criminosa, hoje com quatro pessoas no mínimo. Do mesmo modo, afasta-se do art. 2º da Lei nº 12.694/2012 a previsão de crimes cuja pena máxima seja igual a quatro anos. Somente penas superiores a quatro ou delitos transnacionais envolvem organização criminosa."[23]

Infelizmente, mais uma vez, o legislador nos fez a "gentileza" de criar mais essa controvérsia. Deveria, no entanto, ter observado o disposto no art. 9º da Lei Complementar nº 95, de 26 de fevereiro de 1998, que determina que a cláusula de revogação deverá enumerar, expressamente, as leis ou disposições legais revogadas. Assim, da mesma forma que revogou, expressamente, a Lei nº 9.034/95 deveria ter procedido com o art. 2º da Lei nº 12.694, de 24 de julho de 2012.

In casu, deverá ser aplicado o § 1º do art. 2º da Lei de Introdução às Normas do Direito Brasileiro (Decreto-Lei nº 4.657, de 4 de setembro de 1942), que diz, *verbis*:

> § 1º A lei posterior revoga a anterior quando expressamente o declare, quando seja com ela incompatível ou quando regule inteiramente a matéria de que tratava a lei anterior.

Ora, a lei posterior (12.850, de 2 de agosto de 2013) trouxe novo conceito de organização criminosa, regulando, nesse aspecto, inteiramente a matéria de que tratava a lei anterior (12.694, de 24 de julho de 2012). Assim, devemos entender que somente existe um único conceito de organização criminosa, vale dizer, aquele trazido pela Lei nº 12.850, de 2 de agosto de 2013, que deverá ser aplicado às situações previstas pela Lei nº 12.694, de 24 de julho de 2012.

4.11.10 Prisão temporária

Se houver a formação de associação criminosa, será possível a decretação da prisão temporária dos agentes, nos termos do art. 1º, III, *l*, da Lei nº 7.960, de 21 de dezembro de 1989, se presentes os demais requisitos por ela exigidos.

4.11.11 Genocídio

A associação de mais de três pessoas para a prática dos crimes mencionados no art. 1º da Lei nº 2.889, de 1º de outubro de 1956, que prevê o delito de genocídio, importará na

---

[22] Conforme asseveram CUNHA, Rogério Sanches; PINTO, Ronaldo Batista. *Organização criminosa* – Comentários à nova lei sobre o Crime Organizado – Lei nº 12.850/2013, p. 15.
[23] NUCCI, Guilherme de Souza. *Organização Criminosa* – Comentários à Lei 12.850, de 2 de agosto de 2013, p. 22.

punição dos agentes com a metade das penas a eles cominadas, nos termos do art. 2º do referido diploma legal.

4.11.12 Delação premiada nas Leis nº 7.492, de 16 de junho de 1986 (crimes contra o sistema financeiro nacional), e nº 8.137, de 27 de dezembro de 1990 (crimes contra a ordem tributária, econômica e relações de consumo)

O § 2º do art. 25 da Lei nº 7.492, de 16 de junho de 1986, e o parágrafo único do art. 16 da Lei nº 8.137, de 27 de dezembro de 1990, incluídos pela Lei nº 9.080, de 19 de julho de 1995, fizeram previsão para a aplicação de redução de pena nas hipóteses de delação premiada, dizendo, respectivamente:

> **Art. 25.** [...].
> § 1º [...]
> § 2º Nos crimes previstos nesta Lei, cometidos em quadrilha ou coautoria, o coautor ou partícipe que através de confissão espontânea revelar à autoridade policial ou judicial toda a trama delituosa terá a sua pena reduzida de um a dois terços. *(Incluído pela Lei nº 9.080, de 19/7/1995)*
>
> **Art. 16.** [...].
> **Parágrafo único.** Nos crimes previstos nesta Lei, cometidos em quadrilha ou coautoria, o coautor ou partícipe que através de confissão espontânea revelar à autoridade policial ou judicial toda a trama delituosa terá a sua pena reduzida de um a dois terços. *(Incluído pela Lei nº 9.080, de 19/7/1995)*

4.11.13 Colaboração premiada na Lei nº 12.850, de 2 de agosto de 2013

O agente que promove, constitui, financia ou integra, pessoalmente ou por interposta pessoa, organização criminosa, poderá ser beneficiado com o instituto da colaboração premiada, nos termos constantes da seção I do capítulo I da Lei nº 12.850, de 2 de agosto de 2013.

Diz o art. 4º, *caput*, incisos I a V, do referido diploma legal:

> **Art. 4º** O juiz poderá, a requerimento das partes, conceder o perdão judicial, reduzir em até 2/3 (dois terços) a pena privativa de liberdade ou substituí-la por restritiva de direitos daquele que tenha colaborado efetiva e voluntariamente com a investigação e com o processo criminal, desde que dessa colaboração advenha um ou mais dos seguintes resultados:
> I – a identificação dos demais coautores e partícipes da organização criminosa e das infrações penais por eles praticadas;
> II – a revelação da estrutura hierárquica e da divisão de tarefas da organização criminosa;
> III – a prevenção de infrações penais decorrentes das atividades da organização criminosa;
> IV – a recuperação total ou parcial do produto ou do proveito das infrações penais praticadas pela organização criminosa;
> V – a localização de eventual vítima com a sua integridade física preservada.

4.11.14 Causa especial de aumento de pena e novatio legis in mellius

A Lei nº 12.850, de 2 de agosto de 2013, modificou a redação que constava do parágrafo único do art. 288 do Código Penal. Inicialmente, dizia o aludido parágrafo único:

> **Parágrafo único.** A pena aplica-se em dobro, se a quadrilha ou o bando é armado.

Atualmente, com a nova redação legal, o parágrafo passou a prever a seguinte majorante:

> **Parágrafo único.** A pena aumenta-se até a metade se a associação é armada ou se houver a participação de criança ou adolescente.

Como se percebe, a atual redação legal beneficia aqueles que foram condenados pela antiga formação de quadrilha e que tiveram suas penas dobradas em virtude de ter sido reconhecida a utilização de arma.

Nesse caso, terá aplicação o parágrafo único do art. 2º do Código Penal, que diz que a lei posterior, que de qualquer modo favorecer o agente, aplica-se aos fatos anteriores, ainda que decidida por sentença condenatória transitada em julgado. Dessa forma, todos aqueles que foram condenados pela prática do crime tipificado no art. 288 do diploma repressivo, e que tiveram suas penas dobradas em virtude do reconhecimento do emprego de arma, deverão ter suas penas reduzidas, refazendo-se o cálculo, em sede de revisão criminal, para que sejam adequadas ao novo percentual de aumento, trazido pela Lei nº 12.850, de 2 de agosto de 2013.

4.11.15 Aplicação da causa especial de aumento de pena do parágrafo único do art. 288 do Código Penal à associação criminosa qualificada

Seria possível a aplicação da causa especial de aumento de pena, prevista no parágrafo único do art. 288 do Código Penal (se a associação é armada ou se houver a participação de criança ou adolescente), ao delito de associação criminosa qualificada previsto pelo art. 8º da Lei nº 8.072/90? Duas correntes se formaram.

A primeira delas, a nosso ver equivocadamente, entende não ser possível a aplicação da majorante à modalidade qualificada de associação criminosa, haja vista que enxerga o *bis in idem* na referida aplicação, uma vez que a pena da modalidade qualificada é superior, obviamente, àquela prevista no *caput* do art. 288 do diploma repressivo, além do fato de que, se fosse intenção da lei aumentar especialmente a pena na associação criminosa qualificada, o teria feito expressamente.

A segunda corrente, à qual nos filiamos, entende ser perfeitamente viável a aplicação da majorante à associação criminosa qualificada, uma vez que o próprio art. 8º da Lei nº 8.072/90 remete, expressamente, ao art. 288 do Código Penal. Na verdade, é uma situação extremamente comum essa modalidade qualificada-majorada, uma vez que muitas das infrações penais previstas na Lei nº 8.072/90 são levadas a efeito com o emprego de arma, ou com a participação de criança ou adolescente. Tecnicamente, ainda, não se pode deixar de mencionar que se a modalidade qualificada tivesse sido inserida diretamente no Código Penal, como um parágrafo do art. 288, deveríamos levar em consideração sua situação topográfica, a fim de saber se foi a intenção da lei a aplicação da causa especial de aumento de pena.

Esclarecendo melhor a discussão, de acordo com as regras de interpretação mais utilizadas, os parágrafos se aplicam a tudo que os antecede. Assim, a título de raciocínio, se a associação criminosa qualificada figurasse como § 1º do art. 288 do Código Penal, e a majorante como § 2º do mesmo artigo, ela certamente seria aplicada. Agora, se fosse o contrário, ou seja, se a qualificadora viesse após o parágrafo que determinou a causa de aumento de pena, essa majorante a ela não seria aplicada.

4.12 Quadro-resumo

Sujeitos
» Ativo: qualquer pessoa.
» Passivo: é a sociedade.

Objeto material
Não há objeto material.

Bem(ns) juridicamente protegido(s)

A paz pública.

Elemento subjetivo

» Dolo, não havendo previsão para a modalidade de natureza culposa.
» Para a doutrina majoritária, além do dolo, o agente deve atuar com um especial fim de agir, configurado na finalidade de praticar crimes, ou seja, um número indeterminado de infrações penais.

Modalidades comissiva e omissiva

O núcleo associar pressupõe um comportamento comissivo por parte dos agentes, podendo, no entanto, ser cometido via omissão imprópria.

Consumação e tentativa

» O delito se consuma no momento em que ocorre a associação criminosa, não havendo necessidade de ser praticado qualquer crime em virtude do qual a associação foi formada, tratando-se, pois, como já o dissemos, de um delito de natureza formal, bastando que os sujeitos pratiquem a conduta prevista no núcleo do tipo, para efeitos de sua consumação.
» Não se admite a tentativa.

5. CONSTITUIÇÃO DE MILÍCIA PRIVADA

Acesse e assista à aula explicativa sobre este assunto.
> https://uqr.to/1we55

Art. 288-A. Constituir, organizar, integrar, manter ou custear organização paramilitar, milícia particular, grupo ou esquadrão com a finalidade de praticar qualquer dos crimes previstos neste Código:
Pena – reclusão, de 4 (quatro) a 8 (oito) anos.

5.1 Introdução

A Lei nº 12.720, de 27 de setembro de 2012, inseriu o art. 288-A ao Código Penal, criando o delito de *constituição de milícia privada*, atendendo, assim, ao disposto no item 1º da Resolução nº 44/162, editada pela Assembleia Geral das Nações Unidas, em 1989, que preceitua:

"Os governos proibirão por lei todas as execuções extralegais, arbitrárias ou sumárias, e zelarão para que todas essas execuções se tipifiquem como delitos em seu direito penal, e sejam sancionáveis como penas adequadas que levem em conta a gravidade de tais delitos. Não poderão ser invocadas, para justificar essas execuções, circunstâncias excepcionais, como por exemplo, o estado de guerra ou o risco de guerra, a instabilidade política interna, nem nenhuma outra emergência pública. Essas execuções não se efetuarão em nenhuma circunstância, nem sequer em situações de conflito interno armado, abuso ou uso ilegal da força por parte de um funcionário público ou de outra pessoa que atue em caráter oficial ou de uma pessoa que promova a investigação, ou com o consentimento ou aquiescência daquela, nem tampouco em situações nas quais a morte ocorra na prisão. Esta proibição prevalecerá sobre os decretos promulgados pela autoridade executiva."

Com a criação do tipo penal em estudo, independentemente da punição que couber em virtude dos crimes praticados pelo grupo criminoso, a exemplo do que ocorre com o delito de homicídio, lesões corporais, extorsões, ameaças etc., também será punido com uma pena de reclusão, de 4 (quatro) a 8 (oito) anos, aquele que, de acordo com o art. 288-A do diploma repressivo, vier a constituir, organizar, integrar, manter ou custear organização paramilitar, milícia particular, grupo ou esquadrão com a finalidade de praticar qualquer dos crimes previstos no Código Penal.

O núcleo *constituir* tem o sentido de criar, trazer à existência, formar a essência; *organizar* significa colocar em ordem, preparar para o funcionamento, estabelecer as bases; *integrar* diz respeito a fazer parte integrante, juntar-se, reunir-se ao grupo; *manter* tem o sentido de sustentar; *custear* tem o significado de financiar, arcar com os custos.

As condutas elencadas pelo tipo penal devem ter a finalidade de constituir, organizar, manter ou custear organização paramilitar, milícia particular, grupo ou esquadrão, com a finalidade de praticar qualquer dos crimes previstos no Código Penal.

Paramilitares são associações ou grupos não oficiais, cujos membros atuam ilegalmente, com o emprego de armas, com estrutura semelhante à militar. Atuam, ilegal e paralelamente às forças policiais e/ou militares. Essas forças paramilitares utilizam as técnicas e táticas policiais oficiais por elas conhecidas, a fim de executarem seus objetivos anteriormente planejados. Não é raro ocorrer – e, na verdade, acontece com frequência – que pessoas pertencentes a grupos paramilitares também façam parte das forças militares oficiais do Estado, a exemplo de policiais militares, bombeiros, policiais civis e federais.

Preconiza o inciso XVII do art. 5º da CF:

> XVII – é plena a liberdade de associação para fins lícitos, vedada a de caráter paramilitar.

O art. 288-A do Código Penal menciona, ainda, as condutas de constituir, organizar, integrar, manter ou custear *milícia particular*. Definir, com precisão, o conceito de milícia, não é tarefa fácil. Historicamente, voltando à época do Império, os portugueses entendiam como "milícia" as chamadas tropas de segunda linha, que exerciam uma reserva auxiliar ao Exército, considerado de primeira linha. Como a polícia militar, durante muito tempo, foi considerada uma reserva do Exército, passou, em virtude disso, a ser considerada milícia.

No meio forense, não era incomum atribuir-se a denominação "milícia" quando se queria fazer referência à Polícia Militar. Assim, por exemplo, quando, na peça inicial de acusação ou da lavratura do auto de prisão em flagrante, ou mesmo em qualquer manifestação escrita nos autos, era comum referir-se aos policiais militares, que efetuavam a prisão, como "milicianos."

Infelizmente, nos dias de hoje, já não se pode mais utilizar essa denominação sem que, com ela, venha uma forte carga pejorativa. Existe, na verdade, uma dificuldade na tradução do termo "milícia." Essa dificuldade foi externada, inclusive, no Relatório Final da Comissão Parlamentar de Inquérito (Resolução nº 433/2008), da Assembleia Legislativa do Estado do Rio de Janeiro, presidida pelo Deputado Marcelo Freixo, destinada a investigar a ação dessas novas "milícias" no âmbito daquele Estado.

Tal dificuldade de conceituação pode ser vislumbrada já no início do referido Relatório que diz:

"Desde que grupos de agentes do Estado, utilizando-se de métodos violentos passaram a dominar comunidades inteiras nas regiões mais carentes do município do Rio, exercendo à margem da Lei o papel de polícia e juiz, o conceito de milícia consagrado nos dicionários foi superado. A expressão milícias se incorporou ao vocabulário da segurança pública no Estado do Rio e começou a ser usada frequentemente por órgãos de imprensa quando as mesmas tiveram vertiginoso aumento, a partir de 2004. Ficou ainda mais consolidado após os atentados ocorridos no final de dezembro de 2006, tidos como uma ação de represália de facções de narcotraficantes à propagação de milícias na cidade."[24]

Embora de difícil tradução, mas, para efeitos de reconhecimento do tipo previsto pelo art. 288-A do Código Penal, podemos, inicialmente, subdividir as milícias em *públicas*, isto é, pertencentes, oficialmente, ao Poder Público, e *privadas*, vale dizer, criadas às margens do aludido Poder.

Dessa forma, as milícias podem ser consideradas, ainda, militares ou paramilitares. *Militares* são as forças policiais pertencentes à Administração Pública, que envolvem não somente as Forças Armadas (Exército, Marinha e Aeronáutica), como também as forças policiais (Polícia Militar), que tenham uma função específica, determinada legalmente pelas autoridades competentes. *Paramilitares* são as referidas anteriormente.

As milícias privadas, consideradas criminosas, ou seja, que se encontram à margem da lei, eram, inicialmente, formadas por policiais, ex-policiais e também por civis (entendidos aqui aqueles que nunca fizeram parte de qualquer força policial).

Suas atividades, no começo, cingiam-se à proteção de comerciantes e moradores de determinada região da cidade. Para tanto, cobravam pequenos valores individuais, que serviam como remuneração aos serviços de segurança por elas prestados. Como as milícias eram armadas, havia, em algumas comunidades, o confronto com traficantes, que eram expulsos dos locais ocupados, como também com pequenos criminosos (normalmente pessoas que costumavam praticar crimes contra o patrimônio), que também eram expulsos daquela região ou mortos pelos milicianos.

A diferença fundamental, naquela oportunidade, entre a milícia privada e as forças policiais do Estado era que os milicianos não somente expulsavam os traficantes de drogas, por exemplo, mas também se mantinham no local, ocupando os espaços por eles anteriormente dominados, ao contrário do que ocorria com as forças policiais, que dali saíam após algum confronto com criminosos da região, permitindo que a situação voltasse ao *status quo*, ou seja, que retornasse ao domínio do grupo criminoso que ali imperava.

Essa situação original da milícia privada a identificava como um grupo organizado, não formalizado, ou seja, sem a regular constituição de empresa, voltado para a prestação de serviço de segurança em determinada região. Quando havia empresa constituída, esta era puramente de fachada, ou seja, utilizada para dar uma aparência de legalidade aos serviços de segurança prestados, que, na verdade, eram impostos, mediante violência ou ameaça, à população.

Nesses locais é que também ocorria o chamado "bico" por parte dos integrantes das forças policiais. O "bico" diz respeito à atividade remunerada do policial, quando deixa seu turno de serviço, que é proibido em grande parte dos Estados da Federação e tolerado em outros, permitindo que o policial consiga auferir um ganho além do seu soldo ou vencimentos, auxiliando nas suas despesas pessoais.

---

[24] ASSEMBLEIA LEGISLATIVA DO ESTADO DO RIO DE JANEIRO. *Relatório final da Comissão Parlamentar de Inquérito destinada a investigar a ação de milícias no âmbito do Estado do Rio de Janeiro* (Resolução nº 433/2008), p. 34. Disponível em: <http://www.marcelofreixo.com.br/site/upload/relatoriofinalportugues.pdf>.

Normalmente, as milícias exercem uma vigilância da comunidade por meio de pessoas armadas, que se revezam em turnos, impedindo, assim, a ação de outros grupos criminosos.

Com o passar do tempo, os membros integrantes das milícias despertaram para o fato de que, além do serviço de segurança, podiam também auferir lucros com outros serviços, por eles monopolizados, como aconteceu com os transportes realizados pelas "vans" e motocicletas, com o fornecimento de gás, TV a cabo (vulgarmente conhecido como "gatonet"), internet (ou "gato velox", como é conhecida) etc.

Passaram, outrossim, a exigir que os moradores de determinada região somente adquirissem seus produtos e serviços, mediante a imposição do regime de terror. A violência, inicialmente voltada contra os traficantes e outros criminosos, passou a ser dirigida também contra a população em geral, que se via compelida a aceitar o comando da milícia e suas determinações. Para elas não havia concorrência, ou seja, ninguém, além dos integrantes da milícia, podia explorar os serviços ou mesmo o comércio de bens por eles monopolizado. Em caso de desobediência, eram julgados e imediatamente executados, sofrendo em seus corpos a punição determinada pela milícia (normalmente lesões corporais ou mesmo a morte).

Nesse sentido, são as lúcidas conclusões de Paulo Rangel, quando afirma:

"Os moradores que não se submetem ao jugo miliciano, se negando a pagar, são ameaçados, torturados e mortos, quando menos expulsos da favela e suas casas 'desapropriadas.'"[25]

Podemos tomar como parâmetro, para efeitos de definição de milícia privada, as lições do sociólogo Ignácio Cano, citado no Relatório Final da Comissão Parlamentar de Inquérito da Assembleia Legislativa do Estado do Rio de Janeiro (pág. 36), quando aponta as seguintes características que lhe são peculiares:

"1. controle de um território e da população que nele habita por parte de um grupo armado irregular;

2. o caráter coativo desse controle;

3. o ânimo de lucro individual como motivação central;

4. um discurso de legitimação referido à proteção dos moradores e à instauração de uma ordem;

5. a participação ativa e reconhecida dos agentes do Estado."[26]

O art. 288-A do Código Penal também fez referência às condutas de constituir, organizar, integrar, manter ou custear *grupo*. Devemos nos perguntar: que espécie de grupo é esse, abrangido pela redação do mencionado artigo? Para entendermos a que grupo se refere o tipo penal, distinguindo-o dos demais, devemos levar a efeito uma interpretação teleológica da Lei nº 12.720, de 27 de setembro de 2012, que dispõe sobre o crime de *extermínio de seres humanos*, razão pela qual altera o Código Penal.

Esse grupo, portanto, apontado pelo tipo penal, só pode ser aquele ligado ao extermínio de pessoas, ou seja, um grupo, geralmente, de "justiceiros", que procura eliminar aqueles que, segundo seus conceitos, por algum motivo, merecem morrer. Podem ser contratados para a empreitada de morte, ou podem cometer, gratuitamente, os crimes de homicídio de acordo

---

[25] RANGEL, Paulo. *O processo penal e a violência urbana* (uma abordagem crítica construtiva à luz da Constituição), p. 152.
[26] ASSEMBLEIA LEGISLATIVA DO ESTADO DO RIO DE JANEIRO. *Relatório final da Comissão Parlamentar de Inquérito destinada a investigar a ação de milícias no âmbito do Estado do Rio de Janeiro* (Resolução nº 433/2008), p. 36.

com a "filosofia" do grupo criminoso, que escolhe suas vítimas para que seja realizada uma "limpeza."

Não podemos confundir, contudo, a expressão "extermínio de pessoas", utilizada pela Lei nº 12.720, de 27 de setembro de 2012, com o delito de genocídio, previsto pela Lei nº 2.889/56, uma vez que, de acordo com o *caput* do art. 1º deste último diploma legal, pratica o delito aquele que atua com a intenção de destruir, no todo ou em parte, grupo nacional, étnico, racial ou religioso, havendo previsão no art. 2º da referida lei para a associação criminosa, quando diz, textualmente:

> **Art. 2º** Associarem-se mais de 3 (três) pessoas para a prática dos crimes mencionados no artigo anterior:
> Pena – Metade da cominada aos crimes ali previstos.

Conforme esclarecimentos do Deputado Federal Nilmário Miranda, Presidente da Comissão de Direitos Humanos da Câmara Federal:

> "A ação dos grupos de extermínio consiste numa das principais fontes de violação dos direitos humanos e de ameaça ao Estado de direito no país. Essas quadrilhas agem normalmente nas periferias dos grandes centros urbanos e têm seus correspondentes nos jagunços do interior. Usam estratégia de ocultar os corpos de suas vítimas para se furtar à ação da justiça, sendo que os mais ousados chegam a exibir publicamente sua crueldade. Surgem como decorrência da perda de credibilidade nas instituições da justiça e de segurança pública e da certeza da impunidade, resultante da incapacidade de organismos competentes em resolver o problema. Os embriões dos grupos de extermínio nascem quando comerciantes e outros empresários recrutam matadores de aluguel, frequentemente policiais militares e civis, para o que chamam 'limpar' o 'seu bairro' ou 'sua cidade'."[27]

Gerson Santana Arrais, discordando da possibilidade de se considerar grupo de extermínio as mortes ocorridas "gratuitamente" e amparado na definição apontada pelo ilustre Deputado mineiro, assevera:

> "As principais características dos grupos de extermínio são a matança de pessoas, após aqueles serem recrutados ou contratados por pessoas do comércio e outras empresas. Claramente, por óbvio, que esses exterminadores não fazem esse 'serviço sujo' sem ônus, não o fazem 'de graça'. Certamente são pagos pelos contratantes – os maiores interessados. Assim, são profissionais do crime que não possuem, em primeiro plano, uma relação de desafeto com as vítimas do extermínio.
>
> De tudo isso, não podemos nos furtar em concluir com clareza e inquestionável lógica, que esses exterminadores, ao silenciar as suas vítimas, não estão animados por nenhum motivo de ordem pessoal em relação a elas (frieza e torpeza); são profissionais (recebem pelo que fazem, então alguém os paga); por serem frios e receberem por esse vil mister, agem com futilidade em relação à causa de agir; pelo profissionalismo e destreza que animam os seus perfis (bons atiradores, frios, experientes, treinados, profissionais, normalmente em bando), estão em

---

[27] MIRANDA, Nilmário. *A ação dos grupos de extermínio no Brasil*. DHnet. Disponível em: <http://www.dhnet.org.br/direitos/militantes/nilmario/nilmario_dossieexterminio.html> *apud* ARRAIS, Gerson Santana. *Homicídio simples praticado a partir de atividade de extermínio considerado como hediondo*. Disponível em: <http://jus.com.br/revista/texto/14711/homicidio-simples-praticado-a-partir-de-atividade-de-exterminio-considerado-como-hediondo#ixzz27t0tXHHg>. Acesso em: 29 set. 2012.

grande condição de superioridade em relação à vítima ou às vítimas, as quais, na maioria das vezes, não têm possibilidade ou oportunidade de defesa."[28]

O conceito, no entanto, ainda não se encontra completamente esclarecido, como dissemos no tópico correspondente aos destaques do crime de homicídio, para onde remetemos o leitor.

A lei previu, ainda, as condutas de constituir, organizar, integrar, manter ou custear *esquadrão*. O raciocínio, aqui, é o mesmo que fizemos para efeitos de identificação do termo *grupo*. Embora o termo *esquadrão* diga respeito, normalmente, a uma pequena unidade militar ou força especial, como acontece com o esquadrão antibombas, antissequestro etc. também é utilizado pelas Forças Armadas em suas unidades aéreas, terrestres ou navais.

No entanto, entendemos que não é essa modalidade de esquadrão oficial a que se refere o tipo do art. 288-A do Código Penal, mas, sim, àquele de natureza clandestina, marginal, ou seja, que fica às margens da lei e tem como finalidade precípua o extermínio de pessoas. São conhecidos, na verdade, como "esquadrão da morte", justamente por essa sua característica, a exemplo da Scuderie Detetive Le Cocq ou Esquadrão Le Cocq, uma organização extraoficial criada em 1965 por policiais do Rio de Janeiro com a finalidade de vingar a morte de um detetive, Milton Le Cocq. "Cara de Cavalo", o bandido que matou Le Cocq, foi morto com mais de cem disparos e seu corpo coberto com o cartaz de uma caveira. A Scuderie Detetive Le Cocq atuou nas décadas de 1960, 1970, 1980 e começo da década de 1990. Além do Rio de Janeiro, outros Estados a organizaram, a exemplo de Minas Gerais e Espírito Santo.

Importante frisar que o esquadrão Le Cocq não era formado somente por policiais, mas também tinha por "sócios" políticos, membros do Poder Judiciário e do Ministério Público, advogados que se autointitulavam "irmãozinhos", profissionais liberais, médicos etc.

Em Minas Gerais, na década de 1990, outro esquadrão da morte, conhecido como "Esquadrão do Torniquete", trouxe terror à cidade de Belo Horizonte, matando suas vítimas sempre por estrangulamento, com a utilização de um torniquete. Embora tenha sido atribuída ao esquadrão a morte de 37 pessoas, apenas quatro integrantes do grupo foram identificados e condenados somente por cinco delitos de homicídio.

Esquadrões da morte podem incluir uma força policial secreta, grupo paramilitar ou unidades oficiais do governo, com membros oriundos dos militares ou da polícia. Eles também podem ser reconhecidos como "justiceiros", uma vez que praticam execuções extrajudiciais dos "marginais" por eles escolhidos, como parte integrante de um projeto de "limpeza social."

Determina a parte final do art. 288-A do estatuto repressivo que as condutas de constituir, organizar, integrar, manter ou custear organização paramilitar, milícia particular, grupo ou esquadrão tenha por finalidade a prática de quaisquer dos crimes previstos no Código Penal.

Essa finalidade tem de ser analisada com reservas. Isso porque a forma como está redigido o artigo nos leva a acreditar que qualquer infração penal poderia ser objeto do delito em estudo, quando, na verdade, não podemos chegar a essa conclusão. Assim, por exemplo, não seria razoável imputar a uma organização paramilitar a prática do delito tipificado no art. 288-A, quando a finalidade do grupo era a de praticar, reiteradamente, crimes contra a honra. Para essas infrações penais, se praticadas em *associação criminosa*, já temos o delito previsto no art.

---

[28] ARRAIS, Gerson Santana. *Homicídio simples praticado a partir de atividade de extermínio considerado como hediondo*. Disponível em: <http://jus.com.br/revista/texto/14711/homicidio-simples-praticado-a-partir-de-atividade-de-exterminio-considerado-como-hediondo#ixzz27t0tXHHg>. Acesso em: 29 set. 2012.

288 do mesmo diploma repressivo, com a redação que lhe foi conferida pela Lei nº 12.850, de 2 de agosto de 2013.

Assim, de acordo com nossa posição, embora a parte final do art. 288-A diga que haverá crime de *constituição de milícia privada* quando o agente constituir, organizar, integrar, manter ou custear organização paramilitar, milícia particular, grupo ou esquadrão com a finalidade de praticar qualquer dos crimes previstos no Código Penal, temos de limitar esses crimes àqueles que dizem respeito às atividades normalmente praticadas pelas milícias (*nomen juris* genérico dado aos comportamentos tipificados no art. 288-A do Código Penal), a exemplo do crime de homicídio, lesão corporal, extorsão, sequestros, ameaças etc.

Por outro lado, como o tipo penal em estudo limitou o reconhecimento da infração penal à constituição de milícia privada para a prática dos crimes previstos no Código Penal, em virtude do necessário respeito ao princípio da legalidade, caso essa formação criminosa tenha sido levada a efeito, por exemplo, para a prática de crimes previstos na legislação penal especial, a exemplo do que ocorre com o crime de tortura (Lei nº 9.455, de 7 de abril de 1997), tais fatos não poderão ser reconhecidos como hipóteses do delito de *constituição de milícia privada*. Caso contrário, haveria ofensa frontal ao referido princípio da legalidade, que exige, por meio de conceito de tipicidade formal, que o comportamento praticado se subsuma, perfeitamente, àquele previsto no tipo penal.

5.2 Classificação doutrinária

Crime comum, tanto no que diz respeito ao sujeito ativo quanto ao sujeito passivo; doloso (não havendo previsão para a modalidade de natureza culposa); comissivo (podendo, também, nos termos do art. 13, § 2º, do Código Penal, ser praticado via omissão imprópria, na hipótese de o agente gozar do *status* de garantidor); formal; de perigo comum; de forma livre; permanente; plurissubjetivo; plurissubsistente (podendo, também, dependendo da forma como for praticado, ser considerado unissubsistente); transeunte.

5.3 Sujeito ativo e sujeito passivo

Qualquer pessoa poderá ser *sujeito ativo* do delito de *constituição de milícia privada*, haja vista que o tipo penal em exame não exige nenhuma qualidade ou condição especial.

O *sujeito passivo* é a sociedade.

5.4 Objeto material e bem juridicamente protegido

A *paz pública* é o bem juridicamente protegido pelo tipo penal que prevê o delito de *constituição de milícia privada*.

Não há objeto material.

5.5 Consumação e tentativa

O delito de constituição de milícia privada prevê momentos consumativos diferentes, dependendo do comportamento praticado pelo agente. Assim, no que diz respeito ao núcleo *constituir*, a consumação ocorre quando o agente cria, inaugura uma milícia privada, com a reunião das pessoas que irão constituí-la, independentemente da prática das futuras infrações penais que serão levadas a efeito pelo grupo criminoso. *Organizar* tem o sentido de colocar em ordem, tornar próprio para o funcionamento. Assim, quanto a esse núcleo, estaria consumado o crime quando o(s) agente(s) viesse(m) a praticar qualquer comportamento, seja destinado à própria organização inicial da milícia privada (*nomen juris* dado de forma genérica ao tipo penal em estudo), seja para aperfeiçoar o funcionamento da já existente. *Integrar* quer dizer fazer parte. Aqui o delito se consuma a partir do instante em que alguém integra, ou seja, começa a fazer parte da milícia privada. Consuma-se o crime com a prática do núcleo *manter* a partir do instante em que o agente, de alguma forma, atua no sentido de sustentar a milícia privada. Por fim, também se entende por consumado o crime em estudo quando o agente *custeia*, ou seja, financia, arca com os custos para a constituição, organização ou mesmo a manutenção da milícia privada.

Vale ressaltar que os comportamentos constituir, organizar, integrar, manter ou custear devem ter por fim específico a organização paramilitar, milícia particular, grupo ou esquadrão com a finalidade de praticar qualquer dos crimes previstos no Código Penal, desde que, como já afirmamos, sejam característicos desse grupo criminoso.

Tratando-se de um crime formal, de consumação antecipada, o delito de constituição de milícia privada restará consumado a partir do instante em que os agentes levarem a efeito qualquer dos comportamentos previstos pelo tipo penal, independentemente de praticarem os crimes para os quais convergiam suas condutas. Tal como ocorre com o delito de associação criminosa, ocorrerá a consumação do delito previsto pelo art. 288-A antes mesmo da prática de quaisquer crimes, em virtude dos quais foi criado o grupo criminoso.

Obviamente que, na prática, o grupo será identificado após cometer os delitos para os quais havia sido criado. No entanto, analisando-o tecnicamente, em virtude de se tratar de um crime formal, caracterizado pelo especial fim de agir, traduzido na expressão *com a finalidade de praticar*, prevista pelo tipo penal *sub examen*, basta que qualquer dos verbos nucleares seja praticado para que a infração penal reste consumada.

Assim, imagine-se a hipótese em que os agentes, com a finalidade de dar início à prática dos crimes inerentes à milícia privada, façam uma primeira reunião, destinada à constituição e à organização do grupo criminoso. Ao final dessa reunião, antes mesmo de darem início às atividades criminosas na comunidade por eles escolhida como centro de suas atividades, quando o quarto elemento do grupo a eles se integra, nesse exato instante já está caracterizado o delito de constituição de milícia privada, podendo, a partir desse momento, ocorrer a prisão em flagrante de seus membros, uma vez que, formada a milícia privada, estamos diante de um crime permanente, cuja consumação se prolonga no tempo.

Dependendo do núcleo a ser praticado, será possível o reconhecimento da tentativa, desde que se possa visualizar, na prática, o fracionamento do *iter criminis*.

5.6 Elemento subjetivo

O dolo é o elemento subjetivo exigido pelo tipo penal que prevê o delito de *constituição de milícia privada*, não havendo previsão para a modalidade de natureza culposa.

Além do dolo, o agente deve atuar com um especial fim de agir, configurado na finalidade de praticar *crimes previstos no Código Penal* que, insistimos em dizer, tenham relação direta com os fins inerentes à milícia privada.

5.7 Modalidades comissiva e omissiva

Os núcleos *constituir, organizar, integrar, manter* ou *custear* pressupõem um comportamento comissivo por parte do agente.

No entanto, nada impede que o agente, garantidor, podendo, dolosamente, não atue no sentido de impedir o crime de constituição de milícia privada, devendo por ele ser responsabilizado a título de omissão imprópria. Assim, por exemplo, imagine-se a hipótese em que um policial, sabendo que em determinada localidade existe uma milícia privada já constituída, e conhecendo a identidade de cada um dos seus integrantes, dolosamente, nada faz para prendê-los em flagrante, uma vez que, como dissemos, cuida-se de um delito permanente, cuja consumação se prolonga no tempo, permitindo a prisão em flagrante enquanto durar a permanência.

5.8 Pena e ação penal

A pena prevista para o delito de *constituição de milícia privada* é de reclusão, de 4 (quatro) a 8 (oito) anos.

A ação penal é de iniciativa pública incondicionada.

5.9 Destaques

5.9.1 Diferença entre associação criminosa e a constituição de milícia privada

Qual a diferença entre os delitos de associação criminosa, tipificado no art. 288 do Código Penal, e a constituição de milícia privada, prevista no art. 288-A do mesmo diploma repressivo?

Mais uma vez, o legislador nos fez a "gentileza" de editar um tipo penal sem que, para tanto, nos fornecesse dados seguros à sua configuração. No entanto, para que possamos levar a efeito a distinção entre os crimes previstos nos arts. 288 e 288-A do Código Penal, temos de buscar a natureza de cada formação criminosa, pois que, ambas, como se percebe pela redação de seus textos legais, são criadas com a finalidade de praticar crimes.

Aqui, já vale uma primeira ressalva. O art. 288-A, ao contrário do que ocorre com o art. 288, ambos do mesmo estatuto repressivo, prevê que a milícia privada tem a finalidade de praticar os crimes previstos no Código Penal, ou seja, limitou o reconhecimento da infração penal apenas aos crimes nele previstos. Ao contrário, o art. 288 não tem essa limitação, bastando, contudo, que estejamos diante de um *crime*, seja ele previsto ou não no Código Penal, ficando afastadas somente as contravenções penais.

Dessa forma, se um esquadrão se reúne com a finalidade de praticar torturas, como esse delito não se encontra no Código Penal, mas, sim, na legislação penal extravagante (Lei nº 9.455/97), não seria possível o reconhecimento do delito tipificado no art. 288-A, mas tão somente o do art. 288, ambos do Código Penal.

A pena para o delito de constituição de milícia privada é bem superior àquela prevista para o crime de associação criminosa. No entanto, ao contrário do que ocorre com o parágrafo único do art. 288 do Código Penal, não houve previsão para qualquer causa de aumento de pena na hipótese de utilização de armas pela milícia privada, o que é comum. Na verdade, se houvesse essa previsão, dificilmente não seria aplicada, uma vez que é da própria natureza da milícia privada a utilização de armas, como imposição do seu regime de terror. Assim, acreditamos que não se cuida de uma omissão legislativa, mas de uma opção do legislador em já aplicar uma pena superior àquela prevista pelo art. 288 do Código Penal, já entendendo, de antemão, que a milícia se configura pela reunião de pessoas armadas.

Por outro lado, o fato de não prever o emprego de arma como causa de aumento de pena permitirá a aplicação do raciocínio correspondente ao concurso de crimes, ou seja, haverá concurso entre o delito de constituição de milícia privada, com o porte ilegal de armas, se houver.

Enfim, após essas ressalvas, voltamos ao nosso ponto de partida, a fim de distinguir quando uma reunião não eventual de pessoas, destinada à prática de crimes, poderá ser reconhecida como uma associação criminosa, ou como uma milícia privada. Entendemos que o ponto de partida é a natureza de cada uma dessas reuniões de pessoas. A milícia goza de uma particularidade em relação à associação criminosa.

A experiência prática nos demonstra que quando uma milícia é formada, a finalidade é a obtenção de lucro, seja com o fornecimento de serviços ilegais (segurança privada, "gatonet", "gato velox", transportes coletivos por meio de vans, motocicletas etc.), seja com a venda de produtos (gás, água etc.). Dessa forma, a violência por ela empregada é destinada à manutenção dos seus serviços e produtos.

Assim, a partir de agora, o reconhecimento da associação criminosa deverá ser feito por exclusão, ou seja, quando não se tratar do crime de constituição de milícia privada, poderemos começar a reconhecer o delito tipificado no art. 288 do Código Penal.

5.9.2 Diferença entre a organização criminosa e a constituição de milícia privada

A Lei nº 12.694, de 24 de julho de 2012, definiu, inicialmente, o conceito de organização criminosa em seu art. 2º, *verbis*:

> **Art. 2º** Para os efeitos desta Lei, considera-se organização criminosa a associação, de 3 (três) ou mais pessoas, estruturalmente ordenada e caracterizada pela divisão de tarefas, ainda que informalmente, com objetivo de obter, direta ou indiretamente, vantagem de qualquer natureza, mediante a prática de crimes cuja pena máxima seja igual ou superior a 4 (quatro) anos ou que sejam de caráter transnacional.

Em 2 de agosto de 2013, no entanto, foi publicada a Lei nº 12.850, que, por mais uma vez, conceituou a organização criminosa com algumas diferenças do texto anterior, revogando-o, tacitamente, conforme se verifica na redação do § 1º do art. 1º:

> **Art. 1º** Esta Lei define organização criminosa e dispõe sobre a investigação criminal, os meios de obtenção da prova, infrações penais correlatas e o procedimento criminal a ser aplicado.
> § 1º Considera-se organização criminosa a associação de 4 (quatro) ou mais pessoas estruturalmente ordenada e caracterizada pela divisão de tarefas, ainda que informalmente, com objetivo de obter, direta ou indiretamente, vantagem de qualquer natureza, mediante a prática de infrações penais cujas penas máximas sejam superiores a 4 (quatro) anos, ou que sejam de caráter transnacional.

Não podemos negar que a milícia privada também se configura como uma organização criminosa, haja vista que também é estruturalmente ordenada e caracterizada pela divisão de tarefas e tem como objetivo obter, direta ou indiretamente, vantagem (ainda que não de qualquer natureza, pois sua finalidade é obter vantagem de natureza econômica). Contudo, temos de tentar traçar distinções entre essas duas organizações criminosas.

Assim, voltamos a insistir, da mesma forma como fizemos quando do estudo da distinção do delito de constituição de milícia privada e a associação criminosa, que o crime tipificado no art. 288-A do Código Penal tem por finalidade, por meio de um regime de terror, imposto em determinada comunidade, ou seja, em um território previamente delimitado, obter lucros com o fornecimento de serviços ou produtos, ao passo que a organização criminosa, prevista pelo § 1º do art. 1º da Lei nº 12.850, de 2 de agosto de 2013, embora tenha por fim a auferição de *vantagem de qualquer natureza,* não diz respeito ao domínio de determinado território, tal como ocorre com as milícias.

Por outro lado, não há limite de pena para a infração penal ser reconhecida como atividade característica da milícia privada, ao contrário do que ocorre com a organização criminosa, cujo mencionado § 1º do art. 1º da Lei nº 12.850, de 2 de agosto de 2013, exige a prática de infrações penais (crime ou contravenção) cujas penas máximas sejam superiores a 4 (quatro) anos, ou que sejam de caráter transnacional, vale dizer, que ultrapassem as fronteiras do nosso país.

Existem, no entanto, pontos de contato entre o crime de constituição de milícia privada e a organização criminosa. Abel Fernandes Gomes, Geraldo Prado e William Douglas, dissertando sobre as principais características da organização criminosa, aduzem, com precisão, que assumem importante destaque, como seus traços característicos:

"A utilização de meios de violência para intimidação de pessoas ou exclusão de obstáculos, com a imposição do silêncio que assegure a clandestinidade, ocultação e impunidade das ações delituosas praticadas [...], a conexão estrutural ou funcional com o poder público ou seus agentes, ingrediente necessário para assegurar sua existência e o sucesso de suas atividades, bem como possibilitar o alcance de outros de seus objetivos, a obtenção, manutenção e ampliação de poder."[29]

Ressaltam, ainda, que essas organizações criminosas jamais se confundem "com as meras quadrilhas (hoje entendidas como associações criminosas) constituídas para a prática de crimes, cujo potencial ofensivo à sociedade distingue-se, desde logo, pelo grau inferior que lhes é inerente".[30]

5.9.3 Número necessário à caracterização do crime de milícia privada

Ao contrário do que ocorre com o delito de associação criminosa, previsto pelo art. 288 do Código Penal, em que o tipo penal, corretamente, aponta o número de pessoas necessário à sua caracterização, vale dizer, no mínimo três (ou mais pessoas), a Lei nº 12.720, de 27 de setembro de 2012, ao criar o delito de constituição de milícia privada, não teve o cuidado de esclarecer esse importante detalhe, evitando posições doutrinárias e jurisprudenciais divergentes.

O art. 288-A do Código Penal, no entanto, faz menção à organização paramilitar, milícia particular, grupo ou esquadrão. Partindo desses elementos que compõem o tipo penal em análise, é necessário apontar o número mínimo exigível para a configuração típica.

Alberto Silva Franco, com a precisão que lhe é peculiar, buscando o significado da palavra "grupo", preleciona:

"Em matéria penal, a ideia de grupo vincula-se, de imediato, a uma hipótese de crime plurissubjetivo, mas, nesse caso, quantas pessoas devem, no mínimo, compor o grupo? O texto é totalmente silente a respeito. Mas é obvio que a ideias de 'par' colide, frontalmente, com a de 'grupo': seria, realmente, um contrassenso cogitar-se de um grupo composto de duas pessoas... De uma forma geral, quando estrutura uma figura plurissubjetiva, o legislador penal, em respeito ao princípio constitucional da legalidade, não deve deferir, ao juiz ou ao intérprete, a tarefa de especificar o número mínimo de agentes. Deve quantificá-la, de pronto. A simples discussão sobre essa matéria evidencia a falha de técnica legislativa e põe a nu a ofensa ao princípio constitucional já mencionado. Um tipo penal não pode ficar para a garantia do próprio cidadão – e a legislação penal nada mais é, em resumo, do que uma limitação do poder repressivo estatal em face do direito de liberdade de cada pessoa – na dependência dos humores ou dos azares interpretativos do juiz."[31]

Conclui o renomado professor que a palavra "grupo" denota a necessidade de, pelo menos, quatro pessoas, posição à qual nos filiamos.

Embora tal análise diga respeito à expressão *grupo de extermínio*, prevista pelo inciso I do art. 1º da Lei nº 8.072/90, ela se amolda perfeitamente ao problema criado pelo art. 288-A do Código Penal, que também a utilizou sem, no entanto, identificar o número mínimo ao seu reconhecimento.

---

[29] FERNANDES GOMES, Abel; PRADO, Geraldo; DOUGLAS, William. *Crime organizado*, p. 5.
[30] FERNANDES GOMES, Abel; PRADO, Geraldo; DOUGLAS, William. *Crime organizado*, p. 6.
[31] SILVA FRANCO, Alberto. *Crimes hediondos*, p. 260.

Conquanto possa haver divergência quanto ao número mínimo exigido ao reconhecimento do delito tipificado no art. 288-A do Código Penal, podemos tomar como referência o conceito de organização criminosa trazido pela Lei nº 12.850, de 2 de agosto de 2013, em que requer a associação de quatro ou mais pessoas.

Em sentido contrário, Rogério Sanches Cunha[32] e Cleber Masson[33] entendem que basta a reunião de, no mínimo, três pessoas, com as demais características que lhe são exigidas, a fim de que se configure o delito tipificado no art. 288-A do Código Penal.

A prática ainda demonstra que quando estamos diante de milícias privadas o número de seus componentes será, inclusive, bem superior a quatro pessoas, uma vez que exercem uma atividade extremamente complexa de controle de comunidades, que necessitam de muitas pessoas para levarem a efeito a vigilância e o controle dos territórios que assumiram. A questão, portanto, cinge-se à necessidade de uma correta interpretação do tipo penal, independentemente do que ocorre na realidade prática.

Assim, concluindo, para que se possa reconhecer o delito tipificado no art. 288-A do Código Penal, faz-se necessária a presença de, no mínimo, quatro pessoas.

5.10 Quadro-resumo

Sujeitos
» Ativo: qualquer pessoa.
» Passivo: é a sociedade.

Objeto material
Não há objeto material.

Bem(ns) juridicamente protegido(s)
A paz pública.

Elemento subjetivo
» Dolo, não havendo previsão para a modalidade de natureza culposa.
» Além do dolo, o agente deve atuar com um especial fim de agir, configurado na finalidade de praticar crimes previstos no CP que, insistimos em dizer, tenham relação direta com os fins inerentes à milícia privada.

Modalidades comissiva e omissiva
» Os núcleos constituir, organizar, integrar, manter ou custear pressupõem um comportamento comissivo por parte do agente.
» No entanto, nada impede que o agente, garantidor, podendo, dolosamente, não atue no sentido de impedir o crime de constituição de milícia privada, devendo por ele ser responsabilizado a título de omissão imprópria.

---

[32] CUNHA, Sanches Rogério. *Manual de direito penal* – parte especial, volume único, p. 687.
[33] MASSON, Cleber. *Direito penal esquematizado*, Parte especial, v. 3, p. 417.

Consumação e tentativa

» O delito de constituição de milícia privada prevê momentos consumativos diferentes, dependendo do comportamento praticado pelo agente:
  » Constituir: a consumação ocorre quando o agente cria, inaugura uma milícia privada, com a reunião das pessoas que irão compô-la, independentemente da prática das futuras infrações penais que serão levadas a efeito pelo grupo criminoso.
  » Organizar: estaria consumado o crime quando o(s) agente(s) viesse(m) a praticar qualquer comportamento, seja destinado à própria organização inicial da milícia privada, seja para aperfeiçoar o funcionamento da já existente.
  » Integrar: o delito se consuma a partir do instante em que alguém integra, ou seja, começa a fazer parte da milícia privada.
  » Manter: consuma-se o crime a partir do instante em que o agente, de alguma forma, atua no sentido de sustentar a milícia privada.
  » Custear: entende-se por consumado o crime quando o financia, arca com os custos para a constituição, organização ou mesmo a manutenção da milícia privada.
» Em se tratando de um crime formal, de consumação antecipada, o delito restará consumado a partir do instante em que os agentes levem a efeito qualquer dos comportamentos previstos pelo tipo penal, independentemente de praticarem os crimes para os quais convergiam suas condutas.
» Dependendo do núcleo a ser praticado, será possível o reconhecimento da tentativa, desde que, na prática, se possa visualizar o fracionamento do *iter criminis*.

PARTE X
DOS CRIMES CONTRA A FÉ PÚBLICA

1. INTRODUÇÃO

No Título X do Código Penal, encontram-se os *crimes contra a fé pública*.

A *fé pública*, portanto, é o bem que se procura proteger por meio dos tipos penais constantes do título em estudo. No entanto, embora seja uma exigência das sociedades modernas, o seu conceito não é pacífico.

Noronha, com precisão, esclarece:

"A fé pública é uma realidade e é um interesse que a lei deve proteger. Sem ela seria impossível a vida em sociedade. Fruto da civilização e do progresso – pois seria incompreensível ou inútil nas sociedades primitivas – hoje constitui um bem do qual a vida comunitária não pode absolutamente prescindir.

Com efeito, o homem tem necessidade de acreditar na veracidade ou genuinidade de certos atos, documentos, sinais, símbolos etc., empregados na multiplicidade das relações diárias, em que intervém. A atividade civil, o *mundo dos negócios* etc., carecem deles e daí a natural crença ou confiança de *todos* em que eles atestam ou provam a veracidade das relações jurídicas e sociais.

Não se trata de bem particular ou privado. Ainda que, no caso, haja ofensa real ou perigo de lesão ao interesse de uma pessoa, é ofendida a fé pública, isto é, a crença ou convicção geral na genuinidade e valor dos documentos, atos etc., prescritos ou usuais para aquelas relações."[1]

O falso é o meio utilizado pelo agente nas infrações penais em que a fé pública é atacada. O falso se contrapõe ao real, ao que é legítimo, verdadeiro. No entanto, embora a fé pública seja o bem juridicamente protegido pelos tipos constantes do Título X da Parte Especial do Código Penal, isso não significa que ele seja o único a merecer tal proteção. Na verdade, o que ocorre é uma relação de precipuidade, ou seja, a *fé pública* é o bem precipuamente protegido, o que não elimina o raciocínio da proteção secundária de outros bens, a exemplo do que ocorre com o patrimônio, no delito de moeda falsa.

Merece registro, ainda, que para que ocorra qualquer das infrações penais elencadas no mencionado Título X, a conduta praticada pelo agente deve ter potencialidade lesiva, pois, conforme assevera Damásio de Jesus:

"Não há delito de falso sem a potencialidade lesiva (possibilidade de dano). É preciso que traga em si mesmo a capacidade de iludir a vítima e, assim, causar-lhe um dano. Se o falso

---

[1] NORONHA, Edgard Magalhães. *Direito penal*, v. 4, p. 100.

é grosseiro, incapaz de enganar, ou forma um documento nulo (nulidade estranha à própria falsidade), não ofende a fé pública e, por isso, inexiste crime."[2]

Além disso, o falso deve ter relevância no mundo jurídico, haja vista que, na maioria das infrações penais elencadas no Título X do Código Penal, a sua prática traz, de alguma forma, prejuízo para a fé pública, ou seja, para uma relevante relação de confiança que deve nortear o comportamento social. Assim, por exemplo, se alguém falsifica a data de seu nascimento, em uma carteira de identidade, com a única e exclusiva finalidade de fazer-se passar por mais velho para a sua namorada, querendo, com isso, infantilmente, demonstrar ser mais "experiente", embora tenha, efetivamente, levado a efeito o delito de falso, não podemos, segundo nosso raciocínio, imputar-lhe qualquer infração penal, pois o comportamento dele não tem a relevância exigida para efeitos de configuração dessas figuras típicas.

Em alguns casos, o falso será utilizado como meio para a prática de outros delitos, a exemplo do que ocorre com o estelionato. Em razão disso, haverá discussão no sentido da existência do concurso de crimes ou se poderá ser levado a efeito o raciocínio relativo ao antefato impunível. Veja-se, ainda, o posicionamento esposado pelo Superior Tribunal de Justiça, por meio da Súmula nº 17, que diz: *Quando o falso se exaure no estelionato, sem mais potencialidade lesiva, é por este absorvido.*

Por meio do falso, o agente pratica os diversos comportamentos previstos no Título X da Parte Especial do Código Penal, que é dividido em quatro capítulos, a saber: *da moeda falsa* (Capítulo I); *da falsidade de títulos e outros papéis públicos* (Capítulo II); *da falsidade documental* (Capítulo III); *de outras falsidades* (Capítulo IV).

No Capítulo I, relativo à moeda falsa, foram previstos os delitos de *moeda falsa* (art. 289); *crimes assimilados ao de moeda falsa* (art. 290); *petrechos para falsificação de moeda* (art. 291); *emissão de título ao portador sem permissão legal* (art. 292).

No Capítulo II, correspondente à falsidade de títulos e outros papéis públicos, encontram-se os crimes de *falsificação de papéis públicos* (art. 293), *petrechos de falsificação* (art. 294).

O Capítulo III, relativo à falsidade documental, prevê os delitos de *falsificação de selo ou sinal público* (art. 296); *falsificação de documento público* (art. 297); *falsificação de documento particular* (art. 298); *falsidade ideológica* (art. 299); *falso reconhecimento de firma ou letra* (art. 300); *certidão ou atestado ideologicamente falso* (art. 301); *falsidade material de atestado ou certidão* (art. 301, § 1º); *falsidade de atestado médico* (art. 302); *reprodução ou adulteração de selo ou peça filatélica* (art. 303); *uso de documento falso* (art. 304); *supressão de documento* (art. 305).

Por último, no Capítulo IV, encontram-se as outras falsidades, vale dizer, o delito de *falsificação do sinal empregado no contraste de metal precioso ou na fiscalização alfandegária, ou para outros fins* (art. 306); *falsa identidade* (art. 307); *uso de documento de identidade alheia* (art. 308); *fraude de lei sobre estrangeiros* (art. 309); *falsidade em prejuízo da nacionalização de sociedade* (art. 310); *adulteração de sinal identificador de veículo* (art. 311).

Faremos, a seguir, a análise de cada uma dessas infrações penais isoladamente.

---

[2] JESUS, Damásio E. de. *Direito penal*, v. 4, p. 8.

Capítulo I
Da moeda falsa

Moeda falsa
Art. 289. Falsificar, fabricando-a ou alterando-a, moeda metálica ou papel-moeda de curso legal no país ou no estrangeiro:
Pena – reclusão, de três a doze anos, e multa.
§ 1º Nas mesmas penas incorre quem, por conta própria ou alheia, importa ou exporta, adquire, vende, troca, cede, empresta, guarda ou introduz na circulação moeda falsa.
§ 2º Quem, tendo recebido de boa-fé, como verdadeira, moeda falsa ou alterada, a restitui à circulação, depois de conhecer a falsidade, é punido com detenção, de seis meses a dois anos, e multa.
§ 3º É punido com reclusão, de três a quinze anos, e multa, o funcionário público ou diretor, gerente, ou fiscal de banco de emissão que fabrica, emite ou autoriza a fabricação ou emissão:
I – de moeda com título ou peso inferior ao determinado em lei;
II – de papel-moeda em quantidade superior à autorizada.
§ 4º Nas mesmas penas incorre quem desvia e faz circular moeda, cuja circulação não estava ainda autorizada.

1. INTRODUÇÃO

A falsificação da moeda é tão antiga quanto a sua própria criação como objeto de pagamento, em substituição ao sistema de escambo, de troca de mercadorias. Conforme esclarece Muñoz Conde:

> "À medida que determinados objetos, metais nobres, pedras preciosas etc., foram adquirindo uma aceitação geral na sociedade como meios de pagamento, se lhes atribuiu um valor onde podiam ser trocados por outras mercadorias e servir para adquiri-las. Esse valor se correspondia com a mercadoria que se queria obter, convertendo-se a moeda em meio ideal para facilitar as transações econômicas e, ao mesmo tempo, em um signo fiduciário socialmente aceito.
> Para reforçar essa aceitação geral dos metais preciosos e convertê-los em unidades que serviriam como valores de câmbio na vida econômica, o Estado se encarregou de controlar e monopolizar estas unidades de valor, impondo-as como meio legal de pagamento. O tráfico monetário se convertia, assim, também em um interesse estatal."[3]

Havia necessidade, portanto, de reprimir, por intermédio do Direito Penal, o comportamento daquele que colocava em risco a *fé pública* existente naquele objeto cuja circulação se tornara legal.

Atualmente, o delito de *moeda falsa* encontra-se tipificado no art. 289 e parágrafos do Código Penal. Pela redação constante do seu *caput*, podemos apontar os seguintes elemen-

---
[3] MUÑOZ CONDE, Francisco. *Derecho penal* – Parte especial, p. 687-688.

tos, que integram o mencionado delito: *a)* a conduta de falsificar, fabricando ou alterando; *b)* moeda metálica ou papel-moeda; *c)* de curso legal no país ou no estrangeiro.

O núcleo *falsificar* tem o sentido de imitar o que é verdadeiro, tornando-o parecido. A falsificação pode ocorrer por meio da *fabricação* ou da *alteração*. A fabricação, também reconhecida por *contrafação*, consiste em criar materialmente o objeto, que será utilizado como moeda metálica ou papel-moeda, fazendo-o passar por verdadeiro; já na falsificação-alteração, o agente se vale de uma moeda metálica ou de um papel-moeda já existente, isto é, verdadeiro, e modifica-lhe o valor, a fim de que passe a representar mais do que efetivamente vale.

Hungria, com precisão, dissertando sobre o tema, preleciona:

"A alteração há de representar sempre uma 'fraude' contra a fé pública no tocante à moeda como instrumento de troca e trazer consigo, por isso mesmo, a capacidade de perigo de 'um *praejudicium in incertam personam*'. Assim, não é crime de moeda falsa, por *alteração*, o fato de apagar ou modificar emblemas ou sinais impressos na moeda ou papel-moeda, desde que daí não resulte aparência de maior valor. Tome-se, por exemplo, o caso do extorsionário que, para evitar a identificação do papel-moeda que recebeu como preço de um resgate, substitua o número das respectivas estampas e séries ou a numeração de cada exemplar: não cometerá o crime de falsidade numária. Muito menos se apresentará este com o fato de modificar moeda metálica para *acrescer* o seu valor intrínseco, ou de substituir, seja na moeda metálica, seja no papel-moeda, letras ou números, para *diminuir* o respectivo valor nominal. Não está isso, é certo, consignado na lei, com todas as letras, mas impõe-se como inferência lógica, pois o falso numário não é um puro fim em si mesmo, uma 'arte por amor à arte', mas a criação de um meio de *locupletação* ilícita, ainda que a lei não exija o *animus lucri faciendi* para especificar o dolo desse crime."[4]

Da mesma forma, não se configura no delito em estudo se o agente falsifica a moeda metálica ou o papel-moeda, de modo a diminuir-lhe o valor, pois, conforme ainda esclarece Hungria, "tal indivíduo não deveria ser submetido a processo penal, mas a processo de interdição, ou se metido numa casa de orates, pois o seu ato equivaleria ao de *jogar fora* ou *rasgar* dinheiro, isto é, ao mais iniludível indício de loucura, segundo o jocoso mas acertado provérbio popular".[5]

A moeda metálica ou papel-moeda deve, de acordo com a redação constante do tipo penal que prevê o delito em estudo, ter curso legal ou forçado, no país ou no estrangeiro, ficando as pessoas, assim, obrigadas a recebê-lo, sob pena de praticarem a contravenção penal tipificada no art. 43 da Lei das Contravenções Penais (Decreto-Lei nº 3.688/41),[6] restando excluídas da infração penal em estudo as de curso *convencional* ou *comercial*.

Diz o art. 48, inciso XIV, da Constituição Federal:

> **Art. 48.** Cabe ao Congresso Nacional, com a sanção do Presidente da República, não exigida esta para o especificado nos arts. 49, 51 e 52, dispor sobre todas as matérias de competência da União, especialmente sobre:
> [...];
> XIV – moeda, seus limites de emissão, e montante da dívida mobiliária federal;
> [...].

---

[4] HUNGRIA, Nélson. *Comentários ao código penal*, v. 9, p. 207-208.
[5] HUNGRIA, Nélson. *Comentários ao código penal*, v. 9, p. 208.
[6] Art. 43. *Recusar-se a receber pelo seu valor, moeda de curso legal do País: Pena – multa.*

Compete, privativamente, ao Banco Central do Brasil, conforme determina o art. 10, I, da Lei nº 4.595/64, emitir moeda-papel e moeda metálica, nas condições e limites autorizados pelo Conselho Monetário Nacional.

1.1 Classificação doutrinária

Crime comum, tanto no que diz respeito ao sujeito ativo quanto ao sujeito passivo; doloso (não havendo previsão para a modalidade de natureza culposa); comissivo (podendo, também, nos termos do art. 13, § 2º, do Código Penal, ser praticado via omissão imprópria, na hipótese de o agente gozar do *status* de garantidor); de forma livre; instantâneo (nas modalidades *falsificar, fabricar, alterar, importar, exportar, adquirir, vender, trocar, ceder* e *introduzir*) e permanente (no que diz respeito à conduta de *guardar*); monossubjetivo; plurissubsistente; não transeunte.

1.2 Sujeito ativo e sujeito passivo

Qualquer pessoa pode ser *sujeito ativo* do delito de *moeda falsa*, haja vista que o tipo penal do art. 289 não exige nenhuma qualidade ou condição especial.

O *sujeito passivo* é o Estado, bem como aquele que, no caso concreto, foi prejudicado com a conduta praticada pelo sujeito ativo, podendo tratar-se tanto de pessoa física quanto de pessoa jurídica.

1.3 Objeto material e bem juridicamente protegido

A fé pública é o bem juridicamente protegido pelo tipo penal que prevê o delito de moeda falsa.

O objeto material é a moeda falsa (metálica ou papel-moeda), de curso legal no país ou no estrangeiro, sobre a qual recai qualquer dos comportamentos previstos pelo tipo penal em estudo.

1.4 Consumação e tentativa

O delito tipificado no *caput* do art. 289 do Código Penal se consuma quando o agente, efetivamente, realiza a falsificação, seja fabricando ou alterando moeda metálica ou papel-moeda de curso legal no País ou no estrangeiro, não havendo necessidade, outrossim, de ser colocada em circulação.

Tratando-se de crime plurissubsistente, será possível o raciocínio correspondente à tentativa.

1.5 Elemento subjetivo

O dolo é o elemento subjetivo exigido pelo tipo penal que prevê o delito de *moeda falsa*, não havendo previsão para a modalidade de natureza culposa.

Conforme adverte Cezar Roberto Bitencourt:

"Não se exige elemento subjetivo especial, nem mesmo colocá-la em circulação posteriormente. No entanto, se o sujeito ativo age com a finalidade exclusiva de demonstrar sua habilidade técnica ou artística, ou, em outros termos, sem intenção de colocar a moeda falsificada no meio circulante, não se pode falar em crime. Isso não quer dizer, contudo, que o tipo penal exija elemento subjetivo especial do tipo, mas tão somente que os elementos constitutivos do dolo – consciência e vontade – devem abranger a realização de uma conduta criminosa. Assim, o *animus jocandi* afasta o dolo de infringir a ordem jurídica."[7]

1.6 Modalidades comissiva e omissiva

O núcleo *falsificar* pressupõe um comportamento comissivo por parte do agente. No entanto, o delito poderá ser praticado via omissão imprópria quando o agente, na qualidade de garantidor, dolosamente, podendo, nada fizer para evitar a falsificação de moeda metálica ou papel-moeda de curso legal no País ou no estrangeiro, nos termos do art. 13, § 2º, do Código Penal.

1.7 Circulação de moeda falsa

O § 1º do art. 289 do Código Penal, embora não possuindo essa rubrica, diz respeito ao delito de *circulação de moeda falsa, verbis*:

> § 1º Nas mesmas penas incorre quem, por conta própria ou alheia, importa, exporta, adquire, vende, troca, cede, empresta, guarda ou introduz na circulação moeda falsa.

Trata-se de tipo misto alternativo, no qual o agente poderá, ele próprio, ter levado a efeito a falsificação prevista no *caput* do art. 289 do Código Penal para, posteriormente, como é comum acontecer, colocá-la em circulação. Se assim o fizer, praticando algum dos comportamentos previstos no transcrito § 1º, deverá, outrossim, ser responsabilizado por uma única infração penal, e não haverá que se falar, *in casu*, em concurso de crimes.

Caso o agente acredite na autenticidade da moeda, poderá ser arguido o erro de tipo, eliminando-se o dolo e, consequentemente, a tipicidade do fato, mesmo sendo inescusável o erro, por ausência de modalidade de natureza culposa.

1.8 Modalidade privilegiada

O § 2º do art. 289 do Código Penal prevê uma modalidade privilegiada do delito de *moeda falsa*:

> § 2º Quem, tendo recebido de boa-fé, como verdadeira, moeda falsa ou alterada, a restitui à circulação, depois de conhecer a falsidade, é punido com detenção, de seis meses a dois anos, e multa.

Por meio desse tipo derivado privilegiado, percebe-se que a lei penal pune com menor rigor a conduta daquele que, de boa-fé, recebeu moeda falsa e depois, tomando conhecimento da falsidade, quis evitar o prejuízo, restituindo-a à circulação.

Na verdade, deveria o agente, após tomar conhecimento de que a moeda por ele recebida era falsa, tê-la entregue à autoridade competente. No entanto, atua no sentido de "passar adiante" aquele objeto que não possui qualquer valor, ou mesmo valor inferior ao nele consignado.

Aqui, percebe-se que o juízo de reprovabilidade é menor. Preleciona Luiz Regis Prado que, nesse caso:

> "Justifica-se a mitigação da sanção, em primeiro lugar, porque o que impulsiona a conduta do sujeito não é propriamente a vontade de lesar a fé pública, nem de locupletar-se, mas o

---

[7] BITENCOURT, Cezar Roberto. *Tratado de direito penal*, v. 4, p. 290.

desejo de evitar um prejuízo pecuniário, transferindo-o a outra vítima, o que revela ação de mero criminoso de ocasião, que pratica a infração penal em virtude de circunstâncias não criadas unicamente por ele; em segundo lugar, porque não estará, com sua ação, iniciando a circulação da moeda falsa, que já ocorrera em momento precedente, mas tão só dando-lhe continuidade, de modo que também a magnitude da culpabilidade seja menor, se comparada às figuras precedentes, contidas no *caput* e no § 1º do art. 289."[8]

1.9 Modalidade qualificada

Diz o § 3º do art. 289 do Código Penal, *verbis*:

> § 3º É punido com reclusão, de três a quinze anos, e multa, o funcionário público ou diretor, gerente, ou fiscal de banco de emissão que fabrica, emite ou autoriza a fabricação ou emissão:
> I – de moeda com título ou peso inferior ao determinado em lei;
> II – de papel-moeda em quantidade superior à autorizada.

Trata-se de crime próprio, que só pode ser praticado pelos agentes apontados no § 3º, cuidando-se, ainda, de um delito qualificado, pois a pena máxima cominada em abstrato é superior àquela prevista na modalidade fundamental, constante do *caput* do art. 289 do estatuto repressivo.

Segundo Damásio de Jesus, *título*, mencionado pelo inciso I do § 3º do art. 289, "é a proporção que deve existir entre o metal fino e a liga metálica empregados na confecção da moeda. Para que haja delito é necessário que se produza moeda metálica com título ou peso inferior ao padrão legal".[9]

Não houve previsão legal para o fato de ser produzida moeda em quantidade superior ao determinado por lei, tratando-se de lacuna que não poderá ser preenchida, em virtude da proibição da analogia *in malam partem*.

Como vimos, compete privativamente ao Banco Central da República do Brasil, conforme determina o art. 10, I, da Lei nº 4.595/64, emitir papel-moeda nas condições e limites autorizados pelo Conselho Monetário Nacional, configurando-se a infração penal constante do inciso II do § 3º do art. 289 do Código Penal, quando qualquer das pessoas ali elencadas emite ou autoriza a emissão de papel-moeda em quantidade superior à autorizada.

Como não existe previsão legal para a modalidade culposa de fabricação ou emissão irregular de moeda, se o agente, deixando de observar o seu necessário e exigível dever de cuidado, fizer com que seja fabricada moeda com título ou peso inferior ao determinado por lei, ou emita papel-moeda em quantidade superior à autorizada, o fato será atípico, podendo, no entanto, o agente responder nas esferas civil e administrativa, dependendo da hipótese concreta.

1.10 Desvio e circulação antecipada

Determina o § 4º do art. 289 do Código Penal:

> § 4º Nas mesmas penas incorre quem desvia e faz circular moeda, cuja circulação não estava ainda autorizada.

---

[8] PRADO, Luiz Regis. *Curso de direito penal brasileiro*, v. 4, p. 64.
[9] JESUS, Damásio E. de. *Direito penal*, v. 4, p. 14-15.

A conduta prevista pelo aludido parágrafo diz respeito ao fato de o agente desviar e fazer circular moeda antecipadamente ou, conforme preleciona Ney Moura Teles, dando "à moeda destino que ela não tinha naquele momento, colocando-a em circulação antes da data autorizada. A moeda verdadeira, fabricada, apta a entrar em circulação, não o pode, por não ser o momento próprio. O agente, entretanto, desvia-a e a coloca em circulação antecipadamente".[10]

1.11 Pena, ação penal, competência para julgamento e suspensão condicional do processo

A pena cominada à modalidade fundamental do delito de *moeda falsa* é de reclusão, de 3 (três) a 12 (doze) anos, e multa.

Para o delito de *circulação de moeda falsa*, tipificado no § 1º do art. 289, a pena é a mesma prevista no *caput*.

Será de detenção, de 6 (seis) meses a 2 (dois) anos, e multa, a pena para aquele que, tendo recebido de boa-fé, como verdadeira, moeda falsa ou alterada, a restitui à circulação depois de conhecer a falsidade.

Para as modalidades qualificadas constantes dos §§ 3º e 4º do art. 289 do Código Penal, a pena é de reclusão, de 3 (três) a 15 (quinze) anos, e multa.

A ação penal é de iniciativa pública incondicionada.

Compete, pelo menos inicialmente, ao Juizado Especial Criminal o processo e julgamento do delito previsto no § 2º do art. 289 do Código Penal, tendo em vista que a pena máxima cominada em abstrato não ultrapassa o limite de 2 (dois) anos, imposto pelo art. 61 da Lei nº 9.099/95, conforme alteração determinada pela Lei nº 11.313, de 28 de junho de 2006.

Será possível a confecção de proposta de suspensão condicional do processo, nos termos do art. 89 da Lei nº 9.099/95, também para o delito tipificado no § 2º do art. 289 do Código Penal.

1.12 Destaques

1.12.1 Falsificação grosseira, sem qualquer capacidade de iludir as pessoas

Para que se possa falar em crime de falso, seja mediante contrafação ou alteração, não é necessário que a falsificação seja uma "obra de arte", bastando que tenha qualidade suficiente para iludir as pessoas, imitando moeda metálica ou papel-moeda.

Ao contrário, tem-se afastado a infração penal em estudo quando a falsificação é grosseira, pois, conforme esclarece Fragoso, "as falsificações grosseiras (como as notas do 'Banco da Felicidade'), capazes somente de iludir os cegos, os simples e imaturos de mente, não constituem perigo para a fé pública e não são puníveis como moeda falsa, mas, tão só, como estelionato, se for o caso".[11]

Merece destaque, ainda, a Súmula nº 73 do Superior Tribunal de Justiça, que diz:

> **Súmula nº 73.** A utilização de papel-moeda grosseiramente falsificado configura, em tese, o crime de estelionato, de competência da Justiça Estadual.

---

[10] TELES, Ney Moura. *Direito penal*, v. 3, p. 305.
[11] FRAGOSO, Heleno Cláudio. *Lições de direito penal* – Parte especial, v. 2, p. 298.

1.12.2 Moeda que não possui curso legal utilizada pelo agente

O art. 289 do Código Penal exige, para efeitos de configuração do delito de moeda falsa, que a moeda metálica ou papel-moeda seja de curso legal no País ou no estrangeiro.

Assim, se o agente falsifica, por exemplo, moeda de curso convencional ou comercial, o fato não se subsumirá ao tipo penal em exame, podendo, no entanto, configurar-se no delito de estelionato, caso estejam presentes os elementos necessários ao reconhecimento do art. 171 do Código Penal.

1.12.3 Competência para julgamento

Não sendo grosseira a falsificação, afastando-se, portanto, a Súmula nº 73 do STJ, competirá à Justiça Federal o processo e julgamento do delito de moeda falsa, conforme se verifica pela ementa abaixo transcrita:

> "Conflito negativo de competência entre as Justiças Estadual e Federal. Moeda falsa. Laudo pericial. Falsificação grosseira. Incidência da Súmula nº 73/STJ. Competência da Justiça Estadual. Hipótese na qual o laudo pericial aponta a má qualidade da moeda falsificada e as circunstâncias dos autos indicam que ela não possui a capacidade de ludibriar terceiros. 'A utilização de papel moeda grosseiramente falsificado configura, em tese, o crime de estelionato, da competência da Justiça Estadual' (Súmula nº 73/STJ)" (STJ, CC 135.301/PA, Rel. Min. Ericson Maranho, Des. convocado do TJ-SP, S. 3, DJe 15/04/2015).

1.13 Quadro-resumo

Sujeitos
- Ativo: qualquer pessoa.
- Passivo: é o Estado, bem como aquele que, no caso concreto, foi prejudicado com a conduta praticada pelo sujeito ativo, podendo tratar-se tanto de pessoa física quanto de pessoa jurídica.

Objeto material
É a moeda falsa (metálica ou papel-moeda), de curso legal no país ou no estrangeiro, sobre a qual recai qualquer dos comportamentos previstos pelo tipo penal em estudo.

Bem(ns) juridicamente protegido(s)
A fé pública.

Elemento subjetivo
Dolo, não havendo previsão para a modalidade de natureza culposa.

Modalidades comissiva e omissiva
- O núcleo falsificar pressupõe um comportamento comissivo por parte do agente, podendo, no entanto, ser praticado via omissão imprópria.
- Trata-se de tipo misto alternativo no qual o agente, inclusive, poderá, ele próprio, ter levado a efeito a falsificação prevista no *caput* do art. 289 do CP para, posteriormente, como é comum acontecer, colocá-la em circulação. Se assim o fizer, praticando algum dos comportamentos pre-

vistos no § 1º do mencionado artigo, deverá, outrossim, ser responsabilizado por uma única infração penal, e não haverá que se falar, in casu, em concurso de crimes.

Consumação e tentativa

» O delito se consuma quando o agente, efetivamente, realiza a falsificação, seja fabricando ou alterando moeda metálica ou papel-moeda de curso legal no país ou no estrangeiro, não havendo necessidade, outrossim, de ser colocada em circulação.
» A tentativa é admissível.

2. CRIMES ASSIMILADOS AO DE MOEDA FALSA

Crimes assimilados ao de moeda falsa
Art. 290. Formar cédula, nota ou bilhete representativo de moeda com fragmentos de cédulas, notas ou bilhetes verdadeiros; suprimir, em nota, cédula ou bilhete recolhidos, para o fim de restituí-los à circulação, sinal indicativo de sua inutilização; restituir à circulação cédula, nota ou bilhete em tais condições, ou já recolhidos para o fim de inutilização:
Pena – reclusão, de dois a oito anos, e multa.
Parágrafo único. O máximo da reclusão é elevado a doze anos e multa, se o crime é cometido por funcionário que trabalha na repartição onde o dinheiro se achava recolhido, ou nela tem fácil ingresso, em razão do cargo.

2.1 Introdução

O art. 290 do Código Penal prevê os *crimes assimilados ao de moeda falsa*. Analisando a mencionada figura típica, podemos concluir que se trata de quatro comportamentos cujo juízo de reprovabilidade é menos intenso do que na falsidade constante do art. 289 do estatuto repressivo, haja vista serem as penas cominadas bem inferiores àquelas relativas ao delito de *moeda falsa*.

Portanto, são estas as condutas previstas no tipo penal em exame: *a)* formar cédula, nota ou bilhete representativo de moeda com fragmentos de cédulas, notas ou bilhetes verdadeiros; *b)* suprimir, em nota, cédula ou bilhete recolhidos, para o fim de restituí-los à circulação, sinal indicativo de sua inutilização; *c)* restituir à circulação cédula, nota ou bilhete nas condições previstas anteriormente; *d)* restituir à circulação cédula, nota ou bilhete já recolhidos para o fim de inutilização.

Na primeira hipótese, conforme esclarece Noronha:

"A ação delituosa consiste em o sujeito ativo formar uma cédula, usando ou justapondo fragmentos de outras inutilizadas ou recolhidas, dando àquela aparência de legítima, com o que a torna apta a circular. A hipótese não se confunde com a de aposição de números e dizeres de uma cédula verdadeira em outra, para que represente maior valor, quando há *alteração* e não *formação*."[12]

Por meio da segunda modalidade de comportamento típico, o agente leva a efeito a supressão em nota, cédula ou bilhete recolhidos, de sinal indicativo de sua inutilização, com a finalidade de restituí-los à circulação. Para tanto, o agente pode valer-se de raspagens, lavagens com ácido, enfim, qualquer meio mediante o qual seja possível a eliminação, via de regra, do carimbo ou de qualquer outro sinal indicativo de que aquela cédula

---

[12] NORONHA, Edgard Magalhães. *Direito penal*, v. 4, p. 117-118.

foi inutilizada, ou seja, encontra-se fora de circulação, não possuindo o valor que lhe foi atribuído originariamente.

Nesses dois primeiros casos, basta que o agente tenha levado a efeito qualquer dos comportamentos previstos pelo tipo para que a infração penal reste configurada, não havendo necessidade da efetiva colocação em circulação da cédula, nota ou bilhete.

Por meio da terceira e da quarta modalidades, o agente, mesmo não tendo sido o autor do falso, restitui à circulação a cédula, a nota ou o bilhete representativos de moeda que, sabidamente, foram ilegalmente formados por fragmentos verdadeiros, ou que tiveram suprimidos sinais indicativos de sua inutilização.

Nos dois primeiros casos, portanto, temos o falso praticado por meio da *formação* e da *supressão;* nas duas últimas, o delito se configura mediante a *restituição* dos objetos materiais à *circulação.*

Trata-se de tipo misto alternativo, na hipótese em que o agente, por exemplo, forme a cédula e a coloque em circulação, devendo, portanto, nesse caso, responder por uma única infração penal. No entanto, poderá também ser entendido como um tipo misto cumulativo quando o agente, por exemplo, praticar as duas primeiras ações narradas pelo tipo penal *sub examen,* vale dizer, formando, v.g., cédula, por meio de fragmentos de outras já inutilizadas, bem como suprimindo, em outra, sinal indicativo de sua inutilização.

2.2 Classificação doutrinária

Crime comum, tanto no que diz respeito ao sujeito ativo quanto ao sujeito passivo; doloso (não havendo previsão para a modalidade de natureza culposa); comissivo (podendo, também, nos termos do art. 13, § 2º, do Código Penal, ser praticado via omissão imprópria, na hipótese de o agente gozar do *status* de garantidor); de forma vinculada; instantâneo; monossubjetivo; plurissubsistente; não transeunte.

2.3 Sujeito ativo e sujeito passivo

Qualquer pessoa pode ser *sujeito ativo* do delito tipificado no art. 290 do Código Penal, não se exigindo nenhuma qualidade ou condição especial.

O *sujeito passivo* é o Estado, bem como aquele que, no caso concreto, foi prejudicado com a conduta praticada pelo sujeito ativo, podendo tratar-se tanto de pessoa física quanto de pessoa jurídica.

2.4 Objeto material e bem juridicamente protegido

A fé pública é o bem juridicamente protegido pelo tipo penal que prevê os *crimes assimilados ao de moeda falsa.*

O objeto material é a cédula, nota ou bilhete sobre os quais recai qualquer dos comportamentos previstos pelo tipo penal em estudo.

2.5 Consumação e tentativa

O delito se consuma quando o agente, efetivamente, consegue formar cédula, nota ou bilhete representativo de moeda com fragmentos de cédulas, notas ou bilhetes verdadeiros; quando suprime, em nota, cédula ou bilhete recolhidos, para o fim de restituí-los à circulação, sinal indicativo de sua inutilização; quando restitui à circulação cédula, nota ou bilhete nas duas condições anteriores ou já recolhidos para o fim de inutilização.

Tratando-se de delito plurissubsistente, será possível o reconhecimento da tentativa.

2.6 Elemento subjetivo

O dolo é o elemento subjetivo exigido pelo tipo penal que prevê os *crimes assimilados ao de moeda falsa*, não havendo previsão para a modalidade de natureza culposa.

Deverá o agente, portanto, conhecer todos os elementos que integram o tipo penal em estudo, pois, caso contrário, poderá ser erigido o erro de tipo. Assim, imagine-se a hipótese daquele que restituiu à circulação cédula na qual havia sido suprimido sinal indicativo de sua inutilização, sem que tivesse tido conhecimento de tal fato. O erro sobre a inutilização da cédula conduzirá ao afastamento do dolo e, consequentemente, da própria infração penal.

2.7 Modalidades comissiva e omissiva

As condutas elencadas no tipo penal que prevê os *crimes assimilados ao de moeda falsa* pressupõem um comportamento comissivo por parte do agente. No entanto, o delito poderá ser praticado via omissão imprópria quando o agente, na qualidade de garantidor, dolosamente, podendo, nada fizer para evitar que o sujeito leve a efeito qualquer dos comportamentos previstos pelo tipo do art. 290 do Código Penal, nos termos do art. 13, § 2º, do mesmo diploma legal.

2.8 Modalidade qualificada

Determina o parágrafo único do art. 290, *verbis*:

> **Parágrafo único.** O máximo da reclusão é elevado a doze anos e multa, se o crime é cometido por funcionário público que trabalha na repartição onde o dinheiro se achava recolhido, ou nela tem fácil ingresso, em razão do cargo.

Percebe-se o maior juízo de reprovação sobre a conduta daquele que tem maior facilidade para a prática do delito em análise.

2.9 Pena e ação penal

A pena cominada pelo preceito secundário do art. 290 do Código Penal é de reclusão, de 2 (dois) a 8 (oito) anos, e multa.

Para a modalidade qualificada, constante do parágrafo único do art. 290 do Código Penal, o máximo da reclusão é elevado a 12 (doze) anos, além da multa.

A ação penal é de iniciativa pública incondicionada.

2.10 Quadro-resumo

Sujeitos
- Ativo: qualquer pessoa.
- Passivo: é o Estado, bem como aquele que, no caso concreto, foi prejudicado com a conduta praticada pelo sujeito ativo, podendo tratar-se tanto de pessoa física quanto de pessoa jurídica.

Objeto material

É a cédula, nota e/ou bilhete sobre os quais recai qualquer dos comportamentos previstos pelo tipo penal em estudo.

> **Bem(ns) juridicamente protegido(s)**
> A fé pública.

> **Elemento subjetivo**
> Dolo, não havendo previsão para a modalidade de natureza culposa.

> **Modalidades comissiva e omissiva**
> As condutas elencadas no tipo penal que prevê os crimes assimilados ao de moeda falsa pressupõem um comportamento comissivo por parte do agente, podendo, no entanto, ser praticado via omissão imprópria.

> **Consumação e tentativa**
> » O delito se consuma quando o agente, efetivamente, consegue formar cédula, nota ou bilhete representativo de moeda com fragmentos de cédulas, notas ou bilhetes verdadeiros; quando suprime, em nota, cédula ou bilhete recolhidos, para o fim de restituí-los à circulação, sinal indicativo de sua inutilização; quando restitui à circulação cédula, nota ou bilhete nas duas condições anteriores ou já recolhidos para o fim de inutilização.
> » Admite-se a tentativa.

3. PETRECHOS PARA FALSIFICAÇÃO DE MOEDA

> **Petrechos para falsificação de moeda**
> **Art. 291.** Fabricar, adquirir, fornecer, a título oneroso ou gratuito, possuir ou guardar maquinismo, aparelho, instrumento ou qualquer objeto especialmente destinado à falsificação de moeda:
> Pena – reclusão, de dois a seis anos, e multa.

3.1 Introdução

O tipo do art. 291 do Código Penal prevê o delito de *petrechos para falsificação de moeda*. Pela sua redação típica, podemos apontar os seguintes elementos: *a)* as condutas de fabricar, adquirir, fornecer, a título oneroso ou gratuito, possuir ou guardar; *b)* maquinismo, aparelho, instrumento ou qualquer objeto especialmente destinando à falsificação de moeda.

Ab initio, é importante frisar que, aparentemente, o Código Penal estaria levando a efeito a punição de um ato considerado preparatório. Contudo, o que ocorre com o delito em estudo não é a antecipação da punição do agente, pura e simplesmente. No caso em exame, a lei penal entendeu que o fato de praticar qualquer dos comportamentos previstos pelo tipo era tão grave que deveria ser tratado como infração penal autônoma.

Assim, o agente é punido não pela prática de um ato meramente preparatório, mas porque, efetivamente, executou uma das condutas previstas pelo tipo. Dessa forma, mantém-se a regra, absoluta, de que os atos de cogitação e os de preparação são impuníveis.[13]

---

[13] Em sentido contrário, afirma Cezar Roberto Bitencourt (*Tratado de direito penal*, v. 4, p. 299): "Trata-se, na verdade, da *fase preparatória* do crime de moeda falsa tipificado no dispositivo anterior, que, segundo a doutrina, a 'impaciência do legislador' levou-o a transformar em crime autônomo, criando uma exceção da impunibilidade dos atos preparatórios."

O tipo penal utiliza os verbos *fabricar* (produzir, construir, preparar), *adquirir* (obter, conseguir, comprar), *fornecer* (prover, abastecer, guarnecer), seja a título gratuito (ou seja, sem qualquer contraprestação) ou oneroso (mediante uma contraprestação), *possuir* (ter a posse), *guardar* (conservar, manter, tomar conta).

Tais condutas têm como objeto material *maquinismo, aparelho, instrumento* ou *qualquer objeto* especialmente destinado à falsificação de moeda. Salienta Damásio de Jesus:

> "Não se trata de qualquer mecanismo, aparelho ou objeto. É necessário que apresente destinação específica, qual seja, a de servir de meio executório de falsificação de moeda, como formas, moldes, fotografias, negativos, clichês, placas, matrizes, cunhos, modelos, lâminas etc. (caso de interpretação analógica)."[14]

Cuida-se de tipo misto alternativo, no qual a prática de mais de um comportamento previsto importará no reconhecimento de uma única infração penal. Assim, o mesmo agente poderá fabricar para vender, ou fabricar e guardar maquinismo, aparelho, instrumento ou qualquer objeto especialmente destinado à falsificação de moeda, que responderá somente por um delito, não havendo que se falar, assim, em concurso de crimes.

3.2 Classificação doutrinária

Crime comum, tanto no que diz respeito ao sujeito ativo quanto ao sujeito passivo; doloso (não havendo previsão para a modalidade de natureza culposa); comissivo (podendo, também, nos termos do art. 13, § 2º, do Código Penal, ser praticado via omissão imprópria, na hipótese de o agente gozar do *status* de garantidor); de forma livre; instantâneo (com relação aos núcleos *fabricar, adquirir* e *fornecer*) e permanente (com relação às condutas de *possuir* e *guardar*); monossubjetivo; plurissubsistente; não transeunte.

3.3 Sujeito ativo e sujeito passivo

Qualquer pessoa pode ser *sujeito ativo* do delito de *petrechos para falsificação de moeda*, não exigindo o tipo do art. 291 do Código Penal nenhuma qualidade ou condição especial.

O sujeito passivo é o Estado.

3.4 Objeto material e bem juridicamente protegido

A fé pública é o bem juridicamente protegido pelo tipo penal que prevê o delito de *petrechos para falsificação de moeda*.

O objeto material é o maquinismo, aparelho, instrumento ou qualquer objeto especialmente destinado à falsificação da moeda.

3.5 Consumação e tentativa

O delito de *petrechos para falsificação de moeda* se consuma quando o agente pratica qualquer dos comportamentos previstos pelo tipo penal do art. 291, vale dizer, quando, efetivamente, *fabrica, adquire, fornece*, a título gratuito ou oneroso, *possui* ou *guarda* maquinismo, aparelho, instrumento ou qualquer objeto especialmente destinado à falsificação de moeda.

---

[14] JESUS, Damásio E. de. *Direito penal*, v. 4, p. 22.

Tratando-se de crime plurissubsistente, torna-se perfeitamente possível o raciocínio relativo à tentativa, havendo como fracionar o *iter criminis*. Assim, não podemos concordar com Guilherme de Souza Nucci quando diz que o delito em estudo:

"Não admite tentativa, pois se trata da tipificação da preparação do crime previsto no art. 289. Ora, a fase da preparação normalmente é penalmente irrelevante, pois o direito brasileiro adotou a teoria objetiva no campo da tentativa [...]. Assim, quando, por exceção, resolve o legislador criar o tipo penal especialmente para puni-la, é natural que não admita tentativa."[15]

Apesar da autoridade do renomado autor, não podemos aceitar suas conclusões, pois, *permissa venia*, são resultado de um raciocínio inicialmente equivocado. Como tivemos oportunidade de ressaltar, o agente não é punido porque praticou um simples ato preparatório, mas, sim, porque, efetivamente, *executou* um dos comportamentos previstos pelo tipo penal. Não há exceção à regra da impunibilidade da cogitação e dos atos preparatórios. Dessa forma, nada impede, tratando-se de um delito plurissubsistente, que o agente não consiga consumar a infração penal, deixando de levar a efeito uma das condutas previstas no art. 291 do Código Penal, por circunstâncias alheias à sua vontade. Imagine-se o exemplo daquele que é surpreendido no exato instante em que ia adquirir um mecanismo destinado especialmente à falsificação de moeda. O primeiro agente, isto é, aquele que forneceria o referido mecanismo a título oneroso, já havia consumado o delito, pois já o possuía anteriormente. No entanto, o comprador não conseguiu levar adiante a transação criminosa por circunstâncias alheias à sua vontade, devendo, portanto, responder pela tentativa do delito tipificado no art. 291 do Código Penal.

3.6 Elemento subjetivo

O dolo é o elemento subjetivo exigido pelo tipo penal que prevê o delito de *petrechos para falsificação de moeda*, não havendo previsão para a modalidade de natureza culposa.

O agente deverá ter conhecimento de todos os elementos constantes do tipo penal em estudo, pois, caso contrário, poderá ser alegado o erro de tipo. Assim, imagine-se a hipótese daquele que adquire, a título oneroso, uma máquina sem ter o conhecimento de que ela se destinava especialmente à falsificação de moeda. Nesse caso, afastando-se o dolo, consequentemente, restará eliminada, também, a infração penal.

3.7 Modalidades comissiva e omissiva

As condutas previstas no tipo penal que prevê o delito de *petrechos para falsificação de moeda* pressupõem um comportamento comissivo por parte do agente. No entanto, o delito poderá ser praticado via omissão imprópria quando o agente, na qualidade de garantidor, dolosamente, podendo, nada fizer para evitar que o agente leve a efeito qualquer dos comportamentos previstos pelo tipo do art. 291 do Código Penal, nos termos do art. 13, § 2º, do mesmo diploma legal.

3.8 Pena e ação penal

O preceito secundário do tipo penal que prevê o delito de *petrechos para falsificação de moeda* comina uma pena de reclusão, de 2 (dois) a 6 (seis) anos, e multa.

A ação penal é de iniciativa pública incondicionada.

---

[15] NUCCI, Guilherme de Souza. *Código penal comentado*, p. 930.

3.9 Destaque

3.9.1 Concurso entre os crimes de moeda falsa e de petrechos para falsificação de moeda

Se o agente, possuindo, por exemplo, maquinismo destinado especialmente à falsificação de moeda vier a, efetivamente, fabricá-la, deverá responder pelas duas infrações penais, vale dizer, pelos delitos tipificados nos arts. 289 e 291 do Código Penal?

Entendemos que não deve ser aplicado, nesse caso, o raciocínio relativo ao chamado antefato impunível, em que o crime-fim (moeda falsa) absorve o crime-meio (petrechos para falsificação de moeda).

3.10 Quadro-resumo

Sujeitos
- Ativo: qualquer pessoa.
- Passivo: é o Estado.

Bem(ns) juridicamente protegido(s)
A fé pública.

Elemento subjetivo
Dolo, não havendo previsão para a modalidade de natureza culposa.

Modalidades comissiva e omissiva
As condutas previstas pelo tipo penal pressupõem um comportamento comissivo por parte do agente, podendo, no entanto, ser praticado via omissão imprópria.

Consumação e tentativa
- O delito se consuma quando o agente pratica qualquer dos comportamentos previstos pelo tipo penal do art. 291, vale dizer, quando, efetivamente, fabrica, adquire, fornece, a título gratuito ou oneroso, possui ou guarda maquinismo, aparelho, instrumento ou qualquer objeto especialmente destinado à falsificação de moeda.
- Entendemos ser admissível a tentativa, embora exista controvérsia doutrinária.

4. EMISSÃO DE TÍTULO AO PORTADOR SEM PERMISSÃO LEGAL

Emissão de título ao portador sem permissão legal
Art. 292. Emitir, sem permissão legal, nota, bilhete, ficha, vale ou título que contenha promessa de pagamento em dinheiro ao portador ou a que falte indicação do nome da pessoa a quem deva ser pago:
Pena – detenção, de um a seis meses, ou multa.
Parágrafo único. Quem recebe ou utiliza como dinheiro qualquer dos documentos referidos neste artigo incorre na pena de detenção, de quinze dias a três meses, ou multa.

4.1 Introdução

Ainda no Capítulo I (da moeda falsa) do Título X da Parte Especial do Código Penal, encontra-se o delito de *emissão de título ao portador sem permissão legal*. De acordo com a redação legal, podemos identificar os seguintes elementos: *a)* a conduta de *emitir*; *b)* sem permissão legal; *c)* nota, bilhete, ficha, vale ou título que contenha promessa de pagamento em dinheiro ao portador; *d)* ou a que falte indicação do nome da pessoa a quem deva ser pago.

O núcleo *emitir* deve ser entendido no sentido de *colocar em circulação*, fazer circular qualquer dos objetos materiais indicados pelo tipo, haja vista estarmos diante de um crime contra a fé pública, conforme observado.

Essa emissão deve ter sido levada a efeito sem a necessária *permissão legal*. Verifica-se, portanto, tratar-se de norma penal em branco, haja vista que, para efeitos de interpretação e aplicação do tipo penal em exame, será necessário conhecer, por meio de um diploma extrapenal, essa permissão.

O tipo penal do art. 292 aponta o objeto material da conduta praticada pelo agente, vale dizer, *nota, bilhete, ficha, vale* ou *título* que contenha promessa de pagamento em dinheiro ao portador ou a que falte indicação do nome da pessoa a quem deva ser pago. *Título ao portador*, conforme esclarece Wille Duarte Costa, é "o documento pelo qual alguém se obriga a pagar certa quantia, [...], a quem quer que se lhe apresente o documento",[16] sendo, portanto, uma de suas características, não se dirigir a pessoa determinada.

Adverte Damásio de Jesus:

"Não são, porém, todos os títulos ao portador que servem de objeto material do crime, uma vez que a norma os especifica: conferem tipicidade ao fato somente os títulos que contêm promessa de pagamento em dinheiro. Ficam de fora, em face disso, os que representam mercadorias, serviços, utilidades etc., como os *warrants* e conhecimentos de depósito, vales particulares, passagens de veículos etc. Assim, a norma incriminadora não alcança os chamados 'vales íntimos' ou 'vales de caixa', papéis que se entrega a alguém como lembrete para que forneça mercadoria, serviço ou dinheiro. Esses papéis, não possuindo atribuição legal de função de crédito, escapam à tipicidade."[17]

O parágrafo único do art. 292 do Código Penal também responsabiliza criminalmente aquele que *recebe* ou *utiliza* como dinheiro qualquer dos documentos referidos no *caput*, cominando uma pena de detenção, de 15 (quinze) dias a 3 (três) meses, ou multa.

A lei penal, por intermédio desse parágrafo único, leva em consideração, agora, não aquele que *emite* o título, mas, sim, o seu *tomador*, ou seja, aquele que o recebe ou o utiliza, que contribui, dessa forma, para sua indevida circulação.

4.2 Classificação doutrinária

Crime comum, tanto no que diz respeito ao sujeito ativo quanto ao sujeito passivo; doloso (não havendo previsão para a modalidade de natureza culposa); comissivo (podendo, também, nos termos do art. 13, § 2º, do Código Penal, ser praticado via omissão imprópria, na hipótese de o agente gozar do *status* de garantidor); de forma livre; instantâneo; monossubjetivo; plurissubsistente; não transeunte.

---

[16] COSTA, Wille Duarte. *Títulos de crédito*, p. 33.
[17] JESUS, Damásio E. de. *Direito penal*, v. 4, p. 24.

4.3 Sujeito ativo e sujeito passivo

Qualquer pessoa pode ser *sujeito ativo* do delito de *emissão de título ao portador sem permissão legal*, não exigindo o tipo do art. 292 do Código Penal nenhuma qualidade ou condição especial.

O sujeito passivo é o Estado.

4.4 Objeto material e bem juridicamente protegido

A fé pública é o bem juridicamente protegido pelo tipo penal que prevê o delito de *emissão de título ao portador sem permissão legal*.

O objeto material é a nota, bilhete, ficha, vale ou título que contenha promessa de pagamento em dinheiro ao portador ou a que falte indicação do nome da pessoa a quem deva ser pago, emitido sem permissão legal.

4.5 Consumação e tentativa

Como observamos, o núcleo *emitir* deve ser entendido no sentido de *colocar em circulação*. Dessa forma, o delito tipificado no art. 292 do Código Penal se consuma somente quando o agente, efetivamente, coloca em circulação nota, bilhete, ficha, vale ou título que contenha promessa de pagamento em dinheiro ao portador ou a que falte indicação do nome da pessoa a quem deva ser pago.

Tratando-se de crime contra a fé pública, devemos observar que somente se configurará a infração penal em estudo quando essa circulação se der publicamente, ou seja, for utilizada como um substitutivo da moeda corrente ou de outros títulos permitidos legalmente. Assim, conforme salienta Fragoso:

> "A criminosidade da ação prevista pela lei reside no fato da circulação da nota, bilhete, ficha, vale ou título como um sub-rogado ou substitutivo da moeda, motivo pelo qual será perfeitamente lícito o uso de vales provisórios, empregados normalmente na vida comercial, destinados a circular em ambiente restrito e emitidos para fins específicos, como sejam, a comprovação de adiantamentos em dinheiro ou pagamentos de futuras contraprestações em utilidades."[18]

Haverá consumação, ainda, da infração penal tipificada no parágrafo único do art. 292 do Código Penal quando o agente, efetivamente, receber, ou seja, aceitar como dinheiro quaisquer dos documentos referidos no *caput*, ou, da mesma forma, quando os utilizar.

Tratando-se de crime plurissubsistente, será possível o reconhecimento da tentativa, embora exista controvérsia doutrinária nesse sentido.[19]

4.6 Elemento subjetivo

O dolo é o elemento subjetivo exigido pelo tipo penal que prevê o delito de *emissão de título ao portador sem permissão legal*, não havendo previsão para a modalidade de natureza culposa.

O agente deverá ter conhecimento de todos os elementos constantes do tipo penal em estudo, pois, caso contrário, poderá ser arguido o erro de tipo.

---

[18] FRAGOSO, Heleno Cláudio. *Lições de direito penal* – Parte especial, v. 2, p. 314.
[19] A exemplo de Guilherme de Souza Nucci (*Código penal comentado*, p. 930), quando diz: "Cremos ser impossível encontrar *iter criminis* válido, pois a conduta punida é a *emissão* (colocação do título em circulação). Portanto, ou o agente efetivamente *emite* o título ou trata-se de um irrelevante penal."

4.7 Modalidades comissiva e omissiva

Os núcleos *emitir* (*caput* do art. 292), *receber* e *utilizar* (previstos no parágrafo único do mesmo artigo) pressupõem um comportamento comissivo por parte do agente. No entanto, o delito poderá ser praticado via omissão imprópria quando o agente, na qualidade de garantidor, dolosamente, podendo, nada fizer para evitar que o agente leve a efeito qualquer dos comportamentos previstos pelo tipo do art. 292 do Código Penal, nos termos do art. 13, § 2º, do mesmo diploma legal.

4.8 Pena e ação penal, competência para julgamento e suspensão condicional do processo

A pena cominada ao *caput* do art. 292 do Código Penal é de detenção, de 1 (um) a 6 (seis) meses, ou multa.

O parágrafo único prevê uma pena de detenção, de 15 (quinze) dias a 3 (três) meses, ou multa.

A ação penal é de iniciativa pública.

Compete, pelo menos inicialmente, ao Juizado Especial Criminal o processo e julgamento do delito de *emissão de título ao portador sem permissão legal*, tendo em vista que a pena máxima cominada em abstrato, seja no *caput*, seja mesmo no parágrafo único do art. 292 do Código Penal, não ultrapassa o limite de 2 (dois) anos, imposto pelo art. 61 da Lei nº 9.099/95, conforme alteração determinada pela Lei nº 11.313, de 28 de junho de 2006.

Será possível a confecção de proposta de suspensão condicional do processo, nos termos do art. 89 da Lei nº 9.099/95.

4.9 Quadro-resumo

Sujeitos
- » Ativo: qualquer pessoa.
- » Passivo: é o Estado.

Objeto material
É a nota, bilhete, ficha, vale ou título que contenha promessa de pagamento em dinheiro ao portador ou a que falte indicação do nome da pessoa a quem deva ser paga, emitida sem permissão legal.

Bem(ns) juridicamente protegido(s)
A fé pública.

Elemento subjetivo
Dolo, não havendo previsão para a modalidade de natureza culposa.

Modalidades comissiva e omissiva
- » Os núcleos emitir (*caput* do art. 292), receber e utilizar (previstos no parágrafo único do mesmo artigo) pressupõem um comportamento comissivo por parte do agente.
- » No entanto, o delito poderá ser praticado via omissão imprópria.

Consumação e tentativa

» O delito se consuma somente quando o agente, efetivamente, coloca em circulação nota, bilhete, ficha, vale ou título que contenha promessa de pagamento em dinheiro ao portador ou a que falte indicação do nome da pessoa a quem deva ser paga.
» Tratando-se de crime contra a fé pública, deve-se observar que somente se configurará a infração penal em estudo quando essa circulação se der publicamente, ou seja, for utilizada como um substitutivo da moeda corrente ou de outros títulos permitidos legalmente.
» Haverá consumação, ainda, da infração penal tipificada no parágrafo único do art. 292 do CP quando o agente, efetivamente, receber, ou seja, aceitar como dinheiro quaisquer dos documentos referidos no *caput*, ou, da mesma forma, quando os utilizar.
» É possível o reconhecimento da tentativa, embora exista controvérsia doutrinária nesse sentido.

Capítulo II
Da falsidade de títulos e outros papéis públicos

1. FALSIFICAÇÃO DE PAPÉIS PÚBLICOS

Falsificação de papéis públicos
Art. 293. Falsificar, fabricando-os ou alterando-os:
I – selo destinado a controle tributário, papel selado ou qualquer papel de emissão legal destinado à arrecadação de tributo;
II – papel de crédito público que não seja moeda de curso legal;
III – vale postal;
IV – cautela de penhor, caderneta de depósito de caixa econômica ou de outro estabelecimento mantido por entidade de direito público;
V – talão, recibo, guia, alvará ou qualquer outro documento relativo a arrecadação de rendas públicas ou a depósito ou caução por que o poder público seja responsável;
VI – bilhete, passe ou conhecimento de empresa de transporte administrada pela União, por Estado ou Município:
Pena – reclusão, de dois a oito anos, e multa.
§ 1º Incorre na mesma pena quem:
I – usa, guarda, possui ou detém qualquer dos papéis falsificados a que se refere este artigo;
II – importa, exporta, adquire, vende, troca, cede, empresta, guarda, fornece ou restitui à circulação selo falsificado destinado a controle tributário;
III – importa, exporta, adquire, vende, expõe à venda, mantém em depósito, guarda, troca, cede, empresta, fornece, porta ou, de qualquer forma, utiliza em proveito próprio ou alheio, no exercício de atividade comercial ou industrial, produto ou mercadoria:
a) em que tenha sido aplicado selo que se destine a controle tributário, falsificado;
b) sem selo oficial, nos casos em que a legislação tributária determina a obrigatoriedade de sua aplicação.
§ 2º Suprimir, em qualquer desses papéis, quando legítimos, com o fim de torná-los novamente utilizáveis, carimbo, ou sinal indicativo de sua inutilização:
Pena – reclusão, de 1 (um) a 4 (quatro) anos, e multa.
§ 3º Incorre na mesma pena quem usa, depois de alterado, qualquer dos papéis a que se refere o parágrafo anterior.
§ 4º Quem usa ou restitui à circulação, embora recebido de boa-fé, qualquer dos papéis falsificados ou alterados, a que se referem este artigo e o seu § 2º, depois de conhecer a falsidade ou alteração, incorre na pena de detenção, de 6 (seis) meses a 2 (dois) anos, ou multa.
§ 5º Equipara-se a atividade comercial, para os fins do inciso III do § 1º, qualquer forma de comércio irregular ou clandestino, inclusive o exercido em vias, praças ou outros logradouros públicos e em residências.

1.1 Introdução

O art. 293 do Código Penal, contido no Capítulo II do Título X da Parte Especial, cuidou da *falsificação de papéis públicos*.

O mencionado artigo sofreu várias modificações introduzidas pela Lei nº 11.035, de 22 de dezembro de 2004.

Para efeitos de melhor visualização sobre o tema, destacaremos as condutas previstas no *caput*, bem como as demais situações elencadas pelos parágrafos do art. 293 do diploma repressivo.

Assim, de acordo com a redação constante dos incisos I a VI do art. 293 do Código Penal, configura-se no delito de *falsificação de papéis públicos* a conduta do agente que falsifica, quer fabricando, quer alterando:

> I – selo destinado a controle tributário, papel selado ou qualquer papel de emissão legal destinado à arrecadação de tributo.

Tal inciso teve a sua redação determinada pela Lei nº 11.035, de 22 de dezembro de 2004. Conforme preleciona Guilherme de Souza Nucci:

"Selo destinado a controle tributário, é a marca feita por carimbo, sinete, chancela ou máquina, inclusive por meio de estampilha [...], cuja finalidade é comprovar o pagamento de determinada quantia referente a tributo; papel selado, é a estampilha fixa, ou seja, 'o selo destinado a facilitar, assegurar e comprovar (atestar) o pagamento de certos impostos ou taxas (federais, estaduais ou municipais), seja na órbita administrativa, seja na órbita judiciária. Também pode ser adesiva ou fixa, constituindo neste último o papel selado, a que expressamente se refere o inciso em exame [..]'; após ter exemplificado (selo ou papel selado), indica a norma penal, por interpretação analógica, que também se encaixam neste artigo todas as outras formas eventualmente criadas pela Administração para a mesma finalidade."[20]

Todos os papéis mencionados no inciso I devem ser destinados à arrecadação de tributos.

> II – Papel de crédito público que não seja moeda de curso legal.

O inciso II do art. 293 do Código Penal diz respeito às apólices ou títulos da dívida pública (federal, estadual ou municipal), que não se confundem com a moeda de curso legal no país.

> III – Vale postal.

O inciso III do art. 293 do Código Penal foi revogado pelo art. 36 da Lei nº 6.538, de 22 de junho de 1978, que diz, *verbis*:

> **Art. 36.** Falsificar, fabricando ou adulterando, selo, outra fórmula de franqueamento ou vale-postal. Pena: reclusão, até oito anos, e pagamento de cinco a quinze dias-multa.

O art. 47 do referido diploma legal ainda define o vale-postal, dizendo ser o título emitido por unidade postal à vista de um depósito de quantia para pagamento na mesma ou em outra unidade postal.

> IV – Cautela de penhor, caderneta de depósito de caixa econômica ou de outro estabelecimento mantido por entidade de direito público.

---

[20] NUCCI, Guilherme de Souza. *Código penal comentado*, p. 934.

Cautela de penhor é um título de crédito que, mediante seu pagamento, poderá ser retirada a coisa empenhada. A caderneta de depósito mencionada no inciso IV, praticamente, já não existe mais. Era aquele livreto em que se faziam as anotações relativas às movimentações bancárias.

> V – Talão, recibo, guia, alvará ou qualquer outro documento relativo a arrecadação de rendas públicas ou a depósito ou caução por que o poder público seja responsável.

Segundo define Hungria:

"Talão é o documento de quitação que se destaca de adequado libreto, onde fica residualmente o denominado 'canhoto', com dizeres idênticos aos do correspondente talão. Recibo é a declaração escrita de recebimento de dinheiro ou valores, sejam, ou não, a título de pagamento. Guia é todo escrito oficial destinado ao fim de recolhimento ou depósito de dinheiros ou valores *ex vi legis*. Alvará, aqui, é o documento ou título expedido por autoridade administrativa ou judicial autorizando algum ato concernente à arrecadação fiscal ou ao depósito ou caução sob responsabilidade do poder público."[21]

O inciso V se vale, ainda, do recurso à interpretação analógica, uma vez que, após apontar os documentos que, se falsificados, importam no delito em exame, utiliza uma fórmula genérica, asseverando que também estará incluída no mencionado inciso qualquer falsificação de outro documento relativo à arrecadação de rendas públicas ou a depósito ou caução por que o poder público seja responsável.

> VI – Bilhete, passe ou conhecimento de empresa de transporte administrada pela União, por Estado ou por Município.

Por bilhete, entende-se o cartão impresso que dá direito a fazer determinado percurso em veículo de transporte coletivo; passe é o bilhete de trânsito, gratuito ou não, ou com abatimento, concedido por empresa de transporte coletivo; conhecimento é o documento representativo de mercadoria depositada ou entregue para transporte.

A Lei nº 11.035, de 22 de dezembro de 2004, acrescentou três incisos ao § 1º do art. 293 do Código Penal, dizendo incorrer nas mesmas penas previstas para o *caput*, vale dizer, reclusão de 2 (dois) a 8 (oito) anos, e multa, quem:

> I – usa, guarda, possui ou detém qualquer dos papéis falsificados a que se refere este artigo;
> II – importa, exporta, adquire, vende, troca, cede, empresta, guarda, fornece ou restitui à circulação selo falsificado destinado a controle tributário;
> III – importa, exporta, adquire, vende, expõe à venda, mantém em depósito, guarda, troca, cede, empresta, fornece, porta ou, de qualquer forma, utiliza em proveito próprio ou alheio, no exercício de atividade comercial ou industrial, produto ou mercadoria:
> a) em que tenha sido aplicado selo que se destine a controle tributário, falsificado;
> b) sem selo oficial, nos casos em que a legislação tributária determina a obrigatoriedade de sua aplicação.

O § 2º do art. 293 prevê uma modalidade privilegiada da infração penal em estudo, quando o agente suprime, em qualquer desses papéis, quando legítimos, com o fim de torná-los novamente utilizáveis, carimbo ou sinal indicativo de sua inutilização. Quando a supressão de sinal de utilização recair sobre selo, outra fórmula de franqueamento ou vale-postal, terá aplicação o art. 37 da Lei nº 6.538, de 22 de junho de 1978, que diz:

---

[21] HUNGRIA, Nélson. *Comentários ao código penal*, v. IX, p. 241.

> **Art. 37.** Suprimir, em selo, outra fórmula de franqueamento ou vale-postal, quando legítimos, com o fim de torná-los novamente utilizáveis, carimbo ou sinal indicativo de sua utilização. Pena – reclusão, até quatro anos, e pagamento de cinco a quinze dias-multa.

Incorrerá na mesma pena, de acordo com o § 3º do art. 293 do Código Penal, aquele que usa, depois de alterado, qualquer dos papéis a que se refere o § 2º. Com relação à lei que dispôs sobre os Serviços Postais, o § 1º do art. 37 prevê também a punição não somente daquele que faz uso, como também de quem vende, fornece ou guarda, depois de alterado, selo, outra fórmula de franqueamento ou vale-postal.

Aquele que usa ou restitui à circulação, embora recebido de boa-fé, qualquer dos papéis falsificados ou alterados a que se referem o art. 293 e seu § 2º, do Código Penal, depois de conhecer a falsidade ou alteração, incorrerá na pena de detenção, de 6 (seis) meses a 2 (dois) anos, ou multa, conforme o disposto no § 4º do artigo referido.

O § 5º, acrescentado ao art. 293 do Código Penal pela Lei nº 11.035, de 22 de dezembro de 2004, diz equiparar-se à atividade comercial, para os fins do inciso III do § 1º, qualquer forma de comércio irregular ou clandestino, até mesmo o exercido em vias, praças ou outros logradouros públicos e em residências.

1.2 Classificação doutrinária

Crime comum, tanto no que diz respeito ao sujeito ativo quanto ao sujeito passivo; doloso (não havendo previsão para a modalidade de natureza culposa); comissivo (podendo, também, nos termos do art. 13, § 2º, do Código Penal, ser praticado via omissão imprópria, na hipótese de o agente gozar do *status* de garantidor); de forma livre; instantâneo (quando estivermos diante dos núcleos *fabricar, alterar, usar, importar, exportar, adquirir, vender, trocar, ceder, emprestar, fornecer, utilizar, suprimir, restituir à circulação*) e permanente (quando a conduta praticada disser respeito a *guardar, possuir, deter, expor à venda, manter em depósito, portar*); monossubjetivo; monossubsistente e plurissubsistente (dependendo da hipótese concreta); não transeunte (como regra).

1.3 Sujeito ativo e sujeito passivo

Qualquer pessoa pode ser *sujeito ativo* do delito de *falsificação de papéis públicos*, não exigindo o tipo do art. 293 do Código Penal nenhuma qualidade ou condição especial.

O sujeito passivo é o Estado, bem como aquelas pessoas (físicas ou jurídicas) que foram diretamente prejudicadas com a conduta praticada pelo agente.

1.4 Objeto material e bem juridicamente protegido

A fé pública é o bem juridicamente protegido pelo tipo penal que prevê o delito de *falsificação de papéis públicos*.

O objeto material são os papéis públicos apontados pelo art. 293, seus parágrafos e incisos.

1.5 Consumação e tentativa

O delito se consuma com a prática de qualquer dos comportamentos previstos pelo art. 293, *caput* e parágrafos que colocam em risco a fé pública.

A tentativa será admissível nas hipóteses em que se puder fracionar o *iter criminis*, e deverá ser avaliada caso a caso.

1.6 Elemento subjetivo

O dolo é o elemento subjetivo exigido pelo tipo penal que prevê o delito de *falsificação de papéis públicos*, não havendo previsão para a modalidade de natureza culposa.

O agente deverá ter conhecimento de todos os elementos constantes do tipo penal em estudo, pois, caso contrário, poderá ser alegado o erro de tipo.

1.7 Modalidades comissiva e omissiva

Os núcleos constantes do *caput* e parágrafos do art. 293 do Código Penal pressupõem um comportamento comissivo por parte do agente. No entanto, o delito poderá ser praticado via omissão imprópria quando o agente, na qualidade de garantidor, dolosamente, podendo, nada fizer para evitar que o agente leve a efeito qualquer dos comportamentos previstos pelo tipo do art. 293 do Código Penal, nos termos do art. 13, § 2º, do mesmo diploma legal.

1.8 Pena, ação penal, competência para julgamento e suspensão condicional do processo

A pena cominada para as hipóteses previstas no *caput* e § 1º do art. 293 do Código Penal é de reclusão, de 2 (dois) a 8 (oito) anos, e multa; para os §§ 2º e 3º, a pena prevista é de reclusão, de 1 (um) a 4 (quatro) anos, e multa; o § 4º comina uma pena de detenção, de 6 (seis) meses a 2 (dois) anos, ou multa.

Se o agente é funcionário público e comete o crime prevalecendo-se do cargo, aumenta-se a pena de sexta parte, nos termos preconizados pelo art. 295 do Código Penal.

A ação penal é de iniciativa pública incondicionada.

Compete, pelo menos inicialmente, ao Juizado Especial Criminal o processo e julgamento do delito previsto pelo § 4º do art. 293 do Código Penal, tendo em vista que a pena máxima cominada em abstrato não ultrapassa o limite de 2 (dois) anos, imposto pelo art. 61 da Lei nº 9.099/95, conforme alteração determinada pela Lei nº 11.313, de 28 de junho de 2006.

Será possível a confecção de proposta de suspensão condicional do processo, nos termos do art. 89 da Lei nº 9.099/95, nas hipóteses constantes dos §§ 2º, 3º e 4º do art. 293 do Código Penal.

1.9 Quadro-resumo

Sujeitos
» Ativo: qualquer pessoa.
» Passivo: é o Estado, bem como aquelas pessoas (físicas ou jurídicas) que foram diretamente prejudicadas com a conduta praticada pelo agente.

Objeto material
São os papéis públicos apontados pelo art. 293, seus parágrafos e incisos.

Bem(ns) juridicamente protegido(s)
A fé pública.

> **Elemento subjetivo**
> Dolo, não havendo previsão para a modalidade de natureza culposa.

> **Modalidades comissiva e omissiva**
> Os núcleos constantes do *caput* e parágrafos do art. 293 do CP pressupõem um comportamento comissivo por parte do agente, podendo, no entanto, ser praticado via omissão imprópria.

> **Consumação e tentativa**
> » O delito se consuma com a prática de qualquer dos comportamentos previstos pelo art. 293, *caput* e parágrafos, que colocam em risco a fé pública.
> » A tentativa será admissível quando for possível o fracionamento do *iter criminis* e cada caso deve ser avaliado.

2. PETRECHOS DE FALSIFICAÇÃO

> **Petrechos de falsificação**
> **Art. 294.** Fabricar, adquirir, fornecer, possuir ou guardar objeto especialmente destinado à falsificação de qualquer dos papéis referidos no artigo anterior:
> Pena – reclusão, de um a três anos, e multa.

2.1 Introdução

Tal como ocorre no art. 291 do Código Penal, que prevê o delito de *petrechos para falsificação de moeda*, o art. 294 do Código Penal, inserido no Capítulo II, que diz respeito à *falsidade de títulos e outros papéis públicos*, prevê o delito de *petrechos de falsificação*.

As mesmas observações levadas a efeito quando do estudo do art. 291 do Código Penal aplicam-se ao delito em exame, principalmente no que diz respeito à discussão sobre a possibilidade de punição de atos em tese considerados como preparatórios.

De acordo com a redação legal, podemos apontar os seguintes elementos: *a)* a conduta de *fabricar, adquirir, fornecer, possuir ou guardar*; *b)* objeto especialmente destinado à falsificação dos papéis referidos no art. 293 do Código Penal.

O tipo penal utiliza, portanto, os verbos *fabricar* (produzir, construir, preparar), *adquirir* (obter, conseguir, comprar), *fornecer* (prover, abastecer, guarnecer), seja a título gratuito (isto é, sem qualquer contraprestação) ou oneroso (mediante uma contraprestação), muito embora o art. 294 do Código Penal, ao contrário do mencionado art. 291, não tenha mencionado expressamente essa situação (a título oneroso ou gratuito), *possuir* (ter a posse) e *guardar* (conservar, manter, tomar conta).

O objeto material da conduta praticada pelo agente é aquele especialmente destinado à falsificação de qualquer dos papéis referidos no art. 293 do Código Penal. Conforme adverte Luiz Regis Prado:

"O objeto material do delito, consoante se infere do emprego do termo genérico objeto, que tem acepção ampla, inclui qualquer coisa, até mesmo uma substância qualquer, desde que especialmente destinada à falsificação dos mencionados papéis ou títulos públicos. Pode, por exemplo, ser uma prensa, um fotolito, uma matriz, uma tinta especial; enfim, todo e qualquer instrumento, aparelho, equipamento, ferramenta, mecanismo ou aparato que tenha como utilidade principal a reprodução fraudulenta dos papéis referidos. Não é preciso que o petrecho sirva exclusivamente à falsificação, até porque será difícil encontrar um objeto que não tenha absolutamente outra serventia que não a contrafação ou alteração de tais papéis."[22]

2.2 Classificação doutrinária

Crime comum, tanto no que diz respeito ao sujeito ativo quanto ao sujeito passivo; doloso (não havendo previsão para a modalidade de natureza culposa); comissivo (podendo, também, nos termos do art. 13, § 2º, do Código Penal, ser praticado via omissão imprópria, na hipótese de o agente gozar do *status* de garantidor); de forma livre; instantâneo (nas modalidades fabricar, adquirir e fornecer) e permanente (quando a conduta do agente disser respeito a possuir ou guardar); monossubjetivo; plurissubsistente; não transeunte.

2.3 Sujeito ativo e sujeito passivo

Qualquer pessoa pode ser *sujeito ativo* do delito de *petrechos de falsificação*, não exigindo o tipo do art. 294 do Código Penal nenhuma qualidade ou condição especial.

O *sujeito passivo* é o Estado.

2.4 Objeto material e bem juridicamente protegido

A fé pública é o bem juridicamente protegido pelo tipo penal que prevê o delito de *petrechos de falsificação*.

O objeto material é aquele especialmente destinado à falsificação dos papéis referidos no art. 293 do Código Penal.

2.5 Consumação e tentativa

Ocorre a consumação quando o agente, efetivamente, fabrica, adquire, fornece, possui ou guarda o objeto especialmente destinado à falsificação dos papéis referidos no art. 293 do Código Penal.

Tratando-se, como regra, de crime plurissubsistente, em que se pode fracionar o *iter criminis*, a tentativa será admissível.

2.6 Elemento subjetivo

O dolo é o elemento subjetivo exigido pelo tipo penal que prevê o delito de *petrechos de falsificação*, não havendo previsão para a modalidade de natureza culposa.

Assim, por exemplo, se o agente vier a guardar um objeto por ele encontrado, sem que tenha conhecimento de que ele se destinava à falsificação dos papéis referidos no art. 293 do Código Penal, o fato deverá ser considerado atípico, podendo ser alegado, *in casu*, o erro de tipo.

2.7 Modalidades comissiva e omissiva

Os núcleos constantes do art. 294 do Código Penal pressupõem um comportamento comissivo por parte do agente. No entanto, o delito poderá ser praticado via omissão imprópria quando o agente, na qualidade de garantidor, dolosamente, podendo, nada fizer para

---

[22] PRADO, Luiz Regis. *Curso de direito penal brasileiro*, v. 4, p. 132.

evitar que o sujeito leve a efeito qualquer dos comportamentos típicos, nos termos do art. 13, § 2º, do mesmo diploma legal.

2.8 Pena, ação penal e suspensão condicional do processo

A pena cominada ao delito de *petrechos de falsificação* é de reclusão, de 1 (um) a 3 (três) anos, e multa.

Se o agente é funcionário público e comete o crime prevalecendo-se do cargo, aumenta-se a pena de sexta parte, conforme determina o art. 295 do Código Penal.

A ação penal é de iniciativa pública incondicionada.

Será possível a confecção de proposta de suspensão condicional do processo, nos termos do art. 89 da Lei nº 9.099/95.

2.9 Destaques

2.9.1 Agente que falsifica os papéis

Pode ocorrer que o agente seja surpreendido não somente com os petrechos de falsificação, mas com o próprio resultado da sua utilização, vale dizer, algum dos papéis referidos pelo art. 293 do Código Penal. Nesse caso, haveria concurso de crimes? A resposta, segundo nosso posicionamento, seria negativa, aplicando-se, aqui, o raciocínio relativo ao antefato impunível, devendo o agente responder, tão somente, pela falsificação dos papéis públicos por ele levada a efeito.

2.9.2 Petrechos de falsificação de selo, fórmula de franqueamento ou vale-postal

Se o objeto for destinado à falsificação de selo, outra fórmula de franqueamento ou vale-postal, aplica-se o art. 38 da Lei nº 6.538, de 22 de junho de 1978, que diz:

> **Art. 38.** Fabricar, adquirir, fornecer, ainda que gratuitamente, possuir, guardar, ou colocar em circulação objeto especialmente destinado à falsificação de selo, outra fórmula de franqueamento ou vale-postal:
> Pena: reclusão, até três anos, e pagamento de cinco a quinze dias-multa.

2.10 Quadro-resumo

Sujeitos
» Ativo: qualquer pessoa.
» Passivo: é o Estado.

Objeto material
É aquele especialmente destinado à falsificação dos papéis referidos no art. 293 do CP.

Bem(ns) juridicamente protegido(s)
A fé pública.

Elemento subjetivo
Dolo, não havendo previsão para a modalidade de natureza culposa.

Modalidades comissiva e omissiva

Os núcleos constantes do art. 294 do CP pressupõem um comportamento comissivo por parte do agente, podendo, no entanto, ser praticado via omissão imprópria.

Consumação e tentativa

» Ocorre a consumação quando o agente, efetivamente, fabrica, adquire, fornece, possui ou guarda o objeto especialmente destinado à falsificação dos papéis referidos no art. 293 do CP.
» A tentativa é admissível.

Capítulo III
Da falsidade documental

1. FALSIFICAÇÃO DE SELO OU SINAL PÚBLICO

> **Falsificação do selo ou sinal público**
> **Art. 296.** Falsificar, fabricando-os ou alterando-os:
> I – selo público destinado a autenticar atos oficiais da União, de Estado ou de Município;
> II – selo ou sinal atribuído por lei a entidade de direito público, ou a autoridade, ou sinal público de tabelião:
> Pena – reclusão, de dois a seis anos, e multa.
> § 1º Incorre nas mesmas penas:
> I – quem faz uso do selo ou sinal falsificado;
> II – quem utiliza indevidamente o selo ou sinal verdadeiro em prejuízo de outrem ou em proveito próprio ou alheio;
> III – quem altera, falsifica ou faz uso indevido de marcas, logotipos, siglas ou quaisquer outros símbolos utilizados ou identificadores de órgãos ou entidades da Administração Pública.
> § 2º Se o agente é funcionário público, e comete o crime prevalecendo-se do cargo, aumenta-se a pena de sexta parte.

1.1 Introdução

O delito de *falsificação do selo ou sinal público* encontra-se inserido no Capítulo III (Da Falsidade Documental) do Título X do Código Penal (Dos Crimes contra a Fé Pública).

Embora o art. 296 do Código Penal figure no capítulo correspondente à falsidade documental, os objetos materiais da ação do agente, vale dizer, o selo ou sinal público, não são considerados documentos, mas, sim, objetos que, se utilizados, garantem a autenticidade de um documento. Conforme esclarece Fragoso:

"Os selos e sinais públicos a que a lei penal aqui se refere, não constituem *documento*. São, porém, comumente empregados como elementos de certificação ou autenticação documental, o que justifica a classificação. Uma vez apostos ao documento, tais selos passam a fazer parte integrante dele."[23]

De acordo com a redação constante no *caput*, bem como no § 1º do art. 296 do Código Penal, podemos apontar os seguintes elementos que integram as figuras típicas: *a)* a conduta de falsificar, fabricando ou alterando, selo público destinado a autenticar atos oficiais da União, de Estado ou de Município; *b)* selo ou sinal atribuído por lei a entidade de direito público, ou a autoridade, ou sinal público de tabelião; *c)* a conduta de usar selo ou sinal falsifica-

---
[23] FRAGOSO, Heleno Cláudio. *Lições de direito penal* – Parte especial, v. II, p. 330-331.

do; *d)* utilização indevida de selo ou sinal verdadeiro em prejuízo de outrem ou em proveito próprio ou alheio; *e)* alteração, falsificação ou uso indevido de marcas, logotipos, siglas ou quaisquer outros símbolos utilizados ou identificadores de órgãos da Administração Pública.

A falsificação poderá ocorrer por meio da *contrafação*, quando o agente fabrica, criando selo ou sinal público, como também pela sua *alteração*, com a modificação do verdadeiro.

Devemos observar o alerta feito por Sylvio do Amaral, quando diz:

"Ao contrário do que pode parecer à primeira vista, o Código não se ocupa, no art. 296, da figura impressa, mas do objeto impressor. Embora encaixada em capítulo relativo à falsidade *documental*, a disposição mencionada focaliza, na realidade, apenas a falsificação (mediante a fabricação ou alteração) do instrumento de gravação do selo público, e não a do sinal já estampado em documento (na colocação da matéria obedeceu, por certo, o legislador à consideração de que os selos públicos destinam-se exclusivamente à formalização de documentos, e, por consequência, a ação do falsificador há de visar sempre, ainda que indiretamente, a falsidade documental). Não há outro entendimento possível, quando se atenta para a circunstância de que a lei pune o uso do selo falsificado (art. 296, § 1º, nº I, como crime autônomo. Se o caso fosse de falsificação da figura impressa, essa hipótese constituiria o delito de uso de documento falso (art. 304)."[24]

Merece ser frisado, ainda, que no inciso I do art. 296 do Código Penal não houve menção à falsificação de selo ou sinal público destinado a autenticar atos oficiais do Distrito Federal, não se podendo corrigir a falha legal por meio da analogia, pois vedada, *in casu*, pelo princípio do *nullum crimen, nulla poena sine lege stricta*, que proíbe a chamada analogia *in malam partem*.

A falsificação poderá ocorrer, ainda, sobre selo ou sinal atribuído por lei a entidade de direito público, aqui abrangidas as autarquias, por serem consideradas pessoas jurídicas de direito público, de natureza paraestatal. A autoridade mencionada no inciso II do art. 296 do Código Penal, preleciona Mirabete, "é a que autentica seus documentos por meio de selo ou sinal".[25] Também comete o delito em estudo, de acordo com a parte final do mencionado inciso II, aquele que falsifica *sinal público de tabelião*.

O § 1º do art. 296 do Código Penal prevê as mesmas penas para aquele que, embora não falsificando, faz uso do selo ou sinal que sabe ser falsificado (inciso I), ou que utiliza o selo ou sinal verdadeiro em prejuízo de outrem ou em proveito próprio ou alheio (inciso II), ou, ainda, de acordo com o inciso III, acrescentado ao § 1º do art. 296 pela Lei nº 9.983, de 14 de julho de 2000, para o que altera, falsifica ou faz uso indevido de marcas, logotipos, siglas ou quaisquer outros símbolos utilizados ou identificadores de órgãos ou entidades da Administração Pública.

Dependendo da hipótese concreta, poderá ser considerado um tipo misto alternativo, a exemplo daquele que fabrica e utiliza o selo por ele falsificado, ou tipo misto cumulativo, quando o agente, v.g., vier a falsificar selo ou sinal público destinado a autenticar atos oficiais da União, de Estado ou de Município e, ainda, utilizar, indevidamente, o selo ou sinal verdadeiro em prejuízo de outrem ou em proveito próprio ou alheio.

---

[24] AMARAL, Sylvio do. *Falsidade documental*, p. 165.
[25] MIRABETE, Júlio Fabbrini. *Manual de direito penal*, v. 3, p. 232.

1.2 Classificação doutrinária

Crime comum, tanto no que diz respeito ao sujeito ativo quanto ao sujeito passivo; doloso (não havendo previsão para a modalidade de natureza culposa); comissivo (podendo, também, nos termos do art. 13, § 2º, do Código Penal, ser praticado via omissão imprópria, na hipótese de o agente gozar do *status* de garantidor); de forma livre; instantâneo; monossubjetivo; plurissubsistente ou unissubsistente (dependendo da hipótese concreta); não transeunte.

1.3 Sujeito ativo e sujeito passivo

Qualquer pessoa pode ser *sujeito ativo* do delito de *falsificação do selo ou sinal público*, haja vista que os tipos constantes do art. 296, *caput* e § 1º, do Código Penal não exigem nenhuma qualidade ou condição especial. Caso o sujeito ativo seja funcionário público, se tiver praticado a infração penal prevalecendo-se do cargo, a pena será aumentada de sexta parte.

O *sujeito passivo* é o Estado, bem como aquelas pessoas que foram diretamente prejudicadas com a utilização do selo ou sinal público falsificado.

1.4 Objeto material e bem juridicamente protegido

A fé pública é o bem juridicamente protegido pelo tipo penal que prevê o delito de *falsificação de selo ou sinal público*.

O objeto material é o selo ou o sinal público, sobre o qual recai a conduta praticada pelo agente.

1.5 Consumação e tentativa

O delito se consuma quando o agente, nas hipóteses constantes do *caput* do art. 296 do Código Penal, efetivamente, falsifica o selo ou o sinal público, levando a efeito sua fabricação ou alteração.

No § 1º do art. 296 do Código Penal, a consumação ocorre quando o agente *faz uso* do selo ou sinal falsificado, utiliza indevidamente o selo ou sinal verdadeiro em prejuízo de outrem ou em proveito próprio ou alheio, ou quando altera, falsifica ou faz uso indevido de marcas, logotipos, siglas ou quaisquer outros símbolos utilizados ou identificadores de órgãos ou entidades da Administração Pública.

Como regra, será possível a tentativa, haja vista que, na maioria das hipóteses, estaremos diante de um crime plurissubsistente.

1.6 Elemento subjetivo

O dolo é o elemento subjetivo exigido pelo tipo penal que prevê o delito de *falsificação do selo ou sinal público*, não havendo previsão para a modalidade de natureza culposa.

O agente deverá ter conhecimento de todos os elementos constantes do tipo penal em estudo, pois, caso contrário, poderá ser arguido o erro de tipo, afastando-se o dolo e, consequentemente, a própria infração penal.

Assim, imagine-se a hipótese daquele que faz uso de um selo falsificado acreditando em sua autenticidade. Nesse caso, mesmo sendo considerado inescusável o erro, a infração penal restará eliminada por ausência de previsão legal para a modalidade de natureza culposa.

1.7 Modalidades comissiva e omissiva

Todos os verbos constantes do *caput*, bem como do § 1º do art. 296 do Código Penal, pressupõem um comportamento comissivo por parte do agente. No entanto, o delito poderá ser cometido via omissão imprópria na hipótese em que o agente, garantidor, dolosamente, podendo, nada fizer para evitar a prática de qualquer dos comportamentos previstos pelo tipo penal em estudo.

1.8 Causa especial de aumento de pena

Determina o § 2º do art. 296 do Código Penal que *se o agente é funcionário público, e comete o crime prevalecendo-se do cargo, aumenta-se a pena de sexta parte*.

Analisando a majorante em estudo, verifica-se que não basta que o fato seja levado a efeito por funcionário público. De acordo com a redação legal, somente haverá o aumento de um sexto no terceiro momento do critério trifásico de aplicação da pena, previsto pelo art. 68 do Código Penal, quando, além da qualidade de funcionário público, o agente tiver praticado o delito prevalecendo-se do seu *cargo*. Exige-se, portanto, a conjugação da qualidade de *funcionário público* com a facilidade que lhe proporciona o *cargo* por ele ocupado, pois, caso contrário, não poderá ocorrer a incidência da causa especial de aumento de pena.

Assim, imagine-se a hipótese em que um funcionário público falsifique um selo público destinado a autenticar atos oficiais da União, de Estado ou de Município, sendo que o cargo por ele ocupado em nada facilite esse tipo de comportamento. Nesse caso, deverá responder pelo delito em estudo, afastando-se a majorante.

A lei penal menciona, tão somente, o *cargo*, querendo isso significar que, embora considerado funcionário público por equiparação ou extensão, nos termos preconizados pelo art. 327 do Código Penal, também não incidirá a majorante quando o agente exercer um *emprego* ou uma *função pública*.

1.9 Pena e ação penal

A pena cominada ao delito de *falsificação do selo ou sinal público* é de reclusão, de 2 (dois) a 6 (seis) anos, e multa.

Se o agente é funcionário público, e comete o crime prevalecendo-se do cargo, aumenta-se a pena de sexta parte.

A ação penal é de iniciativa pública incondicionada.

1.10 Quadro-resumo

Sujeitos
» Ativo: qualquer pessoa, se funcionário público, se tiver praticado a infração penal prevalecendo-se do cargo, a pena será aumentada de sexta parte.
» Passivo: é o Estado, bem como aquelas pessoas que foram diretamente prejudicadas com a utilização do selo ou sinal público falsificado.

Objeto material
É o selo ou o sinal público, sobre o qual recai a conduta praticada pelo agente.

Bem(ns) juridicamente protegido(s)
A fé pública.

> **Elemento subjetivo**
>
> Dolo, não havendo previsão para a modalidade de natureza culposa.

> **Modalidades comissiva e omissiva**
>
> Todos os verbos constantes do *caput*, bem como do § 1º do art. 296 do CP, pressupõem um comportamento comissivo por parte do agente, podendo, no entanto, ser cometido via omissão imprópria.

> **Consumação e tentativa**
>
> » O delito se consuma quando o agente, nas hipóteses constantes do *caput* do art. 296 do CP, efetivamente, falsifica o selo ou o sinal público, levando a efeito sua fabricação ou alteração.
> » No § 1º do art. 296 do CP, a consumação ocorre quando o agente faz uso do selo ou sinal falsificado, utiliza indevidamente o selo ou sinal verdadeiro em prejuízo de outrem ou em proveito próprio ou alheio, ou quando altera, falsifica ou faz uso indevido de marcas, logotipos, siglas ou quaisquer outros símbolos utilizados ou identificadores de órgãos ou entidades da Administração Pública.
> » Como regra, será possível a tentativa.

2. FALSIFICAÇÃO DE DOCUMENTO PÚBLICO

> **Falsificação de documento público**
> **Art. 297.** Falsificar, no todo ou em parte, documento público, ou alterar documento público verdadeiro:
> Pena – reclusão, de dois a seis anos, e multa.
> § 1º Se o agente é funcionário público, e comete o crime prevalecendo-se do cargo, aumenta-se a pena de sexta parte.
> § 2º Para efeitos penais, equiparam-se a documento público o emanado de entidade paraestatal, o título ao portador ou transmissível por endosso, as ações de sociedade comercial, os livros mercantis e o testamento particular.
> § 3º Nas mesmas penas incorre quem insere ou faz inserir:
> I – na folha de pagamento ou em documento de informações que seja destinado a fazer prova perante a previdência social, pessoa que não possua a qualidade de segurado obrigatório;
> II – na Carteira de Trabalho e Previdência Social do empregado ou em documento que deva produzir efeito perante a previdência social, declaração falsa ou diversa da que deveria ter sido escrita;
> III – em documento contábil ou em qualquer outro documento relacionado com as obrigações da empresa perante a previdência social, declaração falsa ou diversa da que deveria ter constado.
> § 4º Nas mesmas penas incorre quem omite, nos documentos mencionados no § 3º, nome do segurado e seus dados pessoais, a remuneração, a vigência do contrato de trabalho ou de prestação de serviços.

2.1 Introdução

Antes de analisarmos o delito de *falsificação de documento público*, tipificado no art. 297 do Código Penal, é preciso definir, preliminarmente, o *conceito* de documento, bem como as *funções* que lhe são atribuídas e, ainda, as suas *classes*.

Existem, basicamente, duas teorias que procuram esclarecer o conceito de documento. A primeira delas, denominada *estrita* ou *formalista*, adotada, em 1947, pela Conferência Internacional para a Unificação do Direito Penal, em Bruxelas, definindo especificamente a falsidade documental, afirma ser esta a "alteração da verdade levada a efeito com intenção de prejudicar, em um escrito destinado ou apto a servir de prova de um direito ou de um fato com efeitos jurídicos".[26]

Verifica-se, portanto, que, para a teoria estrita, o documento deve consubstanciar-se, geralmente, em um escrito, mas não obrigatoriamente, constante de um papel. Nesse sentido, preleciona Fragoso:

> "Documento é todo escrito devido a um autor determinado, contendo exposição de fatos ou declaração de vontade, dotado de significação ou relevância jurídica. São pois, características do conceito exposto: 1. a forma escrita; 2. a existência de autor determinado; 3. o conteúdo ou teor (manifestação de vontade ou exposição de fatos), e 4. a relevância jurídica."[27]

De outro lado, temos a chamada *teoria ampla*, que adota um conceito mais elástico de documento, a exemplo do que ocorre com o art. 26 do Código Penal espanhol, que diz: *Considera-se documento todo suporte material que expresse ou incorpore dados, fatos ou narrações com eficácia probatória ou qualquer outro tipo de relevância jurídica.*

No conceito amplo, documento não é somente o escrito. É, segundo Muñoz Conde, "toda materialização de um dado, fato ou narração ou, dito de forma mais precisa, todo objeto que seja capaz de acolher algum dado ou uma declaração de vontade ou pensamento atribuível a uma pessoa e destinado a ingressar no tráfego jurídico".[28]

A nossa lei penal não se preocupou em esclarecer o conceito de documento, razão pela qual existe controvérsia doutrinária e jurisprudencial a respeito dele. Os adeptos da teoria estrita se valem, muitas vezes, do Código Civil ou mesmo do Código de Processo Penal, com o fim de enfatizar que a característica fundamental do documento reside no fato de ser ele *escrito*, a exemplo do disposto no art. 232 do estatuto processual penal.

Filiando-se à teoria que adota um conceito amplo de documento, Luis Regis Prado preleciona:

> "Sem dúvida que o papel escrito é o principal e mais frequente documento, como quer a doutrina brasileira: entretanto, não é possível negar, também, que da mesma forma como o homem encontrou no papel um repositório para suas manifestações de vontade ou registro de seus fatos e atos, a evolução da ciência e da tecnologia, introduzindo outros meios de perpetuação da memória e do pensamento, vai paulatinamente exigindo a ampliação do conceito de documento, sob pena de se deixar desprotegido o bem jurídico tutelado. Difunde-se o uso de fitas taquigráficas, de películas fotográficas, de discos ou fitas videofonográficos e de outros suportes propiciados pela tecnologia para a condensação do pensamento humano, e a tal realidade não pode ficar infenso o Direito. Desse modo, v.g., como deixar de reconhecer o crime de falsidade documental na hipótese de o agente adulterar um microfilme utilizado como única forma de registro de determinados atos de relevância jurídica por uma repartição pública? Ou se o objeto da falsificação é um disquete de computador onde se armazenam escrituras públicas num órgão que tenha abandonado o uso de arquivos de papel? Nem se diga que haveria ofensa ao princípio da legalidade, ou que seja vedada interpretação extensiva *in mallam partem*, já que a lei, ao referir-se a *documento*, público ou particular, estampa um elemento normativo que demanda valoração jurídica, a cargo do intérprete."[29]

---

[26] *Apud* CALDERÓN, Ángel; CHOCLÁN, José Antonio. *Derecho penal* – Parte especial, t. II, p. 468.
[27] FRAGOSO, Heleno Cláudio. *Lições de direito penal* – Parte especial, v. II, p. 325-326.
[28] MUÑOZ CONDE, Francisco. *Derecho penal* – Parte especial, p. 699.
[29] PRADO, Luiz Regis. *Curso de direito penal brasileiro*, v. 4, p. 147-148.

Apesar da força do raciocínio do renomado autor, acreditamos que se for levada a efeito uma interpretação sistêmica dos artigos que compõem o capítulo relativo à falsidade documental, concluiremos, *permissa venia*, que o documento mencionado por todos os tipos penais deverá ser aquele obrigatoriamente *escrito*, não se podendo ampliar o seu conceito.

Em algumas passagens, o próprio Código Penal faz alusão ao fato de ser escrito o documento, a exemplo do delito de *falsidade ideológica*, quando diz:

> **Art. 299.** Omitir, em documento público ou particular, declaração que dele devia constar, ou nele inserir ou fazer inserir declaração falsa ou diversa da que devia ser escrita, com o fim de prejudicar direito, criar obrigação ou alterar a verdade sobre fato juridicamente relevante.

Contudo, o documento de que cuida a lei penal, para que possua a relevância exigida por esse ramo do ordenamento jurídico, deverá cumprir determinadas *funções*, sob pena de ser descaracterizado. Dessa forma, para efeito de reconhecimento do documento como tal, ele deverá possuir três qualidades básicas, a saber: *a)* ser um meio de perpetuação e constatação do seu conteúdo; *b)* poder, por intermédio dele, ser identificado o seu autor, exercendo uma função denominada *garantia* de sua autoria; *c)* servir como instrumento de prova do seu conteúdo.

Quando se aduz a necessidade de perpetuação da informação ou conteúdo constante do documento, não se quer afirmar que o documento deva gozar do *status* de eterno, não perecendo jamais. Na verdade, com essa afirmação, exige-se que o documento seja idôneo no sentido de possibilitar sua conservação por certo período. Assim, como esclarece Muñoz Conde, "não são, portanto, suportes materiais idôneos para converter-se em documentos objetos com escassa capacidade de perpetuação dos dados que a eles se incorporem como a neve ou a areia".[30]

Da mesma forma, não podem ser aceitos como documentos aqueles que forem apresentados anonimamente, sem que se possa imputar a alguém a autoria deles, razão pela qual, se vierem a ser modificados, não se poderá atribuir ao agente o delito de falsidade documental.

Finalmente, o documento passível de falsificação deve ser aquele a que se atribui alguma eficácia probatória ou que possua relevância jurídica.

O Código Penal reconhece, ainda, duas classes de documentos, a saber: *a)* documentos públicos; *b)* documentos particulares.

Documento público é aquele confeccionado por servidor público, no exercício de sua função, e de acordo com a legislação que lhe é pertinente. O conceito de documento particular é encontrado por exclusão, ou seja, se o documento não gozar da qualidade de *público*, será reconhecido como *particular*, desde que cumpra as funções expostas.

Esclarecidos, mesmo que sucintamente, os pontos necessários ao estudo do *documento* como integrante dos tipos penais constantes da Parte Especial do Código Penal, analisaremos, a seguir, os elementos que compõem o tipo penal relativo ao delito de *falsificação de documento público*, previsto no art. 297 (*caput* e parágrafos) do diploma repressivo, quais sejam: *a)* a conduta de falsificar, no todo ou em parte, documento público; *b)* ou alterar documento público verdadeiro.

O núcleo *falsificar*, utilizado pelo texto legal, dá a ideia de *contrafação*, isto é, a fabricação do documento de natureza pública, pois a alteração, também modalidade de falsificação, vem prevista na parte final do artigo *sub examen*.

---

[30] MUÑOZ CONDE, Francisco. *Derecho penal* – Parte especial, p. 700.

A diferença entre os núcleos *falsificar* e *alterar*, utilizados pelo *caput* do art. 297 do Código Penal, é no sentido de que no primeiro caso o documento não existe, sendo criado total ou parcialmente pelo agente; na segunda hipótese, o documento público existe, é verdadeiro, mas o agente o modifica, alterando o seu conteúdo.

Importante frisar que se a falsidade ocorrer mediante supressão de parte do documento público, alterando-se o documento verdadeiro, o fato se amoldará ao delito tipificado no art. 305 do Código Penal, que cuidou especificamente do tema. Dessa forma, a alteração poderá ocorrer em forma de inserção de dados falsos, com a modificação do conteúdo do documento.

Merece destaque, ainda, a diferença existente entre os documentos *formal* e *substancialmente públicos*, ou seja, aqueles, segundo Hungria:

> "Cujo conteúdo tem natureza e relevância de direito público, como sejam os decorrentes de atos legislativos, administrativos ou judiciais e os que, em geral, o funcionário redige e expede em representação ou no interesse da administração pública; e os documentos *formalmente públicos e substancialmente privados*, como, por exemplo, as declarações de vontade recebidas de particulares e redigidas por funcionários públicos (tabeliães, oficiais públicos, corretores, cônsules etc.) ou quem quer que esteja legalmente autorizado (no exercício acidental de função pública) a imprimir-lhes autenticidade ou *fé pública* (exemplo: capitão de navio, em certas circunstâncias)."[31]

Embora haja diferença entre as duas espécies do gênero documento público, ambas estão abrangidas pelo artigo em estudo, não importando se o seu conteúdo possui natureza pública, ou que expresse um interesse privado, por exemplo, bastando que tenha sido confeccionado por um funcionário público, no exercício de sua função, em cumprimento de determinação legal.

O § 2º do art. 297 do Código Penal prevê um documento público por equiparação dizendo, *verbis*:

> § 2º Para os efeitos penais, equiparam-se a documento público o emanado de entidade paraestatal, o título ao portador ou transmissível por endosso, as ações de sociedade comercial, os livros mercantis e o testamento particular.

Se o próprio Código Penal, por meio do § 1º do seu art. 327, com a nova redação que lhe foi conferida pela Lei nº 9.983, de 14 de julho de 2000, equipara a funcionário público quem exerce cargo, emprego ou função em entidade paraestatal, não poderia deixar de considerar como públicos os documentos por ele expedidos, sendo passíveis, portanto, de falsificação. Embora exista controvérsia doutrinária sobre a expressão *entidade paraestatal*, estamos com José dos Santos Carvalho Filho quando preleciona que a expressão "deveria abranger toda a pessoa jurídica que tivesse vínculo institucional com a pessoa federativa, de forma a receber desta os mecanismos estatais de controle. Estariam, pois, enquadradas como *entidades paraestatais* as pessoas da administração indireta e os serviços sociais autônomos".[32] Assim, de acordo com o art. 4º, II, do Decreto-Lei nº 200/67, a Administração Indireta compreende as seguintes categorias de entidades, dotadas de personalidade jurídica própria: I – autarquias; II – empresas públicas; III – sociedades de economia mista; e IV – fundações.

---

[31] HUNGRIA, Nélson. *Comentários ao código penal*, v. IX, p. 261.
[32] CARVALHO FILHO, José dos Santos. *Manual de direito administrativo*, p. 273.

Títulos ao portador ou transmissíveis por endosso, a exemplo dos cheques, notas promissórias, duplicatas etc., as *ações de sociedade comercial*, em virtude da possibilidade de sua transferência a terceiros, como acontece, por exemplo, com as ações da sociedade anônima, os *livros mercantis*, bem como o *testamento particular* ou *hológrafo*, previsto pelos arts. 1.876 a 1.880 do Código Civil, em razão da sua relevância e necessidade de confiabilidade, também foram equiparados ao documento público.

Vale ressaltar, ainda, que a *falsificação grosseira*, de acordo com a posição majoritária de nossa doutrina, afasta a configuração do delito de *falsidade de documento público*, tendo em vista a sua incapacidade para iludir um número indeterminado de pessoas. No entanto, o agente poderá, por exemplo, ser responsabilizado penalmente pelo delito de estelionato, mesmo que para a obtenção da vantagem ilícita tenha se valido de um documento grosseiramente falsificado.

A Lei nº 9.983, de 14 de julho de 2.000, acrescentou os §§ 3º e 4º ao art. 297 do Código Penal, que dizem:

> § 3º Nas mesmas penas incorre quem insere ou faz inserir:
> I – na folha de pagamento ou em documento de informações que seja destinado a fazer prova perante a previdência social, pessoa que não possua a qualidade de segurado obrigatório;
> II – na Carteira de Trabalho e Previdência Social do empregado ou em documento que deva produzir efeito perante a previdência social, declaração falsa ou diversa da que deveria ter sido escrita;
> III – em documento contábil ou em qualquer outro documento relacionado com as obrigações da empresa perante a previdência social, declaração falsa ou diversa da que deveria ter constado;
> § 4º Nas mesmas penas incorre quem omite, nos documentos mencionados no § 3º, nome do segurado e seus dados pessoais, a remuneração, a vigência do contrato de trabalho ou de prestação de serviços.

Pela inserção dos mencionados parágrafos, percebe-se a preocupação do legislador com a Previdência Social, que deverá, conforme o art. 201 da Constituição Federal, atender, nos termos da lei, a: "I – cobertura dos eventos de incapacidade temporária ou permanente para o trabalho e idade avançada; II – proteção à maternidade, especialmente à gestante; III – proteção ao trabalhador em situação de desemprego involuntário; IV – salário-família e auxílio-reclusão para os dependentes dos segurados de baixa renda; V – pensão por morte do segurado, homem ou mulher, ao cônjuge ou companheiro e dependentes, observado o disposto no § 2º".

Entendemos não ter agido corretamente o legislador ao acrescentar os §§ 3º e 4º ao art. 297 do Código Penal. Isso porque, antes da mencionada alteração, o delito de *falsificação de documento público* somente previa falsidade de natureza *material*. Agora, com os novos parágrafos, o tipo penal foi transformado em uma figura híbrida, pois prevê, em seus parágrafos, falsidade *ideológica*. Cezar Roberto Bitencourt, criticando a inovação legal, com precisão, aduz:

> "Chega a ser constrangedora a equivocada inclusão no art. 297 (que trata de falsidade material) de condutas que identificam *falsidade ideológica*, quando deveriam ter sido introduzidas no art. 299, com a cominação de pena que lhes parecesse adequada. A *falsidade material*, com efeito, altera o aspecto formal do documento, construindo um novo ou alterando o verdadeiro; a *falsidade ideológica*, por sua vez, *altera* o conteúdo do documento, total ou parcialmente, mantendo inalterado seu aspecto formal."[33]

---

[33] BITENCOURT, Cezar Roberto. *Tratado de direito penal*, v. 4, p. 322.

Em complemento às lições do renomado autor gaúcho, podemos dizer que na falsidade ideológica, como a própria denominação sugere, a *ideia* constante do documento é falsa, sendo este, no entanto, formalmente verdadeiro. Já na falsidade material, a exemplo do que ocorre com o art. 297, o próprio documento é que é forjado, total ou parcialmente, pelo agente.

2.2 Classificação doutrinária

Crime comum, tanto no que diz respeito ao sujeito ativo quanto ao sujeito passivo; doloso (não havendo previsão para a modalidade de natureza culposa); comissivo (podendo, também, nos termos do art. 13, § 2º, do Código Penal, ser praticado via omissão imprópria, na hipótese de o agente gozar do *status* de garantidor) e omissivo próprio (§ 4º do art. 297); de forma livre (*caput*) e de forma vinculada (§§ 3º e 4º); instantâneo; monossubjetivo; plurissubsistente; não transeunte.

2.3 Sujeito ativo e sujeito passivo

Qualquer pessoa pode ser *sujeito ativo* do delito de *falsificação de documento público*, haja vista que o tipo constante do art. 297, *caput* e §§ 3º e 4º, do Código Penal não exige nenhuma qualidade ou condição especial. Caso o sujeito ativo seja funcionário público, se tiver praticado a infração penal prevalecendo-se do cargo, a pena será aumentada de sexta parte.

O *sujeito passivo* é o Estado, bem como aquelas pessoas que foram diretamente prejudicadas com a falsificação do documento público.

2.4 Objeto material e bem juridicamente protegido

A fé pública é o bem juridicamente protegido pelo tipo penal que prevê o delito de *falsificação de documento público*.

O objeto material é o documento público falsificado, no todo ou em parte, ou o documento público verdadeiro que fora alterado pelo agente.

2.5 Consumação e tentativa

O delito se consuma quando o agente pratica qualquer dos comportamentos previstos no tipo penal, não importando a sua posterior utilização para efeitos de reconhecimento do *summatum opus*.

Tratando-se de delito plurissubsistente, torna-se possível o reconhecimento da tentativa.

2.6 Elemento subjetivo

O dolo é o elemento subjetivo exigido pelo tipo penal que prevê o delito de *falsificação de documento público*, não havendo previsão para a modalidade de natureza culposa.

O agente deverá ter conhecimento de todos os elementos constantes do tipo penal em estudo, pois, caso contrário, poderá ser arguido o erro de tipo, afastando-se o dolo e, consequentemente, a própria infração penal.

2.7 Modalidades comissiva e omissiva

Todos os verbos constantes do *caput*, bem como do § 3º do art. 297 do Código Penal, pressupõem um comportamento comissivo por parte do agente, podendo, no entanto, com relação a essas figuras típicas, ser o delito cometido via omissão imprópria na hipótese em que o agente, garantidor, dolosamente, podendo, nada fizer para evitar a prática de qualquer dos comportamentos previstos pelo tipo penal em estudo.

A Lei nº 9.983, de 14 de julho de 2.000, ao acrescentar o § 4º ao art. 297 do Código Penal, criou uma modalidade omissiva própria, dizendo: *Nas mesmas penas incorre quem omite, nos documentos mencionados no § 3º, nome do segurado e seus dados pessoais, a remuneração, a vigência do contrato de trabalho ou de prestação de serviços.*

2.8 Causa especial de aumento de pena

Determina o § 1º do art. 297 do Código Penal que *se o agente é funcionário público, e comete o crime prevalecendo-se do cargo, aumenta-se a pena de sexta parte.*

Analisando a majorante em estudo, verifica-se que não basta que o fato seja levado a efeito por funcionário público. De acordo com a redação legal, somente haverá aumento de um sexto no terceiro momento do critério trifásico de aplicação da pena, previsto pelo art. 68 do Código Penal, quando, além da qualidade de funcionário público, o agente tiver praticado o delito prevalecendo-se do seu *cargo*. Exige-se, portanto, a conjugação da qualidade de *funcionário público,* com a facilidade que lhe proporciona o *cargo* por ele ocupado, pois, caso contrário, não poderá ocorrer a incidência da causa especial de aumento de pena.

2.9 Pena e ação penal

A pena cominada ao delito de *falsificação de documento público* (*caput* e §§ 3º e 4º do art. 297 do Código Penal) é de reclusão, de 2 (dois) a 6 (seis) anos, e multa.

Se o agente é funcionário público e comete o crime prevalecendo-se do cargo, aumenta-se a pena de sexta parte.

A ação penal é de iniciativa pública incondicionada.

2.10 Destaques

2.10.1 Uso de documento público falso

Caso o agente que falsificou o documento venha, efetivamente, fazer uso dele, poderíamos, *in casu,* cogitar de concurso entre os crimes de *falsificação de documento público* e *uso de documento falso*? Entendemos que não, pois nessa hipótese devemos aplicar a regra relativa ao antefato impunível, ou seja, o crime-meio (falsificação do documento público), deverá ser absorvido pelo crime-fim (uso de documento público falso).

2.10.2 Falsificação de documento público e estelionato

No que diz respeito à falsificação de documento público utilizada, efetivamente, na prática do crime de estelionato, existem, basicamente, cinco posições que disputam o tratamento sobre o tema.

A primeira delas entende pelo *concurso material* de crimes, devendo o agente responder, nos termos do art. 69 do Código Penal, por ambas as infrações penais.

A segunda posição preconiza que, se a falsidade é um meio utilizado na prática do estelionato, deverá ser reconhecido o concurso formal de crimes,[34] aplicando-se, nos termos do art. 70 do Código Penal, a mais grave das penas cabíveis, aumentada de um sexto até metade.

---

[34] Conforme decisão proferida pelo STF, no *RHC* 83.990/MG, Rel. Min. Eros Grau, 1ª T., DJ 22/10/2004.

Considerando o fato de que o delito de falsificação de documento público possui pena superior à do crime de estelionato, sendo, portanto, mais grave, a terceira posição tem entendido pela absorção deste último por aquele.

Aplicando o raciocínio relativo ao *ante factum* impunível, a quarta posição entende que o delito-fim (estelionato) deverá absorver o delito-meio (*falsificação de documento público*).

A última posição poderia ser entendida como uma vertente da anterior. O Superior Tribunal de Justiça, por intermédio da Súmula nº 17, expressou o seu posicionamento no seguinte sentido:

> **Súmula nº 17.** *Quando o falso se exaure no estelionato, sem mais potencialidade lesiva, é por este absorvido.*

Assim, para essa última corrente, somente não haveria concurso de crimes quando o falso não possuísse mais potencialidade lesiva, pois, caso contrário, a regra seria a do concurso, havendo discussão, ainda, se formal ou material.

Estamos com a posição do STJ, expressa pela Súmula nº 17. Isso porque se o documento público falsificado pelo agente ainda puder ser utilizado na prática de outras infrações penais, forçoso é reconhecer a independência das infrações penais. Assim, imagine-se a hipótese em que o agente tenha falsificado um documento de identidade para, com ele, abrir diversos crediários em lojas de eletrodomésticos, a fim de praticar o delito de estelionato, pois receberá as mercadorias sem efetuar um único pagamento. O documento de identidade falsificado, como se percebe, poderá ser utilizado em inúmeras infrações penais, razão pela qual, nesse caso, somos pelo concurso material de crimes, haja vista não se poder visualizar, na espécie, conduta única, mas, sim, pluralidade de comportamentos.

2.10.3 Fotocópias não autenticadas

Tem-se entendido que as fotocópias não autenticadas não gozam do *status* exigido pelo conceito de documento público, não se configurando, assim, a infração penal tipificada no art. 297 do estatuto repressivo, caso sejam falsificadas ou alteradas.

2.10.4 Falsificação de documento público para fins eleitorais

O Código Eleitoral prevê uma modalidade especial de falsificação de documento público, dizendo, em seu art. 348, *verbis*:

> **Art. 348.** Falsificar, no todo ou em parte, documento público, ou alterar documento público verdadeiro, para fins eleitorais:
> Pena – reclusão de dois a seis anos e pagamento de quinze a trinta dias-multa.
> § 1º Se o agente é funcionário público e comete o crime prevalecendo-se do cargo, a pena é agravada.
> § 2º Para efeitos penais, equipara-se a documento público o emanado de entidade paraestatal inclusive Fundação do Estado.

2.10.5 Competência para julgamento da falsificação quando se tratar de Caderneta de Inscrição e Registro (CIR) ou de Carteira de Habilitação de Arrais-Amador (CHA), ambas expedidas pela Marinha do Brasil

O Supremo Tribunal Federal, na sessão plenária do dia 16 de outubro de 2014, aprovou a Súmula Vinculante nº 36, com o seguinte teor:

> **Súmula Vinculante nº 36.** *Compete à Justiça Federal comum processar e julgar civil denunciado pelos crimes de falsificação e de uso de documento falso quando se tratar de falsificação da Caderneta de Inscri-*

ção e Registro (CIR) ou de Carteira de Habilitação de Arrais-Amador (CHA), ambas expedidas pela Marinha do Brasil.

2.10.6 Falsificação de documento e Código Penal Militar

O delito de falsificação de documento veio previsto no Código Penal Militar (Decreto-Lei nº 1.001, de 21 de outubro de 1969), conforme se verifica pela leitura do seu art. 311, punindo com pena de dois a seis anos de reclusão aquele que falsificar, no todo ou em parte, documento público, ou alterar documento verdadeiro, desde que o fato atente contra a administração ou o serviço militar.

2.11 Quadro-resumo

Sujeitos
» Ativo: qualquer pessoa, se funcionário público, se tiver praticado a infração penal prevalecendo-se do cargo, a pena será aumentada de sexta parte.
» Passivo: é o Estado, bem como aquelas pessoas que foram diretamente prejudicadas com a falsificação do documento público.

Objeto material
É o documento público falsificado, no todo ou em parte, ou o documento público verdadeiro que fora alterado pelo agente.

Bem(ns) juridicamente protegido(s)
A fé pública.

Elemento subjetivo
Dolo, não havendo previsão para a modalidade de natureza culposa.

Modalidades comissiva e omissiva
» Todos os verbos constantes do *caput*, bem como do § 3º do art. 297 do CP, pressupõem um comportamento comissivo por parte do agente, podendo, no entanto, com relação a essas figuras típicas, ser o delito cometido via omissão imprópria.
» O § 4º ao art. 297 do CP traz uma modalidade omissiva própria.

Consumação e tentativa
» O delito se consuma quando o agente pratica qualquer dos comportamentos previstos no tipo penal, não importando sua posterior utilização para efeitos de reconhecimento do *summatum opus*.
» Admite-se a tentativa.

3. FALSIFICAÇÃO DE DOCUMENTO PARTICULAR

Falsificação de documento particular
Art. 298. Falsificar, no todo ou em parte, documento particular ou alterar documento particular verdadeiro:

> Pena – reclusão, de um a cinco anos, e multa.
>
> **Falsificação de cartão**
>
> **Parágrafo único.** Para fins do disposto no *caput*, equipara-se a documento particular o cartão de crédito ou débito.

3.1 Introdução

O delito de *falsificação de documento particular* vem tipificado no art. 298 do Código Penal.

Cuida-se de mais uma infração penal que prevê a falsidade de natureza material. Conforme lições de Sylvio do Amaral:

"A falsidade material incide sobre a integridade física do papel escrito, procurando deturpar suas características originais através de emendas ou rasuras, que substituem ou acrescentam no texto letras ou algarismos – é a modalidade de falso material consistente na *alteração de documento verdadeiro*. Ou pode consistir na criação, pelo agente, do documento falso, quer pela imitação de um original legítimo (tal como na produção de um diploma falso), quer pelo livre exercício da imaginação do falsário (como na produção de uma carta particular apócrifa) – e o caso será daqueles para os quais o legislador reservou, com sentido específico, o termo *falsificação* (arts. 297 e 298), que, se assim não fora, significaria genericamente todos os modos de falso documental."[35]

De acordo com a redação constante do art. 298, *caput*, do Código Penal, podemos apontar os seguintes elementos: *a)* a conduta de falsificar, no todo ou em parte, documento particular; *b)* ou alterar documento particular verdadeiro.

O núcleo *falsificar*, conforme esclarece Sylvio do Amaral, tem o sentido de contrafação, ou seja, criação, total ou parcial, do documento particular.

Conforme esclarecemos quando do estudo do crime de *falsificação de documento público*, o conceito de *documento particular* é encontrado por exclusão. Assim, se o documento não possuir natureza pública, seja ele *formal e substancialmente público*, ou *formalmente público e substancialmente privado*, ou mesmo aqueles considerados públicos por equiparação (§ 2º do art. 297), poderá ser considerado um documento particular.

No entanto, nem todo documento forjado pelo agente, por exemplo, poderá se amoldar ao conceito de documento exigido pelo tipo penal. Assim, aquelas criações que não tenham a menor relevância jurídica devem ser afastadas desse conceito, em virtude da ausência de potencialidade lesiva, pois, conforme adverte Cezer Roberto Bitencourt, "a falsidade em documento particular é de natureza material, não podendo, por conseguinte, ser objeto do crime *documento juridicamente inócuo*, ou seja, alheio à prova de qualquer direito ou obrigação."[36]

A diferença existente entre os delitos tipificados nos arts. 297 e 298 do Código Penal diz respeito, tão somente, ao objeto material, pois, naquele, o documento é público e neste, privado. Assim, tudo o que foi dito com relação ao delito de falsificação de documento público aplica-se à falsificação de documento privado.

No que diz respeito à alteração de documento particular verdadeiro, conforme preconiza Fragoso, esta consiste:

---

[35] AMARAL, Sylvio do. *Falsidade documental*, p. 55.
[36] BITENCOURT, Cezar Roberto. *Tratado de direito penal*, v. 4, p. 327.

"Na mutação do conteúdo do documento, ou seja, na substituição de palavras ou signos. A simples eliminação de parte do conteúdo (juridicamente relevante) constituirá o crime previsto no art. 305 do CP (supressão de documento)."[37]

A Lei nº 12.737, de 30 de novembro de 2012, incluindo o parágrafo único ao art. 298 do Código Penal, criou uma modalidade equiparada de documento particular, dizendo que *para fins do disposto no* caput, *equipara-se a documento particular o cartão de crédito ou débito*.

O cartão de crédito, que surgiu nos Estados Unidos na década de 1920, é utilizado como um meio de pagamento para a compra de bens ou contratação de serviços. Normalmente, é um cartão de plástico, de tamanho padronizado (como especificado no padrão ISO 7810), que contém, na parte da frente, a bandeira a que pertence (Visa, Mastercard, American Express, Diners Club etc.), além do número e data de validade, o nome do proprietário, bem como, em regra, a agência e conta bancária da instituição a que está vinculado e um chip. No verso, apresenta uma tarja magnética, que permite a sua imediata identificação nas transações com ele levadas a efeito, e ainda um local próprio para a assinatura identificadora do seu proprietário, juntamente com um número de segurança (CVV2).

Na verdade, o cartão de crédito é um meio através do qual os empréstimos bancários são realizados, variando o seu limite máximo a ser gasto de acordo com a renda, o poder aquisitivo do cliente, seu histórico de adimplência etc., permitindo que as compras de bens ou contratações de serviços sejam realizadas, possibilitando o seu pagamento à vista (no prazo convencionado de vencimento) ou parcelado. O atraso no pagamento da fatura importará na cobrança de juros pela instituição financeira.

O cartão de débito possui as mesmas características físicas do cartão de crédito, servindo, no entanto, como uma forma de pagamento eletrônica (em lugar da emissão do cheque), à vista, que permite a imediata dedução do valor de uma compra de bens ou pagamento de uma prestação de serviços da conta-corrente (ou conta de poupança) de que o proprietário é titular, em uma instituição bancária.

Atualmente, houve uma queda significativa das compras realizadas através da emissão de cheques e um aumento daquelas realizadas através dos cartões de crédito e/ou débito. Assim, o número de falsificações dessa modalidade equiparada de documento particular cresceu na mesma proporção, exigindo, igualmente, uma resposta do legislador, a fim de preservar as relações de consumo.

3.2 Classificação doutrinária

Crime comum, tanto no que diz respeito ao sujeito ativo quanto ao sujeito passivo; doloso (não havendo previsão para a modalidade de natureza culposa); comissivo (podendo, também, nos termos do art. 13, § 2º, do Código Penal, ser praticado via omissão imprópria, na hipótese de o agente gozar do *status* de garantidor); de forma livre; instantâneo; monossubjetivo; plurissubsistente; não transeunte.

3.3 Sujeito ativo e sujeito passivo

Qualquer pessoa pode ser *sujeito ativo* do delito de *falsificação de documento particular*, haja vista que o tipo do art. 298 do Código Penal não exige nenhuma qualidade ou condição especial.

O *sujeito passivo* é o Estado, bem como aquelas pessoas que foram diretamente prejudicadas com a falsificação ou a alteração do documento particular.

---

[37] FRAGOSO, Heleno Cláudio. *Lições de direito penal* – Parte especial, v. II, p. 337.

3.4 Objeto material e bem juridicamente protegido

A fé pública é o bem juridicamente protegido pelo tipo penal que prevê o delito de *falsificação de documento particular*.

O objeto material é o documento particular falsificado, no todo ou em parte, ou o documento particular verdadeiro que foi alterado pelo agente.

3.5 Consumação e tentativa

O delito se consuma quando o agente, efetivamente, falsifica o documento particular, no todo ou em parte, ou quando altera documento particular verdadeiro.

Tratando-se de crime plurissubsistente, torna-se possível o raciocínio correspondente à tentativa.

3.6 Elemento subjetivo

O dolo é o elemento subjetivo exigido pelo tipo penal que prevê o delito de *falsificação de documento particular*, não havendo previsão para a modalidade de natureza culposa.

O agente deverá ter conhecimento de todos os elementos constantes do tipo penal em estudo, pois, caso contrário, poderá ser arguido o erro de tipo, afastando-se o dolo e, consequentemente, a própria infração penal.

3.7 Modalidades comissiva e omissiva

Os núcleos *falsificar* e *alterar* pressupõem um comportamento comissivo por parte do agente. No entanto, o delito poderá ser praticado via omissão imprópria na hipótese em que o agente, garantidor, dolosamente, nada fizer para evitar a prática da infração penal, devendo, portanto, ser responsabilizado nos termos do art. 13, § 2º, do Código Penal.

3.8 Pena, ação penal e suspensão condicional do processo

A pena cominada ao delito de *falsificação de documento particular* é de reclusão, de 1 (um) a 5 (cinco) anos, e multa.

A ação penal é de iniciativa pública incondicionada.

Será possível a confecção de proposta de suspensão condicional do processo, nos termos do art. 89 da Lei nº 9.099/95.

3.9 Destaques

3.9.1 Uso de documento particular falso

Se o próprio autor da falsificação do documento particular dele fizer uso, não se cogitará de concurso de crimes, devendo responder, tão somente, pelo uso de documento particular falsificado, nos termos do art. 304 do Código Penal.

3.9.2 Falsificação de documento particular e estelionato

Aplica-se, aqui, o mesmo raciocínio relativo ao delito de falsificação de documento público, para onde remetemos o leitor.

3.9.3 Falsificação de documento particular para fins eleitorais

O Código Eleitoral prevê uma modalidade especial de falsificação de documento particular, dizendo, em seu art. 349, *verbis*:

> **Art. 349.** Falsificar, no todo ou em parte, documento particular, ou alterar documento particular verdadeiro, para fins eleitorais:
> Pena – reclusão até cinco anos e pagamento de três a dez dias-multa.

3.9.4 Falsificação de documento particular e crimes contra a ordem tributária, econômica e relações de consumo

De acordo com o inciso III do art. 1º da Lei nº 8.137, de 27 de dezembro de 1990, *verbis*:

> **Art. 1º** Constitui crime contra a ordem tributária suprimir ou reduzir tributo, ou contribuição social e qualquer acessório, mediante as seguintes condutas:
> I – [...];
> II – [...];
> III – falsificar ou alterar nota fiscal, fatura, duplicata, nota de venda, ou qualquer outro documento relativo à operação tributável;
> IV – [...];
> V – [...].
> Pena – reclusão de 2 (dois) a 5 (cinco) anos, e multa.

3.9.5 Falsificação de documento e Código Penal Militar

O delito de falsificação de documento veio previsto no Código Penal Militar (Decreto-Lei nº 1.001, de 21 de outubro de 1969), conforme se verifica pela leitura do seu art. 311, punindo com pena de até cinco anos de reclusão aquele que falsificar, no todo ou em parte, documento particular, ou alterar documento verdadeiro, desde que o fato atente contra a administração ou o serviço militar.

3.10 Quadro-resumo

Sujeitos
» Ativo: qualquer pessoa.
» Passivo: é o Estado, bem como aquelas pessoas que foram diretamente prejudicadas com a falsificação ou a alteração do documento particular.

Objeto material
É o documento particular falsificado, no todo ou em parte, ou o documento particular verdadeiro que foi alterado pelo agente.

Bem(ns) juridicamente protegido(s)
A fé pública.

Elemento subjetivo
Dolo, não havendo previsão para a modalidade de natureza culposa.

> **Modalidades comissiva e omissiva**
>
> Os núcleos falsificar e alterar pressupõem um comportamento comissivo por parte do agente, podendo, no entanto, ser praticado via omissão imprópria.

> **Consumação e tentativa**
>
> » O delito se consuma quando o agente, efetivamente, falsifica o documento particular, no todo ou em parte, ou quando altera documento particular verdadeiro.
> » A tentativa é admissível.

4. FALSIDADE IDEOLÓGICA

> **Falsidade ideológica**
> **Art. 299.** Omitir, em documento público ou particular, declaração que dele devia constar, ou nele inserir ou fazer inserir declaração falsa ou diversa da que devia ser escrita, com o fim de prejudicar direito, criar obrigação ou alterar a verdade sobre fato juridicamente relevante:
> Pena – reclusão, de um a cinco anos, e multa, se o documento é público, e reclusão de um a três anos, e multa, se o documento é particular.
> **Parágrafo único.** Se o agente é funcionário público, e comete o crime prevalecendo-se do cargo, ou se a falsificação ou alteração é de assentamento de registro civil, aumenta-se a pena de sexta parte.

4.1 Introdução

Ao contrário do que ocorre com os delitos tipificados nos arts. 297 e 298 do Código Penal, que preveem uma falsidade de natureza material, a falsidade constante do art. 299 do mesmo diploma legal é de cunho ideológico. Isso significa que o documento, em si, é perfeito; a ideia, no entanto, nele lançada é que é falsa, razão pela qual o delito de falsidade ideológica também é reconhecido doutrinariamente pelas expressões *falso ideal, falso intelectual e falso moral*.

Hungria, com precisão, distingue a falsidade material da falsidade ideológica dizendo:

"Fala-se em *falsidade ideológica* (ou *intelectual*), que é modalidade do *falsum* documental, quando à genuinidade formal do documento não corresponde a sua veracidade intrínseca. O documento é genuíno ou materialmente verdadeiro (isto é, emana realmente da pessoa que nele figura como seu autor ou signatário), mas o seu conteúdo intelectual não exprime a verdade. Enquanto a falsidade material afeta à *autenticidade* ou *inalterabilidade* do documento na sua forma extrínseca e conteúdo intrínseco, a falsidade ideológica afeta-o tão somente na sua *ideação*, no pensamento que as suas letras encerram."[38]

Analisando os elementos que integram a figura típica correspondente ao delito de *falsidade ideológica*, podemos apontar os seguintes: *a)* a conduta de *omitir*, em documento público ou particular, declaração que dele devia constar; *b)* ou nele *inserir* ou *fazer inserir* declaração falsa ou diversa da que devia ser escrita; *c)* com a finalidade de prejudicar direito, criar obrigação ou alterar a verdade sobre fato juridicamente relevante.

Na primeira parte do tipo penal constante do art. 299 encontra-se previsto um delito omissivo próprio. O agente, portanto, permite que o documento, público ou privado,

---
[38] HUNGRIA, Nélson. *Comentários ao código penal*, v. IX, p. 272.

seja ideologicamente falso, pois não fornece a necessária declaração que nele devia constar. Assim, imagine-se a hipótese em que um herdeiro, encarregado de providenciar a certidão de óbito do *de cujus*, não informe ao cartório competente a existência de um testamento, deixando de consignar tal fato no campo relativo às observações, almejando, com isso, abrir o inventário e repartir os bens deixados pelo falecido, prejudicando aquele beneficiado com o testamento.

Também pratica o delito de *falsidade ideológica* aquele que insere ou faz inserir, em documento público ou particular, declaração falsa ou diversa da que devia ser escrita. Assim, imagine-se a hipótese daquele que, almejando ocupar um cargo que exija determinada escolaridade, preencha os documentos necessários à sua contratação, declarando, falsamente, reunir as condições exigidas, ou aquele que, em processo de habilitação para casamento, declare-se solteiro, sendo casado.

Para que ocorra a infração penal em estudo, exige o art. 299 que a falsidade ideológica tenha a finalidade de prejudicar direito, criar obrigação ou alterar a verdade sobre fato juridicamente relevante. Atua, portanto, segundo a doutrina dominante, com um *especial fim de agir*. Assim, conforme esclarece Mirabete:

> "É indispensável o prejuízo potencial ou real, a direito, obrigação ou a fato juridicamente relevante [...]. Por essa razão, absolveu-se acusada que, por vaidade feminina, promoveu novo registro de nascimento, para parecer mais jovem do que o namorado com quem ia casar-se (*RT* 447/367). Dispensa o crime *falsi*, porém, para sua configuração, a efetiva ocorrência do prejuízo, bastando a potencialidade do dano."[39]

4.2 Classificação doutrinária

Crime comum, tanto no que diz respeito ao sujeito ativo quanto ao sujeito passivo; doloso (não havendo previsão para a modalidade de natureza culposa); comissivo e omissivo próprio (podendo, também, nos termos do art. 13, § 2º, do Código Penal, ser praticado via omissão imprópria, na hipótese de o agente gozar do *status* de garantidor); de forma livre; instantâneo; monossubjetivo; plurissubsistente; não transeunte.

4.3 Sujeito ativo e sujeito passivo

Qualquer pessoa pode ser *sujeito ativo* do delito de *falsidade ideológica*, haja vista que o tipo do art. 299 do Código Penal não exige nenhuma qualidade ou condição especial.

O *sujeito passivo* é o Estado, bem como aquelas pessoas que foram diretamente prejudicadas com a prática do delito.

4.4 Objeto material e bem juridicamente protegido

A fé pública é o bem juridicamente protegido pelo tipo penal que prevê o delito de *falsidade ideológica*.

O objeto material é o documento, público ou particular, no qual o agente omitiu declaração que nele devia constar, ou nele inseriu ou fez inserir declaração falsa ou diversa daquela que devia ser escrita, com o fim de prejudicar direito, criar obrigação ou alterar a verdade sobre fato juridicamente relevante.

---

[39] MIRABETE, Júlio Fabbrini. *Manual de direito penal*, v. 3, p. 251.

4.5 Consumação e tentativa

O delito de falsidade ideológica se consuma, por meio da primeira modalidade, quando da confecção do documento, público ou particular, sem a declaração que dele devia constar, em virtude da omissão dolosa do agente.

Na segunda modalidade de falsidade ideológica, ocorre a consumação quando o agente, efetivamente, insere ou faz inserir, em documento público ou particular, declaração falsa ou diversa da que devia ser escrita.

Em ambas as situações, o agente deverá atuar com a finalidade de prejudicar direito, criar obrigação ou alterar a verdade sobre fato juridicamente relevante.

4.6 Elemento subjetivo

O dolo é o elemento subjetivo exigido pelo tipo penal que prevê o delito de *falsidade ideológica*, não havendo previsão para a modalidade de natureza culposa.

Aquele que, por erro, supondo verdadeira uma declaração, quando na verdade é falsa, a faz inserir em documento, público ou privado, não responde pelo delito em estudo, sem falar no fato de que deverá, sempre, agir com a finalidade especial de prejudicar direito, criar obrigação ou alterar a verdade sobre fato juridicamente relevante.

4.7 Modalidades comissiva e omissiva

O núcleo *omitir* induz a uma conduta negativa por parte do agente, cuidando-se, nesse caso, de um crime omissivo próprio.

Ao contrário, os núcleos *inserir* e *fazer inserir* pressupõem um comportamento comissivo por parte do agente.

4.8 Causa especial de aumento de pena

Determina o parágrafo único do art. 299 do Código Penal, *verbis*:

> **Parágrafo único.** Se o agente é funcionário público, e comete o crime prevalecendo-se do cargo, ou se a falsificação ou alteração é de assentamento de registro civil, aumenta-se a pena de sexta parte.

Na primeira hipótese, aumenta-se o juízo de reprovabilidade sobre o comportamento daquele que tinha, por dever funcional, de expressar somente a verdade, seja inserindo ou fazendo inserir declarações, ou mesmo não omitindo aquelas que deviam constar, em documento público.

Da mesma forma, se a falsificação ou alteração é de assentamento de registro civil, ou seja, quando disser respeito às hipóteses elencadas pela Lei nº 6.015, de 31 de dezembro de 1973, a exemplo do nascimento, óbito, casamento, emancipações etc., a pena será aumentada de sexta parte.

4.9 Pena, ação penal e suspensão condicional do processo

A pena cominada ao delito de *falsidade ideológica* é de reclusão, de 1 (um) a 5 (cinco) anos, e multa, se o documento é público; e reclusão de 1 (um) a 3 (três) anos, e multa, se o documento é particular.

Se o agente é funcionário público e comete o crime prevalecendo-se do cargo, ou se a falsificação ou alteração é de assentamento de registro civil, aumenta-se a pena de sexta parte.

A ação penal é de iniciativa pública incondicionada.

Será possível a confecção de proposta de suspensão condicional do processo, nos termos do art. 89 da Lei nº 9.099/95, desde que não ocorra a incidência do parágrafo único do art. 299 do Código Penal.

4.10 Destaques

4.10.1 Folha em branco e abuso no seu preenchimento

São várias as hipóteses em que um documento assinado pode ter sido entregue em branco a outra pessoa, ou mesmo tenha chegado às suas mãos ilegitimamente. Fragoso, resumindo as hipóteses mais comuns, preleciona:

> "1. Se a folha, total ou parcialmente em branco, estiver na posse legítima do agente, para que ele a preencha de acordo com entendimento havido com o signatário, seu preenchimento abusivo será *falsidade ideológica*. Neste caso, o agente insere ou faz inserir declaração 'diversa da que deveria ser escrita'.
> 2. Se o papel foi confiado ao agente para guarda ou depósito, ou se ele vem a obtê-lo por meio ilegítimo (furto, roubo, apropriação indébita, extorsão etc.), o seu preenchimento constituirá *falsidade material*. Tal hipótese em nada difere da contrafação documental. A contrafação será total (formação do documento falso), se o papel contiver apenas a assinatura, e será parcial, se o agente preencher apenas alguns claros existentes.
> 3. Haverá *falsidade material* se, na hipótese acima figurada (nº 1), houver sido revogado o mandado *ad scribendum*, ou tiver cessado a obrigação ou faculdade de preencher o papel.
> 4. Se o agente recebeu o documento do signatário para preenchê-lo falsamente [..], e vem a preenchê-lo *secundum veritatem*, não há certamente crime de falsidade, material ou ideológica. Neste caso, como bem observa Mirto, o agente não cometeu abuso mas evitou que um abuso fosse praticado."[40]

4.10.2 Uso do documento ideologicamente falsificado

Se o agente, autor da falsificação, fizer uso do documento ideologicamente falsificado, haverá concurso de crimes? Entendemos que não, devendo o agente responder tão somente pelo crime-fim (uso de documento falso), tipificado no art. 304 do Código Penal.

4.10.3 Falsidade ideológica de circunstância incompatível com a realidade

Tal como ocorre na falsidade material praticada grosseiramente, que deixa de configurar crime em virtude da ausência de potencialidade de dano, quando a falsidade ideológica for incompatível com a realidade dos fatos, conhecida por todos, sendo, portanto, inverossímil, restará afastado o delito previsto pelo art. 299 do Código Penal.

Conforme esclarece Mirabete:

> "Uma declaração mentirosa, porém inábil para prejudicar, visando criar obrigações ou alterar a verdade sobre fato juridicamente relevante, é inócua, não cria para a sociedade aquele *quid* de perigo necessário e exigível para justificar uma punição. Há necessidade, portanto, de que o falso tenha um mínimo de idoneidade para enganar."[41]

---

[40] FRAGOSO, Heleno Cláudio. *Lições de direito penal* – Parte especial, v. II, p. 351-352.
[41] MIRABETE, Júlio Fabbrini. *Manual de direito penal*, v. 3, p. 250.

4.10.4 Declaração de nascimento inexistente

Embora a declaração de nascimento inexistente seja também ideologicamente falsa, existe previsão específica para esse comportamento, conforme se verifica na redação do art. 241 do Código Penal, que diz:

> **Art. 241.** Promover no registro civil a inscrição de nascimento inexistente:
> Pena – reclusão, de dois a seis anos.

4.10.5 Parto alheio como próprio

Da mesma forma, aquela que dá parto alheio como próprio, fazendo com que conste, erroneamente, a maternidade diversa da verdadeira no registro de nascimento, pratica um falso ideal.

No entanto, também entendeu por bem o legislador criar um tipo penal específico, conforme se verifica no art. 242 do Código Penal:

> **Art. 242.** Dar parto alheio como próprio; registrar como seu o filho de outrem; ocultar recém-nascido ou substituí-lo, suprimindo ou alterando direito inerente ao estado civil:
> Pena – reclusão, de dois a seis anos.

4.10.6 Falsidade ideológica e sonegação fiscal

A Lei nº 8.137, de 27 de dezembro de 1990, em vários tipos penais, fez previsão para a prática do delito de falso, a exemplo do disposto no inciso I do seu art. 1º, que diz:

> **Art. 1º** Constitui crime contra a ordem tributária suprimir ou reduzir tributo, ou contribuição social e qualquer acessório, mediante as seguintes condutas:
> I – omitir informação, ou prestar declaração falsa às autoridades fazendárias.

Nesse caso, em virtude do raciocínio relativo ao princípio da especialidade, deverá o agente responder, tão somente, pelo crime contra a ordem tributária, afastando-se, outrossim, a infração penal prevista pelo art. 299 do Código Penal.

4.10.7 Falsidade ideológica e estelionato

Aplica-se, aqui, o mesmo raciocínio relativo aos delitos de falsidade material, discutidos quando do estudo do crime de falsidade de documento público, para onde remetemos o leitor.

4.10.8 Declaração falsa para efeitos de instrução de pedido de remição

O condenado que cumpre a pena em regime fechado ou semiaberto poderá remir, por trabalho ou por estudo, parte do tempo de execução da pena. A contagem de tempo será feita à razão de 1 (um) dia de pena a cada 12 (doze) horas de frequência escolar (atividade de ensino fundamental, médio, inclusive profissionalizante, ou superior, ou ainda de requalificação profissional) divididas, no mínimo, em 3 (três) dias; 1 (um) dia de pena a cada 3 (três) dias de trabalho.

O condenado que cumpre pena em regime aberto ou semiaberto e o que usufrui liberdade condicional poderão remir, pela frequência a curso de ensino regular ou de educação profissional, parte do tempo de execução da pena ou do período de prova.

O tempo a remir em função das horas de estudo será acrescido de 1/3 (um terço) no caso de conclusão do ensino fundamental, médio ou superior durante o cumprimento da pena, desde que certificada pelo órgão competente do sistema de educação.

Dessa forma, para efeitos de remição, deverão ser comprovados, nos autos, os dias efetivamente trabalhados ou as horas de estudo, de forma a retratar a verdade, pois, caso contrário, o autor da declaração ou atestado falso responderá pelo delito de falsidade ideológica, conforme determina expressamente o art. 130 da Lei de Execução Penal, que diz:

> **Art. 130.** Constitui o crime do art. 299 do Código Penal declarar ou atestar falsamente prestação de serviço para fim de instruir pedido de remição.

4.10.9 Falsidade ideológica para fins eleitorais

O art. 350 da Lei nº 4.737, de 15 de julho de 1965, prevê uma modalidade especial de falsidade ideológica, dizendo, *verbis*:

> **Art. 350.** Omitir, em documento público ou particular, declaração que dele devia constar, ou nele inserir declaração falsa ou diversa da que devia ser escrita, para fins eleitorais:
> Pena – reclusão até cinco anos e pagamento de 5 a 15 dias-multa, se o documento é público, e reclusão até três anos e pagamento de 3 a 10 dias-multa se o documento é particular.
> **Parágrafo único.** Se o agente da falsidade documental é funcionário público e comete o crime prevalecendo-se do cargo, ou se a falsificação ou alteração é de assentamento de registro civil, a pena é agravada.

4.10.10 Falsidade ideológica e crimes contra o sistema financeiro

Se a falsidade ideológica disser respeito ao sistema financeiro, será aplicado o art. 9º da Lei nº 7.492, de 16 de junho de 1986, que diz:

> **Art. 9º** Fraudar a fiscalização ou o investidor, inserindo ou fazendo inserir, em documento comprobatório de investimento em títulos ou valores mobiliários, declaração falsa ou diversa da que dele deveria constar:
> Pena – Reclusão, de 1 (um) a 5 (cinco) anos, e multa.

4.10.11 Falsidade ideológica e crimes ambientais

Configura-se em falsidade ideológica, de acordo com o art. 66 da Lei nº 9.605, de 12 de fevereiro de 1998:

> **Art. 66.** Fazer o funcionário público afirmação falsa ou enganosa, omitir a verdade, sonegar informações ou dados técnico-científicos em procedimentos de autorização ou de licenciamento ambiental:
> Pena – reclusão, de um a três anos, e multa.

4.10.12 Falsificação ideológica e Código Penal Militar

O delito de falsidade ideológica veio previsto no Código Penal Militar (Decreto-Lei nº 1.001, de 21 de outubro de 1969), conforme se verifica pela leitura do seu art. 312, punindo com pena de reclusão, até cinco anos, se o documento é público, e de reclusão, até três anos, se o documento é particular, aquele que omitir, em documento público ou particular, declaração que dele devia constar, ou nele inserir ou fazer inserir declaração falsa ou diversa da que devia ser escrita, com o fim de prejudicar direito, criar obrigação ou alterar a verdade sobre fato juridicamente relevante, desde que o fato atente contra a administração ou o serviço militar.

4.11 Quadro-resumo

Sujeitos
» Ativo: qualquer pessoa.
» Passivo: é o Estado, bem como aquelas pessoas que foram diretamente prejudicadas com a prática do delito.

Objeto material
É o documento, público ou particular, no qual o agente omitiu declaração que nele devia constar, ou nele inseriu ou fez inserir declaração falsa ou diversa daquela que devia ser escrita, com o fim de prejudicar direito, criar obrigação ou alterar a verdade sobre fato juridicamente relevante.

Bem(ns) juridicamente protegido(s)
A fé pública.

Elemento subjetivo
Dolo, não havendo previsão para a modalidade de natureza culposa.

Modalidades comissiva e omissiva
» O núcleo omitir induz a uma conduta negativa por parte do agente, cuidando-se, nesse caso, de um crime omissivo próprio.
» Ao contrário, os núcleos inserir e fazer inserir pressupõem um comportamento comissivo por parte do agente.

Consumação e tentativa
» O delito se consuma por meio da primeira modalidade quando da confecção do documento, público ou particular, sem a declaração que dele devia constar, em virtude da omissão dolosa do agente.
» Na segunda modalidade de falsidade ideológica ocorre a consumação quando o agente, efetivamente, insere ou faz inserir, em documento público ou particular, declaração falsa ou diversa da que devia ser escrita.
» Em ambas as situações, o agente deverá atuar com a finalidade de prejudicar direito, criar obrigação ou alterar a verdade sobre fato juridicamente relevante.
» Admite-se a tentativa, desde que, no caso concreto, se possa fracionar o *iter criminis*.

5. FALSO RECONHECIMENTO DE FIRMA OU LETRA

Falso reconhecimento de firma ou letra
Art. 300. Reconhecer, como verdadeira, no exercício de função pública, firma ou letra que o não seja: Pena – reclusão, de um a cinco anos, e multa, se o documento é público; e de um a três anos, e multa, se o documento é particular.

5.1 Introdução

O delito de *falso reconhecimento de firma ou letra* está previsto no art. 300 do Código Penal. De acordo com a redação típica, podemos apontar os seguintes elementos: *a)* a conduta de reconhecer, como verdadeira; *b)* no exercício de função pública; *c)* firma ou letra que o não seja.

O núcleo *reconhecer* deve ser entendido no sentido de atestar, declarar, afirmar, proclamar como verdadeira.

Esse reconhecimento deve ser levado a efeito por funcionário que esteja no *exercício de função pública*. Dessa forma se o agente, embora funcionário público, estiver afastado, por algum motivo, de suas funções públicas, ou não possuir atribuições para o ato, não ocorrerá o delito em estudo, podendo, se for o caso, ser aplicado o art. 299 do Código Penal, que prevê o delito de falsidade ideológica, embora as penas sejam idênticas.

O reconhecimento levado a efeito pelo agente tem como objeto material *firma* ou *letra* que não seja verdadeira, isto é, o agente reconhece como verdadeira uma firma (assinatura, seja por extenso ou mesmo abreviada, de alguém) ou letra (sinal gráfico elementar com que se representa o vocábulo da língua escrita) falsa, atingindo, com o seu comportamento a fé pública.

Esse reconhecimento pode se dar de várias maneiras, conforme esclarece Sylvio do Amaral:

> "Reconhecimento *autêntico* (ou por certeza) é o que o tabelião faz 'vendo escrever a própria pessoa, como tal por ele reconhecida, ou conhecida na ocasião'. Diz-se o reconhecimento *semiautêntico* 'se lançada longe das vistas do tabelião a assinatura, perante ele afirma o respectivo autor a sua veracidade'. O chamado reconhecimento por *semelhança* é, como se sabe, representado pela grande maioria dos casos concretos: é aquele que 'resulta da comparação feita pelo tabelião da letra ou firma, que lhe apresentam para ser reconhecida, com a de que tem lembrança ou consta de papéis ou livros do Cartório'. Finalmente, é *indireto* o reconhecimento 'quando duas pessoas, conhecidas do tabelião, declaram por escrito que a letra ou firma são, na realidade, de determinada pessoa.'"[42]

Não importa a modalidade de reconhecimento de firma ou letra para efeitos do delito em estudo, bastando que o funcionário, no exercício de suas funções, ateste a sua veracidade, tendo conhecimento de sua falsidade.

5.2 Classificação doutrinária

Crime próprio com relação ao sujeito ativo e comum quanto ao sujeito passivo; doloso (não havendo previsão para a modalidade de natureza culposa); comissivo (podendo, também, nos termos do art. 13, § 2º, do Código Penal, ser praticado via omissão imprópria, na hipótese de o agente gozar do *status* de garantidor); de forma vinculada; instantâneo; monossubjetivo; plurissubsistente; não transeunte.

5.3 Sujeito ativo e sujeito passivo

Somente o funcionário, no exercício de função pública, poderá ser *sujeito ativo* do delito de *falso reconhecimento de firma ou letra*, tratando-se, pois, sob esse aspecto, de crime próprio.

---

[42] AMARAL, Sylvio do. *Falsidade documental*, p. 129-130.

O sujeito passivo é o Estado, bem como aquelas pessoas que, de alguma forma, foram prejudicadas com o comportamento praticado pelo sujeito ativo.

5.4 Objeto material e bem juridicamente protegido

A fé pública é o bem juridicamente protegido pelo tipo penal que prevê o delito de *falso reconhecimento de firma ou letra*.

O objeto material é a firma ou letra reconhecida falsamente pelo agente.

5.5 Consumação e tentativa

O delito se consuma quando o agente, efetivamente, mesmo tendo conhecimento de que a firma ou letra aposta em um documento não condiz com a verdade, ainda assim a reconhece como verdadeira.

Tratando-se de crime plurissubsistente, torna-se possível o raciocínio correspondente à tentativa.

5.6 Elemento subjetivo

O delito de *falso reconhecimento de firma ou letra* somente pode ser praticado dolosamente, não havendo previsão para a modalidade de natureza culposa.

Assim, o funcionário que, por descuido, negligentemente, vier a reconhecer como verdadeira firma ou letra falsa, não poderá ser responsabilizado pelo delito em estudo.

5.7 Modalidades comissiva e omissiva

O núcleo *reconhecer* pressupõe um comportamento comissivo por parte do agente. No entanto, o delito poderá ser praticado via omissão imprópria na hipótese em que o agente, garantidor, dolosamente, nada fizer para evitar a prática da infração penal, devendo, portanto, ser responsabilizado nos termos do art. 13, § 2º, do Código Penal.

5.8 Pena, ação penal e suspensão condicional do processo

A pena cominada ao delito de *falso reconhecimento de firma ou letra* é de reclusão, de 1 (um) a 5 (cinco) anos, e multa, se o documento é público, e reclusão de 1 (um) a 3 (três) anos, e multa, se o documento é particular.

A ação penal é de iniciativa pública incondicionada.

Será possível a confecção de proposta de suspensão condicional do processo, nos termos do art. 89 da Lei nº 9.099/95.

5.9 Destaque

5.9.1 Falso reconhecimento de firma ou letra com fins eleitorais

O art. 352 do Código Eleitoral prevê uma modalidade especial de falso reconhecimento de firma ou letra dizendo:

> **Art. 352.** Reconhecer, como verdadeira, no exercício da função pública, firma ou letra que o não seja, para fins eleitorais:
> Pena – reclusão até cinco anos e pagamento de 5 a 15 dias-multa se o documento é público, e reclusão até três anos e pagamento de 3 a 10 dias-multa se o documento é particular.

5.10 Quadro-resumo

Sujeitos
» Ativo: somente o funcionário, no exercício de função pública.
» Passivo: é o Estado, bem como aquelas pessoas que, de alguma forma, foram prejudicadas com o comportamento praticado pelo sujeito ativo.

Objeto material
É a firma ou letra reconhecida falsamente pelo agente.

Bem(ns) juridicamente protegido(s)
A fé pública.

Elemento subjetivo
Dolo, não havendo previsão para a modalidade de natureza culposa.

Modalidades comissiva e omissiva
O núcleo reconhecer pressupõe um comportamento comissivo por parte do agente, podendo, no entanto, ser praticado via omissão imprópria.

Consumação e tentativa
» O delito se consuma quando o agente, efetivamente, mesmo tendo conhecimento de que a firma ou letra aposta em um documento não condiz com a verdade, ainda assim a reconhece como verdadeira.
» Admite-se a tentativa.

6. CERTIDÃO OU ATESTADO IDEOLOGICAMENTE FALSO – FALSIDADE MATERIAL DE ATESTADO OU CERTIDÃO

Certidão ou atestado ideologicamente falso

Art. 301. Atestar ou certificar falsamente, em razão de função pública, fato ou circunstância que habilite alguém a obter cargo público, isenção de ônus ou de serviço de caráter público, ou qualquer outra vantagem:
Pena – detenção, de dois meses a um ano.

Falsidade material de atestado ou certidão

§ 1º Falsificar, no todo ou em parte, atestado ou certidão, ou alterar o teor de certidão ou de atestado verdadeiro, para prova de fato ou circunstância que habilite alguém a obter cargo público, isenção de ônus ou de serviço de caráter público, ou qualquer outra vantagem:
Pena – detenção, de três meses a dois anos.

§ 2º Se o crime é praticado com o fim de lucro, aplica-se, além da pena privativa de liberdade, a de multa.

6.1 Introdução

O *caput* do art. 301 do Código Penal prevê o delito de certidão ou atestado ideologicamente falso, sendo que o seu § 1º prevê, como modalidade qualificada, a falsidade material de atestado ou certidão, mantendo, assim, as valorações anteriores constantes dos arts. 297 e 299 do mesmo estatuto repressivo, punindo mais severamente a falsidade material do que a falsidade ideológica.

De acordo com a redação constante do *caput* do art. 301 do Código Penal, podemos destacar os seguintes elementos: *a)* a conduta de atestar ou certificar falsamente; *b)* em razão de função pública; *c)* fato ou circunstância que habilite alguém a obter cargo público, isenção de ônus ou de serviço de caráter público, ou qualquer outra vantagem.

Inicialmente, faz-se necessário levar a efeito a distinção entre as condutas de *atestar* e *certificar* e, consequentemente, dos resultados desses comportamentos, que darão margem à criação de um *atestado* ou de uma *certidão*.

Sylvio do Amaral, com singularidade, distingue o atestado da certidão, dizendo:

"Atestado é o documento que contém o testemunho do signatário a respeito de um fato qualquer (*atestar* provém de *testis*, testemunha). O funcionário público expede atestado a respeito de fatos cujo conhecimento lhe advém de observação direta e pessoal, procedida no exercício de suas atribuições. É a exposição de uma comprovação feita através de exame direto do fato focalizado.

Diverso é o conceito de certidão (ou certificado): é o instrumento pelo qual o funcionário, no exercício de sua função, e fundado em documento guardado pelo Estado, afirma a veracidade do fato comprovado por esse documento, ou, em outra hipótese, transcreve o seu teor, total ou parcialmente."[43]

Assim, para efeitos de compreensão do tema, fazendo a distinção entre *atestar* e *certificar*, poderíamos exemplificar com o fato de que um delegado de polícia pode fornecer um atestado de bom comportamento, com base em conhecimentos pessoais sobre determinado sujeito, ao passo que o escrivão, servindo-se dos dados arquivados no cartório criminal, poderá fornecer uma certidão comprovando a condenação, bem como o trânsito em julgado da decisão.

Ao contrário do que ocorre com o delito de *falso reconhecimento de firma ou letra*, que exige que o funcionário esteja no exercício da função pública, no que diz respeito ao crime de *certidão ou atestado ideologicamente falso*, o art. 301 se contenta com que a conduta de *atestar* ou *certificar* falsamente sobre fato ou circunstância que habilite alguém a obter cargo público, isenção de ônus ou de serviço de caráter público, ou qualquer outra vantagem, seja levada a efeito por funcionário *em razão de função pública*, ou seja, agindo em virtude da facilidade que lhe é proporcionada. Como diz Noronha, "consoante os dizeres do dispositivo, deve a falsidade ser praticada *ratione officii*, isto é, o atestado ou certidão há de ser dado pelo funcionário ao executar o ato de sua função".[44] Assim, não se compreende na disposição do artigo em estudo o comportamento praticado pelo empregador que fornece ao seu ex-empregado um atestado abonando sua conduta, quando, na realidade, foi dispensado por justa causa.

Para que ocorra a infração penal em estudo, o atestado ou certidão deverá ser sobre fato ou circunstância que habilite alguém a: *a)* obter cargo público, como na hipótese daquele

---

[43] AMARAL, Sylvio do. *Falsidade documental*, p. 114.
[44] NORONHA, Edgard Magalhães. *Direito penal*, v. 4, p. 180.

que obtém uma certidão negativa de antecedentes penais, quando, na verdade, já havia sido condenado, por diversas vezes, pelo crime de corrupção; *b)* isentar-se de ônus ou serviço de caráter público, a exemplo daquele que consegue uma certidão que, em tese, comprove justo impedimento para atuação de determinada pessoa como jurado, isentando-a, assim, temporariamente, do serviço no Júri, nos termos do art. 437, X, do Código de Processo Penal, com a nova redação que lhe foi dada pela Lei nº 11.689, de 9 de junho de 2008; *c)* ou qualquer outra vantagem, determinando a lei penal, aqui, a realização de uma interpretação analógica, a fim de abranger situações que, embora não previstas expressamente, sejam similares às anteriormente mencionadas, a exemplo daquele que obtém um atestado carcerário de bons antecedentes quando, na realidade, praticou, durante o cumprimento da pena, diversas infrações de natureza administrativa que impediriam a positivação desse atestado.

O § 1º do art. 301 do Código Penal prevê o delito de *falsidade material de atestado ou certidão*. Aqui, ao contrário do que ocorre na situação anterior, o delito poderá ser praticado por qualquer pessoa, tendo em vista que o tipo penal não exige nenhuma qualidade ou condição especial.

As condutas previstas pelo mencionado parágrafo dizem respeito ao fato de o agente *falsificar*, no todo ou em parte, atestado ou certidão, ou *alterar* o teor da certidão ou atestado verdadeiro, para prova de fato ou circunstância que habilite alguém a obter cargo público, isenção de ônus ou de serviço de caráter público ou qualquer outra vantagem.

Na hipótese do § 1º do art. 301 do Código Penal, o agente cria o documento, imitando o verdadeiro – por exemplo, fabrica uma falsa certidão negativa de antecedentes penais ou altera o teor da certidão ou atestado verdadeiro, modificando-lhe o conteúdo. Como diz Hungria, "trata-se da falsidade *material* dos mesmos atestados ou certidões de que cuida o *caput* do art. 301, consistindo na sua forjadura total ou parcial ou, no caso de preexistente atestado ou certidão verdadeiro, de alteração de seus termos".[45]

Tal como ocorre com as hipóteses previstas pelo *caput* do art. 301 do Código Penal, o falso material deverá recair sobre atestado ou certidão que verse sobre fato ou circunstância que habilite alguém a obter cargo público, isenção de ônus ou de serviço de caráter público, ou qualquer outra vantagem.

6.2 Classificação doutrinária

Crime próprio com relação ao sujeito ativo, no que diz respeito ao *caput* do art. 301, e comum quanto ao § 1º do mesmo artigo; doloso (não havendo previsão para a modalidade de natureza culposa); comissivo (podendo, também, nos termos do art. 13, § 2º, do Código Penal, ser praticado via omissão imprópria, na hipótese de o agente gozar do *status* de garantidor); de forma livre; instantâneo; monossubjetivo; plurissubsistente; não transeunte.

6.3 Sujeito ativo e sujeito passivo

Com relação ao *caput* do art. 301 do Código Penal, somente o funcionário que pratica o delito em razão de função pública é que pode figurar como *sujeito ativo*; no que diz respeito ao § 1º do art. 301 do Código Penal, qualquer pessoa poderá figurar como *sujeito ativo*, haja vista que o tipo penal apontado não exige qualquer qualidade ou condição especial.

O *sujeito passivo* é o Estado, bem como aquelas pessoas (físicas ou jurídicas) que, de alguma forma, foram prejudicadas com o comportamento praticado pelo sujeito ativo.

---

[45] HUNGRIA, Nélson. *Comentários ao código penal*, v. IX, p. 294.

6.4 Objeto material e bem juridicamente protegido

A fé pública é o bem juridicamente protegido pelos tipos penais que preveem os delitos de *certidão ou atestado ideologicamente falso* e *falsidade material de atestado ou certidão*.

O objeto material é o atestado ou a certidão falsificada.

6.5 Consumação e tentativa

Tal como ocorre com o delito de *falsidade ideológica*, previsto no art. 299 do Código Penal, o crime de *certidão ou atestado ideologicamente falso* consuma-se no instante em que o documento falso é criado, independentemente da sua efetiva utilização, ou seja, mesmo que o agente não o utilize para obter cargo público, isenção de ônus ou de serviço de caráter público, ou qualquer outra vantagem, bastando, portanto, que tenha essa potencialidade lesiva.

Da mesma forma, consuma-se a infração penal constante do § 1º do art. 301 do Código Penal quando o agente falsifica o atestado ou certidão, total ou parcialmente, ou altera o teor de certidão ou de atestado verdadeiro, independentemente da sua efetiva utilização nas hipóteses previstas pelo tipo.

Tratando-se de delitos plurissubsistentes, torna-se possível o raciocínio relativo à tentativa.

6.6 Elemento subjetivo

Os delitos de *certidão ou atestado ideologicamente falso* e *falsidade material de atestado ou certidão* somente podem ser praticados dolosamente, não havendo previsão para a modalidade de natureza culposa.

Não exigem os tipos penais em estudo que o agente atue com a finalidade de auxiliar alguém na obtenção de cargo público, na isenção de ônus ou de serviço de caráter público, ou qualquer outra vantagem, bastando que tenha conhecimento de que o atestado ou certidão poderá prestar-se a esse fim.

6.7 Modalidades comissiva e omissiva

Os núcleos *atestar, certificar, falsificar* e *alterar* pressupõem um comportamento comissivo por parte do agente. No entanto, o delito poderá ser praticado via omissão imprópria na hipótese em que o agente, garantidor, dolosamente, nada fizer para evitar a prática da infração penal, devendo, portanto, ser responsabilizado nos termos do art. 13, § 2º, do Código Penal.

6.8 Pena, ação penal, competência para julgamento e suspensão condicional do processo

A pena cominada para o delito de *certidão ou atestado ideologicamente falso*, previsto no *caput* do art. 301 do Código Penal, é de detenção, de 2 (dois) meses a 1 (um) ano.

Para o delito de *falsidade material de atestado ou certidão*, prevê o § 1º do art. 301 do Código Penal uma pena de detenção, de 3 (três) meses a 2 (dois) anos.

Se o crime é praticado com o fim de lucro, aplica-se, além da pena privativa de liberdade, a de multa, nos termos do § 2º do citado art. 301.

A ação penal é de iniciativa pública incondicionada.

Compete, pelo menos inicialmente, ao Juizado Especial Criminal o processo e julgamento dos delitos previstos no art. 301 e seu § 1º do Código Penal, tendo em vista que as penas máximas cominadas em abstrato não ultrapassam o limite de 2 (dois) anos, imposto pelo art. 61 da Lei nº 9.099/95, conforme alteração determinada pela Lei nº 11.313, de 28 de junho de 2006.

Será possível a confecção de proposta de suspensão condicional do processo, nos termos do art. 89 da Lei nº 9.099/95.

6.9 Destaque

6.9.1 Certidão ou atestado ideologicamente falso e Código Penal Militar

O delito de certidão ou atestado ideologicamente falso veio previsto no Código Penal Militar (Decreto-Lei nº 1.001, de 21 de outubro de 1969), conforme se verifica pela leitura do seu art. 314, punindo com pena de detenção de até dois anos aquele que atestar ou certificar falsamente, em razão de função, ou profissão, fato ou circunstância que habilite alguém a obter cargo, posto ou função, ou isenção de ônus ou de serviço, ou qualquer outra vantagem, desde que o fato atente contra a administração ou serviço militar.

6.10 Quadro-resumo

Sujeitos
» Ativo:
    Caput: Somente o funcionário, no exercício de função pública.
    § 1º: Qualquer pessoa.
» Passivo: é o Estado, bem como aquelas pessoas que, de alguma forma, foram prejudicadas com o comportamento praticado pelo sujeito ativo.

Objeto material
É o atestado ou a certidão falsificada.

Bem(ns) juridicamente protegido(s)
A fé pública.

Elemento subjetivo
Dolo, não havendo previsão para a modalidade de natureza culposa.

Modalidades comissiva e omissiva
Os núcleos atestar, certificar, falsificar e alterar pressupõem um comportamento comissivo por parte do agente, podendo, no entanto, ser praticado via omissão imprópria.

Consumação e tentativa
» O crime consuma-se no instante em que o documento falso é criado, independentemente da sua efetiva utilização, bastando que tenha essa potencialidade lesiva.
» A tentativa é admissível.

7. FALSIDADE DE ATESTADO MÉDICO

> **Falsidade de atestado médico**
> **Art. 302.** Dar o médico, no exercício de sua profissão, atestado falso:
> Pena – detenção, de um mês a um ano.
> **Parágrafo único.** Se o crime é cometido com o fim de lucro, aplica-se também multa.

7.1 Introdução

O delito de *falsidade de atestado médico* vem tipificado no art. 302. Cuida-se, *in casu*, de uma modalidade especializada de falsidade ideológica, punida menos severamente. Na verdade, não andou bem o legislador em punir com menos rigor o delito de *falsidade de atestado médico*, uma vez que o seu comportamento é tão ou mais censurável do que aquele previsto pelo art. 299 do Código Penal.

De acordo com a redação típica do delito em estudo, podemos apontar os seguintes elementos que se configuram na infração penal: *a)* a conduta de *dar* o médico; *b)* no exercício de sua profissão; *c)* atestado falso.

O núcleo *dar* é utilizado pelo texto legal no sentido de entregar, fornecer, produzir. Na verdade, é um misto de confecção e entrega, ou seja, o médico elabora o atestado e o entrega ao solicitante.

Para que ocorra a infração penal, o médico deve fornecer um atestado que diga respeito ao exercício de sua profissão, seja ou não especializado em determinado segmento da Medicina, sobre o qual foi atestado. Assim, por exemplo, um médico cardiologista pode fornecer um atestado falso, informando sobre dados que dizem respeito à área de ginecologia ou obstetrícia, a exemplo daquele que atesta uma falsa gravidez. De outro lado, não se pode conceber como atestado médico aquele que é levado a efeito pelo profissional da Medicina, no qual atesta, falsamente, sobre a conduta social do sujeito, nada dizendo respeito a diagnóstico sobre a sua saúde.

Hungria ainda esclarece:

"A falsidade deve versar sobre a existência ou inexistência de alguma enfermidade ou condição higiênica, atual ou pretérita, do indivíduo a que se destina o atestado. O texto legal não faz menção alguma do fim a que terá de servir o falso atestado. Tanto será o crime o fato de o médico atestar mentirosamente a moléstia de um funcionário público, para que este obtenha licença ou aposentadoria, ou a de um sorteado juiz de fato, para isentá-lo do serviço do júri, ou a vacinação de alguém para habilitá-lo à inscrição em concurso, quando o atestar, contra a verdade, a doença de um operário para justificar suas faltas na empresa empregadora, ou a de um *segurado*, para que obtenha indenização da companhia de seguro."[46]

7.2 Classificação doutrinária

Crime próprio no que diz respeito ao sujeito ativo e comum quanto ao sujeito passivo; doloso (não havendo previsão para a modalidade de natureza culposa); comissivo (podendo, também, nos termos do art. 13, § 2º, do Código Penal, ser praticado via omissão imprópria, na hipótese de o agente gozar do *status* de garantidor); de forma vinculada (haja vista que

---

[46] HUNGRIA, Nélson. *Comentários ao código penal*, v. IX, p. 295.

a própria lei penal determina a forma como o delito deverá ser cometido, embora exista posição em contrário afirmando ser de forma livre);[47] instantâneo; monossubjetivo; plurissubsistente; não transeunte.

7.3 Sujeito ativo e sujeito passivo

Tratando-se de crime próprio, somente o médico poderá ser *sujeito ativo* do delito tipificado no art. 302 do Código Penal.

O *sujeito passivo* é o Estado, bem como aquelas pessoas (físicas ou jurídicas) que, de alguma forma, foram prejudicadas com o comportamento praticado pelo sujeito ativo.

7.4 Objeto material e bem juridicamente protegido

A fé pública é o bem juridicamente protegido pelo tipo penal que prevê o delito de *falsidade de atestado médico*.

O objeto material é o atestado médico falso.

7.5 Consumação e tentativa

Consuma-se o delito com a efetiva entrega do atestado falso pelo médico, independentemente de ser ele utilizado pelo solicitante.

Tratando-se de crime plurissubsistente, torna-se possível o raciocínio correspondente à tentativa, embora essa seja difícil de ocorrer.

7.6 Elemento subjetivo

O dolo é o elemento subjetivo exigido pelo tipo penal que prevê o delito de *falsidade de atestado médico,* não havendo previsão para a modalidade de natureza culposa.

Assim, por exemplo, o médico que, confiando na palavra do sujeito que, almejando conseguir, indevidamente, licença em seu emprego, relata falsos sintomas, atesta, em virtude de ter negligenciado em seu exame clínico, a existência de determinada doença, não responde pelo delito em estudo, pois, para que se verifique a ocorrência da infração penal, o médico deverá saber que a sua declaração – ou seja, o seu atestado – é falsa, isto é, não condiz com a realidade dos fatos.

7.7 Modalidades comissiva e omissiva

O núcleo *atestar* pressupõe um comportamento comissivo por parte do agente. No entanto, o delito poderá ser praticado via omissão imprópria na hipótese em que o agente, garantidor, dolosamente, nada fizer para evitar a prática da infração penal, devendo, portanto, ser responsabilizado nos termos do art. 13, § 2º, do Código Penal.

7.8 Pena, ação penal, competência para julgamento e suspensão condicional do processo

A pena cominada ao delito de *falsidade de atestado médico* é de detenção, de 1 (um) mês a 1 (um) ano.

---

[47] NUCCI, Guilherme de Souza. *Código penal comentado*, p. 960.

Nos termos do parágrafo único do art. 302 do Código Penal, se o crime é cometido com o fim de lucro, aplica-se também a multa.

A ação penal é de iniciativa pública incondicionada.

Compete, pelo menos inicialmente, ao Juizado Especial Criminal o processo e julgamento do delito previsto no art. 302 do Código Penal, tendo em vista que a pena máxima cominada em abstrato não ultrapassa o limite de 2 (dois) anos, imposto pelo art. 61 da Lei nº 9.099/95, conforme alteração determinada pela Lei nº 11.313, de 28 de junho de 2006.

Será possível a confecção de proposta de suspensão condicional do processo, nos termos do art. 89 da Lei nº 9.099/95.

7.9 Destaque

7.9.1 Médico que é funcionário público

Caso o médico seja funcionário público, se, porventura, vier a atestar falsamente, incorrerá nas penas cominadas ao art. 301 do Código Penal, afastando-se, outrossim, o tipo penal do art. 302 do diploma repressivo.

7.10 Quadro-resumo

Sujeitos
» Ativo: somente o médico.
» Passivo: é o Estado, bem como aquelas pessoas que, de alguma forma, foram prejudicadas com o comportamento praticado pelo sujeito ativo.

Objeto material
É o atestado médico falso.

Bem(ns) juridicamente protegido(s)
A fé pública.

Elemento subjetivo
Dolo, não havendo previsão para a modalidade de natureza culposa.

Modalidades comissiva e omissiva
O núcleo atestar pressupõe um comportamento comissivo por parte do agente, podendo, no entanto, ser praticado via omissão imprópria.

Consumação e tentativa
» Consuma-se o delito com a efetiva entrega do atestado falso pelo médico, independentemente de ser ele utilizado pelo solicitante.
» Admite-se a tentativa.

8. REPRODUÇÃO OU ADULTERAÇÃO DE SELO OU PEÇA FILATÉLICA

> **Reprodução ou adulteração de selo ou peça filatélica**
> **Art. 303.** Reproduzir ou alterar selo ou peça filatélica que tenha valor para coleção, salvo quando a reprodução ou a alteração está visivelmente anotada na face ou no verso do selo ou peça:
> Pena – detenção, de um a três anos, e multa.
> **Parágrafo único.** Na mesma pena incorre quem, para fins de comércio, faz uso do selo ou peça filatélica.

8.1 Introdução

O delito de *reprodução ou adulteração de selo ou peça filatélica*, tipificado no art. 303 do Código Penal, foi revogado pelo art. 39 da Lei nº 6.538, de 22 de junho de 1978, que, regulando inteiramente a matéria, modificou parcialmente a redação original, bem como alterou a pena de multa anteriormente cominada, dizendo:

> **Reprodução e adulteração de peça filatélica**
> **Art. 39.** Reproduzir ou alterar selo ou peça filatélica de valor para coleção, salvo quando a reprodução ou alteração estiver visivelmente anotada na face ou no verso do selo ou peça:
> Pena – detenção, até dois anos, e pagamento de três a dez dias-multa.
> **Forma assimilada**
> **Parágrafo único.** Incorre nas mesmas penas quem, para fins de comércio, faz uso de selo ou peça filatélica de valor para coleção, ilegalmente reproduzidos ou alterados.

Além das pequenas alterações que foram levadas a efeito pela lei nova, em comparação com o *caput* do art. 303 e seu parágrafo, houve, também, modificação na sua rubrica ou indicação marginal, passando a *novatio legis* a denominá-lo tão somente *reprodução e adulteração de peça filatélica*, não fazendo menção ao *selo*. No parágrafo único foi inserida uma rubrica com o título *forma assimilada*.

Faremos, portanto, a análise da infração penal de acordo com sua nova redação legal. Assim, de acordo com a redação típica, podemos apontar os seguintes elementos: *a)* a conduta de *reproduzir* ou *alterar*; *b) selo* ou *peça filatélica* que tenha valor para coleção; *c)* salvo quando a reprodução ou a alteração estiver visivelmente anotada na face ou no verso do selo ou peça.

Reproduzir tem o significado de copiar, imitar fielmente. Alerta Sylvio do Amaral:

"O verbo *reproduzir* foi propositadamente empregado pelo legislador na definição do crime, em substituição à fórmula usual *falsificar, fabricando*, para abranger algumas das chamadas *peças filatélicas*, que existem apenas sob a forma de impressão em envelope – tais como os carimbos comemorativos e os obliteradores – e que, por isso, melhor se dizem reproduzidos que fabricados."[48]

Alterar deve ser entendido no sentido de modificar, mudar, falsificar.

As condutas devem ter por objeto material selo ou peça filatélica. Selo, de acordo com a definição fornecida pelo art. 47 da Lei nº 6.538, de 22 de junho de 1978, que dispôs sobre os serviços postais, é a estampilha postal, adesiva ou fixa, bem como a estampa produzida por

---
[48] AMARAL, Sylvio do. Falsidade documental, p. 147.

meio de máquina de franquear correspondência, destinadas a comprovar o pagamento da prestação de um serviço postal.

No entanto, o tipo penal exige que o selo tenha valor para coleção, isto é, não seja aquele comercializado com o fim de comprovar o pagamento da prestação de um serviço postal, pois, caso contrário, o delito seria aquele tipificado no art. 293, I, do Código Penal.

Esclarece, ainda, Guilherme de Souza Nucci:

> "*Peça* é o pedaço de um todo ou a parte de uma coleção. Ao mencionar a *filatelia*, está o tipo penal fazendo referência ao hábito de colecionar e estudar selos. Portanto, nesse caso, o objeto do delito é o selo ou qualquer peça (como um cartão ou um bloco comemorativo) destinada a colecionadores. A importância da proteção penal é o crescente aumento do valor do selo ou da peça com o passar do tempo, tornando-se autêntica preciosidade. Aliás, a figura típica contém o adendo indispensável a esse entendimento: 'que tenha valor para coleção.'"[49]

Ressalva a lei penal, afastando a tipicidade da reprodução ou alteração, quando estas estiverem visivelmente anotadas na face ou no verso do selo ou peça, demonstrando, assim, que a finalidade do agente não era a de ludibriar as pessoas, evitando fossem induzidas a erro, por acreditarem na veracidade do selo ou da peça filatélica reproduzida ou alterada.

O parágrafo único do art. 39 da Lei nº 6.538, de 22 de junho de 1978, prevê como forma assimilada do delito em estudo, incorrendo, inclusive, nas mesmas penas, aquele que, para fins de comércio, *faz uso* de selo ou peça filatélica de valor para coleção, ilegalmente reproduzidos ou alterados.

Nesse caso, o agente utiliza o selo ou peça filatélica que, sabidamente, foi reproduzido ou alterado para fins de comércio, ou seja, a sua finalidade era comercializar, colocando em circulação, para fins de venda, troca etc. Conforme preleciona Noronha:

> "É a incriminação da posse do selo ou peça filatélica falsificados, com a intenção de comércio. Sem esse fim, aquela posse não constitui crime, como deixa claro o dispositivo. É mister, pois, o escopo de *venda* ou *troca*. Esta, aliás, na filatelia, é bastante usada. Os filatelistas permutam seus selos em duplicata, ampliando e melhorando a coleção."[50]

Se é o próprio falsificador quem faz uso do selo ou peça filatélica reproduzido ou alterado, somente deverá ser responsabilizado por uma única infração penal.

8.2 Classificação doutrinária

Crime comum tanto no que diz respeito ao sujeito ativo, quanto ao sujeito passivo; doloso (não havendo previsão para a modalidade de natureza culposa); comissivo (podendo, também, nos termos do art. 13, § 2º, do Código Penal, ser praticado via omissão imprópria, na hipótese de o agente gozar do *status* de garantidor); de forma livre; instantâneo; monossubjetivo; plurissubsistente; não transeunte.

8.3 Sujeito ativo e sujeito passivo

Qualquer pessoa pode ser *sujeito ativo* do delito de *reprodução ou adulteração de selo ou peça filatélica*, não exigindo o tipo penal em estudo nenhuma qualidade ou condição especial.

---

[49] NUCCI, Guilherme de Souza. *Código penal comentado*, p. 961.
[50] NORONHA, Edgard Magalhães. *Direito penal*, v. 4, p. 154.

Sujeito passivo é o Estado, bem como aquelas pessoas (físicas ou jurídicas) que, de alguma forma, foram prejudicadas com o comportamento praticado pelo sujeito ativo.

8.4 Objeto material e bem juridicamente protegido

A *fé pública* é o bem juridicamente protegido pelo tipo penal que prevê o delito de *reprodução ou adulteração de selo ou peça filatélica*.

O *objeto material* é o *selo* ou a *peça filatélica* reproduzido ou alterado ilegalmente pelo agente.

8.5 Consumação e tentativa

O delito se consuma no instante em que o agente reproduz ou altera selo ou peça filatélica de valor para coleção ou quando deles faz uso para fins de comércio, seja levando a efeito sua venda ou troca.

Tratando-se de um crime plurissubsistente, torna-se possível o raciocínio relativo à tentativa.

8.6 Elemento subjetivo

O dolo é o elemento subjetivo exigido pelo tipo penal que prevê o delito de *reprodução ou adulteração de selo ou peça filatélica,* não havendo previsão para a modalidade de natureza culposa.

8.7 Modalidades comissiva e omissiva

Os núcleos *reproduzir, alterar* e *fazer uso* pressupõem um comportamento comissivo por parte do agente. No entanto, o delito poderá ser praticado via omissão imprópria na hipótese em que o agente, garantidor, dolosamente, nada fizer para evitar a prática da infração penal, devendo, portanto, ser responsabilizado nos termos do art. 13, § 2º, do Código Penal.

8.8 Pena, ação penal, competência para julgamento e suspensão condicional do processo

A pena cominada pelo art. 39 da Lei nº 6.538, de 22 de junho de 1978, que revogou o art. 303 do Código Penal, é de detenção, até 2 (dois) anos, e pagamento de 3 (três) a 10 (dez) dias-multa, lembrando que, a partir do advento da Lei nº 7.209, de 11 de julho de 1984, foram canceladas, na Parte Especial do Código Penal e nas leis especiais alcançadas pelo art. 12 do Código Penal, quaisquer referências a valores de multas, substituindo-se a expressão *multa de,* por *multa.*

A ação penal é de iniciativa pública incondicionada.

Compete, pelo menos inicialmente, ao Juizado Especial Criminal o processo e julgamento dos delitos previstos no art. 39 da Lei nº 6.538/78, tendo em vista que a pena máxima cominada em abstrato não ultrapassa o limite de 2 (dois) anos, imposto pelo art. 61 da Lei nº 9.099/95, conforme alteração determinada pela Lei nº 11.313, de 28 de junho de 2006.

Será possível a confecção de proposta de suspensão condicional do processo, nos termos do art. 89 da Lei nº 9.099/95.

8.9 Destaque

8.9.1 Guarda de selo falso

Não importa na configuração do delito em exame a simples *guarda* de selo ou peça filatélica que não foi reproduzida ou alterada pelo agente.

8.10 Quadro-resumo

Sujeitos
» Ativo: qualquer pessoa.
» Passivo: é o Estado, bem como aquelas pessoas que, de alguma forma, foram prejudicadas com o comportamento praticado pelo sujeito ativo.

Objeto material
É o selo ou a peça filatélica reproduzido ou alterado ilegalmente pelo agente.

Bem(ns) juridicamente protegido(s)
A fé pública.

Elemento subjetivo
Dolo, não havendo previsão para a modalidade de natureza culposa.

Modalidades comissiva e omissiva
Os núcleos reproduzir, alterar e fazer uso pressupõem um comportamento comissivo por parte do agente, podendo, no entanto, ser praticado via omissão imprópria.

Consumação e tentativa
» O delito se consuma no instante em que o agente reproduz e/ou altera selo ou peça filatélica de valor para coleção ou quando deles faz uso para fins de comércio, seja levando a efeito sua venda ou troca.
» Admite-se a tentativa.

9. USO DE DOCUMENTO FALSO

Uso de documento falso
Art. 304. Fazer uso de qualquer dos papéis falsificados ou alterados, a que se referem os arts. 297 a 302:
Pena – a cominada à falsificação ou à alteração.

9.1 Introdução

O delito de *uso de documento falso* encontra-se tipificado no art. 304 do Código Penal. Cuida-se, *in casu*, de norma penal em branco (ou primariamente remetida), haja vista que, para que o artigo em exame possa ser entendido e aplicado, será necessário que o intérprete se dirija aos arts. 297 a 302 do Código Penal, a fim de aferir a tipicidade do comportamento praticado pelo sujeito.

O preceito secundário do art. 304, a seu turno, prevê uma norma reconhecida como incompleta ou imperfeita (ou, ainda, secundariamente remetida), uma vez que o intérprete somente poderá tomar conhecimento da pena a ele cominada após verificar as sanções previstas para os arts. 297 a 302 do Código Penal.

De acordo com a redação constante do art. 304 do Código Penal, podemos apontar os seguintes elementos: *a)* a conduta de *fazer uso*; *b)* de qualquer dos papéis falsificados ou alterados, a que se referem os arts. 297 a 302.

Fazer uso significa, efetivamente, utilizar, empregar, valer-se.

Objeto material da conduta do agente são os papéis falsificados ou alterados, a que se referem os arts. 297 a 302, vale dizer, documento público, documento particular, documento em que conste firma ou letra reconhecida falsamente, certidão ou atestado ideológica ou materialmente falso, atestado médico falso.

9.2 Classificação doutrinária

Crime comum, tanto no que diz respeito ao sujeito ativo quanto ao sujeito passivo; doloso (não havendo previsão para a modalidade de natureza culposa); comissivo (podendo, também, nos termos do art. 13, § 2º, do Código Penal, ser praticado via omissão imprópria, na hipótese de o agente gozar do *status* de garantidor); de forma livre; instantâneo; monossubjetivo; plurissubsistente (ou unissubsistente, dependendo do modo como o delito for praticado); não transeunte.

9.3 Sujeito ativo e sujeito passivo

Qualquer pessoa pode ser *sujeito ativo* do delito de *uso de documento falso*, não exigindo o tipo penal em estudo nenhuma qualidade ou condição especial.

O sujeito passivo é o Estado, bem como aquelas pessoas (físicas ou jurídicas) que, de alguma forma, foram prejudicadas com o comportamento praticado pelo sujeito ativo.

9.4 Objeto material e bem juridicamente protegido

A fé pública é o bem juridicamente protegido pelo tipo penal que prevê o delito de *uso de documento falso*.

O objeto material é qualquer dos papéis falsificados ou alterados a que se referem os arts. 297 a 302.

9.5 Consumação e tentativa

Ocorre a consumação quando o agente, efetivamente, utiliza, ou seja, faz uso de qualquer dos papéis falsificados ou alterados a que se referem os arts. 297 a 302 do Código Penal.

Dependendo da forma como o delito venha a ser praticado, será possível o reconhecimento da tentativa, embora seja difícil sua ocorrência.

9.6 Elemento subjetivo

O dolo é o elemento subjetivo exigido pelo tipo penal que prevê o delito de *uso de documento falso*, não havendo previsão para a modalidade de natureza culposa.

Assim, se o agente, por exemplo, após realizar exames e ser aprovado em todos aqueles necessários para que obtenha habilitação para dirigir veículos automotores, vier a utilizar sua carteira de habilitação, supondo-a verdadeira quando, na realidade, é falsa, uma vez que fora vítima de um golpe praticado por uma associação criminosa especializada em venda de carteiras de habilitação falsificadas, não poderá ser responsabilizado pelo delito tipificado pelo art. 304 do Código Penal, tendo em vista ter incorrido no chamado erro de tipo, afastando-se o dolo e, consequentemente, a própria infração penal.

9.7 Modalidades comissiva e omissiva

O núcleo *fazer uso* pressupõe um comportamento comissivo por parte do agente. No entanto, o delito poderá ser praticado via omissão imprópria na hipótese em que o agente, garantidor, dolosamente, nada fizer para evitar a prática da infração penal, devendo, portanto, ser responsabilizado nos termos do art. 13, § 2º, do Código Penal.

9.8 Pena, ação penal, competência para julgamento e suspensão condicional do processo

Conforme assevera o preceito secundário do art. 304 do Código Penal, ao delito de uso de documento falso é cominada a pena correspondente à falsificação ou à alteração prevista nos arts. 297 a 302 do Código Penal.

A ação penal é de iniciativa pública incondicionada.

Dependendo da pena cominada à modalidade de falsificação ou alteração, poderá ser competente o Juizado Especial Criminal, bem como ser possível a proposta de suspensão condicional do processo.

9.9 Destaques

9.9.1 Apresentação do documento pelo agente

Existe controvérsia doutrinária e jurisprudencial no que diz respeito à configuração do delito de *uso de documento falso* quando sua apresentação for exigida pela autoridade.

Assim, imagine-se o exemplo em que, após ser interceptado em uma *blitz* policial, exige-se do agente a apresentação de sua carteira de habilitação. Nessa oportunidade, o agente, volitivamente, entrega ao policial seu documento falsificado. Nesse caso, indaga-se: Teria o agente, em virtude da solicitação que lhe fora feita pelo policial, cometido o delito de uso de documento falso? Em nossa opinião, a resposta só pode ser positiva.

Pouco importa, na verdade, se o agente entregou o documento mediante prévia solicitação, ou se dele fez uso espontaneamente. O fato incontestável é que, efetivamente, valeu-se de um documento que sabidamente era falso. Caso não fosse sua intenção usá-lo, poderia ter dito ao policial que não possuía carteira de habilitação. Como apresentou o documento, utilizando-o como se fosse verdadeiro, deverá, obrigatoriamente, responder pelo delito tipificado no art. 304 do Código Penal.

Nesse sentido, é o entendimento do Superior Tribunal de Justiça, conforme se verifica na ementa abaixo transcrita:

"A jurisprudência do Superior Tribunal de Justiça consolidou-se no sentido de que não fica afastada a tipicidade do delito previsto no art. 304 do Código Penal em razão de a atribuição de falsa identidade originar-se da apresentação de documento à autoridade policial, quando por ela exigida, não se confundindo o ato com o mero exercício do direito de defesa. Precedentes" (STJ, HC 313.868/SP, Rel. Min. Ribeiro Dantas, 5ª T., DJe 29/03/2016).

9.9.2 Documento que é encontrado em poder do agente

Diversa é a situação, segundo nossa posição, quando o documento falso é encontrado em poder do agente, sem que este, efetivamente, o tenha utilizado.

Assim, imagine-se a hipótese em que o agente venha a sofrer uma revista pessoal, por parte de alguns policiais, oportunidade em que retiram do seu bolso a sua carteira de documentos, encontrando, no meio deles, um que havia sido falsificado.

Se, no caso concreto, o agente não foi o autor do crime de falso (material ou ideal), o fato deverá ser considerado atípico, haja vista não existir no tipo penal que prevê o delito em estudo o núcleo *portar*.

Assim, aquele com quem é encontrado o documento falsificado não pratica o delito de uso de documento falso, havendo necessidade, outrossim, que o agente, volitivamente, o utilize, apresentando-o como se fosse verdadeiro.

9.9.3 Competência para julgamento do delito de uso de passaporte falso

Tratando-se de uso de passaporte falso, o Superior Tribunal de Justiça, por intermédio da Súmula nº 200, pacificou o seu entendimento no que diz respeito ao juízo competente para o julgamento do delito de *uso de documento falso*, dizendo:

> **Súmula nº 200.** O Juízo Federal competente para processar e julgar o acusado de crime de uso de passaporte falso é o do lugar onde o delito se consumou.

9.9.4 Falsificação ou alteração do documento e uso pelo próprio agente

Pode ocorrer a hipótese em que o próprio autor do falso (material ou ideal) o tenha usado. Nesse caso, conforme visto, não haverá concurso de crimes, aplicando-se, aqui, o raciocínio relativo ao antefato impunível, devendo o uso de documento falso (crime-fim) absorver o crime-meio (falsificação de documento).

A posição dos Tribunais Superiores, na verdade, é no sentido inverso, ou seja, entendem que o uso do documento falso deve ser considerado um *post factum* impunível, conforme se verifica na ementa abaixo colacionada:

"Para aplicação do princípio da consunção pressupõe-se a existência de ilícitos penais chamados de *consuntos*, que funcionam apenas como estágio de preparação ou de execução, ou como condutas, anteriores ou posteriores de outro delito mais grave, nos termos do brocardo *lex consumens derogat legi consumptae*. A partir do quadro fático-probatório firmado pelo Tribunal de Justiça do Estado do Rio de Janeiro, extrai-se que a falsificação do documento foi apenas um ato preparatório para o seu uso perante órgão público; a ação final do Paciente era a obtenção de uma identidade pública com informação errada. Assim, caracterizado o desdobramento causal de uma única ação, motivo pelo qual o delito tipificado no art. 299 do Código Penal deve ser absorvido pelo crime descrito no art. 304 do Código Penal" (STJ, HC 464.045/RJ, Rel.ª Min.ª Laurita Vaz, 6ª T., DJe 15/03/2019).

"Nos termos de entendimento consolidado no âmbito dos Tribunais Superiores, a utilização dos documentos ideologicamente falsificados deve ser absorvida pelo próprio ato de falsificação quando atribuídos ao mesmo agente. Precedentes STF e STJ" (STJ, REsp 1.389.214/DF, Rel. Min. Jorge Mussi, 5ª T., DJe 15/06/2016).

Em sentido contrário, decidiu o próprio Superior Tribunal de Justiça, tendo como Relator o Min. Gilson Dipp:

"O princípio da consunção pressupõe a existência de um nexo de dependência das condutas ilícitas, para que se verifique a possibilidade de absorção daquela menos grave pela mais danosa. Evidenciado, na hipótese, que os crimes de roubo qualificado, sequestro ou cárcere privado, falsidade ideológica e uso de documento falso, se afiguram absolutamente autônomos, inexistindo qualquer relação de subordinação entre as condutas, resta inviabilizada a aplicação do princípio da consunção, devendo o réu responder por todas as condutas, em concurso material" (REsp 509.921/PA, Recurso Especial 2003/0049487-7, 5ª T., DJ 2/8/2004, p. 492).

9.9.5 Uso de documento falso e estelionato

Verificar discussão no subitem 10.2 do item 2 do Capítulo III, relativa à falsificação de documento público e estelionato.

9.9.6 Usuário que solicita a falsificação do documento

Tem-se entendido pela aplicação do art. 29 do Código Penal ao usuário que solicita a falsificação do documento por ele utilizado, haja vista ter induzido o autor do crime de falso a forjar o documento por ele requerido.

Dessa forma, em vez de responder pela infração penal tipificada no art. 304 do Código Penal, seria responsabilizado pelo crime de *falsificação de documento* (público ou particular), aplicando-se, aqui, a regra correspondente ao concurso de pessoas.

Nesse sentido, preleciona Sylvio do Amaral:

"Se o uso, previamente combinado, acoroçoou, ou, por qualquer modo, foi causa da falsificação, o usuário responde pelo crime principal, e não pelo acessório, pois terá concorrido para a ação do agente (art. 29)."[51]

9.9.7 Fotocópia não autenticada

Tem-se descartado a natureza de *documento* da fotocópia não autenticada, razão pela qual qualquer falsificação nela produzida seria considerada atípica quando o agente, efetivamente, viesse a usá-la.

Nesse sentido, decidiu o Superior Tribunal de Justiça:

"De acordo com a jurisprudência desta Corte Superior de Justiça e do Supremo Tribunal Federal, cópias xerográficas ou reprográficas sem a respectiva autenticação não configuram documento particular para fins penais. No caso dos autos, o documento que teria sido falsificado e apresentado pelo paciente perante a Anatel cuida-se de mera cópia Reprográfica, sem autenticação, e que não possui qualquer potencialidade lesiva, o que pode ser constatado pela perícia realizada, na qual se ressaltou, em diversos momentos, a dificuldade de se proceder ao exame de peças não originais, concluindo que não seria possível atestar inequivocamente que teria sido alterado, havendo apenas indícios de que teria nele ocorrido uma rasura, o que revela a atipicidade da conduta que lhe foi imputada" (STJ, HC 325.746/RN, Rel. Min. Jorge Mussi, 5ª T., DJe 1º/12/2015).

"A utilização de cópia reprográfica sem autenticação não pode ser objeto material de crime de uso de documento falso (precedentes do STJ)" (*HC* 33.538/PR, *HC* 2004/0014923-3, Rel. Min. Felix Fischer, 5ª T. DJ 2/6/2005).

---

[51] AMARAL, Sylvio do. *Falsidade documental*, p. 156.

No entanto, não se descarta a possibilidade de o agente utilizar a mencionada fotocópia como um meio para a prática do delito de estelionato, não se cuidando, aqui, de um antefato impunível, em virtude da ausência da tipicidade do fato anterior.

9.9.8 Falsificação grosseira

Segundo posição majoritária de nossos Tribunais, a falsificação grosseira não tem o condão de configurar o delito de falso, tampouco a utilização do documento grosseiramente falsificado se configura no delito tipificado no art. 304 do Código Penal.

9.9.9 Uso de documento falso relativo a estabelecimento particular de ensino

Diz a Súmula nº 104 do Superior Tribunal de Justiça que:

> **Súmula nº 104.** Compete à Justiça Estadual o processo e julgamento dos crimes de falsificação e uso de documento falso relativo a estabelecimento particular de ensino.

9.9.10 Competência para julgamento do uso de documento falso quando se tratar de Caderneta de Inscrição e Registro (CIR) ou de Carteira de Habilitação de Arrais-Amador (CHA), ambas expedidas pela Marinha do Brasil

O Supremo Tribunal Federal, na sessão plenária do dia 16 de outubro de 2014, aprovou a Súmula Vinculante nº 36, com o seguinte teor:

> **Súmula Vinculante nº 36.** Compete à Justiça Federal comum processar e julgar civil denunciado pelos crimes de falsificação e de uso de documento falso quando se tratar de falsificação da Caderneta de Inscrição e Registro (CIR) ou de Carteira de Habilitação de Arrais-Amador (CHA), ambas expedidas pela Marinha do Brasil.

9.9.11 Uso de documento falso e crime contra a ordem tributária

O inciso IV do art. 1º da Lei nº 8.137, de 27 de dezembro de 1990, diz, *verbis*:

> **Art. 1º** Constitui crime contra a ordem tributária suprimir ou reduzir tributo, ou contribuição social e qualquer acessório, mediante as seguintes condutas:
> I – (...);
> II – (...);
> III – (...);
> IV – elaborar, distribuir, fornecer, emitir ou utilizar documento que saiba ou deva saber falso ou inexato;
> V – (...).
> Pena – reclusão de 2 (dois) a 5 (cinco) anos, e multa.

9.9.12 Uso de documento falso e Código Penal Militar

O delito de uso de documento falso veio previsto no Código Penal Militar (Decreto-Lei nº 1.001, de 21 de outubro de 1969), conforme se verifica pela leitura do seu art. 315, punindo com as mesmas penas cominadas à falsificação ou à alteração aquele que fizer uso de qualquer dos documentos falsificados ou alterados por outrem, tipificados nos artigos que lhe são antecedentes.

9.10 Quadro-resumo

Sujeitos
» Ativo: qualquer pessoa.
» Passivo: é o Estado, bem como aquelas pessoas que, de alguma forma, foram prejudicadas com o comportamento praticado pelo sujeito ativo.

Objeto material
É qualquer dos papéis falsificados ou alterados, a que se referem os arts. 297 a 302.

Bem(ns) juridicamente protegido(s)
A fé pública.

Elemento subjetivo
Dolo, não havendo previsão para a modalidade de natureza culposa.

Modalidades comissiva e omissiva
O núcleo fazer uso pressupõe um comportamento comissivo por parte do agente, podendo, no entanto, ser praticado via omissão imprópria.

Consumação e tentativa
» Ocorre a consumação quando o agente, efetivamente, se utiliza, ou seja, faz uso de qualquer dos papéis falsificados ou alterados, a que se referem os arts. 297 a 302 do CP.
» Dependendo da forma como o delito venha a ser praticado, será possível o reconhecimento da tentativa, embora seja difícil sua ocorrência.

10. SUPRESSÃO DE DOCUMENTO

Supressão de documento
Art. 305. Destruir, suprimir ou ocultar, em benefício próprio ou de outrem, ou em prejuízo alheio, documento público ou particular verdadeiro, de que não podia dispor:
Pena – reclusão, de dois a seis anos, e multa, se o documento é público, e reclusão, de um a cinco anos, e multa, se o documento é particular.

10.1 Introdução

O delito de *supressão de documento* encontra-se previsto no art. 305 do Código Penal, fazendo parte do Capítulo III, que diz respeito à *falsidade documental*. No entanto, pela análise da figura típica mencionada, podemos perceber que não se cuida, *in casu*, de falsidade, no sentido em que é empregada pelos demais artigos, seja por meio da contrafação (criação ou fabricação do documento), seja pela sua alteração.

De acordo com a redação típica, podemos apontar os seguintes elementos que integram o tipo penal: *a)* a conduta de *destruir, suprimir* ou *ocultar; b)* em benefício próprio ou de outrem, ou em prejuízo alheio; c) documento público ou particular verdadeiro, de que não podia dispor.

O núcleo *destruir* é utilizado pelo texto legal no sentido de extinguir, dar cabo a, eliminar, a exemplo do agente que o rasga completamente, em muitos pequenos pedaços, o queima etc.; *suprimir* deve ser entendido, conforme adverte Guilherme de Souza Nucci, como "eliminar o documento como tal, ou seja, permanece o papel, mas desaparece o documento, como ocorre se for coberto de tinta";[52] *ocultar* significa esconder, encobrir, de modo que o documento permanece intacto, mas inacessível pelas demais pessoas, que não conhecem o seu paradeiro.

Tais comportamentos devem ser levados a efeito em benefício do próprio agente ou de outrem, ou, ainda, em prejuízo alheio. Assim, o agente pratica uma das condutas típicas porque será, de alguma forma, beneficiado ou beneficiará a terceira pessoa, ou porque quer trazer algum tipo de prejuízo a outrem, mesmo não se beneficiando disso. O benefício, no primeiro caso, poderá ser de *natureza econômica*, a exemplo do agente que consegue destruir a nota promissória que havia assinado, ou *moral*.

O objeto material da conduta do agente é o documento público ou particular verdadeiro, de que não podia dispor. Assim, se o agente, por exemplo, vier a destruir um documento total ou parcialmente falsificado, o seu comportamento não se subsumirá ao tipo penal em estudo, que exige seja ele *verdadeiro*, podendo, no entanto, dependendo da hipótese concreta, ser responsabilizado por outro delito, a exemplo dos arts. 314 (*extravio, sonegação ou inutilização de livro ou documento*) e 337 (*subtração ou inutilização de livro ou documento*) do Código Penal.

Não importa que o documento tenha sido confiado ao agente ou que ele tenha dele se apoderado ilicitamente, com o fim de praticar qualquer dos comportamentos previstos pelo tipo. O fundamental é que o documento que tenha sido destruído, suprimido ou ocultado possa, de alguma forma, trazer benefício ao agente ou a terceiro, ou causar prejuízo a outrem, razão pela qual afirma Hungria que o tipo penal em estudo não cuida de:

> "Documentos que sejam traslados, certidões ou cópias de *originais* constantes de livros notariais ou de arquivo de repartição pública, pois, em tal caso, com a facilidade de obtenção de outros traslados, certidões ou cópias, não estará conculcada a prova do fato ou relação jurídica de que se trate."[53]

Além da necessidade de ser verdadeiro o documento, exige, ainda, o tipo penal que o agente dele não possa dispor, pois, como bem observado por Luiz Regis Prado, se:

> "Ele pode dispor do documento, seria desnecessário dizer, não haverá crime na conduta de destruí-lo ou ocultá-lo. A exigência expressa, estampada na frase *de que não podia dispor*, é desnecessária, já que, por razões lógicas, o poder de destruição está contido no poder de disposição."[54]

10.2 Classificação doutrinária

Crime comum, tanto no que diz respeito ao sujeito ativo quanto ao sujeito passivo; doloso (não havendo previsão para a modalidade de natureza culposa); comissivo (até mesmo

---

[52] NUCCI, Guilherme de Souza. *Código penal comentado*, p. 963.
[53] HUNGRIA, Nélson. *Comentários ao código penal*, v. IX, p. 301.
[54] PRADO, Luiz Regis. *Curso de direito penal brasileiro*, v. 4, p. 274.

no que diz respeito ao núcleo ocultar, podendo, no entanto, nos termos do art. 13, § 2º, do Código Penal, ser praticado via omissão imprópria, na hipótese de o agente gozar do *status* de garantidor); de forma livre; instantâneo (nas modalidades destruir e suprimir) e permanente (quanto à conduta de *ocultar*); monossubjetivo; plurissubsistente; não transeunte (podendo, dependendo do caso concreto, ser um delito transeunte, afastando-se, outrossim, a necessidade de perícia).

10.3 Sujeito ativo e sujeito passivo

Qualquer pessoa pode ser *sujeito ativo* do delito de *supressão de documento*, não exigindo o tipo penal em estudo nenhuma qualidade ou condição especial.

O *sujeito passivo* é o Estado, bem como aquelas pessoas (físicas ou jurídicas) que, de alguma forma, foram prejudicadas com o comportamento praticado pelo sujeito ativo.

10.4 Objeto material e bem juridicamente protegido

A fé pública é o bem juridicamente protegido pelo tipo penal que prevê o delito de *supressão de documento*.

O objeto material é o documento público ou particular verdadeiro, de que não podia dispor o agente.

10.5 Consumação e tentativa

O delito se consuma quando o agente pratica qualquer dos comportamentos previstos pelo tipo penal, independentemente do fato de vir a obter algum benefício, para si próprio ou para outrem, ou causar prejuízo alheio.

Tratando-se de crime plurissubsistente, torna-se possível o raciocínio relativo à tentativa.

10.6 Elemento subjetivo

O dolo é o elemento subjetivo exigido pelo tipo penal que prevê o delito de *supressão de documento*, não havendo previsão para a modalidade de natureza culposa.

A conduta do agente deve ser dirigida finalisticamente no sentido de trazer benefício a si próprio ou a terceiro, ou causar prejuízo a outrem.

Na hipótese em que o agente, deixando de observar o seu necessário e exigível dever objetivo de cuidado, venha a destruir, por exemplo, um documento público ou privado, mesmo causando prejuízo a outrem, o fato deverá ser considerado atípico, por ausência de previsão legal para a modalidade culposa.

10.7 Modalidades comissiva e omissiva

Os núcleos *destruir, suprimir* e *ocultar* pressupõem um comportamento comissivo por parte do agente.

No entanto, o delito poderá ser praticado via omissão imprópria na hipótese em que o agente, garantidor, dolosamente, nada fizer para evitar a prática da infração penal, devendo, portanto, ser responsabilizado nos termos do art. 13, § 2º, do Código Penal.

10.8 Pena, ação penal e suspensão condicional do processo

A pena cominada ao delito de *supressão de documento* é de reclusão, de 2 (dois) a 6 (seis) anos, se o documento é público, e reclusão, de 1 (um) a 5 (cinco) anos, e multa, se o documento é particular.

A ação penal é de iniciativa pública incondicionada.

Será possível a confecção de proposta de suspensão condicional do processo, nos termos do art. 89 da Lei nº 9.099/95, se o objeto material da ação for o documento particular.

10.9 Destaques

10.9.1 Supressão de documento e crime contra a ordem tributária

O inciso I do art. 3º da Lei nº 8.137, de 27 de dezembro de 1990, diz, *verbis*:

> **Art. 3º** Constitui crime funcional contra a ordem tributária, além dos previstos no Decreto-Lei nº 2.848, de 7 de dezembro de 1940 – Código Penal (Título XI, Capítulo I):
> I – extraviar livro oficial, processo fiscal ou qualquer documento, de que tenha a guarda em razão da função; sonegá-lo, ou inutilizá-lo, total ou parcialmente, acarretando pagamento indevido ou inexato de tributo ou contribuição social;
> II – (...)
> Pena – reclusão, de 3 (três) a 8 (oito) anos, e multa.

10.9.2 Supressão de documentos e Código Penal Militar

O delito de supressão de documento veio previsto no Código Penal Militar (Decreto-Lei nº 1.001, de 21 de outubro de 1969), conforme se verifica pela leitura do seu art. 316, punindo com pena de reclusão, de dois a seis anos, se o documento é público, e reclusão, até cinco anos, se o documento é particular, aquele que destruir, suprimir ou ocultar, em benefício próprio ou de outrem, ou em prejuízo alheio, documento verdadeiro, de que não podia dispor, desde que o fato atente contra a administração ou o serviço militar.

10.10 Quadro-resumo

Sujeitos
» Ativo: qualquer pessoa.
» Passivo: é o Estado, bem como aquelas pessoas que, de alguma forma, foram prejudicadas com o comportamento praticado pelo sujeito ativo.

Objeto material
É o documento público ou particular verdadeiro, de que não podia dispor o agente.

Bem(ns) juridicamente protegido(s)
A fé pública.

Elemento subjetivo
Dolo, não havendo previsão para a modalidade de natureza culposa.

Modalidades comissiva e omissiva

Os núcleos destruir, suprimir e ocultar pressupõem um comportamento comissivo por parte do agente, podendo, no entanto, ser praticado via omissão imprópria.

Consumação e tentativa

» O delito se consuma quando o agente pratica qualquer dos comportamentos previstos pelo tipo penal, independentemente do fato de vir a obter algum benefício, para si próprio ou para outrem, ou causar prejuízo alheio.
» Admite-se a tentativa.

Capítulo IV
De outras falsidades

1. FALSIFICAÇÃO DO SINAL EMPREGADO NO CONTRASTE DE METAL PRECIOSO OU NA FISCALIZAÇÃO ALFANDEGÁRIA, OU PARA OUTROS FINS

> **Falsificação do sinal empregado no contraste de metal precioso ou na fiscalização alfandegária, ou para outros fins**
> **Art. 306.** Falsificar, fabricando-o ou alterando-o, marca ou sinal empregado pelo poder público no contraste de metal precioso ou na fiscalização alfandegária, ou usar marca ou sinal dessa natureza, falsificado por outrem:
> Pena – reclusão, de dois a seis anos, e multa.
> **Parágrafo único.** Se a marca ou sinal falsificado é o que usa a autoridade pública para o fim de fiscalização sanitária, ou para autenticar ou encerrar determinados objetos, ou comprovar o cumprimento de formalidade legal:
> Pena – reclusão ou detenção, de um a três anos, e multa.

1.1 Introdução

O delito de *falsificação do sinal empregado no contraste de metal precioso ou na fiscalização alfandegária, ou para outros fins* veio previsto no art. 306 do Código Penal. Pela redação típica constante do *caput* do mencionado artigo, podemos apontar os seguintes elementos: *a)* a conduta de falsificar, fabricando ou alterando, marca ou sinal empregado pelo Poder Público no contraste de metal precioso ou na fiscalização alfandegária; *b)* ou usar marca ou sinal dessa natureza, falsificado por outrem.

O núcleo *falsificar* vem atrelado às condutas de fabricar (contrafação) e alterar (alteração), tendo como objeto material marca ou sinal empregado pelo Poder Público no contraste de metal precioso ou na fiscalização alfandegária. Hungria, dissertando sobre o tema, esclarece:

"Para assegurar a genuinidade de objetos de metal precioso (notadamente, ouro e prata), após a verificação do respectivo toque ou quilate, ou para atestar a fiscalização aduaneira, em torno dos despachos de exportação ou importação, ou a inspeção sanitária, ou para autenticar ou encerrar certos objetos ou comprovar o cumprimento de tal ou qual formalidade legal, a autoridade pública dispõe, *ex vi legis*, de marcas ou sinais (punções, timbres em chumbo, em lacre ou em papel, etiquetas, carimbos etc.). A falsificação destes ou o uso da marca ou sinal falsificado afeta, portanto, a fé pública, isto é, a confiança que em tais marcas ou sinais deposita o público em geral."[55]

---

[55] HUNGRIA, Nélson. *Comentários ao código penal*, v. IX, p. 305-306.

Também comete o delito em estudo aquele que usa marca ou sinal dessa natureza que fora falsificado por outrem. Como ressalvado pela segunda parte do *caput* do art. 306, se o próprio falsário vier a fazer uso da marca ou sinal por ele fabricado ou alterado, o seu comportamento será atípico, devendo, no entanto, ser responsabilizado pela contrafação ou alteração.

Dessa forma, o delito de utilização de marca ou sinal falsificado somente poderá ser praticado por alguém que não seja o próprio falsificador. Merece destaque, *in casu*, a observação feita por Luiz Regis Prado:

"O legislador, por óbvio, quis deixar claro que o uso subsequente à falsificação não é punível, sancionando-se o agente tão só pelo fato precedente; entretanto, o tipo pode levar a situação de iniquidade: imagine-se que a falsificação anterior não seja punível por qualquer razão (o agente era, então, inimputável, ou já está extinta, pela prescrição ou por outra causa qualquer, a punibilidade), e o próprio falsificador venha a fazer uso, posteriormente, do sinal ou marca falsos. Como a hipótese não satisfaz a condição exigida no tipo – *falsificado por outrem* –, o agente restará impune porque atípico o uso pelo próprio falsário. Melhor seria, pois, que o legislador tivesse omitido, como em outros tipos assemelhados, a referência à necessidade de ser de terceiro a autoria do falso para configurar-se o crime de uso, deixando à doutrina e à jurisprudência a solução da questão da falsificação e posterior uso pela mesma pessoa."[56]

O *uso indevido* de qualquer marca ou sinal empregado pelo Poder Público no contraste de metal precioso ou na fiscalização alfandegária deverá ser considerado atípico se não houver, no caso concreto, efetiva falsificação.

1.2 Classificação doutrinária

Crime comum, tanto no que diz respeito ao sujeito ativo quanto ao sujeito passivo; doloso (não havendo previsão para a modalidade de natureza culposa); comissivo (podendo, também, nos termos do art. 13, § 2º, do Código Penal, ser praticado via omissão imprópria, na hipótese de o agente gozar do *status* de garantidor); de forma livre; instantâneo; monossubjetivo; plurissubsistente (como regra, pois, dependendo da hipótese concreta, poderá ser unissubsistente no que diz respeito à conduta de *usar* marca ou sinal falsificado por outrem); não transeunte.

1.3 Sujeito ativo e sujeito passivo

Qualquer pessoa pode ser *sujeito ativo* do delito de *falsificação do sinal empregado no contraste de metal precioso ou na fiscalização alfandegária, ou para outros fins*, não exigindo o tipo do art. 306 do Código Penal nenhuma qualidade ou condição especial.

O *sujeito passivo* é o Estado, bem como as pessoas diretamente prejudicadas com a conduta praticada pelo agente.

1.4 Objeto material e bem juridicamente protegido

A fé pública é o bem juridicamente protegido pelo tipo penal que prevê o delito de *falsificação do sinal empregado no contraste de metal precioso ou na fiscalização alfandegária, ou para outros fins*, ou mais especificamente, como diz Cezar Roberto Bitencourt, a "confiança

---

[56] PRADO, Luiz Regis. *Curso de direito penal brasileiro*, v. 4, p. 284.

nas marcas e sinais utilizados pelo Poder Público para os fins mencionados no dispositivo legal em exame".[57]

O objeto material é a marca ou sinal empregado pelo Poder Público no contraste de metal precioso ou na fiscalização alfandegária.

1.5 Consumação e tentativa

O delito tipificado no art. 306 do Código Penal se consuma com a falsificação, seja com a fabricação ou com a alteração de marca ou sinal empregado pelo Poder Público no contraste de metal precioso ou na fiscalização alfandegária, ou com o uso efetivo de marca ou sinal dessa natureza, falsificado por outrem.

Tratando-se, como regra, de crime plurissubsistente, torna-se possível o reconhecimento da tentativa, principalmente quando a conduta do agente é dirigida finalisticamente no sentido de fabricar ou alterar o objeto material da ação, vale dizer, a marca ou sinal já referidos. No entanto, embora de difícil ocorrência, não podemos descartar a possibilidade de tentativa quando estivermos diante da conduta de *usar* marca ou sinal dessa natureza, falsificado por outrem. Nesse último caso, somente o caso concreto é que terá o condão de demonstrar a possibilidade de fracionamento do *iter criminis*, quando, então, será possível ou não o reconhecimento da tentativa.

1.6 Elemento subjetivo

O dolo é o elemento subjetivo exigido pelo tipo penal que prevê o delito de *falsificação do sinal empregado no contraste de metal precioso ou na fiscalização alfandegária, ou para outros fins*, não havendo previsão para a modalidade de natureza culposa.

O agente deverá ter conhecimento de todos os elementos constantes do tipo penal em estudo, ou seja, deverá ter o conhecimento de que falsifica, fabricando ou alterando, marca ou sinal empregado pelo Poder Público no contraste de metal precioso ou na fiscalização alfandegária, bem como que usa marca ou sinal dessa natureza, falsificado por outrem, pois, caso contrário, poderá ser arguido o erro de tipo, eliminando-se o dolo e, consequentemente, a própria infração penal.

1.7 Modalidades comissiva e omissiva

Os núcleos *falsificar* (seja fabricando ou alterando) e *usar* pressupõem um comportamento comissivo por parte do agente. No entanto, o delito poderá ser cometido via omissão imprópria na hipótese em que o agente, garantidor, dolosamente, podendo, nada fizer para evitar a prática de qualquer dos comportamentos previstos pelo art. 306 do Código Penal.

1.8 Modalidade privilegiada

Assevera o parágrafo único do art. 306, *verbis*:

> **Parágrafo único.** Se a marca ou sinal falsificado é o que usa a autoridade pública para o fim de fiscalização sanitária, ou para autenticar ou encerrar determinados objetos, ou comprovar o cumprimento de formalidade legal:
> Pena – reclusão ou detenção, de um a três anos, e multa.

A *autoridade pública* mencionada no texto legal pode ser a federal, estadual ou municipal.

---

[57] BITENCOURT, Cezar Roberto. *Tratado de direito penal*, v. 4, p. 355.

Fiscalização sanitária é aquela levada a efeito pelas autoridades a fim de serem preservadas a saúde e a higiene. Assim, poderá a autoridade emitir um carimbo reconhecendo, por exemplo, ter sido aquele produto devidamente fiscalizado, como acontece com as carnes em geral.

Da mesma forma, amolda-se à modalidade privilegiada do tipo penal em estudo aquele que falsifica ou usa marca ou sinal falsificado, utilizado pela autoridade pública para autenticar, isto é, reconhecer como verdadeiro, ou encerrar, vale dizer, guardar em algum lugar que pode ser fechado, determinados objetos.

Por último, também comete o delito tipificado no parágrafo único do art. 306 do Código Penal aquele que falsifica ou usa marca ou sinal falsificado destinado a comprovar o cumprimento de formalidade legal. Salienta Guilherme de Souza Nucci:

> "*Comprovar* significa auxiliar a provar ou confirmar. Portanto, quando a autoridade pública (federal, estadual ou municipal) tem um determinado sinal para confirmar que determinada formalidade legal (rotina ou praxe prevista em lei para validar algo) foi executada, havendo a falsificação da referida marca ou o uso indevido do sinal alterado, responde pelo tipo privilegiado."[58]

1.9 Pena, ação penal e suspensão condicional do processo

A pena cominada ao *caput* do art. 306 do Código Penal é de reclusão, de 2 (dois) a 6 (seis) anos, e multa.

Para a modalidade privilegiada, constante do parágrafo único do citado art. 306, a pena poderá ser de reclusão ou detenção, de 1 (um) a 3 (três) anos, e multa.

A ação penal é de iniciativa pública incondicionada.

Será possível a confecção de proposta de suspensão condicional do processo, nos termos do art. 89 da Lei nº 9.099/95, somente para a modalidade privilegiada.

1.10 Destaque

1.10.1 Alternatividade entre reclusão e detenção

Compete ao juiz do processo de conhecimento a escolha entre as penas de reclusão e detenção, previstas no parágrafo único do art. 306 do Código Penal, que será determinada de acordo com a necessidade de censura do caso concreto.

Isso significa que, sendo o agente preso em flagrante delito, poderá a autoridade policial arbitrar-lhe fiança, conforme preconiza o art. 322 do Código de Processo Penal, com a nova redação que lhe foi conferida pela Lei nº 12.403, de 4 de maio de 2011, que diz, *verbis*:

> **Art. 322.** A autoridade policial somente poderá conceder fiança nos casos de infração cuja pena privativa de liberdade máxima não seja superior a quatro anos.

---

[58] NUCCI, Guilherme de Souza. *Código penal comentado*, p. 967.

1.11 Quadro-resumo

Sujeitos
» Ativo: qualquer pessoa.
» Passivo: é o Estado, bem como aquelas pessoas que, de alguma forma, foram prejudicadas com o comportamento praticado pelo sujeito ativo.

Objeto material
É a marca e/ou sinal empregados pelo poder público no contraste de metal precioso ou na fiscalização alfandegária.

Bem(ns) juridicamente protegido(s)
A fé pública.

Elemento subjetivo
Dolo, não havendo previsão para a modalidade de natureza culposa.

Modalidades comissiva e omissiva
Os núcleos falsificar (seja fabricando ou alterando) e usar pressupõem um comportamento comissivo por parte do agente, podendo, no entanto, ser cometidos via omissão imprópria.

Consumação e tentativa
» O delito se consuma com a falsificação, seja com a fabricação ou com a alteração de marca e/ou sinal empregados pelo poder público no contraste de metal precioso ou na fiscalização alfandegária, ou com o uso efetivo de marca ou sinal dessa natureza, falsificado por outrem.
» Admite-se a tentativa.

2. FALSA IDENTIDADE

Falsa identidade
Art. 307. Atribuir-se ou atribuir a terceiro falsa identidade para obter vantagem, em proveito próprio ou alheio, ou para causar dano a outrem:
Pena – detenção, de três meses a um ano, ou multa, se o fato não constitui elemento de crime mais grave.

2.1 Introdução

O delito de *falsa identidade* veio tipificado no art. 307 do Código Penal. De acordo com a redação típica, podemos apontar os seguintes elementos: *a)* a conduta de atribuir-se falsa identidade; *b)* a atribuição de falsa identidade a terceiro; *c)* a finalidade de obter vantagem, em proveito próprio ou alheio; *d)* ou de causar dano a outrem.

Ab initio, o núcleo *atribuir* é utilizado pelo texto legal no sentido de imputar. Assim, o agente imputa a si mesmo, ou a terceira pessoa, falsa identidade.

Por *identidade* devemos entender o conjunto de caracteres próprios de uma pessoa, que permite identificá-la e distingui-la das demais, a exemplo do nome, idade, profissão, sexo, estado civil etc. A lei pune a autoatribuição falsa, ou a atribuição falsa a terceiro, isto é, o agente se identifica incorretamente, com dados que não lhe são próprios, ou atua, da mesma forma, atribuindo esses dados falsos a terceira pessoa.

Esses comportamentos devem ser dirigidos finalisticamente no sentido de obter vantagem, em proveito próprio ou alheio, ou causar dano a outrem. Hungria, esclarecendo a respeito do proveito pretendido pelo agente, assevera:

> "O proveito pode ser de ordem moral ou representar qualquer outra utilidade não econômica (ex.: pelo prazer de favorecer a um amigo, o agente atribui-se a respectiva identidade para, em lugar dele, prestar um exame num concurso), assim como a vantagem colimada pode não depender necessariamente do prejuízo alheio ou este não estar em reciprocidade com vantagem alguma."[59]

Faz-se necessário ressaltar, no entanto, que essa vantagem não poderá possuir natureza econômica, sob pena de ser o agente responsabilizado pelo delito de estelionato. Assim, por exemplo, aquele que se faz passar por um cobrador de uma empresa de energia elétrica, induzindo a vítima em erro, com a finalidade de receber determinada quantia, pratica o delito tipificado no art. 171 do Código Penal, tendo em vista que o próprio preceito secundário do art. 307 do mesmo diploma legal aponta, expressamente, a sua natureza subsidiária, dizendo ser cominada ao delito em estudo a pena de detenção, de 3 (três) meses a 1 (um) ano, ou multa, se o fato não constitui elemento de crime mais grave.

Não é incomum ocorrerem as hipóteses em que o agente se faz passar por médico, militar, pastor, padre, comendador, diplomata, advogado, Promotor de Justiça etc., lembrando que somente ocorrerá o delito se essa falsa identidade ocorrer com a finalidade de obtenção de vantagem, em proveito próprio ou alheio, ou para causar dano a outrem.

Se o agente, por exemplo, se atribui falsa identidade com finalidades sexuais, poderá ocorrer o delito de *violação sexual mediante fraude*, com a redação dada pela Lei nº 12.015, de 7 de agosto de 2009, como na hipótese em que o agente, fazendo-se passar por médico ginecologista, realiza um exame de "toque vaginal" na vítima. Nesse caso, restará afastado o delito em exame, em razão da sua já mencionada natureza subsidiária, sendo aplicado, pois, o art. 215 do Código Penal.

2.2 Classificação doutrinária

Crime comum, tanto no que diz respeito ao sujeito ativo quanto ao sujeito passivo; doloso (não havendo previsão para a modalidade de natureza culposa); comissivo (podendo, também, nos termos do art. 13, § 2º, do Código Penal, ser praticado via omissão imprópria, na hipótese de o agente gozar do *status* de garantidor); de forma livre; instantâneo; monossubjetivo; monossubsistente (como regra, pois, dependendo da hipótese concreta, poderá ser plurissubsistente, podendo o agente, por exemplo, valer-se de um escrito para levar a efeito o delito); transeunte (também como regra, pois, na maioria dos casos, não haverá necessidade, ou mesmo possibilidade, de realização de prova pericial).

---

[59] HUNGRIA, Nélson. *Comentários ao código penal*, v. IX, p. 308.

2.3 Sujeito ativo e sujeito passivo

Qualquer pessoa pode ser *sujeito ativo* do delito de *falsa identidade*, não exigindo o tipo do art. 307 do Código Penal nenhuma qualidade ou condição especial.

O *sujeito passivo* é o Estado, bem como a pessoa diretamente prejudicada com a conduta praticada pelo agente.

2.4 Objeto material e bem juridicamente protegido

A fé pública é o bem juridicamente protegido pelo tipo penal que prevê o delito de *falsa identidade*.

Não há objeto material.

2.5 Consumação e tentativa

Consuma-se o delito em estudo quando o agente atribui-se ou atribui a terceiro falsa identidade para obter vantagem, em proveito próprio ou alheio, ou para causar dano a outrem.

Não há necessidade de que o agente, efetivamente, obtenha a vantagem, em proveito próprio ou alheio, ou que cause dano a outrem, pois cuida-se, *in casu*, de delito de natureza formal, de consumação antecipada, de resultado cortado, ou seja, o tipo penal se satisfaz, para efeitos de reconhecimento do momento de consumação, com a prática da conduta núcleo, vale dizer, a autoatribuição ou atribuição a terceiro de falsa identidade, independentemente da obtenção da vantagem, ou da ocorrência do prejuízo, que, se vierem a ocorrer, deverão ser consideradas como mero exaurimento do delito.

Será possível a tentativa quando estivermos diante de uma modalidade plurissubsistente. Isso dependerá da forma como o delito for praticado. Se estivermos, por exemplo, diante de uma autoatribuição verbal, a infração penal será considerada unissubsistente, razão pela qual não se poderá raciocinar em termos de tentativa; se for praticada, v.g., por escrito, a tentativa será possível, pois, nesse caso, pode-se fracionar o *iter criminis*.

2.6 Elemento subjetivo

O dolo é o elemento subjetivo exigido pelo tipo penal que prevê o delito de *falsa identidade*, não havendo previsão para a modalidade de natureza culposa.

A conduta do agente, no entanto, deve ser dirigida finalisticamente no sentido de obter vantagem, em proveito próprio ou alheio, ou para causar dano a outrem, pois, caso contrário, o fato deverá ser considerado um indiferente penal. Assim, imagine-se a hipótese daquele que se faz passar, dada sua semelhança física, por um famoso artista de televisão simplesmente pelo fato de gostar de ser com ele confundido, o que faz elevar o seu ego, não querendo obter, com o seu comportamento, qualquer vantagem, seja para si ou para outrem, bem como não sendo a sua finalidade causar dano a outrem.

2.7 Modalidades comissiva e omissiva

O núcleo *atribuir* pressupõe um comportamento comissivo por parte do agente. No entanto, o delito poderá ser cometido via omissão imprópria na hipótese em que o agente, garantidor, dolosamente, podendo, nada fizer para evitar a prática de qualquer dos comportamentos previstos pelo art. 307 do Código Penal.

2.8 Pena, ação penal, competência para julgamento e suspensão condicional do processo

A pena cominada ao delito de *falsa identidade* é de detenção, de 3 (três) meses a 1 (um) ano, ou multa, se o fato não constitui elemento de crime mais grave.

A ação penal é de iniciativa pública incondicionada.

Compete, pelo menos inicialmente, ao Juizado Especial Criminal o processo e julgamento do delito previsto pelo art. 307 do Código Penal, tendo em vista que a pena máxima cominada em abstrato não ultrapassa o limite de 2 (dois) anos, imposto pelo art. 61 da Lei nº 9.099/95, conforme alteração determinada pela Lei nº 11.313, de 28 de junho de 2006.

Será possível a confecção de proposta de suspensão condicional do processo, nos termos do art. 89 da Lei nº 9.099/95.

2.9 Destaques

2.9.1 Falsa identidade e autodefesa

> Acesse e assista à aula explicativa sobre este assunto.
> https://uqr.to/1we56

Tem sido objeto de intenso debate doutrinário e jurisprudencial a discussão em torno da possibilidade de o agente atribuir-se falsa identidade com a finalidade de se livrar, por exemplo, de uma condenação criminal ou, mesmo, para se livrar da sua prisão em flagrante.

Assim, a título de raciocínio, imagine-se a hipótese em que o agente, portador de uma extensa folha de antecedentes criminais, ao ser, mais uma vez, preso em flagrante, atribui a si mesmo uma identidade falsa, querendo, com isso, livrar-se da prisão. Nesse caso, pergunta-se: Deveria o agente ser responsabilizado pelo delito tipificado no art. 307 do Código Penal, ou estaria ele no exercício de sua autodefesa, ou de, pelo menos, não se autoincriminar, fazendo prova contra si mesmo, haja vista que a primeira parte do inciso LXIII do art. 5º da Constituição Federal diz que *o preso será informado de seus direitos, entre os quais o de permanecer calado*?

O STJ vinha se posicionando no sentido de afastar a infração penal, conforme se verifica na ementa abaixo transcrita:

"A atribuição de falsa identidade, perante a autoridade policial, pelo preso em flagrante, com o objetivo de ocultar-lhe seus antecedentes penais, não configura o crime tipificado no art. 307 do Código Penal, por constituir hipótese de autodefesa, amparado pelo art. 5º, LXIII, da Constituição Federal. Precedentes do STJ" (STJ, EDcl. no HC 139.843/MS, Rel. Min. Sebastião Reis Junior, 6ª T., DJe 22/8/2011).

"O direito do investigado ou do acusado de não produzir prova contra si foi positivado pela Constituição da República no rol petrificado dos direitos e garantias individuais (art. 5º, inciso LXIII). É essa a norma que garante *status* constitucional ao princípio do *Nemo tenetur se detegere* (STF, *HC* 80.949/RJ, Rel. Min. Sepúlveda Pertence, 1ª T., DJ 14/12/2001), segundo o qual, repita-se, ninguém é obrigado a produzir quaisquer provas contra si. A propósito, o Constituinte Originário, ao editar tal regra, 'nada mais fez senão consagrar, desta vez no âmbito do sistema normativo instaurado pela Carta da República de 1988, diretriz fundamental proclamada, desde 1791, pela Quinta Emenda [à Constituição dos Estados Unidos da América], que compõe o *Bill of Rights* norte-americano' (STF, *HC*

94.082-MC/RS, Rel. Min. Celso de Mello, DJ 25/3/2008). 'Qualquer pessoa que sofra investigações penais, policiais ou parlamentares, ostentando, ou não, a condição formal de indiciado – ainda que convocada como testemunha (*RTJ* 163/626, *RTJ* 176/805-806) –, possui, dentre as várias prerrogativas que lhe são constitucionalmente asseguradas, o direito de permanecer em silêncio e de não produzir provas contra si própria' (*RTJ* 141/512, Rel. Min. Celso de Mello). Nos termos do art. 5º, inciso LXIII, da Carta Magna 'o preso será informado de seus direitos, entre os quais o de permanecer calado, sendo-lhe assegurada a assistência da família e de advogado'. Tal regra, conforme jurisprudência dos Tribunais pátrios, deve ser interpretada de forma extensiva, e engloba cláusulas a serem expressamente comunicadas a quaisquer investigados ou acusados, quais sejam: o direito ao silêncio, o direito de não confessar, o direito de não produzir provas materiais ou de ceder seu corpo para produção de prova etc. É atípica a conduta de se atribuir falsa identidade perante autoridade policial com o intuito de ocultar antecedentes criminais, pois se trata de hipótese de autodefesa, consagrada no art. 5º, inciso LXIII, da Constituição Federal, que não configura o crime descrito no art. 307 do Código Penal. Precedentes" (STJ, *HC* 171.389/ ES, Rel.ª Min.ª Laurita Vaz, 5ª T., DJe 17/5/2011).

Esta, também, era a posição de Mirabete, quando asseverava:

"Não ocorre, nesse caso, o ilícito em estudo, pois o acusado não tem o dever de dizer a verdade diante do princípio universal *nemo tenetur se detegere*."[60]

Com a devida vênia das posições em contrário, não podemos entender a prática do comportamento previsto no tipo do art. 307 do Código Penal como uma "autodefesa." Certo é que, de acordo com a determinação constitucional, o preso, vale dizer, o indiciado (na fase de inquérito policial), ou mesmo o acusado (quando de seu interrogatório em juízo) tem o direito de permanecer calado. Na verdade, podemos ir até além, no sentido de afirmar que não somente tem o direito ao silêncio, como também o direito de mentir ou de omitir sobre *fatos* que, de alguma forma, podem lhe ser prejudiciais.

A autodefesa diz respeito, portanto, a *fatos*, e não a uma autoatribuição falsa de identidade. O agente pode até mesmo dificultar a ação da Justiça Penal no sentido de não revelar situações que seriam indispensáveis à elucidação dos fatos. No entanto, não poderá se eximir de se identificar. É um direito do Estado saber em face de quem propõe a ação penal e uma obrigação do indiciado/acusado revelar sua identidade.

Essa autoatribuição falsa de identidade nada tem a ver com o direito de autodefesa, ou de, pelo menos, não fazer prova contra si mesmo, de autoincriminar-se. São situações, segundo nosso raciocínio, inconfundíveis.

Assim, apesar da existência da divergência doutrinária e jurisprudencial, posicionamo-nos pela possibilidade de se imputar ao agente a prática do delito de falsa identidade quando pratica a conduta prevista no art. 307 do Código Penal com a finalidade de livrar-se da Justiça Penal.

Nesse sentido, já se posicionou o Supremo Tribunal Federal:

"O Plenário Virtual do Supremo Tribunal Federal, no julgamento do RE 640.139, Rel. Min. Dias Toffoli, decidiu que o princípio constitucional da autodefesa não alcança aquele que atribui falsa identidade perante autoridade policial com o intuito de ocultar maus antecedentes. Na ocasião, reconheceu-se a existência de repercussão geral da questão constitucional

---

[60] MIRABETE, Júlio Fabbrini. *Manual de direito penal*, v. 3, p. 278.

suscitada e, no mérito, reafirmou a jurisprudência dominante sobre a matéria" (STF, ARE 870.572 AgR/DF, Rel. Min. Roberto Barroso, 1ª T., DJe 23/06/2015).

O STJ, modificando seu posicionamento anterior, passou a decidir:

"A jurisprudência do Superior Tribunal de Justiça consolidou-se no sentido de que não fica afastada a tipicidade do delito previsto no art. 304 do Código Penal em razão de a atribuição de falsa identidade originar-se da apresentação de documento à autoridade policial, quando por ela exigida, não se confundindo o ato com o mero exercício do direito de defesa. Precedentes" (STJ, HC 313.868/SP, Rel. Min. Ribeiro Dantas, 5ª T., DJe 29/03/2016).

Consolidando esse posicionamento, o STJ editou a Súmula nº 522, publicada no DJe de 6 de abril de 2015, dizendo:

> **Súmula nº 522.** A conduta de atribuir-se falsa identidade perante autoridade policial é típica, ainda que em situação de alegada autodefesa.

"A Terceira Seção do Superior Tribunal de Justiça, no julgamento do REsp n. 1.362.524/MG (Rel. Min. Sebastião Reis Júnior, DJe 02/05/2014), sob o rito do art. 543-C, c/c o § 3º do CPP, consolidou entendimento no sentido de que típica é a conduta de atribuir-se falsa identidade perante autoridade policial, ainda que em situação de alegada autodefesa (art. 307 do CP)" (STJ, AgRg no REsp 1.828.318/MG, Rel. Min. Reynaldo Soares da Fonseca, 5ª T., DJe 10/09/2019). "O Supremo Tribunal Federal – ao julgar a repercussão geral no RE nº 640.139/DF, DJe 14/10/2011 – reafirmou a jurisprudência dominante sobre a matéria controvertida, no sentido de que o princípio constitucional da autodefesa (art. 5º, LXIII, da CF) não alcança aquele que se atribui falsa identidade perante autoridade policial com o intento de ocultar maus antecedentes, sendo, portanto, típica a conduta praticada pelo agente (art. 307 do CP) (REsp 1.362.524/MG, Rel. Ministro Sebastião Reis Júnior, Terceira Seção, j. 23/10/2013, DJe 02/05/2014). Tratando-se o delito previsto no art. 307 do CP, de crime formal, é desnecessária a consumação de obtenção da vantagem própria ou de outrem, ou mesmo a ocorrência de danos a terceiros" (STJ, AgRg no REsp 1.697.955/ES, Rel. Min. Nefi Cordeiro, 6ª T., DJe 23/04/2018).

2.9.2 Agente que silencia com relação à sua identidade ou não nega a falsa identidade a ele atribuída

Tendo em vista que o tipo do art. 307 do Código Penal exige uma conduta positiva por parte do agente, não pratica o delito em estudo aquele que simplesmente silencia quando lhe é imputada uma identidade que não coincide com a dele.

2.9.3 Recusa de dados sobre a própria identidade ou qualificação

Caso o agente se recuse a fornecer seus dados para efeitos de identificação e qualificação, deverá ser responsabilizado nos termos do art. 68 da Lei das Contravenções Penais (Decreto-Lei nº 3.688/41), que diz:

> **Art. 68.** Recusar à autoridade, quando por esta, justificadamente solicitados ou exigidos, dados ou indicações concernentes à própria identidade, estado, profissão, domicílio e residência:
> Pena – multa, de duzentos mil réis a dois contos de réis.[61]

---

[61] O art. 2º da Lei nº 7.209, de 11 de julho de 1984, determinou o cancelamento, na Parte Especial e nas leis especiais alcançadas pelo art. 12 do Código Penal, de quaisquer referências a valores de multas, substituindo a expressão multa *de* por *multa*.

2.9.4 Simulação da qualidade de funcionário público

O art. 45 da Lei das Contravenções Penais prevê a *simulação da qualidade de funcionário público*:

> **Art. 45.** Fingir-se funcionário público:
> Pena – prisão simples, de um a três meses, ou multa, de quinhentos mil réis a três contos de réis.[62]

No caso em exame, não exige o tipo penal que o agente, com seu comportamento, tenha a finalidade de obter vantagem, em proveito próprio ou de terceiro, ou que pretenda causar dano a outrem, o que seria mais grave.

Assim, a simples simulação da qualidade de funcionário público já teria o condão de configurar a contravenção penal, o que a distinguiria do delito tipificado no art. 307 do Código Penal, que exige uma daquelas finalidades.

2.9.5 Usurpação de função pública

Se, por exemplo, com a autoatribuição de falsa identidade, o agente vier a usurpar o exercício de função pública, praticando atos para os quais não está legalmente legitimado, o fato se amoldará ao delito tipificado no art. 328 do Código Penal, *verbis*:

> **Art. 328.** Usurpar o exercício de função pública:
> Pena – detenção, de três meses a dois anos, e multa.
> **Parágrafo único.** Se do fato o agente aufere vantagem:
> Pena – reclusão, de dois a cinco anos, e multa.

2.9.6 Uso de documento falso de identidade

Para efeito de reconhecimento do delito de falsa identidade, não poderá o agente se valer de qualquer documento falso, pois, caso contrário, incorrerá nas penas do art. 304 do Código Penal, que prevê o delito de *uso de documento falso*.

2.9.7 Falsa identidade e furto

Na hipótese em que o agente se autoatribui falsa identidade a fim de, fazendo-se passar por outra pessoa, conseguir levar a efeito a subtração não violenta de algum bem móvel pertencente à vítima, o fato se amoldará ao tipo penal que prevê o delito de furto praticado mediante fraude, tipificado no art. 155, § 4º, II, segunda figura.

Assim, imagine-se a hipótese daquele que, fazendo-se passar por alguém especialista em consertos de antenas parabólicas, tendo conhecimento de que o aparelho de televisão pertencente à vítima encontrava-se com problemas em decorrência da má recepção do sinal, consegue, por essa razão, entrar naquela residência, a fim de praticar a subtração de algumas joias que ali se achavam.

Nesse caso, embora atribuindo-se uma falsa identidade, o delito tipificado no art. 307 do Código Penal, por ser subsidiário, dará a sua vez para aplicação das penas cominadas ao delito de furto qualificado pelo emprego de fraude.

---

[62] O art. 2º da Lei nº 7.209, de 11 de julho de 1984, determinou o cancelamento, na Parte Especial e nas leis especiais alcançadas pelo art. 12 do Código Penal, de quaisquer referências a valores de multas, substituindo a expressão multa *de* por *multa*.

2.9.8 Falsa identidade e Código Penal Militar

O delito de falsa identidade veio previsto no Código Penal Militar (Decreto-Lei nº 1.001, de 21 de outubro de 1969), conforme se verifica pela leitura do seu art. 318, punindo com pena de detenção, de três meses a um ano, se o fato não constitui crime mais grave, aquele que se atribuiu ou atribuiu a terceiro, perante a administração militar, falsa identidade, para obter vantagem em proveito próprio ou alheio, ou para causar dano a outrem.

2.10 Quadro-resumo

Sujeitos
- Ativo: qualquer pessoa.
- Passivo: é o Estado, bem como aquelas pessoas que, de alguma forma, foram prejudicadas com o comportamento praticado pelo sujeito ativo.

Objeto material
Não há objeto material.

Bem(ns) juridicamente protegido(s)
A fé pública.

Elemento subjetivo
Dolo, não havendo previsão para a modalidade de natureza culposa.

Modalidades comissiva e omissiva
O núcleo atribuir pressupõe um comportamento comissivo por parte do agente, podendo, no entanto, ser cometido via omissão imprópria.

Consumação e tentativa
- Consuma-se o delito quando o agente atribui-se ou atribui a terceiro falsa identidade para obter vantagem, em proveito próprio ou alheio, ou para causar dano a outrem.
- Não há necessidade de que o agente, efetivamente, obtenha a vantagem, em proveito próprio ou alheio, ou que cause dano a outrem, pois cuida-se, *in casu*, de delito de natureza formal, de consumação antecipada.
- Será possível o reconhecimento da tentativa desde que, no caso concreto, se possa fracionar o *iter criminis*.

3. USO DE DOCUMENTO DE IDENTIDADE ALHEIA

Uso de documento de identidade alheia
Art. 308. Usar, como próprio, passaporte, título de eleitor, caderneta de reservista ou qualquer documento de identidade alheia ou ceder a outrem, para que dele se utilize, documento dessa natureza, próprio ou de terceiro:
Pena – detenção, de quatro meses a dois anos, e multa, se o fato não constitui elemento de crime mais grave.

3.1 Introdução

O art. 308 do Código Penal prevê uma modalidade especializada de *falsa identidade*. Embora não exista rubrica antecedendo o artigo, fornecendo-lhe o nomen juris, a doutrina convencionou denominar o delito em estudo de *uso de documento de identidade alheia*,[63] *uso indevido de documentos pessoais alheios*[64] ou, ainda, *uso, como próprio, de documento de identidade alheio*,[65] *falsa identidade especial*,[66] *uso ou cessão para uso de documento de identificação civil de terceiro*,[67] dentre outros.

Dissertando sobre o tema, esclarece Hungria:

"Variante do crime *falsa identidade*, o crime em exame é, também, um *soldado de reserva*: só quando não represente elemento de outro crime mais grave é que será punível autonomamente. Já aqui, a falsidade se apresenta com maior gravidade, por isso que *ajudada* pelo abuso de documento público, explicando-se, assim, que a lei, na espécie, não haja condicionado o crime à vantagem outra que não a específica do documento de que se trata."[68]

De acordo com a redação constante do tipo penal em estudo, podemos apontar os seguintes elementos: *a)* a conduta de *usar*, como próprio, passaporte, título de eleitor, caderneta de reservista ou qualquer documento de identidade alheia; *b)* ou *ceder* a outrem, para que o utilize, documento dessa natureza, seja próprio ou de terceiro.

O núcleo *usar* deve ser entendido no sentido de efetiva utilização, ou seja, o agente, volitivamente, utiliza, faz uso de um documento de identidade alheio como se fosse próprio, fazendo-se, portanto, passar pela pessoa que consta do referido documento, daí dizer-se que o delito em exame pode ser entendido como uma modalidade especializada de falsa identidade.

A lei penal se vale da chamada interpretação analógica, haja vista que, exemplificativamente, aponta os documentos que, se utilizados pelo agente, importarão na prática do delito tipificado no art. 308 do Código Penal para, logo em seguida, utilizar uma fórmula genérica, abrangendo com ela qualquer outro documento de identidade alheia, que não os já citados expressamente.

A fórmula casuística aponta que incorrerá na infração penal em análise aquele que fizer uso, como próprio, de *passaporte* (documento oficial de um Estado, que permite aos seus portadores o ingresso, bem como a saída de determinados países, que serve como documento de identificação do seu portador); *título de eleitor* (documento de identidade que comprova estar o seu portador devidamente registrado na Justiça Eleitoral, podendo, portanto, exercitar a democracia, fazendo valer o seu direito de voto); *caderneta de reservista* (documento que demonstra a regularidade de seu portador perante o serviço militar obrigatório, sendo aquele que, efetivamente, serviu ou foi dispensado do serviço nas Forças Armadas – Marinha, Exército ou Aeronáutica).

Além desses três documentos apontados, o art. 308 ainda compreende, nas suas disposições, *qualquer documento de identidade alheia*, vale dizer, qualquer outro documento que contenha, oficialmente, as características pessoais de seu portador, a exemplo do que ocorre

---

[63] FRAGOSO, Heleno Cláudio. *Lições de direito penal* – Parte especial, v. II, p. 375.
[64] HUNGRIA, Nélson. *Comentários ao código penal*, v. IX, p. 309.
[65] BITENCOURT, Cezar Roberto. *Tratado de direito penal*, v. 4, p. 361.
[66] COÊLHO, Yuri Carneiro. *Curso de direito penal didático*, p. 975.
[67] CUNHA, Sanches Rogério. *Manual de direito penal* – parte especial, volume único, p. 753.
[68] HUNGRIA, Nélson. *Comentários ao código penal*, v. IX, p. 309.

com a *carteira nacional de habilitação*, ou mesmo com as *carteiras funcionais*, pertencentes aos servidores públicos em geral.

Além do *uso* efetivo pelo agente, a segunda parte do art. 308 do Código Penal tipifica, também, o comportamento daquele que *cede* a outrem quaisquer dos documentos que possuam essa natureza para que deles se utilize, seja próprio ou de terceiro.

Nesse caso, o agente deverá ter conhecimento de que, ao ceder o documento de identidade, o outro sujeito o usará, fazendo-se passar pelo seu titular, pois, caso contrário, sua conduta será atípica. Assim, deverá integrar o seu dolo o conhecimento de que a pessoa para quem entrega o documento pertencente a outrem o usará, fazendo-se passar pelo seu titular.

3.2 Classificação doutrinária

Crime comum, tanto no que diz respeito ao sujeito ativo quanto ao sujeito passivo; doloso (não havendo previsão para a modalidade de natureza culposa); comissivo (podendo, também, nos termos do art. 13, § 2º, do Código Penal, ser praticado via omissão imprópria, na hipótese de o agente gozar do *status* de garantidor); de forma livre; instantâneo; monossubjetivo; plurissubsistente ou monossubsistente (dependendo da forma como o delito seja praticado, podendo ou não ser fracionado o *iter criminis*); não transeunte.

3.3 Sujeito ativo e sujeito passivo

Qualquer pessoa pode ser *sujeito ativo* do delito previsto pelo art. 308 do Código Penal, não exigindo o tipo em estudo nenhuma qualidade ou condição especial.

O *sujeito passivo* é o Estado, como também a pessoa eventualmente prejudicada com a conduta praticada pelo agente.

3.4 Objeto material e bem juridicamente protegido

A fé pública é o bem juridicamente protegido pelo tipo constante do art. 308 do Código Penal.

O *objeto material* é o passaporte, título de eleitor, caderneta de reservista ou qualquer outro documento de identidade alheia utilizado pelo agente como próprio.

3.5 Consumação e tentativa

O delito se consuma, na primeira hipótese, com a efetiva utilização do documento. Não se pode falar em tentativa quando, por exemplo, quaisquer dos documentos mencionados pelo art. 308 do Código Penal forem encontrados em poder do agente sem que ele, efetivamente, os utilize.

Assim, imagine-se a hipótese em que o agente é interceptado numa *blitz*, dirigindo um automóvel sem a necessária carteira de habilitação. Desconfiado, o policial pede ao motorista que saia do veículo e dá início a uma busca pessoal. Ao pegar os documentos do agente, percebe que, junto deles, encontra-se uma carteira de habilitação pertencente a outra pessoa. Nessa hipótese, estaria o agente fazendo *uso* do mencionado documento de propriedade de outrem? A resposta só pode ser negativa.

Dessa forma, a consumação somente ocorrerá quando o agente, volitivamente, fizer uso efetivo do documento pertencente a terceiro como se fosse próprio. O simples trazer consigo não importa no reconhecimento da infração penal em estudo.

No que diz respeito à segunda parte do artigo em estudo, ocorre a consumação quando o agente *cede* a outrem qualquer dos documentos mencionados pelo tipo penal, seja próprio ou de terceiro, para que o utilize. Não há necessidade de que o sujeito que recebeu o documento do agente o utilize, pois, conforme salienta Fragoso, "o crime consuma-se com a cessão, ou seja, com a entrega do documento ao interessado, para que o use, sendo irrelevante que ele venha efetivamente a usá-lo, e que a cessão seja onerosa ou gratuita".[69]

Embora mais difícil na primeira hipótese, será possível o reconhecimento da tentativa tanto no que diz respeito ao uso quanto à cessão do documento de identidade, dependendo da possibilidade de, no caso concreto, ser fracionado o *iter criminis*.

3.6 Elemento subjetivo

O dolo é o elemento subjetivo exigido pelo delito tipificado no art. 308 do Código Penal, não havendo previsão para a modalidade de natureza culposa.

Assim, imagine-se a hipótese em que o agente, por erro, apresente a carteira de identidade de seu irmão, que se encontrava junto com seus documentos. Não se pode visualizar, nessa hipótese, qualquer comportamento doloso no sentido de dirigir sua conduta a, efetivamente, fazer uso de um documento pertencente a outrem, sendo, portanto, atípico o mencionado comportamento.

Da mesma forma, aquele que entrega a outrem um documento de identidade, sem ter o conhecimento de que o agente o usará, fazendo-se passar por seu titular, não atua com o elemento subjetivo necessário ao reconhecimento do delito em estudo.

3.7 Modalidades comissiva e omissiva

Os núcleos *usar* e *ceder* pressupõem um comportamento comissivo por parte do agente. No entanto, o delito poderá ser cometido via omissão imprópria na hipótese em que o agente, garantidor, dolosamente, podendo, nada fizer para evitar a prática de qualquer dos comportamentos previstos pelo art. 308 do Código Penal.

3.8 Pena e ação penal, competência para julgamento e suspensão condicional do processo

A pena cominada ao delito tipificado no art. 308 do Código Penal é de detenção, de 4 (quatro) meses a 2 (dois) anos, e multa, se o fato não constitui elemento de crime mais grave.

A ação penal é de iniciativa pública incondicionada.

Compete, pelo menos inicialmente, ao Juizado Especial Criminal o processo e julgamento do delito previsto no art. 308 do Código Penal, tendo em vista que a pena máxima cominada em abstrato não ultrapassa o limite de 2 (dois) anos, imposto pelo art. 61 da Lei nº 9.099/95, conforme alteração determinada pela Lei nº 11.313, de 28 de junho de 2006.

Será possível a confecção de proposta de suspensão condicional do processo, nos termos do art. 89 da Lei nº 9.099/95.

3.9 Destaques

3.9.1 Delito subsidiário

Se o agente utiliza o documento de outrem para o fim de, com ele, praticar uma outra infração penal, mais grave, será aplicada a regra constante da segunda parte do preceito secundário do art. 308 do Código Penal.

---

[69] FRAGOSO, Heleno Cláudio. *Lições de direito penal* – Parte especial, v. II, p. 376.

Assim, por exemplo, se o agente, a fim de praticar um delito de furto, utiliza uma carteira funcional de identificação pertencente a outrem, facilitando, assim, o seu ingresso na residência da vítima, deverá responder pelo delito de furto qualificado pelo emprego de fraude, restando afastado o delito constante do art. 308 do Código Penal, diante de sua natureza subsidiária.

3.9.2 Uso de documento pessoal alheio e Código Penal Militar

O delito de uso de documento pessoal alheio veio previsto no Código Penal Militar (Decreto-Lei nº 1.001, de 21 de outubro de 1969), conforme se verifica pela leitura do seu art. 317, punindo com pena de detenção de até seis meses, se o fato não constitui crime mais grave, aquele que usa, como próprio, documento de identidade alheia, ou qualquer licença ou privilégio em favor de outrem, ou cede a outrem documento próprio da mesma natureza, para que dele se utilize, desde que o fato atente contra a administração ou o serviço militar.

3.10 Quadro-resumo

Sujeitos
» Ativo: qualquer pessoa.
» Passivo: é o Estado, bem como aquelas pessoas que, de alguma forma, foram prejudicadas com o comportamento praticado pelo sujeito ativo.

Objeto material
É o passaporte, título de eleitor, caderneta de reservista ou qualquer outro documento de identidade alheia utilizado pelo agente como próprio.

Bem(ns) juridicamente protegido(s)
A fé pública.

Elemento subjetivo
Dolo, não havendo previsão para a modalidade de natureza culposa.

Modalidades comissiva e omissiva
Os núcleos usar e ceder pressupõem um comportamento comissivo por parte do agente, podendo, no entanto, ser cometido via omissão imprópria.

Consumação e tentativa
» O delito se consuma, na primeira hipótese, com a efetiva utilização do documento. Não se pode falar em tentativa quando, por exemplo, quaisquer dos documentos mencionados pelo art. 308 do CP forem encontrados em poder do agente sem que ele, efetivamente, os utilize.
» No que diz respeito à segunda parte do artigo em estudo, ocorre a consumação quando o agente cede a outrem qualquer dos documentos mencionados pelo tipo penal, seja próprio ou de terceiro, para que o utilize. Não há necessidade de que o sujeito que recebeu o documento do agente o utilize.
» Embora mais difícil na primeira hipótese, será possível o reconhecimento da tentativa, dependendo da possibilidade de, no caso concreto, ser fracionado o *iter criminis*.

4. FRAUDE DE LEI SOBRE ESTRANGEIRO

> **Fraude de lei sobre estrangeiro**
> **Art. 309.** Usar o estrangeiro, para entrar ou permanecer no território nacional, nome que não é o seu:
> Pena – detenção, de um a três anos, e multa.
> **Parágrafo único.** Atribuir a estrangeiro falsa qualidade para promover-lhe a entrada em território nacional:
> Pena – reclusão, de um a quatro anos, e multa.

4.1 Introdução

Embora a Constituição Federal, em seu art. 5º, inciso XV, garanta a liberdade de locomoção, em tempo de paz, no território nacional, esse direito, principalmente no que diz respeito aos estrangeiros, sofre limitações, pois o próprio inciso constitucional faz essa ressalva, dizendo, *verbis*:

> XV – é livre a locomoção no território nacional em tempo de paz, podendo qualquer pessoa, nos termos da lei, nele entrar, permanecer ou dele sair com seus bens;
> [...].

A Lei nº 13.445, de 24 de maio de 2017, revogou o Estatuto do Estrangeiro (Lei nº 6.815, de 19 de agosto de 1980) e instituiu a Lei de Migração, dizendo, em seu art. 1º, *verbis*:

> **Art. 1º** Esta Lei dispõe sobre os direitos e os deveres do migrante e do visitante, regula a sua entrada e estada no País e estabelece princípios e diretrizes para as políticas públicas para o emigrante.
> § 1º Para os fins desta Lei, considera-se:
> I – (Vetado);
> II – imigrante: pessoa nacional de outro país ou apátrida que trabalha ou reside e se estabelece temporária ou definitivamente no Brasil;
> III – emigrante: brasileiro que se estabelece temporária ou definitivamente no exterior;
> IV – residente fronteiriço: pessoa nacional de país limítrofe ou apátrida que conserva a sua residência habitual em município fronteiriço de país vizinho;
> V – visitante: pessoa nacional de outro país ou apátrida que vem ao Brasil para estadas de curta duração, sem pretensão de se estabelecer temporária ou definitivamente no território nacional;
> VI – apátrida: pessoa que não seja considerada como nacional por nenhum Estado, segundo a sua legislação, nos termos da Convenção sobre o Estatuto dos Apátridas, de 1954, promulgada pelo Decreto nº 4.246, de 22 de maio de 2002, ou assim reconhecida pelo Estado brasileiro.

O art. 3º do referido diploma legal, a seu turno, prevê uma série de princípios e diretrizes em seus incisos.

Deverá o estrangeiro, no entanto, obedecer a todas as determinações relativas ao seu ingresso e permanência no país, sob pena de, inclusive, ser responsabilizado criminalmente, como na hipótese constante do art. 309 do Código Penal, que prevê o delito de *fraude de lei sobre estrangeiro*. Assim, de acordo com a redação constante do *caput* da mencionada figura típica, podemos destacar os seguintes elementos: *a)* a conduta de usar o estrangeiro, nome que não é o seu; *b)* a fim de entrar ou permanecer no território nacional.

Conforme esclarece Noronha:

> "O núcleo do tipo é *usar*, isto é, fazer uso, empregar, utilizar etc. Trata-se de *uso de nome* que não é do agente. A lei prevê, pois, o fato dele atribuir a si mesmo nome que não possui. Esse uso tem o fim ou escopo de entrar ou permanecer em território pátrio.
> Pouco importa que o nome seja de outra pessoa ou fictício: a fraude se dá do mesmo modo."[70]

---

[70] NORONHA, Edgard Magalhães. *Direito penal*, v. 4, p. 195.

Não é a simples utilização do nome falso pelo estrangeiro que caracteriza o delito em estudo. Na verdade, deverá atuar com uma finalidade especial, ou seja, a de entrar ou permanecer no território nacional, pois, caso contrário, o fato poderá não se amoldar.

Ressalte-se, ainda, que a lei penal somente faz menção ao *nome* que é utilizado falsamente pelo estrangeiro. Assim, se o estrangeiro atribui, falsamente, a si mesmo uma profissão, um estado civil etc., o fato não se amoldará ao tipo do art. 309 do Código Penal, não se admitindo, em obediência ao princípio da legalidade, a utilização da analogia *in malam partem*.

4.2 Classificação doutrinária

Crime próprio na modalidade fundamental e comum na modalidade qualificada; doloso (não havendo previsão para a modalidade de natureza culposa); comissivo (podendo, também, nos termos do art. 13, § 2º, do Código Penal, ser praticado via omissão imprópria, na hipótese de o agente gozar do *status* de garantidor); de forma vinculada; instantâneo; monossubjetivo; plurissubsistente ou monossubsistente (dependendo da forma como o delito for praticado, podendo ou não ser fracionado o *iter criminis*); transeunte.

4.3 Sujeito ativo e sujeito passivo

Crime próprio no que diz respeito à modalidade fundamental, somente o estrangeiro é que poderá figurar como *sujeito ativo*; já na modalidade qualificada, prevista pelo parágrafo único do art. 309, cuida-se de crime comum, razão pela qual qualquer pessoa poderá ser considerada sujeito ativo do delito.

Sujeito passivo é o Estado.

4.4 Objeto material e bem juridicamente protegido

A *fé pública* é o bem juridicamente protegido pelo tipo penal que prevê o delito de *fraude de lei sobre estrangeiro*.

Não há objeto material.

4.5 Consumação e tentativa

O delito previsto no *caput* do art. 309 do Código Penal se consuma quando o estrangeiro, efetivamente, usa um nome que não é o seu, ou seja, se identifica como outra pessoa, sendo que assim atua para entrar ou permanecer no território nacional. Merece ser ressaltado que a simples utilização de um nome que não é o da pessoa já configura o delito em exame, não havendo necessidade de que, com isso, consiga entrar ou permanecer no território nacional.

Embora seja de difícil ocorrência, preferimos não descartar a possibilidade de tentativa, dependendo do caso concreto, em que se poderá, com mais precisão, verificar ou não a sua ocorrência.

Com relação à modalidade qualificada, o delito se consuma quando o agente *atribui*, ou seja, imputa a estrangeiro falsa qualidade, almejando, com isso, promover-lhe a entrada em território nacional. O delito se consuma mesmo que o agente não consiga atingir a sua finalidade, vale dizer, a entrada do estrangeiro em território nacional, considerada como mero exaurimento do crime.

Também aqui será difícil o reconhecimento da tentativa.

4.6 Elemento subjetivo

O dolo é o elemento subjetivo exigido tanto pelo *caput* quanto pelo parágrafo único do art. 309 do Código Penal, não havendo previsão para a modalidade de natureza culposa.

Assim, por exemplo, se o agente afirma, por erro, a qualidade de um estrangeiro que não coincide com a verdade, poderá ser arguido o erro de tipo, eliminando-se o dolo e, consequentemente, a própria infração penal.

4.7 Modalidades comissiva e omissiva

Os núcleos *usar* (*caput*) e *atribuir* (parágrafo único) pressupõem um comportamento comissivo por parte do agente. No entanto, o delito poderá ser cometido via omissão imprópria na hipótese em que o agente, garantidor, dolosamente, podendo, nada fizer para evitar a prática de qualquer dos comportamentos previstos pelo art. 309 do Código Penal.

4.8 Modalidade qualificada

A modalidade qualificada encontra-se prevista no parágrafo único do art. 309 do Código Penal, que lhe foi acrescentado pela Lei nº 9.426, de 24 de dezembro de 1996, com a seguinte redação:

> **Parágrafo único.** Atribuir a estrangeiro falsa qualidade para promover-lhe a entrada em território nacional.
> Pena – reclusão, de um a quatro anos, e multa.

Aqui, ao contrário da situação prevista no *caput*, o sujeito ativo é alguém que imputa ao estrangeiro falsa qualidade. *Qualidade* é um termo amplo, que abrange não somente o nome, mas outros dados que podem servir para identificá-lo, a exemplo da profissão, filiação, idade, condição social etc.

A conduta do agente ao imputar uma qualidade falsa a um estrangeiro deve ser dirigida finalisticamente no sentido de promover-lhe a entrada no território nacional, pois, caso contrário, o fato poderá ser considerado um indiferente penal. Dessa forma, assiste razão a Luiz Regis Prado quando afirma:

> "É preciso que a falsa qualidade atribuída tenha nexo lógico com os requisitos exigidos para o ingresso do alienígena em território nacional. Assim, v.g., configura o tipo afirmar falsamente que o estrangeiro é ministro de confissão religiosa, para propiciar sua entrada (...). De outro lado, não haverá o crime se a atribuição da falsa qualidade nenhuma relação tem com as exigências legais ou regulamentares para admissão no território brasileiro (v.g., atribuir-lhe formação universitária, quando o estrangeiro pleiteia visto de turista), porque nesse caso o falso é inócuo."[71]

Como o parágrafo único do art. 309 do Código Penal somente menciona a finalidade do agente em promover a *entrada* do estrangeiro em território nacional, ficará afastada do mencionado tipo penal a conduta do agente quando dirigida a fazer com que ele aqui *permaneça*, podendo, se for o caso, se amoldar a outra figura típica, a exemplo do art. 307 do Código Penal.

---

[71] PRADO, Luiz Regis. *Curso de direito penal brasileiro*, v. 4, p. 312.

4.9 Pena, ação penal e suspensão condicional do processo

Para a modalidade fundamental do delito de *fraude de lei sobre estrangeiro*, comina o preceito secundário do art. 309 do Código Penal uma pena de detenção, de 1 (um) a 3 (três) anos, e multa.

Para a modalidade qualificada, constante do parágrafo único, que foi acrescentado ao art. 309 do Código Penal pela Lei nº 9.426, de 24 de dezembro de 1996, está prevista uma pena de reclusão, de 1 (um) a 4 (quatro) anos, e multa.

A ação penal é de iniciativa pública incondicionada.

Será possível a confecção de proposta de suspensão condicional do processo, em ambas as modalidades, nos termos do art. 89 da Lei nº 9.099/95.

4.10 Quadro-resumo

Sujeitos
- Ativo:
  Modalidade simples: somente o estrangeiro;
  Modalidade qualificada: qualquer pessoa.
- Passivo: é o Estado.

Objeto material
Não há objeto material.

Bem(ns) juridicamente protegido(s)
A fé pública.

Elemento subjetivo
Dolo, não havendo previsão para a modalidade de natureza culposa.

Modalidades comissiva e omissiva
Os núcleos usar (*caput*) e atribuir (parágrafo único) pressupõem um comportamento comissivo por parte do agente, podendo, no entanto, ser cometido via omissão imprópria.

Consumação e tentativa
- O delito se consuma quando o estrangeiro, efetivamente, usa um nome que não é o seu, sendo que assim atua para entrar ou permanecer no território nacional. Merece ser ressaltado que a simples utilização de um nome que não é o da pessoa já configura o delito em exame.
- Com relação à modalidade qualificada, o delito se consuma quando o agente atribui, ou seja, imputa a estrangeiro falsa qualidade, almejando, com isso, promover-lhe a entrada em território nacional.
- É difícil o reconhecimento da tentativa.

5. FALSIDADE EM PREJUÍZO DA NACIONALIZAÇÃO DE SOCIEDADE

> **Falsidade em prejuízo da nacionalização de sociedade**
> **Art. 310.** Prestar-se a figurar como proprietário ou possuidor de ação, título ou valor pertencente a estrangeiro, nos casos em que a este é vedada por lei a propriedade ou a posse de tais bens:
> Pena – detenção, de seis meses a três anos, e multa.

5.1 Introdução

O delito de *falsidade em prejuízo da nacionalização de sociedade* encontrava-se, originariamente, previsto no art. 311 do Código Penal. Com a nova redação dada pela Lei nº 9.426, de 24 de dezembro de 1996, houve renumeração do mencionado artigo, passando, agora, a figurar essa infração penal no art. 310 do Código Penal.

No entanto, embora tenha havido essa renumeração, não foi mantida a rubrica indicativa do *nomen juris* do delito, o que não nos impede de continuar usando a mesma designação para apontar a infração penal em estudo, mesmo havendo autores, a exemplo de Cezar Roberto Bitencourt, que a reconhecem pelo título de *simulação da figura de proprietário ou possuidor em nome de estrangeiro*.

Não houve, na verdade, modificação da redação constante do *preceito primário* do artigo, na qual podemos apontar os seguintes elementos: *a)* a conduta de prestar-se a figurar como proprietário ou possuidor de ação, título ou valor pertencente a estrangeiro; *b)* nos casos em que a este é vedada por lei a propriedade ou a posse de tais bens.

Em diversas passagens, a Constituição Federal reserva a propriedade de determinados bens, por diversos motivos (segurança nacional, interesses políticos, socioeconômicos etc.) aos brasileiros natos ou, pelo menos, naturalizados. Veja-se, por exemplo, o disposto no *caput* de seu art. 222, assim redigido:

> **Art. 222.** A propriedade de empresa jornalística e de radiofusão sonora e de sons e imagens é privativa de brasileiros natos ou naturalizados há mais de dez anos, ou de pessoas jurídicas constituídas sob as leis brasileiras e que tenham sede no País.

Por isso, a norma constante do art. 310 do Código Penal proíbe essa espécie de "simulação" em que o agente, de acordo com a redação legal, *presta-se a figurar* como proprietário ou possuidor de ação, título ou valor pertencente a estrangeiro, nos casos em que lhe é vedada por lei a propriedade ou a posse de tais bens.

O agente, na verdade, funciona como um "testa de ferro", também conhecido vulgarmente como "laranja", burlando, assim, as proibições constantes de nosso ordenamento jurídico.

Trata-se, portanto, de norma penal em branco, também conhecida como norma primariamente remetida, devendo o intérprete conhecer o seu complemento, em que se encontram as proibições destinadas aos estrangeiros, a fim de que ela possa ser entendida e aplicada.

O agente ("testa de ferro" ou "laranja") pode agir gratuita ou onerosamente, ou seja, prestar-se a figurar como proprietário em troca de uma vantagem qualquer, ou mesmo levar a efeito o comportamento típico movido por um sentimento de amizade com o estrangeiro.

5.2 Classificação doutrinária

Crime comum, tanto no que diz respeito ao sujeito ativo quanto ao sujeito passivo; doloso (não havendo previsão para a modalidade de natureza culposa); comissivo (podendo, também, nos termos do art. 13, § 2º, do Código Penal, ser praticado via omissão imprópria, na hipótese de o agente gozar do *status* de garantidor); de forma livre; instantâneo; monossubjetivo; plurissubsistente; não transeunte.

5.3 Sujeito ativo e sujeito passivo

Qualquer pessoa de nacionalidade brasileira pode ser *sujeito ativo* do delito previsto pelo art. 310 do Código Penal, não exigindo o tipo em estudo nenhuma qualidade ou condição especial.

O *sujeito passivo* é o Estado.

5.4 Objeto material e bem juridicamente protegido

A fé pública é o bem juridicamente protegido pelo tipo penal que prevê o delito de *falsidade em prejuízo de nacionalização de sociedade*.

O objeto material é a ação, título ou valor pertencente a estrangeiro, dos quais o agente simula ser proprietário ou possuidor.

5.5 Consumação e tentativa

O delito se consuma, segundo Noronha, "quando se dá a efetiva substituição do verdadeiro possuidor ou proprietário, isto é, quando o "homem de palha" passa a ter ou possuir aparentemente os valores que não lhe pertencem".[72]

Tratando-se de crime plurissubsistente, será possível o reconhecimento da tentativa.

5.6 Elemento subjetivo

O dolo é o elemento subjetivo exigido pelo tipo penal que prevê o delito de *falsidade em prejuízo da nacionalização de sociedade*, não havendo previsão para a modalidade de natureza culposa.

5.7 Modalidades comissiva e omissiva

A conduta de prestar-se a figurar como proprietário ou possuidor pressupõe um comportamento comissivo por parte do agente. No entanto, o delito poderá ser cometido via omissão imprópria na hipótese em que o agente, garantidor, dolosamente, podendo, nada fizer para evitar a prática de qualquer dos comportamentos previstos pelo art. 310 do Código Penal.

5.8 Pena, ação penal e suspensão condicional do processo

A pena cominada ao delito em estudo é de detenção, de 6 (seis) meses a 3 (três) anos, e multa.

A ação penal é de iniciativa pública incondicionada.

Será possível a confecção de proposta de suspensão condicional do processo, nos termos do art. 89 da Lei nº 9.099/95.

---

[72] NORONHA, Edgard Magalhães. *Direito penal*, v. 4, p. 200.

5.9 Quadro-resumo

Sujeitos
» Ativo: qualquer pessoa.
» Passivo: é o Estado.

Objeto material
É a ação, título ou valor pertencente a estrangeiro, dos quais o agente simula ser proprietário ou possuidor.

Bem(ns) juridicamente protegido(s)
A fé pública.

Modalidades comissiva e omissiva
A conduta de prestar-se a figurar como proprietário ou possuidor pressupõe um comportamento comissivo por parte do agente, podendo, no entanto, ser cometido via omissão imprópria.

Consumação e tentativa
» O delito se consuma "quando se dá a efetiva substituição do verdadeiro possuidor ou proprietário, isto é, quando o 'homem de palha' passa a ter ou possuir aparentemente os valores que não lhe pertencem" (NORONHA, 2003, p. 200).
» A tentativa é admissível.

6. ADULTERAÇÃO DE SINAL IDENTIFICADOR DE VEÍCULO

Adulteração de sinal identificador de veículo
Art. 311. Adulterar, remarcar ou suprimir número de chassi, monobloco, motor, placa de identificação, ou qualquer sinal identificador de veículo automotor, elétrico, híbrido, de reboque, de semirreboque ou de suas combinações, bem como de seus componentes ou equipamentos, sem autorização do órgão competente:
Pena – reclusão, de 3 (três) a 6 (seis) anos, e multa.
§ 1º Se o agente comete o crime no exercício da função pública ou em razão dela, a pena é aumentada de um terço.
§ 2º Incorrem nas mesmas penas do *caput* deste artigo:
I – o funcionário público que contribui para o licenciamento ou registro do veículo remarcado ou adulterado, fornecendo indevidamente material ou informação oficial;
II – aquele que adquire, recebe, transporta, oculta, mantém em depósito, fabrica, fornece, a título oneroso ou gratuito, possui ou guarda maquinismo, aparelho, instrumento ou objeto especialmente destinado à falsificação e/ou adulteração de que trata o *caput* deste artigo; ou
III – aquele que adquire, recebe, transporta, conduz, oculta, mantém em depósito, desmonta, monta, remonta, vende, expõe à venda, ou de qualquer forma utiliza, em proveito próprio ou alheio, veículo automotor, elétrico, híbrido, de reboque, semirreboque ou suas combinações ou partes, com número de chassi ou monobloco, placa de identificação ou qualquer sinal identificador veicular que devesse saber estar adulterado ou remarcado.
§ 3º Praticar as condutas de que tratam os incisos II ou III do § 2º deste artigo no exercício de atividade comercial ou industrial:
Pena – reclusão, de 4 (quatro) a 8 (oito) anos, e multa.

> § 4º Equipara-se a atividade comercial, para efeito do disposto no § 3º deste artigo, qualquer forma de comércio irregular ou clandestino, inclusive aquele exercido em residência.

6.1 Introdução

Até o advento da Lei nº 9.426, de 24 de dezembro de 1996, não havia sido previsto em nosso ordenamento jurídico-penal o delito de *adulteração de sinal identificador de veículo*, fruto de uma "nova onda de criminalidade", que teve início quando os proprietários de oficinas mecânicas, ou mesmo pessoas com habilidades no conserto de veículos, passaram a auxiliar grupos criminosos, modificando os sinais identificadores dos veículos que tinham sido objeto de infração penal (furto, roubo, receptação etc.).

A criação do delito de *adulteração de sinal identificador de veículo* veio, na verdade, preencher essa lacuna, uma vez que aqueles que auxiliavam esses grupos criminosos, geralmente, ficavam impunes, pois que somente intervinham após a consumação da infração penal, ou seja, após, por exemplo, a prática do furto ou do roubo, quando já não era mais possível o recurso ao art. 29 do Código Penal, que prevê o concurso de pessoas, a não ser que o sujeito que levava a efeito a adulteração ou a remarcação do chassi, *v.g.*, fizesse parte do grupo. Até mesmo nessa hipótese, somente haveria responsabilização penal pelo delito contra o patrimônio que havia sido praticado, vale dizer, a subtração do veículo automotor.

Agora, com a criação típica do delito de *adulteração de sinal identificador de veículo*, pune-se, de forma autônoma, o delito contra o patrimônio, bem como a infração penal contra a fé pública, podendo, inclusive, se for o caso, haver o concurso de crimes.

Inicialmente, o tipo penal em estudo havia recebido a rubrica de *adulteração de sinal identificador de veículo automotor*. Contudo, em 26 de abril de 2023, a Lei nº 14.562 promoveu importantes alterações no referido tipo penal, prevendo outros comportamentos, adaptando-o à atual realidade.

O núcleo *adulterar* é utilizado pelo texto legal no sentido de mudar, alterar, modificar; *remarcar* significa marcar de novo, tornar a marcar; *suprimir* tem o sentido de eliminar completamente. Dessa forma, ou o agente pode adulterar, por exemplo, o chassi de um automóvel, modificando apenas alguns números ou letras, ou pode remarcá-lo completamente, retirando a sua anterior identificação, ou, ainda, suprimi-lo, apagando-o, riscando-o ou recortando-o completamente.

Objeto material da ação do sujeito é o número de chassi, monobloco, motor, placa de identificação, ou qualquer sinal identificador de veículo automotor, elétrico, híbrido, de reboque, de semirreboque ou de suas combinações, bem como de seus componentes ou equipamentos, sem autorização do órgão competente. A conduta do agente, como esclarecido, visa a não permitir a identificação original do veículo. (*Vide* arts. 114 e 115 do Código de Trânsito brasileiro.)

É pacífica a jurisprudência em ambas as turmas que a conduta consistente na troca de placas de veículo configura o crime previsto no art. 311, *caput*, do Código Penal, tendo em vista a adulteração dos sinais identificadores (STJ, AgRg no AREsp 1.352.798/MS, Rel. Min. Ribeiro Dantas, 5ª T., *DJe* 03/12/2018).

Nesse sentido:

STJ, REsp 1.722.894/RJ, Rel. Min. Jorge Mussi, 5ª T., *DJe* 25/05/2018; STJ, HC 407.207/SP, Rel. Min. Ribeiro Dantas, 5ª T., *DJe* 21/09/2017; STJ, AgRg no AREsp 582.982/RJ, Rel. Min. Joel Ilan Paciornik, 5ª T., *DJe* 15/08/2016; STJ, AgRg no REsp 1216191/SP, Rel.ª Min.ª Maria Thereza de Assis Moura, 6ª T., *DJe* 29/08/2012; STJ, REsp 1035710/SP, Rel.ª Min.ª Laurita Vaz, 5ª T., *DJe* 21/06/2011; STJ, AgRg no REsp 980621/RS, Rel.ª Min.ª Maria Thereza de Assis Moura, 6ª T., *DJe* 21/03/2011; TJRS, ACr 70036311488, Rel. Des. Aristides Pedroso de Albuquerque Neto,

DJERS 03/08/2010; TJMG, APCR 0616215-44.2004.8.13.0480, Rel. Des. Eduardo Brum, *DJEMG* 21/07/2010; TJDF, Ac. 432.142, Rel. Des. Silvânio Barbosa dos Santos, *DJDFTE* 15/07/2010, p. 159; STJ, HC 142.131/MA, Rel. Min. Og Fernandes, 6ª T., *DJe* 21/06/2010; TJRS, Ap. Crim. 70028059723, 4ª Câm. Crim., Rel. José Eugênio Tedesco, j. 25/06/2009.

6.2 Classificação doutrinária

Crime comum, tanto no que diz respeito ao sujeito ativo quanto ao sujeito passivo; doloso (não havendo previsão para a modalidade de natureza culposa); comissivo (podendo, também, nos termos do art. 13, § 2º, do Código Penal, ser praticado via omissão imprópria, na hipótese de o agente gozar do *status* de garantidor); de forma livre; instantâneo; monossubjetivo; plurissubsistente; não transeunte.

6.3 Sujeito ativo e sujeito passivo

Qualquer pessoa pode ser *sujeito ativo*.

O *sujeito passivo* é o Estado, bem como aquelas pessoas eventualmente prejudicadas com o comportamento praticado pelo agente.

6.4 Objeto material e bem juridicamente protegido

A fé pública é o bem juridicamente protegido pelo tipo penal que prevê o delito de *adulteração de sinal identificador de veículo*.

O objeto material é o número do chassi, monobloco, motor, placa de identificação, ou qualquer sinal identificador de veículo automotor, elétrico, híbrido, de reboque, de semirreboque ou de suas combinações, bem como de seus componentes ou equipamentos.

Este Superior Tribunal firmou o entendimento no sentido de que é típica a conduta de instalar e alterar número de placa de veículo automotor com tinta preta, conforme ocorreu na espécie dos autos. E isto porque a objetividade jurídica tutelada pelo art. 311 do CP é a fé pública ou, mais precisamente, a proteção da autenticidade dos sinais identificadores de automóveis (STJ, AgRg no AREsp 766.475/PR, Rel. Min. Ribeiro Dantas, 5ª T., *DJe* 19/05/2017).

Nesse sentido:

TJMG, Ap. Crim. 1.0433.05.169525-5/001[1], Rel. Eduardo Brum, j. 20/05/2008.

6.5 Consumação e tentativa

O delito se consuma quando o agente, efetivamente, leva a efeito a adulteração, a remarcação ou a supressão do chassi, monobloco, motor, placa de identificação, ou qualquer sinal identificador de veículo automotor, elétrico, híbrido, de reboque, de semirreboque ou de suas combinações, bem como de seus componentes ou equipamentos, sem autorização do órgão competente.

A tentativa é admissível.

O delito de adulterar sinal identificador de veículo automotor é instantâneo de efeitos permanentes, ou seja, consuma-se no momento em que há a efetiva falsificação, que, por sua vez, perdura no tempo (STJ, HC 190619/RS, Rel. Min. Jorge Mussi, 5ª T., *DJe* 10/04/2013).

Nesse sentido:

TJES, ACr 24070648449, Rel.ª Des.ª Subst. Eliana Junqueira Munhos, *DJES* 13/08/2010, p. 193; TJMG, AC 1.0024. 00.001634-5/001, Rel. Armando Freire, *DJ* 29/11/2005.

6.6 Elemento subjetivo

O dolo é o elemento subjetivo exigido pelo tipo penal que prevê o delito de *adulteração de sinal identificador de veículo*, não havendo previsão para a modalidade de natureza culposa.

(...) 3. A jurisprudência deste Superior Tribunal entende que a simples conduta de adulterar a placa de veículo automotor é típica, enquadrando-se no delito descrito no art. 311 do Código Penal. Não se exige que a conduta do agente seja dirigida a uma finalidade específica, basta que modifique qualquer sinal identificador de veículo automotor (AgRg no AREsp 860.012/MG, Rel. Min. Rogerio Schietti Cruz, 6ª T., *DJe* 16/02/2017). (...) (AgRg nos EDcl no AREsp 1.713.529/SP, Rel. Min. Reynaldo Soares da Fonseca, 5ª T., julgado em 15/09/2020, *DJe* 21/09/2020).

Nesse sentido:

STJ, AgRg no REsp 1319351/SP, Rel.ª Min.ª Laurita Vaz, 5ª T., *DJe* 18/02/2013; STF, HC 107507/RS, Rel.ª Min.ª Rosa Weber, 1ª T., *DJe* 04/06/2012; STJ, HC 104.971/SP, Rel. Min. Jorge Mussi, 5ª T., *DJe* 09/08/2010.

6.7 Modalidades comissiva e omissiva

Os núcleos *adulterar, remarcar* e suprimir pressupõem um comportamento comissivo por parte do agente, podendo, no entanto, ser cometido via omissão imprópria.

6.8 Causa especial de aumento de pena

Se o agente comete o crime no exercício da função pública ou em razão dela, a pena é aumentada de um terço, nos termos do § 1º do art. 311 do Código Penal.

6.9 Modalidades assemelhadas

Diz o § 2º do art. 311 do Código Penal, com a redação que lhe foi conferida pela Lei nº 14.562, de 26 de abril de 2023, *verbis*:

> § 2º Incorrem nas mesmas penas do *caput* deste artigo:
> I – o funcionário público que contribui para o licenciamento ou registro do veículo remarcado ou adulterado, fornecendo indevidamente material ou informação oficial;
> II – aquele que adquire, recebe, transporta, oculta, mantém em depósito, fabrica, fornece, a título oneroso ou gratuito, possui ou guarda maquinismo, aparelho, instrumento ou objeto especialmente destinado à falsificação e/ou adulteração de que trata o *caput* deste artigo; ou
> III – aquele que adquire, recebe, transporta, conduz, oculta, mantém em depósito, desmonta, monta, remonta, vende, expõe à venda, ou de qualquer forma utiliza, em proveito próprio ou alheio, veículo automotor, elétrico, híbrido, de reboque, semirreboque ou suas combinações ou partes, com número de chassi ou monobloco, placa de identificação ou qualquer sinal identificador veicular que devesse saber estar adulterado ou remarcado.

Modalidade qualificada

O § 3º do art. 311 prevê a modalidade qualificada do delito em exame, asseverando:

> § 3º Praticar as condutas de que tratam os incisos II ou III do § 2º deste artigo no exercício de atividade comercial ou industrial:
> Pena – reclusão, de 4 (quatro) a 8 (oito) anos, e multa.

O § 4º do art. 311 equipara à atividade comercial, para efeito do disposto no § 3º do mesmo artigo, qualquer forma de comércio irregular ou clandestino, inclusive aquele exercido em residência.

6.10 Pena e ação penal

A pena cominada ao delito de *adulteração de sinal identificador de veículo* é de reclusão, de 3 (três) a 6 (seis) anos, e multa.

Em sua modalidade qualificada, prevista no § 3º do art. 311 do Código Penal, a pena é de reclusão de 4 (quatro) a 8 (oito) anos, e multa para aquele que praticar as condutas de que tratam os incisos II ou III do § 2º do artigo *sub examen*, no exercício de atividade comercial ou industrial.

Se o agente comete o crime no exercício da função pública ou em razão dela, a pena é aumentada em 1/3 (um terço).

A ação penal é de iniciativa pública incondicionada.

6.11 Crime continuado

Não há como reconhecer a continuidade delitiva entre os crimes de estelionato, receptação e adulteração de sinal identificador de veículo automotor, pois são infrações penais de espécies diferentes, que não estão previstas no mesmo tipo fundamental. Precedentes do STF e do STJ (STJ, REsp 738337/DF, Rel.ª Min.ª Laurita Vaz, 5ª T., *Rev. Jur.* 340, p. 151).

6.11.1 Alteração de placa de identificação do veículo com fita adesiva

Existe controvérsia doutrinária sobre se a alteração de placa de identificação do veículo, com fita adesiva, se configuraria no delito tipificado no art. 311 do Código Penal.

Rogério Sanches Cunha, com precisão, apontando a referida discussão doutrinária diz que, para uns:

"Não se apresentando adulteração concreta e definitiva com objetivo de fraudar a propriedade, o licenciamento ou o registro do veículo, trata-se de mera infração administrativa; para outros, há o crime do art. 311 do CP. Argumentam, em síntese, que a placa de um veículo motorizado, ao lado de outros sinais de identificação, se constitui num sinal identificador, ou melhor, como estabelece o CTB (arts. 114 e 115), um sinal externo de identificação. A circunstância de estarem tais sinais em dispositivos separados não significa que devam receber um tratamento penal diferenciado. De consequência, a alteração, adulteração ou remarcação de referido objeto, implica na incidência do art. 311 do Código Penal.

Não há, portanto, atipicidade na adulteração, contrafação, falsificação, deformação, deturpação ou remarcação de novo número ou sinal de identificação do veículo de seu componente ou equipamento, pouco importando o processo utilizado".[73]

O Superior Tribunal de Justiça e o Supremo Tribunal Federal já assentaram ser típica a conduta de modificar a placa de veículo automotor por meio de utilização de fita isolante. De fato, a jurisprudência é pacífica no sentido de que, a conduta de adulterar ou remarcar placas dianteiras ou traseiras de veículos automotores, por qualquer meio, se subsume perfeitamente ao tipo previsto no art. 311 do Código Penal (STJ, AgRg no REsp 1;670;062/SP, Rel.ª Min.ª Maria Thereza de Assis Moura, 6ª T., *DJe* 1º/08/2017).

---

[73] CUNHA, Sanches Rogério. *Manual de direito penal* – parte especial, volume único, p. 762.

6.11.2 Falsificação grosseira

Tem-se entendido, de forma majoritária, que a falsificação grosseira não se subsume ao delito tipificado no art. 311 do Código Penal, pois, conforme preleciona Yuri Carneiro Coêlho, "se a colocação de fita adesiva representar uma forma grosseira de adulteração, não restará típica a conduta do agente, tendo em vista a impossibilidade de violação da fé pública".[74]

6.12 Quadro-resumo

Sujeitos
» Ativo: qualquer pessoa de nacionalidade brasileira.
» Passivo: é o Estado, bem como aquelas pessoas que, de alguma forma, foram prejudicadas com o comportamento praticado pelo sujeito ativo.

Objeto material
É o número do chassi ou qualquer sinal identificador de veículo, de seu componente ou equipamento.

Bem(ns) juridicamente protegido(s)
A fé pública.

Elemento subjetivo
Dolo, não havendo previsão para a modalidade de natureza culposa.

Modalidades comissiva e omissiva
Os núcleos adulterar e remarcar pressupõem um comportamento comissivo por parte do agente, podendo, no entanto, ser cometido via omissão imprópria.

Consumação e tentativa
» O delito se consuma quando o agente, efetivamente, leva a efeito a adulteração ou a remarcação do número do chassi ou qualquer sinal identificador de veículo, de seu componente ou equipamento.
» A tentativa é admissível.

---

[74] COÊLHO, Yuri Carneiro. *Curso de direito penal didático*, p. 979.

Capítulo V
Das fraudes em certames de interesse público

1. FRAUDES EM CERTAMES DE INTERESSE PÚBLICO

Fraudes em certames de interesse público
Art. 311-A. Utilizar ou divulgar, indevidamente, com o fim de beneficiar a si ou a outrem, ou de comprometer a credibilidade do certame, conteúdo sigiloso de:
I – concurso público;
II – avaliação ou exame públicos;
III – processo seletivo para ingresso no ensino superior; ou
IV – exame ou processo seletivo previstos em lei:
Pena – reclusão, de 1 (um) a 4 (quatro) anos, e multa.
§ 1º Nas mesmas penas incorre quem permite ou facilita, por qualquer meio, o acesso de pessoas não autorizadas às informações mencionadas no *caput*.
§ 2º Se da ação ou omissão resulta dano à Administração Pública:
Pena – reclusão, de 2 (dois) a 6 (seis) anos, e multa.
§ 3º Aumenta-se a pena de 1/3 (um terço) se o fato é cometido por funcionário público.

1.1 Introdução

O Capítulo V (Das Fraudes em Certames de Interesse Público) foi inserido no Título X (Dos Crimes contra a Fé Pública) do Código Penal pela Lei nº 12.550, de 15 de dezembro de 2011, criando o tipo penal previsto no art. 311-A, que recebeu o mesmo *nomen juris*, vale dizer, *fraudes em certames de interesse público*.

Temos presenciado, nos últimos anos, o crescimento, principalmente, do número de pessoas interessadas em prestar concursos públicos, buscando, na maioria das vezes, a segurança, a estabilidade que um cargo público pode lhes proporcionar. Com um mercado de trabalho tão incerto, tão inseguro, conquistar um cargo público se tornou quase que uma obsessão.

Muitos abandonam seus empregos privados, vendem seus bens, distanciam-se de seus familiares e amigos, enfim, fazem de tudo para adquirir tempo e recursos suficientes para poderem se dedicar exclusivamente aos estudos, com a finalidade de conquistar o "sonho do cargo público."

Nessa disputa, muitas vezes o "jogo" torna-se desigual. Isso porque algumas pessoas resolvem encurtar o caminho do sucesso da aprovação praticando condutas não somente imorais, como também criminosas, destinadas a burlar a seriedade do concurso público, por exemplo. Não são raras as notícias de vazamentos de gabaritos oficiais. Quando isso acontece, geralmente, todo o concurso é anulado, causando prejuízo não somente à Administração Pública, que teve gastos para a sua realização, como também aos demais candidatos (normalmente milhares deles), que pagaram por suas inscrições, tiveram despesas com o deslocamento para os lugares onde seriam realizados os concursos (até mesmo viajando para fora de seus Estados de origem), foram aprovados de acordo com seus méritos pessoais; enfim, o prejuízo é grande, colocando em dúvida – o que é pior – a credibilidade, a confiança que devemos ter em nossa Administração Pública, razão pela qual o mencionado tipo penal se encontra inserido no Título X do Código Penal, que prevê os crimes contra a fé pública.

Infelizmente, também têm sido corriqueiras as notícias de fraudes para ingresso no ensino superior. Candidatos e servidores inescrupulosos compram e vendem gabaritos oficiais, obtidos de maneira ilegal e criminosa, impedindo que aqueles que se esforçaram para conquistar uma vaga em alguma instituição de ensino superior, pública ou privada, sejam impedidos de dar início aos seus estudos.

Enfim, são inúmeras as situações de fraudes em certames de interesse público, razão pela qual, com a finalidade de inibir esses comportamentos, bem como de proteger a fé pública, foi criado o delito tipificado no art. 311-A do estatuto repressivo, cujo *caput* foi além da previsão da fraude em concurso público ou mesmo do processo seletivo para ingresso no ensino superior, dizendo, *verbis*:

> **Art. 311-A.** Utilizar ou divulgar, indevidamente, com o fim de beneficiar a si ou a outrem, ou de comprometer a credibilidade do certame, conteúdo sigiloso de:
> I – concurso público;
> II – avaliação ou exame públicos;
> III – processo seletivo para ingresso no ensino superior; ou
> IV – exame ou processo seletivo previstos em lei.

Os verbos nucleares são *utilizar* e *divulgar*. *Utilizar* tem o sentido de fazer uso, servir-se, efetivamente; *divulgar* significa tornar público, fazer conhecido a terceira pessoa. Em geral, quem pratica o núcleo *utilizar* é o *candidato* a uma das situações previstas pelos quatro incisos do art. 311-A do Código Penal, ou seja, aquele que pretende ter sucesso no concurso público, na avaliação ou no exame público, no processo seletivo para ingresso no ensino superior ou no exame ou processo seletivo previsto em lei. O núcleo *divulgar*, normalmente, é praticado pelo agente que pretende que o candidato utilize as informações de conteúdo sigiloso por ele transmitidas.

O tipo prevê o elemento normativo *indevidamente*, ou seja, para que ocorra a infração penal, é necessário que a utilização ou a divulgação do conteúdo sigiloso sejam indevidas ou não permitidas para aquela situação específica.

A utilização e a divulgação serão consideradas como indevidas quando dirigidas a beneficiar ao próprio agente ou a outrem, ou com a finalidade de comprometer a credibilidade do certame. Percebe-se, aqui, o chamado *especial fim de agir*, vale dizer, o agente atua com o objetivo de atingir qualquer uma, ou mesmo ambas as finalidades previstas no tipo penal: beneficiar-se a si ou a outrem ou comprometer a credibilidade do certame, com a utilização ou a divulgação de conteúdo sigiloso de: concurso público, avaliação ou exames públicos, processo seletivo para ingresso no ensino superior e exame ou processos seletivos previstos em lei.

Teve o cuidado de prever a lei que a utilização ou a divulgação podem beneficiar o próprio agente ou mesmo terceira pessoa. Assim, imagine-se a hipótese, muito comum, infelizmente, nos dias de hoje, que alguém utilize informações de conteúdo sigiloso, durante um concurso público, a fim de beneficiar terceira pessoa, por quem o agente se fazia passar durante a prova. Como se percebe, o agente em nada seria beneficiado, salvo a hipótese em que tivesse recebido alguma contrapartida financeira, pois que, se aprovado, outra pessoa, que não ele, assumiria o cargo público. Também podemos citar como exemplos em que não há qualquer contrapartida financeira, como as hipóteses nas quais o agente quer tão somente beneficiar amigos, parentes, correligionários e, até, mesmo, amantes, divulgando-lhes informações de caráter sigiloso, que por eles serão utilizadas no certame.

Dessa forma, como diz o texto legal, haverá crime se essa utilização ou divulgação beneficiar o próprio agente ou terceira pessoa.

Normalmente, aquele que teve acesso às informações de conteúdo sigiloso amolda-se ao conceito de funcionário público (art. 327, § 1º, do CP), mesmo que por extensão. No entanto, pode ocorrer que o agente divulgador tenha tido acesso às informações de conteúdo sigiloso sem que fizesse parte da Administração Pública. As duas hipóteses estão previstas pelo tipo penal em exame, sendo que, se o agente for funcionário público, incidirá na causa especial de aumento de pena prevista no § 3º do art. 311-A do Código Penal, ou seja, sua pena será aumentada em um terço.

Concurso público é um processo seletivo no qual a Administração Pública, por meio de determinados critérios objetivos, impessoais e com igualdade de condições, faz a seleção democrática de todos os interessados, permitindo o acesso a um emprego ou cargo público, conforme determina o inciso II do art. 37 da Constituição Federal, que diz, *verbis*:

> **Art. 37.** A Administração Pública direta e indireta de qualquer dos Poderes da União, dos Estados, do Distrito Federal e dos Municípios obedecerá aos princípios de legalidade, impessoalidade, moralidade, publicidade e eficiência e, também, ao seguinte:
> I – [...];
> II – a investidura em cargo ou emprego público depende de aprovação prévia em concurso público de provas ou de provas e títulos, de acordo com a natureza e a complexidade do cargo ou emprego, na forma prevista em lei, ressalvadas as nomeações para cargo em comissão declarado em lei de livre nomeação e exoneração;
> [...].

Por meio de uma análise comparativa entre os quatro incisos do art. 311-A do Código Penal, fica evidente a preocupação do legislador em não deixar fora daquele elenco qualquer tipo de certame. Assim, valeu-se de termos e expressões que, na verdade, se confundem, criando uma zona cinzenta entre eles. Por exemplo, um concurso público (inciso I) não deixa de ser uma avaliação pública ou exame público (inciso II) nem um exame ou processo seletivo previsto em lei (inciso III). Haverá situações nas quais a distinção será mais simples, como na hipótese de um concurso público, já que é mencionado expressamente pelo inciso I do art. 311-A do Código Penal. Da mesma forma, quando houver fraude no processo seletivo para ingresso no ensino superior, a exemplo do que ocorre quando alguém divulga, indevidamente, gabarito oficial para ingresso em alguma universidade, o fato se amoldará ao inciso III do referido artigo, conforme discorreremos em seguida.

As seleções públicas simplificadas para cargos públicos (temporários, por exemplo) poderiam ser questionadas como não sendo propriamente "cargo público", mas o inciso II evita essa discussão. Qualquer tipo de seleção para cargo ou função pública, efetiva ou temporária, estará abrangido pelo aludido inciso II.

O *processo seletivo para ingresso no ensino superior* é uma exigência para que alguém ingresse em qualquer universidade brasileira, depois de ter concluído o ensino médio. Normalmente, ocorre por meio dos chamados *vestibulares*, ou seja, provas que avaliarão o candidato ao curso superior, cujas matérias são aquelas estudadas durante todo o período antecedente.

Conforme preconiza Fernando José Araújo Ferreira:

> "A nova Lei de Diretrizes e Bases da Educação Nacional exige a realização de processo seletivo para acesso aos cursos de graduação, abertos a candidatos que tenham concluído o ensino médio ou equivalente. É direito difuso de todos os brasileiros que atendam aos requisitos legais, fundamentais ao ingresso no ensino superior, participar de um processo público seletivo legítimo (art. 44, II, Lei nº 9.394/96) bem como a educação é direito de todos e dever do Estado (CF, art. 205) e, o ensino deve subordinar-se ao princípio da igualdade de condições para o acesso e permanência na escola (CF, art. 206, I)."

Um processo seletivo somente será legítimo à medida que forem respeitadas todas as disposições legais pertinentes e observados todos os princípios jurídicos a que se encontram submetidas as partes.[75]

O sistema do vestibular, como forma de seleção unificada nos processos seletivos das universidades públicas federais, vem sendo substituído, em especial, pelo chamado Exame Nacional do Ensino Médio (Enem). De acordo com o Ministério da Educação:

"A proposta tem como principais objetivos democratizar as oportunidades de acesso às vagas federais de ensino superior, possibilitar a mobilidade acadêmica e induzir a reestruturação dos currículos do ensino médio. As universidades possuem autonomia e poderão optar entre quatro possibilidades de utilização do novo exame como processo seletivo:

- Como fase única, com o sistema de seleção unificada, informatizado e *on-line*;
- Como primeira fase;
- Combinado com o vestibular da instituição;
- Como fase única para as vagas remanescentes do vestibular."[76]

Qualquer que seja a forma do processo seletivo para ingresso no curso superior encontra-se prevista pelo inciso III do art. 311-A do Código Penal, seja ele realizado por uma instituição pública ou privada.

Como se fosse uma previsão residual, com a finalidade de não permitir que qualquer fraude em certames de interesse público ficasse fora do tipo penal em estudo, foi elencado pelo inciso IV do art. 311-A do Código Penal o *exame ou processo seletivo previsto em lei*. Com todas essas previsões, fecha-se completamente o cerco, visando a impedir que alguém seja indevidamente beneficiado com essas modalidades de fraude, ou mesmo que seja comprometida a credibilidade do certame, protegendo-se, portanto, a fé pública.

O § 1º do art. 311-A assevera que *nas mesmas penas incorre quem permite ou facilita, por qualquer meio, o acesso de pessoas não autorizadas às informações mencionadas no* caput.

Permitir significa atender quando lhe é solicitado, conceder. *Facilitar* tem o sentido de tornar fácil, removendo, afastando as dificuldades, seja fazendo ou mesmo deixando de fazer alguma coisa a que estava obrigado. Com a prática de um desses comportamentos, o agente faz com que terceira pessoa tenha acesso às informações de conteúdo sigiloso, que poderão ser utilizadas ou mesmo divulgadas para beneficiar alguém ou comprometer a credibilidade do certame.

A expressão *por qualquer meio*, utilizada pelo texto legal, tem a finalidade de abranger qualquer situação, positiva ou negativa, praticada pelo agente para que terceira pessoa não autorizada, com sua permissão ou facilitação, tenha acesso ao conteúdo sigiloso de: concurso público; avaliação ou exame públicos; processo seletivo para ingresso no ensino superior; ou exame ou processo seletivo previstos em lei.

1.2 Classificação doutrinária

Crime comum com relação ao sujeito ativo e próprio quanto ao sujeito passivo; doloso (não havendo previsão para a modalidade de natureza culposa); comissivo (e também omissivo impróprio, uma vez que os comportamentos previstos pelo tipo penal podem ser

---

[75] FERREIRA, Fernando José Araújo. Processo seletivo vestibular nas universidades e faculdades particulares e a nova LDB (Lei 9.394/96). *Revista Eletrônica PRPE*, p. 2, out. 2003.

[76] Disponível em: <http://portal.mec.gov.br/index.php?option=com_content&view=article&id=13318-&Itemid=310>. Acesso em: 17 dez. 2011.

praticados via omissão do agente garantidor); omissivo (no que diz respeito às condutas de *permitir* e *facilitar*, que podem ser praticadas negativamente); instantâneo, de forma livre; monossubjetivo; plurissubsistente; transeunte ou não transeunte (dependendo da forma como o delito é praticado, podendo ou não deixar vestígios).

1.3 Objeto material e bem juridicamente protegido

A fé pública é o bem juridicamente protegido pelo tipo penal que prevê o delito de *fraudes em certames de interesse público*.

Objeto material são todas as informações de conteúdo sigiloso, utilizadas ou divulgadas indevidamente pelo agente, com o fim de beneficiar a si ou a outrem, ou de comprometer a credibilidade do certame.

1.4 Sujeito ativo e sujeito passivo

Qualquer pessoa pode ser *sujeito ativo* do delito de *fraudes em certames de interesse público*, não exigindo o tipo penal *sub examen* nenhuma qualidade ou condição especial.

O *sujeito passivo* é o Estado, bem como aquelas pessoas (físicas ou jurídicas) que, de alguma forma, foram prejudicadas com o comportamento praticado pelo sujeito ativo.

Vale registrar, ainda, que, quando um concurso, por exemplo, é fraudado, quem nele obtém seu ingresso de forma criminosa, já que utilizou informações de conteúdo sigiloso, presume-se não ser tão competente tecnicamente quanto o outro candidato que foi preterido em sua vaga, caso não houvesse ocorrido a fraude. Logo, todo o país é prejudicado, pois terá um servidor menos qualificado. Não bastasse isso, o fraudador, como regra, ou efetuou o pagamento pela informação sigilosa, ou obteve as informações de conteúdo sigiloso em razão do seu "íntimo" relacionamento com o "poder." Na primeira hipótese, certamente fará do cargo um "balcão de negócios": se seu ingresso foi ilegal, criminoso, é natural que também utilize seu cargo com o fim de "recuperar" o dinheiro "investido" na "compra" da vaga, ou, na segunda hipótese, não terá preocupações com o bom desempenho de suas funções ou mesmo em servir ao povo que paga seus vencimentos, mediante cobrança que lhe é feita por meio dos tributos, mas sua preocupação será com aquele que lhe proporcionou ilegalmente esse cargo (o pai, o parente, o amigo etc.). Assim, embora o Estado e os prejudicados diretos sejam os sujeitos passivos mais evidentes, em última análise, toda a sociedade é vítima desse tipo de crime.

1.5 Consumação e tentativa

No que diz respeito ao núcleo *utilizar*, consuma-se com a efetiva utilização do conteúdo sigiloso de concurso público, avaliação ou exames públicos, processo seletivo para ingresso no ensino superior, ou exame ou processo seletivo previstos em lei, a exemplo daquele que é surpreendido após dar início ao registro das informações ilegalmente obtidas no caderno de resposta a ser entregue à Administração Pública, para conferência das questões. Quanto à *divulgação*, o agente que, de alguma forma, obteve acesso ao conteúdo sigiloso, consumará a infração penal quando, indevidamente, divulgá-lo a terceira pessoa, não importando se esta última tenha ou não utilizado o mencionado conteúdo sigiloso. Assim, imagine-se a hipótese em que parlamentar, ministro, desembargador, procurador-geral de justiça etc., valendo-se do cargo que ocupavam, tenham acesso ao caderno de provas e, com a finalidade de beneficiar um filho, por exemplo, o divulguem a ele. Nesse exato momento, ou seja, em que um terceiro, indevidamente, tomou conhecimento de conteúdo sigiloso, o crime já se poderá considerar como consumado, antes mesmo de sua efetiva utilização pelo beneficiado dessas informações.

A tentativa é admissível, uma vez que podemos fracionar o *iter criminis*. Assim, por exemplo, imagine-se a hipótese em que um candidato tenha sido beneficiado com o conhecimento antecipado do gabarito oficial de determinado concurso público, mas, antes de começar a transferir essas informações para o cartão de respostas, o fiscal da sala, percebendo o nervosismo do agente, vá até ele e o surpreenda com suas anotações. Nesse caso, entendemos que o delito restará tentado, e não consumado, pois que o agente ainda não havia feito a utilização efetiva das informações.

Por meio desse raciocínio, podemos perceber que não há necessidade de que o agente entregue seu cartão de respostas completamente preenchido para que a infração penal reste consumada. Basta, portanto, que pelo menos uma das questões tenha sido por ele respondida com base no conteúdo sigiloso que, de antemão, já se encontrava em seu poder. Por outro lado, se ainda não iniciado o preenchimento do cartão de respostas, mesmo que seja surpreendido com essas informações de conteúdo sigiloso, não podemos entender pela consumação do delito, mas, sim, pelo *conatus*.

Embora a prova seja um tanto quanto complicada, tecnicamente, é possível o raciocínio correspondente à tentativa no que diz respeito à divulgação indevida do conteúdo sigiloso. Assim, por exemplo, imagine-se a hipótese em que determinado agente, que já estava sendo alvo de investigação pela polícia, cujas linhas telefônicas encontravam-se judicialmente interceptadas, seja preso no exato instante em que passaria as informações sigilosas ao candidato que seria por elas beneficiado, e, antes que o candidato tivesse acesso a essas informações, o agente seja preso em flagrante. Nesse caso, como se percebe, o conteúdo não havia sido ainda divulgado, tendo o agente, no entanto, percorrido o *iter criminis* até sua última fase, vale dizer, a fase da execução, se, por exemplo, a título de imaginação, já havia retirado de seu bolso o documento com as informações sigilosas e as estava entregando nas mãos do candidato inescrupuloso, que delas não chegou a ter conhecimento, quando foram interrompidos pela polícia.

A discussão maior será apontar quando houve o início da execução punível e quando o agente ainda se encontrava na fase dos atos de cogitação ou de preparação. Assim, a título de raciocínio, imagine-se que os policiais tenham levado a efeito a prisão do agente, que portava essas informações de conteúdo sigiloso, antes mesmo de se encontrar com o candidato, que, por meio delas, seria beneficiado. Nesse caso, poderíamos afirmar pela tentativa do delito tipificado no art. 311-A do Código Penal, ou o agente ainda se encontrava na fase dos atos preparatórios? Com certeza, teremos as duas alternativas como resposta, dependendo da corrente doutrinária que se adote. No caso em exame, acreditamos que o raciocínio correspondente aos atos preparatórios melhor se adequaria, deixando de lado até mesmo a discussão a respeito da validade da prisão em flagrante, isto é, se poderia ser considerado simplesmente como flagrante esperado, aplicando-se, consequentemente, a Súmula nº 145 do STF, ou se seria a hipótese de crime impossível, tendo em vista que o agente se encontrava vigiado pela polícia, o que impediria que terceira pessoa tivesse acesso às informações de conteúdo sigiloso.

No que diz respeito ao § 1º do art. 311-A do Código Penal, a consumação ocorrerá quando o agente, efetivamente, permitir ou facilitar, por qualquer meio, o acesso de pessoas não autorizadas às informações mencionadas no *caput* do referido artigo. Basta, portanto, que terceira pessoa, em virtude de qualquer um desses comportamentos praticados pelo agente, tenha acesso às informações de conteúdo sigiloso, independentemente de utilizá-las ou não em algum certame.

O reconhecimento da tentativa dependerá do caso concreto apresentado, quando se poderá raciocinar sobre a possibilidade do fracionamento do *iter criminis*.

1.6 Elemento subjetivo

O delito de *fraudes em certames de interesse público* somente pode ser praticado dolosamente, não havendo previsão para a modalidade de natureza culposa.

A conduta deve ser dirigida finalisticamente no sentido de trazer benefício a si próprio ou a outrem, ou mesmo de comprometer a credibilidade do certame.

1.7 Modalidades comissiva e omissiva

No que diz respeito aos núcleos *utilizar* e *divulgar*, previstos no *caput* do art. 311-A do Código Penal, tais comportamentos somente poderão ser praticados comissivamente. No entanto, o delito poderá ser cometido via omissão imprópria na hipótese em que o agente, garantidor, dolosamente, podendo, nada fizer para evitar a prática de qualquer das condutas previstas pelo tipo penal em estudo. Assim, por exemplo, imagine-se a hipótese em que um funcionário público, encarregado de fazer a vigilância do local onde se encontrava o caderno de provas que seria utilizado em determinado concurso, perceba que seu colega, que também exerça a mesma função, ia divulgá-la a alguém com a finalidade de beneficiar um amigo de infância. O agente, mesmo podendo impedir a divulgação, nada faz. Nesse caso, deverá ser responsabilizado pelo delito tipificado no art. 311-A do Código Penal.

Os núcleos *permitir* e *facilitar*, no entanto, cujas previsões se encontram no § 1º do mencionado artigo, podem ser cometidos tanto comissiva quanto omissivamente. Assim, imagine-se a hipótese em que alguém tenha sido encarregado da vigilância do local onde se encontravam as provas oficiais de determinado concurso público E, com a finalidade de comprometer a credibilidade do certame, facilita o acesso de pessoas estranhas àquele local, deixando de vigiá-lo por alguns minutos, ou ele próprio abre o cofre no qual se encontrava guardado o gabarito oficial, facilitando para que estranhos a ele tivessem acesso.

1.8 Modalidades qualificadas

Diz o § 2º do art. 311-A do Código Penal:

§ 2º Se da ação ou omissão resulta dano à Administração Pública:
Pena – reclusão, de 2 (dois) a 6 (seis) anos, e multa.

Como dissemos, temos visto, com frequência, inúmeros certames sendo anulados em virtude das fraudes ocorridas. A Administração Pública, obrigada a refazer todo o procedimento de seleção, por exemplo, sofrerá danos com isso, uma vez que terá de devolver os valores pagos pelos candidatos que se inscreveram com a finalidade de concorrer a uma vaga prevista no edital de convocação, será obrigada a reimprimir todo o material utilizado, reunir novos avaliadores/examinadores que, geralmente são remunerados, levar a efeito o pagamento das locações utilizadas para a realização das provas, contratar empresas especializadas na organização de eventos dessa natureza. Enfim, os danos causados com a anulação de um certame, em virtude da descoberta de uma fraude, são evidentes.

Assim, dificilmente não será aplicada a modalidade qualificada quando a Administração Pública for a promotora do certame anulado.

1.9 Causa especial de aumento de pena

Preconiza o § 3º do art. 311-A do Código Penal:

§ 3º Aumenta-se a pena de 1/3 (um terço) se o fato é cometido por funcionário público.

Dada a localização topográfica do parágrafo em estudo, na hipótese de ser o agente funcionário público, a causa especial de aumento de pena poderá ser aplicada tanto na modalidade simples, tipificada no *caput* do art. 311-A do Código Penal, quanto na qualificada, prevista no § 2º do mesmo artigo.

Para efeitos de reconhecimento da qualidade de funcionário público, deverá ser aplicado o art. 327 e seu § 1º do diploma repressivo.

> "Situação em que o réu foi condenado pela prática do crime previsto no art. 311-A, §§ 2º e 3º, do CP, nos anos de 2013 e 2015, à pena final de 10 (dez) anos e 8 (oito) meses de reclusão, em regime inicial fechado, além de 240 dias-multa, por ter participado de esquema para fraudar concurso público, transmitindo eletronicamente o gabarito a outros candidatos, durante o certame (artifício também conhecido como 'cola eletrônica'). Para que incida a causa de aumento prevista no § 3º do inciso I do artigo 311-A do Código Penal, é imprescindível que se mostre que o réu servidor público se utilizou das facilidades que o cargo lhe proporciona para a prática do intento criminoso, sob pena de responsabilidade penal objetiva pela simples condição do ser e não pelo fato que praticara" (STJ, Rcl 37.247/PA, Rel. Min. Reynaldo Soares da Fonseca, S3, DJe 03/04/2019).

1.10 Pena, ação penal, suspensão condicional do processo

A pena cominada para o delito de *fraudes em certames de interesse público* é de reclusão, de 1 (um) a 4 (quatro) anos, e multa.

Incorre nas penas previstas no *caput* do art. 311-A do Código Penal quem permite ou facilita, por qualquer meio, o acesso de pessoas não autorizadas às informações nele mencionadas.

Se da ação ou omissão resulta dano à Administração Pública, a pena é de reclusão, de 2 (dois) a 6 (seis) anos, e multa.

Aumenta-se a pena de 1/3 (um terço) se o fato é cometido por funcionário público.

A ação penal é de iniciativa pública incondicionada.

Será possível a confecção de proposta de suspensão condicional do processo, nos termos do art. 89 da Lei nº 9.099/95, para a modalidade fundamental, prevista no *caput* e no § 1º do art. 311-A do estatuto repressivo, desde que não seja aplicável a causa especial de aumento de pena, elencada no § 3º do mencionado artigo.

1.11 Destaque

1.11.1 Funcionário público

Imagine-se a hipótese em que alguém, almejando aprovação em determinado concurso, procure o funcionário público que havia ficado encarregado de guardar o gabarito oficial, e lhe ofereça determinada quantia em dinheiro para que pudesse conhecer as respostas, que seriam por ele utilizadas.

O funcionário público aceita a proposta, recebe a importância em dinheiro oferecida e permite que o candidato inescrupuloso tome conhecimento do gabarito oficial. Nessa hipótese, quais seriam as infrações penais praticadas pelo funcionário público e pelo candidato à vaga oferecida no edital do aludido concurso?

Com relação ao funcionário público, entendemos que deverá ser responsabilizado pelo crime de corrupção passiva (art. 317 do CP), em concurso material com o delito de *fraudes em certames de interesse público* (art. 311-A do CP); no que diz respeito ao candidato inescrupuloso, deverá ser responsabilizado pelo delito de corrupção ativa (art. 333 do CP) e, caso tenha feito uso ou mesmo divulgado as informações de conteúdo sigiloso a alguém, pelo crime de *fraudes em certames de interesse público* (art. 311-A do CP). Na hipótese de não ter utilizado as informações, em benefício próprio ou de terceira pessoa, ou mesmo não as ter divulgado, deverá, tão somente, responder pela corrupção ativa.

1.12 Cola eletrônica

A tecnologia tem sido utilizada como um instrumento poderoso para a prática de infrações penais. Fraudes pela *internet*, hoje em dia, são mais comuns do que os "tradicionais" estelionatos, em que o agente conhece o rosto de sua vítima, e vice-versa.

A chamada "cola eletrônica" (aparelho transmissor e receptor) passou a ser frequente nos concursos públicos, provas vestibulares etc. Existe divergência doutrinária e jurisprudencial sobre o tema. Determinada corrente passou a concluir pelo delito de estelionato nessas hipóteses, ou seja, aquelas em que alguém, utilizando um ponto eletrônico, após tomar conhecimento das questões, recebe todas as respostas, normalmente, de alguém especializado na matéria solicitada, ou mesmo por um crime de falsidade ideológica, enquanto nossos tribunais superiores se posicionaram no sentido de entender tal comportamento como atípico, como se pode verificar pelos seguintes julgados:

"Fraude em concurso público. Conduta perpetrada antes do advento da Lei n. 12.550/2011. Atipicidade. Negativa de vigência do art. 171, § 3º, do CP. Improcedência. Acórdão impugnado que guarda harmonia com a orientação consolidada nesta Corte" (STJ, AgRg no REsp 1.783.383/SE, Rel. Min. Sebastião Reis Junior, 6ª T., DJe 09/04/2019).

"Nos termos do informativo nº 0506, Período: 4 a 17 de outubro de 2012, a 'cola eletrônica', antes do advento da Lei nº 12.550/2011, era uma conduta atípica, não configurando o crime de estelionato" (STJ, AgRg no AREsp 702.915/DF, Rel. Min. Nefi Cordeiro, 6ª T., DJe 23/10/2017).

"Hipótese em que o acórdão que concedeu a ordem para trancar a ação penal por atipicidade da conduta fundamentou-se na jurisprudência pacificada nesta Corte e no Supremo Tribunal Federal no sentido de que o tipo penal do crime de estelionato não alcança as chamadas fraudes em concursos públicos por meio de colas eletrônicas" (STJ, PExt no HC 208.977/SP, Rel. Min. Gurgel de Faria, 5ª T., DJe 19/11/2014).

"A conduta de fraudar concurso público por meio da utilização da cola eletrônica praticada antes da vigência da vigência da Lei nº 12.550/2011, nada obstante contenha alto grau de reprovação social, na linha da jurisprudência do Supremo Tribunal Federal e desta Egrégia Corte, é atípica. Precedentes" (STJ, HC 208.969/SP, Rel. Min. Moura Ribeiro, 5ª T., DJe 11/11/2013).

Com a edição da Lei nº 12.550, de 15 de dezembro de 2011, que criou o delito de *fraudes em certames de interesse público*, aqueles que praticassem a chamada "cola eletrônica" passariam a responder pelo tipo penal previsto no art. 311-A do Código Penal? Depende. Isso porque, se o agente que está transmitindo as respostas ao receptor, ou seja, ao candidato que está participando do certame, havia tomado conhecimento do gabarito oficial e, agora, indevidamente, estava divulgando-o para que o agente receptor o utilizasse no caderno de respostas, poderemos concluir pela prática do delito de *fraudes em certames de interesse público*. Agora, se o agente que está transmitindo as respostas havia tomado conhecimento das questões, já agora públicas, por meio do receptor, e as estava respondendo de acordo com sua capacidade pessoal, a discussão ainda persistirá, ou seja, para os nossos tribunais superiores o fato será atípico e para outra corrente poderá ser entendido como estelionato ou mesmo falsidade ideológica.

Assim, concluindo, nem sempre a chamada "cola eletrônica" conduzirá ao reconhecimento do delito tipificado no art. 311-A do Código Penal, que somente ocorrerá quando o agente estiver utilizando ou mesmo divulgando, indevidamente, as informações de conteúdo sigiloso, que beneficiarão alguém ou comprometerão a credibilidade do certame.

1.13 Quadro-resumo

Sujeitos

» Ativo: qualquer pessoa de nacionalidade brasileira.
» Passivo: é o Estado, bem como aquelas pessoas que, de alguma forma, foram prejudicadas com o comportamento praticado pelo sujeito ativo.

Objeto material

São todas as informações de conteúdo sigiloso, utilizadas ou divulgadas indevidamente pelo agente, com o fim de beneficiar a si ou a outrem, ou de comprometer a credibilidade do certame.

Bem(ns) juridicamente protegido(s)

A fé pública.

Elemento subjetivo

» Dolo, não havendo previsão para a modalidade de natureza culposa.
» A conduta deve ser dirigida finalisticamente no sentido de trazer benefício a si próprio ou a outrem, ou mesmo a de comprometer a credibilidade do certame.

Modalidades comissiva e omissiva

» No que diz respeito aos núcleos utilizar e divulgar, tais comportamentos somente poderão ser praticados comissivamente. No entanto, o delito poderá ser cometido via omissão imprópria na hipótese em que o agente, garantidor, dolosamente, podendo, nada fizer para evitar a prática de qualquer das condutas previstas pelo tipo penal em estudo.
» Os núcleos permitir e facilitar, no entanto, cujas previsões encontram-se no § 1º do art. 311-A do CP, podem ser cometidos tanto comissiva quanto omissivamente.

Consumação e tentativa

» No que diz respeito ao núcleo utilizar, consuma-se com a efetiva utilização do conteúdo sigiloso de concurso público, avaliação ou exames públicos, processo seletivo para ingresso no ensino superior ou exame ou processo seletivo previstos em lei. Quanto à divulgação, o agente que, de alguma forma, obteve acesso ao conteúdo sigiloso, consumará a infração penal quando, indevidamente, divulgá-lo a terceira pessoa, não importando se esta última tenha ou não utilizado o mencionado conteúdo sigiloso.
» A tentativa é admissível, uma vez que podemos fracionar o *iter criminis*.
» No que diz respeito ao § 1º do art. 311-A do CP, a consumação ocorrerá quando o agente, efetivamente, permitir ou facilitar, por qualquer meio, o acesso de pessoas não autorizadas às informações mencionadas no *caput* do referido artigo. Basta, portanto, que terceira pessoa, em virtude de qualquer um desses comportamentos praticados pelo agente, tenha acesso às informações de conteúdo sigiloso, independentemente de utilizá-las ou não em algum certame.
» O reconhecimento da tentativa dependerá do caso concreto apresentado, quando se poderá raciocinar sobre a possibilidade do fracionamento do *iter criminis*.

PARTE XI
DOS CRIMES CONTRA A ADMINISTRAÇÃO PÚBLICA

1. INTRODUÇÃO

O último título da Parte Especial do Código Penal diz respeito aos *crimes contra a Administração Pública*. Nele são catalogadas algumas das infrações penais mais nefastas e devastadoras, uma vez que, geralmente, mesmo atingindo diretamente a Administração Pública, indiretamente, causam dano a um número indeterminado de pessoas, a exemplo do que ocorre com o delito de corrupção passiva, previsto no art. 317 do Código Penal.

Na maioria das vezes, a sociedade não tem ideia dos estragos causados quando um funcionário corrupto lesa o erário. Imagine-se, tão somente para efeitos de raciocínio, os danos causados por um superfaturamento de uma obra pública. O dinheiro gasto desnecessariamente na obra impede que outros recursos sejam empregados em setores vitais da sociedade, como ocorre com a saúde, fazendo com que pessoas morram na fila de hospitais por falta de atendimento, haja vista que o Estado não tem recursos suficientes para a contratação de um número adequado de profissionais, ou mesmo que, uma vez atendidas, essas pessoas não possam ser tratadas, já que faltam os necessários medicamentos nas suas prateleiras. Sem querer ir muito longe, perdemos a conta de quantas vezes já ouvimos, pela imprensa, que a merenda escolar não estava sendo oferecida na rede pública de ensino por falta de verbas.

Assim, só por amostragem, percebe-se que muitas infrações praticadas contra a Administração Pública são infinitamente mais graves do que até mesmo aquelas elencadas no Título I do Código Penal, que trata dos crimes contra a pessoa. Sem querer exagerar, mas fazendo uma radiografia dos efeitos gerados por determinados crimes praticados contra a Administração Pública, podemos afirmar que o homicida pode causar a morte de uma ou mesmo de algumas pessoas, enquanto o autor de determinados crimes contra a Administração Pública, a exemplo do que ocorre com o crime de corrupção, é um verdadeiro "exterminador", uma vez que, com o seu comportamento, pode produzir a morte de centenas de pessoas, pois não permite ao Estado cumprir com as funções sociais que lhe são constitucionalmente atribuídas.

Devemos entender o conceito de Administração Pública em seu sentido amplo, conforme preleciona Diogo de Figueiredo Moreira Neto, como o "conjunto de atividades preponderantemente executórias, praticadas pelas pessoas jurídicas de direito público ou por suas delegatárias, gerindo interesses públicos, na prossecução dos fins legalmente cometidos ao Estado".[1] Nesse conceito compreende-se tanto a Administração Direta (formada pela União, Estados, Distrito Federal e Municípios) quanto a Administração Indireta (composta pelas autarquias, sociedades de economia mista, empresas públicas e as fundações).

---

[1] MOREIRA NETO, Diogo de Figueiredo. *Curso de direito administrativo*, p. 90.

A Administração Pública, conforme preconiza o *caput* do art. 37 da Constituição Federal, deve obedecer a princípios que servirão de garantia não só a ela, mas a todos os cidadãos, a exemplo, dentre outros, dos princípios da legalidade, da impessoalidade, da moralidade, da publicidade e da eficiência.

1.1 Crimes funcionais próprios e crimes funcionais impróprios

De acordo com os capítulos constantes do Título XI da Parte Especial do Código Penal, os crimes contra a Administração Pública podem ser praticados por particulares ou mesmo por funcionários públicos. Quando estivermos diante de crimes praticados por funcionários públicos, estes deverão ser considerados como *crimes funcionais*, devendo ser divididos em: *crimes funcionais próprios* e *crimes funcionais impróprios*.

Os *crimes funcionais próprios* são aqueles em que a qualidade de funcionário público é essencial à sua configuração, não havendo figura semelhante que possa ser praticada por quem não goza dessa qualidade, a exemplo do que ocorre com o delito de prevaricação, tipificado no art. 319 do Código Penal. Por outro lado, há infrações penais que tanto podem ser cometidas pelo funcionário público quanto por aquele que não goza desse *status*, a exemplo do que ocorre com o peculato-furto, previsto no art. 312, § 1º, do Código Penal, que encontra semelhança com o art. 155 do mesmo diploma legal, denominando-os, aí, impróprios.

Importante frisar, ainda, a norma constante do art. 30 do Código Penal, que diz:

> **Art. 30.** Não se comunicam as circunstâncias e as condições de caráter pessoal, salvo quando elementares do crime.

Assim, mesmo os crimes funcionais próprios poderão, dependendo da hipótese concreta, ser atribuídos ao terceiro que não goza dessa qualidade, desde que seja de seu conhecimento que o outro agente se amolda ao conceito de funcionário público, aplicando-se, portanto, a regra correspondente ao concurso de pessoas.

1.2 Conceito de funcionário público

O Código Penal, em seus arts. 327 e 337-D, entendeu por bem definir, respectivamente, o conceito de funcionário público e de funcionário público estrangeiro, espancando qualquer dúvida que porventura pudesse surgir sem a referida definição legal.

Assim, preceituam o art. 327 e parágrafos do Código Penal:

> **Art. 327.** Considera-se funcionário público, para os efeitos penais, quem, embora transitoriamente ou sem remuneração, exerce cargo, emprego ou função pública.
> § 1º Equipara-se a funcionário público quem exerce cargo, emprego ou função em entidade paraestatal, e quem trabalha para empresa prestadora de serviço contratada ou conveniada para a execução de atividade típica da Administração Pública.
> § 2º A pena será aumentada da terça parte quando os autores dos crimes previstos neste Capítulo forem ocupantes de cargos em comissão ou de função de direção ou assessoramento de órgão da administração direta, sociedade de economia mista, empresa pública ou fundação instituída pelo poder público.

Funcionário público, portanto, para efeitos penais, não somente é aquele ocupante de um *cargo*, que poderíamos denominar funcionário público em sentido estrito, mas também aquele que exerce emprego ou função pública. *Emprego público* é a expressão utilizada para efeitos de identificação de uma relação funcional regida pela Consolidação das Leis do Trabalho, geralmente para o exercício de atividades temporárias. *Função*, de acordo com as precisas lições de José dos Santos Carvalho Filho, "é a atividade em si mesma, ou seja, função é sinônimo de atribuição e corresponde às inúmeras tarefas que constituem o objeto dos serviços prestados pelos servidores públicos".[2]

O exercício de uma função pública, ou seja, aquela inerente aos serviços prestados pela Administração Pública, não pode ser confundido com múnus público, entendido como encargo ou ônus conferido pela lei e imposto pelo Estado em determinadas situações, a exemplo do que ocorre com os tutores, curadores etc.

O § 1º, acrescentado ao art. 327 pela Lei nº 9.983, de 14 de julho de 2000, criou o chamado funcionário público por equiparação, passando a gozar desse *status* o agente que exerce cargo, emprego ou função em entidades paraestatais (aqui compreendidas as autarquias, sociedades de economia mista, empresas públicas e fundações instituídas pelo Poder Público), bem como aquele que trabalha para empresa prestadora de serviço contratada ou conveniada para a execução de atividade típica da Administração Pública. Conforme esclarece Luiz Regis Prado:

> *"Empresa*, no sentido do texto, tanto pode ser firma individual como sociedade prestadora de serviço. Assim, além dos agentes já enunciados, o legislador pretendeu alcançar, com a inovação normativa, também os funcionários de empresas privadas que estejam exercendo serviço próprio do Estado [...]. Citem-se o exemplo do administrador do hospital privado que presta atendimento a segurado da Previdência Social, além de tantos outros casos de exercício de atividade típica da Administração Pública."[3]

O § 2º foi acrescentado ao art. 327 do Código Penal pela Lei nº 6.799, de 23 de junho de 1980, criando uma majorante (aumento em um terço da pena), a ser aplicada no terceiro momento do critério trifásico previsto pelo art. 68 do Código Penal, na hipótese em que os autores dos crimes praticados por funcionário público contra a administração em geral forem ocupantes de *cargos em comissão*, ou seja, aqueles que, na definição de Celso Antônio Bandeira de Mello, são "vocacionados para serem ocupados em caráter transitório por pessoa de confiança da autoridade competente para preenchê-los, a qual também pode exonerar *ad nutum*, isto é, livremente, quem os esteja titularizando",[4] para cujo provimento não há necessidade de concurso público, ou de *função de direção* ou *assessoramento* de órgão da Administração direta, sociedade de economia mista, empresa pública ou fundação instituída pelo Poder Público.

A Lei nº 10.467, de 11 de junho de 2002, acrescentou o Capítulo II-A, que prevê os crimes praticados por particular contra a Administração Pública estrangeira, ao Título XI da Parte Especial do Código Penal, relativo aos crimes contra a Administração Pública. Como nos artigos em que foram previstos os crimes de *corrupção ativa em transação comercial internacional* e *tráfico de influência em transação comercial internacional* havia, como elemento dos aludidos tipos penais, a figura do *funcionário público estrangeiro*, a lei penal, procurando evitar as divergências sobre a interpretação desse conceito, resolveu explicitá-lo dizendo, em seu art. 337-D e parágrafo único, *verbis*:

> **Art. 337-D.** Considera-se funcionário público estrangeiro, para os efeitos penais, quem, ainda que transitoriamente ou sem remuneração, exerce cargo, emprego ou função pública em entidades estatais ou em representações diplomáticas de país estrangeiro.
> **Parágrafo único.** Equipara-se a funcionário público estrangeiro quem exerce cargo, emprego ou função em empresas controladas, diretamente ou indiretamente, pelo Poder Público, de país estrangeiro ou em organizações públicas internacionais.

---

[2] CARVALHO FILHO, José dos Santos. *Manual de direito administrativo*, p. 362.
[3] PRADO, Luiz Regis. *Curso de direito penal brasileiro*, v. 4, p. 502.
[4] BANDEIRA DE MELLO, Celso Antônio. *Curso de direito administrativo*, p. 147.

Como se percebe, o conceito de funcionário público estrangeiro em muito se parece com aquele previsto pelo art. 327 do Código Penal. Sua diferença, no entanto, reside no fato de que, de acordo com a previsão constante do *caput* do art. 337-D, o exercício do cargo, emprego ou função deve ser levado a efeito em *entidades estatais* ou em *representações diplomáticas de país estrangeiro*. Entidades estatais, nos termos definidos por Hely Lopes Meirelles, "são pessoas jurídicas de Direito Público que integram a estrutura constitucional do Estado e têm poderes políticos e administrativos".[5] A expressão *representações diplomáticas de país estrangeiro* diz respeito, conforme preleciona Guilherme de Souza Nucci:

> "Ao conjunto de representantes de governo estrangeiro junto a um Estado. [...]. Abrange, naturalmente, os indivíduos do próprio Estado, nomeados por governo estrangeiro para representá-lo, desde que haja a concordância daquele. Um brasileiro, por exemplo, pode ser indicado por cônsul de país estrangeiro, para representá-lo em território nacional, devendo, então, ser incluído no conceito de funcionário público estrangeiro, para efeito de aplicação deste artigo. Note-se, ademais, que todo o corpo de funcionários administrativos e técnicos das embaixadas e consulados também se inclui nessa categoria de agentes diplomáticos. Aliás a Convenção de Viena lhes confere imunidade idêntica à que possuem os diplomatas."[6]

O parágrafo único do art. 337-D do Código Penal equipara a funcionário público estrangeiro, para efeitos penais, aquele que exerce cargo, emprego ou função em empresas controladas, diretamente ou indiretamente, pelo Poder Público de país estrangeiro ou em organizações públicas internacionais, a exemplo da ONU, OMS, FMI etc.

1.3 Procedimento previsto para os crimes praticados por funcionário público

Quando estivermos diante de crimes praticados por funcionários públicos contra a Administração Pública deverá ser aplicado o procedimento previsto nos arts. 513 a 518 do Código de Processo Penal. Conforme esclarece Tourinho Filho:

> "O Código de Processo Penal, cuidando dos crimes de responsabilidade de funcionários públicos, neste capítulo, refere-se, exclusivamente, aos delitos funcionais, próprios ou impróprios. E, para que não houvesse nenhuma dúvida quanto a essa particularidade, o art. 513 fala de 'crimes de responsabilidade dos funcionários públicos, cujo processo e julgamento *competirão aos juízes de direito*'.
>
> Esses crimes estão elencados nos arts. 312 a 326 do CP, com aquela norma de encerramento prevista no art. 327, dando o conceito de funcionário público para efeitos penais."[7]

1.4 Independência das instâncias administrativa e penal

O inciso I do art. 92 do Código Penal assevera ser também um efeito da condenação a perda de cargo, função pública ou mandato eletivo: *a)* quando aplicada pena privativa de liberdade por tempo igual ou superior a 1 (um) ano, nos crimes praticados com abuso de poder ou violação de dever para com a Administração Pública; *b)* quando for aplicada pena privativa de liberdade por tempo superior a 4 (quatro) anos nos demais casos.

---

[5] MEIRELLES, Hely Lopes. *Direito administrativo brasileiro*, p. 62.
[6] NUCCI, Guilherme de Souza. *Código penal comentado*, p. 1051.
[7] TOURINHO FILHO, Fernando da Costa. *Código de processo penal comentado*, v. 2, p. 162.

Aqui, como se percebe, estamos diante de uma condenação, isto é, a Justiça Penal chegou à conclusão de que o fato praticado pelo funcionário público era típico, ilícito e culpável. Essa condenação trará consequências que deverão ser expressamente mencionadas pelo julgador em seu ato decisório. Poderá a Administração Pública, ainda, mesmo diante de condenações que não se amoldem às situações anteriores, aplicar uma sanção de natureza administrativa a seu funcionário, podendo se consubstanciar, de acordo com os incisos do art. 127 da Lei nº 8.112, de 11 de setembro de 1990, em: *I) advertência; II) suspensão; III) demissão; IV) cassação de aposentadoria ou disponibilidade; V) destituição de cargo em comissão; e VI) destituição de função comissionada.*

No entanto, pode o funcionário público ter sido absolvido na esfera penal. Nesse caso, tal como acontece com a decisão condenatória, a sentença absolutória poderia gerar algum efeito em seu benefício, vinculando, por exemplo, a Administração Pública no sentido de impedir a aplicação de qualquer outra sanção de natureza administrativa?

O que se quer discutir, na verdade, é a independência das instâncias administrativa e penal. Comparativamente, a sanção administrativa é *minus* em relação àquela de natureza penal. Como preleciona Hungria:

> "A autonomia do poder disciplinar só se entende com os fatos que constituem, exclusivamente, faltas disciplinares. Fora daí, só é admissível a ação disciplinar, no caso de absolvição do acusado no juízo penal, quando, embora afastada a identificação do fato imputado como crime, persista, residualmente, uma falta disciplinar. Apenas por esse *residuum* poderá subsistir ou funcionar a instância administrativo-disciplinar."[8]

1.5 Princípio da insignificância e crimes contra a Administração Pública

Existe controvérsia quanto à possibilidade de aplicação do princípio da insignificância aos crimes contra a Administração Pública. Entendemos, com a devida vênia, que não podemos fechar as portas do princípio simplesmente por estarmos diante de crimes dessa natureza. O caso concreto, observado de acordo também com o princípio da razoabilidade, é que determinará sobre a possibilidade ou não do reconhecimento do mencionado princípio.

Assim, a título de exemplo, imagine-se a hipótese em que um funcionário público subtraia de sua repartição uma caixa de *clips*, ou mesmo algumas folhas de papel para rascunho. Não seria razoável puni-lo com uma pena, correspondente ao crime de peculato-furto, que varia entre um mínimo de 2 (dois) e um máximo de 12 (doze) anos de reclusão, por esse comportamento.

O Superior Tribunal de Justiça vem rejeitando a possibilidade de reconhecimento do princípio da insignificância nos crimes contra a Administração Pública, dizendo:

> "Segundo entendimento sufragado pelo Superior Tribunal de Justiça, cristalizado na Súmula nº 599/STJ, o 'princípio da insignificância é inaplicável aos crimes contra a Administração Pública', sobretudo quando perpetrados no âmbito da Administração Castrense, cujos valores institucionais e o próprio funcionamento estão alicerçados aos rigores da disciplina, da hierarquia, da ordem e da moralidade administrativa" (STJ, AgRg no AREsp 1.450.696 / SP, Rel.ª Min.ª Laurita Vaz, 6ª T., DJe 17/09/2019).

> "É pacífica a jurisprudência desta Corte no sentido de não ser possível a aplicação do princípio da insignificância aos delitos contra a Administração Pública, pois o bem jurídico

---

[8] HUNGRIA, Nélson. *Comentários ao código penal*, v. IX, p. 324-325.

tutelado pelo tipo penal incriminador é a moralidade administrativa, insuscetível de valoração econômica" (STJ, AgRg no AREsp 765.216/RS, Rel. Min. Joel Ilan Paciornik, 5ª T., DJe 11/05/2018).

Por outro lado, mesmo que seja essa a posição dominante nos Tribunais Superiores, não podemos concordar com a aplicação do princípio da insignificância, por exemplo, em sonegações de impostos de valores elevados, mesmo que esses valores não atinjam o piso mínimo para cobrança, exigido pela Administração Pública como, reiteradamente, vem decidindo o STF, conforme julgado abaixo:

"A jurisprudência desta Suprema Corte é pacífica no sentido de que o princípio da insignificância poderá ser aplicado ao delito de descaminho quando o valor sonegado for inferior ao estabelecido no art. 20 da Lei nº 10.522/2002, com as atualizações instituídas pelas Portarias 75/2012 e 130/2012, ambas do Ministério da Fazenda, ressalvados os casos de reincidência ou comprovada habitualidade delitiva, que impedirão a aplicação desse princípio, em razão do elevado grau de reprovabilidade da conduta do agente" (STF, HC 161.848 AgR-segundo / P, Rel. Min. Ricardo Lewandowski, 2ª T., DJe 18/11/2019).

"Em matéria de aplicação do princípio da insignificância ao delito de descaminho, a jurisprudência do Supremo Tribunal Federal (STF) adota como fundamento para avaliar a tipicidade da conduta o quantum objetivamente estipulado como parâmetro para a atuação do Estado em matéria de execução fiscal: o valor do tributo devido. Precedentes. Para a aferição do requisito objetivo, assim como estabelecido na legislação fiscal, o STF considera a soma dos débitos consolidados. Nessas condições, a ausência de comprovação inequívoca de que o paciente possui outros débitos fiscais inviabiliza, neste habeas corpus, o pronto reconhecimento da atipicidade penal (HC 114.675, Rel. Min. Ricardo Lewandowski; e HC 115.331, Rel. Min. Gilmar Mendes). Ainda que fosse possível reconhecer o princípio da insignificância penal quanto ao tributo de que tratam estes autos, as peças que instruem o processo não permitem aferir eventual habitualidade delitiva ou mesmo possível acúmulo de débitos que superem o parâmetro descrito na Lei nº 10.522/2002. Precedentes" (STF, HC 137.595 AgR/SP, Rel. Min. Roberto Barroso, 1ª T., DJe 22/05/2018).

"No crime de descaminho, o Supremo Tribunal Federal tem considerado, para a avaliação da insignificância, o patamar de R$ 20.000,00, previsto no art. 20 da Lei nº 10.522/2002 e atualizado pelas Portarias nº 75 e nº 130/2012 do Ministério da Fazenda. Precedentes. Na espécie, como a soma dos tributos que deixaram de ser recolhidos perfaz a quantia de R$ 19.750,41 e o paciente, segundo os autos, não responde a outros procedimentos administrativos fiscais ou processos criminais, é de se afastar a tipicidade material do delito de descaminho com base no princípio da insignificância" (STF, HC 137595 AgR/SP, Rel. Min. Dias Toffoli, 2ª T., DJe 07/05/2018).

"No crime de descaminho, o princípio da insignificância deve ser aplicado quando o valor do tributo sonegado for inferior a R$ 10.000,00 (dez mil reais), limite estabelecido no art. 20 da Lei nº 10.522/2002, na redação conferida pela Lei nº 11.033/2004, para o arquivamento de execuções fiscais. Todavia, ainda que o *quantum* do tributo não recolhido aos cofres públicos seja inferior a este patamar, a contumácia na prática delitiva obsta a aplicação daquele princípio. Precedentes: *HC* 115.514, 2ª T., Relator o Ministro Ricardo Lewandowski, DJ 10/04/2013; *HC* 115.869, . 1ª T., Relator o Ministro Dias Toffolli, DJ 07/05/2013; *HC* 114.548, 1ª T., Relatora a Ministra Rosa Weber, DJ 27/11/2012; *HC* 110.841, 2ª T., Relatora a Ministra Cármen Lúcia, DJ 14/12/2012; *HC* 112.597, 2ª T., Relatora a Ministra Cármen Lúcia, DJ 10/12/2012; *HC* 100.367, 1ª T., Relator o Ministro Luiz Fux, DJ 08/09/11." (STF, *HC* 115.154/RS, Rel. Min. Luiz Fux, 1ª T., DJe 25/6/2013).

1.6 Divisão do Título XI da Parte Especial do Código Penal

O Título XI da Parte Especial do Código Penal é composto pelos seguintes capítulos:

Capítulo I – *Dos crimes praticados por funcionário público contra a administração em geral* (arts. 312 a 327);

Capítulo II – *Dos crimes praticados por particular contra a administração em geral* (arts. 328 a 337-A);

Capítulo II-A – *Dos crimes praticados por particular contra a administração pública estrangeira* (arts. 337-B a 337-D);

Capítulo II-B – *Dos crimes em licitações e contratos administrativos* (arts. 337-E a 337-P);

Capítulo III – *Dos crimes contra a administração da justiça* (arts. 338 a 359);

Capítulo IV – *Dos crimes contra as finanças públicas* (arts. 359-A a 359-H); e

Faremos, a seguir, a análise individualizada das infrações penais constantes dos mencionados capítulos.

1.7 Jurisprudência em teses do Superior Tribunal de Justiça, edição nº 57: crimes contra a Administração Pública

1) O princípio da insignificância é inaplicável aos crimes cometidos contra a Administração Pública, ainda que o valor seja irrisório, porquanto a norma penal busca tutelar não somente o patrimônio, mas também a moral administrativa.

2) É possível o agravamento da pena-base nos delitos praticados contra a Administração Pública com fundamento no elevado prejuízo causado aos cofres públicos, a título de consequências do crime.

3) A regularidade contábil atestada pelo Tribunal de Contas não obsta a persecução criminal promovida pelo Ministério Público, ante o princípio da independência entre as instâncias administrativa e penal.

4) A agravante prevista no art. 61, II, g, do Código Penal não é aplicável nos casos em que o abuso de poder ou a violação de dever inerente ao cargo configurar elementar do crime praticado contra a Administração Pública.

5) Somente após o advento da Lei nº 9.983/2000, que alterou a redação do art. 327 do Código Penal, é possível a equiparação de médico de hospital particular conveniado ao Sistema Único de Saúde – SUS a funcionário público para fins penais.

6) Os advogados dativos, nomeados para exercer a defesa de acusado necessitado nos locais onde não existe Defensoria Pública, são considerados funcionários públicos para fins penais, nos termos do art. 327 do Código Penal.

7) A notificação do funcionário público, nos termos do art. 514 do Código de Processo Penal, não é necessária quando a ação penal for precedida de inquérito policial (Súmula nº 330/STJ).

8) A prática de crime contra a Administração Pública por ocupantes de cargos de elevada responsabilidade ou por membros de poder justifica a majoração da pena-base.

9) A elementar do crime de peculato se comunica aos coautores e partícipes estranhos ao serviço público.

10) A consumação do crime de peculato-apropriação (art. 312, *caput*, 1ª parte, do Código Penal) ocorre no momento da inversão da posse do objeto material por parte do funcionário público.

11) A consumação do crime de peculato-desvio (art. 312, *caput*, 2ª parte, do CP) ocorre no momento em que o funcionário efetivamente desvia o dinheiro, valor ou outro bem móvel, em proveito próprio ou de terceiro, ainda que não obtenha a vantagem indevida.

12) A reparação do dano antes do recebimento da denúncia não exclui o crime de peculato doloso, diante da ausência de previsão legal, podendo configurar arrependimento posterior, nos termos do art. 16 do CP.

13) A instauração de ação penal individualizada para os crimes de peculato e sonegação fiscal em relação aos valores indevidamente apropriados não constitui *bis in idem*.

14) Compete à Justiça Federal o julgamento do crime de peculato se houver possibilidade de utilização da prova do referido delito para elucidar sonegação fiscal consistente na falta de declaração à Receita Federal do recebimento dos valores indevidamente apropriados.

15) Compete à Justiça Federal processar e julgar desvios de verbas públicas transferidas por meio de convênio e sujeitas à fiscalização de órgão federal.

16) Não há bilateralidade entre os crimes de corrupção passiva e ativa, uma vez que estão previstos em tipos penais distintos e autônomos, são independentes e a comprovação de um deles não pressupõe a do outro.

17) No crime de corrupção passiva, é indispensável haver nexo de causalidade entre a conduta do servidor e a realização de ato funcional de sua competência.

18) O crime de corrupção passiva praticado pelas condutas de aceitar promessa ou solicitar é formal e se consuma com a mera solicitação ou aceitação da vantagem indevida.

19) O crime de corrupção ativa é formal e instantâneo, consumando-se com a simples promessa ou oferta de vantagem indevida.

20) Não há flagrante quando a entrega de valores ocorre em momento posterior à exigência, pois o crime de concussão é formal e o recebimento se consubstancia em mero exaurimento.

21) Comete o crime de extorsão e não o de concussão, o funcionário público que se utiliza de violência ou grave ameaça para obter vantagem indevida.

1.8 Jurisprudência em teses do Superior Tribunal de Justiça, edição nº 81: crimes contra a Administração Pública – II

1) A competência para o processo e julgamento por crime de contrabando ou descaminho define-se pela prevenção do juízo federal do lugar da apreensão dos bens. (Súmula nº 151/STJ).

2) Configura crime de contrabando (art. 334-A, CP) a importação não autorizada de arma de pressão por ação de gás comprimido ou por ação de mola, independentemente do calibre.

3) A importação não autorizada de cigarros ou de gasolina constitui crime de contrabando, insuscetível de aplicação do princípio da insignificância.

4) A importação clandestina de medicamentos configura crime de contrabando, aplicando-se, excepcionalmente, o princípio da insignificância aos casos de importação não autorizada de pequena quantidade para uso próprio.

5) Para a caracterização do delito de contrabando de máquinas programadas para exploração de jogos de azar, é necessária a demonstração de fortes indícios (e/ou provas) da origem estrangeira das máquinas ou dos seus componentes eletrônicos e a entrada, ilegalmente, desses equipamentos no país.

6) É desnecessária a constituição definitiva do crédito tributário na esfera administrativa para a configuração dos crimes de contrabando e de descaminho.

7) (...)

8) O pagamento ou o parcelamento dos débitos tributários não extingue a punibilidade do crime de descaminho, tendo em vista a natureza formal do delito.
9) Quando o falso se exaure no descaminho, sem mais potencialidade lesiva, é por este absorvido, como crime-fim, condição que não se altera por ser menor a pena a este cominada. (Tese julgada sob o rito do art. 543-C do CPC/73. Tema 933).
10) O crime de sonegação de contribuição previdenciária, previsto no art. 337-A do CP, não exige dolo específico para a sua configuração.
11) O crime de sonegação de contribuição previdenciária é de natureza material e exige a constituição definitiva do débito tributário perante o âmbito administrativo para configurar-se como conduta típica.
12) (...)
13) O crime de falso, quando cometido única e exclusivamente para viabilizar a prática do crime de sonegação de contribuição previdenciária, é por este absorvido, consoante diretrizes do princípio penal da consunção.

Capítulo I
Dos crimes praticados por funcionário público contra a administração em geral

1. PECULATO

Acesse e assista à aula explicativa sobre este assunto.
> https://uqr.to/1we57

Peculato
Art. 312. Apropriar-se o funcionário público de dinheiro, valor ou qualquer outro bem móvel, público ou particular, de que tem a posse em razão do cargo, ou desviá-lo, em proveito próprio ou alheio:
Pena – reclusão, de dois a doze anos, e multa.
§ 1º Aplica-se a mesma pena, se o funcionário público, embora não tendo a posse do dinheiro, valor ou bem, o subtrai, ou concorre para que seja subtraído, em proveito próprio ou alheio, valendo-se de facilidade que lhe proporciona a qualidade de funcionário.

Peculato culposo
§ 2º Se o funcionário concorre culposamente para o crime de outrem:
Pena – detenção, de três meses a um ano.
§ 3º No caso do parágrafo anterior, a reparação do dano, se precede à sentença irrecorrível, extingue a punibilidade; se lhe é posterior, reduz de metade a pena imposta.

1.1 Introdução

A palavra *peculato* tem sua origem no Direito romano, em que a subtração de coisas pertencentes ao Estado, segundo Hungria, "chamava-se *peculatus* ou *depeculatus*, sendo este o *nomen juris* oriundo do tempo anterior à introdução da moeda, quando os bois e carneiros (*pecus*), destinados aos sacrifícios, constituíam a riqueza pública por excelência".[9]

O art. 312 do Código Penal, inserido no Capítulo I, correspondente aos crimes praticados por funcionário público contra a Administração em geral, prevê quatro modalidades do delito de peculato, a saber: *a)* peculato-apropriação (primeira parte do *caput* do art. 312); *b)* peculato-desvio (segunda parte do *caput* do art. 312); *c)* peculato-furto (§ 1º); e *d)* peculato culposo (§ 2º).

---
[9] HUNGRIA, Nélson. *Comentários ao código penal*, v. IX, p. 332.

Assim, nos termos da redação constante do art. 312, *caput*, do Código Penal, podemos destacar os seguintes elementos: *a)* a conduta de se apropriar o funcionário público de dinheiro, valor ou qualquer outro bem móvel, público ou particular, do qual tem a posse em razão do cargo; *b)* ou desviá-lo, em proveito próprio ou alheio.

O chamado *peculato-apropriação* encontra-se no rol dos *delitos funcionais impróprios*, haja vista que, basicamente, o que o especializa em relação ao delito de apropriação indébita, previsto pelo art. 168 do Código Penal, é o fato de ser praticado por funcionário público, em razão do cargo. A conduta praticada pelo funcionário público, isto é, pelo *intraneus*, em virtude da quebra ou abuso da confiança nele depositada pela Administração Pública, sofre um juízo de reprovação em muito superior àquele que é levado a efeito contra o particular (*extraneus*), conforme se verifica nas penas cominadas às duas infrações penais, uma vez que para o delito de peculato prevê a lei penal uma pena de reclusão, de 2 (dois) a 12 (doze) anos, e multa, enquanto para a apropriação indébita a pena é de reclusão, de 1 (um) a 4 (quatro) anos, e multa.

A conduta núcleo, portanto, constante da primeira parte do art. 312 do Código Penal, é o verbo *apropriar*, que deve ser entendido no sentido de *tomar como propriedade, tomar para si, apoderar-se* indevidamente de dinheiro, valor ou qualquer outro bem móvel, público ou particular, de que tem a posse ou a detenção (embora o artigo só faça menção expressa àquela), em razão do cargo. Aqui, o agente inverte o título da posse, agindo como se fosse dono, vale dizer, com o chamado *animus rem sibi habendi*.

O objeto material da conduta do agente, de acordo com a redação típica, é o dinheiro (cédulas e moedas aceitas como pagamento), valor (tudo aquilo que pode ser convertido em dinheiro, vale dizer, todo documento ou papel de crédito que pode ser negociado, a exemplo das notas promissórias, ações, apólices etc.) ou qualquer outro bem móvel (isto é, um bem passível de remoção e, consequentemente, de apreensão pelo agente).

Não importa, ainda, a natureza do objeto material, isto é, se *público* ou *privado*. Assim, pratica o delito de peculato o funcionário público que se apropria tanto de um bem móvel pertencente à Administração Pública quanto de outro bem, de natureza particular, que se encontrava temporariamente apreendido ou mesmo guardado.

O importante, para efeito de configuração do delito em estudo, é que o funcionário público tenha se apropriado do dinheiro, valor ou bem móvel, seja ele público ou particular, de que *tem a posse em razão do cargo*. Isso significa que o sujeito tinha uma *liberdade desvigiada* sobre a coisa em virtude do cargo por ele ocupado. Conforme lições de Hungria:

> "A preexistente posse deve ter-se operado *em razão do cargo*, isto é, faz-se mister uma íntima relação de causa e efeito entre o *cargo e a posse*. Não basta que a *res* tenha sido confiada *contemplatione officii*: é preciso que a sua entrega ao funcionário resulte de mandamento legal (*ex vi legis*) ou, pelo menos, de inveterada praxe, não proibida por lei. Se na apropriação indébita a coisa é confiada ou entregue voluntariamente, no peculato a posse ou detenção resulta da confiança imposta pela lei como indispensável ao cargo exercido pelo agente. Assim, se confio particularmente dinheiro ao meu vizinho e amigo Tício, que é fiel tesoureiro na repartição do *Imposto de Renda*, para que pague aí o meu débito fiscal, e ele se apropria da quantia, há apropriação indébita, e não peculato. A confiança, deve merecê-la o agente, não por sua qualidade genérica de funcionário público, mas porque titular do cargo que o torna competente, na ocasião, para o recebimento e consequente posse. Atente-se que a lei fala 'em razão do cargo', e não 'em razão do exercício de função pública', cumprindo que não confunda múnus público com cargo público."[10]

---

[10] HUNGRIA, Nélson. *Comentários ao código penal*, v. IX, p. 340.

Dessa forma, posse e cargo devem ter uma relação direta, ou seja, uma relação de causa e efeito. Não é pelo fato de ser funcionário público que o sujeito deve responder pelo delito de peculato se houver se apropriado, por exemplo, de uma coisa móvel, mas, sim, pela conjugação do fato de que somente obteve a posse da coisa em virtude do cargo por ele ocupado. Aquele que não tinha atribuição legal para ter a posse sobre a *res* pode praticar outra infração penal que não o delito de peculato, podendo, até mesmo, responder pelo delito de apropriação indébita, furto ou mesmo peculato-furto, já que, se não tinha qualquer poder sobre a coisa, pois ocupante de cargo que não lhe proporcionava essa condição, a liberdade sobre ela exercida poderá ser considerada como vigiada, importando, dependendo da hipótese concreta a ser apresentada, em subtração e não em apropriação.

O agente deverá, ainda, ocupar legalmente um cargo público, ou seja, ter sido nele investido corretamente, de acordo com as determinações legais, pois, caso contrário, não se configurará o delito em estudo.

A segunda parte do art. 312 do Código Penal prevê o *peculato-desvio*. Aqui, o agente não atua com *animus rem sibi habendi*, ou seja, não atua no sentido de inverter a posse da coisa, agindo como se fosse dono, mas sim desvia o dinheiro, valor ou qualquer outro bem móvel, em proveito próprio ou alheio. Conforme esclarece Noronha:

> "Desviar é *desencaminhar* e *distrair*. É a destinação *diversa* que o agente dá à coisa, em proveito seu ou de outrem. Ao invés do destino *certo* e *determinado* do bem de que tem a posse, o agente lhe dá outro, *no interesse próprio* ou de *terceiro*, já que, se for em proveito da própria administração, não poderá haver desvio de verba.
>
> Tal proveito pode ser *material* (como se o funcionário empresta o dinheiro que deve ter sob sua guarda, percebendo, então, os juros) ou *moral* (quando, p. ex., o empréstimo de dinheiro é sem juros, visando o funcionário a recompensa de outra natureza)."[11]

As duas modalidades de peculato previstas pelo *caput* do art. 312 do Código Penal são conhecidas como *peculato próprio*, haja vista ter o agente a posse (ou mesmo a detenção) sobre o dinheiro, valor ou qualquer outro bem, em virtude do cargo.

No entanto, existe outra modalidade de peculato, prevista pelo § 1º do art. 312 do Código Penal, reconhecida como *imprópria*, que ocorre na hipótese do chamado *peculato-furto*, uma vez que o mencionado parágrafo aduz que *aplica-se a mesma pena, se o funcionário público, embora não tendo a posse do dinheiro, valor ou bem, o subtrai, ou concorre para que seja subtraído, em proveito próprio ou alheio, valendo-se da facilidade que lhe proporciona a qualidade de funcionário.*

Aqui também nos encontramos diante de um *delito funcional impróprio*, haja vista que sua distinção fundamental com o delito de furto reside no fato de que o funcionário, para efeitos de subtração do dinheiro, valor ou bem, deve valer-se da facilidade que lhe proporciona essa qualidade, pois, caso contrário, haverá a desclassificação para o delito tipificado no art. 155 do Código Penal.

---

[11] NORONHA, Edgard Magalhães. *Direito penal*, v. 4, p. 222. Vale registro a posição de Guilherme de Souza Nucci (*Código penal comentado*, p. 978), quando diz que, sob a rubrica *funcionário que recebe dinheiro ou outro valor de particular e aplica na própria repartição*, "comete peculato-desvio, pois o valor foi destinado ao Estado, não sendo da esfera de atribuição do funcionário, sem autorização legal, aplicá-lo na repartição, ainda que para a melhoria do serviço público. Qualquer investimento nos prédios públicos depende de autorização e qualquer recebimento de vantagem exige a incorporação oficial ao patrimônio do Estado. Se receber valores indevidos, porque os solicitou ao particular, ingressa no contexto da corrupção passiva, ainda que os aplique na própria repartição onde trabalha."

O § 1º do art. 312 do Código Penal, ao contrário do que ocorre com o art. 155 do mesmo diploma legal, utiliza não somente o verbo *subtrair*, mas também *concorrer* para que seja subtraído o objeto material já citado. Assim, pode o agente, ele próprio, levar a efeito a subtração, retirando, por exemplo, o bem pertencente à Administração Pública, ou simplesmente *concorrer* para que terceiro o subtraia, a exemplo daquele que convence o vigia de determinada repartição a sair do local onde o bem se encontrava guardado, com a desculpa de irem tomar um café, a fim de que o terceiro possa ali ingressar e subtrair o bem.

Ao contrário do que ocorre com as modalidades de peculato próprio (*peculato-apropriação e peculato-desvio*), no peculato impróprio basta que o agente, funcionário público, tenha se valido dessa qualidade para fins de praticar a subtração ou concorrido para que terceiro a praticasse. Essa situação é fundamental para o reconhecimento do delito em estudo, cuja pena, comparativamente ao delito de furto, é significativamente mais grave, em virtude do maior juízo de censura, de reprovabilidade, em razão da quebra ou abuso da confiança que nele era depositada pela Administração Pública.

Imagine-se a hipótese do funcionário que, almejando subtrair um *notebook* existente na repartição na qual exerce suas funções, durante a noite, arromba a porta situada nos fundos do prédio público e, rapidamente, dirige-se até a sua sala, conseguindo levar consigo mencionado bem sem que o vigia pudesse perceber a sua movimentação. Nesse caso, pergunta-se: Qual foi a facilidade que lhe proporcionou a qualidade de funcionário para que pudesse realizar a aludida subtração? Nenhuma. Na verdade, atuou como um agente comum, arrombando a porta daquele prédio como outra pessoa qualquer.

A título de raciocínio, suponhamos, agora, que o agente, funcionário, atuando com a mesma finalidade de subtrair o mencionado computador, dirija-se, à noite, ao prédio no qual exerce suas funções, apresentando-se ao vigia, que já o conhecia, alegando ter esquecido um documento importante em sua sala, razão pela qual havia ali retornado para pegá-lo. O vigia, por já conhecer o referido funcionário, que, até mesmo, havia feito questão de apresentar sua carteira funcional, permite-lhe, tranquilamente, o acesso ao prédio, onde o agente, colocando o *notebook* em sua pasta, o subtrai, levando-o consigo. Nesse exemplo, o funcionário valeu-se dessa qualidade para obter sucesso na subtração, razão pela qual deverá ser responsabilizado pelo delito de peculato-furto.

1.2 Classificação doutrinária

Crime próprio no que diz respeito ao *sujeito ativo* (pois somente o funcionário público pode praticá-lo) e comum quanto ao sujeito passivo (uma vez que não somente a Administração Pública pode figurar nessa condição, como qualquer pessoa que tenha sido prejudicada com o comportamento praticado pelo sujeito ativo); doloso e culposo (haja vista que o § 2º do art. 312 do Código Penal prevê a modalidade culposa de peculato); comissivo (podendo, no entanto, ser praticado via omissão imprópria, nos termos do art. 13, § 2º, do Código Penal); material; de forma livre; instantâneo; monossubjetivo; plurissubsistente; transeunte (como regra, pois em algumas situações será possível a realização de prova pericial).

1.3 Sujeito ativo e sujeito passivo

Crime próprio, o peculato exige que o *sujeito ativo* seja funcionário público, ressalvando-se, contudo, a possibilidade de o particular também figurar nessa condição, em virtude da norma constante do art. 30 do Código Penal.

O sujeito passivo é o Estado, bem como a pessoa física ou jurídica diretamente prejudicada com a conduta praticada pelo sujeito ativo.

1.4 Objeto material e bem juridicamente protegido

A Administração Pública é o bem juridicamente protegido pelo tipo penal que prevê o delito de peculato.

O objeto material é o dinheiro, valor ou qualquer outro bem móvel, público ou particular.

1.5 Consumação e tentativa

No peculato-apropriação o delito se consuma quando o agente inverte a posse, agindo como se fosse dono, praticando qualquer dos comportamentos já mencionados quando do estudo da infração penal tipificada no art. 168 do Código Penal; no que diz respeito ao peculato-desvio, seu momento consumativo ocorre quando o agente, segundo Noronha, "dá a coisa destino diverso, quando a emprega em fins outros que não o próprio ou regular, agindo em proveito dele mesmo ou de terceiro";[12] já no peculato-furto, ocorre a consumação quando o agente consegue levar a efeito a subtração do dinheiro, valor ou bem, desde que mantenha a posse tranquila sobre a coisa, mesmo que por curto espaço de tempo, tal como ocorre com a consumação do delito de furto.

Tratando-se de delitos plurissubsistentes, será possível o raciocínio relativo à tentativa, desde que, na hipótese concreta, exista possibilidade de fracionamento do *iter criminis*.

1.6 Elemento subjetivo

Os delitos de peculato-apropriação, peculato-desvio e peculato-furto podem ser praticados dolosamente, devendo o funcionário público atuar no sentido de levar a efeito a apropriação, o desvio ou a subtração do dinheiro, valor ou qualquer outro bem móvel, público ou particular.

Existe previsão para a modalidade de natureza culposa, conforme se verifica no § 2º do art. 312 do Código Penal.

1.7 Modalidades comissiva e omissiva

Os núcleos constantes do art. 312, *caput* e § 1º do Código Penal, pressupõem um comportamento comissivo. No entanto, será possível a prática do delito via omissão imprópria quando o agente, garantidor, dolosa ou culposamente, nada fizer para impedir a prática de qualquer dos comportamentos previstos pelo tipo penal em estudo. Assim, imagine-se a hipótese em que um funcionário público, exercendo as funções de vigia de determinada repartição pública, ao perceber que outro funcionário, valendo-se da facilidade que lhe proporcionava essa qualidade, estava levando a efeito a subtração de um bem pertencente à Administração Pública, dolosamente, podendo, nada faz para impedir a consumação da infração penal. Nesse caso, também deverá ser responsabilizado pelo delito de peculato-furto, nos termos do art. 13, § 2º, do Código Penal.

1.8 Modalidade culposa

No § 2º do art. 312 do Código Penal existe a previsão para a modalidade culposa de peculato, *verbis*:

> § 2º Se o funcionário concorre culposamente para o crime de outrem:
> Pena – detenção, de três meses a um ano.

---

[12] NORONHA, Edgard Magalhães. *Direito penal*, v. 4, p. 224.

Com a previsão do peculato culposo procura-se fazer com que o funcionário público atue com a diligência que lhe é exigida na preservação do dinheiro, valor ou qualquer outro bem público, ou mesmo particular, confiado à Administração Pública. Dessa forma, será responsabilizado o funcionário que, deixando de observar o seu necessário e exigível dever objetivo de cuidado, vier, com o seu comportamento, a concorrer para que terceiro se aproprie, desvie ou subtraia qualquer dos objetos acima mencionados.

Verifica-se, portanto, a contribuição culposa do funcionário, na prática de um delito de natureza dolosa, levado a efeito por outrem.

No entanto, devemos observar que para que ocorra o peculato culposo não há necessidade de que o delito principal tenha sido praticado também por outro funcionário. Pode ocorrer que um particular venha a praticar uma subtração de um bem móvel pertencente à Administração Pública, em virtude da negligência de um funcionário, não se podendo afastar, com isso, a responsabilização deste último pelo delito de peculato culposo. Assim, imagine-se a hipótese na qual um funcionário, negligentemente, se esqueça de guardar uma máquina fotográfica pertencente a um órgão público, encarregado de levar a efeito algumas perícias, para as quais a sua utilização se fazia necessária, deixando-a sobre um balcão de atendimento. Um terceiro, que não era funcionário público, ao perceber que a referida máquina ali se encontrava, a subtrai. O particular deverá responder pelo delito de furto, enquanto o funcionário negligente será responsabilizado pelo delito de peculato culposo.

1.9 Extinção da punibilidade

Se o funcionário público que concorre culposamente para o crime de outrem vier a reparar o dano até a sentença irrecorrível, será extinta a punibilidade; se a reparação lhe for posterior, a pena será reduzida de metade, nos termos preconizados pelo § 3º do art. 312 do Código Penal.

A norma do mencionado parágrafo é especial em relação ao art. 16 do Código Penal, que prevê o instituto do arrependimento posterior. Assim, se o funcionário negligente, por exemplo, vier a reparar o dano antes mesmo do recebimento da denúncia, será aplicado o § 3º do art. 312 do Código Penal, com a consequente extinção da punibilidade, e não o art. 16 do mesmo diploma legal, que possibilita, tão somente, a redução de um a dois terços na pena aplicada.

Por sentença irrecorrível devemos entender tanto a decisão de primeiro grau, proferida pelo juízo monocrático, quanto o acórdão do Tribunal. Esse será o nosso marco para concluirmos pela extinção da punibilidade ou pela aplicação da minorante.

1.10 Causa especial de aumento de pena

Determina o § 2º do art. 327 do Código Penal, *verbis*:

> § 2º A pena será aumentada da terça parte quando os autores dos crimes previstos neste Capítulo forem ocupantes de cargos em comissão ou de função de direção ou assessoramento de órgão da administração direta, sociedade de economia mista, empresa pública ou fundação instituída pelo poder público.

1.11 Pena, ação penal, competência para julgamento e suspensão condicional do processo

Para os delitos de peculato-apropriação, peculato-desvio e peculato-furto, previstos no *caput* e no § 1º do art. 312 do Código Penal, comina a lei penal uma pena de reclusão, de 2 (dois) a 12 (doze) anos, e multa.

Para a modalidade culposa de peculato, constante do § 2º do art. 312 do Código Penal, a pena é de detenção, de 3 (três) meses a 1 (um) ano. Nesse caso, a reparação do dano, se precede a sentença irrecorrível, extingue a punibilidade; se lhe é posterior, reduz de metade a pena imposta, conforme preconiza o § 3º do art. 312 do mesmo artigo.

A pena será aumentada da terça parte, conforme determina o § 2º do art. 327 do Código Penal, nas hipóteses nele previstas.

A ação penal é de iniciativa pública incondicionada.

Compete, pelo menos inicialmente, ao Juizado Especial Criminal o processo e julgamento do delito de peculato culposo, em virtude da pena máxima cominada em abstrato, que não ultrapassa o limite de 2 (dois) anos, imposto pelo art. 61 da Lei nº 9.099/95, conforme alteração determinada pela Lei nº 11.313, de 28 de junho de 2006.

Será possível, também, no peculato culposo, a confecção de proposta de suspensão condicional do processo, nos termos do art. 89 da Lei nº 9.099/95.

1.12 Destaques

1.12.1 Peculato de uso

Tal como ocorre com os delitos de apropriação indébita e furto, não se pune o chamado *peculato de uso*, podendo, no entanto, ser o agente responsabilizado por um ilícito de natureza administrativa, que poderá trazer como consequência uma sanção da mesma natureza.

Poderá, no entanto, configurar-se em ato de improbidade administrativa, a exemplo do que ocorre com o inciso IV do art. 9º da Lei nº 8.429, de 2 de junho de 1992, a utilização, em obra ou serviço particular, qualquer bem móvel, de propriedade ou à disposição de qualquer das entidades referidas no art. 1º da referida lei, bem como o trabalho de servidores, de empregados ou de terceiros contratados por essas entidades. O uso de bens, rendas ou serviços públicos configura-se, no entanto, em crime de responsabilidade, quando o sujeito ativo for prefeito, nos termos do inciso II do art. 1º do Decreto-Lei nº 201, de 27 de fevereiro de 1967.

1.12.2 Reparação do dano e peculato doloso

Embora não haja previsão para a extinção da punibilidade em caso de reparação do dano quando o agente tiver praticado qualquer das modalidades dolosas de peculato, poderá ser beneficiado com o instituto do arrependimento posterior na hipótese de ter, voluntariamente, reparado o dano até o recebimento da denúncia, diminuindo-se a pena de um a dois terços. Se a reparação do dano for levada a efeito após o recebimento da denúncia, mas antes do julgamento, poderá ser aplicada a circunstância atenuante prevista no art. 65, III, *b*, do Código Penal.

1.12.3 Consolidação das Leis do Trabalho

Diz o art. 552 da CLT, *verbis*:

> **Art. 552.** Os atos que importem em malversação ou dilapidação do patrimônio das associações ou entidades sindicais ficam equiparados ao crime de peculato julgado e punido na conformidade da legislação penal.

1.12.4 Peculato e crime de responsabilidade de prefeito

Se a apropriação de bens ou rendas públicas, ou mesmo seu desvio, forem praticados por Prefeito, aplicam-se os incisos I a III do art. 1º do Decreto-Lei nº 201, de 27 de fevereiro de 1967, que dizem, *verbis*:

> **Art. 1º** São crimes de responsabilidade dos Prefeitos Municipal, sujeitos ao julgamento do Poder Judiciário, independentemente do pronunciamento da Câmara dos Vereadores:

I – apropriar-se de bens ou rendas públicas, ou desviá-los em proveito próprio ou alheio;
II – utilizar-se, indevidamente, em proveito próprio ou alheio, de bens, rendas ou serviços públicos;
III – desviar, ou aplicar indevidamente, rendas ou verbas públicas;

O § 1º do art. 1º do referido diploma legal diz que:

§ 1º Os crimes definidos neste artigo são de ação pública, punidos os dos itens I e II, com a pena de reclusão, de dois a doze anos, e os demais, com a pena de detenção, de três meses a três anos.

Ao contrário do que ocorre com o art. 312 do Código Penal, aqui foi previsto o chamado *peculato de uso*, conforme se verifica pela redação do inciso II acima transcrito.

1.12.5 Peculato e Código Penal Militar

O delito de peculato veio previsto no Código Penal Militar (Decreto-Lei nº 1.001, de 21 de outubro de 1969), conforme se verifica pela leitura do seu art. 303, punindo com pena de reclusão, de três a quinze anos, aquele que se apropria de dinheiro, valor ou qualquer outro bem móvel, público ou particular, de que tem a posse ou detenção, em razão do cargo ou comissão, ou o desvia em proveito próprio ou alheio.

1.13 Quadro-resumo

Sujeitos
» Ativo: funcionário público, ressalvando-se, contudo, a possibilidade de o particular também poder figurar nessa condição, em virtude da norma constante do art. 30 do CP.
» Passivo: é o Estado, bem como a pessoa física ou jurídica diretamente prejudicada com a conduta praticada pelo sujeito ativo.

Objeto material
É o dinheiro, valor ou qualquer outro bem móvel, público ou particular.

Bem(ns) juridicamente protegido(s)
A Administração Pública.

Elemento subjetivo
» Os delitos de peculato-apropriação, peculato-desvio e peculato-furto podem ser praticados dolosamente, devendo o funcionário público atuar no sentido de levar a efeito a apropriação, o desvio ou a subtração do dinheiro, valor ou qualquer outro bem móvel, público ou particular.
» Existe previsão para a modalidade de natureza culposa (§ 2º do art. 312 do CP).

Modalidades comissiva e omissiva
Os núcleos constantes do art. 312, *caput* e § 1º pressupõem um comportamento comissivo, podendo, no entanto, ser praticados via omissão imprópria.

Consumação e tentativa
» No peculato-apropriação o delito se consuma quando o agente inverte a posse, agindo como se fosse dono, praticando qualquer dos comportamentos já mencionados quando do estudo da

> infração penal tipificada no art. 168 do CP; no que diz respeito ao peculato-desvio, seu momento consumativo ocorre quando o agente "dá a coisa destino diverso, quando a emprega em fins outros que não o próprio ou regular, agindo em proveito dele mesmo ou de terceiro" (NORONHA, 2003, p. 224).
> » Já no peculato-furto, ocorre a consumação quando o agente consegue levar a efeito a subtração do dinheiro, valor ou bem, desde que mantenha a posse tranquila sobre a coisa, mesmo que por curto espaço de tempo, tal como ocorre com a consumação do delito de furto.
> » Admite-se a tentativa.

2. PECULATO MEDIANTE ERRO DE OUTREM

> **Peculato mediante erro de outrem**
> **Art. 313.** Apropriar-se de dinheiro ou qualquer utilidade que, no exercício do cargo, recebeu por erro de outrem:
> Pena – reclusão, de um a quatro anos, e multa.

2.1 Introdução

O art. 313 do Código Penal prevê o *peculato mediante erro de outrem*, também reconhecido como *peculato-estelionato*. De acordo com a redação legal, podemos apontar os seguintes elementos: *a)* a conduta de se apropriar de dinheiro ou qualquer utilidade; *b)* que fora recebida por erro de outrem; e *c)* no exercício do cargo.

A conduta núcleo é o verbo *apropriar*, que deve ser entendido no sentido de *tomar como propriedade, tomar para si, apoderar-se* indevidamente. Essa conduta tem como objeto material o *dinheiro*, isto é, cédulas e moedas aceitas como pagamento, ou *qualquer utilidade*, vale dizer, tudo aquilo que pode servir para uso, consumo ou proveito econômico ou que pode ser avaliado em dinheiro, uma vez que, conforme alerta Hungria, "em qualquer de suas *variantes*, o peculato não pode deixar de revestir feição patrimonial".[13]

Determina o tipo penal em estudo que o dinheiro ou a utilidade deve ter sido recebido pelo agente em virtude do erro de outrem. O erro aqui mencionado deve, a seu turno, ser entendido como o conhecimento equivocado da realidade. A vítima, acreditando que, por exemplo, estivesse levando a efeito corretamente o pagamento de um tributo, a quem de direito, o entrega ao agente, que não tinha competência para recebê-lo. Conforme salienta Hungria:

> "É indiferente a causa do erro: ignorância, falso conhecimento, desatenção, confusão etc. Pode ele versar: a) sobre a competência do funcionário para receber; b) sobre a obrigação de entregar ou prestar; c) sobre o *quantum* da coisa a entregar (a entrega é excessiva, apropriando-se o agente do excesso). O *tradens* pode ser um *extraneus* ou mesmo outro funcionário (também no exercício de seu cargo). Pode acontecer que o funcionário *accipiens* venha a dar pelo erro do *tradens* só posteriormente ao recebimento, seguindo-se, só então, a indébita apropriação (*dolus superveniens*)."[14]

A maioria de nossos doutrinadores, a exemplo do próprio Hungria, entende que o erro deve ser *espontâneo*, isto é, não provocado pelo sujeito ativo, pois, caso contrário, poderia haver desclassificação para outra figura típica, a exemplo do crime de estelionato ou mesmo concussão. Contudo, ousamos discordar dessa posição. Isso porque a lei penal não limita que

---

[13] HUNGRIA, Nélson. *Comentários ao código penal*, v. IX, p. 353.
[14] HUNGRIA, Nélson. *Comentários ao código penal*, v. IX, p. 354.

o mencionado erro seja espontâneo, somente fazendo menção ao fato de que o agente tenha recebido o dinheiro ou qualquer utilidade mediante o erro de outrem.

Como a hipótese é similar ao delito de estelionato, especializado pelo fato de se tratar de funcionário público, no exercício de cargo, não vemos motivo para afastar o delito quando o erro vier a ser provocado pelo agente, e reconhecer a infração penal quando ele for espontâneo. Estamos, portanto, com Guilherme de Souza Nucci quando esclarece que o "importante é que exista apropriação de dinheiro ou outra utilidade decorrente de *erro* de terceiro, pouco importando se esse equívoco nasceu espontaneamente ou foi induzido pelo agente receptor".[15]

É importante que o agente, no entanto, saiba que se apropria indevidamente de coisa que lhe foi entregue por erro, pois, caso contrário, seu dolo restará afastado. Assim, imagine-se a hipótese do agente, funcionário público que recebe, em sua conta-corrente uma quantia muito superior àquela correspondente aos seus subsídios e, supondo que se tratava de alguma parcela indenizatória que havia sido depositada em sua conta-corrente, gasta todo o valor que lhe fora creditado quando, na realidade, a Administração Pública havia se equivocado quanto aos valores que lhe eram devidos. Nesse caso, não se poderá falar em crime de peculato mediante erro de outrem, por ausência do necessário elemento subjetivo.

Dessa forma, o agente, para que responda pelo delito em estudo, deverá saber que o dinheiro ou qualquer utilidade por ele recebida, no exercício do cargo, se deve ao erro de outrem.

Como já deixamos antever, também exige o tipo penal que o agente receba o objeto material em virtude do *exercício do cargo*. Caso o agente, mesmo que momentaneamente, esteja fora do exercício do cargo, o delito poderá se configurar em estelionato.

2.2 Classificação doutrinária

Crime próprio no que diz respeito ao *sujeito ativo* (pois somente o funcionário público pode praticá-lo) e comum quanto ao sujeito passivo (uma vez que não somente a Administração Pública pode figurar nessa condição, como qualquer pessoa que tenha sido prejudicada com o comportamento praticado pelo sujeito ativo); doloso; comissivo (podendo, no entanto, ser praticado via omissão imprópria, nos termos do art. 13, § 2º, do Código Penal); de forma livre; instantâneo; monossubjetivo; plurissubsistente; transeunte (como regra, pois em algumas situações será possível a realização de prova pericial).

2.3 Sujeito ativo e sujeito passivo

Crime próprio, o *peculato mediante erro de outrem* exige que o *sujeito ativo* seja funcionário público.

O *sujeito passivo* é o Estado, bem como a pessoa física ou jurídica diretamente prejudicada com a conduta praticada pelo sujeito ativo.

2.4 Objeto material e bem juridicamente protegido

A Administração Pública é o bem juridicamente protegido pelo tipo penal que prevê o delito de peculato mediante erro de outrem.

O objeto material do delito em estudo é o dinheiro ou qualquer outra utilidade de que se tenha apropriado o funcionário, que o recebeu por erro de outrem, no exercício do cargo.

---

[15] NUCCI, Guilherme de Souza. *Código penal comentado*, p. 981.

2.5 Consumação e tentativa

O delito se consuma quando o agente, efetivamente, se apropria de dinheiro ou utilidade que, no exercício do cargo, recebeu por erro de outrem, ou, vale dizer, quando o agente, após receber o objeto material, atua com *animus rem sibi habendi*, agindo como se fosse dono.

Tratando-se de crime plurissubsistente, será possível o raciocínio correspondente à tentativa.

2.6 Elemento subjetivo

O dolo é o elemento subjetivo exigido pelo tipo penal que prevê o delito de *peculato mediante erro de outrem*, não havendo previsão para a modalidade de natureza culposa.

Assim, a conduta do agente deve ser dirigida finalisticamente no sentido de se apropriar de dinheiro ou qualquer utilidade, induzindo ou mantendo a vítima em erro.

2.7 Modalidades comissiva e omissiva

O núcleo *apropriar* pressupõe um comportamento comissivo por parte do agente. No entanto, o delito poderá ser praticado via omissão imprópria quando o agente, garantidor, dolosamente, podendo, nada fizer para impedir a prática do delito em estudo, por ele devendo responder nos termos preconizados pelo art. 13, § 2º, do Código Penal.

Assim, imagine-se a hipótese daquele que, percebendo que seu inferior hierárquico mantém a vítima em erro, permitindo que ela lhe entregue determinada importância em dinheiro, dolosamente, podendo, nada faz para evitar a prática do delito, devendo, outrossim, responder pela mesma infração penal, em virtude da sua função de garantidor.

2.8 Causa especial de aumento de pena

Determina o § 2º do art. 327 do Código Penal, *verbis*:

> § 2º A pena será aumentada da terça parte quando os autores dos crimes previstos neste Capítulo forem ocupantes de cargos em comissão ou de função de direção ou assessoramento de órgão da administração direta, sociedade de economia mista, empresa pública ou fundação instituída pelo poder público.

2.9 Pena, ação penal e suspensão condicional do processo

A pena cominada ao delito de peculato mediante erro de outrem é de reclusão, de 1 (um) a 4 (quatro) anos, e multa.

A ação penal é de iniciativa pública incondicionada.

A pena será aumentada da terça parte, conforme determina o § 2º do art. 327 do Código Penal, nas hipóteses nele previstas.

Será possível a confecção de proposta de suspensão condicional do processo, nos termos do art. 89 da Lei nº 9.099/95.

2.10 Destaque

2.10.1 Peculato mediante aproveitamento de erro de outrem e Código Penal Militar

O delito de peculato mediante aproveitamento de erro de outrem veio previsto no Código Penal Militar (Decreto-Lei nº 1.001, de 21 de outubro de 1969), conforme se verifica pela leitura do seu art. 304, punindo com pena de reclusão, de dois a sete anos, aquele que se apropria de dinheiro ou qualquer utilidade que, no exercício do cargo ou comissão, recebeu por erro de outrem.

2.11 Quadro-resumo

Sujeitos
- Ativo: funcionário público.
- Passivo: é o Estado, bem como a pessoa física ou jurídica diretamente prejudicada com a conduta praticada pelo sujeito ativo.

Objeto material
É o dinheiro ou qualquer outra utilidade de que se tenha apropriado o funcionário, que o recebeu por erro de outrem, no exercício do cargo.

Bem(ns) juridicamente protegido(s)
A Administração Pública.

Elemento subjetivo
Dolo, não havendo previsão para a modalidade de natureza culposa.

Consumação e tentativa
- O delito se consuma quando o agente, efetivamente, se apropria de dinheiro ou utilidade que, no exercício do cargo, recebeu por erro de outrem.
- A tentativa é admissível.

3. INSERÇÃO DE DADOS FALSOS EM SISTEMA DE INFORMAÇÕES

Inserção de dados falsos em sistema de informações
Art. 313-A. Inserir ou facilitar, o funcionário autorizado, a inserção de dados falsos, alterar ou excluir indevidamente dados corretos nos sistemas informatizados ou bancos de dados da Administração Pública com o fim de obter vantagem indevida para si ou para outrem ou para causar dano:
Pena – reclusão, de 2 (dois) a 12 (doze) anos, e multa.

3.1 Introdução

O delito de *inserção de dados falsos em sistema de informações* foi introduzido no Código Penal por intermédio da Lei nº 9.983, de 14 de julho de 2000, que criou o art. 313-A como mais uma modalidade de peculato, reconhecido como *peculato eletrônico*, em razão do modo pelo qual o delito é praticado.

Assim, de acordo com a redação da mencionada figura típica, podemos apontar os seguintes elementos: *a)* a conduta de *inserir* ou *facilitar*, o funcionário público, a inserção de dados falsos; *b)* ou *alterar* ou *excluir* indevidamente dados corretos nos sistemas informatizados ou banco de dados da Administração Pública; *c)* atuando, sempre, com a finalidade especial de obter vantagem indevida para si ou para outrem ou para causar dano.

Inicialmente, prevê o tipo penal dois comportamentos: ou é o próprio funcionário autorizado quem *insere* dados falsos, ou seja, é ele quem introduz, coloca, inclui, ou *facilita* para que terceira pessoa leve a efeito sua inserção.

Na segunda modalidade de comportamento previsto pelo tipo, a conduta do funcionário autorizado é dirigida no sentido de *alterar* (mudar, modificar) *ou excluir* (remover, afastar, eliminar), indevidamente, dados verdadeiros.

Note-se que a lei se vale do elemento normativo *indevidamente*, ou seja, somente quando a alteração dos dados corretos não for devida é que se poderá configurar o comportamento típico.

Dados, sejam eles falsos ou verdadeiros, são os elementos de informação ou representação de fatos ou de instruções, em forma apropriada para armazenamento, processamento ou transmissão por meios automáticos.

Levando a efeito a distinção entre *banco de dados e sistema informatizado*, Guilherme de Souza Nucci esclarece que este último:

"É o conjunto de elementos, materiais ou não, coordenados entre si, que funcionam como uma estrutura organizada, tendo a finalidade de armazenar e transmitir dados, através de computadores. Pode significar uma rede de computadores ligados entre si, por exemplo, que transmitem informações uns aos outros, permitindo que o funcionário de uma repartição tome conhecimento de um dado, levando-o a deferir o pagamento de um benefício ou eliminar algum que esteja sendo pago. O *sistema informatizado* é peculiar de equipamentos de informática, podendo possuir um banco de dados de igual teor. Assim, a diferença existente entre o sistema informatizado e o banco de dados é que o primeiro sempre se relaciona aos computadores, enquanto o segundo pode ter, como base, arquivos, fichas e papéis não relacionados à informática."[16]

Para que ocorra a infração penal em estudo, o agente deve atuar com uma finalidade especial, entendida, pela maioria da doutrina, como um elemento subjetivo que transcende ao dolo, vale dizer, a finalidade de obter vantagem indevida (de qualquer natureza, podendo, até mesmo, não ter conotação econômica) para si ou para outrem ou para causar dano.

3.2 Classificação doutrinária

Crime próprio no que diz respeito ao *sujeito ativo* (pois somente o funcionário público pode praticá-lo) e comum quanto ao sujeito passivo (uma vez que não somente a Administração Pública pode figurar nessa condição, como qualquer pessoa que tenha sido prejudicada com o comportamento praticado pelo sujeito ativo); doloso; comissivo (podendo, no entanto, ser praticado via omissão imprópria, nos termos do art. 13, § 2º, do Código Penal); formal; de forma livre; instantâneo; monossubjetivo; plurissubsistente; não transeunte.

3.3 Sujeito ativo e sujeito passivo

Crime próprio, somente o funcionário público autorizado pode figurar como *sujeito ativo* do delito de *inserção de dados falsos em sistema de informações*, tipificado no art. 313-A do Código Penal. Note-se, como dissemos, que a lei exige além da qualidade de funcionário público, seja ele *autorizado*, isto é, tenha acesso, por meio de senha ou outro comando, a uma área restrita, não aberta a outros funcionários e, tampouco, ao público em geral. Isso não impede, contudo, que o funcionário público autorizado atue em concurso com outro funcionário

---

[16] NUCCI, Guilherme de Souza. *Código penal comentado*, p. 982.

(não autorizado), ou mesmo um particular, devendo todos responder pela mesma infração penal, nos termos do art. 29 do Código Penal.

O *sujeito passivo* é o Estado, bem como a pessoa física ou jurídica diretamente prejudicada com a conduta praticada pelo sujeito ativo.

3.4 Objeto material e bem juridicamente protegido

A Administração Pública é o bem juridicamente protegido pelo tipo penal que prevê o delito de *inserção de dados falsos em sistema de informações,* especificamente no que diz respeito à proteção das informações constantes de seus sistemas informatizados ou banco de dados.

O objeto material do delito em estudo são os dados, falsos ou mesmo verdadeiros, constantes dos sistemas informatizados ou banco de dados.

3.5 Consumação e tentativa

O delito se consuma quando o agente, efetivamente, insere, ou facilita que terceiro insira dados falsos, ou quando altera ou exclui indevidamente dados corretos nos sistemas informatizados ou bancos de dados da Administração Pública com a finalidade de obter vantagem indevida para si ou para outrem ou para causar dano, não sendo necessária a ocorrência desses resultados para efeitos de reconhecimento da consumação, sendo, pois, considerados como mero exaurimento do crime, que terão influência no momento da fixação da pena.

Tratando-se de delito plurissubsistente, torna-se possível o raciocínio relativo à tentativa.

3.6 Elemento subjetivo

O dolo é o elemento subjetivo exigido pelo tipo penal que prevê o delito de *inserção de dados falsos em sistema de informações*, não havendo previsão para a modalidade de natureza culposa.

Deverá o agente, no entanto, ao praticar qualquer dos comportamentos previstos pelo tipo, atuar finalisticamente no sentido de obter vantagem indevida para si ou para outrem ou para causar dano.

Além disso, deverá conhecer todos os elementos que integram a figura típica em estudo, pois, caso contrário, poderá ser alegado o erro de tipo. Assim, imagine-se a hipótese do agente que, equivocadamente, insere dados falsos acreditando serem verdadeiros, ou mesmo daquele que exclui dados verdadeiros acreditando estar agindo correta, e não indevidamente, conforme prevê o art. 313-A do Código Penal. Nesses casos, o erro de tipo, seja ele escusável ou inescusável, terá o condão de eliminar o dolo, afastando-se, consequentemente, a própria infração penal, em virtude da ausência da modalidade de natureza culposa.

3.7 Modalidades comissiva e omissiva

Os núcleos *inserir, facilitar* a inserção, *alterar* e *excluir* pressupõem um comportamento comissivo por parte do agente. No entanto, o delito poderá ser praticado via omissão imprópria quando o agente, garantidor, dolosamente, podendo, nada fizer para impedir a prática do delito em estudo, por ele devendo responder nos termos preconizados pelo art. 13, § 2º, do Código Penal.

Assim, imagine-se a hipótese daquele que, percebendo que seu inferior hierárquico estava levando a efeito a inserção de dados falsos nos sistemas informatizados da Administração Pública, dolosamente, podendo, nada faz para interromper a conduta do agente, pois também era sua intenção causar dano a terceiro. Nesse caso, deverá ser responsabilizado pelo delito em estudo, conforme preconiza o já referido art. 13, § 2º, do Código Penal.

3.8 Causa especial de aumento de pena

Determina o § 2º do art. 327 do Código Penal, *verbis*:

> § 2º A pena será aumentada da terça parte quando os autores dos crimes previstos neste Capítulo forem ocupantes de cargos em comissão ou de função de direção ou assessoramento de órgão da administração direta, sociedade de economia mista, empresa pública ou fundação instituída pelo poder público.

3.9 Pena e ação penal

A pena cominada ao delito de *inserção de dados falsos em sistema de informações* é de reclusão, de 2 (dois) a 12 (doze) anos, e multa.

A ação penal é de iniciativa pública incondicionada.

A pena será aumentada da terça parte, conforme determina o § 2º do art. 327 do Código Penal, nas hipóteses nele previstas.

3.10 Destaques

3.10.1 Crime eleitoral

O art. 72 da Lei nº 9.504, de 30 de setembro de 1997, tipifica o seguinte comportamento:

> **Art. 72.** Constituem crimes, puníveis com reclusão, de cinco a dez anos:
> I – obter acesso a sistema de tratamento automático de dados usados pelo serviço eleitoral, a fim de alterar a apuração ou a contagem de votos;
> II – desenvolver ou introduzir comando, instrução, ou programa de computador capaz de destruir, apagar, eliminar, alterar, gravar ou transmitir dado, instrução ou programa ou provocar qualquer outro resultado diverso do esperado em sistema de tratamento automático de dados usados pelo serviço eleitoral;
> III – causar, propositadamente, dano físico ao equipamento usado na votação ou na totalização de votos ou a suas partes.

Trata-se, portanto, de norma especial comparativamente àquela constante do art. 313-A do Código Penal.

3.10.2 Inserção de dados falsos em sistema de informação e falsidade ideológica

Conforme destacado por Fernando Galvão:

"Se o funcionário público não está autorizado a intervir no sistema informatizado ou no banco de dados, ou se quem faz a intervenção não é funcionário público (art. 327 do CP), a inserção de dados falsos, a alteração ou exclusão de dados verdadeiros que estão inseridos em um documento pode caracterizar o crime de falsidade ideológica – art. 299 do CP."[17]

---

[17] GALVÃO, Fernando. *Direito penal – crimes contra a administração pública*, p. 87.

3.11 Quadro-resumo

Sujeitos
» Ativo: funcionário público.
» Passivo: é o Estado, bem como a pessoa física ou jurídica diretamente prejudicada com a conduta praticada pelo sujeito ativo.

Objeto material
São os dados, falsos ou mesmo verdadeiros, constantes dos sistemas informatizados ou banco de dados.

Bem(ns) juridicamente protegido(s)
A Administração Pública.

Elemento subjetivo
Dolo, não havendo previsão para a modalidade de natureza culposa.

Modalidades comissiva e omissiva
Os núcleos inserir, facilitar a inserção, alterar e excluir pressupõem um comportamento comissivo por parte do agente, podendo, no entanto, ser praticado via omissão imprópria.

Consumação e tentativa
» O delito se consuma quando o agente, efetivamente, insere ou facilita que terceiro insira dados falsos, ou quando altera ou exclui indevidamente dados corretos nos sistemas informatizados ou bancos de dados da Administração Pública, com a finalidade de obter vantagem indevida para si ou para outrem ou para causar dano.
» A tentativa é admissível.

4. MODIFICAÇÃO OU ALTERAÇÃO NÃO AUTORIZADA DE SISTEMA DE INFORMAÇÕES

Modificação ou alteração não autorizada de sistema de informações
Art. 313-B. Modificar ou alterar, o funcionário, sistema de informações ou programa de informática sem autorização ou solicitação de autoridade competente:
Pena – detenção, de 3 (três) meses a 2 (dois) anos, e multa.
Parágrafo único. As penas são aumentadas de um terço até a metade se da modificação ou alteração resulta dano para a Administração Pública ou para o administrado.

4.1 Introdução

O delito de *modificação ou alteração não autorizada de sistema de informações* foi inserido no Capítulo I (Dos Crimes Praticados por Funcionário Público contra a Administração em Geral) do Título XI da Parte Especial do Código Penal pela Lei nº 9.983, de 14 de julho de 2000, acrescentando o art. 313-B.

De acordo com a redação do mencionado artigo, podemos apontar os seguintes elementos: *a)* a conduta de *modificar* ou *alterar*, o funcionário; *b)* sistema de informações ou programa de informática; *c)* sem autorização ou solicitação de autoridade competente.

Dissertando sobre os núcleos *modificar* e *alterar*, Luiz Regis Prado observa, com precisão:

> "Embora os dicionários apontem tais palavras como sinônimas, denotando um sentido de mudança, observa-se que, no sentido do texto, a ação de modificar expressa uma transformação radical no programa ou no sistema de informações, enquanto na alteração, embora também se concretize uma mudança no programa, ela não chega a desnaturá-lo totalmente."[18]

As condutas previstas pelo tipo penal em estudo devem ser praticadas por funcionário público, tratando-se, pois, de crime próprio. Ao contrário do que ocorre com o tipo penal constante do art. 313-A, que exigia uma qualificação especial do funcionário (que deve ser aquele autorizado a fazer a inserção dos dados), basta, aqui, a qualidade de funcionário, não exigindo o tipo do art. 313-B seja ele a pessoa autorizada, normalmente, a levar a efeito as modificações ou alterações no sistema de informações ou programas de informática.

Os objetos materiais das condutas praticadas são o sistema de informações ou programa de informática. Por *sistema de informações* podemos entender o sistema que manipula informações por meio de uso de banco de dados; *programa de informática* é o *software*. O art. 1º da Lei nº 9.609, de 19 de fevereiro de 1998, definiu o conceito de *programa de computador*, dizendo ser ele *a expressão de um conjunto organizado de instruções em linguagem natural ou codificada, contida em suporte físico de qualquer natureza, de emprego necessário em máquinas automáticas de tratamento da informação, dispositivos, instrumentos ou equipamentos periféricos, baseados em técnica digital ou análoga, para fazê-los funcionar de modo e para fins determinados.*

Para que se configure a infração penal *sub examen*, a conduta de modificar ou alterar deve ter sido levada a efeito sem que o funcionário tivesse autorização ou solicitação da autoridade competente.

4.2 Classificação doutrinária

Crime próprio no que diz respeito ao *sujeito ativo* (pois somente o funcionário público pode praticá-lo) e comum quanto ao sujeito passivo (uma vez que não somente a Administração Pública pode figurar nessa condição, como qualquer pessoa que tenha sido prejudicada com o comportamento praticado pelo sujeito ativo); doloso; comissivo (podendo, no entanto, ser praticado via omissão imprópria, nos termos do art. 13, § 2º, do Código Penal); de forma livre; instantâneo; monossubjetivo; plurissubsistente; não transeunte.

4.3 Sujeito ativo e sujeito passivo

Crime próprio, somente o funcionário público pode ser *sujeito ativo* do delito de *modificação ou alteração não autorizada de sistema de informações*, tipificado no art. 313-B do Código Penal.

O *sujeito passivo* é o Estado, bem como a pessoa física ou jurídica diretamente prejudicada com a conduta praticada pelo sujeito ativo.

---

[18] PRADO, Luiz Regis. *Curso de direito penal brasileiro*, v. 4, p. 377.

4.4 Objeto material e bem juridicamente protegido

A Administração Pública é o bem juridicamente protegido pelo tipo penal que prevê o delito de *modificação ou alteração não autorizada de sistema de informações.*

O objeto material do delito em estudo é o sistema de informações ou o programa de informática modificado ou alterado pelo funcionário sem que, para tanto, tenha havido autorização ou solicitação da autoridade competente.

4.5 Consumação e tentativa

O delito se consuma quando o agente, efetivamente, modifica ou altera sistema de informações ou programa de informática sem autorização ou solicitação de autoridade competente.

Tratando-se de crime plurissubsistente, no qual pode ser fracionado o *iter criminis*, será possível o reconhecimento da tentativa.

4.6 Elemento subjetivo

O dolo é o elemento subjetivo exigido pelo tipo penal que prevê o delito de *modificação ou alteração não autorizada de sistema de informações*, não havendo previsão legal para a modalidade de natureza culposa.

O agente, no caso concreto, deve saber que modifica ou altera sistema de informação ou programa de informática sem a necessária autorização ou solicitação da autoridade competente, pois, caso contrário, se tiver um conhecimento equivocado dessa situação, poderá ser alegado o erro de tipo, excluindo-se o dolo e, consequentemente, a própria infração penal, como no caso daquele que, por exemplo, levou a efeito a modificação de um sistema de informações acreditando que tal fato tinha sido determinado pela autoridade competente.

4.7 Modalidades comissiva e omissiva

Os núcleos *modificar* e *alterar* pressupõem um comportamento comissivo por parte do agente. No entanto, o delito poderá ser praticado via omissão imprópria quando o agente, garantidor, dolosamente, podendo, nada fizer para impedir a prática do delito em estudo, por ele devendo responder nos termos preconizados pelo art. 13, § 2º, do Código Penal.

4.8 Causas especiais de aumento de pena

Diz o parágrafo único do art. 313-B do Código Penal:

> **Parágrafo único.** As penas são aumentadas de um terço até a metade se da modificação ou alteração resulta dano para a Administração Pública ou para o administrado.

Também determina o § 2º do art. 327 do Código Penal, *verbis*:

> § 2º A pena será aumentada da terça parte quando os autores dos crimes previstos neste Capítulo forem ocupantes de cargos em comissão ou de função de direção ou assessoramento de órgão da administração direta, sociedade de economia mista, empresa pública ou fundação instituída pelo poder público.

Nesse caso, ou seja, em virtude da possibilidade de existência de concurso de causas de aumento de pena, ambas previstas na Parte Especial do Código Penal, deverá o julgador, nos termos do parágrafo único do art. 68 do mesmo diploma legal, limitar-se a somente uma delas, prevalecendo, no entanto, aquela que prevê maior aumento.

4.9 Pena, ação penal, competência para julgamento e suspensão condicional do processo

A pena cominada ao delito de *modificação ou alteração não autorizada de sistema de informações* é de detenção, de 3 (três) meses a 2 (dois) anos, e multa.

A ação penal é de iniciativa pública incondicionada.

A pena será aumentada de um terço até a metade se da modificação ou alteração resulta dano para a Administração Pública ou para o administrado, havendo previsão também de outra majorante, nos termos do § 2º do art. 327 do Código Penal.

Compete, pelo menos inicialmente, ao Juizado Especial Criminal o processo e julgamento do delito de *modificação ou alteração não autorizada de sistema de informações*, tendo em vista que a pena máxima cominada em abstrato não ultrapassa o limite de 2 (dois) anos, imposto pelo art. 61 da Lei nº 9.099/95, conforme alteração determinada pela Lei nº 11.313, de 28 de junho de 2006.

Será possível a confecção de proposta de suspensão condicional do processo, nos termos do art. 89 da Lei nº 9.099/95.

4.10 Quadro-resumo

Sujeitos
» Ativo: funcionário público.
» Passivo: é o Estado, bem como a pessoa física ou jurídica diretamente prejudicada com a conduta praticada pelo sujeito ativo.

Objeto material
É o sistema de informações ou o programa de informática modificado ou alterado pelo funcionário sem que, para tanto, tenha havido autorização ou solicitação da autoridade competente.

Bem(ns) juridicamente protegido(s)
A Administração Pública.

Elemento subjetivo
Dolo, não havendo previsão legal para a modalidade de natureza culposa.

Modalidades comissiva e omissiva
Os núcleos modificar e alterar pressupõem um comportamento comissivo por parte do agente, podendo, no entanto, ser praticado via omissão imprópria.

Consumação e tentativa
» O delito se consuma quando o agente, efetivamente, modifica ou altera sistema de informações ou programa de informática sem autorização ou solicitação de autoridade competente.
» A tentativa é admissível.

5. EXTRAVIO, SONEGAÇÃO OU INUTILIZAÇÃO DE LIVRO OU DOCUMENTO

> **Extravio, sonegação ou inutilização de livro ou documento**
> **Art. 314.** Extraviar livro oficial ou qualquer documento, de que tem a guarda em razão do cargo; sonegá-lo ou inutilizá-lo, total ou parcialmente:
> Pena – reclusão, de um a quatro anos, se o fato não constitui crime mais grave.

5.1 Introdução

O art. 314 do Código Penal prevê o delito de *extravio, sonegação ou inutilização de livro ou documento*. Assim, de acordo com a redação da mencionada figura típica, podemos apontar os seguintes elementos: *a)* a conduta de *extraviar livro oficial* ou qualquer *documento; b)* de que tem a *guarda* em razão do *cargo; c) sonegá-lo* ou *inutilizá-lo*, total ou parcialmente.

O núcleo *extraviar* é utilizado pelo texto legal no sentido de desencaminhar, perdendo-se do destino; *sonegar* dá a ideia de ocultar, sumir, não entregar, omitir; *inutilizar* tem o significado de tornar inútil, imprestável, podendo ocorrer a destruição, total ou parcial.

As condutas devem ter como objeto material *livro oficial* (aquele criado por lei, em sentido amplo, para determinada finalidade de registro) ou *documento*. Conforme esclarece Hungria:

"Para que o *livro oficial* ou *documento* (público ou particular) seja idôneo objeto material do crime do art. 314, basta que, de qualquer modo, afete o interesse administrativo ou de qualquer serviço público, ou de particulares. Ainda que represente simples valor histórico ou sirva apenas a expediente burocrático. Estão em jogo, *in exemplis*, os livros de escrituração das repartições públicas ou de registros, os 'protocolos', os papéis de arquivos ou de museus, relatório, plantas, projetos, representações, queixas formalizadas, pareceres, provas escritas de concurso, propostas de concorrência pública, autos de processos administrativos etc."[19]

O tipo penal em exame exige, ainda, para efeitos de sua configuração, que quaisquer dos comportamentos praticados sejam levados a efeito pelo agente ocupante de um cargo, cujas atribuições digam respeito à guarda do livro oficial ou documento. Assim, somente o funcionário público encarregado, *ratione officii*, pode praticar o delito de *extravio, sonegação ou inutilização de livro ou documento*. Outro funcionário público, ou mesmo um particular (*extraneus*), que venha a praticar qualquer dos comportamentos elencados pelo tipo penal do art. 314 poderá, se for o caso, ser responsabilizado pelo crime previsto no art. 337 do diploma repressivo, ou, dependendo da hipótese concreta, pelo crime de dano qualificado.

O delito de *extravio, sonegação ou inutilização de livro ou documento* encontra-se no rol daqueles considerados *expressamente subsidiários*, somente se aplicando se o fato não constitui crime mais grave, a exemplo do que ocorre quando o agente pratica o comportamento tipificado no art. 305 do Código Penal.

5.2 Classificação doutrinária

Crime próprio no que diz respeito ao *sujeito ativo* (pois somente o funcionário público pode praticá-lo) e comum quanto ao sujeito passivo (uma vez que não somente a Administração Pública pode figurar nessa condição, como qualquer pessoa que tenha sido prejudicada com o comportamento praticado pelo sujeito ativo); doloso; comissivo quando o agente praticar os comportamentos de *extraviar* e *inutilizar* (podendo, nesses casos, ser praticado

---

[19] HUNGRIA, Nélson. *Comentários ao código penal*, v. IX, p. 355-356.

via omissão imprópria, nos termos do art. 13, § 2º, do Código Penal) e omissivo no que diz respeito à conduta de *sonegar*; de forma livre; instantâneo; monossubjetivo; plurissubsistente; transeunte (como regra).

5.3 Sujeito ativo e sujeito passivo

Crime próprio, somente o funcionário público pode ser *sujeito ativo* do delito de *extravio, sonegação ou inutilização de livro ou documento*, tipificado no art. 314 do Código Penal.

O *sujeito passivo* é o Estado, bem como a pessoa física ou jurídica diretamente prejudicada com a conduta praticada pelo sujeito ativo.

5.4 Objeto material e bem juridicamente protegido

A Administração Pública é o bem juridicamente protegido pelo tipo penal que prevê o delito de *extravio, sonegação ou inutilização de livro ou documento*.

O objeto material do delito é o livro oficial ou documento.

5.5 Consumação e tentativa

O delito se consuma quando o agente, efetivamente, extravia livro oficial ou documento, de que tem a guarda em razão do cargo, ou quando os sonega ou os inutiliza, total ou parcialmente.

Tratando-se de crime plurissubsistente, será possível o raciocínio relativo à tentativa. Note-se, no entanto, que a inutilização parcial do livro oficial ou documento terá o condão de fazer com que se reconheça a consumação, e não a tentativa, por disposição expressa do tipo penal em estudo.

5.6 Elemento subjetivo

O dolo é o elemento subjetivo exigido pelo tipo penal que prevê o delito de *extravio, sonegação ou inutilização de livro ou documento*, não havendo previsão legal para a modalidade de natureza culposa.

Para que ocorra o delito *sub examen*, o agente deverá ter pleno conhecimento de todos os elementos que integram o tipo penal do art. 314 do Código Penal, pois, caso contrário, poderá ser arguido o erro de tipo. Assim, imagine-se a hipótese do funcionário público que inutiliza um livro pertencente à repartição pública na qual exerce suas funções, desconhecendo sua natureza de *livro oficial*. Nesse caso, o fato poderá ser desclassificado para o delito de dano qualificado, tipificado no art. 163, parágrafo único, III, do Código Penal, pois, embora não o entendendo como *oficial*, tinha conhecimento de que pertencia à Administração Pública.

5.7 Modalidades comissiva e omissiva

Os núcleos *extraviar* e *inutilizar* pressupõem um comportamento comissivo por parte do agente; ao contrário, o verbo *sonegar* nos permite raciocinar com a chamada omissão própria.

5.8 Causa especial de aumento de pena

Determina o § 2º do art. 327 do Código Penal, *verbis*:

> § 2º A pena será aumentada da terça parte quando os autores dos crimes previstos neste Capítulo forem ocupantes de cargos em comissão ou de função de direção ou assessoramento de órgão da administração direta, sociedade de economia mista, empresa pública ou fundação instituída pelo poder público.

5.9 Pena, ação penal e suspensão condicional do processo

A pena cominada ao delito de *extravio, sonegação ou inutilização de livro ou documento* é de reclusão, de 1 (um) a 4 (quatro) anos, se o fato não constitui crime mais grave.

A pena será aumentada da terça parte, conforme determina o § 2º do art. 327 do Código Penal, nas hipóteses nele previstas.

A ação penal é de iniciativa pública incondicionada.

Será possível a confecção de proposta de suspensão condicional do processo, nos termos do art. 89 da Lei nº 9.099/95.

5.10 Destaques

5.10.1 Inutilização ou sonegação praticada por advogado ou procurador

Se a inutilização ou sonegação for praticada por advogado ou procurador, o fato poderá amoldar-se à figura típica do art. 356 do Código Penal, que diz:

> **Art. 356.** Inutilizar, total ou parcialmente, ou deixar de restituir autos, documento ou objeto de valor probatório, que recebeu na qualidade de advogado ou procurador:
> Pena – detenção, de seis meses a três anos, e multa.

Não se poderia cogitar, nesse caso, de punir o agente pelo delito previsto no art. 314 do Código Penal, uma vez que essa figura típica exige que a conduta praticada pelo agente seja levada a efeito em virtude do *cargo*, como vimos em nossa introdução.

5.10.2 Extravio, sonegação ou inutilização de livro ou documento e Código Penal Militar

O delito de extravio, sonegação ou inutilização de livro ou documento veio previsto no Código Penal Militar (Decreto-Lei nº 1.001, de 21 de outubro de 1969), conforme se verifica pela leitura do seu art. 321, punindo com pena de reclusão, de dois a seis anos, se o fato não constitui crime mais grave, aquele que extraviar livro oficial, ou qualquer documento, de que tem a guarda em razão do cargo, sonegá-lo ou inutilizá-lo, total ou parcialmente.

5.11 Quadro-resumo

Sujeitos
» Ativo: funcionário público.
» Passivo: é o Estado, bem como a pessoa física ou jurídica diretamente prejudicada com a conduta praticada pelo sujeito ativo.

Objeto material
É o livro oficial ou documento.

Bem(ns) juridicamente protegido(s)
A Administração Pública.

Elemento subjetivo
Dolo, não havendo previsão legal para a modalidade de natureza culposa.

Modalidades comissiva e omissiva

Os núcleos extraviar e inutilizar pressupõem um comportamento comissivo por parte do agente; ao contrário, o verbo sonegar nos permite raciocinar com a chamada omissão própria.

Consumação e tentativa

» O delito se consuma quando o agente, efetivamente, extravia livro oficial ou documento, de quem tem a guarda em razão do cargo, ou quando os sonega ou os inutiliza, total ou parcialmente.
» A tentativa é admissível.

6. EMPREGO IRREGULAR DE VERBAS OU RENDAS PÚBLICAS

Emprego irregular de verbas ou rendas públicas
Art. 315. Dar às verbas ou rendas públicas aplicação diversa da estabelecida em lei:
Pena – detenção, de um a três meses, ou multa.

6.1 Introdução

A Administração Pública, como vimos, é regida por diversos princípios, podendo-se destacar entre eles os princípios da legalidade, da impessoalidade, da moralidade, da publicidade e da eficiência, previstos pelo art. 37 da Constituição Federal.

A atividade do administrador público, portanto, é limitada e vinculada a uma série de princípios que, se não forem observados, importarão na aplicação de sanções de diversas naturezas (administrativa, civil ou penal).

Embora todos os princípios mencionados sejam de extrema importância para a gestão da coisa pública, o princípio da legalidade tem destaque especial. Isso porque o administrador público não tem liberdade absoluta para fazer aquilo que bem entende, como se estivesse à frente de uma "empresa privada." Suas atividades estão ligadas diretamente às determinações legais. É o povo, mediante um sistema representativo, em última análise, quem decide como será a administração, aprovando normas que servirão de orientação obrigatória ao administrador público.

Conforme as precisas lições de Cláudio Brandão de Oliveira:

"A legalidade, como princípio da Administração, não se confunde com a legalidade, no sentido que se expressa para os particulares. Na vida privada, impera a noção de liberdade dos atos e contratos, que serão válidos, ainda que praticados de uma forma livre, desde que a lei não exija determinada solenidade como sendo essencial.
No Direito Administrativo, a legalidade é interpretada de outra forma. Os atos decorrentes da atividade administrativa do Estado só serão válidos, quando praticados de acordo com a lei. O administrador público não goza da mesma liberdade aplicada aos particulares, aplicando-se a regra [...] da indisponibilidade do interesse público."[20]

Em resumo, ao particular é permitido fazer tudo o que a lei não proíbe, enquanto o administrador público só pode fazer aquilo que a lei determina.

O art. 315 do Código Penal prevê uma infração penal ligada àqueles que empregam irregularmente verbas ou rendas públicas. Assim, de acordo com a mencionada figura típica, podemos apontar os seguintes elementos: *a)* a conduta de dar às verbas ou rendas públicas; *b)* aplicação diversa da estabelecida em lei.

---
[20] OLIVEIRA, Cláudio Brandão de. *Manual de direito administrativo*, p. 44.

O núcleo *dar* é utilizado pelo texto legal no sentido de empregar, canalizar, utilizar. A conduta do agente tem como objeto material as *verbas* ou *rendas públicas*. Verbas, conforme esclarece Fragoso, "são os fundos que a lei orçamentária destina aos serviços públicos ou de utilidade pública (dotações e subvenções). *Rendas* são todos os dinheiros recebidos pela Fazenda Pública, seja qual for a sua origem".[21]

O agente, portanto, dá às verbas ou rendas públicas aplicação diversa da estabelecida em lei. A palavra *lei*, de acordo com o texto do artigo em estudo, deve ser entendida no seu sentido estrito, abrangendo as leis complementares e as leis ordinárias, além da própria Constituição Federal, considerada fundamento de validade de todas as leis. Veja-se, nesse último caso, o disposto no *caput* do art. 212 da Constituição Federal, que diz:

> **Art. 212.** A União aplicará, anualmente, nunca menos de dezoito, e os Estados, o Distrito Federal e os Municípios vinte e cinco por cento, no mínimo, da receita resultante de impostos, compreendida a proveniente de transferências, na manutenção e desenvolvimento do ensino.

Discorrendo sobre o tema, o Supremo Tribunal Federal decidiu:

"Emprego irregular de verba destinada por decreto. Crime não caracterizado.

A norma do art. 315 do CP não pune irregularidades administrativas, mas o comportamento do administrador que desvia numerário de meta especificada em lei – requisito que não se materializa nos casos em que o orçamento da pessoa de direito público é aprovado não por lei, mas por decreto do próprio Executivo" (*RT* 617/396).

Cuida-se, portanto, de norma penal em branco, pois haverá necessidade de se conhecer o complemento para efeitos de verificação da infração penal.

Assim, concluindo com Luiz Regis Prado:

"O emprego irregular, portanto, de verba ou renda pública implica a alteração do seu destino legalmente fixado numa das leis já explicitadas, não podendo o administrador público nem mesmo invocar eventual *superavit* para alterar a aplicação de tais recursos, já que atua com plena submissão à lei e ao Direito. Admite-se, excepcionalmente, uma causa de justificação, fundamentada no estado de necessidade, quando o administrador, por não ter tempo de obter autorização legislativa, tenha que desviar alguma renda para o atendimento, v.g., das necessidades de um hospital da rede pública, com o intuito de evitar danos irreparáveis à comunidade."[22]

6.2 Classificação doutrinária

Crime próprio no que diz respeito ao *sujeito ativo* (pois somente o funcionário público pode praticá-lo) e comum quanto ao sujeito passivo (uma vez que não somente a Administração Pública pode figurar nessa condição, como qualquer pessoa que tenha sido prejudicada com o comportamento praticado pelo sujeito ativo); doloso; comissivo (podendo, no entanto, ser praticado via omissão imprópria, nos termos do art. 13, § 2º, do Código Penal); de forma livre; instantâneo; monossubjetivo; plurissubsistente; transeunte (podendo, dependendo do caso concreto, ser procedida perícia para efeitos de constatação da infração penal, quando, então, poderá ser considerado não transeunte).

---

[21] FRAGOSO, Heleno Cláudio. *Lições de direito penal*, v. II, p. 406.
[22] PRADO, Luiz Regis. *Curso de direito penal brasileiro*, v. 4, p. 390-391.

6.3 Sujeito ativo e sujeito passivo

Crime próprio, somente o funcionário público pode ser *sujeito ativo* do delito de *emprego irregular de verbas ou rendas públicas*, tipificado no art. 315 do Código Penal, devendo o mencionado funcionário ter o poder para gerir, administrar as verbas ou rendas públicas, sendo, portanto, o responsável pelo seu emprego nos moldes determinados pela lei, a exemplo do que ocorre com o Presidente da República, Ministros de Estado, Governadores, Secretários de Estado, enfim, qualquer daquelas pessoas responsáveis pela administração das verbas ou rendas públicas, mesmo em entidades paraestatais. Com relação aos Prefeitos, se desviar, ou aplicar indevidamente, rendas ou verbas públicas, será aplicado o Decreto-Lei nº 201, de 27 de fevereiro de 1967, que regulou especificamente a matéria.

O *sujeito passivo* é o Estado, bem como a pessoa física ou jurídica diretamente prejudicada com a conduta praticada pelo sujeito ativo.

6.4 Objeto material e bem juridicamente protegido

A Administração Pública é o bem juridicamente protegido pelo tipo penal que prevê o delito de *emprego irregular de verbas ou rendas públicas*.

O objeto material do delito são as verbas ou rendas públicas.

6.5 Consumação e tentativa

Consuma-se o delito em estudo quando o agente, efetivamente, dá às verbas ou rendas públicas aplicação diversa da estabelecida em lei.

Tratando-se de crime plurissubsistente, será possível o raciocínio relativo à tentativa.

6.6 Elemento subjetivo

O dolo é o elemento subjetivo exigido pelo tipo penal que prevê o delito de *emprego irregular de verbas ou rendas públicas*, não havendo previsão legal para a modalidade de natureza culposa.

Assim, se o agente, por engano, interpretando equivocadamente um determinado diploma legal, por exemplo, aplica uma verba pública em destino diverso do determinado pela lei, o fato não se subsumirá à figura típica em exame, podendo, no entanto, se configurar em um ilícito de natureza administrativa.

6.7 Modalidades comissiva e omissiva

O núcleo *dar* pressupõe um comportamento comissivo por parte do agente. No entanto, o delito poderá ser praticado via omissão imprópria quando o agente, garantidor, dolosamente, podendo, nada fizer para impedir a prática do delito em estudo, por ele devendo responder nos termos preconizados pelo art. 13, § 2º, do Código Penal.

Assim, imagine-se a hipótese em que um governador, sabendo que seu secretário de Estado daria destino diverso do determinado por lei a uma verba pública, dolosamente, podendo, nada faz para impedir a conduta praticada pelo agente, devendo, portanto, responder pela mesma infração penal, tendo em vista sua posição de garantia.

6.8 Causa especial de aumento de pena

Determina o § 2º do art. 327 do Código Penal, *verbis*:

§ 2º A pena será aumentada da terça parte quando os autores dos crimes previstos neste Capítulo forem ocupantes de cargos em comissão ou de função de direção ou assessoramento de órgão da administração direta, sociedade de economia mista, empresa pública ou fundação instituída pelo poder público.

6.9 Pena, ação penal, competência para julgamento e suspensão condicional do processo

A pena para o delito de *emprego irregular de verbas ou rendas públicas* é de detenção, de 1 (um) a 3 (três) meses, ou multa.

A ação penal é de iniciativa pública incondicionada.

Dependendo de quem seja o sujeito ativo, se não houver a aplicação do foro por prerrogativa de função quando, por exemplo, o julgamento competir ao Tribunal de Justiça do Estado a que pertence o administrador público, ou mesmo ao Supremo Tribunal Federal, tratando-se do Presidente da República, o Juizado Especial Criminal poderá ser o competente para o processo e julgamento do delito de *emprego irregular de verbas ou rendas públicas*, tendo em vista que a pena máxima cominada em abstrato não ultrapassa o limite de 2 (dois) anos, imposto pelo art. 61 da Lei nº 9.099/95, conforme alteração determinada pela Lei nº 11.313, de 28 de junho de 2006.

Será possível a confecção de proposta de suspensão condicional do processo, nos termos do art. 89 da Lei nº 9.099/95.

6.10 Destaques

6.10.1 Emprego irregular de verbas ou rendas públicas e crime de responsabilidade de prefeito

Se o emprego irregular de verbas ou rendas públicas for praticado por Prefeito, aplica-se o inciso III do art. 1º do Decreto-Lei nº 201, de 27 de fevereiro de 1967, que diz, *verbis*:

> Art. 1º São crimes de responsabilidade dos Prefeitos Municipal, sujeitos ao julgamento do Poder Judiciário, independentemente do pronunciamento da Câmara dos Vereadores:
> I – (...);
> II – (...);
> III – desviar, ou aplicar indevidamente, rendas ou verbas públicas;

A pena para o delito apontado, de acordo com o § 1º do art. 1º do referido diploma legal, é de detenção, de três meses a três anos.

6.10.2 Aplicação ilegal de verba ou dinheiro e Código Penal Militar

O delito de aplicação ilegal de verba ou dinheiro veio previsto no Código Penal Militar (Decreto-Lei nº 1.001, de 21 de outubro de 1969), conforme se verifica pela leitura do seu art. 331, punindo com pena de detenção, de até seis meses, aquele que der às verbas ou ao dinheiro público aplicação diversa da estabelecida em lei.

6.11 Quadro-resumo

Sujeitos
» Ativo: funcionário público.
» Passivo: é o Estado, bem como a pessoa física ou jurídica diretamente prejudicada com a conduta praticada pelo sujeito ativo.

Objeto material
São as verbas ou rendas públicas.

Bem(ns) juridicamente protegido(s)
A Administração Pública.

Elemento subjetivo
Dolo, não havendo previsão legal para a modalidade de natureza culposa.

Modalidades comissiva e omissiva
O núcleo dar pressupõe um comportamento comissivo por parte do agente, podendo, no entanto, ser praticado via omissão imprópria.

Consumação e tentativa
» Consuma-se o delito em estudo quando o agente, efetivamente, dá às verbas ou às rendas públicas aplicação diversa da estabelecida em lei.
» Admite-se a tentativa.

7. CONCUSSÃO

Acesse e assista à aula explicativa sobre este assunto.
> https://uqr.to/1we58

Concussão
Art. 316. Exigir, para si ou para outrem, direta ou indiretamente, ainda que fora da função ou antes de assumi-la, mas em razão dela, vantagem indevida:
Pena – reclusão, de 2 (dois) a 12 (doze) anos, e multa.

Excesso de exação
§ 1º Se o funcionário público exige tributo ou contribuição social que sabe ou deveria saber indevido, ou, quando devido, emprega na cobrança meio vexatório ou gravoso, que a lei não autoriza:
Pena – reclusão, de 3 (três) a 8 (oito) anos, e multa.
§ 2º Se o funcionário desvia, em proveito próprio ou de outrem, o que recebeu indevidamente para recolher aos cofres públicos:
Pena – reclusão, de dois a doze anos, e multa.

7.1 Introdução

Apesar do gradativo processo de desmoralização pelo qual as autoridades públicas vêm passando nos últimos anos, fato é que, em muitos casos, ainda subsiste aquilo que é evidenciado por meio da expressão latina *metus publicae potestatis*, que traduz a situação em que o cidadão atua com reverência e temor quando está diante de uma autoridade pública.

Geralmente, causa certo desconforto ao cidadão de bem estar diante de uma autoridade pública. Imagine-se o fato de ser inquirido por uma autoridade policial, por um juiz de Direito, no gabinete do Ministério Público, ou ser autuado por um fiscal. Querendo ou não, são situações que demonstram a força da autoridade legalmente constituída.

Muitos, infelizmente, abusam de sua autoridade. Dessa forma, quando ultrapassam os limites impostos pela lei, o comportamento deles pode, até mesmo, se configurar em uma infração penal, como acontece com o delito de *concussão*, tipificado no art. 316 do Código Penal.

Podemos dizer, *grosso modo*, que concussão e corrupção passiva são "delitos irmãos." A diferença fundamental entre as duas figuras típicas reside, basicamente, no modo como são praticadas. Analisaremos, por agora, a modalidade fundamental do delito de concussão e, em tópicos próprios, as infrações penais constantes dos parágrafos do art. 316 do diploma repressivo.

Analisando os elementos que integram a figura típica em exame, podemos apontar: *a)* a conduta de exigir, para si ou para outrem; *b)* direta ou indiretamente; c) ainda que fora da função ou antes de assumi-la, mas em razão dela; *d)* vantagem indevida.

O núcleo exigir é utilizado pelo texto legal no sentido de impor, ordenar, determinar. Essa exigência, segundo Hungria, pode ser:

> "Formulada *diretamente, a viso aperto* ou *facie ad faciem*, sob a ameaça explícita ou implícita de represálias (imediatas ou futuras), ou *indiretamente*, servindo-se o agente de interposta pessoa, ou de velada pressão, ou fazendo supor, com maliciosas ou falsas interpretações, ou capciosas sugestões, a legitimidade da exigência. Não se faz mister a promessa de infligir um mal determinado: basta o temor genérico que a autoridade inspira. Segundo advertia Carrara, sempre concorre a influir sobre a vítima o *metus publicae potestatis*. Para que o receio seja incutido, não é necessário que o agente se ache na atualidade de exercício de função: não deixará de ocorrer ainda quando o agente se encontre licenciado ou até mesmo quando, embora já nomeado, ainda não haja assumido a função ou tomado posse do cargo. O que se faz indispensável é que a exigência se formule *em razão da função*. Cumpre que o agente proceda, franca ou tacitamente, em função de autoridade, invocando ou insinuando a sua qualidade."[23]

Devemos olhar com mais cuidado para a expressão *ainda que fora da função ou antes de assumi-la, mas em razão dela*. Isso porque devemos afirmar que o agente, quando da prática do comportamento típico, já gozava do *status* de funcionário público, mesmo não estando no exercício de sua função. O importante, frisamos, é que ele já seja considerado funcionário público, utilizando-se, para tanto, o conceito previsto pelo art. 327 e seu § 1º, do Código Penal. Dessa forma, não poderá ser responsabilizado pelo crime de concussão o funcionário *aposentado*, pois a sua situação não se amolda a nenhuma das duas previstas pelo tipo penal, devendo, portanto, responder por outra infração penal, a exemplo do crime de extorsão.

Discute-se, ainda, a respeito da natureza da *indevida vantagem* exigida pelo funcionário. Alguns doutrinadores, a exemplo de Damásio de Jesus, aduzem que a vantagem pode ser "patrimonial ou econômica, presente ou futura, beneficiando o próprio agente ou terceiro".[24] A segunda posição advoga a tese ampla do conceito de indevida vantagem. Mirabete preconiza que, "referindo-se a lei, porém, a *qualquer* vantagem e não sendo a concussão crime patrimonial, entendemos, como Bento de Faria, que a vantagem pode ser expressa por dinheiro

---

[23] HUNGRIA, Nélson. *Comentários ao código penal*, v. IX, p. 361.
[24] JESUS, Damásio E. de. *Direito penal*, v. 4, p. 141.

ou qualquer outra utilidade, seja ou não de ordem patrimonial, proporcionando um lucro ou proveito".[25]

Acreditamos assistir razão à segunda posição, que adota um conceito amplo de vantagem indevida. Isso porque, conforme esclarecido por Mirabete, não estamos no Título do Código Penal correspondente aos crimes contra o patrimônio, o que nos permite ampliar o raciocínio a fim de entender que a vantagem indevida, mencionada no texto do art. 316 do Código Penal, pode ter qualquer natureza (sentimental, moral, sexual etc.).

7.2 Classificação doutrinária

Crime próprio no que diz respeito ao *sujeito ativo* (pois somente o funcionário público pode praticá-lo) e comum quanto ao sujeito passivo (uma vez que não somente a Administração Pública pode figurar nessa condição, como qualquer pessoa que tenha sido prejudicada com o comportamento praticado pelo sujeito ativo); doloso; formal; comissivo (podendo, no entanto, ser praticado via omissão imprópria, nos termos do art. 13, § 2º, do Código Penal); de forma livre; instantâneo; monossubjetivo; unissubsistente ou plurissubsistente (dependendo do modo como o delito é praticado, poderá ou não ser fracionado o *iter criminis*); transeunte (como regra).

7.3 Sujeito ativo e sujeito passivo

Crime próprio, somente o funcionário público pode ser *sujeito ativo* do delito de *concussão*, tipificado no art. 316 do Código Penal.

O *sujeito passivo* é o Estado, bem como a pessoa física ou jurídica diretamente prejudicada com a conduta praticada pelo sujeito ativo.

7.4 Objeto material e bem juridicamente protegido

A Administração Pública é o bem juridicamente protegido pelo tipo penal que prevê o delito de *concussão*.

O objeto material é a vantagem indevida.

7.5 Consumação e tentativa

Tendo em vista sua natureza de crime formal, o delito de concussão se consuma quando o agente *exige*, para si ou para outrem, direta ou indiretamente, ainda que fora da função ou antes de assumi-la, mas em razão dela, vantagem indevida. Assim, caso venha a, efetivamente, receber a vantagem indevida, tal fato será considerado mero exaurimento do crime, que se consumou no momento da sua exigência.

Nesse sentido, nossos Tribunais Superiores têm decidido reiteradamente:

> "O crime de concussão tem natureza formal, sendo suficiente, para sua configuração, a exigência da vantagem indevida. O efetivo auferimento do benefício é mero exaurimento do crime" (STJ, APn 422/RR, Rel. Min. Teori Albino Zavascki, CE, DJe 25/08/2010).

---

[25] MIRABETE, Júlio Fabbrini. *Manual de direito penal*, v. 3, p. 315.

Discute-se, no entanto, a possibilidade de ocorrência da tentativa. Hungria, taxativamente, afirma não ser admissível a tentativa, pois, "ou é feita a exigência, e o crime se consuma; ou deixa de ser feita, e nada mais poderá haver que uma intenção não exteriorizada".[26]

Apesar da autoridade do grande penalista, ousamos dele discordar. Isso porque não é pelo fato de ser a concussão um crime formal, considerado de consumação antecipada que a tentativa restará inviabilizada. O que temos que verificar no caso concreto, para efeito de reconhecimento da tentativa, é a possibilidade de fracionamento do *iter criminis*. Dessa forma, estamos com Noronha quando afirma que, realmente, a regra será a impossibilidade da tentativa; "porém, casos haverá em que a extorsão ficará em grau de tentativa, sempre que não se constituir só de um ato (*unico actu perficiuntur*). A carta *extorsionária* interceptada, antes que chegue ao conhecimento do lesado, é *ato de execução* (a leitura é consumação e a escritura, ato preparatório), caracterizando a tentativa".[27]

7.6 Elemento subjetivo

O dolo é o elemento subjetivo exigido pelo tipo penal que prevê o delito de *concussão*, não havendo previsão legal para a modalidade de natureza culposa.

7.7 Modalidades comissiva e omissiva

O núcleo *exigir* pressupõe um comportamento comissivo por parte do agente. No entanto, o delito poderá ser praticado via omissão imprópria quando o agente, garantidor, dolosamente, podendo, nada fizer para impedir a prática do delito em estudo, por ele devendo responder nos termos preconizados pelo art. 13, § 2º, do Código Penal.

7.8 Excesso de exação

Como uma espécie de concussão, prevê o § 1º do art. 316 do Código Penal o delito de *excesso de exação*, com a redação que lhe foi determinada pela Lei nº 8.137, de 27 de dezembro de 1990, dizendo:

> § 1º Se o funcionário exige tributo ou contribuição social que sabe ou deveria saber indevido, ou, quando devido, emprega na cobrança meio vexatório ou gravoso, que a lei não autoriza:
> Pena – reclusão, de 3 (três) a 8 (oito) anos, e multa.

Um dos significados da palavra *exação* diz respeito à cobrança rigorosa de impostos. No caso em exame, são duas as situações que devem ser analisadas. Na primeira hipótese, o funcionário *exige*, determina o recolhimento de *tributo* ou *contribuição social* que sabe ou deveria saber indevido. Nesse caso, ao contrário do que ocorre com a hipótese prevista no *caput*, o funcionário não almeja, para si ou para outrem, qualquer vantagem indevida, mas, sim, recolher aos cofres públicos tributo ou contribuição social que sabe ou deveria saber indevida.

Tributo, de acordo com a definição fornecida pelo art. 3º do Código Tributário Nacional, *é toda prestação pecuniária compulsória, em moeda ou cujo valor nela se possa exprimir, que não constitua sanção de ato ilícito, instituída em lei e cobrada mediante atividade administrativa plenamente vinculada*, sendo que o art. 5º do mesmo diploma legal esclarece que os tributos são *impostos, taxas* e *contribuições de melhoria*.

---

[26] HUNGRIA, Nélson. *Comentários ao código penal*, v. IX, p. 362.
[27] NORONHA, Edgard Magalhães. *Direito penal*, v. 4, p. 250-251.

Contribuição social, conforme definição de Hugo de Brito Machado, é uma "espécie de tributo com finalidade constitucionalmente definida, a saber, intervenção no domínio econômico, interesse de categorias profissionais ou econômicas e seguridade social",[28] a exemplo do que ocorre com as contribuições exigidas pelo INSS.

O Superior Tribunal de Justiça, modificando sua posição anterior (RHC 8.842/SC, Recurso Ordinário em *Habeas Corpus* 1999/0066026-9, 6a T., Rel. Min. Fernando Gonçalves, julg. 16/11/1999, DJ 13/12/1999, p. 179), passou a entender que os emolumentos são considerados como taxa remuneratória de serviço público, possuindo natureza de tributo, dizendo:

"I – O crime previsto no art. 316, § 1º, do Código Penal (excesso de exação) se dá com a cobrança, exigência por parte do agente (funcionário público) de tributo ou contribuição social que sabe ou deveria saber indevido.

II – A Lei nº 8.137/90 ao dar nova redação ao dispositivo em análise extirpou de sua redação os termos taxas e emolumentos, substituindo-os por tributo e contribuição social.

III – De acordo com a jurisprudência desta Corte e do Pretório Excelso as custas e os emolumentos concernentes aos serviços notariais e registrais possuem natureza tributária, qualificando-se como taxas remuneratórias de serviços públicos (Precedentes do STJ e do STF e *Informativo* nº 461/ STF).

IV – Desta forma, comete o crime de excesso de exação aquele que exige custas ou emolumentos que sabe ou deveria saber indevido" (REsp 899.486/RJ, Recurso Especial 2006/0085924-4, 5a T., Rel. Min. Felix Fischer, julg. 22/5/2007, DJ 3/9/2007, p. 216).

A exigência do funcionário, portanto, diz respeito ao recolhimento aos cofres públicos de tributo ou contribuição social que sabe ou deveria saber indevido. No primeiro caso, o agente tem certeza absoluta de que sua exigência é indevida; no segundo, por meio da expressão *deveria saber*, o agente tem dúvidas quanto à sua exigência, mas não se importa se estiver errado, o que demonstra agir com dolo eventual, pois, de acordo com as lições de Luiz Regis Prado:

"A expressão empregada pelo texto normativo não revela a plena certeza sobre a realidade e, sim, um juízo de dúvida sobre a ilicitude da exigência ou do meio empregado para a cobrança. Contudo, o agente, mesmo diante de tal circunstância, prefere continuar a sua conduta tendente à produção do resultado e 'entre o renunciar à conduta e o risco de com ela concretizar o tipo, prefere esta atitude em detrimento daquela. Isso quer dizer que o agente opera com dolo eventual'."[29]

Na segunda hipótese, embora o tributo ou a contribuição social sejam devidos(as), o agente emprega na cobrança *meio vexatório* ou *gravoso*, que a lei não autoriza. Aqui, a cobrança é que não condiz com as determinações legais, pois o agente utiliza meios constrangedores, humilhantes, que atingem a dignidade da pessoa humana, para que possa conseguir levar a efeito a cobrança efetivamente devida. Nesse segundo caso, tal como ocorre no primeiro, o agente não visa a obter qualquer vantagem para si ou para outrem. A sua finalidade é que o tributo ou a contribuição social sejam recolhidos(as) aos cofres públicos.

7.9 Concussão desvio

Determina o § 2º do art. 316 do Código Penal, *verbis*:

---

[28] MACHADO, Hugo de Brito. *Curso de direito tributário*, p. 313.
[29] PRADO, Luiz Regis. *Curso de direito penal brasileiro*, v. 4, p. 403-404.

> § 2º Se o funcionário desvia, em proveito próprio ou de outrem, o que recebeu indevidamente para recolher aos cofres públicos:
> Pena – reclusão, de dois a doze anos, e multa.

Quando a Lei nº 13.964, de 24 de dezembro de 2019, aumentou para 12 anos de reclusão a pena máxima cominada ao delito de concussão previsto no *caput* do art. 316 do Código Penal, esse aumento fez com que, automaticamente, deixasse de ser reconhecido como qualificado o delito tipificado no § 2º do mesmo artigo já que, agora, possuem penas idênticas.

É curiosa essa infração penal, pois não se confunde com a concussão prevista no *caput* do art. 316, haja vista dizer respeito a uma cobrança indevida que supostamente seria recolhida aos cofres públicos, mas que o agente utiliza em proveito próprio ou de outrem.

Percebe-se, portanto, que está mais diretamente ligada ao § 1º do art. 316 do que ao *caput* do mencionado artigo. No entanto, embora a pena máxima seja elevada, ou seja, 12 anos, a mesma prevista para o delito de peculato (art. 312), a pena mínima é inferior àquela constante do aludido § 1º do art. 316 do Código Penal.

Pelo que se verifica por meio da redação do § 2º do art. 316 do Código Penal, ocorre a infração penal em estudo quando o agente obriga, exige, impõe o pagamento de determinada importância que, supostamente, seria recolhida aos cofres públicos, quando, na verdade, o proveito será para si ou para outrem.

Justificando essa modalidade delito, disserta Noronha:

> "A par do procedimento mais grave do agente, há maior dano para o contribuinte, pois torna-se bastante problemática a restituição. No § 1º, a lei rejeita uma conduta que pode traduzir excesso de zelo do funcionário público; aqui, o que se tem em vista é o comportamento de peculatário."[30]

7.10 Causa especial de aumento de pena

Determina o § 2º do art. 327 do Código Penal, *verbis*:

> § 2º A pena será aumentada da terça parte quando os autores dos crimes previstos neste Capítulo forem ocupantes de cargos em comissão ou de função de direção ou assessoramento de órgão da administração direta, sociedade de economia mista, empresa pública ou fundação instituída pelo poder público.

7.11 Pena e ação penal

A pena prevista no *caput* do art. 316 do Código Penal é de reclusão, de 2 (dois) a 12 (doze) anos, e multa, com a nova redação dada pela Lei nº 13.964, de 24 de dezembro de 2019.

Para o delito de excesso de exação, tipificado no § 1º do art. 316 do Código Penal, a pena cominada é de reclusão, de 3 (três) a 8 (oito) anos, e multa.

Para a modalidade constante do § 2º do mesmo artigo, a pena é de reclusão, de 2 (dois) a 12 (doze) anos, e multa.

A pena será aumentada da terça parte, conforme determina o § 2º do art. 327 do Código Penal, nas hipóteses nele previstas.

A ação penal é de iniciativa pública incondicionada.

---

[30] NORONHA, Edgard Magalhães. *Direito penal*, v. 4, p. 253.

7.12 Destaques

7.12.1 Diferença entre concussão e extorsão

A concussão pode ser entendida como uma modalidade especial de extorsão praticada por funcionário público. Uma das diferenças entre ambas as figuras típicas reside no modo como os delitos são praticados.

Assim, na extorsão, a vítima é constrangida, *mediante violência ou grave ameaça*, a entregar a indevida vantagem econômica ao agente; na concussão, contudo, o funcionário público deve exigir a indevida vantagem sem o uso de violência ou de grave ameaça, que são elementos do tipo penal do art. 158 do diploma repressivo.

Nesse sentido, já decidiu o STJ:

"O emprego de violência ou grave ameaça é circunstância elementar do crime de extorsão tipificado no art. 158 do Código Penal. Assim, se o funcionário público se utiliza desse meio para obter vantagem indevida, comete o crime de extorsão e não o de concussão" (STJ, *HC* 198.750/SP, Rel. Min. Marco Aurelio Bellizze, 5ª T., DJe 24/4/2013).

Além do modo como o delito é praticado, na extorsão, de acordo com a redação legal, a indevida vantagem deve ser sempre *econômica*; ao contrário, no delito de concussão, o art. 316 do Código Penal somente usa a expressão *vantagem indevida*, podendo ser esta de qualquer natureza. Dissertando sobre o conceito de *vantagem* indevida, Guilherme de Souza Nucci preleciona:

"Pode ser qualquer lucro, ganho, privilégio ou benefício ilícito, ou seja, contrário ao direito, ainda que ofensivo apenas aos bons costumes. Entendíamos que o conteúdo da vantagem indevida deveria possuir algum conteúdo econômico, mesmo que indireto. Ampliamos o nosso pensamento, pois há casos concretos em que o funcionário deseja obter somente um elogio, uma vingança ou mesmo um favor sexual, enfim, algo imponderável no campo econômico e, ainda assim, corrompe-se para prejudicar ato de ofício."[31]

Embora possamos entender, mesmo que implicitamente, uma ameaça por parte do funcionário que exige a vantagem indevida, para efeitos de reconhecimento do delito de concussão, essa ameaça deve estar ligada, de alguma forma, à função do agente. Dessa forma, a vítima se intimida com a exigência porque teme algum tipo de retaliação em razão da função do agente. Contudo, se a ameaça praticada por funcionário não disser respeito às suas funções, o fato não se amoldará ao delito de concussão, mas, sim, ao de extorsão.

Nesse sentido, preleciona Mirabete:

"Diante da similitude entre a extorsão (art. 158) e a concussão, necessário se torna a sua distinção. Na segunda, a ameaça diz respeito à função pública e as represálias prometidas, expressa ou implicitamente, a ela se referem [...]. Havendo violência, ou ameaça de mal estranho à qualidade ou função do agente, ocorre extorsão."[32]

---

[31] NUCCI, Guilherme de Souza. *Código penal comentado*, p. 839.
[32] MIRABETE, Júlio Fabbrini. *Manual de direito penal*, v. 3, p. 316.

7.12.2 Diferença entre concussão e corrupção passiva

Também existe semelhança entre os delitos de concussão e corrupção passiva (art. 317 do CP).

A diferença fundamental entre as duas figuras típicas reside no fato de que na concussão o agente *exige* da vítima uma vantagem indevida; na corrupção passiva, embora a situação seja parecida, ocorre uma *solicitação*, isto é, um pedido de vantagem indevida.

Na verdade, entre os dois núcleos, a diferença é de grau, se é que assim podemos a ela nos referir. A solicitação é um *minus* comparativamente à exigência, embora nas duas, em algumas situações, possamos visualizar o *metus publicae potestatis*, sendo esse mais comum no caso de concussão.

Além disso, a corrupção, ao contrário da concussão, poderá ocorrer nas hipóteses em que o agente *recebe* ou mesmo *aceita*, tão somente, a promessa de tal vantagem, colocando-se, aqui, numa situação de passividade, na qual a figura do corruptor ativo é de fundamental importância.

Podemos resumir o raciocínio trazendo as lições de Edmundo Oliveira, que diz que "o verdadeiro critério para diferenciar concussão e corrupção está na presença ou na ausência de coação; ela existe na primeira e inexiste na segunda. Naquela o funcionário exige; na outra ele apenas solicita, recebe ou aceita promessa."[33]

7.12.3 Crime funcional contra a ordem tributária

O inciso II do art. 3º da Lei nº 8.137, de 27 de dezembro de 1990, fundiu os delitos de concussão e corrupção passiva em uma só figura típica, especializada em razão do bem juridicamente protegido, vale dizer, a ordem tributária, dizendo, *verbis*:

> **Art. 3º** Constitui crime funcional contra a ordem tributária, além dos previstos no Decreto-Lei nº 2.848, de 7 de dezembro de 1940 – Código Penal (Título XI, Capítulo I):
> I – [...];
> II – exigir, solicitar ou receber, para si ou para outrem, direta ou indiretamente, ainda que fora da função ou antes de iniciar seu exercício, mas em razão dela, vantagem indevida; ou aceitar promessa de tal vantagem, para deixar de lançar ou cobrar tributo ou contribuição social, ou cobrá-los parcialmente:
> Pena – reclusão, de 3 (três) a 8 (oito) anos, e multa.

No que diz respeito, ainda, aos crimes contra a ordem tributária, vale registrar que o STF, na sessão plenária de 2 de dezembro de 2009, editou a Súmula Vinculante nº 24, com o seguinte verbete:

> **Súmula Vinculante nº 24.** Não se tipifica crime material contra a ordem tributária, previsto no art. 1º, incisos I a IV, da Lei nº 8.137/90, antes do lançamento definitivo do tributo.

7.12.4 Prisão em flagrante quando da entrega da vantagem indevida

Vimos que a concussão é considerada um delito formal, de consumação antecipada, ou de resultado cortado. Aqui, para efeitos de reconhecimento do delito, basta que o agente pratique a conduta núcleo, vale dizer, o verbo *exigir*, independentemente da obtenção da indevida vantagem, considerada mero exaurimento do crime.

No entanto, não é incomum a notícia de suposto flagrante quando o agente, após exigir da vítima o pagamento de uma vantagem indevida, impõe-lhe determinado prazo para o seu

---

[33] OLIVEIRA, Edmundo. *Crimes de corrupção*, p. 52.

cumprimento. A vítima, assustada, procura ajuda da autoridade policial, que a orienta no sentido de marcar dia e hora para a entrega da vantagem, oportunidade em que será preparada a "prisão em flagrante" do funcionário autor da indevida exigência.

Nesse caso, pergunta-se: Seria possível a realização da prisão em flagrante, quando do ato da entrega da indevida vantagem? A resposta, aqui, só pode ser negativa, haja vista ter o crime se consumado quando da exigência da indevida vantagem, e não quando da sua efetiva entrega pela vítima ao agente.

Paulo Rangel, com a autoridade que lhe é peculiar, afirma, com precisão:

> "Nesta hipótese, não há prisão em flagrante delito, pois o que se dá é mero exaurimento do crime, ou seja, o crime já se consumou com a mera exigência da vantagem indevida. Trata-se, portanto, de prisão *manifestamente* ilegal, que deverá ser, imediatamente, *relaxada* pela autoridade judiciária, nos precisos termos do art. 5º, LXV, da CRFB."[34]

Essa, também, a posição dos nossos Tribunais Superiores, conforme se verifica pela ementa abaixo transcrita:

> "O crime de concussão, por ser delito formal e instantâneo, se consuma no momento em que o agente exige a vantagem indevida, sendo o recebimento em si, mero exaurimento da ação delituosa" (STJ, RHC 48.159/MT, Rel. Min. Sebastião Reis Junior, 6ª T., DJe 27/03/2018).

7.12.5 Concussão praticada por jurados

O Código de Processo Penal contém norma expressa a respeito da possibilidade de serem os jurados responsabilizados criminalmente pelo delito de concussão, dizendo, em seu art. 445, com a nova redação que lhe foi dada pela Lei nº 11.689, de 9 de junho de 2008:

> **Art. 445.** O jurado, no exercício da função ou a pretexto de exercê-la, será responsável criminalmente nos mesmos termos em que o são os juízes togados.

7.12.6 Concussão, excesso de exação, desvio e Código Penal Militar

Os arts. 305, 306 e 307 do Código Penal Militar preveem, respectivamente, os delitos de concussão, excesso de exação e desvio, praticados por militares, dizendo, *verbis*:

> **Concussão**
> **Art. 305.** Exigir, para si ou para outrem, direta ou indiretamente, ainda que fora da função ou antes de assumi-la, mas em razão dela, vantagem indevida:
> Pena – reclusão, de dois a oito anos.
>
> **Excesso de exação**
> **Art. 306.** Exigir imposto, taxa ou emolumento que sabe indevido, ou, quando empregar na cobrança meio vexatório ou gravoso, que a lei não autoriza:
> Pena – detenção, de seis meses a dois anos.
>
> **Desvio**
> **Art. 307.** Desviar, em proveito próprio ou de outrem, o que recebeu indevidamente, em razão de cargo ou função, para recolher aos cofres públicos:
> Pena – reclusão, de dois a doze anos.

---

[34] RANGEL, Paulo. *Direito processual penal*, p. 633.

7.12.7 Concussão praticada por médico conveniado ao SUS

Se o médico, conveniado ao Sistema Único de Saúde, exige de seu paciente o pagamento de uma determinada quantia para a realização de um procedimento coberto pelo plano, em virtude da norma constante do § 1º do art. 327 do Código Penal, que o equipara ao funcionário público, deverá ser responsabilizado pelo delito de concussão.

"Os Tribunais Superiores pacificaram o entendimento de que a cobrança indevida de honorários por médicos do Sistema Único de Saúde acarreta prejuízos financeiros apenas ao particular, e não ao estabelecimento hospitalar ou ao sistema de saúde administrado pela União, razão pela qual compete à Justiça Estadual processar e julgar a ação penal correspondente. Precedentes" (STJ, AgRg no RHC 87.068 / SP, Rel. Min. Jorge Mussi, 5ª T., DJe 13/08/2019).

"A jurisprudência desta Corte Superior é no sentido que compete à Justiça Estadual processar e julgar o feito destinado a apurar crime de concussão consistente na cobrança de honorários médicos ou despesas hospitalares a paciente do SUS por se tratar de delito que acarreta prejuízo apenas ao particular, sem ofensa a bens, serviços ou interesse da União" (STJ, AgRg no AREsp 1027491/RS, Rel. Min. Joel Ilan Paciornik, 5ª T., DJe 1º/06/2018).

7.13 Quadro-resumo

Sujeitos
- Ativo: funcionário público.
- Passivo: é o Estado, bem como a pessoa física ou jurídica diretamente prejudicada com a conduta praticada pelo sujeito ativo.

Objeto material
É a vantagem indevida.

Bem(ns) juridicamente protegido(s)
A Administração Pública.

Elemento subjetivo
Dolo, não havendo previsão legal para a modalidade de natureza culposa.

Modalidades comissiva e omissiva
O núcleo exigir pressupõe um comportamento comissivo por parte do agente, podendo, no entanto, ser praticado via omissão imprópria.

Consumação e tentativa
- Tendo em vista a sua natureza de crime formal, o delito de concussão se consuma quando o agente exige, para si ou para outrem, direta ou indiretamente, ainda que fora da função ou antes de assumi-la, mas em razão dela, vantagem indevida. Assim, caso venha a, efetivamente, receber a vantagem indevida, tal fato será considerado mero exaurimento do crime, que se consumou no momento da sua exigência.
- Embora exista discussão, somos favoráveis ao reconhecimento da tentativa, desde que, no caso concreto, seja possível o fracionamento do *iter criminis*.

8. CORRUPÇÃO PASSIVA

> Acesse e assista à aula explicativa sobre este assunto.
> https://uqr.to/1we59

Corrupção passiva
Art. 317. Solicitar ou receber, para si ou para outrem, direta ou indiretamente, ainda que fora da função ou antes de assumi-la, mas em razão dela, vantagem indevida, ou aceitar promessa de tal vantagem:
Pena – reclusão, de 2 (dois) a 12 (doze) anos, e multa.
§ 1º A pena é aumentada de um terço, se, em consequência da vantagem ou promessa, o funcionário retarda ou deixa de praticar qualquer ato de ofício ou o pratica infringindo dever funcional.
§ 2º Se o funcionário pratica, deixa de praticar ou retarda ato de ofício, com infração de dever funcional, cedendo a pedido ou influência de outrem:
Pena – detenção, de três meses a um ano, ou multa.

8.1 Introdução

Embora o começo de seu reconhecimento formal como infração penal possa ter sido levado a efeito pelo Direito grego, melhor ainda, como adverte Edmundo Oliveira,[35] pelo Direito romano, a corrupção, na verdade, é um delito que envolve diretamente o caráter da pessoa.

Costuma-se usar uma velha máxima em Direito Penal que assevera que nenhum de nós tem condições de afirmar que nunca matará alguém, pois o homicídio encontra-se no rol daquelas infrações penais que, em geral, são praticadas pelo impulso incontido do homem, atingido, muitas vezes, por um sentimento arrebatador de ira, paixão, ódio, ciúmes etc. No entanto, outras infrações penais podem ser colocadas no elenco daquelas que jamais serão praticadas pelo homem que procura preservar seu nome, sua integridade, sua dignidade, seu conceito perante a sociedade na qual se encontra inserido. É o que ocorre com a corrupção.

Os veículos de comunicação têm noticiado, com frequência assustadora, fatos que envolvem atos de corrupção. São juízes de Direito, promotores de justiça, policiais, políticos, enfim, pessoas encarregadas de trazer a paz social que, infelizmente, são apontadas como corruptas, envergonhando nosso país. Contudo, embora alguns escândalos se tornem nacionalmente conhecidos, quando descobertos, a verdade é que a maioria esmagadora dos atos de corrupção praticados por nossos funcionários públicos permanece impune.

Refletindo sobre alguns fatos trazidos ao conhecimento do público, envolvendo políticos que, até então, antes de serem descobertos praticando corrupção, eram tidos como verdadeiros "baluartes da moral", percebemos que a corrupção pode ser equiparada a uma doença, a um vício que impulsiona o sujeito a sempre querer mais e mais. O corrupto é insaciável, ou seja, nunca se satisfaz com um único ato de corrupção. Parece que o crescimento de sua fortuna pessoal o impulsiona, e ele procura ajuntar aquilo que nunca conseguirá gastar, em toda a sua existência. Imagine-se a hipótese do corrupto que tenha um patrimônio, conseguido ilicitamente, estimado em cem milhões de reais. Por que razão esse sujeito ainda continuaria a praticar atos de corrupção, elevando a sua fortuna para cento e vinte, cento e cinquenta, e assim por diante? A única resposta, a nosso ver, chama-se ganância. A ganância, podemos

---

[35] OLIVEIRA, Edmundo. *Crimes de corrupção*, p. 6.

assim dizer, embora fugindo um pouco da técnica, seria um dos genes que fariam parte do elemento subjetivo do agente.

Muitas pessoas trocam honra por dinheiro, amizade por riquezas. Embora, em muitas situações, não se possa, tecnicamente, reconhecer a corrupção, principalmente quando estivermos diante da corrupção passiva, que é um crime cometido por funcionário público contra a Administração Pública, podemos entender a atitude do corrupto tendo uma visão ampla de seu comportamento, enxergando, na verdade, o seu coração. A título de exemplo, veja o que ocorreu com Judas. Por 30 moedas de prata, entregou ao Sinédrio o Autor da Vida, o Príncipe da Paz, aquele de cuja boca nunca saiu uma palavra impura, que pregou o amor e, no final, deu a Sua Vida por todos nós. Por que razão Judas entregaria Jesus Cristo? Nesse caso, a questão não se resume, simplesmente, a atos de corrupção (mesmo que fora do sentido técnico empregado pela lei penal), mas, sim, ao cumprimento de uma profecia constante do Antigo Testamento, que dizia que o Messias seria vendido por 30 moedas de prata, como se pode constatar na passagem constante de Zacarias, capítulo 11, versículo 12.

É claro que também existem os "pequenos corruptos", ou seja, aqueles que nunca irão se enriquecer com seus atos escusos, mas que já se acostumaram às facilidades do indevido recebimento das vantagens, verdadeiros "mendigos", que se vestem de funcionários públicos.

A corrupção é um problema de todas as nações. É verdade que sua incidência maior ocorre nos países menos desenvolvidos, onde existe um índice de pobreza elevado, onde não ocorre uma distribuição de rendas, fazendo com que a diferença entre as camadas sociais seja assustadora.

No Brasil, em 7 de outubro de 2002, foi promulgada, por meio do Decreto presidencial nº 4.410, a Convenção Interamericana contra a Corrupção, adotada em Caracas, em 29 de março de 1996. Por intermédio da Lei nº 10.763, de 12 de novembro de 2003, foi alterada a pena relativa ao delito de corrupção, tipificado no *caput* do art. 317 do Código Penal, elevando-a de 1 (um) a 8 (oito) anos, para 2 (dois) a 12 (doze) anos de reclusão.

Analisando o tipo do art. 317 do Código Penal, podemos apontar os seguintes elementos: *a)* a conduta de *solicitar* ou *receber*, para si ou para outrem; *b)* direta ou indiretamente; *c)* ainda que fora da função ou antes de assumi-la, mas em razão dela; *d)* vantagem indevida; *e)* ou *aceitar* promessa de tal vantagem.

O delito de corrupção passiva é muito parecido com o crime de concussão. Na verdade, a diferença fundamental reside nos núcleos constantes das duas figuras típicas. Na concussão, há uma exigência, uma determinação, uma imposição do funcionário para obtenção da vantagem indevida; na corrupção passiva, ao contrário, existe uma solicitação, um pedido (na primeira hipótese). Em termos de gravidade, considerando aquele a quem é feita a exigência ou a solicitação, podemos concluir que *exigir*, psicologicamente, é mais grave do que *solicitar*, daí o raciocínio segundo o qual a concussão seria entendida como a "extorsão" praticada pelo funcionário público.

Em geral, existe na corrupção passiva um acordo entre o funcionário que solicita a indevida vantagem e aquele que a presta, principalmente quando estivermos diante dos núcleos *receber* e *aceitar* promessa de tal vantagem. *Receber* tem o significado de tomar, entrar na posse; *aceitar a promessa* diz respeito ao comportamento de anuir, concordar, admitir em receber a indevida vantagem.

Há um ditado popular que diz que "onde há um corrupto, é porque há também um corruptor". No entanto, como veremos quando da análise do art. 333 do Código Penal, nem sempre quando houver corrupção passiva haverá, consequentemente, a corrupção ativa.

Hungria, fazendo a distinção entre *corrupção própria* e *imprópria*, bem como entre *corrupção antecedente* e *subsequente*, preleciona:

"É irrelevante que o ato funcional (comissivo ou omissivo) sobre que versa a venalidade seja ilícito ou lícito, isto é, contrário, ou não aos deveres do cargo ou da função. No primeiro caso, fala-se em *corrupção própria* e, no segundo, em *corrupção imprópria*. Aqui já não se usa a cláusula 'em razão do cargo', mas outra: 'em razão da função'. Assim, não é preciso que se trate do titular de um cargo público no sentido técnico: basta que exerça, ainda que acidentalmente, uma função pública, tal como o jurado, o depositário nomeado pelo juiz etc.

Costuma-se distinguir entre corrupção *antecedente* e *subsequente*. A primeira ocorre quando a recompensa é dada ou prometida em vista de uma ação ou omissão *futura*, e a segunda, quando se refere a uma ação ou omissão *pretérita*. Não é exato dizer que o nosso Código não contempla a *corruptio subsequens*. O art. 317, *caput*, não pode ser interpretado no sentido de tal conclusão. O legislador pátrio não rejeitou o critério que remonta ao direito romano: mesmo a recompensa não ajustada antes do ato ou omissão do *intraneus* pode ter sido esperada por este, sabendo ele que o *extraneus* é homem rico e liberal, ou acostumado a gratificar a quem o serve, além de que, como argumentava Giuliani (*apud* Carrara), a opinião pública, não deixaria de vincular a essa esperança a anterior conduta do exercente da função pública, o que redundaria em fundada desconfiança em torno da administração do Estado."[36]

Cuida-se, ainda, de um tipo misto alternativo, no qual a prática de mais de uma conduta deverá importar em infração penal única, a exemplo daquele que *solicita* e, em virtude disso, *recebe* a vantagem indevida, devendo, outrossim, ser responsabilizado por um único crime de corrupção passiva.

No mais, aplica-se ao delito de corrupção passiva tudo aquilo que foi dito quando do estudo do crime de concussão, vale dizer, a necessidade de ser o agente funcionário público, bem como que as condutas sejam praticadas *ainda que fora da função ou antes de assumi-la, mas em razão dela*, lembrando, ainda, que, embora exista discussão doutrinária, a vantagem indevida pode ser de qualquer natureza.

8.2 Classificação doutrinária

Crime próprio no que diz respeito ao *sujeito ativo* (pois somente o funcionário público pode praticá-lo) e comum quanto ao sujeito passivo (uma vez que não somente a Administração Pública pode figurar nessa condição, como qualquer pessoa que tenha sido prejudicada com o comportamento praticado pelo sujeito ativo); doloso; comissivo (podendo, no entanto, ser praticado via omissão imprópria, nos termos do art. 13, § 2º, do Código Penal); de forma livre; instantâneo; monossubjetivo; unissubsistente ou plurissubsistente (dependendo do modo como o delito é praticado, poderá ou não ser fracionado o *iter criminis*); transeunte (como regra).

8.3 Sujeito ativo e sujeito passivo

Crime próprio, somente o funcionário público pode ser *sujeito ativo* do delito de *corrupção passiva*, tipificado no art. 317 do Código Penal.

O *sujeito passivo* é o Estado, bem como a pessoa física ou jurídica diretamente prejudicada com a conduta praticada pelo sujeito ativo.

---

[36] HUNGRIA, Nélson. *Comentários ao código penal*, v. IX, p. 368-369.

8.4 Objeto material e bem juridicamente protegido

A Administração Pública é o bem juridicamente protegido pelo tipo penal que prevê o delito de *corrupção passiva*.

O objeto material é a vantagem indevida.

8.5 Consumação e tentativa

O delito de *corrupção passiva* pode se consumar em três momentos diferentes, dependendo do modo como o crime é praticado.

Na primeira modalidade, o delito se consuma quando o agente, efetivamente, *solicita*, para si ou para outrem, direta ou indiretamente, *vantagem indevida*, que, se vier a ser entregue, deverá ser considerada mero exaurimento do crime.

Por meio da segunda modalidade prevista no tipo, ocorrerá a consumação quando o agente, sem que tenha feito qualquer solicitação, *receber* vantagem indevida.

O último comportamento típico diz respeito ao fato de o agente tão somente *aceitar* promessa de tal vantagem.

Percebe-se, outrossim, que, na primeira hipótese, o agente assume uma postura ativa, no sentido de que parte dele a ideia da corrupção; nas duas últimas, sua situação é de passividade, ou seja, a ideia da corrupção parte do corruptor. De qualquer forma, em todos os casos, seu crime será o de corrupção passiva, em virtude da sua especial qualidade de funcionário, exigida pelo tipo penal em estudo.

Dependendo da hipótese concreta, poderá ou não ser fracionado o *iter criminis* e, consequentemente, poderemos cogitar ou não da possibilidade de tentativa.

8.6 Elemento subjetivo

O dolo é o elemento subjetivo exigido pelo tipo penal que prevê o delito de *corrupção passiva*, não havendo previsão legal para a modalidade de natureza culposa.

8.7 Modalidades comissiva e omissiva

Os núcleos *solicitar*, *receber* e *aceitar* pressupõem um comportamento comissivo por parte do agente. No entanto, o delito poderá ser praticado via omissão imprópria quando o agente, garantidor, dolosamente, podendo, nada fizer para impedir a prática do delito em estudo, por ele devendo responder nos termos preconizados pelo art. 13, § 2º, do Código Penal.

8.8 Modalidade privilegiada

Diz o § 2º do art. 317 do Código Penal:

> § 2º Se o funcionário pratica, deixa de praticar ou retarda ato de ofício, com infração de dever funcional, cedendo a pedido ou influência de outrem:
> Pena – detenção de três meses a um ano, ou multa.

Nesse caso, ao contrário do que ocorre com a modalidade de corrupção passiva prevista no *caput* do art. 317 do Código Penal, o agente não visa, para si ou para outrem, à obtenção de vantagem indevida. Procura, outrossim, atender a um pedido de alguém, ou cede em virtude da influência exercida por aquele que lhe faz a solicitação.

Conforme esclarece Fragoso:

"É certamente forma menos grave do crime: o funcionário neste caso não se vende. Transige, porém, com seu dever funcional para atender a pedido de amigos ou pessoas influentes (o que entre nós é verdadeira praga). Esta forma do crime aproxima-se da prevaricação. Na primeira hipótese, há um peditório: um pedido é formulado ao agente. Na segunda o funcionário pratica a ação sob a influência de alguém, como no exemplo de Viveiros de Castro: 'o funcionário público sabe que seu superior é amigo da parte, interessa-se por ela, e não hesita em deferir a pretensão injusta'.

A eventual vantagem recebida pelo autor do pedido ou por quem exerce a influência não altera a situação do agente."[37]

8.9 Causas de aumento de pena

Determina o § 1º do art. 317 do Código Penal, *verbis*:

> § 1º A pena é aumentada de um terço, se, em consequência da vantagem ou promessa, o funcionário retarda ou deixa de praticar qualquer ato de ofício ou o pratica infringindo dever funcional.

A majorante do § 1º tem sido reconhecida doutrinariamente pela denominação *corrupção exaurida*. Não entendemos ser correta tal expressão, uma vez que o exaurimento relativo ao crime de corrupção ocorre não quando o funcionário faz ou deixa de fazer alguma coisa a que estava legalmente obrigado, mas, sim, quando recebe a vantagem indevida. No mencionado § 1º, a lei penal faz menção, até mesmo, à *promessa* de recebimento da vantagem, o que justificaria a nossa discordância quanto à expressão utilizada pela doutrina a fim de identificá-lo.

A causa especial de aumento de pena constante do § 1º somente poderá ser aplicada ao *caput* do art. 317 do Código Penal, haja vista que, além de sua situação topográfica, para que reste configurada a infração penal prevista pelo § 2º do mencionado artigo, o agente não poderá atuar com a finalidade de obter vantagem indevida, para si ou para outrem, o que, por si só, já afastaria a majorante em estudo, que exige que o funcionário retarde ou deixe de praticar qualquer ato de ofício, ou que o pratique infringindo dever funcional, em virtude da vantagem recebida, ou mesmo de sua simples promessa.

Poderá ser aplicado ao *caput*, bem como ao § 2º do art. 317 do Código Penal, a causa especial de aumento de pena prevista no § 2º do art. 327 do mesmo diploma repressivo.

8.10 Pena, ação penal, competência para julgamento e suspensão condicional do processo

A pena cominada para a infração penal prevista no *caput* do art. 317 do Código Penal, de acordo com a alteração levada a efeito pela Lei nº 10.763, de 12 de novembro de 2003, é de reclusão, de 2 (dois) a 12 (doze) anos, e multa.

Para a modalidade de corrupção prevista no § 2º do art. 317 do Código Penal, a pena é de detenção, de 3 (três) meses a 1 (um) ano, ou multa.

A pena prevista no *caput* do art. 317 do Código Penal é aumentada de um terço se, em consequência da vantagem ou promessa, o funcionário retarda ou deixa de praticar qualquer ato de ofício ou o pratica infringindo dever funcional.

---

[37] FRAGOSO, Heleno Cláudio. *Lições de direito penal*, v. II, p. 422-423.

A pena poderá, ainda, ser aumentada da terça parte, conforme determina o § 2º do art. 327 do Código Penal, nas hipóteses nele previstas, devendo ser observado, no entanto, a regra constante do parágrafo único do art. 68 do Código Penal.

A ação penal é de iniciativa pública incondicionada.

Compete, pelo menos inicialmente, ao Juizado Especial Criminal o processo e julgamento do delito tipificado no § 2º do art. 317 do Código Penal, tendo em vista que a pena máxima cominada em abstrato não ultrapassa o limite de 2 (dois) anos, imposto pelo art. 61 da Lei nº 9.099/95, conforme alteração determinada pela Lei nº 11.313, de 28 de junho de 2006.

Será possível a confecção de proposta de suspensão condicional do processo, nos termos do art. 89 da Lei nº 9.099/95, também quando estivermos diante da hipótese constante do § 2º do art. 317 do Código Penal.

8.11 Destaques

8.11.1 Princípio da insignificância

Ao delito de *corrupção passiva* poderá ser aplicado o raciocínio correspondente ao princípio da insignificância, excluindo-se da figura típica constante do art. 317 do Código Penal aquelas "vantagens" de valor irrisório, como ocorre com muita frequência quando os funcionários são presenteados com bombons, doces, canetas, algumas pequenas lembranças, principalmente em datas comemorativas, a exemplo do que ocorre com o Natal.

Na verdade, tais fatos poderiam ser excluídos pela ausência de dolo, pois, nesses casos, não se poderia falar em verdadeira corrupção, mas, sim, em "agrados", "gentilezas", "política de bom relacionamento", mesmo que não tão sinceras quanto pareçam.

Diz a Súmula nº 599 do Superior Tribunal de Justiça:

> **Súmula nº 599.** O princípio da insignificância é inaplicável aos crimes contra a Administração Pública.

8.11.2 Corrupção passiva praticada por jurados

O Código de Processo Penal contém norma expressa a respeito da possibilidade de serem os jurados responsabilizados criminalmente pelo delito de corrupção passiva, dizendo, em seu art. 445, com a nova redação que lhe foi dada pela Lei nº 11.689, de 9 de junho de 2008, que:

> **Art. 445.** O jurado, no exercício da função ou a pretexto de exercê-la, será responsável criminalmente nos mesmos termos em que o são os juízes togados.

8.11.3 Corrupção passiva e Código Penal Militar

Existe previsão, no Código Penal Militar, para o delito de corrupção passiva, conforme se verifica pela leitura do art. 308 e parágrafos, *verbis*:

> **Corrupção passiva**
> **Art. 308.** Solicitar ou receber, para si ou para outrem, direta ou indiretamente, ainda que fora da função ou antes de assumi-la, mas em razão dela, vantagem indevida, ou aceitar promessa de tal vantagem:
> Pena – reclusão, de 2 (dois) a 12 (doze) anos.
> **Aumento de pena**

§ 1º A pena é aumentada de um terço, se, em consequência da vantagem ou promessa, o agente retarda ou deixa de praticar qualquer ato de ofício ou o pratica infringindo dever funcional.

Diminuição de pena

§ 2º Se o agente pratica, deixa de praticar ou retarda o ato de ofício com infração de dever funcional, cedendo a pedido ou influência de outrem:
Pena – detenção, de três meses a um ano.

8.11.4 Crime de corrupção privada no esporte

A Lei Geral do Esporte (Lei nº 14.597, de 14 de junho de 2023), após inúmeros escândalos quanto à manipulação de resultados envolvendo árbitros, "cartolas", jogadores de futebol etc., criou uma figura típica específica para esse tipo de situação, a que denominou de *corrupção privada* no esporte, dizendo, em seu art. 165, *verbis*:

Art. 165. Exigir, solicitar, aceitar ou receber vantagem indevida, como representante de organização esportiva privada, para favorecer a si ou a terceiros, direta ou indiretamente, ou aceitar promessa de vantagem indevida, a fim de realizar ou de omitir ato inerente às suas atribuições:
Pena - reclusão, de 2 (dois) a 4 (quatro) anos, e multa.
Parágrafo único. Nas mesmas penas incorre quem oferece, promete, entrega ou paga, direta ou indiretamente, ao representante da organização esportiva privada, vantagem indevida.

8.12 Quadro-resumo

Sujeitos
» Ativo: funcionário público.
» Passivo: é o Estado, bem como a pessoa física ou jurídica diretamente prejudicada com a conduta praticada pelo sujeito ativo.

Objeto material
É a vantagem indevida.

Bem(ns) juridicamente protegido(s)
A Administração Pública.

Elemento subjetivo
Dolo, não havendo previsão legal para a modalidade de natureza culposa.

Consumação e tentativa
» O delito pode se consumar em três momentos diferentes, dependendo do modo como o crime é praticado.
» 1ª modalidade: o delito se consuma quando o agente, efetivamente, solicita, para si ou para outrem, direta ou indiretamente, vantagem indevida, que, se vier a ser entregue, deverá ser considerada mero exaurimento do crime.
» 2ª modalidade: ocorrerá a consumação quando o agente, sem que tenha feito qualquer solicitação, receber vantagem indevida.
» 3ª modalidade: diz respeito ao fato de o agente tão somente aceitar promessa de tal vantagem.

» Percebe-se, outrossim, que na primeira hipótese o agente assume uma postura ativa, no sentido de que parte dele a ideia da corrupção; nas duas últimas, sua situação é de passividade, ou seja, a ideia da corrupção parte do corruptor.
» Dependendo da hipótese concreta, poderá ou não ser fracionado o *iter criminis* e, consequentemente, poderemos cogitar ou não da possibilidade de tentativa.

9. FACILITAÇÃO DE CONTRABANDO OU DESCAMINHO

Facilitação de contrabando ou descaminho
Art. 318. Facilitar, com infração de dever funcional, a prática de contrabando ou descaminho (art. 334):[38]
Pena – reclusão, de 3 (três) a 8 (oito) anos, e multa.

9.1 Introdução

O delito de *facilitação de contrabando ou descaminho* encontra-se tipificado no art. 318 do Código Penal. Aqui, percebe-se, mais uma vez, a quebra da chamada teoria monista ou unitária, prevista pelo art. 29 do Código Penal. Isso porque em vez de reunir numa única figura típica tanto aquele que facilita quanto o que, efetivamente, leva a efeito o contrabando ou descaminho, optou a lei penal por separar, mediante criação típica distinta, os dois comportamentos, tratando, inclusive, com mais severidade, a facilitação, do que o próprio contrabando ou descaminho, mesmo após as alterações nas penas cominadas ao delito de contrabando, levadas a efeito pela Lei nº 13.008, de 26 de junho de 2014.

Assim, de acordo com a redação constante do art. 318 do Código Penal, podemos apontar os seguintes elementos: *a)* a conduta de *facilitar*; *b)* com *infração de dever funcional*; *c)* a prática de contrabando ou descaminho.

Facilitar significa tornar fácil, removendo, afastando as dificuldades, seja fazendo ou, mesmo, deixando de fazer alguma coisa a que estava obrigado. Exige a lei penal que o fato não somente seja praticado por funcionário público, mas, sim, por aquele que tenha o dever funcional de evitar o contrabando ou descaminho. À qualidade de funcionário público deve ser agregada sua *função específica* de impedir o contrabando ou descaminho, pois, caso contrário, o funcionário que, de alguma forma, vier a colaborar com a sua prática, deverá ser responsabilizado, de acordo com as regras pertinentes ao concurso de pessoas, pelos artigos 334 (descaminho) e 334-A (contrabando), todos do Código Penal, e não pelo delito em estudo.

A conduta deve ser dirigida no sentido de *facilitar*, com infração de dever funcional, a prática de *contrabando* ou *descaminho*. Por *contrabando* deve ser entendida toda entrada ou saída do território nacional de mercadoria cuja importação ou exportação esteja, absoluta ou relativamente, proibida, nos termos do art. 334-A do Código Penal, com a redação que lhe foi conferida pela Lei nº 13.008, de 26 de junho de 2014. *Descaminho*, segundo Hungria, "é toda fraude empregada para iludir, total ou parcialmente, o pagamento de impostos de importação, exportação ou consumo (cobrável, este, na própria aduana, antes do desembaraço das mercadorias importadas)",[39] conforme o disposto no art. 334 do diploma repressivo, também com a redação que lhe foi dada pela Lei nº 13.008, de 26 de junho de 2014.

---

[38] Com o advento da Lei nº 13.008, de 26 de junho de 2014, os delitos de *descaminho* e *contrabando* foram desmembrados, permanecendo o primeiro no tipo penal do art. 334 e o segundo, no art. 334-A, ambos do Código Penal.
[39] HUNGRIA, Nélson. *Comentários ao código penal*, v. IX, p. 374.

9.2 Classificação doutrinária

Crime próprio no que diz respeito ao *sujeito ativo* (pois somente o funcionário público, com infração de dever funcional, pode praticá-lo); doloso; comissivo ou omissivo próprio (haja vista que o núcleo facilitar pode ser praticado mediante omissão do agente); de forma livre; instantâneo; monossubjetivo; unissubsistente ou plurissubsistente (dependendo do modo como o delito é praticado, poderá ou não ser fracionado o *iter criminis*); transeunte (podendo, no entanto, dependendo da hipótese concreta, ser considerado um delito não transeunte, em virtude da possibilidade de realização de prova pericial).

9.3 Sujeito ativo e sujeito passivo

O delito tipificado no art. 318 do Código Penal somente pode ser praticado pelo funcionário público, a quem compete o dever funcional de impedir o contrabando ou descaminho. Caso o agente seja funcionário, mas não tenha essa especial atribuição, o fato deverá ser resolvido de acordo com a regra do art. 29 do Código Penal, devendo o *intraneus*, nesse caso, responder pelos delitos previstos nos arts. 334 ou 334-A do mesmo diploma legal.

O *sujeito passivo* é o Estado.

9.4 Objeto material e bem juridicamente protegido

A Administração Pública é o bem juridicamente protegido pelo tipo penal que prevê o delito de *facilitação de contrabando ou descaminho*.

O objeto material é o produto contrabandeado ou os tributos não recolhidos, no caso de descaminho.

9.5 Consumação e tentativa

Tratando-se de crime formal, o delito em exame se consuma quando o funcionário público, de alguma forma, facilita a prática do contrabando ou descaminho, independentemente do sucesso da outra infração penal, ou, nas palavras de Hungria, "consuma-se o crime com o proporcionar-se facilidade à prática do contrabando ou descaminho, pouco importando que este, por circunstâncias alheias à vontade do agente, não seja levado *ad exitum* (pois no caso, dada a *autonomia* da *facilitação* como crime, o *summatum opus* não depende do integral sucesso do outro crime)".[40]

O reconhecimento da tentativa dependerá do caso concreto apresentado, quando se poderá raciocinar sobre a possibilidade do fracionamento do *iter criminis*.

9.6 Elemento subjetivo

O dolo é o elemento subjetivo exigido pelo tipo penal que prevê o delito de *facilitação de contrabando ou descaminho*, não havendo previsão legal para a modalidade de natureza culposa.

Assim, por exemplo, se o agente, culposamente, em virtude de sua negligência, facilita o ingresso, no território nacional, de mercadoria cuja importação estava proibida, não poderá ser responsabilizado pelo delito em estudo. Poderá, no entanto, responder administrativamente pelo seu comportamento desidioso, sendo-lhe aplicada uma sanção também de natureza administrativa.

---

[40] HUNGRIA, Nélson. *Comentários ao código penal*, v. IX, p. 375.

9.7 Modalidades comissiva e omissiva

O núcleo *facilitar* pode importar tanto em um comportamento comissivo, quanto em outro de natureza omissiva.

9.8 Causa especial de aumento de pena

Determina o § 2º do art. 327 do Código Penal, *verbis*:

> § 2º A pena será aumentada da terça parte quando os autores dos crimes previstos neste Capítulo forem ocupantes de cargos em comissão ou de função de direção ou assessoramento de órgão da administração direta, sociedade de economia mista, empresa pública ou fundação instituída pelo poder público.

9.9 Pena e ação penal

A pena cominada ao delito de *facilitação de contrabando ou descaminho* é de reclusão, de 3 (três) a 8 (oito) anos, e multa, conforme alteração introduzida pela Lei nº 8.137, de 27 de dezembro de 1990.

A pena poderá ser aumentada da terça parte, conforme determina o § 2º do art. 327 do Código Penal, nas hipóteses nele previstas.

A ação penal é de iniciativa pública incondicionada.

9.10 Destaque

9.10.1 Competência para julgamento

Compete à Justiça Federal o processo e julgamento do delito de *facilitação de contrabando ou descaminho*.

De acordo com a orientação contida na Súmula nº 151 do Superior Tribunal de Justiça, *a competência para o processo e julgamento por crime de contrabando ou descaminho define-se pela prevenção do Juízo Federal do lugar da apreensão dos bens*.

Merece ser frisado, ainda, que o art. 144, § 1º, II, da Constituição Federal assevera destinar-se à polícia federal, dentre outras funções, a *de prevenir e reprimir o contrabando e o descaminho*.

9.11 Quadro-resumo

Sujeitos
» Ativo: funcionário público.
» Passivo: é o Estado.

Objeto material
É o produto contrabandeado ou os tributos não recolhidos, no caso de descaminho.

Bem(ns) juridicamente protegido(s)
A Administração Pública.

> **Elemento subjetivo**
> Dolo, não havendo previsão legal para a modalidade de natureza culposa.

> **Modalidades comissiva e omissiva**
> O núcleo facilitar pode importar tanto em um comportamento comissivo, quanto em um outro de natureza omissiva.

> **Consumação e tentativa**
> » O delito se consuma quando o funcionário público, de alguma forma, facilita a prática do contrabando ou descaminho, independentemente do sucesso da outra infração penal.
> » A tentativa é admissível, desde que se possa, no caso concreto, fracionar o *iter criminis*.

10. PREVARICAÇÃO

Acesse e assista à aula explicativa sobre este assunto.
> https://uqr.to/1we5a

> **Prevaricação**
> **Art. 319.** Retardar ou deixar de praticar, indevidamente, ato de ofício, ou praticá-lo contra disposição expressa de lei, para satisfazer interesse ou sentimento pessoal:
> Pena – detenção, de três meses a um ano, e multa.

10.1 Introdução

Vimos que a Administração Pública é regida por uma série de princípios, sendo que muitos deles foram previstos expressamente em nossa Constituição Federal.

O administrador ou servidor público deve atuar, sempre, com os olhos voltados para o bem comum, não podendo utilizar os poderes que lhe foram conferidos a fim de prejudicar aqueles que não lhe são muito caros, ou mesmo beneficiar os que lhe são próximos. Deve agir, portanto, de maneira impessoal, não permitindo que seus sentimentos se sobreponham aos interesses da própria Administração Pública. Todos têm o direito de ser tratados isonomicamente, não importando sejam pessoas cultas e/ou ilustres, ou mesmo ignorantes e/ou desconhecidas, tenham amizade ou conflitos pessoais com algum funcionário público.

No que diz respeito ao princípio da impessoalidade, previsto no *caput* do art. 37 da Constituição Federal, Nagib Slaibi Filho o vislumbra sob dois aspectos, a saber:

"1) sua finalidade coletiva, transcendendo o interesse individual e buscando atingir o interesse coletivo – é a *finalidade pública* como elemento essencial de seus atos, o que decorre dos princípios republicano e democrático;

2) a atuação igualitária perante os próprios servidores e os administrados que devem ser considerados como indivíduos iguais em um todo coletivo – é o princípio da *isonomia*, já afirmado no art. 5º da Constituição, decorrente do regime democrático de poder."[41]

Com a finalidade de evitar a prática, infelizmente ainda muito comum, de retaliações ou favoritismos no funcionalismo público, foi criado o delito de *prevaricação*, tipificado no art. 319 do Código Penal. Pela redação constante do mencionado tipo penal, podemos apontar os seguintes elementos que lhe são característicos: *a)* a conduta de *retardar* ou *deixar de praticar*, indevidamente, ato de ofício; *b)* ou praticá-lo contra disposição expressa de lei; *c)* para satisfazer interesse ou sentimento pessoal.

O núcleo *retardar* nos dá a ideia de que o funcionário público estende, prolonga, posterga para além do necessário a prática do ato que lhe competia. Aqui, o funcionário pratica o ato, só que demora na sua realização. Poderá, ainda, *deixar de praticar* o ato de ofício, omitindo-se, dolosamente. Por fim, a lei penal prevê ainda o comportamento daquele que *pratica* o ato de ofício, realizando-o, no entanto, contra disposição expressa da lei.

Por *ato de ofício* deve ser entendido todo aquele que se encontra na esfera de atribuição do agente que pratica qualquer dos comportamentos típicos. Assim, por exemplo, o oficial de justiça, no que diz respeito à confecção de uma certidão, o delegado de polícia, quanto à instauração de um inquérito policial, o juiz de Direito, que determina a citação de alguém, o Promotor de Justiça, quanto ao oferecimento de uma denúncia etc. Para a prática do ato, o agente deve encontrar-se no pleno exercício de suas funções.

Para que se configure o delito em estudo, o comportamento deve ser praticado de forma *indevida*, ou seja, de forma contrária àquilo que era legalmente determinado a fazer, infringindo o seu dever funcional.

O traço marcante do delito de prevaricação reside no fato de que o funcionário retarda, deixa de praticar o ato de ofício ou o pratica contrariamente à disposição expressa de lei, *para satisfazer interesse ou sentimento pessoal*. Conforme ressalta Fragoso:

> "O interesse pessoal pode ser de qualquer espécie (patrimonial, material ou moral). O sentimento pessoal diz com a afetividade do agente em relação às pessoas ou fatos a que se refere a ação a ser praticada, e pode ser representado pelo ódio, pela afeição, pela benevolência etc. A eventual nobreza dos sentimentos e o altruísmo dos motivos determinantes são indiferentes para a configuração do crime, embora possam influir na medida da pena."[42]

A denúncia deverá, obrigatoriamente, apontar a satisfação do interesse ou sentimento pessoal do agente, que o motivou à prática de qualquer dos comportamentos típicos, sob pena de ser considerada inepta.

Nesse sentido, decidiu o Superior Tribunal de Justiça:

"Para a configuração do crime de prevaricação é necessário que fique demonstrado que o agente agiu por interesse ou sentimento pessoal" (STJ, APn 830 / DF, Rel. Min. Herman Benjamin, CE, DJe 02/04/2019).

"Para que reste caracterizado o delito de prevaricação faz-se imprescindível a indicação, de alguma forma, de qual seria o interesse ou sentimento pessoal a ser satisfeito com a conduta do agente. Assim: se não resta caracterizada a satisfação de interesse ou sentimento pessoal na

---

[41] SLAIBI FILHO, Nagib. *Direito constitucional*, p. 748-749.
[42] FRAGOSO, Heleno Cláudio. *Lições de direito penal*, v. II, p. 426.

conduta dos acusados, afasta-se a tipicidade da conduta" (Apn 471/MG, Corte Especial, Rel. Min. Gilson Dipp, DJ 10/3/2008). (HC 63.919/SP, Rel. Min. Felix Fischer, 5a T., DJe 4/8/2008).

10.2 Classificação doutrinária

Crime de mão própria no que diz respeito ao *sujeito ativo* (pois somente o funcionário público, com infração de dever funcional, pode praticá-lo) e comum quanto ao sujeito passivo (uma vez que não somente a Administração Pública pode figurar nessa condição, como qualquer pessoa que tenha sido prejudicada com o comportamento praticado pelo sujeito ativo); doloso; comissivo ou omissivo próprio (haja vista que os núcleos *retardar* e *deixar de praticar* podem ser levados a efeito pela omissão do agente); de forma livre; instantâneo; monossubjetivo; unissubsistente ou plurissubsistente (dependendo do modo como o delito é praticado, poderá ou não ser fracionado o *iter criminis*); transeunte (podendo, no entanto, dependendo da hipótese concreta, ser considerado um delito não transeunte, em virtude da possibilidade de realização de prova pericial).

10.3 Sujeito ativo e sujeito passivo

Somente o funcionário público pode ser *sujeito ativo* do delito de *prevaricação*, tipificado no art. 319 do Código Penal.

O *sujeito passivo* é o Estado, bem como a pessoa física ou jurídica diretamente prejudicada com a conduta praticada pelo sujeito ativo.

10.4 Objeto material e bem juridicamente protegido

A Administração Pública é o bem juridicamente protegido pelo tipo penal que prevê o delito de *prevaricação*.

O objeto material é o ato de ofício que fora retardado, ou deixado de ser praticado, bem como aquele praticado contra disposição expressa de lei.

10.5 Consumação e tentativa

Na primeira modalidade, o delito se consuma quando o funcionário público, indevidamente, retarda a prática do ato de ofício, ou seja, deixa de praticá-lo no tempo previsto, atrasando-o; na segunda modalidade, quando o agente, efetivamente, não pratica o ato a que estava obrigado; na última hipótese, quando o sujeito pratica o ato contra disposição expressa de lei. Deve ser frisado que, em todos os casos, o agente deve atuar com a finalidade de satisfazer interesse ou sentimento pessoal.

Dependendo do modo como o delito for praticado, poderá ser reconhecida a tentativa. Se, no caso concreto, for possível o fracionamento do *iter criminis*, poderá se cogitar do *conatus*; caso contrário, ficará inviabilizada a hipótese de tentativa.

10.6 Elemento subjetivo

O dolo é o elemento subjetivo exigido pelo tipo penal que prevê o delito de *prevaricação*, não havendo previsão legal para a modalidade de natureza culposa.

Assim, não se pode confundir com o delito de prevaricação a conduta do funcionário público que negligencia com a prática dos seus atos de ofício, retardando-os excessivamente, podendo, no entanto, ser responsabilizado administrativamente.

10.7 Modalidades comissiva e omissiva

O núcleo *retardar* pode ser entendido tanto comissiva quanto omissivamente; na modalidade *deixar de praticar* prevê a lei penal um delito omissivo próprio; por último, a conduta de praticar ato de ofício contra disposição expressa de lei pressupõe um comportamento comissivo por parte do agente.

10.8 Causa especial de aumento de pena

Determina o § 2º do art. 327 do Código Penal, *verbis*:

> § 2º A pena será aumentada da terça parte quando os autores dos crimes previstos neste Capítulo forem ocupantes de cargos em comissão ou de função de direção ou assessoramento de órgão da administração direta, sociedade de economia mista, empresa pública ou fundação instituída pelo poder público.

10.9 Pena, ação penal, competência para julgamento e suspensão condicional do processo

A pena cominada ao delito de *prevaricação* é de detenção de 3 (três) meses a 1 (um) ano, e multa.

A pena poderá ser aumentada da terça parte, conforme determina o § 2º do art. 327 do Código Penal, nas hipóteses nele previstas.

A ação penal é de iniciativa pública incondicionada.

Compete, pelo menos inicialmente, ao Juizado Especial Criminal o processo e julgamento do delito tipificado no art. 319 do Código Penal, tendo em vista que a pena máxima cominada em abstrato não ultrapassa o limite de 2 (dois) anos, imposto pelo art. 61 da Lei nº 9.099/95, conforme alteração determinada pela Lei nº 11.313, de 28 de junho de 2006.

Será possível a confecção de proposta de suspensão condicional do processo, nos termos do art. 89 da Lei nº 9.099/95.

10.10 Destaques

10.10.1 Prevaricação praticada por jurados

O Código de Processo Penal contém norma expressa a respeito da possibilidade de serem os jurados responsabilizados criminalmente pelo delito de prevaricação, dizendo, em seu art. 445, com a nova redação que lhe foi dada pela Lei nº 11.689, de 9 de junho de 2008:

> Art. 445. O jurado, no exercício da função ou a pretexto de exercê-la, será responsável criminalmente nos mesmos termos em que o são os juízes togados.

10.10.2 Prevaricação e Código Penal Militar

O delito de prevaricação veio previsto no Código Penal Militar (Decreto-Lei nº 1.001, de 21 de outubro de 1969), conforme se verifica pela leitura do seu art. 319, punindo com pena de detenção, de seis meses a dois anos, aquele que retardar ou deixar de praticar, indevidamente, ato de ofício, ou praticá-lo contra expressa disposição de lei, para satisfazer interesse ou sentimento pessoal.

10.11 Quadro-resumo

Sujeitos
» Ativo: funcionário público.
» Passivo: é o Estado, bem como a pessoa física ou jurídica diretamente prejudicada com a conduta praticada pelo sujeito ativo.

Objeto material
É o ato de ofício que fora retardado, ou deixado de ser praticado, bem como aquele praticado contra disposição expressa de lei.

Bem(ns) juridicamente protegido(s)
A Administração Pública.

Elemento subjetivo
Dolo, não havendo previsão legal para a modalidade de natureza culposa.

Modalidades comissiva e omissiva
O núcleo retardar pode ser entendido tanto comissiva quanto omissivamente; na modalidade deixar de praticar prevê a lei penal um delito omissivo próprio; por último, a conduta de praticar ato de ofício contra disposição expressa de lei pressupõe um comportamento comissivo por parte do agente.

Consumação e tentativa
» Na primeira modalidade, o delito se consuma quando o funcionário público, indevidamente, retarda a prática do ato de ofício, ou seja, deixa de praticá-lo no tempo previsto, atrasando-o; na segunda modalidade, quando o agente, efetivamente, não pratica o ato a que estava obrigado; na última hipótese, quando o sujeito pratica o ato contra disposição expressa de lei. Deve ser frisado que, em todos casos, o agente deve atuar com a finalidade de satisfazer interesse ou sentimento pessoal.
» Dependendo do modo como delito for praticado, poderá ser reconhecida a tentativa.

11. OMISSÃO DE DEVER DE VEDAR AO PRESO O ACESSO A APARELHO TELEFÔNICO, DE RÁDIO OU SIMILAR

Art. 319-A. Deixar o Diretor de Penitenciária e/ou agente público de cumprir seu dever de vedar ao preso o acesso a aparelho telefônico, de rádio ou similar, que permita a comunicação com outros presos ou com o ambiente externo:
Pena: detenção, de 3 (três) meses a 1 (um) ano.

11.1 Introdução

Temos visto nos noticiários dos canais de televisão cenas em que presidiários, fazendo uso de telefones celulares, de rádios ou similares, conversam livremente, muitas vezes gerenciando ou participando dos negócios ilícitos (tráfico de drogas, extorsões mediante sequestros, roubo de cargas etc.) que acontecem *extramuros*.

Tornou-se comum, ainda, a extorsão praticada do interior do sistema penitenciário, onde os presos fazem ligações de seus aparelhos telefônicos, por exemplo, e, após obterem as informações necessárias à execução do plano criminoso (conseguindo descobrir os nomes dos moradores de uma determinada residência, locais de trabalho, escolas onde estudam etc.), criando uma situação fictícia de sequestro, ameaçam os seus interlocutores, dizendo que um parente próximo encontra-se em um cativeiro e, caso o valor exigido não seja depositado em uma conta-corrente por eles indicada, o suposto sequestrado será morto.

Exigem, como regra, que a vítima não desligue o telefone, evitando que entre em contato com a pessoa que dizem ter sequestrado, fazendo-a escutar, ainda, ao fundo, gritos de socorro, abalando-a psicologicamente.

A pergunta que nos fazemos, e que motivou a criação da figura típica introduzida ao Código Penal pela Lei nº 11.466, de 28 de março de 2007, é a seguinte: como esses aparelhos telefônicos, de rádio ou similares conseguem chegar até as mãos daqueles que se encontram no sistema penitenciário? Podemos, a título de esclarecimento, indicar algumas respostas. A primeira, e talvez a mais usual, seria a introdução dos aparelhos, mencionados pelo art. 319-A do Código Penal, levada a efeito por pessoas que visitam os presos. Por mais que se proceda a uma revista criteriosa, a imaginação e a criatividade daqueles que almejam fazer com que tais aparelhos cheguem aos presos são insuperáveis. Não é incomum que mulheres, durante a visita, introduzam objetos em suas partes íntimas (vagina e ânus); também é corriqueiro colocar peças no interior de saltos de sapatos, sandálias etc., que, posteriormente, serão montadas e utilizadas como aparelhos telefônicos. Enfim, uma primeira possibilidade de ingresso de objetos proibidos pode ocorrer através de amigos ou mesmo parentes de pessoas que se encontram dentro do sistema carcerário.

A outra hipótese diz respeito à ação conivente de alguns agentes públicos, entendida a expressão em seu sentido amplo, abrangendo não somente os agentes penitenciários, mas, também, o próprio diretor de penitenciária.

No entanto, não podemos confundir o delito de *omissão de dever de vedar ao preso o acesso a aparelho telefônico, de rádio ou similar,* também denominado pela doutrina *prevaricação imprópria,*[43] *prevaricação especial,*[44] dentre outros, com o crime de *corrupção passiva,* conforme verificaremos em destaque.

O núcleo utilizado pelo tipo penal constante do art. 319-A do Código Penal é o verbo *deixar,* pressupondo, outrossim, uma omissão por parte daquele que tinha o dever de vedar ao preso o acesso *indevido* a aparelho telefônico, de rádio ou similar, permitindo, dessa forma, a comunicação com outros presos ou com o ambiente externo.

Dissemos que somente o *acesso indevido* se configura na infração penal em estudo. Isso porque o preso não está proibido de ter contato, por exemplo, com pessoas que se encontram fora do cárcere, a exemplo de parentes, amigos ou do seu próprio advogado, valendo-se de um aparelho telefônico. Ele pode e deve manter esse contato, desde que devidamente autorizado pela administração penitenciária, como ocorre quando utilizam os telefones públicos instalados dentro do sistema prisional. Tal orientação consta da Resolução nº 14, de 11 de novembro de 1994, do Conselho Nacional de Política Criminal e Penitenciária, que, em seu art. 33, § 2º, após dizer que o preso estará autorizado a comunicar-se, periodicamente, sob vigilância, com sua família, parentes, amigos ou instituições idôneas, por correspondência ou por meio de

---

[43] CUNHA, Sanches Rogério. *Manual de direito penal* – parte especial, volume único, p. 810; COÊLHO, Yuri Carneiro. *Curso de direito penal didático,* p. 1014; MASSON, Cleber. *Direito penal esquematizado,* Parte especial, v. 3, p. 682.

[44] GALVÃO, Fernando. *Direito penal – crimes contra a administração pública,* p. 194.

visitas, esclarece que *o uso dos serviços de telecomunicações poderá ser autorizado pelo diretor do estabelecimento prisional.*

Trata-se de crime próprio, somente podendo ser praticado pelo *Diretor de Penitenciária,* ou seja, aquele encarregado da administração prisional, bem como de agente público, como é o caso dos policiais penais, que têm o dever de *vedar,* ou seja, de *proibir* o indevido acesso do preso a aparelho telefônico, de rádio ou similar.

Exige o tipo penal que o indevido acesso seja sobre aparelho telefônico (seja ele fixo, como no caso dos telefones públicos instalados no sistema prisional, ou móveis, como ocorre com os telefones celulares), de rádio (radiocomunicadores, *walkie-talkies* etc.), ou similares, que permitam a comunicação com outros presos ou com o ambiente externo. Quer isso significar que os mencionados aparelhos, necessariamente, podem ser utilizados para essa comunicação, o que não ocorre, por exemplo, quando o preso possui um telefone quebrado, sem qualquer possibilidade de uso.

11.2 Classificação doutrinária

Crime próprio (somente podendo ser praticado pelo Diretor de Penitenciária e/ou agente público); doloso; omissivo próprio; de forma livre; instantâneo; monossubjetivo; monossubsistente; não transeunte (haja vista a necessidade de ser apreendido o aparelho telefônico, de rádio ou similar).

11.3 Sujeito ativo e sujeito passivo

Tratando-se de crime próprio, o *sujeito ativo* do delito de omissão de dever de vedar ao preso o acesso a aparelho telefônico, de rádio ou similar somente poderá ser o Diretor de Penitenciária e/ou o agente público. A expressão *agente público* compreende qualquer pessoa que, no exercício de sua função pública, tenha o dever de impedir que o preso tenha acesso aos mencionados aparelhos de comunicação, como ocorre não somente com os policiais penais, aos quais compete o exercício das atividades de atendimento, vigilância, custódia, guarda, assistência e orientação de pessoas recolhidas aos estabelecimentos penais, bem como aos policiais (delegados, detetives etc.) que de alguma forma tomarem conhecimento do fato.

Assim, imagine-se a hipótese em que um detetive presencie um detento fazendo uso de um aparelho telefônico e, dolosamente, nada faz para impedi-lo. Nesse caso, deverá responder pelo delito em estudo.

Sujeito passivo é o Estado.

11.4 Objeto material e bem juridicamente protegido

A Administração Pública é o bem juridicamente protegido pelo tipo penal que prevê o delito de *omissão de dever de vedar ao preso o acesso a aparelho telefônico, de rádio ou similar.*

Objeto material é o aparelho telefônico, de rádio ou similar.

11.5 Consumação e tentativa

O delito se consuma quando o Diretor de Penitenciária e/ou o agente público, tendo conhecimento da situação, dolosamente, nada fazem para evitar que o preso tenha acesso a aparelho telefônico, de rádio ou similar, que permita a comunicação com outros presos ou com o ambiente externo. Deve ser frisado que o tipo penal não exige a efetiva comunicação do preso por meio de aparelho telefônico, de rádio ou similar, bastando que, exista essa indevida possibilidade.

Entendemos não ser cabível a tentativa, pois a inação dolosa do agente, permitindo o indevido acesso do preso a aparelho telefônico, de rádio ou similar, consuma a infração penal *sub examen*.

11.6 Elemento subjetivo

O dolo é o elemento subjetivo exigido pelo tipo penal constante do art. 319-A do diploma repressivo, não havendo previsão para a modalidade de natureza culposa. Assim, por exemplo, se um policial penal, negligentemente, permite que um preso tenha acesso a um aparelho de telefone celular, em razão de não ter procedido corretamente a uma revista na pessoa que foi àquele estabelecimento prisional justamente com a finalidade de entregar-lhe o mencionado aparelho, não poderá responder pelo delito previsto pelo art. 319-A do Código Penal.

Ao contrário, imagine a situação de um policial penal, ou de um Diretor de Penitenciária que, mesmo percebendo que um preso porta um telefone celular, nada faz para apreendê-lo. Nesse caso, a omissão dolosa teria o condão de consumar a infração penal.

11.7 Modalidades comissiva e omissiva

O núcleo *deixar* pressupõe um comportamento omissivo por parte do agente, tratando-se, consequentemente, de uma omissão própria.

Assim, conforme alerta Fernando Galvão:

"O crime de *prevaricação especial* é descrito no tipo incriminador por meio de verbo que literalmente se refere a comportamento omissivo. Dessa forma, não se utiliza a construção jurídica da posição de garantidor (art. 13, § 2º, do CP) que é reservada aos casos em que se mostra necessário caracterizar a omissão imprópria."[45]

11.8 Pena, ação penal, competência para julgamento e suspensão condicional do processo

A pena cominada ao delito tipificado no art. 319-A do Código Penal é de detenção, de 3 (três) meses a 1 (um) ano.

A ação penal é de iniciativa pública incondicionada.

Compete, pelo menos inicialmente, ao Juizado Especial Criminal o processo e julgamento do delito de omissão de dever de vedar ao preso o acesso a aparelho telefônico, de rádio ou similar, tendo em vista que a pena máxima cominada em abstrato não ultrapassa o limite de 2 (dois) anos, imposto pelo art. 61 da Lei nº 9.099/95.

Será possível a confecção de proposta de suspensão condicional do processo, nos termos do art. 89 da Lei nº 9.099/95.

11.9 Destaques

11.9.1 Diferença entre os crimes de corrupção passiva e omissão de dever de vedar ao preso o acesso a aparelho telefônico, de rádio ou similar

A finalidade do art. 319-A é a de impedir a omissão dolosa do Diretor Penitenciário e/ou agente público que nada fazem para vedar ao preso o acesso a aparelho telefônico, de rádio ou

---

[45] GALVÃO, Fernando. *Direito penal – crimes contra a administração pública*, p. 199.

similar, a exemplo daquele que, percebendo que determinado preso está fazendo uso de um aparelho de telefone celular, não leva a efeito a devida apreensão, com a finalidade de impedir o seu uso. O fato de ter sido inserido pela Lei nº 11.466, de 28 de março de 2007, logo após o art. 319 do Código Penal, recebendo, até mesmo, igual numeração, nos induz a acreditar que se cuida de uma modalidade especial de prevaricação, embora o novo tipo penal não exija a mesma finalidade, ou seja, a satisfação de interesse ou sentimento pessoal.

Agora, imagine a hipótese em que o próprio agente público seja o fornecedor do mencionado aparelho de telefonia celular, ou mesmo tenha facilitado o seu ingresso, por meio de terceira pessoa, no sistema penitenciário, em virtude de ter recebido uma indevida vantagem, ou mesmo ter aceitado a promessa de tal vantagem. Nesse caso, deverá ser responsabilizado pelo crime de corrupção passiva, previsto pelo art. 317 do Código Penal, cujas penas cominadas são, em muito, superiores àquelas previstas pelo art. 319-A do mesmo diploma repressivo.

Assim, não podemos confundir a situação do agente público que, simplesmente, se omite em fazer a apreensão de um aparelho telefônico, de rádio ou similar, que está sendo indevidamente utilizado por um preso, com aquele que se corrompe, obtendo uma vantagem indevida (ou mesmo a promessa de tal vantagem), para que o preso tenha acesso aos mencionados aparelhos.

11.9.2 Falta grave pela posse e utilização ou fornecimento de aparelho telefônico, de rádio ou similar

Juntamente com a nova figura típica constante do art. 319-A do Código Penal, a Lei nº 11.466, de 28 de março de 2007, inseriu o inciso VII no art. 50 da Lei de Execução Penal, entendendo que comete *falta grave* o condenado à pena privativa de liberdade que *tiver em sua posse, utilizar ou fornecer aparelho telefônico, de rádio ou similar, que permita a comunicação com outros presos ou com o ambiente externo.*

Tal modificação legal foi impulsionada pelo fato de que inúmeras infrações penais foram orquestradas e comandadas do interior das penitenciárias (principalmente as localizadas nos Estados do Rio de Janeiro e São Paulo) por líderes de organizações criminosas, culminando numa série de atos de violência, tendo como alvo, até mesmo, instituições públicas e privadas.

No entanto, se o mencionado aparelho, por exemplo, durante uma revista, houver sido encontrado escondido no interior de alguma cela, o que é comum, caso não se consiga identificar o preso que, em tese, estaria praticando qualquer dos comportamentos previstos no atual inciso VII da LEP, a solução será pela não aplicação da falta disciplinar de natureza grave, devendo prevalecer, portanto, o benefício da dúvida.

> "No caso dos autos, o pedido de progressão de regime foi indeferido pela ausência do preenchimento do requisito subjetivo, tendo sido levada em consideração a ausência de capacidade do reeducando de se adaptar ao cumprimento de regime menos rigoroso, destacando a presença de faltas graves, como a posse de aparelho de telefone celular e apetrechos de telefonia móvel, em menos de um ano do início da sanção" (STJ, HC 348.821/SC, Rel. Min. Joel Ilan Paciornik, 5ª T., DJe 10/06/2016).
>
> "É assente nesta Corte Superior o entendimento de que após a edição da Lei nº 11.466/2007, a posse de aparelho telefônico ou dos componentes essenciais ao seu efetivo funcionamento, passou a ser considerada falta grave. Na espécie, foi encontrado com a reeducanda um carregador de celular, configurando, portanto, o cometimento de falta grave" (STJ, HC 321.507/SP Rel. Min. Jorge Mussi, 5ª T., DJe 12/05/2016).

A Terceira Seção do STJ editou a Súmula 660, publicada em 18/09/2023, dizendo:

Súmula nº 660. A posse, pelo apenado, de aparelho celular ou de seus componentes essenciais constitui falta grave.

11.9.3 Ingresso de pessoa portando aparelho telefônico de comunicação móvel, de rádio ou similar, sem autorização legal, em estabelecimento prisional

A Lei nº 12.012, de 6 de agosto de 2009, acrescentou ao Código Penal o art. 349-A, que diz, *verbis*:

> **Art. 349-A.** Ingressar, promover, intermediar, auxiliar ou facilitar a entrada de aparelho telefônico de comunicação móvel, de rádio ou similar, sem autorização legal, em estabelecimento prisional:
> Pena: detenção, de 3 (três) meses a 1 (um) ano.

11.10 Quadro-resumo

Sujeitos
» Ativo: diretor de penitenciária e/ou agente público.
» Passivo: é o Estado.

Objeto material
É o aparelho telefônico, de rádio ou similar.

Bem(ns) juridicamente protegido(s)
A Administração Pública.

Elemento subjetivo
Dolo, não havendo previsão para a modalidade de natureza culposa.

Consumação e tentativa
» O delito se consuma quando o diretor de penitenciária e/ou agente público, tendo conhecimento da situação, dolosamente, nada faz para evitar que o preso tenha acesso a aparelho telefônico, de rádio ou similar, que permita a comunicação com outros presos ou com o ambiente externo. Deve ser frisado que o tipo penal não exige a efetiva comunicação do preso por intermédio do aparelho telefônico, de rádio ou similar, bastando que, por meio deles, exista essa indevida possibilidade.
» Entendemos não ser cabível a tentativa.

12. CONDESCENDÊNCIA CRIMINOSA

> **Condescendência criminosa**
> **Art. 320.** Deixar o funcionário, por indulgência, de responsabilizar subordinado que cometeu infração no exercício do cargo ou, quando lhe falte competência, não levar o fato ao conhecimento da autoridade competente:
> Pena – detenção, de quinze dias a um mês, ou multa.

12.1 Introdução

Talvez o nosso ambiente de trabalho seja um dos lugares onde mais fazemos amizades. Muitos namoros e, até mesmo, casamentos aconteceram porque os casais se conheceram enquanto trabalhavam juntos. A amizade existente nos locais de trabalho faz com que muitas coisas sejam encobertas. Existe um sentimento de cumplicidade no qual as pessoas, na maioria das vezes, não querem receber a pecha de delatoras quando alguém faz algo errado.

No serviço público, a lei obriga a delação. Mais do que isso, exige que aquele que pratica alguma infração seja devidamente punido, pois está em jogo a estabilidade da Administração Pública.

Assim, o art. 320 do Código Penal prevê o delito de *condescendência criminosa*. De acordo com a sua redação típica, podemos apontar os seguintes elementos: *a)* a conduta de deixar o funcionário, por indulgência, de responsabilizar subordinado que cometeu infração no exercício do cargo; *b)* ou quando lhe falte competência, não levar o fato ao conhecimento da autoridade competente.

Na primeira hipótese existe uma relação de hierarquia entre o agente que cometeu a infração e aquele que é o competente para responsabilizá-lo administrativamente. Nesse caso, o funcionário hierarquicamente superior deixa, por indulgência, isto é, por tolerância, benevolência, clemência, de responsabilizar o autor da infração.

Na segunda modalidade de condescendência criminosa, prevê a lei penal uma espécie de delação entre funcionários que tenham o mesmo nível hierárquico ou, mesmo, hierarquias distintas. Nesse caso, como o funcionário não possui competência para, ele próprio, responsabilizar o agente infrator, sua obrigação limita-se a comunicar o fato à autoridade competente.

O art. 320 do Código Penal tem como pressuposto a prática de uma *infração*. A infração nele referida pode ser tão somente aquela de natureza administrativa, ou ainda importar em uma infração penal. Trata-se, portanto, de um conceito amplo de infração. No entanto, é importante frisar que a referida infração deve dizer respeito ao *exercício do cargo*, conforme determina o artigo em estudo. Assim, não pratica o delito de condescendência criminosa o funcionário que nada faz quando toma conhecimento de que um de seus subordinados emitiu um cheque sem fundos para a compra de um televisor. Ao contrário, deverá ser responsabilizado se, chegando ao seu conhecimento a infração a um dever funcional praticada por um de seus subordinados hierarquicamente, nada fizer para responsabilizá-lo, em prejuízo do bom andamento da Administração Pública.

Vale destacar que a *indulgência* é o elemento característico da condescendência criminosa, ou seja, como vimos, a clemência, a tolerância, enfim, a vontade de perdoar, pois se o agente atua com outra motivação o fato poderá se subsumir, dependendo da hipótese concreta, ao crime de prevaricação ou, mesmo, de corrupção passiva.

Para efeito de reconhecimento do delito em estudo, a lei penal não determina qualquer prazo para que seja providenciada a responsabilização do funcionário subordinado que cometeu infração no exercício do cargo, ou mesmo quando o funcionário não tiver competência para tanto, para que leve o fato ao conhecimento da autoridade competente. Contudo, o art. 143 da Lei nº 8.112, de 11 de dezembro de 1990, que dispôs sobre o regime jurídico dos servidores públicos civis da União, das autarquias e das fundações públicas federais, nos auxilia na interpretação do art. 320 do Código Penal dizendo:

> **Art. 143.** A autoridade que tiver ciência de irregularidade no serviço público é obrigada a promover a sua apuração imediata, mediante sindicância ou processo administrativo disciplinar, assegurada ao acusado ampla defesa.

Dessa forma, assim que tomar conhecimento da infração, a autoridade competente deverá instaurar a sindicância ou o procedimento administrativo disciplinar; da mesma forma, o funcionário que não tiver competência para tanto deverá, imediatamente, levar os fatos ao conhecimento da autoridade competente, para que sejam tomadas aquelas providências.

12.2 Classificação doutrinária

Crime próprio no que diz respeito ao *sujeito ativo;* doloso; omissivo próprio (haja vista que o núcleo *deixar* implica inação); de forma livre; instantâneo; monossubjetivo; unissubsistente (não se podendo, pois, fracionar o *iter criminis*); transeunte.

12.3 Sujeito ativo e sujeito passivo

Crime próprio, somente o funcionário público pode ser *sujeito ativo* do delito de *condescendência criminosa*, tipificado no art. 320 do Código Penal.

O sujeito passivo é o Estado.

12.4 Objeto material e bem juridicamente protegido

A Administração Pública é o bem juridicamente protegido pelo tipo penal que prevê o delito de *condescendência criminosa*.

Não há objeto material.

12.5 Consumação e tentativa

O delito se consuma quando o agente decide, por indulgência, deixar de responsabilizar subordinado que cometeu infração no exercício do cargo ou, quando lhe falta competência, também decide não levar o fato ao conhecimento da autoridade competente. Conforme advertimos em nossa introdução, como a lei penal não determina qualquer prazo para que sejam levadas a efeito as providências no sentido de se apurar a responsabilidade do autor da infração, com a instauração da sindicância ou processo administrativo disciplinar, ou mesmo para que o funcionário que não tenha competência para tanto, leve o fato ao conhecimento da autoridade competente, tem-se entendido, conforme lições de Hungria, que "o crime se terá como consumado desde que, tendo conhecimento da infração praticada pelo subalterno, o superior deixa de diligenciar *imediatamente* no sentido da responsabilização do infrator, salvo motivo de força maior ou plenamente justificado".[46]

Rogério Sanches Cunha, a seu turno, entende que:

> "O crime se consuma com qualquer uma das omissões criminosas, ou seja, quando o funcionário superior, depois de tomar conhecimento da infração, suplanta prazo legalmente previsto para tomada de providências contra o infrator.
> Na ausência de prazo legal, consuma-se o delito com o decurso de prazo juridicamente relevante, a ser aquilatado pelo juiz no caso concreto."[47]

Por se tratar de crime unissubsistente, não será possível o reconhecimento da tentativa.

12.6 Elemento subjetivo

O dolo é o elemento subjetivo exigido pelo tipo penal que prevê o delito de *condescendência criminosa*, não havendo previsão legal para a modalidade de natureza culposa.

---

[46] HUNGRIA, Nélson. *Comentários ao código penal*, v. IX, p. 381.
[47] CUNHA, Sanches Rogério. *Manual de direito penal – parte especial*, volume único, p. 815.

12.7 Modalidades comissiva e omissiva

O núcleo *deixar* pressupõe um comportamento omissivo por parte do agente, cuidando-se, outrossim, de um crime omissivo próprio. Da mesma forma, a segunda conduta prevista no tipo (não levar o fato ao conhecimento da autoridade competente) também implica uma omissão própria.

12.8 Causa especial de aumento de pena

Determina o § 2º do art. 327 do Código Penal, *verbis*:

> § 2º A pena será aumentada da terça parte quando os autores dos crimes previstos neste Capítulo forem ocupantes de cargos em comissão ou de função de direção ou assessoramento de órgão da administração direta, sociedade de economia mista, empresa pública ou fundação instituída pelo poder público.

12.9 Pena, ação penal, competência para julgamento e suspensão condicional do processo

A pena cominada ao delito de *condescendência criminosa* é de detenção, de 15 (quinze) dias a 1 (um) mês, ou multa.

A pena poderá ser aumentada da terça parte, conforme determina o § 2º do art. 327 do Código Penal, nas hipóteses nele previstas.

A ação penal é de iniciativa pública incondicionada.

Compete, pelo menos inicialmente, ao Juizado Especial Criminal o processo e julgamento do delito tipificado no art. 320 do Código Penal, tendo em vista que a pena máxima cominada em abstrato não ultrapassa o limite de 2 (dois) anos, imposto pelo art. 61 da Lei nº 9.099/95, conforme alteração determinada pela Lei nº 11.313, de 28 de junho de 2006.

Será possível a confecção de proposta de suspensão condicional do processo, nos termos do art. 89 da Lei nº 9.099/95.

12.10 Destaque

12.10.1 Condescendência criminosa e Código Penal Militar

O delito de condescendência criminosa veio previsto no Código Penal Militar (Decreto-Lei nº 1.001, de 21 de outubro de 1969), conforme se verifica pela leitura do seu art. 322, punindo com pena de detenção de até seis meses, se o fato foi praticado por indulgência, e pena de detenção, de até três meses, se houver negligência, aquele que deixar de responsabilizar subordinado que comete infração no exercício do cargo, ou, quando lhe falte competência, não levar o fato ao conhecimento da autoridade competente.

12.11 Quadro-resumo

Sujeitos
» Ativo: funcionário público.
» Passivo: é o Estado.

Objeto material
Não há objeto material.

> **Bem(ns) juridicamente protegido(s)**
> A Administração Pública.

> **Elemento subjetivo**
> Dolo, não havendo previsão legal para a modalidade de natureza culposa.

> **Modalidades comissiva e omissiva**
> O núcleo deixar pressupõe um comportamento omissivo por parte do agente, cuidando-se, outrossim, de um crime omissivo próprio. Da mesma forma, a segunda conduta prevista no tipo (não levar o fato ao conhecimento da autoridade competente) também implica uma omissão própria.

> **Consumação e tentativa**
> » O delito se consuma quando o agente decide, por indulgência, deixar de responsabilizar subordinado que cometeu infração no exercício do cargo ou, quando lhe falta competência, também decide não levar o fato ao conhecimento da autoridade competente.
> » Por se tratar de crime unissubsistente, não será possível o reconhecimento da tentativa.

13. ADVOCACIA ADMINISTRATIVA

> **Advocacia administrativa**
> **Art. 321.** Patrocinar, direta ou indiretamente, interesse privado perante a administração pública, valendo-se da qualidade de funcionário:
> Pena – detenção, de um a três meses, ou multa.
> **Parágrafo único.** Se o interesse é ilegítimo:
> Pena – detenção, de três meses a um ano, além da multa.

13.1 Introdução

O delito de *advocacia administrativa* está previsto pelo art. 321 do Código Penal. De acordo com a redação típica, podemos apontar os seguintes elementos: *a)* a conduta de patrocinar, direta ou indiretamente; *b)* interesse privado perante a administração pública; *c)* valendo-se da qualidade de funcionário.

Patrocinar, aqui, tem o significado de defender, advogar. O funcionário público, portanto, atua como se fosse advogado, cuidando e fazendo a defesa de um interesse privado perante a Administração Pública. O art. 117, XI, da Lei nº 8.112/1990 proíbe o funcionário público de "atuar, como procurador ou intermediário, junto a repartições públicas, salvo quando se tratar de benefícios previdenciários ou assistenciais de parentes até o segundo grau, e de cônjuge ou companheiro".

Esse patrocínio pode ser direto, ou seja, levado a efeito pelo próprio funcionário público, ou mesmo indireto, quando o funcionário, evitando aparecer diretamente, se vale de interposta pessoa, também conhecida como "testa de ferro", que atua segundo o seu comando e, como diz Hungria, "à sombra de seu prestígio (ex.: um seu filho)".[48]

---
[48] HUNGRIA, Nélson. *Comentários ao código penal*, v. IX, p. 383.

Conforme assevera Romeu de Almeida Salles Júnior:

"O ato do funcionário agente de patrocinar será sempre considerado ilícito. No entanto, o interesse defendido pode ser lícito ou ilícito, justo ou injusto, sendo este fato indiferente para a configuração do crime. Basta que seja um interesse privado e alheio, não podendo ser interesse do próprio agente. O funcionário vale-se de sua função e das facilidades que esta lhe oferece para o patrocínio do interesse alheio (facilidade de acesso a colegas, influências, consideração). O interesse pode ser defendido em qualquer setor da Administração, mesmo que não seja o da atuação do agente. O patrocínio é feito visando a remuneração por parte do titular do interesse defendido. O funcionário não precisa ser advogado, em que pese a denominação legal, que tem como finalidade indicar o ato de defesa de interesse alheio."[49]

Não se configura a infração penal em estudo quando o funcionário, por exemplo, explica ao interessado os seus direitos perante a Administração. O que a lei penal proíbe, na verdade, é que o funcionário assuma a "causa" do particular e pratique atos concretos que importem na sua defesa perante a Administração Pública.

13.2 Classificação doutrinária

Crime próprio no que diz respeito ao *sujeito ativo* (pois somente o funcionário público pode praticá-lo) e comum quanto ao sujeito passivo (uma vez que não somente a Administração Pública pode figurar nessa condição, como qualquer pessoa que tenha sido prejudicada com o comportamento praticado pelo sujeito ativo); doloso; comissivo (podendo, no entanto, ser praticado via omissão imprópria, nos termos do art. 13, § 2º, do Código Penal); de forma livre; instantâneo; monossubjetivo; plurissubsistente; transeunte.

13.3 Sujeito ativo e sujeito passivo

Crime próprio, somente o funcionário público pode ser *sujeito ativo* do delito de *advocacia administrativa*, tipificado no art. 321 do Código Penal.

O *sujeito passivo* é o Estado, bem como a pessoa física ou jurídica diretamente prejudicada com a conduta praticada pelo sujeito ativo.

13.4 Objeto material e bem juridicamente protegido

A Administração Pública é o bem juridicamente protegido pelo tipo penal que prevê o delito de *advocacia administrativa*.

Não há objeto material.

13.5 Consumação e tentativa

O delito de *advocacia administrativa* se consuma com a prática de qualquer ato que importe em patrocínio de interesse privado perante a Administração Pública. Conforme esclarece Noronha, "não é mister que a ação do sujeito ativo se prolongue ou conste de vários atos, o que já está a dizer não ser preciso consiga o *funcionário-advogado* o coroamento da pretensão do *cliente*, ou, de qualquer modo, a solução dela".[50]

---

[49] SALLES JÚNIOR, Romeu de Almeida. *Código penal interpretado*, p. 878.
[50] NORONHA, Edgard Magalhães. *Direito penal*, v. 4, p. 277.

Fernando Galvão, com precisão, salienta ainda que:

"A *advocacia administrativa* é crime de mera conduta e se consuma no momento em que a conduta do sujeito realiza uma intervenção completa em favor do interesse patrocinado. Por exemplo, o patrocínio pode se expressar por meio de uma solicitação oral em favor do interessado. Nesse caso, deve-se reconhecer a consumação do crime quando o sujeito completa a mensagem oral que expressa a solicitação. Vale observar que a satisfação do interesse patrocinado sequer é mencionada no tipo incriminador. Caso ocorra, constituirá mero exaurimento da conduta criminosa."[51]

Tratando-se de crime plurissubsistente, será possível o raciocínio relativo à tentativa.

13.6 Elemento subjetivo

O dolo é o elemento subjetivo exigido pelo tipo penal que prevê o delito de *advocacia administrativa*, não havendo previsão legal para a modalidade de natureza culposa.

13.7 Modalidades comissiva e omissiva

O núcleo *patrocinar* pressupõe um comportamento comissivo por parte do agente. No entanto, o delito poderá ser praticado via omissão imprópria quando o agente, garantidor, dolosamente, podendo, nada fizer para impedir a prática do delito em estudo, por ele devendo responder nos termos preconizados pelo art. 13, § 2º, do Código Penal.

13.8 Modalidade qualificada

Se o interesse privado, patrocinado pelo funcionário perante a Administração Pública, for ilegítimo, a pena será de detenção, de 3 (três) meses a 1 (um) ano, além da multa, tendo em vista o maior juízo de censura, de reprovação, que recai sobre a conduta do agente.

É fundamental, no entanto, que o agente saiba ser ilegítimo o interesse particular por ele patrocinado perante a Administração, pois, caso contrário, poderá ser afastada a qualificadora.

13.9 Causa especial de aumento de pena

Determina o § 2º do art. 327 do Código Penal, *verbis*:

> § 2º A pena será aumentada da terça parte quando os autores dos crimes previstos neste Capítulo forem ocupantes de cargos em comissão ou de função de direção ou assessoramento de órgão da administração direta, sociedade de economia mista, empresa pública ou fundação instituída pelo poder público.

13.10 Pena, ação penal, competência para julgamento e suspensão condicional do processo

A pena cominada ao delito de *advocacia administrativa* é de detenção, de 1 (um) a 3 (três) meses, ou multa.

Para a modalidade qualificada, prevista no parágrafo único do art. 321, a pena é de detenção, de 3 (três) meses a 1 (um) ano, além da multa.

---

[51] GALVÃO, Fernando. *Direito penal – crimes contra a administração pública*, p. 222.

A pena poderá ser aumentada da terça parte, conforme determina o § 2º do art. 327 do Código Penal, nas hipóteses nele previstas.

A ação penal é de iniciativa pública incondicionada.

Compete, pelo menos inicialmente, ao Juizado Especial Criminal o processo e julgamento do delito tipificado no art. 321 do Código Penal, tendo em vista que a pena máxima cominada em abstrato não ultrapassa o limite de 2 (dois) anos, imposto pelo art. 61 da Lei nº 9.099/95, conforme alteração determinada pela Lei nº 11.313, de 28 de junho de 2006.

Será possível a confecção de proposta de suspensão condicional do processo, nos termos do art. 89 da Lei nº 9.099/95.

13.11 Destaques

13.11.1 Advocacia administrativa da Lei de Licitações

Se o patrocínio levado a efeito pelo funcionário público disser respeito a interesse privado perante a Administração, dando causa à instauração de licitação ou à celebração de contrato, cuja invalidação vier a ser decretada pelo Poder Judiciário, será aplicado o art. 337-G inserido no Código Penal pela Lei nº 14.133, de 1º de abril de 2021, que, além de outras providências, instituiu normas para licitações e contratos da Administração Pública.

13.11.2 Crime contra a ordem tributária

Se o agente patrocina, direta ou indiretamente, interesse privado perante a administração fazendária, valendo-se da qualidade de funcionário público, o fato se subsumirá ao tipo penal constante do inciso III do art. 3º da Lei nº 8.137, de 27 de dezembro de 1990, que define os crimes contra a ordem tributária, econômica e contra as relações de consumo.

13.11.3 Concurso de crimes

Será admissível o concurso entre o crime de advocacia administrativa e outros delitos, a exemplo da corrupção passiva, concussão, prevaricação etc.

Preconiza Luiz Regis Prado:

"Na hipótese de o interesse privado patrocinado se referir a ato de ofício do sujeito ativo, configura-se o delito de corrupção passiva ou prevaricação. Caso o agente receba gratificação pelo patrocínio, sem exigir ou reclamar a vantagem, configura-se apenas a condescendência criminosa.

Ocorre estelionato (art. 171) quando o agente ilude o particular para receber vantagem indevida, fazendo-o crer que irá patrocinar seu interesse, mas queda-se inerte."[52]

13.11.4 Patrocínio indébito e Código Penal Militar

O delito de patrocínio indébito veio previsto no Código Penal Militar (Decreto-Lei nº 1.001, de 21 de outubro de 1969), conforme se verifica pela leitura do seu art. 334, com as alterações promovidas pela Lei nº 14.688, de 20 de setembro de 2023, punindo com pena de detenção de até três meses, aquele que patrocinar, direta ou indiretamente, interesse privado perante a administração militar, valendo-se da qualidade de servidor público ou de militar.

---

[52] PRADO, Luiz Regis. *Curso de direito penal brasileiro*, p. 453-454.

13.12 Quadro-resumo

Sujeitos
» Ativo: funcionário público.
» Passivo: é o Estado, bem como a pessoa física ou jurídica diretamente prejudicada com a conduta praticada pelo sujeito ativo.

Objeto material
Não há objeto material.

Bem(ns) juridicamente protegido(s)
A Administração Pública.

Elemento subjetivo
Dolo, não havendo previsão legal para a modalidade de natureza culposa.

Modalidades comissiva e omissiva
O núcleo patrocinar pressupõe um comportamento comissivo por parte do agente, podendo, no entanto, ser praticado via omissão imprópria.

Consumação e tentativa
» O delito se consuma com a prática de qualquer ato que importe em patrocínio de interesse privado perante a Administração Pública.
» A tentativa é admissível.

14. VIOLÊNCIA ARBITRÁRIA

Violência arbitrária
Art. 322. Praticar violência, no exercício da função ou a pretexto de exercê-la:
Pena – detenção, de seis meses a três anos, além da pena correspondente à violência.

14.1 Introdução

O delito de *violência arbitrária* encontra-se tipificado no art. 322 do Código Penal.

Embora houvesse discussão sobre a sua revogação tácita pela revogada Lei nº 4.898, de 9 de setembro de 1965, que regulava o direito de representação e o processo de responsabilidade administrativa, civil e penal, nos casos de abuso de autoridade prevaleceu o entendimento de que tal revogação não havia ocorrido, conforme se dessume do julgado do Superior Tribunal de Justiça, que diz:

> "O crime de violência arbitrária não foi revogado pelo disposto no art. 3º, alínea "i", da Lei de Abuso de Autoridade. Precedentes da Suprema Corte" (STJ, HC 48.083/MG, Rel.ª Min.ª Laurita Vaz, 5ª T., j. 20/11/2007).

Da mesma forma, entendemos que a atual Lei de Abuso de Autoridade (Lei nº 13.869, de 5 de setembro de 2019) não revogou tacitamente o art. 322 *sub examen*, tendo em vista a amplitude da infração penal em estudo, cujo comportamento previsto no tipo se aplica a qualquer funcionário público. Caso fosse sua intenção revogá-lo, a Lei nº 13.869, de 5 de setembro de 2019, o teria feito expressamente, tal como ocorreu com o art. 350 do Código Penal.

O núcleo *praticar* nos dá a ideia de agir, atuar com violência. Embora também exista controvérsia sobre a abrangência do conceito de violência, tem-se entendido, majoritariamente, que a violência mencionada pelo artigo em estudo é a de natureza física, não sendo por ele abrangida, portanto, aquela de cunho moral. Assim, somente as vias de fato, lesões corporais e, até mesmo, aquela violência praticada pelo agente que resulta na morte da vítima poderiam ajustar-se a esse conceito.

Para efeito de configuração do delito de *violência arbitrária*, o sujeito deverá atuar com violência no exercício da função ou a pretexto de exercê-la. Conforme esclarece Mirabete:

"Indispensável é que a violência ocorra no exercício da função ou que o agente pretexte exercê-la (*in-officio*). Imprescindível a existência de íntima conexão entre a violência e o desempenho da função, mesmo porque tal classe de delitos é caracterizada pela violação do dever de exercer corretamente a autoridade pública [...]. Quando a função não é a razão determinante do excesso nem o seu objetivo final, mas apenas a ocasião em que o sujeito ativo atua, inexiste o crime funcional."[53]

Merece ser registrado o fato de que a autoridade não está proibida de agir, em algumas situações, até mesmo com violência. O que se proíbe é o uso abusivo, arbitrário, da violência. Prova disso é que os arts. 284 e 292 do Código de Processo Penal fazem menção ao uso legítimo da violência, dizendo, respectivamente:

Art. 284. Não será permitido o emprego de força, salvo a indispensável no caso de resistência ou de tentativa de fuga do preso.
Art. 292. Se houver, ainda que por parte de terceiros, resistência à prisão em flagrante ou à determinada por autoridade competente, o executor e as pessoas que o auxiliarem poderão usar dos meios necessários para defender-se ou para vencer a resistência, do que tudo se lavrará auto subscrito também por duas testemunhas.

Isso sem falar na possibilidade de se agir em legítima defesa ou, mesmo, no estrito cumprimento de dever legal.

14.2 Classificação doutrinária

Crime próprio no que diz respeito ao *sujeito ativo* (pois somente o funcionário público pode praticá-lo) e comum quanto ao sujeito passivo (uma vez que não somente a Administração Pública figura nessa condição, como qualquer pessoa que tenha sofrido a violência); doloso; comissivo (podendo, no entanto, ser praticado via omissão imprópria, nos termos do art. 13, § 2º, do Código Penal); de forma livre; instantâneo; monossubjetivo; plurissubsistente; não transeunte (como norma, pois a violência sofrida pela vítima poderá ser comprovada por meio da prova pericial).

---

[53] MIRABETE, Júlio Fabbrini. *Manual de direito penal*, v. 3, p. 336.

14.3 Sujeito ativo e sujeito passivo

Crime próprio, somente o funcionário público pode ser *sujeito ativo* do delito de *violência arbitrária*, tipificado no art. 322 do Código Penal.

O *sujeito passivo* é o Estado, bem como a pessoa física que sofreu a violência praticada pelo sujeito ativo.

14.4 Objeto material e bem juridicamente protegido

A Administração Pública é o bem juridicamente protegido pelo tipo penal que prevê o delito de *violência arbitrária*.

O objeto material é a pessoa contra a qual é praticada violência pelo funcionário público.

14.5 Consumação e tentativa

O delito se consuma quando o agente, abusivamente, pratica o ato de violência, no exercício de função ou a pretexto de exercê-la.

Tratando-se de delito plurissubsistente, torna-se possível o raciocínio relativo à tentativa.

14.6 Elemento subjetivo

O dolo é o elemento subjetivo exigido pelo tipo penal que prevê o delito de *violência arbitrária*, não havendo previsão para a modalidade de natureza culposa.

14.7 Modalidades comissiva e omissiva

O núcleo *praticar* pressupõe um comportamento comissivo por parte do agente.

No entanto, o delito poderá ser praticado via omissão imprópria quando o agente, garantidor, dolosamente, podendo, nada fizer para impedir a prática do delito em estudo, por ele devendo responder nos termos preconizados pelo art. 13, § 2º, do Código Penal.

Imagine-se, assim, a hipótese em que um comandante da polícia militar, durante uma *blitz*, ao perceber que um de seus inferiores hierárquicos abusaria de sua função, pois daria início, ilegitimamente, às agressões a uma pessoa que por ali passava, dolosamente, podendo, nada faz para evitar a prática do delito, devendo ser responsabilizado, outrossim, por sua omissão imprópria, pela mesma infração penal praticada por seu subordinado, vale dizer, para aqueles que não entendem pela revogação do art. 322 do Código Penal, pelo delito de violência arbitrária.

14.8 Causa especial de aumento de pena

Determina o § 2º do art. 327 do Código Penal, *verbis*:

> § 2º A pena será aumentada da terça parte quando os autores dos crimes previstos neste Capítulo forem ocupantes de cargos em comissão ou de função de direção ou assessoramento de órgão da administração direta, sociedade de economia mista, empresa pública ou fundação instituída pelo poder público.

14.9 Pena, ação penal e suspensão condicional do processo

A pena cominada ao delito de *violência arbitrária* é de detenção, de 6 (seis) meses a 3 (três) anos, além da pena correspondente à violência.

A pena poderá ser aumentada da terça parte, conforme determina o § 2º do art. 327 do Código Penal, nas hipóteses nele previstas.

A ação penal é de iniciativa pública incondicionada.

Será possível a confecção de proposta de suspensão condicional do processo, nos termos do art. 89 da Lei nº 9.099/95.

14.10 Destaques

14.10.1 Concurso de infrações penais

O preceito secundário do art. 322 do Código Penal determina, expressamente, que, além das penas nele cominadas, deverá o agente ser responsabilizado por aquelas correspondentes à violência.

Existe posição doutrinária no sentido de que a regra a ser aplicada ao caso concreto será a do concurso material de crimes.[54] No entanto, *permissa venia*, ousamos discordar, pois, na verdade, com a prática da violência o sujeito leva a efeito o delito tipificado no art. 322 do Código Penal. Assim, na verdade, temos uma conduta única, afetando dois bens jurídicos diversos, razão pela qual entendemos, tecnicamente, pelo concurso formal impróprio de crimes, devendo ser aplicada a regra do cúmulo material, haja vista ter atuado o agente com desígnios autônomos, nos termos preconizados pela última parte do art. 70 do Código Penal.

14.10.2 Absorção da contravenção penal de vias de fato

Embora a violência mencionada no tipo penal do art. 322 possa ser exercida por vias de fato, estas serão absorvidas pelo delito de violência arbitrária, conforme posição doutrinária e jurisprudencial dominante, não se aplicando a elas a segunda parte do preceito secundário do art. 322 do Código Penal.

14.10.3 Violência arbitrária e Código Penal Militar

O delito de violência arbitrária veio previsto no Código Penal Militar (Decreto-Lei nº 1.001, de 21 de outubro de 1969), conforme se verifica pela leitura do seu art. 333, punindo com pena de detenção de seis meses a dois anos, além da correspondente à violência, aquele que praticar violência, em repartição ou estabelecimento militar, no exercício de função ou a pretexto de exercê-la.

14.11 Quadro-resumo

Sujeitos
» Ativo: funcionário público.
» Passivo: é o Estado, bem como a pessoa física que sofreu a violência praticada pelo sujeito ativo.

Objeto material
É a pessoa contra a qual é praticada violência pelo funcionário público.

Bem(ns) juridicamente protegido(s)
A Administração Pública.

---

[54] JESUS, Damásio E. de. *Direito penal*, v. 4, p. 174.

> **Elemento subjetivo**
> Dolo, não havendo previsão para a modalidade de natureza culposa.

> **Modalidades comissiva e omissiva**
> O núcleo praticar pressupõe um comportamento comissivo por parte do agente, podendo, no entanto, ser praticado via omissão imprópria.

> **Consumação e tentativa**
> » O delito se consuma quando o agente, abusivamente, pratica o ato de violência, no exercício de função ou a pretexto de exercê-la.
> » A tentativa é admissível.

15. ABANDONO DE FUNÇÃO

> **Abandono de função**
> **Art. 323.** Abandonar cargo público, fora dos casos permitidos em lei:
> Pena – detenção, de quinze dias a um mês, ou multa.
> § 1º Se do fato resulta prejuízo público:
> Pena – detenção, de três meses a um ano, e multa.
> § 2º Se o fato ocorre em lugar compreendido na faixa de fronteira:
> Pena – detenção, de um a três anos, e multa.

15.1 Introdução

O delito de *abandono de função* encontra-se tipificado no art. 323 do Código Penal. Embora a rubrica se utilize da expressão abandono de *função*, o tipo penal em exame faz menção a *cargo público*, conceito, portanto, mais estreito do que aquele. *Cargo público*, de acordo com a definição proposta pelo art. 3º da Lei nº 8.112, de 11 de dezembro de 1990, *é o conjunto de atribuições e responsabilidades previstas na estrutura organizacional que devem ser cometidas a um servidor*, sendo que o parágrafo único do citado artigo aduz, ainda, que *os cargos públicos, acessíveis a todos os brasileiros, são criados por lei, com denominação própria e vencimento pago pelos cofres públicos, para provimento em caráter efetivo ou em comissão*.

Assim, de acordo com a redação constante do art. 323 do Código Penal, podemos apontar os seguintes elementos: *a)* a conduta de *abandonar* cargo público; *b)* fora dos casos permitidos em lei.

O núcleo *abandonar* tem o sentido de deixar, largar, não comparecer quando obrigado. Hungria, com precisão, esclarece:

> "*Abandonar*, no sentido do artigo ora comentado, é *deixar ao desamparo*, e tal não acontece quando está presente o funcionário a quem incumbe assumir o cargo na ausência do ocupante (efetivo ou interino). Neste caso, não haverá, sequer, possibilidade de dano, que é condição mínima para a existência de um evento criminoso."

E continua o renomado autor:

> "Se a ausência durar mais de 30 dias (segundo a nossa lei administrativa), poderá haver *falta disciplinar*, mas não crime. Para a existência deste, não se faz mister o decurso do dito prazo, bastando

que o abandono dure por tempo capaz de criar possibilidade de prejuízo, público ou particular (a efetividade do prejuízo público [...] constitui condição de maior punibilidade [...]."[55]

Como podemos perceber pelas lições de Hungria, cuida-se, *in casu* de uma infração penal de perigo concreto. Assim, o abandono do cargo deve, efetivamente, criar uma situação de risco para a Administração Pública, impossibilitando ou, pelo menos, dificultando, por exemplo, a realização dos serviços a ela cometidos. Assim, imagine-se a hipótese em que um médico, ocupante de um cargo público, abandone o seu posto de trabalho sem que a Administração Pública tenha um substituto que possa exercer as funções que lhe eram atribuídas. Deverá, portanto, responder pelo delito em estudo.

O abandono deverá dizer respeito a *cargo*, e não a *função*, cujo conceito é mais amplo do que aquele. Aqui, não se poderá aplicar, portanto, o conceito de funcionário público por extensão, por assimilação ou por equiparação, constante do art. 327 do Código Penal. Não estão incluídos nas disposições constantes do art. 323 do Código Penal aqueles que exercem, tão somente, emprego ou função pública. Dessa forma, por exemplo, um jurado que exerce uma função pública, jamais poderia responder pelo delito em estudo, pois não ocupante de qualquer cargo.

Ressalva o art. 323 do Código Penal que somente será punido o abandono do cargo público que não for permitido em lei. Na verdade, a ressalva é completamente desnecessária, pois, como é cediço, se houver algum motivo de força maior, ou mesmo alguma causa de justificação, o fato deixará de ser tido como criminoso, podendo-se aplicar, v.g., uma causa que exclua a ilicitude ou mesmo a culpabilidade. A título de raciocínio, imagine-se a hipótese em que o único médico de uma comunidade carente tenha sido ameaçado de morte pelos traficantes de drogas daquela região. O Estado não tem como garantir a segurança do seu funcionário. Nesse caso, pergunta-se: Seria exigível um outro comportamento a não ser abandonar o cargo? A resposta só pode ser negativa. Embora a continuidade do serviço público tenha sofrido com o abandono, não se poderia exigir daquele funcionário que arriscasse a própria vida, razão pela qual poderá, no caso, ser afastada a culpabilidade, eliminando-se a própria infração penal.

Contudo, um simples pedido de *aposentadoria* ou mesmo de *exoneração* somente desobrigará o funcionário de dar continuidade às funções inerentes ao seu cargo quando for, definitivamente, deferido, com a necessária publicação do ato, pois, caso contrário, poderá ser responsabilizado pelo delito em estudo.

15.2 Classificação doutrinária

Crime próprio (na verdade, mais do que um crime próprio, o delito de abandono de função encontra-se no rol daqueles considerados como de mão própria, que exigem uma atuação pessoal, personalíssima do próprio agente); doloso; comissivo ou omissivo próprio (dependendo de como o comportamento é praticado, embora a corrente doutrinária majoritária o entenda somente como um crime omissivo próprio); de forma livre; instantâneo; monossubjetivo; plurissubsistente; transeunte.

15.3 Sujeito ativo e sujeito passivo

Somente o funcionário público, ocupante de determinado cargo, pode ser *sujeito ativo* do delito de *abandono de função*, tipificado no art. 323 do Código Penal.

O *sujeito passivo* é o Estado.

---

[55] HUNGRIA, Nélson. *Comentários ao código penal*, v. IX, p. 391.

15.4 Objeto material e bem juridicamente protegido

A Administração Pública é o bem juridicamente protegido pelo tipo penal que prevê o delito de *abandono de função*.

Não há objeto material, embora exista posição contrária.[56]

15.5 Consumação e tentativa

Tratando-se de um crime de perigo concreto, que põe em risco a Administração Pública em seus vários segmentos, a exemplo da saúde, segurança, continuidade do serviço público etc., o delito se consuma quando o abandono cria, efetivamente, um perigo de dano. Esse abandono, portanto, deverá ser por tempo suficiente, a ponto de gerar essa situação concreta de perigo.

Na hipótese de não ter havido qualquer perigo de dano à Administração Pública, o fato deverá ser resolvido na própria esfera administrativa, com a aplicação das sanções disciplinares que forem pertinentes ao caso.

Embora de difícil ocorrência, a definição sobre a possibilidade de tentativa, segundo nosso posicionamento, deverá ser feita caso a caso.

15.6 Elemento subjetivo

O dolo é o elemento subjetivo exigido pelo tipo penal que prevê o delito de *abandono de função*, não havendo previsão para a modalidade de natureza culposa.

Assim, se o agente, por exemplo, negligentemente, deixar de comparecer, por alguns dias, ao seu local de trabalho, trazendo, com isso, perigo para a Administração Pública, o fato deverá ser resolvido na esfera administrativa, afastando-se, outrossim, a infração penal em estudo.

15.7 Modalidades comissiva e omissiva

Embora a maioria de nossos doutrinadores enxergue uma modalidade omissiva própria no crime de abandono de função, entendemos que o delito tipificado no art. 323 do Código Penal poderá ser praticado tanto comissiva quanto omissivamente, dependendo da interpretação que se dê ao comportamento do agente no caso concreto.

15.8 Modalidades qualificadas

Determina o § 1º do art. 323 do Código Penal:

> § 1º Se do fato resulta prejuízo público:
> Pena – detenção, de três meses a um ano, e multa.

Aqui, justifica-se o aumento da pena em virtude da efetiva ocorrência de prejuízo público, ultrapassando, portanto, a mera situação de perigo prevista pelo *caput* do art. 323.

Também qualificará o delito de abandono de função se o fato ocorrer em lugar compreendido na faixa de fronteira, cominando o § 2º do art. 323 do Código Penal uma pena de detenção, de 1 (um) a 3 (três) anos, e multa.

---

[56] Conforme Guilherme de Souza Nucci (*Código penal comentado*, p. 1.000), que entende ser o *cargo público* o objeto material do delito em estudo.

A conduta mencionada também merece um juízo maior de censura, haja vista que, com o abandono do cargo, o funcionário desertor coloca em risco a segurança nacional.

Diz o § 2º do art. 20 da Constituição Federal que:

> § 2º A faixa de até cento e cinquenta quilômetros de largura, ao longo das fronteiras terrestres, designada como faixa de fronteira, é considerada fundamental para defesa do território nacional, e sua ocupação e utilização serão reguladas em lei.

O art. 1º da Lei nº 6.634, de 2 de maio de 1979, define a faixa de fronteira dizendo:

> Art. 1º É considerada área indispensável à Segurança Nacional a faixa interna de 150 km (cento e cinquenta quilômetros) de largura, paralela à linha divisória terrestre do território nacional, que será designada como Faixa de Fronteira.

15.9 Causa especial de aumento de pena

Determina o § 2º do art. 327 do Código Penal, *verbis*:

> § 2º A pena será aumentada da terça parte quando os autores dos crimes previstos neste Capítulo forem ocupantes de cargos em comissão ou de função de direção ou assessoramento de órgão da administração direta, sociedade de economia mista, empresa pública ou fundação instituída pelo poder público.

15.10 Pena, ação penal, competência para julgamento e suspensão condicional do processo

A pena cominada ao delito de *abandono de função* é de detenção, de 15 (quinze) dias a 1 (um) mês, ou multa.

Se do fato resulta prejuízo público, a pena será de detenção, de 3 (três) meses a 1 (um) ano, e multa, conforme determina o § 1º; se o fato ocorre em lugar compreendido na faixa da fronteira, a pena cominada é de detenção, de 1 (um) a 3 (três) anos, e multa.

A pena poderá ser aumentada da terça parte, conforme determina o § 2º do art. 327 do Código Penal, nas hipóteses nele previstas.

A ação penal é de iniciativa pública incondicionada.

Compete, pelo menos inicialmente, ao Juizado Especial Criminal o processo e julgamento do delito tipificado no art. 323, *caput*, e § 1º do Código Penal, tendo em vista que as penas máximas cominadas em abstrato não ultrapassam o limite de 2 (dois) anos, imposto pelo art. 61 da Lei nº 9.099/95, conforme alteração determinada pela Lei nº 11.313, de 28 de junho de 2006.

Será possível a confecção de proposta de suspensão condicional do processo, nos termos do art. 89 da Lei nº 9.099/95, em todas as modalidades de abandono de função.

15.11 Destaques

15.11.1 Abandono de serviço eleitoral

O art. 344 do Código Eleitoral prevê uma modalidade especial de abandono dizendo:

> Art. 344. Recusar ou abandonar o serviço eleitoral sem justa causa:
> Pena – detenção, até dois meses ou pagamento de 90 a 120 dias-multa.

15.11.2 Abandono de cargo e Código Penal Militar

O delito de abandono de cargo veio previsto no Código Penal Militar (Decreto-Lei nº 1.001, de 21 de outubro de 1969), conforme se verifica pela leitura do seu art. 330, punindo com pena de detenção de até dois meses, aquele que abandonar cargo público, em repartição ou estabelecimento militar.

15.12 Quadro-resumo

Sujeitos
» Ativo: funcionário público.
» Passivo: é o Estado.

Objeto material
Não há objeto material, embora exista posição contrária.

Bem(ns) juridicamente protegido(s)
A Administração Pública.

Elemento subjetivo
Dolo, não havendo previsão para a modalidade de natureza culposa.

Modalidades comissiva e omissiva
Embora a maioria de nossos doutrinadores enxergue uma modalidade omissiva própria no crime de abandono de função, entendemos que o delito tipificado no art. 323 do CP poderá ser praticado tanto comissiva quanto omissivamente, dependendo da interpretação que se dê ao comportamento do agente no caso concreto.

Consumação e tentativa
» O delito se consuma quando o abandono cria, efetivamente, um perigo de dano. Esse abandono, portanto, deverá ser por tempo suficiente, a ponto de gerar essa situação concreta de perigo.
» Na hipótese de não ter havido qualquer perigo de dano à Administração Pública, o fato deverá ser resolvido na própria esfera administrativa, com a aplicação das sanções disciplinares que forem pertinentes ao caso.
» Embora de difícil ocorrência, dependendo da situação, é admissível a tentativa.

16. EXERCÍCIO FUNCIONAL ILEGALMENTE ANTECIPADO OU PROLONGADO

Exercício funcional ilegalmente antecipado ou prolongado
Art. 324. Entrar no exercício de função pública antes de satisfeitas as exigências legais, ou continuar a exercê-la, sem autorização, depois de saber oficialmente que foi exonerado, removido, substituído ou suspenso:
Pena – detenção, de quinze dias a um mês, ou multa.

16.1 Introdução

Para que o ato administrativo seja considerado válido, é fundamental que ele tenha sido realizado por agente que, por lei, tinha competência para tanto. A competência para a prática do ato, portanto, é um dos requisitos exigidos para a constatação de validade do ato administrativo, nos termos preconizados por Hely Lopes Meirelles,[57] ou o que Celso Antônio Bandeira de Mello denomina pressuposto subjetivo, pois, segundo o renomado autor:

> "Deve-se estudar a capacidade da pessoa *jurídica* que o praticou, a quantidade de atribuições do *órgão* que o produziu, a *competência* do agente emanador e a existência ou inexistência de óbices à sua atuação no caso concreto. Por exemplo: se o agente não estava afastado (por suspensão, férias, licença) ou impedido (por parentesco próximo, por temporária suspensão de sua competência). Claro está que vício no pressuposto subjetivo acarreta invalidade do ato."[58]

Com a finalidade de preservar a validade dos atos administrativos, bem como a de ser observado o princípio da legalidade, foi previsto pelo art. 324 do Código Penal o delito de *exercício funcional ilegalmente antecipado ou prolongado*. De acordo com sua redação típica, podemos apontar os seguintes elementos: *a)* a conduta de *entrar* no exercício de função pública antes de satisfeitas as exigências legais; *b)* ou continuar a exercê-la, sem autorização, depois de saber oficialmente que foi exonerado, removido, substituído ou suspenso.

Exercício, nos termos preconizados pela Lei nº 8.112/90, *é o efetivo desempenho das atribuições do cargo público ou da função de confiança*. Assim, comete o delito em estudo o agente que começa a desempenhar as funções inerentes ao seu cargo antes de satisfeitas as exigências legais.

Na segunda parte do mencionado artigo encontra-se a previsão do comportamento do funcionário que, segundo Fragoso, prolonga o exercício da função:

> "Que não tem mais qualidade legal ou permissão para desempenhar. Como no primeiro caso, exige-se uma atividade positiva: o crime não pode ser praticado por omissão. Consuma-se com a prática de qualquer ato de ofício (um só que seja), de qualquer natureza, após ter sido *oficialmente notificado* de que foi exonerado, removido, substituído ou suspenso. A notificação deve ser pessoal, sendo indispensável que o agente tenha conhecimento direto e inequívoco da mesma (a dúvida aqui não basta)."[59]

Cuida-se de norma penal em branco, havendo necessidade de um complemento, a exemplo do que ocorre com aquele constante da Lei nº 8.112, de 11 de dezembro de 1990, que dispõe sobre o regime jurídico dos servidores públicos civis da União, das autarquias e das fundações públicas federais.

16.2 Classificação doutrinária

Crime próprio (na verdade, mais do que um crime próprio, o delito de *exercício funcional ilegalmente antecipado ou prolongado* encontra-se no rol daqueles considerados como de mão própria, que exigem uma atuação pessoal, personalíssima do próprio agente); dolo-

---

[57] MEIRELLES, Hely Lopes. *Direito administrativo brasileiro*, p. 134.
[58] BANDEIRA DE MELLO, Celso Antônio. *Curso de direito administrativo*, p. 179.
[59] FRAGOSO, Heleno Cláudio. *Lições de direito penal*, v. 2, p. 439.

so; comissivo (podendo, no entanto, ser praticado via omissão imprópria na hipótese do art. 13, § 2º, do Código Penal); de forma livre; instantâneo; monossubjetivo; plurissubsistente; transeunte.

16.3 Sujeito ativo e sujeito passivo

O sujeito ativo é o funcionário público. Exige-se que tenha sido o agente, pelo menos, nomeado, para efeitos de reconhecimento desse *status* de funcionário, sendo a nomeação considerada a forma de provimento originário. Conforme prelecionam Marcelo Alexandrino e Vicente Paulo, "a única forma de provimento originário atualmente compatível com a Constituição é a nomeação e, para os cargos efetivos, depende sempre de aprovação prévia em concurso público de provas ou de provas e títulos".[60] Assim, para que o agente possa ser considerado sujeito ativo do delito em estudo, deverá ter sido nomeado, pois, caso contrário, não gozará da aludida qualidade, afastando-se, outrossim, a mencionada infração penal, podendo, no entanto, ser responsabilizado pelo delito de usurpação de função pública, tipificado no art. 328 do Código Penal.

Essa ressalva é pertinente à primeira parte do art. 324 do Código Penal, haja vista que, no que diz respeito à sua segunda parte, o funcionário já está, legalmente, no exercício de suas funções quando é exonerado, removido, substituído ou suspenso e, ainda assim, sem autorização, mesmo tendo tomado conhecimento de um desses atos, continua a exercê-las.

O sujeito passivo é o Estado.

16.4 Objeto material e bem juridicamente protegido

A Administração Pública é o bem juridicamente protegido pelo tipo penal que prevê o delito de *exercício funcional ilegalmente antecipado ou prolongado*.

Não há objeto material, embora exista posição em contrário.[61]

16.5 Consumação e tentativa

Consuma-se o delito em estudo quando o agente, efetivamente, entra no exercício de função pública, praticando os atos que lhe são inerentes, antes de satisfeitas as exigências legais, ou quando continua a exercer suas funções, sem autorização, depois de saber oficialmente que foi exonerado, removido, substituído ou suspenso, exemplo da hipótese em que um Promotor de Justiça, mesmo sabendo oficialmente da sua remoção compulsória, continua a se manifestar nos processos e inquéritos policiais que ainda se encontravam no seu gabinete.

Tratando-se de crime plurissubsistente, torna-se possível o raciocínio correspondente à tentativa.

16.6 Elemento subjetivo

O dolo é o elemento subjetivo exigido pelo tipo penal que prevê o delito de *exercício funcional ilegalmente antecipado ou prolongado*, não havendo previsão para a modalidade de natureza culposa.

---

[60] ALEXANDRINO, Marcelo; PAULO, Vicente. *Direito administrativo*, p. 254.
[61] Conforme Guilherme de Souza Nucci. (*Código penal comentado*, p. 1.002), que entende ser a *função pública* o objeto material do delito em estudo.

Assim, imagine-se a hipótese em que um funcionário público, negligentemente, deixa de tomar conhecimento a respeito de sua remoção, continuando, assim, no exercício de suas funções. Nesse caso, afastando-se o dolo, o fato deverá ser considerado atípico, podendo o funcionário, no entanto, dependendo da hipótese concreta, ser responsabilizado administrativamente.

16.7 Modalidades comissiva e omissiva

Os núcleos *entrar* e *continuar* pressupõem um comportamento comissivo por parte do agente. No entanto, o delito poderá ser praticado via omissão imprópria quando o agente, garantidor, dolosamente, podendo, nada fizer para impedir a prática do delito em estudo, por ele devendo responder nos termos preconizados pelo art. 13, § 2º, do Código Penal, a exemplo daquele que, percebendo que seu inferior hierárquico continuaria a exercer suas funções, mesmo depois de ter sido informado sobre a sua suspensão, dolosamente, nada faz para impedi-lo, pois considera injusto o ato administrativo.

16.8 Causa especial de aumento de pena

Determina o § 2º do art. 327 do Código Penal, *verbis*:

> § 2º A pena será aumentada da terça parte quando os autores dos crimes previstos neste Capítulo forem ocupantes de cargos em comissão ou de função de direção ou assessoramento de órgão da administração direta, sociedade de economia mista, empresa pública ou fundação instituída pelo poder público.

16.9 Pena, ação penal, competência para julgamento e suspensão condicional do processo

A pena cominada ao delito de *exercício funcional ilegalmente antecipado ou prolongado* é de detenção, de 15 (quinze) dias a 1 (um) mês, ou multa.

A pena poderá ser aumentada da terça parte, conforme determina o § 2º do art. 327 do Código Penal, nas hipóteses nele previstas.

A ação penal é de iniciativa pública incondicionada.

Compete, pelo menos inicialmente, ao Juizado Especial Criminal o processo e julgamento do delito tipificado no art. 324 do Código Penal, tendo em vista que a pena máxima cominada em abstrato não ultrapassa o limite de 2 (dois) anos, imposto pelo art. 61 da Lei nº 9.099/95, conforme alteração determinada pela Lei nº 11.313, de 28 de junho de 2006.

Será possível a confecção de proposta de suspensão condicional do processo, nos termos do art. 89 da Lei nº 9.099/95.

16.10 Destaque

16.10.1 Exercício funcional ilegal e Código Penal Militar

O delito de exercício funcional ilegal veio previsto no Código Penal Militar (Decreto-Lei nº 1.001, de 21 de outubro de 1969), conforme se verifica pela leitura do seu art. 329, punindo com pena de detenção de até quatro meses, se o fato não constitui crime mais grave, entrar no exercício de posto ou função militar, ou de cargo ou função em repartição militar, antes de satisfeitas as exigências legais, ou continuar o exercício, sem autorização, depois de saber que foi exonerado, ou afastado, legal e definitivamente, qualquer que seja o ato determinante do afastamento.

16.11 Quadro-resumo

Sujeitos
- Ativo: funcionário público. Exige-se tenha sido o agente pelo menos nomeado, para efeitos de reconhecimento desse *status* de funcionário, sendo a nomeação considerada a forma de provimento originário.
- Passivo: é o Estado.

Objeto material
Não há objeto material, embora exista posição em contrário.

Bem(ns) juridicamente protegido(s)
A Administração Pública.

Elemento subjetivo
Dolo, não havendo previsão para a modalidade de natureza culposa.

Modalidades comissiva e omissiva
Os núcleos entrar e continuar pressupõem um comportamento comissivo por parte do agente, podendo, no entanto, ser praticado via omissão imprópria.

Consumação e tentativa
- Consuma-se o delito em estudo quando o agente, efetivamente, entra no exercício de função pública, praticando os atos que lhe são inerentes, antes de satisfeitas as exigências legais, ou quando continua a exercer suas funções, sem autorização, depois de saber oficialmente que foi exonerado, removido, substituído ou suspenso, exemplo da hipótese em que um promotor de justiça, mesmo sabendo oficialmente sobre a sua remoção compulsória, continua a se manifestar nos processos e inquéritos policiais que ainda se encontravam no seu gabinete.
- A tentativa é admissível.

17. VIOLAÇÃO DE SIGILO FUNCIONAL

Violação de sigilo funcional
Art. 325. Revelar fato de que tem ciência em razão do cargo e que deva permanecer em segredo, ou facilitar-lhe a revelação:
Pena – detenção, de seis meses a dois anos, ou multa, se o fato não constitui crime mais grave.
§ 1º Nas mesmas penas deste artigo incorre quem:
I – permite ou facilita, mediante atribuição, fornecimento e empréstimo de senha ou qualquer outra forma, o acesso de pessoas não autorizadas a sistemas de informações ou banco de dados da Administração Pública;
II – se utiliza, indevidamente, do acesso restrito:
§ 2º Se da ação ou omissão resulta dano à Administração Pública ou a outrem:
Pena – reclusão, de 2 (dois) a 6 (seis) anos, e multa.

17.1 Introdução

O inciso XXXIII do art. 5º da Constituição Federal determina que *todos têm direito a receber dos órgãos públicos informações de seu interesse particular, ou de interesse coletivo ou geral, que serão prestadas no prazo da lei, sob pena de responsabilidade*, ressalvando, no entanto, aquelas cujo sigilo seja imprescindível à segurança da sociedade e do Estado.

Existe uma especial relação de confiança entre a Administração Pública e o seu funcionário, ocupante de um cargo público, que não pode ser quebrada, traída. O *intraneus*, ou seja, aquele que está "dentro" da Administração Pública, passa a ter conhecimento sobre fatos que, não fosse pela sua especial condição, lhe seriam completamente desconhecidos.

Seu dever de lealdade para com a Administração Pública impõe que, em muitas situações, guarde segredo sobre determinados fatos. Sua indevida revelação a terceiros não autorizados poderá importar na prática do delito de *violação de sigilo funcional*, tipificado no art. 325 do Código Penal, do qual podemos extrair os seguintes elementos, de acordo com a sua redação típica: *a)* a conduta de *revelar* fato de que tem ciência em razão do cargo; *b)* e que deva permanecer em segredo; *c)* ou facilitar-lhe a revelação.

O núcleo *revelar* é utilizado pelo texto legal no sentido de divulgar, tornar conhecido fato de que teve ciência em razão do cargo. O fato, como esclarece o mencionado artigo, deve ter chegado ao conhecimento do agente em virtude do cargo por ele ocupado, ou seja, *ratione officii*, pois, caso contrário, deixará de se configurar o tipo penal em estudo.

Somente importa na infração penal *sub examen* o fato que deve permanecer em segredo. Assim, se o agente divulga um fato que diz respeito à Administração Pública, mas sobre o qual não se exija qualquer sigilo, tal comportamento não se subsumirá ao tipo penal constante do art. 325.

Não somente pratica o delito aquele que, pessoalmente, revela o fato de que teve ciência em razão do cargo e que devia permanecer em segredo, como também aquele que facilita sua revelação. Como diz Hungria:

> "A revelação (que consiste em fazer passar o fato da esfera do sigilo para a do indevido conhecimento de terceiro) pode ser *direta* ou *indireta*. No primeiro caso, o agente, ele próprio, comunica o fato a terceiro, *sponte sua* ou mediante determinação de outrem (podendo apresentar-se concurso com o crime de corrupção passiva ou prevaricação); no segundo, limita-se a facilitar a terceiro o conhecimento do fato, *in exemplis*: permitir, passivamente, o manuseio de um *dossier* secreto."[62]

Para efeito de configuração de delito de *violação de sigilo funcional*, basta que o fato que devia permanecer em segredo seja divulgado a uma única pessoa, que poderá ser um particular ou, mesmo, outro funcionário público a quem não era permitido saber a respeito do segredo divulgado.

Cuida-se, no entanto, de uma infração penal de perigo concreto, o qual deverá ser demonstrado caso a caso, para efeitos de configuração do delito. Se, porventura, da ação ou omissão resultar dano à Administração Pública ou a outrem, o agente deverá responder pela modalidade qualificada, prevista no § 2º do art. 325 do Código Penal.

17.2 Classificação doutrinária

Crime próprio no que diz respeito ao sujeito ativo e comum quanto ao sujeito passivo, haja vista que não somente a Administração Pública, como qualquer pessoa física ou jurídica

---

[62] HUNGRIA, Nélson. *Comentários ao código penal*, v. IX, p. 396.

pode ser prejudicada com o comportamento praticado pelo agente; doloso; comissivo e omissivo próprio (pois a conduta de facilitar a revelação pode ser tanto praticada comissiva, quanto omissivamente); de forma livre; instantâneo; monossubjetivo; plurissubsistente; transeunte.

17.3 Sujeito ativo e sujeito passivo

Crime próprio, somente o funcionário público pode figurar como *sujeito ativo* do delito de *violação de sigilo funcional*.

O *sujeito passivo* é o Estado, bem como a pessoa física ou jurídica prejudicada com a conduta praticada pelo agente.

17.4 Objeto material e bem juridicamente protegido

A Administração Pública é o bem juridicamente protegido pelo tipo penal que prevê o delito de *violação de sigilo funcional*.

O objeto material do crime é o segredo funcional.

17.5 Consumação e tentativa

O delito se consuma com a efetiva revelação pelo funcionário, a uma única pessoa, do fato de que tem ciência em razão do cargo e que deva permanecer em segredo, ou quando o agente, de alguma forma, dolosamente, facilita a sua revelação.

Tratando-se de um delito plurissubsistente, torna-se possível o raciocínio relativo à tentativa.

17.6 Elemento subjetivo

O dolo é o elemento subjetivo exigido pelo tipo penal que prevê o delito de *violação de sigilo funcional*, não havendo previsão para a modalidade de natureza culposa.

17.7 Modalidades comissiva e omissiva

O núcleo *revelar* pressupõe um comportamento comissivo por parte do agente, podendo, no entanto, ser praticado via omissão imprópria, nos termos do art. 13, § 2º, do Código Penal.

Quando a conduta disser respeito à facilitação da revelação do segredo, esse comportamento, dependendo do caso concreto, poderá ser praticado tanto comissiva quanto omissivamente.

Prova disso é que o § 2º do art. 325 do Código Penal prevê uma modalidade qualificada de *violação de sigilo funcional*, fazendo menção expressa à omissão do agente, quando diz: Se da ação ou omissão resulta dano à Administração Pública ou a outrem.

17.8 Modalidade assemelhada

Asseveram os incisos I e II do § 1º, acrescentado ao art. 325 do Código Penal pela Lei nº 9.983, de 14 de julho de 2000:

> § 1º Nas mesmas penas deste artigo incorre quem:
> I – permite ou facilita, mediante atribuição, fornecimento e empréstimo de senha ou qualquer outra forma, o acesso de pessoas não autorizadas a sistemas de informações ou banco de dados da Administração Pública;
> II – se utiliza, indevidamente, do acesso restrito.

17.9 Modalidade qualificada

Determina o § 2º, acrescentado ao art. 325 do Código Penal pela Lei nº 9.983, de 14 de julho de 2000, *verbis*:

> § 2º Se da ação ou omissão resulta dano à Administração Pública ou a outrem:
> Pena – reclusão, de 2 (dois) a 6 (seis) anos, e multa.

Para que seja aplicada a qualificadora em exame, deverá ser demonstrado o dano efetivo sofrido pela Administração Pública ou por terceiro.

17.10 Causa especial de aumento de pena

Determina o § 2º do art. 327 do Código Penal, *verbis*:

> § 2º A pena será aumentada da terça parte quando os autores dos crimes previstos neste Capítulo forem ocupantes de cargos em comissão ou de função de direção ou assessoramento de órgão da administração direta, sociedade de economia mista, empresa pública ou fundação instituída pelo poder público.

17.11 Pena, ação penal, competência para julgamento e suspensão condicional do processo

A pena cominada ao delito de *violação de sigilo funcional*, previsto no *caput*, bem como no § 1º do art. 325 do Código Penal, é de detenção, de 6 (seis) meses a 2 (dois) anos, ou multa, se o fato não constitui crime mais grave, evidenciando, assim, expressamente, a sua natureza subsidiária.

Para a modalidade qualificada, constante do § 2º do art. 325 do Código Penal, a pena é de reclusão, de 2 (dois) a 6 (seis) anos, e multa.

A pena poderá ser aumentada da terça parte, conforme determina o § 2º do art. 327 do Código Penal, nas hipóteses nele previstas.

A ação penal é de iniciativa pública incondicionada.

Compete, pelo menos inicialmente, ao Juizado Especial Criminal o processo e julgamento do delito tipificado no *caput*, bem como no § 1º do art. 325 do Código Penal (desde que não incida a majorante prevista no § 2º do art. 327 do mesmo diploma legal), tendo em vista que a pena máxima cominada em abstrato não ultrapassa o limite de 2 (dois) anos, imposto pelo art. 61 da Lei nº 9.099/95, conforme alteração determinada pela Lei nº 11.313, de 28 de junho de 2006.

Será possível a confecção de proposta de suspensão condicional do processo, nos termos do art. 89 da Lei nº 9.099/95, também nas hipóteses constantes do *caput*, bem como nas do § 1º do art. 325 do Código Penal.

17.12 Destaques

17.12.1 Violação de sigilo funcional e Código Penal Militar

O delito de violação de sigilo funcional veio previsto no Código Penal Militar (Decreto-Lei nº 1.001, de 21 de outubro de 1969), conforme se verifica pela leitura do seu art. 326, punindo com pena de detenção, de seis meses a dois anos, se o fato não constitui crime mais grave, aquele que revelar fato de que tem ciência em razão do cargo ou função e que deva permanecer em segredo, ou facilitar-lhe a revelação, em prejuízo da administração militar. De acordo com o § 1º do referido artigo, nas mesmas penas incorre quem: I – permite ou facilita, mediante atribuição, fornecimento ou empréstimo de senha, ou de qualquer outra forma, o acesso de pessoas não autorizadas a sistemas de informações ou banco de dados da administração militar; II – se utiliza indevidamente do acesso restrito. Preconiza, ainda, o § 2º do art. 326 do CPM que se da ação ou omissão resulta dano à administração militar ou a outrem, a pena será de reclusão, de 2 (dois) a 6 (seis) anos.

17.12.2 Revelação de segredo particular

Se o segredo for particular, o fato poderá subsumir-se a uma das hipóteses previstas nos arts. 153 e 154, já analisados no volume 2 dessa obra, para onde pedimos vênia para encaminhar o leitor.

17.12.3 Revelação das informações sobre as quais dispõe a Lei nº 8.021, de 12 de abril de 1990

O § 3º do art. 7º da Lei nº 8.021, de 12 de abril de 1990, que dispõe sobre a identificação dos contribuintes para fins fiscais, assevera:

> **Art. 7º** A autoridade fiscal do Ministério da Economia, Fazenda e Planejamento poderá proceder a exames de documentos, livros e registros das bolsas de valores, de mercadorias, de futuros e assemelhadas, bem como solicitar a prestação de esclarecimentos e informações a respeito de operações por elas praticadas, inclusive em relação a terceiros.
> § 1º [...].
> § 2º [...].
> § 3º O servidor que revelar informações que tiver obtido na forma deste artigo estará sujeito às penas previstas no art. 325 do Código Penal Brasileiro.

17.12.4 Acesso a informações

A Lei nº 12.527, de 18 de novembro de 2011, regulou o acesso a informações previsto no inciso XXXIII do art. 5º, no inciso II do § 3º do art. 37 e no § 2º do art. 216 da Constituição Federal.

Os arts. 10 a 14 da Seção I do Capítulo III do referido diploma legal cuidam especificamente do pedido de acesso, dizendo, *verbis*:

> **Art. 10.** Qualquer interessado poderá apresentar pedido de acesso a informações aos órgãos e entidades referidos no art. 1º desta Lei, por qualquer meio legítimo, devendo o pedido conter a identificação do requerente e a especificação da informação requerida.
> § 1º Para o acesso a informações de interesse público, a identificação do requerente não pode conter exigências que inviabilizem a solicitação.
> § 2º Os órgãos e entidades do poder público devem viabilizar alternativa de encaminhamento de pedidos de acesso por meio de seus sítios oficiais na internet.
> § 3º São vedadas quaisquer exigências relativas aos motivos determinantes da solicitação de informações de interesse público.
> **Art. 11.** O órgão ou entidade pública deverá autorizar ou conceder o acesso imediato à informação disponível.
> § 1º Não sendo possível conceder o acesso imediato, na forma disposta no *caput*, o órgão ou entidade que receber o pedido deverá, em prazo não superior a 20 (vinte) dias:
> I – comunicar a data, local e modo para se realizar a consulta, efetuar a reprodução ou obter a certidão;
> II – indicar as razões de fato ou de direito da recusa, total ou parcial, do acesso pretendido; ou
> III – comunicar que não possui a informação, indicar, se for do seu conhecimento, o órgão ou a entidade que a detém, ou, ainda, remeter o requerimento a esse órgão ou entidade, cientificando o interessado da remessa de seu pedido de informação.
> § 2º O prazo referido no § 1º poderá ser prorrogado por mais 10 (dez) dias, mediante justificativa expressa, da qual será cientificado o requerente.

> § 3º Sem prejuízo da segurança e da proteção das informações e do cumprimento da legislação aplicável, o órgão ou entidade poderá oferecer meios para que o próprio requerente possa pesquisar a informação de que necessitar.
> § 4º Quando não for autorizado o acesso por se tratar de informação total ou parcialmente sigilosa, o requerente deverá ser informado sobre a possibilidade de recurso, prazos e condições para sua interposição, devendo, ainda, ser-lhe indicada a autoridade competente para sua apreciação.
> § 5º A informação armazenada em formato digital será fornecida nesse formato, caso haja anuência do requerente.
> § 6º Caso a informação solicitada esteja disponível ao público em formato impresso, eletrônico ou em qualquer outro meio de acesso universal, serão informados ao requerente, por escrito, o lugar e a forma pela qual se poderá consultar, obter ou reproduzir a referida informação, procedimento esse que desonerará o órgão ou entidade pública da obrigação de seu fornecimento direto, salvo se o requerente declarar não dispor de meios para realizar por si mesmo tais procedimentos.
> Art. 12. O serviço de busca e de fornecimento de informação é gratuito.
> § 1º O órgão ou a entidade poderá cobrar exclusivamente o valor necessário ao ressarcimento dos custos dos serviços e dos materiais utilizados, quando o serviço de busca e de fornecimento da informação exigir reprodução de documentos pelo órgão ou pela entidade pública consultada.
> § 2º Estará isento de ressarcir os custos previstos no § 1º deste artigo aquele cuja situação econômica não lhe permita fazê-lo sem prejuízo do sustento próprio ou da família, declarada nos termos da Lei nº 7.115, de 29 de agosto de 1983.
> Art. 13. Quando se tratar de acesso à informação contida em documento cuja manipulação possa prejudicar sua integridade, deverá ser oferecida a consulta de cópia, com certificação de que esta confere com o original.
> Parágrafo único. Na impossibilidade de obtenção de cópias, o interessado poderá solicitar que, a suas expensas e sob supervisão de servidor público, a reprodução seja feita por outro meio que não ponha em risco a conservação do documento original.
> Art. 14. É direito do requerente obter o inteiro teor de decisão de negativa de acesso, por certidão ou cópia.

Os arts. 21 e 22, a seu turno, cuidam das restrições de acesso a informações:

> Art. 21. Não poderá ser negado acesso à informação necessária à tutela judicial ou administrativa de direitos fundamentais.
> Parágrafo único. As informações ou documentos que versem sobre condutas que impliquem violação dos direitos humanos praticada por agentes públicos ou a mando de autoridades públicas não poderão ser objeto de restrição de acesso.
> Art. 22. O disposto nesta Lei não exclui as demais hipóteses legais de sigilo e de segredo de justiça nem as hipóteses de segredo industrial decorrentes da exploração direta de atividade econômica pelo Estado ou por pessoa física ou entidade privada que tenha qualquer vínculo com o poder público.

A referida lei foi regulamentada pelo Decreto nº 7.724, de 16 de maio de 2012, com as modificações introduzidas pelo Decreto 11.527, de 16 de maio de 2023.

17.12.5 Proibição de monitoramento de áudio e vídeo nas celas e no atendimento advocatício

A Lei nº 11.671/2008, que dispôs sobre a transferência e inclusão de presos em estabelecimentos penais federais de segurança máxima, foi modificada pela Lei nº 13.964/2019, dando nova redação ao art. 3º, criando, em seu § 5º, mais uma hipótese de delito de violação de sigilo profissional, dizendo, *verbis*:

> Art. 3º Serão incluídos em estabelecimentos penais federais de segurança máxima aqueles para quem a medida se justifique no interesse da segurança pública ou do próprio preso, condenado ou provisório.
> (...)
> § 2º Os estabelecimentos penais federais de segurança máxima deverão dispor de monitoramento de áudio e vídeo no parlatório e nas áreas comuns, para fins de preservação da ordem interna e da

segurança pública, vedado seu uso nas celas e no atendimento advocatício, salvo expressa autorização judicial em contrário.
(...)
§ 5º Configura o crime do art. 325 do Decreto-Lei nº 2.848, de 7 de dezembro de 1940 (Código Penal), a violação ao disposto no § 2º deste artigo.

17.13 Quadro-resumo

Sujeitos
» Ativo: funcionário público.
» Passivo: é o Estado, bem como a pessoa física ou jurídica prejudicada com a conduta praticada pelo agente.

Objeto material
É o segredo funcional.

Bem(ns) juridicamente protegido(s)
A Administração Pública.

Elemento subjetivo
Dolo, não havendo previsão para a modalidade de natureza culposa.

Modalidades comissiva e omissiva
» O núcleo revelar pressupõe um comportamento comissivo por parte do agente, podendo, no entanto, ser praticado via omissão imprópria.
» Quando a conduta disser respeito à facilitação da revelação do segredo, esse comportamento, dependendo do caso concreto, poderá ser praticado tanto comissiva quanto omissivamente.

Consumação e tentativa
» O delito se consuma com a efetiva revelação pelo funcionário, a uma única pessoa, do fato de que tem ciência em razão do cargo e que deva permanecer em segredo, ou quando o agente, de alguma forma, dolosamente, facilita a sua revelação.
» Admite-se a tentativa.

18. VIOLAÇÃO DO SIGILO DE PROPOSTA DE CONCORRÊNCIA

Violação do sigilo de proposta de concorrência
Art. 326. Devassar o sigilo de proposta de concorrência pública, ou proporcionar a terceiro o ensejo de devassá-lo:
Pena – detenção, de três meses a um ano, e multa.

18.1 Introdução

O art. 326 do Código Penal foi revogado pelo art. 94 da Lei nº 8.666, de 21 de junho de 1993, que regulamentou o art. 37, inciso XXI, da Constituição Federal e instituiu normas para licitações e contratos da Administração Pública. Com a vigência da nova Lei de Licitações, Lei nº 14.133, de 1º de abril de 2021, o antigo art. 94 da Lei nº 8.666, de 21 de junho de 1993, foi revogado pelo art. 337-J, que dispõe sobre a violação de sigilo em licitação, sendo agora os crimes licitatórios dispostos no Capítulo II-B do Título XI do próprio Código Penal. Assim, diz o mencionado art. 337-J do diploma repressivo:

> **Art. 337-J.** Devassar o sigilo de proposta apresentada em processo licitatório ou proporcionar a terceiro o ensejo de devassá-lo:
> Pena – detenção, de 2 (dois) anos a 3 (três) anos, e multa.

18.2 Classificação doutrinária

Crime próprio no que diz respeito ao sujeito ativo e comum quanto ao sujeito passivo, haja vista que não somente a Administração Pública, como qualquer pessoa física ou jurídica pode ser prejudicada com o comportamento praticado pelo agente; doloso; comissivo e omissivo próprio, uma vez que se poderá raciocinar com a hipótese de crime omissivo quando o agente proporciona a terceiro o ensejo de devassar procedimento licitatório; de forma livre; instantâneo; monossubjetivo; plurissubsistente; transeunte.

18.3 Sujeito ativo e sujeito passivo

Crime próprio, somente o funcionário público pode figurar como sujeito ativo do delito tipificado no art. 337-J do Código Penal.

O *sujeito passivo* é o Estado, bem como a pessoa física ou jurídica prejudicada com a conduta praticada pelo agente.

18.4 Objeto material e bem juridicamente protegido

A Administração Pública é o bem juridicamente protegido pelo tipo penal em estudo.
O objeto material é a proposta apresentada em procedimento licitatório.

18.5 Consumação e tentativa

O delito se consuma quando ocorre, efetivamente, a devassa, isto é, quando o agente ou terceira pessoa (no caso da facilitação, prevista na segunda parte do art. 337-J do Código Penal toma conhecimento do conteúdo da proposta apresentada em procedimento licitatório. Como esclarece Noronha:

> "Em qualquer das modalidades é com a *revelação* do segredo que o delito se consuma, ou seja, quando o terceiro (basta uma pessoa; dispensável é a divulgação, a difusão etc.) toma conhecimento do fato, dele tem ciência ou se torna sabedor. É agora que existe *revelação*, quer o agente a tenha feito, quer a haja facilitado."[63]

Tratando-se de crime plurissubsistente, torna-se possível o raciocínio correspondente à tentativa.

---

[63] NORONHA, Edgard Magalhães. *Direito penal*, v. 4, p. 298.

18.6 Elemento subjetivo

O dolo é o elemento subjetivo exigido pelo tipo penal que prevê a violação do sigilo de proposta apresentada em procedimento licitatório, não havendo previsão para a modalidade de natureza culposa.

18.7 Modalidades comissiva e omissiva

O núcleo *devassar* pressupõe um comportamento comissivo por parte do agente. No entanto, quando o agente *proporciona* a terceiro o ensejo de devassar o sigilo, tal comportamento pode ser entendido em ambos os sentidos, ou seja, o agente pode levar a efeito essa conduta fazendo ou, mesmo, deixando de fazer alguma coisa. Assim, tanto pode cometer o delito em estudo aquele que entrega a proposta nas mãos de terceira pessoa, a fim de que ela devasse o seu conteúdo, quanto o que permite que alguém dela tome conhecimento, em virtude de não ter sido, propositadamente, guardada em lugar seguro.

18.8 Pena e ação penal

A pena cominada pelo preceito secundário do art. 337-J do Código Penal é de detenção, de 2 (dois) a 3 (três) anos, e multa.

A ação penal é de iniciativa pública incondicionada.

18.9 Quadro-resumo

Sujeitos
- Ativo: qualquer pessoa pode ser sujeito ativo do delito de *violação do sigilo em licitação*, tratando-se, sob esse enfoque, de um crime comum.
- Passivo: sujeitos passivos são as Administrações Públicas diretas, autárquicas e fundacionais da União, dos Estados, do Distrito Federal e dos Municípios, bem como proponente que teve sua proposta sigilosa devassada.

Objeto material
É a proposta apresentada em procedimento licitatório.

Bem(ns) juridicamente protegido(s)
A Administração Pública.

Elemento subjetivo
Dolo, não havendo previsão para a modalidade de natureza culposa.

Modalidades comissiva e omissiva
O núcleo devassar pressupõe um comportamento comissivo por parte do agente. No entanto, quando o agente proporciona a terceiro o ensejo de devassar o sigilo, tal comportamento pode ser entendido em ambos os sentidos, ou seja, o agente poder levar a efeito essa conduta fazendo ou, mesmo, deixando de fazer alguma coisa.

Consumação e tentativa

» O delito se consuma quando ocorre, efetivamente, a devassa, isto é, quando o agente ou terceira pessoa (no caso da facilitação, prevista na segunda parte do art. 337-J do CP) toma conhecimento do conteúdo da proposta apresentada em procedimento licitatório.
» A tentativa é admissível.

Capítulo II
Dos crimes praticados por particular contra a administração em geral

1. USURPAÇÃO DE FUNÇÃO PÚBLICA

> **Usurpação de função pública**
> **Art. 328.** Usurpar o exercício de função pública:
> Pena – detenção, de três meses a dois anos, e multa.
> **Parágrafo único.** Se do fato o agente aufere vantagem:
> Pena – reclusão, de dois a cinco anos, e multa.

1.1 Introdução

A Administração Pública deverá zelar, sempre, pela validade de seus atos, praticados por aqueles aos quais foram atribuídas algumas funções. A preocupação com relação à validade dos atos administrativos importa em coibir, por intermédio do Direito Penal, comportamentos que maculem a imagem da Administração Pública, trazendo a incerteza e a instabilidade. Por isso, até mesmo o agente que seja funcionário público, vale dizer, um *intraneus*, deve praticar os atos que lhe são conferidos legalmente, e no exercício das funções que lhe foram legitimamente conferidas, sob pena, como vimos anteriormente, de ser responsabilizado, por exemplo, pelo delito de *exercício funcional ilegalmente antecipado ou prolongado* nas hipóteses nele previstas.

Também com a finalidade de proteger a Administração Pública foi criado o delito de *usurpação de função pública*, tipificado no art. 328 do Código Penal. De acordo com a redação típica, podemos apontar os seguintes elementos: *a)* a conduta de *usurpar*; *b)* o exercício de função pública.

O núcleo *usurpar* deve ser entendido no sentido de exercer indevidamente, fazendo-se passar por um funcionário público devidamente investido para a prática do ato de ofício. Há necessidade, portanto, para efeitos de caracterização do delito em estudo, que o agente, efetivamente, pratique algum ato que diga respeito ao exercício de determinada função pública.

Conforme esclarece Mirabete:

"Refere-se a lei a qualquer função, gratuita ou remunerada. É indispensável, portanto, que se trate de função própria da administração, uma vez que há algumas delas que podem ser exercidas por particulares. Não basta, ainda, que o agente intitule-se funcionário ou que se apresente como ocupante de determinado cargo, o que pode constituir outro ilícito; é necessária a prática do ato de ofício."[64]

1.2 Classificação doutrinária

Crime comum tanto no que diz respeito ao sujeito ativo quanto ao sujeito passivo; doloso; de forma livre, comissivo (podendo, no entanto, ser praticado via omissão imprópria, na hipótese de o agente gozar do *status* de garantidor, nos termos do art. 13, § 2º, do CP); instantâneo; monossubjetivo; plurissubsistente; transeunte (podendo, no entanto, ser considerado como não transeunte, quando o agente vier a praticar qualquer ato passível de prova pericial).

1.3 Sujeito ativo e sujeito passivo

Tratando-se de crime comum, qualquer pessoa pode ser *sujeito ativo* do delito de *usurpação de função pública*, não exigindo o tipo penal nenhuma qualidade ou condição especial. Poderá, até mesmo, embora exista controvérsia jurisprudencial, ser praticado por um funcionário público, que atua completamente fora de suas atribuições, equiparando-se, aqui, a um particular.

O *sujeito passivo* é o Estado, bem como qualquer pessoa que tenha sido eventualmente prejudicada com a conduta praticada pelo sujeito ativo.

1.4 Objeto material e bem juridicamente protegido

A Administração Pública é o bem juridicamente protegido pelo tipo penal que prevê o delito de *usurpação de função pública*.

O objeto material é a função pública usurpada pelo agente.

1.5 Consumação e tentativa

O delito se consuma quando o agente, efetivamente, pratica qualquer ato que importe no exercício da função por ele usurpada. Não basta, outrossim, dizer-se ocupante daquela função, havendo necessidade, portanto, de prática de atos de ofício que digam respeito ao seu exercício.

Tratando-se de delito plurissubsistente, torna-se possível o raciocínio correspondente à tentativa.

1.6 Elemento subjetivo

O dolo é o elemento subjetivo exigido pelo tipo penal em estudo, não havendo previsão para a modalidade de natureza culposa.

Esclarece Luiz Regis Prado que "a ausência do *animus* de usurpar, portanto, afasta o delito, v.g., na hipótese de escrivão de polícia que, para auxiliar delegado de polícia, procede ao interrogatório do indiciado, em inquérito policial, visando acelerar os trabalhos da polícia judiciária".[65]

---

[64] MIRABETE, Júlio Fabbrini. *Código penal interpretado*, p. 2408.
[65] PRADO, Luiz Regis. *Curso de direito penal brasileiro*, p. 510.

1.7 Modalidades comissiva e omissiva

O núcleo *usurpar* pressupõe um comportamento comissivo por parte do agente. No entanto, o delito poderá ser praticado via omissão imprópria, na hipótese em que o agente, garantidor, dolosamente, nada fizer para evitar a prática do delito *sub examen*, devendo ser responsabilizado nos termos do art. 13, § 2º, do Código Penal.

1.8 Modalidade qualificada

O parágrafo único do art. 328 prevê uma modalidade qualificada de *usurpação de função pública*, dizendo:

> **Parágrafo único.** Se do fato o agente aufere vantagem:
> Pena – reclusão, de dois a cinco anos, e multa.

A vantagem mencionada pelo parágrafo pode ser de qualquer natureza (material ou moral). O importante é que o agente pratique o ato de ofício, usurpando função pública, movido por essa finalidade de obter vantagem. Nesse caso, como o agente, efetivamente, pratica os atos que importam no exercício da função pública por ele usurpada, ficaria afastado o delito de estelionato, devendo o agente responder tão somente pelo tipo penal do art. 328.

1.9 Pena, ação penal, competência para julgamento e suspensão condicional do processo

A pena prevista para a modalidade simples de *usurpação de função pública* é de detenção, de 3 (três) meses a 2 (dois) anos, e multa.

Para a modalidade qualificada, constante do parágrafo único do art. 328 do Código Penal, a pena é de reclusão, de 2 (dois) a 5 (cinco) anos, e multa.

A ação penal é de iniciativa pública incondicionada.

Compete, pelo menos inicialmente, ao Juizado Especial Criminal o processo e o julgamento do delito tipificado no *caput* do art. 328 do Código Penal, tendo em vista que a pena máxima cominada em abstrato não ultrapassa o limite de 2 (dois) anos, imposto pelo art. 61 da Lei nº 9.099/95, conforme alteração determinada pela Lei nº 11.313, de 28 de junho de 2006.

Será possível a confecção de proposta de suspensão condicional do processo, nos termos do art. 89 da Lei nº 9.099/95, também na hipótese do *caput* do art. 328 do Código Penal.

1.10 Destaques

1.10.1 Agente que é o titular da função, mas que se encontra temporariamente suspenso por decisão judicial

Caso o agente, por exemplo, venha a praticar atos que importem no exercício de função de que fora judicialmente suspenso, deverá ser responsabilizado pelo delito tipificado no art. 359 do Código Penal, que diz, *verbis*:

> **Art. 359.** Exercer função, atividade, direito, autoridade ou múnus, de que foi suspenso ou privado por decisão judicial:
> Pena – detenção, de três meses a dois anos, ou multa.

Assevera Hungria, no entanto, que, se o ato que determinou sua suspensão tiver natureza administrativa, "nada mais se poderá reconhecer que uma falta disciplinar".[66]

1.10.2 Agente que finge ser funcionário, sem praticar, efetivamente, qualquer ato

Caso o agente venha, por exemplo, a apresentar-se como funcionário público sem, no entanto, praticar qualquer ato funcional, o fato se subsumirá à contravenção penal de *simulação da qualidade de funcionário*, prevista pelo art. 45 da Lei das Contravenções Penais (Decreto-Lei nº 3.688/41).

1.10.3 Usurpação de função e Código Penal Militar

O delito de usurpação de função veio previsto no Código Penal Militar (Decreto-Lei nº 1.001, de 21 de outubro de 1969), conforme se verifica pela leitura do seu art. 335, punindo com pena de detenção, de três meses a dois anos, aquele que usurpar o exercício de função em repartição ou estabelecimento militar. O parágrafo único do mencionado artigo comina uma pena de reclusão, de 2 (dois) a 5 (cinco) ano, se do fato o agente aufere vantagem.

1.10.4 Usurpação de função pública e estelionato

O crime de usurpação de função pública se distingue do delito de estelionato, haja vista que, embora no primeiro, o agente possa, efetivamente, auferir alguma vantagem, esta advém do exercício indevido de alguma função pública. No estelionato, o agente não exerce qualquer função, mas, sim, faz-se passar por um funcionário com a finalidade de induzir ou manter a vítima em erro para obter uma vantagem ilícita.

No delito de usurpação de função pública, algum ato de ofício é praticado indevidamente; já no estelionato, isso não ocorre. Assim, o estelionato seria um *minus*, comparativamente ao delito qualificado de usurpação de função pública, previsto no parágrafo único do art. 328 do Código Penal.

1.10.5 Usurpação de função pública praticada por funcionário público

Existe controvérsia jurisprudencial sobre a possibilidade de poder o funcionário público figurar como sujeito ativo do delito de usurpação de função pública, haja vista a situação topográfica do art. 328 do Código Penal, que se encontra inserido no capítulo II, relativo aos crimes praticados por *particular* contra a Administração em geral.

Apesar da aludida controvérsia, entendemos que o delito poderá, também, ser praticado por funcionário público que venha a exercer, indevidamente, função para a qual não tinha atribuições.

Assim, estamos com Noronha, quando esclarece:

"Comete o crime aquele que, nos termos da lei, usurpa o exercício de função pública. É o particular, como bem claro deixa a epígrafe do capítulo. Todavia, [...] pode igualmente praticá-lo o servidor público, quando a função for atribuída a outro funcionário. Em tal caso, é mister que as funções se distingam e estremem, como pondera Sabatini: 'Deve ser uma função de todo estranha à de que está investido, porque se age, de qualquer modo, na esfera de suas funções ou abusa dos poderes inerentes à mesma, no concurso de outros requisitos, responde a título do crime mencionado'. Refere-se o autor ao delito de *abuso de poder*. Realmente, uma coisa é exceder-se no exercício da função e outra é investir-se na que não possui."[67]

---

[66] HUNGRIA, Nélson. *Comentários ao código penal*, v. 9, p. 409.
[67] NORONHA, Edgard Magalhães. *Direito penal*, v. 4, p. 304.

1.10.6 Usurpação de função pública e detetive particular

Tem-se discutido doutrinariamente se o chamado "detetive particular", que leva a efeitos investigações, muitas delas visando à apuração da prática de crimes, poderia ser responsabilizado pelo delito de usurpação de função pública.

Rogério Sanches Cunha, analisando essa situação, preleciona:

"Para uma primeira corrente, há o crime, não importando se na categoria dos policiais civis inexista função com denominação de detetive. O que importa é que o 'detetive particular' pratica atos pertinentes a funcionários públicos legalmente investidos na atividade de investigar e a ilicitude decorre da atuação de quem 'indébita ou ilegalmente executa ato de ofício', e 'objeto da tutela jurídica é a Administração Pública, no particular aspecto de regularidade dos serviços públicos, que se protege contra o exercício abusivo e ilegal de cargos e funções, por pessoas estranhas'.

Concordamos com a doutrina oposta, para quem não constitui delito, sendo lícito o trabalho de detetive particular, que se submete à legislação própria para a atividade profissional de prestação de serviço de investigação (Lei nº 3.099, de 24 de fevereiro de 1957). Haverá, sim, o crime na hipótese de o particular identificar-se como policial, agindo como se fosse servidor público executando ato oficial."[68]

1.11 Quadro-resumo

Sujeitos
» Ativo: qualquer pessoa.
» Passivo: é o Estado, bem como a pessoa que tenha sido eventualmente prejudicada com a conduta praticada pelo sujeito ativo.

Objeto material
É a função pública usurpada pelo agente.

Bem(ns) juridicamente protegido(s)
É a Administração Pública.

Elemento subjetivo
Dolo, não havendo previsão para a modalidade de natureza culposa.

Modalidades comissiva e omissiva
O núcleo usurpar pressupõe um comportamento comissivo por parte do agente, podendo, no entanto, ser praticado via omissão imprópria.

Consumação e tentativa
» O delito se consuma quando o agente, efetivamente, pratica qualquer ato que importe no exercício da função por ele usurpada. Não basta, outrossim, dizer-se ocupante daquela função, havendo necessidade, portanto, de prática de atos de ofício que digam respeito ao seu exercício.
» A tentativa é admissível.

---

[68] CUNHA, Sanches Rogério. *Manual de direito penal* – parte especial, volume único, p. 835/836.

2. RESISTÊNCIA

> Acesse e assista à aula explicativa sobre este assunto.
> https://uqr.to/1we5b

Resistência
Art. 329. Opor-se à execução de ato legal, mediante violência ou ameaça a funcionário competente para executá-lo ou a quem lhe esteja prestando auxílio:
Pena – detenção, de dois meses a dois anos.
§ 1º Se o ato, em razão da resistência, não se executa:
Pena – reclusão, de um a três anos.
§ 2º As penas deste artigo são aplicáveis sem prejuízo das correspondentes à violência.

2.1 Introdução

Para que a Administração Pública possa cumprir todas as suas funções, impedindo o caos social, é de extrema importância que seus atos, legalmente emanados, sejam obedecidos por todos. Em algumas situações, a forma como o ato é descumprido gera consequências tão gravosas que o legislador entendeu por bem elevá-la ao *status* de infração penal, tal como aconteceu com o delito de *resistência*, tipificado no art. 329 do Código Penal. De acordo com sua redação legal, podemos apontar os seguintes elementos: *a)* a conduta de opor-se à execução de ato legal; *b)* mediante violência ou ameaça; *c)* a funcionário competente para executá-lo ou a quem lhe esteja prestando auxílio.

Quando a lei penal, a fim de caracterizar aquilo que denominou *resistência*, utiliza a expressão *opor-se à execução de ato legal*, mediante violência ou ameaça, não está abrangendo toda e qualquer resistência, mas, sim, aquela de natureza *ativa*, não importando, na infração penal em estudo, a resistência reconhecida como *passiva*.

Na lapidar lição de Hungria:

> "A oposição deve ter, na espécie, um caráter militante. A simples desobediência ou resistência passiva (*vis civilis*) poderá constituir outra figura criminal (art. 330), sujeita a penalidade sensivelmente inferior. Se não há emprego de violência (*vis physica, vis corporalis*) ou de ameaça (*vis compulsiva*), capaz de incutir medo a um homem de tipo normal, limitando-se o indivíduo à inação, à atitude ghândica, à fuga ou tentativa de fuga, à oposição branca, à manifestação oral de um propósito de recalcitrância, à simples imprecação de males (pragas), não se integra a resistência. Não a comete, por exemplo, o indivíduo que se recusa a abrir a porta de sua casa ao policial que o vai prender, ou se agarra a um tronco de árvore ou atira-se ao chão para não se deixar conduzir ao local da prisão."[69]

Para que a resistência seja considerada *ativa* e, portanto, característica do delito tipificado no art. 329 do Código Penal, deverá o agente, tal como assinalou Hungria, valer-se do emprego de violência ou ameaça. A violência deverá ser aquela dirigida contra a pessoa do funcionário competente para executar o ato legal, ou mesmo contra quem lhe esteja prestando

---
[69] HUNGRIA, Nélson. *Comentários ao código penal*, v. IX, p. 411.

auxílio. Importa em vias de fato, lesões corporais, podendo até mesmo chegar à prática do delito de homicídio. A ameaça também poderá ser utilizada como meio para a prática do delito em estudo. Embora a lei penal não utilize a expressão *grave ameaça*, tal como fez em outras situações, a exemplo do crime de roubo, entendemos que, também aqui, deverá ter alguma gravidade, possibilitando abalar emocionalmente um homem normal, ficando afastada aquela de nenhuma significância.

Como na *resistência passiva* o agente não utiliza esses meios – violência ou ameaça – para opor-se à execução do ato legal, caso ocorra, poderá, como já esclarecido anteriormente por Hungria, configurar-se em outra infração penal, como o já citado delito de desobediência.

Para que ocorra o delito de resistência, o agente deve opor-se a um ato legal, ou seja, determinado de acordo com os ditames da lei. No entanto, se o ato for ilegal, a resistência daquele contra quem é executado caracterizará o delito em estudo? Respondendo a essa indagação, surgiram três correntes.

Durante o absolutismo, prevalecia a corrente segundo a qual havia presunção de legalidade em todo ato praticado pelos funcionários públicos, razão pela qual não se poderia arguir qualquer direito de resistência. Como esclarece Noronha:

> "Admitir o contrário, argumentam, é ensejar a desordem e a anarquia; é favorecer o espírito rebelde e desordeiro, é desprestigiar o funcionário. Acrescentam ainda que se este se exceder ou agir arbitrariamente, haverá sempre recursos contra o abuso de poder ou violência que praticou. Essa opinião só pode servir aos pregoeiros do absolutismo do poder público e ser compreensível nos regimes totalitários. Não pode haver *rebeldia* à desordem, nem *desprestígio* da ilegalidade. A função pública não abrange atos abusivos ou arbitrários. O funcionário, que os pratica, despe-se dessa qualidade para agir como particular, não mais estando em jogo o princípio de autoridade."[70]

Com o final do absolutismo e o início do século das luzes, o espírito liberal passou a imperar. Surge, com relação ao direito de resistência, uma postura diametralmente oposta àquela que prevalecia durante o "período de escuridão." Essa postura liberal foi consignada expressamente no art. 11 da Declaração dos Direitos do Homem e do Cidadão, de 1793, que diz: *Todo ato exercido contra um homem fora dos casos e sem as formas que a Lei determina é arbitrário e tirânico; aquele contra quem se quer exercer pela violência tem o direito de rechaçá-lo pela força.* Os revolucionários diziam que, mais do que um *direito de resistência*, os cidadãos tinham um verdadeiro *dever de resistência*, pois todos tinham a missão de esmagar a tirania do poder.

Assumindo uma posição intermediária, surgiu uma terceira corrente no que diz respeito à possibilidade do direito de resistência. Para essa corrente, adotada pelo nosso Código Penal, somente se pode falar em direito de resistência quando o sujeito estiver diante de um ato manifestamente ilegal. Não importa que o ato seja formal ou materialmente ilegal, pois, desde que manifestamente contrário às disposições legais, caberá o direito de resistência, atuando o sujeito que o repele amparado por uma causa de justificação, a exemplo da legítima defesa.

Não se pode confundir, no entanto, *ato injusto* com *ato manifestamente ilegal*. Contra a *injustiça do ato* não cabe o direito de resistência. Se o ato está formal e materialmente correto, contra ele não se pode arguir o direito de resistência.

Contudo, se o ato era originariamente legal, mas o funcionário se excede na sua execução, contra esse excesso caberá o direito de resistência, alegando-se, por exemplo, a legítima defesa, haja vista que todo excesso se configura numa agressão injusta e, consequentemente, abre a possibilidade para o raciocínio relativo a essa causa de justificação.

---

[70] NORONHA, Edgard Magalhães. *Direito penal*, v. 4, p. 309.

Finalmente, o ato, além de ser formal e materialmente legal, deverá ser executado por *funcionário competente* ou por *quem lhe esteja prestando auxílio*. Como esclarece Hungria:

"Pouco importa que o executor do ato seja titular primário ou secundário da autoridade pública: o que é essencial é que tenha competência funcional *in concreto*. A especial proteção ampliada ao *extraneus* que presta auxílio ao funcionário vem de que tal assistente representa um desdobramento, um *delegado* ou uma *longa manus* do assistido. A assistência pode ser prestada mediante requisição ou a rogo do funcionário, ou espontaneamente (com assentimento do funcionário); e pressupõe a presença do assistido."[71]

Como ressaltado por Hungria, é de extrema importância a presença do assistido, ou seja, do funcionário público competente para a execução do ato legal, para efeitos de reconhecimento do crime de resistência quando a conduta praticada pelo agente (violência ou ameaça) é dirigida contra o particular que o auxilia, pois, caso contrário, restará afastado o delito em estudo. Assim, imagine-se a hipótese daquele que, ao presenciar a prática de uma infração penal, vá ao encontro do autor do fato com a finalidade de prendê-lo, e o agente, não querendo ser preso, agrida o particular e consiga fugir do local do crime. Nesse caso, não poderíamos cogitar de crime de resistência, haja vista a ausência de funcionário público competente para a execução da prisão em flagrante. Embora seja facultado ao particular, de acordo com o art. 301 do Código de Processo Penal, prender o agente em flagrante, não estava *prestando auxílio* ao funcionário competente para executar o ato legal, mas, sim, atuando por sua própria conta e risco. Portanto, a *prestação de auxílio* a um funcionário público que estiver executando um ato legal é que permite o reconhecimento do delito de resistência quando a violência ou a ameaça for exercida contra um particular.

2.2 Classificação doutrinária

Crime comum no que diz respeito ao sujeito ativo e próprio quanto ao sujeito passivo; doloso; de forma livre, comissivo (podendo, no entanto, ser praticado via omissão imprópria, na hipótese de o agente gozar do *status* de garantidor, nos termos do art. 13, § 2º, do CP); instantâneo; monossubjetivo; plurissubsistente; transeunte (podendo, no entanto, ser considerado como não transeunte, quando o agente vier a praticar qualquer ato passível de prova pericial).

2.3 Sujeito ativo e sujeito passivo

Qualquer pessoa pode ser *sujeito ativo* do delito de resistência, tratando-se, portanto, de crime comum.

O sujeito passivo é o Estado, bem como o funcionário ou terceira pessoa que lhe esteja prestando auxílio, contra quem foi dirigida a conduta praticada pelo sujeito ativo.

2.4 Objeto material e bem juridicamente protegido

A Administração Pública é o bem juridicamente protegido pelo delito de *resistência*.
O objeto material é a pessoa contra a qual foi praticada a violência ou proferida a ameaça.

---

[71] HUNGRIA, Nélson. *Comentários ao código penal*, v. IX, p. 412.

2.5 Consumação e tentativa

Consuma-se o delito de *resistência* com a simples oposição à execução de ato legal, valendo-se o agente do emprego de violência ou ameaça a funcionário competente para executá-lo ou a quem lhe esteja prestando auxílio.

Não há necessidade, para efeitos de reconhecimento do *summatum opus*, que o funcionário deixe de praticar o ato em virtude do comportamento praticado pelo agente. Caso não concretize o ato para o qual havia sido legalmente designado a executar, tal fato importará em maior juízo de censura, fazendo com que o delito seja qualificado, nos termos do § 1º do art. 329 do Código Penal.

Tratando-se de crime plurissubsistente, torna-se possível o raciocínio relativo à tentativa, embora seja de difícil configuração.

2.6 Elemento subjetivo

O dolo é o elemento subjetivo exigido pelo tipo penal em estudo, não havendo previsão para a modalidade de natureza culposa.

Para que o agente seja responsabilizado pelo delito de resistência, deverá ter conhecimento, outrossim, de todos os elementos que integram a figura típica, principalmente no que diz respeito à legalidade do ato, bem como à qualidade de funcionário público de quem o executa, pois, caso contrário, poderá ser arguido o erro de tipo, eliminando-se o dolo e, consequentemente, a própria infração penal.

2.7 Modalidades comissiva e omissiva

A conduta de se opor à execução de ato legal pressupõe um comportamento comissivo por parte do agente, principalmente levando-se em consideração o fato, como vimos, de que não configura a infração penal em exame a chamada *resistência passiva*. No entanto, o delito poderá ser praticado via omissão imprópria, na hipótese em que o agente, garantidor, dolosamente, nada fizer para evitar a prática do delito *sub examen*, devendo ser responsabilizado nos termos do art. 13, § 2º, do Código Penal.

2.8 Modalidade qualificada

Assevera o § 1º do art. 329:

> § 1º Se o ato, em razão da resistência, não se executa:
> Pena – reclusão, de um a três anos.

Tratando-se de crime formal, de consumação antecipada, a simples oposição à execução de ato legal, mediante violência ou ameaça, já tem o condão de consumar o delito de *resistência*. No entanto, importa em maior juízo de reprovação, de censurabilidade, quando o agente, mediante o emprego de violência ou ameaça, impede a execução do ato, devendo, pois, ser responsabilizado pela modalidade qualificada, prevista no mencionado § 1º.

2.9 Concurso de infrações penais

O § 2º do art. 329 do Código Penal determina:

> § 2º As penas deste artigo são aplicáveis sem prejuízo das correspondentes à violência.

De acordo com a redação legal, podemos chegar a uma primeira conclusão, vale dizer, que somente haverá concurso de infrações penais entre o delito de resistência e aquele originário da violência, não sendo abrangida pelo tipo penal em estudo a *ameaça*, que ficará absorvida pelo delito tipificado no art. 329 do Código Penal.

Quanto à violência, entendemos que também restará afastada a contravenção penal de vias de fato, abrangendo o § 2º do art. 329 do Código Penal tão somente, os delitos de lesão corporal (leve, grave, gravíssima ou seguida de morte) e homicídio.

Haverá, no caso, um concurso formal impróprio, aplicando-se a regra do cúmulo material, prevista na parte final do *caput* do art. 70 do Código Penal.

2.10 Pena, ação penal, competência para julgamento e suspensão condicional do processo

A pena cominada para a modalidade fundamental do delito de resistência é de detenção, de 2 (dois) meses a 2 (dois) anos.

Para a modalidade qualificada, constante do § 1º do art. 329 do Código Penal, a pena é de reclusão, de 1 (um) a 3 (três) anos.

Em ambas as situações, o agente deverá, nos termos preconizados pelo § 2º do art. 329 do Código Penal, responder também pelas penas correspondentes à violência praticada.

A ação penal é de iniciativa pública incondicionada.

Compete, pelo menos inicialmente, ao Juizado Especial Criminal o processo e julgamento do delito tipificado no *caput* do art. 329 do Código Penal, tendo em vista que a pena máxima cominada em abstrato não ultrapassa o limite de 2 (dois) anos, imposto pelo art. 61 da Lei nº 9.099/95, conforme alteração determinada pela Lei nº 11.313, de 28 de junho de 2006.

Será possível a confecção de proposta de suspensão condicional do processo, nos termos do art. 89 da Lei nº 9.099/95, também nas hipóteses do *caput* e do § 1º do art. 329 do Código Penal.

2.11 Destaques

2.11.1 Resistência e embriaguez

Existe discussão doutrinária e jurisprudencial a respeito da influência da embriaguez do agente para efeitos de caracterização do delito de resistência.

Uma primeira corrente aduz que a embriaguez teria o condão de afastar o dolo, eliminando, consequentemente, a infração penal. Existe posição, ainda, no sentido de que mesmo nos casos de embriaguez completa, não proveniente de caso fortuito ou força maior, deveria o agente responder pela infração penal praticada, aplicando-se, pois, a teoria da *actio libera in causa*.

Tal como discorremos quando do estudo do crime de ameaça, entendemos que a questão não pode ser colocada em termos absolutos. É claro que se o agente estiver embriagado a ponto de não saber o que faz, não teremos condições de identificar o dolo, principalmente se proferiu ameaças, no sentido de opor-se à execução do ato legal. Entretanto, se a embriaguez foi um fator que teve o poder de soltar os freios inibidores do agente, não podemos descartar a caracterização do delito.

Assim, somente o estado de embriaguez que torne ridículo o comportamento praticado pelo agente é que poderá eliminar a infração penal; isso, também, dependendo do modo como o delito é cometido, pois a resistência pode ser levada a efeito mediante a prática de violência, podendo o funcionário, ou o particular que venha a auxiliá-lo, sofrer lesões em virtude do comportamento praticado pelo agente.

Desse modo, somente o caso concreto nos dirá se a embriaguez afastará ou permitirá a responsabilização do agente pelo delito de resistência, não se podendo adotar qualquer tipo de posição radical, seja para afastar, seja para reconhecer a prática da infração penal.

2.11.2 Resistência e desacato

Traçando a distinção entre os delitos de desacato e resistência, Lélio Braga Calhau, com precisão, assevera:

> "O desacato difere da resistência, já que nesta a violência ou ameaça direcionada a funcionário visa à não realização de ato de ofício, ao passo que, naquele eventual violência ou ameaça perpetrada contra funcionário público tem por finalidade desprestigiar a função por ele exercida."[72]

Existe, no entanto, controvérsia a respeito da possibilidade de concurso entre os delitos de resistência e desacato. Uma primeira corrente entende que o delito de desacato absorveria o crime de resistência, conforme se verifica na decisão do TJ-RJ, que diz:

> "Se o agente desacata, desobedece e ameaça servidor público no exercício de suas funções, só responde pelo delito mais grave, que é o crime de desacato, uma vez que os demais ilícitos ficaram absorvidos por este" (ACr. 1.450/97, Petrópolis, Reg. 030998 – 2a Câm. Crim., Rel. Des. Afrânio Sayão, julg. 14/4/98).

Outra, em sentido completamente oposto, afirma que a resistência, mesmo possuindo uma pena inferior, absorveria o delito de desacato. Nesse sentido, o TJ-PR:

> "O crime de resistência absorve os de desobediência, ameaça e desacato, quando praticados em um mesmo episódio, e também a contravenção de vias de fato, mas não o de lesões corporais, mesmo leves (CP, art. 129, § 2º)" (ACr. 12.410-7, Rel. Edson Malachini, julg. 27/9/90).

Apesar das posições anteriormente expostas, entendemos ser possível o concurso entre os delitos de resistência e desacato. Isso porque o desacato não é um meio para que o agente resista à execução do ato legal, tal como ocorre quando pratica violência ou ameaça o funcionário competente ou aquele que lhe presta auxílio. Trata-se, até mesmo, de um concurso real de crimes, havendo mais de uma conduta, com a produção de mais de um resultado. O agente atua, ainda, com motivações diferentes. Como bem ressaltou Lélio Braga Calhau, o que o agente pretende com a prática da resistência é impedir a execução de um ato legal; ao contrário, no desacato, sua finalidade é desprestigiar, menoscabar a função pública.

2.11.3 Resistência e desobediência

Existe controvérsia, também, no que diz respeito à possibilidade de concurso entre os crimes de desobediência e resistência.

No entanto, entendemos que, nesse caso, o ato de opor-se à execução de ato legal, mediante violência ou ameaça, a funcionário competente para executá-lo ou a quem lhe esteja prestando auxílio, já compreende uma desobediência, devendo, portanto, o delito tipificado no art. 330 do Código Penal ser absorvido por aquele previsto no art. 329 do mesmo diploma repressivo.

---

[72] CALHAU, Lélio Braga. *Desacato*, p. 69.

2.11.4 Resistência e roubo impróprio

Ver discussão no capítulo correspondente aos destaques no crime de roubo.

2.11.5 Auto de resistência e homicídio decorrente de intervenção policial

Não é incomum que, durante confrontos policiais, o suposto autor de determinada infração penal, ou mesmo alguém contra quem tenha sido expedido um mandado de prisão, possa vir a morrer. A polícia, nesses casos, ao narrar o aludido confronto, normalmente, fazia menção à resistência oferecida pelo agente, que colocava em risco a vida ou mesmo a integridade física dos policiais que participavam daquela diligência. Assim, convencionou-se formalizar essa narrativa em um documento chamado *Auto de resistência,* em que se informava que o agente havia sido morto em razão da resistência ativa por ele empregada. Nesses casos, os policiais relatavam uma situação de agressão injusta, que lhes permitia agir em legítima defesa.

Como o número de autos de resistência aumentou sensivelmente ao longo dos anos, a Secretaria Especial de Direitos Humanos, da Presidência da República, entendeu por bem em regulamentar essas hipóteses fazendo editar a Resolução nº 8, de 20 de dezembro de 2012, que, após algumas considerações, asseverou:

> **Art. 1º** As autoridades policiais devem deixar de usar em registros policiais, boletins de ocorrência, inquéritos policiais e notícias de crimes designações genéricas como "autos de resistência", "resistência seguida de morte", promovendo o registro, com o nome técnico de "lesão corporal decorrente de intervenção policial" ou "homicídio decorrente de intervenção policial", conforme o caso.
>
> **Art. 2º** Os órgãos e instituições estatais que, no exercício de suas atribuições, se confrontarem com fatos classificados como "lesão corporal decorrente de intervenção policial" ou "homicídio decorrente de intervenção policial" devem observar, em sua atuação, o seguinte:
>
> I – os fatos serão noticiados imediatamente a Delegacia de Crimes contra a Pessoa ou a repartição de polícia judiciária, federal ou civil, com atribuição assemelhada, nos termos do art. 144 da Constituição, que deverá:
>
> a) instaurar, inquérito policial para investigação de homicídio ou de lesão corporal;
>
> b) comunicar, nos termos da lei, o ocorrido ao Ministério Público;
>
> II – a perícia técnica especializada será realizada de imediato em todos os armamentos, veículos e maquinários, envolvidos em ação policial com resultado morte ou lesão corporal, assim como no local em que a ação tenha ocorrido, com preservação da cena do crime, das cápsulas e projetéis até que a perícia compareça ao local, conforme o disposto no art. 6º, incisos I e II; art. 159; art. 160; art. 164 e art. 181, do Código de Processo Penal;
>
> III – é vedada a remoção do corpo do local da morte ou de onde tenha sido encontrado sem que antes se proceda ao devido exame pericial da cena, a teor do previsto no art. 6º, incisos I e II, do Código de Processo Penal;
>
> IV – cumpre garantir que nenhum inquérito policial seja sobrestado ou arquivado sem que tenha sido juntado o respectivo laudo necroscópico ou cadavérico subscrito por peritos criminais independentes e imparciais, não subordinados às autoridades investigadas;
>
> V – todas as testemunhas presenciais serão identificadas e sua inquirição será realizada com devida proteção, para que possam relatar o ocorrido em segurança e sem temor;
>
> VI – cumpre garantir, nas investigações e nos processos penais relativos a homicídios ocorridos em confrontos policiais, que seja observado o disposto na Resolução 1989/65 do Conselho Econômico e Social das Nações Unidas (Ecosoc);
>
> VII – o Ministério Público requisitará diligências complementares caso algum dos requisitos constantes dos incisos I a V não tenha sido preenchido;
>
> VIII – no âmbito do Ministério Público, o inquérito policial será distribuído a membro com atribuição de atuar junto ao Tribunal do Júri, salvo quando for hipótese de "lesão corporal decorrente de intervenção policial";
>
> IX – as Corregedorias de Polícia determinarão a imediata instauração de processos administrativos para apurar a regularidade da ação policial de que tenha resultado morte, adotando prioridade em sua tramitação;

X – sem prejuízo da investigação criminal e do processo administrativo disciplinar, cumpre à Ouvidoria de Polícia, quando houver, monitorar, registrar, informar, de forma independente e imparcial, possíveis abusos cometidos por agentes de segurança pública em ações de que resultem lesão corporal ou morte;

XI – os Comandantes das Polícias Militares nos Estados envidarão esforços no sentido de coibir a realização de investigações pelo Serviço Reservado (P-2) em hipóteses não relacionadas com a prática de infrações penais militares;

XII – até que se esclareçam as circunstâncias do fato e as responsabilidades, os policiais envolvidos em ação policial com resultado de morte:

a) serão afastados de imediato dos serviços de policiamento ostensivo ou de missões externas, ordinárias ou especiais; e

b) não participarão de processo de promoção por merecimento ou por bravura;

XIII – cumpre às Secretarias de Segurança Pública ou pastas estaduais assemelhadas abolir, quando existentes, políticas de promoção funcional que tenham por fundamento o encorajamento de confrontos entre policiais e pessoas supostamente envolvidas em práticas criminosas, bem como absterem-se de promoções fundamentadas em ações de bravura decorrentes da morte dessas pessoas;

XIV – será divulgado, trimestralmente, no Diário Oficial da unidade federada, relatório de estatísticas criminais que registre o número de casos de morte ou lesões corporais decorrentes de atos praticados por policiais civis e militares, bem como dados referentes a vítimas, classificados por gênero, faixa etária, raça e cor;

XV – será assegurada a inclusão de conteúdos de Direitos Humanos nos concursos para provimento de cargos e nos cursos de formação de agentes de segurança pública, membros do Poder Judiciário, do Ministério Público e da Defensoria Pública, com enfoque historicamente fundamentado sobre a necessidade de ações e processos assecuratórios de política de segurança baseada na cidadania e nos direitos humanos;

XVI – serão instaladas câmeras de vídeo e equipamentos de geolocalização (GPS) em todas as viaturas policiais;

XVII – é vedado o uso, em fardamentos e veículos oficiais das polícias, de símbolos e expressões com conteúdo intimidatório ou ameaçador, assim como de frases e jargões em músicas ou jingles de treinamento que façam apologia ao crime e à violência;

XVIII – o acompanhamento psicológico constante será assegurado a policiais envolvidos em conflitos com resultado morte e facultado a familiares de vítimas de agentes do Estado;

XIX – cumpre garantir a devida reparação às vítimas e a familiares das pessoas mortas em decorrência de intervenções policiais;

XX – será assegurada reparação a familiares dos policiais mortos em decorrência de sua atuação profissional legítima;

XXI – cumpre condicionar o repasse de verbas federais ao cumprimento de metas públicas de redução de:

a) mortes decorrentes de intervenção policial em situações de alegado confronto;

b) homicídios com suspeitas de ação de grupo de extermínio com a participação de agentes públicos; e

c) desaparecimentos forçados registrados com suspeita de participação de agentes públicos;

XXII – cumpre criar unidades de apoio especializadas no âmbito dos Ministérios Públicos para, em casos de homicídios decorrentes de intervenção policial, prestarem devida colaboração ao promotor natural previsto em lei, com conhecimentos e recursos humanos e financeiros necessários para a investigação adequada e o processo penal eficaz.

Art. 3º Cumpre ao Ministério Público assegurar, por meio de sua atuação no controle externo da atividade policial, a investigação isenta e imparcial de homicídios decorrentes de ação policial, sem prejuízo de sua própria iniciativa investigatória, quando necessária para instruir a eventual propositura de ação penal, bem como zelar, em conformidade com suas competências, pela tramitação prioritária dos respectivos processos administrativos disciplinares instaurados no âmbito das Corregedorias de Polícia.

Art. 4º O Conselho de Defesa dos Direitos da Pessoa Humana oficiará os órgãos federais e estaduais com atribuições afetas às recomendações constantes desta Resolução dando-lhes ciência de seu inteiro teor.

Art. 5º Esta Resolução entra em vigor na data de sua publicação.

2.11.6 Resistência mediante ameaça ou violência e Código Penal Militar

O delito de resistência mediante ameaça ou violência veio previsto no Código Penal Militar (Decreto-Lei nº 1.001, de 21 de outubro de 1969), conforme se verifica pela leitura do seu art. 177, punindo com pena de detenção, de seis meses a dois anos, aquele que se opuser à execução de ato legal, mediante ameaça ou violência ao executor, ou a quem esteja prestando auxílio. Se da resistência resulta morte, a pena será de reclusão, de 6 (seis) a 20 (vinte) anos, nos termos do parágrafo único do referido artigo.

2.12 Quadro-resumo

Sujeitos
» Ativo: qualquer pessoa.
» Passivo: é o Estado, bem como o funcionário ou terceira pessoa que lhe esteja prestando auxílio, contra quem foi dirigida a conduta praticada pelo sujeito ativo.

Objeto material
É a pessoa contra a qual foi praticada a violência ou proferida a ameaça.

Bem(ns) juridicamente protegido(s)
É a Administração Pública.

Elemento subjetivo
Dolo, não havendo previsão para a modalidade de natureza culposa.

Modalidades comissiva e omissiva
A conduta de se opor à execução de ato legal pressupõe um comportamento comissivo por parte do agente, principalmente considerando o fato, como vimos, de que não se configura na infração penal em exame a chamada resistência passiva, podendo, no entanto, ser praticada via omissão imprópria.

Consumação e tentativa
» Consuma-se o delito com a simples oposição à execução de ato legal, valendo-se o agente do emprego de violência ou ameaça a funcionário competente para executá-lo ou a quem lhe esteja prestando auxílio.
» A tentativa é admissível, embora seja de difícil configuração.

3. DESOBEDIÊNCIA

Desobediência
Art. 330. Desobedecer a ordem legal de funcionário público:
Pena – detenção, de quinze dias a seis meses, e multa.

3.1 Introdução

O delito de *desobediência* veio tipificado no art. 330 do Código Penal. Analisando os elementos que integram a mencionada figura típica, verificamos que os delitos de desobediência e resistência são muito parecidos. A diferença fundamental entre eles reside no fato de que na resistência existe uma "desobediência belicosa",[73] conforme expressão utilizada por Hungria, haja vista que o agente se opõe à execução do ato legal mediante o emprego de violência ou ameaça, enquanto na *desobediência* representa uma *resistência passiva*, que não vem acompanhada de qualquer ato que importe em *vis absoluta* ou em *vis compulsiva*.

O núcleo do tipo é o verbo *desobedecer*, que significa deixar de atender, não cumprir a ordem legal de funcionário público, seja fazendo, ou mesmo deixando de fazer alguma coisa que a lei imponha.

A ordem deve ser formal e materialmente legal, tal como mencionamos quando do estudo do delito de resistência, bem como o funcionário público que a determinou deve ter atribuições legais para tanto, pois, caso contrário, a resistência do sujeito em obedecê-la não se configurará no delito em estudo.

Da mesma forma, não se poderá cogitar de crime de desobediência se a pessoa a quem foi dirigida a ordem não tinha a obrigação legal de cumpri-la. Nesse sentido, já decidiu o Superior Tribunal de Justiça, que:

"Criminal. *RHC*. Desobediência. Trancamento da ação. Atipicidade evidenciada. Recurso provido. I. Só se configura o delito de desobediência quando há descumprimento à ordem legal endereçada diretamente para quem tem o dever legal de cumpri-la. II. Recurso provido para determinar o trancamento da ação penal por atipicidade" (*RHC* 10.648/SP, 5a T., Rel. Min. Gilson Dipp, DJ 19/3/2001, p. 120).

3.2 Classificação doutrinária

Crime comum no que diz respeito ao sujeito ativo e próprio quanto ao sujeito passivo; doloso; de forma livre, comissivo ou omissivo próprio, dependendo do modo como o delito é praticado, haja vista que o verbo *desobedecer* pode ser compreendido tanto comissiva, quanto omissivamente; instantâneo; monossubjetivo; unissubsistente ou plurissubsistente (dependendo, no caso concreto, da possibilidade ou não de fracionamento do *iter criminis*); transeunte.

3.3 Sujeito ativo e sujeito passivo

Qualquer pessoa pode ser *sujeito ativo* do delito de *desobediência*, tratando-se, portanto, de um crime comum que pode ser praticado tanto por um *extraneus* (particular), bem como por um *intraneus* (funcionário público), desde que, nesse último caso, a ordem não diga respeito às suas funções.

O *sujeito passivo* é o Estado, bem como o funcionário público, de forma secundária.

3.4 Objeto material e bem juridicamente protegido

A Administração Pública é o bem juridicamente protegido pelo tipo penal que prevê o delito de *desobediência*.

Não há objeto material, embora exista posição em contrário.[74]

---

[73] HUNGRIA, Nélson. *Comentários ao código penal*, v. IX, p. 419.
[74] Conforme Guilherme de Souza Nucci (*Código penal comentado*, p. 1.020), que entende que o objeto material do delito de desobediência é a ordem dada.

3.5 Consumação e tentativa

O delito se consuma quando o agente faz ou deixa de fazer alguma coisa contrariamente à ordem legal de funcionário público.

Dependendo da hipótese concreta, será possível o reconhecimento da tentativa, desde que se possa fracionar o *iter criminis*, como nos casos relativos aos delitos plurissubsistentes, ficando inviabilizada nas hipóteses de crimes monossubsistentes, a exemplo de quando houver uma omissão própria.

3.6 Elemento subjetivo

O dolo é o elemento subjetivo exigido pelo tipo penal em estudo, não havendo previsão para a modalidade de natureza culposa.

O agente, portanto, para que possa ser responsabilizado pelo delito de desobediência, deverá conhecer sobre a legalidade da ordem, bem como que provém de funcionário público, pois, caso contrário, poderá ser arguido o erro de tipo.

3.7 Modalidades comissiva e omissiva

O núcleo *desobedecer* pode ser interpretado tanto comissiva quanto omissivamente. Assim, pratica o crime de desobediência aquele que faz alguma coisa a que tinha sido legalmente proibido pelo funcionário público competente, bem como deixa de fazer alguma coisa que lhe havia legalmente determinado que fizesse.

3.8 Pena, ação penal, competência para julgamento e suspensão condicional do processo

A pena cominada ao delito de *desobediência* é de detenção, de 15 (quinze) dias a 6 (seis) meses, e multa.

A ação penal é de iniciativa pública incondicionada.

Compete, pelo menos inicialmente, ao Juizado Especial Criminal o processo e julgamento do delito tipificado no art. 330 do Código Penal, tendo em vista que a pena máxima cominada em abstrato não ultrapassa o limite de 2 (dois) anos, imposto pelo art. 61 da Lei nº 9.099/95, conforme alteração determinada pela Lei nº 11.313, de 28 de junho de 2006.

Será possível a confecção de proposta de suspensão condicional do processo, nos termos do art. 89 da Lei nº 9.099/95.

3.9 Destaques

3.9.1 Desobediência a decisão judicial

Caso a desobediência diga respeito a decisão judicial sobre perda ou suspensão de direito, terá aplicação, em virtude da adoção do princípio da especialidade, o art. 359 do Código Penal, que diz:

> **Art. 359.** Exercer função, atividade, direito, autoridade ou múnus, de que foi suspenso ou privado por decisão judicial:
> Pena – detenção, de três meses a dois anos, ou multa.

3.9.2 Desobediência e Código Penal Militar

O delito de desobediência veio previsto no Código Penal Militar (Decreto--Lei nº 1.001, de 21 de outubro de 1969), conforme se verifica pela leitura do seu art. 301, punindo com pena de detenção, de até seis meses, aquele que desobedecer a ordem legal de autoridade militar.

3.9.3 Desobediência praticada por funcionário público – Ministério Público e delegado de polícia

Questão que tem sido muito discutida ao longo dos anos e que até hoje não se pacificou diz respeito à possibilidade de um funcionário público figurar como sujeito ativo do delito de desobediência. Isso porque um de seus fundamentos é o fato de o art. 330 encontrar-se inserido no Capítulo II, que diz respeito aos crimes praticados por *particular* contra a Administração em geral.

Alguns exemplos merecem atenção especial, como no caso do delegado de polícia que não cumpre as diligências requisitadas pelo Ministério Público. Nessa hipótese, uma primeira corrente se inclina pela aplicação de uma sanção de natureza simplesmente administrativa, uma vez que, sendo o delegado de polícia um funcionário público, não poderia figurar como sujeito ativo do delito de desobediência, que só pode ser cometido por um particular. Nesse sentido, decidiu o Superior Tribunal de Justiça:

> "A extensão conceitual do controle externo da atividade policial pelo Ministério Público é questão a ser dirimida pela cúpula da Administração, considerando os altos interesses públicos, abstraídas as políticas corporativas. Eventual debate sobre o tema, em que ocorre discussão e desacordo entre promotores de justiça e delegados de polícia, não configuram, em tese, crime de desobediência, pois não se confunde controle externo com subordinação hierárquica" (STJ, RHC 7.640/SP, Rel. Min. Vicente Leal, 6ª T., RSTJ, v. 117, p. 533).
>
> "*RHC*. Delegado de polícia. Crime de desobediência. Atipicidade. *Emendatio libelli*. Impossibilidade. Impossível Delegado de Polícia cometer crime de desobediência – art. 330 do CP – que somente ocorre quando praticado por particular contra a Administração Pública" (*RHC*, 5ª T., Rel. Min. Cid Flaquer Scartezzini, DJ 5/6/95, p. 16.675).

Com a devida vênia, não podemos concordar com esse raciocínio. Embora, realmente, o delito de desobediência esteja inserido no capítulo correspondente aos crimes praticados por particular contra a Administração em geral, isso, por si só, não impede possa o funcionário público ser responsabilizado por essa infração penal.

Na verdade, temos de fazer uma diferença entre o funcionário que desobedece a ordem de seu superior hierárquico e aquele outro sobre o qual não existe qualquer relação de hierarquia.

Assim, por exemplo, imagine-se a hipótese em que um oficial de justiça deixe de atender o mandado que lhe foi entregue, não cumprindo, portanto, a determinação judicial para que fizesse algo. Nesse caso, como existe relação de hierarquia entre o juiz e o oficial de justiça, que lhe é subordinado, não seria possível o reconhecimento do crime de desobediência, restando, tão somente, aplicar ao funcionário uma sanção de natureza administrativa, se for o caso.

Mas qual a relação de hierarquia existente entre um delegado de polícia e um Promotor de Justiça? Nenhuma. O Promotor de Justiça, quando requisita uma diligência, pratica o ato de acordo com a lei? Sim, visto que vários diplomas legais conferem ao membro do Ministério Público essa possibilidade. A ordem, portanto, é legal. O funcionário encarregado de cumpri-la (no caso, o delegado de polícia) não tem para com ele (Ministério Público) qualquer relação hierárquica que importe num ilícito de natureza administrativa em caso de descumprimento da ordem. Assim, a única conclusão seria a possibilidade de se reconhecer o delito de desobediência quando o delegado de polícia, sem qualquer justificativa e agindo com dolo, não viesse a cumprir a ordem legal de funcionário competente.

3.9.4 Desobediência à ordem que implicaria autoincriminação ou prejuízo para o sujeito

Quando estudamos o delito de falsa identidade, tipificado no art. 307 do Código Penal, concluímos que não poderíamos concordar com a corrente que entende como um direito de defesa ou, pelo menos, um direito à não autoincriminação, o fato de o agente atribuir a si mesmo uma identidade falsa. Isso porque o direito de não se autoincriminar diz respeito a fatos, e, não, à necessidade que o Estado tem de saber, corretamente, em face de quem propõe a ação penal, ou leva a efeito o indiciamento.

No caso do delito de desobediência, o raciocínio é diferente. Em muitas situações, se o sujeito praticar o comportamento que lhe é determinado pelo funcionário, isso, certamente, implicará prejuízo para sua pessoa. São situações que poderão importar em constituição de prova contra o próprio agente, a exemplo do que ocorre com aquele que se submete à realização de exame de sangue para saber a sua dosagem alcoólica, ou a um exame de DNA objetivando o reconhecimento de paternidade, ao fornecimento de padrões gráficos para efeitos de comprovação de sua assinatura em documento falsificado etc.

Nesses casos, o prejuízo é patente, não se podendo responsabilizar criminalmente o agente pelo fato de não atender às ordens legais, afastando-se, outrossim, o delito de desobediência.

Nesse sentido, decidiu o Supremo Tribunal Federal:

> "*Habeas corpus*. Crime de desobediência. Recusa a fornecer padrões gráficos do próprio punho, para exames periciais, visando a instruir procedimento investigatório do crime de falsificação de documento. *Nemo tenetur se detegere*. Diante do princípio *nemo tenetur se detegere*, que informa o nosso direito de punir, é fora de dúvida que o dispositivo do inciso IV do art. 174 do Código de Processo Penal há de ser interpretado no sentido de não poder ser o indiciado compelido a fornecer padrões gráficos do próprio punho, para os exames periciais, cabendo apenas ser intimado para fazê-lo a seu alvedrio. É que a comparação gráfica configura ato de caráter essencialmente probatório, não se podendo, em face do privilégio de que desfruta o indiciado contra a autoincriminação, obrigar o suposto autor do delito a fornecer prova capaz de levar à caracterização de sua culpa. Assim, pode a autoridade não só fazer requisição a arquivos ou estabelecimentos públicos, onde se encontrem documentos da pessoa a qual é atribuída a letra, ou proceder a exame no próprio lugar onde se encontrar o documento em questão, ou ainda, é certo, proceder à colheita de material, para o que intimará a pessoa, a quem se atribui ou pode ser atribuído o escrito, a escrever o que lhe foi ditado, não lhe cabendo, entretanto, ordenar que o faça, sob pena de desobediência, como deixa transparecer, a um apressado exame, o CPP, no inciso IV, do art. 174. *Habeas corpus* concedido" (*HC* 77.135/SP, 1a T., Rel. Min. Ilmar Galvão, DJ 6/11/98, p. 3).

3.9.5 Indiciado ou acusado que se recusa a comparecer em juízo ou na delegacia de polícia a fim de prestar suas declarações

Da mesma forma, não importará em reconhecimento do delito de desobediência quando o agente deixa de comparecer ao seu interrogatório em juízo, ou mesmo a fim de prestar suas declarações perante a autoridade policial, haja vista não estar obrigado a qualquer tipo de manifestação, nos termos preconizados pelo inciso LXIII do art. 5º da Constituição Federal, que diz:

> LXIII – o preso será informado de seus direitos, entre os quais o de permanecer calado, sendo-lhe assegurada a assistência da família e de advogado;

3.9.6 Advogado que se recusa a prestar informações sobre fatos que importarão em prejuízo para seu cliente

O advogado não está obrigado a atender a suposta requisição do Ministério Público ou de qualquer outra autoridade para prestar esclarecimentos sobre fatos que importarão em prejuízo para seu cliente, haja vista que o inciso XIX do art. 7º do Estatuto da Advocacia e da Ordem dos Advogados do Brasil assevera ser direito do advogado *recusar-se a depor como testemunha em processo no qual funcionou ou deva funcionar, ou sobre fato relacionado com pessoa de quem seja ou foi advogado, mesmo quando autorizado ou solicitado pelo constituinte, bem como sobre fato que constitua sigilo profissional.*

3.9.7 Cumulação da sanção penal por desobediência com sanção de natureza administrativa

Esclarece Hungria que, "se, pela desobediência de tal ou qual ordem oficial, alguma lei comina determinada penalidade administrativa ou civil, não deverá reconhecer o crime em exame, salvo se a dita lei ressalvar expressamente a cumulativa aplicação do art. 330 (ex.: a testemunha faltosa, segundo o art. 219 do Código de Processo Penal, está sujeita não só à prisão administrativa e pagamento das custas da diligência da intimação, com o 'processo penal por crime de desobediência')",[75] como também ocorre com a testemunha que, sem justa causa, deixa de comparecer à sessão de instrução e julgamento no Tribunal do Júri, para a qual havia sido intimada, nos termos do art. 458 do Código de Processo Penal, ao contrário do que ocorre com a testemunha referida pelo art. 412 do Código de Processo Civil, que prevê, tão somente, sua condução perante o juízo, bem como o pagamento pelas despesas do adiamento da audiência.

3.9.8 Mandado de segurança e crime de desobediência

O art. 26 da Lei nº 12.016, de 7 de agosto de 2009, assevera que constitui crime de desobediência, nos termos preconizados pelo art. 330 do Código Penal, *o não cumprimento das decisões proferidas em mandado de segurança, sem prejuízo das sanções administrativas e da aplicação da Lei nº 1.079, de 10 de abril de 1950, quando cabíveis.*

3.9.9 Desobediência e Lei da Ação Civil Pública

Diz o art. 10 da Lei nº 7.347, de 24 de julho de 1985, que disciplina a ação civil pública de responsabilidade por danos causados ao meio ambiente, ao consumidor, a bens e direitos de valor artístico, estético, histórico, turístico e paisagístico, *verbis*:

> **Art. 10.** Constitui crime, punido com pena de reclusão de 1 (um) a 3 (três) anos, mais multa de 10 (dez) a 1.000 (mil) Obrigações Reajustáveis do Tesouro Nacional – ORTN, a recusa, o retardamento ou a omissão de dados técnicos indispensáveis à propositura da ação civil, quando requisitados pelo Ministério Público.

3.9.10 Desobediência e Estatuto da Pessoa Idosa

Configura-se também em crime punível com reclusão de 6 (seis) meses a 1 (um) ano e multa, a desobediência, prevista nos incisos IV e V do art. 100 da Lei nº 10.741, de 1º de outubro de 2003 (Estatuto da Pessoa Idosa), que prevê as condutas de:

> IV – deixar de cumprir, retardar ou frustrar, sem justo motivo, a execução de ordem judicial expedida na ação civil a que alude esta Lei;
> V – recusar, retardar ou omitir dados técnicos indispensáveis à propositura da ação civil objeto desta Lei, quando requisitados pelo Ministério Público.

---

[75] HUNGRIA, Nélson. *Comentários ao código penal*, v. IX, p. 420.

3.9.11 Desobediência de medida protetiva

O art. 24-A foi inserido na Lei nº 11.340, de 7 de agosto de 2006 (Lei Maria da Penha), através da Lei nº 13.641, de 3 de abril de 2018, criando o delito de *descumprimento de medidas protetivas de urgência*, tendo a pena cominada em seu preceito secundário sido modificada pela Lei nº 14.994, de 9 de outubro de 2024, que diz, *verbis*:

> **Art. 24-A.** Descumprir decisão judicial que defere medidas protetivas de urgência previstas nesta Lei:
> Pena – reclusão, de 2 (dois) a 5 (cinco) anos, e multa.
> § 1º A configuração do crime independe da competência civil ou criminal do juiz que deferiu as medidas.
> § 2º Na hipótese de prisão em flagrante, apenas a autoridade judicial poderá conceder fiança.
> § 3º O disposto neste artigo não exclui a aplicação de outras sanções cabíveis.

3.10 Quadro-resumo

Sujeitos
» Ativo: qualquer pessoa.
» Passivo: é o Estado, bem como o funcionário público, de forma secundária.

Objeto material
Não há, embora exista posição em contrário.

Bem(ns) juridicamente protegido(s)
É a Administração Pública.

Elemento subjetivo
Dolo, não havendo previsão para a modalidade de natureza culposa.

Modalidades comissiva e omissiva
O núcleo desobedecer pode ser interpretado tanto comissiva, quanto omissivamente.

Consumação e tentativa
» O delito se consuma quando o agente faz ou deixa de fazer alguma coisa contrariamente à ordem legal de funcionário público.
» Dependendo da hipótese concreta, será possível o reconhecimento da tentativa, desde que se possa fracionar o *iter criminis*.

4. DESACATO

Acesse e assista à aula explicativa sobre este assunto.
> https://uqr.to/1we5c

> **Desacato**
> **Art. 331.** Desacatar funcionário público no exercício da função ou em razão dela:
> Pena – detenção, de seis meses a dois anos, ou multa.

4.1 Introdução

Todo funcionário, não importando o cargo que ocupe, desde aquele que exerce as funções mais simplórias, até o ocupante do mais alto escalão, é um representante da Administração Pública, atuando de forma delegada, em nome e em benefício dela. Na verdade, atuando em nome da Administração Pública, o funcionário exerce suas funções em benefício de todos, pois a sua finalidade última é a busca do bem comum.

O funcionário público, muitas vezes, em nome da Administração Pública, pode vir a praticar condutas que, embora realizadas no interesse de todos, podem desagradar a alguns. Outras vezes, pelo simples fato de representar a Administração Pública, é alvo de pessoas que atuam com atitudes de menosprezo, desrespeito para com as funções por ele exercidas. Por essas e outras razões, foi criado o delito de desacato, tipificado no art. 331 do Código Penal, que tem por finalidade tutelar o normal funcionamento do Estado, protegendo, especialmente, o prestígio que deve revestir o exercício da função pública.

De acordo com a redação da mencionada figura típica, podemos apontar os seguintes elementos: *a)* a conduta de *desacatar* funcionário público; *b)* no exercício da função ou em razão dela.

O núcleo *desacatar* deve ser entendido no sentido de faltar com o devido respeito, afrontar, menosprezar, menoscabar, desprezar, profanar. Conforme esclarece Hungria:

> "A ofensa constitutiva do desacato é qualquer *palavra* ou *ato* que redunde em vexame, humilhação, desprestígio ou irreverência ao funcionário. É a grosseira falta de acatamento, podendo consistir em palavras injuriosas, difamatórias ou caluniosas, vias de fato, agressão física, ameaças, gestos obscenos, gritos agudos etc. Uma expressão grosseira, ainda que não contumeliosa, proferida em altos brados ou de modo a provocar escândalo, bastará para que se identifique o desacato."[76]

Ficou conhecido no Brasil o exemplo daquele piloto americano que, numa atitude de completo desprezo para com as autoridades policiais brasileiras, logo após o seu desembarque em solo nacional, ao ser exigido que fosse fotografado, o fez segurando uma placa que lhe fora entregue pelos funcionários, onde, afrontosamente, mostrava o seu dedo médio, conseguindo, assim, passar a sua mensagem de desrespeito.

Para que ocorra o delito de desacato, faz-se necessária a presença do funcionário público, não se exigindo, contudo, seja a ofensa proferida face a face, bastando que, de alguma forma, possa escutá-la, presenciá-la, enfim, que seja por ele percebida. Hungria, com precisão, também esclarece:

> "Não é desacato a ofensa *in litteris*, ou por via telefônica, ou pela imprensa, em suma: por qualquer modo, na ausência do funcionário. Em tais casos, poderão configurar-se os crimes de injúria, difamação, calúnia, ameaça, se ocorrerem os respectivos *essentialia*, e somente por qualquer deles responderá o agente."[77]

---

[76] HUNGRIA, Nélson. *Comentários ao código penal*, v. IX, p. 424.
[77] HUNGRIA, Nélson. *Comentários ao código penal*, v. IX, p. 424.

Também é fundamental, para efeito de caracterização do delito de desacato, que as ofensas sejam proferidas contra o funcionário público *no exercício da função* (*in officio*) ou *em razão dela* (*propter officium*). A conduta de menosprezo deve, portanto, dizer respeito às funções exercidas pelo funcionário que atingem, diretamente, a Administração Pública. Qualquer altercação entre um *extraneus* e um funcionário público que diga respeito a problemas pessoais que não coloque em desprestígio as funções por este exercidas pode se configurar em outra figura típica, mas não no desacato. Assim, imagine-se a hipótese em que um policial, que havia pedido emprestado determinada quantia em dinheiro a seu vizinho, e, não tendo feito o pagamento na data aprazada, com ele se encontra quando estava em serviço, oportunidade em que o credor começa a insultá-lo, chamando-o de ladrão, sem-vergonha, estelionatário etc. Embora essas palavras possam ser fortes, podendo até mesmo caracterizar-se em crime contra a honra, segundo entendemos, não podem se configurar em desacato, pois nada dizem respeito à função que está sendo exercida pelo funcionário.

Nesse sentido, são precisas as lições de Lélio Braga Calhau, quando diz:

"Para a configuração do delito se faz necessário o *nexo funcional*, ou seja, que a ofensa seja proferida no exercício da função ou que seja perpetrada em razão dela. Esse nexo funcional pode se apresentar de duas formas: *ocasional* ou *causal*. Será *ocasional* se a ofensa ocorre onde e quando esteja o funcionário a exercer funções de seu cargo – ou de caráter *causal*, quando, embora presente, o ofendido não esteja a desempenhar ato de ofício, mas a ofensa se dê em razão do exercício de sua função pública.

Se a ofensa não for em razão da função pública, mas sim sobre a conduta particular do ofendido, a ação penal será privada, pois não ocorrerá desacato, mas um crime contra a honra."[78]

É importante frisar, no entanto, que *exercício da função* diz respeito à prática de qualquer ato a ela correspondente, independentemente do local onde é levado a efeito. Assim, como adverte Noronha, "um juiz de direito ou um delegado de polícia não são ofendidos apenas no fórum ou na delegacia, mas também, por exemplo, em imóvel, onde aquele se acha em diligência de ação demarcatória, ou em lupanar, onde o segundo foi ter por ocasião de um crime".[79]

Não é preciso, como vimos e de acordo com a redação legal, que o agente esteja no exercício da função para que se possa configurar o desacato, bastando que a conduta ofensiva seja praticada em razão dela. Assim, por exemplo, poderá um juiz de direito ser desacatado em um restaurante, quando almoçava com a sua família, ou mesmo um fiscal de rendas ser ofendido, em virtude da sua função, durante uma pescaria. O mais importante é que a conduta de menoscabo, de desprestígio etc., diga respeito às funções exercidas pelo funcionário público, atacando-se, na verdade, a própria Administração Pública.

4.2 Classificação doutrinária

Crime comum no que diz respeito ao sujeito ativo e próprio quanto ao sujeito passivo; doloso; de forma livre, comissivo (podendo, no entanto, ser praticado via omissão imprópria, nos termos do art. 13, § 2º, do Código Penal); instantâneo; monossubjetivo; unissubsistente ou plurissubsistente (dependendo, no caso concreto, da possibilidade ou não de fracionamento do *iter criminis*); transeunte.

---

[78] CALHAU, Lélio Braga. *Desacato*, p. 45.
[79] NORONHA, Edgard Magalhães. *Direito penal*, v. 4, p. 319-320.

4.3 Sujeito ativo e sujeito passivo

Qualquer pessoa pode ser *sujeito ativo* do delito de *desacato*, tratando-se, portanto, de um crime comum. O delito pode ser praticado até mesmo por outro funcionário público, havendo controvérsia doutrinária, no entanto, quando o funcionário desacatado for hierarquicamente inferior ao agente. Hungria[80] posiciona-se no sentido de que somente haveria desacato se o agente tivesse posição idêntica ou inferior à do funcionário público desacatado, afastando-se, outrossim, na hipótese em que a conduta de menoscabo partisse de um superior contra um inferior hierárquico. Em sentido contrário, afirma Fragoso que "sujeito ativo do crime pode ser qualquer pessoa, inclusive funcionário público, quer exerça, ou não, a mesma função do ofendido; tenha ou não, a mesma categoria dele. Já não vigora o princípio *inter pares non fit iniuria*".[81]

Entendemos, *permissa venia*, que a razão se encontra com Fragoso. Isso porque, como é cediço, o funcionário público é protegido de forma mediata, pois o que está em questão é a Administração Pública em si. Quando um funcionário desacata outro funcionário, ele, na verdade, despe-se dessa qualidade e atua como um particular. Simplesmente pelo fato de ser um superior hierárquico não pode ofender a Administração Pública, ali representada pelo seu funcionário, não importando o tipo de função que exerça, bem como a sua hierarquia, comparativamente ao agente. Assim, poderá um juiz de direito responder pelo delito de desacato se, porventura, vier a proferir palavras de desprezo contra um oficial de justiça, no exercício de sua função ou em razão dela.

O *sujeito passivo* é o Estado, bem como, de forma secundária, o funcionário público.

4.4 Objeto material e bem juridicamente protegido

A Administração Pública é o bem juridicamente protegido pelo tipo penal que prevê o delito de *desacato*.

O objeto material do delito é o funcionário público desacatado no exercício de sua função ou em razão dela.

4.5 Consumação e tentativa

O delito se consuma no instante em que o agente pratica o comportamento que importe em desprezo, menoscabo, enfim, desprestígio para com a Administração Pública, ali representada pelo seu funcionário, independentemente do fato de ter este último se sentido desacatado. Nesse sentido, preleciona Lélio Braga Calhau que o "momento consumativo do delito se perfaz com a prática do ultraje, consubstanciado na injúria, calúnia, difamação, lesão corporal etc., não se perquirindo, *in casu*, se o funcionário sentiu-se ou não ofendido, já que a tutela penal recai diretamente sob a dignidade e o prestígio do cargo ou da função por ele exercidos".[82]

Dependendo da forma como o delito é praticado, será possível o reconhecimento da tentativa. No entanto, na maioria das hipóteses trata-se de crime monossubsistente, no qual não se pode fracionar o *iter criminis*, impossibilitando, assim, o raciocínio relativo ao *conatus*.

---

[80] HUNGRIA, Nélson. *Comentários ao código penal*, v. IX, p. 425.
[81] FRAGOSO, Heleno Cláudio. *Lições de direito penal*, v. 2, p. 462.
[82] CALHAU, Lélio Braga. *Desacato*, p. 54.

4.6 Elemento subjetivo

O dolo é o elemento subjetivo exigido pelo tipo penal que prevê o delito de desacato, não havendo previsão para a modalidade de natureza culposa.

Assim, a conduta do agente deve ser dirigida finalisticamente no sentido de desacatar, atuando, portanto, com o propósito de ofender, desrespeitar, menoscabar, diminuir, desprestigiar o funcionário público no exercício de sua função ou em razão dela.

O agente, portanto, deve conhecer a qualidade de funcionário do sujeito passivo, sob pena de ser afastado o delito de desacato, permitindo, dependendo da hipótese concreta, a desclassificação para outra figura típica, a exemplo daquelas previstas no Capítulo V do Título I da Parte Especial do Código Penal, que prevê os crimes contra a honra.

4.7 Modalidades comissiva e omissiva

O núcleo *desacatar* pressupõe um comportamento comissivo por parte do agente. No entanto, o delito poderá ser praticado via omissão imprópria, na hipótese em que o agente, garantidor, dolosamente, nada fizer para evitar a prática do delito *sub examen*, devendo ser responsabilizado nos termos do art. 13, § 2º, do Código Penal.

4.8 Pena, ação penal, competência para julgamento e suspensão condicional do processo

A pena cominada ao delito de *desacato* é de detenção, de 6 (seis) meses a 2 (dois) anos, ou multa.

A ação penal é de iniciativa pública incondicionada.

Compete, pelo menos inicialmente, ao Juizado Especial Criminal o processo e julgamento do delito tipificado no art. 331 do Código Penal, tendo em vista que a pena máxima cominada em abstrato não ultrapassa o limite de 2 (dois) anos, imposto pelo art. 61 da Lei nº 9.099/95, conforme alteração determinada pela Lei nº 11.313, de 28 de junho de 2006.

Será possível a confecção de proposta de suspensão condicional do processo, nos termos do art. 89 da Lei nº 9.099/95.

4.9 Destaques

4.9.1 Pluralidade de funcionários ofendidos

Pode ocorrer que o agente, em uma mesma relação de contexto, desacate vários funcionários públicos que se encontram juntos. Nesse caso, haveria concurso de crimes, devendo o agente responder por tantos desacatos quantos fossem os funcionários ofendidos em razão de sua função? Existe controvérsia nesse sentido, ou seja, se haverá concurso de crimes, variando de acordo com o número de funcionários ofendidos, ou se a hipótese é de crime único, uma vez que o que se procura proteger direta e imediatamente é a Administração Pública.

Entendemos que, se os fatos, como dissemos, ocorrerem em um mesmo contexto, haverá crime único, devendo o número de funcionários desacatados ser considerado para efeitos de aplicação da pena.

4.9.2 Desacato em estado de embriaguez

Tal como ocorre em outras infrações penais, a exemplo do delito de resistência, discute-se se a embriaguez do agente teria o condão de eliminar o seu dolo e, consequentemente, afastar a infração penal em estudo.

Pedimos vênia ao leitor para remetê-lo ao subitem 2.11.1 do Capítulo II – Dos crimes praticados por particular contra a Administração em geral, onde discorremos sobre a embriaguez e o crime de resistência, no tópico correspondente aos destaques, pois tudo o que foi dito se aplica ao delito em exame.

4.9.3 Exigência de ânimo calmo e refletido

Também existe controvérsia no que diz respeito ao elemento anímico do sujeito a quem se imputa o delito de desacato. Uma primeira corrente aduz que, para efeitos de reconhecimento do elemento subjetivo e, consequentemente, da própria infração penal em estudo, o agente, ao praticar sua conduta, deverá agir com ânimo calmo e refletido, excluindo-se o delito de desacato quando a ação vier a ser cometida, por exemplo, em estado de ira, cólera etc.

Entendemos, com a devida vênia das posições em contrário, que, para efeitos de configuração do delito de desacato, não se exige que o agente atue com ânimo calmo e refletido. Isso porque, geralmente, a infração penal é praticada em situações de alteração psicológica, agindo o agente impulsionado por sentimentos de raiva, ódio, rancor etc. Podemos encontrar no inciso I do art. 28 do Código Penal a prova de que esses sentimentos não devem interferir no reconhecimento da figura típica, pois o mencionado inciso assevera que a emoção e a paixão não excluem a imputabilidade penal.

4.9.4 Ofensa dirigida a funcionário que não se encontra presente

Como esclarecemos em nossa introdução, para efeitos de configuração do delito de desacato, é preciso que o funcionário público esteja presente quando da conduta praticada pelo agente, mesmo que as ofensas não sejam proferidas face a face.

Assim, se o funcionário público não estiver presente quando da conduta do agente, mesmo que praticado *propter officium*, ou seja, em razão das suas funções, o fato poderá subsumir-se a um delito contra a honra, com a incidência da causa especial de aumento de pena, prevista no inciso II do art. 141 do Código Penal.

4.9.5 Indignação e desacato

Muitas atitudes praticadas por funcionários públicos nos causam indignação. Por mais que a ordem deva ser mantida, por mais que devamos respeito à Administração Pública, temos o direito de nos expressar, mesmo que isso contrarie os interesses de quem quer que seja. Aumentos abusivos de impostos, fechamentos de hospitais, falta de merenda escolar, vias sem asfalto, enfim, o nosso dia a dia é repleto de insatisfações com relação à Administração Pública. O simples fato de demonstrarmos a nossa indignação com determinadas atitudes administrativas não importa em desacato. Nesse sentido, decidiu o Superior Tribunal de Justiça:

"Penal. Desacato. Ação Penal. Trancamento. Tipicidade. *Habeas corpus*. Recurso.

1. A reação indignada do cidadão em repartição pública onde esbarra com intolerância de servidor com quem discute não configura desacato (CP, art. 331).

2. Um Estado pode ser eficiente ou não dependendo do nível de cidadania dos que pagam impostos. Pagar impostos e conformar-se, aceitando as coisas como sempre estão, em suas mesmices, implica em aumentar o poder dos mandantes e seus mandados, ampliando-se a arrogância entre todos de todas as esferas da administração.

3. Contra a má prestação de serviços públicos em quaisquer de suas formas, quaisquer que sejam os agentes estatais, resta ao contribuinte a indignação. Só pela indignação, pela denúncia, será possível repor o Estado brasileiro na compatibilidade da Constituição e das Leis, resgatando-se em favor dos pagadores de impostos a verdadeira cidadania.

4. Recurso conhecido e provido para trancar a ação penal" (*RHC*/RS, recurso ordinário em *habeas corpus*, 5ª T., Rel. Min. Edson Vidigal, *RSTJ*, v. 138, p. 449).

4.9.6 Desacato e Código Penal Militar

O Código Penal Militar prevê três modalidades de desacato em seus arts. 298, 299 e 300, *verbis*:

> **Desacato a superior**
> **Art. 298.** Desacatar superior, ofendendo-lhe a dignidade ou o decoro, ou procurando deprimir-lhe a autoridade:
> Pena – reclusão, até quatro anos, se o fato não constitui crime mais grave.
>
> **Agravação da Pena**
> **Parágrafo único.** A pena é agravada, se o superior é oficial general ou comandante da unidade a que pertence o agente.
>
> **Desacato a militar**
> **Art. 299.** Desacatar militar no exercício da função de natureza militar ou em razão dela:
> Pena – detenção, de seis meses a dois anos, se o fato não constitui outro crime.
>
> **Desacato a servidor público**
> **Art. 300.** Desacatar servidor público no exercício de função ou em razão dela, em lugar sujeito à administração militar:
> Pena – detenção, de seis meses a dois anos, se o fato não constitui crime mais grave.

4.9.7 Desacato e Convenção Americana de Direitos Humanos

"A Terceira Seção desta Corte Superior, no HC n. 379.269/MS, firmou a orientação de que o crime de desacato está em perfeita harmonia com o ordenamento jurídico brasileiro mesmo após a internalização da Convenção Americana de Direitos Humanos" (STJ, AgRg no HC 462.482 / SC, Rel. Min. Rogério Schietti Cruz, 6ª T., DJe 14/05/2019).

"A Terceira Seção, órgão responsável pelo julgamento dos feitos criminais neste Superior Tribunal de Justiça, pacificou o entendimento de que a previsão normativa do crime de desacato – art. 331 do CP – no Brasil compatibiliza-se perfeitamente com o Direito à Liberdade de Expressão, previsto no art. 13 da Convenção Americana de Direitos Humanos – CADH (HC 379.269/MS, Rel. Min. Reynaldo Soares da Fonseca, Rel. p/ Acórdão Min. Antonio Saldanha Palheiro, Terceira Seção, j. 24/05/2017, DJe 30/06/2017). O desacato é crime de forma livre, porquanto admite qualquer meio de execução, podendo ser cometido através de palavras, gestos, símbolos, ameaças, vias de fato ou lesão corporal. Se a ofensa foi perpetrada na presença de funcionário público, no exercício de suas funções ou em razão delas, ainda que se trate de comportamento que importe em afronta à sua honra subjetiva, deve ser reconhecida a subsunção do fato ao tipo penal do art. 331 do CP" (STJ, HC 462.665 / SP, Rel. Min. Ribeiro Dantas, 5ª T., DJe 25/09/2018).

4.10 Quadro-resumo

> **Sujeitos**
> » Ativo: qualquer pessoa. O delito pode ser praticado até mesmo por outro funcionário público, havendo controvérsia doutrinária, no entanto, quando o funcionário desacatado for hierarquicamente inferior ao agente.
> » Passivo: é o Estado, bem como, de forma secundária, o funcionário público.

> **Objeto material**
> É o funcionário público desacatado no exercício de sua função ou em razão dela.

Bem(ns) juridicamente protegido(s)
É a Administração Pública.

Elemento subjetivo
Dolo, não havendo previsão para a modalidade de natureza culposa.

Modalidades comissiva e omissiva
O núcleo desacatar pressupõe um comportamento comissivo por parte do agente, podendo, no entanto, ser praticado via omissão imprópria.

Consumação e tentativa
» O delito se consuma no instante em que o agente pratica o comportamento que importe em desprezo, menoscabo, enfim, desprestígio para com a Administração Pública, ali representada através de seu funcionário, independentemente do fato de ter este último se sentido desacatado.
» Na maioria das hipóteses trata-se de crime monossubsistente, no qual não se pode fracionar o *iter criminis*, impossibilitando, assim, o raciocínio relativo ao *conatus*.

5. TRÁFICO DE INFLUÊNCIA

Tráfico de influência
Art. 332. Solicitar, exigir, cobrar ou obter, para si ou para outrem, vantagem ou promessa de vantagem, a pretexto de influir em ato praticado por funcionário público no exercício da função:
Pena – reclusão, de 2 (dois) a 5 (cinco) anos, e multa.
Parágrafo único. A pena é aumentada da metade, se o agente alega ou insinua que a vantagem é também destinada ao funcionário.

5.1 Introdução

O delito tipificado no art. 332 do Código Penal, reconhecido anteriormente como *exploração de prestígio*, teve sua redação alterada pela Lei nº 9.127, de 16 de novembro de 1995, que modificou, ainda, a sua rubrica, passando a ser reconhecido como delito de *tráfico de influência*.

A mídia teve forte influência no que diz respeito ao novo *nomen iuris* atribuído à infração penal em estudo, pois que noticiava, com certa frequência, fatos que denominava como hipóteses de *tráfico de influência*.

A *novatio legis*, que alterou a redação original, fez inserir novos núcleos (*solicitar, exigir e cobrar*), bem como uma expressão que não estava consignada na redação anterior (*ato praticado*). Assim, de acordo com a nova redação constante do art. 332 do Código Penal, podemos apontar os seguintes elementos: *a)* as condutas de *solicitar, exigir, cobrar* e *obter*; *b)* para si ou para outrem, vantagem ou promessa de vantagem; *c)* a pretexto de influir em ato praticado por funcionário público no exercício da função.

Solicitar deve ser entendido no sentido de pedir; *exigir* significa impor, ordenar, determinar; *cobrar* é atuar no sentido de ser pago, de receber; *obter* importa em alcançar, conseguir.

Todos esses comportamentos devem ser dirigidos no sentido de que o agente obtenha, para si ou para outrem, vantagem ou promessa de vantagem, que poderá ou não ter caráter econômico, podendo, também, tratar-se de uma prestação sexual, haja vista não haver qualquer limitação interpretativa para efeitos de seu reconhecimento. Como esclarece o dispositivo em estudo, não há necessidade de que o agente tenha, efetivamente, recebido a vantagem por ele solicitada, exigida ou cobrada, bastando, tão somente, que o sujeito passivo a tenha prometido.

O sujeito atua, praticando qualquer dos comportamentos típicos, com a finalidade de obter vantagem de qualquer natureza, a pretexto de influir em ato praticado por funcionário no exercício da função. A expressão *a pretexto de influir* demonstra que, na verdade, o agente age como verdadeiro estelionatário, procurando, por meio do seu ardil, enganar a vítima. Nesse sentido, esclarece Noronha:

> "O crime realmente é um estelionato, pois o agente ilude e frauda o pretendente ao ato ou providência governamental, alegando um prestígio que não possui e assegurando-lhe um êxito que não está ao seu alcance. Todavia, o legislador preferiu, muito justificadamente, atender aos interesses da administração, lembrando, com certeza, de que, frequentes vezes, pela pretensão ilícita que alimenta, o mistificado equivale ao mistificador, estreitados numa torpeza bilateral."[83]

Trata-se de tipo misto alternativo, em que a prática de mais de uma conduta prevista importará em infração penal única.

5.2 Classificação doutrinária

Crime comum tanto no que diz respeito ao sujeito ativo, quanto ao sujeito passivo; doloso; de forma livre, comissivo (podendo, no entanto, ser praticado via omissão imprópria, nos termos do art. 13, § 2º, do Código Penal); instantâneo; monossubjetivo; unissubsistente ou plurissubsistente (dependendo, no caso concreto, da possibilidade ou não de fracionamento do *iter criminis*); transeunte.

5.3 Sujeito ativo e sujeito passivo

Qualquer pessoa pode ser *sujeito ativo* do delito de *tráfico de influência*, não exigindo o tipo penal, em estudo nenhuma qualidade ou condição especial, podendo até mesmo ser praticado por funcionário público.

O *sujeito passivo* é o Estado, bem como aquele que, de maneira secundária, foi vítima de um dos comportamentos praticados pelo sujeito ativo.

5.4 Objeto material e bem juridicamente protegido

A Administração Pública é o bem juridicamente protegido pelo tipo penal que prevê o delito de *tráfico de influência*.

O objeto material do delito é a vantagem perseguida pelo agente.

5.5 Consumação e tentativa

Consuma-se o delito no instante em que o agente, efetivamente, pratica qualquer dos comportamentos previstos pelo tipo penal constante do art. 332 do diploma repressivo.

Merece registro o fato de que não é preciso que o agente obtenha a vantagem, ou mesmo a promessa de cumprimento da aludida vantagem, para efeitos de reconhecimento da consu-

---

[83] NORONHA, Edgard Magalhães. *Direito penal*, v. 4, p. 325.

mação, pois as condutas de *solicitar*, *exigir* e *cobrar* demonstram tratar-se de um crime formal, de consumação antecipada, sendo que se a pessoa abordada, por exemplo, fizer a entrega de tal vantagem, isso deverá ser considerado como um mero exaurimento do crime. Em sentido contrário, posiciona-se Noronha:

> "Dá-se a consumação no momento e no lugar em que o agente obtém a vantagem ou ela lhe é prometida, sendo indiferente à perfeição do delito a conduta posterior do agente, que, aliás, poderá transmudar o crime, na hipótese em que, por exemplo, ele resolve agir junto ao funcionário, corrompendo-o."[84]

Dependendo da hipótese concreta, visualizando-se a possibilidade de fracionamento do *iter criminis*, será possível a tentativa. Quando os atos forem praticados de forma concentrada, dada sua natureza monossubsistente, ficará afastada a tentativa.

5.6 Elemento subjetivo

O dolo é o elemento subjetivo exigido pelo tipo penal que prevê o delito de *tráfico de influência*, não havendo previsão para a modalidade de natureza culposa.

Deverá a conduta, no entanto, ser dirigida finalisticamente no sentido de obter vantagem de qualquer natureza, a pretexto de influir em ato praticado por funcionário público no exercício da função.

5.7 Modalidades comissiva e omissiva

Os núcleos *solicitar*, *exigir*, *cobrar* e *obter* pressupõem um comportamento comissivo por parte do agente. No entanto, o delito poderá ser praticado via omissão imprópria, na hipótese em que o agente, garantidor, dolosamente, nada fizer para evitar a prática do delito *sub examen*, devendo ser responsabilizado nos termos do art. 13, § 2º, do Código Penal.

5.8 Causa especial de aumento de pena

A pena será aumentada da metade, conforme determina o parágrafo único do art. 332 do Código Penal, se o agente alega ou insinua que a vantagem é também destinada ao funcionário.

Assim, existe maior juízo de censura no fato de o agente insinuar que, com a vantagem recebida, corromperá um funcionário público.

Esclarece, com precisão, Guilherme de Souza Nucci:

> "Eleva-se a pena na metade, caso o agente afirme ou dê a entender de modo sutil que o ganho destina-se, também, ao funcionário que vai praticar o ato. Caso realmente se destine, trata-se de corrupção (ativa para quem oferta e passiva para quem recebe)."[85]

5.9 Pena e ação penal

A pena cominada ao delito de *tráfico de influência*, de acordo com a redação dada pela Lei nº 9.127, de 16 de novembro de 1995, é de reclusão, de 2 (dois) a 5 (cinco) anos, e multa.

---

[84] NORONHA, Edgard Magalhães. *Direito penal*, v. 4, p. 327.
[85] NUCCI, Guilherme de Souza. *Código penal comentado*, p. 1.024.

A pena será aumentada de metade, também nos termos da nova redação do parágrafo único, se o agente alega ou insinua que a vantagem é também destinada ao funcionário.

A ação penal é de iniciativa pública incondicionada.

5.10 Destaques

5.10.1 Tráfico de influência em transação comercial internacional

Se a conduta de solicitar, exigir ou cobrar, praticada pelo agente, for dirigida finalisticamente no sentido de obter, para si ou para outrem, direta ou indiretamente, vantagem ou promessa de vantagem a pretexto de influir em ato praticado por funcionário público estrangeiro no exercício de suas funções, relacionado a transação comercial internacional, o delito será aquele tipificado no art. 337-C do Código Penal, em virtude da aplicação do princípio da especialidade.

5.10.2 Exploração de prestígio

Se o agente solicita ou recebe dinheiro ou qualquer outra utilidade, a pretexto de influir em ato de juiz, jurado, órgão do Ministério Público, funcionário da Justiça, perito, tradutor, intérprete ou testemunha, o fato se subsumirá ao tipo penal constante do art. 357 do diploma repressivo, que prevê o delito de *exploração de prestígio*.

5.10.3 Tráfico de influência e Código Penal Militar

O delito de tráfico de influência veio previsto no Código Penal Militar (Decreto-Lei nº 1.001, de 21 de outubro de 1969), conforme se verifica pela leitura do seu art. 336, com a nova redação que lhe foi conferida pela Lei nº 14.688, de 20 de setembro de 2023, punindo com pena de reclusão, de 2 (dois) a 5 (cinco) anos, aquele que solicitar, exigir, cobrar ou obter, para si ou para outrem, vantagem ou promessa de vantagem, a pretexto de influir em ato praticado por militar ou por servidor público de local sujeito à administração militar no exercício da função.

5.11 Quadro-resumo

Sujeitos
» Ativo: qualquer pessoa.
» Passivo: é o Estado, bem como aquele que, de maneira secundária, foi vítima de um dos comportamentos praticados pelo sujeito ativo.

Objeto material
É a vantagem perseguida pelo agente.

Bem(ns) juridicamente protegido(s)
É a Administração Pública.

Elemento subjetivo
Dolo, não havendo previsão para a modalidade de natureza culposa.

> **Modalidades comissiva e omissiva**
>
> Os núcleos solicitar, exigir, cobrar e obter pressupõem um comportamento comissivo por parte do agente, podendo, no entanto, ser praticado via omissão imprópria.

> **Consumação e tentativa**
>
> » Consuma-se o delito no instante em que o agente, efetivamente, pratica qualquer dos comportamentos previstos pelo tipo penal. Não é preciso que o agente obtenha a vantagem ou mesmo a promessa de cumprimento da aludida vantagem, para efeitos de reconhecimento da consumação.
> » Dependendo da hipótese concreta, visualizando-se a possibilidade de fracionamento do *iter criminis*, será possível a tentativa.

6. CORRUPÇÃO ATIVA

> **Corrupção ativa**
> **Art. 333.** Oferecer ou prometer vantagem indevida a funcionário público, para determiná-lo a praticar, omitir ou retardar ato de ofício:
> Pena – reclusão, de 2 (dois) a 12 (doze) anos, e multa.
> **Parágrafo único.** A pena é aumentada de um terço, se, em razão da vantagem ou promessa, o funcionário retarda ou omite ato de ofício, ou o pratica infringindo dever funcional.

6.1 Introdução

Diz o ditado popular que se existe o corrupto é sinal de que também existe o corruptor. Embora, em muitos casos, prevaleça a sabedoria popular, verificaremos que isso não ocorre, sempre, com o crime de corrupção, seja ela passiva ou mesmo ativa. Conforme esclarece Hungria:

> "A corrupção nem sempre é *crime bilateral*, isto é, nem sempre pressupõe (em qualquer de suas modalidades) um *pactum sceleris*. Como a corrupção passiva já se entende consumada até mesmo na hipótese de simples *solicitação*, por parte do *intraneus*, da vantagem indevida, ainda que não seja atendida pelo *extraneus*, assim também a corrupção ativa se considera consumada com a simples oferta ou promessa de vantagem indevida por parte do *extraneus*, pouco importando que o *intraneus* a recuse."[86]

No que diz respeito especificamente ao delito de *corrupção ativa*, o tipo do art. 333 do Código Penal prevê os seguintes elementos: *a)* as condutas de *oferecer* e *prometer*; *b)* vantagem indevida a funcionário público; *c)* para determiná-lo a praticar, omitir ou retardar ato de ofício.

O núcleo *oferecer* deve ser entendido no sentido de propor, apresentar uma proposta para entrega imediata, uma vez que o verbo *prometer*, também constante do art. 333 do Código Penal, nos dá a entender que essa proposta, esse oferecimento seja para o futuro. Tratando-se de um crime de forma livre, a corrupção ativa pode ser praticada por diversos meios, a exemplo de sinais, gestos, escritos, conversas explícitas etc.

As condutas de *oferecer* e *prometer* devem ser dirigidas a um funcionário público e dizer respeito a uma vantagem a ele indevida. Conforme salientamos quando do estudo do delito

---

[86] HUNGRIA, Nélson. *Comentários ao código penal*, v. IX, p. 429.

de concussão, existe controvérsia a respeito do que seja, efetivamente, *vantagem indevida*. Entendemos que a *vantagem indevida* pode ter qualquer natureza, isto é, econômica, moral, sexual etc., pois o tipo penal está inserido em capítulo, bem como em título que nos permite essa ilação, ao contrário do que ocorre, por exemplo, com o art. 159 do Código Penal, que, embora mencione a expressão *qualquer vantagem*, esta deve, obrigatoriamente, ter natureza patrimonial, de acordo com a interpretação sistêmica que deve ser realizada.

A conduta de oferecer ou prometer vantagem indevida a funcionário público deve ser dirigida finalisticamente no sentido de determiná-lo a praticar, omitir ou retardar ato de ofício. Quando o tipo penal em estudo se vale do verbo determinar, o faz não com um sentido impositivo, mas, sim, com uma conotação de convencimento. Isso significa que o corruptor não necessariamente exige que o funcionário pratique qualquer dos comportamentos mencionados pelo tipo, mas, sim, que a sua conduta o convence, o estimula a praticá-lo.

Portanto, a finalidade do comportamento do corruptor é fazer, com o oferecimento ou promessa da vantagem indevida, com que o funcionário público pratique, omita ou retarde ato de ofício. Assim, é fundamental que se trate de ato de ofício, ou seja, aquele atribuído às funções exercidas pelo funcionário perante a Administração Pública, não havendo, até mesmo, necessidade de que o mencionado ato seja ilícito. Se o funcionário público, no entanto, vier a, efetivamente, retardar ou omitir o ato de ofício, ou a praticá-lo com infração ao dever funcional, a pena será aumentada em um terço, conforme determinação contida no parágrafo único do art. 333 do Código Penal.

6.2 Classificação doutrinária

Crime comum no que diz respeito ao sujeito ativo e próprio quanto ao sujeito passivo; doloso; de forma livre, comissivo (podendo, no entanto, ser praticado via omissão imprópria, nos termos do art. 13, § 2º, do Código Penal); instantâneo; monossubjetivo; unissubsistente ou plurissubsistente (dependendo, no caso concreto, da possibilidade ou não de fracionamento do *iter criminis*); transeunte.

6.3 Sujeito ativo e sujeito passivo

Qualquer pessoa pode ser *sujeito ativo* do delito de *corrupção ativa*, não exigindo o tipo penal em estudo nenhuma qualidade ou condição especial, podendo até mesmo ser praticado por outro funcionário público.

O *sujeito passivo* é o Estado, bem como, secundariamente, o funcionário público, desde que não aceite a vantagem indevida, pois, caso contrário, será considerado como autor do delito de corrupção passiva, nos termos do art. 317 do Código Penal.

6.4 Objeto material e bem juridicamente protegido

A Administração Pública é o bem juridicamente protegido pelo tipo penal que prevê o delito de *corrupção ativa*.

O objeto material do delito é a vantagem indevida.

6.5 Consumação e tentativa

Tratando-se de crime formal, o delito de *corrupção ativa* se consuma no instante em que o agente pratica qualquer dos comportamentos previstos pelo tipo, vale dizer, quando *oferece* ou *promete* vantagem indevida a funcionário público, com a finalidade de determiná-lo a praticar, omitir ou retardar ato de ofício. A consumação ocorre, portanto, no momento do oferecimento ou da promessa da vantagem indevida, não havendo necessidade, para efeitos de seu reconhecimento, que o funcionário público, efetivamente, venha a praticar, omitir ou retardar ato de ofício.

O delito restará consumado ainda que o funcionário público recuse a indevida vantagem econômica oferecida ou prometida pelo agente; caso venha a aceitá-la, deverá o funcionário ser responsabilizado pelo delito de corrupção passiva, havendo, nesse caso, uma quebra da chamada teoria monista ou unitária, prevista no art. 29 do Código Penal, devendo o corruptor ativo responder pelo delito tipificado no art. 333 do citado diploma legal e o funcionário corrupto, pelo art. 317 do mesmo estatuto.

A tentativa será admissível desde que, na hipótese concreta, se possa fracionar o *iter criminis*, embora seja de difícil configuração.

6.6 Elemento subjetivo

O dolo é o elemento subjetivo exigido pelo tipo penal que prevê o delito de corrupção ativa, não havendo previsão, pois, para a modalidade de natureza culposa.

Assim, o agente deve conhecer todos os elementos que integram a figura típica, pois, caso contrário, poderá ser arguido o erro de tipo, a exemplo daquele que oferece uma vantagem indevida a alguém desconhecendo sua qualidade de funcionário público.

6.7 Modalidades comissiva e omissiva

Os núcleos *oferecer* e *prometer* pressupõem um comportamento comissivo por parte do agente. No entanto, o delito poderá ser praticado via omissão imprópria, na hipótese em que o agente, garantidor, dolosamente, nada fizer para evitar a prática do delito *sub examen*, devendo ser responsabilizado nos termos do art. 13, § 2º, do Código Penal.

6.8 Causa especial de aumento de pena

Em virtude do maior prejuízo causado à Administração Pública, o parágrafo único do art. 333 do Código Penal diz que a pena é aumentada em um terço se, em razão da vantagem ou promessa, o funcionário retarda ou omite ato de ofício ou o pratica infringindo dever funcional.

6.9 Pena e ação penal

A pena cominada ao delito de *corrupção ativa*, de acordo com a alteração feita pela Lei nº 10.763, de 12 de novembro de 2003, é de reclusão, de 2 (dois) a 12 (doze) anos, e multa.

A pena será aumentada em um terço, nos termos do parágrafo único do art. 333 do Código Penal, se, em razão da vantagem ou promessa, o funcionário retarda ou omite ato de ofício, ou o pratica infringindo dever funcional.

A ação penal é de iniciativa pública incondicionada.

6.10 Destaques

6.10.1 Corrupção ativa e Código Penal Militar

O delito de corrupção ativa veio previsto no Código Penal Militar (Decreto-Lei nº 1.001, de 21 de outubro de 1969), conforme se verifica pela leitura do seu art. 309, punindo com pena de reclusão, de até oito anos, aquele que der, oferecer ou prometer dinheiro ou vantagem indevida para a prática, omissão ou retardamento de ato funcional.

6.10.2 Corrupção ativa em transação comercial internacional

Tratando-se de corrupção ativa em transação comercial internacional, o fato se amoldará, em virtude do princípio da especialidade, ao art. 337-B do Código Penal, que diz:

> **Art. 337-B.** Prometer, oferecer ou dar, direta ou indiretamente, vantagem indevida a funcionário público estrangeiro, ou a terceira pessoa, para determiná-lo a praticar, omitir ou retardar ato de ofício relacionado à transação comercial internacional:
> Pena – reclusão, de 1 (um) a 8 (oito) anos, e multa.

6.10.3 Oferecimento de vantagem indevida após a prática do ato

Para que se configure o delito de corrupção ativa, a conduta do agente, ao oferecer ou prometer a indevida vantagem a funcionário público, deve ser dirigida no sentido de fazer com que ele pratique, omita ou retarde ato de ofício. Portanto, para efeitos de caracterização da corrupção ativa, o oferecimento ou promessa da vantagem ilícita deve ser anterior ao comportamento praticado pelo funcionário.

Caso o agente, após a prática do ato de ofício pelo funcionário público, venha a lhe oferecer ou prometer vantagem indevida, o fato não se subsumirá ao tipo penal que prevê o delito de corrupção ativa.

6.10.4 Atipicidade no que diz respeito à conduta de dar a vantagem solicitada pelo funcionário público

Imagine-se a hipótese em que determinado fiscal solicite de um comerciante o pagamento de uma vantagem indevida. Mesmo não tendo nada a temer, pois sua contabilidade encontra-se perfeita, o comerciante, preocupado com a possibilidade de sofrer alguma retaliação por parte do fiscal corrupto, concorda em fazer o pagamento da importância que lhe havia sido solicitada. Nesse caso, poderia o comerciante ser responsabilizado pelo delito de corrupção ativa? Entendemos que não, pois no tipo penal do art. 333 não se encontra a previsão do núcleo *dar*, ao contrário do que ocorre com os delitos mencionados nos arts. 309 do Código Penal Militar e 337-B do Código Penal.

Assim, por não ser possível o recurso à analogia *in malam partem*, deverá ser considerado atípico o comportamento do *extraneus* que, cedendo às solicitações do funcionário corrupto, lhe dá a vantagem indevida.

6.10.5 Oferecimento de pequenos agrados

Não é incomum no serviço público o oferecimento de pequenos agrados, feitos por particulares, com a finalidade de angariar a simpatia dos funcionários públicos. Assim, são oferecidas caixas de bombom, canetas, garrafas de vinho etc. Se tais comportamentos não são destinados a fazer com que o *intraneus* pratique, omita ou retarde ato de ofício, não terão eles a importância exigida pelo Direito Penal.

Damásio de Jesus, embora fazendo menção a fatos ocorridos após a prática do ato de ofício, diz:

> "Não há crime na hipótese de o sujeito dar ao funcionário pequenas gratificações ou doações em agradecimento a comportamento funcional seu. Nesse caso, o servidor público não está sendo corrompido, mas objeto de uma gratidão do contribuinte, satisfeito com sua atuação

funcional. Não existe oferta ou promessa de vantagem, mas conduta de agradecimento posterior ao ato de ofício, o que descaracteriza o delito."[87]

6.10.6 Corrupção privada no esporte

O parágrafo único do art. 165 da Lei Geral do Esporte (Lei nº 14.597, de 14 de junho de 2023), cuja rubrica prevê o delito de corrupção privada no esporte, diz, *verbis*:

> **Art. 165.** Exigir, solicitar, aceitar ou receber vantagem indevida, como representante de organização esportiva privada, para favorecer a si ou a terceiros, direta ou indiretamente, ou aceitar promessa de vantagem indevida, a fim de realizar ou de omitir ato inerente às suas atribuições:
> Pena – reclusão, de 2 (dois) a 4 (quatro) anos, e multa.
> Parágrafo único. Nas mesmas penas incorre quem oferece, promete, entrega ou paga, direta ou indiretamente, ao representante da organização esportiva privada, vantagem indevida.

Tal como ocorre com o delito de corrupção previsto no art. 333 do Código Penal, aquele que promete a vantagem indevida responderá pelo comportamento tipificado no parágrafo único do art. 165 da Lei Geral do Esporte, enquanto aquele que a aceita responderá pelo *caput* do mesmo artigo.

Assim, se um árbitro solicita determinada vantagem para alterar, por exemplo, o resultado de uma competição desportiva, e o "cartola", anuindo à solicitação, lhe concede, efetivamente, a vantagem solicitada, os dois responderão criminalmente pelos seus atos, cada qual pela sua infração penal correspondente, vale dizer, o árbitro pelo delito tipificado no *caput* do art. 165 em estudo, e o cartola por aquele previsto no seu parágrafo único, todos do mesmo diploma repressivo.

6.10.7 Corrupção ativa e Código Eleitoral

O delito de corrupção ativa eleitoral encontra-se tipificado no art. 299 da Lei nº 4.737, de 15 de julho de 1965 (Código Eleitoral), que dispõe:

> **Art. 299.** Dar, oferecer, prometer, solicitar ou receber, para si ou para outrem, dinheiro, dádiva, ou qualquer outra vantagem, para obter ou dar voto e para conseguir ou prometer abstenção, ainda que a oferta não seja aceita:
> Pena – reclusão até quatro anos e pagamento de cinco a quinze dias-multa.

6.11 Quadro-resumo

Sujeitos
» Ativo: qualquer pessoa.
» Passivo: é o Estado, bem como, de forma secundária, o funcionário público, desde que não aceite a vantagem indevida, pois, caso contrário, será considerado como autor do delito de corrupção passiva, nos termos do art. 317 do CP.

Objeto material
É a vantagem indevida.

---

[87] JESUS, Damásio E. de. *Direito penal*, v. 4, p. 217.

Bem(ns) juridicamente protegido(s)

É a Administração Pública.

Elemento subjetivo

Dolo, não havendo previsão, pois, para a modalidade de natureza culposa.

Modalidades comissiva e omissiva

Os núcleos oferecer e prometer pressupõem um comportamento comissivo por parte do agente, podendo, no entanto, ser praticados via omissão imprópria.

Consumação e tentativa

» Tratando-se de crime formal, o delito de corrupção ativa se consuma no instante em que o agente pratica qualquer dos comportamentos previstos pelo tipo. Não há necessidade que o funcionário público, efetivamente, venha a praticar, omitir ou retardar ato de ofício.
» O delito restará consumado ainda que o funcionário público recuse a indevida vantagem econômica oferecida ou prometida pelo agente.
» A tentativa será admissível desde que, na hipótese concreta, se possa fracionar o *iter criminis*, embora seja de difícil configuração.

7. DESCAMINHO

Descaminho
Art. 334. Iludir, no todo ou em parte, o pagamento de direito ou imposto devido pela entrada, pela saída ou pelo consumo de mercadoria:
Pena – reclusão, de 1 (um) a 4 (quatro) anos.
§ 1º Incorre na mesma pena quem:
I – pratica navegação de cabotagem, fora dos casos permitidos em lei;
II – pratica fato assimilado, em lei especial, a descaminho;
III – vende, expõe à venda, mantém em depósito ou, de qualquer forma, utiliza em proveito próprio ou alheio, no exercício de atividade comercial ou industrial, mercadoria de procedência estrangeira que introduziu clandestinamente no País ou importou fraudulentamente ou que sabe ser produto de introdução clandestina no território nacional ou de importação fraudulenta por parte de outrem;
IV – adquire, recebe ou oculta, em proveito próprio ou alheio, no exercício de atividade comercial ou industrial, mercadoria de procedência estrangeira, desacompanhada de documentação legal ou acompanhada de documentos que sabe serem falsos.
§ 2º Equipara-se às atividades comerciais, para os efeitos deste artigo, qualquer forma de comércio irregular ou clandestino de mercadorias estrangeiras, inclusive o exercido em residências.
§ 3º A pena aplica-se em dobro se o crime de descaminho é praticado em transporte aéreo, marítimo ou fluvial.

7.1 Introdução

Em sua redação original, o art. 334 do Código Penal tipificava as figuras do *contrabando* e do *descaminho* quando previa, conjuntamente, os comportamentos de *importar ou exportar mercadoria proibida ou iludir, no todo ou em parte, o pagamento de direito ou imposto devido pela entrada, pela saída ou pelo consumo de mercadoria*, razão pela qual a doutrina considerava a primeira parte do mencionado artigo como hipótese de *contrabando (próprio)* e a segunda, em que se previa o descaminho, como de *contrabando impróprio*.

Com o advento da Lei nº 13.008, de 26 de junho de 2014, os delitos foram desmembrados, sendo que o descaminho permaneceu tipificado no art. 334 e o contrabando passou a ser previsto no art. 334-A, recebendo, outrossim, tratamentos diferenciados, principalmente no que diz respeito às penas cominadas a cada uma dessas infrações penais, sendo o delito de contrabando considerado mais grave que o de descaminho, como veremos quando da análise desses tipos penais.

De acordo com a redação constante do *caput* do art. 334 do Código Penal, podemos apontar os seguintes elementos: *a)* a conduta de iludir, no todo ou em parte; *b)* o pagamento de direito ou imposto; *c)* devido pela entrada, pela saída ou pelo consumo de mercadoria.

Ao contrário do que ocorre com o delito de contrabando (art. 334-A), no descaminho não há proibição de importação ou exportação da mercadoria. O agente, no entanto, ilude, ou seja, tenta se livrar, enganar, fraudar, total ou parcialmente, do pagamento de direito ou imposto que, normalmente, recairia sobre a mercadoria, devido pela entrada, pela saída, ou pelo seu consumo, almejando, dessa forma, lucrar com seu comportamento que, consequentemente, traz prejuízo não somente ao erário público, como também às demais pessoas (físicas ou jurídicas) que importam ou exportam as mercadorias com fins comerciais e que efetuam corretamente o pagamento de direito ou imposto, fazendo com que ocorra uma desigualdade no valor final dessas mercadorias. Trata-se de um crime, portanto, em que o agente tem por finalidade burlar a fiscalização tributária, objetivando deixar de levar a efeito o pagamento o tributo que era devido.

Imposto, de acordo com o art. 16 do Código Tributário Nacional, *é o tributo cuja obrigação tem por fato gerador uma situação independente de qualquer atividade estatal específica, relativa ao contribuinte.*

Por mercadoria devemos entender qualquer bem passível de remoção, tendo ou não a finalidade de comercialização. Assim, alguém pode, por exemplo, burlar parcialmente o pagamento do imposto correspondente a determinado automóvel, de importação permitida, querendo tão somente utilizá-lo ou mesmo para fins comerciais, ampliando sua margem de lucro com a sua venda.

Se o fundamento da punição pelo descaminho é a fraude, a ilusão, total ou parcial, do pagamento de direito ou imposto, devido pela entrada, pela saída ou pelo consumo de mercadoria, não haverá a prática do crime, portanto, quando não houver a necessidade desse pagamento, como ocorre, por exemplo, com os livros, em que existe imunidade tributária, de acordo com o art. 150, III, *d,* da Constituição Federal.

Conforme esclarece Mirabete:

"Há decisões subordinando o crime de descaminho a questões prévias, prejudiciais, de natureza administrativa e fiscal. Segundo essa orientação, estende-se ao delito, dada a sua natureza tributária, o entendimento de que a ausência de prévia constituição do crédito na esfera administrativa, mediante o lançamento definitivo do tributo, impede a configuração de crime material contra a ordem tributária. A Súmula Vinculante nº 24, porém, refere-se somente aos crimes materiais contra a ordem tributária, previstos no art. 1º, incisos I a IV, da Lei nº 8.137/90. Também não são diligências absolutamente necessárias à apuração do ilícito a busca e apreensão ou o exame pericial."[88]

Nesse sentido, decidiu o STF:

"Crime de descaminho (CP, art. 334). Ausência de constituição definitiva do crédito tributário. Prescindibilidade. Crime formal que se considera consumado independentemente do resultado. Precedentes" (STF, HC 122.268/MG, Rel. Min. Dias Toffoli, 2ª T., DJe 04/08/2015).

---

[88] MIRABETE, Julio Fabbrini; FABBRINI, Renato N. *Manual de direito penal* – Parte especial, v. 3, p. 366-367.

7.2 Classificação doutrinária

Crime comum; doloso; de forma livre; comissivo, ou omissivo próprio (uma vez que a ilusão no pagamento pode ser total ou parcial); formal; instantâneo, de efeitos permanentes; monossubjetivo; unissubsistente ou plurissubsistente (dependendo, no caso concreto, da possibilidade ou não de fracionamento do *iter criminis*); transeunte (podendo, no entanto, ser considerado como não transeunte, se houver possibilidade de realização de perícia).

7.3 Sujeito ativo e sujeito passivo

Qualquer pessoa poderá ser *sujeito ativo* do delito de *descaminho*, haja vista que o tipo do art. 334 do Código Penal não exige nenhuma qualidade ou condição especial.

O *sujeito passivo* é o Estado.

7.4 Objeto material e bem juridicamente protegido

A Administração Pública é o bem juridicamente protegido pelo delito de *descaminho*.

O objeto material do delito é a mercadoria proibida, ou o direito ou imposto devido pela entrada, pela saída ou pelo seu consumo, cujo pagamento foi iludido total ou parcialmente.

7.5 Consumação e tentativa

De acordo com as lições de Luiz Regis Prado:

"A consumação do delito de descaminho se perfaz com a liberação da mercadoria pela alfândega. Caso o delito seja perpetrado em outro local, esta se realiza, na modalidade de exportação, quando a mercadoria transpõe a linha de fronteira do território nacional, enquanto, na hipótese de importação, a consumação se dá no momento em que o produto ingressa no país, ainda que se encontre nos limites da zona fiscal."[89]

O STJ, reconhecendo a natureza formal do delito de descaminho, decidiu:

"É entendimento sedimentado desta Corte que, nas hipóteses de descaminho, não é exigida a constituição definitiva do crédito tributário para a consumação do delito" (STJ, AgRg no REsp 1.807.259 / SC, Rel. Min. Nefi Cordeiro, 6ª T., DJe 09/08/2019).

"É assente na jurisprudência desta Corte que o crime de descaminho é de natureza formal, sendo prescindível, portanto, a conclusão do processo administrativo-fiscal para a sua caracterização. Não há como aplicar o mesmo entendimento jurisprudencial aos crimes descritos nos arts. 334 do Código Penal e 1º da Lei nº 8.137/1990, visto que possuem objetividade distinta" (STJ, AgRg no REsp 1.488.692/PR, Rel. Min. Joel Ilan Paciornik, 5ª T., DJe 16/08/2017).

"O Supremo Tribunal Federal e o Superior Tribunal de Justiça firmaram compreensão no sentido de que a consumação do crime de descaminho independe da constituição definitiva do crédito tributário, haja vista se tratar de crime formal, diversamente dos crimes tributários listados na Súmula Vinculante nº 24 do Pretório Excelso. Cuidando-se de crime formal, mostra-se irrelevante o parcelamento e pagamento do tributo, não se inserindo, ademais, o crime de descaminho entre as hipóteses de extinção da punibilidade listadas na Lei nº 10.684/2003. De fato, referida lei se aplica apenas aos delitos de sonegação fiscal, apropriação indébita previdenciária e sonegação de contribuição previdenciária. Dessa forma, cuidando-se de crime de

---

[89] PRADO, Luiz Regis. *Curso de direito penal brasileiro*, v. 3, p. 585.

descaminho, não há se falar em extinção da punibilidade pelo pagamento" (STJ, HC 271.650/PE, Rel. Min. Reynaldo Soares da Fonseca, 5ª T., DJe 09/03/2016).

Tratando-se, como regra, de crime plurissubsistente, será possível o reconhecimento da tentativa.

7.6 Elemento subjetivo

O dolo é o elemento subjetivo exigido pelo tipo penal que prevê o delito de *descaminho*, não havendo previsão para a modalidade de natureza culposa.

O agente deverá conhecer todos os elementos que integram a figura típica em estudo, pois, caso contrário, poderá ser arguido o erro de tipo ou mesmo o erro de proibição. Assim, imagine-se a hipótese daquele que traz consigo, do exterior, mercadoria cuja importação supunha possuir imunidade tributária, razão pela qual deixou de efetuar o pagamento dos impostos correspondentes.

7.7 Modalidades comissiva e omissiva

A conduta de *iludir*, no todo ou em parte, o pagamento de direito ou imposto devido pela entrada, pela saída ou pelo consumo de mercadoria poderá ser considerada comissiva ou omissiva, dependendo da forma como o delito de descaminho for praticado. Nesse sentido, preleciona Ivan Luiz da Silva, que o agente pode realizar "a conduta de modo comissivo (p. ex., indicar que a mercadoria não é tributável ou atribuir valor a menor para evitar a tributação etc.) ou omissivo (deixar de declarar na entrada ou saída do território nacional)".[90]

Como bem alertado por Fernando Galvão:

"É juridicamente impossível responsabilizar pelo crime em exame aquele que esteja na posição de garantidor e por omissão inobservar o seu dever de agir para evitar a ocorrência do *descaminho*. Para tal caso o Código Penal prevê o crime omissivo próprio de *facilitação de contrabando ou descaminho* (art. 318), que afasta a incidência da regra da omissão imprópria."[91]

7.8 Modalidades assemelhadas de contrabando ou descaminho

O § 1º do art. 334 do Código Penal, com a nova redação que lhe foi conferida pela Lei nº 13.008, de 26 de junho de 2014, prevê quatro modalidades assemelhadas ao descaminho, a saber:

> I) pratica navegação de cabotagem, fora dos casos permitidos em lei; [...].

Navegação de cabotagem, de acordo com a definição constante do inciso IX do art. 2º da Lei nº 9.432, de 8 de janeiro de 1997, é a realizada entre portos ou pontos do território brasileiro utilizando a via marítima ou esta e as vias navegáveis interiores. O inciso X do citado artigo define a navegação interior como aquela realizada em hidrovias interiores, em percurso nacional ou internacional.

> II) pratica fato assimilado, em lei especial, a descaminho;
> [...].

---

[90] SILVA, Ivan Luiz da. *Curso de direito penal* – Parte especial, v. 2, p. 1.011.
[91] GALVÃO, Fernando. *Direito penal – crimes contra a administração pública*, p. 325.

Fato assimilado é aquele previsto pela legislação especial, comparável ao descaminho, cuidando-se, portanto, de uma norma penal em branco:

> III) vende, expõe à venda, mantém em depósito ou, de qualquer forma, utiliza em proveito próprio ou alheio, no exercício de atividade comercial ou industrial, mercadoria de procedência estrangeira que introduziu clandestinamente no País ou importou fraudulentamente ou que sabe ser produto de introdução clandestina no território nacional ou de importação fraudulenta por parte de outrem;

De acordo com as lições de Ivan Luiz da Silva, esse dispositivo legal incrimina a prática de:

"Descaminho por agentes que exercem a atividade comercial ou industrial. Assim, trata-se de um crime próprio, pois o sujeito ativo deve ser comerciante ou industrial, já que a conduta criminosa deve ser praticada no exercício de atividade comercial ou industrial. Para não haver dúvida quanto à qualidade de comerciante do agente, o legislador dispõe no § 2º que 'equipara-se às atividades comerciais, para os efeitos deste artigo, qualquer forma de comércio irregular ou clandestino de mercadorias estrangeiras, inclusive o exercido em residências'. Assim, a descrição típica alcança tanto o comerciante regularmente estabelecido como o comerciante de fato (ou seja, que exerce o comércio de modo irregular ou clandestinamente). Não obstante, é necessário que haja a habitualidade para caracterizar-se o exercício do comércio, seja regular ou irregular."[92]

Além, disso, a repercussão de ordem prática ao se aplicar ao autor do descaminho o inciso III *sub examen* pode residir no fato de que, em algumas situações, a exemplo daquele que expõe à venda ou mantém em depósito, o delito deixaria de ser instantâneo, de efeitos permanentes, passando a ser considerado um crime permanente, podendo o agente, nesse caso, ser preso em flagrante, além de modificar a contagem do prazo prescricional.

Na segunda parte constante do inciso III em estudo, estaríamos diante de um caso de receptação, ficando afastada, no entanto, a aplicação do art. 180 do Código Penal, em virtude da aplicação do princípio da especialidade.

O § 2º do art. 334 do Código Penal, como mencionado, equipara às atividades comerciais qualquer forma de comércio irregular ou clandestino de mercadorias estrangeiras, até mesmo em residências.

> IV) adquire, recebe ou oculta, em proveito próprio ou alheio, no exercício de atividade comercial ou industrial, mercadoria de procedência estrangeira, desacompanhada de documentação legal, ou acompanhada de documentos que sabe serem falsos.

Cuida-se, também aqui, de um delito de receptação, que foi especializado pelo inciso IV do § 1º do art. 334 do Código Penal.

Aplica-se, *in casu*, o § 2º do art. 334 do citado diploma repressivo no que diz respeito à extensão do conceito de atividades comerciais.

Conforme esclarece Cleber Masson:

"Em relação à mercadoria de procedência estrangeira desacompanhada de documentação legal (exemplo: nota fiscal), o elemento subjetivo é o dolo (direto ou eventual), acompanhado de um especial fim de agir (elemento subjetivo específico), representado pela expressão 'em proveito próprio ou alheio'. No tocante à mercadoria de procedência estrangeira acompanhada

---

[92] SILVA, Ivan Luiz da. *Curso de direito penal*, parte especial, v. 2, p. 1.015.

de documentos falsos, impõe-se a presença do dolo direto, pois o sujeito 'sabe serem falsos' tais documentos. Também se exige um elemento subjetivo específico ('em proveito próprio ou alheio')."[93]

7.9 Causa especial de aumento de pena

Diz o § 3º do art. 334 do Código Penal, com a redação determinada pela Lei nº 13.008, de 26 de junho de 2014, que a pena será aplicada em dobro, se o crime de descaminho for praticado em transporte aéreo, marítimo ou fluvial.

O transporte aéreo utilizado pelo agente dificulta a descoberta da infração penal, importando em maior juízo de censura.

Na redação anterior do § 3º do art. 334 do estatuto repressivo, não havia previsão da mencionada causa especial de aumento de pena para as hipóteses em que o crime de descaminho fosse praticado por meio de transporte marítimo ou fluvial, tendo a modificação trazida pela Lei nº 13.008, de 26 de junho de 2014, suprido aquela lacuna.

Transporte marítimo, como é cediço, é aquele realizado através dos mares, por qualquer tipo de embarcação; fluvial é o levado a efeito pelos rios.

7.10 Pena, ação penal e suspensão condicional do processo

A pena cominada ao delito de descaminho (*caput* e § 1º do art. 334 do Código Penal) é de reclusão, de 1 (um) a 4 (quatro) anos.

A pena aplica-se em dobro se o crime de descaminho é praticado em transporte aéreo, marítimo ou fluvial, de acordo com o § 3º do art. 334 mesmo diploma legal.

A ação penal é de iniciativa pública incondicionada.

Será possível a confecção de proposta de suspensão condicional do processo, nos termos do art. 89 da Lei nº 9.099/95, desde que não aplicado o § 3º do art. 334 do Código Penal.

7.11 Destaques

7.11.1 Competência para julgamento

O Superior Tribunal de Justiça, por intermédio da Súmula nº 151, ratificou posição no seguinte sentido:

> **Súmula nº 151.** *A competência para o processo e julgamento por crime de contrabando ou descaminho define-se pela prevenção do Juízo Federal do lugar da apreensão dos bens.*

7.11.2 Princípio da insignificância

O princípio da insignificância tem sido aplicado por nossos Tribunais Superiores à infração penal tipificada no art. 334 do diploma repressivo, conforme se verifica nas seguintes decisões:

"O STF já decidiu que, em se tratando de crime de descaminho, deve ser considerada a soma dos débitos consolidados para a análise do preenchimento do requisito objetivo necessário

---

[93] MASSON, Cleber. *Código penal comentado*, p. 1.176.

à aplicação do princípio da insignificância" (STF, HC 167.235 AgR / RS, Rel. Min. Roberto Barroso, 1ª T., DJe 17/05/2019).

"No crime de descaminho, o Supremo Tribunal Federal tem considerado, para a avaliação da insignificância, o patamar de R$ 20.000,00, previsto no art. 20 da Lei nº 10.522/2002 e atualizado pelas Portarias nº 75 e nº 130/2012 do Ministério da Fazenda. Precedentes. 2. Na espécie, como a soma dos tributos que deixaram de ser recolhidos perfaz a quantia de R$ 19.750,41 e o paciente, segundo os autos, não responde a outros procedimentos administrativos fiscais ou processos criminais, é de se afastar a tipicidade material do delito de descaminho com base no princípio da insignificância" (STF, HC 137.595 AgR/SP, Rel. Min. Dias Toffoli, 2ª T., DJe 07/05/2018)

"A Terceira Seção do STJ, por ocasião do julgamento do REsp 1.709.029, julgado em 28/02/2018, firmou a compreensão de ser aplicável o princípio da insignificância aos débitos tributários até o limite de R$ 20.000,00, conforme o disposto no art. 20 da Lei nº 10.522/2002, atualizada pelas Portarias nº 75 e 130, ambas do Ministério da Fazenda" (STJ, AgInt no REsp 1.617.899/SP, Rel. Min. Nefi Cordeiro, 6ª T., DJe 02/05/2018).

"Para crimes de descaminho, considera-se, para a avaliação da insignificância, o patamar de R$ 20.000,00, previsto no art. 20 da Lei nº 10.522/2002, atualizado pelas Portarias 75 e 130/2012 do Ministério da Fazenda. Precedentes" (STF, HC 120.617/PR, 1ª T., Rel.ª Min.ª Rosa Weber, julg. 4/2/2014).

7.11.3 Princípio da insignificância e reiteração delitiva

Embora nossos Tribunais Superiores apliquem o raciocínio correspondente ao princípio da insignificância ao delito de descaminho quando a fraude no pagamento de direito ou imposto for inferior ao valor de R$ 20.000,00 (vinte mil reais), existe resistência na sua aplicação quando se tratar de reiteração delitiva, conforme se verifica na leitura dos julgados abaixo:

"A reiteração delitiva afasta a aplicação do princípio da insignificância nos crimes de descaminho. Precedentes" (STJ, AgRg no AREsp 1.277.201 / MT, Rel. Min. Rogério Schietti Cruz, 6ª T., DJe 27/06/2019).

"A habitualidade no delito de descaminho, tendo em vista a existência de vários procedimentos administrativos fiscais instaurados, afasta o requisito referente ao reduzido grau de reprovabilidade do comportamento da agente, impossibilitando a aplicação do princípio da insignificância" (STJ, AgRg no REsp 1.679.992/PR, Rel. Min. Jorge Mussi, 5ª T., DJe 25/05/2018).

"Segundo o entendimento deste Tribunal, não é possível a aplicação do princípio da insignificância no crime de descaminho quando a existência de informações acerca da reiteração criminosa em delitos da mesma natureza demonstra elevado grau de reprovabilidade da conduta e maior grau de lesividade jurídica provocada, sendo que, inclusive as reiteradas autuações em processos administrativos fiscais, os inquéritos e ações penais em curso, mesmo não configurando reincidência, são suficientes para caracterizar a habitualidade criminosa. Precedentes" (STJ, AgRg no AREsp 812.459/PR, Rel. Min. Sebastião Reis Junior, 6ª T., DJe 09/06/2016).

"A sucessiva omissão (reiteração) no pagamento do tributo devido nas importações de mercadorias de procedência estrangeira impede a incidência do princípio da insignificância em caso de persecução penal por crime de descaminho. Precedentes" (STJ, AgRg no AREsp 616.052/MS, Rel. Min. Rogério Schietti Cruz, 6ª T., DJe 20/04/2016).

7.11.4 Desnecessidade de prévio esgotamento da via administrativa para efeitos de configuração do descaminho

Para que o agente possa ser denunciado pela prática do delito de descaminho, não há necessidade de esgotamento da via administrativa. Nesse sentido, nossos Tribunais Superiores vêm decidindo:

> "Consoante jurisprudência pacífica desta Corte, por se tratar de crime formal, é irrelevante o parcelamento e pagamento do tributo, não se aplicando ao descaminho a extinção da punibilidade prevista na Lei Federal nº 10.684/2003" (STJ, AgRg no AREsp 1.259.739 / SP, Rel. Min. Joel Ilan Paciornik, 5ª T., DJe 11/06/2019).

> "É assente na jurisprudência desta Corte que o delito de descaminho é crime formal, não sendo necessária a constituição definitiva do crédito tributário para a sua configuração. O perdimento dos bens é sanção administrativa que não impede o prosseguimento da ação penal para apuração do delito de descaminho" (Súmula 83/STJ) (STJ, AgRg no AREsp 1027360/ES, Rel. Min. Nefi Cordeiro, 6ª T., DJe 27/03/2018).

> "O delito de descaminho não se submete à Súmula Vinculante nº 24 do Supremo Tribunal Federal, expressa em exigir o exaurimento da via administrativa somente em crime material contra a ordem tributária, previsto no art. 1º, incisos I a IV, da Lei nº 8.137/90. Orientação consolidada no STF" (STJ, AgRg no REsp 1.459.169/PR, Rel. Min. Reynaldo Soares da Fonseca, 5ª T., DJe 09/06/2015).

Em sentido contrário, merece registro a posição de Ivan Luiz da Silva, quando, fundamentando suas conclusões, assevera:

> "1º) O crime de descaminho tem natureza tributária, como reconhecido pela doutrina nacional; 2º) a Súmula vinculante nº 24 do STF exige a finalização do procedimento administrativo fiscal para a configuração dos crimes contra ordem tributária. Assim, sendo o descaminho também um delito de natureza fiscal, nada obsta a aplicação, por analogia, da Súmula vinculante nº 24 no sentido de se exigir a confirmação no procedimento administrativo fiscal do não recolhimento do tributo devido para a configuração do descaminho."[94]

7.11.5 Ausência de necessidade do exame pericial

Não há necessidade de realização de exame pericial para que se possa dar início à ação penal pelo crime de descaminho, uma vez que o fato criminoso poderá ser demonstrado por meio de outras provas. Nesse sentido, decidiu o STJ:

> "Para se viabilizar denúncia pelos crimes de contrabando ou descaminho, não se mostra necessária a realização de exame pericial nas mercadorias apreendidas, notadamente quando a materialidade delitiva estiver comprovada por outros meios de prova, como, no caso, o auto de apreensão, o auto de infração e o termo de apreensão e guarda fiscal. Precedentes desta Corte" (STJ, AgRg. no REsp 1.37.3725/MG, Rel. Min. Marco Aurélio Bellizze, 5ª T., DJe 10/6/2014).

7.11.6 Pagamento do tributo e extinção da punibilidade

Embora a doutrina se posicione majoritariamente no sentido de se aplicar, por analogia, ao crime de descaminho o art. 34 da Lei nº 9.249/95 – *extingue-se a punibilidade dos crimes*

---

[94] SILVA, Ivan Luiz da. *Curso de direito penal* – Parte especial, v. 2, p. 1.012.

definidos na Lei nº 8.137, de 27 de dezembro de 1990, e na Lei nº 4.729, de 14 de julho de 1965, quando o agente promover o pagamento do tributo ou contribuição social, inclusive acessórios, antes do recebimento da denúncia –, existe controvérsia jurisprudencial, tendo o STF se posicionado favoravelmente, no entanto, à sua aplicação:

"O pagamento integral de débito – devidamente comprovado nos autos – empreendido pelo paciente em momento anterior ao trânsito em julgado da condenação que lhe foi imposta é causa de extinção de sua punibilidade, conforme opção político-criminal do legislador pátrio. Precedente. Entendimento pessoal externado por ocasião do julgamento, em 09/05/2013, da AP nº 516/DF-ED pelo Tribunal Pleno, no sentido de que a Lei nº 12.382/2011, que regrou a extinção da punibilidade dos crimes tributários nas situações de parcelamento do débito tributário, não afetou o disposto no § 2º do art. 9º da Lei nº 10.684/2003, o qual prevê a extinção da punibilidade em razão do pagamento do débito, a qualquer tempo. Ordem concedida de ofício para declarar extinta a punibilidade do paciente" (STF, HC 116.828/SP, Rel. Min. Dias Toffoli, 1ª T., DJe 17/10/2013).

"Penal. *Habeas corpus*. Descaminho (art. 334, § 1º, alíneas 'c' e 'd', do Código Penal). Pagamento do tributo. Causa extintiva da punibilidade. Abrangência pela Lei nº 9.249/95. Norma penal favorável ao réu. Aplicação retroativa. Crime de natureza tributária. 1. Os tipos de descaminho previstos no art. 334, § 1º, alíneas 'c' e 'd', do Código Penal têm redação definida pela Lei nº 4.729/65. 2. A revogação do art. 2º da Lei nº 4.729/65 pela Lei nº 8.383/91 é irrelevante para o deslinde da controvérsia, porquanto, na parte em que definidas as figuras delitivas do art. 334, § 1º, do Código Penal, a Lei nº 4.729/65 continua em pleno vigor. 3. Deveras, a Lei nº 9.249/95, ao dispor que o pagamento dos tributos antes do recebimento da denúncia extingue a punibilidade dos crimes previstos na Lei nº 4.729/65, acabou por abranger os tipos penais descritos no art. 334, § 1º, do Código Penal, dentre eles aquelas figuras imputadas ao paciente – alíneas 'c' e 'd' do § 1º. 4. A Lei nº 9.249/95 se aplica aos crimes descritos na Lei nº 4.729/65 e, a *fortiori*, ao descaminho previsto no art. 334, § 1º, alíneas 'c' e 'd', do Código Penal, figura típica cuja redação é definida, justamente, pela Lei nº 4.729/65. 5. Com efeito, *in casu*, quando do pagamento efetuado a causa de extinção da punibilidade prevista no art. 2º da Lei nº 4.729/65 não estava em vigor, por ter sido revogada pela Lei nº 6.910/80, sendo certo que, com o advento da Lei nº 9.249/95, a hipótese extintiva da punibilidade foi novamente positivada. 6. A norma penal mais favorável aplica-se retroativamente, na forma do art. 5º, inciso XL, da Constituição Federal. 7. O crime de descaminho, mercê de tutelar o erário público e a atividade arrecadatória do Estado, tem nítida natureza tributária. 8. O caso *sub judice* enseja a mera aplicação da legislação em vigor e das regras de direito intertemporal, por isso que dispensável incursionar na seara da analogia *in bonam partem*. 9. Ordem concedida" (*HC* 85.942/SP, 1ª T., Rel. Min. Luiz Fux, julg. 24/5/2011).

7.12 Quadro-resumo

Sujeitos
» Ativo: qualquer pessoa.
» Passivo: é o Estado.

Objeto material
É a mercadoria proibida, ou o direito ou o imposto devido pela entrada, pela saída ou pelo seu consumo, cujo pagamento fora iludido total ou parcialmente.

Bem(ns) juridicamente protegido(s)

É a Administração Pública.

Elemento subjetivo

Dolo, não havendo previsão para a modalidade de natureza culposa.

Modalidades comissiva e omissiva

No que diz respeito à conduta de iludir, no todo ou em parte, o pagamento de direito ou imposto devido pela entrada, pela saída ou pelo consumo de mercadoria, poderá ela ser considerada comissiva ou omissiva própria, dependendo da forma como o delito de descaminho for praticado.

Consumação e tentativa

» De acordo com as lições de Luiz Regis Prado (2001, p. 585) "a consumação do delito de descaminho se perfaz com a liberação da mercadoria pela alfândega. Caso o delito seja perpetrado em outro local, esta se realiza, na modalidade de exportação, quando a mercadoria transpõe a linha de fronteira do território nacional, enquanto, na hipótese de importação, a consumação se dá no momento em que o produto ingressa no país, ainda que se encontre nos limites da zona fiscal".
» O STJ, reconhece a natureza formal do delito de descaminho.
» Tratando-se, como regra, de crime plurissubsistente, será possível o reconhecimento da tentativa.

8. CONTRABANDO

Contrabando
Art. 334-A. Importar ou exportar mercadoria proibida:
Pena – reclusão, de 2 (dois) a 5 (cinco) anos.
§ 1º Incorre na mesma pena quem:
I – pratica fato assimilado, em lei especial, a contrabando;
II – importa ou exporta clandestinamente mercadoria que dependa de registro, análise ou autorização de órgão público competente;
III – reinsere no território nacional mercadoria brasileira destinada à exportação;
IV – vende, expõe à venda, mantém em depósito ou, de qualquer forma, utiliza em proveito próprio ou alheio, no exercício de atividade comercial ou industrial, mercadoria proibida pela lei brasileira;
V – adquire, recebe ou oculta, em proveito próprio ou alheio, no exercício de atividade comercial ou industrial, mercadoria proibida pela lei brasileira.
§ 2º Equipara-se às atividades comerciais, para os efeitos deste artigo, qualquer forma de comércio irregular ou clandestino de mercadorias estrangeiras, inclusive o exercido em residências.
§ 3º A pena aplica-se em dobro se o crime de contrabando é praticado em transporte aéreo, marítimo ou fluvial.

8.1 Introdução

O art. 334-A foi inserido no Código Penal pela Lei nº 13.008, de 26 de junho de 2014. Antes da referida modificação legal, os crimes de contrabando e descaminho recebiam o mesmo tratamento, encontrando-se, inclusive, na mesma figura típica, vale dizer, o art. 334 do diploma repressivo.

Com o advento da Lei nº 13.008, de 26 de junho de 2014, o crime de contrabando passou a figurar no tipo penal do art. 334-A, sendo até mesmo tratado de forma mais severa que o descaminho, conforme veremos quando do estudo das penas a ele cominadas.

Hoje em dia, as ruas dos grandes centros urbanos encontram-se congestionadas pelo comércio ambulante, geralmente praticado na ilegalidade. São expostos e vendidos produtos que não passaram por qualquer controle de qualidade e que, no entanto, atraem o grande público em razão dos baixos preços com que são comercializados. Embora nosso país sempre tenha vivido a realidade das desigualdades sociais, em que os ricos ficam cada vez mais abastados e os pobres cada vez mais miseráveis, em que o conceito constitucional de igualdade de todos perante a lei é puramente formal, em que a corrupção fincou sua "barraca" no interior da Administração Pública, existe a necessidade de proteger o Estado e, consequentemente, todos os cidadãos, no que diz respeito à importação ou exportação de mercadorias proibidas.

Comerciantes que pagam seus impostos, devido à importação de produtos originais, de qualidade reconhecida e atestada, se veem prejudicados pelo comércio ilegal, fruto do contrabando, no qual as mercadorias falsificadas são vendidas por valores bem inferiores. Isso gera uma concorrência desleal, fazendo com que os comerciantes que atuam na legalidade se sintam desestimulados, pois o grande público, infelizmente, ainda valoriza mais o baixo custo do que a qualidade da mercadoria, mesmo, muitas vezes, colocando em risco a própria saúde, pois os produtos falsificados podem, por exemplo, ter sido fabricados com a utilização de substâncias tóxicas, sem qualquer controle.

Em razão da gravidade desses fatos é que há necessidade de criminalizar o contrabando, tipificado no art. 334-A do Código Penal. De acordo com a redação constante do *caput* do mencionado artigo, podemos apontar os seguintes elementos que informam o tipo penal em estudo: *a)* a conduta de importar; *b)* ou exportar; *c)* mercadoria proibida.

Importar tem o sentido de trazer, para dentro do território nacional, ou seja, comercializar, uma mercadoria que se encontrava em outro país. Como bem lembrado por Cleber Masson, "a mercadoria não precisa ser obrigatoriamente estrangeira. É possível sua fabricação no Brasil, desde que se destine exclusivamente à exportação. Nesse caso, como a circulação em solo pátrio é proibida, sua posterior reintrodução no território nacional acarreta a configuração do delito",[95] como acontece com os cigarros destinados à exportação, conforme esclarece o art. 12 do Decreto-Lei nº 1.593, de 21 de dezembro de 1977, com a redação que lhe foi conferida pela Lei nº 13.670, de 20 de maio de 2018, *verbis*:

> **Art. 12.** Os cigarros destinados à exportação não poderão ser vendidos nem expostos à venda no País e deverão ser marcados, nas embalagens de cada maço ou carteira, pelos equipamentos de que trata o art. 27 da Lei nº 11.488, de 15 de junho de 2007, com códigos que possibilitem identificar sua legítima origem e reprimir a introdução clandestina desses produtos no território nacional.

Exportar significa enviar, comercializar, para outro país, mercadoria que se encontrava no território nacional.

Mercadoria diz respeito a qualquer bem passível de remoção, transporte ou comercialização.

Para que se configure o contrabando, a mercadoria importada ou exportada deve se encontrar no rol daquelas consideras *proibidas* de ingresso ou saída do território nacional. Trata-se, portanto, de uma norma penal em branco, uma vez que o Governo brasileiro, por meio de seus Ministérios (Fazenda, Agricultura, Saúde etc.), como regra, é que especificará quais são essas mercadorias consideradas proibidas, a exemplo do que ocorre com a importação de:

---

[95] MASSON, Cleber. *Código penal comentado*, p. 1.171.

cigarros e bebidas fabricados no Brasil, destinados à venda exclusivamente no exterior; cigarros de marca que não seja comercializada no país de origem; brinquedos, réplicas e simulacros de armas de fogo, que com estas se possam confundir, exceto se for para integrar coleção de usuário autorizado, nas condições fixadas pelo Comando do Exército Brasileiro; espécies animais da fauna silvestre sem um parecer técnico e licença expedida pelo Ministério do Meio Ambiente; espécies aquáticas para fins ornamentais e de agricultura, em qualquer fase do ciclo vital, sem permissão do órgão competente; produtos assinalados com marcas falsificadas, alteradas ou imitadas, ou que apresentem falsa indicação de procedência; mercadorias cuja produção tenha violado direito autoral ("pirateadas") produtos contendo organismos geneticamente modificados; os agrotóxicos, seus componentes e afins; resíduos sólidos perigosos e rejeitos, bem como resíduos sólidos cujas características causem dano ao meio ambiente, à saúde pública e animal ou à sanidade vegetal, ainda que para tratamento, reforma, reuso, reutilização ou recuperação etc.; ou com a exportação de peles e couros de anfíbios e répteis, em bruto; cavalos importados para fins de reprodução, salvo quando tiverem permanecido no País, como reprodutores, durante o prazo mínimo de três anos consecutivos etc.[96]

8.2 Classificação doutrinária

Crime comum; doloso; de forma livre; comissivo, ou omissivo próprio (uma vez que a ilusão no pagamento pode ser total ou parcial); formal; instantâneo, de efeitos permanentes; monossubjetivo; plurissubsistente; transeunte (podendo, no entanto, ser considerado como não transeunte, se houver possibilidade de realização de perícia).

8.3 Sujeito ativo e sujeito passivo

Qualquer pessoa poderá ser *sujeito ativo* do delito de *contrabando*, haja vista que o tipo do art. 334-A do Código Penal não exige nenhuma qualidade ou condição especial.

O *sujeito passivo* é o Estado.

8.4 Objeto material e bem juridicamente protegido

A Administração Pública é o bem juridicamente protegido pelo delito de *contrabando*.
O objeto material do delito é a mercadoria proibida.

8.5 Consumação e tentativa

O delito de contrabando se consuma quando da entrada (importação) ou saída (exportação) do território nacional da mercadoria proibida.

Conforme esclarece, com precisão, Rogério Sanches Cunha:

> "Na importação ou exportação de mercadoria proibida com passagem pelos órgãos alfandegários, o delito se consuma quando transposta a barreira fiscal (liberada pela autoridade competente), mesmo que a mercadoria não tenha chegado ao seu destino. Já na hipótese de ingressar ou sair pelos meios ocultos (clandestinos), a consumação depende da transposição das fronteiras do país.

---

[96] *Vide* Decreto nº 6.759, de 5 de fevereiro de 2009, que Regulamenta a administração das atividades aduaneiras, e a fiscalização, o controle e a tributação das operações de comércio exterior.

Se vier por navio é necessário que este atraque em território nacional. De igual maneira, se transportada a mercadoria por avião, exige-se o pouso."[97]

Tratando-se, como regra, de crime plurissubsistente, será possível o reconhecimento da tentativa.

8.6 Elemento subjetivo

O dolo é o elemento subjetivo exigido pelo tipo penal que prevê o delito de *contrabando*, não havendo previsão para a modalidade de natureza culposa.

O agente deverá conhecer todos os elementos que integram a figura típica em estudo, pois, caso contrário, poderá ser arguido o erro de tipo ou mesmo o erro de proibição. Assim, por exemplo, imagine-se a hipótese daquele que traz em sua bagagem, vindo dos Estados Unidos, produto que havia ingressado recentemente na lista de mercadorias proibidas pelo Governo brasileiro, ingresso esse que ocorreu durante o tempo em que o agente permaneceu fora do Brasil. Nesse caso, poderá ser alegado o chamado erro de proibição, previsto pelo art. 21 do Código Penal, devendo-se verificar, contudo, se o erro era evitável ou inevitável, isentando o agente de pena ou fazendo que, se condenado, a pena possa ser diminuída de um sexto a um terço.

8.7 Modalidades comissiva e omissiva

Os núcleos *importar* e *exportar* mercadoria proibida pressupõem um comportamento comissivo por parte do agente.

Tal como ocorre com o delito de descaminho, de acordo com as lições de Fernando Galvão:

> "É juridicamente impossível responsabilizar pelo crime em exame aquele que esteja na posição de garantidor e por omissão inobservar o seu dever de agir para evitar a ocorrência do *contrabando*. Para tal caso o Código Penal prevê o crime omissivo próprio de *facilitação de contrabando ou descaminho* (art. 318), que afasta a incidência da regra da omissão imprópria."[98]

8.8 Modalidades assemelhadas de contrabando

O § 1º do art. 334 do Código Penal, com a redação determinada pela Lei nº 13.008, de 26 de junho de 2014, prevê cinco modalidades assemelhadas de contrabando ou descaminho, a saber:

> I – pratica fato assimilado, em lei especial, a contrabando;
> [...];

Fato assimilado é aquele previsto pela legislação especial, comparável ao contrabando, a exemplo do art. 39 do Decreto-Lei nº 288, de 28 de fevereiro de 1967, que considera como contrabando a saída de mercadorias da Zona Franca sem a autorização legal expedida pelas autoridades competentes; ou o art. 3º do Decreto-Lei nº 399, de 30 de dezembro de 1968, que diz ficarem incursos nas penas previstas no art. 334 do Código Penal os que, em infração às medidas a serem baixadas na forma do seu art. 2º, adquirirem, transportarem, venderem,

---

[97] CUNHA, Rogério Sanches. *Manual de direito penal* – Parte especial, p. 861-862.
[98] GALVÃO, Fernando. *Direito penal – crimes contra a administração pública*, p. 343.

expuserem à venda, tiverem em depósito, possuírem ou consumirem qualquer dos produtos nele mencionados, vale dizer, fumo, charuto, cigarrilha e cigarro de procedência estrangeira.

> II – importa ou exporta clandestinamente mercadoria que dependa de registro, análise ou autorização de órgão público competente;

O art. 616 do Decreto nº 6.759, de 5 de fevereiro de 2009, por exemplo, aduz:

> **Art. 616.** Os organismos geneticamente modificados e seus derivados destinados a pesquisa ou a uso comercial só poderão ser importados ou exportados após autorização ou em observância às normas estabelecidas pela Comissão Técnica Nacional de Biossegurança ou pelos órgãos e entidades de registro e fiscalização (Lei nº 11.105, de 24 de marco de 2005, arts. 14, inciso IX, 16, inciso III, e 29).

A importação desses produtos, como se percebe, não está proibida. No entanto, somente será possível após a devida autorização do órgão público competente. Caso tenha sido levada a efeito sem ela, o fato importará no crime de contrabando.

> III – reinsere no território nacional mercadoria brasileira destinada à exportação;

Veja-se, por exemplo, o que ocorre com os cigarros destinados à exportação, conforme previsão constante do art. 603 do Decreto nº 6.759, de 5 de fevereiro de 2009, *verbis*:

> **Art. 603.** Os cigarros destinados à exportação não poderão ser vendidos nem expostos à venda no País, sendo o fabricante obrigado a imprimir, tipograficamente ou por meio de etiqueta, nas embalagens de cada maço ou carteira de vinte unidades, bem como nos pacotes e em outros envoltórios que as contenham, em caracteres visíveis, o número do Cadastro Nacional da Pessoa Jurídica (Decreto-Lei nº 1.593, de 1977, art. 12, *caput*, com a redação dada pela Medida Provisória nº 2.158-35, de 2001, art. 32).
> [...]
> IV – vende, expõe à venda, mantém em depósito ou, de qualquer forma, utiliza em proveito próprio ou alheio, no exercício de atividade comercial ou industrial, mercadoria proibida pela lei brasileira;
> [...].

Analisando essa situação, Fragoso, com precisão, preleciona:

"Mal se compreende a incriminação prevista no primeiro caso. Temos ali ações pelo próprio autor do contrabando [...], que representam um *exaurimento* do crime, e que constituiriam normalmente fato posterior impunível. A hipótese se resolveria como concurso aparente de normas. Não é admissível que o legislador tenha pretendido punir o contrabandista duas vezes: uma pelo contrabando, e outra pela venda, exposição à venda, manutenção em depósito ou utilização, em proveito próprio, da coisa contrabandeada. A solução a ser adotada, a nosso ver, deve ser a de considerar a hipótese da primeira parte da letra *c* (atual inciso IV), norma especial em relação ao contrabando [...], de tal sorte que sua aplicação (nas situações de venda, exposição à venda, depósito ou utilização em proveito próprio) exclui a do crime previsto na cabeça do artigo."

A repercussão de ordem prática ao se aplicar ao autor do contrabando o inciso IV *sub examen* pode residir no fato de que, em algumas situações, a exemplo daquele que expõe à venda ou mantém em depósito, o delito deixaria de ser instantâneo, de efeitos permanentes, passando a ser considerado um crime permanente, podendo o agente, nesse caso, ser preso em flagrante, além de modificar a contagem do prazo prescricional.

Na segunda parte constante do inciso IV em estudo, estaríamos diante de um caso de receptação, ficando afastada, no entanto, a aplicação do art. 180 do Código Penal, em virtude da aplicação do princípio da especialidade.

O § 2º do art. 334-A do Código Penal equipara às atividades comerciais qualquer forma de comércio irregular ou clandestino de mercadorias estrangeiras, inclusive o exercido em residências.

> V – adquire, recebe ou oculta, em proveito próprio ou alheio, no exercício de atividade comercial ou industrial, mercadoria proibida pela lei brasileira.

Cuida-se, também aqui, de um delito de receptação, que foi especializado pelo inciso IV do § 1º do art. 334-A do Código Penal.

Aplica-se, *in casu*, o § 2º do art. 334-A do citado diploma repressivo no que diz respeito à extensão do conceito de atividades comerciais.

8.9 Causa especial de aumento de pena

Diz o § 3º do art. 334-A do Código Penal, com a redação determinada pela Lei nº 13.008, de 26 de junho de 2014, que a pena será aplicada em dobro se o crime de contrabando é praticado em transporte aéreo, marítimo ou fluvial.

O agente que se utiliza de qualquer dessas modalidades de transporte para a prática do contrabando, incorre em um maior juízo de censura, uma vez que dificulta, com esse comportamento, a ação fiscalizadora das autoridades competentes.

Para que ocorra a aplicação da majorante, faz-se necessário que o transporte por via aérea, marítima ou fluvial seja clandestino. Caso o agente, v.g., tenha se submetido regularmente à fiscalização aduaneira, na chegada da sua viagem ao Brasil, seja qual for o transporte utilizado (aéreo, marítimo ou fluvial), se trouxer em sua bagagem mercadoria proibida, não haverá possibilidade de aplicação da majorante em estudo, pois, caso contrário, seria ela aplicada à quase totalidade dos contrabandos, excepcionando-se, somente, o transporte terrestre.

8.10 Pena e ação penal

A pena cominada ao delito de contrabando (*caput* e § 1º do art. 334-A do Código Penal) é de reclusão, de 2 (dois) a 5 (cinco) anos.

A pena aplica-se em dobro se o crime de contrabando é praticado em transporte aéreo, marítimo ou fluvial.

A ação penal é de iniciativa pública incondicionada.

8.11 Destaques

8.11.1 Competência para julgamento

O Superior Tribunal de Justiça, por intermédio da Súmula nº 151, ratificou posição no sentido de que:

> **Súmula nº 151.** A competência para o processo e julgamento por crime de contrabando ou descaminho define-se pela prevenção do Juízo Federal do lugar da apreensão dos bens.

8.11.2 Princípio da insignificância

Ao contrário do que ocorre com o crime de descaminho, nossos Tribunais Superiores têm resistência na aplicação do princípio da insignificância ao delito de contrabando. No entanto, somente a hipótese concreta é que poderá ditar essa impossibilidade. Assim, por exemplo, imagine-se a hipótese em que alguém traga do exterior uma pistola de pressão (ar comprimido), muito parecida com uma pistola verdadeira. A importação dessa mercadoria é, efetivamente, proibida, conforme determina o art. 26 da Lei nº 10.826, de 22 de dezembro de 2003:

> **Art. 26.** São vedadas a fabricação, a venda, a comercialização e a importação de brinquedos, réplicas e simulacros de armas de fogo, que com estas se possam confundir.

No entanto, não vemos impedimento para a aplicação do raciocínio correspondente ao princípio da insignificância, mesmo que a mercadoria proibida venha a ser apreendida e seu perdimento declarado, em face da sua impossibilidade de ingresso no território nacional.

Nossos Tribunais Superiores têm decidido o seguinte:

"Prevalece nesta Corte o posicionamento de que a importação não autorizada de cigarros, por constituir crime de contrabando, é insuscetível de aplicação do princípio da insignificância, pois implica não apenas lesão ao erário e à atividade arrecadatória do Estado, mas a outros bens jurídicos tutelados pela norma penal, como, no caso, a saúde pública" (STJ, AgRg no REsp 1.744.576 / SC, Rel. Min. Rogério Schietti Cruz, 6ª T., DJe 04/06/2019).

"Este Superior Tribunal de Justiça firmou o entendimento de que a introdução clandestina de cigarros, em território nacional, em desconformidade com as normas de regência, configura o delito de contrabando, ao qual não se aplica o princípio da insignificância, por tutelar interesses que transbordam a mera elisão fiscal. Precedentes" (STJ, AgRg no AREsp 1.116.451/MT, Rel. Min. Nefi Cordeiro, 6ª T., DJe 02/05/2018).

"Na espécie, infere-se que o acórdão recorrido encontra-se alinhado à jurisprudência desta Corte, no sentido de que a introdução de cigarros em território nacional é sujeita à proibição relativa, sendo que a sua prática, fora dos moldes expressamente previstos em lei, constitui o delito de contrabando, o qual inviabiliza a incidência do princípio da insignificância. Isto porque o bem juridicamente tutelado vai além do mero valor pecuniário do imposto elidido, pois visa a proteger o interesse estatal de impedir a entrada e a comercialização de produtos proibidos em território nacional, bem como resguardar a saúde pública" (STJ, RHC 82.276/RS, Rel. Min. Reynaldo Soares da Fonseca, 5ª T., DJe 30/06/2017).

"Segundo a jurisprudência do Supremo Tribunal Federal, para se caracterizar hipótese de aplicação do denominado 'princípio da insignificância' e, assim, afastar a recriminação penal, é indispensável que a conduta do agente seja marcada por ofensividade mínima ao bem jurídico tutelado, reduzido grau de reprovabilidade, inexpressividade da lesão e nenhuma periculosidade social. Nesse sentido, a aferição da insignificância como requisito negativo da tipicidade envolve um juízo de tipicidade conglobante, muito mais abrangente que a simples expressão do resultado da conduta. Importa investigar o desvalor da ação criminosa em seu sentido amplo, de modo a impedir que, a pretexto da insignificância apenas do resultado material, acabe desvirtuado o objetivo a que visou o legislador quando formulou a tipificação legal. Assim, há de se considerar que 'a insignificância só pode surgir à luz da finalidade geral que dá sentido à ordem normativa' (Zaffaroni), levando em conta também que o próprio legislador já considerou hipóteses de irrelevância penal, por ele erigidas, não para excluir a tipicidade, mas para mitigar a pena ou a persecução penal. Assim, por menor que possa ter sido o resultado da lesão patrimonial, a definição da insignificância não descarta a análise dos demais elementos do tipo penal. O contrabando, delito aqui imputado ao paciente, é figura típica cuja objetividade jurídico-penal abrange não só a proteção econômico-estatal, mas em igual medida interesses de outra ordem, tais como a saúde, a segurança pública e a moralidade pública (na repressão à importação de mercadorias proibidas), bem como a indústria nacional, que se protege com a barreira alfandegária. O caso envolve a prática do crime de contrabando de veículo usado, comportamento dotado de intenso grau de reprovabilidade, dados os bens jurídicos envolvidos, o que impede a aplicação do princípio da insignificância" (STF, HC 114.315/RS, Rel. Min. Teori Zavascki, 2ª T., DJe 01/02/2016).

8.11.3 Perdimento da mercadoria de importação proibida

Diz o art. 692 do Decreto nº 6.759, de 5 de fevereiro de 2009, que "regulamenta a administração das atividades aduaneiras, e a fiscalização, o controle e a tributação das operações de comércio exterior", *verbis*:

> **Art. 692.** As mercadorias de importação proibida na forma da legislação específica serão apreendidas, liminarmente, em nome e ordem do Ministro de Estado da Fazenda, para fins de aplicação da pena de perdimento (Decreto-Lei nº 1.455, de 1976, art. 26, *caput*).

8.12 Quadro-resumo

Sujeitos
» Ativo: qualquer pessoa.
» Passivo: é o Estado.

Objeto material
É a mercadoria proibida, ou o direito ou o imposto devido pela entrada, pela saída ou pelo seu consumo, cujo pagamento fora iludido total ou parcialmente.

Bem(ns) juridicamente protegido(s)
É a Administração Pública.

Elemento subjetivo
Dolo, não havendo previsão para a modalidade de natureza culposa.

Modalidades comissiva e omissiva
Os núcleos importar e exportar mercadoria proibida pressupõem um comportamento comissivo por parte do agente.

Consumação e tentativa
» O delito de contrabando se consuma quando da entrada (importação) ou saída (exportação) do território nacional da mercadoria proibida.
» Tratando-se, como regra, de crime plurissubsistente, será possível o reconhecimento da tentativa.

9. IMPEDIMENTO, PERTURBAÇÃO OU FRAUDE DE CONCORRÊNCIA

Impedimento, perturbação ou fraude de concorrência
Art. 335. Impedir, perturbar ou fraudar concorrência pública ou venda em hasta pública, promovida pela administração federal, estadual ou municipal, ou por entidade paraestatal; afastar ou procurar

afastar concorrente ou licitante, por meio de violência, grave ameaça, fraude ou oferecimento de vantagem:
Pena – detenção, de seis meses a dois anos, ou multa, além da pena correspondente à violência.
Parágrafo único. Incorre na mesma pena quem se abstém de concorrer ou licitar, em razão da vantagem oferecida.

9.1 Introdução

O art. 335 do Código Penal foi revogado pelos tipos penais constantes dos arts. 93 e 95 da Lei nº 8.666, de 21 de junho de 1993, que regulamentou o art. 37, XXI, da Constituição Federal e instituiu normas de licitações e contratos da Administração Pública, que, por sua vez, foram revogados pela Lei nº 14.133, de 1º de abril de 2021, que inseriu, ao Código Penal, os arts. 337-I e 337-K dizem, *verbis*:

Perturbação de processo licitatório
Art. 337-I. Impedir, perturbar ou fraudar a realização de qualquer ato de processo licitatório:
Pena – detenção, de 6 (seis) meses a 3 (três) anos, e multa.

Afastamento de licitante
Art. 337-K. Afastar ou tentar afastar licitante por meio de violência, grave ameaça, fraude ou oferecimento de vantagem de qualquer tipo:
Pena – reclusão, de 3 (três) anos a 5 (cinco) anos, e multa, além da pena correspondente à violência.
Parágrafo único. Incorre na mesma pena quem se abstém ou desiste de licitar em razão de vantagem oferecida.

10. INUTILIZAÇÃO DE EDITAL OU DE SINAL

Inutilização de edital ou de sinal
Art. 336. Rasgar ou, de qualquer forma, inutilizar ou conspurcar edital afixado por ordem de funcionário público; violar ou inutilizar selo ou sinal empregado, por determinação legal ou por ordem de funcionário público, para identificar ou cerrar qualquer objeto:
Pena – detenção, de um mês a um ano, ou multa.

10.1 Introdução

O delito de *inutilização de edital ou de sinal* encontra-se previsto no art. 336 do Código Penal. Mediante a análise da redação típica, podemos apontar os seguintes elementos: *a)* a conduta de *rasgar* ou, de qualquer forma, *inutilizar* ou *conspurcar* edital afixado por ordem de funcionário público; *b)* a violação ou inutilização de selo ou sinal empregado, por determinação legal ou por ordem de funcionário público, para identificar ou cerrar qualquer objeto.

Verifica-se, portanto, que o art. 336 do Código Penal contém diferentes objetos materiais. Na primeira parte do artigo, a conduta do agente é dirigida contra *edital*; na segunda, contra *selo* ou *sinal*.

Hungria, com precisão de detalhes, analisa a primeira parte do art. 336 do Código Penal dizendo:

"O objeto de proteção é, aqui, o edital que, emanado de funcionário público (nos casos legais) e por ordem deste, se divulga mediante afixação em lugar acessível a *quidam de populo*. Pode ser judicial (edital de citação, edital de praça ou hasta pública, edital de casamento) ou administrativo (edital de concorrência pública, edital de concurso, edital de aviso ou convocação para qualquer outro determinado fim administrativo). O fato de rasgar, inutilizar ou conspurcar o edital representa, antes de tudo, um menosprezo, uma desprestigiante irreverência para com a autoridade que o fez afixar, e, embora substituível o edital por outro, não deixa de ser, também, um embaraço, ainda que transitório, ao fim de ordem ou interesse público colimado por esse meio de publicidade oficial. O rasgamento (dilaceração) pode ser total ou parcial (com ou sem completo desprendimento do papel, podendo, ou não, ser reunidos os retalhos para reconstituição do edital). Inutilizar é tornar ilegível o edital, como, por exemplo, riscando-o, raspando-o, colocando outro papel por cima. Conspurcar é sujar, emporcalhar, ainda que não fique, de todo, prejudicada a leitura."[99]

Na segunda parte do art. 336 do Código Penal, a conduta é *violar* (utilizada no sentido de romper, profanar, devassar) ou *inutilizar* (compreendida como tornar inútil ou imprestável), selo ou sinal empregado por determinação legal ou por ordem de funcionário público, que deverá ter competência para o ato, utilizado para identificar ou cerrar qualquer objeto, seja ele móvel ou imóvel, a exemplo dos lacres, arames, fitas utilizadas pela polícia para evitar o ingresso de pessoas em determinados locais, papéis timbrados, que podem ou não ser assinados pela autoridade que determinou o fechamento de um local etc.

Conforme esclarece Noronha:

"Necessário, entretanto, é que sejam determinados por lei ou que funcionário competente os tenha ordenado. Servem para assegurar a identidade de uma coisa, pois, contendo a marca, timbre ou assinatura da autoridade, são colocados na boca ou abertura de urnas, caixas, gavetas, ou em portas etc., sempre que se quer assegurar a permanência ou não substituição de seu conteúdo etc."[100]

10.2 Classificação doutrinária

Crime comum no que diz respeito ao sujeito ativo e próprio quanto ao sujeito passivo; doloso; de forma livre, comissivo (podendo, no entanto, ser praticado via omissão imprópria, nos termos do art. 13, § 2º, do Código Penal); instantâneo; monossubjetivo; plurissubsistente; não transeunte.

10.3 Sujeito ativo e sujeito passivo

Qualquer pessoa poderá ser *sujeito ativo* do delito de *inutilização de edital ou de sinal*, haja vista que o tipo do art. 336 do Código Penal não exige nenhuma qualidade ou condição especial.

O *sujeito passivo* é o Estado.

10.4 Objeto material e bem juridicamente protegido

A Administração Pública é o bem juridicamente protegido pelo delito de *inutilização de edital ou de sinal*.

Objeto material do delito é o edital, referido na primeira parte do art. 336 do Código Penal, bem como o selo ou sinal empregado, por determinação legal ou por ordem de funcionário público, para identificar ou cerrar qualquer objeto.

---

[99] HUNGRIA, Nélson. *Comentários ao código penal*, v. IX, p. 444.
[100] NORONHA, Edgard Magalhães. *Direito penal*, v. 4, p. 356.

10.5 Consumação e tentativa

Tratando-se de um crime de dano, o delito se consuma no momento em que o agente rasga, inutiliza ou conspurca o edital mencionado pela primeira parte do tipo do art. 336 do Código Penal. Da mesma forma, ocorrerá a consumação quando o agente vier a, efetivamente, violar ou inutilizar selo ou sinal empregado, por determinação legal ou por ordem de funcionário público, para identificar ou cerrar qualquer objeto, não havendo necessidade de que o agente tenha tido conhecimento, por exemplo, do conteúdo da coisa por ele visada com a prática da violação ou inutilização do selo ou sinal.

Tratando-se de crime plurissubsistente, será possível o reconhecimento da tentativa.

10.6 Elemento subjetivo

O dolo é o elemento subjetivo exigido pelo tipo penal que prevê o delito de *inutilização de edital ou de sinal*, não havendo previsão para a modalidade de natureza culposa.

Assim, por exemplo, aquele que, de forma imprudente, deixando de observar o seu necessário dever objetivo de cuidado, vier a violar sinal empregado, por ordem de funcionário público, para identificar um objeto, não poderá ser responsabilizado pelo delito em estudo.

Da mesma forma, o agente deverá conhecer todos os elementos que integram a figura típica para que se possa afirmar o seu dolo, pois, caso contrário, poderá ser arguido o erro de tipo. A título de exemplo, imagine-se a hipótese daquele que viola um sinal empregado para identificar um objeto, não tendo conhecimento de que ali havia sido colocado por determinação legal ou por ordem de funcionário público. Nesse caso, sua conduta deverá ser considerada atípica, pois, mesmo que tenha agido sem observar o seu dever objetivo de cuidado, a ausência de previsão expressa para a modalidade de natureza culposa faz com que o seu comportamento seja considerado um indiferente penal.

10.7 Modalidades comissiva e omissiva

As condutas de *rasgar, inutilizar, conspurcar* e *violar* pressupõem um comportamento comissivo por parte do agente. Poderá, no entanto, o crime ser praticado via omissão imprópria, na hipótese em que o agente, garantidor, dolosamente, nada fizer para evitar a prática do delito *sub examen*, devendo ser responsabilizado nos termos do art. 13, § 2º, do Código Penal.

10.8 Pena, ação penal, competência para julgamento e suspensão condicional do processo

A pena cominada ao delito de *inutilização de edital ou de sinal* é de detenção, de 1 (um) mês a 1 (um) ano, ou multa.

A ação penal é de iniciativa pública incondicionada.

Compete, pelo menos inicialmente, ao Juizado Especial Criminal o processo e julgamento do delito tipificado no art. 336 do Código Penal, tendo em vista que a pena máxima cominada em abstrato não ultrapassa o limite de 2 (dois) anos, imposto pelo art. 61 da Lei nº 9.099/95, conforme alteração determinada pela Lei nº 11.313, de 28 de junho de 2006.

Será possível a confecção de proposta de suspensão condicional do processo, nos termos do art. 89 da Lei nº 9.099/95.

10.9 Destaque

10.9.1 Inutilização de edital ou de sinal oficial e Código Penal Militar

O delito de inutilização de edital ou de sinal oficial veio previsto no Código Penal Militar (Decreto-Lei nº 1.001, de 21 de outubro de 1969), conforme se verifica pela leitura do seu art. 338, punindo com pena de detenção, de até um ano, aquele que rasgar, ou de qualquer forma inutilizar ou conspurcar edital afixado por ordem da autoridade militar; violar ou inutilizar selo ou sinal empregado, por determinação legal ou ordem de autoridade militar, para identificar ou cerrar qualquer objeto.

10.10 Quadro-resumo

Sujeitos
» Ativo: qualquer pessoa.
» Passivo: é o Estado.

Objeto material
É o edital, referido na primeira parte do art. 336 do CP, bem como o selo ou sinal empregado, por determinação legal ou por ordem de funcionário público, para identificar ou cerrar qualquer objeto.

Bem(ns) juridicamente protegido(s)
É a Administração Pública.

Elemento subjetivo
Dolo, não havendo previsão para a modalidade de natureza culposa.

Modalidades comissiva e omissiva
As condutas de rasgar, inutilizar, conspurcar e violar pressupõem um comportamento comissivo por parte do agente, podendo, no entanto, ser praticadas via omissão imprópria.

Consumação e tentativa
» Tratando-se de um crime de dano, o delito se consuma no momento em que o agente pratica uma das condutas tipificadas, não havendo necessidade de que o agente tenha tido conhecimento, por exemplo, do conteúdo da coisa por ele visada com a prática da violação ou inutilização do selo ou sinal.
» Tratando-se de crime plurissubsistente, será possível o reconhecimento da tentativa.

11. SUBTRAÇÃO OU INUTILIZAÇÃO DE LIVRO OU DOCUMENTO

Subtração ou inutilização de livro ou documento
Art. 337. Subtrair, ou inutilizar, total ou parcialmente, livro oficial, processo ou documento confiado à custódia de funcionário, em razão de ofício, ou de particular em serviço público:
Pena – reclusão, de dois a cinco anos, se o fato não constitui crime mais grave.

11.1 Introdução

O delito de *subtração ou inutilização de livro ou documento* encontra-se previsto pelo art. 337 do Código Penal. De acordo com a redação típica, podemos apontar os seguintes elementos: *a)* a conduta de *subtrair* ou *inutilizar*, total ou parcialmente, livro oficial, processo ou documento; *b)* confiado à custódia de funcionário, em razão de ofício; *c)* ou de particular em serviço público.

O núcleo *subtrair* pode ser entendido tal como no delito de furto, vale dizer, no sentido de retirar o objeto material da esfera de disponibilidade do funcionário, em razão de ofício, ou de particular em serviço público, com o consequente ingresso na posse tranquila do agente. Conforme esclarece Luiz Regis Prado, "importa agregar que tanto a ocultação como a substituição são formas de subtração, pois também representam a retirada da coisa do seu lugar próprio".[101]

Inutilizar tem o significado de tornar inútil, imprestável, total ou parcialmente, livro oficial, processo ou documento.

Livro oficial é aquele criado por lei, em sentido amplo, para determinada finalidade de registro; *processo* diz respeito a uma reunião concatenada, organizada de atos de qualquer natureza (administrativa, judicial, legislativa etc.), que se materializa naquilo que denominamos *autos*; *documento* é todo escrito, de natureza pública ou privada.

Para que ocorra o delito em estudo, a conduta prevista pelo tipo deve ter tido como objeto material o livro oficial, o processo ou o documento que estava confiado à custódia de funcionário, em razão do ofício, ou seja, em razão do cargo por ele ocupado, ou a particular, que se encontrava no exercício de serviço público, pois, conforme esclarece Hungria, também "nesse último caso, como é claro, a custódia e o serviço público devem estar em relação de efeito a causa (como, por exemplo, na hipótese de provas escritas de um concurso oficial confiadas a um examinador não funcionário público)".[102]

11.2 Classificação doutrinária

Crime comum no que diz respeito ao sujeito ativo e ao sujeito passivo; doloso; de forma livre, comissivo (podendo, no entanto, ser praticado via omissão imprópria, nos termos do art. 13, § 2º, do Código Penal); instantâneo; monossubjetivo; plurissubsistente; não transeunte (no que diz respeito à conduta de inutilizar, total ou parcialmente, livro oficial, processo ou documento, podendo ser transeunte na hipótese de subtração, ficando inviabilizada a perícia).

11.3 Sujeito ativo e sujeito passivo

Qualquer pessoa poderá ser *sujeito ativo* do delito de *subtração ou inutilização de livro ou documento*, haja vista que o tipo do art. 337 do Código Penal não exige nenhuma qualidade ou condição especial.

O *sujeito passivo* é o Estado e, secundariamente, qualquer pessoa – física ou jurídica – prejudicada com a subtração ou inutilização, total ou parcial, de livro oficial, processo ou documento.

---

[101] PRADO, Luiz Regis. *Curso de direito penal brasileiro*, v. 4, p. 585.
[102] HUNGRIA, Nélson. *Comentários ao código penal*, v. IX, p. 448.

11.4 Objeto material e bem juridicamente protegido

A Administração Pública é o bem juridicamente protegido pelo delito de *subtração ou inutilização de livro ou documento*.

O objeto material do delito é o livro oficial, processo ou documento confiado à custódia de funcionário, em razão de ofício, ou de particular em serviço público.

11.5 Consumação e tentativa

O delito se consuma quando o agente subtrai, ou seja, retira o objeto material da esfera de disponibilidade da vítima, fazendo-o ingressar na sua posse tranquila, mesmo que por curto período, tal como ocorre com o delito de furto, tipificado no art. 155 do Código Penal, bem como quando o inutiliza, total ou parcialmente.

Tratando-se de crime plurissubsistente, será possível o reconhecimento da tentativa.

11.6 Elemento subjetivo

O dolo é o elemento subjetivo exigido pelo tipo penal que prevê o delito de *subtração ou inutilização de livro ou documento*, não havendo previsão para a modalidade de natureza culposa.

O agente deverá, no entanto, ter conhecimento de todos os elementos que integram a figura típica, pois, caso contrário, poderá ser arguido o erro de tipo, afastando-se o dolo e, consequentemente, a própria infração penal.

11.7 Modalidades comissiva e omissiva

As condutas de *subtrair* e *inutilizar* pressupõem um comportamento comissivo por parte do agente.

Poderá, no entanto, o crime ser praticado via omissão imprópria, na hipótese em que o agente, garantidor, dolosamente, nada fizer para evitar a prática do delito *sub examen*, devendo ser responsabilizado nos termos do art. 13, § 2º, do Código Penal.

11.8 Pena e ação penal

A pena cominada ao delito de *subtração ou inutilização de livro ou documento* é de reclusão, de 2 (dois) a 5 (cinco) anos, se o fato não constitui crime mais grave.

A ação penal é de iniciativa pública incondicionada.

11.9 Destaque

11.9.1 Subtração ou inutilização de livro, processo ou documento e Código Penal Militar

O delito de subtração ou inutilização de livro, processo ou documento veio previsto no Código Penal Militar (Decreto-Lei nº 1.001, de 21 de outubro de 1969), conforme se verifica pela leitura do seu art. 337, punindo com pena de reclusão, de dois a cinco anos, se o fato não constitui crime mais grave, aquele que subtrair ou inutilizar, total ou parcialmente, livro oficial, processo ou qualquer documento, desde que o fato atente contra a administração ou o serviço militar.

11.10 Quadro-resumo

Sujeitos
- Ativo: qualquer pessoa.
- Passivo: é o Estado e, secundariamente, qualquer pessoa – física ou jurídica – prejudicada com a subtração ou inutilização, total ou parcial, de livro oficial, processo ou documento.

Objeto material
É o livro oficial, processo ou documento confiado à custódia de funcionário, em razão de ofício, ou de particular em serviço público.

Bem(ns) juridicamente protegido(s)
É a Administração Pública.

Elemento subjetivo
Dolo, não havendo previsão para a modalidade de natureza culposa.

Modalidades comissiva e omissiva
As condutas de subtrair e inutilizar pressupõem um comportamento comissivo por parte do agente, podendo, no entanto, ser praticadas via omissão imprópria.

Consumação e tentativa
- O delito se consuma quando o agente subtrai, ou seja, retira o objeto material da esfera de disponibilidade da vítima, fazendo-o ingressar na sua posse tranquila, mesmo que por um curto período, tal como ocorre com o delito de furto, tipificado no art. 155 do CP, bem como quando o inutiliza, total ou parcialmente.
- A tentativa é admissível.

12. SONEGAÇÃO DE CONTRIBUIÇÃO PREVIDENCIÁRIA

Sonegação de contribuição previdenciária
Art. 337-A. Suprimir ou reduzir contribuição social previdenciária e qualquer acessório, mediante as seguintes condutas:
I – omitir de folha de pagamento da empresa ou de documento de informações previsto pela legislação previdenciária segurados empregado, empresário, trabalhador avulso ou trabalhador autônomo ou a este equiparado que lhe prestem serviços;
II – deixar de lançar mensalmente nos títulos próprios da contabilidade da empresa as quantias descontadas dos segurados ou as devidas pelo empregador ou pelo tomador de serviços;
III – omitir, total ou parcialmente, receitas ou lucros auferidos, remunerações pagas ou creditadas e demais fatos geradores de contribuições sociais previdenciárias:
Pena – reclusão, de 2 (dois) a 5 (cinco) anos, e multa.
§ 1º É extinta a punibilidade se o agente, espontaneamente, declara e confessa as contribuições, importâncias ou valores e presta as informações devidas à previdência social, na forma definida em lei ou regulamento, antes do início da ação fiscal.
§ 2º É facultado ao juiz deixar de aplicar a pena ou aplicar somente a de multa se o agente for primário e de bons antecedentes, desde que:

I – (Vetado.)
II – o valor das contribuições devidas, inclusive acessórios, seja igual ou inferior àquele estabelecido pela previdência social, administrativamente, como sendo o mínimo para o ajuizamento de suas execuções fiscais.
§ 3º Se o empregador não é pessoa jurídica e sua folha de pagamento mensal não ultrapassa R$ 1.510,00 (um mil, quinhentos e dez reais), o juiz poderá reduzir a pena de 1/3 (um terço) até a metade ou aplicar apenas a de multa.
§ 4º O valor a que se refere o parágrafo anterior será reajustado nas mesmas datas e nos mesmos índices do reajuste dos benefícios da previdência social.

12.1 Introdução

O delito de sonegação de contribuição previdenciária foi acrescentado ao Código Penal pela Lei nº 9.983, de 14 de julho de 2000, que procurou mantê-lo no Capítulo II, relativo aos crimes praticados por particular contra a Administração em geral, que, por sua vez, encontra-se no Título XI da Parte Especial, que diz respeito aos crimes contra a Administração Pública. Por essa razão é que sua previsão consta do art. 337-A, mesmo que não tenha qualquer ligação com os comportamentos tipificados no art. 337, que cuida do delito de *sonegação ou inutilização de livro ou documento*.

O delito de *sonegação de contribuição previdenciária* pode ser praticado de três formas diferentes. Por essa razão o *caput* do art. 337-A narra o comportamento de *suprimir ou reduzir contribuição social previdenciária e qualquer acessório* para, logo em seguida, por meio dos incisos I, II e III, explicitar como o delito poderá ser praticado. *Ab initio*, vale esclarecer o que vem a ser *contribuição social previdenciária*, haja vista que se trata do objeto material do delito em estudo. O art. 194 da Constituição Federal diz que a *seguridade social compreende um conjunto integrado de ações de iniciativa dos Poderes Públicos e da sociedade, destinadas a assegurar os direitos relativos à saúde, à previdência e à assistência social.* O art. 195, também da Constituição Federal, a seu turno, assevera:

Art. 195. A seguridade social será financiada por toda a sociedade, de forma direta e indireta, nos termos da lei, mediante recursos provenientes dos orçamentos da União, dos Estados, do Distrito Federal e dos Municípios, e das seguintes contribuições sociais:
I – do empregador, da empresa e da entidade a ela equiparada na forma da lei, incidentes sobre:
a) a folha de salários e demais rendimentos do trabalho pagos ou creditados, a qualquer título, à pessoa física que lhe preste serviço, mesmo sem vínculo empregatício;
b) a receita ou o faturamento;
c) o lucro;
II – do trabalhador e dos demais segurados da previdência social, podendo ser adotadas alíquotas progressivas de acordo com o valor do salário de contribuição, não incidindo contribuição sobre aposentadoria e pensão concedidas pelo Regime Geral de Previdência Social;
III – sobre a receita de concursos de prognósticos;
IV – do importador de bens ou serviços do exterior, ou de quem a lei a ele equiparar;
V – sobre bens e serviços, nos termos de lei complementar.

Embora exista controvérsia doutrinária, tem-se entendido, majoritariamente, que as contribuições sociais previdenciárias possuem a natureza de tributo, amoldando-se ao conceito previsto no art. 3º do Código Tributário Nacional, que diz que *tributo é toda prestação pecuniária compulsória, em moeda ou cujo valor nela se possa exprimir, que não constitua sanção de ato ilícito, instituída em lei e cobrada mediante atividade administrativa plenamente vinculada.*

De acordo com a redação constante do *caput* do art. 337-A, os núcleos constantes do tipo penal em estudo são: *suprimir* e *reduzir*. A conduta de *suprimir* é praticada pelo agente, mediante qualquer dos comportamentos previstos nos incisos I a III e tem por finalidade eliminar, deixar de pagar a contribuição social previdenciária ou qualquer acessório; *reduzir* significa diminuir, efetuando, efetivamente, o pagamento em quantidade inferior à devida. Cuida-se de norma penal em branco, devendo o intérprete buscar o complemento na legislação previdenciária, principalmente na Lei nº 8.212/91, que dispõe sobre a organização da Seguridade Social, bem como no Decreto nº 3.048/99, que a regulamentou.

Para que possa ser responsabilizado criminalmente, o agente deve dirigir finalisticamente sua conduta no sentido de:

I – omitir de folha de pagamento da empresa ou de documento de informações previsto pela legislação previdenciária segurados empregado, empresário, trabalhador avulso ou trabalhador autônomo ou a este equiparado que lhe prestem serviços.

Trata-se, portanto, de crime omissivo próprio, em que o agente deixa de levar a efeito aquilo que lhe é determinado pela norma. No caso em exame, o agente não inclui em folha de pagamento qualquer das pessoas elencadas pelo inciso I do art. 337-A (empregado, empresário, trabalhador avulso ou trabalhador autônomo ou a este equiparado que lhe prestem serviços), com a finalidade de suprimir ou reduzir a devida contribuição social previdenciária.

Com sua omissão, o agente descumpre as determinações constantes dos incisos I e IV do art. 225 do Decreto nº 3.048/99, que regulamentou a Lei nº 8.212/91, *verbis*:

> **Art. 225.** A empresa é também obrigada a:
> I – preparar folha de pagamento da remuneração paga, devida ou creditada a todos os segurados a seu serviço, devendo manter, em cada estabelecimento, uma via da respectiva folha e recibos de pagamentos;
> [...]
> IV – informar mensalmente ao Instituto Nacional do Seguro Social, por intermédio da Guia de Recolhimento do Fundo de Garantia do Tempo de Serviço e informações à Previdência Social, na forma por ele estabelecida, dados cadastrais, todos os fatos geradores de contribuição previdenciária e outras informações de interesse daquele Instituto.
> [...].

II – deixar de lançar mensalmente nos títulos próprios da contabilidade da empresa as quantias descontadas dos segurados ou as devidas pelo empregador ou pelo tomador de serviços.

Tal como ocorre no inciso anterior, por mais uma vez houve a previsão de uma omissão própria, em que o agente não cumpre as determinações constantes da Lei nº 8.212/91, bem como aquelas previstas no Decreto nº 3.048/99.

De acordo com o inciso II do art. 225 do Decreto nº 3.048/99, a empresa é também obrigada a *lançar mensalmente em títulos próprios de sua contabilidade, de forma discriminada, os fatos geradores de todas as contribuições, o montante das quantias descontadas, as contribuições da empresa e os totais recolhidos.*

III – omitir, total ou parcialmente, receitas ou lucros auferidos, remunerações pagas ou creditadas e demais fatos geradores de contribuições sociais previdenciárias.

Cuida-se, também, de crime omissivo próprio. Dissertando sobre o tema, Guilherme de Souza Nucci esclarece:

"A receita é o faturamento da empresa ou do empregador, que significa o ganho bruto das vendas de mercadorias, de mercadorias e serviços e de serviços de qualquer natureza, não se integrando nesta o 'valor do imposto sobre produtos industrializados, quando destacado em separado no documento fiscal' e o 'valor das vendas canceladas, das devolvidas e dos descontos a qualquer título concedidos incondicionalmente' (art. 2º da Lei Complementar 70/91). A folha de salários já não servia de base única para a contribuição à seguridade social, pois a aceleração da substituição do homem pela máquina fez cair a folha de pagamentos. Surgem novas fontes de custeio, que são o faturamento e o lucro. Cabe à empresa fornecer fundos para a seguridade social porque provoca despesas com o exercício da sua atividade, que gera riscos para o trabalhador. Esses riscos implicam no pagamento de benefícios e na organização de vários serviços em benefício do trabalhador."[103]

12.2 Classificação doutrinária

Crime próprio com relação ao sujeito ativo, bem como ao sujeito passivo; doloso; de forma livre; omissivo próprio (haja vista que os comportamentos narrados pelo tipo penal em estudo importam em uma inação do agente); monossubjetivo; unissubsistente, transeunte.

12.3 Sujeito ativo e sujeito passivo

Conforme esclarece Luiz Regis Prado, os:

"*Sujeitos ativos* do delito em análise tanto podem ser o empresário individual como aqueles que ocupam cargos administrativos ou técnico-contábil-financeiro nas sociedades empresariais, como os sócios-gerentes, os membros do Conselho de Administração, os diretores, os contadores, os gerentes de contabilidade, os gerentes administrativos e financeiros; os chefes do setor, de divisão ou de departamento de emissão de documentos fiscais de interesse do INSS etc."[104]

O *sujeito passivo* é o Estado ou, mais especificamente, o INSS.

12.4 Objeto material e bem juridicamente protegido

A Administração Pública é o bem juridicamente protegido pelo delito de *sonegação de contribuição previdenciária*.

Não há objeto material.

12.5 Consumação e tentativa

Tratando-se de crime omissivo próprio, o delito se consuma, conforme assevera Luiz Regis Prado, "no momento em que a guia de informação a que se refere o art. 225 do Decreto nº 3.048/99 é apresentada ao órgão previdenciário com omissão dos dados relevantes apontados pelo legislador".[105] Tem sido afastada a possibilidade de reconhecimento da tentativa, em virtude da natureza monossubsistente do delito em estudo.

12.6 Elemento subjetivo

O dolo é o elemento subjetivo exigido pelo tipo penal que prevê o delito de *sonegação de contribuição previdenciária*, não havendo previsão para a modalidade de natureza culposa.

Assim, por exemplo, se o agente, negligentemente, pratica qualquer das omissões elencadas pelos incisos I a III do art. 337-A do Código Penal, o fato deverá ser considerado atípico, independentemente da possibilidade de ser aplicada uma sanção de natureza administrativa, nos termos do art. 283 do Decreto nº 3.048/99.

---

[103] NUCCI, Guilherme de Souza. *Código penal comentado*, p. 1.039.
[104] PRADO, Luiz Regis. *Curso de direito penal brasileiro*, v. 4, p. 594.
[105] PRADO, Luiz Regis. *Curso de direito penal brasileiro*, v. 4, p. 595.

12.7 Modalidades comissiva e omissiva

As condutas previstas no tipo são características das chamadas omissões próprias, devendo o agente responder pela sua inação.

12.8 Extinção da punibilidade

O § 1º do art. 337-A, cuidando da extinção da punibilidade, diz:

> § 1º É extinta a punibilidade se o agente, espontaneamente, declara e confessa as contribuições, importâncias ou valores e presta as informações devidas à previdência social, na forma definida em lei ou regulamento, antes do início da ação fiscal.

Verifica-se, pela redação do mencionado dispositivo legal, que não há necessidade de que o agente leve a efeito o pagamento dos valores devidos, mas que, tão somente, *declare* e *confesse* as contribuições, importâncias ou valores e preste as informações devidas à previdência social, antes do início da ação fiscal, ao contrário do que ocorre, por exemplo, com a apropriação indébita previdenciária, que exige, para efeitos de extinção da punibilidade, que o agente não somente declare e confesse, mas que também efetue o pagamento devido, conforme se verifica na redação constante do § 2º do art. 168-A do Código Penal.

Existe controvérsia doutrinária e jurisprudencial no que diz respeito à possibilidade de o pagamento efetuado após o início da ação fiscal, mas anteriormente ao recebimento da denúncia ser considerado para efeitos de extinção da punibilidade, aplicando-se, por analogia, o disposto no art. 34 da Lei nº 9.249, de 26 de dezembro de 1995, que diz:

> Art. 34. Extingue-se a punibilidade dos crimes definidos na Lei nº 8.137, de 27 de dezembro de 1990, e na Lei nº 4.729, de 14 de julho de 1965, quando o agente promover o pagamento do tributo ou contribuição social, inclusive acessórios, antes do recebimento da denúncia.

Dissertando sobre o assunto, Fábio Zambitte Ibrahim, com precisão, aduz:

"Embora não exista menção expressa aos tipos da Lei nº 9.983/2000, até porque posteriores, é defensável a aplicação da analogia *in bonam partem* ao caso. Assim, o pagamento, antes da denúncia, também excluiria a punibilidade.

Aqui, ao contrário da apropriação indébita previdenciária, entendo correta a analogia, pois no tipo do art. 168-A do CP há regra precisa e específica sobre o momento exato do pagamento para que este tenha como efeito a extinção da punibilidade. Já no caso da sonegação de contribuição previdenciária, esta previsão inexiste, limitando-se à declaração e confissão antes da ação fiscal. Mas o que dizer do pagamento? Deve-se, nesta hipótese, adotar analogicamente o art. 34 da Lei nº 9.249/95.

Quanto ao parcelamento, a questão é mais complicada. Quando feito antes de qualquer ação fiscal, a punibilidade é necessariamente excluída, pois o parcelamento implica a confissão da dívida. Entretanto, quando se trata de parcelamento posterior à ação fiscal, não há, *a priori*, exclusão da punibilidade. Esse entendimento é decorrente, inclusive, ao veto do inciso I do § 2º, o qual trazia justamente hipótese de perdão judicial para débitos parcelados, após o início da ação fiscal, mas antes da denúncia.

Deve-se ressaltar, contudo, divergência jurisprudencial a respeito, com diversos entendimentos, em especial do STJ, no sentido da exclusão da punibilidade, ainda que decorrente de parcelamento tardio, porém anterior à denúncia."[106]

---

[106] IBRAHIM, Fábio Zambitte. *Curso de direito previdenciário*, p. 382-383.

Atualmente, os arts. 67, 68 e parágrafo único, e 69 e parágrafo único da Lei nº 11.941, de 27 de maio de 2009, dizem, respectivamente, *verbis*:

> **Art. 67.** Na hipótese de parcelamento do crédito tributário antes do oferecimento da denúncia, essa somente poderá ser aceita na superveniência de inadimplemento da obrigação objeto da denúncia.
>
> **Art. 68.** É suspensa a pretensão punitiva do Estado, referente aos crimes previstos nos arts. 1º e 2º da Lei nº 8.137, de 27 de dezembro de 1990, e nos arts. 168-A e 337-A do Decreto-Lei nº 2.848, de 7 de dezembro de 1940 – Código Penal, limitada a suspensão aos débitos que tiverem sido objeto de concessão de parcelamento, enquanto não forem rescindidos os parcelamentos de que tratam os arts. 1º a 3º desta Lei, observado o disposto no art. 69 desta Lei.
>
> **Parágrafo único.** A prescrição criminal não corre durante o período de suspensão da pretensão punitiva.
>
> **Art. 69.** Extingue-se a punibilidade dos crimes referidos no art. 68 quando a pessoa jurídica relacionada com o agente efetuar o pagamento integral dos débitos oriundos de tributos e contribuições sociais, inclusive acessórios, que tiverem sido objeto de concessão de parcelamento.
>
> **Parágrafo único.** Na hipótese de pagamento efetuado pela pessoa física prevista no § 15 do art. 1º desta Lei, a extinção da punibilidade ocorrerá com o pagamento integral dos valores correspondentes à ação penal.

Merecem ser registradas as lições de Fábio Zambitte Ibrahim quando, apontando a diferença de tratamento entre sonegadores e demais praticantes de crimes contra o patrimônio, assevera:

> "Pode-se dizer que os tipos penais tributários, em especial os previdenciários, passam por uma crise de identidade, pois, de modo cada vez mais evidente, deixam de transparecer condutas dotadas de reprovabilidade social, para, efetivamente, revelarem-se meros instrumentos arrecadatórios do Estado.
>
> Antes pelos Tribunais, e cada vez mais pelo legislador ordinário, os delitos de ordem tributária tornam-se pseudocrimes, que permitem, magicamente, a extinção da punibilidade com o pagamento, que, cada vez mais, tem sido admitido em qualquer tempo.
>
> Usualmente se afirma que um contribuinte, após o pagamento integral do crédito, não deva permanecer encarcerado, pois já adimpliu sua obrigação. Todavia, o crime de furto, por exemplo, não tem sua punibilidade extinta pelo singelo fato de o agente repor o bem ou indenizar a vítima.
>
> Na situação atual, há claro favorecimento a sujeitos passivos com patrimônio mais elevado, os quais, independente do dolo em fraudar o sistema e apoderar-se de tributos devidos, podem, facilmente, quitar suas dívidas e escapar, tranquilamente, da responsabilidade penal, enquanto empresários de menor porte e parcos recursos, mesmo que tenham deixado de recolher os tributos para salvar suas atividades, terão de ingressar no incerto caminho da inexigibilidade de conduta diversa, contando com a boa vontade do julgador em admitir a conduta necessária do agente como único instrumento de salvação para sua atividade.
>
> Certamente, algo deve ser feito pelo legislador, seja pela descriminalização pura e simples dos ilícitos tributários, ou pela exclusão das salvaguardas que permitem uma verdadeira imunidade penal para contribuintes mais poderosos. A opção atual somente amplifica as desigualdades nacionais na esfera penal, em detrimento do objetivo constitucional da igualdade, o que é particularmente alarmante em crimes previdenciários, os quais guarnecem um subsistema da seguridade social que é fundado na justiça social (art. 193, CF/88)."[107]

---

[107] IBRAHIM, Fábio Zambitte. *A extinção da punibilidade dos crimes de apropriação indébita previdenciária e sonegação de contribuição previdenciária* – legislação vigente e inovação da Lei nº 11.941/2009 (disponível em <http://www.impetus.com.br>).

12.9 Perdão judicial e aplicação da pena de multa

Assevera o § 2º do art. 337-A do Código Penal:

> § 2º É facultado ao juiz deixar de aplicar a pena ou aplicar somente a de multa se o agente for primário e de bons antecedentes, desde que:
> I – (Vetado.)
> II – o valor das contribuições devidas, inclusive acessórios, seja igual ou inferior àquele estabelecido pela previdência social, administrativamente, como sendo o mínimo para o ajuizamento de suas execuções fiscais.

Assim, para que seja concedido o perdão judicial ou somente aplicada a pena de multa, deverá ser conjugada a primariedade com os bons antecedentes do agente, além do valor da dívida ser igual ou inferior ao mínimo considerado para efeitos de ajuizamento das execuções fiscais.

No entanto, o § 2º do art. 337-A prevê duas opções, ou seja, aplicação do perdão judicial ou tão somente a pena de multa, afastando-se aquela de natureza privativa da liberdade. Nesse caso, existe algum critério para fazer com que o julgador opte por uma das duas alternativas? Sabemos que se aplicar o perdão judicial a sentença que o concede possui natureza declaratória de extinção da punibilidade, não subsistindo qualquer efeito condenatório, nos termos preconizados pela Súmula nº 18 do STJ. Ao contrário, haverá uma condenação se o julgador optar pela aplicação da pena de multa. Por isso, há necessidade de se apontar um critério de escolha, razão pela qual estamos com Luiz Regis Prado, quando assevera:

> "Apesar de o perdão judicial ser um direito subjetivo do acusado, no caso ficará ele ao prudente arbítrio do juiz, de forma que, quanto menor for o dano causado pelo delito, afetando infimamente o bem jurídico tutelado, maior será o direito do acusado ao perdão judicial. Quando, porém, o dano causado aproximar-se do teto fixado pelo legislador, deve ser imposta a pena pecuniária."[108]

12.10 Causa especial de redução de pena e aplicação da pena de multa

Determina o § 3º do art. 337-A do Código Penal, *verbis*:

> § 3º Se o empregador não é pessoa jurídica e a sua folha de pagamento mensal não ultrapassa R$ 1.510,00 (um mil, quinhentos e dez reais), o juiz poderá reduzir a pena de 1/3 (um terço) até a metade ou aplicar apenas a multa.

A opção deverá ser feita levando em consideração o juízo de censura que deve recair sobre a conduta do agente, aplicando-se, *in casu*, a parte final constante do *caput* do art. 59 do Código Penal, que diz que a pena deve ser aquela *necessária* e *suficiente* para reprovação e prevenção do crime.

Assim, se o juiz entender que a pena de privação de liberdade é necessária, obrigatoriamente deverá reduzi-la de um terço até a metade, nos termos preconizados pelo mencionado § 3º, pois, embora a lei faça menção a *poderá*, deve ser entendido como *deverá*, tratando-se, pois, de um direito subjetivo à redução da pena se o valor de sua folha de pagamento não ultrapassar o limite legal.

---

[108] PRADO, Luiz Regis. *Curso de direito penal brasileiro*, v. 4, p. 603.

Ao contrário, se o juiz entender que, no caso concreto, a multa cumpre as funções explicitadas na parte final do *caput* do art. 59 do Código Penal, sendo ela a que melhor realiza o juízo de censura, deverá ser a escolhida.

O valor a que se refere o § 3º do art. 337-A do Código Penal será reajustado nas mesmas datas e nos mesmos índices do reajuste dos benefícios da previdência social, conforme determina o § 4º do mencionado artigo.

12.11 Pena e ação penal

A pena cominada ao delito de *sonegação de contribuição previdenciária* é de reclusão, de 2 (dois) a 5 (cinco) anos, e multa.

O juiz poderá deixar de aplicar a pena ou aplicar somente a de multa se o agente for primário e de bons antecedentes, desde que o valor das contribuições devidas, até mesmo acessórios, seja igual ou inferior àquele estabelecido pela previdência social, administrativamente, como o mínimo para o ajuizamento de suas execuções fiscais, de acordo com o disposto no § 2º do art. 337-A do Código Penal.

Se o empregador não é pessoa jurídica e sua folha de pagamento mensal não ultrapassa R$ 1.510,00 (um mil, quinhentos e dez reais), o juiz poderá reduzir a pena de um terço até metade ou aplicar apenas a de multa, sendo que aquele valor será reajustado nas mesmas datas e nos mesmos índices do reajuste dos benefícios da previdência social, conforme dispõem os §§ 3º e 4º do art. 337-A do Código Penal.

A ação penal é de iniciativa pública incondicionada.

12.12 Destaque

12.12.1 Dificuldades financeiras e sonegação de contribuição previdenciária

No que diz respeito a alegação de dificuldades financeiras, como dirimente do delito em estudo, já decidiu o STF:

> "A inexigibilidade de conduta diversa consistente na precária condição financeira da empresa, quando extrema ao ponto de não restar alternativa socialmente menos danosa do que o não recolhimento das contribuições previdenciárias, pode ser admitida como causa supralegal de exclusão da culpabilidade do agente" (STF, HC 113.418 / PB, Rel. Min. Luiz Fux, 1ª T., DJe 17/10/2013).

12.13 Quadro-resumo

Sujeitos

» Ativo: "Tanto pode ser o empresário individual como aquele que ocupa cargo administrativo ou técnico-contábil-financeiro nas sociedades empresariais, como os sócios-gerentes, os membros do Conselho de Administração, os diretores, os contadores, os gerentes de contabilidade, os gerentes administrativos e financeiros; os chefes do setor, de divisão ou de departamento de emissão de documentos fiscais de interesse do INSS etc." (PRADO, 2001, p. 594).
» Passivo: é o Estado ou, mais especificamente, o INSS.

Objeto material

Não há.

Bem(ns) juridicamente protegido(s)
É a Administração Pública.

Elemento subjetivo
Dolo, não havendo previsão para a modalidade de natureza culposa.

Modalidades comissiva e omissiva
As condutas previstas no tipo são características das chamadas omissões próprias, devendo o agente responder pela sua inação.

Consumação e tentativa
» O delito se consuma "no momento em que a guia de informação a que se refere o art. 225 do Decreto 3.048/1999 é apresentada ao órgão previdenciário com omissão dos dados relevantes apontados pelo legislador" (PRADO, 2001, p. 595).
» Tem sido afastada a possibilidade de reconhecimento da tentativa, em virtude da natureza monossubsistente do delito.

Capítulo II-A
Dos crimes praticados por particular contra a administração pública estrangeira

1. CORRUPÇÃO ATIVA EM TRANSAÇÃO COMERCIAL INTERNACIONAL

> **Corrupção ativa em transação comercial internacional**
> **Art. 337-B.** Prometer, oferecer ou dar, direta ou indiretamente, vantagem indevida a funcionário público estrangeiro, ou a terceira pessoa, para determiná-lo a praticar, omitir ou retardar ato de ofício relacionado à transação comercial internacional:
> Pena – reclusão, de 1 (um) a 8 (oito) anos, e multa.
> **Parágrafo único.** A pena é aumentada em 1/3 (um terço), se, em razão da vantagem ou promessa, o funcionário público estrangeiro retarda ou omite o ato de ofício, ou o pratica infringindo dever funcional.

1.1 Introdução

O Capítulo II-A foi acrescentado ao Título XI da Parte Especial do Código Penal pela Lei nº 10.467, de 11 de junho de 2002. Passou a ser previsto, portanto, um capítulo destinado aos *crimes praticados por particular contra a administração pública estrangeira*, especializando as infrações penais nele contidas, vale dizer, os delitos de *corrupção ativa em transação comercial internacional* e o *tráfico de influência em transação comercial internacional*, além de ter sido traduzido o conceito de *funcionário público estrangeiro*.

Tais inovações se devem à Convenção sobre o combate da corrupção de funcionários públicos estrangeiros em transações comerciais internacionais, concluída em Paris, em 17 de dezembro de 1997, e aprovada pelo Decreto-Legislativo nº 125, de 14 de junho de 2000, e promulgada pelo Decreto nº 3.678, de 30 de novembro de 2000, em cujo preâmbulo aquele diploma legal diz que *a corrupção é um fenômeno difundido nas Transações Comerciais Internacionais, incluindo o comércio e o investimento, que desperta sérias preocupações morais e políticas, abala a boa governança e o desenvolvimento econômico, e distorce as condições internacionais de competitividade*.

No tipo penal do art. 337-B encontra-se, portanto, a previsão para o delito de *corrupção ativa em transação comercial internacional*, do qual podemos destacar os seguintes elementos: *a)* a conduta de *prometer, oferecer* ou *dar; b)* direta ou indiretamente; *c)* vantagem indevida a funcionário público estrangeiro, ou a terceira pessoa; *d)* para determiná-lo a praticar, omitir ou retardar ato de ofício relacionado à transação comercial internacional.

Analisando o mencionado tipo penal, verificamos que a *corrupção ativa em transação comercial internacional* contém elementos que a especializam comparativamente ao delito de *corrupção ativa*, tipificado no art. 333 do Código Penal.

Inicialmente, além dos núcleos *prometer* (que nos dá a entender que a entrega da vantagem indevida ocorreria no futuro) e *oferecer* (que diz respeito a uma proposta de entrega mais imediata da vantagem indevida), o art. 337-B do Código Penal incluiu o núcleo *dar*. Aqui, portanto, ao contrário do que ocorre com o art. 333 do Código Penal, se o agente, mesmo que solicitado por funcionário público estrangeiro, lhe dá, ou seja, faz a entrega da vantagem indevida, o delito restará configurado. Dessa forma, tanto pratica o delito de *corrupção ativa em transação comercial internacional* o agente que, espontaneamente, dá a vantagem indevida a funcionário público estrangeiro ou a terceira pessoa, quanto o que faz a entrega da vantagem quando por ele solicitado.

Assevera o tipo penal em estudo que o agente pode prometer, oferecer ou dar, *direta* (ou seja, pessoalmente, sem intermediários, expondo claramente seu propósito criminoso) ou *indiretamente* (isto é, por interposta pessoa, podendo valer-se de insinuações, agindo dissimuladamente etc.), vantagem indevida, tratando-se, outrossim, de um delito de forma livre.

A *vantagem indevida*, a exemplo do que ocorre nos delitos de concussão e corrupção ativa, pode ter qualquer natureza, isto é, econômica, moral, sexual etc., pois o tipo penal em exame está inserido em capítulo, bem como em título que nos permite essa ilação, ao contrário do que ocorre, por exemplo, com o art. 159 do Código Penal que, embora mencione a expressão *qualquer vantagem*, esta deverá, obrigatoriamente, ter natureza patrimonial, de acordo com a interpretação sistêmica que deve ser realizada.

A conduta deve ser dirigida a *funcionário público estrangeiro*, ou a *terceira pessoa*. Como vimos no início do estudo do Título XI da Parte Especial do Código Penal, que prevê os crimes contra a Administração Pública, a Lei nº 10.467, de 11 de junho de 2002, ao criar o capítulo relativo aos crimes praticados por particular contra a Administração Pública estrangeira, entendeu por bem traduzir o conceito de funcionário público estrangeiro, dizendo, em seu art. 337-D:

> **Art. 337-D.** Considera-se funcionário público estrangeiro, para os efeitos penais, quem, ainda que transitoriamente ou sem remuneração, exerce cargo, emprego ou função pública em entidades estatais ou em representações diplomáticas de país estrangeiro.
> **Parágrafo único.** Equipara-se a funcionário público estrangeiro quem exerce cargo, emprego ou função em empresas controladas, diretamente ou indiretamente, pelo Poder Público de país estrangeiro ou em organizações públicas internacionais.

Além disso, conforme preleciona Guilherme de Souza Nucci:

"Enquanto no delito de corrupção ativa menciona-se apenas o funcionário público, neste caso há ainda a inclusão de *terceira pessoa*, abrindo a possibilidade de se punir alguém que consiga, mediante o oferecimento de uma quantia indevida qualquer, a atividade de sujeito não vinculado à Administração, mas que pode nela influir, para o fim de prejudicar ato de ofício inerente à transação comercial. Amplia-se, com isso, a possibilidade de punição, pois não é só o funcionário público estrangeiro que está habilitado a prejudicar a Administração Pública estrangeira, mas também outros que a ela tenham, de algum modo, acesso."[109]

Ao fazer a previsão, no tipo penal do art. 337-B, não só do funcionário público, mas também de *terceira pessoa*, a Lei nº 10.467, de 11 de junho de 2002, atendeu ao disposto no art. 1º, item 1, da Convenção sobre o combate da corrupção de funcionários públicos estrangeiros em transações comerciais internacionais, que diz:

---

[109] NUCCI, Guilherme de Souza. *Código penal comentado*, p. 1.045.

> 1. Cada parte deverá tomar todas as medidas necessárias ao estabelecimento de que, segundo suas leis, é delito criminal qualquer pessoa intencionalmente oferecer, prometer ou dar qualquer vantagem pecuniária indevida ou de outra natureza, seja diretamente ou por intermediários, a um funcionário público estrangeiro, para esse funcionário ou para terceiros, causando a ação ou a omissão do funcionário no desempenho de suas funções oficiais, com a finalidade de realizar ou dificultar transações ou obter outra vantagem ilícita na condução de negócios internacionais.

Tal como ocorre com o crime de corrupção ativa, tipificado no art. 333 do Código Penal, no delito de *corrupção ativa em transação comercial internacional* a conduta do agente é dirigida no sentido de determinar ao funcionário público estrangeiro a *praticar, omitir ou retardar ato de ofício relacionado à transação comercial internacional*. Quando o tipo penal em exame utiliza o verbo *determinar*, o faz não com um sentido impositivo, mas, sim, com a conotação de *convencimento*. Isso significa que o corruptor não necessariamente exige que o funcionário pratique qualquer dos comportamentos mencionados pelo tipo, mas, sim, que a sua conduta o convence, o estimula a praticá-los.

Portanto, a finalidade do comportamento do corruptor é fazer com que o funcionário público estrangeiro pratique, omita ou retarde ato, no exercício de suas funções, relacionado à transação comercial internacional. Como esclarece Cezar Roberto Bitencourt:

> "Se o ato pretendido pelo sujeito passivo não se adequar ao rol daqueles que integram a atribuição do funcionário público estrangeiro corrompido, a conduta não se amolda ao descrito no tipo penal. Nada impede que referida conduta possa adequar-se a outro tipo penal, como, por exemplo, tráfico de influência.
> Não se tipifica essa infração penal se o sujeito ativo promete, oferece ou dá vantagem a funcionário público estrangeiro para livrar-se de *ato ilegal* por esse praticado, já que, sendo ilegal, não satisfaz a exigência do elemento normativo *ato de ofício*."[110]

Cuida-se de um tipo misto alternativo, em que a prática de mais de um comportamento típico importará no reconhecimento de uma única infração penal.

1.2 Classificação doutrinária

Crime comum no que diz respeito ao sujeito ativo e próprio quanto ao sujeito passivo; doloso; de forma livre, comissivo (podendo, no entanto, ser praticado via omissão imprópria, nos termos do art. 13, § 2º, do Código Penal); instantâneo; monossubjetivo; unissubsistente ou plurissubsistente (dependendo, no caso concreto, da possibilidade ou não de fracionamento do *iter criminis*); transeunte.

1.3 Sujeito ativo e sujeito passivo

Qualquer pessoa pode ser *sujeito ativo* do delito de *corrupção ativa em transação comercial internacional*, não exigindo o tipo penal em estudo nenhuma qualidade ou condição especial.

O *sujeito passivo* é o Estado, bem como a pessoa física ou jurídica prejudicada na transação comercial internacional.

---

[110] BITENCOURT, Cezar Roberto. *Tratado de direito penal*, v. 4, p. 505-506.

1.4 Objeto material e bem juridicamente protegido

A Administração Pública é o bem juridicamente protegido pelo delito de *corrupção ativa* em *transação comercial internacional* e, mais especificamente, a Administração Pública estrangeira.

O objeto material do delito é a vantagem indevida.

1.5 Consumação e tentativa

Tratando-se de crime formal, o delito de *corrupção ativa em transação comercial internacional* se consuma no instante em que o agente *oferece* ou *promete* vantagem indevida a funcionário público estrangeiro, ou a terceira pessoa, com a finalidade de determiná-lo a praticar, omitir ou retardar ato de ofício relacionado à transação comercial internacional. A consumação ocorre, portanto, no momento do oferecimento ou da promessa da vantagem indevida, não havendo necessidade, para efeitos de seu reconhecimento, que o funcionário público, efetivamente, venha a praticar, omitir ou retardar ato de ofício.

O delito restará consumado ainda que o funcionário público estrangeiro recuse a indevida vantagem econômica oferecida ou prometida pelo agente.

Com relação à conduta de *dar* vantagem indevida, a consumação ocorre quando da sua entrega ao funcionário público estrangeiro, ou a terceira pessoa, devendo ser entendido, nessa hipótese, como um crime material.

A tentativa será admissível desde que, na hipótese concreta, se possa fracionar o *iter criminis*, embora seja de difícil configuração no que diz respeito aos comportamentos de *prometer* e *oferecer*, e mais comum quanto à conduta de *dar* vantagem indevida.

A possibilidade de reconhecimento da tentativa encontra-se também prevista na segunda parte do item 2 do art. 1º da Convenção sobre o combate da corrupção de funcionários públicos estrangeiros em transações comerciais internacionais, que diz que a *tentativa e a conspiração para subornar um funcionário público estrangeiro serão delitos criminais na mesma medida em que o são a tentativa e a conspiração para corrupção de funcionário público daquela Parte*.

1.6 Elemento subjetivo

O dolo é o elemento subjetivo exigido pelo tipo penal que prevê o delito de *corrupção ativa em transação comercial internacional*, não havendo previsão, pois, para a modalidade de natureza culposa.

Assim, o agente deverá conhecer todos os elementos que integram a figura típica, pois, caso contrário, poderá ser arguido o erro de tipo, a exemplo da hipótese daquele que oferece uma vantagem indevida a alguém, desconhecendo sua qualidade de funcionário público estrangeiro.

1.7 Modalidades comissiva e omissiva

Os núcleos *prometer, oferecer* e *dar* pressupõem um comportamento comissivo por parte do agente. No entanto, o delito poderá ser praticado via omissão imprópria, na hipótese em que o agente, garantidor, dolosamente, nada fizer para evitar a prática do delito *sub examen*, devendo ser responsabilizado nos termos do art. 13, § 2º, do Código Penal.

1.8 Causa especial de aumento de pena

Em virtude do maior prejuízo causado à Administração Pública, o parágrafo único do art. 337-B do Código Penal diz que a pena é aumentada em um terço se, em razão da vantagem ou promessa, o funcionário público estrangeiro retarda ou omite ato de ofício, ou o pratica infringindo dever funcional.

1.9 Pena, ação penal e suspensão condicional do processo

A pena cominada ao delito de *corrupção ativa em transação comercial internacional* é de reclusão, de 1 (um) a 8 (oito) anos, e multa.

A pena será aumentada de 1/3 (um terço) se, em razão da vantagem ou promessa, o funcionário público estrangeiro retarda ou omite ato de ofício, ou o pratica infringindo dever funcional.

A ação penal é de iniciativa pública incondicionada.

Será possível a confecção de proposta de suspensão condicional do processo, nos termos do art. 89 da Lei nº 9.099/95.

1.10 Quadro-resumo

Sujeitos
» Ativo: qualquer pessoa.
» Passivo: é o Estado, bem como a pessoa física ou jurídica prejudicada na transação comercial internacional.

Objeto material
É a vantagem indevida.

Bem(ns) juridicamente protegido(s)
É a Administração Pública e, mais especificamente, a Administração Pública estrangeira.

Elemento subjetivo
Dolo, não havendo previsão, pois, para a modalidade de natureza culposa.

Modalidades comissiva e omissiva
Os núcleos prometer, oferecer e dar pressupõem um comportamento comissivo por parte do agente, podendo, no entanto, ser praticados via omissão imprópria.

Consumação e tentativa
» A consumação ocorre no momento do oferecimento ou da promessa da vantagem indevida, não havendo necessidade, para efeitos de seu reconhecimento, que o funcionário público, efetivamente, venha a praticar, omitir ou retardar ato de ofício.
» O delito restará consumado ainda que o funcionário público estrangeiro recuse a indevida vantagem econômica oferecida ou prometida pelo agente.

> » Com relação à conduta de dar vantagem indevida, a consumação ocorre quando da sua entrega ao funcionário público estrangeiro, ou a terceira pessoa, devendo ser entendido, nessa hipótese, como um crime material.
> » A tentativa será admissível desde que, na hipótese concreta, se possa fracionar o *iter criminis*, embora seja de difícil configuração no que diz respeito aos comportamentos de prometer e oferecer, e mais comum quanto à conduta de dar vantagem indevida.

2. TRÁFICO DE INFLUÊNCIA EM TRANSAÇÃO COMERCIAL INTERNACIONAL

Tráfico de influência em transação comercial internacional
Art. 337-C. Solicitar, exigir, cobrar ou obter, para si ou para outrem, direta ou indiretamente, vantagem ou promessa de vantagem a pretexto de influir em ato praticado por funcionário público estrangeiro no exercício de suas funções, relacionado a transação comercial internacional:
Pena – reclusão, de 2 (dois) a 5 (cinco) anos, e multa.
Parágrafo único. A pena é aumentada da metade, se o agente alega ou insinua que a vantagem é também destinada a funcionário estrangeiro.

2.1 Introdução

Tal como ocorreu com o delito de *corrupção ativa em transação comercial internacional*, a Lei nº 10.467, de 11 de junho de 2002, especializou o delito de *tráfico de influência* criando a figura típica do *tráfico de influência em transação comercial internacional*.

Os núcleos da nova figura típica, vale dizer, *solicitar, exigir, cobrar ou obter*, são os mesmos constantes do art. 332 do Código Penal. No entanto, no art. 337-C do Código Penal foram inseridos os elementos *direta ou indiretamente, funcionário público estrangeiro* e *transação comercial internacional*.

Assim, de acordo com a redação do art. 337-C do Código Penal, podemos apontar os seguintes elementos: *a)* a conduta de *solicitar, exigir, cobrar* ou *obter; b)* para si ou para outrem, direta ou indiretamente, vantagem ou promessa de vantagem; *c)* a pretexto de influir em ato praticado por funcionário público estrangeiro no exercício de suas funções, relacionado à transação comercial internacional.

Solicitar deve ser entendido no sentido de pedir; *exigir* significa impor, ordenar, determinar; *cobrar* é atuar no sentido de ser pago, de receber; *obter* importa em alcançar, conseguir.

Todos esses comportamentos devem ser dirigidos no sentido de que o agente obtenha, para si ou para outrem, direta ou indiretamente, vantagem ou promessa de vantagem, que poderá ou não ter caráter econômico, podendo, também, tratar-se de uma prestação sexual, haja vista não haver qualquer limitação interpretativa para efeitos de seu reconhecimento. Como esclarece o dispositivo em estudo, não há necessidade de que o agente tenha, efetivamente, recebido a vantagem por ele solicitada, exigida ou cobrada, bastando, tão somente, que o sujeito a tenha prometido.

Assevera o tipo penal em estudo que o agente pode solicitar, exigir, cobrar ou obter, para si ou para outrem, *direta* (ou seja, pessoalmente, sem intermediários, expondo claramente seu propósito criminoso) ou *indiretamente* (isto é, por interposta pessoa, podendo usar, valer-se de insinuações, agindo dissimuladamente etc.), vantagem ou promessa de vantagem, tratando-se, outrossim, de um delito de forma livre.

O sujeito atua, praticando qualquer dos comportamentos típicos, com a finalidade de obter vantagem ou promessa de vantagem de qualquer natureza, a pretexto de influir em ato praticado por funcionário público estrangeiro, no exercício de suas funções, relacionado à transação comercial internacional. A expressão *a pretexto de influir* demonstra que, na verdade, o agente age como verdadeiro estelionatário, procurando, por meio do seu ardil, enganar a vítima.

Dissertando a respeito do conceito de *transação comercial internacional*, esclarece Noronha:

"Citado vocábulo ('transação'), além de seu significado comum e primeiro que é de pacto, convenção ou ajuste, deve ser entendido em sua linguagem comercial que pode ser traduzida como 'negociar, operar ou fazer uma transação mercantil'. Foi usada pelo legislador em seu sentido de 'transacionar'. Logo, transação comercial internacional significa uma operação de natureza mercantil cujo pacto vai além-fronteiras."[111]

Cuida-se de um tipo misto alternativo, em que a prática de mais de um comportamento típico importará no reconhecimento de uma única infração penal.

2.2 Classificação doutrinária

Crime comum, tanto no que diz respeito ao sujeito ativo, quanto ao sujeito passivo; doloso; de forma livre, comissivo (podendo, no entanto, ser praticado via omissão imprópria, nos termos do art. 13, § 2º, do Código Penal); instantâneo; monossubjetivo; unissubsistente ou plurissubsistente (dependendo, no caso concreto, da possibilidade ou não de fracionamento do *iter criminis*); transeunte.

2.3 Sujeito ativo e sujeito passivo

Qualquer pessoa pode ser *sujeito ativo* do delito de *tráfico de influência em transação comercial internacional*, não exigindo o tipo penal em estudo nenhuma qualidade ou condição especial, podendo, até mesmo, ser praticado por funcionário público.

O *sujeito passivo* é o Estado, bem como aquele que, de maneira secundária, foi prejudicado por um dos comportamentos praticados pelo sujeito ativo.

2.4 Objeto material e bem juridicamente protegido

A Administração Pública é o bem juridicamente protegido pelo delito de *tráfico de influência em transação comercial internacional* e, mais especificamente, a Administração Pública estrangeira.

O objeto material do delito é a vantagem perseguida pelo agente.

2.5 Consumação e tentativa

Consuma-se o delito no instante em que o agente, efetivamente, pratica qualquer um dos comportamentos previstos pelo tipo penal constante do art. 337-C do diploma repressivo.

Merece registro o fato de que não é preciso que o agente obtenha a vantagem ou mesmo a promessa de cumprimento da aludida vantagem, para efeitos de reconhecimento da consumação, pois as condutas de *solicitar*, *exigir* e *cobrar* demonstram tratar-se de um crime formal, de consumação antecipada, sendo que se a pessoa abordada, por exemplo, fizer a entrega de tal vantagem, isso deverá ser considerado como mero exaurimento do crime. Em sentido contrário, posiciona-se Noronha:

"Dá-se a consumação no momento e no lugar em que o agente *obtém* a vantagem ou ela lhe é *prometida*, sendo indiferente à perfeição do delito a conduta posterior do agente, que, aliás,

---

[111] NORONHA, Edgard Magalhães. *Direito penal*, v. 4, p. 329.

poderá transmudar o crime, na hipótese em que, por exemplo, ele resolve agir junto ao funcionário, corrompendo-o."[112]

Dependendo da hipótese concreta, visualizando-se a possibilidade de fracionamento do *iter criminis*, será possível a tentativa. Quando os atos forem praticados de forma concentrada, em razão da sua natureza monossubsistente, ficará afastada a tentativa.

2.6 Elemento subjetivo

O dolo é o elemento subjetivo exigido pelo tipo penal que prevê o delito de *tráfico de influência em transação comercial internacional*, não havendo previsão para a modalidade de natureza culposa.

Deverá a conduta, no entanto, ser dirigida finalisticamente no sentido de obter vantagem ou promessa de vantagem de qualquer natureza, a pretexto de influir em ato praticado por funcionário público estrangeiro no exercício de suas funções, relacionado à transação comercial internacional.

2.7 Modalidades comissiva e omissiva

Os núcleos *solicitar*, *exigir*, *cobrar* e *obter* pressupõem um comportamento comissivo por parte do agente.

No entanto, o delito poderá ser praticado via omissão imprópria, na hipótese em que o agente, garantidor, dolosamente, nada fizer para evitar a prática do delito *sub examen*, devendo ser responsabilizado nos termos do art. 13, § 2º, do Código Penal.

2.8 Causa especial de aumento de pena

A pena será aumentada da metade, conforme determina o parágrafo único do art. 337-C do Código Penal, se o agente alega ou insinua que a vantagem é também destinada a funcionário estrangeiro.

Assim, existe maior juízo de censura sobre o fato de o agente insinuar que, com a vantagem recebida, corromperá um funcionário público estrangeiro.

2.9 Pena e ação penal

A pena cominada ao delito de *tráfico de influência em transação comercial internacional* é de reclusão, de 2 (dois) a 5 (cinco) anos, e multa.

A pena será aumentada de metade, nos termos do parágrafo único do art. 337-C do Código Penal, se o agente alega ou insinua que a vantagem é também destinada a funcionário estrangeiro.

A ação penal é de iniciativa pública incondicionada.

2.10 Quadro-resumo

Sujeitos
» Ativo: qualquer pessoa.
» Passivo: é o Estado, bem como aquele que, de maneira secundária, foi prejudicado por um dos comportamentos praticados pelo sujeito ativo.

---

[112] NORONHA, Edgard Magalhães. *Direito penal*, v. 4, p. 327.

Objeto material

É a vantagem perseguida pelo agente.

Bem(ns) juridicamente protegido(s)

É a Administração Pública e, mais especificamente, a Administração Pública estrangeira.

Elemento subjetivo

Dolo, não havendo previsão para a modalidade de natureza culposa.

Modalidades comissiva e omissiva

Os núcleos solicitar, exigir, cobrar e obter pressupõem um comportamento comissivo por parte do agente, podendo, no entanto, ser praticados via omissão imprópria.

Consumação e tentativa

» Não é preciso que o agente obtenha a vantagem ou mesmo a promessa de cumprimento da aludida vantagem, para efeitos de reconhecimento da consumação, pois as condutas de solicitar, exigir e cobrar demonstram tratar-se de um crime formal, de consumação antecipada. Há posição em sentido contrário.

» Dependendo da hipótese concreta, visualizando-se a possibilidade de fracionamento do *iter criminis*, será possível a tentativa.

Capítulo II-B
Dos crimes em licitações e contratos administrativos

1. CONTRATAÇÃO DIRETA ILEGAL

Contratação direta ilegal
Art. 337-E. Admitir, possibilitar ou dar causa à contratação direta fora das hipóteses previstas em lei:
Pena – reclusão, de 4 (quatro) a 8 (oito) anos, e multa.

1.1 Introdução

O art. 337-E, inserido no Código Penal através da Lei nº 14.133, de 1º de abril de 2021, aperfeiçoou a redação do revogado art. 89 da Lei nº 8.666, de 21 de junho de 1993, tipificando o delito de *contratação direta ilegal*, prevendo como delito as condutas de admitir, possibilitar ou dar causa à contratação direta fora das hipóteses previstas em lei.

O art. 72 da Lei nº 14.133, de 1º de abril de 2021, diz respeito ao processo de contratação direta, que compreende os casos de inexigibilidade e de dispensa de licitação. O art. 74 do referido diploma legal, a seu turno, assevera ser inexigível a licitação quando inviável a competição, e elenca as hipóteses em que será possível a sua ocorrência. Da mesma forma, o art. 75 previu um rol de situações em que ocorreria a dispensa da licitação.

No que diz respeito à inexigibilidade de licitação, são precisas as lições de Rafael Carvalho Rezende Oliveira, quando preleciona:

> "Tecnicamente, é possível afirmar que a inexigibilidade não retrata propriamente uma exceção à regra da licitação, mas, sim, uma hipótese em que a regra sequer deve ser aplicada. Trata-se da não incidência da regra constitucional da licitação, em razão da ausência do seu pressuposto lógico: a competição.
> A inviabilidade de competição pode decorrer de duas situações distintas:
> *a) impossibilidade fática de competição (ou impossibilidade quantitativa):* o produto ou o serviço é fornecido por apenas um fornecedor (ex.: fornecedor exclusivo); e
> *b) impossibilidade jurídica de competição (ou impossibilidade qualitativa):* ausência de critérios objetivos para definir a melhor proposta, de modo que a licitação não teria o condão de estabelecer julgamento objetivo (ex.: contratação de artista)".[113]

Ainda segundo as lições de Rafael Carvalho Rezende Oliveira, quando fazemos uma análise das hipóteses de dispensa de licitação, previstas no art. 75 da Lei nº 14.133, de 1º de abril de 2021, nesses casos:

---
[113] OLIVEIRA, Rafael Carvalho Rezende. *Curso de direito administrativo*, p. 429/430.

"A licitação é viável, tendo em vista a possibilidade de competição entre dois ou mais interessados. Todavia, o legislador elencou determinadas situações em que a licitação pode ser afastada, a critério do administrador, para se atender o interesse público de forma mais célere e eficiente. É importante notar que as hipóteses de dispensa de licitação representam exceções à regra constitucional da licitação, permitidas pelo art. 37, XXI, da CRFB ('ressalvados os casos especificados na legislação'). O legislador autoriza o administrador a dispensar, por razões de conveniência e oportunidade, a licitação e proceder à contratação direta.

A dispensa de licitação possui duas características principais:

a) rol taxativo: as hipóteses de dispensa são exceções à regra da licitação; e

b) discricionariedade do administrador: a dispensa depende da avaliação da conveniência e da oportunidade no caso concreto, sendo admitida a realização da licitação.

Em relação à primeira característica, seria lícito afirmar, em princípio, que a interpretação das hipóteses de dispensa deve ser restritiva, pois configuram verdadeiras exceções à regra da licitação. Segundo a regra básica de hermenêutica, as exceções devem ser interpretadas restritivamente".[114]

Assim, para que ocorra o delito de *contratação direta* ilegal, tipificado no art. 337-E do Código Penal, é preciso que o agente venha a *admitir*, *possibilitar* ou *dar causa* à contratação direta fora das hipóteses previstas em lei.

O núcleo *admitir* tem o sentido de aceitar, tolerar; *possibilitar* compreende as hipóteses em que o agente facilita, de alguma forma, a contratação direta fora das hipóteses previstas em lei; dar causa entende-se como um comportamento em que o próprio agente propicia originalmente a contratação direta ilegal.

1.2 Classificação doutrinária

Crime próprio tanto com relação ao sujeito ativo, quanto no que diz respeito ao sujeito passivo; doloso; comissivo (podendo, também, nos termos do art. 13, § 2º, do Código Penal, ser praticado via omissão imprópria, na hipótese de o agente gozar do *status* de garantidor); de forma vinculada; formal; plurissubsistente; monossubjetivo; não transeunte.

1.3 Objeto material e bem juridicamente protegido

A Administração Pública ou, mais especificamente, a moralidade administrativa, é o bem juridicamente protegido pelo delito de *contratação direta ilegal*.

Objeto material do delito tipificado no art. 337-E do Código Penal é o contrato administrativo realizado ilegalmente.

1.4 Sujeito ativo e sujeito passivo

Crime próprio, somente o agente que puder admitir, possibilitar ou dar causa à contratação direta, fora das hipóteses previstas em lei, poderá ser sujeito ativo do delito tipificado no art. 337-E do Código Penal.

Sujeitos passivos são as Administrações Públicas diretas, autárquicas e fundacionais da União, dos Estados, do Distrito Federal e dos Municípios, bem como as demais pessoas prejudicadas com a contratação ilegal levada a efeito pelo agente, que se viram tolhidas no seu direito de contratar, regulamente, com a Administração Pública.

---

[114] OLIVEIRA, Rafael Carvalho Rezende. *Curso de direito administrativo*, p. 410.

1.5 Consumação e tentativa

O delito de *contratação direta ilegal* se consuma, efetivamente, no ato da admissão da contratação direta, ou seja, quando da realização do contrato, ou, ainda, quando o agente possibilita, de alguma forma, essa contratação, ou quando, ele próprio, der causa à contratação direta fora das hipóteses previstas em lei. Assim, imagine-se a hipótese daquele que, exercendo as funções de Secretário de Infraestrutura de determinado Município, a fim de favorecer determinados contratados, fracione um determinado contrato de prestação de serviços, com a finalidade de evitar o processo licitatório.

Em se tratando de um delito plurissubsistente, será possível o reconhecimento da tentativa.

1.6 Elemento subjetivo

As condutas constantes no tipo penal que prevê o delito de *contratação direta ilegal* somente podem ser praticadas dolosamente, não havendo previsão para a modalidade de natureza culposa.

Não importa, aqui, se o agente queria ou não causar prejuízo à Administração Pública, o que muito denominam, em nossa opinião equivocadamente, dolo específico. Aqueles que exigem o dolo específico alegam que essa exigência tem por objetivo evitar a responsabilização criminal por condutas cometidas por mero desconhecimento dos meandros da burocracia estatal, sem a intenção de locupletamento ilícito ou de dilapidação do patrimônio público.[115]

Seu dolo deve limitar-se a saber que admite, possibilita ou dá causa à contratação direta fora das hipóteses previstas em lei. Assim, por exemplo, quando ocorre esse tipo de contratação direta, fora das hipóteses previstas em lei, o agente impede que outras pessoas tenham o direito de disputar, legalmente, esse contrato administrativo, e isso já é o suficiente para que se configure o delito em estudo, não havendo necessidade de se perquirir se houve ou não prejuízo para a Administração Pública.

Em sentido contrário, aduz Francisco Dirceu Barros:

"Quanto à existência de dano e ao tipo subjetivo, o pleno do STF *(STF, AP 559 / PE, Primeira Turma, Rel. Min. Dias Toffoli)* e a Corte Especial do STJ *(AP nº 480/MG)* já defendiam que para se configurar o crime do antigo art. 89 da Lei nº 8.666/93 (atual art. 337-E do Código Penal), exigia-se o dolo específico, a intenção de causar prejuízo ao erário, e o efetivo resultado, tal entendimento deve prevalecer quanto ao novo delito de *contratação direta ilegal*."[116]

1.7 Modalidades comissiva e omissiva

As condutas de admitir, possibilitar ou dar causa pressupõem um comportamento comissivo por parte do agente.

Contudo, nada impede que um agente, garantidor, responda pela sua omissão imprópria, nos termos do § 2º do art. 13 do Código Penal, quando, no caso concreto, dolosamente, por exemplo, percebendo que alguém atuava com o intuito de admitir a contratação direta fora das hipóteses legais, nada faça para impedir a consumação do delito.

---

[115] STJ. AgRg no HC 580.098/MA. Rel. Min. Reynaldo Soares da Fonseca. 5ª T., j. 23/06/2020, DJ 30/06/2020. Doc. Legjur 205.7234.7004.5600.
[116] DIRCEU BARROS, Francisco. *Tratado doutrinário de direito penal*, p. 851.

1.8 Pena, ação penal e cálculo da pena de multa

A pena cominada para o delito de *contratação direta ilegal* é de reclusão, de 4 (quatro) a 8 (oito) anos, e multa.

A ação penal é de iniciativa pública incondicionada.

De acordo com o art. 337-P do diploma repressivo, a pena de multa cominada aos crimes previstos no Capítulo II-B, correspondente aos *crimes em licitações e contratos administrativos*, seguirá a metodologia de cálculo prevista no Código Penal e não poderá ser inferior a 2% (dois por cento) do valor do contrato licitado ou celebrado com contratação direta.

1.9 Destaques

1.9.1 Princípio da continuidade normativo-típica

As condutas constantes do art. 337-E, inserido no Código Penal pela Lei nº 14.133, de 1º de abril de 2021, que prevê o delito de *contratação direta ilegal* encontravam-se, anteriormente, tipificadas no art. 89 da revogada Lei nº 8.666, de 21 de junho de 1993.

In casu, deve ser aplicado o chamado princípio da continuidade normativo-típica, uma vez que as condutas previstas no tipo penal anterior (art. 89), revogado expressamente por lei posterior (art. 337-E), continuaram a ser por ele abrangidas, não se podendo falar, assim, em *abolitio criminis*.

Contudo, comparando as penas cominadas às duas figuras típicas, percebe-se que aquelas correspondentes ao revogado art. 89 da Lei nº 8.666, de 21 de junho de 1993 (detenção, de 3 (três) a 5 (cinco) anos, e multa) são inferiores às atualmente previstas pelo art. 337-E do Código Penal (reclusão, de 4 (quatro) a 8 (oito) anos, e multa), devendo, pois, ser observada a regra da ultra-atividade da lei penal anterior, mais benéfica, aplicando-se as penas previstas pelo revogado art. 89 da Lei nº 8.666, de 21 de junho de 1993, aos delitos praticados antes da entrada em vigor da Lei nº 14.133, de 1º de abril de 2021, que inseriu o art. 337-E no Código Penal.

1.10 Quadro-resumo

Sujeitos
- Crime próprio, somente o agente que puder admitir, possibilitar ou dar causa à contratação direta fora das hipóteses previstas em lei poderá ser sujeito ativo do delito tipificado no art. 337-E do Código Penal.
- Sujeitos passivos são as administrações públicas diretas, autárquicas e fundacionais da União, dos Estados, do Distrito Federal e dos Municípios, bem como as demais pessoas prejudicadas com a contratação ilegal levada a efeito pelo agente, que se viram tolhidas no seu direito de contratar, regularmente, com a Administração Pública.

Objeto material
É o contrato administrativo realizado ilegalmente.

Bem(ns) juridicamente protegido(s)
A Administração Pública.

Elemento subjetivo

» As condutas constantes somente podem ser praticadas dolosamente, não havendo previsão para a modalidade de natureza culposa.
» Não importa, aqui, se o agente queria ou não causar prejuízo à Administração Pública. Seu dolo deve limitar-se a saber que admite, possibilita ou dá causa à contratação direta fora das hipóteses previstas em lei.

Modalidades comissiva e omissiva

As condutas de admitir, possibilitar ou dar causa pressupõem um comportamento comissivo por parte do agente. Contudo, nada impede que um agente, garantidor, responda pela sua omissão imprópria, nos termos do § 2º do art. 13 do CP, quando, no caso concreto, dolosamente, por exemplo, percebendo que alguém atuava com o intuito de admitir a contratação direta fora das hipóteses legais, nada faça para impedir a consumação do delito.

Consumação e tentativa

Consuma-se, efetivamente, no ato da admissão da contratação direta, ou seja, quando da realização do contrato, ou, ainda, quando o agente possibilita, de alguma forma, essa contratação, ou quando, ele próprio der causa à contratação direta fora das hipóteses previstas em lei. Em se tratando de um delito plurissubsistente, será possível o reconhecimento da tentativa.

2. FRUSTRAÇÃO DO CARÁTER COMPETITIVO DE LICITAÇÃO

Frustração do caráter competitivo de licitação
Art. 337-F. Frustrar ou fraudar, com o intuito de obter para si ou para outrem vantagem decorrente da adjudicação do objeto da licitação, o caráter competitivo do processo licitatório:
Pena – reclusão, de 4 (quatro) anos a 8 (oito) anos, e multa.

2.1 Introdução

A Lei nº 14.133, de 1º de abril de 2021, estabeleceu normas gerais de licitação e contratação para as Administrações Públicas diretas, autárquicas e fundacionais da União, dos Estados, do Distrito Federal e dos Municípios, determinando, em seu art. 5º, a observância dos princípios da legalidade, da impessoalidade, da moralidade, da publicidade, da eficiência, do interesse público, da probidade administrativa, da igualdade, do planejamento, da transparência, da eficácia, da segregação de funções, da motivação, da vinculação ao edital, do julgamento objetivo, da segurança jurídica, da razoabilidade, da competitividade, da proporcionalidade, da celeridade, da economicidade e do desenvolvimento nacional sustentável.

Como se percebe sem muito esforço, aquele que *frustra* ou *frauda* o caráter competitivo do processo licitatório, com o intuito de obter para si ou para outrem vantagem decorrente da adjudicação do objeto da licitação, fere mortalmente vários desses princípios, razão pela qual, em virtude da gravidade desse comportamento, entendeu por bem o legislador criar o delito de *frustração do caráter competitivo da licitação*.

Essa previsão de comportamento criminoso já havia sido feita pelo art. 90 da revogada Lei nº 8.666, de 21 de junho de 1993, cuja redação se assemelha, em muitos aspectos, ao atual art. 337-F do Código Penal.

Frustrar tem o sentido de desvirtuar, não permitir que ocorra de maneira correta, íntegra, igualitária; *fraudar* importa agir com fraude, ardil, atuar de maneira enganosa, impedindo ou evitando o caráter competitivo do processo do processo licitatório.

O art. 28 da Lei nº 14.133, de 1º de abril de 2021, elenca as modalidades de licitação, dizendo, *verbis*:

> São modalidades de licitação:
> I – pregão;
> II – concorrência;
> III – concurso;
> IV – leilão;
> V – diálogo competitivo.

As condutas de frustrar ou fraudar devem ser praticadas com o intuito de obter para si ou para outrem vantagem decorrente da *adjudicação do objeto da licitação*. Cuida-se, aqui, do chamado especial fim de agir.

Esclarecendo o que venha a ser adjudicação, Hely Lopes Meirelles, com a clareza que lhe é peculiar, preleciona que:

> "*Adjudicação* é o ato pelo qual se atribui ao vencedor o objeto da licitação, para a subsequente efetivação do contrato administrativo. É o ato constitutivo do direito do licitante a contratar com a Administração, quando esta se dispuser a firmar o ajuste. A adjudicação, como ato constitutivo de direitos e obrigações, produz os seus efeitos jurídicos desde o momento em que for homologada pela autoridade competente."[117]

2.2 Classificação doutrinária

Crime comum com relação ao sujeito ativo, e próprio no que diz respeito ao sujeito passivo; doloso; comissivo (podendo, também, nos termos do art. 13, § 2º, do Código Penal, ser praticado via omissão imprópria, na hipótese de o agente gozar do *status* de garantidor); de forma livre; formal; plurissubsistente; monossubjetivo; não transeunte.

2.3 Objeto material e bem juridicamente protegido

A Administração Pública é o bem juridicamente protegido pelo delito de *frustração do caráter competitivo da licitação* e, mais especificamente, o direito à competição leal entre os licitantes.

Objeto material do delito tipificado no art. 337-F do Código Penal é o objeto da licitação adjudicado.

2.4 Sujeito ativo e sujeito passivo

Qualquer pessoa pode ser sujeito ativo do delito de *frustração do caráter competitivo da licitação*, tratando-se, sob esse enfoque, de um crime comum.

Sujeitos passivos são as Administrações Públicas diretas, autárquicas e fundacionais da União, dos Estados, do Distrito Federal e dos Municípios, bem como os demais licitantes.

---

[117] LOPES MEIRELLES, Hely. *Licitação e contrato administrativo*, p. 160.

2.5 Consumação e tentativa

Tendo em vista tratar-se de um crime formal, o delito se consuma quando o agente, efetivamente, pratica algum comportamento no sentido de frustrar ou fraudar o caráter competitivo do processo licitatório, com o intuito de obter para si ou para outrem vantagem decorrente da adjudicação do objeto da licitação, e prescinde de prejuízo ao erário, uma vez que o dano ocorre pela simples quebra do caráter competitivo entre os licitantes que tinham interesse em contratar com a Administração Pública.

Não se exige que ocorra a mencionada adjudicação do objeto da licitação, mas tão somente que o agente atue com essa finalidade específica, ao que se denomina doutrinariamente como sendo um especial fim de agir. A efetiva obtenção da vantagem, decorrente da adjudicação do objeto da licitação, para si ou para outrem, é considerada um mero exaurimento do crime.

Em se tratando de um crime plurissubsistente, em que se pode fracionar o *iter criminis*, entendemos como possível o raciocínio correspondente à tentativa. Contudo, existe discussão doutrinária e jurisprudencial sobre o tema, face a natureza formal do delito em estudo.

2.6 Elemento subjetivo

As condutas constantes no tipo penal que prevê o delito de *frustração do caráter competitivo de licitação* somente podem ser praticadas dolosamente, não havendo previsão para a modalidade de natureza culposa.

2.7 Modalidades comissiva e omissiva

As condutas de frustrar e fraudar pressupõem um comportamento comissivo por parte do agente, não havendo previsão para a modalidade de natureza omissiva.

Contudo, nada impede que um agente, garantidor, responda pela sua omissão imprópria, nos termos do § 2º do art. 13 do Código Penal, quando, no caso concreto, dolosamente, por exemplo, percebendo que alguém atuava com o intuito de fraudar o processo licitatório, nada faça para impedir a consumação do delito.

2.8 Pena, ação penal e cálculo da pena de multa

A pena cominada para o delito de *frustração do caráter competitivo de licitação* é de reclusão, de 4 (quatro) a 8 (oito) anos, e multa.

A ação penal é de iniciativa pública incondicionada.

De acordo com o art. 337-P do diploma repressivo, a pena de multa cominada aos crimes previstos no Capítulo II-B, correspondente aos *crimes em licitações e contratos administrativos*, seguirá a metodologia de cálculo prevista no Código Penal e não poderá ser inferior a 2% (dois por cento) do valor do contrato licitado ou celebrado com contratação direta.

2.9 Destaque

2.9.1 Princípio da continuidade normativo-típica

As condutas constantes do art. 337-F, inserido no Código Penal pela Lei nº 14.133, de 1º de abril de 2021, que prevê o delito de *frustração do caráter competitivo de licitação* encontravam-se, anteriormente, tipificadas no art. 90 da revogada Lei nº 8.666, de 21 de junho de 1993.

In casu, deve ser aplicado o chamado princípio da continuidade normativo-típica, uma vez que as condutas previstas no tipo penal anterior (art. 90), revogado expressamente por lei posterior (art. 337-F), continuaram a ser por ele abrangidas, não se podendo falar, assim, em *abolitio criminis*.

Contudo, comparando as penas cominadas às duas figuras típicas, percebe-se que aquelas correspondentes ao revogado art. 90 da Lei nº 8.666, de 21 de junho de 1993 (detenção de 2 (dois) a 4 (quatro) anos, e multa) são inferiores às atualmente previstas pelo art. 337-F do Código Penal (reclusão, de 4 (quatro) a 8 (oito) anos, e multa), devendo, pois, ser observada a regra da ultra-atividade da lei penal anterior, mais benéfica, aplicando-se as penas previstas pelo revogado art. 90 da Lei nº 8.666, de 21 de junho de 1993, aos delitos praticados antes da entrada em vigor da Lei nº 14.133, de 1º de abril de 2021, que inseriu o art. 337-F ao Código Penal.

2.10 Quadro-resumo

Sujeitos
» Ativo: qualquer pessoa tratando-se, sob esse enfoque, de um crime comum.
» Passivo: são as administrações públicas diretas, autárquicas e fundacionais da União, dos Estados, do Distrito Federal e dos Municípios, bem como os demais licitantes.

Objeto material
É o objeto da licitação adjudicado.

Bem(ns) juridicamente protegido(s)
A Administração Pública.

Elemento subjetivo
» Dolo, não havendo previsão para a modalidade de natureza culposa.

Modalidades comissiva e omissiva
» As condutas de frustrar e fraudar pressupõem um comportamento comissivo por parte do agente, não havendo previsão para a modalidade de natureza omissiva.
» Contudo, nada impede que um agente, garantidor, responda pela sua omissão imprópria, nos termos do § 2º do art. 13 do CP, quando, no caso concreto, dolosamente, por exemplo, percebendo que alguém atuava com o intuito de fraudar o processo licitatório, nada faça para impedir a consumação do delito.

Consumação e tentativa
» Tendo em vista tratar-se de um crime formal, o delito se consuma quando o agente, efetivamente, pratica algum comportamento no sentido de frustrar ou fraudar o caráter competitivo do processo licitatório, com o intuito de obter, para si ou para outrem, vantagem decorrente da adjudicação do objeto da licitação, e prescinde de prejuízo ao erário, uma vez que o dano ocorre pela simples quebra do caráter competitivo entre os licitantes que tinham interesse em contratar com a Administração Pública. Não se exige que ocorra a mencionada adjudicação, mas tão somente que o agente atue com essa finalidade específica. A efetiva obtenção da vantagem é considerada um mero exaurimento do crime.
» Em se tratando de um crime plurissubsistente, em que se pode fracionar o *iter criminis*, entendemos como possível o raciocínio correspondente à tentativa. Contudo, existe discussão doutrinária e jurisprudencial sobre o tema, face à natureza formal do delito em estudo.

3. PATROCÍNIO DE CONTRATAÇÃO INDEVIDA

Patrocínio de contratação indevida
Art. 337-G. Patrocinar, direta ou indiretamente, interesse privado perante a Administração Pública, dando causa à instauração de licitação ou à celebração de contrato cuja invalidação vier a ser decretada pelo Poder Judiciário:
Pena – reclusão, de 6 (seis) meses a 3 (três) anos, e multa.

3.1 Introdução

O art. 337-G, inserido no Código Penal através da Lei nº 14.133, de 1º de abril de 2021, é basicamente uma cópia do preceito primário do revogado art. 91 da Lei nº 8.666, de 21 de junho de 1993, somente aperfeiçoando a redação anterior com o acréscimo da palavra "Pública" logo após mencionar "Administração".

O tipo penal se assemelha, ainda, à chamada advocacia administrativa, prevista no art. 321 do Código Penal, com a diferença de que, além do agente dar causa à instauração de licitação ou à celebração de contrato, cuja invalidação vier a ser decretada pelo Poder Judiciário, *in casu*, poderá ou não ser praticado por agente público.

Assim, podemos destacar os seguintes elementos que compõem a figura típica do art. 337-G do estatuto repressivo, que prevê o delito de *patrocínio de contratação indevida*: a) a conduta de patrocinar, direta ou indiretamente; b) interesse privado perante a Administração Pública; c) dando causa à instauração de licitação ou à celebração de contrato cuja invalidação vier a ser decretada pelo Poder Judiciário.

O núcleo *patrocinar* deve ser entendido no sentido de defender, advogar, facilitar. O sujeito ativo pode atuar direta, ou mesmo indiretamente, valendo-se de interposta pessoa, também conhecida vulgarmente como "testa de ferro", que atua sob seu comando, seguindo suas determinações e orientações. Esse comportamento deve ser dirigido no sentido de promover, patrocinar o interesse privado perante a Administração Pública.

Contudo, para que reste configurada a figura típica em análise, há necessidade de que a licitação instaurada ou mesmo a celebração do contrato tenham sido invalidados pelo Poder Judiciário, não se podendo dar início à ação penal sem a prova da invalidação desses atos. Cuida-se, portanto, de uma infração penal condicionada à decretação de invalidação pelo Poder Judiciário da licitação instaurada ou do contrato celebrado.

3.2 Classificação doutrinária

Crime comum com relação ao sujeito ativo, e próprio no que diz respeito ao sujeito passivo; doloso; comissivo (podendo, também, nos termos do art. 13, § 2º, do Código Penal, ser praticado via omissão imprópria, na hipótese de o agente gozar do *status* de garantidor); material; plurissubsistente; monossubjetivo; não transeunte.

3.3 Objeto material e bem juridicamente protegido

A Administração Pública ou, mais especificamente, a moralidade administrativa, é o bem juridicamente protegido pelo delito de *patrocínio de contratação indevida*.

Objeto material do delito tipificado no art. 337-G do Código Penal é a instauração de licitação ou à celebração de contrato cuja invalidação vier a ser decretada pelo Poder Judiciário.

3.4 Sujeito ativo e sujeito passivo

Qualquer pessoa pode ser sujeito ativo do delito de *patrocínio de contratação indevida*, tratando-se, sob esse enfoque, de um crime comum. Nessa situação específica, esse sujeito ativo é conhecido vulgarmente como *lobista*.

Sujeitos passivos são as Administrações Públicas diretas, autárquicas e fundacionais da União, dos Estados, do Distrito Federal e dos Municípios.

3.5 Consumação e tentativa

O delito se consuma quando o agente, após patrocinar, direta ou indiretamente, interesse privado perante a Administração Pública, dá causa à instauração de licitação ou à celebração de contrato, ou seja, com a instauração da licitação ou a efetiva celebração do contrato, resta consumada a infração penal.

Contudo, é necessário que o Poder Judiciário invalide a instauração de licitação ou a celebração do contrato, sendo tal invalidação verdadeira condição de procedibilidade. Caso essa invalidação provenha da própria Administração Pública, não se poderá dar início à ação penal, pois que o tipo penal em exame exige, expressamente, que seja decretada pelo Poder Judiciário.

Como existe essa necessidade de invalidação pelo Poder Judiciário, entendemos não ser possível a tentativa, pois que o Poder Judiciário somente intervirá quando a licitação tiver sido instaurada ou o contrato celebrado, razão pela qual o delito já restará consumado.

Francisco Dirceu Barros, esclarecendo sobre o tema, preleciona:

> "O delito de patrocínio de contratação indevida é um crime de resultado, de maneira que a lei pune somente quando ocorrer o resultado efetivo. A conduta é 'patrocinar, direta ou indiretamente, interesse privado perante a Administração Pública'. Logo, a consumação ocorre no momento do resultado que é a 'instauração de licitação ou à celebração de contrato'.
>
> A invalidação a ser decretada pelo Poder Judiciário é uma condição objetiva de punibilidade, ou seja, o crime já existe e foi consumado, mas o início da persecução penal só ocorrerá com a anulação da licitação ou do contrato pelo Poder Judiciário."[118]

3.6 Elemento subjetivo

As condutas constantes no tipo penal que prevê o delito de *patrocínio de contratação indevida* somente podem ser praticadas dolosamente, não havendo previsão para a modalidade de natureza culposa.

3.7 Modalidades comissiva e omissiva

A conduta de patrocinar, direta ou indiretamente, interesse privado perante a Administração Pública, dando causa à instauração de licitação ou à celebração de contrato cuja invalidação vier a ser decretada pelo Poder Judiciário, somente pode ser praticada comissivamente, não havendo previsão para a modalidade de natureza omissiva.

---

[118] DIRCEU BARROS, Francisco. *Tratado doutrinário de direito penal*, p. 856.

3.8 Pena, ação penal, suspensão condicional do processo e cálculo da pena de multa

A pena cominada para o delito de *patrocínio de contratação indevida* é de reclusão, de 6 (seis) meses a 3 (três) anos, e multa.

A ação penal é de iniciativa pública incondicionada.

Tendo em vista a pena mínima cominada no preceito secundário do art. 337-G em análise, será possível a confecção de proposta de suspensão condicional do processo, nos termos do art. 89 da Lei nº 9.099/95.

De acordo com o art. 337-P do diploma repressivo, a pena de multa cominada aos crimes previstos no Capítulo II-B, correspondente aos *crimes em licitações e contratos administrativos*, seguirá a metodologia de cálculo prevista no Código Penal e não poderá ser inferior a 2% (dois por cento) do valor do contrato licitado ou celebrado com contratação direta.

3.9 Destaque

3.9.1 Princípio da continuidade normativo-típica

As condutas constantes do art. 337-G, inserido no Código Penal pela Lei nº 14.133, de 1º de abril de 2021, que prevê o delito de *patrocínio de contratação indevida* encontravam-se, anteriormente, tipificadas no art. 91 da revogada Lei nº 8.666, de 21 de junho de 1993.

In casu, deve ser aplicado o chamado princípio da continuidade normativo-típica, uma vez que as condutas previstas no tipo penal anterior (art. 91), revogado expressamente por lei posterior (art. 337-G), continuaram a ser por ele abrangidas, não se podendo falar, assim, em *abolitio criminis*.

Contudo, comparando as penas cominadas às duas figuras típicas, percebe-se que aquelas correspondentes ao revogado art. 91 da Lei nº 8.666, de 21 de junho de 1993, além de possuir natureza diferente, pois que dizem respeito a uma pena de detenção, tem sua pena máxima cominada em abstrato (2 anos) em patamar inferior àquela prevista pelo art. 337-G do Código Penal (3 anos) devendo, pois, ser observada a regra da ultra-atividade da lei penal anterior, mais benéfica, aplicando-se as penas previstas pelo revogado art. 91 da Lei nº 8.666, de 21 de junho de 1993, aos delitos praticados antes da entrada em vigor da Lei nº 14.133, de 1º de abril de 2021, que inseriu o art. 337-G ao Código Penal.

3.10 Quadro-resumo

Sujeitos
» Ativo: qualquer pessoa tratando-se, sob esse enfoque, de um crime comum. Nessa situação específica, esse sujeito ativo é conhecido vulgarmente como *"lobista"*.
» Passivo: são as administrações públicas diretas, autárquicas e fundacionais da União, dos Estados, do Distrito Federal e dos Municípios.

Objeto material
É a instauração de licitação ou a celebração de contrato cuja invalidação vier a ser decretada pelo Poder Judiciário.

Bem(ns) juridicamente protegido(s)
A Administração Pública.

Elemento subjetivo

Dolo, não havendo previsão para a modalidade de natureza culposa.

Modalidades comissiva e omissiva

Somente pode praticado comissivamente, não havendo previsão para a modalidade de natureza omissiva.

Consumação e tentativa

» O delito se consuma quando o agente, após patrocinar, direta ou indiretamente, interesse privado perante a Administração Pública, dá causa à instauração de licitação ou à celebração de contrato, ou seja, com a instauração da licitação ou a efetiva celebração do contrato, resta consumada a infração penal.
» Contudo, é necessário que o Poder Judiciário invalide a instauração de licitação ou a celebração do contrato, sendo tal invalidação verdadeira condição de procedibilidade. Caso essa invalidação provenha da própria Administração Pública, não se poderá dar início à ação penal, pois o que o tipo penal em exame exige, expressamente, é que seja decretada pelo Poder Judiciário.
» Assim, entendemos não ser possível a tentativa, pois o Poder Judiciário somente intervirá quando a licitação tiver sido instaurada ou o contrato celebrado, razão pela qual o delito já restará consumado.

4. MODIFICAÇÃO OU PAGAMENTO IRREGULAR EM CONTRATO ADMINISTRATIVO

Modificação ou pagamento irregular em contrato administrativo
Art. 337-H. Admitir, possibilitar ou dar causa a qualquer modificação ou vantagem, inclusive prorrogação contratual, em favor do contratado, durante a execução dos contratos celebrados com a Administração Pública, sem autorização em lei, no edital da licitação ou nos respectivos instrumentos contratuais, ou, ainda, pagar fatura com preterição da ordem cronológica de sua exigibilidade:
Pena – reclusão, de 4 (quatro) anos a 8 (oito) anos, e multa.

4.1 Introdução

O art. 337-H, inserido no Código Penal através da Lei nº 14.133, de 1º de abril de 2021, basicamente reproduziu o revogado art. 92 da Lei nº 8.666, de 21 de junho de 1993, com algumas pequenas alterações de conteúdo técnico.

Cuida-se, portanto, de hipótese em que a Administração Pública figura como contratante de um contrato administrativo, conforme o disposto no Título III da Lei nº 14.133, de 1º de abril de 2021. Conceituando o contrato administrativo, Hely Lopes Meirelles assevera ser:

"O ajuste que a Administração Pública, agindo nessa qualidade, firma com o particular ou com outra entidade administrativa, para a consecução de objetivos de interesse público, nas condições desejadas pela própria Administração.
(...)
O contrato administrativo é sempre *bilateral*, e, em regra, *formal, oneroso, comutativo* e realizado *intuitu personae*. Com isto se afirma que é um acordo de vontades (e não um ato unilateral e impositivo da Administração); é *formal* porque se expressa por escrito e com requisitos especiais; é *oneroso* porque remunerado na forma convencionada; é *comutativo* porque estabelece compensações recíprocas e equivalentes para as partes; é *intuitu personae* porque exige a pessoa do contratado para a sua execução. Dentro desses princípios o contrato

administrativo requer concordância das partes para ser validamente efetivado; remuneração de seu objeto; equivalência nos encargos e vantagens; e cumprimento pessoal da obrigação assumida pelo contratado para com a Administração.

Mas, o que tipifica o contrato administrativo e o distingue do contrato privado é a participação da Administração na relação jurídica bilateral com *supremacia de poder* para fixar as condições iniciais do ajuste. Outras características podem ocorrer no contrato, reforçando a sua natureza administrativa, como a exigência de licitação prévia; o que o qualifica como contrato público, entretanto, é a presença da Administração com *privilégio administrativo* na relação contratual."[119]

Os interesses públicos se sobrepõem aos interesses privados, razão pela qual o art. 104 da Lei nº 14.133, de 1º de abril de 2021 elenca as prerrogativas da Administração Pública, dizendo:

> **Art. 104.** O regime jurídico dos contratos instituído por esta Lei confere à Administração, em relação a eles, as prerrogativas de:
> I – modificá-los, unilateralmente, para melhor adequação às finalidades de interesse público, respeitados os direitos do contratado;
> II – extingui-los, unilateralmente, nos casos especificados nesta Lei;
> III – fiscalizar sua execução;
> IV – aplicar sanções motivadas pela inexecução total ou parcial do ajuste;
> V – ocupar provisoriamente bens móveis e imóveis e utilizar pessoal e serviços vinculados ao objeto do contrato, nas hipóteses de:
> a) risco à prestação de serviços essenciais;
> b) necessidade de acautelar apuração administrativa de faltas contratuais pelo contratado, inclusive após extinção do contrato.

Tais prerrogativas são exclusivas da Administração Pública, tendo em vista, como afirmado por Hely Lopes Meirelles, sua *supremacia de poder*. Assim, não cabe ao contratado modificar ou mesmo ter qualquer vantagem no contrato firmado com a Administração Pública, a não ser aquelas previamente contratadas.

Por essa razão, a primeira parte do art. 337-H do Código Penal tipifica as condutas de *admitir, possibilitar* ou *dar causa* a qualquer modificação ou vantagem, inclusive prorrogação contratual, em favor do contratado, durante a execução dos contratos celebrados com a Administração Pública, sem autorização em lei (princípio da legalidade), no edital da licitação (princípio da vinculação ao instrumento convocatório) ou nos respectivos instrumentos contratuais.

Sabemos, infelizmente, que uma das maiores fontes de corrupção são os contratos firmados entre particulares e a Administração Pública. Uma das estratégias mais utilizadas diz respeito àquela em que o contratado aceita e se encaixa nas condições previstas no edital para, posteriormente, alterá-las e se beneficiar ilicitamente.

Assim, o servidor público que *admite* (permite, aceita, anui), *possibilita* (facilita, auxilia) ou *dá causa* (isto é, encontra artifícios, meios) a qualquer modificação ou vantagem, inclusive prorrogação contratual, em favor do contratado, sem autorização em lei, no edital da licitação ou nos respectivos instrumentos contratuais, incorrerá no tipo penal em exame.

A segunda parte do art. 337-H do Código Penal prevê como típica também a conduta daquele que vier a *pagar fatura com preterição da ordem cronológica de sua exigibilidade*. Não é incomum o fato de que "os amigos do rei", valendo-se de seus relacionamentos pessoais,

---

[119] LOPES MEIRELLES, Hely. *Licitação e contrato administrativo*, p. 180/182.

queiram receber por seus serviços prestados, pela realização de suas obras, pelo fornecimento de bens etc., com preferência aos demais contratados na mesma situação, e que os realizaram com antecedência.

Assim, a fim de preservar os princípios que devem nortear a Administração Pública, a exemplo dos princípios da legalidade, impessoalidade, moralidade, da probidade administrativa, da igualdade, da motivação etc., aquele que vier a pagar fatura, com preterição da ordem cronológica, fora das hipóteses legalmente previstas, terá praticado o delito de *modificação ou pagamento irregular em contrato administrativo*.

4.2 Classificação doutrinária

Crime próprio, tanto no que diz respeito ao sujeito ativo quanto ao sujeito passivo; doloso; comissivo (podendo, também, nos termos do art. 13, § 2º, do Código Penal, ser praticado via omissão imprópria, na hipótese de o agente gozar do *status* de garantidor); material; plurissubsistente; monossubjetivo; não transeunte; de forma vinculada.

4.3 Objeto material e bem juridicamente protegido

A Administração Pública ou, mais especificamente, a moralidade administrativa, é o bem juridicamente protegido pelo delito de *modificação ou pagamento irregular em contrato administrativo*.

Objeto material do delito tipificado no art. 337-H do Código Penal é o contrato administrativo.

4.4 Sujeito ativo e sujeito passivo

Crime próprio, somente pode ser praticado pelo agente público com poderes para admitir, possibilitar ou dar causa a qualquer modificação ou vantagem, inclusive prorrogação contratual, em favor do contratado, durante a execução dos contratos celebrados com a Administração Pública, sem autorização em lei, no edital de licitação ou nos respectivos instrumentos contratuais, ou, ainda, aquele que pagar fatura com preterição de ordem cronológica de sua exigibilidade.

Sujeitos passivos são as Administrações Públicas diretas, autárquicas e fundacionais da União, dos Estados, do Distrito Federal e dos Municípios.

4.5 Consumação e tentativa

O delito se consuma quando o agente, efetivamente, *admite*, *possibilita* ou *dá causa* a qualquer modificação ou vantagem, inclusive prorrogação contratual, em favor do contratado, durante a execução dos contratos celebrados com a Administração Pública, sem autorização em lei, no edital de licitação ou nos respectivos instrumentos contratuais, ou, ainda, quando houver o pagamento de fatura com preterição de ordem cronológica de sua exigibilidade.

Para que ocorra a infração penal *sub examen*, há necessidade de que a modificação ou vantagem, em favor do contratado, *ocorram durante a execução dos contratos* celebrados com a Administração Pública, sem autorização em lei, no edital da licitação ou nos respectivos instrumentos contratuais.

Em se tratando de um crime plurissubsistente, será possível o reconhecimento da tentativa, tendo em vista a possibilidade de fracionamento do *iter criminis*. Assim, imagine-se a hipótese em que o agente público determine o pagamento antecipado de fatura ao contratado, mas o aludido pagamento não é realizado, pois que fora impedido de ser efetuado, uma vez que não obedecia a ordem cronológica.

4.6 Elemento subjetivo

As condutas constantes no tipo penal que prevê o delito de *modificação ou pagamento irregular em contrato administrativo* somente podem ser praticadas dolosamente, não havendo previsão para a modalidade de natureza culposa.

Não concordamos que o dolo do agente somente se configure quando sua finalidade seja a de causar prejuízo à Administração Pública, falando-se, equivocadamente, em dolo específico, como se entendia durante a vigência do revogado art. 92 da Lei nº 8.666/93.

Basta, tão somente, que o agente admita, possibilite ou dê causa a qualquer modificação ou vantagem, inclusive prorrogação contratual, em favor do contratado, durante a execução dos contratos celebrados com a Administração Pública, sem autorização em lei, no edital da licitação ou nos respectivos instrumentos contratuais, ou, ainda, pague fatura com preterição da ordem cronológica de sua exigibilidade. Esses comportamentos, por si sós, ferem princípios básicos da Administração Pública e, portanto, devem sofrer a reprimenda do Estado.

4.7 Modalidades comissiva e omissiva

As condutas de admitir, possibilitar ou dar causa a qualquer modificação ou vantagem, inclusive prorrogação do contrato administrativo, em favor do contratado, durante a execução dos contratos celebrados com a Administração Pública, sem autorização em lei, no edital de licitação ou nos respectivos instrumentos contratuais, ou, ainda, de a levar a efeito o pagamento de fatura com preterição de ordem cronológica de sua exigibilidade, somente podem ser praticadas comissivamente, não havendo previsão de condutas omissivas.

Contudo, será possível que o delito seja praticado via omissão imprópria, nos termos do art. 13, § 2º, do Código Penal, quando o agente, garantidor, podendo, nada fizer para evitar a prática do crime. Assim, imagine-se a hipótese em que um superior hierárquico perceba que o agente público encarregado de lançar no sistema informático o pagamento das faturas, percebendo que havia ocorrido preterição de ordem cronológica de sua exigibilidade, mas satisfeito porque um desafeto seria prejudicado com a demora do seu pagamento, nada faça para impedir a conduta criminosa. Nesse caso, responderia pelo delito de *modificação ou pagamento irregular em contrato administrativo*, via omissão imprópria.

4.8 Pena, ação penal e cálculo da pena de multa

A pena cominada para o delito de *modificação ou pagamento irregular em contrato administrativo* é de reclusão, de 4 (quatro) a 8 (oito) anos, e multa.

A ação penal é de iniciativa pública incondicionada.

De acordo com o art. 337-P do diploma repressivo, a pena de multa cominada aos crimes previstos no Capítulo II-B, correspondente aos *crimes em licitações e contratos administrativos*, seguirá a metodologia de cálculo prevista no Código Penal e não poderá ser inferior a 2% (dois por cento) do valor do contrato licitado ou celebrado com contratação direta.

4.9 Destaque

4.9.1 Princípio da continuidade normativo-típica

As condutas constantes do art. 337-H, inserido no Código Penal pela Lei nº 14.133, de 1º de abril de 2021, que prevê o delito de *modificação ou pagamento irregular em contrato administrativo* encontravam-se, anteriormente, tipificadas no art. 92 da revogada Lei nº 8.666, de 21 de junho de 1993.

In casu, deve ser aplicado o chamado princípio da continuidade normativo-típica, uma vez que as condutas previstas no tipo penal anterior (art. 92), revogado expressamente por lei posterior (art. 337-H), continuaram a ser por ele abrangidas, não se podendo falar, assim, em *abolitio criminis*.

Contudo, comparando as penas cominadas às duas figuras típicas, percebe-se que aquelas correspondentes ao revogado art. 92 da Lei nº 8.666, de 21 de junho de 1993 (detenção de 2 (dois) a 4 (quatro) anos, e multa) são inferiores às atualmente previstas pelo art. 337-H do Código Penal (reclusão, de 4 (quatro) a 8 (oito) anos, e multa), devendo, pois, ser observada a regra da ultra-atividade da lei penal anterior, mais benéfica, aplicando-se as penas previstas pelo revogado art. 92 da Lei nº 8.666, de 21 de junho de 1993, aos delitos praticados antes da entrada em vigor da Lei nº 14.133, de 1º de abril de 2021, que inseriu o art. 337-H ao Código Penal.

4.10 Quadro-resumo

Sujeitos

» Ativo: agente público com poderes para admitir, possibilitar ou dar causa a qualquer modificação ou vantagem, inclusive prorrogação contratual, em favor do contratado, durante a execução dos contratos celebrados com a Administração Pública, sem autorização em lei, no edital de licitação ou nos respectivos instrumentos contratuais, ou, ainda, aquele que pagar fatura com preterição de ordem cronológica de sua exigibilidade.

» Passivo: as administrações públicas diretas, autárquicas e fundacionais da União, dos Estados, do Distrito Federal e dos Municípios.

Objeto material

É o contrato administrativo.

Bem(ns) juridicamente protegido(s)

A Administração Pública.

Elemento subjetivo

» Dolo, não havendo previsão para a modalidade de natureza culposa.

» Não concordamos que o dolo do agente somente se configure quando sua finalidade seja a de causar prejuízo à Administração Pública, falando-se, equivocadamente, em dolo específico, como se entendia durante a vigência do revogado art. 92 da Lei nº 8.666/93.

» Basta que o agente admita, possibilite ou dê causa a qualquer modificação ou vantagem, inclusive prorrogação contratual, em favor do contratado, durante a execução dos contratos celebrados com a Administração Pública, sem autorização em lei, no edital da licitação ou nos respectivos instrumentos contratuais, ou, ainda, pague fatura com preterição da ordem cronológica de sua exigibilidade. Esses comportamentos, por si sós, ferem princípios básicos da Administração Pública e, portanto, devem sofrer a reprimenda do Estado.

Modalidades comissiva e omissiva

» Somente pode praticado comissivamente, não havendo previsão para a modalidade de natureza omissiva.

» Contudo, será possível que o delito seja praticado via omissão imprópria, nos termos do art. 13, § 2º do CP, quando o agente, garantidor, podendo, nada fizer para evitar a prática do crime. Assim, imagine-se a hipótese em que um superior hierárquico perceba que o agente público encarregado de lançar no sistema informático o pagamento das faturas, percebendo que havia ocorrido preterição de ordem cronológica de sua exigibilidade, mas satisfeito porque um desafeto seria prejudicado com a demora do seu pagamento, nada faça para impedir a conduta criminosa. Nesse caso, responderia pelo delito de *modificação ou pagamento irregular em contrato administrativo*, via omissão imprópria.

Consumação e tentativa

» O delito se consuma quando o agente, efetivamente, *admite*, *possibilita* ou *dá causa* a qualquer modificação ou vantagem, inclusive prorrogação contratual, em favor do contratado, durante a execução dos contratos celebrados com a Administração Pública, sem autorização em lei, no edital de licitação ou nos respectivos instrumentos contratuais, ou, ainda, quando houver o pagamento de fatura com preterição de ordem cronológica de sua exigibilidade.
» Para que ocorra a infração penal *sub examen*, há necessidade de que a modificação ou vantagem, em favor do contratado, *ocorram durante a execução dos contratos* celebrados com a Administração Pública, sem autorização em lei, no edital da licitação ou nos respectivos instrumentos contratuais.
» Em se tratando de um crime plurissubsistente, será possível o reconhecimento da tentativa, tendo em vista a possibilidade de fracionamento do *iter criminis*. Assim, imagine-se a hipótese em que o agente público determine o pagamento antecipado de fatura ao contratado, mas o aludido pagamento não é realizado, pois que fora impedido de ser efetuado, uma vez que não obedecia à ordem cronológica.

5. PERTURBAÇÃO DE PROCESSO LICITATÓRIO

Perturbação de processo licitatório
Art. 337-I. Impedir, perturbar ou fraudar a realização de qualquer ato de processo licitatório:
Pena – detenção, de 6 (seis) meses a 3 (três) anos, e multa.

5.1 Introdução

O processo licitatório está previsto no Capítulo I do Título II da Lei nº 14.133, de 1º de abril de 2021, e tem por objetivos, nos termos dos incisos I a IV do art. 11 do referido diploma legal:

I – assegurar a seleção da proposta apta a gerar o resultado de contratação mais vantajoso para a Administração Pública, inclusive no que se refere ao ciclo de vida do objeto;
II – assegurar tratamento isonômico entre os licitantes, bem como a justa competição;
III – evitar contratações com sobrepreço ou com preços manifestamente inexequíveis e superfaturamento na execução dos contratos;
IV – incentivar a inovação e o desenvolvimento nacional sustentável.

O processo licitatório é complexo e composto por várias fases sequenciais, elencadas pelo art. 17 da Lei de Licitações e Contratos Administrativos, a saber: I – preparatória; II – de divulgação do edital de licitação; III – de apresentação de propostas e lances, quando for o caso; IV – de julgamento; V – de habilitação; VI – recursal; VII – de homologação.

O art. 337-I, inserido no Código Penal pela Lei nº 14.133, de 1º de abril de 2021, prevê as condutas de *impedir*, *perturbar* ou *fraudar* a realização de qualquer ato de processo licitatório, reproduzindo, assim, o revogado art. 93 da Lei nº 8.666, de 21 de junho de 1993.

Assim, se qualquer um desses comportamentos for praticado desde a fase preparatória, até a efetiva homologação do processo licitatório, o agente incorrerá no delito em estudo.

Impedir deve ser entendido no sentido de evitar que se realize; *perturbar* tem a conotação de atrapalhar, tumultuar; *fraudar* importa em agir com fraude, ardil, burlar qualquer ato do processo licitatório.

5.2 Classificação doutrinária

Crime comum com relação ao sujeito ativo, e próprio no que diz respeito ao sujeito passivo; doloso; comissivo (podendo, também, nos termos do art. 13, § 2º, do Código Penal, ser praticado via omissão imprópria, na hipótese de o agente gozar do *status* de garantidor); material; plurissubsistente; monossubjetivo; não transeunte.

5.3 Objeto material e bem juridicamente protegido

A Administração Pública ou, mais especificamente, a moralidade administrativa, é o bem juridicamente protegido pelo delito de *perturbação de processo licitatório,* e também o direito a uma regular e leal competição entre os licitantes durante o processo licitatório.

Objeto material do delito tipificado no art. 337-I do Código Penal é o processo licitatório.

5.4 Sujeito ativo e sujeito passivo

Qualquer pessoa pode ser sujeito ativo do delito de *perturbação de processo licitatório,* tratando-se, sob esse enfoque, de um crime comum.

Sujeitos passivos são as Administrações Públicas diretas, autárquicas e fundacionais da União, dos Estados, do Distrito Federal e dos Municípios, bem como os demais licitantes prejudicados com as condutas criminosas.

5.5 Consumação e tentativa

O delito se consuma quando o agente, efetivamente, impede, perturba ou venha a fraudar a realização de qualquer ato de procedimento licitatório, tratando-se, pois, de um delito material. Vale frisar que o delito em análise somente ocorrerá se estivemos no curso de um processo licitatório.

Em se tratando de um crime plurissubsistente, será possível o reconhecimento da tentativa, tendo em vista a possibilidade de fracionamento do *iter criminis.*

5.6 Elemento subjetivo

As condutas constantes no tipo penal que prevê o delito de *perturbação de processo licitatório* somente podem ser praticadas dolosamente, não havendo previsão para a modalidade de natureza culposa.

5.7 Modalidades comissiva e omissiva

As condutas de Impedir, perturbar ou fraudar pressupõem um comportamento comissivo por parte do agente.

Contudo, será possível que o delito seja praticado via omissão imprópria, nos termos do art. 13, § 2º, do Código Penal, quando o agente, garantidor, podendo, nada fizer para evitar a prática do crime.

5.8 Pena, ação penal, suspensão condicional do processo e cálculo da pena de multa

A pena cominada para o delito de *perturbação de processo licitatório* é de detenção, de 6 (seis) meses a 3 (três) anos, e multa.

A ação penal é de iniciativa pública incondicionada.

Tendo em vista a pena mínima cominada no preceito secundário do art. 337-I em análise, será possível a confecção de proposta de suspensão condicional do processo, nos termos do art. 89 da Lei nº 9.099/95.

De acordo com o art. 337-P do diploma repressivo, a pena de multa cominada aos crimes previstos no Capítulo II-B, correspondente aos *crimes em licitações e contratos administrativos*, seguirá a metodologia de cálculo prevista no Código Penal e não poderá ser inferior a 2% (dois por cento) do valor do contrato licitado ou celebrado com contratação direta.

5.9 Destaque

5.9.1 Princípio da continuidade normativo-típica

As condutas constantes do art. 337-I, inserido no Código Penal pela Lei nº 14.133, de 1º de abril de 2021, que prevê o delito de *perturbação de processo licitatório* encontravam-se, anteriormente, tipificadas no art. 93 da revogada Lei nº 8.666, de 21 de junho de 1993.

In casu, deve ser aplicado o chamado princípio da continuidade normativo-típica, uma vez que as condutas previstas no tipo penal anterior (art. 93), revogado expressamente por lei posterior (art. 337-I), continuaram a ser por ele abrangidas, não se podendo falar, assim, em *abolitio criminis*.

Contudo, comparando as penas cominadas às duas figuras típicas, percebe-se que aquelas correspondentes ao revogado art. 93 da Lei nº 8.666, de 21 de junho de 1993, tem sua pena máxima cominada em abstrato (2 anos) em patamar inferior àquela prevista pelo art. 337-I do Código Penal (3 anos) devendo, pois, ser observada a regra da ultra-atividade da lei penal anterior, mais benéfica, aplicando-se as penas previstas pelo revogado art. 93 da Lei nº 8.666, de 21 de junho de 1993, aos delitos praticados antes da entrada em vigor da Lei nº 14.133, de 1º de abril de 2021, que inseriu o art. 337-I ao Código Penal.

5.10 Quadro-resumo

Sujeitos
» Ativo: qualquer pessoa.
» Passivo: são as administrações públicas diretas, autárquicas e fundacionais da União, dos Estados, do Distrito Federal e dos Municípios, bem como os demais licitantes prejudicados com as condutas criminosas.

Objeto material
É o processo licitatório.

Bem(ns) juridicamente protegido(s)
A Administração Pública e também o direito a uma regular e leal competição entre os licitantes durante o processo licitatório.

Elemento subjetivo
Dolo, não havendo previsão para a modalidade de natureza culposa.

> **Modalidades comissiva e omissiva**
> » As condutas de impedir, perturbar ou fraudar pressupõem um comportamento comissivo por parte do agente.
> » Contudo, será possível que o delito seja praticado via omissão imprópria, nos termos do art. 13, § 2º, do Código Penal, quando o agente, garantidor, podendo, nada fizer para evitar a prática do crime.

> **Consumação e tentativa**
> » O delito se consuma quando o agente, efetivamente, impede, perturba ou venha a fraudar a realização de qualquer ato de procedimento licitatório, tratando-se, pois, de um delito material. Vale frisar que o delito em análise somente ocorrerá se estivemos no curso de um processo licitatório.
> » Em se tratando de um crime plurissubsistente, será possível o reconhecimento da tentativa, tendo em vista a possibilidade de fracionamento do *iter criminis*.

6. VIOLAÇÃO DE SIGILO EM LICITAÇÃO

> **Violação de sigilo em licitação**
> **Art. 337-J.** Devassar o sigilo de proposta apresentada em processo licitatório ou proporcionar a terceiro o ensejo de devassá-lo:
> Pena – detenção, de 2 (dois) anos a 3 (três) anos, e multa.

6.1 Introdução

O art. 337-J do Código Penal possui redação semelhante ao do revogado art. 94 da Lei nº 8.666, de 21 de junho de 1993, com a diferença de que, no tipo penal anterior, falava-se em procedimento licitatório, ao invés de processo licitatório, tal como disposto na redação atual.

Assim, o art. 337-J do diploma repressivo tipifica o delito de *violação do sigilo em licitação*, prevendo as condutas de *devassar* o sigilo de proposta apresentada em processo licitatório ou *proporcionar* a terceiro o ensejo de devassá-lo.

O art. 56, inserido no capítulo IV (Da Apresentação de Propostas e Lances), do Título II (Das Licitações) da Lei nº 14.133, de 1º de abril de 2021, determina a respeito dos modos de disputa, dizendo, *verbis*:

> **Art. 56.** O modo de disputa poderá ser, isolada ou conjuntamente:
> I – aberto, hipótese em que os licitantes apresentarão suas propostas por meio de lances públicos e sucessivos, crescentes ou decrescentes;
> II – fechado, hipótese em que as propostas permanecerão em sigilo até a data e hora designadas para sua divulgação.

Dessa forma, as propostas fechadas somente poderão ser divulgadas em data e hora designados, devendo permanecer em sigilo até então.

O núcleo *devassar* denota a ideia de tomar conhecimento, ilegal e antecipadamente, do conteúdo da proposta apresentada em processo licitatório. A segunda parte do art. 337-J do Código Penal também considera como criminosa a conduta do agente que, embora não devasse pessoalmente, proporciona a terceiro o ensejo de devassar a proposta sigilosa apresentada.

6.2 Classificação doutrinária

Crime comum com relação ao sujeito ativo, e próprio no que diz respeito ao sujeito passivo; doloso; comissivo ou omissivo próprio (podendo, também, nos termos do art. 13, § 2º, do Código Penal, ser praticado via omissão imprópria, na hipótese de o agente gozar do *status* de garantidor); material; plurissubsistente; monossubjetivo; não transeunte.

6.3 Objeto material e bem juridicamente protegido

A Administração Pública é o bem juridicamente protegido pelo delito de *violação do sigilo em licitação*, e também o direito a uma regular e leal competição entre os licitantes durante o processo licitatório.

Objeto material do delito tipificado no art. 337-J do Código Penal é a proposta sigilosa apresentada em processo licitatório.

6.4 Sujeito ativo e sujeito passivo

Qualquer pessoa pode ser sujeito ativo do delito de *violação do sigilo em licitação*, tratando-se, sob esse enfoque, de um crime comum.

Francisco Dirceu Barros entende, contudo, que com relação ao comportamento de proporcionar a terceiro o ensejo de devassar o sigilo da proposta, "trata-se de crime próprio pois é o servidor público quem está contido no procedimento licitatório dando vantagem a terceiro",[120] posição com a qual discordamos, porque um particular, dependendo do caso concreto, também poderá, de alguma forma, dar a terceiro esse ensejo de devassar o sigilo da proposta.

Sujeitos passivos são as Administrações Públicas diretas, autárquicas e fundacionais da União, dos Estados, do Distrito Federal e dos Municípios, bem como proponente que teve sua proposta sigilosa devassada.

6.5 Consumação e tentativa

O delito se consuma quando o agente, efetivamente, devassa o sigilo de proposta apresentada em processo licitatório, isto é, toma conhecimento de seu conteúdo, ou proporciona a terceiro o ensejo de devassá-lo, conhecê-lo. Nesse último caso, a consumação ocorrerá quando o terceiro tomar conhecimento do conteúdo da proposta sigilosa apresentada em processo licitatório.

Em se tratando de um delito plurissubsistente, será possível o reconhecimento da tentativa, a exemplo do agente que é surpreendido praticando uma conduta destinada a conhecer o conteúdo da proposta sigilosa, devassando-a, quando é surpreendido e interrompido em seus atos de execução.

6.6 Elemento subjetivo

As condutas constantes no tipo penal que prevê o delito de *violação de sigilo em licitação* somente podem ser praticadas dolosamente, não havendo previsão para a modalidade de natureza culposa.

Assim, por exemplo, aquele que, negligentemente, proporciona a terceiro conhecer o conteúdo da proposta apresentada em processo licitatório, deixando de tomar os cuidados

---

[120] DIRCEU BARROS, Francisco. *Tratado doutrinário de direito penal*, p. 861.

necessários para que o sigilo fosse preservado, não responderá pelo delito em estudo, podendo, contudo, responder administrativamente pelo seu ato.

6.7 Modalidades comissiva e omissiva

A conduta de devassar o sigilo de proposta apresentada em processo licitatório pressupõe um comportamento comissivo por parte do agente, da mesma forma a de proporcionar a terceiro o ensejo de devassá-lo.

Contudo, será possível que o delito seja praticado via omissão imprópria, nos termos do art. 13, § 2º, do Código Penal, quando o agente, garantidor, podendo, nada fizer para evitar a prática do crime.

6.8 Pena, ação penal e cálculo da pena de multa

A pena cominada para o delito de *violação de sigilo em licitação* é de detenção, de 2 (dois) a 3 (três) anos, e multa.

A ação penal é de iniciativa pública incondicionada.

De acordo com o art. 337-P do diploma repressivo, a pena de multa cominada aos crimes previstos no Capítulo II-B, correspondente aos *crimes em licitações e contratos administrativos*, seguirá a metodologia de cálculo prevista no Código Penal e não poderá ser inferior a 2% (dois por cento) do valor do contrato licitado ou celebrado com contratação direta.

6.9 Destaque

6.9.1 Princípio da continuidade normativo-típica

As condutas constantes do art. 337-J, inserido no Código Penal pela Lei nº 14.133, de 1º de abril de 2021, que prevê o delito de *violação de sigilo em licitação* encontravam-se, anteriormente, tipificadas no art. 94 da revogada Lei nº 8.666, de 21 de junho de 1993.

In casu, deve ser aplicado o chamado princípio da continuidade normativo-típica, uma vez que as condutas previstas no tipo penal anterior (art. 94), revogado expressamente por lei posterior (art. 337-J), continuaram a ser por ele abrangidas, não se podendo falar, assim, em *abolitio criminis*.

6.10 Quadro-resumo

Sujeitos
» Ativo: qualquer pessoa.
» Passivo: as administrações públicas diretas, autárquicas e fundacionais da União, dos Estados, do Distrito Federal e dos Municípios, bem como proponente que teve sua proposta sigilosa devassada.

Objeto material
É a proposta sigilosa apresentada em processo licitatório.

Bem(ns) juridicamente protegido(s)
A Administração Pública e também o direito a uma regular e leal competição entre os licitantes durante o processo licitatório.

Elemento subjetivo

» Dolo, não havendo previsão para a modalidade de natureza culposa.
» Assim, por exemplo, aquele que, negligentemente, proporciona a terceiro conhecer o conteúdo da proposta apresentada em processo licitatório, deixando de tomar os cuidados necessários para que o sigilo fosse preservado, não responderá pelo delito em estudo, podendo, contudo, responder administrativamente pelo seu ato.

Modalidades comissiva e omissiva

» A conduta de devassar o sigilo de proposta apresentada em processo licitatório pressupõe um comportamento comissivo por parte do agente, da mesma forma a de proporcionar a terceiro o ensejo de devassá-lo.
» Contudo, será possível que o delito seja praticado via omissão imprópria, nos termos do art. 13, § 2º do Código Penal, quando o agente, garantidor, podendo, nada fizer para evitar a prática do crime.

Consumação e tentativa

» O delito se consuma quando o agente, efetivamente, devassa o sigilo de proposta apresentada em processo licitatório, isto é, toma conhecimento de seu conteúdo, ou proporciona a terceiro o ensejo de devassá-lo, conhecê-lo. Nesse último caso, a consumação ocorrerá quando o terceiro tomar conhecimento do conteúdo da proposta sigilosa apresentada em processo licitatório.
» Em se tratando de um delito plurissubsistente, será possível o reconhecimento da tentativa, a exemplo do agente que é surpreendido praticando uma conduta destinada a conhecer o conteúdo da proposta sigilosa, devassando-a, quando é surpreendido e interrompido em seus atos de execução.

7. AFASTAMENTO DE LICITANTE

Afastamento de licitante
Art. 337-K. Afastar ou tentar afastar licitante por meio de violência, grave ameaça, fraude ou oferecimento de vantagem de qualquer tipo:
Pena – reclusão, de 3 (três) anos a 5 (cinco) anos, e multa, além da pena correspondente à violência.
Parágrafo único. Incorre na mesma pena quem se abstém ou desiste de licitar em razão de vantagem oferecida.

7.1 Introdução

O art. 337-K, inserido no Código Penal através da Lei nº 14.133, de 1º de abril de 2021, prevê o delito de *afastamento de licitante*, com redação similar ao do revogado art. 95 da Lei nº 8.666, de 21 de junho de 1993.

O tipo penal em estudo incrimina as condutas de *afastar* ou *tentar afastar* licitante por meio de violência, grave ameaça, fraude ou oferecimento de vantagem de qualquer tipo.

O núcleo *afastar* tem o sentido de fazer com que o licitante, efetivamente, não participe do processo licitatório. Com relação à conduta de *tentar afastar*, nesse caso, o agente atua no sentido de impedir, sem sucesso, a participação do licitante no processo licitatório. Em ambas as hipóteses, ou seja, conseguindo que o licitante não participe do processo licitatório, ou agindo com essa finalidade, mas sem sucesso, o delito restará consumado, pois estamos diante de um delito conhecido como de *atentado ou de empreendimento*, no qual a tentativa é punida com as mesmas penas do crime consumado, não havendo, portanto, a aplicação da causa de diminuição de pena prevista no parágrafo único do art. 14 do Código Penal.

O art. 337-K do Código Penal elenca os meios através dos quais o agente atua, vale dizer, mediante violência, grave ameaça, fraude ou oferecimento de vantagem de qualquer tipo. Por *violência* devemos entender a chamada *vis absoluta*, isto é, a violência física, corporal, praticada diretamente contra a pessoa do licitante; grave ameaça compreende a *vis compulsiva*, a violência moral, e pode ser entendida como direta, indireta, explícita ou mesmo implícita; a fraude diz respeito ao ardil, ao engodo utilizado pelo agente para afastar ou tentar afastar o licitante de participar do processo licitatório; finalmente, pode o agente se utilizar do oferecimento de vantagem de qualquer tipo, ou seja, tenha ou não natureza patrimonial, a fim de afastar ou tentar afastar o licitante do processo licitatório.

Assevera, ainda, o parágrafo único do art. 337-K do Código Penal que incorre na mesma pena quem se abstém ou desiste de licitar em razão de vantagem oferecida. Aqui, como se percebe, o licitante se abstém ou desiste de licitar em razão da vantagem oferecida pelo outro agente, prejudicando, assim, os interesses da Administração Pública, evitando uma competição leal entre os licitantes. Nessa hipótese, ambos responderão pelo delito tipificado no art. 337-K do diploma repressivo.

Vale ressaltar que se o licitante se abstém ou desiste de participar do processo licitatório em virtude do fato de ter sido vítima de violência física, grave ameaça ou mesmo fraude, somente o agente que praticou esses comportamentos é que responderá pelo delito em análise.

7.2 Classificação doutrinária

Crime comum com relação ao sujeito ativo, e próprio no que diz respeito ao sujeito passivo; doloso; comissivo ou omissivo próprio (dependendo da conduta núcleo do tipo); material; de atentado ou de empreendimento; plurissubsistente (quanto ao *caput* do art. 337-K do CP, mas sem possibilidade de aplicação do parágrafo único do art. 14 do Código Penal); monossubsistente (na hipótese do parágrafo único do art. 337-K do CP); monossubjetivo; transeunte ou não transeunte (dependendo da hipótese concreta, o delito poderá ou não deixar vestígios).

7.3 Objeto material e bem juridicamente protegido

A Administração Pública é o bem juridicamente protegido pelo delito de *afastamento de licitante,* e também o direito a uma regular e leal competição entre os licitantes durante o processo licitatório.

Objeto material do delito tipificado no art. 337-K do Código Penal é a pessoa contra quem recai as condutas praticadas pelo agente, ou seja, aquele contra quem é praticada a violência física, a grave ameaça, a fraude ou a quem é oferecida a vantagem de qualquer tipo para que se afaste do processo licitatório.

7.4 Sujeito ativo e sujeito passivo

Qualquer pessoa pode ser sujeito ativo do delito de *afastamento de licitante*, tratando-se, sob esse enfoque, de um crime comum.

Sujeitos passivos são as Administrações Públicas diretas, autárquicas e fundacionais da União, dos Estados, do Distrito Federal e dos Municípios, bem como o licitante vítima de qualquer um dos comportamentos previstos no tipo, praticados pelo sujeito ativo.

7.5 Consumação e tentativa

No que diz respeito à modalidade prevista no *caput* do art. 337-K do Código Penal, o delito de *afastamento de licitante* se consuma quando o agente, efetivamente, afasta ou tenta afastar licitante por meio de violência, grave ameaça, fraude ou oferecimento de vantagem de qualquer tipo.

Na modalidade prevista no parágrafo único, o delito se consuma no momento em que o agente se abstém ou desiste de licitar em razão de vantagem oferecida.

Não será possível o reconhecimento da tentativa, nos termos do art. 14, II e parágrafo único, do Código Penal, haja vista que o *caput* do art. 337-K do mesmo diploma penal prevê um crime de atentado, no qual a tentativa é punida da mesma forma que o crime consumado, e o seu parágrafo único prevê um delito monossubsistente, não se podendo fracionar o *iter criminis*.

7.6 Elemento subjetivo

As condutas constantes no tipo penal que prevê o delito de *afastamento de licitante* somente podem ser praticadas dolosamente, não havendo previsão para a modalidade de natureza culposa.

7.7 Modalidades comissiva e omissiva

As condutas previstas pelo *caput do* tipo penal em estudo pressupõem um comportamento comissivo por parte do agente.

Já o parágrafo único do art. 337-K do Código Penal prevê um comportamento omissivo por parte do agente que se abstém de licitar em razão de vantagem oferecida. Quando o agente desistir da licitação, estaremos diante de um comportamento comissivo.

7.8 Pena, ação penal e cálculo da pena de multa

A pena cominada para o delito de *afastamento de licitante* é de reclusão, de 3 (três) anos a 5 (cinco) anos, e multa, além da pena correspondente à violência.

Incorre na mesma pena quem se abstém ou desiste de licitar em razão de vantagem oferecida, nos termos do parágrafo único do art. 337-K do Código Penal.

A ação penal é de iniciativa pública incondicionada.

De acordo com o art. 337-P do diploma repressivo, a pena de multa cominada aos crimes previstos no Capítulo II-B, correspondente aos *crimes em licitações e contratos administrativos*, seguirá a metodologia de cálculo prevista no Código Penal e não poderá ser inferior a 2% (dois por cento) do valor do contrato licitado ou celebrado com contratação direta.

7.9 Destaque

7.9.1 Princípio da continuidade normativo-típica

As condutas constantes do art. 337-K, inserido no Código Penal pela Lei nº 14.133, de 1º de abril de 2021, que prevê o delito de *afastamento de licitante* encontravam-se, anteriormente, tipificadas no art. 95 da revogada Lei nº 8.666, de 21 de junho de 1993.

In casu, deve ser aplicado o chamado princípio da continuidade normativo-típica, uma vez que as condutas previstas no tipo penal anterior (art. 95), revogado expressamente por lei posterior (art. 337-K), continuaram a ser por ele abrangidas, não se podendo falar, assim, em *abolitio criminis*.

Contudo, comparando as penas cominadas às duas figuras típicas, percebe-se que aquelas correspondentes ao revogado art. 95 da Lei nº 8.666, de 21 de junho de 1993 (detenção, de 2 (dois) a 4 (quatro) anos, e multa, além da pena correspondente à violência) são inferiores às atualmente previstas pelo art. 337-K do Código Penal (reclusão, de 3 (três) anos a 5 (cinco) anos, e multa, além da pena correspondente à violência), devendo, pois, ser observada a regra da ultra-atividade da lei penal anterior, mais benéfica, aplicando-se as penas previstas pelo revogado art. 95 da Lei nº 8.666, de 21 de junho de 1993, aos delitos praticados antes da entrada em vigor da Lei nº 14.133, de 1º de abril de 2021, que inseriu o art. 337-K ao Código Penal.

7.10 Quadro-resumo

Sujeitos
» Ativo: qualquer pessoa.
» Passivo: as administrações públicas diretas, autárquicas e fundacionais da União, dos Estados, do Distrito Federal e dos Municípios, bem como o licitante vítima de qualquer um dos comportamentos previstos no tipo.

Objeto material
É a pessoa contra quem recai as condutas praticadas pelo agente.

Bem(ns) juridicamente protegido(s)
A Administração Pública e também o direito a uma regular e leal competição entre os licitantes durante o processo licitatório.

Elemento subjetivo
Dolo, não havendo previsão para a modalidade de natureza culposa.

Modalidades comissiva e omissiva
» As condutas previstas pelo *caput* do tipo penal em estudo pressupõem um comportamento comissivo por parte do agente.
» Já o parágrafo único do art. 337-K do Código Penal prevê um comportamento omissivo por parte do agente que se se abstém de licitar em razão de vantagem oferecida. Quando o agente desistir da licitação, estaremos diante de um comportamento comissivo.

Consumação e tentativa
» O delito se consuma quando o agente, efetivamente, afasta ou tenta afastar licitante por meio de violência, grave ameaça, fraude ou oferecimento de vantagem de qualquer tipo.
» Na modalidade prevista no parágrafo único, o delito se consuma no momento em que o agente se abstém ou desiste de licitar em razão de vantagem oferecida.
» Não será possível o reconhecimento da tentativa, nos termos do art. 14, II e parágrafo único do Código Penal, haja vista que o *caput* do art. 337-K do mesmo diploma penal prevê um crime de atentado, em que a tentativa é punida da mesma forma do que o crime consumado, e o seu parágrafo único prevê um delito monossubsistente, não se podendo fracionar o *iter criminis*.

8. FRAUDE EM LICITAÇÃO OU CONTRATO

Fraude em licitação ou contrato
Art. 337-L Fraudar, em prejuízo da Administração Pública, licitação ou contrato dela decorrente, mediante:

> I – entrega de mercadoria ou prestação de serviços com qualidade ou em quantidade diversas das previstas no edital ou nos instrumentos contratuais;
> II – fornecimento, como verdadeira ou perfeita, de mercadoria falsificada, deteriorada, inservível para consumo ou com prazo de validade vencido;
> III – entrega de uma mercadoria por outra;
> IV – alteração da substância, qualidade ou quantidade da mercadoria ou do serviço fornecido;
> V – qualquer meio fraudulento que torne injustamente mais onerosa para a Administração Pública a proposta ou a execução do contrato.
> Pena – reclusão, de 4 (quatro) anos a 8 (oito) anos, e multa.

8.1 Introdução

O art. 337-L, que prevê o delito de *fraude em licitação ou contrato*, foi inserido no Código Penal através da Lei nº 14.133, de 1º de abril de 2021, com redação similar ao do revogado art. 96 da Lei nº 8.666, de 21 de junho de 1993.

Infelizmente, as licitações e, consequentemente, os contratos dela advindos são uma fonte inesgotável de crimes. Os criminosos, que atuam nessa área específica, se enriquecem ilicitamente com uma facilidade assustadora. São verdadeiros genocidas, indivíduos que nunca conheceram o teor das palavras dignidade, cidadania, honestidade, enfim, são verdadeiros parasitas que procuram, a todo momento, lesar a Administração Pública que, em última análise, nos representa a todos.

O tipo penal em análise prevê a conduta de *fraudar*, isto é, atuar com fraude, engano, ardil, engodo, licitação ou contrato dela decorrente, em prejuízo da Administração Pública, mediante algumas condutas consideradas como fraudulentas, que serão brevemente analisadas a seguir.

Embora o *caput* do art. 337-L do Código Penal faça menção à fraude à licitação, todas as condutas elencadas em seus cinco incisos importam, na verdade, na execução de um contrato firmado após o processo de licitação, a saber:

> I – *entrega de mercadoria ou prestação de serviços com qualidade ou em quantidade diversas das previstas no edital ou nos instrumentos contratuais.*

Aqui o agente entrega mercadoria ou presta um serviço com qualidade ou em quantidade inferior às previstas no edital ou nos instrumentos contratuais. Não teria sentido algum responder o agente pela conduta prevista no inciso I em análise se, por exemplo, entregasse uma mercadoria ou prestasse um serviço com qualidade diversa, mas superior àquela prevista no edital ou nos instrumentos contratuais.

O que se quer é proteger a Administração Pública para que não sofra qualquer tipo de prejuízo. Assim, por exemplo, pode ocorrer que a Administração Pública faça a compra de computadores e que, momentaneamente, por estarem em falta no mercado, o contratado resolva fornecer um produto de qualidade superior, sem acréscimo no preço. Aqui, obviamente, não haveria prejuízo para a Administração Pública e, consequentemente, não haveria que se falar em crime.

> II – *fornecimento, como verdadeira ou perfeita, de mercadoria falsificada, deteriorada, inservível para consumo ou com prazo de validade vencido.*

Não é incomum que criminosos queiram obter vantagens ilícitas em prejuízo da Administração Pública, muitas vezes até com a conivência de agentes públicos. Assim, o inciso II do art. 337-L do Código Penal entende como uma das modalidades de fraude o fornecimento, como verdadeira ou perfeita, de mercadoria falsificada, deteriorada, inservível para consumo ou com prazo de validade vencido.

Hoje, as falsificações ganharam ares de perfeição. Basta ver os grandes centros comerciais, onde não somente vendedores ambulantes, mas lojistas disponibilizam para venda produtos falsificados, com aparência de originais. Essa prática, não só tem o condão de ludibriar o consumidor comum como também a própria Administração Pública. Da mesma forma, não é incomum que fornecedores tentem evitar algum tipo de prejuízo com mercadorias com prazo de validade vencido, e queiram fornecê-las à Administração Pública. Essa última situação ocorre, como regra, em produtos perecíveis, a exemplo dos alimentos, mas pode se dar, também, em produtos que, embora aparentemente não perecíveis, perdem sua utilidade com decurso do tempo, como ocorre com os coletes balísticos, utilizados por aqueles que atuam na segurança pública.

III – *entrega de uma mercadoria por outra.*

Nessa modalidade de fraude, a Administração Pública compra um tipo de mercadoria, e o fornecedor entrega outra completamente diferente, a exemplo da compra de aparelhos de ar-condicionado e o recebimento de ventiladores.

IV – *alteração da substância, qualidade ou quantidade da mercadoria ou do serviço fornecido.*

Quando o inciso IV do art. 337-L do Código Penal entende como fraude a alteração da substância, qualidade ou quantidade da mercadoria ou do serviço fornecido, quer isso significar que somente os fatos que importem em prejuízo para a Administração Pública é que se configurarão como crime. Ao contrário, se não houver prejuízo, mas sim vantagem para a Administração Pública, mesmo existindo alteração da substância, qualidade ou quantidade da mercadoria ou do serviço fornecido, o fato será considerado atípico.

Assim, por exemplo, imagine-se a hipótese em que a Administração Pública efetue a compra de um determinado modelo de computador e receba um outro, melhor e mais moderno, pelo mesmo preço contratado; ou o fato de ter adquirido uma determinada quantidade de mercadoria e acabe recebendo um volume a mais, sem que haja efetiva cobrança da quantidade extra. Nesses casos, como se percebe, embora não tenha sido fornecido exatamente aquilo que foi contratado, não se poderá falar em fraude e, consequentemente, em crime.

V – *qualquer meio fraudulento que torne injustamente mais onerosa para a Administração Pública a proposta ou a execução do contrato.*

O inciso V do art. 337-L do Código Penal prevê, também, a utilização de qualquer meio fraudulento que torne injustamente mais onerosa para a Administração Pública a proposta ou a execução do contrato, a exemplo do agente que cria situações inexistentes, que supostamente fariam com que a Administração Pública assumisse o pagamento de valores extras.

8.2 Classificação doutrinária

Crime próprio, tanto no que diz respeito ao sujeito ativo, quanto ao sujeito passivo; doloso; comissivo (podendo, também, nos termos do art. 13, § 2º, do Código Penal, ser praticado via omissão imprópria, na hipótese de o agente gozar do *status* de garantidor); material; plurissubsistente; monossubjetivo; não transeunte.

8.3 Objeto material e bem juridicamente protegido

A Administração Pública é o bem juridicamente protegido pelo delito de *fraude em licitação ou contrato*.

Objeto material do delito tipificado no art. 337-L do Código Penal é o processo de licitação ou o contrato dela decorrente.

8.4 Sujeito ativo e sujeito passivo

Sujeito ativo do delito tipificado no art. 337-L do Código Penal é o licitante ou o contratante.

Sujeitos passivos são as Administrações Públicas diretas, autárquicas e fundacionais da União, dos Estados, do Distrito Federal e dos Municípios.

8.5 Consumação e tentativa

Crime material, o delito se consuma no exato momento em que o agente pratica qualquer um dos núcleos previstos nos incisos I a V do art. 337-L do Código Penal, vale dizer, quando, efetivamente: I – *entrega* de mercadoria ou prestação de serviços com qualidade ou em quantidade diversas das previstas no edital ou nos instrumentos contratuais; II – *fornece*, como verdadeira ou perfeita, de mercadoria falsificada, deteriorada, inservível para consumo ou com prazo de validade vencido; III – *entrega* de uma mercadoria por outra; IV – *altera* substância, qualidade ou quantidade da mercadoria ou do serviço fornecido; V – se vale de qualquer meio fraudulento que torne injustamente mais onerosa para a Administração Pública a proposta ou a execução do contrato.

Em se tratando de um delito plurissubsistente, será possível o reconhecimento da tentativa.

8.6 Elemento subjetivo

As condutas constantes no tipo penal que prevê o delito de *fraude em licitação ou contrato* somente podem ser praticadas dolosamente, não havendo previsão para a modalidade de natureza culposa.

8.7 Modalidades comissiva e omissiva

As fraudes previstas nos incisos I a V do art. 337-L do Código Penal pressupõem um comportamento comissivo por parte do agente.

Contudo, será possível que o delito seja praticado via omissão imprópria, nos termos do art. 13, § 2º, do Código Penal, quando o agente, garantidor, podendo, nada fizer para evitar a prática do crime, a exemplo daquele que, percebendo que a mercadoria fornecida era diferente da que fora contratada, podendo, dolosamente, nada faz para impedir essa entrega, uma vez que o agente queria que a Administração Pública, efetivamente, sofresse esse prejuízo, cujo fato seria utilizado politicamente em um futuro próximo.

8.8 Pena, ação penal e cálculo da pena de multa

A pena cominada para o delito de *fraude em licitação ou contrato* é de reclusão, de 4 (quatro) a 8 (oito) anos, e multa.

A ação penal é de iniciativa pública incondicionada.

De acordo com o art. 337-P do diploma repressivo, a pena de multa cominada aos crimes previstos no Capítulo II-B, correspondente aos *crimes em licitações e contratos administrativos*, seguirá a metodologia de cálculo prevista no Código Penal e não poderá ser inferior a 2% (dois por cento) do valor do contrato licitado ou celebrado com contratação direta.

8.9 Destaque

8.9.1 Princípio da continuidade normativo-típica

As condutas constantes do art. 337-L, inserido no Código Penal pela Lei nº 14.133, de 1º de abril de 2021, que prevê o delito de *fraude em licitação ou contrato* encontravam-se, anteriormente, tipificadas no art. 96 da revogada Lei nº 8.666, de 21 de junho de 1993.

In casu, deve ser aplicado o chamado princípio da continuidade normativo-típica, uma vez que as condutas previstas no tipo penal anterior (art. 96), revogado expressamente por lei posterior (art. 337-L), continuaram a ser por ele abrangidas, não se podendo falar, assim, em *abolitio criminis*.

Contudo, comparando as penas cominadas às duas figuras típicas, percebe-se que aquelas correspondentes ao revogado art. 96 da Lei nº 8.666, de 21 de junho de 1993 (detenção, de 3 (três) a 6 (seis) anos, e multa) são inferiores às atualmente previstas pelo art. 337-L do Código Penal (reclusão, de 4 (quatro) a 8 (oito) anos, e multa), devendo, pois, ser observada a regra da ultra-atividade da lei penal anterior, mais benéfica, aplicando-se as penas previstas pelo revogado art. 96 da Lei nº 8.666, de 21 de junho de 1993, aos delitos praticados antes da entrada em vigor da Lei nº 14.133, de 1º de abril de 2021, que inseriu o art. 337-L ao Código Penal.

8.10 Quadro-resumo

Sujeitos
» Ativo: licitante ou o contratante.
» Passivo: as administrações públicas diretas, autárquicas e fundacionais da União, dos Estados, do Distrito Federal e dos Municípios.

Objeto material
É o processo de licitação ou o contrato dela decorrente.

Bem(ns) juridicamente protegido(s)
A Administração Pública.

Elemento subjetivo
Dolo, não havendo previsão para a modalidade de natureza culposa.

Modalidades comissiva e omissiva
» As fraudes pressupõem um comportamento comissivo por parte do agente.
» Contudo, será possível que o delito seja praticado via omissão imprópria, nos termos do art. 13, § 2º do CP, quando o agente, garantidor, podendo, nada fizer para evitar a prática do crime, a exemplo daquele que, percebendo que a mercadoria fornecida era diferente da que fora contratada, podendo, dolosamente, nada faz para impedir essa entrega, uma vez que o agente queria que a Administração Pública, efetivamente, sofresse esse prejuízo, cujo fato seria utilizado politicamente em um futuro próximo.

> **Consumação e tentativa**
> » Crime material, o delito se consuma no exato momento em que o agente pratica qualquer um dos núcleos previstos nos incisos I a V.
> » Em se tratando de um delito plurissubsistente, será possível o reconhecimento da tentativa.

9. CONTRATAÇÃO INIDÔNEA

> **Contratação inidônea**
> **Art. 337-M.** Admitir à licitação empresa ou profissional declarado inidôneo:
> Pena – reclusão, de 1 (um) ano a 3 (três) anos, e multa.
> § 1º Celebrar contrato com empresa ou profissional declarado inidôneo:
> Pena – reclusão, de 3 (três) anos a 6 (seis) anos, e multa.
> § 2º Incide na mesma pena do *caput* deste artigo aquele que, declarado inidôneo, venha a participar de licitação e, na mesma pena do § 1º deste artigo, aquele que, declarado inidôneo, venha a contratar com a Administração Pública.

9.1 Introdução

O art. 337-M, inserido no Código Penal através da Lei nº 14.133, de 1º de abril de 2021, prevê o delito de *contratação inidônea*, com redação similar ao do revogado art. 97 da Lei nº 8.666, de 21 de junho de 1993.

A idoneidade é requisito fundamental para que a empresa ou o profissional possa regularmente licitar ou contratar com a Administração Pública. A declaração de inidoneidade é uma sanção de natureza administrativa prevista no inciso IV do art. 156 da Lei nº 14.133, de 1º de abril de 2021, que diz, *verbis*:

> **Art. 156.** Serão aplicadas ao responsável pelas infrações administrativas previstas nesta Lei as seguintes sanções:
> I – (...);
> II – (...);
> III – (...);
> IV – declaração de inidoneidade para licitar ou contratar.

Por outro lado, o art. 163 da Lei de Licitações e Contratos Administrativos cuida da chamada reabilitação, dizendo:

> **Art. 163.** É admitida a reabilitação do licitante ou contratado perante a própria autoridade que aplicou a penalidade, exigidos, cumulativamente:
> I – reparação integral do dano causado à Administração Pública;
> II – pagamento da multa;
> III – transcurso do prazo mínimo de 1 (um) ano da aplicação da penalidade, no caso de impedimento de licitar e contratar, ou de 3 (três) anos da aplicação da penalidade, no caso de declaração de inidoneidade;
> IV – cumprimento das condições de reabilitação definidas no ato punitivo;
> V – análise jurídica prévia, com posicionamento conclusivo quanto ao cumprimento dos requisitos definidos neste artigo.
> **Parágrafo único.** A sanção pelas infrações previstas nos incisos VIII e XII do *caput* do art. 155 desta Lei exigirá, como condição de reabilitação do licitante ou contratado, a implantação ou aperfeiçoamento de programa de integridade pelo responsável.

Assim, enquanto houver a mácula da inidoneidade, não se poderá admitir empresa ou profissional à licitação, ou com eles celebrar contrato perante à Administração Pública.

O art. 337-M do Código Penal distingue entre a simples admissão no processo licitatório, e a efetiva celebração de contrato com aquele declarado inidôneo. Se o agente simplesmente admite, ou seja, não inibe a participação daquele declarado inidôneo perante a Administração Pública, terá praticado o delito previsto no *caput* do mencionado artigo. Ao contrário, se chegar ao ponto de celebrar contrato com empresa ou profissional declarado inidôneo, terá praticado a modalidade qualificada do delito de contratação inidônea, constante do § 1º do art. 337-M do diploma repressivo.

Não somente o agente público responsável pela admissão à licitação ou à celebração do contrato é que será penalmente responsabilizado pela infração penal *sub examen*. Da mesma forma, conforme disposto no § 2º do art. 337-M do Código Penal, incide na mesma pena do *caput* aquele que, declarado inidôneo, venha a participar de licitação e, na mesma pena do § 1º, aquele que, declarado inidôneo, venha a contratar com a Administração Pública.

Aqui a responsabilidade penal é exclusivamente das pessoas físicas, mesmo que pertencentes às empresas. Deverá ser apurado quais são os seus responsáveis legais e eles, na qualidade de pessoas naturais, físicas, é que poderão ser responsabilizados criminalmente, não se podendo falar, *in casu*, na chamada responsabilidade penal da pessoa jurídica.

9.2 Classificação doutrinária

Crime próprio com relação ao sujeito ativo (em todas as suas modalidades, já que no *caput* e no § 1º do art. 337-M do Código Penal somente o agente público poderá figurar nessa condição, e no § 2º somente aquele declarado inidôneo), e próprio no que diz respeito ao sujeito passivo; doloso; comissivo; (podendo, contudo, ser praticado via omissão imprópria, nos termos do art. 13, § 2º, do diploma repressivo, nas hipóteses tipificadas no *caput* e no §1º do art. 337-M do Código Penal); material; plurissubsistente; monossubjetivo; não transeunte.

9.3 Objeto material e bem juridicamente protegido

A Administração Pública e, em especial, a moralidade administrativa, é o bem juridicamente protegido pelo delito de *contratação inidônea*.

Objeto material do delito tipificado no art. 337-M do Código Penal é o processo licitatório ou o contrato administrativo.

9.4 Sujeito ativo e sujeito passivo

Sujeito ativo previsto no *caput*, bem como no § 1º do art. 337-M do Código Penal é o agente público responsável por admitir à licitação ou contratar empresa ou pessoa declarada inidônea. No § 2º do mencionado artigo, sujeito ativo é a pessoa física admitida à licitação ou contratada pela Administração Pública.

Sujeitos passivos são as Administrações Públicas diretas, autárquicas e fundacionais da União, dos Estados, do Distrito Federal e dos Municípios.

9.5 Consumação e tentativa

O delito se consuma, no que diz respeito às condutas previstas no *caput* e no § 1º do art. 337-M do Código Penal, no momento em que ocorre a admissão à licitação ou quando o contrato é efetivamente celebrado com a empresa ou profissional declarado inidôneo. Já no § 2º do aludido artigo, ocorre a consumação quando o agente declarado inidôneo venha a participar de licitação, ou a contratar com a Administração Pública.

Em se tratando de um crime plurissubsistente, é possível a tentativa em todas as suas modalidades.

9.6 Elemento subjetivo

As condutas constantes no tipo penal que prevê o delito de *contratação inidônea* somente podem ser praticadas dolosamente, não havendo previsão para a modalidade de natureza culposa.

9.7 Modalidades comissiva e omissiva

As condutas de admitir à licitação ou celebrar contrato com empresa ou profissional declarado inidôneo, previstas no *caput* e no § 1º do art. 337-M do Código Penal, pressupõem um comportamento comissivo por parte do agente, da mesma forma que aquelas previstas em seu § 2º, quando o agente participa de licitação ou leva a efeito um contrato com a Administração Pública.

Contudo, será possível que os delitos tipificados no *caput* e no § 1º do art. 337-M do Código Penal sejam praticados via omissão imprópria, nos termos do art. 13, § 2º, do Código Penal, quando o agente, garantidor, podendo, nada fizer para evitar a prática do crime, a exemplo do superior hierárquico que, percebendo que o agente público, encarregado de verificar os requisitos necessários admitira, dolosamente, empresa ou profissional à licitação declarado inidôneo, almejando o mesmo fim, nada fizer para evitar essa admissão.

9.8 Pena, ação penal, suspensão condicional do processo e cálculo da pena de multa

A pena cominada no *caput* do art. 337-M do Código Penal é de reclusão, de 1 (um) ano a 3 (três) anos, e multa.

O § 1º do art. 337-M em estudo prevê uma modalidade qualificada do delito de *contratação inidônea*, cominando uma pena de reclusão, de 3 (três) anos a 6 (seis) anos, e multa, para aquele que celebrar contrato com empresa ou profissional declarado inidôneo.

Diz o § 2º do art. 337-M do diploma repressivo que incide na mesma pena do *caput* aquele que, declarado inidôneo, venha a participar de licitação e, na mesma pena do § 1º, aquele que, declarado inidôneo, venha a contratar com a Administração Pública.

A ação penal é de iniciativa pública incondicionada.

Será possível a confecção de proposta de suspensão condicional do processo, nos termos do art. 89 da Lei nº 9.099/95, para a infrações penais previstas no *caput*, bem como na primeira parte do § 2º do art. 337-M do Código Penal, tendo em vista a pena mínima a eles cominada.

De acordo com o art. 337-P do diploma repressivo, a pena de multa cominada aos crimes previstos no Capítulo II-B, correspondente aos *crimes em licitações e contratos administrativos*, seguirá a metodologia de cálculo prevista no Código Penal e não poderá ser inferior a 2% (dois por cento) do valor do contrato licitado ou celebrado com contratação direta.

9.9 Destaque

9.9.1 Princípio da continuidade normativo-típica

As condutas constantes do art. 337-M, inserido no Código Penal pela Lei nº 14.133, de 1º de abril de 2021, que prevê o delito de *contratação inidônea* encontravam-se, anteriormente, tipificadas no art. 97 da revogada Lei nº 8.666, de 21 de junho de 1993.

In casu, deve ser aplicado o chamado princípio da continuidade normativo-típica, uma vez que as condutas previstas no tipo penal anterior (art. 97), revogado expressamente por lei posterior (art. 337-M), continuaram a ser por ele abrangidas, não se podendo falar, assim, em *abolitio criminis*.

Contudo, comparando as penas cominadas às duas figuras típicas, percebe-se que aquelas correspondentes ao revogado art. 97 da Lei nº 8.666, de 21 de junho de 1993, são inferiores às atualmente previstas pelo art. 337-M do Código Penal, que criou, inclusive, uma modalidade qualificada de delito em seu § 1º, devendo, pois, ser observada a regra da ultra-atividade da lei penal anterior, mais benéfica, aplicando-se as penas previstas pelo revogado art. 97 da Lei nº 8.666, de 21 de junho de 1993, aos delitos praticados antes da entrada em vigor da Lei nº 14.133, de 1º de abril de 2021, que inseriu o art. 337-M ao Código Penal.

9.10 Quadro-resumo

Sujeitos
» Ativo: no *caput*, bem como no § 1º do art. 337-M do Código Penal, é o agente público responsável por admitir à licitação ou contratar empresa ou pessoa declarada inidônea. No § 2º do mencionado artigo, sujeito ativo é a pessoa física admitida à licitação ou a contratada pela Administração Pública.
» Passivo: as administrações públicas diretas, autárquicas e fundacionais da União, dos Estados, do Distrito Federal e dos Municípios.

Objeto material
É o processo licitatório ou o contrato administrativo.

Bem(ns) juridicamente protegido(s)
A Administração Pública.

Elemento subjetivo
Dolo, não havendo previsão para a modalidade de natureza culposa.

Modalidades comissiva e omissiva
» As condutas de admitir à licitação ou celebrar contrato com empresa ou profissional declarado inidôneo pressupõem um comportamento comissivo por parte do agente, da mesma forma que aquelas previstas em seu § 2º, quando o agente participa de licitação ou leva a efeito um contrato com a Administração Pública.
» Contudo, será possível que os delitos tipificados no *caput* e no § 1º do art. 337-M do Código Penal sejam praticados via omissão imprópria, nos termos do art. 13, § 2º do CP, quando o agente, garantidor, podendo, nada fizer para evitar a prática do crime, a exemplo do superior hierárquico que, percebendo que o agente público, encarregado de verificar os requisitos necessários admitira, dolosamente, empresa ou profissional, à licitação, declarado inidôneo, almejando o mesmo fim, nada fizer para evitar essa admissão.

Consumação e tentativa
» O delito se consuma, no que diz respeito às condutas previstas no *caput* e no § 1º no momento em que ocorre a admissão à licitação ou quando o contrato é efetivamente celebrado com a empresa ou profissional declarado inidôneo. Já no § 2º, ocorre a consumação quando o agente declarado inidôneo venha a participar de licitação, ou a contratar com a Administração Pública.
» Em se tratando de um crime plurissubsistente, é possível a tentativa em todas as suas modalidades.

10. IMPEDIMENTO INDEVIDO

> **Impedimento indevido**
> **Art. 337-N.** Obstar, impedir ou dificultar injustamente a inscrição de qualquer interessado nos registros cadastrais ou promover indevidamente a alteração, a suspensão ou o cancelamento de registro do inscrito:
> Pena – reclusão, de 6 (seis) meses a 2 (dois) anos, e multa.

10.1 Introdução

O art. 337-N, inserido no Código Penal através da Lei nº 14.133, de 1º de abril de 2021, prevê o delito de *impedimento indevido*, com redação similar ao do revogado art. 98 da Lei nº 8.666, de 21 de junho de 1993.

O registro cadastral é um procedimento auxiliar das licitações e das contratações regidas pela Lei de Licitações e Contratos Administrativos, conforme se verifica pela redação do inc. V do seu art. 78. A Seção VI do Capítulo X (Dos Instrumentos Auxiliares) do Título II (Das Licitações) regulamenta o Registro Cadastral nos arts. 87 e 88, dizendo, *verbis*:

> **Art. 87.** Para os fins desta Lei, os órgãos e entidades da Administração Pública deverão utilizar o sistema de registro cadastral unificado disponível no Portal Nacional de Contratações Públicas, para efeito de cadastro unificado de licitantes, na forma disposta em regulamento.
> § 1º O sistema de registro cadastral unificado será público e deverá ser amplamente divulgado e estar permanentemente aberto aos interessados, e será obrigatória a realização de chamamento público pela internet, no mínimo anualmente, para atualização dos registros existentes e para ingresso de novos interessados.
> § 2º É proibida a exigência pelo órgão ou entidade licitante de registro cadastral complementar para acesso a edital e anexos.
> § 3º A Administração poderá realizar licitação restrita a fornecedores cadastrados, atendidos os critérios, as condições e os limites estabelecidos em regulamento, bem como a ampla publicidade dos procedimentos para o cadastramento.
> § 4º Na hipótese a que se refere o § 3º deste artigo, será admitido fornecedor que realize seu cadastro dentro do prazo previsto no edital para apresentação de propostas.
> **Art. 88.** Ao requerer, a qualquer tempo, inscrição no cadastro ou a sua atualização, o interessado fornecerá os elementos necessários exigidos para habilitação previstos nesta Lei.
> § 1º O inscrito será classificado por categorias, considerada sua área de atuação, subdivididas em grupos, segundo a qualificação técnica e econômico-financeira avaliada, de acordo com regras objetivas divulgadas em sítio eletrônico oficial.
> § 2º Ao inscrito será fornecido certificado, renovável sempre que atualizar o registro.
> § 3º A atuação do contratado no cumprimento de obrigações assumidas será avaliada pelo contratante, que emitirá documento comprobatório da avaliação realizada, com menção ao seu desempenho na execução contratual, baseado em indicadores objetivamente definidos e aferidos, e a eventuais penalidades aplicadas, o que constará do registro cadastral em que a inscrição for realizada.
> § 4º A anotação do cumprimento de obrigações pelo contratado, de que trata o § 3º deste artigo, será condicionada à implantação e à regulamentação do cadastro de atesto de cumprimento de obrigações, apto à realização do registro de forma objetiva, em atendimento aos princípios da impessoalidade, da igualdade, da isonomia, da publicidade e da transparência, de modo a possibilitar a implementação de medidas de incentivo aos licitantes que possuírem ótimo desempenho anotado em seu registro cadastral.
> § 5º A qualquer tempo poderá ser alterado, suspenso ou cancelado o registro de inscrito que deixar de satisfazer exigências determinadas por esta Lei ou por regulamento.
> § 6º O interessado que requerer o cadastro na forma do *caput* deste artigo poderá participar de processo licitatório até a decisão da Administração, e a celebração do contrato ficará condicionada à emissão do certificado de que trata o § 2º deste artigo.

O art. 337-N pode ser dividido em duas partes. Na primeira delas, o interessado pretende fazer sua inscrição nos registros cadastrais da Administração Pública e o agente obsta, impede ou dificulta, injustamente, essa inscrição. Na segunda parte, o interessado já está inscrito, mas o agente promove, indevidamente, a alteração, a suspensão ou o cancelamento do registro.

Na primeira parte, de acordo com a redação típica, só haverá a infração penal se os comportamentos forem praticados *injustamente*, isto é, sem algum motivo justo. Assim, por exemplo, se aquele, por alguma razão, não preencher um requisito necessário para que se inscreva no registro cadastral da Administração Pública, o agente público que não fizer o mencionado registro não praticará o delito tipificado no art. 337-N do Código Penal, uma vez que o próprio *caput* do art. 88 da Lei nº 14.133, de 1º de abril de 2021, determina que ao requerer, *a qualquer tempo, inscrição no cadastro ou a sua atualização, o interessado fornecerá os elementos necessários para habilitação previstos nesta Lei.*

Da mesma forma, somente o agente público que promover, indevidamente, a alteração, a suspensão ou o cancelamento de registro do inscrito é que praticará o delito em estudo. Se for devida a sua atuação, o fato será atípico, uma vez que o § 5º do art. 88 da Lei nº 14.133, de 1º de abril de 2021, determina que *a qualquer tempo poderá ser alterado, suspenso ou cancelado o registro de inscrito que deixar de satisfazer exigências determinadas por esta Lei ou por regulamento.*

Agindo de forma criminosa, praticando o delito de *impedimento indevido*, o agente impede ou pelo menos dificulta a competitividade entre os interessados de participar do processo licitatório, ferindo, consequente, os próprios interesses da Administração Pública.

10.2 Classificação doutrinária

Crime próprio com relação ao sujeito ativo (uma vez que somente poderá ser praticado pelo agente público com atribuições para atuar nos registros cadastrais), e comum no que diz respeito ao sujeito passivo; doloso; comissivo ou omissivo, dependendo de como o crime seja praticado; (podendo, contudo, também ser cometido via omissão imprópria, nos termos do art. 13, § 2º, do diploma repressivo); material; plurissubsistente; monossubjetivo; transeunte ou não transeunte (dependendo da existência ou não de vestígios).

10.3 Objeto material e bem juridicamente protegido

A Administração Pública é o bem juridicamente protegido pelo delito de *impedimento indevido*.

Objeto material do delito tipificado no art. 337-N do Código Penal é o registro cadastral perante a Administração Pública.

10.4 Sujeito ativo e sujeito passivo

Tratando-se de um crime próprio, sujeito ativo é o agente público responsável por levar a efeito o registro cadastral ou que possa alterá-lo de alguma forma.

Sujeitos passivos são as Administrações Públicas diretas, autárquicas e fundacionais da União, dos Estados, do Distrito Federal e dos Municípios, bem como o interessado que teve sua inscrição nos registros cadastrais obstada, impedida ou dificultada, ou aquele que teve seu registro indevidamente alterado, suspenso ou cancelado.

10.5 Consumação e tentativa

Crime material, o delito se consuma quando o agente, efetivamente, obsta, impede ou dificulta injustamente a inscrição de qualquer interessado nos registros cadastrais ou promove indevidamente a alteração, a suspensão ou o cancelamento de registro do inscrito. Não há necessidade que o interessado venha a ser prejudicado com esses comportamentos, pois a consumação ocorrerá independentemente de qualquer prejuízo, bastando que ocorra a prática de qualquer deles, ou seja, que o agente obste, impeça ou dificulte injustamente a inscrição de qualquer interessado nos registros cadastrais ou promova indevidamente a alteração, a suspensão ou o cancelamento de registro do inscrito.

Em se tratando de um delito plurissubsistente, será perfeitamente possível o reconhecimento da tentativa, a exemplo da hipótese que o agente, indevidamente, dava início ao cancelamento do registro de alguém, quando é descoberto e interrompido.

10.6 Elemento subjetivo

As condutas constantes no tipo penal que prevê o delito de *impedimento indevido* somente podem ser praticadas dolosamente, não havendo previsão para a modalidade de natureza culposa.

10.7 Modalidades comissiva e omissiva

Dependendo da modalidade de conduta praticada, o crime pode ser cometido comissiva ou omissivamente. Assim, por exemplo, o agente pode obstar, impedir ou dificultar injustamente a inscrição de qualquer interessado nos registros cadastrais fazendo ou deixando de fazer alguma coisa. Por outro lado, o núcleo *promover*, previsto na segunda parte do art. 337-N do Código Penal, somente pode ser praticado comissivamente, atuando o agente no sentido de, indevidamente, alterar, suspender ou levar a efeito o cancelamento de registro do inscrito.

Será possível que o delito seja praticado via omissão imprópria, nos termos do art. 13, § 2º, do Código Penal, quando o agente, garantidor, podendo, nada fizer para evitar a prática do crime, a exemplo daquele que, percebendo que seu inferior hierárquico atuava no sentido de dificultar, injustamente, a inscrição de alguém interessado nos registros cadastrais, anui, dolosamente, com esse comportamento, haja vista que o aludido interessado era um antigo desafeto seu.

10.8 Pena, ação penal, competência para julgamento, suspensão condicional do processo e cálculo da pena de multa

A pena cominada para o delito de *impedimento indevido* é de reclusão, de 6 (seis) meses a 2 (dois) anos, e multa.

A ação penal é de iniciativa pública incondicionada.

Compete, pelo menos inicialmente, ao Juizado Especial Criminal o processo e o julgamento do delito de impedimento indevido, considerando a pena máxima cominada em abstrato, nos termos do art. 61 da Lei nº 9.099/95.

Tendo em vista a pena mínima cominada no preceito secundário do art. 337-N em análise, será possível a confecção de proposta de suspensão condicional do processo, conforme art. 89 da Lei nº 9.099/95.

De acordo com o art. 337-P do diploma repressivo, a pena de multa cominada aos crimes previstos no Capítulo II-B, correspondente aos *crimes em licitações e contratos administrativos*, seguirá a metodologia de cálculo prevista no Código Penal e não poderá ser inferior a 2% (dois por cento) do valor do contrato licitado ou celebrado com contratação direta.

10.9 Destaque

10.9.1 Princípio da continuidade normativo-típica

As condutas constantes do art. 337-N, inserido no Código Penal pela Lei nº 14.133, de 1º de abril de 2021, que prevê o delito de *impedimento indevido* encontravam-se, anteriormente, tipificadas no art. 98 da revogada Lei nº 8.666, de 21 de junho de 1993.

In casu, deve ser aplicado o chamado princípio da continuidade normativo-típica, uma vez que as condutas previstas no tipo penal anterior (art. 98), revogado expressamente por lei posterior (art. 337-N), continuaram a ser por ele abrangidas, não se podendo falar, assim, em *abolitio criminis*.

Será aplicada, contudo, a lei anterior, no que diz respeito às regras quanto ao cumprimento da pena de detenção, uma vez que a lei nova, vale dizer, o art. 337-N do Código Penal, previu uma pena de reclusão, sendo, portanto, considerado uma *novatio legis in pejus*, ficando proibida a sua aplicação retroativa. Assim, no que diz respeito ao cumprimento efetivo da pena, será aplicado o art. 98 da Lei nº 8.666, de 21 de junho de 1993, para os crimes praticados antes da vigência do art. 337-N *sub examen*.

10.10 Quadro-resumo

Sujeitos
» Ativo: agente público responsável por levar a efeito o registro cadastral ou que possa alterá-lo de alguma forma.
» Passivo: as administrações públicas diretas, autárquicas e fundacionais da União, dos Estados, do Distrito Federal e dos Municípios, bem como o interessado que teve sua inscrição nos registros cadastrais obstada, impedida ou dificultada, ou aquele que teve seu registro indevidamente alterado, suspenso ou cancelado.

Objeto material
É o registro cadastral perante a Administração Pública.

Bem(ns) juridicamente protegido(s)
A Administração Pública.

Elemento subjetivo
Dolo, não havendo previsão para a modalidade de natureza culposa.

Modalidades comissiva e omissiva
» Dependendo da modalidade de conduta praticada, o crime pode ser cometido comissiva ou omissivamente. Assim, por exemplo, o agente pode obstar, impedir ou dificultar injustamente a inscrição de qualquer interessado nos registros cadastrais fazendo ou deixando de fazer alguma coisa. Por outro lado, o núcleo promover, previsto na segunda parte, somente pode ser praticado comissivamente, atuando o agente no sentido de, indevidamente, alterar, suspender ou levar a efeito o cancelamento de registro do inscrito.
» Será possível que o delito seja praticado via omissão imprópria, nos termos do art. 13, § 2º, do CP, quando o agente, garantidor, podendo, nada fizer para evitar a prática do crime, a exemplo daquele que, percebendo que seu inferior hierárquico atuava no sentido de dificultar, injustamente, a

inscrição de alguém interessado nos registros cadastrais, anui, dolosamente, com esse comportamento, haja vista que o aludido interessado era um antigo desafeto seu.

Consumação e tentativa

» Crime material, o delito se consuma quando o agente, efetivamente, obsta, impede ou dificulta injustamente a inscrição de qualquer interessado nos registros cadastrais ou promove indevidamente a alteração, a suspensão ou o cancelamento de registro do inscrito. Não há necessidade que o interessado venha a ser prejudicado com esses comportamentos, pois a consumação ocorrerá independentemente de qualquer prejuízo, bastando que ocorra prática de qualquer deles.

» Em se tratando de um delito plurissubsistente, será perfeitamente possível o reconhecimento da tentativa, a exemplo da hipótese que o agente, indevidamente, dava início ao cancelamento do registro de alguém, quando é descoberto e interrompido.

11. OMISSÃO GRAVE DE DADO OU DE INFORMAÇÃO POR PROJETISTA

Omissão grave de dado ou de informação por projetista
Art. 337-O. Omitir, modificar ou entregar à Administração Pública levantamento cadastral ou condição de contorno em relevante dissonância com a realidade, em frustração ao caráter competitivo da licitação ou em detrimento da seleção da proposta mais vantajosa para a Administração Pública, em contratação para a elaboração de projeto básico, projeto executivo ou anteprojeto, em diálogo competitivo ou em procedimento de manifestação de interesse.
Pena – reclusão, de 6 (seis) meses a 3 (três) anos, e multa.
§ 1º Consideram-se condição de contorno as informações e os levantamentos suficientes e necessários para a definição da solução de projeto e dos respectivos preços pelo licitante, incluídos sondagens, topografia, estudos de demanda, condições ambientais e demais elementos ambientais impactantes, considerados requisitos mínimos ou obrigatórios em normas técnicas que orientam a elaboração de projetos.
§ 2º Se o crime é praticado com o fim de obter benefício, direto ou indireto, próprio ou de outrem, aplica-se em dobro a pena prevista no *caput* deste artigo.

11.1 Introdução

O delito de *omissão grave de dado ou de informação por projetista* foi introduzido no art. 337-O do Código Penal através da Lei nº 14.133, de 1º de abril de 2021, e prevê as condutas de *omitir*, *modificar* ou *entregar* à Administração Pública levantamento cadastral ou condição de contorno em relevante dissonância com a realidade, em frustração ao caráter competitivo da licitação ou em detrimento da seleção da proposta mais vantajosa para a Administração Pública, em contratação para a elaboração de projeto básico, projeto executivo ou anteprojeto, em diálogo competitivo ou em procedimento de manifestação de interesse.

Omitir tem o sentido de não fornecer, deixar de entregar; *modificar* deve ser entendido como alterar, mudar; *entregar* importa no efetivo fornecimento à Administração Pública.

Essas condutas têm como objeto o *levantamento cadastral* ou *condição de contorno* em relevante dissonância com a realidade. O § 1º do art. 337-O traduziu o conceito de condição de contorno, dizendo ser *as informações e os levantamentos suficientes e necessários para a definição da solução de projeto e dos respectivos preços pelo licitante, incluídos sondagens, topografia, estudos de demanda, condições ambientais e demais elementos ambientais impactantes, considerados requisitos mínimos ou obrigatórios em normas técnicas que orientam a elaboração de projetos.*

Praticando esses comportamentos, o agente frustra o caráter competitivo da licitação ou em detrimento da seleção da proposta mais vantajosa para a Administração Pública, em contratação para a elaboração de projeto básico, projeto executivo ou anteprojeto, em diálogo competitivo ou em procedimento de manifestação de interesse.

O art. 6º da Lei de Licitações e Contratos Administrativos considera:

> XXIV – anteprojeto: peça técnica com todos os subsídios necessários à elaboração do projeto básico, que deve conter, no mínimo, os seguintes elementos:
> a) demonstração e justificativa do programa de necessidades, avaliação de demanda do público-alvo, motivação técnico-econômico-social do empreendimento, visão global dos investimentos e definições relacionadas ao nível de serviço desejado;
> b) condições de solidez, de segurança e de durabilidade;
> c) prazo de entrega;
> d) estética do projeto arquitetônico, traçado geométrico e/ou projeto da área de influência, quando cabível;
> e) parâmetros de adequação ao interesse público, de economia na utilização, de facilidade na execução, de impacto ambiental e de acessibilidade;
> f) proposta de concepção da obra ou do serviço de engenharia;
> g) projetos anteriores ou estudos preliminares que embasaram a concepção proposta;
> h) levantamento topográfico e cadastral;
> i) pareceres de sondagem;
> j) memorial descritivo dos elementos da edificação, dos componentes construtivos e dos materiais de construção, de forma a estabelecer padrões mínimos para a contratação;
> XXV – projeto básico: conjunto de elementos necessários e suficientes, com nível de precisão adequado para definir e dimensionar a obra ou o serviço, ou o complexo de obras ou de serviços objeto da licitação, elaborado com base nas indicações dos estudos técnicos preliminares, que assegure a viabilidade técnica e o adequado tratamento do impacto ambiental do empreendimento e que possibilite a avaliação do custo da obra e a definição dos métodos e do prazo de execução, devendo conter os seguintes elementos:
> a) levantamentos topográficos e cadastrais, sondagens e ensaios geotécnicos, ensaios e análises laboratoriais, estudos socioambientais e demais dados e levantamentos necessários para execução da solução escolhida;
> b) soluções técnicas globais e localizadas, suficientemente detalhadas, de forma a evitar, por ocasião da elaboração do projeto executivo e da realização das obras e montagem, a necessidade de reformulações ou variantes quanto à qualidade, ao preço e ao prazo inicialmente definidos;
> c) identificação dos tipos de serviços a executar e dos materiais e equipamentos a incorporar à obra, bem como das suas especificações, de modo a assegurar os melhores resultados para o empreendimento e a segurança executiva na utilização do objeto, para os fins a que se destina, considerados os riscos e os perigos identificáveis, sem frustrar o caráter competitivo para a sua execução;
> d) informações que possibilitem o estudo e a definição de métodos construtivos, de instalações provisórias e de condições organizacionais para a obra, sem frustrar o caráter competitivo para a sua execução;
> e) subsídios para montagem do plano de licitação e gestão da obra, compreendidos a sua programação, a estratégia de suprimentos, as normas de fiscalização e outros dados necessários em cada caso;
> f) orçamento detalhado do custo global da obra, fundamentado em quantitativos de serviços e fornecimentos propriamente avaliados, obrigatório exclusivamente para os regimes de execução previstos nos incisos I, II, III, IV e VII do *caput* do art. 46 desta Lei;
> XXVI – projeto executivo: conjunto de elementos necessários e suficientes à execução completa da obra, com o detalhamento das soluções previstas no projeto básico, a identificação de serviços, de materiais e de equipamentos a serem incorporados à obra, bem como suas especificações técnicas, de acordo com as normas técnicas pertinentes;
> XLII – diálogo competitivo: modalidade de licitação para contratação de obras, serviços e compras em que a Administração Pública realiza diálogos com licitantes previamente selecionados mediante critérios objetivos, com o intuito de desenvolver uma ou mais alternativas capazes de atender às suas necessidades, devendo os licitantes apresentar proposta final após o encerramento dos diálogos;

A regulamentação do procedimento de manifestação de interesse encontra-se prevista no art. 81 da Lei nº 14.133, de 1º de abril de 2021.

11.2 Classificação doutrinária

Crime comum, no que diz respeito ao sujeito ativo, e próprio quanto ao sujeito passivo; doloso; comissivo (nas modalidades modificar ou entregar) omissivo próprio (com relação ao núcleo omitir) (podendo, também, nos termos do art. 13, § 2º, do Código Penal, ser praticado via omissão imprópria, na hipótese de o agente gozar do *status* de garantidor); material; monossubsistente (com a conduta de omitir) plurissubsistente (com relação às condutas de modificar e entregar); monossubjetivo; não transeunte.

11.3 Objeto material e bem juridicamente protegido

A Administração Pública é o bem juridicamente protegido pelo delito de *omissão grave de dado ou de informação por projetista*.

Objeto material do delito tipificado no art. 337-O do Código Penal é o levantamento cadastral ou condição de contorno em relevante dissonância com a realidade.

11.4 Sujeito ativo e sujeito passivo

Tratando-se de um crime comum, qualquer pessoa pode ser sujeito ativo do delito tipificado no art. 337-O do Código Penal.

Sujeitos passivos são as Administrações Públicas diretas, autárquicas e fundacionais da União, dos Estados, do Distrito Federal e dos Municípios, bem como o licitante que viu frustrado o caráter competitivo da licitação.

11.5 Consumação e tentativa

O delito se consuma no momento em que o agente omite, modifica ou entrega à Administração Pública levantamento cadastral ou condição de contorno em relevante dissonância com a realidade, em frustração ao caráter competitivo da licitação ou em detrimento da seleção da proposta mais vantajosa para a Administração Pública, em contratação para a elaboração de projeto básico, projeto executivo ou anteprojeto, em diálogo competitivo ou em procedimento de manifestação de interesse.

Dependendo do comportamento praticado, será admissível a tentativa. Assim, sendo somente possível o fracionamento do *iter criminis* com relação às condutas de *modificar* ou *entregar*, nessas hipóteses se poderá raciocinar com a possibilidade do reconhecimento da tentativa, não sendo possível, contudo, quando estivermos diante da conduta omissiva própria, configurada através do núcleo *omitir*.

11.6 Causa de aumento de pena

O § 2º do art. 337-O do Código Penal prevê uma causa especial de aumento de pena, dizendo, *verbis*:

> § 2º Se o crime é praticado com o fim de obter benefício, direto ou indireto, próprio ou de outrem, aplica-se em dobro a pena prevista no *caput* deste artigo.

11.7 Elemento subjetivo

As condutas constantes no tipo penal que prevê o delito de *omissão grave de dado ou de informação por projetista* somente podem ser praticadas dolosamente, não havendo previsão para a modalidade de natureza culposa.

11.8 Modalidades comissiva e omissiva

A conduta de *omitir* pressupõe um comportamento omissivo por parte do agente. Por outro lado, os núcleos *modificar* e *entregar* induzem a um comportamento comissivo.

Será possível que o delito seja praticado via omissão imprópria, nos termos do art. 13, § 2º, do Código Penal, quando o agente, garantidor, podendo, nada fizer para evitar a prática do crime, quando estivermos diante de comportamentos de natureza positiva, compreendidos através das condutas típicas de *modificar* e *entregar*.

11.9 Pena, ação penal, suspensão condicional do processo e cálculo da pena de multa

A pena cominada para o delito de *omissão grave de dado ou de informação por projetista* é de reclusão, de 6 (seis) meses a 3 (três) anos, e multa.

A ação penal é de iniciativa pública incondicionada.

Tendo em vista a pena mínima cominada no preceito secundário do art. 337-O em análise, será possível a confecção de proposta de suspensão condicional do processo, nos termos do art. 89 da Lei nº 9.099/95, desde que não seja aplicado o § 2º do referido artigo, que determina seja aplicada em dobro a pena prevista no *caput* se o crime é praticado com o fim de obter benefício, direto ou indireto, próprio ou de outrem.

De acordo com o art. 337-P do diploma repressivo, a pena de multa cominada aos crimes previstos no Capítulo II-B, correspondente aos *crimes em licitações e contratos administrativos*, seguirá a metodologia de cálculo prevista no Código Penal e não poderá ser inferior a 2% (dois por cento) do valor do contrato licitado ou celebrado com contratação direta.

11.10 Quadro-resumo

Sujeitos
- Ativo: qualquer pessoa.
- Passivo: são as administrações públicas diretas, autárquicas e fundacionais da União, dos Estados, do Distrito Federal e dos Municípios, bem como o licitante que viu frustrado o caráter competitivo da licitação.

Objeto material
É o levantamento cadastral ou condição de contorno em relevante dissonância com a realidade.

Bem(ns) juridicamente protegido(s)
A Administração Pública.

Elemento subjetivo
Dolo, não havendo previsão para a modalidade de natureza culposa.

Modalidades comissiva e omissiva
- A conduta de *omitir* pressupõe um comportamento omissivo por parte do agente. Por outro lado, os núcleos *modificar* e *entregar* induzem a um comportamento comissivo.
- Será possível que o delito seja praticado via omissão imprópria, nos termos do art. 13, § 2º do CP, quando o agente, garantidor, podendo, nada fizer para evitar a prática do crime, quando estivermos diante de comportamentos de natureza positiva, compreendidos através das condutas típicas de *modificar* e *entregar*.

> **Consumação e tentativa**
> » O delito se consuma no momento em que o agente omite, modifica ou entrega, à Administração Pública, levantamento cadastral ou condição de contorno em relevante dissonância com a realidade, em frustração ao caráter competitivo da licitação ou em detrimento da seleção da proposta mais vantajosa para a Administração Pública.
> » Dependendo do comportamento praticado, será admissível a tentativa. Assim, sendo somente possível o fracionamento do *iter criminis* com relação às condutas de *modificar* ou *entregar*, nessas hipóteses se poderá raciocinar com a possibilidade do reconhecimento da tentativa, não sendo possível, contudo, quando estivermos diante da conduta omissiva própria, configurada através do núcleo *omitir*.

12. ART. 337-P

> **Art. 337-P.** A pena de multa cominada aos crimes previstos neste Capítulo seguirá a metodologia de cálculo prevista neste Código e não poderá ser inferior a 2% (dois por cento) do valor do contrato licitado ou celebrado com contratação direta.

O art. 337-P em análise determina que a pena de multa cominada aos delitos tipificados no Capítulo II-B, que prevê os crimes em licitações e contratos administrativos, do Título XI (Dos Crimes contra a Administração Pública), seguirá a metodologia de cálculo do Código Penal, ou seja, será aplicado o art. 49 do referido diploma legal.

A pena de multa será, no mínimo, de 10 e, no máximo, de 360 dias-multa. O valor do dia-multa será fixado pelo juiz, não podendo ser inferior a um trigésimo do valor do maior salário mínimo mensal vigente à época do fato, nem superior a cinco vezes esse salário (art. 49, § 1º, do CP). Na fixação da pena de multa, o juiz deve atender, principalmente, à situação econômica do réu, podendo seu valor ser aumentado até o triplo se o juiz considerar que é ineficaz, embora aplicada no máximo (art. 60 e § 1º do CP). O valor da multa será atualizado, quando da execução, pelos índices de correção monetária (art. 49, § 2º, do CP).

O art. 337-P do Código Penal determina, ainda, que, nos crimes constantes no Capítulo II-B, que diz respeito aos crimes em licitações e contratos administrativos, o valor final do cálculo relativo à pena de multa aplicada ao sentenciado não poderá ser inferior a 2% (dois por cento) do valor do contrato licitado ou celebrado com contratação direta.

Assim, levados a efeito todos os cálculos, o juiz verificará se o valor final é inferior a 2% (dois por cento) do valor do contrato licitado ou celebrado com contratação direta. Caso seja, fará o ajuste e, mesmo sendo inferior, o condenado pagará a importância correspondente a esses 2% (dois por cento). Caso seja superior, será mantido o valor encontrado na sentença penal condenatória.

Só a título de exemplo, calculando os valores máximos previstos no art. 49, §§ 1º e 2º, do Código Penal, teríamos o seguinte: 360 dias-multa, multiplicados por 5 (cinco) vezes o salário mínimo mensal vigente ao tempo do fato. Esse total poderá ser multiplicado, ainda, por três (art. 60, § 1º, do CP). Dessa forma, em termos atuais, teríamos um valor total aproximado de R$ 5.700.000,00 (cinco milhões e setecentos mil reais).

Esse valor máximo deveria corresponder ao mínimo de 2% de um contrato no valor de R$ 283.500.000,00 (duzentos e oitenta e três milhões e quinhentos mil reais) e sabemos que, muitas vezes, as obras públicas ultrapassam, em muito, esse valor. Portanto, se o agente foi contratado para uma obra licitada no valor de R$ 500.000.000,00 (quinhentos milhões), e como o valor total da multa prevista no Código Penal não alcança os 2% (dois por cento) exigidos pelo art. 337-P do referido diploma legal, o agente, além da condenação à pena privativa de liberdade, terá que pagar o valor de R$ 10.000.000,00 (dez milhões de reais) a título de pena de multa.

Em uma licitação no valor de R$ 1.000.000,00 (um milhão de reais), o valor mínimo a ser pago, a título de condenação a pena de multa, seria o de R$ 20.000,00 (vinte mil reais), e estaria dentro do valor total previsto no Código Penal. Aqui, poderia o julgador aplicá-la até em valor superior, ultrapassando os 2% (dois por cento) mínimos exigidos, uma vez que ainda teria uma margem para sua aplicação, ao contrário do primeiro exemplo, em que o valor máximo aplicado seria mesmo o correspondente aos 2% (dois por cento).

Dessa forma, estejam ou não os valores finais das penas de multa previstos dentro do cálculo determinado pelos arts. 49 e 60, § 1º, do Código Penal, sua aplicação nunca poderá ser inferior a 2% (dois por cento) do valor do contrato licitado ou celebrado com contratação direta.

Capítulo III
Dos crimes contra a administração da justiça

1. REINGRESSO DE ESTRANGEIRO EXPULSO

> **Reingresso de estrangeiro expulso**
> **Art. 338.** Reingressar no território nacional o estrangeiro que dele foi expulso:
> Pena – reclusão, de um a quatro anos, sem prejuízo de nova expulsão após o cumprimento da pena.

1.1 Introdução

O delito de *reingresso de estrangeiro expulso*, previsto pelo art. 338 do Código Penal, encontra-se inserido no Capítulo III, que diz respeito aos crimes contra a administração da Justiça, que, por sua vez, está localizado no Título XI da Parte Especial, que cuida dos crimes contra a Administração Pública.

De acordo com a redação do referido tipo penal, podemos apontar os seguintes elementos: *a)* a conduta de reingressar no território nacional; *b)* o estrangeiro que dele foi expulso.

O núcleo *reingressar* tem o sentido de ingressar novamente, voltar. Somente pode *reingressar* aquele que, em algum momento, tiver saído. Dessa forma, não se amolda à figura típica em estudo a conduta do estrangeiro que, expulso, se recusa a sair do nosso território.

O reingresso deve ser em *território nacional*, ou seja, em todo espaço (aéreo, marítimo ou terrestre) onde o Brasil exerce sua soberania. No entanto, vale a advertência feita por Damásio de Jesus, quando assevera que o delito em estudo cuida do fato do "estrangeiro reingressar em nosso território jurídico, alcançado pela nossa soberania, não abrangendo o chamado território por extensão (CP, art. 5º, § 1º). Assim, não constitui delito penetrar o estrangeiro expulso em navios ou aeronaves brasileiros de natureza militar ou navios particulares em alto-mar".[121]

O conceito de estrangeiro deve ser encontrado por exclusão, ou seja, aquele que não gozar do *status* de brasileiro, seja ele nato ou naturalizado, nos termos do art. 12 da Constituição Federal, é que poderá ser considerado estrangeiro.

A Lei nº 13.445, de 24 de maio de 2017, que revogou o Estatuto do Estrangeiro (Lei nº 6.815, de 19 de agosto de 1980), previu as hipóteses de expulsão na Seção IV (Da Expulsão) do seu Capítulo V (Das Medidas de Retirada Compulsória) dizendo, em seus arts. 54 e 55, *verbis*:

> **Art. 54.** A expulsão consiste em medida administrativa de retirada compulsória de migrante ou visitante do território nacional, conjugada com o impedimento de reingresso por prazo determinado.
> § 1º Poderá dar causa à expulsão a condenação com sentença transitada em julgado relativa à prática de:

---
[121] JESUS, Damásio E. de. *Direito penal*, v. 4, p. 244.

> I – crime de genocídio, crime contra a humanidade, crime de guerra ou crime de agressão, nos termos definidos pelo Estatuto de Roma do Tribunal Penal Internacional, de 1998, promulgado pelo Decreto nº 4.388, de 25 de setembro de 2002; ou
>
> II – crime comum doloso passível de pena privativa de liberdade, consideradas a gravidade e as possibilidades de ressocialização em território nacional.
>
> § 2º Caberá à autoridade competente resolver sobre a expulsão, a duração do impedimento de reingresso e a suspensão ou a revogação dos efeitos da expulsão, observado o disposto nesta Lei.
>
> § 3º O processamento da expulsão em caso de crime comum não prejudicará a progressão de regime, o cumprimento da pena, a suspensão condicional do processo, a comutação da pena ou a concessão de pena alternativa, de indulto coletivo ou individual, de anistia ou de quaisquer benefícios concedidos em igualdade de condições ao nacional brasileiro.
>
> § 4º O prazo de vigência da medida de impedimento vinculada aos efeitos da expulsão será proporcional ao prazo total da pena aplicada e nunca será superior ao dobro de seu tempo.
>
> **Art. 55.** Não se procederá à expulsão quando:
>
> I – a medida configurar extradição inadmitida pela legislação brasileira;
>
> II – o expulsando:
>
> a) tiver filho brasileiro que esteja sob sua guarda ou dependência econômica ou socioafetiva ou tiver pessoa brasileira sob sua tutela;
>
> b) tiver cônjuge ou companheiro residente no Brasil, sem discriminação alguma, reconhecido judicial ou legalmente;
>
> c) tiver ingressado no Brasil até os 12 (doze) anos de idade, residindo desde então no País;
>
> d) for pessoa com mais de 70 (setenta) anos que resida no País há mais de 10 (dez) anos, considerados a gravidade e o fundamento da expulsão; ou
>
> e) (Vetado).

1.2 Classificação doutrinária

Crime próprio, tanto com relação ao sujeito ativo quanto ao sujeito passivo; doloso; comissivo (podendo, no entanto, ser praticado via omissão imprópria, nos termos do art. 13, § 2º, do Código Penal); permanente; de forma livre; monossubjetivo; plurissubsistente; transeunte.

1.3 Sujeito ativo e sujeito passivo

De acordo com a redação típica, somente o *estrangeiro expulso* do território nacional é que poderá praticar o delito previsto pelo art. 338 do Código Penal, tratando-se, pois, de um crime próprio.

O *sujeito passivo* é o Estado.

1.4 Objeto material e bem juridicamente protegido

A Administração Pública é o bem juridicamente protegido pelo tipo penal que prevê o delito de *reingresso de estrangeiro expulso* ou, mais especificamente, a administração da justiça.

Não há objeto material.

1.5 Consumação e tentativa

O delito se consuma quando o estrangeiro expulso, efetivamente, reingressa em território nacional.

Tratando-se de crime plurissubsistente, torna-se possível o raciocínio correspondente à tentativa.

1.6 Elemento subjetivo

O dolo é o elemento subjetivo exigido pelo tipo penal que prevê o delito de *reingresso de estrangeiro expulso*, não havendo previsão para a modalidade de natureza culposa.

Assim, aquele estrangeiro expulso, que é surpreendido em território brasileiro, acreditando que ainda se encontra nas terras de um país vizinho, não poderá responder pelo delito *sub examen*, tendo em vista a ausência de seu dolo, aplicando-se, aqui, o erro de tipo, haja vista ter o agente incorrido em erro no que diz respeito à elementar *território nacional*.

1.7 Modalidades comissiva e omissiva

A conduta de *reingressar* pressupõe um comportamento comissivo por parte do agente.

No entanto, o delito poderá ser cometido via omissão imprópria, a exemplo do agente que, devendo e podendo impedir o reingresso de estrangeiro expulso, dolosamente, nada faz para evitar o seu reingresso ao território nacional, devendo, outrossim, ser responsabilizado nos termos preconizados pelo art. 13, § 2º, do Código Penal.

1.8 Pena, ação penal e suspensão condicional do processo

A pena cominada ao delito de *reingresso de estrangeiro expulso* é de reclusão, de 1 (um) a 4 (quatro) anos, sem prejuízo de nova expulsão após o cumprimento da pena.

A ação penal é de iniciativa pública incondicionada.

Será possível a confecção de proposta de suspensão condicional do processo, nos termos do art. 89 da Lei nº 9.099/95.

1.9 Destaque

1.9.1 Competência da Justiça Federal

Diz o art. 109, X, da Constituição Federal, *verbis*:

> **Art. 109.** Aos juízes federais compete processar e julgar:
> [...];
> X – os crimes de ingresso ou permanência irregular de estrangeiro, a execução de carta rogatória, após o *exequatur*, e de sentença estrangeira, após a homologação, as causas referentes à nacionalidade, inclusive a respectiva opção, e à naturalização;
> [...].

1.10 Quadro-resumo

Sujeitos
» Ativo: somente o estrangeiro expulso do território nacional.
» Passivo: é o Estado.

Objeto material
Não há.

Bem(ns) juridicamente protegido(s)
É a Administração Pública ou, mais especificamente, a administração da justiça.

Elemento subjetivo

Dolo, não havendo previsão para a modalidade de natureza culposa.

Modalidades comissiva e omissiva

A conduta de reingressar pressupõe um comportamento comissivo por parte do agente, podendo, no entanto, ser cometida via omissão imprópria.

Consumação e tentativa

» O delito se consuma quando o estrangeiro expulso, efetivamente, reingressa em território nacional.
» A tentativa é admissível.

2. DENUNCIAÇÃO CALUNIOSA

Denunciação caluniosa

Art. 339. Dar causa à instauração de inquérito policial, de procedimento investigatório criminal, de processo judicial, de processo administrativo disciplinar, de inquérito civil ou de ação de improbidade administrativa contra alguém, imputando-lhe crime, infração ético-disciplinar ou ato ímprobo de que o sabe inocente:
Pena – reclusão, de dois a oito anos, e multa.
§ 1º A pena é aumentada de sexta parte, se o agente se serve de anonimato ou de nome suposto.
§ 2º A pena é diminuída de metade, se a imputação é de prática de contravenção.

2.1 Introdução

O delito de *denunciação caluniosa* encontra-se tipificado no art. 339 do Código Penal. De acordo com a nova redação que lhe foi conferida pela Lei nº 14.110, de 18 de dezembro de 2020, podemos apontar os seguintes elementos que integram a figura típica: *a)* a conduta de dar causa à instauração: de inquérito policial; de procedimento investigatório criminal; de processo judicial; de processo administrativo disciplinar; de inquérito civil; de ação de improbidade administrativa; *b)* contra alguém; *c)* imputando-lhe crime, infração ético-disciplinar ou ato ímprobo; *d)* de que o sabe inocente.

Dar causa à instauração é fazer com que seja iniciado, inaugurado. A conduta praticada pelo agente leva, portanto, à instauração de:

• *Inquérito Policial.* É o instrumento por meio do qual o Estado, inicialmente, busca a apuração das infrações penais e de seus prováveis autores, ou, como preleciona Paulo Rangel, é um "procedimento de índole meramente administrativa, de caráter informativo, preparatório da ação penal". Dissemos inicialmente porque, através do inquérito policial, buscam-se as primeiras provas, ou o mínimo de prova, a que chamamos de justa causa, a fim de que o titular da ação penal de iniciativa pública, vale dizer, o Ministério Público, possa dar início a persecução penal em juízo através do oferecimento de denúncia.

O inquérito policial tem a finalidade de apurar eventual prática de uma infração penal, bem como indícios de sua autoria. O inquérito policial pode ser inaugurado, de acordo com o art. 5º do Código de Processo Penal: a. de ofício, pela autoridade policial; b. mediante requisição do Ministério Público; c. mediante requisição da autoridade judiciária; d. em virtude de requerimento do ofendido ou de quem tenha qualidade para representá-lo. Além das hipóteses previstas expressamente pelo mencionado art. 5º do Código de Processo Penal, também poderá ter início em virtude de prisão em flagrante, oportunidade em que é lavrado o respectivo auto de prisão, a partir do qual terão início as investigações.

Para que ocorra o delito de denunciação caluniosa será preciso a efetiva instauração do inquérito policial, que se dá através da expedição de portaria da autoridade policial ou pelo auto de prisão em flagrante. Assim, não haverá denunciação caluniosa se ocorrerem, tão somente, as chamadas investigações preliminares, previstas no § 3º do art. 5º do Código de Processo Penal que, em algumas regiões, é conhecida com VPI, por conta da expressão contida no mencionado parágrafo (verificada a procedência das informações).

Também não ocorrerá denunciação caluniosa na hipótese de confecção de registro de ocorrência policial, que este não se configura em inquérito policial.

Uma vez instaurado o inquérito policial, levando-se em consideração a imputação de crime a alguém, que o agente sabia ser inocente, para que ocorra o delito em exame não haverá necessidade de indiciamento, bastando a instauração do inquérito policial para apuração dos fatos trazidos ao conhecimento da autoridade policial.

- *Procedimento Investigatório criminal.* De acordo com art. 1º da Resolução CNMP nº 181, de 7 de agosto de 2017, com as alterações promovidas pela Resolução CNMP nº 183, de 24 de janeiro de 2018, *o procedimento investigatório criminal é instrumento sumário e desburocratizado de natureza administrativa e investigatória, instaurado e presidido pelo membro do Ministério Público com atribuição criminal, e terá como finalidade apurar a ocorrência de infrações penais de iniciativa pública, servindo como preparação e embasamento para o juízo de propositura, ou não, da respectiva ação penal.*

Os arts. 3º e 4º da mencionada Resolução, dizem, *verbis*:

> **Art. 3º** O procedimento investigatório criminal poderá ser instaurado de ofício, por membro do Ministério Público, no âmbito de suas atribuições criminais, ao tomar conhecimento de infração penal de iniciativa pública, por qualquer meio, ainda que informal, ou mediante provocação.
> (...)
> **Art. 4º** O procedimento investigatório criminal será instaurado por portaria fundamentada, devidamente registrada e autuada, com a indicação dos fatos a serem investigados e deverá conter, sempre que possível, o nome e a qualificação do autor da representação e a determinação das diligências iniciais.
> **Parágrafo único.** Se, durante a instrução do procedimento investigatório criminal, for constatada a necessidade de investigação de outros fatos, o membro do Ministério Público poderá aditar a portaria inicial ou determinar a extração de peças para instauração de outro procedimento.

Neste caso, tal como se exige com relação ao inquérito policial, para que ocorra a denunciação caluniosa, faz-se necessária a edição de portaria ministerial, dando início, assim, formalmente, à instauração do procedimento investigatório criminal.

Embora outras instituições possam ter seus próprios instrumentos de investigação, entendemos que a lei quis se referir, especificamente, a esse procedimento instaurado pelo Ministério Público, através do qual poderá, na qualidade de *dominus litis*, oferecer a denúncia, dando início, outrossim, à ação penal de iniciativa pública.

- *Processo Judicial.* Diz respeito ao processo cuja tramitação ocorre perante o Poder Judiciário, tendo, portanto, uma natureza judicial. O processo judicial a que se refere o art. 339 do diploma repressivo pode ter tanto natureza penal quanto civil. Isso porque a expressão *processo judicial* abrange as duas grandes categorias – penal e civil –, uma vez que, se a mera instauração de um inquérito civil já tem o condão de caracterizar a infração penal em estudo, que dirá o ajuizamento de uma ação civil pública, por exemplo, com base no suposto crime praticado pelo agente.

Como o tipo penal constante do art. 339 do Código Penal usa a expressão "dar causa a instauração", devemos nos perguntar quando teremos por inaugurado o processo judicial. Aqui, a resposta terá que se desdobrar. Isso porque, no que diz respeito à seara penal, somente após o recebimento da denúncia é que poderemos falar em processo. Nesse sentido, Tourinho Filho assevera que: "Oferecida a denúncia ou a queixa, e uma vez recebida, está instaurado o processo. Daí para a frente, até a sentença final, são realizados vários atos processuais, cuja ordem e formalidade variam de acordo com o procedimento estabelecido".[122]

Ao contrário, quando estivermos na área cível, o processo já poderá ser assim considerado a partir do protocolo da propositura da ação respectiva, conforme determina o art. 312 do Código de Processo Civil, que diz, *verbis*:

> **Art. 312.** Considera-se proposta a ação quando a petição inicial for protocolada, todavia, a propositura da ação só produz quanto ao réu os efeitos mencionados no art. 240 depois que for validamente citado.

Assim, conforme as lições de Higor Lucas Oliveira da Silva:

"O processo inicia-se após a propositura da ação. Outrora, por mais que muitos acreditem que o processo inicia-se efetivamente após a citação do réu, ou ainda com seu efetivo comparecimento, o legislador de forma clara, descreve que a citação apenas se constitui de requisitos de validade do processo, e não requisito de existência, o que nos traz a concluir que o processo ao ser proposto, pode ser considerado efetivamente iniciado".[123]

No mesmo sentido, America Nejaim, quando assevera:

"No que se refere ao início da propositura da ação, a formação do processo passa a ocorrer com o protocolo da petição inicial (art. 312) no Poder Judiciário, sem precisar aguardar ser despachada, como ocorria no CPC de 73".[124]

- *Processo administrativo disciplinar*. De acordo com as precisas lições de José do Santos Carvalho Filho: "Processo administrativo-disciplinar é o instrumento formal através do qual a Administração apura a existência de infrações praticadas por seus servidores e, se for o caso, aplica as sanções adequadas. Basicamente essa é também a conceituação adotada pelo Estatuto Federal dos Servidores (art. 148, Lei nº 8.112/90). Como já anotamos, o processo não abrange apenas os servidores que estejam laborando dentro do órgão a que pertencem, mas alcança também aqueles que, em outras entidades públicas ou privadas, exercem funções que guardem alguma conexão com a repartição de origem. Quando uma infração é praticada no âmbito da Administração, é absolutamente necessário apurá-la, como garantia para o servidor e também da Administração. O procedimento tem que ser formal para permitir ao autor do fato o exercício do direito de ampla defesa, procurando eximir-se da acu-

---

[122] TOURINHO FILHO, Fernando da Costa. *Prática de processo penal*, p. 173.
[123] OLIVEIRA DA SILVA, Higor Lucas. *Formação, suspensão e extinção*. Disponível em: <https://jus.com.br/artigos/72489/formacao-suspensao-e-extincao>. Acesso em: 26 dez. 2020.
[124] NEJAIM, América. *A formação do processo no novo CPC*. Disponível em: <https://americanejaim.jusbrasil.com.br/artigos/447819306/a-formacao-do-processo-no-novo-cpc>. Acesso em: 27 dez. 2020.

sação a ele oferecida. O fundamento do processo em foco está abrigado no sistema disciplinar que vigora na relação entre o Estado e seus servidores. Cabe à Administração zelar pela correção e legitimidade da atuação de seus agentes, de modo que quando se noticia conduta incorreta ou ilegítima tem a Administração o poder jurídico de restaurar a legalidade e de punir os infratores. A hierarquia administrativa, que comporta vários escalões funcionais, permite esse controle funcional com vistas à regularidade no exercício da função administrativa. A necessidade de formalizar a apuração através de processo administrativo é exatamente para que a Administração conclua a apuração dentro dos padrões da maior veracidade".[125]

Para que ocorra a infração penal em estudo, é preciso que a conduta do agente dê causa à instauração formal do processo administrativo disciplinar, que pode ocorrer de ofício assim que a autoridade competente toma conhecimento da suposta infração disciplinar atribuída a alguém. Assim, se uma sindicância tiver sido instaurada, conforme preconiza o art. 143 da Lei nº 8.112, de 11 de dezembro de 1990, que dispõe sobre o regime jurídico dos servidores públicos civis da União, das autarquias e das fundações públicas federais, e, ao final, resultar em arquivamento, sem a instauração do processo administrativo, o fato será considerado atípico no que diz respeito ao delito de denunciação caluniosa.

- *Inquérito civil.* É aquele, de natureza inquisitiva, presidido pelo Ministério Público, que tem por finalidade investigar fatos ligados à proteção do patrimônio público e social, do meio ambiente e de outros interesses difusos e coletivos, conforme o disposto no art. 129, III, da Constituição Federal, para que, se for o caso, sirva de sustentação ao oferecimento de uma ação civil pública. Relembra Hugo Nigro Mazilli:

"O inquérito civil, inicialmente criado pela Lei nº 7.347/85, destinava-se à coleta, por parte do órgão do Ministério Público, dos elementos necessários à propositura da ação civil a ele cometida na área de proteção do meio ambiente, do consumidor e do patrimônio artístico, estético, histórico, turístico e paisagístico. Bem andou o legislador constitucional de 1988, ao prever a instauração de um inquérito civil mais amplo, que agora servirá à coleta de elementos para a propositura de qualquer ação civil da área de atuação ministerial. Com isso, possibilita-se o ajuizamento de ações mais bem aparelhadas e instruídas, sem falar que, no curso do inquérito, também se podem apurar, ao contrário, circunstâncias que demonstrem a desnecessidade da própria provocação jurisdicional, levando ao arquivamento do inquérito, o que em muito ajudará a desafogar os serviços judiciários, quando o acesso a ele não se faça mister."[126]

Aqui, tal como em todas as hipóteses constantes do *caput* do art. 339 do Código Penal, somente haverá a infração penal em exame se o agente vier a dar causa à instauração de inquérito civil pelo Ministério Público contra alguém, imputando-lhe crime ou contravenção (§ 2º do art. 339 do CP) de que o sabe inocente.

- *Ação de improbidade administrativa.* É aquela prevista na Lei nº 8.429, de 2 de junho de 1992, que dispõe sobre as sanções aplicáveis aos agentes públicos nos casos de enriquecimento ilícito no exercício de mandato, cargo, emprego ou função da Administração Pública direta, indireta ou fundacional.

---

[125] CARVALHO FILHO, José dos Santos. *Manual de direito administrativo*, p. 1061.
[126] MAZILLI, Hugo Nigro. *Manual do promotor de justiça*, p. 114-115.

Tal como ocorre na situação em que se exige um processo judicial, para que ocorra o delito de denunciação caluniosa a ação de improbidade administrativa deve ter sido efetivamente proposta em juízo, conforme dispõe o art. 17 da Lei nº 8.429, de 2 de junho de 1992, que aponta o rito a ser obedecido, bem como os legitimados ativos, dizendo:

> **Art. 17.** A ação para a aplicação das sanções de que trata esta Lei será proposta pelo Ministério Público e seguirá o procedimento comum previsto na Lei nº 13.105, de 16 de março de 2015 (Código de Processo Civil), salvo o disposto nesta Lei.

O agente, para que possa ser responsabilizado pela *denunciação caluniosa*, deve dar causa à instauração de inquérito policial, de procedimento investigatório criminal, de processo judicial, de processo administrativo disciplinar, de inquérito civil ou de ação de improbidade administrativa *contra alguém*, ou seja, deve imputar a uma *pessoa determinada* uma infração penal, uma infração ético-disciplinar ou ato ímprobo de que o sabe inocente. Se não houver uma pessoa determinada, o fato poderá se subsumir à hipótese constante do art. 340 do Código Penal, que prevê o delito de *comunicação falsa de crime ou de contravenção*.

Embora o *caput* do art. 339 do Código Penal mencione, expressamente, a imputação de um crime, o § 2º do mesmo artigo amplia a denunciação caluniosa para a hipótese de imputação de contravenção, com a diferença de que, neste último caso, a pena aplicada ao agente será diminuída de metade.

Infrações ético-disciplinares são aquelas condutas que dão origem às sanções disciplinares, a exemplo da advertência, suspensão, demissão, cassação de aposentadoria ou disponibilidade, destituição de cargo em comissão e destituição de função comissionada. *Atos ímprobos* são aqueles previstos nas seções I (Dos Atos de Improbidade Administrativa que Importam Enriquecimento Ilícito), II (Dos Atos de Improbidade Administrativa que Causam Prejuízo ao Erário), II-A (Dos Atos de Improbidade Administrativa Decorrentes de Concessão ou Aplicação Indevida de Benefício Financeiro ou Tributário) e III (Dos Atos de Improbidade Administrativa que Atentam Contra os Princípios da Administração Pública), do Capítulo II da Lei nº 8.429, de 2 de junho de 1992.

A denunciação caluniosa pode ocorrer quando a infração penal, a infração ético-disciplinar ou ato ímprobo atribuídos a alguém nunca tiver existido, bem como quando, embora existentes, a pessoa a quem o agente imputa a sua prática não for o seu autor.

Finalmente, o agente deve saber que imputa uma infração penal, uma infração ético-disciplinar ou ato ímprobo inexistente, ou mesmo aquele que, efetivamente, ocorreu, a alguém que *sabe ser inocente*. O agente deve ter, portanto, a *certeza* da inocência daquele a quem acusa de ter praticado uma infração ético-disciplinar ou ato ímprobo inexistente. Se houver dúvida, o delito restará afastado.

2.2 Classificação doutrinária

Crime comum, tanto com relação ao sujeito ativo quanto ao sujeito passivo; doloso; comissivo (podendo, no entanto, ser praticado via omissão imprópria, nos termos do art. 13, § 2º, do Código Penal); instantâneo; de forma livre; monossubjetivo; plurissubsistente; não transeunte.

2.3 Sujeito ativo e sujeito passivo

Qualquer pessoa pode ser *sujeito ativo* do delito de *denunciação caluniosa*, haja vista que o tipo do art. 339 do Código Penal não exige nenhuma qualidade ou condição especial.

O *sujeito passivo* é o Estado, bem como aquele que ficou prejudicado com o comportamento praticado pelo sujeito ativo.

2.4 Objeto material e bem juridicamente protegido

A Administração Pública é o bem juridicamente protegido pelo tipo penal que prevê o delito de *denunciação caluniosa* ou, mais especificamente, a administração da justiça.

O objeto material é a pessoa que foi vítima da imputação falsa de crime, infração ético-disciplinar ou ato ímprobo.

2.5 Consumação e tentativa

O delito restará consumado com a *efetiva instauração* do inquérito policial, do procedimento investigatório criminal, do processo judicial, do processo administrativo disciplinar, do inquérito civil ou da ação de improbidade administrativa contra alguém, imputando-lhe crime, infração ético-disciplinar ou ato ímprobo de que o sabe inocente.

Tratando-se de crime plurissubsistente, torna-se possível o reconhecimento da tentativa.

2.6 Elemento subjetivo

O dolo é o elemento subjetivo exigido pelo tipo penal em estudo, não havendo previsão para a modalidade de natureza culposa. Na verdade, o delito somente poderá ser praticado com *dolo direto*, conforme se extrai da expressão *de que o sabe inocente*. Hungria ainda esclarece:

"Não é suficiente, aqui, o dolo eventual, isto é, não basta que o agente proceda na *dúvida* de ser, ou não, verdadeira a acusação: é necessária a *certeza moral* da inocência do acusado. A assunção do risco de ser falsa a acusação não pode ser identificada com a certeza de tal falsidade. Seria, aliás, impolítico decidir-se de outro modo, pois, então, as próprias *suspeitas fundadas* se calariam."[127]

Assim, o agente deverá ter conhecimento de todos os elementos que integram a figura típica, pois, caso contrário, poderá ser arguido o erro de tipo, a exemplo daquele que leva ao conhecimento da autoridade policial a notícia de um crime que, segundo imaginava, havia realmente acontecido e sido praticado pelo sujeito por ele indicado.

Nesse caso, como o agente erra sobre a elementar *de que o sabe inocente*, o seu dolo restará afastado e, consequentemente, a própria infração penal.

2.7 Modalidades comissiva e omissiva

A expressão *dar causa* pressupõe um comportamento comissivo por parte do agente. No entanto, o delito poderá ser praticado via omissão imprópria na hipótese em que o garantidor, dolosamente, podendo, nada fizer para evitá-lo, devendo responder, também, pela *denunciação caluniosa*, nos termos preconizados pelo art. 13, § 2º, do Código Penal.

2.8 Causa especial de aumento de pena

Nos termos do § 1º do art. 339 do Código Penal, a pena é aumentada de sexta parte, se o agente se serve de anonimato ou de nome suposto. Na primeira hipótese, o agente não se identifica; na segunda, utiliza um nome fictício como subterfúgio para não ser reconhecido.

Há um maior juízo de censura sobre o comportamento praticado pelo agente, em virtude da dificuldade na apuração do autor da denunciação caluniosa.

---

[127] HUNGRIA, Nélson. *Comentários ao código penal*, v. IX, p. 463.

2.9 Causa especial de diminuição de pena

Determina o § 2º do art. 339 do Código Penal que a pena é diminuída de metade se a imputação é de prática de contravenção, ou seja, aquela infração penal a que a lei comina, isoladamente, pena de prisão simples ou de multa, ou ambas, alternativa ou cumulativamente, conforme o disposto no art. 1º do Decreto-Lei nº 3.914, de 9 de dezembro de 1941 (Lei de Introdução ao Código Penal) e na Lei das Contravenções Penais.

2.10 Pena e ação penal

A pena cominada ao delito de *denunciação caluniosa* é de reclusão, de 2 (dois) a 8 (oito) anos, e multa.

A pena é aumentada de sexta parte, nos termos do § 1º do art. 339 do Código Penal, se o agente se serve do anonimato ou de nome suposto.

A pena é diminuída de metade, se a imputação é de prática de contravenção, conforme o disposto no § 2º do citado artigo.

A ação penal é de iniciativa pública incondicionada.

2.11 Destaques

2.11.1 Vigência, revogação ou repristinação do art. 19 da Lei de Improbidade Administrativa

Diz o art. 19 da Lei nº 8.429, de 2 de junho de 1992:

> **Art. 19.** Constitui crime a representação por ato de improbidade contra agente público ou terceiro beneficiário, quando o autor da denúncia o sabe inocente.
> Pena: detenção de seis a dez meses e multa.
> **Parágrafo único.** Além da sanção penal, o denunciante está sujeito a indenizar o denunciado pelos danos materiais, morais ou à imagem que houver provocado.

Desde a modificação ocorrida no art. 339 do Código Penal, com a redação que lhe foi conferida pela Lei nº 10.028, de 19 de outubro de 2000, tem-se discutido sobre a revogação do transcrito art. 19 da Lei de Improbidade Administrativa.

Isso porque, após a referida modificação no preceito primário do art. 339 do diploma repressivo, passou a prever como modalidade de denunciação caluniosa o fato de dar causa à instauração de investigação administrativa ou ação de improbidade administrativa.

A redação anterior do art. 339 do Código Penal, que previa tanto a investigação administrativa quanto a própria ação de improbidade administrativa abrangia, como se percebe, a conduta prevista pelo art. 19 da Lei nº 8.429, de 2 de junho de 1992, uma vez que a representação levada a efeito pelo agente podia gerar tanto uma investigação quanto a própria ação de improbidade.

Assim, o art. 339 do Código Penal, com a redação conferida pela Lei nº 10.028, de 19 de outubro de 2000, havia revogado, tacitamente, o art. 19 da Lei de Improbidade Administrativa.

Agora, o novo art. 339 do estatuto repressivo, com a modificação introduzida pela Lei nº 14.110, de 18 de dezembro de 2020, não mais prevê, em seu preceito primário, a conduta de dar causa à investigação administrativa. Assim, pergunta-se: poderia ter aplicação o art. 19 da Lei de Improbidade Administrativa, já que a atual redação não prevê o procedimento investigatório, mas tão somente a ação de improbidade administrativa?

Entendemos que não, pois se aplicássemos o art. 19 da Lei de Improbidade administrativa estaríamos praticando a chamada repristinação, ou seja, "ressuscitando" uma lei que já havia sido revogada, mesmo que tacitamente, pela lei anterior.

Assim, por mais que pudéssemos raciocinar no sentido de que o mencionado art. 19 poderia ser aplicado aos casos em que somente fosse instaurado um procedimento administrativo investigatório, enquanto o art. 339 do Código Penal ficasse limitado à efetiva propositura da ação de improbidade administrativa, tal conclusão não poderia ser aplicada, tendo em vista a revogação anteriormente ocorrida, mesmo que de forma tácita, pois, caso contrário, estaríamos produzindo a repristinação do revogado artigo.

2.11.2 Autodefesa em inquérito ou processo judicial

Imagine a hipótese em que alguém esteja sendo processado pela prática de determinada infração penal e, querendo livrar-se da acusação, imputa a alguém, sabidamente inocente, o delito que ele próprio havia cometido. Nesse caso, tendo o agente movimentado a estrutura policial, no sentido de apurar os fatos falsos por ele narrados, poderia ser responsabilizado pela denunciação caluniosa? Tem-se entendido que não, uma vez que o agente, mesmo imputando a alguém um crime de que o sabia inocente, se encontrava no exercício de seu direito de defesa.

Nossos Tribunais têm decidido reiteradamente:

> "Inexiste o crime de denunciação caluniosa quando a falsa acusação é feita por um réu, em sua defesa, no curso do interrogatório do processo-crime ou do inquérito policial" (TJ-SP, AC, Rel. Xavier Honrich, *RT* 504/337).

2.11.3 Dolo subsequente e denunciação caluniosa

Pode ocorrer, ainda, a hipótese em que o agente, ao levar a efeito a denunciação, acredite, realmente, que a pessoa por ele apontada seja a autora da infração penal, no entanto, após o início das investigações, vem a tomar conhecimento da sua inocência. Nesse caso, se o agente se cala, ou seja, se não atua no sentido de levar esse fato ao conhecimento da autoridade encarregada da investigação, poderia ser responsabilizado pela denunciação caluniosa em virtude do seu dolo subsequente? Fragoso, citando Carrara, responde a essa indagação dizendo que não basta:

> "O dolo superveniente (apresentação de queixa de boa-fé e posterior verificação da inocência do acusado), mesmo que o agente se cale e não esclareça o seu equívoco, pois o crime não pode ser praticado por omissão."[128]

Apesar da autoridade do renomado autor, ousamos dele discordar. Isso porque, nos termos do art. 13, § 2º, do Código Penal, podemos entender que o agente, ao imputar a alguém a prática de um crime, que depois vem a saber ser inocente, cria para si a responsabilidade de impedir o resultado que, nesse caso, seria a sua condenação por um delito que não cometeu. Caso não atue, segundo nosso raciocínio, poderá ser responsabilizado pelo delito de denunciação caluniosa, via omissão imprópria, dada sua posição de garantidor.

2.11.4 Denunciação de crime cuja punibilidade já se encontrava extinta

O fato de o agente dar causa à instauração, por exemplo, de um inquérito policial cuja punibilidade da infração penal a ser apurada já se encontrava extinta, não importa no reconhecimento do delito de denunciação caluniosa. Ao agente não compete saber, por exemplo, se ocorreu, no caso concreto, qualquer hipótese que pudesse conduzir à extinção da

---

[128] FRAGOSO, Heleno Cláudio. *Lições de direito penal*, v. 2, p. 505.

punibilidade, bastando que o fato narrado seja verdadeiro e que a pessoa a quem ele imputa a sua prática seja, pelo menos em tese, a autora do delito.

O mesmo raciocínio se aplica quando estivermos diante de causas que afastem a ilicitude ou, mesmo, a culpabilidade, a exemplo daquele que informa à autoridade policial a morte violenta de uma pessoa, imputando o delito de homicídio a alguém que teria agido em legítima defesa.

2.11.5 Denunciação caluniosa e organização criminosa

A Lei nº 12.850, de 2 de agosto de 2013, definiu organização criminosa e dispôs sobre a investigação criminal, os meios de obtenção de prova, as infrações penais correlatas, bem como o procedimento criminal a ser aplicado.

Na Seção I do Capítulo I, cuidou da chamada *colaboração premiada,* possibilitando ao colaborador a concessão do perdão judicial, a redução em até 2/3 (dois terços) da pena privativa de liberdade aplicada ou sua substituição por restritiva de direitos, conforme se verifica pela redação constante do art. 4º do referido diploma legal.

Pode, contudo, o agente, pertencente à organização criminosa, com o fim de se beneficiar indevidamente da colaboração premiada, preservando os demais membros do grupo, imputar falsamente a alguém infração penal de que sabe ser inocente, ou mesmo revelar informações sobre estrutura de organização criminosa que sabe inverídica.

Para evitar essas situações, o art. 19 da Lei nº 12.850, de 2 de agosto de 2013, criou uma modalidade de denunciação caluniosa específica para as hipóteses de colaboração premiada, dizendo, *verbis:*

> **Art. 19.** Imputar falsamente, sob pretexto de colaboração com a Justiça, a prática de infração penal a pessoa que sabe ser inocente, ou revelar informações sobre a estrutura de organização criminosa que sabe inverídicas:
> Pena – reclusão, de 1 (um) a 4 (quatro) anos, e multa.

2.11.6 Denunciação caluniosa contra mortos

Seria possível a denunciação caluniosa contra mortos?

Rogério Sanches Cunha, respondendo a essa indagação, corretamente, afirma que:

> "A lei pune a ofensa contra mortos somente na calúnia (art. 138, § 2º, do CP). Assim, no silêncio, vedada está a integração incriminadora (art. 1º do CP). Não bastasse, a elementar 'de que o sabe inocente' indica tempo *presente* e *não passado*, o que impede, por si só, falar-se em denunciação caluniosa de pessoa morta."[129]

2.11.7 Denunciação caluniosa e Código Penal Militar

O delito de denunciação caluniosa veio previsto no Código Penal Militar (Decreto-Lei nº 1.001, de 21 de outubro de 1969), conforme se verifica pela leitura do seu art. 343, punindo com pena de reclusão, de dois a oito anos, aquele que der causa à instauração de inquérito policial ou processo judicial militar contra alguém, imputando-lhe crime sujeito à jurisdição militar, de que o sabe inocente.

---

[129] CUNHA, Sanches Rogério. *Manual de direito penal* – parte especial, volume único, p. 895.

2.11.8 Denunciação caluniosa e Código Eleitoral

A Lei nº 13.834, de 4 de junho de 2019, inseriu o art. 326-A ao Código Eleitoral (Lei nº 4.737, de 15 de julho de 1965), tipificando o crime de denunciação caluniosa com finalidade eleitoral, dizendo, *verbis*:

> **Art. 326-A.** Dar causa à instauração de investigação policial, de processo judicial, de investigação administrativa, de inquérito civil ou ação de improbidade administrativa, atribuindo a alguém a prática de crime ou ato infracional de que o sabe inocente, com finalidade eleitoral:
> Pena – reclusão, de 2 (dois) a 8 (oito) anos, e multa.
> § 1º A pena é aumentada de sexta parte, se o agente se serve do anonimato ou de nome suposto.
> § 2º A pena é diminuída de metade, se a imputação é de prática de contravenção.
> § 3º Incorrerá nas mesmas penas deste artigo quem, comprovadamente ciente da inocência do denunciado e com finalidade eleitoral, divulga ou propala, por qualquer meio ou forma, o ato ou fato que lhe foi falsamente atribuído.

Aqui será aplicado o chamado princípio da especialidade, ou seja, quando se tratar de denunciação caluniosa que tenha por finalidade, por exemplo, macular a imagem daquele que concorre a algum cargo eleitoral, imputando-lhe a prática de crime, dando causa a investigação policial, será aplicado o art. 326-A *sub examen*.

Cuida-se do chamado especial fim de agir, ou seja, uma finalidade que, segundo parte da doutrina, transcende ao dolo, sendo, *in casu*, configurado pela expressão *com finalidade eleitoral*, constante da parte final do art. 326-A da Lei nº 4.737/1965).

2.11.9 Abuso de autoridade

O art. 30 da Lei nº 13.869, de 05 de setembro de 2019, previu uma modalidade especial de denunciação caluniosa, com uma abrangência ainda maior do que aquela tipificada no art. 339 do Código Penal, dizendo, *verbis*:

> **Art. 30.** Dar início ou proceder à persecução penal, civil ou administrativa sem justa causa fundamentada ou contra quem sabe inocente:
> Pena – detenção, de 1 (um) a 4 (quatro) anos, e multa.

2.12 Quadro-resumo

Sujeitos
» Ativo: qualquer pessoa.
» Passivo: é o Estado, bem como aquele que ficou prejudicado com o comportamento praticado pelo sujeito ativo.

Objeto material
O objeto material é a pessoa que foi vítima da imputação falsa de crime, infração ético-disciplinar ou ato ímprobo.

Bem(ns) juridicamente protegido(s)
É a Administração Pública ou, mais especificamente, a administração da justiça.

Elemento subjetivo
Dolo direto, não havendo previsão para a modalidade de natureza culposa.

> **Modalidades comissiva e omissiva**
>
> A expressão dar causa pressupõe um comportamento comissivo por parte do agente, podendo, no entanto, ser praticado via omissão imprópria.

> **Consumação e tentativa**
>
> » O delito restará consumado com a efetiva instauração do inquérito policial, do procedimento investigatório criminal, do processo judicial, do processo administrativo disciplinar, do inquérito civil ou da ação de improbidade administrativa contra alguém, imputando-lhe crime, infração ético-disciplinar ou ato ímprobo de que o sabe inocente.
> » Admite-se a tentativa.

3. COMUNICAÇÃO FALSA DE CRIME OU DE CONTRAVENÇÃO

> **Comunicação falsa de crime ou de contravenção**
> **Art. 340.** Provocar a ação de autoridade, comunicando-lhe a ocorrência de crime ou de contravenção que sabe não se ter verificado:
> Pena – detenção, de um a seis meses, ou multa.

3.1 Introdução

O delito de *comunicação falsa de crime ou de contravenção* encontra-se tipificado no art. 340 do Código Penal, cujos elementos são os seguintes: *a)* a conduta de *provocar* ação de autoridade; *b)* comunicando-lhe a ocorrência de crime ou de contravenção; *c)* que sabe não se ter verificado.

O núcleo *provocar* deve ser entendido no sentido de dar causa, promover, ensejar. A *autoridade* deve ser aquela encarregada da persecução penal em sentido amplo, aqui abrangida a autoridade policial, judiciária, bem como o Ministério Público.

Não há necessidade de que tenha sido formalizado inquérito policial, ou mesmo que tenha sido oferecida denúncia em juízo, pois o tipo penal faz referência tão somente à *ação*, ou seja, qualquer comportamento praticado pela autoridade destinado a apurar a ocorrência do crime ou da contravenção penal, falsamente comunicado(a). Por isso, estamos com Guilherme de Souza Nucci quando esclarece:

"Diversamente do disposto no artigo antecedente, neste tipo penal fala-se em *ação* de autoridade, e não em *investigação* policial ou *processo* judicial. Podem o delegado (registrando um boletim de ocorrência), o promotor e o juiz (requisitando a instauração de inquérito policial) tomar atitudes em busca da descoberta ou investigação do inquérito ou do oferecimento ou recebimento da denúncia. É suficiente para a concretização do delito de *comunicação falsa de crime ou de contravenção* fazer com que a autoridade aja sem qualquer motivo, perdendo tempo e comprometendo a administração da justiça, uma vez que deixa de atuar em casos verdadeiramente importantes."[130]

O agente comunica, portanto, à autoridade a ocorrência de um crime ou de uma contravenção penal que não ocorreu, fazendo com que o Estado pratique, em vão, qualquer ação no sentido de elucidar os fatos. Essa comunicação pode ser verbal, escrita, ou até mesmo

---
[130] NUCCI, Guilherme de Souza. *Código penal comentado*, p. 1.062.

produzida anonimamente. A falsa infração penal comunicada poderá, ainda, ser dolosa, culposa, consumada, tentada etc. Também poderá haver a imputação da prática de uma infração penal a uma pessoa fictícia, imaginária; na hipótese de ser verdadeira a pessoa e falso o delito que se lhe imputa, o fato poderá ser entendido como *denunciação caluniosa*.

Deverá, ainda, o agente, ter a certeza de que o crime ou a contravenção comunicado (a) à autoridade não se verificou, pois, se houver dúvida quanto à sua existência, não se poderá cogitar da infração penal em estudo. Assim, imagine-se a hipótese daquele que, supondo-se vítima de um crime de furto, provoque a ação da autoridade, sendo que, mais tarde, vem a descobrir que havia esquecido, por exemplo, sua carteira no paletó de seu terno que se encontrava guardado no armário. Dessa forma, deve atuar com dolo direto.

Não haverá o delito, por exemplo, se o agente comunica à autoridade policial a existência de um roubo quando, na realidade, ocorreu um furto, pois que essencialmente idênticos. Não se exige de qualquer pessoa um conhecimento técnico a ponto de fazer com que seja responsabilizada por uma capitulação equivocada da infração penal praticada, mas que, na sua essência, diz respeito àquela efetivamente cometida. Se o fato apontado for essencialmente diferente, haverá crime.

3.2 Classificação doutrinária

Crime comum no que diz respeito ao sujeito ativo e próprio quanto ao sujeito passivo; doloso; comissivo (podendo, no entanto, ser praticado via omissão imprópria, nos termos do art. 13, § 2º, do Código Penal); instantâneo; de forma livre; monossubjetivo; plurissubsistente; transeunte (dependendo dos atos praticados pela autoridade, poderá ser considerado não transeunte).

3.3 Sujeito ativo e sujeito passivo

Qualquer pessoa pode ser *sujeito ativo* do delito de *comunicação falsa de crime ou de contravenção*, não exigindo o tipo penal em estudo qualquer qualidade ou condição especial.

O *sujeito passivo* é o Estado.

3.4 Objeto material e bem juridicamente protegido

A Administração Pública é o bem juridicamente protegido pelo tipo penal que prevê o delito de *comunicação falsa de crime ou de contravenção* ou, mais especificamente, a administração da Justiça.

Não há objeto material.

3.5 Consumação e tentativa

Entendemos que o delito se consuma não com a mera *provocação*, mas sim quando a autoridade, efetivamente, pratica alguma *ação* no sentido de apurar o cometimento do crime ou da contravenção que lhe foi falsamente comunicado(a) pelo agente.

Tratando-se de crime plurissubsistente, será possível o reconhecimento da tentativa.

3.6 Elemento subjetivo

O dolo (direto) é o elemento subjetivo exigido pelo tipo penal *sub examen*, não havendo previsão para a modalidade de natureza culposa.

Assim, o agente deverá ter conhecimento de todos os elementos que integram a figura típica, pois, caso contrário, poderá ser arguido o erro de tipo, a exemplo daquele que provoca a ação da autoridade, comunicando-lhe a ocorrência de crime que acreditava ser verdadeira.

3.7 Modalidades comissiva e omissiva

O núcleo *provocar* pressupõe um comportamento comissivo por parte do agente. No entanto, o delito poderá ser cometido via omissão imprópria, a exemplo do agente que, devendo e podendo impedir a conduta daquele que provoca a ação de autoridade, comunicando-lhe a ocorrência de crime ou de contravenção que sabe não se ter verificado, nada faz para evitar o resultado, razão pela qual deverá ser responsabilizado nos termos do art. 13, § 2º, do Código Penal.

3.8 Pena, ação penal, competência para julgamento e suspensão condicional do processo

A pena cominada ao delito de *comunicação falsa de crime ou de contravenção* é de detenção, de 1 (um) a 6 (seis) meses, ou multa.

A ação penal é de iniciativa pública incondicionada.

Compete, pelo menos inicialmente, ao Juizado Especial Criminal o processo e julgamento do delito em estudo, em virtude da pena máxima cominada em abstrato, que não ultrapassa o limite de 2 (dois) anos, imposto pelo art. 61 da Lei nº 9.099/95, conforme alteração determinada pela Lei nº 11.313, de 28 de junho de 2006.

Será possível, também, a confecção de proposta de suspensão condicional do processo, nos termos do art. 89 da Lei nº 9.099/95.

3.9 Destaques

3.9.1 Comunicação falsa de crime com a finalidade de fraudar o seguro

Se o agente provoca ação de autoridade, comunicando falsamente a ocorrência, por exemplo, de um crime, com a finalidade de fraudar o seguro, haveria concurso entre as infrações previstas nos arts. 340 e 171, § 2º, V, do Código Penal? Entendemos que não, haja vista ter sido a comunicação falsa um crime-meio para a prática do delito-fim, que é o estelionato.

Em sentido contrário, posiciona-se Noronha, afirmando serem distintos os sujeitos passivos:

> "O Estado e a companhia de seguro; diverso o elemento subjetivo – fim de provocar a ação da autoridade e fim de lucro. Além disso, atente-se a que a *falsa comunicação à autoridade não é elemento do tipo* da fraude para recebimento de indenização ou valor do seguro, que pode muito bem ocorrer sem ela."[131]

3.9.2 Comunicação falsa de crime e Código Penal Militar

O delito de comunicação falsa de crime veio previsto no Código Penal Militar (Decreto-Lei nº 1.001, de 21 de outubro de 1969), conforme se verifica pela leitura do seu art. 344, punindo com pena de detenção, de até seis meses, aquele que provocar a ação da autoridade, comunicando-lhe a ocorrência de crime sujeito à jurisdição militar, que sabe não se ter verificado.

---

[131] NORONHA, Edgard Magalhães. *Direito penal*, v. 4, p. 375.

3.10 Quadro-resumo

Sujeitos
» Ativo: qualquer pessoa.
» Passivo: é o Estado.

Objeto material
Não há.

Bem(ns) juridicamente protegido(s)
É a Administração Pública ou, mais especificamente, a administração da justiça.

Elemento subjetivo
O dolo (direto), não havendo previsão para a modalidade de natureza culposa.

Modalidades comissiva e omissiva
O núcleo provocar pressupõe um comportamento comissivo por parte do agente, podendo, no entanto, ser cometido via omissão imprópria.

Consumação e tentativa
» Entendemos que o delito se consuma não com a mera provocação, mas, sim, quando a autoridade, efetivamente, pratica alguma ação no sentido de apurar o cometimento do crime ou da contravenção que lhe foi falsamente comunicado(a) pelo agente.
» Admite-se a tentativa.

4. AUTOACUSAÇÃO FALSA

Autoacusação falsa
Art. 341. Acusar-se, perante a autoridade, de crime inexistente ou praticado por outrem:
Pena – detenção, de três meses a dois anos, ou multa.

4.1 Introdução

O delito de *autoacusação falsa* encontra moldura no art. 341 do Código Penal. Embora não muito comum, são diversos os motivos que podem levar alguém a se autoacusar falsamente: *razões de natureza pecuniária, mercenária*, a exemplo daquele que recebe alguma vantagem para assumir um crime praticado por outra pessoa; *espírito de sacrifício*, quando um pai, por exemplo, diz ser o autor do crime cometido por seu filho; *álibi*, quando o agente, na verdade, quer se livrar das consequências de uma infração penal mais grave e, para isso, se autoimputa outra, menos grave, que, segundo o agente, aconteceu no mesmo dia e hora, só que em local muito distante do crime verdadeiro; *exibicionismo*, quando o agente quer ganhar reputação perante a bandidagem etc.

Para evitar esse tipo de comportamento, que atinge, diretamente, a administração da Justiça, foi criado o delito tipificado no art. 341 do Código Penal, do qual podemos destacar os seguintes elementos: *a)* a conduta de se acusar; *b)* perante autoridade; *c)* de crime inexistente; *d)* ou praticado por outrem.

Quando a lei usa a expressão *acusar-se*, significa que o próprio agente atribui falsamente a si mesmo a prática de um crime que não existiu ou que foi praticado por outrem. Se alguém, falsamente, atribui a outra pessoa um desses fatos, o delito será o de *denunciação caluniosa*.

Essa autoacusação deverá ser levada a efeito perante a *autoridade*. Na verdade, não é qualquer autoridade, mas, sim, aquela que tem os poderes necessários para verificar a existência do crime, vale dizer, as autoridades policial e judiciária, bem como o Ministério Público, pois cuida-se de um crime contra a administração da Justiça. Se o agente, por exemplo, atribui, falsamente, a si mesmo a prática de um crime perante um prefeito municipal, entendemos que não haverá o delito em exame. Em sentido contrário, posiciona-se Luiz Regis Prado, quando diz que é imprescindível "que a autoacusação se realize perante autoridade – policial, judicial ou administrativa, desde que esta última tenha o dever de levar o fato ao conhecimento da autoridade competente".[132]

A autoacusação diz respeito à prática de um crime inexistente, ficando afastado o delito, portanto, quando o agente se autoatribui o cometimento de uma contravenção penal.

4.2 Classificação doutrinária

Crime comum, no que diz respeito ao sujeito ativo e próprio quanto ao sujeito passivo; doloso; comissivo (podendo, no entanto, ser praticado via omissão imprópria, nos termos do art. 13, § 2º, do Código Penal); instantâneo; de forma livre; monossubjetivo; monossubsistente ou plurissubsistente (pois o delito pode ser praticado de diversas formas – verbal, escrita etc.); transeunte (dependendo da forma como o delito é praticado, haverá possibilidade de realização de perícia, passando, então, a ser considerado não transeunte).

4.3 Sujeito ativo e sujeito passivo

Qualquer pessoa pode ser *sujeito ativo* do delito em estudo, haja vista que o tipo constante do art. 341 do Código Penal não exige nenhuma qualidade ou condição especial.

Deve ser ressaltado, no entanto, que o autor, ou mesmo o partícipe do crime efetivamente cometido, não pode praticar a infração penal tipificada no mencionado art. 341, pois são elementares do tipo a autoacusação de *crime inexistente* ou *praticado por outrem*. Se o agente, no entanto, praticou o delito, o que faz, na verdade, é confessá-lo perante a autoridade, como é cediço, e não se autoacusar falsamente, já que o fato é verdadeiro.

O *sujeito passivo* é o Estado.

4.4 Objeto material e bem juridicamente protegido

A Administração Pública é o bem juridicamente protegido pelo tipo penal que prevê o delito de *autoacusação falsa* ou, mais especificamente, a administração da Justiça.

Não há objeto material.

4.5 Consumação e tentativa

O delito se consuma no momento em que a autoacusação falsa é levada ao conhecimento da autoridade competente, independentemente de que esta última tenha tomado qualquer providência no sentido de apurar os fatos.

---

[132] PRADO, Luiz Regis. *Curso de direito penal brasileiro*, v. 4, p 641.

Dependendo da forma como o delito for praticado (escrita, verbal etc.), será possível ou não o reconhecimento da tentativa.

4.6 Elemento subjetivo

O dolo é o elemento subjetivo exigido pelo tipo penal que prevê o delito de autoacusação falsa, não havendo previsão para a modalidade de natureza culposa.

O agente, portanto, para que atue com o necessário elemento subjetivo, deve ter conhecimento de que o crime cuja prática imputa a si mesmo inexistiu ou que foi cometido por outra pessoa. Se o agente, por erro, acredita que praticou uma infração penal que, na verdade, nunca existiu, o fato será atípico, por ausência de dolo, em virtude da ocorrência do erro de tipo.

Assim, imagine-se a hipótese daquele a quem, após embriagar-se em uma festa, é entregue uma arma contendo balas de festim. Estimulado a testá-la, o agente efetua o disparo. Logo em seguida, escuta gritos de socorro, dando a entender que alguém havia sido atingido e morto em razão do disparo. Tudo, na verdade, não passava de uma "pegadinha." O agente, desesperado, foge da festa. No dia seguinte, antes mesmo que alguém lhe contasse a verdade sobre o que havia ocorrido, o agente, com a consciência ardendo, vai à procura da autoridade policial e confessa o suposto "homicídio." Para o agente, o crime existiu, errando, pois, sobre uma elementar constante do tipo penal em exame, afastando-se o dolo e, consequentemente, a própria infração penal.

4.7 Modalidades comissiva e omissiva

A conduta de *se acusar* pressupõe um comportamento comissivo por parte do agente. Conforme preleciona Fernando Galvão:

> "É possível responsabilizar o funcionário público por omissão, quando este inobservar o seu dever de impedir a movimentação da autoridade para apurar fato que sabe não ter se verificado. Nesse caso, a realização omissiva da *autoacusação falsa* dependerá sempre da existência de concurso de pessoas, sendo que o funcionário comete crime comissivo por omissão."[133]

4.8 Pena, ação penal, competência para julgamento e suspensão condicional do processo

A pena cominada ao delito de *autoacusação falsa* é de detenção, de 3 (três) meses a 2 (dois) anos, ou multa.

A ação penal é de iniciativa pública incondicionada.

Compete, pelo menos inicialmente, ao Juizado Especial Criminal o processo e julgamento do delito em estudo, em virtude da pena máxima cominada em abstrato, que não ultrapassa o limite de 2 (dois) anos, imposto pelo art. 61 da Lei nº 9.099/95, conforme alteração determinada pela Lei nº 11.313, de 28 de junho de 2006.

Será possível, também, a confecção de proposta de suspensão condicional do processo, nos termos do art. 89 da Lei nº 9.099/95.

---

[133] GALVÃO, Fernando. *Direito penal – crimes contra a administração pública*, p. 447.

4.9 Destaque

4.9.1 Autoacusação falsa e Código Penal Militar

O delito de autoacusação falsa veio previsto no Código Penal Militar (Decreto-Lei nº 1.001, de 21 de outubro de 1969), conforme se verifica pela leitura do seu art. 345, punindo com pena de detenção, de três meses a um ano, aquele que se acusar, perante a autoridade, por crime sujeito à jurisdição militar, inexistente ou praticado por outrem.

4.10 Quadro-resumo

Sujeitos
» Ativo: qualquer pessoa.
» Passivo: é o Estado.

Objeto material
Não há.

Bem(ns) juridicamente protegido(s)
É a Administração Pública ou, mais especificamente, a administração da justiça.

Elemento subjetivo
Dolo, não havendo previsão para a modalidade de natureza culposa.

Modalidades comissiva e omissiva
A conduta de se acusar pressupõe um comportamento comissivo por parte do agente.

Consumação e tentativa
» O delito se consuma no momento em que a autoacusação falsa é levada ao conhecimento da autoridade competente, independentemente de que esta última tenha tomado qualquer providência no sentido de apurar os fatos.
» Dependendo da forma como o delito for praticado (escrita, verbal etc.), será possível ou não o reconhecimento da tentativa.

5. FALSO TESTEMUNHO OU FALSA PERÍCIA

Falso testemunho ou falsa perícia
Art. 342. Fazer afirmação falsa, ou negar ou calar a verdade, como testemunha, perito, contador, tradutor ou intérprete em processo judicial, ou administrativo, inquérito policial, ou em juízo arbitral:
Pena – reclusão, de 2 (dois) a 4 (quatro) anos, e multa.
§ 1º As penas aumentam-se de 1/6 (um sexto) a 1/3 (um terço), se o crime é praticado mediante suborno ou se cometido com o fim de obter prova destinada a produzir efeito em processo penal, ou em processo civil em que for parte entidade da administração pública direta ou indireta.
§ 2º O fato deixa de ser punível se, antes da sentença no processo em que ocorreu o ilícito, o agente se retrata ou declara a verdade.

5.1 Introdução

Para que alguém possa ser condenado, absolvido, ter a sua pretensão atendida pela Justiça ou mesmo rejeitada, receber uma sanção de natureza administrativa etc., é preciso que existam provas.

Aquele que julga deve se valer do conjunto probatório para formar o seu convencimento e motivar a sua decisão. Por isso é que o inciso IX do art. 93 da Constituição Federal, de acordo com a nova redação dada pela Emenda Constitucional nº 45, de 8 de dezembro de 2004, diz que *todos os julgamentos dos órgãos do Poder Judiciário serão públicos, e fundamentadas todas as decisões, sob pena de nulidade, podendo a lei limitar a presença, em determinados atos, às próprias partes e a seus advogados, ou somente a estes, em casos nos quais a preservação do direito à intimidade do interessado no sigilo não prejudique o interesse público à informação*. Da mesma forma, o inciso X, também com nova redação dada pela mencionada emenda, assevera que *as decisões administrativas dos tribunais serão motivadas e em sessão pública, sendo as disciplinares tomadas pelo voto da maioria absoluta de seus membros*.

A prova, portanto, deve ser o fundamento da decisão. Sem prova não há como acolher qualquer pretensão trazida a juízo ou mesmo à Administração Pública, em sentido amplo.

São várias as provas de que o julgador poderá se valer para motivar sua decisão, sendo que tanto o Código de Processo Penal quanto o Código de Processo Civil cuidam especificamente do tema. Dentre elas, a prova testemunhal pode ser considerada como uma das mais antigas. Sempre houve preocupação com os depoimentos prestados pelas testemunhas, principalmente porque cada uma delas interpreta o fato de acordo com a sua visão. Em muitos casos, somente haverá prova testemunhal. Muitos podem ser condenados pelos depoimentos de outras pessoas. A importância da prova testemunhal pode ser verificada, ainda, na própria Palavra de Deus, sendo que um dos dez mandamentos, constante do Livro de Êxodo, Capítulo 20, versículo 16, assevera: *Não dirás falso testemunho contra o teu próximo*.

O Código Penal, com a finalidade de preservar a busca da verdade, previu em seu art. 342 o delito de *falso testemunho ou falsa perícia*. Assim, de acordo com a nova redação determinada pela Lei nº 10.268, de 28 de agosto de 2001, podemos destacar os seguintes elementos constantes do *caput* da mencionada figura típica: *a)* a conduta de fazer afirmação falsa, ou negar, ou calar a verdade; *b)* como testemunha, perito, contador, tradutor ou intérprete; *c)* em processo judicial, ou administrativo, inquérito policial, ou em juízo arbitral.

A conduta prevista pelo tipo penal em estudo diz respeito ao fato de *fazer afirmação falsa*, isto é, que não condiz com a realidade, mentindo sobre determinado fato, *negar* um fato que ocorreu, não reconhecendo a sua veracidade, ou mesmo se *calar*, impedindo, com o seu silêncio, que os fatos cheguem ao conhecimento daquele que irá proferir o julgamento. Assevera Hungria:

> "Na primeira hipótese, temos a falsidade *positiva*, consistente na asseveração de um fato mentiroso; na segunda, a falsidade *negativa*, consistente na negação de um fato verdadeiro; na terceira, a *reticência*, isto é, o silêncio acerca do que se sabe ou a recusa em manifestá-lo (ocultação da verdade)."[134]

O *caput* do art. 342 do Código Penal aponta aqueles que serão considerados sujeitos ativos do delito e que poderão praticar um dos comportamentos anteriormente narrados. São eles: a testemunha, o perito, o contador, o tradutor e o intérprete.

A palavra *testemunha*, conforme esclarece Marco Antonio de Barros:

---

[134] HUNGRIA, Nélson. *Comentários ao código penal*, v. IX, p. 475.

"Vem de *testibus*, do latim *testimonium* (testemunho, depoimento), e que na linguagem jurídica significa a pessoa que 'atesta a veracidade de um ato', ou que presta esclarecimentos acerca de fatos que lhe são perguntados, afirmando ou negando-os. Bem por isso o termo testemunha não assinala simplesmente a pessoa que afirma, ou que nega um fato, cuja prova se pretende estabelecer; mas, ainda aquela que certifica, atesta, ou é presente à feitura de um ato jurídico, a fim de autenticá-lo ou posteriormente confirmá-lo.

Com certa frequência, encontra-se nas obras de processo a palavra acrescida de um adjetivo, que permite ao escritor apresentar a classificação distinguindo as testemunhas da seguinte forma: 'diretas' – as que depõem sobre fatos que assistiram; 'indiretas' – as que depõem sobre fatos que sabem por ouvir dizer; 'próprias' – as que depõem sobre fatos objeto do processo, cuja existência conhecem por ciência própria ou por ouvir dizer; 'impróprias' ou 'instrumentárias' – as que depõem sobre atos do inquérito policial ou do processo a que estiveram presentes; 'referidas' – as terceiras pessoas indicadas no depoimento de outras testemunhas; 'numerárias' – as indicadas pelas partes, conforme o número máximo permitido."[135]

Perito é o especialista, o *expert* em determinado assunto. Sua função é elaborar um laudo, no qual deixará consignadas as suas conclusões, por meio de um parecer técnico.

O *contador*, que foi inserido no art. 342 do Código Penal pela Lei nº 10.268, de 28 de agosto de 2001, é o especialista em cálculos.

Tradutor é aquele cujo trabalho é transcrever de uma língua para outra.

Intérprete é aquele que serve de intermediário para fazer compreender indivíduos que falam idiomas diferentes.

Percebe-se, portanto, que, de um lado, temos o crime de *falso testemunho* e, de outro, o de *falsa perícia*. Na verdade, a qualidade de perito seria o gênero, do qual seriam suas espécies o perito (em sentido estrito, abrangendo, aqui todas as perícias que não dissessem respeito à contabilidade, tradução e interpretação), bem como o contador, o tradutor e o intérprete.

A conduta prevista pelo tipo penal deve ser levada a efeito em *processo judicial, ou administrativo, inquérito policial* ou em *juízo arbitral*. Processo judicial é aquele cuja tramitação ocorre em juízo (cível ou criminal), competindo sua direção a um Juiz de Direito; *processo administrativo* diz respeito a todo aquele que ocorre no âmbito da Administração Pública, que não tenha cunho judicial; o *inquérito policial* é presidido pelo delegado de polícia, que tem por finalidade produzir as provas necessárias a fim de justificar o oferecimento da denúncia, permitindo, assim, o início da *persecutio criminis in judicio; juízo arbitral* é aquele capaz de dirimir extrajudicialmente os litígios relativos a direitos patrimoniais disponíveis, nos termos constantes da Lei nº 9.307, de 23 de setembro de 1996, que dispõe sobre a arbitragem.

5.2 Classificação doutrinária

Crime de mão própria; doloso; comissivo (podendo, no entanto, ser praticado via omissão imprópria, nos termos do art. 13, § 2º, do Código Penal), ou omissivo próprio (na hipótese em que o agente, por exemplo, se cala sobre a verdade); instantâneo; de forma livre; monossubjetivo; monossubsistente; não transeunte.

5.3 Sujeito ativo e sujeito passivo

Os *sujeitos ativos* do delito tipificado no art. 342 do Código Penal são a testemunha, o perito, o contador, o tradutor e o intérprete.

---

[135] BARROS, Marco Antonio de. *A busca da verdade no processo penal*, p. 190-191.

O *sujeito passivo* é o Estado, bem como aquele que foi prejudicado com o comportamento levado a efeito pelo sujeito ativo.

5.4 Objeto material e bem juridicamente protegido

A Administração Pública é o bem juridicamente protegido pelo tipo penal que prevê o delito de *falso testemunho ou falsa perícia* ou, mais especificamente, a administração da Justiça.

O objeto material é a declaração, bem como o laudo falso.

5.5 Consumação e tentativa

O delito de falso testemunho se consuma no momento em que o juiz encerra o depoimento, sendo o momento consumativo da falsa perícia, como adverte Luiz Regis Prado, o da:

> "Entrega do laudo pericial, da tradução, ou com a realização da interpretação falsa. Faz-se mister que o depoimento seja efetivamente concluído – reduzido a termo e devidamente assinado (art. 216, CPP). Até então, pode ele ser retificado ou alterado pelo depoente, o que poderá impedir a consumação da falsidade. Note-se, ainda, que somente o depoimento findo pode pôr em perigo o bem jurídico protegido, vale dizer, pode ser utilizado pela autoridade como meio de prova."[136]

Não há necessidade, para efeito de reconhecimento do delito de falso testemunho, de que o julgador tenha se valido do depoimento falso em sua decisão, bastando, tão somente, a comprovação da falsidade. Nesse sentido, tem entendido o Supremo Tribunal Federal que "o crime de falso testemunho é de natureza formal e se consuma com a simples prestação do depoimento falso, sendo de todo irrelevante se influiu ou não no desfecho do processo" (*HC* 81.951-SP, 1ª T., Rela. Mina. Ellen Grace, DJ 30/4/2004).

Embora haja divergência, a maioria da doutrina não admite a tentativa na infração penal em exame, posição com a qual concordamos.

5.6 Elemento subjetivo

O dolo é o elemento subjetivo exigido pelo tipo do art. 342 do Código Penal, não havendo previsão para a modalidade de natureza culposa.

O agente, portanto, deverá ter o conhecimento de que os fatos sobre os quais presta depoimento, por exemplo, são falsos, pois, caso contrário, não poderá ser responsabilizado pelo delito em estudo, em virtude da existência do erro de tipo, pois, como adverte Hungria, "falso é o depoimento que não está em correspondência qualitativa ou quantitativa com o que a testemunha viu, percebeu ou ouviu".[137]

Às vezes, aquilo que, à primeira vista, poderia se configurar em um delito de falso testemunho pode não o ser para aquele que presta o depoimento, pois a sua forma de enxergar os fatos pode ter sido diferente das demais pessoas que, por exemplo, prestaram seus depoimentos nos autos, uma vez que, um fato, tal como uma pintura, pode ser interpretado e explicado de várias formas, sendo todas verdadeiras.

---

[136] PRADO, Luiz Regis. *Curso de direito penal brasileiro*, v. 4, p. 659-660.
[137] HUNGRIA, Nélson. *Comentários ao código penal*, v. IX, p. 476.

5.7 Modalidades comissiva e omissiva

O delito de falso testemunho ou falsa perícia pode ser praticado tanto comissiva quanto omissivamente, dependendo do comportamento levado a efeito pelo agente.

Assim, por exemplo, comete o delito comissivamente o agente que faz uma afirmação falsa; ao contrário, poderá ser entendida como omissão própria o fato de calar a verdade.

5.8 Causa especial de aumento de pena

Diz o § 1º do art. 342 do Código Penal, com a redação determinada pela Lei nº 10.268, de 28 de agosto de 2001, *verbis*:

> § 1º As penas aumentam-se de 1/6 (um sexto) a 1/3 (um terço), se o crime é praticado mediante suborno ou se cometido com o fim de obter prova destinada a produzir efeito em processo penal, ou em processo civil em que for parte entidade da administração púbica direta ou indireta.

De acordo com o mencionado parágrafo, existe maior juízo de censura, de reprovabilidade, sobre o comportamento da testemunha, perito, contador, tradutor ou intérprete que se deixa subornar e pratica, efetivamente, o delito previsto pelo art. 342 do Código Penal. Seguindo as lições de Hungria, interfere o suborno quando a testemunha, perito, contador, tradutor ou intérprete:

> "Pratica a falsidade mediante paga ou recompensa (em dinheiro ou outra utilidade) ou promessa de paga ou recompensa. A condição de maior punibilidade pressupõe a efetiva prestação do testemunho falso ou falsa perícia. Cumpre notar que se o perito, tradutor ou intérprete é *oficial*, isto é, pessoa exercente de específico cargo público (e não pessoa nomeada *ad hoc* pela autoridade que preside ao processo), o crime a reconhecer será o do art. 317."[138]

Vale ressaltar que, na hipótese de ter sido dado, oferecido ou prometido dinheiro ou qualquer outra vantagem de natureza econômica a testemunha, perito, contador, tradutor ou intérprete para fazer afirmação falsa, negar ou calar a verdade em depoimento, perícia, cálculos, tradução ou interpretação, haverá uma quebra da teoria monista, devendo aquele que praticou qualquer dos comportamentos anteriormente narrados responder pelo delito tipificado no art. 343 do Código Penal, enquanto a testemunha deverá ser responsabilizada pelo delito previsto no art. 342 do Código Penal.

A segunda majorante, constante do § 1º do art. 342 do Código Penal, diz respeito ao fato de o falso testemunho ou de a falsa perícia ser praticado(a) para a constituição de prova destinada a produzir efeito em *processo penal*. A expressão *com o fim de* poderia nos induzir a concluir pela possibilidade de aplicação da majorante mesmo que o falso tivesse sido praticado nos autos de um inquérito policial, mas com a finalidade de produzir efeito em processo penal.

No entanto, estamos com Guilherme de Souza Nucci, quando preleciona:

> "Não está correta, com a devida vênia, a doutrina que apregoa estar o inquérito policial abrangido nesta figura com pena particularmente aumentada – que, antes da Lei nº 10.268/2001, era qualificadora [...]. Afinal, o *caput* do artigo já inclui, expressamente, o inquérito policial, não podendo, naturalmente, a figura prevista no § 1º, que contém causa de aumento de pena, abrangê-lo novamente. Seria um despropósito. Afinal, indagar-se-ia, se o falso é cometido no inquérito policial – que se destina, unicamente, a servir de preparo para o processo penal –

---

[138] HUNGRIA, Nélson. *Comentários ao código penal*, v. IX, p. 488.

responde o agente pela figura simples do *caput* ou pela específica do parágrafo? Obviamente, por exclusão e dentro da lógica, ao inquérito policial, constituindo mero procedimento administrativo, reserva-se o falso testemunho simples (*caput*), enquanto que, para o processo judicial penal aplica-se a figura específica do § 1º."[139]

Também importará na aplicação da causa especial de aumento de pena quando o falso for praticado em processo civil, em que for parte entidade da Administração Pública direta (União, Estados, Distrito Federal e Municípios) e indireta (autarquias, empresas públicas, sociedades de economia mista e fundações públicas).

5.9 Retratação

O § 2º do art. 342 do Código Penal, com a redação determinada pela Lei nº 10.268, de 28 de agosto de 2001, assevera que *o fato deixa de ser punível se, antes da sentença no processo em que ocorreu o ilícito, o agente se retrata ou declara a verdade*.

Com essa redação, ficou claro o lugar onde deverá ser levada a efeito a retratação, vale dizer, no processo no qual foi prestado o falso testemunho ou a falsa perícia, e não naquele em virtude do qual o agente está, por exemplo, sendo acusado da prática do delito, o que, neste último caso, importa em mera confissão, e não em retratação.

Assim, como diz o mencionado parágrafo, a retratação deverá ser levada a efeito no processo em que o falso foi cometido, sempre antes da prolação da sentença, após o que já não mais será possível a retratação, mesmo que tal fato seja levado em consideração para efeito de modificação da decisão por meio de recurso ao Tribunal competente para sua apreciação, podendo, no entanto, ser beneficiado com a aplicação da circunstância atenuante prevista no art. 65, III, *b*, do Código Penal.

Quando a lei menciona sentença, o faz em sentido amplo, podendo tanto ser a proferida pelo juízo de primeiro grau quanto pelo colegiado, oportunidade em que será reconhecida como *acórdão*. Assim, nos processos de competência originária dos Tribunais, a retratação deverá ser levada a efeito antes da prolação do acórdão.

5.10 Pena, ação penal e suspensão condicional do processo

A pena cominada ao delito de *falso testemunho ou falsa perícia* é de reclusão, de 2 (dois) a 4 (quatro) anos, e multa.

As penas aumentam-se de um sexto a um terço, nos termos do § 1º do art. 342 do Código Penal, se o crime é praticado mediante suborno ou se cometido com o fim de obter prova destinada a produzir efeito em processo penal, ou em processo civil em que for parte entidade da Administração Pública direta ou indireta.

O fato deixa de ser punível, de acordo com o § 2º do art. 342 do Código Penal, se, antes da sentença no processo em que ocorreu o ilícito, o agente se retrata ou declara a verdade.

A ação penal é de iniciativa pública incondicionada.

---

[139] NUCCI, Guilherme de Souza. *Código penal comentado*, p. 1.073-1.074.

5.11 Destaques

5.11.1 Compromisso de dizer a verdade

Não é nova a discussão no sentido de se o compromisso de dizer a verdade seria essencial ao reconhecimento do delito de falso testemunho. O art. 261 do Código Penal de 1890 o exigia expressamente ao dizer:

> **Art. 261.** Asseverar em juizo como testemunha, sob juramento ou afirmação, qualquer que seja o estado da causa e a natureza do processo, uma falsidade; ou negar a verdade, no todo ou em parte, sobre circumstancias essenciaes do facto a respeito do qual depuzer (redação original).

Essa orientação não se repetiu, não sendo mais o juramento elemento integrante do delito de falso testemunho. No entanto, mesmo que não conste a necessidade do compromisso de dizer a verdade, poderíamos entendê-lo como uma condição necessária ao reconhecimento do delito de falso testemunho? A resposta só pode ser negativa.

Tendo ou não sido levado a efeito o compromisso, a testemunha, ao contrário do acusado, quando comparece em juízo, tem o dever de dizer a verdade. O compromisso, na verdade, se transformou numa solenidade, a fim de alertar a testemunha sobre as consequências de suas declarações, conforme se verifica na redação constante do art. 203 do Código de Processo Penal:

> **Art. 203.** A testemunha fará, sob palavra de honra, a promessa de dizer a verdade do que souber e lhe for perguntado, devendo declarar seu nome, sua idade, seu estado e sua residência, sua profissão, lugar onde exerce sua atividade, se é parente, e em que grau, de alguma das partes, ou quais suas relações com qualquer delas, e relatar o que souber, explicando sempre as razões de sua ciência ou as circunstâncias pelas quais possa avaliar-se de sua credibilidade.

À primeira vista, poderia parecer ser essencial o compromisso, ou seja, *a promessa de dizer a verdade do que souber e lhe for perguntado*, principalmente por causa do art. 208 do mesmo diploma processual, que diz:

> **Art. 208.** Não se deferirá o compromisso a que alude o art. 203 aos doentes e deficientes mentais e aos menores de 14 (quatorze) anos, nem às pessoas a que se refere o art. 206.

Os arts. 206 e 207, a seu turno, esclarecem:

> **Art. 206.** A testemunha não poderá eximir-se da obrigação de depor. Poderão, entretanto, recusar-se a fazê-lo o ascendente ou descendente, o afim em linha reta, o cônjuge, ainda que desquitado, o irmão e o pai, a mãe ou o filho adotivo do acusado, salvo quando não for possível, por outro modo, obter-se ou integrar-se a prova do fato e de suas circunstâncias.
> **Art. 207.** São proibidas de depor as pessoas que, em razão de função, ministério, ofício ou profissão, devam guardar segredo, salvo se, desobrigadas pela parte interessada, quiserem dar o seu testemunho.

Devemos, nos casos citados pelos arts. 206, 207 e 208 do Código de Processo Penal, fazer uma distinção importante: uma coisa é poder a testemunha, em razão de determinadas circunstâncias, recusar-se a depor; outra coisa, bem diferente, é a testemunha que comparece em juízo e presta um depoimento falso, mesmo não tendo sido tomado o seu compromisso. Como este não é elementar do delito tipificado no art. 342 do Código Penal, a outra conclusão não podemos chegar a não ser pelo reconhecimento do delito de falso testemunho em qualquer situação, ou seja, haja ou não a testemunha assumido o compromisso de falar a verdade do que souber e lhe for perguntado.

Estamos, portanto, com Hélio Tornaghi, quando, com autoridade, preleciona:

"Não se pense, portanto, que só têm obrigação de dizer a verdade as testemunhas que prometem fazê-lo; que o dever de veracidade só existe para quem tem dever de prometer. Não! A obrigação de dizer a verdade independe da obrigação de prometer! Da primeira, a lei não dispensa ninguém; da outra, isto é, da de prometer, estão *dispensados* (Código de Processo Penal, art. 208)."[140]

5.11.2 Vítima que presta depoimento falso

Vimos, anteriormente, que todos tem a obrigação de prestar um testemunho verdadeiro, independentemente de terem ou não assumido esse compromisso solenemente.

No entanto, outras pessoas, além das testemunhas, também prestam suas declarações em juízo, a exemplo da própria vítima. Nesse caso, se a vítima prestasse declarações falsas, poderia ser responsabilizada pelo crime de *falso testemunho*? A resposta só pode ser negativa. Isso porque, como a própria interpretação literal das palavras nos permite concluir, uma coisa é ser *vítima*, outra é ser testemunha.

Muitos promotores de Justiça, equivocadamente, confundem as duas situações e, ao apresentarem o seu *rol de testemunhas*, incluem a vítima nesse elenco. A vítima, na verdade, deve ocupar, na denúncia, um lugar separado das testemunhas.

Vítima ou *ofendido*, como os denomina o art. 201 do Código de Processo Penal, é aquela(e) que sofre com a conduta praticada pelo sujeito ativo da infração penal. Sendo assim, qual seria a importância e o valor probatório de suas palavras? Tourinho Filho, respondendo a essa indagação, esclarece:

"*Prima facie*, parecerá que suas declarações devem ser aceitas sem reservas, pois ninguém melhor que a vítima para esclarecer o ocorrido. É de se ponderar, no entanto, que aquele que foi objeto material do crime, levado pela paixão, pelo ódio, pelo ressentimento e até mesmo pela emoção, procura narrar os fatos como lhe pareçam convenientes; às vezes, a emoção causada pela cena delituosa é tão intensa, que o ofendido, julgando estar narrando com fidelidade, omite ou acrescenta circunstâncias, desvirtuando os fatos.

Atendendo a tais circunstâncias, o ofendido nem presta compromisso nem se sujeita a processo por falso testemunho."[141]

5.11.3 Falso testemunho em Comissão Parlamentar de Inquérito

Determina o § 3º do art. 58 da Constituição Federal:

> § 3º As comissões parlamentares de inquérito, que terão poderes de investigação próprios das autoridades judiciais, além de outros previstos nos regimentos das respectivas Casas, serão criadas pela Câmara dos Deputados e pelo Senado Federal, em conjunto ou separadamente, mediante requerimento de um terço de seus membros, para apuração de fato determinado e por prazo certo, sendo suas conclusões, se for o caso, encaminhadas ao Ministério Público, para que promova a responsabilidade civil ou criminal dos infratores.

Se o delito de falso testemunho ou falsa perícia for praticado em Comissão Parlamentar de Inquérito, deverá ser aplicado o inciso II do art. 4º da Lei nº 1.579, de 18 de março de 1952, que diz:

---

[140] TORNAGHI, Hélio. *Compêndio de processo penal*, v. 3, p. 890.
[141] TOURINHO FILHO, Fernando da Costa. *Processo penal*, v. 3, p. 261.

> **Art. 4º** Constitui crime:
> I – [...];
> II – fazer afirmação falsa, ou negar ou calar a verdade como testemunha, perito, tradutor ou intérprete, perante a Comissão Parlamentar de Inquérito:
> Pena – a do art. 342 do Código Penal.

Note-se que no mencionado art. 4º não existe previsão para o delito praticado pelo contador, nos termos da redação constante do art. 342 do Código Penal, que foi dada pela Lei nº 10.268, de 28 de agosto de 2001.

5.11.4 Concurso de pessoas no crime de falso testemunho

Doutrinariamente, tem-se afirmado que o *falso testemunho* é um delito de mão própria, isto é, de atuação personalíssima, de execução intransferível, indelegável. Em virtude dessa natureza jurídica, ou seja, sendo o falso testemunho um crime de mão própria, seria possível o concurso de pessoas? A resposta, na verdade, deverá ser desdobrada, fazendo-se, de um lado, o raciocínio relativo à coautoria e, do outro, o correspondente à participação.

Assim, podemos afirmar que não é admissível a coautoria em crimes de mão própria. Nilo Batista, com precisão, esclarece:

> "Se duas pessoas, no mesmo processo – e até na mesma assentada – praticam falso testemunho (art. 342 CP), há dois delitos e dois autores, sendo irrelevante que se houvessem posto de acordo sobre o procedimento adotado. Os crimes de mão própria não admitem coautoria nem autoria mediata na medida em que o seu conteúdo de injusto reside precisamente na pessoal e indeclinável realização da atividade proibida."[142]

No entanto, será perfeitamente possível o reconhecimento da participação, na hipótese em que a testemunha, por exemplo, é induzida ou instigada por alguém a prestar um depoimento falso.

Não podemos, tecnicamente, confundir as duas situações, vale dizer, a coautoria com a participação, razão pela qual entendemos como equivocada, *permissa venia*, a decisão proferida pela 6ª Turma do Superior Tribunal de Justiça, quando concluiu:

> "Penal. Processual penal. *Habeas corpus*. Advogado. Crime de falso testemunho. Participação por induzimento. Potencialidade lesiva. Extinção da punibilidade do crime principal. Irrelevância. Questões controvertidas. Impropriedade do *writ*.
> A jurisprudência e a doutrina autorizadas proclamam o entendimento de que no crime de falso testemunho é admissível a coautoria do advogado que induz o depoente a proclamar a falsa afirmação. Precedente (REsp nº 200.785/SP, Rel. Min. Felix Fischer, DJ 21/8/2000, p. 159).
> O debate sobre a atipicidade do fato por ausência de potencialidade lesiva é questão de fato controvertida, insusceptível de deslinde no espaço estreito do *habeas corpus*, que não comporta no seu rito sumário dilação probatória.
> A extinção da punibilidade pela prescrição da ação penal em que se apura o crime principal não tem projeção no crime de falso testemunho, que é delito autônomo e provoca o *jus puniendi* em ação própria.
> *Habeas corpus* denegado" (HC 19.479/SP, *Habeas Corpus* 2001/0176480-0, Rel. Min. Vicente Leal, julg. 2/4/2002, DJ 6/5/2002, p. 326).

---

[142] BATISTA, Nilo. *Concurso de agentes*, p. 97.

Verifica-se, portanto, a confusão havida na ementa entre coautoria e participação. No caso, em razão da natureza jurídica do crime de falso testemunho, vale frisar, pelo fato de ser um crime de mão própria, não podemos cogitar de coautoria, mas tão somente de participação.

Posteriormente, decidiu corretamente o Superior Tribunal de Justiça, dizendo:

> "Mostra-se firme nesta Corte Superior, assim como no Supremo Tribunal Federal, o entendimento quanto à possibilidade de participação do advogado que ilicitamente instrui a testemunha no crime de falso testemunho" (STJ, HC 45.733/SP, Rel. Min. Hélio Quaglia Barbosa, 6ª T., *RDR*, v. 39, p. 416).

5.11.5 Retratação no júri

Na hipótese de julgamento pelo Tribunal do Júri, entendemos que o agente, caso queira retratar-se, deverá fazê-lo antes da decisão proferida pelo Conselho de Sentença, e não somente até a pronúncia, pois, conforme assevera Guilherme de Souza Nucci, "o ápice é a decisão em sala secreta tomada pelos jurados. Se a decisão de mérito somente será proferida pelo Conselho de Sentença, não há cabimento para se levar em consideração a decisão de pronúncia, que simplesmente julga admissível a acusação".[143]

5.11.6 Prisão em flagrante no crime de falso testemunho

Temos presenciado a algumas cenas, até certo ponto inusitadas, em que alguns juízes mais entusiasmados não somente advertem a testemunha do seu compromisso de dizer a verdade, mas, basicamente, a ameaçam, dizendo que se por acaso faltar com a verdade poderá ser presa em flagrante em virtude da prática do crime de falso testemunho.

A pergunta que temos de nos fazer, no momento, é a seguinte: será possível a prisão em flagrante de alguém pela prática do crime de falso testemunho?

A resposta, na verdade, é muito mais complexa do que se imagina. Isso porque, para que ocorra a prisão em flagrante, temos de partir do pressuposto de que a testemunha, ao prestar o seu depoimento, esteja, efetivamente, fazendo afirmação falsa, negando ou calando a verdade.

Quando a testemunha, por algum motivo, na presença do juiz, se recusa a prestar suas declarações, não vemos óbice à prisão em flagrante, pois ela tem a obrigação de responder sobre aquilo que lhe perguntarem.

No entanto, as outras duas situações nos impõem outro raciocínio. Se o julgador, durante a inquirição de uma testemunha, vier a se convencer de que suas declarações são falsas ou de que nega a verdade, é sinal de que, antecipando o seu julgamento, entendeu que as demais provas, que até aquele momento foram trazidas para os autos, eram verdadeiras.

Trata-se, portanto, de uma valoração perigosa, principalmente se ainda existirem outras provas a produzir.

Por isso, entendemos que a prisão em flagrante de alguém pela prática do delito de falso testemunho poderá, em algumas situações, conduzir até mesmo à suspeição do julgador, devido ao fato de que, com ela, já terá manifestado a sua valoração, entendendo como verdadeira a prova que serviu de parâmetro a fim de concluir pela falsidade testemunhal.

---

[143] NUCCI, Guilherme de Souza. *Código penal comentado*, p. 1.075.

5.11.7 Falso testemunho e início da ação penal

Pode ocorrer a hipótese de alguém ser denunciado pelo delito de falso testemunho, enquanto tramita a ação na qual o delito foi, em tese, praticado. Nesse caso, os Tribunais Superiores já firmaram entendimento no seguinte sentido:

"Recurso especial. Penal. Processo penal. Crime de falso testemunho. Ação penal. Instauração. Possibilidade.

É possível a propositura da ação penal para se apurar o crime de falso testemunho antes de ocorrer a sentença no processo em que o crime teria ocorrido, desde que fique sobrestado seu julgamento até a outra sentença ou decisão.

Recurso provido" (REsp 596.500/DF – Recurso Especial 2003/0171653-8, Rel. Min. José Arnaldo da Fonseca, 5ª T., julg. 21/10/2004, DJ 22/11/2004, p. 377).

5.11.8 Falso testemunho ou falsa perícia e Código Penal Militar

O delito de falso testemunho ou falsa perícia veio previsto no Código Penal Militar (Decreto-Lei nº 1.001, de 21 de outubro de 1969), conforme se verifica pela leitura do seu art. 346, punindo com pena de reclusão, de dois a seis anos, aquele que fizer afirmação falsa, ou negar ou calar a verdade, como testemunha, perito, tradutor ou intérprete, em inquérito policial, processo administrativo ou judicial, militar.

5.12 Quadro-resumo

Sujeitos
» Ativo: a testemunha, o perito, o contador, o tradutor e o intérprete.
» Passivo: é o Estado, bem como aquele que foi prejudicado com o comportamento levado a efeito pelo sujeito ativo.

Objeto material
É a declaração, bem como o laudo falsos.

Bem(ns) juridicamente protegido(s)
É a Administração Pública ou, mais especificamente, a administração da justiça.

Elemento subjetivo
Dolo, não havendo previsão para a modalidade de natureza culposa.

Modalidades comissiva e omissiva
Pode ser praticado tanto comissiva quanto omissivamente, dependendo do comportamento levado a efeito pelo agente.

Consumação e tentativa
» O delito de falso testemunho se consuma no momento em que o juiz encerra o depoimento, sendo o momento consumativo da falsa perícia o da entrega do laudo pericial, da tradução, ou com a realização da interpretação falsa.

> » Não há necessidade, para efeito de reconhecimento do delito de que o julgador tenha se valido do depoimento falso em sua decisão, bastando, tão somente, a comprovação da falsidade.
> » Embora haja divergência, a maioria da doutrina não admite a tentativa na infração penal em exame, posição com a qual concordamos.

6. CORRUPÇÃO ATIVA DE TESTEMUNHA, PERITO, CONTADOR, TRADUTOR OU INTÉRPRETE

> **Art. 343.** Dar, oferecer, ou prometer dinheiro ou qualquer outra vantagem a testemunha, perito, contador, tradutor ou intérprete, para fazer afirmação falsa, negar ou calar a verdade em depoimento, perícia, cálculos, tradução ou interpretação:
> Pena – reclusão, de três a quatro anos, e multa.
> **Parágrafo único.** As penas aumentam-se de um sexto a um terço, se o crime é cometido com o fim de obter prova destinada a produzir efeito em processo penal ou em processo civil em que for parte entidade da administração pública direta ou indireta.

6.1 Introdução

Quebrando a regra da teoria monista ou unitária, constante do art. 29 do Código Penal, em virtude da qual todos aqueles que concorrem para a prática da infração penal devem por ela responder na medida de sua culpabilidade, o art. 343 do mesmo diploma legal prevê como delito autônomo aquilo que seria considerado uma modalidade de participação. De acordo com a redação desta última figura típica, determinada pela Lei nº 10.268, de 28 de agosto de 2001, podemos apontar os seguintes elementos: *a)* a conduta de *dar, oferecer* ou *prometer* dinheiro ou qualquer outra vantagem; *b)* a testemunha, perito, contador, tradutor ou intérprete; *c)* para fazer afirmação falsa, negar ou calar a verdade em depoimento, perícia, cálculos, tradução ou interpretação.

O núcleo *dar* significa entregar; *prometer* nos dá a entender que a entrega do dinheiro ou outra vantagem indevida ocorrerá no futuro; e *oferecer* diz respeito a uma proposta de entrega mais imediata.

O agente dá, oferece ou promete dinheiro (cédulas ou moedas aceitas como meio de pagamento) ou qualquer outra vantagem (que deverá, obrigatoriamente, possuir natureza econômica, tendo em vista que devemos levar a efeito uma interpretação analógica, considerando o dinheiro como a fórmula exemplificativa, e a outra vantagem como a fórmula genérica, que deverá possuir a mesma natureza).

O suborno deve ser dirigido finalisticamente a fazer com que a testemunha, perito, contador, tradutor ou intérprete faça afirmação falsa, negue ou cale a verdade em depoimento, perícia, cálculos, tradução ou interpretação. Caso esses últimos, em virtude do suborno, venham a praticar o crime de falso testemunho ou falsa perícia, deverão ser responsabilizados de acordo com o tipo do art. 342 do Código Penal, enquanto o corruptor ativo praticará a infração penal prevista no art. 343 do mesmo estatuto, razão pela qual se conclui ter havido quebra da teoria monista ou unitária, lembrando que a lei penal considerou mais grave o comportamento do corruptor em oferecer dinheiro ou outra vantagem, do que o falso testemunho ou a falsa perícia, tendo em vista ser a pena cominada ao art. 343 (reclusão, de 3 a 4 anos, e multa) superior àquela prevista no art. 342 (reclusão, de 2 a 4 anos, e multa).

6.2 Classificação doutrinária

Crime comum no que diz respeito ao sujeito ativo e próprio quanto ao sujeito passivo; doloso; comissivo (podendo, no entanto, ser praticado via omissão imprópria, nos termos do art. 13, § 2º, do Código Penal); instantâneo; de forma livre; monossubjetivo; monossubsistente ou plurissubsistente (dependendo da forma como o delito é praticado, havendo ou não possibilidade de fracionamento do *iter criminis*); transeunte.

6.3 Sujeito ativo e sujeito passivo

Qualquer pessoa pode ser *sujeito ativo* do delito em estudo, haja vista que o tipo do art. 343 do Código Penal não exige nenhuma qualidade ou condição especial.

O *sujeito passivo* é o Estado, bem como aquele que, de alguma forma, foi prejudicado com a conduta praticada pela testemunha, perito, contador, tradutor ou intérprete.

6.4 Objeto material e bem juridicamente protegido

A Administração Pública é o bem juridicamente protegido pelo tipo do art. 343 do Código Penal ou, mais especificamente, a administração da Justiça.

O objeto material é a testemunha, o perito, o contador, o tradutor ou o intérprete.

6.5 Consumação e tentativa

O delito se consuma quando o agente, efetivamente, dá, oferece ou promete dinheiro ou qualquer outra vantagem a testemunha, perito, tradutor, contador ou intérprete, para fazer afirmação falsa, negar ou calar a verdade em depoimento, perícia, cálculos, tradução ou interpretação.

O delito é de natureza formal, consumando-se ainda que a testemunha, perito, contador, tradutor ou intérprete não pratique o comportamento solicitado pelo sujeito ativo. A dação, o simples oferecimento e mesmo a mera promessa de pagamento em dinheiro ou outra vantagem para que venha a ser praticado o falso testemunho ou a falsa perícia já são suficientes para efeitos de reconhecimento da consumação do crime.

A possibilidade de tentativa deverá ser analisada caso a caso, dependendo da forma como o delito for praticado.

6.6 Elemento subjetivo

O dolo é o elemento subjetivo exigido pelo tipo penal em estudo, não havendo previsão para a modalidade de natureza culposa.

No entanto, a conduta do agente deve ser dirigida no sentido de fazer com que a testemunha, perito, contador, tradutor ou intérprete faça afirmação falsa, negue ou cale a verdade em depoimento, perícia, cálculo, tradução ou interpretação.

6.7 Modalidades comissiva e omissiva

As condutas *dar, oferecer e prometer* pressupõem um comportamento comissivo por parte do agente.

No entanto, o delito poderá ser praticado via omissão imprópria na hipótese em que o agente, garantidor, dolosamente, podendo, nada fizer para evitar a prática da infração penal em exame, devendo, portanto, também responder pelo delito tipificado no art. 343 do Código Penal, nos termos do art. 13, § 2º, do Código Penal.

6.8 Causa de aumento de pena

As penas aumentam-se de um sexto a um terço, nos termos do parágrafo único do art. 343 do Código Penal, se o crime é cometido com o fim de obter prova destinada a produzir efeito em processo penal ou em processo civil em que for parte entidade da Administração Pública direta ou indireta.

Aplica-se, aqui, tudo o que foi dito quando do estudo da majorante prevista no § 1º do art. 342 do Código Penal – exceto quanto à prática mediante suborno, que consta do mesmo dispositivo –, para onde remetemos o leitor.

6.9 Pena e ação penal

A pena cominada ao delito tipificado no art. 343 do Código Penal é de reclusão, de 3 (três) a 4 (quatro) anos, e multa.

De acordo com o parágrafo único do art. 343 do Código Penal, as penas aumentam-se de um sexto a um terço, se o crime é cometido com o fim de obter prova destinada a produzir efeito em processo penal ou em processo civil em que for parte entidade da Administração Pública direta ou indireta.

A ação penal é de iniciativa pública incondicionada.

6.10 Destaques

6.10.1 Perito, contador, tradutor ou intérprete oficial

Se o agente dá, oferece ou promete dinheiro ou qualquer outra vantagem a perito, contador, tradutor ou intérprete oficial, o fato se subsumirá ao tipo constante do art. 333 do Código Penal, que prevê o delito de *corrupção ativa*, tendo em vista a qualidade de funcionário público desses últimos.

6.10.2 Retratação

Imagine-se a hipótese em que a testemunha preste um depoimento falso, depois de receber dinheiro do agente e, antes da sentença, se arrepende e vem a se retratar em Juízo. Nesse caso, a mencionada retratação teria alguma repercussão no que diz respeito ao delito previsto no art. 343 do Código Penal? Absolutamente, não. Isso porque, como vimos, para efeito de consumação do delito em exame, não há sequer necessidade de que a testemunha, perito, contador, tradutor ou intérprete pratique o falso testemunho ou a falsa perícia, consumando-se a infração penal no exato instante em que o agente dá, oferece ou promete dinheiro ou qualquer outra vantagem.

6.10.3 Corrupção ativa de testemunha, perito ou intérprete e Código Penal Militar

O delito de corrupção ativa de testemunha, perito ou intérprete veio previsto no Código Penal Militar (Decreto-Lei nº 1.001, de 21 de outubro de 1969), conforme se verifica pela leitura do seu art. 347, punindo com pena de reclusão, de dois a oito anos, aquele que der, oferecer ou prometer dinheiro ou qualquer outra vantagem a testemunha, perito, tradutor ou intérprete, para fazer afirmação falsa, negar ou calar a verdade em depoimento, perícia, tradução ou interpretação, em inquérito policial, processo administrativo ou judicial, militar, ainda que a oferta não seja aceita.

6.11 Quadro-resumo

Sujeitos
» Ativo: qualquer pessoa.
» Passivo: é o Estado, bem como aquele que de alguma forma foi prejudicado com a conduta praticada pela testemunha, perito, contador, tradutor ou intérprete.

Objeto material
É a testemunha, o perito, o contador, o tradutor ou o intérprete.

Bem(ns) juridicamente protegido(s)
É a Administração Pública ou, mais especificamente, a administração da justiça. Qualquer pessoa pode ser sujeito ativo.

Elemento subjetivo
Dolo, não havendo previsão para a modalidade de natureza culposa.

Modalidades comissiva e omissiva
As condutas dar, oferecer e prometer pressupõem um comportamento comissivo por parte do agente, podendo, no entanto, ser praticadas via omissão imprópria.

Consumação e tentativa
» O delito se consuma quando o agente, efetivamente, dá, oferece ou promete dinheiro ou qualquer outra vantagem a testemunha, perito, tradutor, contador ou intérprete, para fazer afirmação falsa, negar ou calar a verdade em depoimento, perícia, cálculos, tradução ou interpretação.
» A possibilidade de tentativa deverá ser analisada caso a caso, dependendo da forma como o delito for praticado.

7. COAÇÃO NO CURSO DO PROCESSO

Coação no curso do processo
Art. 344. Usar de violência ou grave ameaça, com o fim de favorecer interesse próprio ou alheio, contra autoridade, parte, ou qualquer outra pessoa que funciona ou é chamada a intervir em processo judicial, policial ou administrativo, ou em juízo arbitral:
Pena – reclusão, de um a quatro anos, e multa, além da pena correspondente à violência.
Parágrafo único. A pena aumenta-se de 1/3 (um terço) até a metade se o processo envolver crime contra a dignidade sexual.

7.1 Introdução

O delito de *coação no curso do processo* encontra-se tipificado no art. 344 do Código Penal. De acordo com a redação constante da mencionada figura típica, podemos apontar os seguintes elementos: *a)* a conduta de usar de violência ou grave ameaça; *b)* com o fim de favorecer interesse próprio ou alheio; *c)* contra autoridade, parte, ou qualquer outra pessoa que funciona ou é chamada a intervir em processo judicial, policial ou administrativo, ou em juízo arbitral.

A *violência* referida pelo tipo penal é aquela de natureza física, dirigida contra uma pessoa, que se constitui em agressões características do delito de lesões corporais ou mesmo da contravenção penal de vias de fato, a exemplo dos empurrões, tapas etc. A grave ameaça diz respeito à prática de um mal futuro e grave e pode ser praticada diante das hipóteses previstas no art. 147 do Código Penal, vale dizer, por palavra, escrito ou gesto, ou qualquer outro meio simbólico. Tem-se entendido que a promessa pode dizer respeito à pratica de um mal justo ou injusto, a exemplo de Guilherme de Souza Nucci, quando esclarece:

> "Não se exige que se trate de causar à vítima algo injusto, mas há de ser intimidação envolvendo uma conduta *ilícita* do agente, isto é, configura-se o delito quando alguém usa, contra pessoa que funcione em processo judicial, por exemplo, de grave ameaça *justa*, para obter vantagem (imagine-se o agente que, conhecendo algum crime do magistrado, ameace denunciá-lo à polícia, o que é lícito fazer, caso não obtenha ganho de causa). Nota-se que, no caso apresentado, a conduta não é lícita, pois ninguém está autorizado a agir desse modo, buscando levar vantagem para encobrir crime alheio. Por outro lado, se a conduta disser respeito ao advogado que intimide a testemunha relembrando-a das penas do falso testemunho caso não declare a verdade, trata-se de conduta lícita, pois é interesse da administração da justiça que tal ocorra, vale dizer, que diga a verdade do que sabe."[144]

A utilização da violência ou da grave ameaça deve ser dirigida finalisticamente no sentido de obter algum favorecimento de interesse próprio ou alheio que esteja sendo considerado em processo judicial, policial ou administrativo, ou em juízo arbitral.

A conduta do agente é dirigida contra *autoridade* (juiz de Direito, Promotor de Justiça, delegado de Polícia, defensor público etc.), *parte* (autor e réu), ou contra qualquer pessoa que funciona ou é chamada a intervir em processo judicial, policial ou administrativo, ou em juízo arbitral, a exemplo do que ocorre com os peritos, escrivães, escreventes, oficiais de justiça, jurado etc.

O processo judicial pode ter qualquer natureza (civil ou penal). Embora pela redação do art. 344 do Código Penal sejamos levados a acreditar na existência de um "processo policial", na verdade, refere-se o artigo em exame ao *inquérito policial*. *Processo administrativo*, conforme assevera Hungria, "é o que se destina à apuração de ilícito administrativo ou disciplinar, para ulterior julgamento na própria órbita da chamada *jurisdição administrativa*".[145] *Juízo arbitral* é aquele capaz de dirimir extrajudicialmente os litígios relativos a direitos patrimoniais disponíveis, nos termos constantes da Lei nº 9.307, de 23 de setembro de 1996, que dispõe sobre a arbitragem.

7.2 Classificação doutrinária

Crime comum no que diz respeito ao sujeito ativo e próprio quanto ao sujeito passivo; doloso; comissivo (podendo, no entanto, ser praticado via omissão imprópria, nos termos do art. 13, § 2º, do Código Penal); instantâneo; de forma livre; monossubjetivo; plurissubsistente; transeunte.

---

[144] NUCCI, Guilherme de Souza. *Código penal comentado*, p. 1.078.
[145] HUNGRIA, Nélson. *Comentários ao código penal*, v. IX, p. 477.

7.3 Sujeito ativo e sujeito passivo

Qualquer pessoa pode ser *sujeito ativo* do delito de *coação no curso do processo*, haja vista que o tipo do art. 344 do Código Penal não exige nenhuma qualidade ou condição especial.

O *sujeito passivo* é o Estado, bem como aquele que foi vítima da violência ou grave ameaça praticada pelo sujeito ativo.

7.4 Objeto material e bem juridicamente protegido

A Administração Pública é o bem juridicamente protegido pelo tipo penal que prevê o delito de *coação no curso do processo* ou, mais especificamente, a administração da Justiça.

O objeto material é a pessoa contra quem foi praticada a violência ou dirigida a grave ameaça.

7.5 Consumação e tentativa

O delito se consuma quando o agente, efetivamente, utiliza a *vis absoluta*, ou seja, a violência física, ou a *vis compulsiva*, vale dizer, a grave ameaça, com a finalidade de favorecer interesse próprio ou alheio contra autoridade, parte, ou qualquer outra pessoa que funciona ou é chamada a intervir em processo judicial, policial ou administrativo, ou em juízo arbitral.

Tratando-se de crime formal, de consumação antecipada, não há necessidade de que o agente, efetivamente, consiga o favorecimento de seu interesse que, se vier a ocorrer, deverá ser considerado mero exaurimento do crime.

A tentativa é admissível, tendo em vista a natureza, como norma, plurissubsistente da infração penal.

7.6 Elemento subjetivo

O dolo é o elemento subjetivo exigido pelo tipo penal em estudo, não havendo previsão para a modalidade de natureza culposa.

No entanto, a conduta do agente deve ser dirigida no sentido de favorecer interesse próprio ou alheio, caracterizando-se o chamado *especial fim de agir*.

7.7 Modalidades comissiva e omissiva

A conduta narrada no tipo penal – *usar de violência ou grave ameaça* – pressupõe um comportamento comissivo por parte do agente. No entanto, o delito poderá ser praticado via omissão imprópria na hipótese em que o agente, garantidor, dolosamente, podendo, nada fizer para evitar a prática da infração penal em exame, devendo, portanto, também responder pelo delito de *coação no curso do processo*, nos termos do art. 13, § 2º, do Código Penal.

7.8 Causa especial de aumento de pena

A Lei nº 14.245, de 22 de novembro de 2021, que ficou popularmente conhecida como "Lei Mariana Ferrer", incluiu um parágrafo único no art. 344 do Código Penal, dizendo, *verbis*:

> Parágrafo único. A pena aumenta-se de 1/3 (um terço) até a metade se o processo envolver crime contra a dignidade sexual.

Assim, se o delito de coação no curso do processo disser respeito a crime contra a dignidade sexual, será aplicada a majorante de 1/3 (um terço) até a metade.

Os crimes contra a dignidade sexual são aqueles previstos no Título VI do Código Penal, a saber:

- Estupro (art. 213);
- Violação sexual mediante fraude (art. 215);
- Importunação sexual (art. 215-A);
- Assédio sexual (art. 216-A);
- Registro não autorizado de intimidade sexual (art. 216-B);
- Estupro de vulnerável (art. 217-A);
- Corrupção de menores (art. 218);
- Satisfação da lascívia mediante presença de criança ou adolescente (art. 218-A);
- Favorecimento da prostituição ou de outra forma de exploração sexual de criança ou adolescente ou de vulnerável (art. 218-B);
- Divulgação de cena de estupro ou de cena de estupro de vulnerável, de cena de sexo ou de pornografia (art. 218-C);
- Mediação para servir a lascívia de outrem (art. 227);
- Favorecimento da prostituição ou outra forma de exploração sexual (art. 228);
- Casa de prostituição (art. 229);
- Rufianismo (art. 230);
- Promoção de migração ilegal (art. 232-A). *In casu*, somente haverá a aplicação da causa especial de aumento de pena se a finalidade do agente for de natureza sexual, pois, caso contrário, não poderá ser considerado um crime contra a dignidade sexual, como já ressaltamos quando do estudo do mencionado artigo;
- Ato obsceno (art. 233);
- Escrito ou objeto obsceno (art. 234).

7.9 Concurso de crimes

Tendo em vista o disposto na parte final do preceito secundário do art. 344 do Código Penal, deverá ser aplicada a regra do concurso formal impróprio, previsto na segunda parte do art. 70 do Código Penal, aplicando-se a regra do cúmulo material entre os crimes de *coação no curso do processo* e aquele resultante da violência.

7.10 Pena, ação penal e suspensão condicional do processo

A pena cominada ao delito de *coação no curso do processo* é de reclusão, de 1 (um) a 4 (quatro) anos, e multa, além da pena correspondente à violência.

A pena será aumentada de 1/3 (um terço) até a metade se o processo envolver crime contra a dignidade sexual, nos termos do parágrafo único, do art. 344, inserido no Código Penal pela Lei nº 14.245, de 22 de novembro de 2021.

A ação penal é de iniciativa pública incondicionada.

Será possível, também, a confecção de proposta de suspensão condicional do processo, nos termos do art. 89 da Lei nº 9.099/95.

7.11 Destaque

7.11.1 Coação e Código Penal Militar

O delito de coação veio previsto no Código Penal Militar (Decreto-Lei nº 1.001, de 21 de outubro de 1969), conforme se verifica pela leitura do seu art. 342, punindo com pena de reclusão, de até quatro anos, além da pena correspondente à violência, aquele que usar de violência ou grave ameaça, com o fim de favorecer interesse próprio ou alheio, contra autoridade, parte, ou qualquer outra pessoa que funciona, ou é chamada a intervir em inquérito policial, processo administrativo ou judicial militar.

7.12 Quadro-resumo

Sujeitos
» Ativo: qualquer pessoa.
» Passivo: é o Estado, bem como aquele que foi vítima da violência ou grave ameaça praticada pelo sujeito ativo.

Objeto material
É a pessoa contra quem foi praticada a violência ou dirigida a grave ameaça.

Exame de corpo de delito
É a Administração Pública ou, mais especificamente, a administração da justiça. Qualquer pessoa pode ser sujeito ativo.

Elemento subjetivo
Dolo, não havendo previsão para a modalidade de natureza culposa.

Modalidades comissiva e omissiva
A conduta narrada no tipo penal – usar de violência ou grave ameaça – pressupõe um comportamento comissivo por parte do agente, podendo, no entanto, ser praticada via omissão imprópria.

Consumação e tentativa
» O delito se consuma quando o agente, efetivamente, utiliza a *vis absoluta*, ou seja, a violência física, ou a *vis compulsiva*, vale dizer, a grave ameaça, com a finalidade de favorecer interesse próprio ou alheio contra autoridade, parte, ou qualquer outra pessoa que funcione ou é chamada a intervir em processo judicial, policial ou administrativo, ou em juízo arbitral.
» Tratando-se de crime formal, de consumação antecipada, não há necessidade de o agente conseguir o favorecimento de seu interesse.

8. EXERCÍCIO ARBITRÁRIO DAS PRÓPRIAS RAZÕES

Exercício arbitrário das próprias razões
Art. 345. Fazer justiça pelas próprias mãos, para satisfazer pretensão, embora legítima, salvo quando a lei o permite:

> Pena – detenção, de quinze dias a um mês, ou multa, além da pena correspondente à violência.
> **Parágrafo único.** Se não há emprego de violência, somente se procede mediante queixa.

8.1 Introdução

O Estado Moderno não pode tolerar a *justiça privada*, na qual, como regra, prevalece a vontade do mais forte. A partir do instante em que o Estado chamou a si a responsabilidade de distribuir a justiça, consequentemente, passou a tentar evitar a *justiça privada*, pois, neste último caso, verifica-se uma mistura de personagens, isto é, em uma única pessoa encontram-se fundidas as figuras do acusador e do juiz.

Aquele, portanto, que tentar fazer justiça pelas próprias mãos deverá ser responsabilizado pela infração tipificada no art. 345 do Código Penal, da qual podemos extrair os seguintes elementos: *a)* a conduta de fazer justiça pelas próprias mãos; *b)* para satisfazer pretensão; *c)* embora legítima; *d)* salvo quando a lei o permite.

Fazer justiça pelas próprias mãos tem o significado de agir por si mesmo, de acordo com a sua própria vontade, não solicitando a intervenção do Estado, responsável pela aplicação da justiça ao caso concreto.

O agente atua no sentido de, ele próprio, satisfazer uma *pretensão*. Conforme esclarece Noronha:

> "Esta é o *pressuposto do delito*. Sem ela, este não tem existência, incidindo o fato em outra disposição legal. A pretensão, por sua vez, se assenta em um *direito* que o agente tem ou julga ter, isto é, pensa de boa-fé possuí-lo, o que deve ser apreciado não apenas quanto ao direito *em si*, mas de acordo com as circunstâncias e as condições da pessoa. Consequentemente, a pretensão pode ser *ilegítima* – o que a lei deixa bem claro: 'embora legítima' – desde que a pessoa razoavelmente assim não a julgue."[146]

É necessário que a pretensão a que alude o art. 345 do Código Penal possa ser apreciada pela Justiça, pois, caso contrário, não se poderá cogitar da infração penal em estudo, a exemplo daquele que fizer justiça pelas próprias mãos a fim de satisfazer-se com o pagamento de uma dívida já prescrita ou, mesmo, uma dívida de jogo.

A pretensão a ser satisfeita pode ser do próprio agente ou mesmo de terceira pessoa, desde que legítima, como vimos.

Tratando-se de delito de forma livre, o agente poderá valer-se de diversos meios para satisfazer sua pretensão, podendo usar violência, ameaça, fraude etc. O importante é que ele mesmo faça sua própria justiça, não chamando o Estado para intervir na questão.

Não haverá a infração penal em estudo, conforme ressalva a última parte do art. 345 do Código Penal, quando a própria lei admite a possibilidade de atuação pessoal do agente, a exemplo do que ocorre quando pratica o fato em legítima defesa, exercício regular de direito etc. Nesses casos, o estudo da causa de justificação é antecipado para o próprio tipo penal. A conduta, portanto, será considerada atípica. Veja-se o exemplo do direito de retenção, disposto nos arts. 319 e 1.219 do Código Civil, ou, ainda, do direito de corte de raízes e ramos de árvore, previsto no art. 1.283 do mesmo diploma civil, que dizem, respectivamente, *verbis*:

> **Art. 319.** O devedor que paga tem direito à quitação regular, e pode reter o pagamento, enquanto não lhe seja dada.

---

[146] NORONHA, Edgard Magalhães. *Direito penal*, v. 4, p. 392.

> **Art. 1.219.** O possuidor de boa-fé tem direito à indenização das benfeitorias necessárias e úteis, bem como, quanto às voluptuárias, se não lhe forem pagas, a levantá-las, quando o puder sem detrimento da coisa, e poderá exercer o direito de retenção pelo valor das benfeitorias necessárias e úteis.
>
> **Art. 1.283.** As raízes e os ramos de árvore, que ultrapassem a estrema do prédio, poderão ser cortados, até o plano vertical divisório, pelo proprietário do terreno invadido.

8.2 Classificação doutrinária

Crime comum no que diz respeito ao sujeito ativo, bem como ao sujeito passivo; doloso; comissivo (podendo, no entanto, ser praticado via omissão imprópria, nos termos do art. 13, § 2º, do Código Penal); instantâneo; de forma livre; monossubjetivo; plurissubsistente; transeunte.

8.3 Sujeito ativo e sujeito passivo

Qualquer pessoa pode ser *sujeito ativo* do delito de *exercício arbitrário das próprias razões*, haja vista que o tipo do art. 345 do Código Penal não exige nenhuma qualidade ou condição especial.

O sujeito passivo é o Estado, bem como aquele prejudicado com a conduta praticada pelo sujeito ativo.

8.4 Objeto material e bem juridicamente protegido

A Administração Pública é o bem juridicamente protegido pelo tipo penal que prevê o delito de *exercício arbitrário das próprias razões* ou, mais especificamente, a administração da Justiça.

O objeto material é a pessoa ou a coisa contra a qual é dirigida a conduta praticada pelo agente.

8.5 Consumação e tentativa

O delito se consuma quando o agente, efetivamente, fazendo justiça com as próprias mãos, consegue satisfazer sua pretensão.

Será possível o reconhecimento da tentativa, haja vista tratar-se de crime plurissubsistente.

8.6 Elemento subjetivo

O dolo é o elemento subjetivo exigido pelo tipo penal em estudo, não havendo previsão para a modalidade de natureza culposa.

Deverá o agente, no entanto, atuar no sentido de satisfazer pretensão legítima, fazendo justiça com as próprias mãos, não se amoldando ao delito em estudo quando a lei permitir o seu comportamento, a exemplo do que ocorre quando o sujeito atua em legítima defesa ou no exercício regular de um direito, como na hipótese prevista no § 1º do art. 1.210 do Código Civil, que diz, *verbis*:

> § 1º O possuidor turbado, ou esbulhado, poderá manter-se ou restituir-se por sua própria força, contanto que o faça logo; os atos de defesa, ou de desforço, não podem ir além do indispensável à manutenção, ou restituição da posse.

8.7 Modalidades comissiva e omissiva

A conduta de *fazer justiça pelas próprias mãos* pressupõe um comportamento comissivo por parte do agente. No entanto, o delito poderá ser praticado via omissão imprópria, na hipótese em que o agente, garantidor, dolosamente, podendo, nada fizer para evitar a prática da infração penal em exame, devendo, portanto, também responder pelo delito de *exercício arbitrário das próprias razões*, nos termos do art. 13, § 2º, do Código Penal.

8.8 Concurso de crimes

Tendo em vista o disposto na parte final do preceito secundário do art. 345 do Código Penal, deverá ser aplicada a regra do concurso formal impróprio, previsto na segunda parte do art. 70 do Código Penal, aplicando-se a regra do cúmulo material entre os crimes de *exercício arbitrário das próprias razões* e aquele resultante da violência.

8.9 Pena, ação penal, competência para julgamento e suspensão condicional do processo

A pena cominada ao delito de *exercício arbitrário das próprias razões* é de detenção, de 15 (quinze) dias a 1 (um) mês, ou multa, além da pena correspondente à violência.

A ação penal, como regra, será de iniciativa privada, passando a ser de natureza pública incondicionada se houver o emprego de violência contra a pessoa, vale dizer, a chamada *vis absoluta*, conforme preconiza o parágrafo único do art. 345 do Código Penal.

Compete, pelo menos inicialmente, ao Juizado Especial Criminal o processo e julgamento do delito em estudo, em virtude da pena máxima cominada em abstrato, que não ultrapassa o limite de 2 (dois) anos, imposto pelo art. 61 da Lei nº 9.099/95, conforme alteração determinada pela Lei nº 11.313, de 28 de junho de 2006.

Será possível, também, a confecção de proposta de suspensão condicional do processo, nos termos do art. 89 da Lei nº 9.099/95.

8.10 Quadro-resumo

Sujeitos
» Ativo: qualquer pessoa.
» Passivo: é o Estado, bem como aquele prejudicado com a conduta praticada pelo sujeito ativo.

Objeto material
É a pessoa ou a coisa contra a qual é dirigida a conduta praticada pelo agente.

Bem(ns) juridicamente protegido(s)
É a Administração Pública ou, mais especificamente, a administração da justiça. Qualquer pessoa pode ser sujeito ativo.

Elemento subjetivo
Dolo, não havendo previsão para a modalidade de natureza culposa.

Modalidades comissiva e omissiva

A conduta de fazer justiça pelas próprias mãos pressupõe um comportamento comissivo por parte do agente, podendo, no entanto, ser praticada via omissão imprópria.

Consumação e tentativa

» O delito se consuma quando o agente, efetivamente, fazendo justiça com as próprias mãos, consegue satisfazer sua pretensão.
» A tentativa é admissível.

9. SUBTRAÇÃO OU DANO DE COISA PRÓPRIA EM PODER DE TERCEIRO

Art. 346. Tirar, suprimir, destruir ou danificar coisa própria, que se acha em poder de terceiro por determinação judicial ou convenção:
Pena – detenção, de seis meses a dois anos, e multa.

9.1 Introdução

Embora não exista qualquer rubrica ao art. 346 do Código Penal, tem-se entendido por *subtração ou dano de coisa própria em poder de terceiro* o *nomen juris* correspondente à infração penal constante do mencionado tipo penal.

De acordo com a sua redação típica, podemos apontar os seguintes elementos: *a)* a conduta de *tirar, suprimir, destruir ou danificar; b)* coisa própria; *c)* que se acha em poder de terceiro; *d)* por determinação judicial ou convenção.

Tirar tem o sentido de subtrair, retirar; *suprimir* significa fazer com que desapareça; *destruir* importa em eliminar; *danificar* diz respeito a estragar, deteriorar. Essas condutas devem ter como objeto material a *coisa própria*, vale dizer, a coisa móvel pertencente ao agente, que se acha em poder de terceiro por determinação judicial ou convenção.

Conforme esclarece Romeu de Almeida Salles Júnior:

"A posse por terceiro deve ser legítima, seja ele credor ou não do agente. Ocorrerá nas hipóteses de penhor ou anticrese, ou de direito de retenção; quando houver ordem judicial ou contrato (depositário de coisa penhorada ou arrestada, locatário, comodatário, comprador com reserva de domínio do vendedor [...]. O delito é uma variante mais grave do crime de exercício arbitrário das próprias razões (art. 345 do CP). Só que no art. 346 não existe pretensão alguma, seja legítima ou supostamente legítima, a fazer valer por parte do agente."[147]

9.2 Classificação doutrinária

Crime próprio no que diz respeito ao sujeito ativo e comum quanto ao sujeito passivo; doloso; comissivo (podendo, no entanto, ser praticado via omissão imprópria, nos termos do art. 13, § 2º, do Código Penal); instantâneo; de forma livre; monossubjetivo; plurissubsistente; transeunte (podendo, no entanto, em algumas situações ser considerado como não transeunte, quando o agente, por exemplo, destrói ou danifica coisa própria que se acha em poder

---

[147] SALLES JÚNIOR, Romeu de Almeida. *Código penal interpretado*, p.956.

de terceiro por determinação judicial, tendo em vista a necessidade de comprovação do fato através da prova pericial).

9.3 Sujeito ativo e sujeito passivo

Crime próprio, somente o proprietário da coisa que se acha em poder de terceiro por determinação judicial ou convenção é que pode ser considerado *sujeito ativo* do delito tipificado no art. 346 do Código Penal.

O *sujeito passivo* é o Estado, bem como aquele que foi prejudicado com a conduta praticada pelo sujeito ativo.

9.4 Objeto material e bem juridicamente protegido

A Administração Pública é o bem juridicamente protegido pelo tipo penal em exame ou, mais especificamente, a administração da Justiça.

O objeto material é a coisa pertencente ao agente, que se acha em poder de terceiro por determinação judicial ou convenção, que foi tirada, suprimida, destruída ou danificada.

9.5 Consumação e tentativa

O delito se consuma quando o agente, efetivamente, tira, suprime, destrói ou danifica coisa própria, que se acha em poder de terceiro por determinação judicial ou convenção.

Será possível o reconhecimento da tentativa, haja vista tratar-se de crime plurissubsistente.

9.6 Elemento subjetivo

O dolo é o elemento subjetivo exigido pelo tipo penal em estudo, não havendo previsão para a modalidade de natureza culposa.

O agente, portanto, deverá ter conhecimento de todos os elementos que integram a figura típica para efeitos de reconhecimento do delito tipificado no art. 346 do Código Penal. Assim, por exemplo, deverá saber que a coisa que tira de alguém além de própria, com ela se encontrava em virtude de determinação judicial ou convenção, pois, caso contrário, poderá ser arguido o erro de tipo, eliminando-se o dolo e, consequentemente, a própria infração penal, permitindo, ainda, se for o caso, a desclassificação para outra figura típica, como o delito de exercício arbitrário das próprias razões.

9.7 Modalidades comissiva e omissiva

Os núcleos *tirar*, *suprimir*, *destruir* e *danificar* pressupõem um comportamento comissivo por parte do agente. No entanto, o delito poderá ser praticado via omissão imprópria na hipótese em que o agente, garantidor, dolosamente, podendo, nada fizer para evitar a prática da infração penal em exame, devendo, portanto, também responder pelo delito tipificado no art. 346, nos termos do art. 13, § 2º, do Código Penal.

9.8 Pena, ação penal, competência para julgamento e suspensão condicional do processo

A pena cominada ao delito tipificado no art. 346 do Código Penal é de detenção, de 6 (seis) meses a 2 (dois) anos, e multa.

A ação penal é de iniciativa pública incondicionada.

Compete, pelo menos inicialmente, ao Juizado Especial Criminal o processo e julgamento do delito em estudo, em virtude da pena máxima cominada em abstrato, que não ultrapassa o limite de 2 (dois) anos, imposto pelo art. 61 da Lei nº 9.099/95, conforme alteração determinada pela Lei nº 11.313, de 28 de junho de 2006.

Será possível, também, a confecção de proposta de suspensão condicional do processo, nos termos do art. 89 da Lei nº 9.099/95.

9.9 Quadro-resumo

Sujeitos
» Ativo: somente o proprietário da coisa que se acha em poder de terceiro por determinação judicial ou convenção.
» Passivo: é o Estado, bem como aquele prejudicado com a conduta praticada pelo sujeito ativo.

Objeto material
É a coisa pertencente ao agente que se acha em poder de terceiro por determinação judicial ou convenção, que foi tirada, suprimida, destruída ou danificada.

Bem(ns) juridicamente protegido(s)
É a Administração Pública ou, mais especificamente, a administração da justiça. Qualquer pessoa pode ser sujeito ativo.

Elemento subjetivo
Dolo, não havendo previsão para a modalidade de natureza culposa.

Modalidades comissiva e omissiva
Os núcleos tirar, suprimir, destruir e danificar pressupõem um comportamento comissivo por parte do agente, podendo, no entanto, ser praticados via omissão imprópria.

Consumação e tentativa
» O delito se consuma quando o agente, efetivamente, tira, suprime, destrói ou danifica coisa própria, que se acha em poder de terceiro por determinação judicial ou convenção.
» A tentativa é admissível.

10. FRAUDE PROCESSUAL

Fraude processual
Art. 347. Inovar artificiosamente, na pendência de processo civil ou administrativo, o estado de lugar, de coisa ou de pessoa, com o fim de induzir a erro o juiz ou o perito:
Pena – detenção, de três meses a dois anos, e multa.
Parágrafo único. Se a inovação se destina a produzir efeito em processo penal, ainda que não iniciado, as penas aplicam-se em dobro.

10.1 Introdução

O delito de *fraude processual* encontra-se tipificado no art. 347 do Código Penal, do qual podemos extrair os seguintes elementos: *a)* a conduta de inovar artificiosamente; *b)* na pendência de processo civil ou administrativo; *c)* o estado de lugar, de coisa ou de pessoa; *d)* com o fim de induzir a erro o juiz ou o perito.

Inovar artificiosamente é valer-se de um artifício, de um ardil, com a finalidade de enganar, iludir, modificando o estado de lugar, de coisa ou de pessoa. Como esclarece Hungria:

> "A fraude opera-se com a artificiosa inovação (alteração, modificação, substituição, deformação, subversão) relativamente ao 'estado de lugar, de coisa ou de pessoa' (enumeração taxativa). Inova-se artificiosamente: o estado de lugar, quando, por exemplo, se abre um caminho, para inculcar uma servidão *itineris;* o estado de coisa, quando, v.g., se eliminam os vestígios de sangue numa peça indiciária da autoria de um homicídio, ou se coloca um revólver junto a uma vítima de homicídio, para fazer crer em suicídio; o estado (físico) de pessoa, quando, *in exemplis*, se suprimem, mediante operação plástica, certos sinais característicos de um indivíduo procurado pela justiça."[148]

Há necessidade, ainda, que já esteja em curso, isto é, que já tenha sido iniciado o processo judicial de natureza civil, bem como o processo administrativo. Neste último caso, em virtude dos elementos que integram a figura típica, bem como da impossibilidade de nos valermos do recurso à analogia *in malam partem*, não podemos incluir no conceito de *processo administrativo* as sindicâncias que lhe são anteriores.

Tratando-se da seara penal, nos termos preconizados pelo parágrafo único do art. 347 do Código Penal, a inovação artificiosa poderá ocorrer, como veremos mais adiante, tanto na pendência de processo penal quanto na fase que lhe é anterior, vale dizer, enquanto pendente o inquérito policial.

A conduta praticada pelo agente deve ser dirigida finalisticamente no sentido de induzir a erro o juiz ou o perito. Assim, tanto o julgador quanto o perito poderão chegar a conclusões equivocadas em razão do comportamento levado a efeito pelo agente, colocando em risco a correta aplicação da lei.

Vale registro, por oportuno, do alerta feito por Damásio de Jesus quando preleciona:

> "A inovação deve ser idônea objetiva e subjetivamente. Sob o aspecto material, deve ser capaz de alterar realmente a feição probatória do lugar, coisa ou pessoa. Assim, não há delito na inovação grosseira, mal realizada, perceptível à vista. Sob o aspecto subjetivo, deve ser capaz de conduzir a erro o Juiz ou o perito."[149]

10.2 Classificação doutrinária

Crime comum no que diz respeito ao sujeito ativo, bem quanto ao sujeito passivo; doloso; comissivo (podendo, no entanto, ser praticado via omissão imprópria, nos termos do art. 13, § 2º, do Código Penal); instantâneo; de forma livre; monossubjetivo; plurissubsistente; não transeunte (tendo em vista a necessidade de comprovação da inovação através da prova pericial).

---

[148] HUNGRIA, Nélson. *Comentários ao código penal*, v. IX, p. 501.
[149] JESUS, Damásio E. de. *Direito penal*, v. 4, p 292.

10.3 Sujeito ativo e sujeito passivo

Qualquer pessoa pode ser *sujeito ativo* do delito de *fraude processual*, haja vista que o tipo do art. 347 do Código Penal não exige nenhuma qualidade ou condição especial.

O *sujeito passivo* é o Estado, bem como aquele que foi de alguma forma prejudicado com a conduta praticada pelo sujeito ativo.

10.4 Objeto material e bem juridicamente protegido

A Administração Pública é o bem juridicamente protegido pelo tipo penal que prevê o delito de *fraude processual* ou, mais especificamente, a administração da Justiça.

O objeto material é o lugar, a coisa ou a pessoa sobre a qual recai a conduta praticada pelo agente.

10.5 Consumação e tentativa

O delito se consuma com a *inovação artificiosa*, independentemente do fato de ter o agente conseguido alcançar sua finalidade, que era a de induzir a erro o juiz ou o perito.

A tentativa é admissível, em virtude do fato de ser possível o fracionamento do *iter criminis*, haja vista tratar-se de crime plurissubsistente.

10.6 Elemento subjetivo

O dolo é o elemento subjetivo exigido pelo tipo penal em estudo, não havendo previsão para a modalidade de natureza culposa.

O agente, no entanto, deverá dirigir finalisticamente sua conduta no sentido de induzir a erro o juiz ou o perito, na pendência de processo civil, penal ou administrativo, atuando, assim, com o chamado *especial fim de agir*.

10.7 Modalidades comissiva e omissiva

A conduta de *inovar artificiosamente* pressupõe um comportamento comissivo por parte do agente. No entanto, o delito poderá ser praticado via omissão imprópria na hipótese em que o agente, garantidor, dolosamente, podendo, nada fizer para evitar a prática da infração penal em exame, devendo, portanto, também responder pelo delito de *fraude processual*, nos termos do art. 13, § 2º, do Código Penal.

10.8 Causa especial de aumento de pena

Determina o parágrafo único do art. 347 do Código Penal que *se a inovação se destina a produzir efeito em processo penal, ainda que não iniciado, as penas aplicam-se em dobro*.

Tem-se entendido, aqui, em razão da redação do mencionado parágrafo único, pelo reconhecimento do delito se a inovação artificiosa vier a ocorrer ainda durante a fase de inquérito policial, que é aquela que antecede o processo penal, vale dizer, que é levada a efeito antes do seu início em juízo.

Como norma, a perícia em matéria penal é realizada na fase policial, não se repetindo em Juízo. O Ministério Público, quase sempre, oferece a denúncia com base nas provas existentes no inquérito policial, sendo que aquelas de natureza técnica, a exemplo da prova pericial, raramente se repetem em juízo, salvo nas hipóteses em que haja dúvida sobre sua credibilidade etc.

Por essa razão é que a expressão *processo penal, ainda que não iniciado* deve ser interpretada no sentido de se cuidar de *inquérito policial*.

Nesse caso, a pena será aplicada em dobro. Cuida-se, portanto, de causa especial de aumento de pena, a ser considerada no terceiro momento do critério trifásico previsto pelo art. 68 do Código Penal, embora exista posição em contrário, a exemplo de Guilherme de Souza Nucci,[150] que a entende como qualificadora, repercutindo quando da fixação da pena-base.

Justifica-se o aumento da pena em virtude do maior juízo de reprovação que recai sobre o comportamento daquele que pratica a inovação artificiosa destinada a produzir efeito em processo penal, pois, neste caso, há o perigo de privar um inocente de sua liberdade, bem como o de permitir que um culpado permaneça em liberdade, criando uma situação de risco para a sociedade.

10.9 Pena, ação penal, competência para julgamento e suspensão condicional do processo

A pena cominada ao delito de *fraude processual* é de detenção, de 3 (três) meses a 2 (dois) anos, e multa.

Se a inovação se destina a produzir efeito em processo penal, ainda que não iniciado, as penas aplicam-se em dobro.

A ação penal é de iniciativa pública incondicionada.

Compete, pelo menos inicialmente, ao Juizado Especial Criminal o processo e julgamento do delito em estudo, em virtude da pena máxima cominada em abstrato, que não ultrapassa o limite de 2 (dois) anos, imposto pelo art. 61 da Lei nº 9.099/95, conforme alteração determinada pela Lei nº 11.313, de 28 de junho de 2006.

Será possível, também, a confecção de proposta de suspensão condicional do processo, nos termos do art. 89 da Lei nº 9.099/95.

10.10 Destaques

10.10.1 Natureza subsidiária do crime de fraude processual

Se o agente, por exemplo, na pendência de processo civil, penal, ou administrativo, inovar artificiosamente um documento, falsificando-o, não deverá responder pelas duas infrações penais em concurso material de crimes, pois o delito mais grave (o crime de falso) absorverá o menos grave (a fraude processual).

10.10.2 Direito à autodefesa

Se o réu, por exemplo, com a finalidade de se defender, inovar artificiosamente o estado de lugar, de coisa ou de pessoa com o fim de induzir a erro o juiz ou o perito, entendemos que o fato deverá fazer parte do seu direito à autodefesa, não podendo ser responsabilizado pela infração penal em exame.

Assim, por exemplo, se o réu limpar o lugar onde havia praticado o homicídio, se consertar o automóvel com o qual havia atropelado culposamente a vítima, se fizer uma cirurgia plástica com a finalidade de mudar sua fisionomia, dificultando o seu reconhecimento etc., tais fatos não se subsumirão ao delito de *fraude processual*, amoldando-se ao conceito de autodefesa, no sentido de que ninguém é obrigado a fazer ou mesmo a permitir prova contra si mesmo.

---

[150] NUCCI, Guilherme de Souza. *Código penal comentado*, p. 1.082.

10.10.3 Código de Trânsito Brasileiro (Lei nº 9.503, de 23 de setembro de 1997)

Art. 312. Inovar artificiosamente, em caso de sinistro automobilístico com vítima, na pendência do respectivo procedimento policial preparatório, inquérito policial ou processo penal, o estado de lugar, de coisa ou de pessoa, a fim de induzir a erro o agente policial, o perito, ou juiz:
Penas – detenção, de seis meses a um ano, ou multa.
Parágrafo único. Aplica-se o disposto neste artigo, ainda que não iniciados, quando da inovação, o procedimento preparatório, o inquérito ou o processo aos quais se refere.

10.10.4 Estatuto de Desarmamento (Lei nº 10.826, de 22 de dezembro de 2003)

Art. 16. Possuir, deter, portar, adquirir, fornecer, receber, ter em depósito, transportar, ceder, ainda que gratuitamente, emprestar, remeter, empregar, manter sob sua guarda ou ocultar arma de fogo, acessório ou munição de uso restrito, sem autorização e em desacordo com determinação legal ou regulamentar:
Pena – reclusão, de 3 (três) a 6 (seis) anos, e multa.
§ 1º Nas mesmas penas incorre quem:
I – [...];
II – modificar as características de arma de fogo, de forma a torná-la equivalente a arma de fogo de uso proibido ou restrito ou para fins de dificultar ou de qualquer modo induzir a erro autoridade policial, perito ou juiz;
§ 2º Se as condutas descritas no *caput* e no § 1º deste artigo envolverem arma de fogo de uso proibido, a pena é de reclusão, de 4 (quatro) a 12 (doze) anos.

10.10.5 Abuso de autoridade

A Lei nº 13.869, de 05 de setembro de 2019, em seus arts. 23, 25 e 29 tipificou como abuso de autoridade os seguintes comportamentos:

Art. 23. Inovar artificiosamente, no curso de diligência, de investigação ou de processo, o estado de lugar, de coisa ou de pessoa, com o fim de eximir-se de responsabilidade ou de responsabilizar criminalmente alguém ou agravar-lhe a responsabilidade:
Pena – detenção, de 1 (um) a 4 (quatro) anos, e multa.
Parágrafo único. Incorre na mesma pena quem pratica a conduta com o intuito de:
I – eximir-se de responsabilidade civil ou administrativa por excesso praticado no curso de diligência;
II – omitir dados ou informações ou divulgar dados ou informações incompletos para desviar o curso da investigação, da diligência ou do processo.
Art. 25. Proceder à obtenção de prova, em procedimento de investigação ou fiscalização, por meio manifestamente ilícito:
Pena – detenção, de 1 (um) a 4 (quatro) anos, e multa.
Parágrafo único. Incorre na mesma pena quem faz uso de prova, em desfavor do investigado ou fiscalizado, com prévio conhecimento de sua ilicitude.
Art. 29. Prestar informação falsa sobre procedimento judicial, policial, fiscal ou administrativo com o fim de prejudicar interesse de investigado:
Pena – detenção, de 6 (seis) meses a 2 (dois) anos, e multa.
Parágrafo único. (Vetado.)

10.11 Quadro-resumo

Sujeitos
» Ativo: qualquer pessoa.
» Passivo: é o Estado, bem como aquele prejudicado com a conduta praticada pelo sujeito ativo.

> **Objeto material**
> É o lugar, a coisa ou a pessoa sobre a qual recai a conduta praticada pelo agente.

> **Bem(ns) juridicamente protegido(s)**
> É a Administração Pública ou, mais especificamente, a administração da justiça. Qualquer pessoa pode ser sujeito ativo.

> **Elemento subjetivo**
> Dolo, não havendo previsão para a modalidade de natureza culposa.

> **Modalidades comissiva e omissiva**
> A conduta de inovar artificiosamente pressupõe um comportamento comissivo por parte do agente, podendo, no entanto, ser praticado via omissão imprópria.

> **Consumação e tentativa**
> » O delito se consuma com a inovação artificiosa, independentemente do fato de ter o agente conseguido alcançar sua finalidade, que era a de induzir a erro o juiz ou o perito.
> » A tentativa é admissível.

11. FAVORECIMENTO PESSOAL

> **Favorecimento pessoal**
> **Art. 348.** Auxiliar a subtrair-se à ação de autoridade pública autor de crime a que é cominada pena de reclusão:
> Pena – detenção, de um a seis meses, e multa.
> § 1º Se ao crime não é cominada pena de reclusão:
> Pena – detenção, de quinze dias a três meses, e multa.
> § 2º Se quem presta auxílio é ascendente, descendente, cônjuge ou irmão do criminoso, fica isento de pena.

11.1 Introdução

Quando alguém pratica um crime, as autoridades públicas são acionadas no sentido de fazer com que seja aplicada a lei penal. Uma das consequências dessa aplicação pode ser a prisão daquele que descumpriu o comando legal. A população em geral não tem a obrigação de colaborar com as autoridades delatando ou mesmo auxiliando a prisão dessas pessoas. No entanto, em sentido contrário, não pode atrapalhar, criar obstáculos a essa ação. Caso isso ocorra, dependendo da hipótese concreta, poderá se configurar o delito de *favorecimento pessoal*, tipificado no art. 348 do Código Penal, de cuja figura típica podemos destacar os seguintes elementos: *a)* a conduta de *auxiliar* a subtrair-se à ação de autoridade pública; *b)* autor de crime a que é cominada pena de reclusão.

O núcleo *auxiliar* significa ajudar, socorrer. Essa ajuda, essa prestação de auxílio, deve ser dirigida no sentido de fazer com que alguém se subtraia à ação de autoridade pública, ou seja, aquela que, de alguma forma, seja a legitimada a determinar ou a proceder à captura do autor do crime, a exemplo do delegado de Polícia, Promotor de Justiça, juiz de Direito.

Tratando-se de crime de forma livre, esse auxílio pode ser prestado de diversas formas, seja, por exemplo, emprestando um lugar para que o criminoso se esconda, seja tentando iludir a ação das autoridades públicas, prestando, quando lhe perguntarem, informações mentirosas etc. Como esclarece Fragoso:

"A ação incriminada consiste em auxiliar a subtrair-se à ação da autoridade, sendo irrelevante o meio de que se serve o agente. Integra a materialidade do fato qualquer ajuda idônea prestada ao criminoso para evitar sua captura (facilitação da fuga, ocultação, desvio da atenção dos agentes da força pública etc.). Não se exige que o criminoso já esteja sendo perseguido."[151]

Pressuposto para o cometimento do *favorecimento pessoal* é a prática de um crime anterior pela pessoa a quem o agente auxilia a subtrair-se à ação da autoridade pública. Por crime devemos entender a prática de um comportamento típico, ilícito e culpável. Assim, se o agente auxilia alguém que, em legítima defesa, tenha causada a morte do seu agressor, não poderá ser responsabilizado pelo delito em estudo. Em muitos casos, o crime anterior, praticado pelo sujeito que foi auxiliado pelo agente, funcionará como uma questão prejudicial, condicionando a condenação deste último à comprovação da existência da infração penal. Caso o autor do suposto crime anterior seja absolvido por ausência de qualquer dos elementos que integram o conceito analítico, vale repetir, tipicidade, ilicitude e culpabilidade, aquele a quem se imputa o favorecimento pessoal também merecerá a absolvição.

Embora sejam três os elementos que compõem a infração penal, por questões de política criminal, se ao autor do crime anterior é aplicada uma escusa absolutória cuja finalidade é a de afastar a punibilidade, também deverá ser absolvido o autor do suposto favorecimento pessoal. Entretanto, não importa a natureza do crime praticado anteriormente para efeitos de reconhecimento do favorecimento pessoal. Assim, poderá o autor ter praticado um crime doloso, culposo, consumado, tentado etc. Se vier, de alguma forma, a ser auxiliado pelo agente a subtrair-se à ação da autoridade pública, poderá ser reconhecido o favorecimento pessoal.

Vale ressaltar a posição de Damásio de Jesus quando, corretamente, em nossa opinião, conclui que nos casos em que a ação penal é de iniciativa privada ou pública condicionada à representação do ofendido, "não se pode falar em favorecimento pessoal enquanto não for oferecida queixa ou exercida a representação ou apresentada a requisição ministerial".[152]

Para que o agente responda pelo delito de favorecimento pessoal, previsto no *caput* do art. 348 do Código Penal, é necessário que tenha ocorrido um crime anterior, como já dissemos. Contudo, a pena cominada deverá ser a de reclusão. Caso a pena seja a de detenção, deverá ser aplicado o § 1º do referido artigo.

A menção expressa à prática de crime afasta o delito de favorecimento pessoal quando o auxílio é dirigido a alguém que tenha cometido *contravenção penal*.

11.2 Classificação doutrinária

Crime comum com relação ao sujeito ativo e próprio no que diz respeito ao sujeito passivo; doloso; comissivo (podendo, no entanto, ser praticado via omissão imprópria, nos termos do art. 13, § 2º, do Código Penal); de forma livre; instantâneo; monossubjetivo; plurissubsistente; transeunte.

---

[151] FRAGOSO, Heleno Cláudio. *Llições de direito penal*, v. 2, p. 532.
[152] JESUS, Damásio E. de. *Direito penal*, v. 4, p. 296.

11.3 Sujeito ativo e sujeito passivo

Qualquer pessoa pode ser *sujeito ativo* do delito de *favorecimento pessoal*, não exigindo o tipo penal em estudo nenhuma qualidade ou condição especial.

O sujeito passivo é o Estado.

11.4 Objeto material e bem juridicamente protegido

A Administração Pública é o bem juridicamente protegido pelo tipo penal que prevê o delito de *favorecimento pessoal* ou, mais especificamente, a administração da Justiça.

Não há objeto material.

11.5 Consumação e tentativa

O delito se consuma quando o agente, efetivamente, presta o auxílio necessário para que o autor de crime se subtraia à ação da autoridade pública, sendo necessário o sucesso do referido auxílio, pois, caso contrário, o delito poderá ser reconhecido como tentado.

11.6 Elemento subjetivo

O dolo é o elemento subjetivo exigido pelo tipo penal em estudo, não havendo previsão para a modalidade de natureza culposa.

Assim, se o agente, por exemplo, auxilia alguém sem saber, contudo, que se tratava de um autor de crime a que é cominada pena de reclusão, poderá ser arguido o erro de tipo, eliminando-se o dolo e, consequentemente, a própria infração penal.

11.7 Modalidades comissiva e omissiva

O núcleo *auxiliar* pressupõe um comportamento comissivo por parte do agente. No entanto, o delito poderá ser praticado via omissão imprópria na hipótese em que o agente, garantidor, dolosamente, podendo, nada fizer para impedir que seja praticada a infração penal tipificada no art. 348, devendo ser responsabilizado nos termos do art. 13, § 2º, do Código Penal.

11.8 Modalidade privilegiada

Diz o § 1º do art. 348 do Código Penal que se ao crime não é cominada pena de reclusão, a pena será de detenção, de 15 (quinze) dias a 3 (três) meses, e multa.

11.9 Inexigibilidade de conduta diversa

Sabiamente, a lei fez previsão expressa de uma causa de exclusão da culpabilidade pelo argumento da *inexigibilidade de conduta diversa*, dizendo, no § 2º do art. 348 do Código Penal, *verbis*:

> § 2º Se quem presta o auxílio é ascendente, descendente, cônjuge ou irmão do criminoso, fica isento de pena.

Não se trata, *in casu*, de escusa absolutória, ou seja, imunidade penal de caráter pessoal, que teria o condão de afastar a punibilidade. Isso porque, para que se possa chegar à característica da punibilidade, antes, temos de aferir, ou seja, comprovar que o fato praticado pelo sujeito era digno de censura, de reprovação, vale dizer, *culpável*.

Quem não entenderia pela inexigibilidade de conduta diversa no comportamento da mãe que escondeu o seu filho, que havia praticado um delito grave, a fim de que não fosse preso pela autoridade pública, ou mesmo de uma esposa que procura evitar o encarceramento de seu marido etc.

Não se trata, portanto, de mera escusa absolutória, a exemplo do que ocorre com as hipóteses elencadas no art. 181 do Código Penal. Naqueles casos, seria exigível um comportamento diferente dos seus autores. No entanto, por questões de política criminal, é melhor que fiquem impunes do que criar sérios transtornos no seio familiar. O filho, por exemplo, que subtrai, sem violência, certa quantia em dinheiro de seu pai para comprar drogas, pratica um fato típico, ilícito e culpável. Contudo, a prisão dele acarretará prejuízo muito maior do que o sofrido patrimonialmente pelo seu genitor. Por essa razão, elimina-se a punibilidade.

Não é isso que acontece com o § 2º do art. 348 do Código Penal. Aqui, a situação é diferente. Quem, em sã consciência, puniria um filho por ter escondido o seu pai para que não fosse levado à prisão em virtude de ter praticado um crime punido com pena de reclusão?

Assim, concluindo, com a devida *venia* das posições em contrário,[153] entendemos que estamos diante de uma causa legal de exclusão da culpabilidade pela inexigibilidade de conduta diversa, e não de uma escusa absolutória, cuja finalidade é afastar, tão somente, a punibilidade.

11.10 Pena, ação penal, competência para julgamento e suspensão condicional do processo

A pena cominada para a modalidade prevista no *caput* do art. 348 do Código Penal é de detenção, de 1 (um) a 6 (seis) meses, e multa.

Para a modalidade privilegiada, tipificada no § 1º do art. 348 do Código Penal, está prevista uma pena de detenção, de 15 (quinze) dias a 3 (três) meses, e multa.

Se quem presta o auxílio é ascendente, descendente, cônjuge ou irmão do criminoso, fica isento de pena, nos termos do § 2º do citado artigo.

A ação penal é de iniciativa pública incondicionada.

Compete, pelo menos inicialmente, ao Juizado Especial Criminal o processo e julgamento do delito de *favorecimento pessoal*, em virtude da pena máxima cominada em abstrato, que não ultrapassa o limite de 2 (dois) anos, imposto pelo art. 61 da Lei nº 9.099/95, conforme alteração determinada pela Lei nº 11.313, de 28 de junho de 2006.

Será possível, também, a confecção de proposta de suspensão condicional do processo, nos termos do art. 89 da Lei nº 9.099/95.

11.11 Destaques

11.11.1 Diferença entre favorecimento real e participação no crime

Acesse e assista à aula explicativa sobre este assunto.
> https://uqr.to/1we5d

---

[153] A exemplo de Damásio de Jesus (*Código penal*, v. 4, p. 297), Cezar Roberto Bitencourt (*Tratado de direito penal*, v. 4, p. 566-567) e Guilherme de Souza Nucci (*Código penal comentado*, p. 1.084), que entendem ser o § 2º do art. 348 do Código Penal uma escusa absolutória.

Para que ocorra o delito de favorecimento pessoal, aquele a quem o agente auxilia já deverá ter consumado o crime anterior.

Se o auxílio, não importando a sua natureza, for oferecido anteriormente à prática do crime, o agente deverá responder a título de participação no delito praticado por aquele a quem supostamente auxiliaria, e não por favorecimento pessoal.

Assim, imagine a hipótese em que o sujeito vá à procura do agente e lhe confesse seu plano de matar alguém. No entanto, esse plano ficará suspenso até o momento em que o agente encontre um lugar para se ocultar da ação dos policiais, até que o fato "se esfrie." Nesse instante, o agente oferece a sua casa. O sujeito, portanto, sentindo-se estimulado pela oferta, leva a efeito o plano criminoso e, logo após, fica escondido, conforme combinado, na residência do outro agente. Nesse caso, não existe o delito de favorecimento pessoal, mas, sim, participação no crime de homicídio.

Dessa forma, concluindo, o agente, para que responda pelo favorecimento pessoal, não poderá, de qualquer forma, ter participado no crime praticado por aquele a quem supostamente auxilia a subtrair-se à ação da autoridade pública.

11.11.2 Possibilidade de analogia in bonam partem no § 2º do art. 348 do Código Penal

Vimos que, embora exista controvérsia doutrinária, o § 2º do art. 348 do Código Penal traduz uma causa legal de exclusão da culpabilidade pela inexigibilidade de conduta diversa.

A lei aponta as pessoas das quais, no caso concreto, seria inexigível que praticassem outro comportamento, a não ser auxiliar aqueles que lhes são próximos, dada a relação de parentesco, vale dizer, ascendente, descendente, cônjuge ou irmão. Esse, portanto, é o fundamento da dirimente. Essa proximidade entre as pessoas, o sentimento que existe entre elas é maior do que qualquer lei, razão pela qual não se pode considerar como passível de censura o seu comportamento quando presta auxílio no sentido de fazer com que seu ascendente, descendente, cônjuge ou irmão se subtraia à ação da autoridade pública.

Agora, e se quem presta esse auxílio, por exemplo, não é casado, mas vive uma união estável? Poderia, utilizando o recurso da analogia *in bonam partem*, ser-lhe aplicado o § 2º do art. 348 do Código Penal? Entendemos que sim, pois a razão é idêntica.

Mesmo que não haja tal disposição expressa, ainda assim, poderá ser alegada a inexigibilidade de conduta diversa como causa supralegal de exclusão da culpabilidade, razão pela qual não existe qualquer inconveniente em ser levada a efeito a analogia *in bonam partem*, eliminando-se a culpabilidade, tal como ocorre nas hipóteses constantes expressamente no § 2º do art. 348 do Código Penal.

11.11.3 Favorecimento pessoal e Código Penal Militar

O delito de favorecimento pessoal veio previsto no Código Penal Militar (Decreto-Lei nº 1.001, de 21 de outubro de 1969), conforme se verifica pela leitura do seu art. 350, punindo com pena de detenção, de até seis meses, aquele que auxiliar a subtrair-se à ação da autoridade autor de crime militar a que é cominada pena de morte ou reclusão.

11.12 Quadro-resumo

Sujeitos
» Ativo: qualquer pessoa.
» Passivo: é o Estado.

> **Objeto material**
>
> Não há.

> **Bem(ns) juridicamente protegido(s)**
>
> É a Administração Pública ou, mais especificamente, a administração da justiça. Qualquer pessoa pode ser sujeito ativo.

> **Elemento subjetivo**
>
> Dolo, não havendo previsão para a modalidade de natureza culposa.

> **Consumação e tentativa**
>
> O delito se consuma quando o agente, efetivamente, presta o auxílio necessário para que o autor de crime se subtraia à ação da autoridade pública, sendo necessário o sucesso do referido auxílio, pois, caso contrário, o delito poderá ser reconhecido como tentado.

12. FAVORECIMENTO REAL

> **Favorecimento real**
>
> Art. 349. Prestar a criminoso, fora dos casos de coautoria ou de receptação, auxílio destinado a tornar seguro o proveito do crime:
> Pena – detenção, de um a seis meses, e multa.

12.1 Introdução

O delito de *favorecimento real* encontra-se tipificado no art. 349 do Código Penal. De acordo com a mencionada figura típica, podemos apontar os seguintes elementos: *a)* a conduta de prestar a criminoso; *b)* fora dos casos de coautoria ou de receptação; *c)* auxílio destinado a tornar seguro o proveito do crime.

Ao contrário do que ocorre com o delito de favorecimento pessoal, no delito tipificado no art. 349 do Código Penal a conduta do agente é dirigida no sentido de prestar auxílio a criminoso, a fim de tornar seguro o proveito do crime.

Prestar auxílio significa ajudar, socorrer. O agente, portanto, auxilia o autor da infração penal, a que o artigo denomina *criminoso*, a preservar, a conservar o proveito do crime. *Proveito*, esclarece Hungria:

"No sentido em que é empregado o vocábulo no texto legal, é toda vantagem ou utilidade, material ou moral, obtida ou esperada em razão do crime anterior, seja direta ou indiretamente: tanto o *produto* do crime (ex.: a *res furtiva*) ou o *resultado* dele (ex.: a posse de menor raptada), quanto a coisa que venha a substituir a que foi objeto material do crime (ex.: o ouro resultante da fusão das joias subtraídas, ou a coisa que veio a ser comprada com o dinheiro furtado), ou, finalmente, o *pretium criminis*. Os *instrumenta sceleris* não são proveito do crime:

sua guarda clandestina ou ocultação, porém, se praticada com o fim de despistar a perseguição do criminoso, será favorecimento real."[154]

Para que ocorra o favorecimento real, não poderá o agente ter, de alguma forma, concorrido para o crime anterior, que culminou com seu proveito. Assim, embora o art. 349 mencione o termo *coautoria*, na verdade, quer significar *concurso de pessoas*, abrangendo suas duas modalidades, isto é, a coautoria e a participação. O Código Penal utiliza o termo *coautoria* porque o mencionado artigo ainda faz parte daqueles que foram criados pelo Código de 1940, sendo que o Título IV de sua revogada Parte Geral cuidava do concurso de pessoas sob a denominação *coautoria*. Dessa forma, a coautoria seria o gênero, do qual seriam espécies a coautoria, em sentido estrito, e a participação.

Não poderá o agente, portanto, ter concorrido, de qualquer modo, para o crime anterior.

Também menciona o citado art. 349 que não poderá ter havido receptação. Damásio de Jesus, com precisão, elenca as diferenças entre o favorecimento real e a receptação:

"1º) no favorecimento real o sujeito age exclusivamente em favor do autor do delito antecedente; na receptação, age em proveito próprio ou de terceiro, que não o autor do crime anterior;

2º) no favorecimento o proveito pode ser econômico ou moral; na receptação o proveito só pode ser econômico;

3º) no favorecimento real a ação do sujeito visa ao autor do crime antecedente; na receptação a conduta incide sobre o objeto material do crime anterior."[155]

Merece ser ressaltado, ainda, que o art. 349 do Código Penal vale-se da expressão *proveito de crime*, ficando afastado do tipo penal em estudo qualquer proveito que diga respeito, por exemplo, à prática de contravenção penal.

12.2 Classificação doutrinária

Crime comum com relação ao sujeito ativo e próprio no que diz respeito ao sujeito passivo; doloso; comissivo (podendo, no entanto, ser praticado via omissão imprópria, nos termos do art. 13, § 2º, do Código Penal); de forma livre; instantâneo; monossubjetivo; plurissubsistente; transeunte.

12.3 Sujeito ativo e sujeito passivo

Qualquer pessoa pode ser *sujeito ativo* do delito de *favorecimento real*, não exigindo o tipo penal em estudo nenhuma qualidade ou condição especial.

O *sujeito passivo* é o Estado.

12.4 Objeto material e bem juridicamente protegido

A Administração Pública é o bem juridicamente protegido pelo tipo penal que prevê o delito de *favorecimento real* ou, mais especificamente, a administração da Justiça.

O objeto material é o proveito do crime.

---

[154] HUNGRIA, Nélson. *Comentários ao código penal*, v. IX, p. 510.
[155] JESUS, Damásio E. de. *Direito penal*, v. 4, p. 300.

12.5 Consumação e tentativa

O delito se consuma, como adverte Fragoso, "no momento e no lugar em que o auxílio idôneo for prestado pelo agente, ainda que a pessoa beneficiada não tenha conseguido o objetivo visado".[156]

Tratando-se de crime plurissubsistente, será possível o raciocínio relativo à tentativa.

12.6 Elemento subjetivo

O dolo é o elemento subjetivo exigido pelo tipo penal em estudo, não havendo previsão para a modalidade de natureza culposa.

Assim, se o agente, por exemplo, empresta ao autor do crime um galpão, com a finalidade de guardar vários aparelhos eletrônicos sem ter o conhecimento de que esses objetos haviam sido furtados, o fato será considerado um indiferente penal, tendo em vista que o erro do agente terá o condão de afastar o dolo e, consequentemente, o próprio delito de favorecimento real.

12.7 Modalidades comissiva e omissiva

A conduta de prestar auxílio importa em um comportamento comissivo por parte do agente. No entanto, o delito poderá ser praticado via omissão imprópria na hipótese em que o garantidor, dolosamente, podendo, nada fizer para evitar a prática da infração penal, devendo responder pelo delito de favorecimento real, nos termos preconizados pelo art. 13, § 2º, do Código Penal.

12.8 Pena, ação penal, competência para julgamento e suspensão condicional do processo

A pena cominada ao delito de *favorecimento real* é de detenção, de 1 (um) a 6 (seis) meses, e multa.

A ação penal é de iniciativa pública incondicionada.

Compete, pelo menos inicialmente, ao Juizado Especial Criminal o processo e julgamento do delito de *favorecimento real*, em virtude da pena máxima cominada em abstrato, que não ultrapassa o limite de 2 (dois) anos, imposto pelo art. 61 da Lei nº 9.099/95, conforme alteração determinada pela Lei nº 11.313, de 28 de junho de 2006.

Será possível, também, a confecção de proposta de suspensão condicional do processo, nos termos do art. 89 da Lei nº 9.099/95.

12.9 Destaques

12.9.1 Alegação de inexigibilidade de conduta diversa por parentes próximos

Pode ocorrer que o agente solicite a alguma daquelas pessoas elencadas no § 2º do art. 348 do Código Penal que lhe preste auxílio destinado a tornar seguro o proveito do crime. Nesse caso, poderia ser validada a tese da inexigibilidade de conduta diversa, tal como defendemos quando do estudo do delito de favorecimento pessoal? Aqui, a resposta só pode ser negativa. Uma coisa é você deixar de ajudar uma pessoa que lhe é muito próxima, a exemplo de um pai para com seu filho, evitando sua prisão, e outra, bem diferente, é auxiliá-la para que tenha sucesso no resultado final da sua empresa criminosa.

---

[156] FRAGOSO, Heleno Cláudio. *Lições de direito penal*, v. 2, p. 535.

Nesse caso, não podemos adotar a tese da inexigibilidade de conduta diversa, mesmo supralegal, com a finalidade de eliminar a culpabilidade, pois que a conduta praticada, mesmo que por ascendente, descendente, cônjuge ou irmão, é reprovável e, portanto, merece responsabilização penal.

12.9.2 Favorecimento real e Código Penal Militar

O delito de favorecimento real veio previsto no Código Penal Militar (Decreto-Lei nº 1.001, de 21 de outubro de 1969), conforme se verifica pela leitura do seu art. 351, punindo com pena de detenção, de três meses a um ano, aquele que prestar a criminoso, fora dos casos de coautoria ou de receptação, auxílio destinado a tornar seguro o proveito do crime.

12.10 Quadro-resumo

Sujeitos
» Ativo: qualquer pessoa.
» Passivo: é o Estado.

Objeto material
É o proveito do crime.

Bem(ns) juridicamente protegido(s)
É a Administração Pública ou, mais especificamente, a administração da justiça. Qualquer pessoa pode ser sujeito ativo.

Elemento subjetivo
Dolo, não havendo previsão para a modalidade de natureza culposa.

Modalidades comissiva e omissiva
A conduta de prestar auxílio importa em um comportamento comissivo por parte do agente, podendo, no entanto, ser praticada via omissão imprópria.

Consumação e tentativa
» O delito se consuma "no momento e no lugar em que o auxílio idôneo for prestado pelo agente, ainda que a pessoa beneficiada não tenha conseguido o objetivo visado" (FRAGOSO, 1984, p. 535).
» A tentativa é admissível.

13. INGRESSO, PROMOÇÃO, INTERMEDIAÇÃO, AUXÍLIO OU FACILITAÇÃO DE ENTRADA DE APARELHO TELEFÔNICO DE COMUNICAÇÃO MÓVEL, DE RÁDIO OU SIMILAR, SEM AUTORIZAÇÃO LEGAL, EM ESTABELECIMENTO PRISIONAL

Art. 349-A. Ingressar, promover, intermediar, auxiliar ou facilitar a entrada de aparelho telefônico de comunicação móvel, de rádio ou similar, sem autorização legal, em estabelecimento prisional.
Pena – detenção, de 3 (três) meses a 1 (um) ano.

13.1 Introdução

Em tese, a pena tem por finalidade a reprovação e a prevenção do crime. Dentre as finalidades preventivas, destaca-se a chamada prevenção especial negativa, que diz respeito ao fato de que com o cumprimento da pena, o Estado, momentaneamente, segrega o agente do convívio em sociedade, impedindo, assim, que venha a praticar novos crimes.

Esse raciocínio, no Brasil, tem sido pulverizado. Isso porque, devido à corrupção no sistema prisional, temos presenciado, através dos meios de comunicação, o fato de que os condenados, mesmo dentro de suas celas, continuam a praticar infrações penais, a exemplo do uso e tráfico de drogas, estupros, lesões corporais, homicídios, extorsões etc.

Os condenados, embora segregados do convívio em sociedade, muitas vezes continuam a praticar as mesmas infrações penais que cometiam quando estavam em liberdade. Para que isso ocorra, a comunicação *extra muros* é de fundamental importância. Mesmo que possam, ainda, se valer das cartas redigidas à mão, a tecnologia permite que esse contato se dê com mais rapidez, através do uso, por exemplo, de rádios ou de aparelhos celulares.

Para que esses aparelhos possam chegar, ilegalmente, às mãos do preso, existem somente dois caminhos. O primeiro deles, que sejam fornecidos por alguém que trabalhe no próprio estabelecimento prisional, que, como regra, responderá pelo delito de corrupção passiva, dependendo da hipótese concreta, pois, normalmente, essa entrega somente ocorre após o funcionário público receber alguma vantagem indevida. A segunda forma de fazer com que esses aparelhos cheguem até os presos é através de alguém de fora do sistema prisional.

Quando esses aparelhos de comunicação são colocados, sem autorização legal, à disposição dos presos, uma série de infrações penais são cometidas, desde extorsões, em que simulam, para as famílias das vítimas, o sequestro de seus parentes, e exigem o depósito de determinado valor em dinheiro, ou mesmo créditos para ligações telefônicas, até o comando do crime organizado.

Por isso, a repressão ao comportamento daquele que, de alguma forma, faz com que esses aparelhos de comunicação cheguem até o interior do estabelecimento prisional, torna-se necessária.

Visando, portanto, a impedir que o preso tenha, indevidamente, acesso a esses aparelhos de comunicação, a Lei nº 12.012, de 6 de agosto de 2009, inseriu o art. 349-A ao Código Penal, com a seguinte redação, *verbis*:

> **Art. 349-A.** Ingressar, promover, intermediar, auxiliar ou facilitar a entrada de aparelho telefônico de comunicação, de rádio ou similar, sem autorização legal, em estabelecimento prisional.
> Pena: detenção, de 3 (três) meses a 1 (um) ano.

Ingressar significa fazer com que efetivamente ingresse, entre no estabelecimento prisional; *promover* diz respeito a diligenciar, tomando as providências necessárias para a entrada; *intermediar* é interceder, intervir, servindo o agente como um intermediário entre o preso que deseja possuir o aparelho de comunicação e um terceiro, que se dispõe a fornecê-lo; auxiliar é ajudar de alguma forma; *facilitar* é remover os obstáculos, as dificuldades, permitindo a entrada do aparelho telefônico de comunicação móvel, de rádio ou similar, sem autorização legal.

Todos esses comportamentos proibidos pelo tipo penal em estudo têm por finalidade impedir a entrada de aparelho telefônico de comunicação móvel (celulares), de rádio (*walkie-talkies* etc.) ou similar (*pagers*, aparelhos que permitem o acesso à *internet* etc.) sem autorização legal, em estabelecimento prisional.

Por estabelecimento prisional podemos entender as penitenciárias, cadeias públicas, casas do albergado, enfim, qualquer estabelecimento que seja destinado ao recolhimento de presos, sejam eles provisório ou definitivamente condenados.

Conforme preleciona Rogério Sanches Cunha:

"Com a novel incriminação, na esteira do art. 319-A do CP, o tipo quer proibir não a *comunicabilidade* do preso com o mundo exterior, mas a *intercomunicabilidade*, isto é, a transmissão de informações entre pessoas (sendo, pelo menos uma, habitante prisional)."[157]

A criatividade daqueles que desejam fazer com que esses aparelhos de comunicação cheguem até os presos não tem limite. Todos os recursos são utilizados com essa finalidade. Muitas mulheres, nos dias de visita, introduzem partes de aparelhos telefônicos móveis em suas partes íntimas (vagina e ânus); parentes e amigos levam bolos, tortas, pães "recheados" com telefones celulares; até mesmo pombos-correios são utilizados para fazer chegar esses aparelhos até os presos.

É importante ressaltar que, embora, à primeira vista, o tipo penal tenha por destino aqueles que não fazem parte do sistema penitenciário, vale dizer, que não exercem qualquer função dentro do sistema prisional, não será impossível a sua aplicação a algum funcionário público que, sem receber qualquer vantagem com isso, de alguma forma facilite, por exemplo, a entrada desses aparelhos, ou mesmo que faça a intermediação entre o preso e alguém que se encontra fora do sistema.

No entanto, caso o funcionário público receba alguma vantagem indevida para, por exemplo, fazer chegar às mãos do preso – provisório ou definitivo – algum aparelho telefônico de comunicação móvel, de rádio ou similar, o fato se subsumirá ao tipo do art. 317 do Código Penal, que prevê o delito de corrupção passiva, cuja pena é significativamente maior do que aquela prevista para o delito em análise.

Para que ocorra este delito as condutas deverão ser levadas a efeito sem que, para tanto, haja *autorização legal*. Em havendo a mencionada autorização, o fato será considerado atípico.

Pela situação topográfica do artigo, podemos entendê-lo como uma modalidade especial de favorecimento real.

13.2 Classificação doutrinária

Crime comum, tendo em vista que o tipo penal não exige qualquer qualidade ou condição especial para o sujeito ativo; doloso; comissivo (no que diz respeito às condutas de ingressar, promover, intermediar, auxiliar e facilitar) e omissivo próprio (pois o núcleo *facilitar* permite os dois raciocínios); de forma livre; instantâneo; monossubjetivo; monossubsistente; não transeunte (haja vista a necessidade de ser apreendido o aparelho telefônico de comunicação móvel, de rádio ou similar).

13.3 Sujeito ativo e sujeito passivo

Qualquer pessoa poderá ser sujeito ativo do delito tipificado no art. 349-A do Código Penal, tendo em vista que o tipo penal não exige qualquer qualidade ou condição especial.

Merece ser frisado o fato de que é possível o próprio preso, que se encontra dentro do estabelecimento prisional, levar a efeito um dos comportamentos previstos pelo tipo penal em estudo. Renato Marcão, com a precisão que lhe é peculiar, adverte:

"Não se pode excluir a possibilidade de algum preso, por exemplo, quando do gozo de permissão de saída (art. 120 da LEP) ou de saída temporária (art. 122 da LEP), ao retornar praticar uma das condutas reguladas.

---

[157] CUNHA, Rogério Sanches. *Comentários à reforma penal de 2009 e a convenção de Viena sobre o direito dos tratados*, p. 31.

Mesmo estando preso, dentro dos limites de estabelecimento prisional fechado, é possível que o agente venha a *promover, intermediar ou auxiliar* a entrada de aparelho telefônico de comunicação móvel, de rádio ou similar, sem autorização legal, naquele estabelecimento prisional em que se encontrar ou em outro."[158]

Sujeito passivo é o Estado.

13.4 Objeto material e bem juridicamente protegido

A Administração Pública é o bem juridicamente protegido pelo tipo constante do art. 349-A do Código Penal e, mais especificamente, a administração da Justiça.

O objeto material é o aparelho telefônico de comunicação móvel, de rádio ou similar.

13.5 Consumação e tentativa

O delito se consuma quando, após a prática de qualquer das condutas previstas no tipo do art. 349-A do Código Penal (*ingressar, promover, intermediar, auxiliar ou facilitar*), o aparelho telefônico de comunicação móvel, de rádio ou similar chega, sem autorização legal, às mãos de alguém que se encontra preso no estabelecimento prisional.

Em sentido contrário, Rogério Sanches Cunha assevera que:

"O crime é de mera conduta, consumando-se com a prática de qualquer um dos núcleos, independentemente de se o aparelho chegou até seu destinatário."[159]

Em se tratando de um delito plurissubsistente, torna-se admissível a tentativa.

13.6 Elemento subjetivo

O dolo é o elemento subjetivo exigido pelo tipo penal em estudo, não havendo previsão para a modalidade culposa.

Embora não haja essa orientação expressa no tipo, as condutas previstas devem ser praticadas no sentido de fazer com que o aparelho telefônico de comunicação móvel, de rádio ou similar chegue às mãos daquele que se encontra preso no interior do estabelecimento prisional.

Assim, por exemplo, se alguém, mesmo que contrariando as normas expressas do sistema prisional, vier a fazer uma visita a alguém portando seu aparelho de telefone celular, como a finalidade do agente não era a de entregá-lo a algum detento que ali se encontrava encarcerado, o fato deverá ser considerado atípico, mesmo que, aparentemente, se amolde à figura constante do art. 349-A do Código Penal.

Da mesma forma, aquele que, por descuido, devido ao fato de portar mais de um aparelho celular, embora durante uma visita ao sistema penitenciário, tivesse deixado um deles aos cuidados da administração prisional, mas conseguisse, por uma falha na revista, nele ingressar com um segundo aparelho, não poderia responder pelo delito em estudo.

Como se percebe, para que alguém possa ser responsabilizado pelo delito em estudo, faz-se mister a demonstração de seu dolo, mesmo que não se consiga apontar, no caso

---

[158] MARCÃO, Renato. *Lei nº 12.012, de 6 de agosto de 2009: ingresso de aparelho de telefonia celular em estabelecimento penal.* Disponível em: <http://jusvi.com/artigos/41374> (acesso em 18/ago/2009).

[159] CUNHA, Rogério Sanches. *Comentários à reforma penal de 2009 e a convenção de Viena sobre o direito dos tratados*, p. 32.

concreto, quem seria o beneficiado com a entrada do aparelho telefônico de comunicação móvel, de rádio ou similar no estabelecimento prisional.

13.7 Modalidades comissiva e omissiva

Os núcleos *ingressar, promover, intermediar e auxiliar* pressupõem um comportamento comissivo por parte do agente, enquanto a conduta de *facilitar* pode ser entendida tanto comissiva, quanto omissivamente.

Assim, por exemplo, imagine a hipótese em que um agente penitenciário, encarregado de fazer a revista nos dias de visita aos presos de um determinado estabelecimento penitenciário, percebendo que alguém trazia consigo, escondido, costurado na bainha de sua calça jeans, um aparelho de telefone celular, nada faz para impedir a entrada do mencionado aparelho, sabendo que seria entregue a um dos detentos, que comandava o crime organizado de dentro daquele local.

Nesse caso, podemos, inclusive, visualizar o concurso de pessoas entre o agente e o preso, bem como aquele que ingressou no estabelecimento prisional com o telefone celular, mesmo que, por hipótese, os demais não soubessem que a entrada do aludido aparelho havia sido dolosamente facilitada pelo servidor público.

Como o núcleo *facilitar* pode ser entendido em um sentido amplo, entendemos que, *in casu*, esse comportamento, quando praticado omissivamente por aquele que tinha o dever de impedir o resultado, importará em uma omissão própria, já que o comportamento está expressamente previsto no tipo penal, não se cuidando, assim, de um delito comissivo por omissão (ou omissivo impróprio).

13.8 Pena, ação penal, competência para julgamento e suspensão condicional do processo

A pena cominada ao delito tipificado no art. 349-A do Código Penal é de detenção, de 3 (três) meses a 1 (um) ano.

A ação penal é de iniciativa pública incondicionada.

Tendo em vista a pena máxima cominada em abstrato, competirá, pelo menos inicialmente, ao Juizado Especial Criminal, o processo e julgamento do delito em exame.

Será possível a confecção de proposta de suspensão condicional do processo, nos termos do art. 89 da Lei nº 9.099/95.

13.9 Destaques

13.9.1 Falta grave

O inciso VII, acrescentado ao art. 50 da Lei de Execução Penal, assevera que comete falta grave o condenado à pena privativa de liberdade que tiver em sua posse, utilizar ou fornecer aparelho telefônico, de rádio ou similar, que permita a comunicação com outros presos ou com o ambiente externo.

13.9.2 Concurso de pessoas

Embora, à primeira vista, o art. 349-A do Código Penal seja dirigido a pessoas que não estejam nos estabelecimentos prisionais, entendemos que se o preso – provisório ou definitivo – houver solicitado o aparelho telefônico de comunicação móvel, de rádio ou similar, deverá ser responsabilizado pelo mencionado delito, aplicando-se, outrossim, a regra relativa ao art. 29 do Código Penal.

13.9.3 Omissão de dever de vedar ao preso o acesso a aparelho telefônico, de rádio ou similar

Caso o diretor de penitenciária e/ou agente público deixe de cumprir seu dever de vedar ao preso o acesso a aparelho telefônico, de rádio ou similar, que permita a comunicação com outros presos ou com o ambiente externo, deverá ser responsabilizado pelo delito tipificado no art. 319-A do Código Penal.

Devemos ressaltar que o diretor e o agente público não podem ter contribuído para o ingresso dos referidos aparelhos no sistema penitenciário, pois, caso contrário, responderão pelo delito previsto pelo art. 349-A do Código Penal.

13.10 Quadro-resumo

Sujeitos
» Ativo: qualquer pessoa.
» Passivo: é o Estado.

Objeto material
É o aparelho telefônico de comunicação móvel, de rádio ou similar.

Bem(ns) juridicamente protegido(s)
É a Administração Pública ou, mais especificamente, a administração da justiça.

Elemento subjetivo
Dolo, não havendo previsão para a modalidade culposa.

Modalidades comissiva e omissiva
Os núcleos ingressar, promover, intermediar e auxiliar pressupõem um comportamento comissivo por parte do agente, enquanto a conduta de facilitar pode ser entendida tanto comissiva, quanto omissivamente.

Consumação e tentativa
» O delito se consuma quando, após a prática de qualquer das condutas previstas no tipo penal, o aparelho telefônico de comunicação móvel, de rádio ou similar chega, sem autorização legal, às mãos de alguém que se encontra preso no estabelecimento prisional.
» É admissível a tentativa.

14. EXERCÍCIO ARBITRÁRIO OU ABUSO DE PODER

Exercício arbitrário ou abuso de poder
Art. 350. (Revogado pela Lei nº 13.869, de 05 de setembro de 2019.)

14.1 Introdução

Inicialmente, o art. 350 do Código havia sido revogado pelos tipos penais constantes dos arts. 3º e 4º da Lei nº 4.898, de 9 de dezembro de 1965, que regulou o direito de representação e o processo de responsabilidade administrativa, civil e penal nos casos de abuso de autoridade.

Apesar de ter surgido alguma controvérsia à época, como esclarece Rui Stoco, "tem a jurisprudência reiteradamente entendido que o art. 350 do CP foi absorvido pela Lei nº 4.898/65".[160]

Atualmente, o art. 350 foi revogado expressamente pelo art. 44 da Lei nº 13.869. de 5 de setembro de 2019, que dispôs sobre os crimes de abuso de autoridade.

15. FUGA DE PESSOA PRESA OU SUBMETIDA A MEDIDA DE SEGURANÇA

> **Fuga de pessoa presa ou submetida a medida de segurança**
> **Art. 351.** Promover ou facilitar a fuga de pessoa legalmente presa ou submetida a medida de segurança detentiva:
> Pena – detenção, de seis meses a dois anos.
> § 1º Se o crime é praticado a mão armada, ou por mais de uma pessoa, ou mediante arrombamento, a pena é de reclusão, de dois a seis anos.
> § 2º Se há emprego de violência contra pessoa, aplica-se também a pena correspondente à violência.
> § 3º A pena é de reclusão, de um a quatro anos, se o crime é praticado por pessoa sob cuja custódia ou guarda está o preso ou o internado.
> § 4º No caso de culpa do funcionário incumbido da custódia ou guarda, aplica-se a pena de detenção, de três meses a um ano, ou multa.

15.1 Introdução

O art. 144 da Constituição Federal diz que a segurança pública é um dever do Estado e, ao mesmo tempo, direito e responsabilidade de todos. Muitas vezes, para que essa segurança seja preservada, o Estado tem de lançar mão de uma de suas medidas mais drásticas, que é a privação da liberdade de um ser humano, que nasceu para ser livre.

Uma vez obedecidas as normas pertinentes, havendo necessidade, poderá o Estado-Juiz, portanto, determinar a prisão de alguém, ou a sua internação forçada em hospital de custódia e tratamento psiquiátrico, ou, à sua falta, outro estabelecimento adequado.

Alguém, no entanto, poderá insurgir-se contra tal decisão extrema, o que é normal. Contudo, deverá observar as "regras do jogo", isto é, a legislação pertinente, para efeitos de tentar trazer de volta à liberdade aquele que a teve cerceada em razão de uma decisão legítima do Estado, podendo solicitar a reconsideração ao próprio juiz que determinou a prisão ou a internação, recorrer a instâncias superiores, impetrar *habeas corpus* etc. O que não se admite é que o sujeito se valha de recursos ilegais e criminosos para colocar alguém em liberdade.

Por essa razão, foi criado o delito de *fuga de pessoa presa ou submetida a medida de segurança*, tipificado no art. 351 do Código Penal, do qual podemos destacar os seguintes elementos: *a)* a conduta de *promover* ou *facilitar* a fuga; *b)* de pessoa legalmente presa; *c)* ou submetida a medida de segurança detentiva.

Promover a fuga, assevera Hungria:

---
[160] STOCO, Rui. *Código penal e sua interpretação jurisprudencial*, v. 2, p. 36.

"É levá-la a efeito, praticando todos os atos necessários à sua execução, haja, ou não, prévia ciência do beneficiário. *Facilitar* a fuga é prestar auxílio à executada pelo próprio preso ou internado, como, por exemplo, fornecendo instrumentos (limas, serras, escadas, cordas etc.) ou meios de disfarce, ou instruções úteis. Não há confundir o auxílio prestado para a fuga-libertação (art. 351) e o prestado a criminoso em liberdade, para eximi-lo à ação da autoridade pública, pois, neste último caso, o que se apresenta é o crime de favorecimento pessoal (art. 348)."[161]

As condutas devem ser dirigidas em benefício de pessoa *legalmente* presa ou submetida a medida de segurança detentiva. Diz o inciso LXI do art. 5º da Constituição Federal que *ninguém será preso senão em flagrante delito ou por ordem escrita e fundamentada de autoridade judiciária competente, salvo nos casos de transgressão militar ou crime propriamente militar, definidos em lei.* O inciso LXVII do mesmo artigo constitucional diz ainda que *não haverá prisão civil por dívida, salvo a do responsável pelo inadimplemento voluntário e inescusável de obrigação alimentícia e a do depositário infiel.*

A prisão de natureza penal poderá ser *cautelar* (prisão em flagrante, prisão preventiva e prisão temporária)[162] ou *definitiva* (quando o agente já goza do *status* de condenado, após o trânsito em julgado da decisão condenatória), podendo estar sendo cumprida ou efetivada em qualquer estabelecimento carcerário (penitenciárias, delegacias de Polícia etc.).

Poderá, também, o sujeito estar preso *intramuros* ou *extramuros*, ou seja, dentro ou mesmo fora de um estabelecimento penal, a exemplo daquele que se encontra no interior de uma viatura policial, após ter sido preso em flagrante delito.

Medida de segurança detentiva é aquela que é cumprida em hospital de custódia e tratamento psiquiátrico ou, à falta, em outro estabelecimento adequado, conforme o disposto no art. 96, I, do Código Penal, aplicável, como regra, ao inimputável e, excepcionalmente, ao semi-imputável, de acordo com os arts. 97 e 98 do mesmo diploma repressivo.

Assim, somente aquele que atua no sentido de promover ou facilitar a fuga daquele que se encontra internado nos mencionados estabelecimentos, por determinação judicial, constante de um processo criminal, é que deverá ser responsabilizado pelo delito em estudo, pois estaremos diante de uma medida de segurança. Com isso queremos afirmar que se o agente, por exemplo, facilitar a fuga de alguém que havia sido internado em um hospital psiquiátrico por determinação de um juízo cível, que não diz respeito à aplicação de medida de segurança, o fato não se subsumirá ao tipo penal do art. 351.

15.2 Classificação doutrinária

Crime comum com relação ao sujeito ativo e próprio quanto ao sujeito passivo; doloso; comissivo (quanto às condutas de *promover* e *facilitar*), omissivo próprio (pois o núcleo *facilitar* pode ser entendido como omissivo próprio) ou, ainda, comissivo por omissão, na hipótese em que o agente, garantidor, dolosamente, nada fizer para evitar que o sujeito promova ou facilite a fuga de pessoa legalmente presa ou submetida a medida de segurança detentiva; instantâneo; de forma livre; monossubjetivo; plurissubsistente (como norma); transeunte.

---

[161] HUNGRIA, Nélson. *Comentários ao código penal*, v. IX, p. 518.

[162] A prisão em virtude de sentença penal condenatória recorrível e a prisão em virtude de sentença de pronúncia, que também se encontravam no rol das prisões de natureza cautelar, foram revogadas, respectivamente, pela Lei nº 11.719, de 20 de junho de 2008, e pela Lei nº 11.689, de 9 de junho de 2008.

15.3 Sujeito ativo e sujeito passivo

Qualquer pessoa pode ser *sujeito ativo* do delito de *fuga de pessoa presa ou submetida a medida de segurança*, uma vez que o tipo penal do art. 351 não exige nenhuma qualidade ou condição especial.

Sujeito passivo é o Estado.

15.4 Objeto material e bem juridicamente protegido

A Administração Pública é o bem juridicamente protegido pelo tipo penal que prevê o delito de *fuga de pessoa presa ou submetida a medida de segurança*, ou, mais especificamente, a administração da justiça.

O objeto material é pessoa presa ou submetida a medida de segurança detentiva.

15.5 Consumação e tentativa

O delito se consuma quando o preso ou aquele sujeito a medida de segurança detentiva consegue, efetivamente, fugir, ou seja, sair do local onde se encontrava sob a custódia do Estado por um espaço razoável de tempo.

Assim, não podemos entender como consumada a infração penal em estudo quando o preso ou sujeito submetido a medida de segurança detentiva, após ter sido promovida ou facilitada sua fuga pelo agente, é encontrado minutos após ter se evadido, ou se encontra sendo perseguido pelas autoridades, que haviam percebido o momento de sua fuga.

Nesses casos, por exemplo, entendemos que o delito restaria tentado, e, não, consumado.

15.6 Elemento subjetivo

O dolo é o elemento subjetivo exigido pelo tipo penal que prevê o delito de *fuga de pessoa presa ou submetida a medida de segurança*.

No entanto, tratando-se de funcionário público encarregado da custódia ou guarda do preso ou do sujeito submetido a medida de segurança detentiva, o fato poderá ser punido a título de culpa, nos termos preconizados pelo § 4º do art. 351 do Código Penal.

15.7 Modalidades comissiva e omissiva

Entendemos que o núcleo *promover* só pode ser praticado comissivamente; no entanto, a conduta de *facilitar* pode ser concebida tanto comissiva quanto omissivamente, tratando-se, neste último caso, de crime omissivo próprio.

Poderá o delito, ainda, ser praticado via omissão imprópria, na hipótese em que o garantidor, dolosamente, nada fizer para evitar a fuga que estiver sendo promovida ou facilitada pelo agente.

15.8 Modalidades qualificadas

Os §§ 1º e 3º do art. 351 do Código Penal preveem duas modalidades qualificadas do delito de *fuga de pessoa presa ou submetida a medida de segurança*, verbis:

> § 1º Se o crime é praticado a mão armada, ou por mais de uma pessoa, ou mediante arrombamento, a pena é de reclusão, de dois a seis anos.
> § 3º A pena é de reclusão, de um a quatro anos, se o crime é praticado por pessoa sob cuja custódia ou guarda está o preso ou o internado.

Mão armada, na verdade, significa o mesmo que *emprego de arma*, sendo que esta última pode ser própria, isto é, destinada, precipuamente, ao ataque e defesa, a exemplo do que ocorre com as pistolas, fuzis etc., ou imprópria, vale dizer, aquela cuja destinação precípua não é o ataque e defesa, mas que se presta a esse fim, como ocorre com as facas de cozinha, cacos de vidros, pedaços de pau etc.

Por mais de uma pessoa entende-se, pelo menos duas praticando atos tendentes a promover ou facilitar a fuga.

O *arrombamento*, ou seja, o rompimento de obstáculos materiais, pode ocorrer não somente, por exemplo, na cela onde o sujeito se encontra preso, como também em qualquer outro lugar que tenha por finalidade impedir a entrada ou saída de pessoas, podendo-se falar em arrombamento de janelas, portas ou, até mesmo, como lembra Hungria, "o arrombamento em 'carro forte' em que seja encerrado o detento para transporte constituirá *qualificativa*".[163]

Importa, ainda, em um juízo maior de censura quando quem promove ou facilita a fuga de pessoa legalmente presa ou submetida a medida de segurança detentiva é a pessoa sob cuja custódia ou guarda está o preso ou o internado, tal como ocorre com os policiais ou agentes penitenciários encarregados da vigilância dos presos ou funcionários que trabalham em manicômios judiciários, cuja função é cuidar das pessoas ali internadas.

15.9 Modalidade culposa

Como regra geral, não prevê a lei penal a modalidade culposa para o delito de *fuga de pessoa presa ou submetida a medida de segurança*.

No entanto, o fato ganha relevo quando quem atua culposamente é o funcionário incumbido da custódia ou guarda daquele que estava legalmente preso ou submetido a medida de segurança detentiva, sendo punido, nos termos do § 4º do art. 351 do Código Penal, com uma pena de detenção, de 3 (três) meses a 1 (um) ano, ou multa.

Assim, imagine-se a hipótese em que um agente penitenciário se esqueça de trancar a cela onde se encontrava um preso ou, mesmo, aquele que, durante o plantão, durma em serviço, facilitando a fuga daquele que se encontrava sob sua custódia.

15.10 Concurso de crimes

Se houver o emprego de violência contra pessoa, será aplicada também a pena correspondente à violência, nos termos previstos pelo § 2º do art. 351 do Código Penal, em concurso material de crimes.

15.11 Pena, ação penal, competência para julgamento e suspensão condicional do processo

A pena prevista para o *caput* do art. 351 do Código Penal é de detenção, de 6 (seis) meses a 2 (dois) anos.

Se o crime for praticado a mão armada, ou por mais de uma pessoa, ou mediante arrombamento, a pena é de reclusão, de 2 (dois) a 6 (seis) anos, conforme determina o § 1º do art. 351 do Código Penal.

Se há emprego de violência contra pessoa, aplica-se também a pena correspondente à violência, nos termos do § 2º do mesmo artigo.

---

[163] HUNGRIA, Nélson. *Comentários ao código penal*, v. IX, p. 518.

O § 3º do art. 351 do Código Penal comina uma pena de reclusão, de 1 (um) a 4 (quatro) anos, se o crime é praticado por pessoa sob cuja custódia ou guarda esteja o preso ou o internado.

No caso de culpa do funcionário incumbido da custódia ou guarda, aplica-se a pena de detenção, de 3 (três) meses a 1 (um) ano, ou multa, nos termos do § 4º do art. 351 do Código Penal.

A ação penal é de iniciativa pública incondicionada.

Compete, pelo menos inicialmente, ao Juizado Especial Criminal o processo e julgamento da infração penal constante do *caput*, bem como do § 4º do art. 351 do Código Penal, em virtude das penas máximas cominadas em abstrato, que não ultrapassam o limite de 2 (dois) anos, imposto pelo art. 61 da Lei nº 9.099/95, conforme alteração determinada pela Lei nº 11.313, de 28 de junho de 2006.

Será possível, também, a confecção de proposta de suspensão condicional do processo, nos termos do art. 89 da Lei nº 9.099/95, para os delitos previstos no *caput* e §§ 3º e 4º do art. 351 do Código Penal.

15.12 Destaque

15.12.1 Fuga de preso ou internado e Código Penal Militar

O delito de fuga de preso ou internado veio previsto no Código Penal Militar (Decreto-Lei nº 1.001, de 21 de outubro de 1969), conforme se verifica pela leitura do seu art. 178, punindo com pena de detenção, de seis meses a dois anos, aquele que promover ou facilitar a fuga de pessoa legalmente presa ou submetida à medida de segurança detentiva.

15.13 Quadro-resumo

Sujeitos
» Ativo: qualquer pessoa.
» Passivo: é o Estado.

Objeto material
É pessoa presa ou submetida à medida de segurança detentiva.

Bem(ns) juridicamente protegido(s)
É a Administração Pública ou, mais especificamente, a administração da justiça.

Elemento subjetivo
Dolo.

Modalidades comissiva e omissiva
» Entendemos que o núcleo promover somente pode ser praticado comissivamente. No entanto, a conduta de facilitar pode ser concebida tanto comissiva quanto omissivamente, tratando-se, neste último caso, de crime omissivo próprio.
» Poderá o delito, ainda, ser praticado via omissão imprópria.

> **Consumação e tentativa**
> » O delito se consome quando o preso ou aquele sujeito à medida de segurança detentiva consegue, efetivamente, fugir, ou seja, sair do local onde se encontrava sob a custódia do Estado por um espaço razoável de tempo.
> » A tentativa é admissível.

16. EVASÃO MEDIANTE VIOLÊNCIA CONTRA PESSOA

> **Evasão mediante violência contra pessoa**
> **Art. 352.** Evadir-se ou tentar evadir-se o preso ou o indivíduo submetido a medida de segurança detentiva, usando de violência contra a pessoa:
> Pena – detenção, de três meses a um ano, além da pena correspondente à violência.

16.1 Introdução

A liberdade, como dissemos, é um dos bens mais preciosos do ser humano. No entanto, se alguém vier a praticar uma infração penal, ou mesmo um injusto típico, não culpável, poderá ver limitado esse direito, ficando preso ou submetido a medida de segurança detentiva.

Alguns autores dizem que, quando preso, o ser humano teria "direito" a tentar fugir para recuperar o seu *status* natural. Carrara diz que "o réu que para fugir emprega artifícios ou se aproveita da negligência daqueles que são encarregados de sua custódia, obedece a uma lei natural e deve ficar perdoado".[164]

A legislação penal brasileira não pune a evasão ou mesmo a simples tentativa de evasão do preso ou do indivíduo submetido a medida de segurança detentiva. O fato somente passa a ter relevo para o Direito Penal quando, para fugir, o agente utiliza violência contra a pessoa, conforme o disposto no art. 352 do Código Penal.

O mencionado artigo, no entanto, elevou ao *status* de crime consumado a mera tentativa de evasão, desde que empregada violência contra a pessoa. Assim, o evadir ou tentar evadir-se o preso ou o indivíduo submetido a medida de segurança detentiva terão a mesma resposta penal, desde que praticados com o emprego de violência contra a pessoa.

Não haverá a infração penal em estudo se a violência for praticada contra coisa, na hipótese em que um preso, por exemplo, vier a destruir as grades da cela em que se encontrava recolhido, podendo, neste caso, ser responsabilizado pelo crime de dano qualificado, nos termos do art. 163, parágrafo único, inciso III, do Código Penal. Da mesma forma, em obediência ao princípio da legalidade, não poderá ser responsabilizado pelo delito de *evasão mediante violência contra pessoa* o preso que, ameaçando o agente penitenciário, fazendo-o crer que poderia determinar a morte de toda sua família, dele consegue as chaves necessárias para poder evadir-se daquele estabelecimento penal.

A evasão ou tentativa violenta de evasão poderá ocorrer *intramuros* ou *extramuros*.

A diferença entre a evasão e a tentativa de evasão deverá ser levada a efeito no momento da aplicação da pena. Não que a tentativa deva ser reconhecida como causa obrigatória de redução de pena, pois o delito em exame se amolda à ressalva constante do parágrafo único do art. 14 do Código Penal. No entanto, na fixação da pena-base, no momento de avaliação das circunstâncias judiciais, a efetiva evasão deverá ensejar punição maior do que a mera tentativa de evasão, embora as duas tenham recebido idêntico tratamento pelo art. 352 do Código Penal.

---

[164] CARRARA, Francesco. *Programa de derecho criminal*, v. 7, p. 392.

16.2 Classificação doutrinária

Crime próprio, tanto com relação ao sujeito ativo quanto ao sujeito passivo; doloso, comissivo (podendo, no entanto, ser cometido via omissão imprópria, nos termos do art. 13, § 2º, do Código Penal); instantâneo; de forma livre; monossubjetivo; plurissubsistente; transeunte; de atentado ou empreendimento.

16.3 Sujeito ativo e sujeito passivo

Somente o preso ou o indivíduo submetido a medida de segurança detentiva é que poderá ser considerado *sujeito ativo* do delito de *evasão mediante violência contra pessoa*.
O sujeito passivo é o Estado.

16.4 Objeto material e bem juridicamente protegido

A Administração Pública é o bem juridicamente protegido pelo tipo penal que prevê o delito de *evasão mediante violência contra a pessoa* ou, mais especificamente, a administração da Justiça.
O objeto material é a pessoa que foi vítima da violência.

16.5 Consumação e tentativa

O delito se consuma quando o agente consegue evadir-se ou, pelo menos, dá início à execução de sua fuga, usando violência contra a pessoa.
O delito tipificado no art. 352 do Código Penal se amolda à ressalva constante do parágrafo único do art. 14 do mesmo diploma legal, que diz:

> **Parágrafo único.** Salvo disposição em contrário, pune-se a tentativa com a pena correspondente ao crime consumado, diminuída de um a dois terços.

Trata-se, portanto, de exceção à regra geral, segundo a qual, de acordo com a teoria objetiva temperada, moderada ou matizada, adotada pelo mencionado parágrafo único, a tentativa é elevada ao *status* de delito consumado, impedindo-se, com isso, a redução no terceiro momento do critério trifásico de aplicação da pena, previsto pelo art. 68 do Código Penal.

16.6 Elemento subjetivo

O dolo é o elemento subjetivo exigido pelo tipo penal que prevê o delito de *evasão mediante violência contra pessoa*, não havendo previsão para a modalidade de natureza culposa.

16.7 Modalidades comissiva e omissiva

Os núcleos *evadir* e *tentar evadir* pressupõem um comportamento comissivo por parte do agente.
No entanto, o delito poderá ser praticado via omissão imprópria na hipótese em que o agente, garantidor, dolosamente, podendo, nada fizer para evitar a fuga violenta do preso ou do indivíduo submetido a medida de segurança detentiva.
Assim, imagine-se a hipótese em que um agente penitenciário, após perceber que um de seus colegas havia sido capturado pelos presos que, após o agredirem, tomaram dele as chaves da carceragem e fugiram. Mesmo devendo e podendo, o agente, entretanto, insatisfeito com suas condições de trabalho, nada faz para evitar a fuga, devendo, *in casu*, ser responsabilizado pelo delito tipificado no art. 352 do Código Penal, nos termos do art. 13, § 2º, do diploma repressivo.

16.8 Concurso de crimes

Tendo em vista o disposto na parte final do preceito secundário do art. 352 do Código Penal, deverá ser aplicada a regra do concurso material entre os crimes de *evasão mediante violência contra pessoa* e aquele resultante da violência.

16.9 Pena, ação penal, competência para julgamento e suspensão condicional do processo

A pena cominada ao delito de *evasão mediante violência contra a pessoa* é de detenção, de 3 (três) meses a 1 (um) ano, além da pena correspondente à violência.

A ação penal é de iniciativa pública incondicionada.

Compete, pelo menos inicialmente, ao Juizado Especial Criminal o processo e julgamento da infração penal em estudo, em virtude da pena máxima cominada em abstrato, que não ultrapassa o limite de 2 (dois) anos, imposto pelo art. 61 da Lei nº 9.099/95, conforme alteração determinada pela Lei nº 11.313, de 28 de junho de 2006.

Será possível, também, a confecção de proposta de suspensão condicional do processo, nos termos do art. 89 da Lei nº 9.099/95.

16.10 Destaque

16.10.1 Evasão de preso ou internado e Código Penal Militar

O delito de evasão de preso ou internado veio previsto no Código Penal Militar (Decreto-Lei nº 1.001, de 21 de outubro de 1969), conforme se verifica pela leitura do seu art. 180, punindo com pena de detenção, de um a dois anos, além da correspondente à violência, o preso ou internado que se evadir, ou tentar se evadir, usando de violência contra a pessoa.

16.11 Quadro-resumo

Sujeitos
» Ativo: somente o preso ou o indivíduo submetido a medida de segurança detentiva.
» Passivo: é o Estado.

Objeto material
É a pessoa que foi vítima da violência.

Bem(ns) juridicamente protegido(s)
É a Administração Pública ou, mais especificamente, a administração da justiça.

Elemento subjetivo
Dolo, não havendo previsão para a modalidade de natureza culposa.

Modalidades comissiva e omissiva
Os núcleos evadir e tentar evadir pressupõem um comportamento comissivo por parte do agente, podendo, no entanto, o delito ser praticado via omissão imprópria.

> **Consumação e tentativa**
> » O delito se consuma quando o agente consegue evadir-se ou pelo menos dá início à execução de sua fuga, usando violência contra a pessoa.
> » A tentativa receberá, *ab initio*, a mesma pena correspondente ao crime consumado.

17. ARREBATAMENTO DE PRESO

> **Arrebatamento de preso**
> **Art. 353.** Arrebatar preso, a fim de maltratá-lo, do poder de quem o tenha sob custódia ou guarda:
> Pena – reclusão, de um a quatro anos, além da pena correspondente à violência.

17.1 Introdução

Somos informados, por intermédio da imprensa, de fatos que nos causam preocupação. A sociedade, de um lado, amedrontada com o aumento da criminalidade; do outro, bandidos cada vez mais ousados e cruéis. Em muitos casos, a população se revolta e tenta fazer justiça com as próprias mãos, castigando fisicamente aqueles que praticaram uma infração penal.

Com a finalidade de inibir esse tipo de comportamento, foi criado o delito de *arrebatamento de preso*, previsto no art. 353 do Código Penal. De acordo com a redação típica, podemos apontar os seguintes elementos: *a)* a conduta de arrebatar preso; *b)* a fim de maltratá-lo, do poder de quem o tenha sob custódia ou guarda.

Arrebatar significa tomar das mãos, arrancar, tirar. A conduta do agente, portanto, é dirigida finalisticamente no sentido de arrebatar *preso*, isto é, aquele que já se encontra sob a custódia ou guarda do Estado.

Trata-se de crime formal, de consumação antecipada, não havendo necessidade que o agente, efetivamente, consiga maltratar o preso, bastando, no entanto, que aja com essa finalidade.

Conforme lições de Hungria, "os *maus-tratos* têm variada casuística, indo desde as vias de fato vexatórias até o extremo do *linchamento* (que ultimamente tem ocorrido com certa e alarmante frequência)".[165]

Para que ocorra o delito em estudo, é necessário que o preso esteja sob a custódia ou guarda do Estado, podendo o fato acontecer *intramuros* ou *extramuros*, ou seja, dentro ou fora de um estabelecimento prisional, a exemplo do sujeito que quer arrancar do interior de uma viatura policial alguém que havia estuprado uma criança, e que tinha sido preso em flagrante delito, com a finalidade de agredi-lo.

Note-se que o art. 353 do Código Penal somente faz menção ao *preso*, e, não, ao indivíduo submetido a medida de segurança detentiva, sendo essa uma falha que não pode ser reparada por meio do recurso da analogia, posto que utilizada *in malam partem*.

17.2 Classificação doutrinária

Crime comum com relação ao sujeito ativo e próprio quanto ao sujeito passivo; doloso, comissivo (podendo, no entanto, ser cometido via omissão imprópria, nos termos do art. 13, § 2º, do Código Penal); instantâneo; de forma livre; monossubjetivo; plurissubsistente; transeunte.

---

[165] HUNGRIA, Nélson. *Comentários ao código penal*, v. IX, p. 521.

17.3 Sujeito ativo e sujeito passivo

Qualquer pessoa pode ser *sujeito ativo* do delito de *arrebatamento de preso*, uma vez que o tipo penal do art. 353 não exige nenhuma qualidade ou condição especial.

O *sujeito passivo* é o Estado, bem como o preso que foi arrebatado.

17.4 Objeto material e bem juridicamente protegido

A Administração Pública é o bem juridicamente protegido pelo tipo penal que prevê o delito de *arrebatamento de preso* ou, mais especificamente, a administração da Justiça.

O objeto material é o preso que foi arrebatado com a finalidade de ser maltratado.

17.5 Consumação e tentativa

O delito se consuma com o efetivo arrebatamento, ou seja, com a retirada do preso do poder de quem o tenha sob custódia ou guarda, independentemente do fato de ter o agente conseguido maltratá-lo, uma vez que se cuida de um crime formal.

Tratando-se de crime plurissubsistente, será possível o reconhecimento da tentativa.

17.6 Elemento subjetivo

O dolo é o elemento subjetivo exigido pelo tipo do art. 353 do Código Penal, não havendo previsão para a modalidade de natureza culposa.

O agente, portanto, para que responda pelo delito de *arrebatamento de preso*, deverá conhecer todos os elementos que integram a figura típica, pois, caso contrário, poderá ser arguido o erro de tipo. Assim, imagine-se a hipótese daquele que, após ter sido vítima de um crime de roubo, percebendo que o autor do crime contra o patrimônio havia sido preso por populares, desconhecendo o fato de que já se encontrava sob a custódia do Estado, pois ali somente se encontravam policiais civis não fardados, arrebata o meliante com a finalidade de maltratá-lo. Nesse caso, o agente somente poderia ser responsabilizado pela violência praticada ou mesmo pela sua tentativa, não podendo responder pelo delito de *arrebatamento de preso*, em face do seu desconhecimento no que dizia respeito ao fato de este último já se encontrar sob a custódia do Estado, uma vez que estamos diante de um crime contra a administração da Justiça.

17.7 Modalidades comissiva e omissiva

O núcleo *arrebatar* pressupõe um comportamento comissivo por parte do agente.

No entanto, o delito poderá ser praticado via omissão imprópria na hipótese em que o agente, garantidor, dolosamente, podendo, nada fizer para evitar o arrebatamento do preso que estava sob sua custódia ou guarda, devendo responder pelo delito tipificado no art. 353 do Código Penal, nos termos preconizados pelo art. 13, § 2º, do mesmo diploma legal.

17.8 Concurso de crimes

Tendo em vista o disposto na parte final do preceito secundário do art. 353 do Código Penal, deverá ser aplicada a regra do concurso material entre os crimes de *arrebatamento de preso* e aquele resultante da violência.

17.9 Pena, ação penal e suspensão condicional do processo

A pena cominada ao delito de *arrebatamento de preso* é de reclusão, de 1 (um) a 4 (quatro) anos, além da pena correspondente à violência.

A ação penal é de iniciativa pública incondicionada.

Será possível a confecção de proposta de suspensão condicional do processo, nos termos do art. 89 da Lei nº 9.099/95.

17.10 Destaque

17.10.1 Arrebatamento de preso ou internado e Código Penal Militar

O delito de arrebatamento de preso ou internado veio previsto no Código Penal Militar (Decreto-Lei nº 1.001, de 21 de outubro de 1969), conforme se verifica pela leitura do seu art. 181, punindo com pena de reclusão, de até quatro anos, além da correspondente à violência, aquele que arrebatar preso ou internado, a fim de maltratá-lo, do poder de quem o tenha sob guarda ou custódia militar.

17.11 Quadro-resumo

Sujeitos
» Ativo: qualquer pessoa.
» Passivo: Estado, bem como o preso que foi arrebatado.

Objeto material
É o preso que foi arrebatado com a finalidade de ser maltratado.

Bem(ns) juridicamente protegido(s)
É a Administração Pública ou, mais especificamente, a administração da justiça.

Elemento subjetivo
Dolo, não havendo previsão para a modalidade de natureza culposa.

Modalidades comissiva e omissiva
O núcleo arrebatar pressupõe um comportamento comissivo por parte do agente, podendo, no entanto, ser praticado via omissão imprópria.

Consumação e tentativa
» O delito se consuma com o efetivo arrebatamento, ou seja, com a retirada do preso do poder de quem o tenha sob custódia ou guarda, independentemente do fato de ter o agente conseguido maltratá-lo, uma vez que se cuida de um crime formal.
» A tentativa é admissível.

18. MOTIM DE PRESOS

Motim de presos
Art. 354. Amotinarem-se presos, perturbando a ordem ou disciplina da prisão:
Pena – detenção, de 6 seis meses a dois anos, além da pena correspondente à violência.

18.1 Introdução

As rebeliões em cadeias públicas e penitenciárias têm acontecido com constante frequência. Presos se rebelam por inúmeros motivos, tenham eles justificativa ou não. Podem reivindicar desde um tempo maior para o banho de sol, até a permanência de um perigoso membro de uma facção criminosa, a fim de darem continuidade, mesmo que *intramuros*, aos seus negócios ilícitos, a exemplo do que ocorre com o tráfico de drogas.

Também é do conhecimento de todos que o Estado, o pior dos administradores, na maioria das vezes, não cumpre sua parte no sentido de fazer com que a privação da liberdade de alguém seja levada a efeito nos exatos limites impostos pela lei. Quem já entrou em algum presídio ou mesmo em uma cadeia pública com carceragem superlotada, percebe, com muita tranquilidade, que, não raras as vezes, os motins acontecem em razão das condições desumanas com que os presos são tratados. Na verdade, parecem mais mercadorias, que ficam empilhadas umas sobre as outras.

No entanto, o Estado deve manter a ordem e não pode permitir que a sua administração fique pior do que já se encontra. Os presos devem cumprir regras de comportamento, ditadas pela lei. Quando se rebelam, descumprindo as normas do cárcere, pode surgir o delito de *motim de presos*, tipificado no art. 354 do Código Penal. De acordo com a redação da mencionada figura típica, podemos apontar os seguintes elementos: *a)* a conduta de se amotinarem os presos; *b)* perturbando a ordem ou a disciplina da prisão.

O núcleo *amotinar* tem o sentido de revolta, alvoroço, agito. O art. 354 do Código Penal usa no plural a palavra *preso*, querendo significar, com isso, que estamos diante de um crime de concurso necessário, de condutas convergentes, isto é, praticadas com a mesma finalidade. Assim, para que ocorra a infração penal em estudo, será preciso que o motim seja praticado, no mínimo, por dois presos, embora, dificilmente, o motim ocorra com um número tão insignificante de pessoas.

Não existirá o delito se o motim ocorrer entre pessoas que não gozem do *status* de preso, seja ele provisório ou definitivo, a exemplo do que ocorre com aqueles sujeitos a medida de segurança detentiva.

A conduta praticada pelos presos amotinados deve perturbar a *ordem* ou a *disciplina* da prisão. A prisão, como já deixamos antever, diz respeito a qualquer estabelecimento prisional, isto é, não há necessidade de que o motim ocorra no interior de uma penitenciária, podendo ser levado a efeito em delegacias de Polícia, ou mesmo no interior de um ônibus, cuja finalidade seja realizar o transporte de presos.

Vale, no entanto, a ressalva feita por Hungria, quando diz:

"Cumpre não confundir atitudes coletivas de irreverência ou desobediência *ghândica* com o motim propriamente dito, que não se configura se não assume o caráter *militante* de violências contra os funcionários internos e depredações contra o respectivo edifício ou instalações, com grave perturbação da ordem ou disciplina da prisão."[166]

O inciso IV do art. 39 da Lei de Execuções Penais (LEP) diz que constitui um dever do condenado ou mesmo do preso provisório ter uma conduta oposta aos movimentos individuais ou coletivos de fuga ou de subversão à ordem ou à disciplina, fatos esses que, se levados a efeito, importarão em falta grave, nos termos preconizados pelos incisos I e II do art. 50 do mesmo diploma legal.

---

[166] HUNGRIA, Nélson. *Comentários ao código penal*, v. IX, p. 522.

18.2 Classificação doutrinária

Crime próprio, tanto com relação ao sujeito ativo quanto ao sujeito passivo; doloso; comissivo ou omissivo próprio (dependendo do modo como o crime é praticado); de forma livre; permanente; plurissubjetivo (pois exige o concurso de mais de uma pessoa para que possa se configurar); monossubsistente ou plurissubsistente (pois poderá ou não haver o fracionamento do *iter criminis* no caso concreto).

18.3 Sujeito ativo e sujeito passivo

Somente os presos podem ser *sujeitos ativos* do delito tipificado no art. 354 do Código Penal.

O *sujeito passivo* é o Estado e, eventualmente, alguém que for vítima da violência praticada durante o motim.

18.4 Objeto material e bem juridicamente protegido

A Administração Pública é o bem juridicamente protegido pelo tipo penal que prevê o delito de *motim de presos*, ou, mais especificamente, a administração da Justiça.

Não há objeto material.

18.5 Consumação e tentativa

O delito se consuma quando, com o motim dos presos, ou seja, com a reunião tumultuária, ocorre a efetiva perturbação da ordem ou disciplina da prisão.

Embora seja difícil a sua ocorrência, será possível o reconhecimento da tentativa, haja vista tratar-se de crime plurissubsistente.

18.6 Elemento subjetivo

O dolo é o elemento subjetivo exigido pelo tipo do art. 354 do Código Penal, não havendo previsão para a modalidade de natureza culposa.

18.7 Modalidades comissiva e omissiva

A conduta de se amotinar pode ser praticada tanto comissiva quanto omissivamente, pois, conforme esclarece Guilherme de Souza Nucci, "embora o verbo *amotinar-se* tenha significado predominantemente comissivo, é perfeitamente possível uma rebelião passiva, caso os presos resolvam não sair de suas celas ou não desocupar o prédio interno, onde tomam banho de sol".[167]

18.8 Concurso de crimes

Tendo em vista o disposto na parte final do preceito secundário do art. 354 do Código Penal, deverá ser aplicada a regra do concurso material entre os crimes de *motim de presos* e aquele resultante da violência.

18.9 Pena, ação penal, competência para julgamento e suspensão condicional do processo

A pena cominada ao delito de *motim de presos* é de detenção, de 6 (seis) meses a 2 (dois) anos, além da pena correspondente à violência.

---

[167] NUCCI, Guilherme de Souza. *Código penal comentado*, p. 1.093.

A ação penal é de iniciativa pública incondicionada.

Compete, pelo menos inicialmente, ao Juizado Especial Criminal o processo e julgamento do delito tipificado no art. 354 do Código Penal, em virtude da pena máxima cominada em abstrato, que não ultrapassa o limite de 2 (dois) anos, imposto pelo art. 61 da Lei nº 9.099/95, conforme alteração determinada pela Lei nº 11.313, de 28 de junho de 2006.

Será possível, também, a confecção de proposta de suspensão condicional do processo, nos termos do art. 89 da Lei nº 9.099/95.

18.10 Destaques

18.10.1 Falta grave

A Lei nº 12.433, de 29 de junho de 2011, alterou o art. 127 da Lei de Execução Penal para prever que, em caso de falta grave, o juiz poderá revogar até 1/3 (um terço) do tempo remido, observado o disposto no art. 57, recomeçando a contagem a partir da data da infração disciplinar.

Nossos Tribunais Superiores têm decidido:

"Na espécie, tendo as instâncias ordinárias concluído que as provas são uníssonas em indicar a prática da falta grave cometida pela apenada, não há falar em aplicação indevida de sanção coletiva, sobretudo se a conduta da recorrente, que participou dos fatos, juntamente com outras apenadas, foi devidamente individualizada por meio dos testemunhos dos agentes penitenciários. No que tange à remição, o Tribunal *a quo* determinou a perda de 1/3 dos dias remidos de forma fundamentada, ressaltando, inclusive, a natureza especialmente grave da falta cometida, não havendo como reconhecer o apontado constrangimento ilegal" (STJ, AgRg no HC 532.071 / SP, Rel. Min. Reynaldo Soares da Fonseca, 5ª T., DJe 12/11/2019).

"Consolidou-se nesta Corte entendimento de que, com o advento da Lei nº 12.433, de 29 de junho de 2011, que alterou a redação do art. 127 da Lei nº 7.210/84, a prática de falta grave no curso da execução implica perda de até 1/3 (um terço) dos dias remidos, devendo o Juízo das Execuções aplicar a fração cabível à espécie, levando em conta a natureza, os motivos, as circunstâncias e as consequências do fato, bem como a pessoa do faltoso e seu tempo de prisão" (STJ, HC 338.188/SP, Rel. Min. Reynaldo Soares da Fonseca, 5ª T., DJe 08/06/2016).

"À luz da reiterada jurisprudência desta Corte Superior, o cometimento de falta grave acarreta a interrupção do prazo para a obtenção de benefícios em sede de execução penal, salvo no tocante ao livramento condicional (Súmula nº 441/STJ), comutação de pena e indulto (Súmula nº 535/STJ)" (STJ, HC 321.507/SP, Rel. Min. Jorge Mussi, 5ª T., DJe 12/05/2016).

"A remição na execução da pena constitui benefício submetido à cláusula *rebus sic stantibus* em que o condenado possui apenas a expectativa do direito de abater os dias trabalhados do restante da pena a cumprir, desde que não venha a ser punido com falta grave. A perda de até 1/3 dos dias remidos não pode alcançar os dias trabalhados após o cometimento da falta grave, pena de criar uma espécie de conta-corrente contra o condenado, desestimulando o trabalho do preso. Mas também não pode deixar de computar todos os dias trabalhados antes do cometimento da falta grave, ainda que não tenham sido declarados judicialmente, sob pena de subverter os fins da pena, culminando por premiar a indisciplina carcerária" (STJ, REsp 1.517.936/RS, Rel.ª Min.ª Maria Thereza de Assis Moura, 6ª T., DJe 23/10/2015).

Súmula nº 533 do STJ. *Para o reconhecimento da prática de falta disciplinar no âmbito da execução penal, é imprescindível a instauração de procedimento administrativo pelo diretor do estabelecimento prisional, assegurado o direito de defesa, a ser realizado por advogado constituído ou defensor público nomeado (DJe 15/06/2015).*

> **Súmula nº 534 do STJ.** *A prática de falta grave interrompe a contagem do prazo para a progressão de regime de cumprimento de pena, o qual se reinicia a partir do cometimento dessa infração (DJe 15/06/2015).*
> **Súmula nº 535 do STJ.** *A prática de falta grave não interrompe o prazo para fim de comutação de pena ou indulto (DJe 15/06/2015).*

18.10.2 Amotinamento e Código Penal Militar

O delito de amotinamento veio previsto no Código Penal Militar (Decreto-Lei nº 1.001, de 21 de outubro de 1969), conforme se verifica pela leitura do seu art. 182, punindo com pena de reclusão, de até três anos, aos cabeças, e aos demais, com pena de detenção de um a dois anos, presos ou internados que se amotinarem, perturbando a disciplina do recinto de prisão militar.

18.11 Quadro-resumo

Sujeitos
» Ativo: somente os presos.
» Passivo: Estado e, eventualmente, alguém que for vítima da violência praticada durante o motim.

Objeto material
Não há.

Bem(ns) juridicamente protegido(s)
É a Administração Pública ou, mais especificamente, a administração da justiça.

Elemento subjetivo
Dolo, não havendo previsão para a modalidade culposa.

Modalidades comissiva e omissiva
A conduta de se amotinar pode ser praticada tanto comissiva quanto omissivamente.

Consumação e tentativa
» O delito se consuma quando, com o motim dos presos, ou seja, com a reunião tumultuária, ocorre a efetiva perturbação da ordem ou disciplina da prisão.
» Embora seja difícil a sua ocorrência, será possível o reconhecimento da tentativa, haja vista tratar-se de crime plurissubsistente.

19. PATROCÍNIO INFIEL

Patrocínio infiel
Art. 355. Trair, na qualidade de advogado ou procurador, o dever profissional, prejudicando interesse, cujo patrocínio, em juízo, lhe é confiado:
Pena – detenção, de seis meses a três anos, e multa.
Patrocínio simultâneo ou tergiversação
Parágrafo único. Incorre na pena deste artigo o advogado ou procurador judicial que defende na mesma causa, simultânea ou sucessivamente, partes contrárias.

19.1 Introdução

O art. 133 da Constituição Federal assevera que o *advogado é indispensável à administração da justiça, sendo inviolável por seus atos e manifestações no exercício da profissão, nos limites da lei.*

Existe uma relação de confiança entre o cliente e seu advogado. Muitas vezes, fatos graves, que se encontravam ocultos, são confessados ao advogado na esperança de serem por ele solucionados. A quebra dessa relação de confiança poderá importar na prática da infração penal prevista no art. 355 do estatuto repressivo, cujo tipo contém os seguintes elementos: *a)* a conduta de *trair*, na qualidade de advogado ou procurador, o dever profissional; *b)* prejudicando interesse; *c)* cujo patrocínio, em juízo, lhe é confiado.

O núcleo *trair* importa no comportamento daquele que é infiel, que quebrou a confiança que nele havia sido depositada. No artigo em exame, o autor da traição é o *advogado*, isto é, o bacharel em Direito regularmente inscrito na Ordem dos Advogados do Brasil, que atendeu às exigências constantes do art. 8º da Lei nº 8.906, de 4 de julho de 1994, bem como o *procurador*, isto é, aquele, segundo Ney Moura Telles, "admitido a procurar em juízo, o provisionado, o estagiário ou o defensor nomeado, em circunstâncias especiais, para promover a defesa em juízo".[168]

Há necessidade, para efeito de reconhecimento do delito de *patrocínio infiel*, que a conduta do agente cause prejuízo ou, pelo menos, tenha sido dirigida finalisticamente no sentido de causá-lo, quando, então, neste caso, poderá ser reconhecida a tentativa.

O prejuízo poderá ser de qualquer natureza – moral ou material –, devendo, no entanto, referir-se a interesse legítimo, pois, como adverte Noronha, "contrariar pretensão ilícita ou ilegal não é causar prejuízo. Poderá haver, entretanto, falta de ética profissional".[169]

O interesse prejudicado deve ter sido levado a *juízo* e patrocinado pelo agente. Aqui, não importa que o seu mandato tenha sido materializado numa procuração escrita, ou que tenha recebido os poderes verbalmente; se o seu patrocínio era oneroso ou gratuito; se foi indicado voluntariamente pelo interessado ou designado judicialmente.

Não importa, ainda, a natureza do juízo a que é submetido o interesse que fora prejudicado pelo patrocínio infiel do agente, podendo tanto dizer respeito à Justiça Penal quanto à Justiça Civil (aqui entendida como gênero, abrangendo a Justiça Trabalhista).

Se o comportamento do advogado ou do procurador, que causa prejuízo a interesse de seu patrocinado, for extrajudicial, não ocorrerá a figura típica em estudo, podendo, por exemplo, se for o caso, ser responsabilizado pelos delitos de *divulgação de segredo* ou *violação do segredo profissional*, previstos, respectivamente, nos arts. 153 e 154 do Código Penal.

O consentimento do ofendido no sentido de permitir que o advogado ou procurador pratique comportamentos que vão prejudicar seu interesse em Juízo afasta a ilicitude do fato, eliminando, consequentemente, a própria infração penal. No entanto, vale a ressalva feita por Noronha quando diz que:

> "O consentimento do interessado exclui a ilicitude do fato, somente quando se tratar de interesse disponível, o que não ocorre na defesa criminal: o acusado não pode validamente consentir em ser condenado ou, de qualquer maneira, prejudicado, pois não está em jogo apenas interesse seu, mas também público ou da justiça, como é o da defesa penal."[170]

---

[168] TELLES, Ney Moura. *Direito penal*, v. 3, p. 539.
[169] NORONHA, Edgard Magalhães. *Direito penal*, v. 4, p. 429.
[170] NORONHA, Edgard Magalhães. *Direito penal*, v. 4, p. 429.

19.2 Classificação doutrinária

Crime próprio com relação ao sujeito ativo e comum quanto ao sujeito passivo; doloso; comissivo ou omissivo (podendo a traição acontecer tanto por ação, quanto por inação do agente); instantâneo; de forma livre; monossubjetivo; plurissubsistente; transeunte.

19.3 Sujeito ativo e sujeito passivo

Crime próprio, somente o *advogado* ou o *procurador* pode figurar como *sujeito ativo* do delito de *patrocínio infiel*.

O *sujeito passivo* é o Estado, bem como aquele prejudicado pelo patrocínio infiel.

19.4 Objeto material e bem juridicamente protegido

A Administração Pública é o bem juridicamente protegido pelo tipo penal que prevê o delito de *patrocínio infiel*, ou, mais especificamente, a administração da Justiça.

O objeto material é pessoa que tem seu interesse prejudicado em virtude do comportamento praticado pelo agente.

19.5 Consumação e tentativa

O delito se consuma quando, após a traição praticada pelo agente, ocorre o prejuízo.

Será possível o reconhecimento da tentativa quando o agente, agindo no sentido de causar prejuízo ao seu patrocinado, traindo o seu dever profissional, não consegue produzi-lo por circunstâncias alheias à sua vontade.

19.6 Elemento subjetivo

O dolo é o elemento subjetivo exigido pelo tipo penal em estudo, não havendo previsão para a modalidade de natureza culposa. Conforme esclarece Hungria, "sem intenção maléfica, não é identificável o crime. Assim, não se enquadrará no art. 355 o entendimento com o *ex adverso* sobre um acordo transacional razoável, ou qualquer fato comissivo ou omissivo decorrente de imprudência, negligência ou imperícia",[171] a exemplo do advogado que, negligentemente, perde o prazo para a interposição de recurso, deixa de contestar os pedidos constantes da inicial etc.

19.7 Modalidades comissiva e omissiva

O núcleo *trair* pode ser entendido tanto comissiva quanto omissivamente. O advogado ou procurador pode, portanto, prejudicar interesse de seu patrocinado seja fazendo, seja deixando de fazer alguma coisa.

19.8 Patrocínio simultâneo ou tergiversação

O parágrafo único do art. 355 do Código Penal prevê o delito de *patrocínio simultâneo ou tergiversação* dizendo:

> **Parágrafo único.** Incorre na pena deste artigo o advogado ou procurador judicial que defende na mesma causa, simultânea ou sucessivamente, partes contrárias.

---

[171] HUNGRIA, Nélson. *Comentários ao código penal*, v. IX, p. 525.

Conforme esclarece Fragoso:

"Na forma de patrocínio simultâneo, o agente contemporaneamente defende interesses opostos (por si ou através de terceiros, que serão coautores). No patrocínio *sucessivo* (tergiversação), o agente passa de um lado ao outro, assumindo o patrocínio da parte adversária."[172]

O delito se consuma no momento em que o agente pratica qualquer ato, em Juízo, que importe em defesa da parte contrária a quem vinha patrocinando, devendo ser ressaltado que, ao contrário da infração penal tipificada no *caput* do art. 355 do Código Penal, o parágrafo único não exige a ocorrência de qualquer prejuízo, para efeitos de reconhecimento do *summatum opus*.

Não se pode descartar a possibilidade de tentativa no delito de *patrocínio simultâneo ou tergiversação*, embora seja de difícil ocorrência.

19.9 Pena, ação penal e suspensão condicional do processo

A pena cominada aos delitos de *patrocínio infiel* e *patrocínio simultâneo ou tergiversação* é de detenção, de 6 (seis) meses a 3 (três) anos, e multa.

A ação penal é de iniciativa pública incondicionada.

Será possível a confecção de proposta de suspensão condicional do processo, nos termos do art. 89 da Lei nº 9.099/95.

19.10 Quadro-resumo

Sujeitos
» Ativo: somente o advogado ou o procurador.
» Passivo: Estado, bem como aquele prejudicado pelo patrocínio infiel.

Objeto material
É pessoa que tem seu interesse prejudicado em virtude do comportamento praticado pelo agente.

Bem(ns) juridicamente protegido(s)
É a Administração Pública ou, mais especificamente, a administração da justiça.

Elemento subjetivo
Dolo, não havendo previsão para a modalidade de natureza culposa.

Modalidades comissiva e omissiva
O núcleo trair pode ser entendido tanto comissiva quanto omissivamente. O advogado ou procurador pode, portanto, prejudicar interesse de seu patrocinado seja fazendo ou, mesmo, deixando de fazer alguma coisa.

---

[172] FRAGOSO, Heleno Cláudio. *Lições de direito penal*, v. 2, p. 554.

Consumação e tentativa

» O delito se consuma quando, após a traição praticada pelo agente, ocorre o prejuízo.
» A tentativa é admissível.

20. SONEGAÇÃO DE PAPEL OU OBJETO DE VALOR PROBATÓRIO

Sonegação de papel ou objeto de valor probatório
Art. 356. Inutilizar, total ou parcialmente, ou deixar de restituir autos, documento ou objeto de valor probatório, que recebeu na qualidade de advogado ou procurador:
Pena – detenção, de seis meses a três anos, e multa.

20.1 Introdução

Sabemos que para o juiz chegar a uma decisão é necessário que considere todo o conjunto probatório constante dos autos de um processo. Se as provas não forem fortes o suficiente, o autor, como norma, deverá ver rejeitada sua pretensão, uma vez que o julgador declarará a improcedência do pedido. Toda decisão judicial que importe numa conclusão de procedência ou improcedência do pedido de condenação ou de absolvição etc., deverá ser levada a efeito dentro de um processo, que se materializa por meio daquilo que denominamos *autos*.

Assim, verifica-se, com clareza, que o Estado-Juiz necessita manifestar-se nos autos de um processo, valendo-se de todo o conjunto probatório para que possa chegar a uma decisão. Pode acontecer que um advogado, ou um procurador inescrupuloso, queira dificultar determinado julgamento, tentando, de alguma forma, destruir provas ou mesmo o próprio processo. Por essa e outras razões, foi criado o art. 356 do Código Penal, que prevê o delito de *sonegação de papel ou objeto de valor probatório*, que possui os seguintes elementos: *a)* as condutas de *inutilizar*, total ou parcialmente, ou *deixar de restituir*, autos, documento ou objeto de valor probatório; *b)* que recebeu na qualidade de advogado ou procurador.

Inutilizar significa tornar inútil, imprestável, danificar. Essa inutilização pode ser total ou parcial, isto é, o objeto material pode perder completamente sua utilidade, ou passar a servir somente em parte. *Deixar de restituir* tem o sentido de não devolver, reter, sonegar.

As condutas devem ser dirigidas finalisticamente a inutilizar ou deixar de devolver *autos, documento ou objeto de valor probatório*. Os autos dizem respeito a um conjunto ordenado de peças constantes de um processo, sendo, no caso do artigo em exame, um processo judicial, tendo em vista que o art. 356 do Código Penal se encontra inserido no capítulo relativo aos crimes contra a administração da Justiça. *Documento*, de acordo com a lição de Hungria, "é o papel escrito especial ou eventualmente destinado à prova de fato juridicamente relevante. *Objeto de valor probatório* é todo aquele que serve ou se pretende que possa servir de elemento de convicção acerca dos fatos em que qualquer das partes, no processo, funda sua pretensão".[173]

Para que ocorra o delito em estudo, determina o art. 356 do Código Penal que o agente tenha recebido os autos, documento ou objeto de valor probatório, na qualidade de advogado ou procurador, cujos conceitos já foram explicitados quando do estudo do artigo anterior, para o qual remetemos o leitor.

---

[173] HUNGRIA, Nélson. *Comentários ao código penal*, v. IX, p. 528.

20.2 Classificação doutrinária

Crime próprio com relação ao sujeito ativo e comum quanto ao sujeito passivo; doloso; comissivo (no que diz respeito à conduta de *inutilizar*) ou omissivo (quando o agente *deixa de restituir*); instantâneo (na modalidade *inutilizar*) e permanente (quanto ao fato de *deixar de restituir*); de forma livre; monossubjetivo; monossubsistente ou plurissubsistente (dependendo da possibilidade, no caso concreto, de ser fracionado o *iter criminis*); transeunte.

20.3 Sujeito ativo e sujeito passivo

Crime próprio, somente o advogado ou o procurador pode figurar como *sujeito ativo* do delito de *sonegação de papel ou objeto de valor probatório*.

O *sujeito passivo* é o Estado, bem como aquele prejudicado pela conduta praticada pelo sujeito ativo.

20.4 Objeto material e bem juridicamente protegido

A Administração Pública é o bem juridicamente protegido pelo tipo penal que prevê o delito de *sonegação de papel ou objeto de valor probatório* ou, mais especificamente, a administração da Justiça.

O objeto material são os autos, o documento ou objeto de valor probatório.

20.5 Consumação e tentativa

De acordo com as lições de Damásio de Jesus:

"Na inutilização, o crime atinge o momento consumativo quando o objeto material perde o seu valor probatório (total ou parcial). Na forma de sonegação de autos, a consumação ocorre quando o sujeito, regularmente intimado, de acordo com a legislação processual, nega-se a devolvê-los. Na sonegação de documento ou objeto, consuma-se o crime quando o sujeito, legalmente solicitado à restituição, deixa de devolvê-lo por um lapso temporal juridicamente relevante."[174]

Tem-se entendido pelo reconhecimento da tentativa quando a conduta do agente diz respeito à inutilização, total ou parcial, de autos, documento ou objeto de valor probatório, haja vista, *in casu*, ser possível o fracionamento do *iter criminis*, ao contrário do que ocorre quando o agente deixa de restituí-los, inviabilizando a tentativa, tendo em vista tratar-se de omissão própria.

20.6 Elemento subjetivo

O dolo é o elemento subjetivo exigido pelo tipo do art. 356 do Código Penal, não tendo sido prevista a modalidade de natureza culposa.

Assim, somente quando o agente, dolosamente, vier a inutilizar, total ou parcialmente, ou deixar de restituir autos, documento ou objeto de valor probatório é que poderá ser responsabilizado pelo delito em estudo. Imagine-se, por exemplo, a hipótese em que um advogado, após retirar os autos do cartório judicial, resolve parar em um bar para beber um café e fumar um cigarro e, distraidamente, sem perceber, permite que o cigarro já aceso caia sobre os autos que se encontravam na mesa, fazendo com que sejam parcialmente destruídos; ou ainda

---

[174] JESUS, Damásio. E. de. *Direito penal*, v. 4, p. 340.

o profissional do direito que, intimado a devolver os autos até determinada data, confunde os dias da semana e perde o prazo para devolução. Nesses casos, como se percebe, não há dolo, não se podendo cogitar da infração penal em estudo, por ausência de previsão expressa para a modalidade culposa.

20.7 Modalidades comissiva e omissiva

O núcleo *inutilizar* pressupõe um comportamento comissivo por parte do agente, ao passo que a conduta de *deixar de restituir* importa em omissão própria. No entanto, o delito poderá ser cometido via omissão imprópria quando o agente, garantidor, dolosamente, nada fizer para evitar que o sujeito pratique a conduta de inutilizar, total ou parcialmente, autos, documento ou objeto de valor probatório, devendo, portanto, ser responsabilizado nos termos preconizados pelo art. 13, § 2º, do Código Penal.

20.8 Pena, ação penal e suspensão condicional do processo

A pena cominada ao delito de *sonegação de papel ou objeto de valor probatório* é de detenção, de 6 (seis) meses a 3 (três) anos, e multa.

A ação penal é de iniciativa pública incondicionada.

Será possível a confecção de proposta de suspensão condicional do processo, nos termos do art. 89 da Lei nº 9.099/95.

20.9 Destaque

20.9.1 Inutilização, sonegação ou descaminho de material probante e Código Penal Militar

O delito de inutilização, sonegação ou descaminho de material probante veio previsto no Código Penal Militar (Decreto-Lei nº 1.001, de 21 de outubro de 1969), conforme se verifica pela leitura do seu art. 352, punindo com pena de detenção, de seis meses a três anos, se o fato não constitui crime mais grave, aquele que inutilizar, total ou parcialmente, sonegar ou dar descaminho a autos, documento ou objeto de valor probante, que tem sob guarda ou recebe para exame.

20.10 Quadro-resumo

Sujeitos
» Ativo: somente o advogado ou o procurador.
» Passivo: Estado, bem como aquele prejudicado pela conduta praticada pelo sujeito ativo.

Objeto material
São os autos, o documento ou objeto de valor probatório.

Bem(ns) juridicamente protegido(s)
É a Administração Pública ou, mais especificamente, a administração da justiça.

Elemento subjetivo
Dolo, não tendo sido prevista a modalidade de natureza culposa.

Modalidades comissiva e omissiva

O núcleo inutilizar pressupõe um comportamento comissivo por parte do agente, ao passo que a conduta de deixar de restituir importa em uma omissão própria, podendo, no entanto, ser cometido via omissão imprópria.

Consumação e tentativa

» "Na inutilização, o crime atinge o momento consumativo quando o objeto material perde o seu valor probatório (total ou parcial). Na forma de sonegação de autos, a consumação ocorre quando o sujeito, regularmente intimado, de acordo com a legislação processual, nega-se a devolvê-los. Na sonegação de documento ou objeto, consuma-se o crime quando o sujeito, legalmente solicitado à restituição, deixa de devolvê-lo por um lapso temporal juridicamente relevante" (JESUS, 2000, p. 340).

» Tem-se entendido pelo reconhecimento da tentativa quando a conduta do agente diz respeito à inutilização, total ou parcial, haja vista, ser possível o fracionamento do *iter criminis*, ao contrário do que ocorre quando o agente deixa de restituí-los, inviabilizando a tentativa, tendo em vista tratar-se de omissão própria.

21. EXPLORAÇÃO DE PRESTÍGIO

Exploração de prestígio
Art. 357. Solicitar ou receber dinheiro ou qualquer outra utilidade, a pretexto de influir em juiz, jurado, órgão do Ministério Público, funcionário de justiça, perito, tradutor, intérprete ou testemunha:
Pena – reclusão, de um a cinco anos, e multa.
Parágrafo único. As penas aumentam-se de um terço, se o agente alega ou insinua que o dinheiro ou utilidade também se destina a qualquer das pessoas referidas neste artigo.

21.1 Introdução

O delito de *exploração de prestígio* encontra-se tipificado no art. 357 do Código Penal. Cuida de hipótese similar àquela prevista pelo art. 332 do Código Penal, que cuida do delito de *tráfico de influência*, sendo importante lembrar que esta última infração penal, anteriormente às modificações que foram levadas a efeito pela Lei nº 9.127, de 16 de novembro de 1995, tinha a mesma rubrica do art. 357 do diploma repressivo, vale dizer, *exploração de prestígio*.

De acordo com a redação constante do art. 357 do Código Penal, podemos apontar os seguintes elementos: *a)* a conduta de *solicitar* ou *receber* dinheiro ou qualquer outra utilidade; *b)* a pretexto de influir em juiz, jurado, órgão do Ministério Público, funcionário da justiça, perito, tradutor, intérprete ou testemunha.

Solicitar deve ser entendido no sentido de pedir, requerer; *receber* tem o significado de aceitar. Ambas devem ter como objeto dinheiro (cédulas e moedas aceitas como meio de pagamento) ou qualquer outra utilidade (que deve ter uma natureza econômica, haja vista que, *in casu*, deverá ser procedida uma interpretação analógica, tendo o dinheiro como fórmula exemplificativa e a utilidade como fórmula genérica).

O agente atua, segundo a doutrina dominante, com uma finalidade especial, qual seja, a de influir em *juiz* (em qualquer grau de jurisdição), *jurado* (aquele que exerce uma função pública perante o Tribunal do Júri), *órgão do Ministério Público* (promotores e procuradores de Justiça), *funcionário de Justiça* (aquele que exerce suas funções perante o Poder Judiciário), *perito* (o *expertus* em determinado assunto ou matéria, que materializa o seu parecer através de laudos), *intérprete* (pessoa que serve de tradutor ou de intermediário para fazer compreender indivíduos que falam idiomas diferentes) ou *testemunha* (aquele que viu, ouviu, ou tem conhecimento de algum fato que deva ser trazido ao crivo do Poder Judiciário).

21.2 Classificação doutrinária

Crime comum, tanto com relação ao sujeito ativo quanto ao sujeito passivo; doloso; comissivo (podendo, no entanto, ser praticado via omissão imprópria, nos termos do art. 13, § 2º do Código Penal); instantâneo; de forma livre; monossubjetivo; monossubsistente ou plurissubsistente (dependendo da forma como o delito é praticado); transeunte.

21.3 Sujeito ativo e sujeito passivo

Qualquer pessoa pode ser *sujeito ativo* do delito de *exploração de prestígio*, haja vista que o tipo penal em estudo não exige nenhuma qualidade ou condição especial.

Sujeito passivo é o Estado.

21.4 Objeto material e bem juridicamente protegido

A Administração Pública é o bem juridicamente protegido pelo tipo penal que prevê o delito de *exploração de prestígio* ou, mais especificamente, a administração da Justiça.

Objeto material é o dinheiro ou qualquer outra utilidade.

21.5 Consumação e tentativa

O delito se consuma quando o agente, efetivamente, *solicita* dinheiro ou qualquer outra utilidade, independentemente do seu recebimento; na modalidade *receber*, somente quando houver a entrega do dinheiro ou qualquer outra utilidade ao agente é que se poderá concluir pela consumação.

Dependendo da forma como for praticado o delito, poderá ser reconhecida a tentativa.

21.6 Elemento subjetivo

O dolo é o elemento subjetivo exigido pelo tipo penal em estudo, não havendo previsão para a modalidade de natureza culposa.

A doutrina dominante visualiza uma finalidade especial de agir no comportamento daquele que solicita ou recebe dinheiro ou qualquer outra utilidade *a pretexto de influir em juiz, jurado, órgão do Ministério Público, funcionário de justiça, perito, tradutor, intérprete ou testemunha*.

21.7 Modalidades comissiva e omissiva

Os núcleos *solicitar* e *receber* pressupõem um comportamento comissivo por parte do agente.

No entanto, o delito poderá ser cometido via omissão imprópria quando o agente, garantidor, dolosamente, nada fizer para evitar que o sujeito pratique a conduta núcleo, devendo, portanto, ser responsabilizado nos termos preconizados pelo art. 13, § 2º, do Código Penal.

21.8 Causa especial de aumento de pena

As penas aumentam-se de um terço, conforme determina o parágrafo único do art. 357 do Código Penal, se o agente alega ou insinua que o dinheiro ou utilidade também se destina a qualquer das pessoas referidas no *caput* do mencionado artigo.

Aqui, existe maior juízo de censura sobre o comportamento daquele que alega ou insinua que com o dinheiro ou a utilidade solicitada ou recebida corromperá qualquer das pessoas elencadas pelo art. 357 do Código Penal.

21.9 Pena, ação penal e suspensão condicional do processo

A pena cominada ao delito de *exploração de prestígio* é de reclusão, de 1 (um) a 5 (cinco) anos, e multa.

De acordo com o parágrafo único do art. 357 do Código Penal, as penas aumentam-se de um terço se o agente alega ou insinua que o dinheiro ou utilidade também se destina a qualquer das pessoas referidas no *caput* do mencionado artigo.

A ação penal é de iniciativa pública incondicionada.

Será possível a confecção de proposta de suspensão condicional do processo, nos termos do art. 89 da Lei nº 9.099/95, desde que não incida a majorante prevista no parágrafo único do art. 357 do Código Penal.

21.10 Destaque

21.10.1 Exploração de prestígio e Código Penal Militar

O delito de exploração de prestígio veio previsto no Código Penal Militar (Decreto-Lei nº 1.001, de 21 de outubro de 1969), conforme se verifica pela leitura do seu art. 353, com a nova redação que lhe foi conferida pela Lei nº 14.688, de 20 de setembro de 2023, punindo com pena de reclusão, de até cinco anos, aquele que solicitar ou receber dinheiro ou qualquer outra utilidade, a pretexto de influir em juiz, órgão do Ministério Público, servidor público da Justiça, perito, tradutor, intérprete ou testemunha, na Justiça Militar.

21.11 Quadro-resumo

Sujeitos
» Ativo: qualquer pessoa.
» Passivo: é o Estado.

Objeto material
É o dinheiro ou qualquer outra utilidade.

Bem(ns) juridicamente protegido(s)
É a Administração Pública ou, mais especificamente, a administração da justiça.

Elemento subjetivo
Dolo, não havendo previsão para a modalidade de natureza culposa.

Modalidades comissiva e omissiva
Os núcleos solicitar e receber pressupõem um comportamento comissivo por parte do agente, podendo, no entanto, ser cometidos via omissão imprópria.

> **Consumação e tentativa**
> » O delito se consuma quando o agente, efetivamente, solicita dinheiro ou qualquer outra utilidade, independentemente do seu recebimento; na modalidade receber, somente quando houver a entrega do dinheiro ou qualquer outra utilidade ao agente é que se poderá concluir pela consumação.
> » Dependendo da forma como for praticado o delito, poderá ser reconhecida a tentativa.

22. VIOLÊNCIA OU FRAUDE EM ARREMATAÇÃO JUDICIAL

> **Violência ou fraude em arrematação judicial**
> **Art. 358.** Impedir, perturbar ou fraudar arrematação judicial; afastar ou procurar afastar concorrente ou licitante, por meio de violência, grave ameaça, fraude ou oferecimento de vantagem:
> Pena – detenção, de dois meses a um ano, ou multa, além da pena correspondente à violência.

22.1 Introdução

O art. 358 do Código Penal prevê o delito de *violência ou fraude em arrematação judicial*. De acordo com a redação constante no mencionado tipo penal, podemos apontar os seguintes elementos: *a)* a conduta de *impedir, perturbar* ou *fraudar* arrematação judicial; *b) afastar* ou *procurar afastar* concorrente ou licitante, por meio de violência, grave ameaça, fraude ou oferecimento de vantagem.

Impedir significa obstruir, impossibilitar; *perturbar* tem o sentido de atrapalhar, tumultuar, embaraçar; *fraudar* importa em enganar, iludir, ludibriar. Todas essas condutas devem ser dirigidas à *arrematação judicial*, que diz respeito à venda, em hasta pública, levada a efeito pelo Poder Judiciário. Vicente Greco Filho preleciona:

> "A arrematação é o ato que consuma a expropriação de bens do devedor mediante alienação em hasta pública. A alienação pública de imóveis é feita mediante *praça*; a dos demais bens mediante *leilão*, ressalvada a competência de corretores da Bolsa de Valores, onde se faz a alienação de títulos da dívida pública. A arrematação é uma forma de transferência coativa da propriedade como ato público de império."[175]

A segunda parte do art. 358 do Código Penal prevê a conduta de *afastar* (eliminar, colocar de lado, tirar do caminho) ou *procurar afastar* (tentar eliminar, tentar colocar de lado, tentar tirar do caminho) concorrente ou licitante, isto é, aquele que participa de um processo de licitação em sentido amplo, haja vista ser a concorrência uma das suas modalidades previstas no inciso II do art. 28 da Lei nº 14.133, de 1º de abril de 2021.

Para tanto, o agente vale-se do emprego de violência (*vis absoluta*, física), grave ameaça (*vis compulsiva*, moral), fraude (ardil, engodo), oferecimento de vantagem (que poderá possuir qualquer natureza – patrimonial, moral, sexual etc.).

22.2 Classificação doutrinária

Crime comum, tanto com relação ao sujeito ativo quanto ao sujeito passivo; doloso; comissivo (podendo, no entanto, ser praticado via omissão imprópria, nos termos do art. 13, § 2º, do Código Penal); instantâneo; de forma livre; monossubjetivo; plurissubsistente; transeunte.

---

[175] GRECO FILHO, Vicente. *Direito processual civil brasileiro*, v. 3, p. 82.

22.3 Sujeito ativo e sujeito passivo

Qualquer pessoa pode ser *sujeito ativo* do delito de *violência ou fraude em arrematação judicial*, haja vista que o tipo penal em estudo não exige nenhuma qualidade ou condição especial.

O sujeito passivo é o Estado, bem como aquele que, de alguma forma, vier a ser prejudicado com o comportamento praticado pelo sujeito ativo.

22.4 Objeto material e bem juridicamente protegido

A Administração Pública é o bem juridicamente protegido pelo tipo penal que prevê o delito de *violência ou fraude em arrematação judicial* ou, mais especificamente, a administração da Justiça.

O objeto material poderá ser o concorrente ou licitante contra o qual recai a conduta do agente.

22.5 Consumação e tentativa

O delito se consuma, na sua primeira parte, quando o agente, efetivamente, impede, perturba ou frauda arrematação judicial; na segunda parte, ocorre a consumação quando do emprego da violência, grave ameaça, fraude ou oferecimento da vantagem.

Tratando-se de crime plurissubsistente, será possível o reconhecimento da tentativa.

22.6 Elemento subjetivo

O dolo é o elemento subjetivo exigido pelo tipo penal em estudo, não havendo previsão para a modalidade de natureza culposa.

22.7 Modalidades comissiva e omissiva

As condutas de *impedir, perturbar* e *fraudar* arrematação judicial e a de *afastar* ou *procurar afastar* concorrente ou licitante por meio de violência, grave ameaça, fraude ou oferecimento de vantagem pressupõem um comportamento comissivo por parte do agente.

No entanto, o delito poderá ser cometido via omissão imprópria quando o agente, garantidor, dolosamente, nada fizer para evitar que o sujeito pratique a conduta núcleo, devendo, portanto, ser responsabilizado nos termos preconizados pelo art. 13, § 2º, do Código Penal.

22.8 Concurso de crimes

Tendo em vista o disposto na parte final do preceito secundário do art. 358 do Código Penal, deverá ser aplicada a regra do concurso formal impróprio, previsto na segunda parte do art. 70 do Código Penal, aplicando-se a regra do cúmulo material entre os crimes de *violência ou fraude em arrematação judicial* e aquele resultante da violência.

22.9 Pena, ação penal, competência para julgamento e suspensão condicional do processo

A pena cominada ao delito de *violência ou fraude em arrematação judicial* é de detenção, de 2 (dois) meses a 1 (um) ano, ou multa, além da pena correspondente à violência.

A ação penal é de iniciativa pública incondicionada.

Compete, pelo menos inicialmente, ao Juizado Especial Criminal o processo e julgamento do delito em estudo, em virtude da pena máxima cominada em abstrato, que não ultrapassa o limite de 2 (dois) anos, imposto pelo art. 61 da Lei nº 9.099/95, conforme alteração determinada pela Lei nº 11.313, de 28 de junho de 2006.

Será possível, também, a confecção de proposta de suspensão condicional do processo, nos termos do art. 89 da Lei nº 9.099/95.

22.10 Quadro-resumo

Sujeitos
» Ativo: qualquer pessoa.
» Passivo: é o Estado, bem como aquele que, de alguma forma, vier a ser prejudicado com o comportamento praticado pelo sujeito ativo.

Objeto material
Poderá ser o concorrente ou licitante contra o qual recai a conduta do agente.

Bem(ns) juridicamente protegido(s)
É a Administração Pública ou, mais especificamente, a administração da justiça.

Elemento subjetivo
Dolo, não havendo previsão para a modalidade de natureza culposa.

Modalidades comissiva e omissiva
As condutas do tipo penal pressupõem um comportamento comissivo por parte do agente, podendo, no entanto, ser cometidas via omissão imprópria.

Consumação e tentativa
» O delito se consuma, na sua primeira parte, quando o agente, efetivamente, impede, perturba ou frauda arrematação judicial; na segunda parte, ocorre a consumação quando do emprego da violência, grave ameaça, fraude ou oferecimento da vantagem.
» A tentativa é admissível.

23. DESOBEDIÊNCIA À DECISÃO JUDICIAL SOBRE PERDA OU SUSPENSÃO DE DIREITO

Desobediência à decisão judicial sobre perda ou suspensão de direito
Art. 359. Exercer função, atividade, direito, autoridade ou múnus, de que foi suspenso ou privado por decisão judicial:
Pena – detenção, de três meses a dois anos, ou multa.

23.1 Introdução

As regras existentes em um Estado Democrático de Direito nos impõem um dever de obediência a todas as determinações judiciais, não importando a pessoa em face de quem seja proferida a decisão. Pode o Estado-Juiz, em determinadas situações, entender que alguém deva ser suspenso ou privado de exercer alguma função, atividade, direito ou múnus. Caso essa decisão seja desconsiderada, deverá o agente ser responsabilizado pelo delito de *desobediência a decisão judicial sobre perda ou suspensão de direito*, tipificado no art. 359 do Código Penal.

Embora a lei penal use o verbo *exercer*, utilizado, em geral, para demonstrar habitualidade, entendemos ser instantânea a infração penal em estudo, uma vez que a proibição diz respeito à prática de qualquer ato que importe em desobediência à decisão judicial que tenha suspenso ou privado o sujeito do exercício de:

> "*Função*, encargo derivado de lei, convenção ou decisão judicial; *atividade*, que encerra as espécies de profissão, ofício ou ministério; *direito*, como o pátrio poder,[176] autoridade parental, político etc.; *autoridade*, que é o desempenho de funções em que há competência para impor suas decisões; e *múnus*, derivado de lei ou de decisão judicial, como as de jurado, defensor dativo etc."[177]

Não se configura na infração penal em estudo a desobediência à decisão de natureza administrativa, podendo, se for o caso, configurar-se no delito tipificado no art. 330 do Código Penal.

23.2 Classificação doutrinária

Crime próprio, tanto com relação ao sujeito ativo quanto ao sujeito passivo; doloso; comissivo (podendo, no entanto, ser praticado via omissão imprópria, nos termos do art. 13, § 2º, do Código Penal); instantâneo; de forma livre; monossubjetivo; plurissubsistente; transeunte.

23.3 Sujeito ativo e sujeito passivo

Crime próprio, somente aquele que teve sua função, atividade, direito, autoridade ou múnus suspenso ou privado por decisão judicial é que pode figurar como *sujeito ativo* do delito tipificado no art. 359 do Código Penal.

O *sujeito passivo* é o Estado.

23.4 Objeto material e bem juridicamente protegido

A Administração Pública é o bem juridicamente protegido pelo tipo penal que prevê o delito de *desobediência à decisão judicial sobre perda ou suspensão de direito* ou, mais especificamente, a administração da Justiça.

Não há objeto material.

23.5 Consumação e tentativa

Consuma-se o delito em exame com o efetivo exercício de função, atividade, direito, autoridade ou múnus de que foi suspenso ou privado o agente por decisão judicial. Tratando-se de um crime instantâneo, para efeitos de consumação, basta que o sujeito tenha praticado um único ato que importe no exercício daquilo para o qual havia sido suspenso ou privado por decisão judicial.

Tratando-se de crime plurissubsistente, torna-se possível o reconhecimento da tentativa.

---

[176] Hoje, reconhecido pelo Código Civil como *poder familiar*.
[177] MIRABETE, Júlio Fabbrini. *Código penal interpretado*, p. 2.651.

23.6 Elemento subjetivo

O dolo é o elemento subjetivo exigido pelo tipo constante do art. 359 do Código Penal, não havendo previsão para a modalidade de natureza culposa.

O agente, portanto, deve ter conhecimento de que foi suspenso ou privado de exercer função, atividade, direito, autoridade ou múnus por decisão judicial, pois, caso contrário, poderá ser arguido o erro de tipo, afastando-se o dolo e, consequentemente, a própria infração penal.

23.7 Modalidades comissiva e omissiva

O núcleo *exercer* pressupõe um comportamento comissivo por parte do agente.

No entanto, o delito poderá ser cometido via omissão imprópria quando o agente, garantidor, dolosamente, nada fizer para evitar que o sujeito pratique a conduta núcleo, devendo, portanto, ser responsabilizado nos termos preconizados pelo art. 13, § 2º, do Código Penal.

23.8 Pena, ação penal, competência para julgamento e suspensão condicional do processo

A pena cominada ao delito de *desobediência à decisão judicial sobre perda ou suspensão de direito* é de detenção, de 3 (três) meses a 2 (dois) anos, ou multa.

A ação penal é de iniciativa pública incondicionada.

Compete, pelo menos inicialmente, ao Juizado Especial Criminal o processo e o julgamento do delito em estudo, em virtude da pena máxima cominada em abstrato, que não ultrapassa o limite de 2 (dois) anos, imposto pelo art. 61 da Lei nº 9.099/95, conforme alteração determinada pela Lei nº 11.313, de 28 de junho de 2006.

Será possível, também, a confecção de proposta de suspensão condicional do processo, nos termos do art. 89 da Lei nº 9.099/95.

23.9 Destaques

23.9.1 Crime de trânsito

Se o agente violar a suspensão ou proibição de se obter a permissão ou a habilitação para dirigir veículo automotor imposta com fundamento no Código de Trânsito, deverá ser responsabilizado pelo delito tipificado no art. 307 da Lei nº 9.503, de 23 de setembro de 1997.

23.9.2 Desobediência a decisão sobre perda ou suspensão de atividade ou direito e Código Penal Militar

O delito de desobediência a decisão sobre perda ou suspensão de atividade ou direito veio previsto no Código Penal Militar (Decreto-Lei nº 1.001, de 21 de outubro de 1969), conforme se verifica pela leitura do seu art. 354, punindo com pena de detenção, de três meses a dois anos, aquele que exercer função, atividade, direito, autoridade ou múnus, de que foi suspenso ou privado por decisão da Justiça Militar.

23.10 Quadro-resumo

Sujeitos
» Ativo: somente aquele que teve sua função, atividade, direito, autoridade ou múnus suspenso ou privado por decisão judicial.
» Passivo: é o Estado.

Objeto material
Não há.

Bem(ns) juridicamente protegido(s)
É a Administração Pública ou, mais especificamente, a administração da justiça.

Elemento subjetivo
Dolo, não havendo previsão para a modalidade de natureza culposa.

Modalidades comissiva e omissiva
O núcleo exercer pressupõe um comportamento comissivo por parte do agente, podendo, no entanto, ser cometido via omissão imprópria.

Consumação e tentativa
» Tratando-se de um crime instantâneo, para efeitos de consumação, basta que o sujeito tenha praticado um único ato que importe no exercício daquilo para o qual havia sido suspenso ou privado por decisão judicial.
» Admite-se a tentativa.

Capítulo IV
Dos crimes contra as finanças públicas

1. CONTRATAÇÃO DE OPERAÇÃO DE CRÉDITO

> **Contratação de operação de crédito**
> **Art. 359-A.** Ordenar, autorizar ou realizar operação de crédito, interno ou externo, sem prévia autorização legislativa:
> Pena – reclusão, de 1 (um) a 2 (dois) anos.
> **Parágrafo único.** Incide na mesma pena quem ordena, autoriza ou realiza operação de crédito, interno ou externo:
> I – com inobservância de limite, condição ou montante estabelecido em lei ou em resolução do Senado Federal;
> II – quando o montante da dívida consolidada ultrapassa o limite máximo autorizado por lei.

1.1 Introdução

O Capítulo IV foi acrescentado pela Lei nº 10.028, de 19 de outubro de 2000, ao Título XI da Parte Especial do Código Penal, passando a prever os chamados *crimes contra as finanças públicas*.

Tal inovação se deu poucos meses após a publicação da Lei Complementar nº 101, de 4 de maio de 2000, que estabeleceu normas de finanças públicas voltadas para a responsabilidade na gestão pública, regulamentando, assim, o disposto no art. 165, § 9º, II, da Constituição Federal, que diz, *verbis*:

> § 9º Cabe à lei complementar:
> I – [...];
> II – estabelecer normas de gestão financeira e patrimonial da administração direta e indireta, bem como condições para a instituição e funcionamento de fundos.

Foram criados, assim, oito novos tipos penais, que têm como bem juridicamente protegido as finanças públicas. No *caput* do art. 359-A encontra-se a previsão para o delito de *contratação de operação de crédito*, do qual podemos extrair os seguintes elementos: *a)* a conduta de *ordenar, autorizar* ou *realizar* operação de crédito; *b)* interno ou externo; *c)* sem prévia autorização legislativa.

Ordenar tem o sentido de determinar, mandar que se faça; *autorizar* deve ser entendido como permitir que se faça; *realizar* importa em tornar real, efetivo, concretizar. Os comportamentos devem ser dirigidos à operação de crédito, cujo conceito se encontra previsto no inciso III do art. 29 da Lei Complementar nº 101/2000, que diz ser ela o *compromisso financeiro assumido em razão de mútuo, abertura de crédito, emissão e aceite de título, aquisição financiada de bens, recebimento antecipado de valores provenientes da venda a termo de bens e serviços, arrendamento mercantil e outras operações assemelhadas, inclusive com o uso de derivativos financeiros*. Deve ser ressaltado, ainda, que o § 1º do art. 29 da Lei de Responsabilidade Fiscal ainda equipara à operação de crédito a assunção, o reconhecimento ou a confissão de dívidas pelo ente da Federação, sem prejuízo do cumprimento das exigências constantes dos seus arts. 15 e 16.

Operação de crédito interno é aquela realizada no âmbito nacional; externa é a operação levada a efeito no exterior, devendo-se lembrar, nos termos do inciso IV do § 1º do art. 32 da Lei Complementar nº 101/2002, da necessidade de autorização específica do Senado Federal, quando se tratar de operação de crédito externo.

As condutas de ordenar, autorizar e realizar operação de crédito, interno ou externo, somente poderão ser consideradas como típicas se não houver a necessária e prévia autorização legislativa. Conforme assevera Cezar Roberto Bitencourt:

"Esse elemento normativo – autorização legislativa anterior – constitui uma espécie de condição de procedimento administrativo do agente público, sem o qual sua conduta não pode ser realizada, sob pena de cometer crime. Em outros termos, a existência de autorização legislativa torna o fato atípico."

E continua o renomado professor gaúcho dizendo:

"*Autorização legislativa* não se confunde com *autorização legal*. Alguns órgãos públicos não têm seus atos condicionados a autorização legislativa, como autarquias, empresas públicas ou o Poder Judiciário, o Ministério Público etc. Essas instituições, órgãos ou entidades públicas, em regra, têm suas atividades, atos e ações disciplinados em lei e não apenas em *autorização legislativa*."[178]

Trata-se de tipo misto alternativo, em que a prática de mais de uma conduta importará em infração penal única.

O parágrafo único do art. 359-A do Código Penal assevera que incide na mesma pena quem ordena, autoriza ou realiza operação de crédito, interno ou externo:

I – com inobservância de limite, condição ou montante estabelecido em lei ou em resolução do Senado Federal.

II – quando o montante da dívida consolidada ultrapassa o limite máximo autorizado por lei.

Esclarecem Luiz Flávio Gomes e Alice Bianchini:

"No primeiro, a preocupação refere-se à não observância de limites, condição ou montante previamente estabelecidos, seja em lei, seja em resolução do Senado Federal. O segundo refere-se à possibilidade de o agente público praticar qualquer das ações mencionadas no *caput* quando o montante da dívida consolidada ultrapassar o valor máximo autorizado para a sua realização. Esta, nos termos do inciso I do art. 29 da LRF, corresponde ao montante das obrigações financeiras do ente da Federação, assumidas em virtude de lei, contratos, convênios ou tratados e da realização de operações de crédito, para amortização em prazo superior a doze meses."[179]

---

[178] BITENCOURT, Cezar Roberto. *Tratado de direito penal*, v. 4, p. 607.
[179] GOMES, Luiz Flávio; BIANCHINI, Alice. *Crimes de responsabilidade fiscal*, p. 41.

1.2 Classificação doutrinária

Crime próprio, tanto no que diz respeito ao sujeito ativo quanto ao sujeito passivo; doloso; comissivo (podendo, no entanto, ser praticado via omissão imprópria, nos termos do art. 13, § 2º, do Código Penal); de forma vinculada; instantâneo; monossubjetivo; monossubsistente ou plurissubsistente (dependendo da forma como o delito for praticado, poderá ou não ser fracionado o *iter criminis*); não transeunte.

1.3 Sujeito ativo e sujeito passivo

Somente o funcionário público competente para ordenar, autorizar ou realizar operação de crédito pode ser considerado *sujeito ativo* do delito de *contratação de operação de crédito*.

O *sujeito passivo* é o Estado.

1.4 Objeto material e bem juridicamente protegido

O tipo penal que prevê o delito de *contratação de operação de crédito* tem por finalidade proteger as finanças públicas e, em um sentido mais amplo, a própria Administração Pública.

O objeto material é a operação de crédito.

1.5 Consumação e tentativa

O delito se consuma quando o agente, efetivamente, ordena, autoriza ou realiza operação de crédito, interno ou externo, sem prévia autorização legislativa, ou com inobservância de limite, condição ou montante estabelecido em lei ou em resolução do Senado Federal, ou quando o montante da dívida consolidada ultrapassa o limite máximo autorizado por lei.

Poderá ser reconhecida a tentativa desde que, no caso concreto, se possa fracionar o *iter criminis*.

1.6 Elemento subjetivo

O dolo é o elemento subjetivo exigido pelo tipo penal em estudo, não havendo previsão para a modalidade de natureza culposa.

Assim, se o agente, por exemplo, negligentemente, se confunde quanto ao limite, condição ou montante estabelecido por lei ou resolução do Senado Federal, o fato deverá ser considerado atípico, aplicando-se, *in casu*, o raciocínio relativo ao erro de tipo.

1.7 Modalidades comissiva e omissiva

Os núcleos *ordenar, autorizar* e *realizar* pressupõem um comportamento comissivo por parte do agente. No entanto, será possível a prática do delito via omissão imprópria quando o agente, garantidor, dolosamente, podendo, nada fizer para impedir a prática de qualquer dos comportamentos previstos pelo tipo penal em estudo, devendo ser responsabilizado pelo delito de *contratação de operação de crédito*, nos termos do art. 13, § 2º, do Código Penal.

1.8 Pena, ação penal, competência para julgamento e suspensão condicional do processo

A pena cominada ao delito de *contratação de operação de crédito* é de reclusão, de 1 (um) a 2 (dois) anos.

A ação penal é de iniciativa pública incondicionada.

Compete, pelo menos inicialmente, ao Juizado Especial Criminal o processo e julgamento do delito em estudo, em virtude da pena máxima cominada em abstrato, que não ultrapassa o limite de 2 (dois) anos, imposto pelo art. 61 da Lei nº 9.099/95, conforme alteração determinada pela Lei nº 11.313, de 28 de junho de 2006.

Será possível, também, a confecção de proposta de suspensão condicional do processo, nos termos do art. 89 da Lei nº 9.099/95.

1.9 Destaques

1.9.1 Crime de responsabilidade do Presidente da República

Poderá o Presidente da República ser responsabilizado por crime de responsabilidade, previsto nos itens 6 e 9, que foram acrescentados pela Lei nº 10.028, de 19 de outubro de 2000, ao art. 10 da Lei nº 1.079, de 10 de abril de 1950, *verbis*:

> **Art. 10.** São crimes de responsabilidade contra a lei orçamentária:
> [...];
> 6) ordenar ou autorizar a abertura de crédito em desacordo com os limites estabelecidos pelo Senado Federal, sem fundamento na lei orçamentária ou na de crédito adicional ou com inobservância de prescrição legal;
> [...];
> 9) ordenar ou autorizar, em desacordo com a lei, a realização de operação de crédito com qualquer um dos demais entes da Federação, inclusive suas entidades da administração indireta, ainda que na forma de novação, refinanciamento ou postergação de dívida contraída anteriormente.

1.9.2 Crime de responsabilidade do prefeito municipal

A Lei nº 10.028, de 19 de outubro de 2000, acrescentou o inciso XX ao art. 1º do Decreto-Lei nº 201, de 27 de fevereiro de 1967, prevendo, assim, mais uma hipótese de crime de responsabilidade do prefeito municipal, quando este:

> XX – ordenar ou autorizar, em desacordo com a lei, a realização de operação de crédito com qualquer um dos demais entes da Federação, inclusive suas entidades da administração indireta, ainda que na forma de novação, refinanciamento ou postergação de dívida contraída anteriormente.

1.10 Quadro-resumo

Sujeitos
» Ativo: somente o funcionário público competente para ordenar, autorizar ou realizar operação de crédito.
» Passivo: é o Estado.

Objeto material
É a operação de crédito.

Bem(ns) juridicamente protegido(s)
As finanças públicas e, em um sentido mais amplo, a própria Administração Pública.

Elemento subjetivo

Dolo, não havendo previsão para a modalidade de natureza culposa.

Modalidades comissiva e omissiva

Os núcleos ordenar, autorizar e realizar pressupõem um comportamento comissivo por parte do agente, podendo, no entanto, ser praticados via omissão imprópria.

Consumação e tentativa

» O delito se consuma quando o agente, efetivamente, ordena, autoriza ou realiza operação de crédito, interno ou externo, sem prévia autorização legislativa, ou com inobservância de limite, condição ou montante estabelecido em lei ou em resolução do Senado Federal, ou quando o montante da dívida consolidada ultrapassa o limite máximo autorizado por lei.
» A tentativa é admissível.

2. INSCRIÇÃO DE DESPESAS NÃO EMPENHADAS EM RESTOS A PAGAR

Inscrição de despesas não empenhadas em restos a pagar
Art. 359-B. Ordenar ou autorizar a inscrição em restos a pagar, de despesa que não tenha sido previamente empenhada ou que exceda limite estabelecido em lei:
Pena – detenção, de 6 (seis) meses a 2 (dois) anos.

2.1 Introdução

O delito de *inscrição de despesas não empenhadas em restos a pagar* encontra-se tipificado no art. 359-B do Código Penal, do qual podemos extrair os seguintes elementos: *a)* a conduta de *ordenar* ou *autorizar* a inscrição em restos a pagar; *b)* de despesa que não tenha sido previamente empenhada; *c)* ou que exceda limite estabelecido em lei.

Ordenar tem o sentido de determinar, mandar que se faça; *autorizar* deve ser entendido como permitir que se faça. De acordo com o art. 36 da Lei nº 4.320, de 17 de março de 1964, que estatui normas gerais de direito financeiro para a elaboração e o controle dos orçamentos e balanços da União, dos Estados, dos Municípios e do Distrito Federal, *consideram-se restos a pagar as despesas empenhadas mas não pagas até o dia 31 de dezembro distinguindo-se as processadas das não processadas.*

O *empenho de despesa*, conforme esclarece o art. 58 da mencionada Lei nº 4.320/64, é o ato emanado de autoridade competente que cria para o Estado obrigação de pagamento pendente ou não de implemento de condição, o qual não pode exceder o limite dos créditos concedidos (art. 59), sendo vedada a realização de despesa sem prévio empenho (art. 60). Para cada empenho será extraído um documento denominado "nota de empenho" que indicará o nome do credor, a representação e a importância da despesa, bem como a dedução desta do saldo da dotação própria (art. 61).

Assim, conforme conclui Guilherme de Souza Nucci:

"Veda este artigo que o agente público ordene ou autorize a inscrição em restos a pagar [...] de despesa que ainda não foi empenhada ou que, apesar de ter sido, excedeu o limite estabelecido na lei. Logo, evita-se deixar para o ano seguinte e, principalmente, para outro administrador, despesas que já não constem expressamente como devidas e cujo pagamento há de se estender no tempo, especialmente se não houver recursos para o pagamento."[180]

Cuida-se de norma penal primariamente remetida (em branco), haja vista que o intérprete deverá, obrigatoriamente, conhecer o limite estabelecido em lei, para saber se houve ou não a prática do delito em estudo.

2.2 Classificação doutrinária

Crime próprio, tanto no que diz respeito ao sujeito ativo quanto ao sujeito passivo; doloso; comissivo (podendo, no entanto, ser praticado via omissão imprópria, nos termos do art. 13, § 2º, do Código Penal); de forma vinculada; instantâneo; monossubjetivo; monossubsistente ou plurissubsistente (dependendo da forma como o delito for praticado, poderá ou não ser fracionado o *iter criminis*); não transeunte.

2.3 Sujeito ativo e sujeito passivo

Somente o funcionário público competente para ordenar ou autorizar a inscrição de despesa pode ser considerado *sujeito ativo* do delito tipificado no art. 359-B do Código Penal.
O *sujeito passivo* é o Estado.

2.4 Objeto material e bem juridicamente protegido

O tipo penal que prevê o delito de *inscrição de despesas não empenhadas em restos a pagar* tem por finalidade proteger as finanças públicas e, em um sentido mais amplo, a própria Administração Pública.
O objeto material é a despesa inscrita.

2.5 Consumação e tentativa

O delito se consuma quando o agente, efetivamente, ordena ou autoriza a inscrição em restos a pagar, de despesa que não tenha sido previamente empenhada ou que exceda limite estabelecido em lei.
Poderá ser reconhecida a tentativa desde que, no caso concreto, se possa fracionar o *iter criminis*.

2.6 Elemento subjetivo

O dolo é o elemento subjetivo exigido pelo tipo penal em estudo, não havendo previsão para a modalidade de natureza culposa.

2.7 Modalidades comissiva e omissiva

Os núcleos *ordenar* e *autorizar* pressupõem um comportamento comissivo por parte do agente.
No entanto, será possível a prática do delito via omissão imprópria quando o agente, garantidor, dolosamente, podendo, nada fizer para impedir a prática de qualquer dos comportamentos previstos pelo tipo penal em estudo, devendo ser responsabilizado pelo delito

---

[180] NUCCI, Guilherme de Souza. *Código penal comentado*, p. 1.106.

de *inscrição de despesas não empenhadas em restos a pagar*, nos termos do art. 13, § 2º, do Código Penal.

2.8 Pena, ação penal, competência para julgamento e suspensão condicional do processo

A pena cominada ao delito de *inscrição de despesas não empenhadas em restos a pagar* é de detenção, de 6 (seis) meses a 2 (dois) anos.

A ação penal é de iniciativa pública incondicionada.

Compete, pelo menos inicialmente, ao Juizado Especial Criminal o processo e julgamento do delito em estudo, em virtude da pena máxima cominada em abstrato, que não ultrapassa o limite de 2 (dois) anos, imposto pelo art. 61 da Lei nº 9.099/95, conforme alteração determinada pela Lei nº 11.313, de 28 de junho de 2006.

Será possível, também, a confecção de proposta de suspensão condicional do processo, nos termos do art. 89 da Lei nº 9.099/95.

2.9 Quadro-resumo

Sujeitos
» Ativo: somente o funcionário público competente para ordenar ou autorizar a inscrição de despesa.
» Passivo: é o Estado.

Objeto material
É a despesa inscrita.

Bem(ns) juridicamente protegido(s)
As finanças públicas e, em um sentido mais amplo, a própria Administração Pública.

Elemento subjetivo
Dolo, não havendo previsão para a modalidade de natureza culposa.

Modalidades comissiva e omissiva
Os núcleos ordenar e autorizar pressupõem um comportamento comissivo por parte do agente, podendo, no entanto, ser praticados via omissão imprópria.

Consumação e tentativa
» O delito se consuma quando o agente, efetivamente, ordena ou autoriza a inscrição em restos a pagar, de despesa que não tenha sido previamente empenhada ou que exceda limite estabelecido em lei.
» A tentativa é admissível.

3. ASSUNÇÃO DE OBRIGAÇÃO NO ÚLTIMO ANO DO MANDATO OU LEGISLATURA

> **Assunção de obrigação no último ano do mandato ou legislatura**
> **Art. 359-C.** Ordenar ou autorizar a assunção de obrigação, nos dois últimos quadrimestres do último ano do mandato ou legislatura, cuja despesa não possa ser paga no exercício financeiro ou, caso reste parcela a ser paga no exercício seguinte, que não tenha contrapartida suficiente de disponibilidade de caixa:
> Pena – reclusão, de 1 (um) a 4 (quatro) anos.

3.1 Introdução

O delito de *assunção de obrigação no último ano do mandato ou legislatura* encontra-se tipificado no art. 359-C do Código Penal. De acordo com a redação constante da mencionada figura típica, similar à constante do art. 42 da Lei Complementar nº 101/00, podemos destacar os seguintes elementos: *a)* a conduta de *ordenar* ou *autorizar* a assunção de obrigação; *b)* nos dois últimos quadrimestres do último ano do mandato ou legislatura; *c)* cuja despesa não possa ser paga no exercício financeiro; *d)* ou, caso reste parcela a ser paga no exercício seguinte, que não tenha contrapartida suficiente de disponibilidade de caixa.

Com a criação do tipo penal em estudo, cuja redação em muito se assemelha àquela constante do art. 42 da Lei de Responsabilidade Fiscal, procurou-se evitar que o agente, no final do seu mandato ou legislatura, vale dizer, nos oito últimos meses, contraia obrigações que não poderão ser quitadas por ele até o final daquele seu último exercício financeiro, ou que, na hipótese de restar alguma parcela a ser paga no exercício seguinte, o que não é incomum, não tenha levado a efeito a reserva de caixa.

De acordo com as lições de Luiz Flávio Gomes e Alice Bianchini:

> "Tipifica, assim, o legislador, a passagem desses passivos (encargos e despesas já comprometidas e que devam ser honradas até o final do exercício) para o mandatário seguinte, cominando sanção de natureza penal àquele que não respeitar os prazos e condições legais de pagamento.
> A Lei, nesse dispositivo, ocupa-se em precaver que atos de gestores públicos não venham a comprometer, por falta de recursos, o mandato de seus sucessores. Tratam-se das denominadas heranças fiscais, 'que imobilizam os governos no início do mandato, por terem de pagar dívidas e/ou assumir compromissos financeiros deixados pelo antecessor'.
> Outra preocupação também subsiste: *equilíbrio das contas públicas*."[181]

3.2 Classificação doutrinária

Crime próprio, tanto no que diz respeito ao sujeito ativo quanto ao sujeito passivo; doloso; comissivo (podendo, no entanto, ser praticado via omissão imprópria, nos termos do art. 13, § 2º, do Código Penal); de forma vinculada; instantâneo; monossubjetivo; monossubsistente ou plurissubsistente (dependendo da forma como o delito for praticado, poderá ou não ser fracionado o *iter criminis*); não transeunte.

---

[181] GOMES, Luiz Flávio; BIANCHINI, Alice. *Crimes de responsabilidade fiscal*, p. 46.

3.3 Sujeito ativo e sujeito passivo

Somente o funcionário público competente para ordenar ou autorizar a assunção de obrigação pode ser considerado *sujeito ativo* do delito tipificado no art. 359-C do Código Penal.

O sujeito passivo é o Estado.

3.4 Objeto material e bem juridicamente protegido

O tipo penal que prevê o delito de *assunção de obrigação no último ano do mandato ou legislatura* tem por finalidade proteger as finanças públicas e, em um sentido mais amplo, a própria Administração Pública.

O objeto material é a obrigação assumida.

3.5 Consumação e tentativa

O delito se consuma quando o agente, efetivamente, ordena ou autoriza a assunção de obrigação, nos últimos dois quadrimestres do último ano do mandato ou legislatura, cuja despesa não possa ser paga no mesmo exercício financeiro ou, caso reste parcela a ser paga no exercício seguinte, que não tenha contrapartida suficiente de disponibilidade de caixa.

Poderá ser reconhecida a tentativa desde que, no caso concreto, se possa fracionar o *iter criminis*.

3.6 Elemento subjetivo

O dolo é o elemento subjetivo exigido pelo tipo penal em estudo, não havendo previsão para a modalidade de natureza culposa.

3.7 Modalidades comissiva e omissiva

Os núcleos *ordenar* e *autorizar* pressupõem um comportamento comissivo por parte do agente. No entanto, será possível a prática do delito via omissão imprópria quando o agente, garantidor, dolosamente, podendo, nada fizer para impedir a prática de qualquer dos comportamentos previstos pelo tipo penal em estudo, devendo ser responsabilizado pelo delito de *assunção de obrigação no último ano do mandato ou legislatura*, nos termos do art. 13, § 2º, do Código Penal.

3.8 Pena, ação penal e suspensão condicional do processo

A pena cominada ao delito de *assunção de obrigação no último ano do mandato ou legislatura* é de reclusão, de 1 (um) a 4 (quatro) anos.

A ação penal é de iniciativa pública incondicionada.

Será possível a confecção de proposta de suspensão condicional do processo, nos termos do art. 89 da Lei nº 9.099/95.

3.9 Quadro-resumo

Sujeitos
- » Ativo: somente o funcionário público competente para ordenar ou autorizar a assunção de obrigação.
- » Passivo: é o Estado.

Objeto material
É a obrigação assumida.

Bem(ns) juridicamente protegido(s)
As finanças públicas e, em um sentido mais amplo, a própria Administração Pública.

Elemento subjetivo
Dolo, não havendo previsão para a modalidade de natureza culposa.

Modalidades comissiva e omissiva
As condutas previstas pressupõem um comportamento comissivo por parte do agente.
Os núcleos ordenar e autorizar pressupõem um comportamento comissivo por parte do agente, podendo, no entanto, ser praticados via omissão imprópria.

Consumação e tentativa
» O delito se consuma quando o agente, efetivamente, ordena ou autoriza a assunção de obrigação, nos últimos dois quadrimestres do último ano do mandato ou legislatura, cuja despesa não possa ser paga no mesmo exercício financeiro ou, caso reste parcela a ser paga no exercício seguinte, que não tenha contrapartida suficiente de disponibilidade de caixa.
» Admite-se a tentativa.

4. ORDENAÇÃO DE DESPESA NÃO AUTORIZADA

Ordenação de despesa não autorizada
Art. 359-D. Ordenar despesa não autorizada por lei:
Pena – reclusão, de 1 (um) a 4 (quatro) anos.

4.1 Introdução

O delito de *ordenação de despesa não autorizada* encontra-se tipificado no art. 359-D do Código Penal. Cuida-se de norma penal em branco, cujo complemento poderá ser encontrado nos arts. 15, 16 e 17 da Lei de Responsabilidade Fiscal (Lei Complementar nº 101/2000), que dizem, *verbis*:

Art. 15. Serão consideradas não autorizadas, irregulares e lesivas ao patrimônio público a geração de despesa ou assunção de obrigação que não atendam o disposto nos arts. 16 e 17.
Art. 16. A criação, expansão ou aperfeiçoamento de ação governamental que acarrete aumento da despesa será acompanhado de:
I – estimativa do impacto orçamentário-financeiro no exercício em que deva entrar em vigor e nos dois subsequentes;
II – declaração do ordenador da despesa de que o aumento tem adequação orçamentária e financeira com a lei orçamentária anual e compatibilidade com o plano plurianual e com a lei de diretrizes orçamentárias.
§ 1º Para os fins desta Lei Complementar, considera-se:
I – adequada com a lei orçamentária anual, a despesa objeto de dotação específica e suficiente, ou que esteja abrangida por crédito genérico, de forma que somadas todas as despesas da mesma espécie,

realizadas e a realizar, previstas no programa de trabalho, não sejam ultrapassados os limites estabelecidos para o exercício;
II – compatível com o plano plurianual e a lei de diretrizes orçamentárias, a despesa que se conforme com as diretrizes, objetivos, prioridades e metas previstos nesses instrumentos e não infrinja qualquer de suas disposições.
§ 2º A estimativa de que trata o inciso I do *caput* será acompanhada das premissas e metodologia de cálculo utilizadas.
§ 3º Ressalva-se do disposto neste artigo a despesa considerada irrelevante, nos termos em que dispuser a lei de diretrizes orçamentárias.
§ 4º As normas do *caput* constituem condição prévia para:
I – empenho e licitação de serviços, fornecimento de bens ou execução de obras;
II – desapropriação de imóveis urbanos a que se refere o § 3º do art. 182 da Constituição.
Art. 17. Considera-se obrigatória de caráter continuado a despesa corrente derivada de lei, medida provisória ou ato administrativo normativo que fixem para o ente a obrigação legal de sua execução por um período superior a dois exercícios.
§ 1º Os atos que criarem ou aumentarem despesa de que trata o *caput* deverão ser instruídos com a estimativa prevista no inciso I do art. 16 e demonstrar a origem dos recursos para seu custeio.
§ 2º Para efeito do atendimento do § 1º, o ato será acompanhado de comprovação de que a despesa criada ou aumentada não afetará as metas de resultados fiscais previstas no anexo referido no § 1º do art. 4º, devendo seus efeitos financeiros, nos períodos seguintes, ser compensados pelo aumento permanente de receita ou pela redução permanente de despesa.
§ 3º Para efeito do § 2º, considera-se aumento permanente de receita o proveniente da elevação de alíquotas, ampliação da base de cálculo, majoração ou criação de tributo ou contribuição.
§ 4º A comprovação referida no § 2º, apresentada pelo proponente, conterá as premissas e metodologia de cálculo utilizadas, sem prejuízo do exame de compatibilidade da despesa com as demais normas do plano plurianual e da lei de diretrizes orçamentárias.
§ 5º A despesa de que trata este artigo não será executada antes da implementação das medidas referidas no § 2º, as quais integrarão o instrumento que a criar ou aumentar.
§ 6º O disposto no § 1º não se aplica às despesas destinadas ao serviço da dívida nem ao reajustamento de remuneração de pessoal de que trata o inciso X do art. 37 da Constituição.
§ 7º Considera-se aumento de despesa a prorrogação daquela criada por prazo determinado.

A Lei de Responsabilidade Fiscal, portanto, será utilizada como complemento necessário para a interpretação e aplicação do art. 359-D do Código Penal.

4.2 Classificação doutrinária

Crime próprio, tanto no que diz respeito ao sujeito ativo, quanto ao sujeito passivo; doloso; comissivo (podendo, no entanto, ser praticado via omissão imprópria, nos termos do art. 13, § 2º, do Código Penal); de forma vinculada; instantâneo; monossubjetivo; monossubsistente ou plurissubsistente (dependendo da forma como o delito for praticado, poderá ou não ser fracionado o *iter criminis*); não transeunte.

4.3 Sujeito ativo e sujeito passivo

Somente o funcionário público competente para ordenar despesa pode ser considerado *sujeito ativo* do delito tipificado no art. 359-D do Código Penal.

O *sujeito passivo* é o Estado.

4.4 Objeto material e bem juridicamente protegido

O tipo penal que prevê o delito de *ordenação de despesa não autorizada* tem por finalidade proteger as finanças públicas e, em um sentido mais amplo, a própria Administração Pública.

O objeto material é a despesa não autorizada por lei.

4.5 Consumação e tentativa

O delito se consuma quando o agente, efetivamente, ordena despesa não autorizada por lei.

Poderá ser reconhecida a tentativa desde que, no caso concreto, se possa fracionar o *iter criminis*.

4.6 Elemento subjetivo

O dolo é o elemento subjetivo exigido pelo tipo penal em estudo, não havendo previsão para a modalidade de natureza culposa.

4.7 Modalidades comissiva e omissiva

O núcleo *ordenar* pressupõe um comportamento comissivo por parte do agente. No entanto, será possível a prática do delito via omissão imprópria quando o agente, garantidor, dolosamente, podendo, nada fizer para impedir a prática de qualquer dos comportamentos previstos pelo tipo penal em estudo, devendo ser responsabilizado pelo delito de *ordenação de despesa não autorizada*, nos termos do art. 13, § 2º, do Código Penal.

4.8 Pena, ação penal e suspensão condicional do processo

A pena cominada ao delito de *ordenação de despesa não autorizada* é de reclusão, de 1 (um) a 4 (quatro) anos.

A ação penal é de iniciativa pública incondicionada.

Será possível a confecção de proposta de suspensão condicional do processo, nos termos do art. 89 da Lei nº 9.099/95.

4.9 Quadro-resumo

Sujeitos
- Ativo: somente o funcionário público competente para ordenar despesa.
- Passivo: é o Estado.

Objeto material
É a despesa não autorizada por lei.

Bem(ns) juridicamente protegido(s)
As finanças públicas e, em um sentido mais amplo, a própria Administração Pública.

Elemento subjetivo
Dolo, não havendo previsão para a modalidade de natureza culposa.

Modalidades comissiva e omissiva
O núcleo ordenar pressupõe um comportamento comissivo por parte do agente, podendo, no entanto, ser praticado via omissão imprópria.

> **Consumação e tentativa**
> » O delito se consuma quando o agente, efetivamente, ordena despesa não autorizada por lei.
> » A tentativa é admissível.

5. PRESTAÇÃO DE GARANTIA GRACIOSA

> **Prestação de garantia graciosa**
> **Art. 359-E.** Prestar garantia em operação de crédito sem que tenha sido constituída contragarantia em valor igual ou superior ao valor da garantia prestada, na forma da lei:
> Pena – detenção, de 3 (três) meses a 1 (um) ano.

5.1 Introdução

O delito de *prestação de garantia graciosa* encontra-se tipificado no art. 359-E do Código Penal. De acordo com a redação constante na mencionada figura típica, podemos apontar os seguintes elementos: *a)* a conduta de prestar garantia em operação de crédito; *b)* sem que tenha sido constituída contragarantia em valor igual ou superior ao valor da garantia prestada, na forma da lei.

Presta garantia aquele que a concede. A concessão de garantia, de acordo com a definição constante do inciso IV do art. 29 da Lei de Responsabilidade Fiscal (Lei Complementar nº 101/2000), significa o *compromisso de adimplência de obrigação financeira ou contratual assumida por ente da Federação ou entidade a ele vinculada*. Operação de crédito, conforme explicação contida no inciso III do mencionado artigo, diz respeito ao *compromisso financeiro assumido em razão de mútuo, abertura de crédito, emissão e aceite de título, aquisição financiada de bens, recebimento antecipado de valores provenientes da venda a termo de bens e serviços, arrendamento mercantil e outras operações assemelhadas, inclusive com uso de derivativos financeiros.*

O art. 40 da Lei Complementar nº 101/2000, que serve de complemento ao art. 359-E do Código Penal, diz, *verbis*:

> **Art. 40.** Os entes poderão conceder garantia em operações de crédito internas ou externas, observados o disposto neste artigo, as normas do art. 32 e, no caso da União, também os limites e as condições estabelecidos pelo Senado Federal e as normas emitidas pelo Ministério da Economia acerca da classificação de capacidade de pagamento dos mutuários.
> § 1º A garantia estará condicionada ao oferecimento de contragarantia, em valor igual ou superior ao da garantia a ser concedida, e à adimplência da entidade que a pleitear relativamente a suas obrigações junto ao garantidor e às entidades por este controladas, observado o seguinte:
> I – não será exigida contragarantia de órgãos e entidades do próprio ente;
> II – a contragarantia exigida pela União a Estado ou Município, ou pelos Estados aos Municípios, poderá consistir na vinculação de receitas tributárias diretamente arrecadadas e provenientes de transferências constitucionais, com outorga de poderes ao garantidor para retê-las e empregar o respectivo valor na liquidação da dívida vencida.
> § 2º No caso de operação de crédito junto a organismo financeiro internacional, ou a instituição federal de crédito e fomento para o repasse de recursos externos, a União só prestará garantia a ente que atenda, além do disposto no § 1º, as exigências legais para o recebimento de transferências voluntárias.
> § 3º (Vetado)
> § 4º (Vetado)
> § 5º É nula a garantia concedida acima dos limites fixados pelo Senado Federal;
> § 6º É vedado às entidades da administração indireta, inclusive suas empresas controladas e subsidiárias, conceder garantia, ainda que com recurso de fundos.

> § 7º O disposto no § 6º não se aplica à concessão de garantia por:
> I – empresa controlada a subsidiária ou controlada sua, nem à prestação de contragarantia nas mesmas condições;
> II – instituição financeira a empresa nacional, nos termos da lei.
> § 8º Excetua-se do disposto neste artigo a garantia prestada:
> I – por instituições financeiras estatais, que se submeterão às normas aplicáveis às instituições financeiras privadas, de acordo com a legislação pertinente;
> II – pela União, na forma de lei federal, a empresas de natureza financeira por ela controladas, direta e indiretamente, quanto às operações de seguro de crédito à exportação.
> § 9º Quando honrarem dívida de outro ente, em razão de garantia prestada, a União e os Estados poderão condicionar as transferências constitucionais ao ressarcimento daquele pagamento.
> § 10. O ente da Federação cuja dívida tiver sido honrada pela União ou por Estado, em decorrência de garantia prestada em operação de crédito, terá suspenso o acesso a novos créditos ou financiamentos até a total liquidação da mencionada dívida.
> § 11. A alteração da metodologia utilizada para fins de classificação da capacidade de pagamento de Estados e Municípios deverá ser precedida de consulta pública, assegurada a manifestação dos entes.

5.2 Classificação doutrinária

Crime próprio, tanto no que diz respeito ao sujeito ativo quanto ao sujeito passivo; doloso; comissivo (podendo, no entanto, ser praticado via omissão imprópria, nos termos do art. 13, § 2º, do Código Penal); de forma vinculada; instantâneo; monossubjetivo; monossubsistente ou plurissubsistente (dependendo da forma como o delito for praticado, poderá ou não ser fracionado o *iter criminis*); não transeunte.

5.3 Sujeito ativo e sujeito passivo

Somente o funcionário público competente para prestar garantia em operação de crédito pode ser considerado *sujeito ativo* do delito tipificado no art. 359-E do Código Penal.

O *sujeito passivo* é o Estado.

5.4 Objeto material e bem juridicamente protegido

O tipo penal que prevê o delito de *prestação de garantia graciosa* tem por finalidade proteger as finanças públicas e, em um sentido mais amplo, a própria Administração Pública.

O objeto material é a operação de crédito levada a efeito pelo agente, sem que tenha sido constituída contragarantia em valor igual ou superior ao valor da garantia prestada, na forma da lei.

5.5 Consumação e tentativa

O delito se consuma quando o agente, efetivamente, presta a garantia em operação de crédito sem que tenha sido constituída contragarantia em valor igual ou superior ao valor da garantia prestada, na forma da lei.

Poderá ser reconhecida a tentativa desde que, no caso concreto, se possa fracionar o *iter criminis*.

5.6 Elemento subjetivo

O dolo é o elemento subjetivo exigido pelo tipo penal em estudo, não havendo previsão para a modalidade de natureza culposa.

5.7 Modalidades comissiva e omissiva

A conduta de prestar garantia pressupõe um comportamento comissivo por parte do agente. No entanto, será possível a prática do delito via omissão imprópria quando o agente, garantidor, dolosamente, podendo, nada fizer para impedir a prática do comportamento previsto pelo tipo penal em estudo, devendo ser responsabilizado pelo delito de *prestação de garantia graciosa*, nos termos do art. 13, § 2º, do Código Penal.

5.8 Pena, ação penal, competência para julgamento e suspensão condicional do processo

A pena cominada ao delito de *prestação de garantia graciosa* é de detenção, de 3 (três) meses a 1 (um) ano.

A ação penal é de iniciativa pública incondicionada.

Compete, pelo menos inicialmente, ao Juizado Especial Criminal o processo e o julgamento do delito em estudo, em virtude da pena máxima cominada em abstrato, que não ultrapassa o limite de 2 (dois) anos, imposto pelo art. 61 da Lei nº 9.099/95, conforme alteração determinada pela Lei nº 11.313, de 28 de junho de 2006.

Será possível, também, a confecção de proposta de suspensão condicional do processo, nos termos do art. 89 da Lei nº 9.099/95.

5.9 Quadro-resumo

Sujeitos
» Ativo: somente o funcionário público competente para prestar garantia em operação de crédito.
» Passivo: é o Estado.

Objeto material
É a operação de crédito levada a efeito pelo agente, sem que tenha sido constituída contragarantia em valor igual ou superior ao valor da garantia prestada, na forma da lei.

Bem(ns) juridicamente protegido(s)
As finanças públicas e, em um sentido mais amplo, a própria Administração Pública.

Elemento subjetivo
Dolo, não havendo previsão para a modalidade de natureza culposa.

Consumação e tentativa
» O delito se consuma quando o agente, efetivamente, presta a garantia em operação de crédito sem que tenha sido constituída contragarantia em valor igual ou superior ao valor da garantia prestada, na forma da lei.
» A tentativa é admissível.

6. NÃO CANCELAMENTO DE RESTOS A PAGAR

> **Não cancelamento de restos a pagar**
> **Art. 359-F.** Deixar de ordenar, autorizar ou de promover o cancelamento do montante de restos a pagar inscrito em valor superior ao permitido em lei:
> Pena – detenção, de 6 (seis) meses a 2 (dois) anos.

6.1 Introdução

O delito de *não cancelamento de restos a pagar* encontra-se tipificado no art. 359-F do Código Penal. O tipo penal em estudo incrimina o comportamento de *deixar de ordenar* (ou seja, não determinar que se faça), *deixar de* autorizar (entendido no sentido de não permitir que se leve a efeito), bem como *deixar de promover* (de realizar) o cancelamento do montante de restos a pagar inscrito em valor superior ao permitido em lei.

Aqui, o agente se omite quando deveria agir com a finalidade de ordenar, autorizar ou de promover o cancelamento de restos a pagar inscrito em valor superior ao permitido em lei.

Conforme já esclarecido quando da análise do tipo constante do art. 359-B do Código Penal, o art. 36 da Lei nº 4.320, de 17 de março de 1964, que estatui normas gerais de direito financeiro para a elaboração e o Controle dos orçamentos e balanços da União, dos Estados, dos Municípios e do Distrito Federal, esclarece o conceito de restos a pagar, dizendo: *Consideram-se restos a pagar as despesas empenhadas mas não pagas até o dia 31 de dezembro distinguindo-se as processadas das não processadas.*

Conforme esclarecem Luiz Flávio Gomes e Alice Bianchini:

> "Para que se possa punir a conduta daquele que pratica a ação descrita no artigo em tela, há necessidade de que ele não tenha nenhuma responsabilidade (a título de dolo) em relação à inscrição, pois, do contrário, já estaria incurso nas penas previstas no art. 359-B, antes mencionado.
> Preocupa-se a lei com a lisura administrativa, de forma que, percebendo o agente público que o valor inscrito em restos a pagar é superior ao permitido em lei, deve, de plano, providenciar, para que ocorra o cancelamento. Não o fazendo, incorre no disposto no tipo penal *sub examen*.
> O valor permitido em lei representa a suficiente disponibilidade financeira que permita o pagamento integral das despesas dentro dos dois últimos quadrimestres, ou a disponibilidade de caixa existente para o exercício seguinte. Disponibilidade de caixa consiste no montante remanescente após a execução contábil dos encargos e despesas compromissadas a serem honradas até o final do exercício financeiro."[182]

Trata-se de tipo misto alternativo, no qual a prática de mais de um comportamento previsto pelo tipo importará em infração penal única.

6.2 Classificação doutrinária

Crime próprio, tanto no que diz respeito ao sujeito ativo quanto ao sujeito passivo; doloso; omissivo próprio; de forma vinculada; instantâneo; monossubjetivo; monossubsistente; não transeunte.

---
[182] GOMES, Luiz Flávio; BIANCHINI, Alice. *Crimes de responsabilidade fiscal*, p. 52-53.

6.3 Sujeito ativo e sujeito passivo

Somente o funcionário público competente para ordenar, autorizar ou promover o cancelamento do montante de restos a pagar inscrito em valor superior ao permitido em lei é que pode ser considerado *sujeito ativo* do delito tipificado no art. 359-F do Código Penal.

O *sujeito passivo* é o Estado.

6.4 Objeto material e bem juridicamente protegido

O tipo penal que prevê o delito de *não cancelamento de restos a pagar* tem por finalidade proteger as finanças públicas e, em um sentido mais amplo, a própria Administração Pública.

O objeto material é a inscrição de restos a pagar.

6.5 Consumação e tentativa

O delito se consuma quando o agente, efetiva e dolosamente, deixa de ordenar, de autorizar ou de promover o cancelamento do montante de restos a pagar inscrito em valor superior ao permitido em lei.

Tratando-se de crime monossubsistente, não será possível o reconhecimento da tentativa, tendo em vista a concentração de atos, que impede o fracionamento do *iter criminis*.

6.6 Elemento subjetivo

O dolo é o elemento subjetivo exigido pelo tipo penal em estudo, não havendo previsão para a modalidade de natureza culposa.

6.7 Modalidade comissiva

A conduta de deixar de ordenar, de autorizar ou de promover importa em um delito omissivo próprio.

6.8 Pena, ação penal, competência para julgamento e suspensão condicional do processo

A pena cominada ao delito de *não cancelamento de restos a pagar* é de detenção, de 6 (seis) meses a 2 (dois) anos.

A ação penal é de iniciativa pública incondicionada.

Compete, pelo menos inicialmente, ao Juizado Especial Criminal o processo e julgamento do delito em estudo, em virtude da pena máxima cominada em abstrato, que não ultrapassa o limite de 2 (dois) anos, imposto pelo art. 61 da Lei nº 9.099/95, conforme alteração determinada pela Lei nº 11.313, de 28 de junho de 2006.

Será possível, também, a confecção de proposta de suspensão condicional do processo, nos termos do art. 89 da Lei nº 9.099/95.

6.9 Quadro-resumo

Sujeitos
- » Ativo: somente o funcionário público competente para ordenar, autorizar ou promover o cancelamento do montante de restos a pagar inscrito em valor superior ao permitido em lei.
- » Passivo: é o Estado.

Objeto material
É a inscrição de restos a pagar.

Bem(ns) juridicamente protegido(s)
As finanças públicas e, em um sentido mais amplo, a própria Administração Pública.

Elemento subjetivo
Dolo, não havendo previsão para a modalidade de natureza culposa.

Modalidades comissiva e omissiva
A conduta de deixar de ordenar, de autorizar ou de promover importa em um delito omissivo próprio.

Consumação e tentativa
» O delito se consuma quando o agente, efetivamente, dolosamente, deixa de ordenar, de autorizar ou de promover o cancelamento do montante de restos a pagar inscrito em valor superior ao permitido em lei.
» Tratando-se de crime monossubsistente, não será possível o reconhecimento da tentativa.

7. AUMENTO DE DESPESA TOTAL COM PESSOAL NO ÚLTIMO ANO DO MANDATO OU LEGISLATURA

Aumento de despesa total com pessoal no último ano do mandato ou legislatura
Art. 359-G. Ordenar, autorizar ou executar ato que acarrete aumento de despesa total com pessoal, nos cento e oitenta dias anteriores ao final do mandato ou da legislatura:
Pena – reclusão, de 1 (um) a 4 (quatro) anos.

7.1 Introdução

O delito de *aumento de despesa total com pessoal no último ano do mandato ou legislatura* encontra-se tipificado no art. 359-G do Código Penal. De acordo com sua redação legal, podemos apontar os seguintes elementos: *a)* a conduta de *ordenar, autorizar* ou *executar; b)* ato que acarrete aumento de despesa total com pessoal; *c)* nos 180 (cento e oitenta) dias anteriores ao final do mandato ou da legislatura.

Ordenar tem o sentido de determinar, mandar que se faça; *autorizar* deve ser entendido como permitir que se faça; *executar* significa realizar, levar a efeito. O agente, portanto, com o seu comportamento, pratica ato que acarreta aumento de *despesa total com pessoal*, sendo que o art. 18 da Lei de Responsabilidade Fiscal a define, dizendo, *verbis*:

Art. 18. Para os efeitos desta Lei Complementar, entende-se como despesa total com pessoal: o somatório dos gastos do ente da Federação com os ativos, os inativos e os pensionistas, relativos a mandatos eletivos, cargos, funções ou empregos, civis, militares e de membros do Poder, com quaisquer espécies remuneratórias, tais como vencimentos e vantagens, fixas e variáveis, subsídios, proventos da aposentadoria, reformas e pensões, inclusive adicionais, gratificações, horas extras e vantagens pessoais de qualquer natureza, bem como encargos sociais e contribuições recolhidas pelo ente às entidades de previdência.

O art. 359-G também se coaduna com o art. 21 da mencionada Lei de Responsabilidade Fiscal.

Trata-se de tipo misto alternativo, no qual a prática de mais de um comportamento típico importará em infração penal única.

7.2 Classificação doutrinária

Crime próprio, tanto no que diz respeito ao sujeito ativo quanto ao sujeito passivo; doloso; comissivo (podendo, no entanto, ser praticado via omissão imprópria, nos termos do art. 13, § 2º, do Código Penal); de forma vinculada; instantâneo; monossubjetivo; monossubsistente ou plurissubsistente (dependendo da forma como o delito é praticado); não transeunte.

7.3 Sujeito ativo e sujeito passivo

Somente o funcionário público competente para ordenar, autorizar ou executar ato que acarrete aumento de despesa total com pessoal nos 180 dias anteriores ao final do mandato ou da legislatura é que pode ser considerado *sujeito ativo* do delito tipificado no art. 359-G do Código Penal.

O sujeito passivo é o Estado.

7.4 Objeto material e bem juridicamente protegido

O tipo penal que prevê o delito de *aumento de despesa total com pessoal no último ano do mandato ou legislatura* tem por finalidade proteger as finanças públicas e, em um sentido mais amplo, a própria Administração Pública.

O objeto material é o ato que faz com que haja o aumento de despesa total com pessoal, de acordo com a proibição temporal prevista pelo art. 359-G do Código Penal.

7.5 Consumação e tentativa

O delito se consuma quando o agente, efetivamente, ordena, autoriza ou executa o ato que acarreta aumento de despesa total com pessoal, nos 180 dias anteriores ao final do mandato ou da legislatura.

Será reconhecida a tentativa desde que, no caso concreto, se possa fracionar o *iter criminis*.

7.6 Elemento subjetivo

O dolo é o elemento subjetivo exigido pelo tipo penal em estudo, não havendo previsão para a modalidade de natureza culposa.

7.7 Modalidades comissiva e omissiva

A conduta de *ordenar*, *autorizar* ou *executar* pressupõe um comportamento comissivo por parte do agente.

No entanto, será possível a prática do delito via omissão imprópria quando o agente, garantidor, dolosamente, podendo, nada fizer para impedir a prática de qualquer dos comportamentos previstos pelo tipo penal em estudo, devendo ser responsabilizado pelo delito de *aumento de despesa total com pessoal no último ano do mandato ou legislatura*, nos termos do art. 13, § 2º, do Código Penal.

7.8 Pena, ação penal e suspensão condicional do processo

A pena cominada ao delito de *aumento de despesa total com pessoal no último ano do mandato ou legislatura* é de reclusão, de 1 (um) a 4 (quatro) anos.

A ação penal é de iniciativa pública incondicionada.

Será possível a confecção de proposta de suspensão condicional do processo, nos termos do art. 89 da Lei nº 9.099/95.

7.9 Quadro-resumo

Sujeitos
» Ativo: somente o funcionário público competente para ordenar, autorizar ou executar ato que acarrete aumento de despesa total com pessoal nos 180 dias anteriores ao final do mandato ou da legislatura.
» Passivo: é o Estado.

Objeto material
É o ato que faz com que haja o aumento de despesa total com pessoal, de acordo com a proibição temporal prevista pelo art. 359-G do CP.

Bem(ns) juridicamente protegido(s)
As finanças públicas e, em um sentido mais amplo, a própria Administração Pública.

Elemento subjetivo
Dolo, não havendo previsão para a modalidade de natureza culposa.

Modalidades comissiva e omissiva
A conduta de ordenar, autorizar ou executar pressupõe um comportamento comissivo por parte do agente, podendo, no entanto, ser praticada via omissão imprópria.

Consumação e tentativa
» O delito se consuma quando o agente, efetivamente, ordena, autoriza ou executa o ato que acarreta aumento de despesa total com pessoal, nos 180 dias anteriores ao final do mandato ou da legislatura.
» A tentativa é admissível.

8. OFERTA PÚBLICA OU COLOCAÇÃO DE TÍTULOS NO MERCADO

Oferta pública ou colocação de títulos no mercado
Art. 359-H. Ordenar, autorizar ou promover a oferta pública ou a colocação no mercado financeiro de títulos da dívida pública sem que tenham sido criados por lei ou sem que estejam registrados em sistema centralizado de liquidação e de custódia:
Pena – reclusão, de 1 (um) a 4 (quatro) anos.

8.1 Introdução

A última infração penal constante do capítulo correspondente aos crimes contra as finanças públicas, tipificada no art. 359-H, diz respeito ao delito de *oferta pública ou colocação de títulos no mercado*.

Os núcleos, já estudados, são *ordenar, autorizar e promover* (que tem o sentido de efetuar, fomentar) e dizem respeito à *oferta pública* ou à colocação no mercado financeiro de *títulos da dívida pública*, sem que tenham sido criados por lei ou sem que estejam registrados em sistema centralizado de liquidação e custódia.

Conforme esclarecem Luiz Flávio Gomes e Alice Bianchini:

"Os títulos emitidos pela União, inclusive os do Banco Central do Brasil, dos Estados e dos Municípios, constituem, nos termos do inciso II do art. 29 da LRF, a dívida pública mobiliária. A preocupação do legislador, neste tipo penal, é com o *controle legislativo do orçamento e das contas públicas*, visto que a colocação no mercado de títulos da dívida pública exige prévia criação legal, bem como, posteriormente, registro no sistema centralizado de liquidação e de custódia. Com isso, busca-se que, com o controle exercido, não venham as ações promovidas por administradores (no caso, colocação no mercado de títulos da dívida pública) a causar prejuízo ao erário e/ou desequilibrar futuros orçamentos."[183]

8.2 Classificação doutrinária

Crime próprio tanto no que diz respeito ao sujeito ativo quanto ao sujeito passivo; doloso; comissivo (podendo, no entanto, ser praticado via omissão imprópria, nos termos do art. 13, § 2º, do Código Penal); de forma vinculada; instantâneo; monossubjetivo; monossubsistente ou plurissubsistente (dependendo da forma como o delito é praticado); não transeunte.

8.3 Sujeito ativo e sujeito passivo

Somente o funcionário público competente para ordenar, autorizar ou promover a oferta pública ou a colocação no mercado financeiro de títulos da dívida pública é que pode ser considerado *sujeito ativo* do delito tipificado no art. 359-H do Código Penal.

O *sujeito passivo* é o Estado.

8.4 Objeto material e bem juridicamente protegido

O tipo penal que prevê o delito de *oferta pública ou colocação de títulos no mercado* tem por finalidade proteger as finanças públicas, e, em um sentido mais amplo, a própria Administração Pública.

O objeto material são os títulos da dívida pública.

8.5 Consumação e tentativa

O delito se consuma quando o agente, efetivamente, ordena, autoriza ou promove a oferta pública ou a colocação no mercado financeiro de títulos da dívida pública sem que tenham sido criados por lei ou sem que estejam registrados em sistema centralizado de liquidação e de custódia.

Será reconhecida a tentativa desde que, no caso concreto, se possa fracionar o *iter criminis*.

---

[183] GOMES, Luiz Flávio; BIANCHINI, Alice. *Crimes de responsabilidade fiscal*, p. 55.

8.6 Elemento subjetivo

O dolo é o elemento subjetivo exigido pelo tipo penal em estudo, não havendo previsão para a modalidade de natureza culposa.

8.7 Modalidades comissiva e omissiva

As condutas de *ordenar*, *autorizar* ou *promover* pressupõem um comportamento comissivo por parte do agente. No entanto, será possível a prática do delito via omissão imprópria quando o agente, garantidor, dolosamente, podendo, nada fizer para impedir a prática de qualquer dos comportamentos previstos pelo tipo penal em estudo, devendo ser responsabilizado pelo delito de *oferta pública ou colocação de títulos no mercado*, nos termos do art. 13, § 2º, do Código Penal.

8.8 Pena, ação penal e suspensão condicional do processo

A pena cominada ao delito de *oferta pública ou colocação de títulos no mercado* é de reclusão, de 1 (um) a 4 (quatro) anos.

A ação penal é de iniciativa pública incondicionada.

Será possível a confecção de proposta de suspensão condicional do processo, nos termos do art. 89 da Lei nº 9.099/95.

8.9 Quadro-resumo

Sujeitos
» Ativo: somente o funcionário público competente para ordenar, autorizar ou promover a oferta pública ou a colocação no mercado financeiro de títulos da dívida pública.
» Passivo: é o Estado.

Objeto material
São os títulos da dívida pública.

Bem(ns) juridicamente protegido(s)
As finanças públicas e, em um sentido mais amplo, a própria Administração Pública.

Elemento subjetivo
Dolo, não havendo previsão para a modalidade de natureza culposa.

Modalidades comissiva e omissiva
A conduta de ordenar, autorizar ou promover pressupõe um comportamento comissivo por parte do agente, podendo, no entanto, ser praticada via omissão imprópria.

Consumação e tentativa
» O delito se consuma quando o agente, efetivamente, ordena, autoriza ou promove a oferta pública ou a colocação no mercado financeiro de títulos da dívida pública sem que tenham sido criados por lei ou sem que estejam registrados em sistema centralizado de liquidação e de custódia.
» A tentativa é admissível.

PARTE XII
DOS CRIMES CONTRA O ESTADO DEMOCRÁTICO DE DIREITO

Capítulo I
Dos crimes contra a soberania nacional

Acesse e assista à aula explicativa sobre este assunto.
> https://uqr.to/1we5e

1. INTRODUÇÃO

O Título XII foi inserido ao Código Penal através da Lei nº 14.197, de 1º de setembro de 2021, prevendo os chamados "crimes contra o Estado Democrático de Direito".

De acordo com o artigo 1º da mencionada Lei, além de ter sido acrescentado o Título XII ao diploma repressivo, foi também revogada, através dela, a Lei nº 7.170, de 14 de dezembro de 1983 (Lei de Segurança Nacional), bem como o art. 39 da Lei das Contravenções Penais, que tipificava a denominada "associação secreta".

O Projeto de Lei nº 2.108/2021, que culminou com a edição da Lei nº 14.197, de 1º de setembro de 2021, foi objeto de inúmeras críticas. Teve como seu objetivo principal a revogação da Lei de Segurança Nacional, sob o argumento de que este último diploma legal contrariava o chamado Estado Democrático de Direito. No entanto, ao invés proteger esse mesmo Estado Democrático de Direito, a nova lei veio repleta de tipos penais abertos, de conceitos vagos, imprecisos, sendo, segundo nossa percepção tão ruim ou pior do que a própria Lei de Segurança Nacional.

Fruto de um momento conturbado no país, onde o Supremo Tribunal Federal atua usurpando funções dos demais poderes da República, com decisões nunca antes vistas em toda a história da Corte, a aprovação do Projeto de Lei nº 2.108/2021 veio a reforçar, na verdade, o uso nefasto do direito penal como objeto de perseguição política. Se tinha por finalidade abolir a Lei de Segurança Nacional, sob o argumento de que era fruto de um estado de exceção, ditatorial, a nova lei conseguiu piorar a situação, prevendo comportamentos com nítido viés perseguidor, com a criação de tipos penais que estarão disponíveis a uma interpretação extremamente ampla e aberta, permitindo, assim, com que a ditadura do Poder Judiciário se estabeleça, gerando a incerteza e o pânico numa sociedade que anseia pela paz social.

Vários tipos penais que constavam da revogada Lei de Segurança Nacional foram mantidos nos novos dispositivos legais, com redação pouco modificada, permitindo, assim, o raciocínio correspondente à continuidade normativo-típica. Assim, as mesmas críticas que se faziam àquele diploma legal ainda permanecem vigentes. Nesse sentido, vale a crítica levada a efeito por Fabiana Figueiredo Felício dos Santos que, analisando a revogada Lei de Segurança Nacional, dizia:

> "Os tipos penais incriminadores da LSN são demasiadamente abertos e não discriminam com clareza quais condutas devem ser punidas, violando assim o princípio da taxatividade do Direito Penal, o qual proíbe a criação de tipos penais incriminadores com redação aberta, genérica, sem discriminação e identificação exata da conduta a ser criminalizada."[1]

O Título XII, ora em análise, prevê seis capítulos, a saber:

Capítulo I – Dos Crimes contra a Soberania Nacional:
Art. 359-I (atentado à soberania)
Art. 359-J (atentado à integridade nacional)
Art. 359-K (espionagem)

Capítulo II – Dos Crimes contra as Instituições Democráticas:
Art. 359-L (abolição violenta do Estado Democrático de Direito)
Art. 359-M (golpe de Estado)

Capítulo III – Dos Crimes contra o funcionamento das instituições democráticas no processo eleitoral:
Art. 359-N (interrupção do processo eleitoral)
Art. 359-O (VETADO)
Art. 359-P (violência política)
Art. 359-Q – (VETADO)

Capítulo IV – Dos Crimes contra o funcionamento dos serviços essenciais:
Art. 359-R (Sabotagem)

Capítulo V – (VETADO)
Art. 359-S (VETADO)

Capítulo VI – Disposições Comuns:
Art. 359-T (Causa de atipicidade)
Art. 359-U (VETADO)

Faremos, portanto, a análise individualizada de cada tipo penal, constante dos capítulos acima mencionados, tentando, ao máximo possível, traduzir essa gama de conceitos abertos, fluídos que, contrariam, frontalmente, o princípio da legalidade, que exige que os tipos penais sejam claros, certos e precisos.

2. ATENTADO À SOBERANIA

Atentado à soberania
Art. 359-I. Negociar com governo ou grupo estrangeiro, ou seus agentes, com o fim de provocar atos típicos de guerra contra o País ou invadi-lo:
Pena – reclusão, de 3 (três) a 8 (oito) anos.
§ 1º Aumenta-se a pena de metade até o dobro, se declarada guerra em decorrência das condutas previstas no *caput* deste artigo.
§ 2º Se o agente participa de operação bélica com o fim de submeter o território nacional, ou parte dele, ao domínio ou à soberania de outro país:
Pena – reclusão, de 4 (quatro) a 12 (doze) anos.

---

[1] FIGUEIREDO FELÍCIO DOS SANTOS, Fabiana. *Lei de segurança nacional – de Vargas a Temer, uma necessária releitura*, p. 141.

2.1 Introdução

O art. 359-I, inserido no Código Penal através da Lei nº 14.197, de 1º de setembro de 2021, prevê o comportamento típico de negociar com governo ou grupo estrangeiro, ou seus agentes, com o fim de provocar atos típicos de guerra contra o País ou invadi-lo.

Cuida-se de redação semelhante àquela prevista no revogado art. 8º da Lei nº 7.170, de 14 de dezembro de 1983, que dizia, *verbis*:

> **Art. 8º** Entrar em entendimento ou negociação com governo ou grupo estrangeiro, ou seus agentes, para provocar guerra ou atos de hostilidade contra o Brasil.
> **Pena:** reclusão, de 3 a 15 anos.
> **Parágrafo único.** Ocorrendo a guerra ou sendo desencadeados os atos de hostilidade, a pena aumenta-se até o dobro.

Como se percebe, sem muito esforço, o tipo penal em estudo reproduz, mesmo que em outras palavras, o contido no preceito primário do tipo penal incriminador revogado (art. 8º da Lei nº 7.170/83), permanecendo, outrossim, a mesma situação de incerteza que reinava anteriormente, no que diz respeito ao enquadramento do comportamento do agente no tipo penal em estudo.

Assim, de acordo com a redação constante do caput, do art. 359-I do Código Penal, podemos destacar os seguintes elementos: a) a conduta de negociar com governo ou grupo estrangeiro, ou seus agentes; b) com o fim de provocar atos típicos de guerra contra o País; c) ou invadi-lo.

Pelo que se pode extrair dos elementos constantes do mencionado tipo penal, pune-se a conduta daquele que negocia, ou seja, entra em tratativas tanto com um governo, isto é, oficialmente com um chefe de uma nação estrangeira, ou mesmo com um grupo não oficial, mas que pode levar a efeito essa negociação, da mesma forma que poderá ocorrer com seus agentes de uma forma geral.

Essa negociação deve ter por finalidade a provocação de atos típicos de guerra contra o nosso País, ou mesmo a sua invasão territorial.

Com esses atos, atinge-se a soberania de nosso país. Como afirma Manoel Gonçalves Ferreira Filho, é "incontestável que hoje quando se fala em Estado vem à mente a ideia de uma ordem estatal não submetida a outra ordem da mesma espécie. E essa ausência de subordinação é em última análise a soberania. Traço hoje reputado imprescindível ao Estado".

Dissertando sobre o conceito de soberania, Guilherme Peña de Moraes, com a precisão que lhe é peculiar, preleciona que:

> "O termo 'soberania' é revestido de três acepções.
> A soberania denomina a qualidade do poder político, isto é, a capacidade de o Estado organizar-se e dirigir-se de acordo com a sua vontade incoercível e incontrastável, reconhecido pelo Direito e sancionada pela força.
> A soberania denota a titularidade do poder político, ou seja, a soberania nacional, na qual o poder político é totalmente conferido à nação, e a soberania popular, na qual o poder político é parcialmente concedido a cada membro do povo.
> A soberania designa as competências do Estado, traduzidas pela nomeação de magistrados, instituição e majoração de tributos, produção de invalidação de normas jurídicas, declaração de guerra e celebração da paz e solução de conflitos de interesses entre os súditos, em última instância."

2.2 Classificação doutrinária

Crime comum com relação ao sujeito ativo, e próprio no que diz respeito ao sujeito passivo (já que somente o País pode figurar nessa condição); formal, doloso; comissivo; monossubjetivo; plurissubsistente; transeunte ou não transeunte (dependendo se a infração deixar ou não vestígios).

2.3 Objeto material e bem juridicamente protegido

O Estado Democrático de Direito bem como a soberania nacional são os bens juridicamente protegidos pelo tipo penal previsto no art. 359-I do Código Penal.

Objeto material é o Estado brasileiro, que sofre com a conduta praticada pelo agente.

2.4 Sujeito ativo e sujeito passivo

Qualquer pessoa pode ser sujeito ativo do delito de atentado à soberania.
Sujeito passivo é o Estado.

2.5 Consumação e tentativa

Crime formal, o delito se consuma tão somente quando o agente negocia com governo ou grupo estrangeiro, ou seus agentes, com o fim de provocar atos típicos de guerra contra o País ou invadi-lo, não havendo necessidade, outrossim, que sejam efetivados os atos típicos de guerra ou mesmo a invasão do nosso País.

Em se tratando de um crime plurissubsistente, mesmo considerando a sua natureza formal, dependendo da hipótese concreta, será possível o reconhecimento da tentativa.

2.6 Elemento subjetivo

O delito de atentado à soberania somente pode ser praticado dolosamente, não havendo previsão para a modalidade de natureza culposa.

2.7 Modalidades comissiva e omissiva

A conduta de negociar pressupõe um comportamento comissivo por parte do agente, não havendo previsão para modalidade de natureza omissiva.

2.8 Modalidade qualificada

Diz o § 2º do art. 359-I do Código Penal, *verbis*:

> § 2º Se o agente participa de operação bélica com o fim de submeter o território nacional, ou parte dele, ao domínio ou à soberania de outro país:
> Pena: reclusão, de 4 (quatro) a 12 (doze) anos.

Como analisado anteriormente, a simples negociação com governo ou grupo estrangeiro, ou seus agentes, com o fim de provocar atos típicos de guerra contra o País ou a sua invasão já se configura no delito de atentado à soberania, tratando-se, pois, de um crime formal, de consumação antecipada.

Contudo, se o agente participa de operação bélica com o fim de submeter o território nacional, ou parte dele, ao domínio ou à soberania de outro país, a pena será de reclusão, de 4 (quatro) a 12 (doze) anos, ou seja, para que ocorra a qualificadora em estudo, faz-se necessária a efetiva participação na operação bélica, isto é, aquelas ações onde são utilizados o aparato necessário à realização da guerra, a exemplo de movimentação de tropas, utilização de armamento pesado, estratégias de batalha etc.

2.9 Causa de aumento de pena

Assevera o § 1º do art. 359-I do Código Penal:

> § 1º Aumenta-se a pena de metade até o dobro, se declarada guerra em decorrência das condutas previstas no caput deste artigo.

Dessa forma, se com as negociações feitas pelo agente, for efetivamente declarada a guerra, será aplicada a majorante prevista no § 1º do art. 359-I do diploma repressivo.

Entende-se por declaração de guerra um ato formal, solene. Nossa Constituição Federal prevê esse ato em diversos artigos, podendo-se se destacar os seguintes:

> **Art. 21.** Compete à União:
> I – (...)
> II – declarar a guerra e celebrar a paz;
> **Art. 49.** É da competência exclusiva do Congresso Nacional:
> I – (...)
> II – autorizar o Presidente da República a declarar guerra, a celebrar a paz, a permitir que forças estrangeiras transitem pelo território nacional ou nele permaneçam temporariamente, ressalvados os casos previstos em lei complementar;
> **Art. 84.** Compete privativamente ao Presidente da República:
> (...)
> XIX – declarar guerra, no caso de agressão estrangeira, autorizado pelo Congresso Nacional ou referendado por ele, quando ocorrida no intervalo das sessões legislativas, e, nas mesmas condições, decretar, total ou parcialmente, a mobilização nacional;
> **Art. 137.** O Presidente da República pode, ouvidos o Conselho da República e o Conselho de Defesa Nacional, solicitar ao Congresso Nacional autorização para decretar o estado de sítio nos casos de:
> I – (...)
> II – declaração de estado de guerra ou resposta a agressão armada estrangeira.

2.10 Pena e ação penal

A pena prevista no caput do art. 359-I do Código Penal é de reclusão, de 3 (três) a 8 (oito) anos.

O § 2º do art. 359-I do diploma repressivo prevê uma pena de reclusão, de 4 (quatro) a 12 (doze) anos, se o agente participa de operação bélica com o fim de submeter o território nacional, ou parte dele, ao domínio ou à soberania de outro país.

Determina o § 1º do art. 359-I do Código Penal que a pena aumenta-se de metade até o dobro, se declarada guerra em decorrência das condutas previstas no caput deste artigo.

A ação penal é de iniciativa pública incondicionada.

2.11 Princípio da continuidade normativo-típica

Considerando o fato de que o art. 359-I do Código Penal reproduziu, parcialmente, o mesmo comportamento tipificado no revogado art. 8º da Lei de Segurança Nacional, será possível o raciocínio do princípio da continuidade normativo-típica, aplicando-se, contudo, retroativamente, o dispositivo legal em estudo, tendo em vista tratar-se de *novatio legis in mellius*, uma vez ter havido a reduzido de 15 (quinze) anos, para 8 (oito) a pena máxima cominada ao delito de atentado à soberania.

2.12 Código Penal Militar

O Código Penal Militar prevê dispositivo semelhante em seu art. 137, que diz:

Provocação a país estrangeiro
Art. 137. Provocar o militar, diretamente, país estrangeiro a declarar guerra ou mover hostilidade contra o Brasil ou a intervir em questão que respeite à soberania nacional:
Pena – reclusão, de doze a trinta anos.

2.13 Quadro-resumo

Sujeitos
» Ativo: qualquer pessoa.
» Passivo: é o Estado.

Objeto material
É o Estado brasileiro.

Bem(ns) juridicamente protegido(s)
O Estado Democrático de Direito bem como a soberania nacional.

Elemento subjetivo
Somente pode ser praticado dolosamente, não havendo previsão para a modalidade de natureza culposa.

Modalidades comissiva e omissiva
Pressupõe um comportamento comissivo por parte do agente, não havendo previsão para modalidade de natureza omissiva.

Consumação e tentativa
» O delito se consuma tão somente quando o agente negocia com governo ou grupo estrangeiro, ou seus agentes.
» Será possível o reconhecimento da tentativa.

3. ATENTADO À INTEGRIDADE NACIONAL

Atentado à integridade nacional
Art. 359-J. Praticar violência ou grave ameaça com a finalidade de desmembrar parte do território nacional para constituir país independente:
Pena – reclusão, de 2 (dois) a 6 (seis) anos, além da pena correspondente à violência.

3.1 Introdução

O art. 359-J foi inserido no Código Penal através da Lei nº 14.197, de 1º de setembro de 2021, e prevê a conduta de praticar violência ou grave ameaça com a finalidade de desmembrar parte do território nacional para constituir país independente.

Cuida-se de redação semelhante àquela prevista no revogado art. 11 da Lei nº 7.170, de 14 de dezembro de 1983, que dizia, *verbis*:

> **Art. 11.** Tentar desmembrar parte do território nacional para constituir país independente.
> Pena: reclusão, de 4 a 12 anos.

Ao contrário do que dispunha o revogado tipo penal, que não mencionava os meios de execução, o art. 359-J do Código Penal exige, expressamente, que a conduta seja praticada mediante violência ou grave ameaça. Assim, nos termos da atual redação legal, será atípico o comportamento se não houver a prática da vis absoluta ou da vis compulsiva, a exemplo de um grupo grande de pessoas que, pacificamente, em forma de protesto, reivindica a separação de seu Estado para constituir país independente, sob o argumento de que a distribuição da riqueza nacional é injusta e que acaba por sustentar outros Estados da federação.

Cuida-se, aqui, dos chamados movimentos separatistas, que ocorrem em vários Estados, a exemplo do Rio de Janeiro, Pernambuco, Roraima, Espírito Santo, Paraná e Rio Grande do Sul que formaram, inclusive, aquilo que denominaram de Aliança Nacional, com a finalidade de, futuramente, criar um partido para mudar a Constituição Federal e permitir a sua independência.

Nossa Constituição Federal, portanto, veda essa separação, dizendo, em seu art. 1º, que:

> **Art. 1º** A República Federativa do Brasil, formada pela união indissolúvel dos Estados e Municípios e do Distrito Federal, constitui-se em Estado Democrático de Direito e tem como fundamentos:
> I – a soberania;
> II – a cidadania;
> III – a dignidade da pessoa humana;
> IV – os valores sociais do trabalho e da livre iniciativa;
> V – o pluralismo político.

Dissertando sobre a expressão união indissolúvel, contida no caput do art. 1º acima transcrito, Gabriel Dezen Júnior assevera que:

> "essa locução informa que as partes materialmente componentes da República não poderão dela se dissociar, o que implica dizer que qualquer tentativa separatista é inconstitucional e pode render intervenção federal, sob o amparo do art. 34, I, além de se constituir em crime. A União não faz parte desse rol por não ter ela existência material, mas apenas jurídica, ou, nos termos do art. 18, político-administrativa".

No Brasil já existem inúmeros grupos separatistas, a exemplo da Amazônia Independente, a Frente Libertária Nordeste Livre (FLNL), O Rio é o Meu País; O Espírito Santo é Meu País; Movimento São Paulo para os Paulistas; República do Grão-Pará; Aliança Livre Sulista; Movimento Ceará meu País; Movimento República de Pernambuco; Resistência Sulista etc. Enfim, existe uma enormidade de movimentos que desejam a separação de sua região do restante do país.

Isso, contudo, somente se configurará na infração penal *sub examen* se houver o emprego de violência ou grave ameaça com a finalidade de desmembrar parte do território nacional para constituir país independente.

3.2 Classificação doutrinária

Crime comum com relação ao sujeito ativo, e próprio no que diz respeito ao sujeito passivo (já que somente parte do território nacional pode figurar nessa condição); formal, doloso;

comissivo; monossubjetivo; plurissubsistente; transeunte ou não transeunte (dependendo se a infração deixar ou não vestígios).

3.3 Objeto material e bem juridicamente protegido

O Estado Democrático de Direito bem como a soberania nacional são os bens juridicamente protegidos pelo tipo penal previsto no art. 359-J do Código Penal.

Objeto material é o Estado brasileiro, que sofre com a conduta praticada pelo agente.

3.4 Sujeito ativo e sujeito passivo

Qualquer pessoa pode ser sujeito ativo do delito de atentado à integridade nacional.
Sujeito passivo é o Estado.

3.5 Consumação e tentativa

Crime formal, o delito se consuma tão somente quando o agente pratica a violência ou grave ameaça com a finalidade de desmembrar parte do território nacional para constituir país independente. Assim, por exemplo, se membros de um movimento separatista, ao invés de reivindicarem pacificamente a mudança da Constituição Federal, vierem a se utilizar de meios violentos ou mesmo a grave ameaça a fim de atingir seus objetivos, poderão ser responsabilizados pelo delito de atentado à integridade nacional. Por outro lado, se pacificamente reivindicarem o desmembramento de seu território, o fato será considerado atípico.

Vale lembrar que vários estados brasileiros foram fruto de separação de outros estados, a exemplo do Mato Grosso do Sul e Tocantins.

Por outro lado, chegaria à beira do ridículo punir alguém pelo crime de atentado à integridade nacional simplesmente por ter agredido alguém, já que tinha por finalidade desmembrar parte do território nacional para constituir país independente. Dessa forma, para que o delito se configure, deverá ser praticado por um número considerável de pessoas, agindo em concurso.

Em se tratando de um crime plurissubsistente, mesmo considerando a sua natureza formal, dependendo da hipótese concreta, será possível o reconhecimento da tentativa.

3.6 Elemento subjetivo

O delito de atentado à integridade nacional somente pode ser praticado dolosamente, não havendo previsão para a modalidade de natureza culposa.

3.7 Modalidades comissiva e omissiva

A conduta de praticar violência ou grave ameaça com a finalidade de desmembrar parte do território nacional para constituir país independente pressupõe um comportamento comissivo por parte do agente, não havendo previsão para modalidade de natureza omissiva.

3.8 Pena e ação penal

A pena prevista no preceito secundário do art. 359-J do Código Penal é reclusão, de 2 (dois) a 6 (seis) anos, além da pena correspondente à violência.

A ação penal é de iniciativa pública incondicionada.

3.9 Princípio da continuidade normativo-típica

Considerando o fato de que o art. 359-J do Código Penal reproduziu, parcialmente, o mesmo comportamento tipificado no revogado art. 11 da Lei de Segurança Nacional, será possível o raciocínio do princípio da continuidade normativo-típica, aplicando-se, contudo, retroativamente, o dispositivo legal em estudo, tendo em vista tratar-se de *novatio legis in mellius*, uma vez ter havido modificação do preceito secundário, que anteriormente cominava uma pena de reclusão de 4 (quatro) a 12 (doze) anos, sendo, agora, prevista a pena de reclusão, 2 (dois) a 6 (seis) anos, além da pena correspondente à violência.

3.10 Código Penal Militar

O Código Penal Militar prevê dispositivo semelhante no inciso II, do seu art. 142, que diz:

> **Art. 142.** Tentar:
> I – (...)
> II – desmembrar, por meio de movimento armado ou tumultos planejados, o território nacional, desde que o fato atente contra a segurança externa do Brasil ou a sua soberania;

3.11 Quadro-resumo

Sujeitos
» Ativo: qualquer pessoa.
» Passivo: é o Estado.

Objeto material
É o Estado brasileiro.

Bem(ns) juridicamente protegido(s)
O Estado Democrático de Direito bem como a soberania nacional.

Elemento subjetivo
Somente pode ser praticado dolosamente, não havendo previsão para a modalidade de natureza culposa.

Modalidades comissiva e omissiva
Pressupõe um comportamento comissivo por parte do agente, não havendo previsão para modalidade de natureza omissiva.

Consumação e tentativa
» O delito se consuma tão somente quando o agente pratica a violência ou grave ameaça com a finalidade de desmembrar parte do território nacional para constituir país independente.
» Será possível o reconhecimento da tentativa.

4. ESPIONAGEM

> **Espionagem**
> **Art. 359-K.** Entregar a governo estrangeiro, a seus agentes, ou a organização criminosa estrangeira, em desacordo com determinação legal ou regulamentar, documento ou informação classificados como secretos ou ultrassecretos nos termos da lei, cuja revelação possa colocar em perigo a preservação da ordem constitucional ou a soberania nacional:
> Pena – reclusão, de 3 (três) a 12 (doze) anos.
> § 1º Incorre na mesma pena quem presta auxílio a espião, conhecendo essa circunstância, para subtraí-lo à ação da autoridade pública.
> § 2º Se o documento, dado ou informação é transmitido ou revelado com violação do dever de sigilo:
> Pena – reclusão, de 6 (seis) a 15 (quinze) anos.
> § 3º Facilitar a prática de qualquer dos crimes previstos neste artigo mediante atribuição, fornecimento ou empréstimo de senha, ou de qualquer outra forma de acesso de pessoas não autorizadas a sistemas de informações:
> Pena – detenção, de 1 (um) a 4 (quatro) anos.
> § 4º Não constitui crime a comunicação, a entrega ou a publicação de informações ou de documentos com o fim de expor a prática de crime ou a violação de direitos humanos.

4.1 Introdução

O art. 359-K foi inserido no Código Penal através da Lei nº 14.197, de 1º de setembro de 2021, criando o delito de espionagem, com redação similar àquela prevista na revogada Lei de Segurança Nacional, cujo art. 13 dizia:

> **Art. 13.** Comunicar, entregar ou permitir a comunicação ou a entrega, a governo ou grupo estrangeiro, ou a organização ou grupo de existência ilegal, de dados, documentos ou cópias de documentos, planos, códigos, cifras ou assuntos que, no interesse do Estado brasileiro, são classificados como sigilosos.
> Pena: reclusão, de 3 a 15 anos.
> Parágrafo único – Incorre na mesma pena quem:
> I – com o objetivo de realizar os atos previstos neste artigo, mantém serviço de espionagem ou dele participa;
> II – com o mesmo objetivo, realiza atividade aerofotográfica ou de sensoreamento remoto, em qualquer parte do território nacional;
> III – oculta ou presta auxílio a espião, sabendo-o tal, para subtraí-lo à ação da autoridade pública;
> IV – obtém ou revela, para fim de espionagem, desenhos, projetos, fotografias, notícias ou informações a respeito de técnicas, de tecnologias, de componentes, de equipamentos, de instalações ou de sistemas de processamento automatizado de dados, em uso ou em desenvolvimento no País, que, reputados essenciais para a sua defesa, segurança ou economia, devem permanecer em segredo.

Assim, de acordo com a redação constante do caput do tipo penal em estudo, podemos destacar os seguintes elementos: a) a conduta de entregar a governo estrangeiro, a seus agentes, ou a organização criminosa estrangeira; b) em desacordo com determinação legal ou regulamentar; c) documento ou informação classificados como secretos ou ultrassecretos nos termos da lei; d) cuja revelação possa colocar em perigo a preservação da ordem constitucional ou a soberania nacional.

Por governo estrangeiro devemos entender aquele que diz respeito a outro país; agentes são todos aqueles que trabalham oficialmente para o referido governos estrangeiro; organização criminosa estrangeira podemos entender quaisquer grupos criminosos que possuam os requisitos necessários para que possam ser assim reconhecidos, a exemplo das máfias italianas, os cartéis mexicanos, ou mesmo grupos terroristas, que também se amoldam a esse conceito, tal como ocorre com o Estado Islâmico, a Al Qaeda, os Talibãs etc.

A conduta de entregar a governo estrangeiro, a seus agentes, ou a organização criminosa estrangeira em desacordo com determinação legal ou regulamentar, ou seja, sem que isso tenha sido formalmente permitido pelo governo brasileiro, documento ou informação classificados como secretos ou ultrassecretos nos termos da lei. De acordo com disposto no artigo 27 da Lei nº 12.527, de 18 de novembro de 2011, a classificação do sigilo de informações no âmbito da administração pública federal é de competência:

> "I – no grau de ultrassecreto, das seguintes autoridades:
> a) Presidente da República;
> b) Vice-Presidente da República;
> c) Ministros de Estado e autoridades com as mesmas prerrogativas;
> d) Comandantes da Marinha, do Exército e da Aeronáutica; e
> e) Chefes de Missões Diplomáticas e Consulares permanentes no exterior;
> II – no grau de secreto, das autoridades referidas no inciso I, dos titulares de autarquias, fundações ou empresas públicas e sociedades de economia mista; e"

Os artigos 23 e 24 da Lei nº 12.527, de 18 de novembro de 2011, dispondo sobre a classificação da informação quanto ao grau e aos prazos do sigilo, aduz:

> **Art. 23.** São consideradas imprescindíveis à segurança da sociedade ou do Estado e, portanto, passíveis de classificação as informações cuja divulgação ou acesso irrestrito possam:
> I – pôr em risco a defesa e a soberania nacionais ou a integridade do território nacional;
> II – prejudicar ou pôr em risco a condução de negociações ou as relações internacionais do País, ou as que tenham sido fornecidas em caráter sigiloso por outros Estados e organismos internacionais;
> III – pôr em risco a vida, a segurança ou a saúde da população;
> IV – oferecer elevado risco à estabilidade financeira, econômica ou monetária do País;
> V – prejudicar ou causar risco a planos ou operações estratégicos das Forças Armadas;
> VI – prejudicar ou causar risco a projetos de pesquisa e desenvolvimento científico ou tecnológico, assim como a sistemas, bens, instalações ou áreas de interesse estratégico nacional;
> VII – pôr em risco a segurança de instituições ou de altas autoridades nacionais ou estrangeiras e seus familiares; ou
> VIII – comprometer atividades de inteligência, bem como de investigação ou fiscalização em andamento, relacionadas com a prevenção ou repressão de infrações.
> **Art. 24.** A informação em poder dos órgãos e entidades públicas, observado o seu teor e em razão de sua imprescindibilidade à segurança da sociedade ou do Estado, poderá ser classificada como ultrassecreta, secreta ou reservada.
> § 1º Os prazos máximos de restrição de acesso à informação, conforme a classificação prevista no *caput*, vigoram a partir da data de sua produção e são os seguintes:
> I – ultrassecreta: 25 (vinte e cinco) anos;
> II – secreta: 15 (quinze) anos; e
> III – reservada: 5 (cinco) anos.

Regulamentando a referida Lei nº 12.527, de 18 de novembro de 2011, dizem os artigos 26, 32 e 39 do Decreto nº 7.724, de 16 de maio de 2012, com as modificações introduzidas pelo Decreto nº 11.527, de 16 de maio de 2023.

> **Art. 26.** A informação em poder dos órgãos e entidades, observado o seu teor e em razão de sua imprescindibilidade à segurança da sociedade ou do Estado, poderá ser classificada no grau ultrassecreto, secreto ou reservado.
> **Art. 32.** A autoridade classificadora ou outro agente público que classificar a informação deverá enviar, no prazo de trinta dias, contado da data da decisão de classificação ou de sua ratificação, as informações previstas no *caput* do art. 31 à:
> I – Comissão Mista de Reavaliação de Informações, no caso de informações classificadas no grau ultrassecreto ou secreto; ou

> II – Controladoria-Geral da União, no caso de informações classificadas em qualquer grau de sigilo, ressalvado o envio das informações de que trata o inciso VII do *caput* do art. 31.
> **Art. 39.** As informações classificadas no grau ultrassecreto ou secreto serão definitivamente preservadas, nos termos da Lei nº 8.159, de 1991, observados os procedimentos de restrição de acesso enquanto vigorar o prazo da classificação.

Da mesma forma, o Decreto 7.845, de 14 de novembro de 2012, também regulamenta os documentos considerados secretos ou ultrassecretos, a exemplo do disposto nos artigos 27 e 28, que dizem:

> **Art. 27.** A expedição, a condução e a entrega de documento com informação classificada em grau de sigilo ultrassecreto serão efetuadas pessoalmente, por agente público autorizado, ou transmitidas por meio eletrônico, desde que sejam usados recursos de criptografia compatíveis com o grau de classificação da informação, vedada sua postagem.
> **Art. 28.** A expedição de documento com informação classificada em grau de sigilo secreto ou reservado será feita pelos meios de comunicação disponíveis, com recursos de criptografia compatíveis com o grau de sigilo ou, se for o caso, por via diplomática, sem prejuízo da entrega pessoal.

Percebe-se, portanto, o cuidado que deve recair sobre esses documentos considerados como secretos ou ultrassecretos, cuja revelação ilegal e criminosa coloca em perigo a preservação da ordem constitucional ou a soberania nacional.

4.2 Classificação doutrinária

Crime comum com relação ao sujeito ativo, e próprio no que diz respeito ao sujeito passivo; material; doloso; comissivo; monossubjetivo; plurissubsistente; transeunte ou não transeunte (dependendo se a infração deixar ou não vestígios).

4.3 Objeto material e bem juridicamente protegido

O Estado Democrático de Direito bem como a soberania nacional são os bens juridicamente protegidos pelo tipo penal previsto no art. 359-K do Código Penal.

Objeto material é o Estado brasileiro, que sofre com a conduta praticada pelo agente.

4.4 Sujeito ativo e sujeito passivo

Qualquer pessoa pode ser sujeito ativo do delito de espionagem, não havendo necessidade de qualquer qualidade ou condição especial para a prática da conduta prevista no núcleo do tipo previsto no caput o art. 359-K do Código Penal.

Sujeito passivo é o Estado.

4.5 Consumação e tentativa

O delito de espionagem, tipificado no caput do art. 359-K do Código Penal, se consuma quando o agente, efetivamente, faz a entrega a governo estrangeiro, a seus agentes, ou a organização criminosa estrangeira, em desacordo com determinação legal ou regulamentar, de documento ou informação classificados como secretos ou ultrassecretos nos termos da lei, cuja revelação possa colocar em perigo a preservação da ordem constitucional ou a soberania nacional.

Em se tratando de um delito plurissubsistente, será possível o reconhecimento da tentativa, podendo-se, outrossim, fracionar o *iter criminis*.

4.6 Elemento subjetivo

O delito de espionagem somente pode ser praticado dolosamente, não havendo previsão para a conduta de natureza culposa, tanto no caput, quanto nas modalidades previstas nos §§ 1º, 2º e 3º do art. 359-K do Código Penal.

4.7 Modalidades comissiva e omissiva

A conduta de entregar a governo estrangeiro, a seus agentes, ou a organização criminosa estrangeira, em desacordo com determinação legal ou regulamentar, documento ou informação classificados como secretos ou ultrassecretos nos termos da lei, cuja revelação possa colocar em perigo a preservação da ordem constitucional ou a soberania nacional pressupõe um comportamento comissivo por parte do agente, não havendo previsão para modalidade de natureza omissiva.

Da mesma forma, somente há previsão para a modalidade comissiva de conduta para aquele que presta auxílio a espião, conhecendo essa circunstância, para subtraí-lo à ação da autoridade pública (§ 1º do art. 359-K do CP); se o documento, dado ou informação é transmitido ou revelado com violação do dever de sigilo (§ 2º do art. 359-K do CP); ou facilita a prática de qualquer dos crimes previstos no art. 359-K do diploma repressivo mediante atribuição, fornecimento e empréstimo de senha, ou de qualquer outra forma de acesso de pessoas não autorizadas a sistemas de informações (§ 3º do art. 359-K do CP).

4.8 Modalidade especial de favorecimento pessoal

Diz o § 1º do art. 359-K do diploma repressivo:

> § 1º Incorre na mesma pena quem presta auxílio a espião, conhecendo essa circunstância, para subtraí-lo à ação da autoridade pública.

Cuida-se, aqui, de uma modalidade especializada de favorecimento pessoal, onde o agente presta auxílio a espião, conhecendo essa circunstância, para subtraí-lo à ação da autoridade pública.

Vale frisar que, para que ocorra a modalidade em estudo, o agente deve, obrigatoriamente, conhecer essa circunstância, ou seja, de que presta, efetivamente, auxílio a alguém reconhecido como espião.

Prestar auxílio tem o sentido de socorrer, ajudar. Essa ajuda deve ser dirigida a fazer com que o espião se subtraia à ação da autoridade pública, ou seja, aquela que, de alguma forma, seja a legitimada a determinar ou a proceder à captura do espião, a exemplo do Delegado de Polícia, Promotor de Justiça, Juiz de Direito.

Aqui, o delito se consuma quando o agente, efetivamente, presta o auxílio necessário para que o espião se subtraia à ação da autoridade pública, sendo necessário o sucesso do referido auxílio, pois, caso contrário, o delito poderá ser reconhecido como tentado.

A pena cominada no § 1º do art. 359-K do Código Penal é mesma constante do caput do referido artigo, vale dizer, reclusão, de 3 (três) a 12 (doze) anos.

4.9 Modalidade qualificada

Assevera os § 2º do art. 359-K do Código Penal, verbis

> § 2º Se o documento, dado ou informação é transmitido ou revelado com violação do dever de sigilo:
> Pena – reclusão, de 6 (seis) a 15 (quinze) anos.

O § 2º do art. 359-K do Código Penal prevê uma modalidade qualificada do delito de espionagem, punindo com uma pena de reclusão, de 6 (seis) a 15 (quinze) anos se o documento, dado ou informação é transmitido ou revelado com violação do dever de sigilo.

Há, aqui, uma quebra de confiança entre aquele que divulga o segredo e o Estado brasileiro, que se vê prejudicado com esse comportamento.

Terá o dever de sigilo todo aquele que, em razão da função exercida, tem livre acesso ao documento, dado ou informação classificados como secretos ou ultrassecretos nos termos da lei, cuja revelação possa colocar em perigo a preservação da ordem constitucional ou a soberania nacional.

4.10 Atribuição de senha ou de qualquer outra forma de acesso de pessoas não autorizadas a sistemas de informações

> § 3º Facilitar a prática de qualquer dos crimes previstos neste artigo mediante atribuição, fornecimento e empréstimo de senha, ou de qualquer outra forma de acesso de pessoas não autorizadas a sistemas de informações:
> Pena – detenção, de 1 (um) a 4 (quatro) anos.

O disposto no § 3º do art. 359-K do Código Penal se aplica tanto à modalidade simples de espionagem, prevista no *caput* do mencionado artigo, como também à sua forma qualificada, tipificada em seu § 2º.

Aqui, o agente, com seu comportamento, facilita, possibilita, propicia, ou seja, torna mais fácil a prática dos mencionados crimes mediante atribuição, fornecimento e empréstimo de senha, ou de qualquer outra forma de acesso de pessoas não autorizadas a sistemas de informações.

Para efeitos de inteligência, nada mais importante do que as informações, razão pela qual não devem ser expostas aquelas que possam colocar em perigo a preservação da ordem constitucional ou a soberania nacional.

O Decreto nº 9.637, de 26 de dezembro de 2018, instituiu, inclusive, a Política Nacional de Segurança da Informação, dizendo, em seu art. 1º:

> Art. 1º Fica instituída a Política Nacional de Segurança da Informação – PNSI, no âmbito da administração pública federal, com a finalidade de assegurar a disponibilidade, a integridade, a confidencialidade e a autenticidade da informação em âmbito nacional.

4.11 Causa de atipicidade do fato

Diz o § 4º do art. 359-K, verbis:

> § 4º Não constitui crime a comunicação, a entrega ou a publicação de informações ou de documentos com o fim de expor a prática de crime ou a violação de direitos humanos.

Entendeu por bem o legislador em afastar a tipicidade do comportamento daquele que, com o fim de expor a prática de crime ou a violação de direitos humanos, comunica, entrega ou mesmo publica informações ou documentos que, em tese, poderiam se caracterizar como crime de espionagem.

A motivação do sujeito, na verdade, é que permite esse tipo de conduta, em regra proibida.

Como a lei menciona expressamente a prática de crime, ficam excluídas as contravenções penais da aludida causa que conduz a atipicidade do fato praticado.

De acordo com a doutrina internacionalista, direitos humanos são aqueles inerentes à toda pessoa humana e são vinculados ao jusnaturalismo. Quando positivados em âmbito internacional, são chamados de direitos do homem. No âmbito interno, ao serem consagrados por uma carta constitucional, recebem o nome de direitos fundamentais.

4.12 Pena, ação penal e suspensão condicional do processo

A pena prevista no preceito secundário do *caput* do art. 359-K do Código Penal é reclusão, reclusão, de 3 (três) a 12 (doze) anos.

Conforme o § 1º do art. 359-K do diploma repressivo, incorre na mesma pena quem presta auxílio a espião, conhecendo essa circunstância, para subtraí-lo à ação da autoridade pública.

A modalidade qualificada está prevista no § 2º do mesmo dispositivo legal, que diz:

> § 2º Se o documento, dado ou informação é transmitido ou revelado com violação do dever de sigilo:
> Pena – reclusão, de 6 (seis) a 15 (quinze) anos.

No § 3º do art. 359-K do Código Penal, pune-se com pena de detenção, de 1 (um) a 4 (quatro) anos, na hipótese em que o agente facilitar a prática de qualquer dos crimes previstos neste artigo mediante atribuição, fornecimento e empréstimo de senha, ou de qualquer outra forma de acesso de pessoas não autorizadas a sistemas de informações.

A ação penal é de iniciativa pública incondicionada.

Será possível a suspensão condicional do processo quando o fato disse respeito ao § 4º do art. 359-K do Código Penal, tendo em vista o disposto no art. 89 da Lei nº 9.099/95.

4.13 Princípio da continuidade normativo-típica

Considerando o fato de que o art. 359-K do Código Penal reproduziu, parcialmente, o mesmo comportamento tipificado no revogado art. 13 da Lei de Segurança Nacional, será possível, no que for cabível, o raciocínio do princípio da continuidade normativo-típica.

4.14 Código Penal Militar

O Código Penal Militar prevê dispositivo semelhante, em seus artigos. 143 a 145, que dizem:

> **Consecução de notícia, informação ou documento para fim de espionagem**
> **Art. 143.** Conseguir, para o fim de espionagem militar, notícia, informação ou documento, cujo sigilo seja de interesse da segurança externa do Brasil:
> Pena – reclusão, de quatro a doze anos.
> § 1º A pena é de reclusão de dez a vinte anos:
> I – se o fato compromete a preparação ou eficiência bélica do Brasil, ou o agente transmite ou fornece, por qualquer meio, mesmo sem remuneração, a notícia, informação ou documento, a autoridade ou pessoa estrangeira;
> II – se o agente, em detrimento da segurança externa do Brasil, promove ou mantém no território nacional atividade ou serviço destinado à espionagem;
> III – se o agente se utiliza, ou contribui para que outrem se utilize, de meio de comunicação, para dar indicação que ponha ou possa pôr em perigo a segurança externa do Brasil.
>
> **Modalidade culposa**
> § 2º Contribuir culposamente para a execução do crime:
> Pena – detenção, de seis meses a dois anos, no caso do artigo; ou até quatro anos, no caso do § 1º, nº I.
>
> **Revelação de notícia, informação ou documento**
> **Art. 144.** Revelar notícia, informação ou documento, cujo sigilo seja de interesse da segurança externa do Brasil:
> Pena – reclusão, de três a oito anos.
>
> **Fim da espionagem militar**
> § 1º Se o fato é cometido com o fim de espionagem militar:
> Pena – reclusão, de seis a doze anos.

Resultado mais grave

§ 2º Se o fato compromete a preparação ou a eficiência bélica do país:
Pena – reclusão, de dez a vinte anos.

Modalidade culposa

§ 3º Se a revelação é culposa:
Pena – detenção, de seis meses a dois anos, no caso do artigo; ou até quatro anos, nos casos dos §§ 1º e 2.

Turbação de objeto ou documento

Art. 145. Suprimir, subtrair, deturpar, alterar, desviar, ainda que temporariamente, objeto ou documento concernente à segurança externa do Brasil:
Pena – reclusão, de três a oito anos.

Resultado mais grave

§ 1º Se o fato compromete a segurança ou a eficiência bélica do país:
Pena – Reclusão, de dez a vinte anos.

Modalidade culposa

§ 2º Contribuir culposamente para o fato:
Pena – detenção, de seis meses a dois anos.

4.15 Quadro-resumo

Sujeitos
» Ativo: qualquer pessoa.
» Passivo: é o Estado.

Objeto material
É o Estado brasileiro.

Bem(ns) juridicamente protegido(s)
O Estado Democrático de Direito bem como a soberania nacional.

Elemento subjetivo
Somente pode ser praticado dolosamente, não havendo previsão para a conduta de natureza culposa.

Modalidades comissiva e omissiva
Pressupõe um comportamento comissivo por parte do agente, não havendo previsão para modalidade de natureza omissiva.

Consumação e tentativa
» Consuma-se quando o agente, efetivamente, faz a entrega de documento ou informação classificados como secretos ou ultrassecretos nos termos da lei, cuja revelação possa colocar em perigo a preservação da ordem constitucional ou a soberania nacional.
» Será possível o reconhecimento da tentativa.

Capítulo II
Dos crimes contra as instituições democráticas

1. ABOLIÇÃO VIOLENTA DO ESTADO DEMOCRÁTICO DE DIREITO

Abolição violenta do Estado Democrático de Direito
Art. 359-L. Tentar, com emprego de violência ou grave ameaça, abolir o Estado Democrático de Direito, impedindo ou restringindo o exercício dos poderes constitucionais:
Pena – reclusão, de 4 (quatro) a 8 (oito) anos, além da pena correspondente à violência.

1.1 Introdução

O art. 359-L foi inserido no Código Penal através da Lei nº 14.197, de 1º de setembro de 2021, criando o delito de abolição violenta do Estado Democrático de Direito, tendo sua redação similar àquela constante dos revogados artigos 17 e 18 da Lei nº 7.170, de 14 de dezembro de 1983, que diziam, *verbis*:

> **Art. 17.** Tentar mudar, com emprego de violência ou grave ameaça, a ordem, o regime vigente ou o Estado de Direito.
> Pena: reclusão, de 3 a 15 anos.
> Parágrafo único. Se do fato resulta lesão corporal grave, a pena aumenta-se até a metade; se resulta morte, aumenta-se até o dobro.
> **Art. 18.** Tentar impedir, com emprego de violência ou grave ameaça, o livre exercício de qualquer dos Poderes da União ou dos Estados.
> Pena: reclusão, de 2 a 6 anos.

De acordo com a redação típica, podemos extrair os seguintes elementos: a) a conduta de tentar, com emprego de violência ou grave ameaça; b) abolir o Estado Democrático de Direito; c) impedindo ou restringindo o exercício dos poderes constitucionais.

O tipo penal prevê um delito de atentado, onde a mera tentativa é punida com as mesmas penas que seriam correspondentes ao crime consumado. Aqui, o agente se vale do emprego de violência (vis absoluta) ou grave ameaça (vis compulsiva), com a finalidade de abolir o Estado Democrático de Direito.

O Estado Democrático de Direito, de acordo com a definição, sempre impecável, de Flávia Bahia Martins:

> "Reúne os princípios do "Estado de Direito" e do "Estado Democrático", aliados a um componente revolucionário de mudança social, de justiça. A noção de Estado Democrático de Direito compreende, portanto: a) Estado de Direito – submissão ao império da lei, divisão de poderes; b) Estado Democrático – é o fundamento na soberania popular, o povo participa na evolução do seu país; c) componente revolucionário – é a vontade de transformação social, o povo participa das decisões principais de seu país."

No mesmo sentido, são as lições de Bernardo Gonçalves Fernandes quando preleciona que:

"O chamado Estado Democrático de Direito é também nominado pelos autores de tradição alemã como Estado Constitucional, uma vez que as aquisições históricas deixaram claro que não é a submissão ao Direito que justificaria a limitação quer do próprio Estado quer dos Governantes, mas necessariamente uma subjugação total à Constituição.

Para muitos autores, o Estado Democrático de Direito seria a união de dos princípios fundamentais, o Estado de Direito e o Estado Democrático. Todavia, mais que uma junção, o produto desses dois princípios acaba por formalizar-se e revelar-se como um conceito novo que, mais do que adicionar um no outro, equivale à afirmação de um novo paradigma de Estado e de Direito."

Como bem salientado pelo preâmbulo de nossa Constituição Federal, os representantes do povo brasileiro, reunidos em Assembleia Nacional constituinte, instituíram um:

> [...] Estado Democrático, destinado a assegurar o exercício dos direitos sociais e individuais, a liberdade, a segurança, o bem-estar, o desenvolvimento, a igualdade e a justiça como valores supremos de uma sociedade fraterna, pluralista e sem preconceitos, fundada na harmonia social e comprometida, na ordem interna e internacional, com a solução pacífica das controvérsias, promulgamos, sob a proteção de Deus, a seguinte CONSTITUIÇÃO DA REPÚBLICA FEDERATIVA DO BRASIL.

Com a prática do comportamento violento ou mesmo com a grave ameaça, a conduta do agente deve ser dirigida finalisticamente a impedir ou restringir o exercício dos poderes constitucionais. Impedir tem o sentido de não permitir, tornar impraticável, e restringir significa limitar, dificultar o exercício dos poderes constitucionais.

São três os poderes constitucionais, a saber: Legislativo, Executivo e Judiciário. Nesse sentido, assevera o art. 2º da Constituição Federal:

> **Art. 2º** São Poderes da União, independentes e harmônicos entre si, o Legislativo, o Executivo e o Judiciário.

O art. 359-L do Código Penal não faz distinção se esses poderes se referem exclusivamente à União, ou se também dizem respeito aos Estados e Municípios., como fazia o revogado art. 18 da Lei de Segurança Nacional, que mencionava, expressamente, os Poderes da União e dos Estados. Assim, em atenção ao brocardo que diz que onde a lei não distingue, não cabe ao intérprete fazê-lo, entendemos que o mencionado tipo penal se aplica também aos poderes estaduais (Legislativo, Executivo e Judiciário), bem como aos poderes municipais (Legislativo e Executivo, já que não existe Poder Judiciário em nível municipal).

1.2 Classificação doutrinária

Crime comum com relação ao sujeito ativo, e próprio no que diz respeito ao sujeito passivo (já que somente os poderes constitucionais podem figurar nessa condição); formal; de atentado; doloso; comissivo; monossubjetivo; plurissubsistente; transeunte ou não transeunte (dependendo se a infração deixar ou não vestígios).

1.3 Objeto material e bem juridicamente protegido

O Estado Democrático de Direito e, mais especificamente, o regular funcionamento das instituições democráticas, são os bens juridicamente protegidos pelo tipo penal em estudo.

Objeto material são os Poderes instituídos, vale dizer, legislativo, executivo e judiciário.

1.4 Sujeito ativo e sujeito passivo

Qualquer pessoa pode ser sujeito ativo do delito de abolição violenta do Estado Democrático de Direito.

Sujeito passivo é o Estado e, mais especificamente, os Poderes instituídos (legislativo, executivo e judiciário).

1.5 Consumação e tentativa

Crime formal, o delito se consuma no momento em que o agente tenta, com emprego de violência ou grave ameaça, abolir o Estado Democrático de Direito, impedindo ou restringindo o exercício dos poderes constitucionais.

Em se tratando de um crime atentado, onde a tentativa é punida com as mesmas penas do crime consumado, fica impedida a aplicação do parágrafo único do art. 14 do Código Penal.

1.6 Elemento subjetivo

O delito de abolição violenta do Estado Democrático de Direito somente pode ser praticado dolosamente, não havendo previsão para a modalidade de natureza culposa.

1.7 Modalidades comissiva e omissiva

A conduta de tentar, com emprego de violência ou grave ameaça, abolir o Estado Democrático de Direito, impedindo ou restringindo o exercício dos poderes constitucionais pressupõe um comportamento comissivo por parte do agente, não havendo previsão para modalidade de natureza omissiva.

1.8 Pena e ação penal

A pena prevista no preceito secundário do art. 359-L do Código Penal é de reclusão, de 4 (quatro) a 8 (oito) anos, além da pena correspondente à violência.

A ação penal é de iniciativa pública incondicionada.

1.9 Princípio da continuidade normativo-típica

Considerando o fato de que o art. 359-L do Código Penal reproduziu, parcialmente, o mesmo comportamento tipificado nos revogados arts. 17 e 18 da Lei de Segurança Nacional, será possível o raciocínio do princípio da continuidade normativo-típica, aplicando-se, contudo, retroativamente, o dispositivo legal em estudo, tendo em vista tratar-se de *novatio legis in mellius*, comparativamente às penas cominadas em abstrato pelo tipo penal que prevê abolição violenta do Estado Democrático de Direito.

1.10 Quadro-resumo

Sujeitos
» Ativo: qualquer pessoa.
» Passivo: é o Estado.

Objeto material
Poderes instituídos: legislativo, executivo e judiciário.

Bem(ns) juridicamente protegido(s)

O Estado Democrático de Direito e o regular funcionamento das instituições democráticas.

Elemento subjetivo

Somente pode ser praticado dolosamente, não havendo previsão para a modalidade de natureza culposa.

Modalidades comissiva e omissiva

Pressupõe um comportamento comissivo por parte do agente, não havendo previsão para modalidade de natureza omissiva.

Consumação e tentativa

» Consuma-se no momento em que o agente tenta, com emprego de violência ou grave ameaça, abolir o Estado Democrático de Direito, impedindo ou restringindo o exercício dos poderes constitucionais.
» A tentativa é punida com as mesmas penas do crime consumado, portanto fica impedida a aplicação do parágrafo único do art. 14 do Código Penal.

2. GOLPE DE ESTADO

Golpe de Estado
Art. 359-M. Tentar depor, por meio de violência ou grave ameaça, o governo legitimamente constituído:
Pena – reclusão, de 4 (quatro) a 12 (doze) anos, além da pena correspondente à violência.

2.1 Introdução

O art. 359-M foi inserido no Código Penal através da Lei nº 14.197, de 1º de setembro de 2021, criando o delito de golpe de Estado, cuja figura típica possui os seguintes elementos: a) a conduta de tentar depor, por meio de violência ou grave ameaça; b) o governo legitimamente constituído.

Paulo Bonavides, dissertando sobre a definição do conceito de golpe de Estado, aduz que:

"Não obstante as afinidades que tem com os conceitos de revolução, guerra civil, conjuração e putsch, o golpe de Estado não se confunde com nenhuma dessas formas e significa simplesmente a tomada do poder por meios ilegais.
Seus protagonistas tanto podem ser um governo como uma assembleia, bem assim autoridades, já alojadas no poder.
São características do golpe de Estado: a surpresa, a subitaneidade, a violência, a frieza do cálculo, a premeditação, a ilegitimidade.
Faz-se sempre a expensas da Constituição e se apresenta qual uma técnica específica de apoderar-se do governo, independente das causas e dos fins políticos que a motivam."

Para que o golpe de Estado seja considerado como crime, há necessidade de que a tentativa de deposição do governo legitimamente constituído seja levada a efeito por meio de violência ou grave ameaça.

Traçando a distinção entre o golpe de Estado e a revolução, Paulo Bonavides esclarece que:

"Em alguns países subdesenvolvidos o golpe de Estado tem sido confundido com a revolução. Os movimentos armados de que resulta quebra da legitimidade não raro enganam os seus autores, bem como quantos os observam. Casos há em que supõem estar fazendo uma revolução ou em presença de mudança revolucionária e no entanto outra coisa não fazem ou testemunham senão um golpe de Estado, desferido embora com intenção revolucionária. E outras ocasiões há em que cuidar estar reprimindo motins ou pequenas insurreições e em verdade estão envolvidos já numa revolução ou guerra civil.
Daqui a necessidade de indicar os principais pontos que permitem distinguir com a clareza possível essas duas categorias: o golpe de Estado e a revolução, em ordem a evitar o menor índice possível de equívocos."

E continua suas lições, dizendo:

"O golpe de Estado de modo usual é contra um governante e seu modo de governar, ao passo que a revolução se faz contra um sistema de governo ou feixe de instituições; contra a classe dominante e sua liderança; contra um princípio de organização política e social e não contra um homem apenas.
(...) Os golpes de Estado em geral são de índole autocrática, reacionária e ditatorial; já as revoluções resultam de um colóquio com as multidões e são de natureza fundamentalmente democrática.
O golpe é a prevalência do interesse egoístico de um grupo ou a satisfação de uma sede pessoal de poder, a revolução, o entendimento dos anseios coletivos, movendo-se de conformidade com novos princípios e ideias; a revolução é a legitimidade, o golpe é a usurpação e como todas as usurpações concomitantemente ilegal e ilegítimo.
As revoluções quase sempre se propagam por toda a nação e representam um levante de vastíssimas proporções; já o golpe se circunscreve geograficamente, atingindo apenas os pontos urbanos vitais, quando não se concentra unicamente nas capitais, no coração político do país, onde o governo tem a sede de todos os órgãos essenciais da administração e do poder."

Tentar depor tem o sentido de tentar destituir, afastar, retirar o governo legitimamente constituído.

Para que se caracterize o golpe de Estado a conduta de tentar depor, por meio de violência ou grave ameaça, deve ser dirigida a um governo legitimamente constituído. Aqui, dever ser entendido o governo que por finalidade ditar os rumos da nação, isto é, o Poder Executivo em nível Federal. Não se fala em golpe de Estado quando estamos diante de violência ou grave ameaça a fim de tomar os governos estaduais e municipais.

2.2 Classificação doutrinária

Crime comum com relação ao sujeito ativo, e próprio no que diz respeito ao sujeito passivo (já que somente o governo legitimamente constituído pode figurar nessa condição); formal; de atentado (ou de empreendimento); doloso; comissivo; monossubjetivo; plurissubsistente; transeunte ou não transeunte (dependendo se a infração deixar ou não vestígios).

2.3 Objeto material e bem juridicamente protegido

O Estado Democrático de Direito bem como o legítimo exercício dos governos democraticamente eleitos são os bens juridicamente protegidos pelo tipo penal em estudo.
Objeto material é o governo legitimamente constituído.

2.4 Sujeito ativo e sujeito passivo

Qualquer pessoa pode ser sujeito ativo do delito de golpe de Estado.

Sujeito passivo é o governo legitimamente constituído.

2.5 Consumação e tentativa

Crime formal, o delito se consuma no momento em que o agente tenta, depor com emprego de violência ou grave ameaça, governo legitimamente constituído.

Em se tratando de um crime plurissubsistente, mesmo considerando a sua natureza formal, dependendo da hipótese concreta, será possível o reconhecimento da tentativa.

2.6 Elemento subjetivo

O delito de golpe de Estado somente pode ser praticado dolosamente, não havendo previsão para a modalidade de natureza culposa.

2.7 Modalidades comissiva e omissiva

A conduta de tentar depor, com emprego de violência ou grave ameaça, o governo legitimamente constituído, pressupõe um comportamento comissivo por parte do agente, não havendo previsão para modalidade de natureza omissiva.

2.8 Pena e ação penal

A pena prevista no preceito secundário do art. 359-M do Código Penal é de reclusão, de 4 (quatro) a 12 (doze) anos, além da pena correspondente à violência.

A ação penal é de iniciativa pública incondicionada.

2.9 Quadro-resumo

Sujeitos
» Ativo: qualquer pessoa.
» Passivo: é o governo legitimamente constituído.

Objeto material
É o governo legitimamente constituído.

Bem(ns) juridicamente protegido(s)
O Estado Democrático de Direito bem como o legítimo exercício dos governos democraticamente eleitos.

Elemento subjetivo
Somente pode ser praticado dolosamente, não havendo previsão para a modalidade de natureza culposa.

Modalidades comissiva e omissiva

Pressupõe um comportamento comissivo por parte do agente, não havendo previsão para modalidade de natureza omissiva.

Consumação e tentativa

» Consuma-se no momento em que o agente tenta, depor com emprego de violência ou grave ameaça, governo legitimamente constituído.
» Será possível o reconhecimento da tentativa.

Capítulo III
Dos crimes contra o funcionamento das instituições democráticas no processo eleitoral

1. INTERRUPÇÃO DO PROCESSO ELEITORAL

> **Interrupção do processo eleitoral**
> **Art. 359-N.** Impedir ou perturbar a eleição ou a aferição de seu resultado, mediante violação indevida de mecanismos de segurança do sistema eletrônico de votação estabelecido pela Justiça Eleitoral:
> Pena – reclusão, de 3 (três) a 6 (seis) anos, e multa.
> (VETADO)
> **Art. 359-O.** (VETADO).

1.1 Introdução

O art. 359-N foi inserido no Código Penal através da Lei nº 14.197, de 1º de setembro de 2021, prevendo o delito de interrupção no processo eleitoral. De acordo com a redação típica, podemos destacar os seguintes elementos: a) as condutas de impedir ou perturbar a eleição ou a aferição de seu resultado; b) mediante violação indevida de mecanismos de segurança do sistema eletrônico de votação; c) estabelecido pela Justiça Eleitoral.

O conceito de cidadania está intimamente ligado às eleições. Como bem apontado por José Afonso da Silva "a cidadania se adquire com a obtenção da qualidade de eleitor, que documentalmente se manifesta na posse do título de eleitor válido. O eleitor é cidadão, é titular da cidadania, embora nem sempre possa exercer todos os direitos políticos".

Só por aí já se percebe a importância das eleições, razão pela qual sua regular realização, bem como aferição de seu resultado devem ser devidamente protegidos.

Assim, o art. 359-N do Código Penal prevê as condutas de impedir, ou seja, não permitir que se realize, bem como a de perturbar, que tem o sentido de atrapalhar, dificultar, obstruir, importunar a eleição ou a aferição de seu resultado.

Nas eleições, o cidadão exerce o seu direito de voto. Conforme os ensinamentos de Flávia Bahia Martins:

> "a aquisição dos direitos políticos se faz mediante o alistamento perante o órgão da Justiça Eleitoral. Ao se inscrever como eleitor, o cidadão terá o direito de votar. São características constitucionais do voto: pessoal, há obrigatoriedade formal do comparecimento; livre; sigiloso; direto; periódico e com valor igual para todos.
> Pode-se dizer que o voto possui natureza híbrida, pois é, ao mesmo tempo: direito público subjetivo, uma função social (função da soberania popular no regime democrático adotado pelo Brasil), um dever sociopolítico (na eleição dos governantes) e um dever jurídico, pois o seu descumprimento gera sanções legais previstas no Código Eleitoral."

Essas condutas, para que sejam consideradas como típicas, deverão ser levadas a efeito mediante violação indevida de mecanismos de segurança do sistema eletrônico de votação estabelecido pela Justiça Eleitoral.

A Justiça Eleitoral (Tribunais e Juízes Eleitorais) é um órgão do Poder Judiciário, conforme se verifica pelo inciso V do art. 92 da Constituição Federal. O art. 118 da nossa Lei Maior, a seu turno, assevera serem órgãos da Justiça Eleitoral: I – o Tribunal Superior Eleitoral; II – os Tribunais Regionais Eleitorais; III – os Juízes Eleitorais; IV – as Juntas Eleitorais.

Por mecanismos de segurança devemos entender todos os equipamentos utilizados na eleição, a exemplo das urnas eletrônicas, os computadores, os sistemas de rede, bancos de dados e também os softwares, que dizem respeito aos programas das urnas eletrônicas para a votação e totalização desses votos.

1.2 Classificação doutrinária

Crime comum com relação ao sujeito ativo, e próprio no que diz respeito ao sujeito passivo (já que somente a Justiça Eleitoral pode figurar nessa condição); material; doloso; comissivo; monossubjetivo; plurissubsistente; transeunte ou não transeunte (dependendo se a infração deixar ou não vestígios).

1.3 Objeto material e bem juridicamente protegido

O Estado Democrático de Direito e o regular funcionamento das instituições democráticas no processo eleitoral são os bens juridicamente protegidos pelo tipo penal em estudo.

Objeto material são os mecanismos de segurança do sistema eletrônico de votação estabelecido pela Justiça Eleitoral.

1.4 Sujeito ativo e sujeito passivo

Qualquer pessoa pode ser sujeito ativo do delito de interrupção no processo eleitoral.

Sujeito passivo é a Justiça Eleitoral, bem como o Estado, que sofre com o comportamento praticado pelo sujeito ativo.

1.5 Consumação e tentativa

Em se tratando de um crime material, o delito se consuma quando o agente, efetivamente, impede ou perturba a eleição ou a aferição de seu resultado, mediante violação indevida de mecanismos de segurança do sistema eletrônico de votação estabelecido pela Justiça Eleitoral.

Admite-se a tentativa, tendo em vista a natureza plurissubsistente da infração penal em exame, podendo-se, outrossim, fracionar o *iter criminis*.

1.6 Elemento subjetivo

O delito de interrupção no processo eleitoral somente pode ser praticado dolosamente, não havendo previsão para a modalidade de natureza culposa.

1.7 Modalidades comissiva e omissiva

As condutas de impedir ou perturbar a eleição ou a aferição de seu resultado, mediante violação indevida de mecanismos de segurança do sistema eletrônico de votação estabelecido pela Justiça Eleitoral, pressupõem um comportamento comissivo por parte do agente, não havendo previsão para modalidade de natureza omissiva.

1.8 Pena e ação penal

A pena prevista no preceito secundário do art. 359-N do Código Penal é de reclusão, de 3 (três) a 6 (seis) anos, e multa.

A ação penal é de iniciativa pública incondicionada.

1.9 Quadro-resumo

Sujeitos
» Ativo: qualquer pessoa.
» Passivo: é a Justiça Eleitoral, bem como o Estado.

Objeto material
São os mecanismos de segurança do sistema eletrônico de votação estabelecido pela Justiça Eleitoral.

Bem(ns) juridicamente protegido(s)
O Estado Democrático de Direito e o regular funcionamento das instituições democráticas no processo eleitoral.

Elemento subjetivo
Somente pode ser praticado dolosamente, não havendo previsão para a modalidade de natureza culposa.

Modalidades comissiva e omissiva
Pressupõe um comportamento comissivo por parte do agente, não havendo previsão para modalidade de natureza omissiva.

Consumação e tentativa
» Consuma-se quando o agente, efetivamente, Impede ou perturba a eleição ou a aferição de seu resultado, mediante violação indevida de mecanismos de segurança do sistema eletrônico de votação estabelecido pela Justiça Eleitoral.
» Admite-se a tentativa.

2. VIOLÊNCIA POLÍTICA

Violência política
Art. 359-P. Restringir, impedir ou dificultar, com emprego de violência física, sexual ou psicológica, o exercício de direitos políticos a qualquer pessoa em razão de seu sexo, raça, cor, etnia, religião ou procedência nacional:
Pena – reclusão, de 3 (três) a 6 (seis) anos, e multa, além da pena correspondente à violência.
(VETADO)

2.1 Introdução

O art. 359-P foi inserido no Código Penal através da Lei nº 14.197, de 1º de setembro de 2021, criando o delito de violência política, contendo os seguintes elementos: a) as condutas de Restringir, impedir ou dificultar; b) com emprego de violência física, sexual ou psicológica; c) o exercício de direitos políticos; d) a qualquer pessoa em razão de seu sexo, raça, cor, etnia, religião ou procedência nacional.

José Afonso da Silva, dissertando sobre a origem e abrangência dos chamados direitos políticos, esclarece que:

> "O regime representativo desenvolveu técnicas destinadas a efetivar a designação dos representantes do povo nos órgãos governamentais. A princípio, essas técnicas aplicavam-se empiricamente nas épocas em que o povo deveria proceder à escolha dos seus representantes. Aos poucos, porém, certos modos de proceder foram transformando-se em regras, que o direito positivo sancionara como normas de agir. Assim, o direito democrático de participação do povo no governo, por seus representantes, acabara exigindo a formação de um conjunto de normas legais permanentes, que recebera a denominação de direitos políticos.
>
> A Constituição traz um capítulo sobre esses direitos, no sentido indicado acima, como conjunto de normas que regula a atuação da soberania popular (arts. 14 a 16). Tais normas constituem desdobramento do princípio democrático inscrito no art. 1º, parágrafo único, quando diz que o poder emana do povo, que o exerce por meio de representantes eleitos ou diretamente."

Como diz o *caput* do art. 14, e seus incisos I, II e III, da Constituição Federal:

> **Art. 14.** A soberania popular será exercida pelo sufrágio universal e pelo voto direto e secreto, com valor igual para todos, e, nos termos da lei, mediante:
> I – plebiscito;
> II – referendo;
> III – iniciativa popular.

Assim, o art. 359-P do Código Penal visa a proteger o cidadão tanto no que diz respeito ao seu direito de votar, como também ao de ser votado. Por isso, proíbe as condutas de restringir, impedir ou dificultar, com emprego de violência física, sexual ou psicológica, o exercício desses direitos políticos a qualquer pessoa em razão de seu sexo, raça, cor, etnia, religião ou procedência nacional.

2.2 Classificação doutrinária

Crime comum com relação ao sujeito ativo, e próprio quanto ao sujeito passivo (uma vez que somente pode ser vítima desse delito quem possuir os direitos políticos); material; doloso; comissivo; monossubjetivo; plurissubsistente; transeunte ou não transeunte (dependendo se a infração deixar ou não vestígios).

2.3 Objeto material e bem juridicamente protegido

O Estado Democrático de Direito e o regular funcionamento das instituições democráticas no processo eleitoral são os bens juridicamente protegidos pelo tipo penal em estudo.

Objeto material são as pessoas contra as quais são dirigidas a conduta praticada pelo agente.

2.4 Sujeito ativo e sujeito passivo

Qualquer pessoa pode ser sujeito ativo do delito de violência política, não havendo nenhuma qualidade ou condição especial exigida pelo tipo penal em estudo.

Sujeito passivo são as pessoas que se viram restringidas, impedidas ou dificultadas, com emprego de violência física, sexual ou psicológica, no exercício de seus direitos políticos, em razão de seu sexo, raça, cor, etnia, religião ou procedência nacional.

2.5 Consumação e tentativa

O delito tipificado no art. 359-P do Código Penal se consuma quando o agente, efetivamente, restringe, impede ou dificulta, com emprego de violência física, sexual ou psicológica, o exercício de direitos políticos a qualquer pessoa em razão de seu sexo, raça, cor, etnia, religião ou procedência nacional.

Em se tratando de um delito plurissubsistente, será possível o raciocínio correspondente à tentativa, podendo, outrossim, fracionar o iter criminis.

2.6 Elemento subjetivo

O delito de violência política somente pode ser praticado dolosamente, não havendo previsão para a modalidade de natureza culposa.

2.7 Modalidades comissiva e omissiva

As condutas de restringir, impedir ou dificultar, com emprego de violência física, sexual ou psicológica, o exercício de direitos políticos a qualquer pessoa em razão de seu sexo, raça, cor, etnia, religião ou procedência nacional, pressupõem um comportamento comissivo por parte do agente, não havendo previsão para modalidade de natureza omissiva.

2.8 Pena e ação penal

A pena prevista no preceito secundário do art. 359-P do Código Penal é de reclusão, de 3 (três) a 6 (seis) anos, e multa, além da pena correspondente à violência.

A ação penal é de iniciativa pública incondicionada.

2.9 Quadro-resumo

Sujeitos
» Ativo: qualquer pessoa.
» Passivo: são as pessoas que se viram restringidas, impedidas ou dificultadas, com emprego de violência física, sexual ou psicológica, no exercício de seus direitos políticos, em razão de seu sexo, raça, cor, etnia, religião ou procedência nacional.

Objeto material
São as pessoas contra as quais são dirigidas a conduta praticada pelo agente.

Bem(ns) juridicamente protegido(s)
O Estado Democrático de Direito e o regular funcionamento das instituições democráticas no processo eleitoral.

Elemento subjetivo
Somente pode ser praticado dolosamente, não havendo previsão para a modalidade de natureza culposa.

Modalidades comissiva e omissiva

Pressupõe um comportament2o comissivo por parte do agente, não havendo previsão para modalidade de natureza omissiva.

Consumação e tentativa

» Consuma-se quando o agente, efetivamente, restringe, impede ou dificulta, com emprego de violência física, sexual ou psicológica, o exercício de direitos políticos a qualquer pessoa em razão de seu sexo, raça, cor, etnia, religião ou procedência nacional.
» Admite-se a tentativa.

Capítulo IV
Dos crimes contra o funcionamento dos serviços essenciais

1. SABOTAGEM

> **Sabotagem**
> **Art. 359-R.** Destruir ou inutilizar meios de comunicação ao público, estabelecimentos, instalações ou serviços destinados à defesa nacional, com o fim de abolir o Estado Democrático de Direito:
> Pena – reclusão, de 2 (dois) a 8 (oito) anos.

1.1 Introdução

O art. 359-R foi inserido no Código Penal através da Lei nº 14.197, de 1º de setembro de 2021, criando o delito de sabotagem, cuja previsão também constava no revogado art. 15, da Lei nº 7.170, de 14 de dezembro de 1983, que dizia, *verbis*:

> **Art. 15.** Praticar sabotagem contra instalações militares, meios de comunicações, meios e vias de transporte, estaleiros, portos, aeroportos, fábricas, usinas, barragem, depósitos e outras instalações congêneres.
> Pena: reclusão, de 3 a 10 anos.
> § 1º Se do fato resulta:
> a) lesão corporal grave, a pena aumenta-se até a metade;
> b) dano, destruição ou neutralização de meios de defesa ou de segurança; paralisação, total ou parcial, de atividade ou serviços públicos reputados essenciais para a defesa, a segurança ou a economia do País, a pena aumenta-se até o dobro;
> c) morte, a pena aumenta-se até o triplo.
> § 2º Punem-se os atos preparatórios de sabotagem com a pena deste artigo reduzida de dois terços, se o fato não constitui crime mais grave.

De acordo com a redação legal, podemos extrair os seguintes elementos que informam a figura típica do delito de sabotagem: a) as condutas de destruir ou inutilizar; b) meios de comunicação ao público, estabelecimentos, instalações ou serviços destinados à defesa nacional; c) com o fim de abolir o Estado Democrático de Direito.

Destruir tem o sentido de aniquilar, acabar completamente; inutilizar significa tornar sem utilidade, tornar imprestável. Essas condutas devem ser dirigidas contra os meios de comunicação ao público, estabelecimentos, instalações ou serviços destinados à defesa nacional, a exemplo dos sistemas de rádio, tv, internet, estradas, portos, aeroportos, fábricas, usinas, barragens, estaleiros, instalações industriais, militares etc., tal como previsto anteriormente na revogada Lei de Segurança Nacional.

Esses comportamentos devem ter por finalidade abolir o Estado Democrático de Direito. Conforme as lições de Leo van Holthe:

"A República Federativa do Brasil adotou como princípio o Estado Democrático de Direito (art. 1º, CF/88), significando que vigoram em nosso Estado os princípios do Estado de Direito – submissão ao império da lei, divisão de poderes e o enunciado dos direitos e garantias individuais – bem como os princípios do Estado Democrático (soberania popular – que impõe a participação efetiva do povo na coisa pública – liberdade de expressão e pluralismo político)."

1.2 Classificação doutrinária

Crime comum com relação ao sujeito ativo, e próprio no que diz respeito ao sujeito passivo (já que somente o Estado pode figurar nessa condição); material; doloso; comissivo; monossubjetivo; plurissubsistente; transeunte ou não transeunte (dependendo se a infração deixar ou não vestígios).

1.3 Objeto material e bem juridicamente protegido

Bens juridicamente protegidos são o Estado Democrático de Direito e os serviços essenciais destinados à defesa nacional.

Objeto material são os meios de comunicação ao público, estabelecimentos, instalações ou serviços destinados à defesa nacional.

1.4 Sujeito ativo e sujeito passivo

Qualquer pessoa pode ser considerada como sujeito passivo do delito de sabotagem, não havendo necessidade de nenhuma qualidade ou condição especial, tratando-se, pois, de um crime comum.

Sujeito passivo é o Estado.

1.5 Consumação e tentativa

O delito de sabotagem se consuma no exato instante em que o agente destrói ou inutiliza meios de comunicação ao público, estabelecimentos, instalações ou serviços destinados à defesa nacional, com o fim de abolir o Estado Democrático de Direito.

Em se tratando de um delito material, será perfeitamente admissível a tentativa, tendo em vista a possibilidade de fracionamento do *iter criminis*.

1.6 Elemento subjetivo

O delito de sabotagem somente pode ser praticado dolosamente, não havendo previsão para a modalidade de natureza culposa.

1.7 Modalidades comissiva e omissiva

As condutas de destruir ou inutilizar meios de comunicação ao público, estabelecimentos, instalações ou serviços destinados à defesa nacional, com o fim de abolir o Estado Democrático de Direito, pressupõem um comportamento comissivo por parte do agente, não havendo previsão para modalidade de natureza omissiva.

1.8 Pena e ação penal

A pena prevista no preceito secundário do art. 359-R do Código Penal é de reclusão, de 2 (dois) a 8 (oito) anos.

A ação penal é de iniciativa pública incondicionada.

1.9 Quadro-resumo

Sujeitos
- Ativo: qualquer pessoa.
- Passivo: é o Estado.

Objeto material
São o Estado Democrático de Direito e os serviços essenciais destinados à defesa nacional.

Bem(ns) juridicamente protegido(s)
São os meios de comunicação ao público, estabelecimentos, instalações ou serviços destinados à defesa nacional.

Elemento subjetivo
Somente pode ser praticado dolosamente, não havendo previsão para a modalidade de natureza culposa.

Modalidades comissiva e omissiva
Pressupõe um comportamento comissivo por parte do agente, não havendo previsão para modalidade de natureza omissiva.

Consumação e tentativa
- Consuma-se no exato instante em que o agente destrói ou inutiliza meios de comunicação ao público, estabelecimentos, instalações ou serviços destinados à defesa nacional, com o fim de abolir o Estado Democrático de Direito.
- Admite-se a tentativa.

Capítulo VI
Disposições comuns

Art. 359-T. Não constitui crime previsto neste Título a manifestação crítica aos poderes constitucionais nem a atividade jornalística ou a reivindicação de direitos e garantias constitucionais por meio de passeatas, de reuniões, de greves, de aglomerações ou de qualquer outra forma de manifestação política com propósitos sociais.
(VETADO)

O art. 359-T do Código Penal prevê as chamadas causas de exclusão da tipicidade, dizendo que não constitui crime previsto no Título XII (Crimes contra o Estado Democrático de Direito) a manifestação crítica aos poderes constitucionais nem a atividade jornalística ou a reivindicação de direitos e garantias constitucionais por meio de passeatas, de reuniões, de greves, de aglomerações ou de qualquer outra forma de manifestação política com propósitos sociais.

Em que pese o disposto no art. 359-T do Código Penal, que seria extremamente útil e necessário para se impedir a proibição da criminalização das manifestações de pensamento, ou mesmo as reivindicações por meio de passeatas, de reuniões, de greves, de aglomerações ou de qualquer outra forma de manifestação política com propósitos sociais, como o referido artigo fez menção expressa ao Título XII do diploma repressivo, não vemos onde aplica-lo no rol da infrações penais por ele previstas, senão, vejamos:

Art. 359-I (atentado à soberania) – não se aplica
Art. 359-J (atentado à integridade nacional) – não se aplica
Art. 359-K (espionagem) – não se aplica
Art. 359-L (abolição violenta do Estado Democrático de Direito) – não se aplica
Art. 359-M (golpe de Estado) – não se aplica
Art. 359-N (interrupção do processo eleitoral) – não se aplica
Art. 359-O (VETADO)
Art. 359-P (violência política) – não se aplica
Art. 359-R (sabotagem) – não se aplica
Art. 359-S (VETADO)

Enfim, não conseguimos vislumbrar, salvo melhor juízo, onde teria aplicação o art. 359-T do Código Penal, embora seus elementos sejam fundamentais em um Estado Democrático de Direito.

Disposições finais

Disposições finais
Art. 360. Ressalvada a legislação especial sobre os crimes contra a existência, a segurança e a integridade do Estado e contra a guarda e o emprego da economia popular, os crimes de imprensa e os de falência, os de responsabilidade do Presidente da República e dos Governadores ou Interventores, e os crimes militares, revogam-se as disposições em contrário.
Art. 361. Este Código entrará em vigor no dia 1º de janeiro de 1942.

Rio de Janeiro, 7 de dezembro de 1940; 119º da Independência e 52º da República.
Getúlio Vargas
Francisco Campos

Referências

ALEXANDRINO, Marcelo; PAULO, Vicente. *Direito administrativo*. 10. ed. Niterói: Impetus, 2006.

ALMEIDA, Gevan. *Modernos movimentos de política criminal e seus reflexos na legislação brasileira*. Rio de Janeiro: Lumen Juris, 2002.

AMARAL, Cláudio do Prado. Princípios penais – Da legalidade à culpabilidade. *Revista do IBCCRIM*, São Paulo, v. 24, 2003.

AMARAL, Sylvio do. *Falsidade documental*. 3. ed. São Paulo: Revista dos Tribunais, 1989.

AMISY NETO, Abrão. *Estupro, estupro de vulnerável e ação penal*. Disponível em: <http://jus2.uol.com.br/doutrina/texto.asp?id=13404>. Acesso em: 30 ago. 2009.

ANDRADE, Eloberg Bezerra. Coexistência de princípios constitucionais: direito à vida e liberdade de crença religiosa. *Revista da Faculdade de Direito da Universidade Federal de Uberlândia*, v. 42, n. 2, 2014. Disponível em: <http://www.seer.ufu.br/index.php/revistafadir/article/view/26029/16326>. Acesso em: 14 mar. 2015.

ANTOLISEI, Francesco. *Manuale di diritto penale* – Parte generale. Milano: Giuffrè, 1955.

ARAGÃO, Antônio Moniz Sodré de. *As três escolas penais*. São Paulo: Freitas Bastos, 1955.

ARAÚJO, Fábio Roque. *Curso de direito penal* – parte geral. Salvador: Editora JusPodivm, 2018.

ARAÚJO, Gustavo Garcia. *Boletim do Instituto de Ciências Penais*. Belo Horizonte, n. 31, nov. 2002.

ARRAIS, Gerson Santana. *Homicídio simples praticado a partir de atividade de extermínio considerado como hediondo*. Disponível em: <http://jus.com.br/revista/texto/14711/homicidio-simples-praticado-a-partir-de-atividade-de-exterminio-considerado-como-hediondo#ixzz27t-0tXHHg>. Acesso em: 29 set. 2012.

ARÚS, Francisco Bueno. *La ciencia del derecho penal:* un modelo de inseguridad jurídica. Navarra: Aranzadi, 2005.

ASSEMBLEIA LEGISLATIVA DO ESTADO DO RIO DE JANEIRO. *Relatório final da Comissão Parlamentar de Inquérito*: Resolução n. 433/2008 da Assembleia Legislativa do Estado do Rio de Janeiro, p. 34. Disponível em: <http://www.marcelofreixo.com.br/site/upload/relatoriofinalportugues.pdf>. Acesso em: 29 set. 2012.

AVENA, Norberto. *Processo penal esquematizado*. São Paulo: Método, 2009.

BACIGALUPO, Enrique. *Lineamentos de la teoría del delito*. Buenos Aires: Astrea, 1974.

BACIGALUPO, Enrique. *Manual de derecho penal*. Bogotá: Temis, 1994.

BACIGALUPO, Enrique. *Tratado de derecho penal*. Buenos Aires: Abeledo-Perrot, 1969. v. V.

BANDEIRA DE MELLO, Celso Antônio. *Curso de direito administrativo*. 5. ed. São Paulo: Malheiros, 1994.

BARBOSA, Aldeleine Melhor; e outros. *Curso de direito penal* – parte especial. Salvador: Editora Juspodivm, 2013. v. 2.

BARROS, Flávio Augusto Monteiro de. *Direito penal* – Parte geral. São Paulo: Saraiva, 1999. v. I.

BARROS, Francisco Dirceu. *Código penal* – Parte geral. Niterói: Impetus, 2004.

BARROS, Francisco Dirceu. *Crimes contra a dignidade sexual para concursos*. São Paulo: Campus, 2010.

BARROS, Francisco Dirceu. *Direito penal* – Parte especial. Rio de Janeiro: Campus, 2007. v. I.

BARROS, Francisco Dirceu. *Feminicídio e neocolpovulvoplastia: As implicações legais do conceito de mulher para os fins penais.* Disponível em: <http://franciscodirceubarros.jusbrasil.com.br/artigos/173139537/feminicidio-e-neocolpovulvoplastia-as-implicacoes-legais-do-conceito--de-mulher-para-os-fins-penais>. Acesso em: 14 mar. 2015.

BARROS, Francisco Dirceu. *Os agentes passivos do homicídio funcional*: Lei n. 13.142/2015. A controvérsia da terminologia autoridade e o filho adotivo como agente passivo do homicídio funcional. Disponível em: <http://jus.com.br/artigos/41302/os-agentes-passivos-do-homicidio-funcional-lei-n-13-142-2015>. Acesso em: 5 ago. 2015.

BARROS, Francisco Dirceu. *Tratado doutrinário de direito penal*. Leme-SP: Editora Mizuno, 2018.

BATISTA, Nilo. *Concurso de agentes*. 2. ed. Rio de Janeiro: Lumen Juris, 2004.

BATISTA, Nilo. *Introdução crítica ao direito penal brasileiro*. Rio de Janeiro: Revan, 1996.

BATISTA, Nilo; ZAFFARONI, Eugenio Raúl; ALAGIA, Alejandro; SLOKAR, Alejandro. *Direito penal brasileiro*. Rio de Janeiro: Revan, 2003. v. I.

BARROS, Marco Antonio de. *A busca da verdade no processo penal*. São Paulo: Revista dos Tribunais, 2002.

BATISTA, Weber Martins. *O furto e o roubo no direito e no processo penal*. 2. ed. Rio de Janeiro: Forense, 1995.

BECCARIA, Cesare. *Dos delitos e das penas*. São Paulo: Revista dos Tribunais, 1999.

BEJERANO GUERRA, Fernando. John Howard: inicio y bases de la reforma penitenciaria. In: VALDÉS, García (Dir.). *Historia de la prisión*: teorías economicistas: critica. Madrid: Edisofer, 1997.

BERENGUER, Enrique Orts. *Comentários al código penal de 1995*. Valencia: Tirant lo Blanch, 1996. v. I.

BERGEL, Jean-Louis. *Teoria geral do direito*. São Paulo: Martins Fontes, 2001.

BETANHO, Luiz Carlos. *Código penal e sua interpretação jurisprudencial*. São Paulo: Revista dos Tribunais, 1997.

BETTIOL, Giuseppe. *Direito penal*. Campinas: Red Livros, 2000.

BETTIOL, Giuseppe. *Direito penal*. São Paulo: Revista dos Tribunais, 1976. v. I.

BÉZE, Patrícia Mothé Glioche. *Concurso formal e crime continuado*. Rio de Janeiro: Renovar, 2001.

BIANCHINI, Alice. *Pressupostos materiais mínimos da tutela penal*. São Paulo: Revista dos Tribunais, 2002.

BÍBLIA DE ESTUDOS GENEBRA. São Paulo: Cultura Cristã, 1999.

BÍBLIA SAGRADA. *Nova tradução na linguagem de hoje*. São Paulo: Sociedade Bíblica do Brasil, 2001.

BIDASOLO, Mirentxu Corcoy. *Delitos de peligro y protección de bienes jurídicos-penales supraindividuales*. Valencia: Tirant lo Blanch, 1999.

BIERRENBACH, Sheila de Albuquerque. *Crimes omissivos impróprios*. Belo Horizonte: Del Rey, 1996.

BIERRENBACH, Sheila de Albuquerque; FERNANDES LIMA, Walberto. *Comentários à lei de tortura* – Aspectos penais e processuais penais. Rio de Janeiro: Lumen Juris, 2006.

BITENCOURT, Cezar Roberto. *Código penal comentado*. São Paulo: Saraiva, 2002.

BITENCOURT, Cezar Roberto. Assédio sexual: contribuição jurídico-normativa da globalização. In: *Assédio sexual*. São Paulo: Saraiva, 2002.

BITENCOURT, Cezar Roberto. *Erro jurídico-penal*. São Paulo: Revista dos Tribunais, 1996.

BITENCOURT, Cezar Roberto. *Falência da pena de prisão*. São Paulo: Revista dos Tribunais, 1993.

BITENCOURT, Cezar Roberto. *Lições de direito penal* – Parte geral. Porto Alegre: Livraria do Advogado, 1995.

REFERÊNCIAS

BITENCOURT, Cezar Roberto. *Manual de direito penal* – Parte geral. São Paulo: Saraiva, 2000. v. I.

BITENCOURT, Cezar Roberto. *Tratado de direito penal*. 3. ed. São Paulo: Saraiva, 2003. v. II.

BITENCOURT, Cezar Roberto. *Tratado de direito penal*. São Paulo: Saraiva, 2003. v. III.

BITENCOURT, Cezar Roberto. *Tratado de direito penal – parte especial*. 7. ed. São Paulo: Saraiva, 2013, v. IV.

BITENCOURT, Cezar Roberto; MUÑOZ CONDE, Francisco. *Teoria geral do delito*. São Paulo: Saraiva, 2000.

BITENCOURT, Cezar Roberto; PRADO, Luiz Regis. *Código penal anotado*. São Paulo: Revista dos Tribunais, 1999.

BIZZOTTO, Alexandre; RODRIGUES, Andreia de Brito. *Nova lei de drogas*. 2. ed. Rio de Janeiro: Lumen Juris, 2007.

BOBBIO, Norberto. *Teoria do ordenamento jurídico*. Brasília: Editora UnB, 1982.

BOCKELMANN, Paul. *Relaciones entre autoría e participación*. Buenos Aires: Abeledo-Perrot, 1960.

BONAVIDES, Paulo. *Ciência política*. 10. ed. São Paulo: Malheiros, 1994.

BONAVIDES, Paulo. *Curso de direito constitucional*. São Paulo: Malheiros, 1996.

BORJA JIMÉNEZ, Emiliano. *Curso de política criminal*. Valencia: Tirant lo Blanch, 2003.

BOSCHI, José Antônio Paganella. *Das penas e seus critérios de aplicação*. 2. ed. Porto Alegre: Livraria do Advogado, 2002.

BRAGA, Vera Regina de Almeida. *Pena de multa substitutiva no concurso de crimes*. São Paulo: Revista dos Tribunais, 1997.

BRANQUINHO, Wesley Marques. *O novo divórcio* – Emenda Constitucional n. 66. Disponível em: <http://jus.uol.com.br/revista/texto/16997/o-novo-divorcio-emenda-constitucional-n-66>.

BRASIL. Ministério da Saúde. Secretaria de Atenção à Saúde. Departamento de Atenção Especializada. *Regulação médica das urgências*. Brasília: Ed. do Ministério da Saúde, 2006. Módulo II (Série A. Normas e Manuais Técnicos).

BRASIL. Supremo Tribunal Federal. Plenário: dispositivo da lei de contravenções penais é incompatível com a Constituição. Notícias STF, Brasília, 3 out. 2013. Disponível em: <http://www.stf.jus.br/portal/cms/verNoticiaDetalhe.asp?idConteudo=25005>.

BRASIL. Supremo Tribunal Federal. Supremo julga procedente ação da PGR sobre Lei Maria da Penha. *Notícias do STF,* 9 fev. 2012. Disponível em: <www.stf.jus.br/portal/cms/verNoticiaDetalhe.asp?...->.

BRITO FILHO, José Cláudio Monteiro de. *Trabalho com redução do homem a condição análoga à de escravo e dignidade da pessoa humana*. Disponível em: <http://www.pgt.mpt.gov.br/publicacoes>.

BRUNO, Aníbal. *Crimes contra a pessoa*. 4. ed. Rio de Janeiro: Editora Rio, 1976.

BRUNO, Aníbal. *Direito penal* – Parte geral. Rio de Janeiro: Forense, 1967.

BRUNO, Aníbal. *Direito penal*. 4. ed. Rio de Janeiro: Forense, 1984. t. II.

BUSATO, Paulo César. *Direito penal* – parte especial 1. São Paulo: Atlas, 2014.

BUSATO, Paulo César; HUAPAYA, Sandro Montes. *Introdução ao direito penal* – Fundamentos para um sistema penal democrático. Rio de Janeiro: Lumen Juris, 2003.

BUSTOS RAMÍREZ, Juan J.; HORMAZÁBAL MALARÉE, Hernán. *Lecciones de derecho penal*. Madrid: Trotta, 1999. v. II.

BUSTOS RAMÍREZ, Juan J.; HORMAZÁBAL MALARÉE, Hernán. *Leciones de derecho penal*. Madrid: Trotta, 1997. v. I.

BUSTOS RAMÍREZ, Juan J.; HORMAZÁBAL MALARÉE, Hernán. *Nuevo sistema de derecho penal*. Madrid: Trotta, 2004.

CABETTE, Eduardo Luiz Santos. *A Lei n. 11.923/09 e o famigerado sequestro-relâmpago*. – Afinal, que raio de crime é esse? Disponível em: <http://jus2.uol.com.br/doutrina/texto.asp?id=12760>. Acesso em: 29 ago. 2009.

CABETTE, Eduardo Luiz Santos. *Homicídio e lesões corporais de agentes de segurança pública e forças armadas*: alterações da Lei 13.142/15. Disponível em: <http://jus.com.br/artigos/40830/homicidio-e-lesoes-corporais-de-agentes-de-seguranca-publica-e-forcas-armadas-alteracoes-da-lei-13-142-15>. Acesso em: 5 ago. 2015.

CABRAL NETTO, Joaquim. *Instituições de processo penal*. Belo Horizonte: Del Rey, 1997.

CALDERÓN, Ángel; CHOCLÁN, José Antonio. *Derecho penal* – Parte especial. 2. ed. Madrid: Bosch, 2001, v. II.

CALHAU, Lélio Braga. *Desacato*. Belo Horizonte: Mandamentos, 2004.

CALHAU, Lélio Braga. *Vítima e direito penal*. Belo Horizonte: Mandamentos, 2002.

CALLEGARI, André Luis. *Imputação objetiva* – Lavagem de dinheiro e outros temas do direito penal. Porto Alegre: Livraria do Advogado, 2001.

CAMARGO, A. L. Chaves. *Culpabilidade e reprovação penal*. São Paulo: Sugestões Literárias, 1994.

CAPARRÓS, José E. Sáinz-Cantero. *La codelinquencia en los delitos imprudentes en el código penal de 1995*. Madrid: Marcial Pons, 2001.

CAPEZ, Fernando. *Arma de fogo*. São Paulo: Saraiva, 1997.

CAPEZ, Fernando. *Curso de direito penal* – Parte geral. São Paulo: Saraiva, 2000.

CAPEZ, Fernando. *Curso de direito penal*. 3. ed. São Paulo: Saraiva, 2003. v. 2.

CAPEZ, Fernando. *Curso de direito penal*. São Paulo: Saraiva, 2004. v. 3.

CARMONA SALGADO, C.; GONZÁLEZ RUS, J. J.; MORILLAS CUEVA, L.; POLAINO NAVARRETE, M. *Manual de derecho penal* – Parte especial. Madrid: Editoriales de Derecho Reunidas, 1993.

CARNELUTTI, Francesco. *Lecciones sobre el proceso penal*. Buenos Aires: Ediciones Jurídicas Europa-América/Bosch, 1950. v. II.

CARRARA, Francesco. *Programa do curso de direito criminal* – Parte geral. Campinas: LZN, 2002. v. 2.

CARRARA, Francesco. *Programa de derecho criminal* – Parte especial. Bogotá: Temis, 1973. v. 1-2.

CARRARA, Francesco. *Programa de derecho criminal*. Bogotá: Temis, 1991. v. VI.

CARRARA, Francesco. *Programa de derecho criminal*. Bogotá: Temis, 1988. v. III.

CARVALHO FILHO, Aloysio de. *Comentários ao código penal*. Rio de Janeiro: Forense, 1958. v. IV.

CARVALHO FILHO, José dos Santos. *Manual de direito administrativo*. 34. ed. São Paulo: Atlas, 2020.

CARVALHO, Salo de. *Pena e garantias* – Uma leitura do garantismo de Luigi Ferrajoli. Rio de Janeiro: Lumen Juris, 2001.

CARVALHO, Salo de; CARVALHO, Amilton Bueno de. *Aplicação da pena e garantismo*. Rio de Janeiro: Lumen Juris, 2001.

CASTILLO JIMENEZ, Cinta. *Protección del derecho a la intimidad y uso de las nuevas tecnologias de la información*. 2001. Huelva: Facultad de Derecho. Universidad de Huelva. v. 1: Derecho y conocimiento.

CASTRO, Viveiros de. *A nova escola penal*. Rio de Janeiro: Jacintho, 1913.

CAVALCANTE, Márcio André Lopes. *Comentários à Lei 12.971/2014*, que alterou o Código de Trânsito Brasileiro. 2014. Disponível em: <http://www.dizerodireito.com.br/2014/05/comentarios-lei-129712014-que-alterou-o.html>. Acesso em: 19 mai. 2014.

CENTRO DE ESTUDOS, RESPOSTA E TRATAMENTO DE INCIDENTES DE SEGURANÇA NO BRASIL. *Cartilha de segurança*. Disponível em: <http://cartilha.cert.br/malware/>. Acesso em: 10 dez. 2012.

CEREZO, Ángel Calderón; MONTALVO, José Antonio Choclán. *Derecho penal*. 2. ed. Barcelona: Bosch, 2001. t. II.

CEREZO MIR, José. *Curso de derecho penal español* – Parte general. Madrid: Tecnos, 2001. v. II e III.

CERNICCHIARO, Luiz Vicente; COSTA JR., Paulo José da. *Direito penal na* Constituição. São Paulo: Revista dos Tribunais, 1995.

CERVINI, Raúl. *Os processos de descriminalização*. São Paulo: Revista dos Tribunais, 1995 (Tradução da 2. ed. espanhola).

CHAMPLIN, Russell Norman; BENTES, João Marques. *Enciclopédia de bíblia, teologia e filosofia*. São Paulo: Candeia, 1997. v. 6.

CHIMENTI, Ricardo Cunha; CAPEZ, Fernando; ROSA, Márcio F. Elias; SANTOS, Marisa F. *Curso de direito constitucional*. São Paulo: Saraiva, 2004.

CHOUKR, Fauzi Hassan. *Código de processo penal*. Rio de Janeiro: Lumen Juris, 2005.

CINTRA, Antônio Carlos de Araújo; GRINOVER, Ada Pelegrini; COMPARATO, Fábio Konder. *A afirmação histórica dos direitos humanos*. São Paulo: Saraiva, 2001.

COBO DEL ROSAL, Manuel; VIVES ANTÓN, Tomás S. *Derecho penal* – Parte general. Velencia: Tirant lo Blanch, 1999.

COÊLHO, Yuri Carneiro. *Curso de direito penal didático*. São Paulo: Atlas, 2015.

COMPARATO, Fábio Konder. *A afirmação histórica dos direitos humanos*. São Paulo: Saraiva, 2001.

CONTRERAS, Guillermo Portilla. *La influencia de las ciencias sociales en el derecho penal* – La defensa del modelo ideológico neoliberal en las teorías funcionalistas y en el discurso ético de Habermas sobre selección de los intereses penales (Crítica y justificación del derecho penal en el cambio de siglo – El análisis crítico de la Escuela de Frankfurt). Cuenca: Editiones de la Universidade de Castilla-La Mancha, 2003.

COPELLO, Patricia Laurenzo. *Dolo y conocimiento*. Valencia: Tirant lo Blanch, 1999.

COPETTI, André. *Direito penal e estado democrático de direito*. Porto Alegre: Livraria do Advogado, 2000.

CORDOBA RODA, Juan. *Culpabilidad y pena*. Barcelona: Ariel, 1989.

CORRAL, José Luis. *Historia de la pena de muerte*. Madrid: Aguilar, 2005.

COSTA JÚNIOR, Paulo José da. *Curso de direito penal* – Parte geral. São Paulo: Saraiva, 1991. v. I.

COSTA JÚNIOR, Paulo José da. *Agressões à intimidade* – O episódio Lady Dy. São Paulo: Malheiros, 1997.

COSTA JÚNIOR, Paulo José da. *Curso de direito penal*. São Paulo: Saraiva, 1991. vol. 1, 2 e 3.

COSTA JÚNIOR, Paulo José da. *Direito penal objetivo*. Rio de Janeiro: Forense Universitária, 1989.

COSTA JÚNIOR, Paulo José da. *Nexo causal*. São Paulo: Malheiros, 1996.

COSTA JÚNIOR, Paulo José da. *O crime aberrante*. Belo Horizonte: Del Rey, 1996.

COSTA, Álvaro Mayrink da. *Direito penal* – Parte especial. 5. ed. Rio de Janeiro: Forense, 2001.

COSTA, Marco Aurélio Rodrigues da. *Crimes de informática*. Jus Navegandi, Teresina, ano 1, n. 12, mai. 1997. Disponível em: <http://jus2.uol.com.br/doutrina/texto.asp?id=1826>. Acesso em: 20 jan. 2009.

COSTA, Wille Duarte. *Títulos de crédito*. Belo Horizonte: Del Rey, 2003.

CHAMPLIN, Russell Norman; BENTES, João Marques. *Enciclopédia de bíblia, teologia e filosofia*. São Paulo: Candeia, 1997. v. 6.

CUERDA RIEZU, Antonio. *El legislador y el derecho penal* (una orientación a los orígenes). Madrid: Editorial Centro de Estudios Ramon Areces, 1991.

CUESTA AGUADO, Paz Mercedes de La. *Tipicidad e imputación objetiva*. Argentina: Cuyo, 1998.

CUNHA, Rogério Sanches. *Crime de promoção de migração ilegal (Lei nº 13.445/17): breves considerações.* Disponível em: <http://meusitejuridico.com.br/2017/05/26/crime-de-promocao-de-migracao-ilegal-lei-no-13-44517-breves-consideracoes/>.

CUNHA, Rogério Sanches. *Lei 13.718/18:* introduz modificações nos crimes contra a dignidade sexual. Disponível em: <http://s3.meusitejuridico.com.br/2018/09/140afc83-crimes-sexuais-lei-13718-18.pdf>. Acesso em: 29 set. 2018.

CUNHA, Rogério Sanches. *Direito penal* – Parte especial. São Paulo: Revista dos Tribunais, v. 3, 2008.

CUNHA, Rogério Sanches. *Manual de direito penal* – Parte geral. Salvador: JusPodivm, 2013.

CUNHA, Rogério Sanches. *Manual de direito penal* – parte especial, volume único. 5. ed. Salvador: JusPodivm, 2013.

CUNHA, Rogério Sanches. *Nova Lei 13.142/15:* breves comentários. Disponível em: <http://www.portalcarreirajuridica.com.br/noticias/nova-lei-13-142-15-breves-comentarios-por-rogerio-sanches-cunha>. Acesso em: 5 ago. 2015.

CUNHA, Rogério Sanches; PINTO, Ronaldo Batista. *Crime organizado* – Comentários à nova lei sobre o crime organizado – Lei n. 12.850/2013, Salvador: JusPodivm, 2013.

CUNHA, Sérgio Sérvulo da. O que é um princípio. GRAU, Eros Roberto (Coord.). In: *Estudos de direito constitucional em homenagem a José Afonso da Silva.* São Paulo: Malheiros, 2003.

CURY URZÚA, Enrique. *Derecho penal* – Parte general. Santiago: Jurídica de Chile, 1992.

D'URSO, Luiz Flávio Borges. *A tradição do pendura.* Disponível em: <http:// www.novomilenio.inf.br/festas/pendura.htm>.

DAHRENDORF, Ralf. *A lei e a ordem.* Rio de Janeiro: Instituto Liberal, 1997.

DEL-CAMPO, Eduardo Roberto. *Penas restritivas de direitos.* São Paulo: Juarez de Oliveira, 1999.

DELGADO, Lucrecio Rebollo. *Derechos fundamentales y proteción de datos.* Madrid: Dykinson, 2004.

DELMANTO, Celso. *Código penal comentado.* Rio de Janeiro: Renovar, 1986.

DELMANTO, Celso; DELMANTO, Roberto; DELMANTO JÚNIOR, Roberto; DELMANTO, Fábio M. de Almeida. *Código penal comentado.* 6. ed. Rio de Janeiro: Renovar, 2002.

DEZEN JUNIOR, Gabriel. *Constituição Federal interpretada.* Niterói: Impetus, 2010.

DIAS, Jorge de Figueiredo; ANDRADE, Manuel da Costa. *Criminologia* – O homem delinquente e a sociedade criminógena. Coimbra: Coimbra Editora, 1997.

DIAS, José de Aguiar. *Da responsabilidade civil.* Rio de Janeiro: Forense, 1994.

DIAS, Maria Berenice. *O fim da separação judicial* – Um novo recomeço. Disponível em: <http://www.mariaberenice.com.br>.

DÍAZ, Gerardo Landrove. *La moderna victimología.* Valencia: Tirant lo Blanch, 1998.

DINAMARCO, Cândido Rangel. *Teoria geral do processo.* 17. ed. São Paulo: Malheiros, 2001.

DIRCEU BARROS, Francisco. *Tratado doutrinário de direito penal.* 2. ed. São Paulo: Editora Mizuno, 2021.

DONNA, Edgardo Alberto. *Derecho penal* – Parte general. Buenos Aires: Rubinzal-Culzoni, 2008. t. I: Fundamentos – Teoría de la ley penal.

DOTTI, René Ariel. *Curso de direito penal* – Parte geral. Rio de Janeiro: Forense, 2001.

DOTTI, René Ariel. *Penas restritivas de direitos.* São Paulo: Revista dos Tribunais, 1999.

DOTTI, René Ariel. *Reforma penal brasileira.* Rio de Janeiro: Forense, 1988.

DOUGLAS, William; CALHAU, Lélio Braga; KRYMCHANTOWSKY, Abouch V. DUQUE, Flávio Granado. *Medicina legal.* 5. ed. Rio de Janeiro: Impetus, 2003.

DUARTE, Antonio Aurélio Abi Ramia. *Aspectos concernentes à responsabilidade penal da pessoa jurídica*. Disponível em: <http://www.netflash.com.br/ justicavirtual>.

EMILIO SARRULE, Oscar. *La crisis de legitimidad del sistema jurídico penal* (Abolicionismo ou justificación). Buenos Aires: Editorial Universidad, 1998.

ESQUERDO, Esperanza Vaello. *Introducción al derecho penal*. San Vicente del Raspeig: Universidad de Alicante, 2002.

ESTEFAM, André. *Direito penal* – Parte geral. São Paulo: Saraiva, 2013, v. 1.

ESTEFAM, André. *Crimes sexuais* – Comentários à Lei n. 12.015, de 7 de agosto de 2009. São Paulo: Saraiva, 2009.

FALCÓN Y TELLA, Maria José. FALCÓN Y TELLA, Fernando. *Fundamento y finalidad de la sanción*: ¿un derecho a castigar? Madrid: Marcial Pons, 2005.

FALEIROS, Eva. T. Silveira. *A exploração sexual de crianças e adolescentes no Brasil:* reflexões teóricas, relatos de pesquisas e intervenções psicossociais. Renata Maria Coimbra Libório e Sônia M. Gomes Sousa (Orgs.). Casa do Psicólogo. Editora da ACG, 2004.

FARIA, Bento de. *Código penal brasileiro* (comentado). Rio de Janeiro: Record, 1961. v. V e VI.

FÁVERO, Flamínio. *Medicina legal*. São Paulo: Martins, 1980. v. 1-2.

FERNANDES, Bernardo Gonçalves. *Curso de direito constitucional*. 11. ed. Salvador: JusPodivm, 2019.

FERNANDES, Newton; FERNANDES, Valter. *Criminologia integrada*. São Paulo: Revista dos Tribunais, 2002.

FERNÁNDEZ, Gonzalo D. *Bien jurídico y sistema del delito*. Buenos Aires: Editorial BdeF, 2004.

FERRAJOLI, Luigi. *Derechos y garantías* – La ley del más débil. Madri: Trotta, 2001.

FERRAJOLI, Luigi. *Direito e razão* – Teoria do garantismo penal. São Paulo: Revista dos Tribunais, 2002.

FERRAJOLI, Luigi. *El garantismo y la filosofía del derecho*. Colombia: Universidade Externado de Colombia, 2000 (Série de Teoria Jurídica y Filosofia del Derecho, n. 15).

FERRAZ, Esther de Figueiredo. *A codelinquência no direito penal brasileiro*. São Paulo: Bushatsky, 1976.

FERREIRA DA COSTA, Elder Lisbôa. *Curso de direito criminal* – Parte geral. Belém: Unama, 2007.

FERREIRA DA COSTA, Elder Lisbôa. *Direito criminal constitucional* – uma visão sociológica e humanista. Parte geral. Belém: Editora Paka-Tatu, 2012.

FERREIRA DA COSTA, Elder Lisbôa. *Compêndio teórico e prático do tribunal do júri*. Campinas: Jurídica Mizuno, 2004.

FERREIRA FILHO, Manoel Gonçalves. *Curso de direito constitucional*. 34. ed. São Paulo: Saraiva, 2008.

FERREIRA, Fernando José Araújo. Processo seletivo vestibular nas universidades e faculdades particulares e a nova LDB (Lei n. 9.394/96). *Revista Eletrônica PRPE*, out. 2003.

FERREIRA, Manuel Cavaleiro de. *Lições de direito penal* – Parte geral, 1992.

FERRI, Enrico jurista. *I nuovi orizzonti del diritto e della procedura penale*. Bologna: Zanichelli, 1881.

FEU ROSA, Antônio José Miguel. *Direito penal* – Parte geral. São Paulo: Revista dos Tribunais, 1993.

FEUERBACH, Johann Paul Anselm von. *Tratado de derecho penal*. Tradução de Eugenio Raul Zaffaroni e Irma Hagemaier. Buenos Aires: Hammurabi, 2007.

FIGUEIREDO DIAS, Jorge e ANDRADE, Manoel da Costa. *Criminologia* – O homem delinquente e a sociedade criminógena. Coimbra: Coimbra Editora, 1997.

FLETCHER, George P. *Las victimas ante el jurado*. Valencia Tirant lo Blanch, 1997.

FONSECA NETO, Alcides da. *O crime continuado*. Rio de Janeiro: Lumen Juris, 2004.

FONTÁN BALESTRA, Carlos. *Derecho penal* – Parte general. Buenos Aires: Abeledo-Perrot, 1953.

FONTÁN BALESTRA, Carlos. *Misión de garantía del derecho penal*. Buenos Aires: De Palma, 1950.

FONTÁN BALESTRA, Carlos. *Tratado de derecho penal*. Buenos Aires: Abeledo-Perrot, 1969. v. IV-V.

FOUCAULT, Michel. *Vigiar e punir*. 23. ed. Petrópolis: Vozes, 2000.

FRAGOSO, Heleno Cláudio. *Conduta punível*. São Paulo: Bushatsky, 1961.

FRAGOSO, Heleno Cláudio. *Lições de direito penal* – Parte especial. Rio de Janeiro: Forense, 1981.

FRAGOSO, Heleno Cláudio. *Lições de direito penal* – Parte especial. 4. ed. Rio de Janeiro: Forense, 1984.

FRAGOSO, Heleno Cláudio. *Lições de direito penal*: parte geral. 16. ed. atual. por Fernando Fragoso. Rio de Janeiro: Forense, 2003.

FRAGOSO, Heleno Cláudio. *Crimes omissivos por comissão (?)*. Disponível em: <http://www.buscalegis.ufsc.br/revistas/index.php/buscalegis/article/view/11339/10904>. Acesso em: 3 ago. 2010.

FRANÇA, Genival Veloso de. *Fundamentos de medicina legal*. Rio de Janeiro: Guanabara Koogan, 2005.

FRANÇA, Genival Veloso de. *Medicina legal*. 7. ed. Rio de Janeiro: Guanabara Koogan, 2004.

FRANÇA, Rubens Limongi. *Instituições de direito civil*. 4. ed. São Paulo: Saraiva, 1996.

FRANK, Reinhard. *Sobre la estrutura del concepto de culpabilidad*. Buenos Aires: IBDEF, 2000.

FREITAS, Gilberto Passos de; FREITAS, Vladimir Passos de. *Abuso de autoridade*. 9. ed. São Paulo: Revista dos Tribunais, 2001.

FÜHRER, Maximiliano Roberto Ernesto; FÜHRER, Maximilianus Cláudio Américo. *Código Penal comentado*. 3. ed. São Paulo: Malheiros, 2010.

FURLANETO NETO, Mário; GUIMARÃES, José Augusto Chaves. Crimes na internet: elementos para uma reflexão sobre a ética informacional. *Revista CEJ*, Brasília, n. 20, jan./mar. 2003.

GAGLIANO, Pablo Stolze. *A nova emenda do divórcio* – Primeiras reflexões. Disponível em: <http://www.pablostolze.com.br>.

GALVÃO, Fernando. *Aplicação da pena*. Belo Horizonte: Del Rey, 1995.

GALVÃO, Fernando. *Direito Penal – crimes contra a administração pública*. Belo Horizonte: D'Plácido Editora, 2015.

GALVÃO, Fernando. *Direito penal – crimes contra a pessoa*. São Paulo: Saraiva, 2013.

GALVÃO, Fernando. *Direito penal* – Parte geral. Niterói: Impetus, 2004.

GALVÃO, Fernando. *Imputação objetiva*. Belo Horizonte: Mandamentos, 2000.

GALVÃO, Fernando. Imputação objetiva nos delitos omissivos. *Revista Brasileira de Ciências Criminais*, São Paulo, v. 33, mar. 2001.

GALVÃO, Fernando. *Noções elementares sobre a teoria do crime*. Viçosa: Imprensa Universitária, 1993.

GALVÃO, Fernando. *Responsabilidade penal da pessoa jurídica*. Belo Horizonte: Del Rey, 2003.

GALVÃO, Fernando; GRECO, Rogério. *Estrutura jurídica do crime*. Belo Horizonte: Mandamentos, 1999.

GALVETE, Javier. *Fragmentos y ensayos*: apuntes biográficos sobre John Howard. Madrid: Librería Naval y Extranjera, 1876.

GARCIA, Basileu. *Instituições de direito penal*. 7. ed. rev. e atual. São Paulo: Saraiva, 2008. v. 1, t. 1.

GARCIA ENTERRIA, Eduardo de. *La lengua de los derechos* – La información del derecho público europeo trás la revolución francesa. Madrid: Civitas, 2001.

GARCIA-PABLOS DE MOLINA, Antonio. *Tratado de criminologia*. 4. ed. atual., corr. e aum. Valencia: Tirant lo Blanch, 2009.

GAROFALO, Raphaele. *Criminologia*. Lisboa: Clássica, 1916.

GARRIDO, Vicente; STANGELAND, Per; REDONDO, Santiago. *Principios de criminologia*. Valencia: Tirant lo Blanch, 2001.

GIACOMOLLI, Nereu José. *Reformas(?) do processo penal*. Rio de Janeiro: Lumen Juris, 2008.

GILABERTE, Bruno. *Lei nº 13.718/2018*: importunação sexual e pornografia de vingança. Disponível em: <https://canalcienciascriminais.com.br/importunacao-sexual-vinganca/>. Acesso em: 7 out. 2018.

GIORDANI, Mário Curtis. *Direito penal romano*. Rio de Janeiro: Lumen Juris, 1997.

GIRÃO, Rubia Mara Oliveira Castro. *Crime de assédio sexual*. São Paulo: Atlas, 2004.

GOMES, Abel Fernandes; PRADO, Geraldo; DOUGLAS, William. *Crime organizado*. Niterói: Impetus, 2000.

GOMES, José Jairo. *Teoria geral do direito civil*. Belo Horizonte: Del Rey, 2009.

GOMES, Luiz Flávio. *Crimes previdenciários*. 3. ed. São Paulo: Revista dos Tribunais, 2001.

GOMES, Luiz Flávio. *Delito de bagatela, princípio da insignificância e princípio da irrelevância penal do fato*. 18 abr. 2004. Disponível em: <http://www.lfg.com.br/public_html/article.php?story=20041008145549539p&mode=print>. Acesso em: 8 ago. 2011.

GOMES, Luiz Flávio. *Erro de tipo e erro de proibição*. São Paulo: Revista dos Tribunais, 1999.

GOMES, Luiz Flávio. *Estudos de direito penal e processo penal*. São Paulo: Revista dos Tribunais, 1999.

GOMES, Luiz Flávio. *Norma e bem jurídico no direito penal*. São Paulo: Revista dos Tribunais, 2002.

GOMES, Luiz Flávio. Medidas de segurança e seus limites. *Revista Brasileira de Ciências Criminais*, n. 2, 1993.

GOMES, Luiz Flávio. *O princípio da ofensividade no direito penal*. São Paulo: Revista dos Tribunais, 2002.

GOMES, Luiz Flávio. *Penas e medidas alternativas à prisão*. São Paulo: Revista dos Tribunais, 1999.

GOMES, Luiz Flávio; BIANCHINI, Alice. *Crimes de responsabilidade fiscal*. São Paulo: Revista dos Tribunais, 2001.

GOMES, Luiz Flávio; BIANCHINI, Alice; CUNHA Rogério Sanches; OLIVEIRA, William Terra de. *Nova lei de drogas comentada*. São Paulo: Revista dos Tribunais, 2006.

GOMES, Luiz Flávio; CUNHA, Rogério Sanches; MAZZUOLI, Valerio de Oliveira. *Comentários à reforma criminal de 2009 e à convenção de Viena sobre o direito dos tratados*. São Paulo: Revista dos Tribunais, 2009.

GOMES, Luiz Flávio; GARCIA-PABLOS DE MOLINA, Antonio. Direito Penal – parte geral, v. 2. São Paulo: Revista dos Tribunais, 2007.

GÓMEZ DE LA TORRE, Ignacio Verdugo; ZAPATERO, Luis Arroyo; OLIVÉ, Juan Carlos Ferre; PIEDECASAS, José Ramón Serrano; RIVAS, Nicolas García. *Lecciones de derecho penal* – Parte general. 2. ed. Barcelona: Editorial Práxis, 1999.

GONZÁLEZ PARRA, Ricardo. Jeremy Bentham: el utilitarismo y su influencia en la reforma del sistema penitenciário In: VALDÉS, García (Dir.). *Historia de la prisión* – Teorías economicistas: crítica. Madrid: Edisofer, 1997.

GONZÁLEZ RUS, Juan José. *Control electrónico y sistema penitenciario*. VIII Jornadas penitenciarias Andaluzas, Junta de Andalucia, Consejeria de Gobernación, 1994.

GRANDINETTI, Luiz Gustavo; BATISTA, Nilo; MELLO, Adriana Ramos de; PINHO, Humberto Dalla Bernardina de; PRADO, Geraldo. *Violência doméstica e familiar contra a mulher*. Rio de Janeiro: Lumen Juris, 2007.

GRECO FILHO, Vicente. *Manual de processo penal*. São Paulo: Saraiva, 1991.

GRECO FILHO, Vicente. *Direito processual civil brasileiro*. 7. ed. São Paulo: Saraiva, 1993. v. 3.

GRECO, Luís. *Funcionalismo e imputação objetiva no direito penal*. Rio de Janeiro: Renovar, 2002.

GRECO, Rogério. *Código penal comentado*. 9. ed. Rio de Janeiro: Impetus, 2015.

GRECO, Rogério. *Curso de direito penal*: parte especial. 12. ed. Rio de Janeiro: Impetus, 2015. v. II.

GRECO, Rogério. *Curso de direito penal*: parte especial. 12. ed. Rio de Janeiro: Impetus, 2015. v. III.

GRECO, Rogério. *Curso de direito penal*: parte especial. 11. ed. Rio de Janeiro: Impetus, 2015. v. IV.

GRECO, Rogério. *Curso de direito penal*: parte geral. 17. ed. Rio de Janeiro: Impetus, 2015.

GRECO, Rogério. *Direito penal do equilíbrio* – Uma visão minimalista do direito penal. 2. ed. Rio de Janeiro: Impetus, 2006.

GRECO, Rogério. *Direito penal do equilíbrio* – Uma visão minimalista do direito penal. 8. ed. Rio de Janeiro: Impetus, 2015.

GRECO, Rogério. *Os absurdos da Lei 12.971, de 9 de maio de 2014*. Disponível em: <http://www.impetus.com.br/artigo/786/os-absurdos-da-lei-n-12971-de-9-de-maio-de-2014>.

GRECO, Rogério. *Sistema prisional* – Colapso atual e soluções alternativas. 2. ed. Rio de Janeiro: Impetus, 2015.

GRINOVER, Ada Pellegrini; FERNANDES, Antonio Scarance; GOMES FILHO, Antônio Magalhães. *As nulidades no processo penal*. São Paulo: Revista dos Tribunais, 1999.

GRINOVER, Ada Pellegrini; GOMES FILHO, Antonio Magalhães; FERNANDES, Antonio Scarance; Luiz Flávio. *Juizados especiais criminais*. 4. ed. São Paulo: Revista dos Tribunais, 2002.

GUILLERMO LUCERO, Pablo; ANDRÉS KOHEN, Alejandro. *Delitos informáticos*. Buenos Aires: Ediciones D & D, 2010.

GUTIÉRREZ FRANCÉS, Mariluz. *Ámbito jurídico de las tecnologías de la información*. Madrid: Consejo General de Poder Judicial, 1996.

HASSEMER, Winfried. *Três temas de direito penal*. Porto Alegre: Fundação Escola Superior do Ministério Público, 1993.

HASSEMER, Winfried; MUÑOZ CONDE, Francisco. *Introducción a la criminologia*. Valencia: Tirant lo Blanch, 2001.

HERINGER JÚNIOR, Bruno. *Objeção de consciência e direito penal* – Justificação e limites. Rio de Janeiro: Lumen Juris, 2007.

HIRECHE, Gamil Föppel El. *Análise criminológica das organizações criminosas*. Rio de Janeiro: Lumen Juris, 2005.

HOLANDA, Aurélio Buarque de. *Novo dicionário Aurélio da língua portuguesa*. 4. ed. Curitiba: Positivo, 2009.

HOLTHE, Leo van. *Direito constitucional*. 4. ed. Salvador: JusPodivm, 2008.

HOWARD, John. *The state of the prisons in England and Wales*: with preliminary observations, and an account of some foreign prisons. Toscana, 1777.

HULSMAN, Louk; BERNART DE CELIS, Jacqueline. *Penas perdidas* – O sistema penal em questão. Rio de Janeiro: Luam, 1993.

HUNGRIA, Nélson. *Comentários ao código penal*. Rio de Janeiro: Forense, 1958. v. 1, t. I e II.

HUNGRIA, Nélson. *Comentários ao código penal*. Rio de Janeiro: Forense, 1955. v. V.

HUNGRIA, Nélson. *Comentários ao código penal*. Rio de Janeiro: Forense, 1956. v. VIII.

HUNGRIA, Nélson. *Comentários ao código penal*. 4. ed. Rio de Janeiro: Forense, 1958. v. VI.

HUNGRIA, Nélson. *Comentários ao código penal*. Rio de Janeiro: Forense, 1967. v. VII.

IBRAHIM, Fábio Zambitte. *Curso de direito previdenciário*. 7. ed. Rio de Janeiro: Impetus, 2006.

IGLESIAS RÍOS, Miguel Ángel; PÉREZ PARENTE, Juan Antonio. *La pena de localización permanente y su seguimiento con medios de control electrónico*. Estudios jurídicos sobre la sociedad de la información y nuevas tecnologías: con motivo del XX aniversario de la Facultad de Derecho de Burgos, coordenado por Santiago A. Bello Paredes, Alfonso Murillo Villar, 2005.

INSTITUTO BRASILEIRO DE CIÊNCIAS CRIMINAIS – IBCCRIM. *Boletim de Jurisprudência* n. 37, jan. 1996.

JAKOBS, Günther. *A imputação objetiva no direito penal*. Tradução de André Luis Callegari. São Paulo: Revista dos Tribunais, 2000.

JAKOBS, Günther. *Derecho penal* – Parte general: Fundamentos y teoría de la imputación. Madri: Marcial Pons, 1997.

JARDIM, Afrânio Silva. *Direito processual penal*. 11. ed. Rio de Janeiro: Forense, 2002.

JESCHECK, Hans-Heinrich. *Tratado de derecho penal* – Parte general. Barcelona: Bosch, 1981. v. l.

JESUS, Damásio E. *Comentários ao código penal*. São Paulo: Saraiva, 1985. v. 1 e 2.

JESUS, Damásio E. *Crimes de porte de arma de fogo e assemelhados*. São Paulo: Saraiva, 1997.

JESUS, Damásio E. *Crimes de trânsito*. São Paulo: Saraiva, 1998.

JESUS, Damásio E. *Direito penal*. 22. ed. São Paulo: Saraiva, 1999. v. 2.

JESUS, Damásio E. *Direito penal* 19. ed. São Paulo: Saraiva, 2010. v. 3.

JESUS, Damásio E. *Direito penal* – Parte geral. São Paulo: Saraiva, 1994.

JESUS, Damásio E. *Prescrição penal*. São Paulo: Saraiva, 1995.

JESUS, Damásio E. *Teoria do domínio do fato no concurso de pessoas*. São Paulo: Saraiva, 2001.

JESUS, Damásio E. *Violência doméstica*. São Paulo: Complexo Jurídico Damásio de Jesus, ago. 2004. Disponível em: <http://www.damasio.com.br/novo/html/frame_artigos.htm>.

JIMENEZ, Cinta Castillo. *Protección del derecho a la intimidad y uso de las nuevas tecnologias de la información*. Huelva: Facultad de Derecho. Universidad de Huelva. Derecho y Conocimiento. v. 1.

JIMÉNEZ DE ASÚA, Luis. *Tratado de derecho penal*. Buenos Aires: Losada, 1964. t. 1.

JIMÉNEZ DE ASÚA, Luis. *Princípios de derecho penal* – La ley e el delito. Buenos Aires: Abeledo-Perrot, 1958.

JORIO, Israel Domingos. *Latrocínio*. Belo Horizonte: Del Rey, 2008.

JÚNIOR, Romeu de Almeida Salles. *Código penal interpretado*. São Paulo: Saraiva, 1996.

LARDIZÁBAL Y URIBE, Manuel de. *Discurso sobre las penas*. Cádiz: Servicio de Publicaciones Universidad de Cádiz, 2001.

LEIRIA, Antônio José Fabrício. *Teoria e aplicação da lei penal*. São Paulo: Saraiva, 1981.

LIEBMANN, Enrico Túlio. *Manual de direito processual civil*. Tradução de Cândido Rangel Dinamarco. Rio de Janeiro: Forense, 1984. v. l.

LIMA, Marcellus Polastri. *Curso de processo penal*. Rio de Janeiro: Lumen Juris, 2002. v. 1.

LIMA, Renato Brasileiro de. *Curso de processo penal*. Niterói: Impetus, 2013.

LIMA, Renato Brasileiro de. *Legislação criminal especial comentada*. Niterói: Impetus, 2013.

LINHARES, Marcello Jardim. *Contravenções penais*. São Paulo: Saraiva, 1980. v. II.

LOPES JÚNIOR, Aury. *Direito processual penal*. 9. ed. São Paulo: Saraiva, 2012.

LOPES JÚNIOR, Aury. *Direito processual penal*. 15. ed. São Paulo: Saraiva, 2018, Cyber Civil Rights Initiative. Disponível em: <https://www.cybercivilrights.org/wp-content/uploads/2017/06/CCRI-2017-Research-Report.pdf>. Acesso em: 9 out. 2018.

LÓPEZ ORTEGA, Juan José. *Intimidad informática y derecho penal: derecho a la intimidad y nuevas tecnologias*. Madrid: Consejo General del Poder Judicial, 2004.

LOPES, Jair Leonardo. *Crimes de trânsito*. São Paulo: Revista dos Tribunais, 1998.

LOPES, Jair Leonardo. *Curso de direito penal*. 3. ed. São Paulo: Revista dos Tribunais, 1999.

LOPES, Jair Leonardo. *Penas restritivas de direitos*. São Paulo: 1999.

LOPES, Jair Leonardo. *Princípio da legalidade penal* – Projeções contemporâneas. São Paulo: Revista dos Tribunais, 1994.

LOPES, Jair Leonardo. *Teoria constitucional do direito penal*. São Paulo: Revista dos Tribunais, 2000.

LOPES, Maurício Antônio Ribeiro. *Como julgar, como defender, como acusar*. Rio de Janeiro: José Konfino, 1975.

LOPES MEIRELLES, Hely. *Licitação e contrato administrativo*. 10. ed. São Paulo: Editora Revista dos Tribunais, 1991.

LUISI, Luiz. *O tipo penal, a teoria finalista e a nova legislação penal*. Porto Alegre: Fabris, 1987.

LUZÓN PEÑA, Diego-Manuel. *Control electrónico y sanciones alternativas a la prisión*. Sevilla: VIII Jornadas Penitenciarias Andaluzas, Junta de Andalucia, Consejeria de Gobernación, 1994.

LUZÓN PEÑA, Diego-Manuel. *Enciclopedia penal básica*. 16. ed. Granada: Comares, 2002.

LYRA FILHO, Roberto; CERNICCHIARO, Luiz Vicente. *Compêndio de direito penal* – Parte geral. São Paulo: José Bushatsky, 1973.

LYRA, Roberto. *Comentários ao código penal*. Rio de Janeiro: Forense, 1942. v. II.

LYRA, Roberto. *Como julgar, como defender, como acusar*. Rio de Janeiro: José Konfino, 1975.

MACHADO, Hugo de Brito. *Curso de direito tributário*. 8. ed. São Paulo: Malheiros, 1993.

MADEIRA, Ronaldo Tanus. *A estrutura jurídica da culpabilidade*. Rio de Janeiro: Lumen Juris, 1999.

MAGGIORE, Giuseppe. *Derecho penal*. Bogotá: Temis, 1971. v. I.

MAGGIORE, Giuseppe. *Derecho penal*. 5. ed. Bogotá: Temis, 1971. v. IV.

MAGGIORE, Giuseppe. *Derecho penal*. Bogotá: Temis, 1972. v. II.

MAGGIORE, Giuseppe. *Derecho penal*. Bogotá: Temis, 1972. v. III.

MANUAL MERCK DE MEDICINA. 16. ed. São Paulo: Roca, 1995.

MARANHÃO, Odon Ramos. *Curso básico de medicina legal*. 7. ed. São Paulo: Malheiros, 1995.

MARCÃO, Renato. *Comentários à lei de imprensa*. São Paulo: Revista dos Tribunais, 2007.

MARCÃO, Renato. *Curso de execução penal*. 2. ed. São Paulo: Saraiva, 2005.

MARCÃO, Renato. Curso de execução penal. 2. ed. São Paulo: Saraiva, 2005. In: MARCÃO, Renato. *Lei 11.106/2005: novas modificações ao código penal brasileiro*. Disponível em: <http://www.serrano.neves.com.br>.

MARCÃO, Renato. *Lei 11.106/2005* – Novas modificações ao código penal brasileiro. Disponível em: <http://www.serrano.neves.com.br>.

MARCÃO, Renato. *Lei n. 12.012, de 6 de agosto de 2009*: ingresso de aparelho de telefonia celular em estabelecimento penal. Disponível em: <http://jusvi.com/artigos/41374>. Acesso em: 18 ago. 2009.

MARCÃO, Renato. *Tóxicos*. 3. ed. São Paulo: Saraiva, 2005.

MARCÃO, Renato; GENTIL, Plínio. *Crimes contra a dignidade sexual*. São Paulo: Saraiva, 2011.

MARCHI JÚNIOR, Antônio de Padova. *Boletim do Instituto de Ciências Penais*, Belo Horizonte, n. 13, mar. 2001.

MARQUES, Daniela Freitas. *Elementos subjetivos do injusto*. Belo Horizonte: Del Rey, 2001.

MARQUES, José Frederico. *Tratado de direito penal*. Campinas: Bookseller, 1997. v. II.

MARQUES, José Frederico. *Tratado de direito penal*. São Paulo: Millenium, 1997. v. I e II.

MARQUES, José Frederico. *Tratado de direito penal*. São Paulo: Millenium, 1999. v. III e IV.

MARQUES, José Frederico. *Elementos de direito processual penal*. Campinas: BookSeller, 1997, v. 1.

MARREY, Adriano; SILVA FRANCO, Alberto; STOCO, Rui. *Teoria e prática do júri*. São Paulo: Revista dos Tribunais, 2000.

MARTÍNEZ, Olga Sánchez. *Los principios en el derecho y la dogmática penal*. Madrid: Dykinson, 2004.

MARTINS, Flávia Bahia. *Direito constitucional*. 3. ed. Niterói: Impetus, 2013.

MASSON, Cleber. *Direito penal esquematizado* – parte geral. 7. ed. Rio de Janeiro: Forense; São Paulo: Método. 2013. v. 1.

MASSON, Cleber. *Direito penal esquematizado* – Parte especial. 5. ed. Rio de Janeiro: Forense; São Paulo: Método. 2013. v. 2.

MASSON, Cleber. *Direito penal esquematizado* – Parte especial. 3. ed. São Paulo: Gen- Método, 2013. v. 3.

MATEU, Juan Carlos Carbonell. *Derecho penal* – Concepto y principios constitucionales. Madrid: Tirant lo Blanch, 1999.

MAURACH, Reinhart; ZIPF, Heinz. *Derecho penal* – parte general. Tradução de Jorge Bofill Genzsch e Enrique Aimone Gibson. Buenos Aires: Astrea, 1994. v. 1.

MAURACH, Reinhart; ZIPF, Heinz. *Derecho penal* – Parte general. Buenos Aires: Astrea, 1994. v. 1.

MAZILLI, Hugo Nigro. *Manual do promotor de justiça*. 2. ed. São Paulo: Saraiva, 1991.

MÉDICI, Sérgio de Oliveira. *Teoria dos tipos penais* – Parte especial do direito penal. São Paulo: Revista dos Tribunais, 2004.

MENDONÇA, Andrey Borges de. *Nova reforma do código de processo penal*. São Paulo: Grupo Editorial Nacional e Editora Método, 2008.

MEIRELLES, Hely Lopes. *Direito administrativo brasileiro*. 19. ed. São Paulo: Malheiros, 1994.

MESTIERI, João. *Do delito de estupro*. São Paulo: Revista dos Tribunais, 1982.

MESTIERI, João. *Manual de direito penal* – Parte geral. Rio de Janeiro: Forense, 1999. v. I.

MESTIERI, João. *Teoria elementar do direito criminal*. Rio de Janeiro: Edição do Autor, 1990.

MEZGER, Edmundo. Tratado de derecho penal. Tradução de José Arturo Rodrigues Muñoz. Madrid, *Revista de derecho privado*, 1946, t. I ; 1949, t. II.

MILLER, Jacques-Alain. A máquina panóptica de Jeremy Bentham. In: BENTHAM, Jeremy. *O panóptico*. 2. ed. Tomaz Tadeu (Org.). Belo Horizonte: Autêntica, 2000.

MIR PUIG, Santiago. *Derecho penal* – Parte general. 4. ed. Barcelona, 1996.

MIR PUIG, Santiago. *Direito penal* – Fundamentos e teoria do delito. São Paulo: Revista dos Tribunais, 2007.

MIR PUIG, Santiago. *Estado, pena y delito*. Buenos Aires: IBDEF, 2006.

MIRABETE, Júlio Fabbrini. *Código de processo penal interpretado*. São Paulo: Atlas, 1997.

MIRABETE, Júlio Fabbrini. *Execução penal*. São Paulo Atlas, 2004.

MIRABETE, Júlio Fabbrini. *Manual de direito penal*. 16. ed. São Paulo: Atlas, 2000. v. I-II.

MIRABETE, Júlio Fabbrini; FABBRINI, Renato N. *Manual de direito penal*. 27. ed. São Paulo: Atlas, 2010. v. 2.

MIRANDA, Darcy Arruda. *Comentários à lei de imprensa*. 3. ed. São Paulo: RT.

MIRANDA, Nilmário. *A ação dos grupos de extermínio no Brasil*. DHnet. Disponível em: <http://www.dhnet.org.br/direitos/militantes/nilmario/nilmario_dossieexterminio.html>. Acesso em: 29 set. 2012.

MONTEIRO, Antônio Lopes. *Crimes contra a previdência social*. São Paulo: Saraiva, 2000.

MONTEIRO, Antônio Lopes. *Crimes hediondos*. São Paulo: Saraiva, 1996.

MONTEIRO, Washington de Barros. *Curso de direito civil*. 22. ed. São Paulo: Saraiva, 1988.

MORAES, Alexandre de. *Direito constitucional*. 9. ed. São Paulo: Atlas, 2001.

MORAES, Flávio Queiroz de. *Delito de rixa*. São Paulo: Saraiva, 1944.

MORAES, Guilherme Peña de. *Curso de direito constitucional*. 10. ed. São Paulo: Atlas, 2018.

MOREIRA NETO, Diogo Figueiredo. *Curso de direito administrativo*. 7. ed. Rio de Janeiro: Forense, 1989.

MOREIRA, Rômulo de Andrade. *Ação penal nos crimes contra a liberdade sexual e nos delitos sexuais contra vulnerável – A Lei n. 12.015/99*. Disponível em: <http://www.migalhas.com.br/mostra_noticia_articuladas.aspx?cod= 91 630>. Acesso em: 27 ago. 2009.

MORENO CASTILLO, María Asunción. Estudio del pensamiento de Cesare Beccaria en la evolución del aparato punitivo. In: VALDÉS, García (Dir.). *Historia de la prisión* – Teorías economicistas: critica. Madrid: Edisofer, 1997.

MOURA, Grégore Moreira de. *Do princípio da coculpabilidade no direito penal*. Rio de Janeiro: Impetus, 2006.

MOURA, Maria Thereza Rocha de Assis; SAAD, Marta. *Código penal e sua interpretação jurisprudencial*. 8. ed. São Paulo: Revista dos Tribunais, 2007.

MUNHOZ NETTO, Alcidez. *A ignorância da antijuridicidade em matéria penal*. Rio de Janeiro: Forense, 1978.

MUÑOZ CONDE, Francisco. *Derecho Penal* – Parte especial. 14. ed. Valencia: Tirant lo Blanch, 2002.

MUÑOZ CONDE, Francisco. *Introducción al derecho penal*. Barcelona: Bosch, 1975.

MUÑOZ CONDE, Francisco. *Teoria geral do delito*. Tradução de Juarez Tavares e Luiz Régis Prado. Porto Alegre: Fabris, 1988.

MUÑOZ CONDE, Francisco. *Teoría general del delito*. 3. ed. Valencia: Tirant lo blanch, 2004.

MUÑOZ CONDE, Francisco; BITENCOURT, César Roberto. *Teoria geral do delito*. São Paulo: Saraiva, 2000.

NAÇÕES UNIDAS. *Convenção das Nações Unidas sobre o uso de comunicações eletrônicas em contratos internacionais*. Disponível em: <http://www.cisg-brasil.net/doc/Traducao_convencao_comunicacoes_Eletronicas.pdf>. Acesso em: 10 dez. 2012.

NASCIMENTO, Amauri Mascaro. *Iniciação ao direito do trabalho*. 21. ed. São Paulo: LTr, 1994.

NASSIF, Aramis. *O novo júri brasileiro*. Porto Alegre: Livraria do Advogado, 2009.

NEJAIM, América. *A formação do processo no novo CPC*. Disponível em: <*https://americanejaim.jusbrasil.com.br/artigos/447819306/a-formacao-do-processo-no-novo-cpc*>. Acesso em: 27 dez. 2020.

NERY JÚNIOR, Nelson; ANDRADE NERY, Rosa Maria de. *Código de Processo Civil comentado*. São Paulo: Revista dos Tribunais, 1997.

NEUMANN, Ulfrid. *Alternativas al derecho penal* – Crítica y justificación del derecho penal en el cambio de siglo – El análisis crítico de la Escuela de Frankfurt. Cuenca: Editiones de la Universidade de Castilla-La Mancha, 2003.

NOGUEIRA, Ataliba. *Pena sem prisão*. São Paulo: Saraiva, 1956.

NOGUEIRA, Gustavo Santana. *Das súmulas vinculantes* (Reforma do Judiciário – Primeiras reflexões sobre a emenda constitucional n. 45/2004). São Paulo: Revista dos Tribunais, 2005.

NOGUEIRA, Sandro D'Amato. *Crimes de informática*. Leme: Editora BH, 2009.

NORONHA, Edgard Magalhães. *Direito penal*: parte geral. 38. ed. rev. e atual. por Adalberto José Q. T. de Camargo Aranha. São Paulo: Saraiva, 2004. v. 1 e 2.

NORONHA, Edgard Magalhães. *Direito penal*. 24. ed. São Paulo: Saraiva, 2003. v. 4.

NORONHA, Edgard Magalhães. *Direito penal*. 27. ed. São Paulo: Saraiva, 2003. v. 3.

NORONHA, Edgard Magalhães. *Do crime culposo*. São Paulo: Saraiva, 1957.

NUCCI, Guilherme de Souza. *Código penal comentado*. 3. ed. São Paulo: Revista dos Tribunais, 2003.

NUCCI, Guilherme de Souza. *Crimes contra a dignidade sexual – Comentários à lei n. 12.015*, de 7 de agosto de 2009. São Paulo: Revista dos Tribunais, 2009.

NUCCI, Guilherme de Souza. *Leis penais e processuais penais comentadas*. 3. ed. São Paulo: Revista dos Tribunais, 2008.

NUCCI, Guilherme de Souza. *Organização criminosa* – Comentários à Lei 12.850, de 02 de agosto de 2013. São Paulo: Revista dos Tribunais, 2013.

NUÑEZ PAZ, Miguel Ángel. El delito intentado. Madrid: Colex, 2003.

O GLOBO. *Brasil tem 20 mil trabalhadores em condição análoga à escravidão*. 27 maio 2011. Disponível em: <http://oglobo.globo.com/pais/mat/2011/05/27/brasil-tem-20-mil-trabalhadores-em-condicao-ana loga-escravidao-924549388.asp>.

OLIVARES, Gonzalo Quintero. *Adonde va el derecho penal*. Madrid: Thomson; Civitas, 2004.

OLIVARES, Gonzalo Quintero. *Los delitos de riesgo en la política criminal de nustro tiempo* (Crítica y justificación del derecho penal en el cambio de siglo – El análisis crítico de la Escuela de Frankfurt). Cuenca: Editiones de la Universidade de Castilla-La Mancha, 2003.

OLIVEIRA, Cláudio Brandão de. *Manual de direito administrativo*. 3. ed. Niterói: Impetus, 2006.

OLIVEIRA DA SILVA, Higor Lucas. *Formação, suspensão e extinção*. Disponível em: <https://jus.com.br/artigos/72489/formacao-suspensao-e-extincao>. Acesso em: 26 dez. 2020.

OLIVEIRA, Edmundo. *Direito penal do futuro* – A prisão virtual. Rio de Janeiro: Forense, 2002.

OLIVEIRA, Edmundo. *O futuro alternativo das prisões*. Rio de Janeiro: Forense, 2002.

OLIVEIRA, Rafael Carvalho Rezende. *Curso de direito administrativo*. 8. ed. Rio de Janeiro: Método, 2020.

ORTEGA, Juan José López. *Intimidad informática y derecho penal*. Derecho a la intimidad y nuevas tecnologias. Madri: Consejo General del Poder Judicial, 2004.

ONU – UNODC. *Disponível em:* <https://www.unodc.org/lpo-brazil/pt/trafico-de-pes soas/index.html>. Acesso em: 20 out. 2017.

PABLOS DE MOLINA, Antonio Garcia; GOMES, Luiz Flávio. *Criminologia*. 7. ed. São Paulo: Revista dos Tribunais, 2014.

PALMA, Maria Fernanda. *Da tentativa possível em direito penal*. Coimbra: Almedina, 2006.

PARMA, Carlos. *Culpabilidad*. Mendoza: Cuyo, 1997.

PARMA, Carlos. *La tentativa*. Argentina: Cuyo, 1996.

PASCHOAL, Janaína Conceição. *Constituição, criminalização e direito penal mínimo*: São Paulo: Revista dos Tribunais, 2003.

PEDROSA, Ronaldo Leite. *Direito em história*. Nova Friburgo: Imagem Virtual, 2002.

PEIXINHO, Manoel Messias. *A interpretação da Constituição e os princípios fundamentais*. 3. ed. Rio de Janeiro: Lumen Juris, 2003.

PEREIRA, Caio Mário da Silva. *Instituições de direito civil*. Rio de Janeiro: Forense, 1992. v. IV.

PEREIRA, Jeferson Botelho. *Breves apontamentos sobre a Lei n. 13.104/2015, que cria o crime de feminicídio no ordenamento jurídico brasileiro*. Disponível em: <http://jus.com.br/artigos/37061/breves-apontamentos-sobre-a-lei-n-13-104-2015-que-cria-de-crime-feminicidio-no-ordenamento-juridico-brasileiro>. Acesso em: 14 mar. 2015.

PEREIRA, Jeferson Botelho. *Morte de Policiais* – Uma lei que tenta inibir a ação contra o Estado. Disponível em: <http://jus.com.br/artigos/40770/morte-de-policiais-uma-lei-que-tenta-inibir-a-acao-contra-o-estado>. Acesso em: 5 ago. 2015.

PESSINA, Enrique. *Elementos de derecho penal*. 2. ed. Madrid: Hijos de Reus, editores, 1913.

PESSINI, Léo. *Distanásia:* até quando investir sem agredir. Disponível em: <http// www.cfm.org.br/revista/411996/dist.htm>.

PIEDADE JÚNIOR, Heitor. *Vitimologia* – Evolução no tempo e no espaço. Rio de Janeiro: Freitas Bastos, 1993.

PIERANGELI, José Henrique (Coord.). *Códigos penais do Brasil* – Evolução histórica. Bauru: Jalovi, 1980.

PIERANGELI, José Henrique. *Da tentativa*. São Paulo: Revista dos Tribunais, 1988.

PIERANGELI, José Henrique. *Escritos jurídico-penais*. São Paulo: Revista dos Tribunais, 1992.

PIERANGELI, José Henrique. *Manual de direito penal brasileiro* – Parte especial (arts. 121 a 234). São Paulo: Revista dos Tribunais, 2005.

PIERANGELI, José Henrique. *O consentimento do ofendido na teoria do delito*. São Paulo: Revista dos Tribunais, 1989.

PIMENTEL, Manoel Pedro. *O crime e a pena na atualidade*. São Paulo: Revista dos Tribunais, 1983.

PIRES, Ariosvaldo de Campos; SALES, Sheila Jorge Selim de. *Crimes de trânsito*. Belo Horizonte: Del Rey, 1998.

PRADO, Geraldo; CARVALHO, Luis Gustavo Grandinetti Castanho de. *Lei dos juizados especiais criminais*. 3. ed. Rio de Janeiro: Lumen Juris, 2003.

PRADO, Luiz Regis. *Bem jurídico-penal e Constituição*. São Paulo: Revista dos Tribunais, 1999.

PRADO, Luiz Regis. *Crimes contra o ambiente*. 2. ed. São Paulo: Revista dos Tribunais, 2001.

PRADO, Luiz Regis. *Curso de direito penal brasileiro* – Parte geral. 2. ed. São Paulo: Revista dos Tribunais, 2000.

PRADO, Luiz Regis. *Curso de direito penal brasileiro* – Parte especial. 8. ed. São Paulo: Revista dos Tribunais, 2010, v. 2.

PRADO, Luiz Regis; CARVALHO, Érika Mendes de. *Teorias da imputação objetiva do resultado*. São Paulo: Revista dos Tribunais, 2002.

QUEIROZ, Narcélio de. *Teoria da "actio libera in causa" e outras teses*. Rio de Janeiro: Forense, 1963.

QUEIROZ, Paulo. *Boletim do Instituto de Ciências Penais*, Belo Horizonte, dez. 2000.

QUEIROZ, Paulo. *Direito penal* – Introdução crítica. São Paulo: Saraiva, 2001.

QUEIROZ, Paulo. *Direito penal* – Parte geral. 4. ed. Rio de Janeiro: Lumen Juris, 2008.

QUEIROZ, Paulo. *Funções do direito penal*. Belo Horizonte: Del Rey, 2001.

QUEIROZ, Paulo et al. *Curso de direito penal* – parte especial, v. 2. Salvador: Editora Juspodivm, 2013.

QUERALT, Joan J. *Derecho penal español*. Barcelona: Bosch. 1987, v. 2.

RAMAYANA, Marcos. *Leis penais especiais comentadas*. Rio de Janeiro: Impetus, 2007.

RAMOS, Beatriz Vargas. *Do concurso de pessoas*. Belo Horizonte: Del Rey, 1996.

RANGEL, Paulo. *Direito processual penal*. 17. ed. Rio de Janeiro: Lumen Juris, 2009.

RANGEL, Paulo. *O processo penal e a violência urbana*: uma abordagem crítica construtiva à luz da Constituição. Rio de Janeiro: Lumen Juris, 2008.

REALE JÚNIOR, Miguel. *Instituições de direito penal* – Parte geral. Rio de Janeiro: Forense, 2002. v. I.

REALE JÚNIOR, Miguel. *Teoria do delito*. São Paulo: Revista dos Tribunais, 1998.

REYES ECHANDÍA, Afonso. *Antijuridicidad*. Bogotá: Temis, 1997.

REZENDE, Jorge de. O parto. In: REZENDE, Jorge de et al. (Coord.). *Obstetrícia*. 8. ed. Rio de Janeiro: Guanabara Koogan, 1998.

REZENDE, Jorge de. O puerpério In: REZENDE, Jorge de et al. (Coord.). *Obstetrícia*. 8. ed. Rio de Janeiro: Guanabara Koogan, 1998.

REZENDE, Jorge de. Operação cesariana. In: REZENDE, Jorge de et al. (Coord.). *Obstetrícia*. 8. ed. Rio de Janeiro: Guanabara Koogan, 1998.

REZENDE, Jorge de. Prenhez ectópica. In: REZENDE, Jorge de *et al.* (Coord.). *Obstetrícia*. 8. ed. Rio de Janeiro: Guanabara Koogan, 1998.

REZENDE, Jorge de; MONTENEGRO, Carlos Antônio Barbosa; BARCELLOS, José Maria. Abortamento. In: REZENDE, Jorge de *et al.* (Coord.). *Obstetrícia*. 8. ed. Rio de Janeiro: Guanabara Koogan, 1998.

RODRIGUES DA COSTA, Marco Aurélio. Crimes de informática. *Jus Navigandi*, Teresina, ano 1, n. 12, maio de 1997. Disponível em: <http://jus2.uol.com.br/doutrina/texto.asp?id=1826>. Acesso em: 20 jan. 2009.

RODRIGUES, Cristiano. *Temas controvertidos de direito penal*. Rio de Janeiro: Lumen Juris, 2009.

RODRIGUES, Eduardo Silveira Melo. *A embriaguez e o crime*. Brasília: Brasília Jurídica, 1996.

RODRIGUEZ, Laura Zúñiga. *Política criminal*. Madrid: Colex, 2001.

RODRIGUEZ NUÑEZ, Alicia. *Elementos básicos de investigación criminal*. Disponível em: <http://iugm.es/uploads/tx_iugm/LIBROelementosbasicos_ ok.pdf>.

ROSA, Antônio José Miguel Feu. *Direito penal – Parte especial*. São Paulo: Revista dos Tribunais, 1995.

ROSSINI, Augusto. *Informática, telemática e direito penal*. São Paulo: Memória Jurídica Editora, 2004.

ROXIN, Claus. *Derecho penal – Parte general*. Madrid: Civitas, 1997. t. I.

ROXIN, Claus. *Funcionalismo e imputação objetiva no direito penal*. Tradução e introdução de Luís Greco. Rio de Janeiro: Renovar, 2002.

ROXIN, Claus. *La evolución de la política criminal, el derecho penal y el proceso penal*. Valencia: Tirant lo Blanch, 2000.

ROXIN, Claus. *Política criminal e sistema jurídico-penal*. Tradução e Introdução de Luís Greco. Rio de Janeiro: Renovar, 2000.

ROXIN, Claus. *Problemas fundamentais de direito penal*. Lisboa: Vega, 1986. (Coleção Veja Universidade.)

ROXIN, Claus. *Teoría del tipo penal*. Buenos Aires: Depalma, 1979.

ROXIN, Claus; ARZT, Gunther; TIEDEMANN, Klaus. *Introducción al derecho penal y al derecho penal procesal*. Barcelona: Ariel, 1989.

SALES, Sheila Jorge Selim de. *Dos tipos plurissubjetivos*. Belo Horizonte: Del Rey, 1997.

SALLES JÚNIOR, Romeu de Almeida. *Código penal interpretado*. São Paulo: Saraiva, 1996.

SALLES JÚNIOR, Romeu de Almeida. *Inquérito policial e ação penal*. São Paulo: Saraiva, 1989.

SÁNCHEZ HERRERA, Esiquio Manuel. *La dogmática de la teoria del deito – Evolución científica del sistema del delito*. 1. reimp. Colombia: Universidad Externado de Colombia, 2011.

SANMARTÍN, Jose. *Inquérito policial e ação penal*. São Paulo: Saraiva, 1989.

SANMARTÍN, Jose. *La violencia y sus claves*. Barcelona: Ariel, 2004.

SANTOS, Fabiana Figueiredo Felício dos. *Lei de Segurança Nacional – de Vargas a Temer, uma necessária releitura*. Rio de Janeiro: Lumen Juris, 2019.

SANTOS, Juarez Cirino dos. *A moderna teoria do fato punível*. Rio de Janeiro: Freitas Bastos, 2000.

SANTOS, Juarez Cirino dos. *Teoria do crime*. Rio de Janeiro: Forense, 1985.

SANTOS, William Douglas Resinente dos. *Ensaios críticos sobre direito penal e direito processual penal*. Rio de Janeiro: Lumen Juris, 1995.

SANZO BRODT, Luis Augusto. *Da consciência da ilicitude no direito penal brasileiro*. Belo Horizonte: Del Rey, 1996.

SARRULE, Oscar Emilio. *La crisis de legitimidad del sistema jurídico penal – Abolicionismo o justificación*. Buenos Aires: Editorial Universidad, 1998.

SCHMIDT, Andrei Zenkner. *Da prescrição penal*. Porto Alegre: Livraria do Advogado, 1997.

SCHELB, Guilherme. *Segredos da violência – Estratégias para a solução e prevenção de conflitos com crianças e adolescentes*. Brasília: Thesaurus, 2008.

SEGUNDO, Luiz Carlos Furquim Vieira. *Crimes contra a vida*. São Paulo: Memória Jurídica, 2009.

SHECAIRA, Sérgio Salomão. *Responsabilidade penal da pessoa jurídica*. São Paulo: Revista dos Tribunais, 1999.

SHECAIRA, Sérgio Salomão; CORRÊA JÚNIOR, Alceu. *Teoria da pena*. São Paulo: Revista dos Tribunais, 2002.

SILVA FRANCO, Alberto. *Código penal e sua interpretação jurisprudencial* – Parte geral. São Paulo: Revista dos Tribunais, 1997. v. I, t. I e II.

SILVA FRANCO, Alberto. *Crimes hediondos*. 4. ed. São Paulo: Revista dos Tribunais, 2000.

SILVA JÚNIOR, José. *Código penal e sua interpretação jurisprudencial*. 6. ed. São Paulo: Revista dos Tribunais, 1997. v. 1, t. II.

SILVA SÁNCHEZ, Jesús-Maria. *Medio siglo de dogmática penal alemana* – Un punto de vista ibero-americano. Bogotá: Universidade Externado de Colombia, 2013 (Cuadernos de Conferencias y artículos, n. 46).

SILVA, Evandro Lins e. *De Beccaria a Filippo Gramatica:* uma visão global da história da pena. Edição do autor, 1991.

SILVA, José Afonso da. *Curso de direito constitucional*. 9. ed. São Paulo: Malheiros, 1994.

SILVA, Justino Adriano Farias da. *Direito funerário penal*. Porto Alegre: Livraria do Advogado, 1992.

SILVESTRONI, Mariano H. *Teoria constitucional del delito*. Buenos Aires: Editores Del Puerto, 2004.

SLAIB FILHO, Nagib. *Direito constitucional*. Rio de Janeiro: Forense, 2004.

SOARES Orlando. *Comentários à Constituição da República Federativa do Brasil*. Rio de Janeiro: Forense, 1998.

SODRÉ, Moniz. *As três escolas penais*. Rio de Janeiro: Freitas Bastos, 1955.

SOLER, Sebastian. *Derecho penal argentino*. Buenos Aires: Tipográfica Editora Argentina, 1951. v. II.

SOLER, Sebastian. *Derecho penal argentino*. Buenos Aires: Tipográfica Editora Argentina, 1976. v. III.

SOUZA, José Barcelos de. *Direito processual civil e penal*. Rio de Janeiro: Forense, 1995.

SOUZA, Sérgio Ricardo de. *A nova lei antidrogas*. Niterói: Impetus, 2006.

STOCO, Rui. *Código de trânsito brasileiro* – Disposições penais e suas incongruências. *Boletim do IBCCrim*, São Paulo, ano 5, n. 61, p. 9, dez. 1997.

STOCO, Rui. *Código penal e sua interpretação jurisprudencial*. 6. ed. São Paulo: Revista dos Tribunais, 1997. v. 2.

STOCO, Rui. *Responsabilidade civil e sua interpretação jurisprudencial* – Parte geral. São Paulo: Revista dos Tribunais, 1994.

STRATENWERTH, Günter. *Derecho penal* – Parte general I. Navarra: Thomson; Civitas, 2005.

STRECK, Lenio Luiz; MORAIS, José Luis Bolzan. *Ciência política e teoria geral do Estado*. Porto Alegre: Livraria do Advogado, 2000.

STRECK, Lenio Luiz. A dupla face do princípio da proporcionalidade: da proibição de excesso (*Übermassverbot*) à proibição de proteção deficiente (*Untermassverbot*) ou de como não há blindagem contra normas penais inconstitucionais. *Revista da Ajuris*, Ano XXXII, n. 97, mar. 2005, p. 180.

SZNICK, Valdir. *Crimes sexuais violentos*. São Paulo: Ícone, 1992.

TAVARES, Juarez. *As controvérsias em torno dos crimes omissivos*. Rio de Janeiro: Instituto Latino-Americano de Cooperação Penal, 1996.

TAVARES, Juarez. Critérios de seleção de crimes e cominação de penas. *Revista Brasileira de Ciências Criminais*, número especial de lançamento, São Paulo, 1992.

TAVARES, Juarez. *Direito penal da negligência*. São Paulo: Revista dos Tribunais, 1985.

TAVARES, Juarez. *Teoria do injusto penal*. Belo Horizonte: Del Rey, 2000.

TAVARES, Juarez. *Teorias do delito*. São Paulo: Revista dos Tribunais, 1980.

TÁVORA, Nestor; ALENCAR, Rosmar A. R. C de. *Curso de direito processual penal*. 2. ed. Salvador: Juspodivm, 2009.

TELES, Ney Moura. *Direito penal* – Parte especial. São Paulo: Atlas, 2004. v. 2.

TELES, Ney Moura. *Direito penal*. Parte especial. São Paulo: Atlas, 2004. v. 3.

TELES, Ney Moura. *Direito penal* – Parte geral. São Paulo: Editora de Direito, 1996. v. I e II.

THEODORO JÚNIOR, Humberto. *Curso de direito processual civil*. Rio de Janeiro: Forense, 1989. v. I.

TOLEDO, Francisco de Assis. *Ilicitude penal e causas de sua exclusão*. Rio de Janeiro: Forense, 1984.

TOLEDO, Francisco de Assis. *Penas restritivas de direitos*. São Paulo: Revista dos Tribunais, 1999.

TOLEDO, Francisco de Assis. *Princípios básicos de direito penal*. São Paulo: Saraiva, 1994.

TORNAGHI, Hélio. *Compêndio de processo penal*. Rio de Janeiro: José Konfino, 1967. v. II.

TORNAGHI, Hélio. *Compêndio de processo penal*. Rio de Janeiro: José Konfino, 1967. t. III.

TORRES, Sergio Gabriel. Características y consecuencias del derecho penal de emergência: la emergencia del miedo. In: ZAFFARONI, Eugenio Raul; FERRAJOLI, Luigi; BASÍLICO, Ricardo Angel. *La Emergencia del Miedo*. Buenos Aires: Ediar, 2012.

TOURINHO FILHO, Fernando da Costa. *Código de processo penal comentado*. São Paulo: Saraiva, 1999. v. I.

TOURINHO FILHO, Fernando da Costa. *Manual de processo penal*. 2. ed. São Paulo: Saraiva, 2001.

TOURINHO FILHO, Fernando da Costa. *Processo penal*. São Paulo: Saraiva, 1989. v. IV.

TOURINHO FILHO, Fernando da Costa. *Prática de processo penal*. 30. ed. São Paulo: Saraiva, 2009.

TOURINHO NETO, Fernando da Costa; FIGUEIRA JÚNIOR, Joel Dias. *Juizados especiais federais cíveis e criminais*. São Paulo: Revista dos Tribunais, 2002.

TUBENCHLAK, James. *Teoria do crime*. Rio de Janeiro: Forense, 1980.

VARGAS, José Cirilo de. *Do tipo penal*. Belo Horizonte: UFMG, 1997.

VARGAS, José Cirilo de. *Instituições de direito penal* – Parte geral. Belo Horizonte: Del Rey, 1997. t. I.

VARGAS, José Cirilo de. *Instituições de direito penal* – Parte geral. Rio de Janeiro: Forense, 2000. t. II.

VARGAS, José Cirilo de. *Introdução ao estudo dos crimes em espécie*. Belo Horizonte: Del Rey, 1993.

VENOSA, Sílvio de Salvo. *Direito civil*. 4. ed. São Paulo: Atlas, 2004. v. VI.

VERGARA, Pedro. *Dos motivos determinantes no direito penal*. Rio de Janeiro: Forense, 1980.

VICO MAÑAS, Carlos. *O princípio da insignificância como excludente da tipicidade no direito penal*. São Paulo: Saraiva, 1994.

VILCHEZ GUERRERO, Hermes. *Do excesso em legítima defesa*. Belo Horizonte: Del Rey, 1997.

VIVES ANTÓN, T. S.; BOIX REIG, J.; ORTS BERENGUER, E.; CARBONELL MATEU, J. C.; GONZÁLEZ CUSSAC, J. L. *Derecho penal* – Parte especial. 3. ed. Valencia: Tirant lo Blanch, 1999.

VON LISZT, Franz. *Tratado de direito penal alemão*. Tradução de José Hygino Duarte Pereira. Rio de Janeiro: F. Briguiet, 1889. t. I.

WELZEL, Hans. *Derecho penal alemán*. Tradução de Juan Bustos Ramirez e Sergio Yañes Peréz. Chile: Jurídica de Chile, 1987.

WELZEL, Hans. *O novo sistema jurídico-penal* – Uma introdução à doutrina da ação finalista. Tradução de Luiz Regis Prado. São Paulo: Revista dos Tribunais, 2001.

WESSELS, Johannes. *Derecho penal* – Parte general. Buenos Aires: De Palma, 1980.

WESSELS, Johannes. *Direito penal* – Parte geral. Porto Alegre: Fabris, 1976.

YAROCHEWSKY, Leonardo Isaac. *Da inexigibilidade de conduta diversa*. Belo Horizonte: Del Rey, 2000.

ZAFFARONI, Eugenio Raúl. *Estructura basica del derecho penal*. 1. reimp. Buenos Aires: Ediar, 2011.

ZAFFARONI, Eugenio Raúl. *Manual de derecho penal* – Parte general. Buenos Aires: Ediar, 1996.

ZAFFARONI, Eugenio Raúl. *Tratado de derecho penal* – parte general. Buenos Aires: Ediar, 1981. t. I, II, III e IV.

ZAFFARONI, Eugenio Raúl; ALAGIA, Alejandro; SLOKAR, Alejandro. *Derecho penal* – Parte general. Buenos Aires: Ediar, 2000.

ZAFFARONI, Eugenio Raúl; PIERANGELI, J. Henrique. *Da tentativa*. São Paulo: Revista dos Tribunais, 1995.

ZAFFARONI, Eugenio Raúl; PIERANGELI, J. Henrique. *Manual de direito penal brasileiro* – Parte geral. 2. ed. São Paulo: Revista dos Tribunais, 1999.

Índice remissivo

A

Abandono de função 627
Abandono intelectual 234
Abandono material 222
Abandono moral 239
Abandono por um integrante da associação criminosa 413
Abolitio criminis e corrupção de menores 99
Aborto da autora do estupro 46
Abuso na prática da aviação 313
Ação de improbidade administrativa 771
Adulteração de sinal identificador de veículo 534
Advocacia administrativa 619
Aeronave 309
Afastamento de licitante 743
Agentes não identificados 413
Alvará 457
Analogia in bonam partem 817
Analogia in malam partem 320
Ânimo calmo e refletido 669
Animus rem sibi habendi 562
Apologia 403
Apologia ao crime e marcha da maconha 406
Apologia de crime ou criminoso 403
Apologia de mais de um fato criminoso ou de mais de um autor de crime 406
Apresentação do documento pelo agente 503
Arma 411
Armas químicas 273
Arrebatamento de preso 835
Arrematação 851
Arremesso de projétil 319
Arremesso de projétil e Código Penal Militar 323
Arrombamento 830
Assédio sexual 65, 72
Associação criminosa 408
Associação criminosa e a constituição de milícia privada 429
Associação para o tráfico ilícito de drogas 415
Assunção de obrigação no último ano do mandato ou legislatura 864
Atentado contra a segurança de outro meio de transporte 315
Atentado contra a segurança de serviço de utilidade pública 324
Atentado contra a segurança de transporte marítimo, fluvial ou aéreo 308
Atentado contra instalação nuclear 327
Atentado contra serviço de utilidade militar e Código Penal Militar 327
Atentado contra transporte e Código Penal Militar 314
Atentado violento ao pudor 13
Atentado violento ao pudor e *abolitio criminis* 44
Atestado 491
Ato de ofício 607
Ato libidinoso 61
Ato obsceno 169
Aumento de despesa total com pessoal no último ano do mandato ou legislatura 874
Autoacusação falsa 781
Autoacusação falsa e Código Penal Militar 784
Autodefesa 520
Autoria mediata 30
Autoridade sanitária 342
Autorização legal 858
Autorização legislativa 858

B

Beijo lascivo 42
Bigamia 187
Bilhete 457

C

Cartão de crédito 478
Casa de prostituição 114, 147
Casa destinada à habitação 258
Casa habitada 258
Causas especiais de aumento de pena 343
Certidão 491
Certidão ou atestado ideologicamente falso 490
Certidão ou atestado ideologicamente falso e Código Penal Militar 494
Charlatanismo 388
Chefe apaixonado 71

Ciberbullying 91, 100, 107
Coação no curso do processo 798
Coautoria 30
Colaboração premiada 419
Cola eletrônica 548
Combustível 259
Comunicação falsa de crime ou de contravenção 778
Concurso de crimes 35
Concurso de pessoas 414
Concurso entre os crimes de moeda falsa e de petrechos para falsificação de moeda 450
Concurso eventual de pessoas e associação criminosa 414
Concurso público 542
Concussão 586
Concussão e corrupção passiva 593
Concussão e extorsão 592
Condescendência criminosa 615
Conhecimento prévio de impedimento 198
Conjunção carnal 14, 16
Consentimento da vítima 80
Consolidação das leis do trabalho 342
Constituição de milícia privada 421
Constrangimento e o estupro de vulnerável 88
Contador 786
Contrabando 689
Contrabando de migrantes 166
Contratação de operação de crédito 857
Contratação direta ilegal 721
Contratação inidônea 751
Contravenções penais 415
Contribuição social 590
Corrupção ativa 675
Corrupção ativa em transação comercial internacional 712
Corrupção de menores 93
Corrupção de menores e Código Penal Militar 99
Corrupção de menores no estatuto da criança e do adolescente 97
Corrupção ou poluição de água potável 350
Corrupção passiva e omissão de dever de vedar ao preso o acesso a aparelho telefônico, de rádio ou similar 613
Coyotes 165
Crédito conjugal 29
Crime bilateral 675
Crime contra a economia popular 356, 365
Crime de mera conduta 76, 621
Crime de milícia privada 431
Crime de perigo abstrato 342
Crime omissivo próprio 343
Crime preterdoloso 296
Crime próprio 342
Crimes assimilados ao de moeda falsa 444

Crimes de mão própria 30
Curandeirismo 392

D

Dados 572
Dano e perigo de desastre ferroviário 306
Dano praticado por desabamento ou desmoronamento 290
Débito conjugal 29
Declaração de nascimento inexistente 485
Declaração falsa para efeitos de instrução de pedido de remição 485
Deficiência do potencial motor 83
Deficiência mental 82
Delação premiada 419
Delito de perigo presumido 343
Delito próprio 342
Delitos funcionais impróprios 561
Denunciação caluniosa 768
Depósito de explosivo, combustível ou inflamável 259
Desabamento de construção 290
Desabamento ou desmoronamento 287
Desabamento ou desmoronamento e Código Penal Militar 290
Desacato 665
Desastre ferroviário 305
Descaminho 680
Desenho 178
Desistência voluntária 32
Desobediência 658
Desobediência à decisão judicial sobre perda ou suspensão de direito 853
Desvio e circulação antecipada 441
Difusão de doença ou praga 297
Dignidade sexual 3
Dinamite 263
Direito penal simbólico 148
Direitos e os deveres do migrante 159
Divulgação de cena de estupro 119
Documento 469
Documento particular 470
Documento público 470
Documento que é encontrado em poder do agente 504
Doença 297, 337
Doença contagiosa 338
Doença de notificação compulsória 342
Dolo superveniente 775
DST (doenças sexualmente transmissíveis) 25

E

Edifício destinado à obra de assistência social ou de cultura 258

Edifício destinado a uso público 258
Edifício público 258
Ejaculação precoce 38
Embarcação 308
Emigrante 161
Emissão de fumaça, vapor ou gás 272
Emissão de título ao portador sem permissão legal 450
Empenho de despesa 861
Empregadas domésticas 73
Emprego de gás tóxico ou asfixiante e Código Penal Militar 274
Emprego de processo proibido ou de substância não permitida 362
Emprego público 552
Empresa 553
Endemia 335
Enfermidade 81
Enfermidade grave 225
Enfermidade mental 82
Entrega arbitrária 245
Entrega de filho menor a pessoa inidônea 230
Envenenamento de água potável ou de substância alimentícia ou medicinal 345
Epidemia 332, 335
Epidemia e Código Penal Militar 336
Erro de proibição 90
Erro de proibição e adoção à brasileira 217
Erro de tipo 343
Erro de tipo quanto à idade da vítima 97
Erro essencial 194
Escrito 178
Escrito ou objeto obsceno 175
Escusa absolutória 816
Esquadrão da morte 426
Estado de necessidade e exercício ilegal da medicina, arte dentária ou farmacêutica 386
Estaleiro 259
Estampa ou gravura 178
Estatuto do desarmamento 278
Estatuto do índio 43
Estelionato sexual 53
Estrangeiro 163
Estupro 13, 32, 35
Estupro coletivo 129
Estupro com a finalidade de transmitir o vírus HIV 48
Estupro corretivo 24
Estupro de vulnerável 78, 80
Estupro e a Lei nº 8.072/90 40
Estupro e atentado violento ao pudor no Código Penal Militar 47
Estupro virtual 42

Evasão mediante violência contra pessoa 832
Exercício arbitrário das próprias razões 802
Exercício arbitrário ou abuso de poder 826
Exercício da função 666
Exercício funcional ilegalmente antecipado ou prolongado 631
Exercício ilegal da medicina, arte dentária ou farmacêutica 383
Exercício ilegal de profissão ou atividade 386
Exploração de prestígio 848
Exploração sexual 144
Explosão 262, 263
Explosão e Código Penal Militar 268
Explosivo 259
Expulsão 765
Extermínio de seres humanos 424
Extravio, sonegação ou inutilização de livro ou documento 579

F

Fábrica 259
Fabrico, fornecimento, aquisição, posse ou transporte de explosivos ou gás tóxico, ou asfixiante 275
Falsa identidade 516
Falsa identidade e autodefesa 519
Falsa identidade e Código Penal Militar 523
Falsa identidade e furto 522
Falsa indicação em folhetos ou catálogos informativos 368
Falsidade de atestado médico 495
Falsidade em prejuízo da nacionalização de sociedade 532
Falsidade ideológica 472, 481
Falsidade ideológica de circunstância incompatível com a realidade 484
Falsidade ideológica e crimes ambientais 486
Falsidade ideológica e crimes contra o sistema financeiro 486
Falsidade ideológica e estelionato 485
Falsidade ideológica e sonegação fiscal 485
Falsidade ideológica para fins eleitorais 486
Falsidade material 472
Falsidade material de atestado ou certidão 492
Falsificação, corrupção, adulteração ou alteração de produto destinado a fins terapêuticos ou medicinais 357
Falsificação, corrupção, adulteração ou alteração de substância ou produtos alimentícios 353
Falsificação da moeda 437
Falsificação de documento e Código Penal Militar 476, 480
Falsificação de documento particular 476

Falsificação de documento particular e crimes contra a ordem tributária, econômica e relações de consumo *480*
Falsificação de documento particular e estelionato *479*
Falsificação de documento particular para fins eleitorais *480*
Falsificação de documento público *468*
Falsificação de documento público e estelionato *474*
Falsificação de documento público para fins eleitorais *475*
Falsificação de papéis públicos *455*
Falsificação do selo ou sinal público *464*
Falsificação do sinal empregado no contraste de metal precioso ou na fiscalização alfandegária, ou para outros fins *512*
Falsificação grosseira *442, 472, 506*
Falsificação ideológica e Código Penal Militar *486*
Falsificação ou alteração do documento e uso pelo próprio agente *504*
Falso *435*
Falso reconhecimento de firma ou letra *487*
Falso reconhecimento de firma ou letra com fins eleitorais *489*
Falso testemunho ou falsa perícia *784*
Farmacêutico que aumenta a dose, agindo com animus necandi *382*
Fato assimilado *684*
Favorecimento da prostituição ou de outra forma de exploração sexual de criança ou adolescente ou de vulnerável *108*
Favorecimento da prostituição ou outra forma de exploração sexual *138*
Favorecimento pessoal *813*
Favorecimento pessoal e participação no crime *816*
Favorecimento real *818*
Fazer justiça pelas próprias mãos *803*
Fé pública *435*
Fiscalização sanitária *515*
Floresta *259, 298*
Fogos de artifício *267*
Folha em branco e abuso no seu preenchimento *484*
Fotocópia não autenticada *505*
Fotocópias não autenticadas *475*
Fraude *54*
Fraude de lei sobre estrangeiro *528*
Fraude em licitação ou contrato *746*
Fraude grosseira *59*
Fraude processual *808*
Fraudes em certames de interesse público *540*
Frustração do caráter competitivo de licitação *725*

Fuga de pessoa presa ou submetida a medida de segurança *827*
Funcionais impróprios *552*
Funcionais próprios *552*
Funcionário de nível inferior *72*
Funcionário público *547, 552*
Funcionário público estrangeiro *713*

G

Galeria de mineração *259*
Gás lacrimogêneo *272*
Genocídio *418*
Germes patogênicos *333*
Gigolô *154*
Grooming *91, 100, 106*
Grupos de extermínio *425*
Guarda de selo falso *501*

H

Habitualidade *96, 136, 144*

I

Identidade *517*
Identificação do perfil genético *49*
Imigrante *161*
Impedimento indevido *755*
Impedimento, perturbação ou fraude de concorrência *696*
Importunação sexual *61*
Incêndio *255, 256*
Incêndio e Código Penal Militar *262*
Incêndio e crime ambiental *261*
Incêndio e dano qualificado *260*
Incêndio e estelionato *260*
Incitação à discriminação ou preconceito de raça, cor, etnia, religião ou procedência nacional *402*
Incitação ao crime *398*
Incitação ao genocídio *401*
Incitação e concurso de pessoas *402*
Incitamento e Código Penal Militar *401*
Incolumidade pública *343*
Induzimento a erro essencial e ocultação de impedimento *193*
Induzimento a fuga, entrega arbitrária ou sonegação de incapazes *244*
Inexigibilidade de conduta diversa por parentes próximos *820*
Infiltração de agentes de polícia na internet *90*
Inflamável *259*
Infração de medida sanitária preventiva *336*
Infração de perigo concreto *343*

Inimputáveis como integrantes da associação criminosa *412*
Inquérito civil *771*
Inquérito policial *768*
Inscrição de despesas não empenhadas em restos a pagar *861*
Instalação de aparelhos clandestinos *330*
Interpretação analógica *324*
Intérprete *786*
Interrupção ou perturbação de comunicação entre pessoas determinadas *330*
Interrupção ou perturbação de serviço ou meio de comunicação e Código Penal Militar *331*
Interrupção ou perturbação de serviço telegráfico, telefônico, informático, telemático ou de informação de utilidade pública *328*
Inundação *280*
Inundação e Código Penal Militar *282*
Inundação e perigo de inundação *286*
Inutilização de edital ou de sinal *697*
Invólucro ou recipiente com falsa indicação *365*
Irretroatividade das normas híbridas *127*
Iter criminis 343

J

Juizado especial criminal *344*
Juízo arbitral *786*

L

Lascívia *102*
Lavoura *259*
Lei Antidrogas *382*
Lei de Migração *161*
Lei penal em branco *342*
Lenocínio *93*
Lenocínio acessório *110, 140*
Lenocínio mercenário *135*
Liberdade sexual *84*
Líderes espirituais *72*
Livro oficial *701*
Lugar público *171*

M

Majorantes *344*
Mão armada *830*
Masoquismo *27*
Mata *259*
Mediação para servir a lascívia de outrem *131*
Medicamento *358*
Medicamento em desacordo com receita médica *378*
Médico, dentista ou farmacêutico suspenso das suas atividades *387*
Médico que é funcionário público *497*
Médico que prescreve medicamento com dose excessiva *381*
Medida de segurança *828*
Meio enganoso *205*
Mercadoria de procedência estrangeira *684*
Migrantes *160*
Milícia particular *422*
Milícia privada *424*
Milícias privadas *423*
Militares *423*
Modificação ou pagamento irregular em contrato administrativo *732*
Moeda falsa *437*
Monogamia *187*
Motéis *151*
Motim de presos *837*

N

Não cancelamento de restos a pagar *872*
Naufrágio *312*
Navegação de cabotagem *683*
Norma penal em branco *451, 632*
Normas penais em branco *342*
Notificação compulsória *342, 343*
Novatio legis in mellius 419

O

Objeto material *343*
Obstáculo natural *284*
Ofensa ao princípio da proporcionalidade *356*
Ofensa aos princípios da ofensividade e proporcionalidade *361*
Ofensa in litteris *665*
Oferta pública ou colocação de títulos no mercado *876*
Oficina *259*
Omissão de notificação de doença *341, 342, 343*
Omissão de notificação de doença e Código Penal Militar *344*
Omissão de notificação de doença versus violação do segredo profissional *344*
Omissão grave de dado ou de informação por projetista *759*
Ordenação de despesa não autorizada *866*
Organização criminosa *416*
Organização criminosa e a constituição de milícia privada *430*
Outras substâncias nocivas à saúde pública *375*

P

Pandemia *335*

Parteiras 387
Parto alheio como próprio 485
Parto suposto. Supressão ou alteração de direito inerente ao estado civil de recém-nascido 212
Pastagem 259
Patrocínio de contratação indevida 729
Patrocínio infiel 841
Peculato-apropriação 561
Peculato culposo 565
Peculato-desvio 562
Peculato-estelionato 568
Peculato-furto 562
Peculato próprio 562
Pedofilia 88
Pensão alimentícia 224
Perdão judicial 216
Perigo comum 342
Perigo de desastre ferroviário 302
Perigo de desastre ferroviário e Código Penal Militar 307
Perigo de inundação 283
Perigo de inundação e Código Penal Militar 286
Perito 786
Perturbação de processo licitatório 737
Pesca mediante a utilização de explosivos 267
Pessoa com deficiência 182
Pessoa idosa 182
Petrechos de falsificação 460
Petrechos de falsificação de selo, fórmula de franqueamento ou vale-postal 462
Petrechos para falsificação de moeda 447
Pintura 178
Poço petrolífero 259
Poder familiar 50, 244
Poligamia 192
Potencialidade lesiva 435
Praga 298
Prática de delito pelo grupo 413
Prática do crime com o fim de lucro 308
Prestação de garantia graciosa 869
Presunção de violência 41
Princípio da adequação social 170
Princípio da continuidade normativo-típica 44
Princípio da legalidade 342
Prioridade de tramitação 50, 90, 116, 336, 361
Prisão por inadimplemento de obrigação alimentícia 228
Procedimento investigatório criminal 769
Processo 701
Processo administrativo disciplinar 770
Processo judicial 769
Produto 366
Produto de primeira necessidade 370
Produto destinado a consumo 363
Produto ou substância nas condições dos dois artigos anteriores 368
Projétil 319
Promoção de migração ilegal 159
Propter officium 666
Prostituição 109, 139
Prostituta 59
Protético que exerce as funções de dentista 386
Proveito 818
Proxeneta 93
Proxenetismo 93, 131
Proxenetismo mercenário 113
Pudor coletivo 169

Q

Qualidade 530
Questão prejudicial 211

R

Radiotelégrafo 328
Receita 705
Receita prescrita por dentistas e parteiras 381
Recibo 457
Recusa de dados sobre a própria identidade ou qualificação 521
Registro de nascimento inexistente 208
Registro não autorizado da intimidade sexual 75
Reingresso de estrangeiro expulso 765
Relação íntima de afeto 122
Religião e curandeirismo 395
Representações diplomáticas de país estrangeiro 554
Reprodução ou adulteração de selo ou peça filatélica 498
Resistência da vítima 27
Resistência passiva 651
Retardado mental 82
Revenge porn 122
Rufianismo 132, 153
Rufianismo ativo 154
Rufianismo e favorecimento da prostituição com intuito de lucro 158
Rufianismo passivo 154
Rufião e o proxeneta 157

S

Sadismo 27
Satisfação de lascívia mediante presença de criança ou adolescente 102
Saúde pública 343
Segredo médico 342
Selo destinado a controle tributário 456
Serviço de informação de utilidade pública 329

Serviço telemático *328*
Sexting *91, 100, 106*
Simulação da qualidade de funcionário público *522*
Simulação de autoridade para celebração de casamento *201*
Simulação de casamento *204*
Simulação de perigo *306*
Síndrome da mulher de Potifar *33*
Sinistro em transporte marítimo, fluvial ou aéreo *311*
Sistema informatizado *572*
Sistemas que disputam o tratamento da prostituição *138*
Societas delinquendi *409*
Sonegação de contribuição previdenciária *703*
Sonegação de estado de filiação *218*
Sonegação de incapazes *246*
Sonegação de papel ou objeto de valor probatório *845*
Subsistência *223*
Substância destinada à falsificação *371*
Subtração de incapazes *248*
Subtração de incapazes e estatuto da criança e do adolescente *250*
Subtração, ocultação ou inutilização de material de salvamento *291*
Subtração, ocultação ou inutilização de material de socorro e Código Penal Militar *294*
Subtração ou dano de coisa própria em poder de terceiro *806*
Subtração ou inutilização de livro ou documento *700*
Superior hierárquico *67*
Supressão de documento *507*
Supressão de documento e crime contra a ordem tributária *510*
Supressão de documentos e Código Penal Militar *510*
Suspensão condicional do processo *344*

T

Talão *457*
Telefone *328*
Telégrafo *328*
Teoria do autor de determinação *31*
Território nacional *163, 765*
Testemunha *785*
Tipo misto alternativo *35, 448*
Tipo misto cumulativo *36, 240*

Título *441*
Título ao portador *451*
Tradutor *786*
Tráfico de influência *671*
Tráfico de influência em transação comercial internacional *717*
Tráfico de migrantes *161*
Transação comercial internacional *718*
Transporte marítimo *685*
Tributo *589*

U

Uso de documento de identidade alheia *523*
Uso de documento falso *501*
Uso de documento falso de identidade *522*
Uso de documento falso e Código Penal Militar *506*
Uso de documento falso e crime contra a ordem tributária *506*
Uso de documento falso e estelionato *505*
Uso de documento falso relativo a estabelecimento particular de ensino *506*
Uso de documento particular falso *479*
Uso de documento pessoal alheio e Código Penal Militar *527*
Uso de documento público falso *474*
Uso de gás tóxico ou asfixiante *269*
Uso do documento ideologicamente falsificado *484*
Usuário que solicita a falsificação do documento *505*
Usurpação de função pública *522, 645*

V

Vantagem indevida *676*
Vantagem ou favorecimento sexual *67*
Venenos *346*
Vestibular *543*
Violação de sigilo em licitação *740*
Violação de sigilo funcional *635*
Violação do sigilo de proposta de concorrência *641*
Violação sexual mediante fraude *52, 59*
Violência arbitrária *623*
Violência ou fraude em arrematação judicial *851*
Violência sexual *5*
Vítima *791*
Voyeurismo *94*